William Wright

The Ecclesiastical History of Eusebius in Syriac

William Wright

The Ecclesiastical History of Eusebius in Syriac

ISBN/EAN: 9783337285326

Printed in Europe, USA, Canada, Australia, Japan

Cover: Foto ©ninafisch / pixelio.de

THE

ECCLESIASTICAL HISTORY OF EUSEBIUS

IN

SYRIAC

London: C. J. CLAY AND SONS,
CAMBRIDGE UNIVERSITY PRESS WAREHOUSE,
AVE MARIA LANE.
Glasgow: 263, ARGYLE STREET.

Leipzig: F. A. BROCKHAUS.
New York: THE MACMILLAN COMPANY.
Bombay: E. SEYMOUR HALE.

THE ECCLESIASTICAL HISTORY OF EUSEBIUS IN SYRIAC

EDITED FROM THE MANUSCRIPTS

BY THE LATE

WILLIAM WRIGHT, LL.D.
PROFESSOR OF ARABIC IN THE UNIVERSITY OF CAMBRIDGE

AND

NORMAN McLEAN, M.A.
FELLOW OF CHRIST'S COLLEGE

WITH A COLLATION OF THE ANCIENT ARMENIAN VERSION

BY

DR ADALBERT MERX
PROFESSOR IN THE UNIVERSITY OF HEIDELBERG

CAMBRIDGE:
AT THE UNIVERSITY PRESS
1898

Cambridge:
PRINTED BY J. AND C. F. CLAY,
AT THE UNIVERSITY PRESS.

PREFACE.

THE Syriac version of the Ecclesiastical History of Eusebius survives in two ancient MSS, the one at St Petersburg (A) which is dated A.D. 462, and the other in the British Museum (B) numbered Add. 14639 which is assigned on palaeographical grounds to the sixth century.

The following description of A, the St Petersburg Eusebius, was prepared by Dr Wright for his proposed edition:

"A vellum MS in large quarto, consisting of 123 leaves, the first of which is merely a flyleaf taken from another volume. A few of these are a good deal stained and torn, especially foll. 1, 2, 3, and 121. The quires, originally 29 in number, and mostly of 8 leaves, are signed with Syriac arithmetical figures. A later hand has numbered them with letters, from ܐ to ܟܛ, but inaccurately. There is a huge lacuna after fol. 84, comprising quires xiii. to xxiv., and smaller defects in other places. Each page is divided into two cols., with from 29 to 34 lines. This MS is written in a fine, large, bold Esṭrangĕlā, with comparatively few diacritical points; and is dated A. Gr. 773, A.D. 462. It contains

"The Ecclesiastical History of Eusebius of Caesarea, ܫܪܒܐ ܕܥܕ̈ܬܐ ܕܐܬܐ ܕܥܒܕ ܐܘܣܒܝܣ ܩܣܪܝܐ. The running title, at the top of the last leaf of each quire, is merely ܐܟܠܣ̈ܝܣܛܝܩܐ.

Book I.; fol. 2 *b*.
Book II.; fol. 20 *a*.
Book III.; fol. 40 *b*.
Book IV.; fol. 62 *a*.
Book V.; fol. 82 *b*. Very imperfect.
Book VI. is wanting.
Book VII.; fol. 85 *a*. Very imperfect.
Book VIII.; fol. 85 *b*.
Book IX.; fol. 101 *a*.
Book X.; fol. 114 *a*.

"The colophon, fol. 123 *b*, states that the MS was written (probably at Edessa) by one Isaac, for a person whose name has been erased, in the year 773, A.D. 462.

"On fol. 1 *a* there is the rudely drawn effigy of the Cross, coloured with brown pigment; and beside it, a note stating that the volume was presented to the convent of S. Mary Deipara by one Sahlūn, a priest of Harrān.

ܠܐܝܩܪܐ ܕܬܠܡܝܕܘܬܐ ܡܫܝܚܝܬܐ ܡܢ ܕܝܢ ܟܬܒܐ ܗܢܐ ܠܥܘܡܪܐ ܩܕܝܫܐ
ܕܐܬܝܗܒ ܕܦܘܪܫܢܐ ܗܠܝܢ ܐܒܘܢ ܩܕܝܫܐ ܕܡܢ ܒܝܬ ܩܪܝܬܐ ܘܕܝܠܗ
ܣܗܠܘܢ ܩܫܝܫܐ (? ܡܫܝܚܝܐ). ܡܛܠ ܦܘܪܩܢܐ ܕܢܦܫܗ ܘܥܢܝܕܘܗܝ. ܘܡܛܠ
ܚܪܢܝܐ ܕܢܣܒ ܒܫܠܡܐ ܚܘܠܩܐ ܕܡܪܢ ܗܘ ܕܢܬܠ ܐܠܗܐ ܠܟܠܗܘܢ ܩܕܝܫܘܗܝ ܩܕܝܫܐ.
ܟܠ ܟܠ ܐܢܫ ܕܡܫܩܠ ܠܟܬܒܐ ܗܢܐ ܡܢ ܥܘܡܪܐ ܗܢܐ ܐܘ ܡܟܣܣ. (? ܡܟܣܣ)
ܠܥܘܡܪܐ ܗܢܐ.
ܟܠ ܕܩܪܐ ܢܨܠܐ ܘܢܐܡܪ ܕܠܗܘܢ ܢܗܘܐ ܠܗ ܐܡܝܢ

"This page also contains some more modern writing (relating to the passage Acts iii. 1 foll.), and the rudely drawn figure of an animal, probably a horse or mule.

"On fol. 41 *a* there are written in inelegant Greek characters the following names: Γαβριηλης, Θεοδορος, Παυλος, Θεοφηλακτος, Λεον; and in Syriac characters ܓܒܪܐܝܠ. On fol. 42 *a* there is a single name which cannot be read with certainty.

"Fol. 121 has been roughly repaired with a fragment of an Armenian MS, beautifully written in uncial characters of about the ixth cent. Many other leaves have been patched with pieces of a Syriac paper MS, exhibiting coarse writing of the xiith cent.

"Fol. 1 is part of two leaves of a Syriac Chronicle, a considerable portion of which is contained in Add. 17216, fol. 2—14. The handwriting is a good, regular Esṭrangēlā probably of the viiith cent. It comprises the reigns of Ptolemy Lagus and Ptolemy Philadelphus (the years actually specified are A.M. 5194, ܠܟܠܗ : ܗ : ܩܨܕ, A.M. 5198, ܗ : ܠܟܠܗ : ܩܨܚ; Olym. ܩܥܗ, ܩܥܘ), some account of the family of the Herods, and part of the history of our Lord."

Dr Wright's description of B, the other MS, is printed in his *Catalogue of the Syriac Manuscripts in the British Museum* vol. iii. p. 1039 f. It is a vellum MS of 130 leaves containing the first five books of the Ecclesiastical History, written in a fine regular Esṭrangĕlā of the sixth century. The colophon originally contained the date, but this and other particulars have been carefully erased. In its present state Book I. is imperfect; portions of the index, and of the first, second and third chapters are missing.

Small portions of the Ecclesiastical History occur as extracts in certain other British Museum MSS. Add. 12154 (C) contains part of Book I. chap. xii. on fol. 151 (Wright's *Catalogue* p. 983); Add. 7157 (D) contains II. xxii. on fol. 196 (*ib.* p. 1203); Add. 14650 (E) has part of II. xxiii. on fol. 70 f., the whole of III. xxiii. on fol. 71 f., part of III. xxxi. on fol. 72 f., and almost the whole of IV. xv. on fol. 73 ff. (*ib.* p. 1104); and Add. 14641 (F) has III. xxiii. on fol. 144 f., III. xxxi. on fol. 145 f., and IV. xv. on fol. 146 ff. (*ib.* p. 1045). The variant readings in these extracts, which are given in this edition, are of slight importance. A more important extract is that in Add. 14620, fol. 5 f. (*Catalogue*, p. 801), which gives us chaps. xvi., xvii. and xxv. of the sixth book. As the whole of this book is wanting in A, our only knowledge of the Syriac version apart from this extract is derived from the Armenian version of which I am about to speak. I have printed the three chapters as an Appendix, pp. 414—418.

High as is the authority of A and B in determining the original form of the Syriac version, the examination of both and their comparison with the Greek original shew that certain corruptions have crept into them: in Dr Wright's words, "the text presented by these MSS has evidently passed through the hands of several successive scribes" (*Syr. Lit.* 61). We are therefore fortunate in possessing another witness whose origin is probably older than the writing of either MS, viz. the ancient Armenian version of which an edition (𝔄) was printed from comparatively recent MSS at Venice in 1877. Dr Merx in his paper "De Eusebianae Historiae Eccles. Versionibus Syriaca et Armeniaca" (in *Atti del* IV. *Congresso Internazionale degli Orientalisti*, Florence, 1880) has shewn cause for believing that in 𝔄 we possess the version which, according to the statement of Moses of Chorene (II. 10)[1], was made into Armenian from Syriac at the beginning of

[1] With regard to the doubts which have recently been thrown on the genuineness of this passage, see Dr Merx's statement below (p. xv f.).

the fifth century. The main proof of the high antiquity of 𝔄 is that while on the one hand there is nothing to shew that it was corrected from the Greek original—e.g. the transliteration of the proper names throughout is solely from the Syriac—on the other hand it is free from several Syriac corruptions which are to be found in both MSS, and from a larger number which appear only in A. Unfortunately the Armenian text as printed is full of copyists' errors, and it has been thought well to devote to the correction of these a large number of the notes on 𝔄 which appear in this edition.

The older Syriac MS indeed, while marked by the use of at least one ancient grammatical form (the pronoun ܗܿܠܝܢ, I. viii. 1 and elsewhere) unknown to B, must be held to exhibit on the whole a younger or else a more carelessly transmitted text than B, since it shews more transcriptional errors. Except in the matter of plural points, in which the text of B shews some carelessness, it is possible to find few readings in which A is superior (ܕܡܠܟܘܬܗܘܢ ܕܡܠܟܐ in II. xiii. 5 seems to be one): whereas there are many cases in the first five books where B (usually with 𝔄) is better than A (e.g. in I. vii. 13, n.[66]; II. ii. 2, n.[12]; II. v. 6, n.[3]; II. xxiii. 19, n.[47]; II. xxv. 2, n.[6]; III. v. 5, n.[25]; III. vii. 3, n.[7]; IV. v. 2, n.[6] &c.), and in the other books errors of A can be exposed by comparison with 𝔄 (e.g. VIII. x. 2, n.[4]; VIII. xii. 10, n.[25]; VIII. xiv. 11, nn.[4, 6]; VIII. xv. 2, nn.[38, 39]; IX. iv. 1, n.[1]; IX. xi. 5, n.[27]; X. i. 2, n.[6]; X. iv. 6, n.[15] &c.). In the first five books B and 𝔄 as a rule keep closely together, except (as above mentioned) in regard to the distinction of plurals from singulars, on which neither of them is reliable. Occasionally 𝔄 points to a better reading than B (as I. xi. 1, n.[7]; II. xv. 2. n.[6]; III. xxxvii. 3, n.[18]; V. i. 29, n.[28]; V. v. 7, n.[18]); but the converse holds in other cases. There are places where the original of 𝔄 has partaken in an obvious Syriac corruption (e.g. ܪܘܫܬܐ for ܪܘܡܬܐ VIII. iii. 1; and VIII. vi. 6, n.[6]). On the whole our best authority for the text of the first five books is the combination of B and 𝔄; the latter, being at the best not wholly free from inaccuracy and in its edited form full of transcriptional errors, is more difficult to use as an independent witness in the other books, but at least supplies a good many certain corrections of the text of A.

Our conclusion as to the date when the Ecclesiastical History was translated into Syriac is determined by two considerations to which reference has been made: (1) A, a MS written in A.D. 462, shews frequent evidence of transcriptional errors, which must be accounted for by the text having already passed through a succession of copies; (2) the Armenian version is referred to by Moses of Chorene (or his interpolator, who is on this point probably a true witness, see below p. xv f.) as having been made from the Syriac in the beginning of the fifth century. Hence, as Dr Wright states, "It seems to follow that these books (he is speaking of this along with some other translations of Greek works) were translated into Syriac in the life time of the authors themselves, or very soon after" (*Syr. Lit.* 62).

Of the two qualities most desirable in a version—faithfulness and literary skill—our Syriac translator shews both in a considerable degree, but the latter more markedly than the former. His Syriac is good and idiomatic, and in many cases he has rendered freely without altering the general sense. The involved syntax and cumbrous sentences of Eusebius give place to a more perspicuous arrangement of words. On the other hand liberties have often been taken, and misunderstandings are not uncommon, especially where unusual Greek words have to be rendered[2]. A common feature is the omission of words, clauses, and groups of clauses—in some cases no doubt accidental, as *per homoeoteleuton* (instances of this in I. vii. 6, IX. ix. 18, X. iv. 62 &c.), and in a few others natural and justifiable (as in IV. vi. 2, VIII. ii. 4). One class of omissions is in cases where the Greek specifies exactly the place in an author's writings from which a quotation is taken, whereas the Syriac is content with a vaguer reference or none at all (instances in I. xi. 4, II. i. 3, II. vi. 3 &c.). In another set of cases a word or phrase seems to have been left out or a sentence shortened because it was hard to understand or difficult to render (e.g. in I. viii. 4, II. xvii. 8, V. iv. 2 &c.). But in the majority of cases it is difficult to assign a reason for the omissions and shortenings, except that the writer consciously allowed himself a latitude in this respect. In one or two of the larger

[2] The ensuing remarks on the character of the version and its relation to the original are based on a series of notes supplied to Dr Wright by Dr Field.

omissions towards the close the Syriac is supported by certain Greek MSS (thus in VIII. xvi. 2 f. by [Laemmer's] E^{a}O, in the omission of IX. i. 3 ff. by OP and the Latin version of Rufinus), while the book "On the martyrs of Palestine" is wanting in E^{a}O and Rufinus as well as in the Syriac. But this last is alone in omitting chapters v.—vii. of Book x. and in the large omission in chapter iv. of that book (§§ 62—68). Occasionally on the other hand the Syriac translator has inserted an extra word or phrase.

In Book I. we find a series of intentional changes made in order to purge the language of Eusebius from Arian or semi-Arian taint. The most marked examples are in I. ii. 3, 4, 5, 9, 14, 21, 23; and I. iii. 19.

The misunderstanding of difficult words and phrases is not infrequent: thus *διαλλάττοντος* in I. ii. 23, *φανητιῶντες* in I. vii. 11, *ἰσχὺν οὐχ ὑπομενητὴν προστιθέμενος* in I. viii. 7, *τέταρτον τῆς ἡγεμονίας* in I. x. 1, *καὶ τῶν ἄλλων συστρεφομένων* in I. xi. 6, and *παρὰ τούτους* in I. xii. 4, have been misinterpreted, and similar instances might be gathered from the other books.

It does not lie within the scope of this edition to set forth the new material provided by the Syriac version for the emendation of the Greek text, and still less to use it as an arbiter between the rival claims of different Greek readings. But clearly there are many cases where the Syriac translator had before him a different reading from that shewn in existing Greek MSS. Thus in I. ii. 23 he read *γνώσεως* for *γενέσεως*, in I. iii. 20 his text was other than *οἱ καθωσιωμένοι αὐτῷ*, in I. vii. 2 he apparently read *θνητοί* for *θνητῇ*, in I. viii. 15 he read *πικρῶν* for *μικρῶν*, and so on. A favourite variant in the later books is *ἐνεργής* and *ἐνεργῶς* for *ἐναργής* and *ἐναργῶς* (V. xi. 3, &c.; yet in I. iv. 14 he read *ἐναργεστέροις*); again *ἡσθῆναι* and other forms from *ἥδομαι* are interpreted as if they came from *αἰσθάνομαι* (II. xv. 2 and elsewhere). These variant readings are often not improvements on our existing Greek text: but a really good emendation is gained, for instance, from the Syriac of V. xiii. 2 (*πολιάν* for *πολιτείαν*), and others will be gleaned from comparison of the texts. The testimony in relation to Greek MSS is at first sight somewhat confusing, but on the whole a noteworthy series of agreements with Laemmer's favourite MS O points to that as exhibiting a type of text at least as nearly akin to the Syriac as any other. But the accounts of many of the MSS given on the one hand by Burton and on the other by Laemmer and Heinichen are so diverse, that it seems at present premature to make any pronouncement on this subject.

A word may now be said on the plan of the present edition. In the first five books the text has been printed from B wherever extant, and its lacunae filled up from A; the surviving fragment of the seventh, and the last three books are printed from A. In every case the spelling, pointing, and interpunction of the MS followed have been faithfully reproduced: it was thought that every detail of pointing on the fuller system of B and the less full system of A might prove interesting. In the notes on the other hand which give variants of A where B exists, only differences of words and spelling are adduced, with occasionally an important difference in interpunction. Of the notes on the Armenian version the substance is due to the labours of Dr Merx, who has kindly consented to my modifying their form in cases where this seemed desirable[3]. Their object is on the one hand to exhibit every substantial divergence of reading in 𝔄, and on the other to help Armenian scholars who study this Armenian version by correcting as many as possible of the transcriptional blunders which mar its printed text. In numbering the chapters and paragraphs it has seemed best to follow Heinichen's edition of 1868 as the one most generally in use: it has this advantage, that in the division of *chapters* it coincides with Burton's edition of 1838, while in that of *paragraphs* it is for the most part near to Laemmer's of 1862. In numbering the notes I have however followed the chapter-divisions of the Syriac text.

Dr Wright finished his copy of A as early as January, 1867, and soon after collated it with B, but for some reason the work of preparing the edition was never completed in his lifetime. The University Press Syndicate, having decided to undertake the cost of publication, saw fit to entrust me with the completion of the work in June, 1895, and since then I have been engaged upon it, with Dr Merx's cooperation as regards the Armenian version. Dr Wright's collation of B did not extend to the pointing, which is on a fuller system than that of A; and I have in consequence twice re-collated the former MS, once with Dr Wright's copy, and again

[3] For the notes on pp. 111—118 I am alone responsible.

result of this it was decided to prepare the edition of the Ecclesiastical History both from the Syriac and the Armenian authorities. I finished the collation of the Armenian text with the Syriac in the summer of 1884, and it became evident from this collation that, contrary to the natural supposition that the elder MS A should be the base of the edition, the younger MS B ought to be used as far as it goes on account of its close relation to the Armenian version. Professor Wright wrote to me in a letter of June 24, 1884: "For the *text* I think I had better follow the MS B in the first five books, because of the agreement of the Armenian, giving the readings of A in the notes. In the remaining books we must of course follow A and give the variants of the Armenian in the notes." That is what has been done in the present edition, in which Mr McLean has taken up the work of Professor Wright.

The Armenian having thus proved of decisive importance for the constitution of the Syriac text the reader is entitled to learn in what manner the Armenian translated his original, and how far conclusions may be drawn from his translation as to the readings of the Syriac. On this subject the following remarks may be made:

1. The utmost accuracy in rendering word by word is visible in every line, and students are thus enabled to compose an Armenian-Syriac vocabulary by help of which they may guess what the Armenian read where he differs from a Syriac MS. His exactness goes so far as to render even Syriac idiomatic phrases, e.g. the verb with its Infinitive ܡܫܪܐ ܫܪܘ = *անձնայն յանձնելով անձնայն* 300, ܡܦܠ ܢܦܠ ܗܘܐ = *անկանել անկանէր էր* 697.

2. On the other hand it must be noted that it was the custom of old Armenian translators—except in biblical texts—to render one foreign word by two expressions, especially if the sense is abstract. Here one word is not a gloss on the other, as has occasionally been suggested, but both of them serve to render one foreign expression, as we learn from frequent repetitions and from the double construction of such words. Sometimes they are both placed in the same case, as ܣܘܥܪܢܐ *որդանօք թեւովք բարեաւ թեւովք* 705; sometimes one in the Genitive depending on the other as ܣܘܥܪܢܐ *որդանօք թեւոյն բարեաւ թեւոյն* 327, ܙܕܝܩܐ and ܙܕܝܩܘܬܐ = *ամբարշտու-թեան անօրէնութեան* 285, 353; 203, 678; ܢܝܚܘܬܐ *ազատութեան զգաստութեան* 249. The same double translation is used also for Adjectives, e.g. ܙܕܝܩܐ = *ամբարիշտ անօրէն* 614, 671, and for Verbs, as *բռնաբերել ստանալ ստանալ* = ܩܢܐ 239, and ܢܣܒܘ = *լինել և ցանկանալ* 342 (421). Still the simple *ցանկանալով* is also used for ܢܣܒܘ 56, and *ելով լինել* for ܢܣܒ Imperative 192.

3. The translator's perception of the shades of meaning involved in synonymous words is vivid and refined; indeed one might infer that he worked with Syriac scholars who also knew Armenian. Hence notwithstanding his literal exactness he selects different Armenian words for the same Syriac expression according to the meaning, or uses the same Armenian word for different Syriac expressions, or he employs longer circumlocutions. Thus for ܬܐܘܪܝܐ *θεωρία* he has (91) *տեսիլ խաղու*, that is *spectaculum jovi*, and ܩܘܠܩܣ (κόλακες) is rendered by *մարդահաճոյք և սուտ սպա-սաւորք*, that is *hominibus complacentes et mendacibus inservientes* 95: thus ܐܢܫܐ ܢܟܦܐ 102 is rendered by *հեզ մարդիկ* (Greek ἀνδράσι σώφροσι) that is *mild, meek, gentle, calm*, the same word which elsewhere is put for ܡܟܝܟܐ 726, 132 (like

Aphraates 91), where the Greek is ταπεινοί and ἐπιεικέστατοι, because he sees that ܐܢܫܐ ܢܟܦ̈ܐ does not mean *chaste people*, but σώφρονες. The noun ܢܟܦܘܬܐ = σωφροσύνη is rendered by *զգաստութիւն* 660, but on the same page ܐܢܬܬܐ ܢܟܦܬܐ corresponds to *կին հեզ և հանդարտ* *mulier tranquilla et sobria*. The word ܐܦܝܣ is translated by *հրամայել* *jubere* 262, but 190, 268, 271, 397 by *հրապուրել* *seducere, ad malum instigare*. Consequently if ܐܦܣ *permisit*, where the Greek is ἐπιτρέψας, is rendered by *հրամայել* 35, one might suggest that the Armenian found in his original ܐܦܝܣ: yet this is not certain, for the meaning may be, Herod did not *order* to keep the vestments under the hands of the High priests; and therefore no variant has been noted. In the same way ܡܫܝܢܘܬܐ 13 and ܡܫܛܝܘܬܐ 408 are rendered by *յիմարութիւն*, and one might ask whether the Armenian found the same word in both these passages, but the case must be regarded as doubtful.

4. The Armenian is not at all a slave to his Syriac original, but maintains a certain freedom, which is a consequence of his being aware that often the same Armenian word is the most convenient for expressing the sense of different Syriac expressions. Thus *յաղթանէ և յաղթահարէ* is put for ܟܒܫܐ 648 and for ܡܬܟܬܫ ܠ 57, and *յանձն առնուլ* is ܐܬܬܦܝܣ 291, 642—which is rendered by *ի հրապուրս անկեալ է* 369—but is also ܩܒܠ 306. Thus *յանձն առնել* is ܐܫܠܡ 189 al. but also ܐܫܠܡܗ ܠܪܘܚܗ is rendered *յանձն արար զհոգին* 341, where the suffixes are omitted in the translation. In the same way *զայթակղել* is found for ܐܬܬܩܠ 690, ܬܩܠ 317, ܐܬܟܫܠ 687; and *բարկանալ* for ܐܬܪܓܙ 120 and for ܡܬܪܓܙܝܢ 397; and ܕܘܒܪܐ is rendered in different places *գնացք*, *վարք* and *վարք գնացք*. The verbs ܦܩܕ 220, ܫܕܠ 310, ܦܝܣ 684, are equally rendered by *գրգռել*; and *պատուէլ* is ܦܩܕ 399 as well as ܐܦܝܣ 105, 145 al.

Thus his work is no mechanical transliteration in the style of Aquila, and one must be familiar with his style and manner to be able to recognize what was his Syriac original. Cases like that of ܡܫܝܢܘܬܐ and ܡܫܛܝܘܬܐ, and of ܐܦܝܣ and ܐܦܣ quoted above require serious consideration. So also ܟܪܝܬ or ܟܪܬ = *ակնդի* p. 230 note 11 in the Syriac text.

5. The translator did not understand Greek or Latin, as we learn from his transliterations of Greek and Latin proper names. A man who writes *Sabestos* and *Anktos* for σεβαστός and Ἀνίκητος, *Kleria'* for Καλλιρρόη, *Asplatea'* for Ἀσφαλτίτης 47, and who transliterates ܘܠܘܪܝܣܝܡܘܣ = καὶ Οὐηρισσίμῳ by *Վալերեսիմոս* *Waleresimos* 261, has not even a smattering of either of those languages. The words ὀρθόπνοια and δύσπνοια 46 are transcribed *orthaponia* and *daspinia*.

Though I have looked for traces of different translators' hands I have not succeeded in finding any; the whole version seems to be the work of one man or a set of men working on identical principles.

As to the age of the translator, the question was an easy one so long as there were no doubts raised against the authenticity of the History of Moses of Khorene. Since 1876 however this book has by some eminent critics been regarded as a forgery, the author of which lived at least two centuries after the true Moses of Khorene, the celebrated translator in the beginning of Armenian literature. We cannot therefore ignore the fact that these doubts affect the certainty with which the age of our Armenian version was determined, for its determination rested entirely on the witness borne by the so-called Moses of Khorene.

This author says, II. 10, that in the following passage of his work he will give abstracts from the fifth book of Africanus the chronographer, because Africanus copied his history of the ancient Armenian kings from documents preserved in the archives (*diwān*) at Edessa or Urhai which had been transferred there from Nisibis—and from sacerdotal recitals written at Sinope[2]. He himself—viz. the author of the forgery—has, he affirms, seen these archives with his own eyes. Besides this testimony of Africanus there is still a *nearer* testimony,—so he goes on—for the existence of such archives at Edessa, that is the Ecclesiastical History of Eusebius, which the venerable Doctor Mashtots (Mesrop † 441) caused to be translated into Armenian. Then he refers to Eusebius I. 13, where it is stated that there were such archives at Edessa (as Africanus mentioned) in which were kept historical accounts of all achievements of the Armenian kings until Abgar. This is what Eusebius says, but Moses or Pseudomoses adds, that these archives contained also the history of the successors of Abgar until Erouant. Finally he declares, that he is of opinion, that a copy of the translation of Eusebius is still existing at Gelachouni, a town[3] in the district of Siuni, and this copy is the *nearer* testimony for the existence of the archives at Edessa, which the person for whom he wrote his history easily may find if he seeks it. This person is none other than Isaac the Bagratounian (I. 1), whose residence may have been near Gelachouni, so that he could convince himself there, it being more difficult to get the books of Africanus. That seems to be the meaning of the somewhat confused passage II. 10.

In noticing that the translation was made by order of Mesrop the author needs must have thought of the fact related in III. 60, that Mesrop and Isaac the Great (the latter died in 441, six months before Mesrop) sent interpreters to Edessa, who should return to them laden with all the books of their—that is the Syriac—holy fathers diligently translated into Armenian. If it be considered that we have to this day translations from the Syriac of Ephraem, Aphraates, Labubna, of the Ignatian epistles, of Irenaeus and perhaps of Hippolytus[4], together with the translation of the Ecclesiastical History of Eusebius, the style of which is absolutely identical with that of the translation of Aphraates[5], it would be bold to deny the essential correctness of this notice, even if the author be more than two centuries younger than has hitherto been admitted. For even at a later time the author could not have made such assertions, if they were not generally accepted in his time, because he does not speak of an isolated work, but of a whole class of his national literature.

Besides Moses not only cites our translation, II. 10, but he copies from it almost

[2] This is according to the translation of Tommaséo. It is however possible that he means, that another part of the archives at Edessa have been transferred there from Sinope from (the) sacerdotal recitals preserved there in a temple.

[3] The rendering of this clause is disputed. Cf. M. A. Carrière, *La Légende d'Abgar* in *Centenaire de l'École des langues orientales vivantes*, Paris 1895, p. 360.

[4] For Irenaeus comp. the fragments XXX and XXXI in the second volume of the edition of Harvey, Cambridge 1857. Hippolytus is cited by Moses of Khorene II. 10. Comp. Hippolytus *Werke* von Bonwetsch und Achelis Berlin 1897, XXIII.

[5] Comp. Graffin *Patrologia syriaca* Tomus primus (Aphraates) Paris 1894 p. XXXVII.

literally, with insignificant differences, the correspondence of Abgar and Christ (I. 30—33 = Eusebius I. 13); and there are, as far as I have seen, still two other passages of Eusebius which he has embodied in his work. The first is Eusebius IV. 6 = Moses II. 60, where Moses has even the extraordinary spelling Բարքոբայ, *Barchoba*, which is found in Eusebius in the form Բարքոքեբայ instead of ܒܪܟܘܟܒܐ, *Barkochba*, and where the missing word for ܡܥܩܐ (comp. our text p. 188 Note 6) is really found in Moses, who has for ܐܝܟ ܕܠܐܚܝܕ̈ܐ ܘܡܥܩ̈ܐ իբրև նեղելոց և գերելոյ i.e. *tamquam oppressis et captivis*. The second passage is Moses II. 66 = Eusebius IV. 26, where an old blunder in the text of Moses is corrected by our translation. The corrupted text says, that Bardesanes lived in the time of the last Antoninus, *Antonini posterioris*, Վերջնոյ = *wertšno'*, where Eusebius has ܕܐܢܛܘܢܝܢܘܣ ܐܘܪܘܣ i.e. *of Antoninus Verus*, and here it is evident that Վերջնոյ = *wertšno'* is a corrupt reading for Վերոսեայ = *Werosea'*. It is therefore by no means true that Moses confounded Marcus Aurelius with Elagabalus, as Alfred von Gutschmidt inferred from this corrupted text (*Gesammelte Abhandlungen* 1892, III. 303).

We are thus fully entitled to say, that Moses followed this our Armenian translation of Eusebius, which in his time,—even if it was after 640—was attributed to the age of Mesrop's first literary enterprises, that is before 430 after Christ. It represents therefore the state of a Syriac MS of the fourth century, and that may be about a century older than the Syriac MS A.

As to the Greek original of the Syriac version, my opinion is that it was the earliest recension, afterwards to some extent modified and so brought into the form which is now preserved in the Greek manuscripts.

ADALBERT MERX.

HEIDELBERG, *January* 29, 1898.

ܐܘܩܠܣܝ̈ܣܛܝܩܐ.

ܐܘܟܝܬ ܬܫܥ̈ܝܬܐ ܥܕ̈ܬܢܝܬܐ.

ܕܡܪܝ ܐܘܣܒܝܣ

ܩܣܪܝܐ.

𝔄 1 (A fol. 2 *b*) ܦܘܪܫܐ ܡܙܒܢܝܐ ܕܫܥ̈ܝܬܐ¹ ܕܒܕܝܬܐ.

·o· ·o· ·o· ·o·

ܫܪܟܐ² ܡܙܒܢܝܐ. ܕܒܢܘ ܫܪܟܐ ܕܫܘܪܝܗ ·o·o·

ܕܬܪܝܢ. ܦܣܩܘܬܐ ܕܪ̈ܝܫܐ³ ܕܐܡܝܪܝܢ ܥܠ ܡܙܒܢܘܬ ܐܠܗܘܬܗ

ܕܦܘܪܣ ܘܡܢ ܢܣܒ ܡܫܝܚܐ ܒܪܗ ܕܐܠܗܐ ·o·o·

ܕܬܠܬܐ. ܥܠ ܫܢܝܐ ܕܢܘܚ ܘܕܡܫܝܚܐ. ܕܢܣܒ ܗܘܐ

ܘܡܢܝܢ ܠܘܬ ܢ̈ܒܝܐ ܩ̈ܕܝܫܐ ·o·

ܕܐܪܒܥܐ. ܕܠܐ ܗܘܐ ܡ̈ܠܟܐ ܐܘ ܢܒܝ̈ܐ ܘܠܟܗܢܐ ܕܕܝܢܬ

ܐܠܗܐ ܕܐܒܪܗ ܦܘܪܣ ܀

ܕܚܡܫܐ⁴ ܥܠ ܙܒ̈ܢܐ ܕܐܬܝܠܕ ܒܗܘܢ ܒܪ ܐܢܫܐ.

ܕܫܬܐ. ܕܒܪ̈ܢܫܐ ܕܠܘܗ ܐܝܟ ܕܐܡܪܬ ܢܒܝܘܬܐ ܐܘܦ

ܕܫܒܥܐ. ܫܢܘ̈ܗܝ ܕܐܕܡ ܡܕܡ. ܡܢ ܡܟܠܐ ܕܐܟܡܝܢ̈ܘܗܝ

ܕܬܡܢܝܐ. ܗܘܘ ܗܘܘ ܡܬܒܪ̈ܝܐ ܡܢܗܘܢ ܠܒܢܝ̈ܗܘܢ ܘܗܘܐ

ܠܒܢܝ̈ܗܘܢ ܡܠܟܐ ܡܢ ܒܚܟܡܬܐ ܡܕܡܐܝܬ ܗܪܕܐ.

ܕܬܫܥܐ. ܥܠ ܗܕܐ ܬܫܥܝܬܗ ܕܡܫܝܚܐ. ܕܡܫܬܘܕܥ ܕܠܐ

ܥܠܡܝܢ ܐܘܢ̈ܓܠܝܘܢܐ ܠܝܗ̈ܘܕܐ ·o·o·

ܕܬܡܢܝܐ. ܥܠ ܢܦܠܐ ܕܦܠܓܐ ܕܐܬܦܠܓ ܗܪܘܕܣ ܥܠ ܦ̈ܠܓܐ

ܕܬܠ ܠܫܒ. ܘܕܐܝܟܢܐ ܫܪܬܐ ܒܥܠܬܐ ܗܘܬ ܠܗ ·o·o·

𝔄 2 ܕܬܫܥܐ. ܥܠ ܙܒ̈ܢܘܗܝ ܕܦܝܠܝܦܘܣ.

¹ 𝔄 *de historiis* ² 𝔄 om. ܡܪܟܐ ³ 𝔄 *epitome initiorum* ⁴ 𝔄 om. title of this chapter (part of which is wanting in the Arm. text)

ܕܥܣܪܐ.[5] ܥܠ ܪ̈ܒܝ ܟܗ̈ܢܐ ܕܝܗܘ̈ܕܝܐ ܕܒܝܘ̈ܡܬܗܘܢ ܐܠܦ
ܡܪܢ ܀

ܕܚܕܥܣܪ. ܥܠ ܣܗ̈ܕܘܬܐ ܕܐܡܝܪܢ ܥܠ ܝܘܚܢܢ ܡܥܡܕܢܐ
ܘܥܠ ܡܫܝܚܐ[6] ܀܀

ܕܬܪܥܣܪ. ܥܠ ܬܠܡܝ̈ܕܘܗܝ ܕܦܪܘܩܢ.

(B fol. 1 a) ܕܬܠܬܥܣܪ[7] ܬܫܥܝܬܐ ܥܠ ܡ̇ܠܟܐ ܕܐܘܪܗܝ ܀

ܪܫܐ[1] ܩܕܡܝܐ ܕܗܢܐ ܗܘ[2] ܪܫܐ ܕܫܘܪܝܗ ܀:܀ ܀:܀ 𝔄 3

i. 1 ܡܫܠܡܢܘܬܐ[3] ܕܫ̈ܠܝܚܐ ܕܡܢ ܡܐܬܝܬܗ ܕܦܪܘܩܢ ܘܥܕܡܐ ܠܘܬܢ
ܨܒܝܬ ܕܐܪܫܘܡ ܒܟܬܒܐ. ܘܕܟܡܐ ܘܕܐܝܟܢ ܐܝܠܝܢ ܨ̈ܒܘܢ
ܡܬܡܠܠ ܕܐܬܥܒ̇ܕ ܒܡܕܒܪܢܘܬܐ ܕܥ̈ܕܬܐ.[4] ܘܕܐܝܠܝܢ ܐܢܘܢ
ܗܠܝܢ ܕܫܒܝܚܐܝܬ[5] ܒܟܢܘ̈ܫܬܐ ܡܫܒ̈ܚܬܐ[6] ܗܘܘ ܪ̈ܝܫܐ[7] ܘܡܕܒܪ̈ܢܐ.
ܘܕܐܝܠܝܢ ܐܢܘܢ ܗ̇ܢܘܢ ܕܒܕܪ ܕܪ ܐܟܪܙܘ ܒܡ̇ܠܬܐ ܕܐܠܗܐ ܐܘ ܕܠܐ
ܒܟܬܝܒܬܐ ܐܘ ܒܡܬܪ̈ܓܡܢܘܬܐ. ܘܕܐܝܠܝܢ ܐܢܘܢ ܘܟܡܐ[8] ܘܒܐܝܠܝܢ
2 ܙ̈ܒܢܐ ܗܢܘ[9] ܫܪܝܐܝܬ[10] ܬܠܡܝ̈ܕܐ ܕܪܚܡܘܬܐ ܕܚܕܬܘܬܐ ܕܒܛܠܬܐ.
ܘܥܠܐ ܢܦܫܗܘܢ ܐܝܟ ܕܐܒ̈ܐ[11] ܢܟ̈ܠܐ[12] ܗܘܘ ܥܠ ܡܪܥܝܬܗ
ܕܡܫܝܚܐ. ܘܥܡ[13] ܗܠܝܢ ܡܢ ܕܓܕܫ ܡܚܘܬܐ ܠܥܡܐ ܕܝܗܘ̈ܕܝܐ 𝔄 4
3 ܥܠ ܕܥܒܕܘ ܘܐܬܡܪܕܘ[14] ܥܠ ܦܪܘܩܢ. ܘܐܝܟܢܐ[15] ܘܒܐܝܠܝܢ ܙ̈ܒܢܐ
ܐܬܪܕܦܬ ܡܢ ܥܡ̈ܡܐ ܡܠܬܗ ܕܐܠܗܐ.[16] ܘܕܐܝܠܝܢ ܐܢܫܝܢ[17]

[5] 𝔄 om. title of this chapter here, but has it in its place [6] 𝔄 om. ܘܥܠ ܡܫܝܚܐ [7] With this word begins the text of B.

CHAP. I. [1] 𝔄 om. ܩܕܡܝܐ [2] A ܕܡܠܬܗ [3] 𝔄 plur. [4] A ܕܥܕ̈ܬܐ [5] A ܕܡܫܒܚܐܝܬ [6] A ܐܬܪ̈ܘܬܐ] 𝔄 makes the adj. agree with ܥܕ̈ܬܐ, i.e. expresses ܡܫ̈ܒܚܬܐ [7] A ܩܫܝ̈ܫܐ [8] 𝔄 *quinam sint et quanti et quot* [9] A ܐܝܟܘ [10] A adds ܐܦ [11] A fol. 3 a [12] A ܡܬܚܦܛܢܐ [13] A ܘܥܠ [14] 𝔄 = ܘܐܬܡܪܕܘ [15] 𝔄 *et quemadmodum vel quomodo* [16] A ܕܦܘܪ̈ܣܝܢ [17] A ܐܢܫܐ

ܒܟܠ ܕܝܢ ܗܠܝܢ ܐܝܟܢܐ ܡܛܠ ܥܒܕܗ[18] ܕܐܡܪ݂. ܒܩܕܡܝܐ
ܘܫܘ̈ܬܦܢܐ[19] ܘܐܝܟ ܕܐܝܬ. ܘܡܢ ܗܠܝܢ ܐܦ ܥܠ[20] ܫܘܕܥܐ ܕܗܘܐ
ܒܡܕܒܪܢ݂. ܘܡܕܒܪ̈ܢܐ ܕܟܪܝܣܛܝܢܘܬܗ ܕܦܪܘܩܢ ܕܗܘܐ ܒܟܠ
ܘܕܟܠܢ[21] ܀ ܗܢ ܗܠܝܢ ܕܝܢ ܕܐܬܠܒܘܢ[22] ܢܟܠ̈ܢ.[23][24] ܗ̇ܠܝܢ ܕܐܡܪܢ
ܥܒܪܝܐ ܠܗܠܝܢ. ܗܢ ܡܦܪܫܘܬܗ ܡܫܡܠܝܬܐ ܕܦܪܘܩܢ ܡܪܢ݂[25]
ܫܘܒ ܡܫܝܚܐ ܒܪܗ ܕܐܠܗܐ ܀ ܫܪܝܬ ܐܝܟܐ[26] ܕܝܢ ܕܒܥܘܕܪܢ݂[27] 4
ܡܢ ܢܦܫ ܦܘ̈ܩܕܢܐ. ܡܘܕܐ ܐܢܐ ܛܝܒܘ[28] ܕܠܒܪ ܡܢ ܚܝܠܐ ܐܬܬܝܗ
ܗܕܐ. ܕܡܫܬܡܠܝܢܘܬ ܐܫܟܚ ܗܘܐ ܫܘܒܕܐ[29]. ܡܛܠ ܕܐܢܫܝܢ[30]
ܗܘ (B fol. 1b) ܚܕ ܡܕܡ ܕܝܢ[31] ܐܡܝܢ ܒܗܘܐ ܫܪܒܐ. ܐܝܟ ܐܢܫ
ܕܕ̈ܪܐ ܒܐܘܪܚܐ ܕܠܐ ܕܫܝܐ. ܘܡܫܟܠܝܢ ܐܢܫܝܢ[32] ܕܐܠܗܐ ܢܗܘܐ
ܠܝ ܗܕܐ. ܘܚܝܠܐ ܕܡܪܢ݂ ܢܗܘܐ ܒܥܘܕܪܢܝ[33]. ܒܡܫܘ̈ܬܐ ܚܕ
ܫ̈ܒܝܠܐ ܕܐܢܫܐ ܐܚܪ̈ܢܐ ܕܪܕܘ[34] ܡܕܡ ܒܗܕܐ ܐܘܪܚܐ ܠܐ
ܐܫܟܚܢ. ܐܠܐ ܒܠܚܘܕ ܫܒ̈ܝܠܬܐ ܙܥܘ̈ܪܬܐ ܕܡܫ̈ܚܠܦܬܐ ܕܐܢܫ
ܐܢܫ ܒܙܒܢܐ ܕܗܘܘ ܒܗܘܢ ܒܙܒܢܝܗܘܢ ܡܢܗܘܢ ܕܫܒܩܘ[35] ܠܢ. 𝔄 5
ܘܐܝܟ ܕܡܢ ܦܠܘܪܐ ܡܫܬܡܥܐ[36] ܒܗܘܢ̈ܐ[37] ܕܩܠܗܘܢ[38] ܐܝܟ[39] ܕܡܢ
ܢܫܟܐ ܕܪܘܚܩܐ ܦܚܡܝ. ܘܡܫܡܗܝܢ ܕܒܐܝܕܐ ܐܘܪܚܐ[40] ܢܐܙܠ.
ܘܡܕܒܪܢܘܬܐ ܕܡܠܬܐ ܬܗܘܐ ܠܢ ܕܠܐ ܛܘܥܝܘܬܐ. ܒܠܚܘܕ ܕܝܢ[41] 5
ܐܝܠܝܢ ܕܢܝܢ ܐܢܫܝܢ[42] ܕܐܥܒܕܝܢ ܠܗܘܢܐ ܫܪܒܐ. ܗܢ ܐܝܠܝܢ ܕܟܬܒܘܢ݂

[18] 𝔄 om. ܡܛܠ ܥܒܕܗ and possibly reads ܐܝܩܢܐ [19] A ܘܡܫܘ̈ܬܦܢܐ [20] A om. ܥܠ [21] 𝔄 = ܘܟܠܢ [22] A ܕܐܬܠܒ [23] A ܕܐܢܐ ܐܢܐ [24] 𝔄 adds *sed* (= ܐܠܐ?) [25] A ܘܡܢ [26] A ܐܝܟܢܐ [27] A ܕܒܝܕܗܘܢ [28] A ܡܘܕܐ ܕܝܢ [29] A ܫܘܕܝܐ [30] A ܕܢܫܐ [31] A ܡܕܡܬܐ [32] A ܘܡܫܟܠܝܢ [33] A much later hand has added in A ܘܫܒ̈ܝܠܘܗܝ ܕܢܠܟ ܠܟܠܗܘܢ ܡܕܒܪܢܐ [34] A ܕܪܕܘ [35] A ܕܫܒܩܘ [36] 𝔄 *a multo tempore* [37] A ܒܗܘܢܝܐ [38] A ܕܩ̈ܠܗܘܢ 𝔄 = ܕܩܠܗܘܢ [39] 𝔄 = ܘܐܝܟ [40] A om. ܐܘܪܚܐ [41] 𝔄 = ܒܠܚܘܕ ܕܝܢ or ܕܒܠܚܘܕ [42] A ܕܐܢܫܝܢ

ܒܟܘܪܣܝܗܘܢ ܕܡܫܬܘܕܥܢܐ ܡܕ̈ܝܢܬܐ. ܐܝܟ ܕܡܢ ܡܕ̈ܪܐ ܡܠ̈ܠܬܐ[43]
ܢܠܩܛ ܗܟ̈ܢܐ ܕܡܠܘܗܝ ܘܢܓܒܐ ܒܦܢܝܬܐ ܕܬܫܒܘܚܬܢ ܘܢܩܝܡ
ܡܫܠܡܘܬܐ ܕܬ̈ܫܥܝܬܗܘܢ ܕܩܕ̈ܡܝܢ. ܕܝܠܢ ܒܡܕܒܪܢܘܬܗ ܒܡܠ̈ܬܐ
ܡܬ̈ܒܬܐ ܒܡܕܒܪܐ ܠܡܕܒܪܢܘܬܐ. ܐܦ ܠܐ ܕܒܠܚܘܕܘܗܝ ܐܠܐ ܐܦ
6 ܕܐܝܠܝܢ ܕܝܕܝܥܝܢ ܒܫܡܗܘܢ. ܦܚܕ ܕܝܢ ܚܢܢ ܒܥܒܕܗ ܕܗܘܐ ܫܘܪܝܐ
ܕܐܪ̈ܚܐ ܠܝ. ܡܛܠ ܕܠܫܐ ܡܢ ܡܫܬܘܕܥܢܐ ܡܕ̈ܝܢܬܐ ܕܗܘܘ ܒܥܕܬܐ.[44]
ܠܐ ܐܫܟܚܢܢ ܕܗܘܝܬ ܢܩܦܘܬܐ ܥܠ ܡܫܬܥܝܢܘܬܗ[45] ܕܗܢܐ
ܫܘܪܝܐ. ܦܣܥ ܐܢܫܐ[46] ܕܝܢ ܕܢܗܘܐ ܡܬܪܢܝܐ. ܠܐܝܠܝܢ ܕܡܫܒܚܝܢ
7 ܘܠܦܝܢܐ ܕܫܝܢܬܐ ܕܬܫܒܘܚܬܐ ܗܕܐ. ܐܦ ܒܗ ܗܫܐ ܕܝܢ[47]
ܒܗܘ ܕܗܘܐ ܫܘܪܝܐ. ܒܫܒ̈ܝܠܬܐ[48] ܕܘܒ̈ܪܐ ܕܡܢ ܡܕܡ[49] ⌜ܦܣ̈ܝܩܝܢ⌝ 𝔄 6
ܠܝ ܒܦܣܩܝܢ ⌜ܦܣ̈ܩܝܢ⌝ ܪ̈ܫܝܡ ܗܘ ܠܝ. ܗܫܐ ܕܝܢ ܡܫܬܟܠܢܘܬ
ܐܬܦܣܩܬ ܕܐܟܚܕܐ[50] ܥܡܠܢܐ ܕܗܘܐ ܬܫܥܝܬܐ ܕܐܪܝܟܐ ܠܝ ܀

ܕܬܪ̈ܝܢ. ܦܣ̈ܩܘܐ ܕܪ̈ܫܐ.[1] ܕܐܡܝܪ̈ܝܢ ܥܠ ܡܕܒܪܢܘܬ ܐܠܗܘܬܗ
ܕܦܪܘܩܢ ܡܪܢ[2] ܝܫܘܥ ܡܫܝܚܐ ܒܪܗ ܕܐܠܗܐ ܀
8 ܐܫܪܐ ܗܟܝܠ ܒܡܠܬܐ ܐܝܟ ܕܩܕܡ ܐܡܪܬ. ܡܢ ܐܠܗܘܬܗ
ܡܫܠܡܘܬܐ ܘܡܕܒܪܢܘܬܐ ܕܡܫܝܚܐ. ܕܡܕܡܐ ܠܗܕܐ ܡܦܪܢܣܢܘܬܐ[3]
9 ܕܒܦܓܪ. ܐܦ ܙܕܩ ܗܘ ܓܝܪ ܠܐܝܢܐ ܕܒܥܘܬ ܕܢܟܬܘܒ ܒܗ
ܫܘܪ̈ܝܐ ܬܫܥ̈ܝܬܐ[4] ܕܥܕ̈ܬܗ ܕܡܕܒܪܢܘܬܐ. ܕܡܢ ܠܥܠ ܢܫܪܐ ܥܠ[5]
ܫܘܪܗ ܕܫ̈ܪܪܐ ܡܢ ܐܠܗܘܬܐ ܗܘ ܓܝܪ ܡܫܠܡ ܐܢܫܘܬܐ ܒܗܘ

[43] A ܡܢ ܡܕ̈ܪܐ ܡܡܠܠܐ 𝔄 'ի բանականին մարգաց *e logices* (?) *pratis*. Should we read 'ի բանական մարգաց *e logicis pratis*? [44] A ܩ̈ܕܡܝܐ [45] A fol. 3 *b* [46] A ܗܣܝܐ [47] A om. ܕܝܢ? [48] A ܒܫܒܝܠܬܐ [49] A om. ܡܢ ܡܕܡ
[50] Here begins a lacuna in B.

CHAP. II. [1] 𝔄 *epitome initiorum* [2] 𝔄 = ܘܡܢ [3] 𝔄 տեսութիւն *visionem*: but read տնտեսութիւն *dispensationem* [4] 𝔄 sing. [5] 𝔄 = ܡܢ

ܡܫܝܚܘܬܐ ܗܕܐ.[6] ܐܝܬܘܗܝ ܓܝܪ ܠܦܘܩܕܢܗ ܒܠܝܢ[7] ܡܫܪܝܢ. ii. 1
ܕܡܬܦܫܩ ܒܡܠܬܐ. ܕܬܢܐ ܐܝܬܘܗܝ ܐܠܗܘܬܗ. ܘܒܪ̈ܓܠܐ
𝔄 7 ܡܬܦܫܩܢܐ ܐܢܫܘܬ[ܗ]..........[8] ܕܠܒܪ ܡܦܠܓ ܦܘܪܫ.
ܡܢ ܕܒܢܝܢ[9] ܗܘܠ ܫܘܪܝܐ ܠܡܠܟܘܬ ܡܢ ܡܕܒܪܢܘܬ ܐܠܗܘܬܗ.
ܗܘܠܐ ܡܫܡܠܝܐ ܬܫܡܫܬܐ ܒܡܕܒܪܢܘܬܗ.[10] ܒܗ̇ ܕܝܢ ܒܗܕܐ ܐܦ
ܡܕܒܪܢܘܬܗ ܘܡܬܚܫܚܢܘܬܗ[11] ܕܒܪܢܫܘܬܐ ܡܬܝܕܥܐ. ܕܐܦ
ܡܢ ܡܕܡ ܥܬܝܩܐ ܗܘܬ ܠܐܠܗܐ. ܘܠܐ ܗܘܐ ܐܝܟ ܕܫܒܩܝܢ
ܐܢ̈ܫܝܢ ܕܗܘܝܐ ܗܘ ܚܕܬܐܝܬ[12] ܐܬܚܙܝܬ ⁘ ܥܠ ܠܐ ܡܘܠܕܐ 2
ܕܝܢ ܘܐܚܪܢܐ ܕܐܝܬܘܬܗ ܕܡܫܝܚܐ ܠܐ ܐܢܫ ܡܠܬܐ ܕܢܦܩܐ
Is liii 8 ܠܡܫܬܥܝܘ. ܐܝܟ ܕܐܡܪܬ ܢܒܝܐ ܕܐܠܗܐ ܒܢܒܝܘܬܐ. ܕܕܪܗ
cf Mt xi 27 Lc x 22 ܡܢܘ ܢܫܬܥܐ. ܡܛܠ ܓܝܪ ܕܐܝܟܢܐ ܕܠܐܠܗܐ ܠܐ ܝܕܥ ܐܢܫ
ܐܠܐ ܐ̱ ܒܪܐ. ܐܦ ܠܐ ܠܒܪܐ ܡܫܟܚ ܐܢܫ ܕܢܕܥ ܐܝܟ
ܡܢ ܕܐܝܬܘܗܝ. ܐܠܐ ܒܠܚܘܕ ܐܒܐ ܕܝܠܕܗ. ܠܗܘܪܐ ܓܝܪ[13] 3
ܕܡܢ ܩܕܡ (A fol. 4 a) ܥܠܡܐ. ܘܠܫܡܫܬܐ ܕܦܘܠܚܢܐ ܡܫܡܠܝܐ.
ܘܠܡܠܬܐ ܐܠܗܐ ܚܝܐ. ܗܘ ܕܐܝܬܘܗܝ ܗܘܐ ܡܢ ܒܪܫܝܬ
ܠܘܬ ܐܒܘܗܝ. ܗܘܝܘ ܡܠܟܐ ܕܬܘܪܒܝܬܗ ܡܫܝܚܝܬܐ.[14] ܐܠܐ
ܐܒܐ. ܠܗܘ ܕܗܘܝܘ ܒܠܚܘܕܘܗܝ ܡܠܟܐ ܕܐܠܗܘܬܐ. ܕܩܕܝܫ
ܠܟܠܗܘܢ ܒܪ̈ܝܬܐ ܕܡܬܚܙܝܢ. ܘܠܐ ܡܬܚܙܝܢ. ܠܒܪ ܚܝܠܘܬܐ
cf Is ix 6 ܕܫ̈ܠܝܛܐ ܥܬܝ̈ܕܐ ܕܠܐ ܡܬܚܙܝܢ. ܠܗܘ ܕܗܘܝܘ ܕܡܠܐܟܐ ܘܡܠܟܐ.

[6] 𝔄 om. ܗܕܐ [7] 𝔄 om. ܒܠܝܢ [8] Two words have been erased in A, for which a later hand has substituted ܐܢܫܘܬܗ ܕܡܢ ܝܠܕܬ ܐܠܗܐ *the manhood which (was) from the mother of God.* The ܗ in ܐܢܫܘܬܗ is still legible, and the first of the erased words seems to have ended in ܬ. 𝔄 has *մարդկութիւն նորա բնակիցն մեր* *humanitas eius consubstantialis nobis*: was the Syriac ܐܢܫܘܬܗ ܒܪܬ ܟܝܢܢ? [9] 𝔄 fut. [10] 𝔄 *in ordinando meo* [11] 𝔄 *և. օրհնութիւն et benedictio* (= ܘܡܒܪܟܢܘܬܗ?) [12] 𝔄 = ܘܐܬܚܙܝܬ or ܐܬܚܙܝܬ ܐܦ [13] 𝔄 *autem* [14] 𝔄 *sanctitate et verecundia*

ܠܡܫܘܪܐ ܕܝܚܝܕܗ ܕܡܢܗ ܕܐܒܐ. ܠܗܘ ܕܐܠܗܘܬܗ ܒܪܘܝܐ

ܕܥܠ ܡܢ ܐܒܐ.[15] ܠܗܘ ܕܗܘܝܘ ܥܠܬܐ ܕܟܠ ܕܗܘܐ. ܠܗܘ

ܕܐܝܬܘܗܝ ܒܪܐ ܫܪܝܪܐ ܘܝܚܝܕܝܐ ܕܐܠܗܐ.[16] ܗܘ ܕܐܝܬܘܗܝ[17] 𝔄 8

ܥܠ ܟܠ ܡܪܝܐ ܘܐܠܗܐ ܘܡܠܟܐ. ܕܐܝܟ ܚܕܐ ܡܪܘܬܐ

ܘܫܘ̈ܠܛܢܐ[18] ܡܢ ܫܠܝܛܐ ܘܐܠܗܘܬܐ ܘܐܝܩܪܐ[19] ܡܢ ܚܝܠܐ

ܕܐܝܬܘܬܐ ܕܐܒܐ ܐܝܬ ܠܗ. ܕܐܝܟ ܕܐܪܙ[20] ܕܐܡܪܝܢ ܟܬ̈ܒܐ

ܥܠ ܐܠܗܘܬܗ. ܒܪܫܝܬ ܐܝܬܘܗܝ ܗܘܐ ܡܠܬܐ. ܘܗܘ ܡܠܬܐ Jn i 1, 3

ܐܝܬܘܗܝ ܗܘܐ ܠܘܬ ܐܠܗܐ. ܘܐܠܗܐ ܐܝܬܘܗܝ ܗܘ ܡܠܬܐ.

4 ܘܟܠ ܒܗ ܗܘܐ. ܘܒܠܥܕܘܗܝ ܐܦܠܐ ܚܕܐ ܗܘܐ. ܕܗܘ ܕܗܘܐ

ܐܦ ܡܘܫܐ ܪܒܐ ܘܩܕܡܝܐ[21] ܕܢܒܝ̈ܐ. ܟܕ ܐܟܬܒ ܒܪܝܬܐ

ܕܐܠܗܐ ܠܗ ܗܘܐ ܘܬܘܩܢܐ ܕܒܪ̈ܝܬܐ ܟܠܗܝܢ ܥܠ ܡܥܒܕܢܐ

ܐܟܬܒ ܕܐܝܬܘܗܝ ܒܪܘܝܐ ܕܟܠ ܘܡܬܩܢܢܐ. ܗܢܘ ܕܝܢ ܥܠ

ܡܠܬܐ ܐܠܗܐ. ܕܠܝܬ ܡܢ ܒܪܝܬ. ܘܠܗ ܗܘ ܫܘܬܦ ܒܗܕܐ

ܒܬܘܩܢܐ ܕܒܪ̈ܝܬܐ. ܐܡܪ ܠܗ ܓܝܪ ܐܠܗܐ. ܕܢܥܒܕ ܐܢܫܐ Gen i 26

5 ܒܨܠܡܢ ܐܝܟ ܕܡܘܬܢ[22]. ܘܠܡܠܘ ܥܠ ܗܕܐ ܡܠܬܐ. ܫܘܝܢ

ܠܡܠܬܗ[23] ܢܒܝܐ ܐܚܪܢܐ. ܟܕ ܐܡܪ ܥܠ ܐܠܗܐ ܒܬܫܒܘܚܬܐ.

ܕܗܘ ܐܡܪ ܘܗܘܘ. ܘܗܘ ܦܩܕ ܘܐܬܒܪܝܘ. ܗܢܘ ܕܝܢ. ܕܡܫܘܬܦ Ps xxxiii 9

6 ܠܒܪܐ[24] ܡܢ ܐܒܐ ܒܪ̈ܝܬܗܘܢ. ܠܗܢܐ ܕܝܢ ܪܫܐ ܡܠܟܐ

........[25] ܥܠ ܐܝܠܝܢ ܕܐܫܬܘܕܥܘ ܒܢܒܝܘܬܐ. ܘܒܕܘܒܪܐ

[15] 𝔄 *cum patre ipsius* [16] 𝔄 = ܠܐܠܗܐ [17] 𝔄 = ܕܗܘ ܐܝܬܘܗܝ

[18] 𝔄 makes both nouns sing. [19] 𝔄 makes ܘܐܝܩܪܐ coordinate with ܡܪܘܬܐ ܘܡܠܟܘܬܐ [20] 𝔄 = ܪ̈ܙܐ [21] 𝔄 om. ܘ [22] 𝔄 *արասցուք զմարդն ըստ նմանութեան և ըստ պատկերի կերպարանաց մերոց* *faciemus* (omitting ܕ) *hominem secundum similitudinem et secundum imaginem formae nostrae* [23] 𝔄 om. ܠܡܠܬܗ [24] Instead of ܠܒܪܐ 𝔄 has *'ի գործ* *in opere* (= ܠܥܒܕܐ ?) [25] A word has been erased in A, apparently ܕܢܡܘܣܐ?

𝔄 9 ܥܬܝ̈ܩܐ ܕܕܚܠܬ ܐܠܗܐ. (A fol. 4 b) ܕܒܢܬ ܥܡܡܐ ܘܡܕܡܕܡܗܘܢ.
ܐܒܪܗܡ ܘܒ̈ܢܘܗܝ. ܐܝܠܝܢ[26] ܕܐܬܚܙܝܘ ܡܢ ܒܬܪܟܢ ܙܕܝ̈ܩܐ
ܘܢܒܝ̈ܐ. ܒܥܝܢܐ ܢܗܝܪܬܐ[27] ܕܬܪܥܝܬܐ ܚܙܐܘܗܝ ܘܝܕܥܘܗܝ.
ܐܝܟ[28] ܕܠܒܪܐ ܐܠܗܐ ܫܪܝܪܐ ܕܐܒܐ ܡܝܩܪܝܢ ܗܘܘ ܠܗ.
ܘܗܘ ܗܘܐ ܠܗܠܝܢ ܡܠܦܢܐ ܥܠ ܐܝܕܥܬܐ ܕܐܒܐ. ܐܡܪ 7
Gen xviii 1 sq. ܓܝܪ. ܕܐܬܚܙܝ ܡܪܝܐ ܐܠܗܐ ܐܝܟ ܒܪܢܫܐ ܦܫܝܛܐ
ܠܐܒܪܗܡ. ܗܘ ܕܝܬܒ ܥܠ ܬܪܥ ܡܫܟܢܐ[29] ܕܡܡܪܐ. ܗܘ ܕܝܢ
ܢܦܠ ܣܓܕ. ܗܘ ܕܝܢ[30] ܒܥܝ̈ܢܘܗܝ ܟܕ ܐܢܫܐ ܚܙܐ ܗܘܐ.[31] ܣܓܕ
ܗܘܐ ܐܝܟ ܠܐܠܗܐ. ܘܡܬܟܫܦ ܗܘܐ ܐܝܟ ܠܡܪܝܐ.
ܘܡܘܕܐ ܕܠܐ ܠܦܓܥܐ ܗܘܬ ܠܗ ܕܢܕܥܝܘ ܗܘ. ܟܕ ܐܡܪ ܒܡ̈ܠܐ
Gen xviii 25 ܗܟܢܐ. ܡܪܝܐ.[32] ܕܝܢܐ ܕܟܠܗ̇ ܐܪܥܐ. ܠܐ ܢܥܒܕ ܕܝܢܐ[33]
𝔄 10 ܗܟܢܐ. ܐܠܗܐ ܕܝܢ ܘܡܪܝܐ ܕܕܪ̈ܐ ܒܟܠܗ̇ ܐܪܥܐ. ܐܬܚܙܝ[34] 8
ܒܐܣܟܝܡܐ ܕܒܪܢܫܐ. ܗܢܘ ܐܡܝܪ ܡܫܬܡܗ ܐܠܐ ܐܢ
ܡܠܬܐ ܐܠܗܐ.[35] ܗܘ ܕܐܬܝܗܘܗܝ ܗܘܐ ܡܢ ܩܕܡ. ܕܥܠܝܗܘܢ
Ps cvii 20 ܐܡܪ ܒܡܙܡܘܪܐ. ܕܫܕܪ ܡܠܬܗ ܘܐܣܝ ܐܢܘܢ[36]. ܘܦܨܝ ܐܢܘܢ
ܡܢ ܚܒܠܐ.[37] ܥܠ ܗܢܐ ܕܐܬܝܗܘܗܝ ܡܪܝܐ ܬܪܝܢܐ ܒܬܪ ܐܒܐ. 9
Gen xix 24 ܦܫܝܛܐܝܬ ܐܡܪ ܡܘܫܐ. ܕܐܡܛܪ ܡܪܝܐ ܥܠ ܣܕܘܡ ܘܥܠ
ܥܡܘܪܐ[38] ܢܘܪܐ ܘܟܒܪܝܬܐ ܡܢ ܩܕܡ ܡܪܝܐ. ܠܗܢܐ ܕܐܬܚܙܝ

of humanity, for traces of the two first and the two last letters are still visible ܕܐ . . . ܬܐ. For this a later hand has substituted ܕܡܢ ܒܬܘܠܬܐ *from the Virgin*. 𝔄 has *զսա 'ի գլուխ 'ի ծննդեան մարդկութեան hunc in (s. a) capite in (s. a) generatione humanitatis*

[26] Read ܘܐܝܠܝܢ, according to the Greek καὶ ὅσοι μετέπειτα δίκαιοι? So 𝔄

[27] 𝔄 plur.

[28] 𝔄 = ܘܐܝܟ

[29] 𝔄 (after ܝܬܒ) *'ի տօթ ժամուն. ընդ կաղնեաւն tempore fervido sub quercu*

[30] 𝔄 om. ܕܝܢ?

[31] 𝔄 adds *cum*

[32] 𝔄 adds *Deus*

[33] 𝔄 plur.

[34] 𝔄 ܕܐܬܚܙܝ?

[35] 𝔄 = ܕܐܠܗܐ?

[36] 𝔄 om. ܐܢܘܢ

[37] 𝔄 ܡܚܒܠܗܘܢ

[38] 𝔄 *super Sodomitas et Gomorrenses*

ܠܝܥܩܘܒ ܒܐܣܟܡܐ ܕܓܒܪ ܐܢܫܐ. ܐܠܗܐ ܡܫܡܗ ܠܗ ܒܬܟܐ.[39]
ܐܡܪ ܠܗ ܓܝܪ ܠܝܥܩܘܒ. ܕܠܐ ܡܟܝܠ ܢܬܩܪܐ ܫܡܟ ܝܥܩܘܒ. Gen xxxii 28, 30
ܐܠܐ ܢܗܘܐ ܫܡܟ ܐܝܣܪܝܠ ܕܐܬܚܝܠܬ ܥܡ ܐܠܗܐ. ܘܩܪܐ
ܝܥܩܘܒ ܫܡܗ ܕܐܬܪܐ ܗܘ ܚܙܘܐ ܕܐܠܗܐ. ܐܡܪ ܓܝܪ
10 ܕܚܙܝܬ ܠܐܠܗܐ ܐ̈ܦܝܢ ܒܐ̈ܦܝܢ ܘܐܬܦܨܝܬ ܢܦܫܝ. ܚܙܘ ܓܝܪ
ܕܐܠܗܐ ܕܐܬܚܙܝܬܗ. ܕܢܣܒܪ ܕܐܬܚܙܝܘܗܝ ܕܡ̈ܠܐܟܐ ܡܫ̈ܥܒܕܢܐ
ܘܡܫ̈ܡܫܢܐ. ܠܐ ܫܠܝܛ ܠܝ. ܐܡܪܬ ܓܝܪ ܕܐܬܚܙܝ ܠܒ̈ܢܝ
ܐܢܫܐ ܚܕ ܡܢܗܘܢ. ܠܐ ܡܫܡܗܐ (A fol. 5 *a*) ܫܡܗ ܒܬܟܐ.[40]
ܠܐ ܓܝܪ ܡܠܐܟܐ ܘܠܐ ܐܠܗܐ ܡܫܡܗ ܠܗܘܢ. ܐܠܐ
ܡ̈ܠܐܟܐ.[41] ܕܡܢ ܦܘܠܚܢܐ ܡܫܡܫܝܢ. ܐܝܟ ܠܡܬܦܠܚܘ ܦܘܩܕܢܐܝܬ. 𝔄 11
11 ܠܗܢܐ. ܐܦ ܝܫܘܥ ܗܘ ܕܩܒܠ ܡܢ ܡܘܫܐ. ܐܝܟ ܡܫܠܛ ܥܠ
ܡ̈ܠܐܟܐ ܕܫܡܝܐ. ܘܪ̈ܒܝ ܡ̈ܠܐܟܐ ܘܫܠܝܛܘܬܐ ܫ̈ܡܝܢܝܐ. ܪܒ
ܫܠܝܛܘܬܐ ܕܡܪܝܐ ܡܫܡܗ ܠܗ. ܟܕ ܚܙܝܗܝ ܒܐܣܟܡܐ ܕܓܒܪ
12 ܐܢܫܐ. ܒܬܪ ܓܝܪ ܕܒܪ ܗܘܐ ܝܫܘܥ ܒܦܘܪܫܢܐ ܕܐܪܝܚܘ.[42] Josh v 13–15
ܐܪܝܡ ܥܝ̈ܢܘܗܝ ܘܚܙܐ ܠܓܒܪܐ ܕܩܐܡ ܠܘܩܒܠܗ. ܘܣܝܦܗ
ܫܠܝܦ ܘܐܚܝܕ ܒܐܝܕܗ.[43] ܘܩܪܒ ܠܘܬܗ ܝܫܘܥ ܘܐܡܪ ܠܗ.
ܡܢܢ ܐܢܬ ܐܘ ܡܢ ܒܥܠܕܒܒܝܢ. ܘܐܡܪ[44] ܠܗ. ܐܢܐ ܪܒ
ܫܠܝܛܘܬܗ ܐܢܐ ܕܡܪܝܐ. ܘܗܫܐ ܐܬܝܬ. ܘܝܫܘܥ ܢܦܠ ܥܠ
ܐ̈ܦܘܗܝ ܥܠ ܐܪܥܐ. ܘܐܡܪ ܠܗ ܡܪܝ.[45] ܡܢܐ ܦܩܕ ܐܢܬ
ܠܗ ܠܥܒܕܟ. ܘܐܡܪ[46] ܪܒ ܫܠܝܛܘܬܗ ܕܡܪܝܐ ܠܝܫܘܥ. ܫܪܝ
ܡܣܐܢܝܟ ܡܢ ܪ̈ܓܠܝܟ. ܡܛܠ ܕܕܘܟܬܐ ܕܩܐܡ ܐܢܬ ܒܗ ܩܕܝܫܐ
13 ܗܝ. ܡܢ ܗܪܟܐ ܡܫܬܘܕܥܬ ܕܗܘܝܘ ܡܢ ܡ̈ܠܐ. ܕܗܢܐ ܠܐ
ܗܘܐ ܗܘ ܕܐܬܚܙܝ[47] ܠܡܘܫܐ. ܕܗܘܝܘ ܗܠܝܢ ܡ̈ܠܐ ܐܡܪ

[39] 𝔄 plur. [40] 𝔄 plur. [41] 𝔄 sing. [42] 𝔄 adds *urbis* [43] 𝔄 *et gladius nudus in manu eius* [44] 𝔄 om. ܘ [45] 𝔄 adds *et nunc* [46] 𝔄 om. ܘ

[47] 𝔄 եթէ սա ոչ եթէ այլ ոք է այլ նոյն է որ երեւեցաւ *hunc non alium esse sed*

Ex iii 4-6 ܒܬܪܟܢ[48] ܕܐܬܚܙܝ ܐܦ ܠܘܬ ܡܘܫܐ. ܟܕ ܚܙܐ ܠܗ̇ ܣܢܝܐ
ܕܢܩܪܘܒ ܡܘܫܐ ܠܡܚܙܝܘ. ܩܪܐ ܠܗ ܣܢܝܐ[49] ܡܢ ܗܟܢܐ ܘܐܡܪ.
ܡܘܫܐ ܡܘܫܐ. ܘܐܡܪ ܗܐ ܐܢܐ.[50] ܘܐܡܪ ܠܐ ܬܬܩܪܒ
ܠܗܪܟܐ. ܫܪܝ ܡܣܢ̈ܝܟ ܡܢ ܪ̈ܓܠܝܟ. ܡܛܠ ܕܐܬܪܐ ܕܩܐܡ
ܐܢܬ ܒܗ ܐܬܪܐ ܗܘ ܩܕܝܫܐ. ܘܐܡܪ[51] (B fol. 2 a) ܠܗ.[52] ܐܢ̇ܐ
ܐܢܐ ܐܠܗܗ ܕܐܒܘܟ. ܐܠܗܗ ܕܐܒܪܗܡ. ܐܠܗܗ ܕܐܝܣܚܩ.
14 ܐܠܗܗ ܕܝܥܩܘܒ. ܗܟܢܐ ܡܕܒܪܢܘܬܐ ܗܘܬ ܡܚܝܢܐ.[53] ܕܐܢܬ
ܗܘܐ ܡܢܗ ܟܠܗܐ ܐܬܘܬܐ ܚ̈ܝܠܬܐ ܕܡܥܒܕܢܘܬܐ ܒܡܘܫܗ̇:
𝔄 12 ܗܝ ܕܡܫܒܚܬܐ ܗܘܬ ܡܢ ܐܒܐ ܘܐܠܗܐ ܕܟܠ ܒܬܘܠܬܐ
16 ܕܟܘܠ ܕܐܬܟܢܝ. ܕܗܘ ܐܬܩܪܝܬ ܡܠܬܐ ܕܐܠܗܐ[54] ܘܡܕܒܪܢܘܬܐ.
ܕܐܬܚܘܝ[55] ܗܘܐ ܗܟܝܠ ܡܢ ܩܕܝܡ ܡܠܬܐ ܐܠܗܐ: ܘܠܐܢܫ
ܐܢܫ. ܡܬܚܙܝܢܐ ܗܘ̇ܐ ܐܦ ܠܐ ܠܟܠ ܐܢܫ.[56] ܗܠܝܢ ܕܒܐܘܪ̈ܝܬܐ
17 ܐܡܪܢܢ.[57] ܕܡܛܠ ܗܢ̇ܐ ܕܝܢ ܠܐ ܡܬܚܙܐ ܗܘܐ ܠܟܠ ܒܢ̈ܝܢܫܐ
ܡܢ ܩܕܝܡ ܐܝܟ ܕܗܫܐ[58] ܢܗܘܐ ܦܓܪܢܐܝܬ. ܕܗܟܢܐ ܡܕܡܝܐ
ܕܐܢܫܘܬܐ. ܠܐ[59] ܡܟܝܠ ܗܘܐ ܚܝܠܐ ܕܦܓܪ ܘܠܒܘܫܐ ܕܡܣܒܪܢܘܬܗ[60]
18 ܒܚܫܚܬܐ ܕܡܫܝܚܐ. ܟܕ ܗܘܐ ܓܝܪ ܒܪܢܫܐ ܡܕܡܝܐ ܟܠ
ܦܘܪܣܐ[61] ܕܐܠܗܘܬܐ. ܐܬܓܠܝ ܡܢ ܩܠܝܠ[62] ܒ̈ܢܝ ܐܢܫܐ ܡܫܬܚܠܦܢ
ܘܐܬܚܙܝ ܡܫܝܚܐ ܠܟܠܗܘܢ ܐ̈ܢܫܐ ܡܠܟܘܬܐ ܕܡܠܟܐ ܘܒܪܐ.[63]
ܘܠܘ ܠܗܘܢ ܦܘܪܣܐ[64] ܕܐܠܗܘܬܐ ܒܗ̇ܝܕܐ ܐܪܥܐ ܕܬܓܠܝܬܐ.

eundem esse qui visus sit (ܕܗܘܝܘ ܠܐ ܗܘܐ ܐܢܫܐ ܗܘ ܐܠܐ ܗܘ̇ ܕܐܬܚܙܝ ? Comp. the Greek) [48] 𝔄 plur. and adds *ei* [49] 𝔄 om. ܣܢܝܐ [50] 𝔄 adds *Domine* [51] 𝔄 om. ܘ [52] With this word the text of B recommences [53] A ܘܡܚܝܢܐ [54] A om. ܕ ܡܠܬܐ [55] A fol. 5 b [56] A ܠܟܠܗܘܢ [57] A ܒܐܘܪ̈ܝܬܐ ܗܘ ܗܟܝܠ ܐܡܪܝܢ [58] 𝔄 : ܕܠܐ ܡܢ ܩܕܝܡ ܐܝܟ ܗܘܐ [59] A ܦܓܪܢܐܝܬ ܕܒܪܐ ܡܫܝܚܐ ܕܐܢܫܘܬܐ. ܠܐ [60] A ܕܡܣܒܪܢܘܬܐ [61] 𝔄 plur. [62] A 𝔄 om. ܗ̇ܘ [63] 𝔄 *ի փոքր ժամանակաւ* prob. *in brevi tempore* [64] A ܦܘܪ̈ܣܢܐ

ܘܐܝܠܝܢ ܬܘܒ ܕܗܘܘ ܡܢ ܒܬܪܗ ܘܡܛܠ ܟܠܗ ܐܪܥܐ ܐܬܦܫܛܘ
ܠܗܘܢ ܒܚܝܝܢ ܚܝܘܬ. ܠܒܪ ܡܢ ܚܕ ܐܘ ܬܪܝܢ. ܘܐܝܟ
ܕܒܦܠܘܣܐ ܕܚܝܘܬܐ. ܫܢܝܐ ܗܘܢ ܕܠܐ ܗܘܘ ܫܢܝܐ
19 ܒܟܠ ܠܗܘܢ. ܐܠܐ ܐܦ ܠܐ[65] ܡܕܝܢܬܐ[66] ܘܕܘܒܪܐ[67] ܐܘ
ܣܘܟܠܬܐ ܥܠ ܪܥܝܢܗܘܢ[68] ܩܝܡܝܢ ܗܘܘ. ܢܡܘܣܐ[69] ܕܝܢ 𝔄 13
ܘܕܝ̈ܢܐ[70] ܐܘ ܒܝܬܐ ܕܡܫܠܛܬܐ ܘܐܦܠܐ[71] ܥܡܗ[72] ܩܝܡܝܢ
ܗܘܘ. ܐܠܐ ܐܝܟ ܙܪܥܐ[73] ܒܪ̈ܝܐ ܘܩܫܝܐ ܒܡܕܒܪ̈ܐ
ܡܬܗܦܟܝܢ ܗܘܘ. ܘܫܘܒܩܐ ܕܚܝܐ ܕܕܘܡܝܢ[74] ܘܪܕܝܐ (B fol. 2 b)
ܡܫܝ̈ܢܐ[75] ܕܐܬܒܢܝܬܐ[76] ܕܫܝܢܐ ܡܫܬܠܛܝܢ[77] ܗܘܘ. ܡܢ ܚܟܝܡܘܬ[78]
ܒܫܬܗ ܕܪ̈ܥܝܢܝܗܘܢ. ܘܠܟܠ ܚܘܫܒܝܢ ܢܝܫܝܢ ܗܘܘ ܠܡܫܡܥܘܢ
ܡܠܐܟܘܬ. ܕܒܢܝ ܠܫܪܪܐ ܡܫܬܠܛܝܢ ܗܘܘ. ܘܒܢܝ ܚܕ ܠܚܕ
ܡܩܛܠܝܢ ܗܘܘ. ܘܒܢܝ ܠܐܢܫܐ ܐܟܠܝܢ ܗܘܘ. ܘܡܣܪܒܐ[79] ܕܓܢܒܪܐ
ܗܢܘܢ ܕܠܘܬ[80] ܟܠܗ ܡܬܬܚܡܝܢ[81]. ܐܦ ܡܓܕܠܐ ܕܠܐ ܡܢ ܐܪܥܐ
ܠܫܡܝܐ ܕܢܒܢܘܢ ܡܬܚܫܒܝܢ ܗܘܘ. ܘܒܥܝܢܘܬܐ ܕܪ̈ܥܝܢܝܗܘܢ ܡܢ
ܐܬܪܗܘܢ. ܕܢܦܩܘܢ ܒܗ ܗܘ ܕܐܝܬܘܗܝ ܐܠܗܐ ܥܠ ܟܠ
20 ܡܬܟܬܫܝܢ ܗܘܘ ܘ.ܘ.ܘ ܘܡܛܠ ܕܗܟܢܐ ܦܠܘܣܐ ܡܬܪܕܝܢ
ܗܘܘ. ܒܦܘܠܚܢܐ[82] ܕܚܛܝܐ ܘܕܘܪܐ[83] ܐܝܟ ܕܠܓܢ̈ܒܪܐ ܕܕܪܐ 𝔄 14
ܕܐܡܝܪܝܢ ܒܟܬܒܗ ܐܪܥܐ ܐܢܘܢ ܥܠܝܗܘܢ ܦܘܪܥܢܐ ܐܠܗܐ.

65 A om. ܠܐ 66 A ܡܕܝܢܬܐ 𝔄 *aedificationem urbis* 67 A ܘܕܘܒܪܐ and so probably 𝔄 68 A ܪ̈ܥܝܢܝܗܘܢ 69 A ܢܡܘܣܐ 70 A ܘܕܝܢܐ 71 A ܐܦܠܐ 72 A ܦܥܠܗ 73 A ܙܪܥܐ 74 𝔄 *[illegible] et legales* 75 A ܘܙܪ̈ܥܐ ܡܫܝ̈ܢܐ. Of ܡܫܝܢܐ only the ܐ is legible in B. 𝔄 *et semina pacis* (lit. *aedificationis*) 76 A ܕܒܢܝܬܐ 77 A ܡܫܬܠܛܝܢ 78 A ܚܟܝܡܘܬܐ 79 A has a point after ܘܡܣܪܒܐ 80 A ܐܦ ܠܘܬ ܟܠܗ 𝔄 supports B (its reading *[illegible] testium* is a mistake for *[illegible] gigantum*, Gen. vi. 4) 81 A adds ܗܘܘ. So probably 𝔄 82 A ܒܦܘܠܚܢܐ 83 𝔄 = ܘܕܘܪܐ

ܘܟ̈ܐܒܐ ܐܚܪ̈ܢܐ ܘܡܫ̈ܚܠܦܬܐ[84] ܘܡܘܬܢ̈ܐ.[85] ܘܟܘܪܗܢܐ ܕܡܢ ܠܒܠ[86]
ܡܛܠ[87] ܗܘܐ̇ ܡܬܚܙܐ ܗܘܐ ܠܗܘܢ. ܘܠܟܘܪܗܢܐ ܟܦܢܐ[88]
21 ⌜ܕܢܦ̈ܩܬܐ⌝ ܒܟܘܠܗܐ ܡܢܪܐ ܕܦܘܪ̈ܢܝܐ[89] ܬܒܥ ܗܘܐ. ܒܗ ܕܝܢ[90]
ܥܠ ܟܠܗ ܟܪܢ ܡܠܟ ܐܢܫܐ ܗܘܬ ܒܢܫܬܐ: ܘܐܝܟ ܙܘܒܬܐ
ܫܡܝܢܬܐ ܡܛܠܠܐ ܗܘܬ[..] ܘܡܫܒܚܐ ܢܦ̈ܫܬܐ ܕܒ̈ܢܝ ܐܢܫܐ.[91]
ܗܝܕܝܢ ܫܟܚܬܐ ܕܐܠܗܐ ܕܡܢ ܡܬܘܡ ܐܬܘܬܗܝ[92] ܡܠܘܬܐ: ܗܘ̇
ܕܡܢ ܩܕܡ ܐܬܘܬܗܝ ܗܘܐ: ܒܡܪܚܒܢܘܬܗ ܦܩܕܐܬܐ ܕܠܘܬ[93]
ܒ̈ܢܝ ܐܢܫܐ. ܒܝܕ ܒܗ ܣܘܬܐ ܕܡܠ̈ܟܐ. ܒܝܡ ܕܝܢ ܗܘ̇
ܫܠܐ ܕܐܠܗܐ ܕܐܬܘܬܗܝ ܦܘܩܝ. ܠܡܢ ܐܘ ܬܪ̈ܝܢ[94] ܕܡ ܡܕܝ̈ܢܬܐ
ܕ̈ܝܬܗܘܢ.[95] ܒܕܡܘܬܐ ܕܟܪ ܐܢܫܐ ܐܬܚܙܝ. ܐܦ ܠܐ ܟܪ
22 ܡܬܒܣܝܢ ܗܘܘ ܐܢܬܐܘܢܬ ܢܘܢ ܠܗ.[96] ܒܗ ܕܝܢ ܒܢܫ ܗܠܝܢ
ܒܡܘܟ̈ܐܐ ܕܒ̈ܢܝ ܐܢܫܐ ܕܙ̈ܥܐ ܕܕܝܠܗ ܐܠܗܐ ܐܘܕܥܘ[97] ܗܘܘ.
𝔄 15 ܒܟܠܐ ܚܕ ܟܠܗ ܕܒܕ̈ܢܐ ܐܬܦܢܝ ܠܕܝܠܗ ܐܠܗܐ. ܠܗܘܢ ܕܝܢ
ܠܗܠܝܢ. ܡܛܠ ܕܒܕܒܠ ܒܡܘܟܐܐ ܕܟ̈ܝܢܐ ܦ̈ܓܪܝܐ ܕܒ̈ܢܝܢܐ
ܡܬܗܦܟܝܢ ܗܘܘ. ܒܢܫ ܡܫܟܚ ܢܒܝܐ. ܕܡܘܬܐ ܘܐܘܪܐ[98] ܕܟܒܢܬܐ
ܘܕܟܘܪܬܐ. ܘܕܐܣܝܪ̈ܢܐ ܦ̈ܓܘܡܐ ܐܚܠ. ܠܘ ܕܝܢ ܠܗ̇ ܠܬܫܬܘܬܬܐ

[84] A ܡܫܬܚܠ̈ܦܬܐ ܐܘ 𝔄 *et pestibus variis* [85] 𝔄 ܡܘܬܢ̈ܐ [86] A ܕܠܒܠ, ܡܛܠܗܘܢ [87] A fol. 6 *a* [88] A ܡܟܘܪܗܢܐ ܟܦܢܐ 𝔄 *et malis morbis et infirmitate* [89] A ܟܘܪܗܢܐ ܡܢܪܐ ܕܦܘܪ̈ܢܝܐ 𝔄 read ܘ before ܟܘܪܗܢܐ [90] 𝔄 seems to omit ܕܝܢ? [91] A has a full stop after ܐܢܫܐ, and begins a new paragraph. 𝔄 seems to read ܐܝܟ for ܘܐܝܟ at the head of the clause, which it renders *tanquam vis ebrietatis sparsa erat super omnes et obfuscabat animos hominum.* [92] A adds ܗܘܐ [93] A adds ܟܠܗܘܢ [94] For ܐܘ ܬܪ̈ܝܢ A has ܡܢ ܬܪ̈ܝܢ [95] A 𝔄 add ܕܟܠܗܘܢ? [96] A ܐܝܬܝܗܝܢ ܠܗ̇ ܕܝܢ [97] Here begins another lacuna in B [98] 𝔄 read ܘܐܘܪܐ ܕܡܘܬܐ and has *hoc dedit* for ܐܬܠܐ

23 ܕܐܘܪܝܐ ܡܫܠܡ ܗܘܐ.[22] ܟܕ ܕܝܢ ܢܡܘܣܐ ܕܐܬܝܗܒ ܠܗܠܝܢ[1]
ܐܫܬܡܥܬܗ. ܘܐܝܟ ܪܝܚܐ ܒܣܝܡܐ ܒܟܠܗܘܢ ܒ̈ܢܝ ܐܢܫܐ
ܡܬܝܒܠ ܗܘܐ. ܡܢܗܘܢ ܕܝܢ ܕܡܢ ܗܠܝܢ ܐܦ ܣܓܝܐܐ
ܕܢ̈ܒܝܐ. ܟܕ ܡܢ̈ܗ ܢܡܘܣܐ. ܘܦܘܠܚܢܐ ܕܗܘܘ ܒܟܠ ܐܬܪ.
ܡܢ ܗܘ ܡܥܝܩܘܬܐ ܘܡܕܒܪܢܘܬܐ. ܐܬܡܨܝܘ ܙ̈ܢܝܐ ܕܦ̈ܓܪܐ
ܠܫܝܢܐ ܘܡܕܒܪܢܘܬܐ. ܐܝܟ ܕܗܘܐ ܫܝܢܐ ܦܓܠܐ. ܘܪܚܡܘܬܐ
ܘܫܠܡܘܬܐ ܕܥܡ ܚܕܕܐ. ܘܡܛܠ ܠܟܠܗܘܢ ܒ̈ܢܝ ܐܢܫܐ. ܠܟܠ
ܥܡ̈ܡܝܢ ܕܐܝܬ ܒܒܪܝܬܐ. ܐܝܟ ܕܠܐܢܫܐ ܕܡܬܕܡܝܢ ܐܬܕܪܘ.
ܘܡܥܕܝܢ ܡܛܠ ܠܡܫܡܥܘ ܕܝܕܥܬܗ ܕܐܒܐ. ܗܘ ܗܘ ܡܠܦܢܐ
ܕܒ̈ܝܫܬܐ ܘܡܥܒܕܢܘܬܐ. ܗܘ ܕܡܫܡܠܝܬ ܡܢ ܐܒܐ[2] ܒܟܠܗܘܢ
ܛܒ̈ܬܐ[3] ܡܠܬܗ ܕܐܠܗܐ ܘܡܫܡܠܝܬܗ. ܠܒܪ ܦܓܪܐ. ܘܟܕ
ܬܪܥܘܬܐ ܠܚܘܫܒܐ ܕܐܢܫܘܬܐ. ܐܬܚܙܝ ܕܝܢ ܒܫܘܪܝ ܡܠܟܘܬܐ
ܕܪ̈ܗܘܡܝܐ. ܘܣܦܪ ܘܡܠܠ. (A fol. 6 b) ܐܝܠܝܢ ܕܠܬ̈ܠܝܐ ܕܢܒܝܘܬܐ[4]
ܥܠܝܗ ܗܘ̈ܝ. ܡܟܝܠ ܗܘܐ ܠܗ ܘܐܡܪ ܒܢܒ̈ܝܐ. ܕܐܠܗܐ....[5]
ܒܪܢܫܐ ܢܐܬܐ ܠܗ ܠܡܠܟܘܬܐ. ܐܦ[6] ܫܠܘܪܐ ܕܒܟ̈ܪܐ ܥܒܝܕܐ.
ܘܡܠܟܘܬܐ ܕܡܫܝܚܐ ܥܠܡܘܢ ܕܦܓܪ ܐܒܐ. ܐܦ ܟܠ ܡܫܬܥܒܕܘܬܐ
ܕܝܢ ܕܡܢܗ. ܘܕܡܠܟܘܬܗ ܘܕܡܫܒܚܢܘܬܗ ܬܫܒܘܚܬܐ.
ܡܟܝܠ ܗܘܐ ܘܐܡܪ. ܘܡܢ ܗܠܝܢ. ܘܐܦ ܟܠ ܦܘܩܕܢܐ
ܕܡܬܗ. ܘܟܠ ܡܠܬܗ ܕܡܢ ܩܕܡ ܫ̈ܢܝܬܐ. ܘܡܫܡܫܘ ܕܠܥܠܡܐ.
24 ܘܐܬܟܬܒܬ ܐܝܟܘܬܗ ܒܐܠܗܘܬܗ. ܟܠ ܡܠܟܘܬܗ ܠܐ ܕܝܢ

[22] 𝔄 has incorrectly նկարէր *pingebat* (according to another MS. նկատէր *inspiciebat*) [1] 𝔄 *propter hos* [2] 𝔄 *patre suo* [3] 𝔄 *bonis eius* [4] 𝔄 sing.
[5] Erasure in A; a later hand has substituted ܗܘܘ. The word appears to have been ܠܡܠܟܐ, for traces of the letter ܠ are visible in the second place. So 𝔄 (which has ܘ before ܐܦ) [6] 𝔄 om. ܐܦ

ܕܒܣܪܬܐ. ܕܢܒܝܐܝܠ[7] ܚܙܐ ܒܪܘܚܐ ܚܙܬܐ ܕܐܠܗܐ.[8] ܘܐܡܪ̇ ܠ
Dan vii 9 sq ܐܬܚܙܝܬ. ܐܡܪ ܓܝܪ ܕܚܙܐ ܗܘܝܬ ܕܐܬܬܣܝܡܘ ܟܘܪ̈ܣܘܬܐ.
ܘܝܬܒ ܥܬܝܩ ܝܘܡ̈ܬܐ ܗܘ. ܠܒܘܫܗ ܐܝܟ ܬܠܓܐ ܚܘܪܐ.[9] ܘܣܥܪܐ
𝔄 17 ܕܪܝܫܗ ܐܝܟ ܥܡܪܐ ܕܢܩܐ. ܟܘܪܣܝܗ ܫܠܗܒܝܬܐ ܕܢܘܪܐ
ܓܝܓܠܘܗܝ[10] ܕܢܘܪܐ ܝܩܕܬܐ. ܢܗܪܐ ܕܢܘܪܐ ܪܕܐ ܘܢܦܩ ܡܢ
ܩܕܡܘܗܝ. ܐܠܦ ܐ̈ܠܦܝܢ ܡܫܡܫܝܢ ܠܗ. ܘܪܒܘ ܪ̈ܒܘܢ ܩܝܡܝܢ
25 ܩܕܡܘܗܝ.[11] ܕܝܢܐ ܝܬܒ ܘܣ̈ܦܪܐ ܐܬܦܬܚܘ. ܘܡܢ ܒܬܪ
Dan vii 13 sq ܐܡܪ.[12] ܕܚܙܐ ܗܘܝܬ ܥܠ ܥ̈ܢܢܝ ܫܡܝܐ ܐܝܟ ܒܪ ܐܢܫܐ.[13] ܐܬܐ[14]
ܘܡܛܐ ܥܕܡܐ ܠܥܬܝܩ ܝܘܡ̈ܬܐ. ܘܩܕܡܘܗܝ ܐܬܩܪܒ.[15] ܘܠܗ
ܐܬܝܗܒ ܫܘܠܛܢܐ ܘܐܝܩܪܐ[16] ܘܡܠܟܘܬܐ. ܘܟܠ ܥܡ̈ܡܝܢ
ܘܠܫ̈ܢܝܢ ܠܗ ܢܦܠܚܘܢ. ܫܘܠܛܢܗ ܫܘܠܛܢ ܥܠܡ ܕܠܐ ܥܒܪ.
26 ܘܡܠܟܘܬܗ ܠܐ ܬܬܚܒܠ.[17] ܗܠܝܢ[18] ܦܫܝܩܬ ܥܠ ܦܪܘܩܢ ܗܘ
ܥܠܡ. ܗܘ ܕܐܝܬܘܗܝ ܗܘܐ ܡܢ ܒܪܫܝܬ ܠܘܬ ܐܠܗܐ ܡܠܬܐ
ܐܠܗܐ. ܘܐܫܬܡܗ[19] ܒܪ ܐܢܫܐ[20] ܥܠ ܕܠܥܠ ܐܢܫܘܬܗ ܒܣܪܬܐ.܀
27 ܡܛܠ ܕܝܢ ܕܒܟܐܪܐ ܐܝܬܝܐ ܠܘܬܢ ܘܒܥܝܢ ܡܢ ܢܚܘܐ ܟܠܗܘܢ
𝔄 18 ܕܐܡܪܢܢ[21] ܥܠ ܦܪܘܩܢ ܡܪܢ[22] ܝܫܘܥ ܡܫܝܚܐ. ܒܗܝ ܕܫܪܒܐ
iii. 1 ܗܠܝܢ ܗܟܢ. ܒܠܚܘܕ ܕܝܢ ܥܠ ܫܡܗܐ ܕܝܫܘܥ ܡܫܝܚܐ.[23]
ܒܗܕܐ[24] ܕܟܗܢܐ ܗܘܐ ܠܘܬ ܢܒܝ̈ܐ ܩܕ̈ܡܝܐ ܕܐܠܗܐ. ܘܕܒܝܐ
ܗܘ ܗܢܐ ܕܡܫܝܚܐ.܀܀

[7] 𝔄 adds *propheta* [8] 𝔄 *vidit visionem spiritu Dei* [9] 𝔄 *candidum sicut nix* [10] 𝔄 *rotae currus eius* [11] 𝔄 *millia millium stant coram eo et myriades myriadum ministrant ei* [12] 𝔄 adds *iterum* [13] 𝔄 *cum nubibus caeli sicut filium hominis* [14] 𝔄 *quod veniebat* (ܕܐܬܐ ?) [15] 𝔄 *et appropinquabat usque ad eum* [16] 𝔄 – ܐܝܩܪܐ [17] 𝔄 *et regni non est finis* [18] 𝔄 adds *omnia* [19] 𝔄 · ܘܐܫܬܡܗ [20] 𝔄 *filius hominis* [21] Read ܕܐܡܪܢ ? 𝔄 ܕܡܪܢ [22] 𝔄 *Christi et Jesu* [24] 𝔄 om. ܒܗܕܐ

ܕܬܬܠܐ. ܥܠ ܫܡܐ ܕܝܫܘܥ ܘܕܡܫܝܚܐ. ܕܝܩܝܪ ܗܘܐ
ܘܡܫܒܚ ܠܘܬ ܢܒ̈ܝܐ ܩ̈ܕܡܝܐ. (A fol. 7 a)

2 ܗܟܝܠ ܗܘܐ ܘܡܫܒܚ ܫܡܗ ܕܡܫܝܚܐ ܘܡܝܩܪܬ ܛܒܐ
ܗܘܐ. ܒܦܐ̈ܣܐ ܢܒ̈ܝܝܐ. ܘܒ̈ܛܐܠܬܐ ܘܕܡ̈ܘܬܐ ܕܐܪ̈ܙܐ.[1]
ܐܝܟ ܗܘ ܐܠܐ ܕܐܡܪ ܠܗ. ܕܡܘܫܐ ܪܘܚܐܝܬ ܥܒܕ ܟܠ Ex xxv 40 Heb viii 5
ܡܕܡ. ܒܕܡܘܬܐ ܗܝ ܕܐܬܚܙܝܬ ܠܟ ܒܛܘܪܐ. ܘܥܘܗܝ ܪܒ
ܟܗܢܐ ܕܐܠܗܐ. ܘܐܝܟ ܕܡܫܝܚܐ ܗܘܬ ܒܗ ܟܕ ܒ̈ܢܝ ܐܢܫܐ
ܕܡܫܬܟܚܐ. ܠܗ ܠܗܢܐ ܡܫܝܚܐ ܩܪܐ ܠܗ. ܘܠܗܢܐ[2] ܐܡܪܐ
ܕܪ̈ܒܘܬ ܟܗܢܘܬܐ. ܕܟܠ[3] ܗܘܐ ܟܕ ܗܘܬ ܒ̈ܢܝ ܐܢܫܐ ܡܢ ܟܠ 𝔄 19
ܕܪ̈ܝܫ. ܫܡܐ ܕܡܫܝܚܐ ܣܐܡ ܠܗ. ܠܐܝܩܪܐ ܘܠܫܘܒܚܐ.
ܡܗܝܡܢܐ ܡܛܠ[4] ܗܘܐ. ܕܫܡܐ ܕܡܫܝܚܐ ܫܡܐ ܗܘ ܐܠܗܝܐ.
3 ܬܘܒ ܕܝܢ ܗܘ ܗܘ ܡܘܫܐ. ܐܦ ܫܡܐ ܕܝܫܘܥ ܕܒܢܘܢ ܚܙܐ ܒܪܘܚܐ
ܕܐܠܗܐ. ܒܡܬܪܥܝܬܐ ܕܩܘܕܫܐ ܣܐܡ ܠܗ. ܕܟܕ ܗ̈ܘܝ ܐܢܫܐ
ܡܬܬܣܡ ܠܐ ܐܫܬܡܥܗ. ܒܫܡܐ ܕܐܬܝܗܒ ܠܡܘܫܐ ܫܡܐ
ܕܝܫܘܥ. ܘܠܗ ܠܗܢܐ ܫܡܐ ܕܝܫܘܥ[5] ܡܫܡܗܐܝܬ. ܠܗܘ ܕܒܕ̈ܡܘܬܐ
ܘܒܛ̈ܐܠܬܐ[6] ܡܛܠ ܪ̈ܫܝܡܘܬܐ ܥܠ ܟܠܗ ܥܡܐ. ܡܢ ܒܬܪ ܡܘܬܗ
4 ܣܐܡ ܠܗ ܫܡܐ. ܫܡܐ ܕܝܢ ܐܚܪܢܐ ܐܝܬ ܗܘܐ ܠܗ ܡܢ
ܩܕܝܡ. ܗܘ ܕܐܬܩܪܝ ܠܗ ܡܢ ܐܒܗܘܗܝ. ܗܘܐ ܕܝܢ ܗܘܫܥ
ܒܪ ܢܘܢ[7] ܝܫܘܥ ܕܝܢ ܗܘ ܗܘ ܡܘܫܐ ܡܫܡܗ ܠܗ. ܠܐܝܩܪܐ ܕܡܬܝܗܒ
ܡܢ ܬܠܬܐ ܕܡܠܟܘܬܐ. ܗܘ ܓܝܪ ܝܫܘܥ ܒܪ ܢܘܢ.[8] ܕܡܘܬܐ ܗܘ
ܕܩܪܘ ܠܒܪ ܗܘܐ. ܗܘ ܕܗܘ ܒܠܚܘܕܘܗܝ[9] ܡܛܠ ܪܫܝܡܘܬܐ

CHAP. III. [1] 𝔄 խորհրդոց *mysteriorum* (ܐܪ̈ܙܐ ?) [2] 𝔄 *et dat ei* [3] 𝔄 renders ܕ by *sicut* [4] 𝔄 = ܡܗܝܡܢܐ [5] 𝔄 om. ܝܫܘܥ ? [6] For ܒܕ̈ܡܘܬܐ ܘܒܛ̈ܐܠܬܐ 𝔄 has *in similitudinibus symbolorum typorum* [7] 𝔄 որդի Նաւեայ [8] 𝔄 Նաւեայ [9] 𝔄 adds *post Moysem*

ܕܫܘܠܡܐ ܕܬܫܡܫܬܐ ܕܫܪܪܐ. ܗܢ ܕܠܫܡܫܐ ܫܪܝܪܐ ܘܫܠܡܬܐ[10]
ܐܫܬܠܡܬ. ܡܫܝܚܐ ܕܝܢ ܠܗ̈ܠܝܢ ܐܢ̈ܫܝܢ ܕܗܘܘ ܫܡܗ. ܡܢ[11] ܟܠܗ 5
ܗܟܢܐ ܡܬܩܪܝܢ ܗܘܘ ܒܕܘܡ̈ܝܐ ܫܡܝ̈ܢܐ. ܠܗܢ ܕܪܫܡܬ ܒܡܫܝܚܘܬܗ.
𝔄 20 ܘܠܐܝܣܪܝܐ ܕܡܟܠ ܡܢ ܫܘܪܝܗ ܪ̈ܫܡܬܐ. ܫܡܗ ܕܦܪܘܩ ܡܫܝܚܐ[12]
ܫܡܗ ܡܫܝܚܐ ܐܝܟ ܕܒܐܘܪܝܬܐ ܗܘ ܠܗܘܢ ܐܦ ܢܒ̈ܝܐ 6
ܕܗܘܘ ܡܢ ܫܘܪܝ. ܒܫܡܗ ܠܡܫܝܚܐ ܡܩܪܝܢ ܗܘܘ ܦܪܨܘܦܐܝܬ.
ܐܦ ܡܠܟ̈ܐ ܕܟܠܗ ܗܘܐ ܕܢܫܬܠܛ ܡܢ ܢܒ̈ܝܐ. ܘܬܘܒ ܐܦ
ܥܠ ܪܝܫܘܬܐ ܕܟܗ̈ܢܐ. ܕܗܘܝܐ (A fol. 7 b) ܗܘܬ ܒܐܝܕܗ ܘܡܢܗ
Lam iv 20 ܗܘܝܘ. ܟܗܢ ܐܪܡܝܐ ܟܕ ܐܡܪ ܗܟܢ. ܪܘܚܐ ܕܐܦ̈ܝܢ
ܡܫܝܚܗ ܕܡܪܝܐ. ܐܬܬܚܕ ܒܚܒܠܗܘܢ[13] ܗܘ ܕܐܡܪܢ[14]
ܕܒܛܠܠܗ ܢܚܐ ܒܥܡ̈ܡܐ. ܘܬܘܒ ܕܘܝܕ ܟܕ ܡܬܗܪ ܒܗܠܝܢ
Ps ii 1 sq ܐܡܪ. ܕܠܡܢܐ ܠܡ ܪܓܫܘ ܥܡ̈ܡܐ. ܘܐܡ̈ܘܬܐ ܪܢܝ ܣܪܝܩܘܬܐ.
ܘܩܡܘ ܡ̈ܠܟܘܗܝ ܕܐܪܥܐ ܘܫܠܝܛܢܘܗܝ. ܘܐܬܟܢܫܘ[15] ܐܟܚܕܐ ܥܠ
ܡܪܝܐ ܘܥܠ ܡܫܝܚܗ. ܘܡܢ ܒܬܪ ܗܠܝܢ. ܐܡܪ ܐܝܟ ܕܡܢ
Ps ii 7 sq ܦܪܨܘܦܗ ܕܡܫܝܚܐ. ܡܪܝܐ ܐܡܪ ܠܝ ܕܒܪܝ ܐܢܬ. ܐܢܐ ܝܘܡܢܐ
ܐܘܠܕܬܟ. ܫܐܠ ܡܢܝ ܘܐܬܠ ܠܟ. ܥܡ̈ܡܐ ܠܝܪܬܘܬܟ.
ܘܐܚܝܕܘܬܟ ܒܣܘܦ̈ܝܗ ܕܐܪܥܐ.[16] ܘܠܐ ܒܠܚܘܕ ܠܐܝܠܝܢ ܕܪܒܘܬ 7
ܟܗܢܘܬܐ ܡܬܩܪܝܢ ܗܘܘ. ܡܬܡܫܚܝܢ[17] ܗܘܘ ܒܡܫܚܐ ܡܫܝܚܐ
ܡܬܡܫܚܢܐ.[18] ܡܬܝܚܕܬ ܗܘܐ ܫܡܐ ܕܡܫܝܚܐ ܥܠ ܡܠܟ̈ܐ.

[10] For ܒܪܐܙܐ ܘܒܛܘ̈ܦܣܐ 𝔄 has *mysteriis et symbolis et typis* [11] Read ܘܡܢ ? So 𝔄
[12] 𝔄 reads ܒܡܠܝ and om. ܫܡܗ ܕܦܪܘܩܢ [13] 𝔄 *circumdati sunt ei* (*շրջափակեցան*) *in perditione sua* [14] 𝔄 ܕܐܡܪܢ [15] 𝔄 om. ܘ and renders *ժողովեցան congregati sunt* [16] In 𝔄 the quotation is conformed to the Arm. Vulg. except that the two clauses of v. 7 are connected by *և et*.
[17] Read ܘܡܬܡܫܚܝܢ ? 𝔄 however has no ܘ [18] The last three words are plur. in 𝔄

ܐܠܐ ܐܦ ܠܡܠܟܐ ܗ̇ܢܘܢ ܕܐܝܟ ܕܒܐܪܙܐ[19] ܕܐܠܗܐ ܡܫܝܚܝܢ 𝔄 21
ܗܘܘ ܠܗܘܢ ܢܒ̈ܝܐ. ܐܝܟ[20] ܕܠܐܝܩܘܢܐ ܠܡܠܟܘܬܐ ܡܫܝܚܝܐ
ܥܒܕܝܢ ܗܘܘ[21] ܠܗܘܢ. ܐܦ ܗܢܘܢ ܓܝܪ ܕܡܫܘܬܐ ܕܗ̇ܘ ܕܗܘܝܘ
ܒܠܚܘܕܘܗܝ ܡܫܝܚܐ ܕܫܪܪܐ.[22] ܗ̇ܘ ܕܥܠ ܟܠ ܡܠܟܝܢ ܠܒܢܝܢ
ܗܘܘ. ܕܡܠܟܘܬܐ ܘܕܟܗܢܘܬܐ ܘܕܢܒܝܘܬܐ. ܬܘܒ ܐܦ ܡܢ 8
ܢܒ̈ܝܐ ܕܐܬܝܕܥܘ ܐܝܟ ܕܦܠܣܦܐ ܡ̈ܫܝܚܐ[23] ܐܬܚܙܝܘ.
ܕܗܢܘܢ ܗ̇ܠܝܢ[24] ܦܠܣܦܐ[25] ܕܐܡܝܢܝܢ ܗܘܘ. (B fol. 3 *a*) ܠܗ̇ܘ[26]
ܕܗܘܝܘ ܡܫܝܚܐ ܕܫܪܪܐ[27] ܡܠܬܐ ܐܠܗܝܐ ܡܫܠܡ ܗ̇ܘܐ. ܠܗ̇ܘ
ܕܗܘܝܘ ܒܠܚܘܕܘܗܝ ܪܒ ܟܘ̈ܡܪܐ[28] ܥܠ ܟܠ. ܘܒܠܚܘܕܘܗܝ[29]
ܡܠܟܐ ܕܥܠ ܟܠܗ̇ ܒܪܝܬܐ. ܘܒܠܚܘܕܘܗܝ ܪܒ ܢܒܝܐ[30] ܕܐܒܐ.
ܘܬܘܣܬܗ̇ ܕܗܕܐ ܕܠܡܫ[31] ܡܢ ܡܫ̈ܝܚܐ ܕܒܐܪܙܐ ܐܬܡܫܚܘ. 9
ܠܐ ܡܢ ܟܗ̈ܢܐ ܘܠܐ ܡܢ ܡ̈ܠܟܐ ܘܠܐ ܡܢ ܪܒ[32] ܢܒ̈ܝܐ ܩܢܐ
ܕܐܝܟ ܗܢܐ ܚܝܠܐ ܥܒܝܕܐ ܕܐܠܗܘܬܐ. ܕܝܫܘܥ ܦܪܘܩܢ ܡܪܢ
ܡܫܝܚܐ.:[33] ܗ̇ܘ ܕܗܘܝܘ ܒܠܚܘܕܘܗܝ ܡܫܝܚܐ ܕܫܪܪܐ.[34] ⌜ܘܚܙܝ⌝ ܡܢ 10
ܗܠܝܢ ܐܦ ⌜ܗ̣ܝ⌝ ܐܝܬ ܗܘܐ ⌜ܠܗܘܢ⌝ ⌜ܕܪ̈ܟܐ[35] ܕܐܡܪܐ⌝. ܘܩܒܠ
ܕܗ̈ܢܝܢ ܐܬܥܒܕܘ ⌜ܒܡܫܚܗܘܢ⌝: ܠܐܝܠܝܢ ܕܗܘܘ ⌜ܬܚܘܬ⌝ ܫܘܠܛܢܗܘܢ⌝
ܠܐ ⌜ܢܣܒܘܗ̇ ܒܪ̈ܦܣܝܐ⌝. ܡܢ ⌜ܗܘ⌝ ܦܠܣܦܐ ⌜ܐܢܫܐ⌝ ܕܐܝܬ 𝔄 22
ܗܘܐ ⌜ܠܗܘܢ⌝: ܐܦ ܠܐ ⌜ܐܝ⌝ ܐܡܪܐ ⌜ܕܡܫܝܚܘܬܐ⌝ ܗܘܐ.
ܠܐܒܐ ⌜ܚܒ̈ܝܫܘܢ⌝ ܡܢ ܡܫܬܡܫܢܘܬܗܘܢ. ܐܦ ܠܐ[36] ܡܢ ܒܬܪ

[19] 𝔄 ակնարկելով *indicando s. designando* [20] 𝔄 = ܘܐܝܟ [21] 𝔄 in one MS. անուանէին *nominabant*: in the other անուան առնէին lit. *nominis* (s. *nomini*) *faciebant* [22] 𝔄 *veritate* [23] 𝔄 adds *visi sunt* [24] For ܗܠܝܢ 𝔄 *omnes* [25] 𝔄 plur. [26] Here the text of B recommences, but this leaf is much torn [27] 𝔄 *veritate* [28] 𝔄 adds *verus* [29] A ܐܦ ܒܠܚܘܕܘܗܝ [30] A ܢܒ̈ܝܐ [31] For ܠܡܫ 𝔄 has եղև *factus est* [32] A 𝔄 ܪ̈ܒ [33] 𝔄 – ܘܡܪܢ ܡܫܝܚܐ [34] 𝔄 *veritate* [35] A ܕܪ̈ܟܐ [36] A fol. 8 *a*

ܡܢܗܘܢ ܕܐܝܟ ܗܕܐ ܬܪܥܝܬܐ ܕܢܘܟܪܝܐ ܗܘܘ ܠܗܘܢ.
ܕܬܬܐܡܪܬ ܥܠ ܦ̈ܓܪܝܗܘܢ ܢܗܘܘܢ ܚܫܝܫܝܢ. ܐܦ ܠܐ ܠܟܠܗܘܢ
ܒܢ̈ܝܢܫܐ ܕܐܬܝܗܒܬ ܫܘܒܚܐ ܡܛܠ ܗܘܐ ܕܐܝܟ ܗܢܐ ܫܘܒܚܐ
ܥܠ ܚܕ ܡܢ ܐܠܗܘ̈ܢ ܡܬܚܙܝܢ. ܡܛܠ ܕܐܦ ܠܐ ܕܐܝܟ ܗܢܐ
ܚܝܠܐ ܗܘܐ ܗܘܐ ܐܪܓܘܢ ܕܕܐܝܟ ܗܢܐ ܢܦܫܐ ܗܘܐ.
ܐܝܟ ܡܢܐ ܕܗܘ[37] ܫܪܪܐ ܗܘܐ ܟܕ ܦܪܘܩܢ. ܗܘ ܕܠܐ 11
ܗܘܐ ܦܠܚ̈ܬܐ ܘܐܪ̈ܙܐ[38] ܕܪܘܚܬ ܒܝܘܬܐ ܢܦܩ ܡܢ ܐܢܫ.
ܐܦ ܠܐ ܡܢ ܟܘܪܗܢܐ ܕܒܝܘܬܐ[39] ܐܝܟ ܕܡܛܠ ܐܬܬܘܗܝ ܗܘܐ.
ܐܦ ܠܐ ܒܐܘܪܚܐ ܠܒ̈ܝܫܐ ܘܫܢܐ ܡܢ ܒܥܠܕܒܒܘܬܐ. ܐܦܠܐ
ܢܟܝܐ[40] ܒܡܢܗܘܬܐ ܕܡܪ̈ܕܝܐ ܕܗܘܘ (B fol. 3b) ܐܬܦܪܥ ܗܘܐ. ܐܦ
ܠܐ ܕܪܟܐ ܘܫܘܠܛܢܐ ܕܐܢܫ ܐܝܬ ܗܘܐ ܠܗ ܠܘܬ ܦܘܪܥܢܐ. ܀
ܐܦ ܕܝܢ ܒܢܘܪܐ ܠܐ. ܐܠܐ ܫܪܪܐ ܡܢ ܐܒܐ ܒܥܠܡܝܢ ܒ̈ܝܬܐ
ܗܘܐ. ܐܝܟ[41] ܕܡܩܒܠܬ ܠܝܢ ܡܬܦܪ. ܠܘ ܐܝܟܢܐ ܕܗܘܘ ܕܝܠܗ[42] 12
ܐܬܓܠܝ ܠܟܠܗܘܢ ܥܡܡ.[43] ܘܡܛܠ ܗܘ ܐܦ ܡܫܝܚܐ ܡܬܩܪܐ.
ܐܠܐ[44] ܡܛܠ ܕܗܘܐ ܒܫܘܠܛܢܗ ܡܫܝܚܐ ܕܫܪܪܐ:[45] ܘܡܢ ܫܡܗ
𝔄 23 ܘܡܫܝܚܐ ܘܡܫܝܚܐ ܫܡܗ ܘܡܠܟܐ ܒܟܠܗ ܥܠܡܐ ܡܬܩܪܝܢ.
ܠܐ ܒܚܝܠ ܦܘ̈ܠܚܢܐ[46] ܐܠܗܐ ܕܡܠܟܘܬܐ.[47] ܐܠܐ ܫܪܪܐ ܥܠܡܐ
ܘܕܒܪ̈ܐ ܫܡ̈ܝܢܐ. ܘܒܫܝܚܘܬܐ[48] ܕܒܬܘ̈ܠܬܗܘܢ ܡܫܠܡ ܗܘܐ
13 ܠܐܠܗܐ ܕܡܫܬܡܫ ܠܗ ܀ ܘܡܫܝܚܘܬܐ ܠܘ ܗܘ ܕܒܒ̈ܢܝܢܫܐ
ܡܬܬܡܠܟܐ[49] ܗܘܬ. ܐܠܐ ܒܪܘܚܐ ܕܐܠܗܐ ܐܝܟ[50] ܕܒܐܐ ܠܐܠܗܐ.
ܗܘ ܡܢ ܐܝܬܘܬܐ ܕܐܠܗܘܬܗ ܕܐܒܐ ܡܠܬ. ܘܗܘ ܗܘܐ[51] ܬܘܒ

[37] A ܗܘܘܢ [38] A ܘܐܪ̈ܙܐ ܦܠܚ̈ܬܐ [39] 𝔄 in one MS. = ܕܝܨܦܐ ܕܗܘܝܘܬܐ
[40] A ܢܟܝܠܐ, originally ܢܟ̈ܝܠܐ [41] A adds ܡܢ [42] A ܕܝܠܗܘܢ [43] A ܠܟܠܗܘܢ ܥܡܡ̈ܐ
[44] A om. ܐܠܐ [45] 𝔄 has here *veritatis* [46] A ܦܘܠܚܢܐ
[47] A ܕܡܠܟܘܬܐ [48] A ܘܡܫܝܚܘܬܐ ܕܒܬܘܠܬܐ [49] A ܡܬܡܠܟܐ [50] A ܐܝܟܢܐ
[51] 𝔄 adds ընկալեալ, *acceptum habens*

ܐܫܥܝܐ ܢܒܝܐ. ܘܐܝܟ[52] ܕܡܢ ܦܪܨܘܦܐ ܕܡܫܝܚܐ ܡܟܪܙ ܗܘܐ̇
ܗܟܢܐ.[53] ܪܘܚܗ[54] ܕܡܪܝܐ ܥܠܝ. ܕܡܛܠܗܕܐ ܡܫܚܢܝ ܕܐܣܒܪ Is lxi 1
ܠܡܣ̈ܟܢܐ. ܘܫܠܚܢܝ ܠܡܟܪܙܘ ܦܘܪܩܢܐ ܠܫܒ̈ܝܐ ܘܠܥܘ̈ܝܪܐ
14 ܚܙܝܐ.[55] ܘܠܐ ܗܘܐ ܠܝܫܘܥ ܐܫܥܝܐ. ܐܠܐ ܐܦ[56] ܕܘܝܕ ܐܡܪ
ܥܠܘܗܝ. ⌜ܟܘܪܣܝܟ⌝ ܐܠܗܐ ⌜ܠܥܠܡ⌝ ܠܥܠܡܝܢ. ܫܒܛܐ ⌜ܦܫܝܛܐ⌝ ܫܒܛܐ Ps xlv 6 sq
ܕܡܠܟܘܬܟ. ⌜ܪܚܡܬ ܙܕܝܩܘܬܐ ܘܣܢܝܬ ܥܘܠܐ⌝. ܡܛܠ
ܗܢܐ ܡܫܚܟ ܐܠܗܐ ܐܠܗܟ. ܡܫܚܐ ⌜ܕܚܕܘܬܐ⌝ ܝܬܝܪ ⌜ܡܢ
ܗܢܘܢ ܕܐܬܡܫܚܘ.[57] ܕܒܗ ܡܠܬܐ ⌜ܒܣܘܡܐ⌝ ܡܫܡܗܐ[58] ⌝ܡܫܡܗ
ܠܗ ⌜ܐܠܗܐ. ܘܗܘ ܕܝܢ ⌝ܕܬܪܝܢ ܒܫܒܛܐ ⌜ܕܡܠܟܘܬܐ ⌝ܡܫܡܗ ⌝ܠܗ.
15 ܘܬܘܒ ⌜ܟܕ⌝ ܢܫܬ ܒܗ (B fol. 4 a) ܒܡܠܟܘܬܐ ܡܢ ܒܬܪ ܫܠܝܐ 𝔄 24
ܕܐܠܗܘܬܐ ܘܡܠܟܘܬܐ. ܒܬܠܬܐ ܕܬܠܬܝܗ ܕܗܘܐ[59] ܡܫܝܚܐ ܡܫܘܚܐ
ܥܠܘܗܝ. ܠܗ[60] ܒܡܫܝܚܐ ܕܡܢ ܒܪܬܐ ܡܬܘܡ. ܐܠܐ[61] ܒܗܘ
ܡܫܝܚܐ ܕܫܘܬܐ ܕܐܠܗܐ. ܕܫܘܝ ܡܫܬܪܝܬܐ ܕܡܫܝܚܘܬܗ.[62]
ܕܦܪܫ ܗܘܐ ܡܢ ܕܗܘ̇ܢ ܡܫ̈ܝܚܐ. ܕܟܐܪ̈ܐ[63] ܘܒܕܡܘܬܐ
16 ܡܫܝܚܘܬܐ ܡܫܝܚܝܢ[64] ܗܘܘ. ܘܒܕܘܟܬܐ ܐܚܪܬܐ ܬܘܒ ܐܡܪ
ܥܠܘܗܝ ܗܟܢܐ. ܕܐܡܪ[65] ܡܪܝܐ ܠܡܪܝ ܬܒ[66] ܠܝ ܡܢ ܝܡܝܢܝ. Ps cx 1 sq
ܥܕܡܐ ܕܐܣܝܡ ܒܥܠܕܒܒܝܟ ܟܘܒܫܐ ܬܚܝܬ ܪ̈ܓܠܝܟ. ܘܒܬܪܗ
ܘܡܢ ܟܪܣܐ ܡܢ ܩܕܡ ܟܘܟܒܐ ܝܠܕܬܟ. ܐܝܡܝ ܡܪܝܐ

[52] 𝔄 docet ita, tanquam [53] 𝔄 om. ܡܟܪܙ ܗܘܐ ܗܟܢܐ [54] Read ܪܘܚܗ with A [55] 𝔄 agrees with Arm. Vulg. except that it substitutes փրկութիւն *salutem* for թողութիւն *remissionem* [56] A ܘܐܦ (for ܐܦ) [57] In this quotation 𝔄 agrees with Arm. Vulg. (only substituting ուրախութեան *gaudii* for ուրախութեամբ *gaudio*) till the last clause, where it is conformed to our Syriac against the *plus quam socios tuos* of Arm. Vulg. [58] A fol. 8 b [59] 𝔄 : ܕܗܘܐ and inserts before it *de eo* [60] A adds ܕܝܢ [61] A adds ܠܐ [62] A ܕܡܫܝܚܘܬܐ [63] A ܕܐܪܙܐ [64] A ܡܫܝܚܝܢ [65] A adds ܠܗ [66] A ܕܬܒ

ܘܠܐ ܢܗܘܐ. ܕܐܝܬ ܗܘ ܒܡܕܝܢܐ ܠܟܠܗ ܒܡܕܒܪܢܘܬܗ ܕܡܠܟܘܬܗ[67]
17 ܗܢܐ ܕܝܢ ܡܠܟܘܬܐ ܕܚܫܡܘܢ ܟܠܗܘܢ ܫܢ̈ܝܐ ܕܐܬܬܗܘܝ ܒܡܕܒܪܐ
ܕܐܠܗܐ ܡܬܝܗܒܐ. ܠܐ ܗܘܐ ܒܡܫܝܚܐ ܡܡܫܚܢܐ ܡܫܝܚܐ
ܕܡܫܝܚܝ[68] ܗܘܐ. ܐܠܐ[69] ܐܦܠܐ ܡܢ ܡܫܒܠܢܘܬܐ ܕܟܗܢܐ
ܕܥܒܪܝܐ ܠܟܗܢܘܬܐ ܕܒܒ̈ܢܝܐ ܐܬܬܩܘܝ ܗܘܐ. ܡܛܠ ܗܢܐ
ܒܡܕܒܪܢܘܬܗ ܘܠܐ ܕܫܝܢ ܕܟܠܝ̈ܬܐ ܘܦܠܚܘܬܐ[70] ܐܬܬܘܣܦܘ[71]
ܗܘܘ. ܡܫܝ̈ܚܐ ܘܡܠܟ̈ܐ[72] ܡܬܩܛܠܝܢ ܗܘܘ. ܐܠܐ ܒܡܫܘܚܬܐ[73]
18 ܕܦܓܠ.[74] ܡܛܠ[75] ܗܢܐ ܐܦܠܐ ܕܐܬܡܫܚ. ܦܪܘܩܐ ܘܡܠܟܘܬ ܡܢ
ܗܘܕܝܐ ܐܫܬܠܝܬ ܠܥܒܝܕܬܐ. ܐܦ ܠܐ ܕܗܘܐ ܡܢ ܫܪܒܬܐ
ܕܒܢ̈ܝܐ. ܐܠܐ[76] ܕܗܘܐ ܡܢ ܐܠܗܐ ܐܬܝܠܕ ܡܢ ܩܕܡ ܒܪ̈ܝܬܐ.[77]
𝔄 25 ܘܡܫܒܪܢܘܬܐ ܠܐ ܕܢܬܐ[78] ܘܠܐ ܡܫܬܪܝܐ ܐܝܟܢ ܠܟܠܗ
19 ܠܥܠܡܝܢ ܀ ܕܡܫܝܚܘܬܐ ܕܝܢ ܙܘܚܝܬܐ ܘܐܠܗܘܬܐ ܡܟܝܠ.
ܬܫܬܥܝܬܗ ܪܒܬܐ ܘܡܠܟܘܬܐ ܗܕܐ ܗܝ. ܕܡܢ ܟܠ ܕܗܘܐ ܒܟܠ[79]
ܕܝܢ ܘܡܕܡܐ ܠܗܘܢܝܐ ܗܘ ܒܠܚܘܕܘܗܝ ܡܫܬܟܚ ܡܫܝܚܐ.
ܬܘܠ ܒܠܘܗܝ ܩܪܐ ܐܢܫܐ ܕܐܝܬ ܒܟܠܗ ܒܠܒܢܐ. ܘܟܠ ܐܢܫ
ܡܫܝܚܐ ܕܡܕܡܐ ܗܘ ܒܗܢܐ ܫܡܐ. ܡܢܝܚ ܘܒܪܝܪܐ. (B fol. 4 b)
ܘܒܕܡܐ ܠܡܫܢܐ ܒܠܗܘ[80] ܒܪܝܬܐ ܡܢ ܟܠ ܕܡܕܡ[81] ܒܗ. ܡܬܝܗܪ
ܐܝܟ ܡܠܟܐ. ܘܡܫܬܡܗ ܒܬܕܒܪܬܐ[82] ܝܬܝܪ ܡܢ ܢܦܫܐ.

[67] The quotation in 𝔄 is so far affected by Arm. Vulg. as to lose critical value, except that the omission of ܒܡܕܝܢܬܐ (against Arm. Vulg. and our Syriac) is noteworthy [68] A om. ܕ ܡܫܝܚܐ [69] 𝔄 om. ܐܠܐ, and renders the next words *et non ex ordine inde eius gentis sacerdotium* (քահանայութիւն) *Hebraeorum* [70] A ܕܟܗܢܘܬܐ ܐܘ ܕܡܠܟܘܬܐ 𝔄 has sing. [71] A ܐܬܬܘܣܦܘܗܝ [72] A ܡܫܝ̈ܚܐ ܘܡܠܟ̈ܐ [73] A ܒܡܫܘܚܬܐ [74] 𝔄 om. ܕ [75] A ܡܛܠ ܗܕܐ
[76] A om. ܐܠܐ 𝔄 om. ܕ before ܡܫܝܚܐ [77] A ܒܪܝܬܐ 𝔄 *saecula et creaturas* [78] 𝔄 transposes ܡܬܢܝܬܐ and ܗܘܠܐ [79] A om. ܕܡܢ ܟܠ and reads ܡܢ ܒܟܠ for ܒܟܠ [80] A om. ܒܠܗܘ 𝔄 has plur. [81] 𝔄 sing. [82] 𝔄 plur.

ܘܡܫܬܒܚܢ. ܕܗܘܘ ܒܫܪܪܐ ܪܒ ܒܗܕ̈ܪܐ ܕܐܠܗܐ. ܘܒܗ̇
ܗܠܝܢ[83] ܕܠܗܘܢ ܕܐܬܬܘܣܝ ܒܠܚܘܕ ܐܠܗܐ[84] ܕܐܬܡܠܠ. ܡܢ ܩܕܡ
ܟܗ̈ܢܐ ܟܠܗܘܢ܆ ܘܐܬܘܪܐ ܕܡܫܝܚܘܬܐ ܐܝܬ ܠܗ ܗܘ ܡܢ ܠܥܠ[85]
ܐܟܘܬܗܘܢ ܒܢܐܫܬ[86]: ܘܡܫܝܚܘܬܗ ܐܝܟ ܐܠܗܐ. ܕܒܫܪܪܐ ܐܝܬܘܗܝ
20 ܡܢ ܗ̇ܘ ܕܐܝܬܘܗܝ ܒܫܪܪܐ ܐܠܗܐ. ܕܡܫܝܚܘܬܐ ܕܝܢ ܡܢ ܟܠ
ܡܕܡ. ܕܠܘ ܒܡܫܚܬܐ ܒܠܚܘܕ ܐܘ ܒܡܠܐ ܕܣ̈ܡܐ ܡܬܩܪܐ ܠܗ
ܐܝܠܝܢ ܕܡܫܝܚܝܢ ܠܗ̇. ܐܠܐ ܡܢ ܣܘܓܐ ܡܫܬܟܠܢܐ ܕܢܦܫܐ.
ܘܡܫܝܚܘܬܐ ܠܗ ܡܣܗܕܘܬܗ[87] ܐܦ ܡܛܪ ܡܢ ܫܡܝܐ. ܗܠܝܢ ܕܝܢ ܟܠܗܝܢ. 21
ܒܪܘܚܐ ܡܫܚܗ ܠܗ ܡܢ ܩܕܡ ܥܠܡܐ ܕܒܪܝܬܐ. ܕܠܐ ܐܢܫ ܢܣܒܘܪ ܥܠ
ܦܬܘܡ ܡܢ̈ܝ[88] ܢܣܒ. ܡܫܝܚܐ ܕܐܠܗܐ ܗܘ ܘܝܚܝܕ ܝܠܝܕܗ.
ܡܛܠ ܕܦܪܘܩܐ ܕܓܢܣܐ ܕܐܢܫܘܬܐ܀

ܕܐܪܒܥܐ. ܕܠܐ[1] ܗܘܐ ܚܕܬܐ ܐܘ ܢܘܟܪܝܐ ܡܠܦܢܘܬܐ ܕܕܘܒܪܬ 𝔄 26
ܐܠܗܝܐ ܕܐܟܪܙ ܦܪܘܩܢ ·:· ·:·

iv. 1 ܬܘܒ ܕܝܢ ܠܐ ܐܢܫ[2] ܢܣܒܘܪ ܠܗ ܕܢܘܟܪܝ ܗܘ ܘܡܛܠܐ
ܡܠܦܢܘܬܗ.[3] ܕܐܝܟ ܕܡܢ ܚܕܬܐ[4] ܐܬܡܛܠܠ ܐܘ ܕܠܐ ܡܚܕܝܢ
ܒܡܕܡ ܠܥܒܪܐ ܕܐܢܫܘܬܐ. ܢܐܡܪ ܩܠܝܠ ܐܦ ܡܛܠ ܗܕܐ.
2 ܡܛܠ ܓܝܪ[5] ܕܡܬܘܬܝ ܕܢܚܬ ܡܬܐܡܪܢܘܬܗ ܕܦܬܘܡ ܡܢ̈ܝ[6] ܢܣܒ
ܡܫܝܚܐ ܠܟܠܗܘܢ ܒ̈ܢܝ ܐܢܫܐ. ܡܕܡ ܐܚܪܝܢ[7] ܕܝܕܥܬ ܗܘ ܒܗܝܢ.
ܐܠܐ ܕܝܢ ܠܘ ܒܗܕܐ ܗܘ ܚܕܬܐ ܐܘ ܢܘܟܪܝܐ ܕܡܬܚܙܝܢ ܒܗ
ܕܗܫܐ ܒܕܘܟ ܒܫܠܡܘܬܐ ܕܐܘܪܚܐ. ܐܠܐ ܕܟܠ ܚܟܡܝܢ ܐܢܬܘܢ

[83] A fol. 9a [84] 𝔄 = ܕܐܠܗܐ [85] A om. ܠܥܠ [86] A ܒܐܝܬ
[87] A ܡܣܗܕܘܬܐ [88] 𝔄 om. ܡܢܝ
CHAP. IV. [1] A adds ܕܝܢ [2] A ܐܢܫ ܠܐ [3] A ܘܡܠܦܢܘܬܗ ܕܦܪܘܩܢ ܐܠܗܐ
[4] A adds ܗܘܐ [5] 𝔄 om. ܓܝܪ [6] 𝔄 = ܘܡܢܝ [7] A ܚܢܝ

ܘܚܫܝܫܐ[8] ܒܐܢܫܘܬܐ܂ ܘܕܢܦܠ ܡܢ ܐܠܗܘܬܐ܂ ܘܠܐ ܡܬܚܫܒ ܐܘ[9]
ܡܬܕܒܪܐ܂ ܘܐܝܬܘܗܝ ܐܠܗܐ ܟܠ ܐܦ ܒܡܕܒܪܢܘܬܗ܂ ܘܡܫܒܚܐ ܡܢ
𝔄 27 ܥܠ ܠܘܬ ܒܥܠܕܒܒ̈ܐ[10] ܐܬܚܙܝ ܒܡܢܐ ܕܡܫܝܚ ܒܫܡܗ ܕܡܫܝܚܐ܂
3 ܒܗܕܐ ܐܦ ܚܕ ܡܢ ܢܒܝ̈ܐ[11] ܬܗܪ ܒܗ܂ ܕܦܩܕ ܝܠܕܐ ܒܡܕܝܢܬܐ[12]
ܕܪܘܚ ܡܘܕܥܢܐ ܕܥܡ ܕܒܬܪ ܗܘܐ ܠܥܡܡ̈ܐ[13] ܘܡܗܝܡܢܐ ܐܡܪ܂
Is lxvi 8 ܡܢ ܫܡܥ ܐܝܟ ܗܠܝܢ܂ (B fol. 5 a) ܘܡܢ ܚܙܐ ܐܝܟ ܗܕܐ܂
ܕܬܬܒܠܒܠ ܐܪܥܐ ܒܝܘܡܐ ܚܕ܂ ܘܬܬܝܠܕ[14] ܥܡܐ ܒܫܥܬܐ
ܚܕܐ܂ ܘܗܘ ܗܢܐ ܠܘܩܒܠ ܟܠ ܥܡܐ ܐܘܕܥ ܒܗ ܐܡܪ܂
cf Is lxv 15 sq ܕܬܗܘܐ ܠܗܘܢ ܠܕܝ̈ܠܝ ܫܡܐ ܥܡܐ ܚܕܬܐ ܕܡܬܒܪܟ ܒܐܪܥܐ܂
4 ܐܠܐ ܐܦ ܫ̈ܪܒܬܐ ܢܬܠܝܢ: ܘܕܫܘܪܬܗܝܢ[15] ܐܬܝܕܥ ܥܡܡ̈ܐ[16] ܕܪ̈ܘܦܝܐ
ܠܘܬ ܟܠܗܘܢ ܥܡܡ̈ܐ܂[17] ܗܘ ܕܝܢ ܕܡܒܪܐ ܘܚܝܠܗ ܘܡܫܒܚܐ
ܕܦܠܚܝܢ܂ ܠܐ ܗܘܐ ܕܫܘܪܬܗܝܢ ܐܬܝܕܥ ܡܢ܂ ܐܠܐ ܡܢ ܙܒ
ܬܘܩܢܐ ܕܐܢܫܘܬܗ ܡܬܩܢ ܗܘܐ[18] ܡܢ ܐܢܫܐ ܡܢ̈ܝܢܐ ܙܒ̈ܢܘܗܝ
ܕܐܠܗܘܬܐ܂ ܐܝܟ ܕܡܢ ܬܪܥܝܬܐ ܕܝܠܗ܂ ܕܐܝܬܝܗ ܕܝܢ ܗܢܐ[19]
5 ܚܘܒܐ܂ ܥܡܐ ܕܒܪ̈ܝܬܐ ܠܐ ܗܘܐ ܝܠܕܬ ܗܘ܂ ܐܠܐ ܦܪܘܫܘܬܗ[20]
ܒܡܦܪܐ ܗܝ ܒܠܬ ܒܢ̈ܝ ܐܢܫܐ܂[21] ܥܡܐ ܗܘ ܚܕ ܢܒܝܐ܂[22]
ܐܝܬ ܕܝܢ ܠܘܬܗ ܒܢ̈ܝܐ[23] ܘܒܢ̈ܬܐ ܬܠܡܝ̈ܕܬܐ ܟܠ ܐܢܫܐ
𝔄 28 ܡܕܝ̈ܢܬܐ܂ ܕܠܒܠܡ ܕܝܢ ܘܡܫܝܚܐ ܠܚܘܪ܂[24] ܐܠܐ ܕܝܢ ܒܕܘܒܪܬܐ
ܘܒܫܠܝܛܘܬ ܐܠܗܐ ܘܒܥܘܕܪܢܐ ܕܕܒܪܐ ܥܡ̈ܡܝܐ ܡܬܩܪܝܢ ܗܘܘ[25]

[8] A originally ܘܩܫܝܫܐ [9] A ܘܠܐ [10] A ܟܠ ܐܢܫ [11] A ܢܒ̈ܝܐ [12] 𝔄 plur. [13] 𝔄 adds *futuro tempore* [14] In 𝔄 ܬܬܒܠܒܠ and ܘܬܬܝܠܕ are represented by aorists [15] A ܐܦ ܕܫܘܪܬܗܝܢ: 𝔄 seems to om. ܕ [16] A fol. 9 b [17] A om. ܥܡ̈ܡܐ [18] 𝔄 adds *et veniebat* [19] For ܕܐܝܢܐ ܕܝܢ ܗܘܐ 𝔄 has *sed quomodo vel quali modo* [20] A ܦܪܘܫܘܬܗ [21] A ܒܢ̈ܝܢܫܐ [22] A ܐܡܪܐ [23] 𝔄 = ܟܠܐ [24] 𝔄 = ܘܕܘܪܘܫܐ ܒܡܫܝܚܐ [25] A om. ܗܘܘ

ܡܢܗ ܠܘܩܕܡܐ. ܐܝܢ ܐܝܢ[26] ܡܢ ܒܬܪܗ[27] ܐܚܪ̈ܢܐ ܕܗܘܘ ܡܢ
ܩ̈ܕܡܘܗܝ.[28] ܕܢܘܚ. ܘܡܢ ܩ̈ܕܡ ܗ̇ܢܘܢ: ܙܕܝܩܐ ܠܐܒܪܗܡ ܗ̇ܘ
ܕܡܫܬܡܗܪܝܢ ܒܗ[29] ܒܒܢ̈ܝܐ ܕܐܒܗ̈ܬܗܘܢ ܪܒܐ ܕܐܒܗܘ̈ܬܗܘܢ.[30]
6 ܟܠܗܘܢ ܕܝܢ ܗܠܝܢ ܕܐܝܬ ܥܠܝܗܘܢ ܣܗܕܘܬܐ ܕܟܐܢܘ̈ܬܐ
ܡܢ ܐܒܪܗܡ ܘܥܕܡܐ ܠܒܪ ܐܢܫܐ[31] ܩܕܡܝܐ. ܐܢ ܐܢܫ ܢܐܡܪ
ܕܒܥܒ̈ܕܐ ܟܪ̈ܣܛܝܢܐ ܗܘܘ ܐܦ ܠܐ ܒܫܡܗܘܢ. ܡܢ ܫܪܪ̈ܐ[32]
7 ܠܐ ܢܦܩ.[33] ܡܛܠ ܕܒܪ ܕܐܬܝܠܕ ܡܢ ܒܪܢܫܐ ܟܪ̈ܣܛܝܢܐ ܗ̣ܘ ܗܢܘ ܡܢܐ
ܫܡܐ. ܗܢܘ ܕܝܢ ܕܒܫܡܗ ܕܡܫܝܚܐ ܘܒܝܘܠܦܢܗ. ܘܒܝܕܥܬܐ
ܘܒܢܟܦܘܬܐ.[34] ܘܡܣܝܒܪܢܘܬܐ ܕܕܝܢ̈ܐ[35] ܠܦܢ̈ܝܬ ܘܡܕܝܩܘܬܐ
ܕܕܚܠܬ ܐܠܗܐ. ܕܕܝܢ ܕܝܢ ܗܘ ܐܠܗܐ ܟܠܗܘܢ[36] ܥܠ ܟܠ. 𝔄 29
ܒܗܠܝܢ ܟܠܗܝܢ ܠܐ ܗܘܐ ܒܨܝܪ ܡܢ ܡܬܚܫܚܝܢ (B fol. 5 b) ܗܘܘ
8 ܒܗܝܢ ܗ̇ܢܘܢ[37] ܡܕܟܪ̈ܝܢ. ܠܝܬ ܗܘܐ ܠܗܘܢ ܒܪ ܡܠܠܬܐ
ܥܠ ܓܙܪܬܐ ܦܓܪܢܝܬܐ[38] ܐܝܟ ܕܐܦܠܐ ܠܢ. ܐܦܠܐ ܥܠ ܢܛܪܐ
ܕܫܒ̈ܐ[39] ܐܝܟܢܐ ܕܐܦܠܐ ܠܢ. ܐܦܠܐ ܥܠ ܦܘܪܫܢܐ[40] ܕܡܐܟܠܬܐ[41]
ܐܘ ܕܐܣܬܪܩܬܐ ܕܡܘܫܐ ܗ̣ܘ ܫܪܝ ܒܡܢ. ܘܐܦܠܐ
ܐܝܟ ܕܬܦܠܓܢ ܒܗ ܦܠܚܬܐ ܠܗܘܢ ܕܡܢ ܒܬܪܗ. ܐܝܟܢܐ
ܕܐܦܠܐ[42] ܗܫܐ ܟܪ̈ܣܛܝܢܐ[43] ܢܛܪܝܢ ܕܐܝܟ ܗܠܝܢ. ܐܠܐ ܘܐܦ[44]
ܦܫܝܩܐܝܬ ܝܕܥܝܢ ܗܘܘ ܠܗ ܠܡܫܝܚܐ ܒܪܗ ܕܐܠܗܐ. ܕܗܘܐ 𝔄 30
ܐܬܚܙܝ ܠܗ ܕܐܝܬܘܗܝ ܠܐܒܪܗܡ. ܘܡܠܠ[45] ܡܠܐܟܐ[46] ܠܐܝܣܚܩ

[26] A 𝔄 place the stop after ܐܝܢ 2°, instead of after ܠܘܩܕܡ [27] 𝔄 *post eos* [28] A 𝔄 have no stop at ܩ̈ܕܡܘܗܝ [29] A ܕܡܫܬܡܗܪܝܢ ܒܗ [30] For ܕܐܒܗ̈ܘܬܗܘܢ 𝔄 has *paternitatis eorum* [31] A ܠܒܪܢܫܐ [32] A ܫܪܪܐ [33] A ܢܦܩܘ [34] A ܕܪܢܩܝܘܬܐ [35] A 𝔄 ܕܕܝܢ̈ܐ [36] 𝔄 om. ܟܠܗܘܢ [37] A ܗܢܘܢ [38] A ܦܓܪܢܝܬܐ [39] 𝔄 sing. [40] B originally ܦܘܪܫܢܐ [41] B ܡܐܟܘܠܬܐ (*sic*), but there are traces of an original ܠ after the ܟ [42] 𝔄 om. ܠܐ [43] A ܟܪ̈ܣܛܝܢܐ ܗܘܘ [44] A ܐܦ [45] 𝔄 om. ܘ [46] A ܡܠܐܟܐ

ܘܡܠܠ[47] ܥܡ ܐܒܪܗܡ. ܘܥܡ ܡܘܫܐ ܘܥܡ ܢܒܝܐ ܕܗܘܘ ܡܢ
9 ܒܬܪܗ.[48] ܡܢ ܗܪܟܐ ܕܝܢ ܡܫܟܚ ܐܢܫ ܠܡܕܥ. ܕܐܫܬܘܕܥܘ
ܠܥܡܡܐ[49] ܡܫܝܚܐ ܗ̣ܢܘܢ ܗ̇ܢܘܢ ܕܩܕܡܘܗܝ ܕܐܠܗܐ ܐܝܟ
ܒܡܠܬܐ ܕܐܡܪܐ ܡܬܠܠܗܘܢ: ܕܠܐ ܬܩܪܒܘܢ ܠܡܫܝ̈ܚܝ. 1 Chr xvi 22
10 ܘܠܢܒܝ̈ܝ ܠܐ ܬܒܐܫܘܢ. ܡܛܠ ܦܫܝܩܐܝܬ ܠܡܕܥܐ ܗܘ̇ ܕܡܠܬ
ܐܠܗܐ ܕܗܫܐ ܒܝܕ ܡܠܦܢܘܬܗ ܕܡܫܝܚܐ ܐܬܒܪܝܬ ܠܟܠ ܥܡ̈ܡܝܢ.
ܗ̇ܝ ܕܢܡܘܣܒ ܕܡܕܝܢܬܐ ܘܒܬܘܣܦܐ. ܠܟܠܗܘܢ ܗ̇ܢܘܢ ܐܢܫܐ
11 ܕܩܕܡܘܗܝ ܕܐܠܗܐ ܕܒܝܬ ܐܒܪܗܡ. ܘܐܦ ܐܡܪ̇ ܡܢ ܒܬܪ
ܘܒܢܝܐ ܫܠܝܚܐ ܥܠ ܐܒܪܗܡ̇ ܕܡܛܠ ܗܝܡܢܘܬܐ ܕܙܕܝܩܘܬܐ.[50]
ܡܙܕܩܢ ܒܡܗܝܡܢܘܬܐ ܗܘ ܡܫܬܟܚ ܥܠܘܗܝ ܕܐܘܕܥ. ܐܝܟ
ܕܐܡܪܬ ܥܠܘܗܝ ܡܠܬ ܐܠܗܐ. ܕܗܝܡܢ ܐܒܪܗܡ ܒܐܠܗܐ Gen xv 6
12 ܘܐܬܚܫܒܬ ܠܗ ܠܙܕܝܩܘ. ܘܟܕ ܗܟܢܐ ܐܬܚܘܝܘܗܝ ܗܘܐ ܡܕܡ
ܕܢܘܪܬܐ. ܐܬܐܡܪ ܠܗ ܡܢ ܐܠܗܐ ܕܐܬܚܙܝ ܠܗ ܕܗܘܘ
ܡܫܝܚܐ ܡܠܬܗ ܕܐܠܗܐ. ܥܠ ܗ̇ܢܘܢ ܕܒܬܪ[51] ܘܒܢܝܐ ܒܡܫܝܚܘܬܗ
ܢܬܒܪܟܘܢ ܗܘܘ ܠܡܘܕܝܢܘ. ܒܗܘܢ ܒܫܡܗ[52] ܕܐܬܚܘܝ ܠܗ ܡܫܝܚܐ.
ܕܢܬܒܪܟܘܢ ܒܟ ܟܠܗܘܢ ܫܪ̈ܒܬܐ ܕܐܪܥܐ. ܘܕܢܗܘܐ ܠܥܡܐ ܪܒܐ Gen xviii 18 xxii 18
ܘܣܓܝܐܐ. ܘܢܬܒܪܟܘܢ[53] ܒܗ ܟܠܗܘܢ ܥܡ̈ܡܐ ܕܐܪܥܐ.
13 ܕܟܠܗܝܢ ܕܝܢ ܫܪ̈ܒܬܐ ܕܝܗܘܕܝܐ[54] ܗ̣ܝ ܡܢ ܗܕܐ. ܒܡܫܝܚܘܬܐ ܗܘ
ܚܕ ܕܗܘ̇[55] ܕܐܬܚܙܝ ܠܗ ܐܒܪܗܡ ܕܐܬܚܘܝܘܗܝ. ܡܠܬܐ ܕܐܠܗܐ.
ܘܐܪܥܗ. (B fol. 6 a) ܡܢ ܦܬܓܡܐ ܕܐܒܗܘܗܝ. ܘܥܡ ܕܒܬܪܐ
ܡܕܒܪܢܐ ܕܡܫܝܚܘܬܐ.[56] ܘܐܘܕܝ. ܕܗܘ̇ ܕܝܢ ܗܘ ܐܠܗܐ ܥܠ ܟܠ.
ܘܡܕܒܪܢܐ ܥܡܡܝܐ ܦܠܚ ܗܘܐ ܠܗ. ܘܠܐ ܒܬܠܡܝܕܘܬܗ ܕܢܡܘܣܐ
ܕܐܬܝܗܒ ܒܝܕ ܡܘܫܐ. ܕܟܠܗܘܢ ܕܝܢ ܫܪ̈ܒܬܐ ܕܐܪܥܐ ܘܟܠܗܘܢ

[47] A fol. 10 a [48] 𝔄 *post* cos [49] Here begins a lacuna in 𝔄
[50] A ܙܕܝܩܘܬܐ [51] A ܕܡܢ ܒܬܪ [52] A ܒܫܡܗ ܡܠܠ [53] A ܘܢܬܒܪܟܘܢ
[54] A ܐܝܣܢܐ [55] A om. ܕܗܘ̇ [56] A ܕܡܫܝܚܘܬܐ

ܒܥܒ̈ܕܐ ܒܗ ܡܬܒܪܟܝܢ. ܒܪ̈ܕܐ ܕܢܣܒܝܢ[57] ܘܚܠܝܢ ܙܒܢ ܗܢ 14
ܩ̈ܠܐ ܐܬܝܕܥܬ ܗܫܐ. ܕܟܠܗܘܢ ܓܝܪ ܦ̈ܘܠܚܢܐ ܗܘ ܡܫܬܘܕܥ
15 ܗܘ ܗܘ ܕܡܒܪܐ ܥܡܝܩܐ. ܡܢ ܗܫܐ ܡܢܐ ܗܘ ܒܠܢܬܐ
ܕܢܘܕܐ. ܕܝܢ ܗܘ ܕܡܒܪܐ ܘܦܘܩܕܢܐ ܕܢܣܒܬ ܐܠܗܐ ܐܝܬ ܠܗ
ܕܢܛܠܝܢ ܡܢ ܥܡܝܩܐ. ܘܠܗܘܢ ܡܩ̈ܝܡܐ ܕܢܝܚܘܗܝ ܕܐܠܗܐ.
ܡܫܒܚ ܠܗ[58] ܫܪܝܪܐ[59] ܘܡܘܕܝܢܐ ܠܬܫܒܘܚܬܗ ܘܠܒܝܬܗ.[60] ܐܠܐ ܐܝܢ[61]
ܕܗܢ ܕܐܝܬܘܗܝ ܫܪܝܪܐܝܬ. ܕܗܢܐ ܗܘ[62] ܕܢܣܒܬ ܐܠܗܐ ܐܝܬ
ܠܟܠܗܘܢ ܘܡܫܘܕܥܬܐ ܘܫܪܝܪܬܐ. ܗܢܐ ܕܝܢ ܘܠܒܝܬܗ ܕܡܫܝܚܐ
ܐܫܬܠܡܬ ܠܗ ⁘ ⁘ ⁘ ⁘

ܕܡܫܝܚܐ ܥܠ ܙܒ̈ܢܐ ܕܐܬܚܙܝ ܒܗܘܢ ܒܝܬ ܒ̈ܢܝ ܐܢܫܐ ⁘ ....

v. 1 ܡܢ ܒܬܪ ܗܢܐ ܬܘܒܢܐ ܕܡܠܐ ܗܘܐ ܕܢܬܚܫܚ ܡܢܢ
ܬܫ̈ܥܝܬܐ[1] ܕܒܪܢܫܐ. ܠܐܘܪܚ ܗܫܐ ܡܢ ܡܬܚܫܚܢܘܬܗ ܕܦܪܘܩ
ܕܒܦܓܪ. ܘܐܝܟ ܕܒܡܕܝܢܬܐ ܕܐܘܪܫܠܡ ܢܦܘܩ ܠܗ ܠܬܫܥܝܬܐ.
ܘܢܦܪܐ ܠܐܠܗܐ ܐܒܐ ܘܠܒܪܗ ܢܗܘܐ ܡܫܝܚܐ ܦܪܘܩ ܡܠܬܗ
ܕܐܠܗܐ. ܕܗܘ ܢܗܘܐ ܠܗ ܡܕܒܪܢܐ ܠܥܕܬܐ ܕܬܫ̈ܥܝܬܐ ܗܠܝܢ.
2 ܐܬܝܠܕ ܗܘܬ ܫܢܬ ܐܪܒܥܝܢ ܘܬܪܬܝܢ ܕܡܠܟܘܬܗ ܕܐܓܘܣܛܘܣ..
ܡܢ ܒܬܪ ܒܣܢܝܢ ܘܬܡܢܝܐ ܫ̈ܢܝܢ ܕܐܫܬܥܒܕܬ ܡܨܪܝܢ. ܘܡܝܬܘ[2]
ܐܢܛܘܢܝܘܣ ܘܩܠܐܘܦܛܪܐ. ܘܐܣܬܝܡܬ ܒܡܠܟܘܬܐ ܗܝ ܕܡܬܐܡܪܐ
ܒܬܪܘܬܐ ܕܒܝܬ ܦܛܠܡܝܘܣ.[3] ܒܗ ܦܘܪܩܢ ܘܡܠܟܢ ܡܫܘܚ.
ܡܫܝܚܐ ܐܝܟ ܢܒܝܘܬܐ ܕܗܘܬ ܥܠܘܗܝ ܐܬܝܠܕ ܒܒܝܬ[4] ܠܚܡ
ܕܝܗܘܕܐ. ܒܙܒܢ ܡܫܬܟܢܘܬܐ ܩܕܡܝܬܐ ܕܗܘܬ ܗܝܕܝܢ.

[57] A ܕܐܡܝܢܝܢ [58] A om. ܠܗ [59] A fol. 10 b [60] A ܘܠܒܝܬܗ
[61] A ܐܝ [62] A ܕܗܢܐ ܗܘ ܫܪܝܪܐܝܬ
Chap. V. [1] A ܬܫܥܝܬܐ [2] A ܘܡܝܬܘ [3] A ܦܛܠܡܐܘܣ [4] A ܒܒܝܬ

3 ܒܡܟܬܒܢܘܬܗ (B fol. 6b) ܕܩܘܪܝܢܘܣ[5] ܒܣܘܪܝܐ. ܠܗܕܐ ܕܝܢ[6]
Ant xviii 1, 1 cf B J vii 8, 1 ܡܟܬܒܢܘܬܐ ܕܗܘܬ ܒܝ̈ܘܡܝ ܩܘܪܝܢܘܣ.[7] ܐܦ ܦܠܘܝܘܣ ܝܘܣܝܦܘܣ[8]
ܣܦܪܐ ܝܕܝܥܐ: ܡܢ ܡܫܬܥܝܢܐ ܕܬܫ̈ܥܝܬܐ ܕܗܘܘ ܒܗ ܒܙܒܢܐ
ܡܘܕܥ ܠܢ. ܘܡܚܘܐ ܠܗ ܬܘܒ ܐܦ ܬܫܥܝܬܐ ܐܚܪܬܐ ܥܠ
ܗܪܣܝܣ ܕܓ̈ܠܝܠܝܐ ܕܩܡܬ ܒܝܘܡܝ̈ ܗܢܘܢ. ܗܝ ܕܐܦ ܠܘܬܢ
Acts v 37 ܚܒܪ ܕܥܒܕ̈ܘܗܝ ܠܘܩܐ ܒܦܪܟܣܣ ܕܫ̈ܠܝܚܐ. ܕܡܢ ܒܬܪܗ ܠܗ ܗܢ
ܝܗܘܕܐ ܓܠܝܠܝܐ ܒܝܘܡܝ̈ ܡܟܬܒܬܐ[9] ܕܡܟܬܒܢܘܬܐ. ܘܐܙܠ[10]
ܒܬܪܗ ܡܢ ܥܡܐ. ܐܦ ܗܘ ܐܒܕ ܘܐܠܝܢ[11] ܕܐܬܛܦܝܣܘ ܠܗ
4 ܐܬܒܕܪܘ.[12] ܕܠܗܠܝܢ ܠܗܠܝܢ ܫܠܡ ܐܦ ܗܢܐ ܣܦܪܐ ܕܦܩܝܕܝܢ
Ant xviii 1, 1 ܐܡܪܝܢ ܥܠܝܗܘܢ. ܒܪ ܡܬܝܐ[13] ܒܬ̈ܠܬܗܝ ܗܕܝܐ. ܩܘܪܝܢܘܣ.
ܠܗ ܣܦܪܐ ܡܢ ܐܠܝܢ ܕܡܬܚܫܒܝܢ ܒܥܘܠܐ: ܕܕܝ̈ܢܐ ܦܢܐ ܕܝ̈ܢܘܬܐ
ܐܣ̈ܝܪܘܬܐ ܘܪܕܐ ܒܥܠܡܝܢ ܘܗܘܐ ܗܘܦܛܝܩܘܣ: ܘܐܦ ܒܐܣ̈ܝܪܘܬܐ
ܪܒ ܗܘܐ ܒܐܦ̈ܝܐ. ܐܬܐ ܥܡ ܙܥܘܪܐ ܠܣܘܪܝܐ ܕܐܬܥܬܕ
ܡܢ ܩܣܪ. ܕܢܗܘܐ ܕܝܢܐ ܬܪܝܨܐ ܠܥܡܐ ܘܡܟܬܒܢܐ
5 ܕܩܢ̈ܝܢܝܗܘܢ. ܘܒܬܪ ܩܠܝܠ ܐܡܪ. ܝܗܘܕܐ ܕܝܢ ܓܒܪܐ
ܓܘܠܢܝܐ ܡܢ ܡܕܝܢܬܐ ܕܫܡܗ̇ ܓܡܠܐ. ܐܦ ܠܗ ܠܨܕܘܩ
ܦܪ̈ܝܫܐ ܘܐܬܢܣܒ ܗܘܐ ܕܢܥܒܕ ܡܪܕܐ ܒܥܡܐ. ܐܡܪܝܢ ܗܘܘ
ܟܝ ܕܗܕܐ ܡܟܬܒܢܘܬܐ ܠܥܒܕܘܬܐ ܡܝܬܝܐ. ܘܡܥܒܕܝܢ ܗܘܘ
6 ܘܡܬܥܠܝܢ ܠܗ ܠܥܡܐ ܥܠ ܣܒܪܐ ܕܚܐܪܘܬܐ. ܘܡܣܒܪܢܐ
ܕܬܗܘܐ ܫܝܢܘܬܐ ܕܦܪܩܐ ܕܡܫܘ̈ܕܝܐ. ܥܠܝܗܘܢ ܥܠ ܗܢܝ ܗܠܝܢ
B J ii 8, 1 ܐܬܒܥ ⁘ ܕܥܠ ܙ̈ܒܢ ܗܢܐ ܠܡ ܡܢ ܣܦܪܐ ܓܠܝܠܝܐ ܝܗܘܕܐ
ܥܡܗܘܢ. ܘܢܓܕ ܗܘܐ ܠܗ ܠܥܡܐ ܠܡܪܘܕܘܬܐ. ܘܡܚܐ ܗܘܐ
ܘܐܝܟ ܠܥܡܐ ܕܒܘܕܐ. ܕܐܢ ܡܦܩܝܢ ܟܠܗܘܢ ܕܢܬܠܘܢ

[5] A ܕܩܘܪܝܢܘܣ [6] A om. ܕܝܢ [7] A ܩܘܪܝܢܘܣ [8] A ܝܘܣܦܘܣ
[9] A adds ܕܝܠܗ̇ [10] A ܘܐܙܠܗ [11] A ܐܦ ܐܠܝܢ [12] A ܐܬܒܕܪ
[13] Here a leaf is wanting in A

ܚܡܫ ܦܪܝܐ ܠܝܗܘܕܝܐ̈. ܘܒܬܪ ܐܠܗܐ ܕܢܗܘܘܢ ܒܠܚܘܕܝܗܘܢ ܠܗܘܢ
vi. 1 ܡܪ̈ܢܐ ܡܕܒܪܢܘܬܐ. ܗܠܝܢ ܐܡܪ ܝܘܣܝܦܘܣ ⁘ ⁘ ܒܗܘ ܕܝܢ ܙܒܢܐ
ܡܠܟ ܗܘܐ ܡܠܟܘܬܐ ܥܠ ܝܗܘ̈ܕܝܐ ܗܪܘܕܣ. ܕܢܘܟܪܝܘܬ
(B fol. 7 a) ܡܢ ܥܡܡܐ[14] ܗܘ ܗܘܐ ܥܠܝܗܘܢ ܡܠܟܐ. ܘܒܗ
ܐܫܬܡܠܝܬ ܢܒܝܘܬܐ ܕܗܘܬ ܒܝܕ ܡܘܫܐ ܕܐܡܪܬ: ܕܠܐ ܢܥܒܪ Gen xlix 10
ܫܠܝܛܐ ܡܢ ܝܗܘܕܐ ܘܡܕܒܪܢܐ ܡܢ ܒܝܬ ܪ̈ܓܠܘܗܝ. ܥܕܡܐ
ܕܢܐܬܐ ܗܘ ܕܕܝܠܗ ܗܝ. ܘܗܘ ܢܗܘܐ ܣܘܟܝܐ ܕܥܡ̈ܡܐ ⁘
2 ܕܠܐ ܫܘܠܡܐ ܕܝܢ ܐܫܬܢܝܬ ܗܘܬ ܗܕܐ ܕܡܦܪ̈ܢܣܢܐ ܗܘܬ
ܐܡܪܝܢ. ܒܗܘ ܕܝܢ ܙܒܢܐ ܡܢ ܒܪܝܐ ܕܥܠܡܐ ܠܗܘܢ ܥܠܝܦ ܗܘܐ
ܠܗܘܢ ܕܢܗܘܘܢ ܥܠܝܗܘܢ ܪ̈ܫܢܐ. ܕܫܪܘ ܡܢ ܡܘܫܐ ܘܥܕܡܐ
ܠܡܠܟܘܬܗ ܕܐܓܘܣܛܘܣ. ܗܘ ܕܒܝܘܡܬܗ ܐܬܝܠܕ ܡܫܝܚܐ ܡܢ
ܕܡܫܝܚܐ ܗܪܘܕܣ. ܡܠܟ ܒܡܫܝܚܘܬܐ ܕܝܗܘܕܝܐ ܡܢ ܪ̈ܗܘܡܝܐ
ܥܠ ܦܬܓܡܐ ܕܣܢܗܕܪܝܢ. ܕܐܝܟ ܕܡܫܟܚܐ ܝܘܣܝܦܘܣ. ܐܕܘܡܝܐ
ܗܘܐ ܓܢܣܗ ܡܢ ܐܒܐ. ܥܪܒܝܐ ܕܝܢ ܡܢ ܐܡܐ. ܘܫܡܗܐ
ܕܝܢ ܐܦ ܐܦܪܝܩܢܘܣ. ܗܘ ܕܐܦ ܗܘ ܠܐ ܗܘܐ ܓܒܪܐ
ܫܚܝܡܐ ܐܝܬܘܗܝ ܗܘܐ ܒܝܬ ܡܟܬܒ̈ܢܐ ܕܬܫ̈ܥܝܬܐ. ܐܡܪ
ܕܐܡܪܝܢ ܥܠܘܗܝ. ܐܝܠܝܢ ܕܥܩܒܘ ܡܚܦܛܝܢ ܒܗ. ܕܐܝܬ ܗܘܐ ܠܗ
ܠܗ ܐܒܐ ܠܗܪܘܕܣ ܕܫܡܗ ܐܢܛܝܦܛܪܘܣ ܒܪܗ ܕܗܪܘܕܣ[15] ܡܢ
ܐܫܩܠܘܢ. ܘܐܬܝܘܗܝ ܗܘܐ ܡܢ ܗܢܘܢ ܕܡܫܡܫܝܢ ܒܝܬ
3 ܦܬܟܪܐ ܕܐܦܠܘ. ܘܗܘ ܐܢܛܝܦܛܪܘܣ ܐܫܬܒܝ ܡܢ ܠܣܛܝܐ
ܐܕܘܡܝܐ ܟܕ ܛܠܝܐ ܗܘܐ. ܘܐܬܬܪܒܝ ܗܘܐ ܒܝܢܬܗܘܢ. ܡܛܠ
ܕܠܐ ܫܟܚ. ܒܟܪ̈ܝܗܘܢ ܕܐܒܘܗܝ. ܕܡܫܡܫܢܐ ܗܘܐ ܕܢܬܠ
ܘܢܦܪܘܩܘܗܝ.[16] ܘܒܗ ܐܬܪܒܝ ܒܥܝܕ̈ܝܗܘܢ ܕܗܢܘܢ. ܠܫܪܒܬܐ 𝔄 32

[14] Read ܥܡ̈ܡܝܐ? [15] Read ܕܗܪܘܕܣ? [16] Here ends the gap in 𝔄. Of the previous sentence the words [illegible] (ܕܡܫܡܫܢܐ ܗܘܐ) are preserved

𝔄 33 ܩܡܬ ܠܗ ܪܫܢܘܬܐ ܡܢ ܗܪܘܕܝܣ ܒܪ ܟܢܝܐ ܕܝܗܘܕܝܐ.
ܒܪܗ ܕܗܢܐ ܐܪܟܠܐܘܣ ܐܬܬܣܝܡ ܗܘܐ ܗܪܘܕܝܣ ܗܘ ܕܗܘܐ
4 ܒܝܘܡܝ ܦܝܠܛܘܣ. ܟܕ ܕܝܢ ܐܬܬ ܠܗܢܐ ܕܒܝܬܗ ܗܘ ܡܠܟܘܬܐ[17]
ܕܝܗܘܕܝܐ. ܒܬܪܟܐ ܕܟܬܒܐ ܐܬܬܣܝܡ ܗܘܐ ܫܘܒܚܐ ܕܡܫܝܚܐ
(B fol. 7 b) ܐܝܟ ܕܐܡܪܬ ܢܒܝܘܬܐ. ܘܐܬܟܠܠܘ ܐܝܟ ܕܡܢ
ܝܗܘܕܝܐ ܕܗܘ ܐܝܟ ܕܡܫܝܚܐ ܩܝܡ ܗܘܐ ܚܙܝܢܐ ܘܫܠܝܛܢܐ.
5 ܕܚܙܝܘ ܡܢ ܡܠܟܐ ܟܢܘܫܝܐ. ܘܡܢ[18] ܫܠܝܛܢܘܬܗܘܢ ܕܝܢ[19]
ܘܫܠܝܛܢܘܬܗܘܢ ܕܥܡܡܐ. ܚܙܘ ܕܢܫܠܡܘܢ ܫܠܝܛܘܢ ܠܗܘܢ ܘܡܕܡܐܬ
ܠܐܘܪܚܐ ܘܠܒܢܘܗܝ. ܘܡܢ ܐܠܗܐ ܕܝܢ ܘܛܒܐ. ܡܕܒܪܝܢ ܗܘܘ
ܠܗܘܢ ܗܢܘܢ ܕܡܬܕܒܪܝܢ ܗܘܘ ܕܚܙܘ. ܕܚܙܘ ܐܦ ܗܢܘܢ
6 ܡܢ ܒܬܪ ܕܡܠܟܐ ܘܫܠܝܛ ܗܘ ܕܡܠܟ ܒܬܪܗ. ܡܢ ܒܬܪ ܕܝܢ
ܦܝܠܛܘܣ ܕܡܢ ܟܠ. ܠܐ ܦܪܥܬ ܡܢܗܘܢ ܡܕܒܪܢܘܬܐ. ܙܒܢ
ܟܗܢܐ ܪܒܐ ܡܫܚܝܢ ܗܘܘ ܟܠ ܫܢܬܗܘܢ. ܒܕܡܐ
ܕܦܠܡܦܘܣ[20] ܙܒ ܡܠܟܐ ܕܪܘܡܝܐ ܡܢ ܠܒܢܝܗܘܢ. ܘܐܣܪ
ܠܐܪܟܝܠܐܘܣ ܘܫܕܪܗ: ܘܚܒܫ ܒܝܬ ܡܣܓܪܢܐ. ܘܦܠܓ ܡܠܟܐ
ܠܒܢܝ ܡܕܝܢܬܐ ܒܐܪܒܥܐ. ܘܠܗܘܢ ܕܒܡܠܟܐ ܡܢ ܒܬܪܗ[21] ܐܫܠܡܗܘܢ
ܐܝܟ ܗܘܐ ܕܠܒܢܝ ܡܠܟܘܬܐ ܕܡܠܟ ܗܘܐ ܐܪܟܠܐܘܣ.
𝔄 34 ܟܕ ܦܝܪ[22] ܚܙܘ ܠܗܘܢ ܠܗܪܘܕܝܣ[23] ܡܢ ܒܬܪܗ. ܘܐܬܠܡ ܕܒܬ
ܡܠܟܘܬܐ ܠܗܪܘܕܝܣ ܐܚܘܗܝ ܕܗܢܐ.[24] ܘܠܐ ܚܣܡܘܗ ܕܡܛܠ ܕܝܗܘܕܝܐ
ܡܢ ܗܘܢ. ܗܘ ܐܝܟ[25] ܕܢܛܘܢ ܒܦܘܩܕ ܒܪܝܬܐ ܠܗܪܘܕܝܣ.

[17] 𝔄 *ei hoc sicut est regnum* (but read *ep ayspēs ē* for *ayn orpēs ē* ?) [18] For ܘܡܢ. ܟܢܘܫܝܐ 𝔄 has *b paṙn kapoyk jaṙangkh, ašxarhin*; of which *jaṙangkh* is unintelligible. There is probably no substantial variation from the text of B.
[19] 𝔄 om. ܕܝܢ [20] 𝔄 *Pompēos* [21] 𝔄 ܐܣܪ ܪܓܠܘܗܝ ܘܐܝܕܘܗܝ [22] 𝔄 *vinctum pedibus manibusque* [23] 𝔄 adds *urbem* [24] Here recommences the text of A, fol. 11 *a* [25] 𝔄 *posuit legem*

ܒܪܡ ܐܦ ܐܪܟܠܐܘܣ ܒܪܗ ܒܡܠܟܘܬܐ ܒܬܪܗ ܕܐܒܘܗܝ. ܘܗܢ
10 ܟܬܒܗ ܬܘܒ ܝܘܣܦܘܣ ܕܢܣܒܘ[12] ܪܫܢܘܬܐ[13] ܕܝܗܘܕܝܐ. ܘܗܘ[14]
Ant xviii 1, 3 ܒܗ ܗܘ ܩܘܪܝܢܝܘܣ[15] ܒܣܘܪܝܐ. ܕܐܦ ܐܣܦܠܐ ܡܕܝܢܬܐ ܕܬܘܒ
ܒܣܘܪܝܐ. ܗܪܘܕܣ ܡܕܐܝܬ ܢܟܣܘܗܝ ܘܒܒܝܬܗ ܬܘܒ ܬܘܒ ܐܢܬܬܐ
ܕܐܝܟ. ܘܠܐ ܐܦܣ[16] ܕܬܗܘܐ ܬܘܒ ܐܬܪܝܗܘܢ ܕܬܘܒ
ܒܗܘܢ. ܘܐܟܘܬܗ ܒܪܗ ܐܦ ܐܪܟܠܐܘܣ[17] ܘܗܢ ܟܬܒܗ
11 ܝܘܣܦܘܣ. ܘܗܠܝܢ ܐܡܪܝܢ ܠܝ ܠܬܘܣܦܬܐ[18] ܕܢܒܝܘܬܐ ܐܚܪܬܐ
ܕܒܠܚܘܕ: ܕܗ ܐܬܝܢ ܦܘܩܕ ܡܢ[19] ܡܫܝܚ ܥܡܐ ܡܫܝܚܐ. ܐܦ
Dan ix 25f ܦܘܩܕܢܐ ܗܘܐ ܕܢܒܝܐ[20] ܐܡܪ ܒܕܢܝܐܝܠ[21] ܕܒܡܐ ܕܫܒܘܥܐ
ܕܡܢ ܕܟܠܐ ܠܡܒܢܝܘ ܡܫܝܚܐ. ܘܟܠܗܘܢ ܐܡܪ ܗܘ ܠܝ
ܫܒܥܐ ܐܚܪܢܐ.[22] ܕܗܢ ܒܬܪ ܕܡܫܬܠܡܢ ܐܬܝܢ[23] ܕܡܬܚܫܒܐ
D E viii p. 381 ܡܫܝܚܘܬܐ ܗܝ ܕܐܝܬ ܗܘܬ ܠܗܘܢ ܢܗܘܪܐ. ܘܗܢ ܗܘܐ
𝔄 36 ܦܘܩܕܢܐ ܕܒܢܐ ܕܡܠܟܘܬܗ ܕܦܘܩܕ ܡܢ[24] ܡܫܝܚ ܡܫܝܚܐ
ܕܐܫܬܠܡܬ.[25] ܘܗܠܝܢ ܒܡܠܟܘܬܐ ܢܬܦܪܢ ܠܡܫܝܚܐ ܠܟܗܢܐ[26]
ܕܟܗܢܐ.

ܕܒܢܝܐ ܥܠ ܗܕܐ ܬܘܠܕܬܗ ܕܡܫܝܚܐ. ܕܡܫܬܒܪ ܕܠܐ
ܥܠܝܗܝܢ ܐܘܢܓܠܝܘܢ ܠܬܪܝܢ.

vii. ܡܛܠ ܗܝ ܕܡܬܚܙܝܐ (B fol. 8 *b*) ܘܠܐ ܘܠܐ ܐܘܢܓܠܝܘܢ ܡܫܬܠܡܐܝܬ[1]
ܐܥܠܝܗ ܠܝ ܬܘܠܕܬܗ ܕܡܫܝܚܐ: ܘܡܫܬܒܪܝܢ ܠܦܓܪܢܐ ܕܐܡܪ

[12] 𝔄 ܘܢܣܒܘ ܢܫܝ [13] A ܪܝܫܢܘܬܐ [14] 𝔄 om. ܘ [15] A ܩܘܪܝܢܘܣ
[16] A adds ܗܘܐ [17] A ܐܪܟܠܐܘܣ [18] A fol. 11 *b* [19] 𝔄 ܡܢܝܢ [20] 𝔄 *a Daniele propheta* [21] 𝔄 plur. [22] A ܫܒܘܥܐ [23] A om. ܕܡܫܬܠܡܢ
[24] 𝔄 ܡܢܝܢ [25] A ܐܫܬܠܡܬ ܗܘܐ ܡܫܝܚܐ ܗܘܐ 𝔄 = ܐܬܝܐ [26] A ܠܟܗܢܐ ܐܘ ܠܡܫܝܚܐ 𝔄 ܗܘܐ ܡܫܝܚܐ ܡܫܪܪܐ ܒܫܪܪܐ ܕܐܫܬܠܡܬ *propter confirmationem in veritatem*

CHAP. VII. A ܡܫܬܠܡܐܝܬ

7 ܘܬܘܒ ܐܦ ܗܪܘܕܣ.[26] ܕܗܘ ܐܬܬܫܡܬ[27] ܒܡܠܟܘܬܐ ܕܝ̈ܗܘ[28]
ܪ̈ܗܘܡܝܐ. ܐܬܕܒܪ ܒܫܘܠܡܬܐ ܡܢ ܦܪ̈ܨܘܦܐ. ܘܗܝܕܝܢ ܐܝܟ ܕܦܩܝܕܬ
ܐܬܚܪܬ ܡܕܒܪܢܘܬ ܗܪܘܕܣ ܐܬܘܗܝ ܗܘܐ ܡܢ ܒܡܟ̈ܬܒܐ. ܡܢ
ܗܘܪܩܢܘܣ[29] ܕܪܗܘܡܝܐ ܘܡܢ ܐܓܘܣܛܘܣ[30] ܡܠܟܐ ܦܠܓ
8 ܡܠܟܘܬܐ ܥܠ ܥܡܐ ܕܝܗܘ̈ܕܝܐ. ܕܒܢܘ̈ܗܝ ܕܗܢܐ ܗܘܬ
ܕܡܬܝܬܗ ܕܡܫܝܚܐ ܘܣܘܟܝܐ ܕܦܘܪܩܢܐ. ܘܣܒܪܬܐ ܕܥܡ̈ܡܐ
ܐܫܬܠܡܬ. ܐܝܟ ܕܐܡܝܪ ܒܢܒܝܘܬܐ ⁘ ⁘

ܕܡܬܝ ܕܒܟܬ̈ܒܘܗܝ ܕܠܗ ܐܝܟ ܕܐܡܪܬ ܒܢܒܝܘܬܐ[1] ܐܘܦܩܐ
ܙ̈ܢܝܐ. ܗ̇ܢܘܢ ܕܡܢ ܡܬܝ ܘܡܢ ܠܘܩܐ ܕܐܬܟܬܒܘܢ ܕܝܠܕ̈ܘܬܐ.
ܕܡܟܣܢܘܢ[2] ܗܘܝܢ ܗܘܘ ܡܟܪ̈ܙܢܐ ܥܠܝܗܘܢ. ܘܣܒܪܐ ܥܠܝܗܘܢ
ܡܠܟܐ ܡܢ (B fol. 8 a) ܒܡܟ̈ܬܒܐ ܡܕܒܪܢܘܬ ܗܪܘܕܣ ܀:܀
ܡܢ ܒܬܪ ܕܒܢܝܐ[3] ܕܐܬܒܪܝܘ ܡܢ ܥܡܐ ܕܝܗܘ̈ܕܝܐ ܙܪ̈ܥܐ[4]
ܘܡܕܒܪ̈ܢܐ ܐܦ ܪܒܘܬ ܟܗܢܘܬܐ: ܕܡܢ ܗ̇ܢܘܢ ܐܒܗ̈ܬܗܘܢ
ܡܫܝܚܐ ܗܘܬ ܒܗ̇ܢܘܢ ܕܡܩܒܠܝܢ ܗܘܘ[5] ܠܗ[6] ܒܡܠܟܐ ܟܠ
ܕܪ̈ܒܝ. ܒܫܡܗܝܗܘܢ ܕܟܢ̈ܝܢ ܡܫܝܚܐ ܐܬܦܠܦܠܬ. ܘܐܝܬ[7] ܠܝ
9 ܗܫܐ ܕܗܠܝܢ ܕܒܥܐ ܠܡܬܚܫܒܢܘ ܡܫܬܥܝܘܬ.[8] ܕܡܫܝܚܐ. ܗܕܐ 𝔄 35
ܡܛܠ ܗܪܘܕܣ ܡܠܟܘܬܐ[9] ܡܢ ܪ̈ܗܘܡܝܐ. ܠܐ ܡܛܠ ܡܫܝܚܐ Ant xx 10
ܗܘܐ ܙ̈ܒܢ ܒܗ̈ܢܝܐ[10] ܡܢ ܗ̇ܘ ܠܗܘܢܐ ܡܕܒܪܢܐ.[11] ܐܠܐ ܠܐܢܫܐ
ܥܒܝܕܐ ܗܢܐ ܐܢܛܘܪܐ ܗ̇ܝ ܗܘܐ. ܘܡܕܒܪܢܘܬܗ ܕܗܪܘܕܣ

[26] A ܗܪܘܕܘܣ [27] In 𝔄 for [illegible] read [illegible]? [28] B ܒܡܠܟܘܬܐ. ܕܝ̈ܗܘ (sic) [29] A ܗܘܪܩܢܘܣ [30] A ܐܓܘܣܛܘܣ

CHAP. VI. [1] 𝔄 *propter eius tempora ut et dixi in prophetiis* [2] A ܡܢܗܘܢ 𝔄 does not express ܕ [3] 𝔄 plur. [4] A ܙ̈ܪܥܐ [5] 𝔄 pres. [6] Read with A ܠܗ̇? [7] 𝔄 om. ܘ [8] A ܠܡܫܡܫܘܬ [9] 𝔄 adds *Judaeorum* [10] 𝔄 sing. [11] A ܡܦܩܐ

ܦܠܝܓܝܢ ܥܠ ܫܪܪܐ: ܘܟܠ ܚܕ ܚܕ ܡܢ ܡܫܬܥܝܢܐ ܕܠܐ ܡܓܒܡ
ܒܫܪܪܗ ܕܗܘܐ ܥܡܗܐ[2] ܠܡܫܡܥܬܐ ܕܡ̈ܠܐ ܡܬܛܠܒ. ܢܣܝܡ[3]
ܬܫܒܘܚܬܐ ܕܦܟܗܝܢ ܡܛܠ ܗܕܐ. ܗܘ ܕܒܐܓܪܬܐ ܕܟܬܒ
ܠܐܪܝܣܛܝܕܐ[4] ܐܦܪܝܩܢܘܣ[5] ܗܘ ܕܗܘܐ ܩܠܝܠ ܐܘܪܚܢ ܒܠܘܬܢ.
ܕܟܬܒ ܬܘܒ ܐܦ ܡܛܠ ܫܠܡܘܬܐ ܕܡܦܩ ܬܘܠܕܬܐ ܕܪܫܝܡ
ܒܐܘܢܓܠܝܘܢ.[6] ܘܐܚܘܝ ܡܚܘܝ ܪ̈ܚܝܩܐ ܕܗܘܘ ܠܦܓܥܐ 𝔄 37
ܡܛܠ ܗܕܐ. ܕܕܓܠܝܢ ܐܢܘܢ ܕܚܪܝܡ ܠܫܪܪܐ.[7] ܘܬܫܒܘܚܬܐ
2 ܕܦܟܗ ܗܘ ܗܢ ܒܗܠܝܢ ܡ̈ܠܐ ⁖ ܡܛܠ ܠܗ ܕܫܡ̈ܗܐ ܕܫܪ̈ܒܬܐ
ܡܬܡܢܝܢ ܗܘܘ ܒܐܝܣܪܐܝܠ:[8] ܐܘ ܐܝܟ ܕܡܢ ܟܝܢܐ ܐܘ ܐܝܟ
ܕܡܢ ܢܡܘܣܐ: ܐܝܟ ܕܡܢ ܟܝܢܐ ܕܝܢ ܗܘ ܕܡܢ ܙܪܥܐ ܗܘ
ܕܝܠܕܐ:[9] ܐܝܟ ܕܡܢ ܢܡܘܣܐ ܕܝܢ ܗܘ ܕܡܬܝܠܕ ܠܫܡܗ ܒܢ̈ܝܐ
ܠܐܚܐ ܕܡܝܬ ܕܠܐ ܒܢܝܢ ܕܢܩܝܡ ܠܗ ܙܪܥܐ. ܡܛܠ ܓܝܪ[10]
ܕܒܕܝܠ ܠܐ[11] ܐܬܝܗܒ ܗܘܐ ܣܒܪܐ ܕܩܝܡܬܐ ܕܫ̈ܪܝܪܬܐ
ܦܫܝܩܐܝܬ. ܠܡܠܟܘܬܐ[12][13] ܗܘ ܕܒܬܪ ܗܘܐ ܕܢܗܘܐ ܒܩܝܡܬܐ
3 ܡܘ̈ܬܐ ܡܚܟܝܢ ܗܘܘ. ܕܠܐ ܢܚܒܐ ܫܡܗ ܕܗܘ ܕܡܝܬ. ܘܡܛܠ
ܕܝܢ ܕܗܠܝܢ ܕܐܬܬܚܝܢ ܒܗܕܐ[14] ܫܪܒ ܬܘܠܕ̈ܬܐ: ܐܝܬ ܒܢ̈ܝܐ ܕܡܢ
ܐܒ̈ܗܐ ܕܟܝܢܐ[15] ܐܬܝܪܬܘ: ܘܐܝܬ ܕܐܬܝܠܕܘ ܡܢ ܐܚܪ̈ܢܐ ܘܩܪܘ
ܕܐܚܪ̈ܢܝܢ.[16] ܕܐܬܕܟܪܘܢ ܗܕܝܢ ܗܘ ܕܗܘܐ ܕܒܝܢܝܐ ܕܫ̈ܡܗܐ.
4 ܘܕܗܘܘܢ[17] ܕܐܘܠܕܘ ܘܕܗܘܘܢ ܕܠܗܘܢ ܐܬܝܠܕܘ. ܘܡܛܠ ܗܢܐ
ܚܕ ܡܢ ܐܘܢ̈ܓܠܝܘܢܐ ܠܐ ܕܓܠ. ܕܡܢܝܐ[18] ܠܫܪܒܬܐ ܕܒܢܝܐ
ܘܕܢܡܘܣܐ. ܐܬܚܠܦ ܓܝܪ ܫܪ̈ܒܬܐ ܚܕܐ ܒܚܕܐ ܕܫܠܡܘܢ

² A ܡܪܐ 𝔄 = ܡܪܝܐ ³ A ܢܣܝܡܘܢ 𝔄 *ponere* ⁴ A adds ܗܘ ⁵ A ܐܦܪܝܩܢܘܣ ⁶ 𝔄 = ܐܘܢܓܠܝܘܢ ⁷ 𝔄 *et adversarii veritatis* ⁸ A ܐܝܣܪܐܝܠ ⁹ 𝔄 plur. ¹⁰ 𝔄 om. ܓܝܪ ¹¹ A adds ܠܗܘܢ ¹² A ܕܡܪܢܝܐ. ܒܦܢܝܬܐ ܠܡܠܟܘܬܐ ¹³ A fol. 12*a* ¹⁴ A ܗܕܐ ¹⁵ 𝔄 *qui de paterna natura* ¹⁶ A ܕܐܚܪ̈ܢܝܢ ¹⁷ 𝔄 om. ܘ ¹⁸ A ܘܡܢܝܐ

ܘܕܢܬ̈. ܕܐܝܠܝܢ ܕܡܩܝܡܝܢ ܗܘܘ ܒܢܝ̈ܐ ܠܐܚܝ̈ܗܘܢ ܕܡ̈ܝܬܝܢ
ܗܘܘ. ܘܕܐܝܠܝܢ ܕܢܣܒܝܢ ܗܘܘ ܬܪ̈ܬܝܢ ܢܫ̈ܝܢ. ܘܟܐܢܐܝܬ ܗܢܝ̇ܢ
𝔄 38 ܗܠܝܢ ܡܬܚܫܒܝܢ ܗܘܘ ܕܒܢܝ̈ܗܘܢ ܐܢܘܢ ܕܗ̇ܢܘܢ ܕܡܫܬܘ
ܐܝܟ ܕܒܢܡܘܣܐ. (B fol. 9 a) ܘܕܒܢܝ̈ܗܘܢ ܐܢܘܢ ܗ̇ܢܘܢ[19]
ܕܐܬܝܠܕܘ ܒܟܝܢܗܘܢ ܐܝܟ ܕܒܟܝܢܐ. ܐܡܟܝܢܐ[20] ܬܪ̈ܬܝܗܘܢ ܗܠܝܢ
ܬܫܒ̈ܘܚܬܐ ܕܫܪ̈ܒܬܐ ܒܫܪܪܐ ܥܠܝܢ ܥܠ ܝܘܣܦ. ܐܦ ܡܫܠܡܐܝܬ
ܐܬܝ̣ ܫܘܝܘܬܐ.[21] ܕܝܘܣܦ ܕܝܢ ܦܢܝܬ ܗܢܐ ܡܟܝܠ ܕܐܡܪܢܐ. 5
cf Mt i 15 f ܐܬܚܫܒܘܗܝ ܠܗ ܠܡܫܠܡܘܬܐ ܕܫܪ̈ܒܬܐ. ܡܢ ܕܘܝܕ[22] ܟܕ ܫܠܡܘܢ
ܟܕ ܡܬܚܫܒܝܢ ܫܪ̈ܒܬܐ ܡܢ ܫܠܡܘܢ ܕܬܠܬܐ[23] ܡܬܚܫܒ ܡܬܢ.[24]
cf Lc iii 23 f ܕܗܘ ܐܘܠܕ ܠܝܥܩܘܒ ܐܒܘܗܝ ܕܝܘܣܦ. ܡܢ ܢܬܢ[25] ܕܝܢ ܒܪ
ܕܘܝܕ ܐܝܟ ܕܡܫܘܚܐ ܠܘܩܐ. ܕܬܠܬܐ[26] ܐܝܟ ܕܡܢ ܫܘܠܡܐ
ܡܫܬܟܚ ܡܠܟܝ. ܝܘܣܦ ܓܝܪ ܒܪ ܥܠܝ ܒܪ ܡܠܟܝ. ܢܣܒܐ 6
ܗܟܝܠ ܚܕ ܠܗ ܕܢܚܘܐ ܠܢ ܥܠ ܝܘܣܦ: ܕܐܡܟܢܐ ܡܬܚܘܐ ܠܗ
ܬܫܒܘܚܬܐ ܕܐܒܗܘܬܗ ܬܪ̈ܬܝܗܘܢ ܐܒܗ̈ܘܗܝ[27] ܕܡܫܒܠܝܢ[28] ܫܪ̈ܒܬܐ.
ܠܝܥܩܘܒ ܡܢ ܫܠܡܘܢ ܘܠܥܠܝ ܡܢ ܢܬܢ. ܘܕܐܡܟܝܢܐ ܐܬܝܗܘܢ
ܝܥܩܘܒ ܘܥܠܝ ܬܪ̈ܝܗܘܢ[29] ܐܚ̈ܐ. ܘܕܐܡܗܬܗܘܢ ܐܒܗ̈ܘܗܝ[30]
ܡܬܢ[31] ܘܡܠܟܝ. ܢܣܒܘ ܬܪ̈ܝܗܘܢ ܠܚܕܐ[32] ܐܢܬܬܐ ܕܫܡܗ̇ 7
ܐܣܬܐ. ܘܐܘܠܕܘ ܬܪ̈ܝܢ ܡܢ ܚܕܐ ܐܢܬܬܐ. ܡܛܠ ܕܠܐ
ܠܐ ܗܘܐ ܢܡܘܣܐ ܠܐܢܬܬܐ[33] ܕܡܫܬܪܝܐ ܗܘܬ ܐܘ ܠܐܢܬܬܐ

[19] A 𝔄 ܗ̇ܢܘܢ [20] A ܐܝܟ 𝔄 = ܐܟܚܕܐ [21] 𝔄 *quamvis varii sint tamen veri sunt* [22] In 𝔄 read 'ի for ե before Դաւթայ ? [23] In 𝔄 read երրորդ for երկրորդ ? [24] 𝔄 *Nathan* [25] 𝔄 ܟܠܗ: probably 'ի has dropped out before Նաթանայ [26] In 𝔄 read երրորդ for երկրորդ as above ? [27] 𝔄 = ܐܒܗ̈ܬܐ [28] A ܕܡܫܒܠܝܢ [29] 𝔄 om. ܬܪܝܗܘܢ [30] A ܘܡܬܚܫܒܝܢ ܗܘܘ ܐܒܗ̈ܬܗܘܢ [31] 𝔄 *Nathan* [32] A fol. 12 b [33] A ܢܡܘܣܐ ܟܠܗ ܐܦܠܐ

8 ܕܡܫܬܒܗܪܐ ܗܘܬ ܡܢ ܟܠܗܿ ܕܬܫܒܘܚܬܐ ܠܐܚܪܢܐ. ܘܡܫܬܐܡܪܐ ܗܘܬ ܬܘܒ 𝔄 39
ܗܘ ܕܡܬܝܠܕܐ ܫܪܒܬܗ ܡܢ ܫܠܝܚܘ̈ܗܝ ܐܦܠܐ ܠܝܗܘܕ. ܘܟܕ
ܡܢܗ ܬܘܒ ܘܡܬܪܒܝܐ ܗܘܬ[34] ܒܡܠܟܘ ܡܠܟܐ. ܗܘ ܕܡܬܝܠܕܐ
ܫܪܒܬܗ ܡܢ ܒܝܬ ܕܘܝܕ. ܕܡܢ ܫܒܛܐ ܐܚܪܢܐ.[35] ܐܠܐ[36] ܡܢ
ܫܪܒܬܐ ܐܚܪܬܐ ܐܝܟ ܕܩܕܡ ܐܡܪܢ. ܘܟܕ ܒܡܠܟܘ ܐܦܠܐ
9 ܠܟܠ. ܗܟܢܐ ܕܝܢ[37] ܡܫܪܪܝܢ ܗܠܝܢ ܬܘܬܒܐ ܫܪܒܬܐ. ܘܡܫܬܚܠܦܝܢ
ܫܡܝ[38] ܕܐܒܗ̈ܬܗܘܢ ܒܝܥܩܘܒ ܘܥܠܝ ܐܚ̈ܐ[39] ܡܢ ܚܕܐ ܐܡܐ.
ܘܝܥܩܘܒ[40] ܕܝܢ ܡܢ ܒܬܪ ܟܠܗ ܐܚܘܗܝ (B fol. 9 *b*) ܕܠܐ ܒ̈ܢܝܢ ܢܣܒ
ܐܢܬܬܗ. ܘܐܘܠܕ ܡܢܗ̇ ܠܝܘܣܦ ܬܠܝܬܝܐ. ܕܐܝܬܘܗܝ ܒܪܐ
ܕܝܠܗ ܐܝܟ ܕܟܬܝܒܐ. ܘܡܛܠ ܗܢܐ ܟܬܝܒ ܕܝܥܩܘܒ ܐܘܠܕ Mt i 16
ܠܝܘܣܦ. ܐܝܟ ܕܒܢܡܘܣܐ ܕܝܢ ܐܝܬܘܗܝ ܒܪܗ ܕܥܠܝ. ܠܗܘ
ܗܘ[41] ܓܝܪ ܐܩܝܡ ܙܪܥܐ ܝܥܩܘܒ ܡܛܠ ܕܐܚܘܗܝ ܗܘܐ.
10 ܡܛܠܗܢܐ ܠܐ ܐܬܦܩܕ ܗܘܐ ܬܘܠܕܬܗ.[42] ܟܕ ܟܬܒܐ ܠܗ ܕܝܢ
ܡܛܠ ܐܡܪ ܕܝܥܩܘܒ[43] ܐܘܠܕ ܠܝܘܣܦ. ܠܘܩܐ ܕܝܢ ܟܕ ܣܦܪ
ܡܢ ܠܬܚܬ ܠܥܠ ܐܡܪ ܕܐܝܟ ܕܡܣܬܒܪ ܗܘܐ[44] ܕܐܝܬܘܗܝ ܒܪ Le iii 23 f
ܝܘܣܦ. ܒܪ ܥܠܝ ܒܪ ܡܠܟܝ. ܠܗܝ ܓܝܪ ܫܪܒܬܐ ܕܐܝܟ ܕܒܢ
ܢܡܘܣܐ ܗܝ ܘܠܘ ܐܝܟ ܕܒܢ ܟܝܢܐ. ܠܐ ܡܫܟܚ ܗܘܐ
ܕܢܐܡܪ ܕܐܘܠܕ. ܐܠܐ ܟܡܐ ܕܐܝܟ ܕܒܫܘܠܡܐ ܒܢܝܐ ܗܘܬ
ܫܠܡ ܠܗܝ ܕܐܘܠܕ.. ܒܡܟܐ ܕܐܬܚܫܒܘܗ[45] ܠܘܬ ܐܕܡ. ܘܐܡܪ ܒܪ ib 38
11 ܐܕܡ[46] ܒܪ ܐܠܗܐ ܘܫܠܡ ....:· ܘܗܠܝܢ ܠܘ ܡܟܝܠ ܕܠܝܬ ܠܗ

[34] 𝔄 adds *uxor eius* [35] 𝔄 *erat* [36] 𝔄 = ܘܠܐ (it renders ܡܚܠܛܐ and ܡܪܟܒܬܐ by the same word *mgg*) [37] 𝔄 om. ܕ [38] A ܡܫܬܚܠܦܝܢ [39] 𝔄 om. ܐܚ̈ܐ [40] A ܘܗܘ ܝܥܩܘܒ [41] A ܗܘ ܠܗ [42] 𝔄 ܬܘܠܕܬܐ, places the stop at ܟܬܒܐ and om. ܠܗ ܕܝܢ [43] 𝔄 *sed Iacob* [44] 𝔄 *ut putabant de eo* [45] Read ܕܐܬܚܫܒܘܗ? [46] For ܐܕܡ ܒܪ 𝔄 has *sed Adami* (s. *Adamo*)

ܬܫܡܫܬܐ ܐܚܪ̈ܢܐ ܐܘ ܡܓܕ̈ܠܐ[47] ܗܘ ܕܩܪ̈ܝܐ. ܐܝܟ ܐܝܠܝܢ ܕܡܢ[48]
A 40 ܥܒܪܝܬܗ ܐܝܟ ܕܦܪܘܣ ܒܒܓܪ ܐܘ ܡܕܒܪ̈ܢܘܗܝ[49] ܐܠܗܐ
ܢܫܡܥܬܐ.[50] ܒܥܙܪܐ ܕܝܢ ܐܝܠܝܢ ܘܟܡ ܗܕܝܢ ܐܦ ܗܠܝܢ.
ܕܐܣܛܘ̈ܟܣܐ ܠܡ ܢܦܠܘ[51] ܥܠ ܐܝܠܝܢ ܡܕܝܢܬܐ ܕܦܝܠܣܘܦ̈ܐ.
ܘܥܒܕ ܡܢ ܒܬܪ ܦܬܓܡ̈ܐ ܕܐܦܠܘ ܕܡܫܝܢ[52] ܗܘܐ ܥܠ ܟܠ ܥܢܫ ܫܘܪܐ.
ܠܐܦܠܛܘܢ ܒܪܗ ܕܐܪܝܣܛܘܢ ܗܘ ܕܐܝܬܘܗܝ ܗܘܐ ܚܒܪܐ
ܕܗܘ[53] ܒܬܪ ܦܬܓܡ̈ܐ. ܟܕ ܫܪܟܐ ܕܫܢܝܘܬܐ ܐܫܪܬܐ. ܘܕܓܘܪܗ
ܘܐܝܠܘ. ܘܦܘ ܗܢܐ ܒܡܕܒܪ. ܡܛܠ ܕܠܐ ܚܠܝܐ ܗܘܐ
ܒܐܝܕܘܗܝ ܕܫܬܠ[54] ܘܦܪܘܫܘܗܝ ܠܒܪܝܬ. ܐܬܪܒܝ ܗܘ
ܐܦܠܛܘܢ[55] ܒܟܬܒ̈ܘܗܝ ܕܐܬܘܕܥܬܐ. ܘܠܫܪܬܐ ܗܘܬ ܠܗ
ܕܫܡܥܬܐ ܡܢ ܗܪܩܠܝܛܘܣ[56] ܒܪ ܥܡܐ ܕܦܘܪܣܝܐ. ܘܗܘܐ 12
ܐܝܟܢܐ ܢܠܦܘܗܝ ܠܘܬ ܦܘܣܝܣܛܐ ܘܣܐܪ (B fol. 10 a) ܠܗ[57]
ܡܠܦܢܘܬܐ. ܕܡܬܦܫܩܐ ܗܘܬ ܘܡܬܬܓܪܐ ܡܢ ܐܪܝܣܛܘܦܘܠܘܣ
ܐܚܘܗܝ. ܘܟܕ ܢܚܬ ܒܗܠܝܢ ܗܘܐ ܐܦܝܩܘܪܘܣ.[58] ܗܘ ܕܝܢ
ܦܘܩܐ ܕܦܝܠܣܘܦ̈ܐ. ܡܛܠ ܕܝܢ ܡܢ ܐܦܠܛܘܢ[59] ܟܕ[60] ܐܬܦܠܛ
ܒܥܠܝܐ ܕܫܡܥܐ ܡܛܠ ܢܝܫܘܬܗ ܡܠܝܠܘܬܐ ܗܪܘܕܘܣ[61] ܒܪܗ. A 41
ܕܦܘ ܬܘܒ ܒܫܪ̈ܒܬܐ ܒܦܘܣܕܢܐ ܕܐܦܝܣܘܣ ܘܕܦܛܠܡܐܘܣ[62]
ܡܠܟܐ ܘܕܐܢܛܝܓܢܘܣ[63] ܗܘܐ ܡܠܟܐ ܥܠ ܡܩܕܘܢܝܐ. ܕܠܗ[64]
ܦܘܩ ܒܢ̈ܝܐ. ܗܪܘܕܘܣ ܕܥܡܐ ܘܗܠܝܢ ܐܚܪ̈ܢܐ ܕܥܢܐ ܕܥܡܐ ∴

[47] A ܐܘ ܕܡܓܕܠܐ [48] A fol. 13 *a* [49] A ܡܕܒܪ̈ܢܘܗܝ 𝔄 [illegible] lit. *periti et gnari eius* [50] A ܫܡܥܬܐ [51] 𝔄 om. ܠܡ ܢܦܠܘ [52] A ܕܐܫܠܡ [53] 𝔄 - ܠܗܘ [54] A adds ܗܘܐ [55] A ܗܘܐ ܐܦܠܛܘܢ [56] A ܗܪܩܠܝܛܘܣ [57] For ܘܣܐܪ ܠܗ 𝔄 has *et rogavit is* [58] 𝔄 [illegible] (probably a clerical error) [59] A ܐܦܠܛܘܢ [60] For ܟܕ 𝔄 has *tempore suo et* [61] A ܕܗܪܘܕܘܣ [62] A ܦܛܠܡܐܘܣ [63] A ܘܕܐܢܛܝܓܢܘܣ [64] In 𝔄 for [illegible] read [illegible]

ܗܠܝܢ ܕܝܢ ܫܠܡܝܢ ܐܝܟ ܐܦ ܠܬܫܡܫܬܐ[65] ܕܥ̈ܕܬܐ. ܀

13 ܟܬܝܒܢ ܗܘܘ ܕܝܢ ܫܪ̈ܒܬܐ ܕܥܒ̈ܪܝܐ ܒܥܕܢܐ ܠܗܕܝܢ ܒܝܬ ܐܪ̈ܟܐ

ܒܙܒܢܐ ܕܐܦ ܕܓܝܘܪ̈ܐ. ܐܝܟ ܐܚܝܘܪ ܕܡܢ ܥܡܘܢܝ̈ܐ ܘܪܥܘܬ

ܡܢ ܡܘܐܒܝ̈ܐ. ܘܐܝܠܝܢ ܕܢܦܩܘ ܥܡܗܘܢ ܡܢ ܡܨܪܝܢ. ܗܪܘܕܣ

ܕܝܢ ܡܛܠ ܕܗܘܐ ܚܘܫܒܢܐ ܠܝܬ ܗܘܐ ܠܗ ܒܝܘܚܣܐ ܕܒܝܬ

ܐܝܣܪܐܝܠ: ܘܟܘܝܐ ܗܘܬ ܠܗ ܬܐܪܬܗ[66] ܒܡܫܬܪܪܘܬܐ ܕܝܘܚܣܗ.

ܐܘܩܕ ܟܠܗ̇ ܡܟܬܒܢܘܬܐ ܕܫܪ̈ܒܬܐ ܕܝܗܘ̈ܕܝܐ.[67] ܕܢܣܒܪ ܒܪܢܫܗ

ܕܡܢ ܝܘܚܣܐ ܛܒܐ ܢܬܚܙܐ. ܡܐ ܕܠܝܬ ܐܚܪܢܐ[68] ܕܡܫܟܚ

ܕܢܬܠ ܡܢ ܟܬܒܐ[69] ܕܟܠܗ ܫܪܒܬܗ ܘܢܬܠܘܢ ܒܟܬܒܐ ܠܐܪ̈ܟܐ[70]

ܐܒܗ̈ܬܐ. ܐܘ ܡܢ ܓܝܘܪ̈ܐ. ܐܘ ܡܢ ܚܠܝܛܐ ܕܗܘܐ

14 ܒܝܬܗܘܢ. ܕܠܬܠܬܐ ܕܝܢ[71] ܡܢ ܢܦܝܠܐ ܕܗܘܘ. ܒܕܒܘ ܠܗܘܢ

ܡܫܬܘܕܥܘܬܐ ܫܡܗܬܐ ܕܫܪ̈ܒܬܐ. ܐܘ ܡܛܠ ܕܡܬܕܟܪܝܢ ܗܘܘ

ܠܗܘܢ ܠܫܡ̈ܗܝܗܘܢ. ܐܘ ܕܟܕ[72] ܐܬܚܫܒ ܓܢܣܗܘܢ ܦܫܛܐ ܡܢ

ܡܟܬܒܢܘܬܐ ܡܫܬܘܬܐ. ܘܡܫܬܥܝܢ ܕܩܕܡ[73] ܕܫܪ̈ܒܬܐ

ܕܝܘܚܣܗܘܢ ܢܟܦܐ. ܕܒܚܠܦܗܘܢ ܡܢ ܗܠܝܢ ܐܬܚܙܝܘܢ ܗܘܘ

ܘܩܪܘܢ ܕܦܪܫܝܢ ܐܪܡܝܐ[74] ܒܠܚܘܕ. ܘܡܫܬܥܝܢ ܗܘܘ

ܡܟܪ̈ܙܘܬܐ ܡܛܠ (B fol. 10 b) ܫܠܝܛܘܬܗܘܢ ܕܟܠܗܘܢ ܕܦܪ̈ܘܩܐ. 𝔄 42

ܘܐܝܬܝܗܘܢ ܗܘܘ ܡܢ ܢܨܪܬ ܘܟܘܟܒܐ[75] ܩܘܪܝܐ[76] ܕܝܗܘܕܐ. ܘܒܕ

ܢܦܩܘ ܠܐܪ̈ܥܬܐ ܐܚܪܢܝܬܐ. ܐܬܚܒܘ ܐܝܟ ܕܐܬܦܪܣܘ ܒܣܠܝܬ

15 ܡܢ ܣܦܪ ܝܘܡ̈ܬܐ.[77] ܗܘ ܕܝܢ ܡܢ ܣܦܪ ܬܘܠܕܬܐ. ܐܝܟ ܕܝܢ

ܗܟܢܐ ܘܐܦ ܐܪܢܝܬ. ܬܫܒܘܚܬܐ ܕܝܡܝܢܐ ܡܢ ܗܕܐ ܐܝܬ

[65] A ܠܬܫܡܫ̈ܬܐ ܘܐܦ 𝔄 has plur. [66] A ܕܟܝܐ ܗܘܬ ܠܗ ܬܪܥܝܬܗ 𝔄 *et urebat cum mens* (ܬܪܥܝܬܐ) *cogitationum eius* [67] A fol. 13 b [68] A ܡܫܟܚ [69] 𝔄 plur. [70] 𝔄 sing. [71] 𝔄 om. ܕܝܢ [72] A ܕܐܟܚܕ 𝔄 om. ܕ [73] A adds ܠܗܘܢ [74] 𝔄 om. ܐܪܡܝܐ [75] 𝔄 read ܟܘܟܒܐ for ܟܘܟܒܐ [76] A ܩܘܪܝܐ [77] A 𝔄 ܣܦܪ ܬܘܠܕܬܐ 𝔄 om. the five following words

ܐܣܝܪ ܕܢܥܒܕ ܠܗ ܐܝܟ ܕܦܩܕ ܐܢܫ. ܘܟܠ ܕܐܝܬܘܗܝ ܦܘܩܕܢ̈ܐ
ܒܗܕܐ ܢܛܠܘܬ ܒܢܡܘܣܐ. ܐܦ ܠܗ ܗܘܐ ܠܗ̇[78] ܡܫܪܝܘܬܐ.
ܒܗ̇ ܕܠܐ ܡܫܡܫ ܕܢܐܡܪ ܬܫܒܘܚܬܐ ܕܡܫܝܚܘܬܐ ܘܫܪܪܐ ܡܢ
16 ܗܕܐ. ܐܘܢܓܠܝܘܢ ܕܝܢ ܕܡܫܝܚܘܬܐ ܫܪܪ ܗܘ. ܘܒܫܘܠܡܐ ܕܡܠܘ̈ܗܝ
ܕܗܕܐ ܐܟܪܙܘܬܐ ܐܘܣܦ[79] ܡܠܝܢ. ܕܒܬܪܟܢ ܠܡ ܗ̇ܘ ܕܡܢ
ܥܠܝܟܘܢ ܗ̣ܘ ܐܘܠܕ ܠܝܫܘܥ. ܘܡܢ ܡܢܗ ܒܬܪܗ. ܒܬܠܬܐ ܗ̇ܘ
ܕܡܢ ܢܒܝܐ ܐܦ[80] ܗ̣ܘ ܡܢܗ ܡܢ ܐܚܘܬܐ ܐܘܠܕ ܠܟܠ.[81] ܒ̈ܢܝ
ܚܕܐ ܡܢ ܟܠ ܐܚܝܐ ܐܚܝܢܘܗܝ ܗܘܘ[82] ܐܚ̈ܐ ܟܠܗ ܘܡܢܗܘܢ
ܟܠ ܕܝܢ ܡܢܗ ܕܠܐ ܒ̈ܢܝܢ. ܘܡܢܗܘܢ ܐܝܟܢ ܠܗ ܙܘܓܐ ܕܐܘܟܝ.[83]
ܠܢܡܘܣ. ܐܝܟ ܕܡܢ ܡܢܗ ܠܢܦܫܗ. ܐܝܟ ܕܡܢ ܢܡܘܣܐ ܕܝܢ
ܠܟܠ. ܗܟܢܐ ܐܬܬܘܗܝ[84] ܗܘܐ ܝܘܣܦ. ܒܪܐ ܕܬܪܝܗܘܢ.
17 ܗܠܝܢ ܟܠܗܝܢ ܐܡܪ ܐܦܪܝܩܢܘܣ.[85] ܒܗܝ ܕܝܢ[86] ܕܐܬܬܟܬܒ ܝܘܣܦ
ܒܪ̈ܬܗ. ܒܝܠܐ[87] ܐܦ ܡܢܝܢ ܒܟܘܢ ܐܬܝܕܥܬ ܕܡܢܗ ܗܘܬ
𝔄 43 ܕܪ̈ܬܗ. ܡܛܠ ܕܐܝܟ ܢܡܘܣܐ ܕܡܘܫܐ. ܠܐ ܥܠܝܠܝܢ ܗܘܘ
cf Num xxxvi 6ff ܕܫܠܝܛܝܢ ܫܪ̈ܬܐ ܚܕܐ ܒܚܕܐ. ܦܩܕ ܓܝܪ ܕܠܫܒ ܡܢܗ ܕܚܕܐ
ܘܡܢܗ ܕܫܪ̈ܬܐ ܬܗܘܐ ܡܫܬܘܬܦܬܐ ܐܚܝܬܐ ܠܫܒܛܐ. ܕܠܐ
ܬܗܘܐ ܡܬܦܫܦܫܐ[88] ܦܘܪܬܐ ܕܝܪ̈ܬܘܬܐ ܕܫܒܛܐ ܡܢ ܫܒܛܐ
ܠܫܒܛܐ.[89] ܒܗܕܐ ܠܡܪܢܐ ܐܦ ܗܠܝܢ ܫܦܝܢ ·⁘· ·⁘·

[78] A ܠܗ [79] 𝔄 addidimus [80] A 𝔄 ܐܦ ܗܘ. ܠܝ [81] A ܟܠܟܠܗ ܐܘܟܝ [82] 𝔄 pres. [83] A ܘܐܘܟܝ [84] A fol. 14 a [85] A ܐܦܪܘܢܝܣܘܣ [86] A om. ܕܝܢ [87] A places a stop after ܒܝܠܐ [88] 𝔄 wrongly պատմեալ narratum [89] 𝔄 adds ի մանկանէ ի մանկ. ܘܗܘܐ ܠܬܘܗܝܐ ܕܬܘܗܝܐ

ܕܬܫܥܝܬܐ ܥܠ ܢܟܠܐ ܕܥܘܠܐ ܕܐܬܢܟܠ ܗܪܘܕܣ. ܥܠ ܝ̈ܠܕܐ
ܕܒܝܬ ܠܚܡ.[1] ܘܕܐܝܟܢܐ ܚܪܬܐ ܒܝܫܬܐ ܗܘܬ ܠܗ.

viii. 1 ܟܕ ܐܬܝܠܕ (B fol. 11 *a*) ܕܝܢ ܡܫܝܚܐ ܒܒܝܬ ܠܚܡ[2] ܕܝܗܘܕܐ Mt ii 1 ff
ܐܝܟ ܡܫܘܕܥܘܬܐ ܕܢܒܝܘܬ̈ܐ ܒܗܠܝܢ ܙܒ̈ܢܐ[3] ܕܦܩܕܢ[4] ܐܘܓܘܣܛܘܣ
ܩܘܪܝܢܘܣ.[5] ܟܕ ܐܬܘ ܡ̈ܓܘܫܐ ܡܢ ܡܕܢܚܐ: ܘܡܫܐܠܝܢ ܗܘܘ
ܕܐܝܟܘ ܡܠܟܐ ܕܐܬܝܠܕ ܠܝܗܘܕܝܐ.[6] ܚܙܝܢ[7] ܓܝܪ ܟܘܟܒܗ: ܘܗܘܐ
ܥܠܬܐ ܗܕܐ ܥܠܬ ܡܪܕܘܬܐ ܕܐܪܘܢܐ ܕܗܘܬ ܠܗܘܢ ܒܫܘܦܠܐ
ܡܠܟܘܬܐ:[8] ܕܐܬܘ ܘܫܐܠܘ ܠܗ ܕܐܬܝܠܕ[9] ܐܝܟ ܕܠܐܠܗܐ. 𝔄 44
ܗܪܘܕܣ ܕܝܢ ܠܐ ܗܘܐ ܡܬܪܥܝܬ[10] ܐܬܕܘܕ ܒܗܕܐ ܗܘܐ ܒܥܘܬܐ.
ܐܝܟ ܓܝܪ ܕܒܥܝܢ ܕܡܫܬܠܡܐ ܠܗ ܡܢܗ ܪܝܫܘܬܐ.[11] ܘܡܫܐܠ[12]
ܗܘܐ ܠܣ̈ܦܪܐ ܢܡܘܣܝܐ ܕܒܥܡܐ. ܕܐܝܟܐ ܡܫܝܚܐ ܗܘܐ[13]
ܕܢܬܝܠܕ ܡܫܝܚܐ. ܟܕ ܕܝܢ ܝܕܥ[14] ܕܐܡܪܬ ܢܒܝܘܬܗ ܕܡܝܟܐ
ܕܒܝܬ ܠܚܡ.[15] ܦܩܕ ܕܢܬܩܛܠܘܢ ܠܟܠܗܘܢ ܛ̈ܠܝܐ ܕܐܝܬ ܒܒܝܬ ܠܚܡ[16]
ܘܒܟܠܗܘܢ ܬܚܘܡ̈ܝܗ ܡܢ ܒܪ ܬܪ̈ܬܝܢ ܫ̈ܢܝܢ ܘܠܬܚܬ:[17] ܠܙܒܢܬܐ
ܕܝܠܦ ܕܐܡܪܘ[18] ܠܗ ܡ̈ܓܘܫܐ ܩܕܡ ܕܢܬܦܠܛܘܢ. ܘܦܩܕ
ܒܢܝܢܗ ܕܐܝܟ ܢܥܘܡ ܒܚܡܗܘܢ ܥܡ ܗ̇ܢܘܢ[19] ܛ̈ܠܝܐ ܐܚܕ
2 ܗܘܐ.[20] ܡܥܒܕܗ ܕܝܢ ܠܥܒܕܗ ܚܘܒܐ[21] ܕܡܠܐܟ̈ܐ[22] ܕܐܠܗ
ܠܗ̈ܕܡܘܗܝ ܕܟܝܐ ܕܟܠܗ ܗܘܐ ܠܡܘܗܝ. ܘܚܠܘܦܝܗܝ ܘܡܪܘܗ

CHAP. VIII. [1] A ܛܠ̈ܝܐ ܕܒܝܬ ܒܒܝܬ ܠܚܡ [2] A ܒܒܝܬܠܚܡ
[3] 𝔄 sing. [4] A ܕܦܩܕܢ For ܕ 𝔄 has *npyl.n sicut* [5] 𝔄 *de eo*
[6] 𝔄 *recens natus rex Judaeorum* [7] A ܚܙܝܢ [8] A ܗܪܘܕܣ [9] 𝔄 adds *Bethlehemi* [10] A ܐܬܕܘܕܬ [11] A ܪܝܫܘܬܐ [12] A ܘܡܫܐܠ ܗܘܐ
[13] 𝔄 = ܡܫܝܚܐ ܐܝܟܘ ܟܕ ܐܬܝܠܕ [14] A ܝܕܥ [15] 𝔄 adds *Bethlehem* = ܡܕܝܢܬܐ
[16] 𝔄 adds *urbe* [17] 𝔄 lit. *a natalibus usque ad bimos* [18] A ܕܐܡܪܘ; 𝔄 *sicut dixerunt* [19] A ܗܢܘܢ [20] A ܐܝܟ ܗܘܐ So 𝔄 has aor. [21] A ܚܘܒܗ
[22] A fol. 14 *b*

3 ܠܡܪ̈ܢ. ܗܠܝܢ ܒܬܪܟܐ[23] ܡܕܥܐ ܕܐܬܓܠܝܘ̈ ܡܠܟ... ܘܠܐ
ܕܡ ܕܢܣܐ ܡܚܢܐ ܕܒܥܗ ܠܗܪܘܕܣ ܡܛܠ ܡܪܚܘܬܗ ܕܥܠ
ܡܫܝܚܐ ܘܥܠ ܗܢܘܢ ܛܠܝ̈ܐ ܕܒܝܬ ܠܚܡ. ܕܡܢ ܣܓܝܐ[24] ܒܪ
ܥܒܕܗ ܦܘܩܕܢܗ ܕܡܠܟܐ[25] ܒܐܝܕܐ ܕܐܠܗܐ. ܘܒܗ ܗܘ ܚܕ ܒܚܠܡܐ.
ܡܢ ܗܪܟܐ ܦܩܕ ܣܓܝܐ ܡܠܟ ܕܒܬܪ ܕܢܦܩܘܠ ܡܢ ܒܬܪ
4 ܕܡܫܬܪܐ ܡܢ ܒܠܒܐ. ܘܒܬܫܥܝܬܐ ܕܡܠܟܘܬܐ ܕܡܛܒܪ[26] ܕܗܘܝܐ
𝕬 45 ܗܘܬ ܠܗ. ܐܫܬܥܝܘ ܐܟܠܐ ܫܘܢܩܐ ܕܩܛܠܐ ܕܒܝܬ ܒܒܝܬܗ
ܕܐܢܬܬܗ[27] ܘܕܒܢܘܗܝ. ܘܕܫܪܟܐ (B fol. 11 *b*) ܕܐܢܫܝܢ ܕܚܒ̈ܝܒܝܢ
ܗܘܘ ܘܡܬܝܬܪܝܢ ܒܠܘܬܗ. ܕܗܢܐ ܕܡ ܢܫܒܘܩ ܐܢܘܢ ܠܗܠܝܢ
ܠܐ ܡܫܟܚܝܢ ܚܢܢ. ܫܪܟܐ ܕܝܢ ܕܬܫܥܝܬܗܘܢ[28] ܡܪܢܫܐܬ
5 ܐܡܪ ܠܝܘܣܦܘܣ[29] ܒܬܫ̈ܥܝܬܐ ܕܐܬܒ. ܕܒܗܝܢ ܡܢ ܗܘ
ܢܚܐ ܕܡܛܠܐ ܕܒܝܬ ܥܠ ܦܘܪܡ ܘܥܠ ܗܢܘܢ ܛܠܝ̈ܐ. ܦܘܩܕܢܗ
ܡܫܝܚܘܬܗ ܕܐܠܗܐ[30] ܘܒܢܩܡܐ ܠܡܬܘܬܐ ܪܕܦܬܗ. ܠܐ ܗܘܬ ܕܝܢ
ܫܒܩܐ ܕܠܗܘܢ ܠܩܛܠܘܗܝ[31] ܕܒܬܟܒܐ ܢܒܥܒ: ܕܐܬܐ ܒܗܠܝܢ
Ant xvii 6, 5 6 ܩ̈ܛܠܐ ܥܠ ܚܪܬܐ ܒܫܬܐ ܕܚܝܘܗܝ. ܕܒܗܪܘܣܝܢ ܠܡ ܕܗܘܪܘܕܣ
ܡܟܐܪ ܗܘܐ ܥܠܘܗܝ ܡܬܘܪܬܐ.[32] ܐܠܗܝܐ ܒܪ ܕܒܪ ܗܘܐ
ܡܢܗ ܡܬܒܥܬܐ[33] ܕܒܕܝܢ ܕܒܚܠܘܠ ܗܘܐ. ܢܘܪܐ ܒܪ ܕܐܫܬܐ
ܕܡܘܩܕܬܐ[33a] ܢܦܩܐ ܗܘܬ ܒܗ. ܕܡܢ ܠܒܪ ܠܐ ܡܬܚܙܝܐ ܗܘܬ
ܡܕܝܢܗ: ܐܝܟ ܡܢܐ ܕܡܢ ܠܓܘ ܡܫܬܪܐ ܗܘܐ ܥܘܡܩܗ. ܘܕܢܦܩܠ

[23] 𝕬 plur. [24] A ܘܡܩܕܝܐ? [25] 𝕬 plur. [26] For ܡܛܒܪ 𝕬 has *Հրամայէր imperabat:* but read *Համարէր putabat?* [27] Point with A ܕܐܢܬܬܗ. ܘܕܚܡܘܗܝ? Thus 𝕬 [28] A ܕܬܫܥܝܬܗܘܢ, 𝕬 seems to have read ܕܬܫܥܝܬ̈ܗܘܢ ܐܝܟ ܡܪܢܫܐ [29] A ܠܗܘܦܘܣܣ [30] 𝕬 ·· ܡܢ ܡܫܝܚܘܬܐ ܕܐܠܗܐ [31] 𝕬 ܠܗ ܠܩܛܠܘܗܝ · [32] A ܡܬܘܪܬܐ [33] For ܐܠܗܝܐ ܒܪ 𝕬 has *Divinam ultionem* (Armenian) *poenae malam quaerebat ex eo* — ܒܥܐ ܗܘܐ ܡܢܗ ܠܒܝܫܬܐ [33a] 𝕬 *ardentis*

ܡܕܡ[34] ܡܐܟܘܠܬܐ[35] ܐܦ ܠܐ ܡܬܓܪܓܪܢܘ[36] ܬܓܪܓܪ ܗܘܐ.
ܡܛܠ ܕܠܐ ܡܫܠܡܐ ܗܘܬ. ܘܫܘܚܢܐ ܘܟܐܒܐ[37] ܚܫܝܫܐ
7 ܒܡ̈ܥܘܗܝ ܘܒܥܘܒܢܐ ܪܛܝܒܐ ܒܪ̈ܓܠܘܗܝ. ܘܢܫܡܗ ܠܗ[38] ܐܬܚܡܨ.
ܘܐܪܒܝ ܬܘ̈ܠܥܐ. ܘܪܘܚܐ ܒܝܫܬܐ[39] ܕܣܘܡܟܐ ܗܘܬ ܟܠܗܘܢ
ܘܐܦ[40] ܗܝ ܡܬܢܦܚܐ ܗܘܬ ܘܡܚܣܢܐ ܠܗ. ܒܪܝܫܐ[41] ܒܚܕܐ 𝔄 46
ܘܥܘܩܐ ܐܚܝܦܐ ܘܐܠܝܨܐ.[42] ܘܟܐ̈ܒܐ[43] ܢܩ̈ܝܫܐ ܡܢ ܟܠ ܗܕ̈ܡܝܢ
ܦܓܪܗ ܗܘܘ ܠܗ. ܘܚܝܠܐ ܕܢܣܬܡܟ ܠܝܬ ܗܘܐ ܒܗ ⁘ ⁘
8 ܡܬܐܡܪ[43a] ܗܘܐ ܕܝܢ ܡܢ ܐܢܫܝܢ ܕܐܝܟ ܕܡܢ ܐܠܗܐ ܡܡܠܠܝܢ
ܗܘܘ: ܘܡܢ ܐܢܫܝܢ ܕܡܦܪܫܝܢ ܐܡܪܝܢ ܒܚܟܡܬܐ ܕܐܝܟ ܗܠܝܢ.
ܕܡܛܠ ܩ̈ܛܠܐ ܣܓ̈ܝܐܐ ܕܪܘܫܥܐ[44] ܕܥܒܕ ܗܘܐ. ܬܒܥ ܡܢܗ
9 ܐܠܗܐ ܬܒܥܬܐ ܡܢ ܡܠܟܐ. ܘܬܘܒ[45] ܒܬܫ̈ܢܝܩܬܐ[46] ܐܣܪ̈ܝܚܬܐ
ܕܕ̈ܡܝܢ ܠܗܠܝܢ. ܐܡܪ ܒܠܗܘܢ ܐܦ ܗܢܐ ܡܟܬܒܢܐ. (B fol. 12 *a*)
ܕܟܕ ܥܡܠܗ ܒܗܘܢܗ. ܡܢ ܗܘܪܟܐ ܠܥܒܪܗ ܦܠܛܗ ܠܐܣ̈ܘܬܐ
ܡܣܝ̈ܥܐ. ܐܬܥܐ ܥܒܪ ܐܝܬ ܗܘܬ ܒܠܗܘܢ ܕܫܡܥܝܢ ܘܐܬܒܠܝܐ
ܕܠܐ ܗܝܟ ܒܟܠܗ ܦܓܪܗ. ܘܟܐܒܐ[47] ܚܫܝܫܐ ܒܡ̈ܥܘܗܝ.
ܘܒܪ̈ܓܠܘܗܝ ܒܥܒܝܐ ܐܝܟ ܕܠܐܢܫ ܕܟܒܝܫ ܬܟܝܠ. ܘܒܚܝܠܗ
ܡܫܘܚܬܐ ܕܡܫܚܐ ܬܘ̈ܠܥܐ. ܘܬܘܒ ܒܪܘܚܬ[48] ܪܘܚܢܐ. ܕܡܬܐܡܪܐ
ܒܥܘܢܐ ܐܪܛܘܦܣܝܐ ܘܕܡܫܘܦܣܝܐ.[49] ܘܐܬܚܠܝܐ ܚܫܝܫܝ ܒܡܫܠܡܘܗܝ 𝔄 47
ܗܕ̈ܡܘܗܝ. ܕܐܝܟ ܕܡܢ ܐܠܗܐ ܡܡܠܠܝܢ ܐܡܪܝܢ ܗܘܘ. ܕܗܢܐ

[34] For ܡܕܡ A has ܗܘܐ [35] A ܡܐܟܘܠܬܐ [36] A adds ܕܝܢ [37] A ܕܟܐܒܐ 𝔄 has plur. [38] A om. ܠܗ [39] 𝔄 = ܘܪܘܚܐ ܒܝܫܬܐ and om. ܕܣܘܡܟܐ ܗܘܬ ܟܠܗܘܢ [40] A ܐܦ [41] A fol. 15 *a* [42] For ܘܥܘܩܐ ܐܚܝܦܐ ܘܐܠܝܨܐ 𝔄 has *et creberrimo spasmo premebatur* [43] A ܘܟܐ̈ܒܐ [43a] B ܡܬܐܡܪ (*sic*) [44] 𝔄 plur. [45] A ܬܘܒ [46] 𝔄 [illegible] = ܒܬܫ̈ܢܝܩܐ [47] A ܘܟܐܒܐ 𝔄 plur. [48] 𝔄 = ܒܪܘܚܬܐ [49] A ܐܪܛܘܦܣܝܐ ܘܕܡܫܘܦܣܝܐ
𝔄 [illegible] (read [illegible]?)

10 ܒܗܪܘܢܝܐ ܡܕܝܢܬܐ ܗܘ. ܗܘ ܕܝܢ ܒܪ ܡܫܬܐܠ ܗܘܐ ܒܟܠܗܘܢ
ܗܠܝܢ ܕܟܪ̈ܝܐ. ܡܬܬܚܝܒ ܗܘܐ ܕܢܣܒ ܘܢܣܪ ܗܘܐ ܠܦܘܪܥܢܐ.
ܘܐܫܬܘܕܝܬܐ ܠܢܦܫܗ ܡܬܦܪܥ. ܗܘܐ. ܘܒܚܪ ܡܘܕܝܢ[50] ܘܡܬܚܫܒ
ܗܘܐ ܒܗܘ ܫܡܫܬܬܐ[51] ܕܐܝܟ ܒܠܝܠܘܬܐ.[52] ܕܢܦܩܝܢ ܡ̈ܢܗ ܠܫܬܬܐ
11 ܕܐܣܛܠܦܐ.[53] ܘܒܠܝܢ ܘܗܘܝܢ ܠܡܣܐ. ܘܡܦܩ ܠܗܘܢ ܠܐܦܘܬܐ
ܕܗܪܟܐ ܢܦܫܗܘܢ ܟܠܗ ܦܓܪܗ ܒܡܟܬܫܐ. ܘܒܪ ܦܠܓܐ ܟܠܗ
ܒܡܐܢܐ ܕܟܠܐ ܡܟܬܫܐ. ܐܬܒܨܪܝ ܘܐܬܗܦܟܘ ܒ̈ܝܢܘܗܝ.
ܘܪܗܒܘܬܐ ܦܪܝܫܬܐ ܗܘܬ ܒܓ̈ܕܘܗܝ. ܒܡܐܢܐ ܕܝܢ[54] ܣܓܝܐܐ.
ܥܠ ܣ̈ܝܡܘܗܝ ܕܝܢ ܐܘܣܦ ܗܘܐ. ܘܦܩܕ ܕܢܬܝܗܒ ܠܥܠ ܡܢ ܗܝ
ܦܠܓܘܬܗ ܣܓܝܐܐ ܡܬܦܠܓܝܢ. ܘܕܗܒܐ ܦܓܥܐ ܠܡܫܟܢܘܬܐ[55]
𝔄 48 12 ܘܠܬܫܡܫܬܗ.[56][57] ܗܘ ܕܝܢ ܡܓܘܫ[58] ܘܐܬܐ ܠܐܪܝܣܘ. ܘܡܬܚܫܒ ܗܘܐ
ܗܘܐ ܘܡܬܡܪܡܪ ܘܡܬܠܚܡ ܟܠܗܘܢ ܥܠ ܡܠܟܐ. ܐܬܟܢܫ
ܕܝܢ ܒܥܠܡܐ ܕܗܘܒܟܐ[59] ܒܝܫܐ. ܒܝܫ ܓܒܪ ܗܘ ܥܠܡܝܢ ܘܗܘܐ
ܕܗܘܕܐ ܐܢܫܐ ܕܣ̈ܓܝܐ ܠܒܘܠܬܐ ܕܡܬܦܪܥܐ ܒܝܬ ܕܪ̈ܫܐ
13 ܕܡ̈ܟܫܐ.[60] ܘܦܩܕ ܕܢܬܚܒܫܘܢ. ܦܪܐ ܕܝܢ ܠܦܠܘܣܐ ܚܒܬܗ
ܘܠܒܠܘܗܝ ܐܠܗܐ ܘܒܝܬ ܠܗܘܢ. ܕܒܠܐ ܕܠܫܘܕܝܐ ܒܐܕܪ[61]
ܗܘܐ ܠܗܘܢ (B fol. 12 *b*) ܒܚܘܬܗ. ܡܫܡܫ ܐܢܫܐ[62] ܕܝܢ ܕܐܒܒܪ
ܥܠ ܐܒܠܐ ܒܪ ܐܣ̈ܝܪܐ ܘܢܗܘܐ ܥܠ. ܒܝܬ ܩ̈ܒܪܐ ܕܒܪܝܫ.
ܐܟ ܗܘ ܕܬܘܒܠܘܢ ܘܬܬܒܒܪܘܢ ܦܘܪܥܢ. ܕܠܗܘܢ[63] ܐܢܫܐ
ܕܣܒܝܢ. ܒܚܝܪܐ ܕܒܐܬܐ ܐܢܫܐ ܐܘܣܒܘ ܒܠܚܘܕܝܢ ܦܠܫ̈ܐ
ܘܦܠܠܗ[64] ܐܢܘܢ. ܕܒܠܗ ܣܘܪܕ ܘܒܠ ܚܕ ܐܦ ܒܪ ܠܐ ܢܦܩ[65]

[50] 𝔄 adds *flumen* [51] A ܐܣܕܐ [52] A ܒܠܝܠܘܬܐ [53] A ܕܐܣܛܠܦܐ [54] A ܕܝܢ [55] A ܠܡܫܟܢܘܬܐ [56] 𝔄 *amicis suis et iudicibus* [57] A fol. 15 *b* [58] A ܡܓܘܫ [59] 𝔄 plur. [60] A ܕܪ̈ܫܐ ܕܡܟܫܐ [61] 𝔄 *festum magnum* [62] A ܡܫܡܫܢܐ [63] A ܘܠܗܘܢ 𝔄 expresses neither ܕ nor ܘ [64] 𝔄 *viros principes de servis et trucident* [65] A ܠܐ ܢܦܩ

14 ܢܓܕܘܢ ܒܠܗ. ܘܡܢ ܒܬܪ ܩܠܝܠ ܐܡܪ ܬܘܒ. ܕܡܬܐܠܨ ܗܘܐ
ܡܛܠ ܕܠܐ ܡܫܟܚ ܗܘܐ ܠܡܣܒܠܘ ܟܐܒܘܬܐ. ܘܟܐܒܐ[66]
ܚܫܝܫܐ ܕܡܠܝܢ ܡܬܦܫܩܢ ܗܘܘ. ܘܟܕ ܚܙ ܕܒܐ̈ܣܘܬܗܘܢ ܐܣܝܐ 𝔄 49
ܕܐܣ̈ܘܬܗܘܢ ܠܝܘܡ ܩܪܝܒ. ܘܫܒܩ ܠܗ ܣܘܦܪ ܘܚܒܠ ܡܫܚܐ.
ܡܕܡ ܗܘܐ ܚܢܩ ܕܢܦܫܗ ܗܘܐ ܚܢܩ ܘܐܬܠ ܡܚܝܠܐ. ܘܡܢ ܒܬܪܟܢ ܡܢ
ܕܫܢܝܐ ܠܥܠܐ ܐܢܫ ܐܢܫ. ܕܫܠܐ ܠܗ. ܘܐܪܝܡ ܢܦܫܗ ܐܝܟ
15 ܕܢܬܦܠܛ ܢܦܫܗ... ܘܒܬܪ ܗܠܝܢ ܟܠܗܝܢ ܗܘ ܗܢܐ ܡܟܬܒܢܐ Ant xvii 7 B J i 33, 7
ܡܟܬܒ. ܕܠܡܐ ܡܢ ܒܢܘܗܝ ܡܢܢ ܩܠܝܠ ܙܒܢܐ ܕܡܟܐܒܬ ܗܘܐ̇
ܒܗ ܬܪ̈ܝܢ ܐܚ̈ܘܗܝ ܕܩܛܠ ܒܗ ܗܫܐ. ܐܦ ܠܗܢܐ ܕܬܠܬܐ
16 ܩܛܠ ܘܗܝܕܝܢ ܒܟܐܒܐ ܡܪ̈ܝܪܐ ܡܝܬ ܀ ܗܢܐ ܗܘܐ ܗܘܐ ܫܘܠܡܐ
ܕܡܘܬܗ ܕܗܪܘܕܣ ܕܐܬܦܪܥ ܕܝܢܐ ܟܐܢܐ.[67] ܥܠ ܕܩܛܠ
ܠܛܠܝ̈ܐ ܫܒܪ̈ܐ ܕܒܝܬ ܠܚܡ ܒܥܠܬܐ ܕܐܬܒܥܝܬ ܥܠ ܦܪܘܩܢ.
17 ܕܡܢ[68] ܒܬܪ ܐܬܚܙܝ ܡܠܐܟܐ ܒܚܠܡܐ ܠܝܘܣܦ ܘܐܡܪ ܠܗ.[69]
ܕܢܣܒ ܠܛܠܝܐ ܘܠܐܡܗ ܘܢܐܙܠ ܠܐܪܥܐ ܕܝܗܘܕ. ܘܐܡܪ
ܠܗ ܕܡܝܬܘ ܠܗܘܢ ܗ̈ܢܘܢ[70] ܕܒܥܝܢ ܢܦܫܗ ܕܛܠܝܐ.[71] ܘܒܬܪ
ܩܠܝܠ ܐܡܪ ܐܘܢܓܠܝܣܛܐ. ܕܫܡܥ[72] ܕܐܪܟܠܐܘܣ ܐܡܠܟ ܚܠܦ Mt ii 22
ܗܪܘܕܣ[73] ܐܒܘܗܝ ܘܕܚܠ ܕܢܐܙܠ ܠܬܡܢ. ܘܫܢܐ ܒܓܠܝܠܐ[74]
ix. 1 ܕܢܐܙܠ ܠܗ ܠܐܬܪܐ ܕܓܠܝܠܐ. ܘܥܠ ܡܠܟܘܬܗ ܕܝܢ ܕܐܪܟܠܐܘܣ[75]
ܕܒܬܪ ܗܪܘܕܣ. ܫܠܡ ܗܢܐ ܡܟܬܒܢܐ ܕܦܪܩܢ[76] ܐܡܪ̈ܢ ܟܠܗܘܢ. 𝔄 50
ܕܐܝܟܢܐ ܡܢ[77] ܕܫܘܠܡܐ ܕܗܪܘܕܣ. (B fol. 13a) ܐܟܘܬܗܘܢ ܘܡܢ Ant xvii 8 ff.
ܦܘܩܕܢܐ[78] ܕܐܓܘܣܛܘܣ ܩܣܪ ܩܒܠ ܡܠܟܘܬܐ ܥܠ ܝܗܘܕܝܐ.
ܘܕܐܝܟܢܐ ܡܢ ܒܬܪ ܕܩܒܠ ܥܣܪ ܫܢܝܢ ܢܦܠ ܡܢ ܡܠܟܘܬܗ.

[66] A plur. [67] 𝔄 *quod accepit retributionem iustorum iudiciorum Dei*
[68] 𝔄 = ܘܒܬܪ [69] A fol. 16 *a* [70] 𝔄 *omnes* [71] 𝔄 adds *perdere*
[72] 𝔄 = ܟܕ ܫܡܥ [73] A ܗܪܘܕܝܣ [74] 𝔄 [illegible] = ܒܓܠܝܠ [75] A
ܕܐܪܟܠܐܘܣ [76] A ܕܦܪܘܩܢ [77] A ܕܡܢ [78] A 𝔄 ܦܘܩܕܢܐ

ܘܡܬܕܒܪܝܢ ܗܘܘ ܐܚܘܗܝ ܒܛܛܪܪܟܘܬܐ.[79] ܗܘ ܕܝܢ ܣܒܐ ܡܢ
ܐܪܒܥ ܒܢܘ̈ܗܝ ܐܪܥܐ ܕܐܝܣܪܐܝܠ. ܦܝܠܝܦܘܣ[80] ܘܗܪܘܕܣ
ܐܪܟܠܐ ܘܠܘܣܢܝܐ.

𝔄 51 ܕܬܫܥܐ ܥܠ ܙܒܢܘܗܝ ܕܦܝܠܛܘܣ.[1] ·:· · · ·

Ant xviii 2, 2 ܘܗܘ ܬܘܒ ܕܝܢ ܗܘ ܝܘܣܝܦܘܣ[2] ܐܡܪ ܒܬܡܢܥܣܪܬܗ. ܕܒܫܢܬ
ܬܪܬܥܣܪܐ ܕܛܒܪܝܘܣ[3] ܩܣܪ: ܗܘ ܒܬܪ ܡܠܟ ܝܗܘܕܝܬܐ[4] ܘܡܠܟ
ܡܠܟܘܬܐ ܡܢ ܒܬܪ ܚܡܫܝܢ ܘܫܒܥ[5] ܫܢ̈ܝܢ ܕܡܕܒܪܢܘܬܗ[6] ܕܐܘܓܘܣܛܘܣ[7]
ܕܐܓܘܣܛܘܣ. ܕܦܘܢܛܝܘܣ[8] ܠܡ ܦܝܠܛܘܣ ܡܫܠ ܝܗܘܕܝܬܐ[9] ܥܠ
ܐܪܟܐ ܕܫܢܝܐ. ܘܬܡܢ ܗܘܐ ܒܫܢܝ ܥܣܪ ܒܥܕܢܐ ܕܡܠܟܘܬ
ܛܒܪܝܘܣ.[10] ܡܕܝܢ ܦܣܩܐܝܬ ܐܬܚܒܪܬ ܠܛܒܘܬܐ ܕܟܠܗ ܡܢܗ 2
ܕܟܬܒܘ ܗܘܦܡܢܡܛܐ ܥܠ ܦܘܪܩܢ ܒܨܠܝܒܘܬܗ. ܕܗܐ ܩܕܡ
ܐܬܡܠܠ ܐܫܠܡܘ ܐܢܘܢ. ܕܡܣܒܪܝܢ[11] ܗܘ ܕܒܬܪ ܕܐܬܒܥܘ
ܗܢܘܢ ܕܨܠܒܗ ܠܡܫܝܚܐ ܗܘ ܕܩܕܡ ܠܗ ܠܨܠܝܒܘܬܗ.
ܕܒܫܢܬ ܐܪܒܥ ܕܗܓܡܘܢܘܬܐ ܕܛܝܒܪܝܘܣ[12] ܗܘܬ ܒܫܢܬ ܫܒܥ 3
ܕܡܠܟܘܬܗ. ܐܡܬܝ[13] ܕܗܘܐ ܚܫܗ ܕܦܪܘܩܢ. ܒܗ ܗܘ ܩܕܡ
ܕܐܡܪܝܢ ܡܬܟܬܒ. ܕܒܗܢܐ ܙܒܢܐ[14] ܕܐܦܠܐ ܕܡܬܝܪܝܢ ܕܝܢ

[79] 𝔄 *per tetrarchias* [80] A ܦܝܠܝܦܘܣ

CHAP. IX. [1] 𝔄 *Philippi* [2] A ܝܘܣܝܦܘܣ [3] A ܕܛܝܒܪܝܘܣ [4] A ܝܗܘܕܝܬܐ [5] 𝔄 *et quinque* [6] A ܕܡܕܒܪܢܘܬܐ [7] In 𝔄 read [illegible] for [illegible], and omit before it the words [illegible] which are wrongly repeated from above? [8] A ܕܦܘܢܛܝܘܣ 𝔄 reads *Pilatus Pontius*, omitting ܠܡ [9] A ܝܗܘܕܝܬܐ [10] A 𝔄 ܛܝܒܪܝܘܣ. In 𝔄 restore [illegible] instead of [illegible]? [11] For the words ܕܡܢ ܩܕܡ ܐܬܡܠܠ ܐܫܠܡܘ ܐܢܘܢ. ܩܕܡܝܐ 𝔄 has *quae heri etiam deberent antea priores* and omits the ܗܘ before ܕܒܬܪ [12] A ܕܛܝܒܪܝܘܣ [13] 𝔄 plur. [14] A fol. 16 *b*

ܗܘܐ ܦܝܠܛܘܣ[15] ܒܝܗܘܕܐ. ܐܢ[16] ܘܠܐ[17] ܕܢܥܪ ܡܫܘܕܥܘܬܗ
ܕܝܘܣܦܘܣ[18] ܕܐܬܚܙܝ ܗܟܢܐ ܐܝܟ ܕܦܪܣܡ ܬܢܢ. ܕܒܫܢܬ
ܬܪܬܥܣܪܐ ܕܡܠܟܘܬܗ ܕܛܝܒܪܝܘܣ[19] ܗܘܐ ܐܦܛܪܘܦܐ ܥܠ ܝܗܘܕ
x. 1 ܦܝܠܛܘܣ. ܒܫܘܠܡܗ ܕܛܝܒܪܝܘܣ.[20] ܘܒܫܢܝ[21] ܗܠܝܢ ܐܝܟ ܕܐܡܪ
ܐܘܢܓܠܣܛܐ: ܒܫܢܬ ܚܡܫܥܣܪܐ ܕܛܝܒܪܝܘܣ[22] ܩܣܪ: Lk iii 1 ff.
ܒܗܓܡܢܘܬܐ ܕܚܕܐ ܡܢ ܐܪܒܥ.[22a] ܕܐܣܛܪܛܠ ܕܦܝܠܛܘܣ.[23]
ܦܝܠܛܘܣ: ܗܘ ܬܪܥܐ ܬܪܒܥܐ[24] ܥܪܒܐ ܕܝܗܘܕ[25] ܡܕܒܪ ܗܘܐ:
ܗܪܘܕܣ ܘܠܘܣܢܝܐ ܘܦܝܠܝܦܘܣ. ܦܪܘܫ ܘܡܢܝܢ ܢܫܕ ܕܡܫܝܚܘܗ[26] 𝔄 52
ܕܐܠܗܐ ܫܪܝ ܗܘܐ ܕܢܟܪܘܙ[27] (B fol. 13 b) ܐܝܟ ܒܪ ܫ̈ܢܝܢ ܬܠܬܝܢ.
ܘܐܬܐ ܠܡܥܡܘܕܝܘܬܗ[28] ܕܝܘܚܢܢ. ܘܡܢ ܗܝܕܝܢ ܫܪܝ ܒܟܪܘܙܘܬܐ
ܕܣܒܪܬܐ ܀

ܕܡܫܪܐ ܥܠ ܫ̈ܢܝ ܟܗ̈ܢܐ ܕܝܗܘ̈ܕܝܐ. ܕܒܫܢܝ̈ܗܘܢ ܐܠܦ
ܡܪܢ[1] ܀

ܐܡܪ ܕܝܢ ܟܬܒܐ ܩܕܝܫܐ[2] ܥܠ ܦܪܘܩܢ. ܕܟܠܗ ܙܒܢܐ[3] 2
ܕܡܠܦܢܘܬܗ ܐܫܬܠܛ ܒܪܒܘܬ ܟܗܢܘܬܐ ܚܢܢ ܘܩܝܦܐ. ܗܢܘ
ܕܝܢ ܒܫ̈ܢܝܐ ܕܐܝܬ ܡܢ ܪܒܘܬ ܟܗܢܘܬܗ ܕܚܢܢ ܘܩܝܦܐ ܠܬܪܘܝܗܝ
ܪܒܘܬ[4] ܟܗܢܘܬܐ ܕܩܝܦܐ. ܕܒܢܝܐ[5] ܕܡܨܥܬܗ ܐܦܠܐ ܐܪܒܥ
ܫ̈ܢܝܢ ܗܘܐ. ܡܛܠ ܒܪ[6] ܕܐܫܬܬܪܘ ܗܘܐ ܠܗܘܢ ܕܒܪܘܗܝ 3

[15] A ܦܝܠܛܘܣ [16] 𝔄 = ܐܘ [17] A adds ܒܗ [18] A ܗܪܘܕܬܐ ܕܝܘܣܦܘܣ
[19] 𝔄 *Tiberiani* [20] A ܕܛܝܒܪܝܘܣ [21] A ܘܒܫ̈ܢܝܐ [22] A
ܕܛܝܒܪܝܘܣ [22a] 𝔄 adds *partibus* [23] A ܕܦܝܠܛܘܣ [24] A ܬܪܥ ܬܪܒܥܝܐ
[25] 𝔄 (for ܦܠܓܐ ܕܝܗܘܕ) *totius Judaeae* [26] A ܡܫܝܚܐ 𝔄 has *Christus unctus Dei* [27] A ܢܗܘܐ [28] A ܠܡܥܡܘܕܝܘܬܐ

CHAP. X. [1] 𝔄 տէրն = ܡܪܢ [2] 𝔄 *libri sacri* [3] 𝔄 plur. [4] A om. ܪܒܘܬ [5] A ܘܒܢܝܐ [6] 𝔄 om. ܒܪ

ܕܢܣܒܘܗܝ. ܡܢ ܗܝܕܝܢ ܐܫܬܪܝܬ ܗܘܬ ܠܗ̇[7] ܗ̇ܝ ܕܟܠܗܘܢ
ܢܡ̈ܘܣܘܗܝ. ܐܝܟ ܕܡܢ ܝܘܒܠܐ ܕܐܒܗ̈ܬܐ ܡܥܕܘܢܐ ܗܘܬ ܠܗ
ܬܫܡܫܬܐ ܠܙܒ ܒܫ̈ܢܐ. ܘܡܢ ܗܓܡ̈ܘܢܐ[8] ܕܪ̈ܘܡܝܐ ܡܫܠܛܝܢ
ܗܘܘ ܒܝܢ ܘܕ ܦܘܩܕܢܐ ܕܪܒܘܬ ܟܗܢܘܬܐ. ܘܠܐ ܡ̇ܩܘܝܢ
4 ܗܘܘ ܒܗ̇[9] ܝܬܝܪ ܡܢ ܚܕܐ ܫܢܬܐ. ܡܫܬܠܛܢܐ ܕܝܢ ܗܘ
Ant xviii 2, 2 ܝܘܣܦܘܣ.[10] ܕܟܬܒ ܫܢܝ ܐܪܒܥܐ ܗܘܘ ܪ̈ܒܝ ܟܗ̈ܢܐ ܒܕܪܟܐ
𝔄 53 5 ܠܚܢܢܐ. ܕܗܘ ܒܬܪܟܐ ܕܬܫܒܘܚܬܗ[11] ܐܚܪܢܐ ܗܘܝܢܐ. ܕܐܠܦܘܣ
ܓܪܐܛܘܣ[12] ܐܦܩ ܠܚܢܢ[13] ܡܢ ܪܒܘܬ ܟܗܢܘܬܐ. ܘܐܩܝܡ ܒܬܪܗ
ܒܪ ܒܫ̈ܢܝ ܠܐܝܫܡܥܝܠ ܒܪ ܦܒܝ. ܘܡܢ ܒܬܪ ܩܠܝܠ ܘܟܢܐ
ܐܦܩ ܐܦ ܠܗܢܐ. ܘܐܩܝܡ ܠܐܠܥܙܪ ܒܪܗ ܕܚܢܢ ܪܒ ܟܗܢܐ.
6 ܘܟܕ ܕܝܢ ܗܘ̣ܐ ܐܦ ܗܢܐ ܡܠܐ ܫܢܬܗ̇. ܐܦܩܗ ܘܐܩܝܡ
ܠܫܡܥܘܢ ܒܪ ܩܡܚܝܬܘ.[14] ܘܟܕ ܡܠܐ ܐܦ ܗܢܐ ܫܢܬܗ.[15]
7 ܩܒܠ ܒܬܪܗ ܝܘܣܦܘܣ ܕܗܘ ܩܝܦܐ. ܡܟܝܠ ܒܟܠܗ ܙܒܢܐ
ܕܡܠܦܢܘܬܗ ܕܦܪܘܩܢ ܐܦܠܐ ܐܪ̈ܒܥ ܫ̈ܢܝܢ ܡܫܠܡ̈ܢܬܐ. ܕܐܪ̈ܒܥܐ
ܪ̈ܒܝ ܟܗ̈ܢܐ ܐܪ̈ܒܥ ܫ̈ܢܝܢ ܡܠܝܘ ܡܢ ܚܢܢ ܘܥܕܡܐ ܕܩܝܦܐ.
ܟܠ ܚܕ ܡܢܗܘܢ ܫܢܬܗ. ܟܠ ܩܝܦܐ ܕܝܢ ܪܒ ܟܗ̈ܢܐ ܡܫܢܝܐ
Jn xi 49 ܟܠܗܘܢ ܒܟܬܒܐ[16] ܕܐܘܢܓܠܝܘܢ. ܕܒܗ̇ ܫܢܬܐ (B fol. 14 a) ܕܚܫ
ܒܗ̇ ܦܪܘܩܢ ܐܬܘܗܝ ܗܘܐ ܪܒ ܟܗ̈ܢܐ.[17] ܕܒܗܘܢ ܡܬܚܙܐ. ܘܒܗܢܐ
8 ܕܡܠܦܢܘܬܗ ܕܦܪܘܩܢ ܕܗܘ̣ܐ ܐܝܟ ܕܦܩܕܢ ܐܚܪ̈ܢ. ܐܠܐ ܕܝܢ
ܦܪܘܩܢ ܘܡܚܪ̈ܢ ܡܢ ܒܬܪ ܩܠܝܠ ܘܒܗܢܐ ܕܫܪܪܐ ܕܫܘܪܘܬܗ
ܓܒܐ ܠܬܪ̈ܥܣܪ ܫ̈ܠܝܚܝܢ. ܕܠܗܘܢ ܫܠܝܚܘܗܝ ܫܕܪ ܡܢ

[7] 𝔄 inserts ܬܫܡܫܬܐ here instead of in the following line [8] A ܗܓܡܘܢܐ
[9] A ܒܗ [10] A ܝܘܣܦܘܣ [11] Here a leaf is wanting in A [12] 𝔄
[illegible] [13] 𝔄 *cum* [14] 𝔄 *Կայիափայ* [15] 𝔄 *annum* [16] 𝔄 *in libris*
[17] 𝔄 has the order ܐܬܘܗܝ ܗܘܐ ܪܒ ܟܗ̈ܢܐ ܕܝܢ ܗܘ ܦܪܘܩܢ

ܘܡܠܦܘܗܝ ܠܬܠܡܝܕܘܬܗ ܐܚܪܢܐ.[10] ܐܝܟ ܕܡܬܐܡܪܐ ܒܟܬܒܐ
ܗܘܘ ܐܝܟ ܩ̈ܠܝܠܐ. ܘܩܛܠ ܕܝܢ ܒܬܪܟܢ ܚܕ ܡܢܗܘܢ
ܐܚ̈ܪܢܐ. ܕܐܦ ܠܗܘܢ ܥܒܪ ܐܝܟ ܬܪ̈ܝܢ ܬܪ̈ܝܢ ܘܩܡ ܐ̈ܦܣܘܣ. 𝔄 54
ܠܟܠ ܐܬܪ ܘܡܕܝܢܐ ܕܒܬܪܗ ܗܘܐ ܠܐܝܣܪܝܠ. ܀ ...

ܕܝܘܣܦܘܣ ܥܠ ܣܗܕܘܬܐ ܕܐܡܝܪܢ ܥܠ ܝܘܚܢܢ ܡܥܡܕܢܐ
ܘܥܠ ܡܫܝܚܐ.[1]

xi. 1 ܡܢ ܒܬܪ ܗܠܝܢ ܕܝܢ[2] ܦܣܩ ܪܫܗ ܕܝܘܚܢܢ ܡܥܡܕܢܐ
ܗܪܘܕܣ ܙܥܘܪܐ. ܐܝܟ ܕܡܛܠ ܗܕܐ ܒܟܬܒܐ ܩܕܝܫܐ[3] Mc vi 17ff.
ܕܐܘܢܓܠܝܘܢ. ܡܫܬܥܐ ܕܝܢ ܐܦ ܝܘܣܦܘܣ ܘܒܫܡܗ Ant xviii 5, 1
ܡܛܠ ܠܗ ܠܗܪܘܕܝܐ[4] ܘܕܐܢܬܬ ܐܚܘܗܝ ܗܘܬ ܘܢܣܒܗ
ܗܪܘܕܣ ܠܗ ܐܢܬܬܐ. ܘܫܒܩ ܠܗܝ ܡܟܪܝܬܐ ܕܢܣܒ ܗܘܐ
ܐܝܟ ܕܒܢܡܘܣܐ. ܐܫܬܩܠܬ ܗܘܬ ܕܝܢ ܒܪܬܗ ܕܐܪܝܛܐ
ܡܠܟܐ ܕܛܝ̈ܝܐ. ܠܗܪܘܕܝܐ ܕܝܢ ܦܪܫܗ ܡܢ ܒܥܠܗ ܟܕ ܚܝ ܗܘ
ܚܝ. ܕܡܛܠܬܗ ܩܛܠ ܐܦ[5] ܠܝܘܚܢܢ. ܘܗܘܐ ܠܗ ܩܪܒܐ ܥܡ
2 ܐܪܝܛܐ[6] ܡܛܠ ܕܐܬܨܥܪܬ ܗܘܬ ܒܪܬܗ.[7] ܕܒܗ ܒܗܢܐ ܩܪܒܐ
ܟܕ ܗܘܐ ܬܟܬܘܫܐ ܐܒܕ ܟܠܗ ܚܝܠܗ ܕܗܪܘܕܣ. ܘܗܠܝܢ[8]
3 ܕܣܒܝܪܝܢ ܡܛܠ ܢܟܠܐ ܕܥܒܕ ܠܝܘܚܢܢ. ܕܗܘ ܬܘܒ 𝔄 55
ܝܘܣܦܘܣ. ܝܬܝܪ ܡܢ ܐܢܫܐ ܟܐܢܐ[9] ܕܢܒܝܐ ܘܡܥܡܕܢܐ
ܡܘܕܐ ܕܐܝܬܘܗܝ ܗܘܐ ܝܘܚܢܢ ܒܟܐܢܘܬ ܕܟܝܘܬ ܡܠܬܗ. ܐܝܟ

[10] For ܠܬܠܡܝܕܘܬܗ ܐܚܪܢܐ 𝔄 *discipulatu suo*

CHAP. XI. [1] 𝔄 om. ܘܥܠ ܡܫܝܚܐ (as in the index p. 4) [2] 𝔄 plur. [3] 𝔄 *libri sacri* [4] For ܗܪܘܕܝܐ 𝔄 has Հերովդիադայ *Herodiada* throughout this passage [5] 𝔄 om. ܐܦ [6] 𝔄 adds *rege* [7] 𝔄 *propter contumelias filiae eius* (probably reading ܠܨܥܪܗ̈ for ܠܨܥܪܗ) [8] 𝔄 om. ܘ [9] 𝔄 plur.

ܐܝܟ ܕܟܬܝܒ ܒܠܘܩܐ ܒܐܘܢܓܠܝܘܢ ܩܕܝܫܐ.[9a] ܡܫܬܒܚܐ ܕܝܢ
ܐܦ[10] ܠܗ ܝܘܣܦܘܣ (B fol. 14 *b*) ܕܢܟܠ ܡܢ ܡܠܟܘܬܗ ܡܛܠܬܗ
ܕܗܪܘܕܝܐ. ܕܒܥܠܬܗ ܐܬܪܕܦ ܘܐܫܬܕܝ ܠܒܪ ܡܢ ܬܚܘܡܐ
ܠܐܟܣܘܪܝܐ. ܕܒܝܢ ܒܒܝܐܢܐ ܡܕܝܢܬܐ ܕܓ̈ܠܛܝܐ.[11] ܘܦܣܩ 4
Ant xviii 5, 2 ܗܠܝܢ[12] ܟܬܒ ܗܘ ܝܘܣܦܘܣ ܥܠ ܝܘܚܢܢ ܗܢܐ. ܕܠܐܢ̈ܫܝܢ
ܠܗ ܡܢ ܝܗ̈ܘܕܝܐ ܡܬܚܙܐ ܗܘܐ ܕܐܝܟ ܕܡܢ ܐܠܗܐ ܐܒܕ
ܚܝܠܗ ܕܗܪܘܕܣ. ܘܒܟܐܢܘܬ[13] ܡܬܬܒܥܐ ܗܘܬ ܡܢܗ ܬܒܥܬܗ
ܕܝܘܚܢܢ. ܗܘ ܕܡܬܩܪܐ ܗܘܐ ܡܥܡܕܢܐ. ܗܪܘܕܣ ܓܝܪ[14] 5
ܩܛܠܗ ܠܗܢܐ ܝܘܚܢܢ ܕܐܝܬܘܗܝ ܗܘܐ ܓܒܪܐ ܛܒܐ. ܘܦܩܕ
ܗܘܐ ܠܝܗ̈ܘܕܝܐ ܕܟܐܢܘܬܐ[15] ܦܘܠܚܢܐ ܘܒܟܐܢܘܬܐ ܕܠܘܬ ܚ̈ܕܕܐ.
ܘܥܡ ܦܠܚܝܢ ܕܠܘܬ ܐܠܗܐ ܠܡܬܚܠܛܘ ܒܡܥܡܘܕܝܘܬܗ. ܗܟܢܐ
ܗܘ ܓܝܪ ܡܬܚܙܝܐ ܗܘܬ ܕܡܩܒܠܐ ܗܘܬ ܠܘܬܗ ܡܥܡܘܕܝܘܬܐ.
𝔄 56 ܠܘ ܒܡܫܬܐܠܢܘܬܐ ܕܦܘܠܚܢܐ ܕܡܢ ܡܕܡ ܚܛ̈ܗܐ ܐܠܐ ܒܕܟ
ܝܘܬܐ ܕܦܓܪܐ. ܟܕ ܡܬܕܟܝܐ ܢܦܫܐ ܡܢ ܩܕܡ ܒܙܕܝܩܘܬܐ
ܘܒܐܬܟܢܫܘܬܐ ܕܣ̈ܓܝܐܐ ܒܥܡܗ. ܐܦ ܐܬܒܣܡܘ[16] ܕܝܢ ܝܬܝܪܐܝܬ 6
ܒܫܡܥܐ ܕܡ̈ܠܘܗܝ. ܕܚܠ ܕܝܢ ܗܪܘܕܣ ܒܗܕܐ ܟܠܗ ܡܦܝܣܢܘܬܗ[17]
ܕܠܘܬ ܟܠ ܐܢܫ ܕܠܡܐ ܬܐܬܐ ܓܒܘܬܐ[18] ܠܡܪܕܐ. ܡܬܚܫܒ
ܗܘܘ ܓܝܪ ܕܟܠ ܡܕܡ ܡܢ ܡܠܟܐ ܕܗܘ[19] ܥܒܕܝܢ ܗܘܘ.[20]
ܘܐܬܚܫܒ ܒܪܥܝܢܗ. ܕܢܩܕܘܡ ܡܚܘܬܐ ܢܩܛܘܠ ܩܕܡ ܕܗܘܐ
ܒܐܝܕܗ ܫܘܓܫܐ. ܐܘ ܕܡܢ ܒܬܪ ܕܗܘܝܐ ܡܬܗܦܟܢܘܬܐ ܢܦܠ

[9a] 𝔄 *sanctitas* [10] 𝔄 om. ܐܦ [11] 𝔄 ՚ի Բիեննէնայ քաղաքի գաղղիացւոց *in Bienmena urbe Galilaeorum* [12] 𝔄 – ܗܠܝܢ [13] 𝔄 om. ܘ [14] 𝔄 *autem*
[15] 𝔄 plur. [16] With this word recommences the text of A, fol. 17 *a*
[17] A 𝔄 ܡܦܝܣܢܘܬܐ. For ܕܠܘܬ ܟܠ ܐܢܫ; 𝔄 has *quam suadebat hominibus*
[18] 𝔄 plur. [19] A ܗܘ ܡܠܟܗ [20] A adds ܟܠܗܘܢ

ܒܬܘܬ ܢܦܫܐ. ܘܐܡܪ[21] ܕܗܢ ܗܕܐ ܡܫܪܪܐ ܬܫܥܝܬܗ ܕܝܘܣܦܘܣ. ܒܗ
ܦܢܝܢ ܐܬܪ ܠܬܚܘܬ ܐܘܪܚܐ ܕܡܟܬܒܢܘܬܐ ܡܟܪܘܙܘܬܗ[22] ܘܬܬܡ
7 ܐܬܬܦܠܠ. ܗܠܝܢ ܐܡܪ ܥܠ ܝܘܚܢܢ. ܡܕܡ ܕܝܢ ܐܦ[23] ܥܠ ܦܪܘܩܢ
ܗܘ ܒܗܢܐ ܙܒܢܐ ܕܐܬܟܬܒܬ[24] ܗܟܢܐ. ܗܘܐ[25] ܠܗ[26] ܒܗܢܐ Ant. xviii 3, 3
ܘܒܢܝ.[27] ܓܒܪܐ ܠܗ[28] ܚܕ ܢܨܚܢܐ ܕܫܡܗ ܝܫܘܥ. ܐܢ ܦܠܐ ܠܝ
ܕܓܒܪܐ[29] (B fol. 15 a) ܢܩܪܘܢܝܗܝ. ܐܝܬܘܗܝ ܗܘܐ ܓܝܪ ܣܥܘܪܐ[30]
ܕܥܒ̈ܕܐ ܥܬܝܩܝܢ ܘܡܠܦܢܐ[31] ܕܒܢܝ̈ ܐܢܫܐ.[32] ܗ̇ܢܘܢ ܕܒܫܪܪܐ
ܡܩܒܠܝܢ ܠܗ ܠܒܪܐ. ܘܠܣܓܝܐܐ ܡܢ ܝܗܘܕܝ̈ܐ ܘܠܣܓܝܐܐ[33] ܕܝܢ
8 ܐܦ ܡܢ ܥܡ̈ܡܐ ܬܠܡܕ[34] ܗܘܐ. ܡܫܝܚܐ ܕܝܢ ܐܝܬܘܗܝ ܗܢܐ.[35]
ܘܠܗ[36] ܐܝܟ ܕܗܢ ܦܩܘܕܘܬܐ ܕܐܢܫܐ ܪ̈ܝܫܝܗܘܢ[37] ܕܥܡܢ. ܝܗܒܗ
ܦܝܠܛܘܣ ܠܙܩܝܦܐ ܒܪܫܐ[38] ܕܐܬܠܒܫܐ. ܘܗ̇ܢܘܢ ܕܐܚܒܘܗܝ ܠܐ
ܫܠܝܘ ܡܢ ܚܘܒܗ. ܐܬܚܙܝ ܠܗܘܢ ܓܝܪ ܡܢ[39] ܒܬܪ ܬܠܬܐ 𝔄 57
ܝܘܡܝܢ ܬܘܒ[39a] ܟܕ ܚܝ. ܕܢܒܝ̈ܐ[40 41] ܕܐܠܗܐ ܗܠܝܢ ܘܪܒܘ[42] ܐܝܟ[43]
ܗܠܝܢ ܐܡܪܘ ܥܠܘܗܝ ܬܕܡܪ̈ܬܐ.[44] ܘܥܕܡܐ ܠܝܘܡܢܐ[45] ܠܐ
9 ܦܣܩܬ ܥܡܐ ܕܟܪ̈ܣܛܝܢܐ ܕܡܢ ܫܡܗ ܡܫܬܡܗܝܢ ܗܠܝܢ:[46] ܗ̇ܘ
ܕܐܝܬܘܗܝ ܡܬܟܬܒܐ ܚܠܘܗܝ ܡܢ ܟܬܒ̈ܐ:[47] ܕܗܢ ܡܢܗ

[21] 𝔄 om. ܘ [22] A ܡܟܪܘܙܘܬܗ [23] 𝔄 om. ܐܦ [24] A ܠܐܬܟܬܒܬܗ
[25] With this word begins the extract in C (Add. 12,154) fol. 151 a [26] C 𝔄 om. ܠܗ [27] C ܘܒܢܝܐ ܗܘܐ. In 𝔄 read [illegible] for [illegible]? [28] A C om. ܠܗ 𝔄 places it after ܢܨܚܢܐ [29] In 𝔄 for [illegible] (which commonly = ܠܗܘ) read [illegible]? Otherwise there is no rendering of ܓܒܪܐ [30] 𝔄 *valde plenus* [31] 𝔄 om. ܘ [32] C ܕܒܢܝ̈ܢܫܐ [33] C ܠܚܢ̈ܦܐ [34] A ܡܬܠܡܕ [35] A C ܗܘܐ [36] A ܘܠܗ [37] C ܕܪ̈ܝܫܢܐ 𝔄 *dominorum* [38] C adds ܕܡܘܬܐ [39] C om. ܡܢ [39a] C om. ܬܘܒ [40] A ܕܢܒܝ̈ܐ C adds ܢܒܝ̈ܐ [41] C fol. 151 b [42] A ܗܠܝܢ ܘܪܒܘ [43] C ܕܐܝܟ [44] A ܠܬܕܡܪ̈ܬܐ ܐܡܪܘ ܕܥܠܘܗܝ C adds ܗܘ ܡܫܝܚܐ ܗܘ [45] A ܠܝܘܡܢ [46] The stop should be placed before ܗܠܝܢ as in A C 𝔄 [47] A adds ܐܡܪ

ܗܟܢ ܠܗ[48] ܒܟ̈ܬܒܘܗܝ[49] ܥܠ ܝܘܚܢܢ ܡܥܡܕܢܐ ܘܥܠ ܦܪܘܩܢ.
ܐ̇ܝܢܐ ܗܟܝܠ ܟܝܬ ܒܗܘܢܐ ܐܫܬܟܚ ܠܗܘܢ ܕܗܘܐ ܐܬܟܬܒܘ
ܠܗܘܢ ܘܐܬܚܫܒܘ.[50] ܗ̇ܢܘܢ ܕܠܘܩܒܠ ܢܦܫܗܘܢ[51] ܒܥܠܘ ܘܗܫܒܘ
ܘܡܦܩܢܘܬܐ.[52] ܐܝܠܐ ܐܦ ܗܠܝܢ ܒܟܬܒܐ ܠܗܪܟܐ ܗܫܐ ·:·

ܕܬܫܥܝܬܐ ܥܠ ܬܠܡ̈ܝܕܘܗܝ ܕܡܪܢ ·:·[1]

xii. 1 ܕܫ̈ܠܝܚܘܗܝ ܕܝܢ ܕܦܪܘܩܢ ܐܝܟ ܕܡܢ ܐܘܢܓܠܝܘܢ. ܝܕܝܥܝܢ
ܐܢܘܢ ܫܡܗ̈ܝܗܘܢ ܠܟܠ ܐܢܫ. ܕܫ̈ܒܥܝܢ ܕܝܢ ܫܡܗܝܢ ܬܠܡ̈ܝܕܝܢ.
ܠܝܬ ܫܡܗ̈ܝܗܘܢ[2] ܒܕܘܟ ܠܐ ܡܢܕ. ܡܬܐܡܪ ܕܝܢ ܕܒܪܢܒܐ
ܚܕ[3] ܡܢܗܘܢ ܐܝܬܘܗܝ ܗܘܐ. ܕܠܗ ܡܦܪܫܐܝܬ ܒܦ̈ܪܟܣܝܣ
ܡܫ̈ܠܝܚܘܬܐ ܦܪܘܣܝܘܣ[3a] ܕܫ̈ܠܝܚܐ. ܐܦ ܦܘܠܘܣ ܕܝܢ ܟܬܒ
𝔄 58 ܠܓܠܛܝܐ. ܡܬܐܡܪ ܕܝܢ. ܕܣܘܣܬܢܝܣ ܗ̇ܘ ܕܟܬܒ ܥܡ ܦܘܠܘܣ
2 ܠܩܘܪ̈ܢܬܝܐ ܕܩܘܪ̈ܢܬܘܣ ܐܦ ܗ̣ܘ ܡܢܗܘܢ ܗ̄ܘܐ. ܐܝܟ ܕܐܡ̇ܪ[4]
ܕܝܢ ܩܠܝܡܝܣܛܘܣ[5] (B fol. 15 b) ܘܠܗܝܡܘܣ.[6] ܐܦ ܟܐܦܐ[7] ܗ̇ܘ ܕܐܡ̇ܪ
Gal ii 11 ܥܠܘܗܝ ܦܘܠܘܣ: ܕܟܕ ܐܬܐ ܟܐܦܐ[8] ܠܐܢܛܝܘܟܝ ܩܡܬ ܒܐ̈ܦܘܗܝ
ܐܟܣܢܝܬ. ܚܕ ܡܢ ܗ̇ܢܘܢ ܫܒܥܝܢ ܐܝܬܘܗܝ ܗܘܐ. ܒܪ ܫܡܗ
3 ܕܦܛܪܘܣ ܫܠܝܚܐ. ܘܡܬܝܐ[9] ܗ̇ܘ ܕܐܬܡܢܝ ܥܡ ܫ̈ܠܝܚܐ ܚܠܦ
ܝܗܘ̇ܕܐ ܐܦ ܝܘܣܦܘܣ ܗ̇ܘ ܕܩܡ ܥܡܗ ܒܦܣܐ. ܡܬܐܡܪ̇
ܕܡܢܗܘܢ ܗܘ ܫܒܥܝܢ ܐܝܬܘܗܝ ܗܘܐ. ܐܦ ܥܠ ܬܕܝ ܡܬܐܡܪ̇
ܕܚܕ ܡܢܗܘܢ ܐܝܬܘܗܝ ܗܘܐ. ܗ̇ܘ ܕܐܦ ܬܫܥܝܬܐ ܕܐܬܬ ܠܢ[10]

[48] For ܠܗ C reads ܗܘ̈ܢ [49] End of the extract in C [50] A ܘܐܬܥܘܪܘ 𝔄 *caecati sunt* [51] A fol. 17 b [52] 𝔄 [illegible] *damnationem*

Chap. XII. [1] A 𝔄 ܕܦܪܘܩܢ [2] 𝔄 *nominis eorum* [3] A ܒܪܢܒܐ ܕܝܢ ܡܬܐܡܪ ܕܝܢ [3a] 𝔄 *commemorant acta* plur. [4] A ܐܡܪܝܢ [5] 𝔄 plur. [6] A ܘܠܗܝܡܘܣ [7] 𝔄 Կեփաս (read Կեփաս) [8] 𝔄 Կեփաս [9] A ܐܦ ܠܡܬܝܐ 𝔄 [illegible] [10] For ܐܬܬ ܠܢ 𝔄 has *etiam venit*

ܡܛܠܬܗ ܗܕܐ ܐܡܪܐ ܐܘܣܒܝܘܣ.[11] ܐܦ ܕܐܬܚܙܝ ܡܢ ܗܠܝܢ ܫܒܥܝܢ
ܡܫܟܚ ܐܢܫ ܐܢܬ ܐܚܪܢܝܢ ܕܐܬܬܠܡܕܘ ܕܐܬܩܪܝܘ ܗܘܘ ܬܠܡܝ̈ܕܘܗܝ[12]
ܕܦܪܘܩܢ. ܐܝܟ ܕܡܢ ܣܗܕܘܬܗ ܕܦܘܠܘܣ ܕܐܡܪ: ܕܡܢ ܒܬܪ[13] 1 Cor xv 5 f.
ܘܩܝܡܬܗ ܕܦܪܘܩܢ ܕܡܢ ܒܬ ܩܕܡܝܬܐ ܐܬܚܙܝ ܘܡܬܐܡܪܬ[14] ܠܟܐܦܐ.
ܘܒܬܪܗ ܠܬܪ̈ܥܣܪ: ܘܒܬܪܗܘܢ ܐܬܚܙܝ ܠܝܬܝܪ ܡܢ ܚܡܫܡܐܐ
ܐܚ̈ܝܢ ܐܟܚܕܐ. ܕܡܢܗܘܢ ܐܡܪ ܕܕܡܟܘ. ܣܓܝܐܐ ܕܝܢ ܡܢܗܘܢ
ܩܝܡܝܢ ܗܘܘ ܒܕܡܟܐ ܠܙܒܢܐ ܕܟܬܒ ܗܠܝܢ. ܘܡܢ ܒܬܪܟܢ ܐܡܪ 4
ܕܐܬܚܙܝ ܠܝܥܩܘܒ. ܗܘ ܕܚܕ ܡܢ ܗ̇ܢܘܢ ܕܡܬܐܡܪܝܢ ܕܐܬܚܙܝܘܗܝ
ܐ̈ܚܘܗܝ ܕܦܪܘܩܢ ܐܬܩܪܝ ܗܘܐ. ܘܒܬܪܗ ܐܝܟ ܕܡܢ ܗܠܝܢ
ܣܓܝܘ ܟܬܪ̈ܥܣܪ ܫ̈ܠܝܚܐ[15] ܕܗܘܘ ܬ̈ܠܡܝܕܐ. ܐܝܟ ܕܐܝܬܘܗܝ
ܗܘܐ ܗ̇ܘ ܦܘܠܘܣ.. ܡܘܣܦ ܠܗ[16] ܘܐܡ̇ܪ. ܕܡܢ ܒܬܪܟܢ ܐܬܚܙܝ
ܠܫ̈ܠܝܚܐ ܟܠܗܘܢ. ܗܠܝܢ ܒܡܫܘܬܐ ܐܬܐܡܪ ·:· ·:· ·:· ·:·

ܕܬܠܬܥܣܪ ܬܫܥܝܬܐ ܥܠ ܡܠܟܐ ܕܐܘܪܗܝ. 𝕬 59

ܬܫܥܝܬܐ ܕܝܢ ܕܗ̣ܘܬ ܡܛܠ ܬܕܝ[1] ܕܐܝܟ ܗܢܐ ܗܘܐ[2]
xiii. 1 ܠܦܘܬܐ. ܟܕ ܡܬܟܪܙܐ ܗ̇ܘܬ ܐܠܗܘܬܗ[3] ܕܦܪܘܩܢ ܘܡܪܢ ܝܫܘܥ
ܡܫܝܚܐ ܠܘܬ ܟܠܗܘܢ ܒܢܝ̈ ܐܢܫܐ. (B fol. 16 a) ܡܛܠ ܚܝܠܐ
ܬܕܡܘܪ̈ܬܐ ܕܥܒܕ ܗܘܐ. ܪ̈ܒܘܬܐ ܕܝܢ ܐܦ[4] ܡܢ ܐܬܪ̈ܘܬܐ
ܕܪ̈ܚܝܩܢ ܡܢ ܐܬܪܐ ܕܝܗܘܕ ܕܐܬܝܗܘܢ ܗܘܘ ܒܣܘܥܪ̈ܢܐ
ܘܟܐ̈ܒܐ[5] ܕܟܠ ܚܝܠ. ܥܠ ܣܒܪܐ ܕܐܣܝܘܬܐ ܐܬܝܢ ܗܘܘ ܠܘܬܗ.
2 ܐܦ ܐܒܓܪ ܡܠܟܐ: ܕܡܕ̈ܝܢܬܐ[6] ܕܡܥܒܪܢܝܬܗ[7] ܕܦܪܬ ܡܫܬܡܥܗ

[11] A ܐܘܣܒܝܘܣ [12] A ܬܠܡ̈ܝܕܐ [13] A ܒܬܪ [14] A ܘܡܬܐܡܪ 𝕬 omits it
[15] A fol. 18 *a* [16] 𝕬 *autem*

CHAP. XIII. [1] A ܬܕܝ 𝕬 has throughout the Greek form *Thaddēos* [2] A ܗܘ
[3] 𝕬 աստուածպաշտութիւն lit. *Dei cultus*, i.e. *religio* [4] For ܐܦ 𝕬 has *et millia* [5] A ܘܟܐ̈ܒܐ [6] A 𝕬 ܕܡܠܟ̈ܘܬܐ [7] 𝕬 ܕܡܥܒܪܢܝܘܗ

ܗܘܐ ܒܟܪܝܗܘܬܐ.[8] ܐܬܚܒܠ ܗܘܐ ܦܓܪܗ ܒܟܐܒܐ ܩܫܝܐ.
ܕܐܝܟ[9] ܕܒܝܬ ܒܢܝ ܐܢܫܐ ܠܝܬ ܠܗ ܐܣܝܘܬܐ. ܘܟܕ ܫܡܥ
𝔄 60 ܘܥܠ ܫܡܗ ܕܝܫܘܥ ܘܥܠ ܚܝ̈ܠܐ ܕܥܒܕ ܗܘܐ̇ ܒܐܬܘܬܐ[10]
ܥܠܝܗ ܡܣܗܕܝܢ ܗܘܐ ܠܟܠܗܘܢ. ܫܕܪ[11] ܐܓܪܬܐ ܕܒܥܘܬܐ ܒܝܕ
ܓܒܪܐ[12] ܕܝܠܗ ܘܡܒܥܐ ܗܘܐ ܠܗ̣[13] ܕܢܐܬܐ ܢܐܣܝܘܗܝ ܡܢ
3 ܟܘܪܗܢܗ. ܗܘ̣ ܕܝܢ ܦܪܘܩܢ ܒܗ̇ܘ ܙܒܢܐ ܕܡܪܕܗ ܠܐ ܐܬܛܦܝܣ
ܠܗ.[14] ܠܐܓܪܬܐ ܕܝܢ ܐܫܘܝܗ. ܐܫܬܘܕܝ ܠܗ ܓܝܪ[15] ܕܢܫܕܪ ܠܘܬܗ[16]
ܡܢ ܬܠܡ̈ܝܕܘܗܝ ܘܢܐܣܐ[17] ܟܘܪ̈ܗܢܘܗܝ.[18] ܘܢܬܠ ܠܗ ܚ̈ܝܐ
4 ܘܠܟܠܗܘܢ ܩܪ̈ܝܒܘܗܝ. ܠܐ ܕܝܢ ܐܫܬܘܚܪ ܕܢܫܠܡ[19]
ܠܗ ܫܘܘܕܝܗ.[20] ܡܢ ܒܬܪ ܕܝܢ ܕܩܡ ܡܢ ܒܝܬ ܡܝ̈ܬܐ
ܘܐܬܥܠܝ ܠܫܡܝܐ. ܬܐܘܡܐ ܫܠܝܚܐ ܚܕ ܡܢ ܬܪܥܣܪ.
ܠܬܕܝ[21] ܗܘ̇ ܕܡܬܡܢܝܢܐ ܗܘܐ ܐܦ ܗܘ̣[22] ܡܢ ܫܒܥܝܢ
ܬܠܡ̈ܝܕܘܗܝ[23] ܕܡܫܝܚܐ. ܐܝܟ ܕܡܢ ܡܕܒܪܢܘܬܐ ܕܐܠܗܐ̇
ܫܕܪܗ ܠܐܘܪܗܝ.. ܕܢܗܘܐ ܟܪܘܙܐ ܘܡܣܒܪ̈ܢܐ ܕܐܘܠܦܢܗ
5 ܕܡܫܝܚܐ. ܘܫܘܘܕܝܐ[24] ܕܡܫܝܚܐ̇ ܒܐܝܕܗ ܐܬܡܠܝ. ܐܝܬ ܠܢ
ܒܟܬ̈ܒܬܐ ܣܗܕܘܬܐ[25] ܕܗܠܝܢ ܕܐܬܓܠܝ. ܡܢ ܣܦܪ ܒܝܬ ܓ̈ܢܙܐ
ܕܐܝܬ ܗܘܐ ܒܐܘܪܗܝ.[26] ܕܗܝܕܝܢ ܒܕܒܝܠ ܦܠܚܐ ܗܘܬ
ܡܠܟܘܬܗ̇.[27] ܒܟܪ̈ܛܝܣܐ ܗܟܝܠ[28] ܕܐܝܬ ܗܘܐ ܬܡܢ: ܕܐܝܬ ܗܘܐ
ܒܗܘܢ ܡܕܡ ܕܐܬܥܒܕ ܡܢ[29] ܩܕ̈ܡܝܐ ܕܒܝܬܐ ܠܐܒܓܪ. ܐܦ

[8] A ܒܟܘܪܗܢܘܬܐ [9] A ܘܐܝܟ 𝔄 om. [10] 𝔄 ܘܒܐܬܘܬܐ [11] 𝔄 adds *ad eum* [12] 𝔄 *per servos* [13] 𝔄 om. ܠܗ [14] 𝔄 lit. *non in se suscepit ire* [15] A om. ܓܝܪ 𝔄 ܘܐܫܬܘܕܝ (omitting ܠܗ ܓܝܪ) [16] A ܕܝܢ [17] 𝔄 ܕܢܐܣܐ [18] 𝔄 ܟܘܪܗܢܗ [19] A ܘܫܠܡ [20] A ܫܘܘܕܝܗ [21] A ܠܬܕܝ [22] 𝔄 om. ܐܦ ܗܘ [23] A ܠܬܠܡ̈ܝܕܘܗܝ [24] A ܘܫܘܕܝܐ [25] A ܣܗܕܘܬܐ A fol. 18 b [26] 𝔄 *qui sunt in Edessa urbe* [27] A ܡܠܟܘܬܗ [28] 𝔄 om. ܗܟܝܠ [29] A ܡܢ ܡܢ

ܘܠܝ ܒܡܕܡ ܠܡܫܡܫܘ ܡܫܬܡܥܝܢ (B fol. 16 b) ܕܐܬܐܡܪܘ̱ ܗܘܝ. ܠܗܘܬ
ܕܝܢ ܒܠܫܢܐ ܕܣܘܪ̈ܝܐ ܐܝܟ ܐܦ ܠܗܘܢ ܠܐܓܪ̈ܬܐ[30] ܕܥܡܗܘܢ ܠܝ ܡܢ
ܒܝܬ ܐܪ̈ܟܐ. ܕܐܝܬ ܠܗܘܢ ܠܡܦܩܢܐ ܕܗܠܝܢ ܡ̈ܠܐ. ܕܡܦܩܢ ܡܢ
ܐܪ̈ܟܝܐ[31] ܠܡܠܟܐ ⁘ ܦܘܫܩܐ ܕܐܓܪ̈ܬܐ[31a] ܕܫܬܕܪܬ ܡܢ ܐܒܓܪ 𝔄 61
ܡܠܟܐ ܠܝܫܘܥ.[32] ܘܐܫܬܕܪܬ[33] ܠܗ ܒܝܕ ܚܢܢܝܐ ܛܒܠܪܐ
6 ܠܐܘܪܫܠܡ[34] ⁘ ܐܒܓܪ ܐܘܟܡܐ[35] ܒܪ ܐܪܫܡ. ܠܝܫܘܥ ܦܪܘܩܐ
ܛܒܐ[36] ܕܐܬܚܙܝ ܒܐܬܪܐ ܕܐܘܪܫܠܡ[37] ܫܠܡ ⁘ ... ܫܡܝܥ ܠܝ[38]
ܥܠܝܟ ܘܥܠ ܐܣܝܘܬܐ ܕܗܘܝܐ ܒܐܝ̈ܕܝܟ ܕܠܐ ܣܡ̈ܡܢܐ
ܘܥܩܪ̈ܐ. ܐܝܟ ܕܡܬܐܡܪ̈ ܓܝܪ. ܥܒܕ ܐܢܬ ܠܣܡ̈ܝܐ ܕܢܚܙܘܢ.
ܘܠܚܓܝ̈ܪܐ ܕܢܗܠܟܘܢ. ܘܠܓܪ̈ܒܐ[39] ܡܕܟܐ ܐܢܬ. ܘܪܘܚܐ
ܛܢܦܬܐ ܘܒܝܫܬ̈ܐ[40] ܡܦܩ ܐܢܬ. ܘܠܐܝܠܝܢ ܕܡܫܬܢܩܝܢ ܒܟܘܪ̈ܗܢܐ
7 ܢܓܝܪ̈ܐ ܡܐܣܐ ܐܢܬ. ܘܡܝ̈ܬܐ ܡܩܝܡ ܐܢܬ. ܘܟܕ ܫܡܥܬ
ܥܠܝܟ ܗܠܝܢ ܟܠܗܝܢ. ܣܡܬ ܒܪܥܝܢܝ ܚܕܐ ܡܢ ܬܪ̈ܬܝܢ. ܐܘ ܕܐܢܬ
ܗܘ ܐܠܗܐ ܕܢܚܬܬ[41] ܡܢ ܫܡܝܐ ܘܥܒܕ ܐܢܬ ܗܠܝܢ. ܐܘ ܕܒܪܗ
8 ܐܢܬ ܕܐܠܗܐ ܘܗܠܝܢ ܥܒܕ ܐܢܬ. ܡܛܠܗܢܐ ܗܟܝܠ ܟܬܒܬ
ܒܥܘܬ ܡܢܟ ܕܬܫܬܪܚ ܘܬܐܬܐ ܠܘܬܝ. ܘܬܐܣܐ ܟܐܒܐ ܗܢܐ
ܕܐܝܬ ܠܝ. ܐܦ ܫܡܥܬ ܓܝܪ[42] ܕܝܗܘܕ̈ܝܐ ܪܛܢܝܢ[43]
ܥܠܝܟ ܘܨܒܝܢ ܕܢܒܐܫܘܢ ܠܟ. ܡܕܝܢܬܐ ܕܝܢ ܙܥܘܪܬܐ ܘܫܦܝܪܬܐ
ܐܝܬ ܠܝ. ܕܣܦܩܐ[44] ܠܬܪ̈ܝܢ ⁘ ⁘ ܦܘܫܩܐ ܕܐܓܠܝܢ ܕܐܬܟܬܒ 𝔄 62
ܡܢ ܡܥܒܕ.[45] ܒܝܕ ܚܢܢܝܐ ܛܒܠܪܐ ܠܐܒܓܪ ܡܠܟܐ ⁘ ...

[30] 𝔄 sing. [31] 𝔄 *ex Assyriorum lingua* [31a] 𝔄 Հրովարտակին *edicti* [32] A adds ܡܫܝܚܐ [33] 𝔄 *et misit* [34] A ܠܐܘܪܫܠܡ 𝔄 adds *et scriptum erat edictum hunc in modum* [35] 𝔄 Արշամայ (= *Arshami filius*) [36] 𝔄 = ܘܡܠܟܐ [37] A adds ܡܪܝ [38] 𝔄 = ܠܝ [39] A ܘܠܓܪ̈ܒܐ 𝔄 om. ܘ: for *որբին* read *որբին* [40] A ܘܩܪ̈ܐ [41] A ܕܢܚܬܬ [42] A adds ܕܟܠܗܘܢ [43] A ܪܛܢܝܢ [44] A 𝔄 ܘܣܦܩܐ [45] 𝔄 lit. *responsum edicti quidquid scriptum est ex Hierosolymis*

9 ܦܬܓܡܘܗܝ ܠܐܓܪܬܐ ܕܝܫܘܥ[46] ܟܕ ܕܗ ܠܐ ܚܙܝ. ܛܘܒܝܟ ܟܢܝ
ܡܛܠܬܝ. ܕܐܝܠܝܢ ܕܚܙܘܢܝ ܠܝ ܠܐ ܢܗܝܡܢܘܢ ܒܝ. ܘܐܝܠܝܢ ܕܠܐ
ܚܙܐܘܢܝ[47] ܗܢܘܢ ܢܗܝܡܢܘܢ ܘܢܚܘܢ. ܥܠ ܗܝ ܕܝܢ ܕܟܬܒܬ
ܠܝ ܕܐܬܐ ܠܘܬܟ. ܘܠܐ ܗܘ ܕܐܫܡܠܐ ܗܪܟܐ ܟܠ[48] ܡܕܡ
ܕܡܛܠܬܗ[49] (B fol. 17 a) ܐܫܬܕܪܬ. ܘܡܢ ܒܬܪ ܕܐܫܡܠܐ ܐܢܐ[50]
ܗܝܕܝܢ ܐܬܬܠܝܐ ܠܘܬ ܗ̇ܘ[51] ܕܫܠܚܢܝ. ܘܡܐ ܕܐܬܬܠܝܬ ܡܫܕܪ
ܐܢܐ[52] ܠܟ ܚܕ ܡܢ ܬܠܡܝܕܝ ܕܟܐܒܟ ܢܐܣܐ. ܐܦ ܚܝܐ
10 ܢܬܠ ܠܟ ܘܠܐܝܠܝܢ ܕܐܝܬ ܥܡܟ. ܠܗܝܢ ܕܝܢ ܠܗܠܝܢ ܐܓܪ̈ܬܐ
ܐܦ[53] ܗܠܝܢ ܢܣܝܒܢ ܠܗܝܢ ܒܟܬܒܐ ܐܪ̈ܟܝܐ[54]. ܕܡܢ[55] ܒܬܪ
ܕܐܬܬܠܝ ܝܫܘܥ. ܫܕܪ ܠܗ ܝܗܘܕܐ ܬܐܘܡܐ ܠܐܕܝ ܫܠܝܚܐ ܚܕ
ܡܢ ܫܒܥܝܢ. ܘܟܕ ܐܬܐ ܫܪܐ ܗܘܐ ܠܘܬ ܛܘܒܝܐ ܒܪ ܛܘܒܝܐ.[55a]
ܟܕ ܕܝܢ ܐܫܬܡܥܬ ܥܠܘܗܝ ܐܘܕܥܘܗܝ ܠܐܒܓܪ: ܕܐܬܐ ܫܠܝܚܐ
11 ܕܝܫܘܥ ܠܗܪܟܐ ܐܝܟ ܕܫܠܚ ܠܟ. ܫܪܝ ܗܘܐ ܕܝܢ[56] ܗ̇ܘ ܬܕܝ[57] 𝔄 63
ܕܢܐܣܐ ܟܠ ܟܐܒ ܘܟܘܪܗܢ ܒܚܝܠܐ ܕܐܠܗܐ ܐܡܝܢܐ[58]
ܕܟܠ ܐܢܫ ܢܬܕܡܪ ܀ ܀ ܟܕ ܕܝܢ ܫܡܥ ܐܒܓܪ ܕܘܒܪ̈ܬܐ
ܘܬܕܡܪ̈ܬܐ[58a] ܕܥܒܕ ܗܘܐ ܘܡܐܣܐ. ܪܢܐ ܕܗܘܝܘ ܗ̇ܘ ܕܫܠܚ
ܠܗ ܝܫܘܥ[59] ܘܐܡܪ ܠܗ̇. ܕܟܕܐ[60] ܕܐܬܬܠܝܬ ܡܫܕܪ ܐܢܐ[61] ܠܟ
12 ܚܕ ܡܢ ܬܠܡܝܕܝ ܕܗܘ ܢܐܣܐ ܟܐܒܟ. ܘܫܕܪ ܩܪܐ ܠܛܘܒܝܐ
ܗ̇ܘ ܕܠܘܬܗ ܫܪܐ ܗܘܐ ܘܐܡܪ ܠܗ. ܫܡܥܬ ܕܓܒܪܐ[62]
ܫܠܝܚܐ ܐܬܐ ܘܥܠ ܫܪܐ ܒܒܝܬܟ. ܐܣܩܝܘܗܝ ܗܟܝܠ ܠܘܬܝ.

[46] A fol. 19 a [47] A ܚܙܘܢܝ [48] A ܘܠܐ ܠܝ ܕܝܢ ܕܐܫܡܠܐ ܠܝ ܟܠ
[49] A adds ܗܘ [50] 𝔄 adds *hoc* [51] A ܡܢܘ [52] A ܡܫܕܪܢܐ [53] 𝔄 − ܐܦ
and renders ܐܪ̈ܟܝܐ by a sing. [54] 𝔄 *Assyriaca* [55] 𝔄 om. ܕ [55a] 𝔄 has for
the second ܛܘܒܝܐ *Šarphaldaj* [56] A om. ܕܝܢ; 𝔄 *igitur* [57] A ܬܕܝ
[58] A ܐܣܝ [58a] 𝔄 om. ܘ [59] 𝔄 *de quo miserit ad Christum* [60] 𝔄 om. ܕ
[61] A ܡܫܕܪܢܐ [62] A 𝔄 add ܕܝܢ

ܟܕ ܐܬܐ ܕܝܢ[63] ܛܘܒܝܐ ܠܘܬ ܬܕܝ ܐܡܪ[64] ܠܗ. ܐܒܓܪ ܡܠܟܐ
ܫܕܪ ܩܪܢܝ ܘܐܡܪ ܠܝ ܕܐܝܬܝܟ ܠܘܬܗ. ܕܬܐܣܝܘܗܝ. ܘܗܘ
ܬܕܝ ܐܡܪ ܐܙܠ ܐܢܐ. ܡܛܠ ܕܒܪ[65] ܕܚܝܠܬܢܐ ܠܘܬܗ ܗܘ
13 ܐܫܬܠܚܬ. ܦܩܕ ܗܟܝܠ ܛܘܒܝܐ ܠܒܬܪܗ ܕܝܘܡܐ ܘܕܒܪ ܠܬܕܝ
ܘܐܬܐ ܠܘܬ ܐܒܓܪ. ܟܕ ܕܝܢ ܥܐܠ ܐܫܬܘܕܪܘܗܝ ܩܝܡܝܢ ܬܡܢ[66] 𝔄 61
ܪ̈ܘܪܒܢܘܗܝ. ܘܡܢ ܚܙܐ[67] ܟܕ ܥܐܠ ܗܘܐ. (B fol. 17 b) ܚܙܘܐ
ܪܒܐ ܐܬܚܙܝ ܠܐܒܓܪ ܒܦܪ̈ܨܘܦܗ ܕܬܕܝ[68] ܫܠܝܚܐ. ܘܟܕ ܚܙܝܗ
ܐܒܓܪ ܠܬܕܝ[69] ܣܓܕ ܠܗ. ܘܬܗܪܐ ܐܚܕ ܠܟܠܗܘܢ ܕܩܝܡܝܢ ܗܘܘ
ܬܡܢ. ܗܢܘܢ ܓܝܪ ܠܐ ܚܙܐܘܗܝ ܠܗܘ ܚܙܘܐ. ܗܘ ܕܠܗ
14 ܠܐܒܓܪ ܒܠܚܘܕܘܗܝ ܐܬܚܙܝ. ܘܗܘ ܡܫܐܠ ܗܘܐ ܠܗ ܠܬܕܝ.[70]
ܕܐܢ[71] ܒܫܪܪܐ ܐܢܬ ܬܠܡܝܕܗ ܐܢܬ ܕܝܫܘܥ ܒܪܗ ܕܐܠܗܐ.
ܗܘ ܕܐܡܪ ܠܝ ܕܫܕܪ ܐܢܐ ܠܟ ܠܘܬܟ[72] ܡܢ ܬܠܡܝ̈ܕܝ. ܕܗܘ
ܢܐܣܝܟ ܘܢܬܠ ܠܟ ܚܝ̈ܐ. ܘܬܕܝ[73] ܦܬܚ ܘܐܡܪ. ܡܛܠ
ܕܗܝܡܢܬ ܗܝܡܢܬ ܒܗ ܒܗܘ ܕܫܕܪܢܝ. ܡܛܠ ܗܢܐ ܐܫܬܠܚܬ
ܠܘܬܟ. ܘܬܘܒ ܐܢ ܬܗܝܡܢ ܒܗ ܬܗܘܐ ܠܟ ܫܐܠܬܗ ܕܠܒܟ.
15 ܘܗܘ ܐܒܓܪ ܐܡܪ ܠܗ. ܕܗܟܢܐ ܠܗ[74] ܗܝܡܢܬ ܒܗ. ܐܝܟܢܐ
ܕܐܦ ܠܝܗܘ̈ܕܝܐ[75] ܨܒܝܬ ܕܐܬܠܚܡܘܗܝ ܒܟܢܫ ܕܐܡ̈ܕܪܝ ܚܝܠܐ
ܘܐܚܪܘܒ ܐܢܘܢ. ܐܠܘ ܠܐ ܕܐܬܟܠܝܬ[76] ܡܛܠ ܡܠܟܘܬܐ 𝔄 65
ܕܪ̈ܗܘܡܝܐ. ܘܬܕܝ[77] ܐܡܪ.[78] ܡܪܢ ܨܒܝܢܗ ܕܐܒܘܗܝ ܫܡܠܝ.
ܘܟܕ ܫܡܠܝ ܐܬܥܠܝ ܠܘܬ ܐܒܘܗܝ. ܐܡܪ ܠܗ ܐܒܓܪ. ܐܦ[79]
16 ܐܢܐ ܗܝܡܢܬ ܒܗ ܘܒܐܒܘܗܝ. ܘܬܕܝ[80] ܐܡܪ. ܡܛܠܗܢܐ

[63] 𝔄 om. ܕܝܢ [64] 𝔄 = ܘܐܡܪ [65] 𝔄 does not express ܚܝܠܐ
[66] A fol. 19 b [67] A ܘܡܚܙܝܢܐ [68] A ܕܬܕܝ [69] A ܠܬܕܝ
[70] A ܠܬܕܝ [71] A ܕܐܢ [72] A ܠܟ [73] A ܘܬܕܝ [74] A om. ܠܗ
[75] A ܠܝܗܘ̈ܕܝܐ [76] A ܐܬܟܠܝܬ [77] A ܘܬܕܝ [78] A 𝔄 add ܠܗ
[79] A ܘܐܦ [80] A ܘܬܕܝ 𝔄 om. ܘ

ܗܟܢ ܐܝܟܐ[81] ܕܠܝܬ ܐܢܫ ܕܥܒܕܗ. ܘܟܕ ܥܒܕ ܗܕܐ. ܡܫܝܚܐ

17 ܐܬܐܡܪ ܡܢ ܒܬܪܗܘܢ ܘܡܢ ܒܟܐܦܐ ܕܐܝܬ ܗܘܐ ܠܗ. ܘܐܬܕܒܪ

ܐܒܓܪ.[82] ܕܐܝܟ ܕܫܡܥ ܗܘܐ ܠܗ ܥܠ ܢܫܒܚ ܗܘܝܢ ܗܘܐ ܢܗܪܐ

ܟܬܒܐ ܕܝܢ ܗܢܘ ܬܠܡܝܕܗ. ܕܗܠܝܢ ܡܫܬܒܚܢܐ ܘܥܡܪܐ ܐܣܝܘܬܐ.

ܠܘ ܕܝܢ ܠܗ ܒܠܚܘܕ. ܐܠܐ ܐܦ ܠܟܠܗ ܟܪ ܥܒܕܘ ܕܐܝܬ ܗܘܐ

ܠܗ ܦܘܪܢܣܐ. ܕܐܦ ܗܘ ܥܠ ܢܦܠ ܥܠ ܪܓܠܘܗܝ. ܘܟܕ

ܝܠܕ ܒܠܘܗܝ ܐܬܐܡܪ. ܠܐܣܝܘܬܐ[83] ܡܫܬܒܚܐ ܒܢܝ ܡܕܝܢܬܗܘܢ

ܐܡܪ. ܘܟܬܒ ܗܘܐ[84] ܙܘܪܒܝܬܐ ܘܥܒܕܐ ܡܠܬܐ ܕܐܠܗܐ ܀

18 (B fol. 18 a) ܟܬܒ ܗܠܝܢ ܐܡܪ ܠܗ[85] ܐܒܓܪ. ܐܢܬ ܬܕܝ.[86] ܒܚܝܠܐ

ܕܐܠܗܐ ܗܠܝܢ ܥܒܕ ܐܢܬ. ܐܦ ܚܢܢ ܐܬܕܡܪܢ ܒܗܠܝܢ.[87] ܐܠܐ

ܥܡ ܗܠܝܢ ܟܠܗܝܢ ܥܒܕܐ[88] ܥܕܡܐ. ܕܬܫܬܥܐ ܠܝ[89] ܥܠ ܡܐܬܝܬܗ[90]

ܕܡܫܝܚܐ. ܘܥܠ ܥܒܕܘܗܝ[91] ܘܥܠ ܚܝܠܗ. ܘܒܐܝܢܐ[92] ܚܝܠܐ

19 ܗܠܝܢ ܕܥܒܕܬ ܥܒܕ ܗܘܐ ܀ ܘܬܕܝ[93] ܐܡܪ. ܗܫܐ ܫܬܩ

ܐܢܐ.[94] ܡܛܠ ܕܝܢ ܕܠܡܟܪܙܘ ܡܠܬܐ ܕܐܠܗܐ ܐܫܬܠܚܬ. ܡܚܪ

𝔄 66 ܒܢܫ ܠܝ ܠܟܠܗ ܡܕܝܢܬܟ[95] ܒܠܗܘܢ. ܘܩܕܡܝܗܘܢ ܡܟܪܙ

ܐܢܐ ܘܐܪܙܥ ܐܢܐ ܒܗܘܢ ܡܠܬܐ ܕܚܝܐ. ܘܥܠ ܡܐܬܝܬܗ[96]

ܕܝܫܘܥ ܕܐܝܟܢܐ[97] ܗܘܬ. ܘܥܠ[98] ܫܠܝܚܘܬܗ ܕܡܛܠ[99] ܐܝܕܐ

ܐܫܬܠܚ ܡܢ ܐܒܘܗܝ. ܘܥܠ ܚܝܠܗ ܘܥܒܕܘܗܝ ܘܥܠ ܐܪܙܐ

ܕܡܠܠ ܒܥܠܡܐ. ܘܒܐܝܢܐ ܚܝܠܐ ܗܠܝܢ ܥܒܕ ܗܘܐ. ܘܥܠ

ܟܪܘܙܘܬܗ ܚܕܬܐ[1] ܘܥܠ ܙܥܘܪܘܬܗ ܘܡܘܟܟܗ. ܘܒܐܝܢܐ[2]

[81] A ܗܐ ܡܟܝܠ [82] A ܗܘܘ ܐܟܚܕܐ ܐܒܓܪ [83] A ܐܦ ܠܐܣܝܘܬܐ [84] 𝔄 adds *miranda* [85] A fol. 20 *a* [86] A ܬܕܝ [87] A ܒܗܠܝܢ ܐܬܕܡܪܢ [88] A ܐܢܐ ܒܥܐ 𝔄 *petimus* [89] 𝔄 om. ܠܝ and adds *tu* [90] A ܡܐܬܝܬܗ [91] A 𝔄 ܘܐܣܝܘܬܐ [92] A ܒܐܝܢܐ [93] A ܘܬܕܝ 𝔄 om. ܘ and adds *ei* [94] A ܐܫܬܠܚܬ [95] A ܟܠܗ ܡܕܝܢܬܟ [96] A ܡܐܬܝܬܗ [97] A ܕܐܝܟ [98] 𝔄 om. ܘ: but restore *hyh h*] [99] 𝔄 ܕܡܛܠ [1] 𝔄 om. ܚܕܬܐ by mistake [2] 𝔄 om. ܘ

ܡܟܝܢ ܘܦܩܕ ܘܐܡܪ ܢܟܢܫ ܘܐܓܠܠܒ ܘܢܒܝܬ[3] ܠܟܢܫܐ. ܘܟܪܙ
ܫܠܝܚܐ ܕܝܢ ܟܠܗ ܠܐ ܐܟܪܙ[4] ܘܐܘܡܝ ܡܢܗܬܐ. ܘܢܒܝܬ[5]
ܠܚܘܕܘܗܝ ܘܫܠܡ. ܒܟܢܫܐ ܫܠܝܚܐ[6] ܠܘܬ ܐܒܓܪ. ✠ ✠
20 ܦܩܕ ܗܟܝܠ ܐܒܓܪ ܕܢܬܝܗܒ[6a] ܠܬܠܡܝܕܘܗ̱ܝ ܟܠܗܘ̱ܢ ܟܢ̈ܫ
ܟܣܝܘܬܗ.[7] ܘܢܫܩܠܘ̱ܢ ܒܐܘܪܚܬܗ ܕܬܕܝ.[8] ܘܣܒܪ ܗܘ ܕܝܢ[9] ܦܩܕ
ܕܢܬܝܗܒ ܠܗ ܕܗܒܐ ܘܣܐܡܐ.[10] ܘܗܘ ܕܝܢ ܠܐ ܩܒܠ. ܘܐܡܪ:
ܐܘܦ ܕܕܝܠܢ[11] ܫܒܩܢ ܢܟܣܝܢ ܕܐܚܪ̈ܢܐ ✠ ܐܝܟܢܐ ܗܟܝܠ
ܒܥܠܬܐ ܕܡܫܝܚܐ ܘܐܒܗܬܢ. ܕܠܐ[12] ܕܝܢ ܫܩܠܝܢܢ ܢܟܣܐ ܗܠܝܢ
ܒܟܠ ܦܬܓܡ ܡܢ ܐܘܪܚܐ ܠܗܘܢ.[13] ܒܐܝܕܝܗܘܢ ܐܬܬܫܝܡ[14]
ܗܪܟܐ ✠

ܫܠܡ ܡܐܡܪܐ ܩܕܡܝܐ.[15]

✠

[3] A 𝔄 ܘܢܒܝܬ [4] A ܐܟܪܙ [5] A 𝔄 ܘܢܒܝܬ [6] A 𝔄 ܒܟܢܫܐ ܩܢܘܡܐ
Cf. Rufin. [6a] 𝔄 inserts *postridie* before ܠܬܠܡܝܕ [7] A ܡܘܗܒܬܐ [8] A ܕܬܕܝ
[9] A 𝔄 ܘܐܡܪ ܗܘ ܕܝܢ [10] A ܘܣܐܡܐ [11] 𝔄 om. ܗܘܢܐ [12] A ܘܠܐ
[13] 𝔄 inserts *hoc est* [14] A ܒܐܝܕܝܗܘܢ ܘܐܬܬܫܝܡ [15] 𝔄 adds *historiarum ecclesiae*

ܪܝܫܐ ܩܕܡܝܐ ܥܠ ܕܡܕ̈ܒܪܐ[3] ܕܫ̈ܠܝܚܐ. ܕܡܢ ܒܬܪ ܕܐܣܬܠܩ ܡܫܝܚܐ ܀

ܕܬܪܝܢ (B fol. 18 b) ܕܐܡܝܢܐ[4] ܠܦܛܪܘܣ ܒܪ ܝܘܢܐ[5] ܥܠ ܗܝ ܡܫܝܚܐ ܐܬܬܪܝܡ[6] ܀ ܀

ܕܬܠܬܐ ܕܐܡܝܢܐ[7] ܒܥܠܝܠ ܘܒܢܐ ܒܥܠܡ ܥܠܡܐ ܦܪܘܫܬ ܣܒܪܬܗ ܕܡܫܝܚܐ.

ܕܐܪܒܥܐ. ܕܐܡܝܢܐ ܡܢ ܒܬܪ ܠܦܛܪܘܣ ܠܐܢܛܝܘܟܝܐ ܐܙܠ ܥܠ ܫܘܕܥܐ ܠܐܢܛܝܘܟܝܐ. ܒܕ ܩܪܐ ܠܡܪܩܘܣ ܡܢ ܥܠܡܗ.

ܕܚܡܫܐ ܕܐܡܝܢܐ[8] ܦܠܘܢ ܠܘܬ ܫܘܕܥܐ ܐܝܟ ܒܐܢܛܝܘܟܝܐ[9] ܠܘܬ ܐܢܛܝܘܟܝܐ.

ܕܫܬܐ ܕܒܥܐ ܒܫ̈ܢܝܬܐ ܐܕܪܝܢ ܐܢܘܢ ܠܫܘܕܥܐ. ܡܢ ܒܬܪ ܡܪܝܘܬܗܘܢ ܕܥܠ ܡܫܝܚܐ ...

ܕܫܒܥܐ ܕܐܡܝܢܐ ܗܘ ܠܢܦܫܗ ܦܠܠ ܦܠܛܘܣ.

ܕܬܡܢܝܐ ܥܠ ܒܥܝܐ ܕܗܘܐ ܒܫ̈ܢܐ ܥܠܘܗܝ.

ܕܬܫܥܐ ܡܫܘܕܥܘܬܗ ܕܡܫܡܫ ܫܠܝܚܐ ...

ܕܥܣܪܐ ܕܐܡܝܢܐ ܠܐܢܛܝܘܟܝܐ ܕܗܘܐ ܡܪܘܬܗ ܒܕ ܙܪܥ ܠܫ̈ܠܝܚܐ. ܘܡܢܗ ܡܫܝܚܐ ܕܡܢܐ[10] ܕܐܠܗܐ ܀

Book II. [1] A prefixes *yudh* index [2] A adds ܐܘܠ [3] A ܕܡܒ̈ܪܐ
[4] A ܕܐܡܝܢ [5] A ܐܝܠܘܦ [6] A fol. 20 b [7] A ܕܐܡܝܢ [8] A ܕܐܡܝܢ
[9] A ܠܘܬ ܐܢܛܝܘܟܝܐ [10] A plur.

ܕܚܕܥܣܪ ܥܠ ܬܘܕܐ ܡܛܥܝܢܐ ✣

ܕܬܪܬܥܣܪ ܥܠ ܗܠܝܢܐ ܡܠܟܬܐ ܕܚܕܝܒ ܢܗܪܘܬܐ. 𝕬 70

ܕܬܠܬܥܣܪ ܥܠ ܫܡܥܘܢ[11] ܚܪܫܐ ✣

ܕܐܪܒܥܣܪ ܥܠ ܟܪܘܙܘܬܗ ܕܦܛܪܘܣ. ܫܠܝܚܐ ܕܒܪܗܘܡܐ.[12]

ܕܚܡܫܬܥܣܪ ܥܠ ܐܘܢܓܠܝܘܢ ܕܡܪܩܘܣ.

ܕܐܫܬܬܥܣܪ[13] ܕܐܡܝܢܐ ܡܪܩܘܣ ܡܒܫܪܢܘܬ[14] ܐܟܪܙ ܘܕܒܬܗ ܕܡܨܪܝܐ ܠܗܘܢ ܕܡܨܪܝܢ ...

ܕܫܒܥܬܥܣܪ. ܕܐܝܠܝܢ ܡܫܬܒܚܐ ܦܝܠܘܢ ܥܠ ܐܟܣܢܝܐ ܕܡܨܪܝܢ[15] ...

ܕܬܡܢܬܥܣܪ ܕܟܡܐ ܡܐܡܪܝܢ ܕܦܝܠܘܢ ܡܬܝܕܥܝܢ ✣

ܕܬܫܥܬܥܣܪ ܕܐܝܢܐ ܐܘܠܨܢܐ ܓܕܫ ܠܥܡܐ ܕܝܗܘܕܝܐ ܒܥܐܕܐ ܕܦܨܚܐ ܒܐܘܪܫܠܡ[16] ✣

ܕܥܣܪܝܢ ܕܐܝܠܝܢ ܐܫܬܥܪ ܒܝܘܡܬܗ ܕܢܐܪܘܢ ܒܐܘܪܫܠܡ ✣ ...

ܕܥܣܪܝܢ ܘܚܕ ܥܠ ܡܨܪܝܐ ܗܘ ܕܐܦ ܦܘܠܘܣ ܕܫܠܝܚܐ ܡܕܟܪ[17] ܠܗ ✣

(B fol. 19 *a*) ܕܥܣܪܝܢ ܘܬܪܝܢ. ܕܐܝܟܢܐ[18] ܐܫܬܕܪ ܡܢ ܝܗܘܕ ܠܪܗܘܡܐ[19] ܦܘܠܘܣ ܟܕ ܐܣܝܪ: ܘܟܕ ܢܦܩ ܙܒܢܐ[20] ܐܫܬܪܝ ܡܢ ܟܠ ܥܕܠܐ.

ܕܥܣܪܝܢ ܘܬܠܬ. ܕܐܝܟܢܐ[21] ܐܣܗܕ ܝܥܩܘܒ. ܗܘ ܕܡܬܩܪܐ ܗܘܐ ܐܚܘܗܝ ܕܡܪܢ ✣

[11] A adds ܗܘ [12] 𝕬 adds *urbe* [13] A ܕܫܬܬܥܣܪ [14] A ܡܒܫܪܢܘܬܐ
[15] 𝕬 *de viris Aegyptiis* (s. *Aegyptiorum*) [16] A om. ܒܐܘܪܫܠܡ 𝕬 om. ܒܥܐܕܐ ܕܦܨܚܐ ܒܐܘܪܫܠܡ and ܐܘܠܨܢܐ [17] 𝕬 *in Actis Apostolorum commemorant* [18] A ܕܐܝܟܢ [19] 𝕬 adds *urbem* [20] A fol. 21 *a*
[21] A ܕܐܝܟܢ

ܕܒܫܢܝܢ ܘܐܪܒܥ. ܕܐܢܝܢܐ[22] ܡܢ ܒܬܪ ܡܪܩܘܣ ܡܢ
ܐܦܣܩܘܦܐ ܒܥܕܬܐ ܕܐܠܟܣܢܕܪܝܐ ܡܕܒܪܢܘܬ ܐܚܝܕ ·:·

ܕܒܫܢܝܢ ܘܫܒܥ ܥܠ ܕܪܘܡܝܐ ܕܗܘܐ ܒܝܘܡܝ[23] ܢܐܪܘܢ.
ܕܒܗ ܦܘܠܘܣ ܘܦܛܪܘܣ[24] ܣܗܕܘ ܟܠܝܠܐ ܕܣܗܕܘܬܐ ܕܩܛܠ
ܕܚܠܬ ܐܠܗܐ ܒܪܘܡܝܐ.[25]

ܕܒܫܢܝܢ ܘܬܡܢܐ ܕܐܢܝܢܐ ܫܒܩ ܫܘܕܥܐ ܪܒܘ ܒܢܝܢ ܘܥܠ
ܡܪܒܐ ܐܚܪܢܐ ܕܗܘܐ ܠܗܘܢ ܒܡ ܪܘܡܢܝܐ ...

·o:o· ·o:o· ·o:o·

𝔄 73 ܪܝܫܐ ܩܕܡܝܐ ܥܠ ܕܘܒܪܐ ܕܫܠܝܚܐ[1] ܕܡܢ ܒܬܪ ܕܐܣܬܠܩ
ܡܫܝܚܐ.

Pref. 1 ܥܠ ܐܝܠܝܢ ܕܩܠܝܠ ܗܘܐ ܕܢܦܩܘܢ ܢܦܪܫ ܒܡܫܘܕܥܘܬܐ ܡܢ
ܬܫ̈ܥܝܬܐ[2] ܕܥܕܬܐ: ܥܠ ܐܠܗܘܬܗ ܕܦܪܘܩܢ ܘܥܠ ܡܕܒܪܢܘܬܐ[3]
ܕܡܫܝܚܘܗܝ ܕܐܠܗܢ: ܘܥܠ ܡܕܒܪܢܘܬܐ ܕܕܘܒ̈ܪܐ ܕܡܕܒܪܬܗ̇
ܕܒܪܘܫܠܝܡܬܐ: ܠܐ ܕܝܢ ܒܠܚܘܕ ܥܠ ܗܠܝܢ: ܐܠܐ ܐܦ ܥܠ
ܟܠܗ ܕܒܪ ܕܗܘܐ ܒܙܒܢܐ ܐܚܪ̈ܢܐ ܘܥܠ ܚܕܗ ܘܥܠ
ܟܢܘܫܬܐ ܕܫ̈ܠܝܚܘܗܝ. ܒܦܘܪܫܐ ܕܡܢܝܢ ܗܢܝ ܒܡܫܡܫܢܘܬܐ
2 ܐܡܪܝܢ ܬܫܥܝܬܗܘܢ. ܢܐܡܪ ܕܝܢ ܗܫܐ ܐܦ[4] ܐܝܠܝܢ ܕܗܘ̈ܘ ܡܢ
ܒܬܪ ܦܘܠܘܣ. ܒܗܢܘܢ ܢܓܒܘܢ ܡܢ ܟܬܒܐ ܡܕܢ̈ܚܝܐ. ܒܗܢܘܢ
ܕܝܢ ܡܢ ܬܫ̈ܥܝܬܐ[5] ܕܡܟܬܒܢܘܬܐ ܕܠܒܪ. ܒܪ̈ܫܝܗܘܢ ܡܕܒܪܝܢ
i. 1 ܚܝܢ[6] ܠܗܘܢ. ܡܕܡܟܐܝܬ[7] ܗܟܢܐ. ܠܫܠܝܚܘܬܐ ܚܠܦ ܝܗܘܕܐ

[22] A ܐܢܝܢ [23] 𝔄 ܒܝܘ̈ܡܝ [24] 𝔄 ܦܛܪܘܣ ܘܦܘܠܘܣ
[25] 𝔄 adds *urbe*

Chap. I. [1] Read with A 𝔄 ܕܫ̈ܠܝܚܐ [2] A ܬܫܥܝܬܐ [3] B originally ܡܕܒܪܢܘܬܐ; A originally ܡܕܒܪܢܘܬܐ, altered into ܡܕܒܪ̈ܢܘܬܐ. 𝔄 has plur. [4] A adds ܟܠ [5] A ܬܫܥܝܬܐ ܗܝ [6] A ܡܕܒܪܝܢ [7] A ܡܕܡܟܐ

ܡܫܠܡܢܐ[8] ܐܬܓܒܝ ܬܘܠܡܝ[9]. ܕܐܝܬܘܗܝ ܗܘܐ ܚܕ ܡܢ
ܬܠܡܝܕܘܗܝ ܕܡܪܢ ܐܝܟ ܕܦܣܩܘ ܐܚܪ̈ܢ. ܘܗܘ (B fol. 19 b)
ܕܡܢ ܬܠܡܝܕܘܬܐ ܕܝܠܗ ܕܡܪܢ ܗܘܐ ܘܩܡ[10] ܐܚܪܢܐ ܕܫܠܝ̈ܚܐ.
ܐܝܟܢܐ ܒܝ̈ܕܐ ܒܡܢܝܢܐ ܥܒܕܐ. ܗܠܝܢ. ܕܒܗ ܐܬܦܩܕܘ.
ܗܘ ܕܗܘܐ ܡܫܡܫܢܘܬܐ ܒܬܪ ܡܪܢ[11] ܐܬܓܒܝ ܒܟܠܝܠܐ[12] ܠܣܗܕܘܬܐ
ܡܢ ܐܝܠܝܢ. ܗܢܘܢ ܕܩܠܝܠ ܠܡܢܝܢܗܘܢ. ܕܒܗܘܢ[13] ܚܕ ܗܘܐ ܐܚܪܢܐ
ܕܡܠܠ. ܐܝܟ ܗܘ ܕܠܗ ܠܗܕܐ ܐܬܓܒܝ ܗܘܐ. ܘܟܠܝܠܐ ܕܣܗܕܘܬܐ
ܕܗܘ̈ܕܝܐ ܕܡܫܝܚܐ ܕܩܛܠܘ ܠܡܪܗܘܢ ܗܘ ܡܛܠ ܡܕܡ ܕܐܬܐ.
2 ܝܥܩܘܒ ܕܝܢ ܗܘ ܕܡܬܩܪܐ ܗܘܐ ܐܚܘܗܝ ܕܡܪܢ. ܡܛܠ 𝔄 74
ܕܐܦ ܗܘ ܒܪܗ ܗܘܐ ܕܝܘܣܦ: ܝܘܣܦ ܕܝܢ ܗܘ ܕܡܬܚܫܒ
ܗܘܐ ܐܒܘܗܝ ܗܘ ܕܡܫܝܚܐ: ܕܠܗ ܡܟܝܪܐ ܗܘܬ ܡܪܝܡ
ܒܬܘܠܬܐ: ܘܥܕ[14] ܠܐ ܢܬܩܪܒܘܢ ܚܕ ܠܘܬ ܚܕ ܐܫܬܟܚܬ
ܒܒܛܢܐ ܡܢ ܪܘܚܐ ܕܩܘܕܫܐ: ܐܝܟ ܕܟܬܝܒ. ܒܟܬܒܐ ܡܕܝܢܐ[15] Mt i 16, 18
ܕܐܘܢܓܠܝܘܢ: ܕܠܗ[16] ܠܗܢܐ ܝܥܩܘܒ ܡܬܩܪܝܢܐ[17] ܦܐܐܡ ܗܘܘ ܠܗ
ܕܢܩܪܘܢ ܙܕܝܩܐ ܡܛܠ ܝܬܝܪܘܬܐ ܕܡܝܬܪܘܬܗ[18]. ܕܟܠܗܘܢ ܡܫܬܒܚܝܢ ܕܡܛܠ
3 ܡܩܒܠܢܘܬ ܬܪܘܢܘܣ ܕܐܦܣܩܘܦܘܬܐ ܒܥܕܬܐ ܕܐܘܪܫܠܡ. ܘܩܠܝܡܝܣ[19]
ܟܬܒ ܒܫܬܝܬܝ ܗܢܐ. ܕܦܪܘܣ ܠܗ[20] ܘܡܚܘܐ ܘܐܡܪ ܕܡܢ
ܒܬܪ ܣܘܠܩܗ ܕܦܪܘܩܢ: ܐܝܟ ܐܢܫܐ ܕܓܒܝܢ ܗܘܘ ܡܢ ܦܪܘܩܢ ܐܬܝܩܪܘ
ܗܘܘ ܠܐ ܚܣܡܝܢ ܗܘܘ ܥܠ ܬܫܒܘܚܬܐ. ܐܠܐ ܠܝܥܩܘܒ
4 ܙܕܝܩܐ ܓܒܘ ܠܐܦܣܩܘܦܘܬܐ ܕܐܘܪܫܠܡ[21]. ܘܗܘ ܕܝܢ ܗܘ ܒܗ

[8] A om. ܡܫܠܡܢܐ [9] 𝔄 Բարթողոմէոս Bartholomeos [10] A ܘܩܡ
In 𝔄 for ձեռն դրութեանն read ձեռնադրութեանն? [11] A ܡܢ ܡܪܢ
(omitting ܒܬܪ ܡܪܢ) [12] A ܟܠܝ̈ܠܐ [13] A ܘܡܢܗܘܢ [14] A ܕܡܢ
[15] 𝔄 has these words plur. [16] 𝔄 = ܘܠܗ [17] Read with A 𝔄 ܡܩܪܝܢܐ
[18] A ܡܝܬܪܘܬܐ ܕܡܝܬܪܘܬܗ [19] A ܩܠܝܡܝܣ [20] 𝔄 om. ܠܗ [21] A
ܠܐܘܪܫܠܡ

ܒܗܢܐ ܙܒܢܐ ܬܘܒ. ܐܦ ܗܠܝܢ[22] ܐܡܪ ܒܠܘܗܝ. ܕܠܝܥܩܘܒ
ܙܕܝܩܐ ܘܠܝܘܚܢܢ ܘܠܦܛܪܘܣ.[23] ܡܢ ܒܬܪ ܕܩܡ ܡܪܢ܂ ܡܢ ܒܝܬ
ܡܝ̈ܬܐ ܐܫܠܡ ܠܗܘܢ[24] ܝܕܥܬܐ.[25] ܘܗܢܘܢ ܐܫܠܡܘܗ̇ ܠܫܪܟܐ
ܕܫ̈ܠܝܚܐ. ܗ̇ܢܘܢ ܕܝܢ (B fol. 20 *a*) ܫ̈ܠܝܚܐ ܠܫܒܥܝܢ. ܕܚܕ ܡܢܗܘܢ
ܐܝܬܘܗܝ ܗܘܐ ܒܪܢܒܐ. ܬܪܝܢ ܕܝܢ ܗ̇ܘܝܢ ܗܘܘ ܕܫܡܗܘܢ
𝔄 75 ܗܘܐ ܝܥܩܘܒ. ܚܕ ܗ̇ܘ ܙܕܝܩܐ ܗ̇ܘ ܕܡܢ ܟܢܦܐ ܕܗܝܟܠܐ
ܐܫܬܕܝܘܗܝ[26] ܘܡܢ ܐ̇ܢܫ ܡܪܩܐ ܒܩܘܣܝܐ ܕܥܠ ܡܚܝܬܐ. ܐܬܢܝܚ[27]
ܕܝܢ ܗ̇ܘ ܕܐܬܦܫܛ ܪܫܗ. ܠܗ ܕܝܢ ܠܗܢܐ ܝܥܩܘܒ ܕܗܝܡܢ ܐܦ
Gal i 19 ܦܘܠܘܣ ܡܕܟܪ ܠܗ. ܟܕ ܐܡܪ ܗܟܢܐ. ܕܠܐܚܪܢܐ ܡܢ ܫ̈ܠܝܚܐ
ܠܐ ܚܙܝܬ ܐܠܐ ܐܢ[28] ܠܝܥܩܘܒ ܐܚܘܗܝ ܕܡܪܢ. ܘܥܡ 5
ܗܠܝܢ ܐܦ ܥܘܗܕܢܗ[29] ܕܦܘܩܕܢ ܕܠܘܬ ܬ̈ܠܡܝܕܐ ܕܡܠܟܬ ܢܗܘܐ[30]
ܡܫܬܡܠܝܐ[31] ܗܘܐ. ܬܐܘܡܐ ܓܝܪ ܠܘܬܗ ܐܝܟ ܕܡܢ ܡܕܒܪܢܘܬܐ 6
ܕܐܠܗܐ ܠܐܪܘܗܝ ܫܕܪ[32] ܗܘܐ. ܕܢܗܘܐ ܟܪܘܙܐ ܘܡܣܒܪܢܐ
ܕܣܘܒܪܗ ܕܡܫܝܚܐ. ܕܡܢ ܥܠܬܐ ܕܐܬܟܬܒܬ ܬܘܒ ܐܘܕܥ
ܘܕܝܢ ܩܠܝܠ. ܗܘ ܕܝܢ ܟܕ ܡܛܐ ܠܗ ܠܗ̇ܝ ܡܕܝܢܬܐ. ܠܐܒܓܪ 7
ܐܣܝ ܒܡܠܬܗ ܕܡܫܝܚܐ.[33] ܘܠܟܠܗ ܐܬܪܐ ܒܠܗܘܢ ܐܬܕܗܪ ܗܘܐ
ܒܚܝܠܐ ܬܡܝ̈ܗܐ ܕܥܒܕ ܗܘܐ. ܡܫܬܒܚܐܝܬ[34] ܕܝܢ ܒܟܕ
ܫ̈ܠܝܚܘܗܝ ܥܒܕ ܐܢܘܢ ܠܡܬܒܪܝܘܬܗܘܢ. ܘܦܬܚ ܐܢܘܢ ܠܗܝܡܢܘܬܐ
ܕܫܠܡܗ ܕܡܫܝܚܐ. ܘܥܒܕ ܐܢܘܢ ܬܠܡܝ̈ܕܐ ܠܫܠܡܐ ܕܫܝܢܐ.
ܘܒܪܡܐ[35] ܠܗܢܐ ܐܝܟ ܕܗܘܬ ܟܠܗ̇ ܡܕܝܢܬܐ ܕܐܘܪܗܝ

[22] 𝔄 om. ܐܦ ܗܠܝܢ [23] A ܘܠܦܛܪܘܣ [24] 𝔄 adds *Dominus noster* [25] A ܐܫܠܡܗ̇ [26] A ܫܕܝܘܗܝ. For ܡܢ ܟܢܦܐ ܕܗܝܟܠܐ 𝔄 has *յաշտարակէն*, *de turri* [27] A ܢܝܚܐ [28] A om. ܠܝ [29] A ܥܘܗܕܢܗ [30] A fol. 22 *a* [31] A ܡܬܩܛܠ [32] A ܡܪܗ [33] A om. ܒܡܠܬܗ ܕܡܫܝܚܐ [34] 𝔄 attaches this word to the previous sentence [35] 𝔄 wants the stop at ܕܫܝܢܐ and the ܘ before ܒܪܡܐ

ܠܥܒܕܘܗܝ[36] ܕܡܫܝܚܐ ܢܨܝܚܐ.[37] ܘܬܘܒܐܝܬܐ[38] ܫܪܝܬܐ ܕܒܘܕܪܗ
8 ܕܦܘܪܣܝܢ ܚܠܦܐ ܗܘ ܒܗܘܢ. ܘܗܠܝܢ ܐܡܪܝܢ ܐܝܟ[39] ܕܡܢ 𝔄 76
ܬܫܥܝܬܐ ܕܥܘܕ̈ܬܐ[40]:· ܢܓܝܪܐ ܠܝ ܡܡܠܠ ܠܘܬ ܟܬ̈ܒܐ ܩܕ̈ܝܫܐ.
ܒܗ ܗܘܐ ܕܝܢ ܪܕܘܦܝܐ[41] ܩܕܡܝܐ ܘܥܫܝܢܐ ܥܠ ܥܕܬܐ ܕܐܘܪܫܠܡ
ܡܢ ܝܗ̈ܘܕܝܐ ܒܣܗܕܘܬܗ ܕܐܣܛܦܢܘܣ.[42] ܘܟܠܗܘܢ (B fol. 20 b)
ܬܠܡ̈ܝܕܐ ܠܒܪ ܡܢ ܬܪ̈ܥܣܪ ܐܬܒܕܪܘ ܒܟܠܗ̇ ܝܗܘܕ ܘܒܝܬ
ܫܡܪ̈ܝܐ ܐܝܟ ܕܟܬܝܒ ܒܟܬܒܐ ܡܩܕܫܐ.[43] ܕܐܢܫܝܢ ܡܢܗܘܢ Acts xi 19
ܪܕܘ[44] ܘܡܛܘ ܥܕܡܐ ܠܦܘܢܝܩܐ ܘܠܩܘܦܪܘܣ[45] ܘܠܐܢܛܝܘܟܝܐ.[46]
ܠܐ ܕܝܢ ܡܫܟܚܝܢ ܗܘܘ ܕܢܟܪܙܘܢ ܠܥܡ̈ܡܐ ܡܠܬܗ ܕܐܠܗܐ.
9 ܐܠܐ ܒܠܚܘܕ ܠܝܗܘܕܝܐ ܡܟܪܙܝܢ ܗܘܘ. ܦܘܠܘܣ ܕܝܢ ܥܕܟܝܠ
ܡܠܐ ܗܘܐ ܠܘܚܡܐ ܕܩܛܠܐ[47] ܥܠ ܥܕܬܐ. ܘܥܐܠ ܗܘܐ
ܠܒ̈ܬܐ ܕܡܗܝܡܢ̈ܐ. ܘܓܪܫ ܗܘܐ ܠܓܒܪ̈ܐ ܘܠܢܫ̈ܐ ܘܡܫܠܡ
10 ܗܘܐ ܠܗܘܢ ܠܒܝܬ ܐܣܝܪ̈ܐ. ܐܦ[48] ܦܝܠܝܦܘܣ ܕܝܢ[49]: ܚܕ ܡܢ
ܗ̇ܢܘܢ[50] ܕܐܬܓܒܝܘ ܠܬܫܡܫܬܐ ܥܡ ܐܣܛܦܢܘܣ ܡܢ ܗ̇ܢܘܢ
ܕܐܬܒܕܪܘ ܗܘܘ̣. ܢܚܬ ܠܫܡܪܝܢ ܟܕ ܡܠܐ ܚܝܠܐ ܕܐܠܗܝ̈ܐ.
ܘܐܟܪܙ ܡܩܕܡܐܝܬ[51] ܠܗ̇ܢܘܢ ܕܬܡܢ ܡܠܬܐ ܕܐܠܗܐ. ܗܟܢܐ
ܕܝܢ ܡܬܥܫܢܐ ܗܘܬ ܒܗ[52] ܛܝܒܘܬܗ ܕܐܠܗܝ̈ܐ. ܐܝܟܢܐ
ܕܫܡܥܘܢ ܚܪܫܐ ܥܡ ܐܢ̈ܫܐ ܣܓܝ̈ܐܐ ܐܬܥܡܕܘ[53] ܒܡ̈ܠܘܗܝ
11 ܗܟܢܐ ܕܝܢ ܡܫܬܡܗ ܗܘܐ ܫܡܥܘܢ ܒܗ̇ܘ ܙܒܢܐ ܡܢ ܗ̇ܢܘܢ
ܕܐܚܝܕܝܢ ܗܘܘ ܒܚܪ̈ܫܘܬܗܘܢ. ܕܚܝܠܐ ܪܒܐ ܕܐܠܗܐ[54] ܣܒܝܪܝܢ ܗܘܘ

[36] A adds ܗܘ [37] 𝔄 [illegible] *permanet* [38] A ܐܦ ܠܬܘܒܐܝܬ
[39] A ܐܝܟܢ [40] A adds ܢܫ̈ܝܢ [41] A ܪ̈ܕܘܦܝܐ 𝔄 expresses the plur.
[42] A ܕܣܛܦܢܘܣ [43] 𝔄 = ܟܬ̈ܒܐ ܡܩ̈ܕܫܐ [44] A ܐܙܠܘ [45] A ܘܠܩܘܦܪܘܣ
[46] A ܘܐܢܛܝܘܟܝܐ [47] 𝔄 = ܘܩܛܠܐ [48] A adds ܓܝܪ [49] A 𝔄 om. ܕܝܢ
[50] 𝔄 adds *erat* [51] 𝔄 om. ܡܩܕܡܐܝܬ [52] A fol. 22 b [53] A ܐܬܥܡܕܘ
𝔄 ܐܬܥܡܕ [54] 𝔄 om. ܕܐܠܗܐ

𝔄 77 ܠܗ. ܗܟܝܠ ܕܝܢ[55] ܐܦ ܗܘ ܒܪ ܛܘܦܪ[56] ܒܢܝ̈ܢܐ ܬܕܡܪ̈ܬܐ[57] ܕܐܠܗܐ
ܕܥܒܕܝܢ ܗܘܘ ܒܐܝܕܗ ܕܦܝܠܝܣܘܦܐ. ܐܬܬܪܒܝ ܒܐܘܠܦܢܐ
ܠܗܝܡܢܘܬܐ ܕܡܫܝܚܐ ܒܥܕܐ ܕܐܦ ܡܬܕܡܪܢܘܬܐ ܢܦܠ. ܕܒܗ̇ 12
ܒܗܕܐ ܘܐܠܐ ܠܝ ܕܢܬܕܟܪ: ܕܒܕܒܪܐ ܠܡܫܝܚܐ[58] ܡܣܬܒܪܐ ܗܘ
ܗ̇ܢܘܢ ܕܐܬܝܗܘܢ ܡܢ ܗܪܣܝܣ ܡܫܒܚܬܐ ܕܠܗ̇. ܕܒܗ̇
ܢܚܠܬܐ ܕܐܒܗܘܢ ܡܬܚܫܒܝܢ ܘܐܝܟ ܒܗܪܐ ܕܚܫܘܟܐ ܕܒܝܬܐ
ܡܬܟܠܐ ܒܗܘܢ. ܘܡܗܪܝܢ ܘܡܥܒܕܝܢ ܠܐܝܠܝܢ ܕܡܬܚܫܚܝܢ
ܕܢܬܩܠܘܢ ܒܗܘܢ ܡܬܘܪܬܐ ܒܫܬܐ[59] ܕܒܗܝܠܐ ܒܗܘܢ. ܦ̈ܠܛܝܐ
ܕܝܢ ܡܢܗܘܢ ܕܐܬܒܣܒܣܘ (B fol. 21 a) ܘܐܬܒܢܝܐ[60] ܐܬܝܗܘܢ
ܐܬܕܡܝܘ[61] ܘܐܬܪܕܝܘ. ܐܝܟ ܕܐܦ ܗܘ[62] ܗܝܡܢܘܢ ܒܗ ܐܬܦܪܫܘ
13 ܡܢ ܦܓܪܗܘܢ ܥܠܝܗܝܢ. ܡܛܠ ܡܕܡ ܒܪܝܐ ܕܫܘܐ ܠܗ. ܒܗ ܕܝܢ
ܒܠܒܘܫ ܪܒܐ ܗܘܬ ܘܗܟܢܐ ܗܒܪܬܐ ܕܫܢܝܐ: ܐܝܟ ܕܡܢ
ܡܦܪܫܘܬܐ ܕܐܠܗܐ. ܐܬܐ ܗܘܐ ܠܐܘܪܫܠܡ ܡܗܝܡܢܐ
ܕܡܠܟܘܬܐ ܕܒܗ̈. ܕܐܝܟ ܒܢܝܗ ܕܐܬܪܐ ܒܕܒܪܐ ܠܡܫܝܚܐ[63]
ܐܬܬܝܬܐ ܡܠܟܬܐ ܒܠܒܗܘܢ. ܕܗܘ ܡܢܟܐܬ ܡܢ ܒܥܒ̈ܕܐ ܡܛܠ
ܗܒܪܬܐ ܕܐܠܗܐ[64] ܡܢ ܦܠܓܘܣ. ܐܝܟ[65] ܕܡܢ ܟܠܒܐ ܕܐܠܗܐ̈.[66]
ܘܗܘ ܗܘܐ ܪܓܝܬܐ ܕܡܗܝܡܢܐ ܕܒܥ̈ܕܐ ܒܠܒܗܘܢ. ܘܒܗ ܗܘܦܟ
𝔄 78 ܠܐܬܪܗ̇ ܦܟܪ[67] ܬܒܥ ܕܒܚܝܠܗ ܕܐܠܗܐ ܕܒܟܠ. ܘܡܐܬܝܬܗ[68]
ܡܫܝܚܘܬܐ ܕܦܘܪܩܢ ܕܠܘܬ ܒܢ̈ܝܢܫܐ.[69] ܘܟܟ̈ܒܐ[70] ܥܠܡܐ ܒܐܝܕܗ
Ps lxviii 31 ܢܒܝܘܬܐ ܗ̇ܝ ܕܐܡܪܐ. ܕܟܘܫ ܬܩܕܡ ܐܝܕܗ ܐܝܟܐ ܠܐܠܗܐ.

[55] 𝔄 om. ܕܝܢ [56] A ܠܗܘܢ [57] In 𝔄 these words are sing., but through a mistake [58] A ܠܡܫܝܚܐ [59] A ܒܫܬ̈ܐ [60] A ܐܒܝܢ [61] A ܐܬܕܡܝܘ. For ܘܐܬܕܝܘ ܘܐܬܦܪܫܘ 𝔄 has [illegible] *expulsi deiecti sunt operibus* [62] A om. ܗܘ [63] A ܠܡܫܝܚܐ [64] 𝔄 *Christi* [65] 𝔄 ܘܐܝܟ [66] 𝔄 om. ܕܐܠܗܐ [67] 𝔄 ܦܟܪܢ [68] A ܘܡܐܬܝܬܗ [69] A ܒܢܝ ܐܢܫܐ [70] A ܘܟܟܒܐ

14 ܘܟܕ ܗܟܝܠ ܐܦ ܦܘܠܘܤ ܫܠܝܚܐ ܟܬܒ݂. ܠܐ ܕܒ̈ܪ ܐܢܫܐ Gal i 1
ܐܦܠܐ ܕܡܢ ܒ̈ܢܝ ܐܢܫܐ.[71] ܐܠܐ ܒܐܝܕܘܗܝ ܕܝܫܘܥ ܡܫܝܚܐ[72][73]
ܘܐܠܗܐ ܐܒܘܗܝ ܕܐܩܝܡܗ[74] ܡܢ ܒܝܬ ܡܝ̈ܬܐ. ܟܕ ܗܘ̇ ܚܘܐ
ܘܓܠܝܢܐ ܕܠܐ ܕܗܘܐ ܠܘܬܗ ܡܢ ܫܡܝܐ. ܐܫܬܘܝ ܠܦܪܘܫܐ
ܗܘܐ ܫܠܝܚܐ ○·○

ܕܬܪܝܢ ܕܐܫܬܥܝܐ[1] ܠܛܒܪܝܘܣ ܟܕ ܝܠܦ[2] ܡܢ ܦܝܠܛܘܣ ܥܠ
ܡܫܝܚܐ ܐܬܬܙܝܥ ○·[3]

ii. 1 ܟܕ ܕܝܢ ܡܫܬܡܥܢܘܬܐ ܗܘܬ[4] ܘܡܬܒܪܢܝܬܐ ܠܣܓܝ̈ܐܐ
ܩܝܡܬܗ ܥܓܝܒܬܐ ܕܡܢ ܒܝܬ ܡܝ̈ܬܐ ܕܦܪܘܩܢ: ܘܡܣܩܬܗ
ܕܠܫܡܝܐ.[5] ܐܝܟ ܥܝܕܐ ܘܡܕܒܪܢܐ ܕܐܝܬ ܗܘܐ ܠܗܓܡ̈ܘܢܐ 𝔄 79
ܕܒܥ̈ܡܡܐ. ܕܟܠ ܡܕܡ ܕܡܫܬܒܪ ܚܕܬܐܝܬ ܕܢܦܘܩ ܡܫܕܪܝܢ
ܠܗܘ ܕܐܚܝܕ ܫܘܠܛܢܐ ܕܡܠܟܘܬܐ. ܕܡܕܡ ܠܐ ܢܛܥܝܘܗܝ ܡܢ
ܐܝܠܝܢ ܕܡܫܬܒܪ̈ܢ. ܡܫܬܡܥܢܘܬܐ ܗܘܬ ܕܝܢ ܒܟܠܗ̇ (B fol. 21 b)
ܦܠܣܛܝܢܐ ܩܝܡܬܗ ܕܡܢ ܒܝܬ ܡܝ̈ܬܐ ܕܦܪܘܩܢ ܀ ܦܝܠܛܘܣ
2 ܗܟܝܠ ܠܛܒܪܝܘܣ ܡܠܟܐ ܐܘܕܥ ܥܠ ܐܬܘ̈ܬܗ ܕܡܪܢ.
ܘܕܡܢ ܒܬܪ ܕܩܡ ܡܢ ܒܝܬ ܡܝ̈ܬܐ ܠܣܓܝ̈ܐܐ ܐܬܗܝܡܢ ܕܐܠܗܐ
ܗܘ. ܗܘ ܕܝܢ ܦܝܠܛܘܣ ܠܛܒܪܝܘܣ[6] ܦܪܣܗ̇ ܗܘܐ ܠܗܕܐ.[7]
ܗܘ ܕܝܢ ܛܒܪܝܘܣ[8] ܠܣܢܩܠܛܘܣ ܗܘܕܐ[9] ܐܘܕܥܗ̇ ܗܘܐ. ܥܠ
ܕܠܐ ܐܬܟܫܪܬ ܡܟܝܠ ܘܡܕܒܪܢܘܬ ܐܝܟ ܥܝܕܐ ܘܡܕܒܪܢܐ ܕܐܝܬ

[71] 𝔄 *non ab hominibus neque manu hominis* [72] A om. ܘܡܫܝܚܐ 𝔄 *Domini nostri Jesu Christi* [73] A fol. 23 *a* [74] 𝔄 om. ܕ

CHAP. II. [1] A ܐܫܬܥܝܐ [2] A ܐܝܠܦ [3] A ܐܬܬܙܝܥ 𝔄 prefixes *h. et* [4] 𝔄 adds *puqding multis* [5] A ܠܡܫܝܚܐ [6] A ܠܛܝܒܪܝܘܣ [7] 𝔄 *hoc verbum* [8] A ܛܝܒܪܝܘܣ [9] 𝔄 adds *cum audivisset* and does not render ܗܘܐ after ܡܠܟܐ

ܗܘܳܐ. ܕܥܡܬ ܪ̈ܗܘܡܝܐ ܠܐ ܗܘܳܐ ܗܘܐ ܐܠܗܳܐ. ܐܠܐ ܐܢ[10]
ܒܡܠܟܐ ܘܒܦܣܩܐ ܕܣܘܢܩܠܝܛܘܣ..[11] ܡܫܬܒܪܐ ܕܝܢ ܘܡܫܬܪܪܐ
ܗܘܬ ܕܡܠܠ ܗܘܐ. ܒܫܪܪܐ ܕܝܢ ܡܠܠ[12] ܕܠܐ ܙܕܩ ܗܘܐ
ܕܒܢܝܐ ܘܡܠܟܐ[13] ܕܟ̈ܠܗ ܐܢܫܐ ܘܡܠܦܢܘܬܗ ܚܝܐ ܕܐܠܗܐ ܢܬܩܝܡ
3 ܗܘܳܐ. ܟܕ ܕܝܢ ܕܢܣܩܬܗ ܠܬܠܬܐ ܕܐܬܦܪܣܬ ܠܗ ܡܠܠ ܦܪܘܩ
ܒܥܠܡܐ ܕܪ̈ܗܘܡܝܐ. ܗܘ ܛܒܪܝܘܣ ܗܘܐ ܒܬܪܥܝܬܐ ܡܕܒܪܢܘܬܐ[14]
ܕܐܝܬ ܗܘܐ ܠܗ. ܘܡܕܡ ܕܫܒܝܐ ܥܠ ܝܘܠܦܢܗ ܕܡܫܝܚܐ ܠܐ
4 ܡܬܢܥܒ ܗܘܐ. ܗܠܝܢ ܐܡܪ ܛܪܛܠܠܝܢܘܣ.[15] ܓܒܪܐ ܕܡܫܬܟܠܢܝܬ
ܡܕܡ ܗܘܐ ܒܢܡܘ̈ܣܝܗܘܢ ܕܪ̈ܗܘܡܝܐ. ܕܐܦ[16] ܒܐܝܕܝܥܬܐ
ܥܒܝܕ ܗܘܐ.[17] ܘܡܢ ܐܢܫܐ ܢܨ̈ܝܚܐ ܘܡܫܬܡܗܢܐ ܕܐܝܬ ܒܪ̈ܗܘܡܝܐ
ܐܬܗܘܝ ܗܘܐ. ܡܟܝܠ ܒܪܘܡܐ ܕܟܝܢܐ ܚܠܦ ܒܫܘ̈ܠܛܢܐ
ܪ̈ܗܘܡܝܐ[18] ܘܐܬܦܫܩ ܡܢܐܝܬ.[19] ܗܘ ܒܡ̈ܠܘܗܝ ܟܕ ܡܫܬܟܚ
5 ܗܟܢܐ. ܢܡܘܣ[20] ܠܟܘܢ ܕܝܢ ܐܦ ܡܢ ܩܕܡܐ ܥܠ ܗܠܝܢ ܢܚܘܐ.
ܢܬܩܝܡܐ ܒܬܡܗ ܐܝܬ ܠܟܘܢ. ܕܐܠܗܐ ܡܢ ܡܠܟܐ[21] ܠܐ
ܢܬܦܩܕ. ܟܕܡܐ ܕܐܬܟܢܫ ܡܢ ܣܘܢܩܠܛܘܣ. ܡܪܩܘܣ ܐܡܝܠܝܘܣ
ܗܟܢܐ ܥܒܕ ܗܘܐ ܡܛܠ ܐܠܗܐ ܚܕ ܠܒܪܘܢܣ.[22] ܘܗܕܝ[23]
ܣܠܩܝܢ (B fol. 22 a) ܗܘ ܕܡܠܟ ܗܘܬ. ܠܬܘܒܘܢ ܟܕ ܒܪ ܒܒܘܚܪܢܐ
ܕܒ̈ܢܝ ܐܢܫܐ ܡܬܝܗܒܐ ܐܠܗܘܬܐ. ܘܡܛܠ ܐܠܐ ܥܒܕ ܐܠܗܐ
ܠܒܪ ܐܢܫܐ. ܐܠܗܐ ܕܢܗܘܐ[24] ܠܐ ܡܫܟܚ. ܘܐܦܠܐ[25] ܕܡܢ ܗܕܐ
6 ܟܕ ܐܢܫܐ ܗܘ ܙܕܩ ܕܢܗܘܐ ܥܠ ܐܠܗܐ. ܛܒܪܝܘܣ ܗܟܝܠ

Marginal notes: 𝔄 80 (beside § 4); Tertull Apol v (beside § 5)

[10] A ܠ ܐܠ ܠ [11] A ܕܣܘܢܩܠܛܘܣ [12] A ܡܠܠ ܗܘܐ ܒܫܪܪܐ. ܡܠܠ 𝔄 agrees with B but is wrongly punctuated [13] A ܕܒܢ̈ܝܐ ܘܡܠ̈ܟܐ [14] A ܒܬܪ̈ܥܝܬܐ ܡܕ̈ܒܪܢܝܬܐ [15] A ܛܪܛܠܠܝܢܘܣ 𝔄 [illegible] [16] A ܘܐܦ [17] A fol. 23 b [18] A ܪ̈ܗܘܡܝܐ [19] A ܢܦܫܗ [20] 𝔄 *mittamus* [21] 𝔄 *e iussu regis solius* [22] A ܠܒܪܘܢܣ In 𝔄 for [illegible] read [illegible]? [23] 𝔄 om. ܘ [24] A ܢܗܘܐ [25] A ܘܐܦܠܐ

ܗܘ ܕܒܡܘܬܗ ܥܡܐ ܕܟܪ̈ܣܛܝܢܐ ܥܠ ܠܒܥܠܕܒܒܐ. ܟܕ ܐܘܕܥܘܗܝ
ܡܢ ܐܬܪܐ ܕܦܠܣܛܝܢܐ ܡܢ ܐܢܫܐ ܕܐܘܕܥ ܘܡܚܘܝܬ[26] ܗܘܐ
ܘܠܩܠܘܕܝܐ. ܐܦ ܗܘ ܐܘܕܥ ܗܘܐ ܠܣܘܢܩܠܝܛܘܣ. ܘܟܕ ܗܘܐ
ܕܝܢ ܗܘ ܕܫܦܪ ܗܘܐ ܠܗ[27] ܗܢܐ ܝܘܠܦܢܐ. ܗܘ ܕܝܢ
ܣܘܢܩܠܝܛܘܣ:[28] ܥܠ ܕܗܘ ܠܐ ܒܚܝܪܬܗ ܗܘܬ[29] ܠܚܒܘܬܐ
ܗܕܐ[30] ܐܣܠܝܬܗ̇. ܗܘ ܕܝܢ ܩܘܡ[31] ܒܦܘܩܕܢܗ ܘܠܡܫܝܚܐ[32] ܕܡܫܘܬܐ
ܐܬܠܚܡ. ܠܐܝܠܝܢ ܕܐܟܠܝܢ ܩܪ̈ܨܘܗܝ ܕܟܪ̈ܣܛܝܢܐ. ܘܗܕܐ[33] 𝔄 81
ܐܝܟ ܕܡܢ[34] ܣܘܓܐܐ ܕܒܦܪܘܫܘܬܗ[35] ܕܡܢ ܥܒܕܐ ܗܘܬ
ܒܥܒܕܘܗܝ. ܡܛܠ ܕܒܥܒܕ ܥܒܝܕܐ ܗܘܬ[36] ܕܦܪܘܩܘܬܐ. ܕܥܠܐ
ܥܠܝܬܐ ܒܟܠܗ ܐܪܥܐ ܢܦܩ ܘܡܠܦܢܗ[37] ܕܡܠܬܐ ·:· ·:· ·:·

ܕܬܠܬܐ ܕܐܝܟܢܐ[1] ܒܩܠܝܠ ܙܒܢܐ. ܒܟܠܗ ܥܠܡܐ[2] ܦܪܚܬ
ܣܒܪܬܗ ܕܡܫܝܚܐ.

iii. 1 ܗܟܢܐ ܕܝܢ ܒܚܝܠܐ ܘܒܡܥܕܪܢܘܬܐ[3] ܕܡܢ ܫܡܝܐ. ܡܢ
ܥܠ[4] ܐܝܟ ܕܫܡܫܐ ܕܡܢܗܪ ܠܟܠܗ ܥܠܡܐ ܕܢܚܬ ܣܒܪܬܐ[5]
ܕܚܝ̈ܐ. ܘܡܚܕܐ ܐܝܟ ܣܗܕܘܬܗ ܕܟܬܒܐ[6] ܕܐܠܗܝܐ. ܒܟܠܗ Ps xix 5(4)
ܐܪܥܐ ܢܦܩ ܒܪܬ ܩܠܗܘܢ ܕܡܟܪ̈ܙܢܐ ܘܕܫ̈ܠܝܚܐ. ܘܒܣܘ̈ܦܝܗ̇
2 ܕܥܠܡܐ ܐܫܬܡܥ ܡ̈ܠܝܗܘܢ. ܘܒܟܠ ܡܕܝܢܐ ܘܩܘܪܝܐ ܦܢܝܬܐ
ܗܘܬ ܣܒܪܬܐ. ܘܒܡܕܒܪܢܘܬ ܐܚܪ̈ܢܐ ܒܕܘܒܪ̈ܘܬܐ ܕܐܢܫܐ ܡܢ ܥܠ[6a]
ܒܥܕ̈ܬܐ ܣܓܝ̈ܐܬܐ ܐܬܩܝܡ ܗܘܝ. ܘܐܝܠܝܢ ܕܡܢ ܡܫܝܚܘܬܐ 𝔄 82

[26] A ܘܡܚܘܝܬ [27] A ܠܗ̇ [28] A ܣܘܢܩܠܝܛܘܣ [29] 𝔄 adds *prius*
[30] A adds ܐܦ [31] A om. ܩܘܡ [32] In 𝔄 for *[illegible] illi* read *[illegible] illi*?
[33] A ܘܗܕܐ [34] 𝔄 om. ܐܝܟ ܕ [35] A adds ܕܠܗܘ [36] A ܗܘܐ [37] Read
with A ܘܡܠܦܢܗ̇

Chap. III. [1] A ܕܐܝܟܢ [2] A ܒܟܠܗ ܐܪܥܐ [3] A ܘܒܡܥܕܪܢܘܬܐ
[4] A ܟܠ [5] A fol. 24 *a* [6] 𝔄 plur. [6a] A ܟܠ

ܕܐܟܣ̈ܢܝܗܘܢ ܗܘܐ ܠܝܘܬܐ ܡܬܩܪܝܐ (B fol. 22 b) ܒܒܘܪܗܝܢܐ
ܒܬܘܟܐ ܕܕܝܠܗ ܦܬܓܡܐ ܐܡܝܪ ܗܘܐ ܢܦ̈ܩܬܗܘܢ. ܗܘ
ܚܝܠܐ ܕܡܫܝܚܐ ܒܗ̇[7] ܬܠܡ̈ܝܕܘܗܝ ܒܫܘܠܛܢܐ ܘܒܥ̈ܒܕܐ
ܬܕܡ̈ܪܬܐ. ܐܝܟ ܕܡܢ ܡܪܝܐ ܒܢ̈ܝܢܐ ܐܬܚܙܝܘ ܗܘܘ ܘܐܬܓܠܝܘ
ܡܢ ܐܢܫ̈ܝܢ ܡ̈ܢܝܢܐ.[8] ܘܥܡܘܪܘ ܥܠ ܫܘܒܚܐ ܐܠܗ̈ܝܘܬܗ.
ܘܡܫܬܡܥ ܗܘܐ ܕܚܕ ܗܘ ܐܠܗܐ ܒܠܚܘܕܘܗܝ ܒܪܘܝܐ ܕܟܠ.
ܘܡܫܬܘܕܥ ܗܘܐ ܠܗ ܒܝܘܡܢܐ ܬܩܢܐ ܕܥܕܬܐ[9] ܘܡܦ̈ܠܚܢܐ ܢܦܫܐ
3 ܘܡܕ̈ܒܪܢܐ. ܕܐܬܬܕܝܢܘ[10] ܡܢ ܦܘܡܗ ܒܗ̇ ܒܝ ܐܠܗܐ ❖ ܟܕ ܕܝܢ
ܠܚܘܕܝܗ ܕܐܠܗܐ ܡܫܬܘܕܥܐ ܗܘܬ ܐܦ ܥܠ ܥܒܕܐ ܕܥܡ̈ܡܐ.[11]
ܘܡܬܩܪܝܐ ܒܫܡܗ ܕܥܠܡܐ. ܡܘܪܝܢܘܬܗ.[12] ܡܢ ܟܠܗ[13] ܒܐܬܪ
ܟܠ ܡܫܬܘܕܥܢܘܬܐ ܕܡܫܝܚܐ. ܒܗ ܫܡܐ ܕܐܠܗܐ ܘܬܫܒܘܚܬܗ
ܕܦܪܘܩܢ. ܘܐܚܪܢܐ ܫܘܒܚܐ[14] ܡܢ ܥܡ̈ܡܐ ܒܐܘܢܓܠܝܘܢ.[15]
ܕܗܢܘܢ ܕܐܬܒܕܪܘ ܗܘܘ ܡܢ ܐܘܪܫܠܡ ܕܗܘܐ ܥܠ ܐܘܢܓܠܝܘܢ.
ܐܟܪܙܘ ܗܘܘ[16] ܠܗܘܢ ܫܠܝܚܐ. ܘܪܒܐ ܗܘܐ ܘܣܓܝܐ ܒܥܕܬܐ
ܕܒܐܘܢܓܠܝܘܢ. ܘܟܕ ܒܫܡܝܢ ܬܘܒ ܫܘܒܚܐ: ܘܢ̈ܦܫܬܐ ܕܗܘܢ
ܕܐܬܘ ܡܢ ܐܘܪܫܠܡ: ܘܒܫܡܗܘܢ ܒܪܝܟܐ ܘܦܠܘܣ ܘܒܝܫܐ[17]
A 83 ܫܘܒܚܐ ܕܐܠܗܐ. ܥܡܐ ܕܒܐܘܢܓܠܝܘܢ ܗܢܘܢ ܡܬܕܪܫܝܢ ܐܝܟ
4 ܕܡܢ ܢܒܝܐ ܒܬܘܪܐ ܙܪܥܐ ܗܘܐ. ܘܐܦܢ ܚܕ[18] ܡܢ ܗܘܢ
ܢܦܩܐ[19] ܕܐܝܬ ܗܘܐ[20] ܒܟܠܗܘܢ. ܐܬܩܒܠ ܥܠ ܟܠܗ ܥܠܡܐ ܕܒܬܪ
ܗܘܐ ܕܢܗܘܐ. ܦܘܠܘܣ ܕܝܢ ܘܟܪܘܙܘܬܐ ܕܝܠܗ[21] ܟܠܗ ܬܒܝܠ
ܬܫܡܫܬܗܘܢ. ܐܬܦܪܣܘ[22] ܗܘܘ ܠܬܫܡܫܬܐ ܕܐܠܗܐ.

[7] A ܒܝܕ [8] A ܘܡܢ ܐܚܪ̈ܢܐ ܣܓܝ̈ܐܐ ܐܬܚܙܝܘ [9] A *veritate* [10] A ܕܐܬܕܪܘ [11] A *super omnes Gentiles* (om. ܥܠ) [12] A ܘܡܪܝܢܘܬܗ [13] A om. ܟܠܗ [14] A ܕܝܢ ܗܘܐ ܕܝܢ ܗܘܐ [15] A ܒܐܘܢܓܠܝܘܢ [16] A ܗܘܘ ܕܝܢ [17] A plur. [18] A ܢܩܘܦ (read ܢܩܘܦܘ?) [19] A ܢܦܩܐ [20] A ܗܘܘ ܕܝܢ

ܕܐܪܒܥܐ ܕܐܝܟܢܐ ܡܢ ܒܬܪ ܛܝܒܪܝܘܣ. ܓܐܝܘܣ. ܐܩܝܡ[1]
ܥܠ ܝܗܘܕܝܐ ܠܐܓܪܦܐ. ܟܕ ܫܕܐ ܠܗܪܘܕܣ ܡܢ ܡܠܟܘܬܗ.

iv. 1 ܛܝܒܪܝܘܣ ܕܝܢ ܡܢ ܒܡܠܟܘܬܐ[2] ܥܣܪܝܢ ܘܬܪܬܝܢ ܫ̈ܢܝܢ ܘܡܝܬ.
(B fol. 23 a) ܘܡܢ ܒܬܪܗ ܕܝܢ ܩܒܠ ܡܕܒܪܢܘܬܐ ܓܐܝܘܣ.. ܗ̇ܘ
ܒܗ̇ܘ ܙܒܢܐ ܥܒܕ ܡܠܟܐ ܠܐܓܪܦܐ ܘܐܘܬܒܗ[3] ܡܠܟܐ ܥܠ 𝔄 84
ܝܗܘܕܝܐ. ܥܠ ܛܛܪܪܟܘܬܐ ܕܦܝܠܝܦܘܣ ܘܕܠܘܣܢܝܐ. ܘܥܡܗܘܢ
ܒܬܪ ܩܠܝܠ ܙܒܢܐ ܐܦ ܛܛܪܪܟܘܬܐ ܕܗܪܘܕܣ ܐܫܠܡ ܠܗ̇. ܘܫܕܐ
ܠܗܪܘܕܣ ܥܡ ܐܢܬܬܗ ܗܪܘܕܝܐ. ܒܓ̈ܠܠܬܐ ܥ̈ܠܡܝܬܐ
ܕܐܣܦܢ̈ܝܐ. ܗܢܐ ܕܝܢ ܗܪܘܕܣ. ܗ̇ܘ ܗܘ ܕܗܘܐ ܒܙܒܢܐ ܕܚܫܗ
2 ܕܦܪܘܩܢ. ܘܡܣܗܕܐ ܕܗܠܝܢ ܐܝܬܘܗܝ ܝܘܣܝܦܘܣ.[4] Ant xviii 6, 10. 7, 2

ܕܚܡܫܐ ܕܐܝܟܢܐ[1] ܦܝܠܘܢ ܚܠܦ ܝܗܘܕܝܐ ܐܙܠ ܒܐܝܓܕܘܬܐ[2]
ܠܘܬ ܓܐܝܘܣ.

3 ܒܫܢ̈ܘܬܗ ܕܗܢܐ. ܦܝܠܘܢ ܡܫܬܡܥ ܗܘܐ ܒܣܓܝ̈ܐܬܐ.[3]
ܠܐ ܗܘܐ[4] ܒܠܚܘܕ ܒܚܟܡܬܐ ܕܝܠܗ. ܐܠܐ ܐܦ ܒܗ̇ܝ ܕܒܪ̈ܝܐ
ܓܒܪܐ ܗܘܐ ܝܕܝܥܐ. ܓܢܣܗ ܕܝܢ ܐܝܬܘܗܝ ܗܘܐ ܥܒܪܝܐ.[5]
ܘܡܢ[6] ܐܢܫܐ ܡܫܒ̈ܚܐ ܕܐܝܬ ܗܘܐ ܒܐܠܟܣܢܕܪܝܐ ܠܐ ܒܨܝܪ
ܗܘܐ. ܕܟܡܐ ܕܝܢ ܥܡܠܐ ܗܘܐ ܠܗ ܒܝܘܠܦܢܐ ܐܠܗܝܐ
ܕܐܒܗ̈ܬܐ. ܟܠܐ ܗܘ ܘܝܕܝܥ ܒܥܒ̈ܕܐ.[7] ܘܒܡܫܪܘܬܐ ܕܚܟܡܬܐ

CHAP. IV. [1] A fol. 24 b [2] 𝔄 = ܒܡܠܟܘܬܗ [3] A ܘܐܘܬܒܗ ܗܘܐ.
For the following words 𝔄 has *regem super inimici eius tetrarchiam Philippi et Lysaniae* [4] A ܝܘܣܝܦܘܣ

CHAP. V. [1] 𝔄 = ܘܐܝܟܢܐ [2] A ܐܝܓܕܘܬܐ ܠܘܬ [3] A ܒܣܓܝ̈ܐܬܐ
[4] A ܠܗ [5] For the words from ܠܐ ܗܘܐ to ܥܒܪܝܐ 𝔄 has merely *sed erat illustris, ex gente Hebraeus* [6] A ܕܡܢ; 𝔄 expresses neither ܘ nor ܕ [7] A
ܒܥܒ̈ܕܐ

ܕܠܒܪ ܕܐܡܝܢ ܐܝܬܘܗܝ. ܗܘܐ̇ ܠܐ ܡܬܒܥܐ ܠܝ ܕܐܡܪ.

ܕܡܡܪܢܘܬܐ ܗܘܐ ܠܒܪ[8] ܕܦܠܛܘܢ[9] ܘܕܦܝܬܓܪܘܣ. ܘܡܫܬܒܚܝܢ

𝔄 85 ܥܠܘܗܝ ܕܓܒܪ ܗܘܐ[10] ܠܟܠܗܘܢ ܕܩܪܘ ܒܡܟܬܒܢܘܬܗ. ܡܕܡ[11] ܕܝܢ v. 1

ܕܓܕܫ ܠܝܗܘܕܝܐ ܒܝܘܡܘܗܝ ܕܓܐܝܘܣ. ܒܚܡܫܐ ܦܢܩܝܢ

ܣܓܝ ܘܐܚܘܝ ܠܢ. ܘܐܡܪ ܐܦ ܥܠ ܫܢܝܘܬ ܪܥܝܢܗ ܕܓܐܝܘܣ.

ܕܥܒܕ ܢܦܫܗ ܐܠܗܐ. ܘܕܒܪܗ[12] ܪ̈ܘܪܒܢ ܝܬܝܪ ܫܘܠܛܢܗ.

ܘܐ̈ܘܠܨܢܐ ܕܗܘܘ ܠܝܗܘܕܝܐ ܒܝܘܡܘܗܝ.[13] ܘܥܠ ܕܐܙܠ ܠܪܗܘܡܐ

ܥܠ ܒܢ̈ܝ ܥܡܗ ܕܐܝܬ ܗܘܐ ܒܐܠܟܣܢܕܪܝܐ ܒܐܝܙܓܕܘܬܐ.

ܘܕܐܝܟܢܐ ܩܡ ܩܕܡ ܓܐܝܘܣ ܥܠ ܐ̈ܦܝ ܢܡܘ̈ܣܐ[14] ܕܐܒܗ̈ܬܐ:

ܘܣܦܩ ܓܘܚܟܐ ܘܒܙܚ ܒܗ̇ (B fol. 23 *b*) ܘܩܪܝܒ ܗܘܐ ܠܡܬܒܥܬ ܡܢ

2 ܐܝ̈ܕܘܗܝ. ܥܗܕ ܠܗܘܢ ܠܗܠܝܢ ܘܐܦ ܝܘܣܦܘܣ[14a] ܒܬܫ̈ܥܝܬܐ

Ant xviii 8, 1 ܕܐܟܬܒ ܒܩ̈ܕܡܝܬܗ[15] ܗܟܢܐ. ܕܒܫܓܘܫܝܐ[16] ܠܡ ܕܗܘܐ

ܒܐܠܟܣܢܕܪܝܐ ܕܝܗܘܕܝܐ ܕܥܡܘܪܝܢ ܬܡܢ ܘܕܚܢ̈ܦܐ.[17] ܬܠܬܐ

ܬܠܬܐ ܐܝܙܓܕܝܢ ܐܬܓܒܝܘ ܡܢ ܬܪ̈ܝܗܘܢ ܓ̈ܒܐ ܘܐܬܘ ܠܘܬ

3 ܠܓܐܝܘܣ. ܚܕ ܡܢ ܗܠܝܢ ܕܝܢ[18] ܐܝܙܓܕܐ ܐܠܟܣܢܕܪܝܐ[19] ܕܫܡܗ

ܗܘܐ ܐܦܝܘܢ. ܣܓܝ ܡܓܕܦ ܗܘܐ ܥܠ ܥܡܐ ܕܝܗܘܕܝܐ.

ܘܐܡܪ ܗܘܐ ܐܣܬܝܪܘܬܐ ܕܐܦ ܒܐܣܘܪܗ ܕܦܩܕ ܩܝܣܪ ܗܘܘ.

ܟܠܗܘܢ ܓܝܪ ܐܢܫܝܢ ܕܡܫܬܥܒܕܝܢ ܗܘܘ ܬܚܝܬ ܫܘܠܛܢܐ ܕܪ̈ܗܘܡܝܐ.[20]

ܠܒ̈ܘܬܐ ܘܗܝܟ̈ܠܐ[21] ܡܩܝܡܝܢ ܗܘܘ ܠܗ. ܘܒܐܣܬܪ̈ܘܬܐ ܟܠܗܝܢ

𝔄 86 ܐܝܟ ܕܠܐܠܗܐ ܡܦܠܚܝܢ ܠܗ. ܘܒܠܚܘܕ ܠܗܠܝܢ ܗܘ ܝܗܘܕܝܐ

[8] 𝔄 om. ܠܒܪ [9] 𝔄 [illegible] *Ptolemaei* [10] A om. ܗܘܐ 𝔄: ܕܚܟܡ̈ܐ ܗܘܐ and adds *sapientia* [11] 𝔄: ܟܠ ܡܕܡ [12] 𝔄 om. ܘ [13] A fol. 25 *a* [14] A ܐ̈ܦܝ ܢܡܘ̈ܣܐ ܕܐܒܗ̈ܬܐ [14a] A ܝܘܣܦܘܣ (om. ܘܐܦ) [15] A adds ܘܐܡܪ 𝔄 om. ܒܩ̈ܕܡܝܬܗ [16] A ܕܒܫܓܘܫܝܐ [17] In 𝔄 read *i* for *p* before [illegible] [18] A ܚܕ ܕܝܢ ܡܢܗܘܢ [19] A ܐܠܟܣܢܕܪܝܐ [20] A ܕܪ̈ܗܘܡܝܐ [21] 𝔄 *hostias et aras et palatia varia*

ܕܠܐ ܡܬܦܫܩ ܒܥܒܪܝܐ. ܘܒܐܢܕܪܝܛܐ ܠܐ[22] ܡܩܝܡܝܢ ܠܗ.
4 ܘܡܫܬܡܥܝܢ ܠܐ ܢܦܫܝܢ. ܘܟܕ ܐܡܪ ܗܘܐ ܐܦܝܢ ܒܡܠܬܐ
ܡܥܠܝܬܐ[23]: ܕܒܗܝܢ ܦܩܕ ܗܘܐ ܕܬܬܥܒܕ ܠܐܠܗܘܬܗ. ܐܦ ܕܚܕܝܐ
ܗܘܬ ܠܒܝܬ. ܦܝܠܘܢ ܕܝܢ ܗܘ ܕܥܒܕ ܗܘܐ ܒܐܦܪܣܒܘܬܐ ܫܠܡ
ܝܗܘܕܝܐ ܠܘܬ ܓܐܝܘܣ ܕܒܟܠ ܡܕܡ ܚܟܝܡ ܗܘܐ[24]. ܐܝܬܘܗܝ ܗܘܐ ܕܝܢ[25]
ܐܚܘܗܝ ܕܐܠܟܣܢܕܪܘܣ[26] ܒܪ ܐܠܒܪܟܘܣ.[27] ܘܡܕܒܪܢܐ ܗܘܐ
ܒܥܠܡܢܘܬܐ. ܟܕ ܕܝܢ ܡܛܐ ܗܘܐ ܒܫܠܝܐ[28] ܕܢܦܘܩ ܢܘܪܐ ܥܠ
5 ܗܠܝܢ ܡܛܠ ܦܘܪܩܢ. ܥܠܘܗܝ ܠܐܠܗܘܬܗ ܘܬܕܝܢܘܗܝ[29] ܡܢ ܩܕܡܘܗܝ..
ܕܝܢ ܗܘܐ ܕܝܢ ܟܕ ܡܬܚܫܒ ܗܘܐ[30] ܥܠܝܗܘܢ. ܕܢܚܬܡ ܒܝܫ.
ܦܩܕ ܠܐܕܝܢܘܗܝ. ܦܝܠܘܢ ܕܝܢ ܢܦܩ ܡܢ ܩܕܡܘܗܝ. ܟܕ ܡܬܚܡܬ.
ܘܐܡܪ ܠܝܗܘܕܝܐ ܗܢܘܢ ܕܐܝܬ ܗܘܐ ܠܘܬܗ[31] ܕܗܐ ܠܝ ܕܢܬܠܒܒ..
ܕܠܐܝܘܣ[32] ܟܕ ܪܓܙ ܥܠܝܢ ܒܥܒܕܝ ܐܠܗܐ (B fol. 24 a) ܡܬܪܒܐ
ܠܝ ܗܠܝܢ ܐܡܪ ܦܝܠܘܢ.[33]

ܕܐܬܝܐ ܕܒܝܫܬܐ ܒܝܫܬܐ ܐܬܪܢܝ ܐܢܘܢ ܠܝܗܘܕܝܐ. ܡܢ ܒܬܪ A 87
ܡܪܘܕܘܬܗܘܢ[1] ܕܥܠ[2] ܡܫܝܚܐ ·:·

6 ܐܦ ܗܘ ܕܝܢ ܦܝܠܘܢ ܒܗܘ ܡܐܡܪ ܕܟܬܒ ܥܠ ܐܦܪܣܒܘܬܗ.
ܐܘܕܝ[2a] ܦܘܫܐܢܬ ܒܬܪ ܒܬܪ ܥܠܝܗܘܢ[3] ܕܐܬܩܪܒ ܗܘܐ ܠܝܗܘܕܝܐ[4]. ii 569 M
ܐܫܟܚܘ ܕܝܢ[5] ܡܥܠܝܬܐ ܘܐܣܝܪ ܐܝܠܝܢ ܕܒܠܐܝܬ ܡܕܝܢ

[22] A om. ܠܐ [23] A ܩܘܡܢܝܬܐ; A adds *de iis* [24] A *qui omnino praeclarus vir erat* [25] A om. ܕܝܢ; A ܘܐܚܘܗܝ ܗܘܐ [26] A ܐܠܟܣܢܕܪܘܣ [27] A ܐܠܒܪܟܘܣ [28] A om. ܒܫܠܝܐ [29] A ܘܦܪܩܗ [30] A om. ܗܘܐ [31] A ܠܘܬܗܘܢ [32] A A ܕܓܐܝܘܣ [33] A ܦܝܠܘܢ

CHAP. VI. [1] A fol. 25 b [2] A adds ܢܡܘܣܐ [2a] A adds *magis eis s. eorum* [3] A ܡܢ ܒܬܪ ܕܥܠ ܕܐܬܡܛܝܘ [4] A ܕܝܗܘܕܝܐ [5] A om.
ܕܝܢ

ܠܐܝܠܝܢ ܕܦܬܪܝ. ܗܢܘܢ ܕܓܒܐ ܠܫܘܕܥܐ ܡܢ ܚܕܐ[6] ܥܠ ܕܐܡܪܢܘ
7 ܥܠ ܡܫܝܚܐ. ܡܕܝܢܬܐ ܗܟܝܠ. ܕܡܢܡܐܝܬ[7] ܒܢ̈ܡܘܣܬܗ
ܕܦܠܚܝܢܗܘܢ ܕܒܪܘܡܐ ܡܫܡܠܝܬܐ. ܘܐܝܟܢܘܢ ܗܘ̈ܦܟܐ:
ܕܦܫܛ ܗܘܐ ܠܗ ܕܢܫܒܘܩ ܟܬ̈ܒܐ ܕܐܘܪܝܬܐ ܡܢ ܠܘܬ ܡܠܟܐ.
ܡܬܡܫܟ ܗܘܐ ܕܢܘܒܕ ܠܟܠܗ ܥܡܐ ܕܝܗܘܕܝܐ. ܟܕ ܕܝܢ
ܒܐܪܥܐ ܕܝܗܘܕ. ܦܠܛܘܣ ܗܘ ܕܒܫܘܠܛܢܗ ܐܡܪܢܘ ܥܠ
ܦܘܡܝ. ܟܕ ܗܘܐ ܕܢܫܒܘܩ ܒܗܝܟܠܐ ܕܐܢܫ ܗܘܐ ܒܐܘܪܫܠܡ
ܗܢܘܢ[8] ܕܠܘܬ ܝܗܘܕܝܐ ܠܐ ܫܠܝܛ ܗܘܐ. ܘܠܘܬ ܐܢܘܢ
vi. 1 ܕܐܘܪܫܠܡ. ܡܢ ܒܬܪ ܕܝܢ ܕܗܢܐ ܦܠܛܘܣ ܘܡܛܠ ܫܘܠܛܢܐ
ܒܬܪܗ ܠܓܐܝܘܣ: ܗܘ ܕܒܡܠܟܘܬܐ ܒܬܪ ܠܛܝܒܪܝܘܣ:
ܡܬܢܟܪܬ[9] ܕܝܢ ܠܟܠܗ ܥܡܐ ܕܝܗܘܕܝܐ ܐܡܪ ܒܡܠܟܘܬܗ.[10]
ܡܫܟܚܝܢ ܐܢܫܝܢ[11] ܕܝܢ ܕܢܐܠܦ ܒܡܠܠ ܡܕܡ ܡܢ ܬ̈ܠܝܬܝ
2 ܕܡܬܬܒܥܐ ܕܡܢܝܢ ܥܬܝܕ ܗܘܐ. ܕܗܘܝܐ ܠܗ ܐܬܬܘܣܝ ܗܘܐ
ܒܐܘܪܚܐ ܕܪܘܚܐ[12] ܕܐܠܗܘܢ. ܠܘܬ ܥܠ ܐܢܫ.[13] ܐܬܢܟܝܬ ܕܝܢ
ܠܘܬ ܓܢܣܐ ܕܝܗܘܕܝܐ. ܕܠܗܘܢ ܦܫܐ ܗܘܐ ܒܫܐܝܬ. ܟܕ
ܓܠܝܬܐ[14] ܕܝܢ ܕܒܬܫܡܫܬܐ[15] ܐܚܪܢܝܬܐ ܢܦܩ ܗܘܐ[16] ܐܚܝܢ
ܠܢܦܫܗ. ܥܒܪ ܕܝܢ ܡܢ ܗܢܘܢ ܕܒܐܠܟܣܢܕܪܝܐ. ܘܟܠ ܕܗܘ[17]
ܓܠܚܐ ܘܐܣܛܪܛܝܓܐ ܕܓܝܣܬܐ[18] ܕܐܬܐ ܫܠܝܐ ܗܘܐ. ܗܘ (B fol. 24 b)
ܓܪ ܕܒܬܪܟܬܐ ܡܦܩܕ ܗܘܐ ܗܘ ܡܢܐ ܕܐܣܝܪܐ[19] ܡܩܒܠܝܢ ܗܘܘ
ܠܗ. ܒܫܠܝܐ ܕܓܒܝܬܐ[20] ܗܘ ܠܡܘܡܬܗ ܡܩܒܠ ܗܘܐ ܠܗ.
ܡܬܠܠܐ ܕܝܢ[21] ܕܐܝܬ ܗܘܐ ܒܡܕܝܢܬܐ ܘܡܫܬܐ ܕܠܐ ܡܬܚܙܝܐ

[6] A ܡܕܝܢܐ [7] A ܕܡܬܡܠܟܐ [8] Ʒ ܟܠ ܡܕܡ [9] A ܠܐܬܪܐ
[10] A ܒܩܘܛܝܐ [11] A ܕܢܝܚ [12] A ܕܒܢܝܢܝ [13] A ܒܠܒܠ
[14] A ܕܦܠܘܬܐ, Ʒ does not express ܒܠܐ nor ܕܝܢ [15] A Ʒ ܕܡܬܢܫܐ [16] Ʒ
ܕܢܦܩ ܗܘܐ [17] A ܕܟܠ [18] A ܕܡܦܩܬܐ, Ʒ ܕܡܦܩܬܐ [19] A ܕܐܣܝܪܐ
[20] Ʒ plur. [21] Ʒ om. ܕܝܢ

ܗܘܐ܂ ܗܘ ܡܠܟܐ ܥܣܠܦ ܘܥܒܕܗ ܗܡܠܟܐ ܕܢܦܫܗ܂ ܕܢܗܘܐ
ܡܬܬܪܝܐ ܗܡܠܟܐ ܕܐܚܐ ܕܐܠܟܣܢܕܪܘܣ܂ ܘܗܘ ܕܝܢ ܒܢ̈ܝܢ ܕܥܡܡ 3
ܠܐܠܟܣܢܕܪܝܐ܂[22] ܓܒܪ ܒܢ̈ܝ ܚܐܪܘܬܗ ܕܗܢܘܢ ܠܥܡܐ[23] ܕܝ̈ܗܘܕܝܐ
ܕܐܠܟܣܢܕܪܝܐ܂[24] ܡܫܬܥܝܢܐ ܗܘ[25] ܗܢܐ ܡܫܬܥܝܢܐ ܘܩܠܡ ܠܗ
ܐܦ ܡܫܡܫܢ܂[26] ܕܡܢ ܡܫ̈ܬܗ ܕܦܝܠܘܢ ܡܢ ܒܪ ܐܡܪܝܢܘ[27]
ܥܠ ܦܪܘܣܒ܂ ܡܢ ܗܢܘܢ ܡܫܡܥ ܕܥܒܪܘ ܐܠܦܝܢܐ ܒܢ̈ܝܐ ܕܡܕܝܢ
ܠܟܠܗ ܥܡܐ܂ ܒܚܕ ܗܟܝܠ ܕܐܬܠܝ ܡܫܡܥ ܒܦܪܬܐ ܕܬܪܝܢ 4
ܕܦܪܟܐ ܕܝ̈ܗܘܕܝܐ ܒܗܠܝܢ ܙ̈ܒܢܐ܂ ܕܒܪ[28] ܐܫܬܕܪ ܠܗ ܡܢ ܛܝܒܪܝܘܣ B J ii 9, 2
ܦܝܠܛܘܣ ܐܦܛܪܘܦܐ ܥܠ ܝܗܘܕ܂ ܠܠܝܐ ܡܛܫܝܐܝܬ ܐܥܠ
ܠܐܘܪܫܠܡ ܐܝܩܘܢܘܗܝ ܕܩܣܪ܂ ܘܗܢܘ ܗܘܐ ܒܐܝܣܛܡܘܣ ܨܠܡ̈ܝܢܐ 𝔄 89
ܫܡܝܐ ܐܥܒܪܬ ܠܗܝܟܠܐ܂ ܐܝܟ ܕܒܪ ܕܦܪܕܘܢ ܗܘܘ ܠܢܡܘܣܐ
ܬܘܟܠܢܗ ܗܘܘ܂ ܕܐܝܟ[29] ܕܡܫܡܠ ܐܬܕܪܫܘ[30] ܗܘܘ ܠܗܘܢ
ܢܡ̈ܘܣܝܗܘܢ܂[31] ܠܐ ܓܝܪ ܫܠܝܛ ܗܘܘ ܕܢܬܚܙܐ ܗܘܐ
ܒܗܝܟܠܗܘܢ ܨܠܡܐ ܕܒܪܢܫ܂[32] ܗܠܝܢ ܒܪ ܬܘܒ ܠܬܠܬܐ 5
ܕܐܘܢܓܠܝܘܢ ܡܫܬܥܠ ܐܢܫ܂ ܕܠܘ ܟܠܗ ܙܒܢܐ[33] ܐܝܬܝܟ ܐܢܘܢ
ܗܘ ܡܠܟܐ ܕܩܥܝܢ ܗܘܘ ܩܕܡܘܗܝ ܕܦܝܠܛܘܣ܂[34] ܕܠܡ ܠܝܬ ܠܢ Jo xix 15
ܡܠܟܐ ܐܠܐ ܐܢ ܩܣܪ܂ ܘܬܘܒ ܐܦ ܥܠ ܒܬܫܥܝܬܐ[35] ܐܚܪܬܐ 6
ܕܟܬܒ ܐܢܘܢ܂ ܡܫܬܥܐ ܗܘ ܗܢܐ ܡܫܬܥܝܢܐ ܒܗܠܝܢ ܙ̈ܒܢܐ܂
ܡܢ ܒܬܪ ܗܠܝܢ ܠܡ ܐܦ ܫܓܘܫܝܐ ܐܚܪܢܐ ܐܚܪܢ ܗܘܐ܂ B J ii 9, 4
ܕܓܙܐ ܕܗܝܟܠܐ ܕܡܬܩܪܐ ܗܘܐ ܩܘܪܒܢ܂ ܒܢܦܩܬܐ ܕܐܩܘܐܕܘܩܛܐ
ܕܡ̈ܝܐ ܢܦܩܗ ܗܘܐ܂ (B fol. 25 a) ܢܦܩܬ ܗܘܐ ܕܝܢ ܡܢ ܬܠܬܡܐܐ

[22] A om. ܠܐܠܟܣܢܕܪܝܐ [23] A fol. 26 a [24] A adds ܕܝܗܘܕ̈ܝܐ ܠܐܠܟܣܢܕܪܝܐ
[25] 𝔄 adds *pulc* ܝܡ? [26] A ܘܡܫܡܫܢ 𝔄 om. ܐܦ [27] A ܘܐܡܪܝܢܘ ܕܒܪ ܥܠ
[28] A ܒܪ [29] 𝔄 ܘܐܝܟ [30] A ܐܬܕܪܫܘ [31] 𝔄 *leges Dei* [32] A ܡܪܝܡ
[33] 𝔄 plur. [34] 𝔄 adds *et dicebant* [35] 𝔄 plur.

ܐܝܬܝܘܗܝ.36 ܘܡܛܠ ܗܕܐ ܒܢܝ̈ܐ ܕܥܡܐ37 ܡܬܕܠܚܝܢ ܗܘܐ.38
7 ܘܟܕ ܐܬܐ ܦܝܠܛܘܣ ܠܐܘܪܫܠܡ. ܡܣܟܝܢ ܗܘܘ ܟܠܗܘܢ39
ܘܡܬܟܬܫܝܢ ܘܩܥܝܢ. ܘܗܘ40 ܕܝܢ ܡܛܠ ܕܩܕܡ ܝܕܥ41 ܗܘܐ
ܫܓܘܫܗܘܢ. ܠܚܝܠܐ ܕܦܘܠܚܢܐ ܟܕ ܡܐܢܝܗܘܢ42 ܘܡܟܣܝܢ ܗܘ
A 90 ܠܒܪ ܠܒܘ̈ܫܐ ܥܡܡܝܐ ܢܦܩ ܐܢܘܢ ܒܟܢܫܐ ܕܥܡܐ. ܟܠܗ
ܐܢܘܢ ܕܝܢ ܕܠܐ ܢܬܚܙܘܢ ܒܣܝ̈ܦܐ.43 ܘܦܩܕ ܕܠܐܝܠܝܢ ܕܩܥܝܢ
ܗܘܘ ܕܢܡܚܘܢ ܐܢܘܢ ܒܚܘܛܪ̈ܐ. ܘܪܡܙ ܠܗܘܢ ܐܬܪܐ ܡܢ
ܒܝܡ ܕܝܠܗ. ܟܕ ܕܝܢ ܚܙܝܢ ܗܘܘ ܫܘܓܫܝܐ.44 ܣܓܝ̈ܐܐ ܡܢܗܘܢ
ܡܢ ܡܚܘ̈ܬܐ45 ܡܝܬܘ. ܣܓܝ̈ܐܐ ܕܝܢ ܟܕ46 ܥܪܩܝܢ. ܚܕ ܡܢ ܚܕ
ܐܬܕܪܫܘ ܘܐܒܕܘ. ܒܒܗܬܬܐ47 ܕܝܢ ܕܗܘܬ ܒܗܘܢ ܕܐܬܩܛܠܘ.
8 ܫܬܩܘ ܒܢܝ̈ܐ ܘܐܬܬܢܝܚܘ. ܘܡܢ ܗܠܝܢ ܡܚܘܝܐ ܕܗ̈ܘܝ ܒܗ̇
ܒܐܘܪܫܠܡ ܪܒܘ ܒܬܪ. ܕܡܢ ܗܝܕܝܢ ܠܐ ܫܠܝ.. ܡܢ ܡܕܝܢܬܐ48
ܘܡܢ ܗܘܐ ܟܠܗ̇: ܦܘܠܡܘܣܐ ܘܡܪܕܐ49 ܘܟܢܫܬܐ ܕܥܒܕܝܢ ܐܢܘܢ.50
ܥܕܡܐ ܕܠܚܪܬܐ ܐܦܪܟܐ ܐܕܪܟ ܐܢܘܢ ܕܒܝ̈ܘܡܝ ܐܣܦܣܝܢܘܣ.51
ܠܬܘܕܝܬܐ ܗܟܝܠ ܥܠ ܗܠܝܢ ܕܐܬܥܒܕܘ ܥܠ ܡܫܝܚܐ. ܐܕܪܟ
ܐܢܘܢ ܕܝܢܐ ܟܐܢܐ ܕܐܠܗܐ.52

36 𝔄 lit. *quae veniebat a distante trecentis stadiis* 37 𝔄 adds *Judaeorum*
38 𝔄 adds *valde* 39 𝔄 *circumstabant ei* 40 A 𝔄 ܗܘ 41 A ܝܕܥ
42 𝔄 adds *subtus* 43 𝔄 sing. 44 𝔄 joins ܫܘܓܫܝܐ to the words that follow 45 A ܡܚ̈ܘܬܐ 46 A fol. 26 *b* 47 𝔄 plur. and om. ܕܝܢ
48 A 𝔄 ܡܕܝܢܬܐ 49 A ܦܘܠܡܘܣܐ ܘܡܪܕܐ 50 𝔄 appears to have read
ܡܢ ܡܕܝܢܬܐ ܦܘܠܡܘܣܐ ܘܡܪܕܐ ܗܘܐ ܟܠܗ̇ ܡܪܕܐ ܕܟܢܫܬܐ ܕܥܒܕܝܢ ܐܢܘܢ
51 A ܐܣܦܣܝܢܘܣ] 𝔄 *Pilati* 52 𝔄 renders the last sentence freely

ܕܡܕܝܢ̱ܬܐ ܕܐܠܟܣܢܕܪܝܐ ܗܘܐ ܠܝܗܘܕܝܐ ܡܛܠ ܦܝܠܛܘܣ..

vii. ܘܠܐ ܗܘ ܕܝܢ ܕܢܣܒ. ܕܦܝܠܛܘܣ ܗܘ̇ ܕܗܘܐ ܒܝܘ̈ܡܬܗ

ܕܦܪܘܩܢ: ܗܢܐ ܕܐܡܪܝܢ ܥܠ ܐܒܗܘ̈ܗܝ[1] ܕܟܬ̈ܘܒܘܗܝ ܕܝܘܢܝ̈ܐ. 𝔄 91

ܕܡܬܐܡܪ ܠܘܬܗܘܢ ܕܢܦܠ ܒܐܘ̈ܠܨܢܐ ܣܓܝ̈ܐܐ.[2] ܕܗܡ ܐܝܟܢܐ

ܩܛܠܬܐ[3] ܗܘ ܗܘܐ ܩܛܘܠܐ ܠܢܦܫܗ. ܘܒܐܝܕܘܗܝ[4] ܡܛܠ

ܕܗܟܢ ܒܥܕܢܐ ܕܦܘܪܥܢܐ ܠܗ.[5] ܘܒܟܠ ܐܕܪܟܗ ܕܝܢܐ[6] ܕܐܠܗܐ

ܕܐܠܗܐ. ܐܝܟ ܕܡܫܬܥܝܢ ܠܘܬܗܘܢ ܡܟܬܒܢܐ ܕܝ̈ܘܢܝܐ ·:·

ܕܬܡܢܝܬܐ ܥܠ ܟܦܢܐ ܕܗܘܐ ܒܝ̈ܘܡܝ[1] ܩܠܘܕܝܘܣ..

viii. 1 ܒܝܘܡܘܗܝ ܕܝܢ ܕܗܢ ܡܠܟܐ[2] (B fol. 25 b) ܐܪܒܥ ܫ̈ܢܝܢ ܐܚܝܕ ܫܘܠܛܢܐ

ܕܡܠܟܘܬܗ. ܘܠܩܠܘܕܝܘܣ ܐܘܛܘܩܪܛܘܪ ܡܢ ܒܬܪܗ. ܗܘ̇[3] ܕܒܫ̈ܢܝ ܡܠܟܘܬܗ

ܗܘܐ ܟܦܢܐ ܥܠ ܐܪܥܐ. ܘܗܕܐ ܐܦ ܐܝܠܝܢ ܕܠܒܪܝܢ[4]

ܠܝܘܠܦܢܐ ܕܝܠܢ ܒܡܟܬܒܢܘܬܗܘܢ[5] ܐܫܠܡܘܗ̇[6] ܬܫܥܝܬܗ: ܐܝܟ ܕܐܫܬܥܝܢ

2 ܠܘܩܐ ܒܦܪܟܣܝܣ[7] ܘܐܡܪ ܥܠ ܐܓܒܘܣ ܢܒܝܐ. ܕܐܬܢܒܝ ܗܘܐ[8] Acts xi 28 ff.

ܥܠ ܟܦܢܐ ܕܥܬܝܕ ܗܘܐ ܠܡܗܘܐ. ܘܕܐܝܟܢܐ[9] ܒܝܕ ܦܘܠܘܣ

ܘܒܪܢܒܐ. ܐܚ̈ܐ ܕܒܐܢܛܝܘܟܝܐ ܠܐܚܝ̈ܗܘܢ ܕܒܝܗܘܕ ܐܝܟ ܕܣܦܩܐ 𝔄 92

ܗܘܬ ܒܐܝܕܗ ܕܐܢܫ ܐܢܫ. ܡܢܗܘܢ ܫܕܪܘ[10] ܠܬܫܡܫܬܐ. ·:· ·:·

CHAP. VII. [1] A ܒܟܬܒܘܗܝ [2] A ܣܘܓܐܐ ܕܢܦܠ ܒܐܘܠܨܢܐ ܣܓܝܐܐ ܘܒܝ̈ܫܐ. 𝔄 adds after ܣܓܝ̈ܐܐ *et in dolores malos* [3] A ܣܓܝܐܬܐ [4] In 𝔄 for [illegible] read [illegible]? [5] In 𝔄 for [illegible] read [illegible]? [6] 𝔄 plur. and om. ܒܝܕ

CHAP. VIII. [1] 𝔄 *diebus* [2] 𝔄 om. ܡܠܟܐ [3] A om. ܗܘ̇ 𝔄 om. ܕ ܗܘ̇ [4] A ܕܠܒܪܝܢ [5] A ܒܡܟܬܒܢܘܬܗܘܢ [6] 𝔄 adds *nobis* [7] 𝔄 adds *apostolorum* [8] A om. ܗܘܐ [9] A ܘܕܐܝܟܢ [10] A ܫܕܪ

ܕܬܫܒܚܬ ܣܗܕܘܬܗ ܕܝܥܩܘܒ ܫܠܝܚܐ.

Acts xii 1f. ܒܗܘ ܠܡ ܙܒܢܐ: ܡܫܝܚܐ ܕܝܢ[1] ܕܒܝ̈ܘܡܝ ܩܠܘܕܝܘܣ. ܐܪܡܝ ix. 1
ܗܘܐ ܐܝ̈ܕܝܐ ܗܪܘܕܣ ܡܠܟܐ ܕܢܒܐܫ ܠܐܢܫܝܢ ܡܢ ܥܕܬܐ.
2 ܘܩܛܠ ܠܝܥܩܘܒ ܐܚܘܗܝ ܕܝܘܚܢܢ ܒܣܝܦܐ. ܥܠ ܗܢܐ[2] ܝܥܩܘܒ.
ܩܠܝܡܝܣ[3] ܐܦ ܬܫܥܝܬܐ ܕܫܪܪܐ ܠܗܘܦܘܛܝܣ ܐܫܬܥܝ ܥܠܘܗܝ.
ܐܝܟ ܕܡܢ ܡܫܠܡܢܘܬܐ ܕܩܕܡܝܢ ܕܡܫܬܡܥܝܢ. ܕܗܘ ܠܡ ܕܐܥܠܗ
ܗܘܐ ܠܒܝܬ ܕܝܢܐ ܒܕ ܚܙܝܗܝ ܗܘܐ ܕܐܣܗܕ ܐܬܬܙܝܥ.[4]
3 ܘܡܘܕܐ ܗܘܐ[5] ܥܠ ܢܦܫܗ ܐܦ ܗܘ[6] ܕܟܪܣܛܝܢܐ ܗܘ. ܘܐܬܕܒܪ[7]
ܬܪܝܗܘܢ ܐܟܚܕܐ. ܘܒܕ ܐܙܠܝܢ ܗܘܘ ܒܐܘܪܚܐ. ܒܥܐ ܗܘܐ
ܡܢܗ ܡܢ ܝܥܩܘܒ ܕܢܫܒܘܩ ܠܗ.[8] ܗܘ ܕܝܢ ܙܒܢܐ ܒܚܫܒܬܗ
𝔄 93 ܩܠܝܠ ܘܐܡܪ ܠܗ. ܫܠܡܐ ܠܟ ܘܢܫܩܗ. ܘܡܢܗܘܢ ܕܬܪܝܗܘܢ
4 ܐܬܦܣܩܐ ܐܬܦܣܩܘ ܪ̈ܝܫܝܗܘܢ[9] ܗܕܝܢ. ܐܝܟ ܕܐܡܪ ܟܬܒܐ[10]
ib. 3 ܕܐܠܗܐ. ܒܕ ܚܙܐ ܗܪܘܕܣ ܕܫܦܪ ܠܝܗܘ̈ܕܝܐ ܕܩܛܠܗ ܕܝܥܩܘܒ
ܠܫܡܥܘܢ. ܐܪܡܝ ܐܝ̈ܕܝܐ ܥܠ ܦܛܪܘܣ ܘܐܪܡܝܗ ܒܒܝܬ
ܐܣܝܪ̈ܐ. ܕܐܦ ܠܗ ܕܝܢ ܢܩܛܘܠ ܗܘܐ ܠܗ. ܐܠܐ (B fol. 26 a) ܠܐ
ܕܒܝܕ ܚܝܠܐ ܕܐܠܗܐ ܒܕ ܩܡ ܠܘܬ ܚܒܘܫܗ ܡܠܐܟܐ ܒܠܠܝܐ
ܒܬܫܡܫܬܐ.[11] ܐܫܬܪܝ ܡܢ ܩܝܪ̈ܘܗܝ ܐܣܘܪ̈ܐ ܘܐܫܬܕܪ ܠܬܫܡܫܬܐ
ܕܟܪܘܙܘܬܐ. ܥܠ ܦܛܪܘܣ ܕܝܢ[12] ܐܝܟ ܗܕܐ ܡܫܬܪܪܢܘܬܐ[13]
ܗܘܬ ·:· ·:· ·:·

Chap. IX. [1] A ܕܝܢ ܡܫܝܚܐ? In 𝔄 for *[illegible]* read *[illegible]* [2] A fol. 27 a [3] A ܩܠܡܝܣ [4] A ܐܬܕܝܢ [5] 𝔄 *et statim coepit confiteri* [6] 𝔄 om. ܐܦ ܗܘ [7] A ܐܦ ܐܬܕܒܪܘ [8] 𝔄 adds *peccata* [9] A rightly places a stop at ܪ̈ܫܝܗܘܢ [10] A ܟܬܒܐ 𝔄 ܟܬ̈ܒܐ [11] 𝔄 plur. [12] 𝔄 om. ܕܝܢ [13] In 𝔄 for *[illegible]* read *[illegible]*

ܕܒܫܘܪܝܐ ܕܐܡܚܝܢܐ[1] ܠܐܓܪܦܐ ܕܗܘ ܗܪܘܕܣ ܟܕ[2] ܪܕܦ
ܠܫܠܝܚܐ. ܦܪܥܬܗ ܡܚܘܬܐ ܕܕܝܢܐ[3] ܕܐܠܗܐ...

x. 1 ܥܠ ܡܪܕܘܬܗ ܗܟܝܠ ܕܡܠܟܐ ܕܥܠ ܫ̈ܠܝܚܐ ܠܐ ܗ̇ܘܐ
ܦܘܫܐ ܠܬܘܚܠܬܐ[4]. ܡܢ ܚܕܐ[5] ܓܝܪ ܐܝܕܝܗ ܡܫܡܫܢܐ ܕܢܘܓܪܐ
ܕܕܝܢܗ[6] ܕܐܠܗܐ ܡܢ ܒܬܪ ܡܪܕܘܬܗ ܕܥܠ ܫ̈ܠܝܚܐ. ܐܝܟ 𝔄 94
ܕܡܘܕܥܐ ܦܪܟܣܝܣ.[7] ܕܟܕ ܐܬܐ ܠܩܣܪܝܐ: ܘܒܝܘܡܐ ܝܕܝܥܐ Acts xiii 21 ff.
ܕܥܐܕܐ ܠܒܫ ܠܒܘܫܐ ܥܬܝܪܐ ܕܡܠܟܘܬܐ: ܘܩܡ ܥܠ ܒܝܡ
ܪ̈ܡܬܐ ܘܡܡܠܠ ܗܘܐ ܠܥܡܐ: ܘܟܠܗ ܥܡܐ[8] ܡܩܥܝܢ ܗܘܐ
ܠܗ ܒܩ̈ܠܝܗܘܢ ܘܐܡܪܝܢ ܗܘܘ: ܕܗܠܝܢ ܒܢܬ ܩ̈ܠܐ[9] ܕܐܠܗܐ
ܐ̈ܢܫ ܘܠܐ ܗ̇ܘ̈ܝ ܕܒܪ ܐܢܫܐ:[10] ܘܡܚܕܐ ܡܚܝܗܝ. ܡܠܐܟܗ
ܕܡܪܝܐ[11] ܘܟܕ ܐܬܐܟܠ ܬܘ̈ܠܥܐ ܡܝܬ. ܠܡܬܕܟܪܘ ܕܝܢ ܦܐܐ ܠܝ. 2
ܕܐܡܚܝܢܐ[12] ܫܠܡܐ ܠܟܬܒܐ[13] ܕܐܠܗܐ ܬܫܥܝܬܗ ܕܝܘܣܝܦܘܣ[14]
ܐܦ ܒܗܕܐ ܬܕܡܘܪܬܐ ܕܦܣܩܗ[15] ܠܫܪܪܐ. ܡܫܬܟܚܐ ܕܝܢ ܗܟܢܐ.
3 ܕܟܕ ܫ̈ܠܡ ܬܠܬ[16] ܫ̈ܢܝܢ ܕܡܠܟܘܬܗ ܕܥܠ ܟܠܗ̇ ܝܗܘܕ ܐܬܐ Ant xix 8, 2
ܠܩܣܪܝܐ ܡܕܝܢܬܐ. ܗ̇ܝ ܕܡܢ ܩܕܝܡ ܡܬܩܪܝܐ ܗܘܬ ܡܓܕܠܐ
ܕܐܣܛܪܛܘܢ. ܘܥܒܕ ܗܘܐ ܬܡܢ[17] ܒܥܐܕܐ ܕܢܨܚܢܐ[18] ܠܐܝܩܪܗ
ܕܩܣܪ ܥܠ ܦ̈ܘܫ ܫܠܡܗ. ܘܟܢܝܫܝܢ ܗܘܘ ܬܡܢ ܡܢ ܗܦܪ̈ܟܝܘܣ
4 ܐܢܫܐ ܡܝ̈ܬܪܐ[19] ܕܡܬܝܕܥܝܢ ܒܐܬܪܐ ܗܘܝܐ. ܒܝܘܡܐ ܕܝܢ
ܬܪܝܢ ܕܢܨܚܢܐ.[20] ܠܒܫ ܐܣܛܠܐ ܥܬܝܪܬܐ[21] ܕܥܒܝܕܐ (B fol. 26 b)

Chap. X. [1] A ܕܐܡܚܝ [2] 𝔄 om. ܟܕ [3] 𝔄 plur. [4] 𝔄 adds *eius* [5] A ܡܟܝܪܐ [6] 𝔄 plur. [7] 𝔄 *sicut monstrant Acta apostolorum* [8] 𝔄 plur. [9] 𝔄 sing. [10] A ܕܒܪܢܫܐ A fol. 27 b [11] 𝔄 *Dei* [12] A ܕܐܡܚܝ [13] 𝔄 plur. [14] A ܕܝܘܣܝܦܘܣ [15] A ܕܦܣܩܗ [16] A ܐܬܠܬ 𝔄 has *mil* = ܐܠܦ before ܬܠܬ [17] A om. ܬܡܢ [18] 𝔄 sing. [19] ܐܢܫܐ ܐܝܬܪ̈ܐ ܡܢ ܗܦܪ̈ܟܝܘܣ 𝔄 *homines illustres e regione* [20] 𝔄 sing. [21] A ܥܬܝܪܬܐ

𝔄 95 ܟܠܗ̇ ܒܣܐܡܐ ܘܐܬܐ ܠܬܐܓܪ̈ܘܢ ܡܢ ܪܫܗ[22] ܕܝܘܡܐ. ܘܟܕ
ܢܦܠܘ ܐܠ̈ܦܐ ܡܣܗ̈ܕܢܐ ܕܫܡܫܐ ܥܠ ܗ̇ܘ ܒܐܡܐ. ܡܫܘܪ
ܗܘܐ ܘܡܫܘܪ ܬܡܝܗܐܝܬ.[23] ܘܠܐܡܠܝܢ ܕܫܢܝܢ ܗܘܘ ܒܠܝܩ̈ܘܗܝ.
5 ܕܚܠܬܐ ܘܙܘܥܬܐ ܐܢܫܝܐ[24] ܗܘܬ. ܥܩܘܪ̈ܒܬܐ ܕܝܢ ܡܢ ܚܕܐ[25]
ܡܚܝܢ ܗܘܘ ܘܐܡܪܝܢ ܡܢ ܟܠ ܚܕ̈ܢܝܢ. ܡ̈ܠܐ[26] ܕܠܐܠܗܘܬܗ ܠܐ
ܗ̈ܘܘ. ܦܐܝܡ ܗܘܘ ܠܗ ܒܪ ܐܠܗܐ ܘܦܬܚܝܢ ܗܘܘ ܡܒܣܡ[27]
ܕܬܘܕܝܬܐ ܠܗܘܢ. ܘܐܡܪܝܢ ܗܘܘ. ܐܦ ܒܙܡܪܐ ܠܡܫܒܚܐ ܐܝܟ
ܕܡܢ ܒܪ ܐܢܫܐ ܕܫܠܡ ܗ̈ܘܘ ܡܢܝ. ܐܠܐ ܡܫܒܠ ܡܚܕܝܢ
6 ܐܢܫܝܢ[28] ܕܡܬܓܠܝܬ ܗܘ ܡܢ ܒܢܝܐ ܡܗܘܬܐ. ܠܐ ܕܝܢ ܓܒܐ
ܒܗܘܢ ܒܗܠܝܢ ܩܠܝܠܐ. ܘܡܫܪܪܘܬܗܘܢ[29] ܕܪܘܫܡܐ ܠܐ
ܐܫܠ. ܘܟܬܪ ܡܠܠ ܐܪܝܣ ܘܒܝܬܐ ܠܡܠܐܟܐ ܕܡܐܡ ܠܟܠ ܡܢ
ܪܫܗ. ܘܡܫܘܕܐ ܐܫܬܟܠ ܕܗܢܝܢ. ܟܠܬܐ ܗܘ ܕܒܫܠܡܗ. ܗ̇ܘ
ܕܡܢ ܡܢܗ ܐܬܬܘܣܝ ܗܘܐ ܕܠܟܠ̈ܬܗ.[30] ܘܐܫܘܕܗ ܐܘܠܝܢܐ
7 ܟܠܗܘܢ. ܘܡܫܘܕܐ[31] ܢܓܐ[32] ܒܪܘܫܗ ܒܐܟܐ ܘܓܝܪ ܫܡܥܢܝܬ.[33]
ܒ.ܕ ܕܝܢ ܚܘܪ ܗܘܐ ܒܪ̈ܘܡܗܘܢ. ܚܝܒ ܘܐܡܪ. ܐܢܫܐ ܕܐܡܪܝܢ
ܗܘܬܝܢ[34] ܕܐܠܗܘܢ ܐܢܫ. ܗܐ ܡܬܦܫܩ ܐܢܫܐ[35] ܕܐܦܣܘ
ܡܢ ܟܠܗܐ. ܘܦܣܩ ܕܐܬܗܝܡ[36] ܟܠܒ ܒܗܝ ܐܢܘܢ ܠܩ̈ܠܐ
𝔄 96 ܕܕܟܠܬܐ ܘܡܣܒܘܢ ܠܝ. ܐܢܫܐ[37] ܕܐܬܦܪܬܬ ܡܫܒܘܢ ܠܐ
ܡܗܘܬܐ ܗܘܐ ܠܒܝܬܗ ܡܬܦܪܢ ܐܢܫܐ. ܡܦܩܠ ܐܢܫܐ ܕܝܢ ܡܟܐ
ܕܝܟܢܗ ܕܐܠܗܐ. ܠܘ[38] ܒܪ ܒܢܫܐܝܬ ܐܬܕܪܝܬ. ܕܟܠ ܡܫܒܪܐ

[22] A ܪܫܗܘ [23] A ܠܡܬܡܗܐܝܬ [24] A ܐܢܫܐ [25] A ܡܢܫܐ [26] 𝔄 adds *laudum* [27] In 𝔄 for *[illegible]* read *[illegible]* [28] A ܡܕܝܢܬܐ [29] 𝔄 ܘܡܫܪܪܘܬܗܘܢ [30] A ܕܠܟܠܬܗ [31] A ܘܟܠ ܐܢܫܐ [32] A ܐܢܫܐ [33] For ܫܡܥܢܝܬ 𝔄 has *[illegible] vei* [34] A fol. 28 a [35] A ܡܬܦܫܩܐ [36] A ܕܐܬܓܡܪܬܗ; 𝔄 lit. *finis consummationis eius positus est* [37] A ܘܐܢܫܐ 𝔄 *et* [38] 𝔄 om. ܠܘ

ܕܡܠܟܘܬܐ ܫܒܝܥܝܐ ܫܢܬܐ ܫܘܡܠܝܗ. ܟܕ ܡܠܝܢ ܐܪܒܥ ܗܘܝ. 8
ܒܐܚܝܕܘܬܗ[38a] ܕܓܐܝܘܣ ܡܫܬܠܛ ܗܘܐ. ܐܩܠܘܕܝܘܣ ܗܘܝܠ
ܠܬܠܬܐ ܕܛܛܪܪܟܘܬܐ ܠܗܢܐ ܕܡܠܟܘܬܗ. ܘܫܢܝܢ ܬܠܬܐ ܠܘܬ
ܥܠ ܐܝܟ[39] ܕܐܬܝܗܒܬ ܠܗ ܒܬܪ ܡܠܟܐ. (B fol. 27 a) ܒܢܝܢܫܐ ܕܝܢ
ܕܒܗܕܐ[40] ܒܗܝ ܕܢܝܐ ܘܙܠܝܠܐ[41] ܥܠ ܗܢܐ ܡܬܒܥܝܢ ܗܘܘ.
ܘܒܙܒܢܗܘܢ[42] ܕܐܒܗܬܗܘܢ ܡܬܒܥܝܢ ܗܘܘ ܠܐܠܗܐ ܥܠ ܐܦܝ
ܡܠܟܐ.[43] ܘܒܟܝܢ ܗܘܘ ܘܐܠܝܢ. ܡܟܝܠ ܗܘܐ ܕܝܢ ܡܠܟܐ ܥܠ
ܐܓܪܐ ܪܡܐ. ܘܚܙܐ ܗܘܐ ܒܗܘܢ ܠܥܝܠ ܕܦܪܝܣܝܢ[44] ܥܠ
ܐܦܘܗܝ. ܐܦ ܗܘ ܕܝܢ ܒܟܐ ܗܘܐ.[45] ܟܕ ܕܝܢ ܚܙܐ ܟܠܗܘܢ 9
ܒܐܒܐ ܕܒܪܐܫܗ. ܒܚܫܐ[46] ܡܬܢܚܡ ܢܦܫ ܡܢ ܟܠܗܝܢ ܒܢܝܐܢܫܐ.
ܚܙܐ ܕܝܢ[47] ܚܫܝܫܝܢ ܘܐܬܪܒ ܚܕܝܢ. ܒܡܠܟܘܬܐ ܕܝܢ ܡܢ ܥܒܕ
ܚܕܝܢ. ܐܬܪܒ ܒܡܠܟܘܬܗ ܕܐܓܪܝܦܘܣ ܡܠܟܐ. ܘܬܠܬ ܒܐܘܫܥܢܝܢ
ܕܩܠܘܕܝܘܣ ܡܠܟܐ. ܕܬܪ ܕܝܢ[48] ܦܦܬܪܘܢܘܬܗ ܕܦܠܩܘܣ[49] ܬܠܬ
ܫܢܝܢ. ܒܫܢܬܐ ܕܝܢ ܕܚܡܫܝܢ ܘܐܪܒܥܐ ܠܗ ܐܦ[50] ܕܚܝܘܗܝ. 𝔄 97
10 ܕܐܡܪܝܢ ܕܝܢ ܥܠܡ ܐܦ ܒܗܠܝܢ ܟܡ[51] ܐܚܪܢܝܬܐ ܠܚܕܐ
ܡܢܝܢܐ ܝܘܣܦܘܣ[52] ܡܬܕܟܪ ܐܢܐ. ܘܐܝܟ ܐܝܬ ܐܝܢ ܕܡܬܦܠܓ
ܡܟܠ ܥܡܗ ܕܡܠܟܐ. ܐܠܐ ܕܝܢ[53] ܘܟܢܐ ܘܡܣܒܪܢܗ ܕܢܦܫܗ
ܕܗܘܝܘ. ܐܘ ܟܢ ܐܝܟ ܕܗܟ ܦܠܓܘܬܐ ܕܡܬܟܬܒܢܐ[54] ܐܬܝܠܦ
ܥܡܗ. ܐܘ ܬܪܝܢ ܥܠܡܝܢ ܐܝܬ ܗܘܐ ܠܗ ܐܝܟ ܕܠܦܠܓܝܐܐ.[55]

[38a] In 𝔄 for [illegible] read [illegible]: it is so quoted in the great Mechitarist Dictionary s.v. [illegible] [39] A ܒܟܠܗܝܢ [40] 𝔄 *hominum* [41] 𝔄 adds *spargentes cinerem* [42] A ܘܒܥܘܬܗܘܢ [43] 𝔄 *pro vita regis* [44] A 𝔄 add ܗܘܘ [45] 𝔄 *cum hoc videret, flebat et ipse* [46] A ܒܚܫܐ ܕܥܠܡܐ [47] A ܢܚܝܪ [48] 𝔄 om. ܡܢ. ܕܒܪ ܕܝܢ [49] A ܦܦܘܪܬܐ ܕܦܠܟܘܣ [50] A om. ܐܦ [51] A om. ܟܡ [52] A ܝܘܣܦܘܣ [53] A adds ܗܘܐ [54] A ܕܡܬܟܬܒܢܐ [55] 𝔄 *sicut et alii multi*

ܕܐܫܬܡܥ ܥܠ ܬܘܕܐ ܡܛܥܝܢܐ ⁘

ܡܛܠ ܕܝܢ ܕܬܘܒ. ܠܘܩܐ[1] ܒܦܪܟܣܝܣ[2] ܕܥܠ ܫܪܟܐ ܕܐܡܪ xi. 1
Acts v 36 ܒܟܢܘܫܬܐ ܕܝ ܡܬܡܠܟܝܢ ܗܘܘ ܡܛܠ ܫܠܝܚܐ: ܕܒܗܿܘ ܙܒܢܐ
ܠܡ ܩܡ ܗܘܐ ܬܘܕܐ: ܘܐܡܪ ܕܐܝܬ ܐܢܫ ܕܪܒ. ܒܗ ܗܘ ܥܠ
ܢܦܫܗ ܐܡܪ[3] ܗܘܐ: ܘܐܫܬܪܝ[4] ܗܿܘ ܘܟܠܗܘܢ ܐܝܠܝܢ ܕܢܩܦܘ
ܗܘܘ[5] ܠܗ ܐܬܒܕܪܘ. ܢܚܙܐ ܡܟܝܠ ܕܟܬܒ ܝܘܣܦܘܣ[6] ܘܐܦ
Ant xx 5, 1 ܡܛܠ ܗܢܐ. ܡܫܬܟܚܐ ܓܝܪ ܗܟܢܐ. ܒܗ ܐܝܬܘܗܝ ܗܘܐ ܠܡ 2
𝔄 98 ܐܦܛܪܘܦܐ ܦܕܘ ܥܠ ܝܗܘܕ. ܓܒܪܐ ܚܕ ܡܛܥܝܢܐ ܕܫܡܗ[7]
ܬܘܕܐ. ܐܦܝܣ ܠܟܢܫܐ ܣܓܝܐܐ (B fol. 27 *b*) ܕܢܣܒܘܢ ܩܢܝܢܗܘܢ.
ܘܢܐܙܠܘܢ ܒܬܪܗ ܠܝܘܪܕܢ[8] ܢܗܪܐ. ܐܡܪ ܗܘܐ ܓܝܪ ܥܠ
ܢܦܫܗ ܕܢܒܝܐ ܗܘ. ܘܒܦܘܩܕܢܐ ܦܠܓ ܢܗܪܐ ܘܥܒܪ ܠܗܘܢ
ܐܘܪܚܐ ܦܫܝܛܬܐ. ܘܒܗ[9] ܗܠܝܢ ܐܡܪ ܗܘܐ ܐܛܥܝ ܠܣܓܝܐܐ.
ܠܐ ܕܝܢ ܫܒܩ ܐܢܘܢ ܕܢܬܗܢܘܢ[10] ܒܫܛܝܘܬܗܘܢ ܗܿܘ ܦܕܘ. 3
ܫܕܪ ܓܝܪ ܥܠܝܗܘܢ ܚܝܠܐ ܘܦܪ̈ܫܐ.[11] ܘܟܕ ܠܐ ܡܣܒܪܝܢ ܗܘܘ
ܡܛܘ ܥܠܝܗܘܢ ܘܠܣܓܝܐܐ ܡܢܗܘܢ ܩܛܠܘ. ܠܣܓܝܐܐ ܕܝܢ
ܐܚܕܘ ܐܢܘܢ ܟܕ ܚܝܝܢ. ܠܗ ܕܝܢ ܠܬܘܕܐ ܐܚܕܘܗܝ ܘܦܣܩܘ
ܪܫܗ ܘܐܘܒܠܘܗܝ ܠܐܘܪܫܠܡ. ܡܢ ܒܬܪ ܗܠܝܢ ܐܦ[12] ܥܠ ܙܒܢܐ
ܗܿܘ ܕܦܕܘܐ ܒܟܬܒ ܘܠܘܕܝܢܗ ܡܕܒܪ ܗܘܐ.[13]

CHAP. XI. [1] A fol. 28 *b* [2] 𝔄 *in Actis apostolorum* (a difference which will henceforth not be noted) [3] A ܢܦܫܗ ܗܘ ܐܡܪ [4] A ܘܐܬܩܛܠ 𝔄 *et occidit* [5] A om. ܗܘܘ [6] A ܝܘܣܝܦܘܣ [7] A adds ܗܘܐ [8] 𝔄 *ad ripam Jordanem* [9] 𝔄 om. ܘ [10] A ܕܢܬܠܚܡܘܢ [11] 𝔄 lit. *sed exercitum faciebat, equitatum colligebat supra eos* [12] 𝔄 om. ܐܦ [13] 𝔄 ܡܢܗ ܕܟܬܒܐ

ܕܬܪܬܥܣܪ ܥܠ ܗܠܝܢܐ ܡܠܟܬܐ ܕܒܝܬ ܢܗܪ̈ܘܬܐ.

xii. 1 ܘܒܗ ܗܠܝܢ ܕܝܢ ܘܐܦ[1] ܒܗܢܐ ܙܒܢܐ ܟܦܢܐ ܕܗܘܐ ܒܝܗܘܕ. Ant xx 5, 2
ܕܒܗ ܗܠܝܢܐ ܡܠܟܬܐ ܙܒܢܬ ܥ̈ܒܘܪܐ ܡܢ ܡܨܪܝܢ ܒܟܣܦܐ ܣܓܝܐܐ. 𝔄 99
ܘܦܠܓܬܗ ܠܐܝܠܝܢ ܕܚܣܝܪܝܢ. ܡܫܟܚ ܐܢܬ ܕܝܢ ܕܐܦ ܗܠܝܢ 2
ܠܦܪܟܣܝܣ ܕܟܬܒ ܒܗ̇ ܗܟܢܐ. ܬܠܡܝ̈ܕܐ ܠܡ[2] ܕܐܝܬ ܗܘܐ Acts xi 29f.
ܒܐܢܛܝܘܟܝ.[3] ܒܟܡܐ ܕܡܫܟܚܐ ܗܘܬ ܒܐܝܕܗ ܕܚܕ ܚܕ ܡܢܗܘܢ
ܦܪܫܘ ܕܢܫܕܪܘܢ ܠܬܫܡܫܬܐ. ܠܐܚ̈ܝܢ ܡܣܟ̈ܢܐ ܕܥܡܪܝܢ ܗܘܘ
ܒܐܘܪܫܠܡ. ܘܥܒܕܘ[4] ܗܕܐ. ܘܫܕܪܘ ܠܘܬ ܩܫܝ̈ܫܐ[5] ܒܝܕ
ܒܪܢܒܐ ܘܦܘܠܘܣ.[6] ܕܗܕܐ ܕܝܢ ܗܠܝܢܐ ܕܐܡܪܢ[7] ܕܩܒܘܪܗ̇ ܗܘܐ 3
ܡܬܚܙܝܐ. ܒܩܕܡܐ ܕܡܕܝܢܬܐ ܐܣܛܠܐ[8] ܡܬܚ̈ܘܝܢ ܡܢܗ ܠܗ̇
ܡܢ ܬܪ̈ܥܝܗ̇[9] ܕܐܘܪܫܠܡ. ܗܝ ܕܝܢ ܗܕܐ ܡܬܐܡܪܐ ܒܠܝܗ̇
ܕܡܠܟܬܐ ܗܘܬ ܒܝܬ ܢܗܪ̈ܘܬܐ.

ܕܬܠܬܥܣܪ ܥܠ ܫܡܥܘܢ ܚܪܫܐ ܀

xiii. 1 ܟܕ ܕܝܢ ܡܬܬܒܠܐ ܗܘܬ ܡܗܝܡܢܘܬܗ ܕܦܪܘܩܢ ܡܪܢ ܝܫܘܥ
ܡܫܝܚܐ ܠܟܠܗܘܢ ܒ̈ܢܝ ܐܢܫܐ. ܒܥܠܕܒܒܐ ܕܚܝܝܗܘܢ ܕܟ̈ܠܢ
ܐܢܫܐ ܡܬܢܟܠܢ ܗܘܐ ܕܠܡܚܒܠܢܘܬܐ (B fol. 28 a) ܕܡܠܟܘܬܐ ܢܦܕܘܡ 𝔄 100
ܢܫܠܘܦ. ܘܐܝܬܝ ܠܬܡܢ ܠܫܡܥܘܢ ܠܗܘ ܕܡܢ ܩܕܝܡ ܐܘܕܥܢ
ܥܠܘܗܝ.[1] ܘܒܣܘܦܠܐ ܕܐܘܡܢܘܬܐ ܕܚܪܫܘܬܗ ܠܣܓܝ̈ܐܐ ܡܢ
ܐܝܠܝܢ ܕܥܡܪܝܢ ܒܩܘܣܡܐ ܢܓܕ ܠܠܚܝܘܬܗ. ܡܗܕܐ[2] ܡܛܠ ܗܕܐ 2
ܘܡܫܬܒܚ ܗܘ ܕܩܘܡܐ ܒܬܪ ܩܠܝܠ ܕܒܢܐ ܕܩ̈ܠܝܣܐ. ܘܡܟܝܢ

CHAP. XII. [1] A ܐܦ. For ܘܐܦ ܕܝܢ 𝔄 has merely *et* [2] 𝔄 om. ܠܡ
[3] A ܒܐܢܛܝܘܟܝܐ [4] A ܘܥܒܕ [5] A fol. 29 *a* [6] 𝔄 *Pauli et Barnabae*
[7] A ܕܒܟܪ [8] A ܐܣܛܠܘܣ 𝔄 *sepulchra* [9] A 𝔄 ܠܬܪܥܗ̇
CHAP. XIII. [1] A ܘܐܡܪܝܢ ܒܟܠܗܘܢ [2] A adds ܕܝܢ

ܗܘܐ ܒܝܘܠܦܢܐ ܕܚܝܠܬ ܐܠܗܐ. ܕܟܠܗܘܢ ܐܝܠܝܢ ܕܙܕܩ
ܕܢܬܐܡܪܘܢ ܗܟܢ ܐܢܐ ܠܗܘܢ ܒܕܫܝܬܗܘܢ. ܗܘ ܕܝܢ ܗܢܐ
ܒܡܕܡ ܒܪܘܚܐ ܡܕܡܐ ܕܚܙܐ ܠܗܬ ܐܦܣܛܘܣ ܡܛܠ ܘܠܦܢܐ
3 ܕܠܐ ܐܬܚܙܝ ܗܟܢܐ. ܗܢ ܟܬܒ ܠܢ ܕܐܬܟܠ ܡܢܝ ܠܡܟܬܒ. Apol i 26
ܐܘܣܛܐ ܫܪܝܪܐ ܠܐܢܫܐ ܕܐܡܪܝܢ ܗܘܘ ܥܠ ܢܦܫܗܘܢ ܕܐܠܗܐ
ܐܢܘܢ. ܕܠܘ ܒܠܚܘܕ ܡܬܪܕܦܘ ܠܐ ܐܬܪܕܦܘ ܡܢܟܘܢ. ܐܠܐ
ܐܦ ܠܐܝܩܪܐ ܐܫܬܘܕܥܘ ܐܝܟ. ܫܡܥܘܢ ܓܒܪܐ ܫܡܪܝܐ
ܡܢ ܩܪܝܬܐ ܕܡܬܩܪܝܐ ܓܬܬܘܢ: ܗܘ ܕܒܝܘܡܝ ܩܠܘܕܝܘܣ ܩܣܪ
ܒܐܘܡܢܘܬܐ ܕܫܐܕܐ ܕܡܬܚܫܠܐ ܗܘܬ ܒܗ[7]: ܚܒܪ ܐܬܬܐ
ܕܚܪܫܘܬܐ ܒܪܗܘܡܝ ܡܕܝܢܬܐ ܕܡܠܟܘܬܟܘܢ ܘܐܬܚܫܒ ܕܐܠܗܐ
ܗܘ. ܘܐܝܟ ܐܠܗܐ ܐܬܝܩܪ ܡܢܟܘܢ. ܒܐܢܕܪܝܛܐ ܕܐܩܝܡܬܘܢ
ܠܗ ܒܢܗܪܐ[4] ܕܛܝܒܪ ܦܠܓܘܬ ܒܝܢ ܬܪܝܢ ܓܫܪܐ.
ܘܟܬܝܒ ܥܠܘܗܝ ܪܘܡܐܝܬ[5] ܗܟܢܐ. ܠܫܡܥܘܢ ܐܠܗܐ[6]
4 ܩܕܝܫܐ.[7] ܘܟܠܗܘܢ ܕܫܡܪܝܐ ܘܐܦܠܐ ܒܥܡܡܐ ܐܚܪܢܐ.[8]
ܐܝܟ ܕܠܐܠܗܐ ܩܕܡܝܐ ܡܘܕܝܢ ܒܗ ܘܣܓܕܝܢ ܠܗ. ܘܠܐܢܬܬܐ
ܚܕܐ ܕܫܡܗ ܗܠܢܐ ܕܡܬܟܪܟܐ ܗܘܬ ܥܡܗ ܒܙܒܢܐ ܗܘ:
ܕܡܢ ܩܕܡ ܒܒܝܬܐ ܕܙܢܝܬܐ ܩܝܡܐ ܗܘܬ ܒܨܘܪ ܕܦܘܢܩܐ. ܘܡܬܐܡܪ[9]
(B fol. 28 b) ܕܗܢܐ ܗܝ ܪܥܝܢܐ ܩܕܡܝܐ ܕܡܢܗ ܗܘܬ ܡܢ ܩܕܝܡ. ܗܠܝܢ
5 ܕܝܢ[10] ܐܡܪ ܥܠܘܗܝ ܝܘܣܛܝܢܘܣ. ܥܡ ܠܗ ܕܝܢ ܐܦ ܐܝܪܢܐܘܣ
ܒܡܐܡܪܐ ܩܕܡܝܐ ܕܣܡ ܠܗ ܠܘܩܒܠ ܗܪܣܝܣ.[11] ܕܐܝܟܢܐ
ܥܠܘܗܝ ܥܠ ܓܒܪܐ ܘܥܠ ܝܘܠܦܢܗ ܛܢܦܐ ܘܡܣܝܒܐ[12] ܐܬܬܢܝ.

[3] 𝔄 *incantationum quae operabantur in eo* (but read ܩܫܡܝ for ܩܫܦܬܠܝܡܝ)
[4] 𝔄 *super flumen* [5] A ܪܗܘܡܐܝܬ [6] 𝔄 om. ܐܠܗܐ A fol. 29 b
[8] A ܕܫܡܪܝܐ ܦܠܓܘܬܐ 𝔄 *ex aliis* [9] A ܘܡܬܐܡܪܐ [10] 𝔄 om. ܕܝܢ [11] A
ܗܪܣܝܣ [12] For ܛܢܦܐ ܘܡܣܝܒܐ 𝔄 has only *ܩܫܝܐ foeda*

ܕܒܗܢܐ ܥܒܕܐ ܡܢ ܢܬܪܘ ܚܟܡ ܐܢܐ ܐܢ ܡܬܠܝܐ ܐܢܐ
ܠܗ. ܕܐܝܟܢ ܕܢܟܦܢ ܢܬܠܟܘܢ[13] ܚܠܦܝ ܘܟܠ ܐܝܟܢ ܕܗܘܘ
ܡܢ ܟܬܒܗ ܪ̈ܒܐ ܕܗܪܣܝܣ: ܥܒܘܕܝܗܘܢ ܘܕܒܪܝܗܘܢ[14] ܘܥܒܕܐ
ܕܡ̈ܠܟܐ: ܘܕܠܠܘܬܗܘܢ[15] ܘܦܘܪܣܐ ܕܢܟܬ̈ܒܘܢ ܕܟܠ ܡܕܡ.[16]
6 ܡܢ ܡܬܟܢܫܢܘܬܗ ܕܐܢ̈ܫܐܘܣ.[17] ܡܬܚܢܢ ܕܢܐܠܦ. ܘܡܬܟܢܫܝܬ[18]
ܗܟܢܐ ܐܝܟ ܕܡܠܝܢ. ܪ̈ܒܐ ܕܚܠܡܝܢ ܗܪܣܝܣ[19] ܗܢܘܢ ܗܘܐ.
ܕܚܢܢ ܘܟܕܒܐ ܠܗܘܢܐ ܐܝܠܝܢ ܕܪ̈ܡܝܢ[20] ܒܗܪܣܝܣ. ܕܝܠܗ.[21] ܒܗܢܐ 𝔄 102
ܕܟܬܒܐ ܢܟܦܐ[22] ܕܡ̈ܠܦܢܘܬܐ ܕܡܬܬܟܬܒܐ ܠܘܬ ܚܠܦ ܡܛܠ ܢܦܫܬܗ
ܡܡ̈ܠܠܝܢ ܒܗ ܒܐܡܬܟܢܫܐ. ܘܟܡܐ ܠܚܝܘܬܐ ܕܕܝܠܗ ܦܬ̈ܓܡܐ
ܕܦܓܪܐ ܕܡܬܦܪܣܝܢ ܡܢܗ ܒܗ ܬܘܒ ܢܟܠܐ. ܕܠܘܬ̈ܐ ܡܫ̈ܪܝܬܐ ܘܕܪ̈ܒܘܬܐ[23]
ܕܝܠܗ ܕܗܢܟܐ ܘܕܗܐܠܝܢ[24] ܗܝ ܕܐܘܕܥܝܢ ܕܐܝܬ ܗܘܐ ܒܗܢܐ.
ܒܚܣܕܐ ܘܒܪ̈ܚܝܐ ܘܒܢ̈ܘܫܐ[25] ܦܠܚܝܢ ܠܗܘܢ ܠܗܠܝܢ.[26] ܘܐܝܠܝܢ 7
ܕܡܢ ܗܠܝܢ ܢܗܘܘܢ ܠܡܬܡܠܠܘ. ܕܐܝܟ ܕܐܡܪܝܢ ܕܐܢܫܐ ܕܢܦܫܗ[27]
ܠܗܘܢ ܘܕܡܬܟܬܒܝܬ ܡܢ ܕܘܒܐ ܕܐܝܬ ܠܗܘܬܗܘܢ ܬܘܬܗ ܘܬܕܗܪ.
ܕܐܝܟ ܕܟܬܝܒ[28] ܥܒܝܕܘܬܐ ܕܪܘܚܐ ܘܦܘܫܩܬܐ ܕܡ̈ܠܐ ܗܠܝܢ[29]
ܕܡ ܐܬܝܗܒ. ܕܠܐ ܒܠܚܘܕ ܒܡܬܟܬܒܬܐ ܠܐ ܡܬܚܫܚ ܕܢܬܟܬܒܢ.
ܐܠܐ ܐܦܠܐ ܒܦܘܡܬܐ ܕܐܢܫܐ ܢܦܩܐ ܘܗ̈[30] ܕܢܬܬܢܝܢ. ܡܛܠ
8 ܡܫܬܪܝܬܐ ܕܢܕܝܫܘܬܗܝܢ ܘܕܦܠܛܘܬܗܝܢ.[31] ܡܢ ܟܠ ܡܕܡ ܓܝܪ
ܕܫܪܟܐ ܐܢܫ ܕܢܝܫ ܘܡܚܝܒ ܚܟܪ (B fol. 29 a) ܫܡܥܘܢ ܕܗܘܐ

[13] A 𝔄 ܕܢܬܠܟܘܢ [14] A ܥܒ̈ܘܕܝܗܘܢ ܘܕܟܪܝܗܘܢ [15] A ܕܢܠܟܘܢܐ [16] 𝔄 ܕܟܠ ܡܕܡ, joining it to the next sentence [17] A ܕܐ̈ܢܫܘܬܗܘܢ. [18] A ܡܬܟܢܫܝܬ [19] A ܗܪܣܝܣ [20] 𝔄 om. ܕ ܐܝܠܝܢ [21] 𝔄 inserts *յայտնելով դեհինc* [22] 𝔄 om. ܢܟܦܐ [23] 𝔄 sing. [24] A ܘܕܗܐܠܝܢ [25] A ܒܚܣܕܐ ܘܒܪ̈ܚܝܐ ܘܒܢ̈ܘܫܐ [26] 𝔄 *ministrant ei* [27] 𝔄 *is qui dicit*, but read *յոլ* [28] A ܕܐܝܟ ܕܟܬܝܒܐ In 𝔄 for *ափմարան 'ի* read *ափմարանի* ? [29] A ܗܢܘܢ 𝔄 :- ܕܗܢܘܢ. A has rightly a stop at ܕܡ̈ܠܐ [30] A fol. 30 a [31] A ܘܕܦܠܛܘܬܗܝܢ

xiv. 1 ܗܪܘܕܣ.[32] ܕܡܫܬܟܚܝܢ ܒܢ̈ܫܐ ܕܦܘܠܐ ܕܩܛܠܝܢ ܥܠ ܒܢ̈ܝܢ. ܠܗܢܐ
ܗܟܢ ܐܦ ܗܢܐ ܘܒܒܘܢܐ ܕܗܠܝܢ ܒܠܚܘܕ ܒܢ̈ܫܬܐ. ܒܗܘ ܕܝܢ ܐܢܫܐ
ܐܘܣܒܝܐ ܗܘ ܚܠܦ ܕܒܥܘܬܐ. ܘܫܢܝܐ ܕܟܢܫܬ̈ܐ ܘܫܘܒܚܐ
ܕܫܡܝܢ ܕܒ̈ܢܝ ܐܢܫܐ. ܐܝܟ ܒܠܒܪܐ ܕܒܝܐ[33] ܠܟܘܠ ܫ̈ܠܝܡܘ.
ܢ̈ܘܪܐ ܘܡܫܪ̈ܝܐ ܕܫܘܪܐ..

𝔄 103 ܕܐܬܒܬܪܣ ܥܠ ܚܘܪܘܬܗ ܕܦܪܘܣ ܫܠܝܛܐ ܕܗܓܡܘܢܐ.[1]
2 ܒܬܪ ܕܝܢ ܦܠܓܘܬܐ[2] ܫܒܥܝܬܐ ܕܐܠܗܐ ܒܗ ܡܬܚܫܒܦܠܐ[3]
ܒܡܫܩ̈ܦܢܘܬܗ.[4] ܥܠ ܐܒܐ ܕܩܛܠܝܢ ܗܘܘ[5] ܘܡܬܚܫܒܝܢ ܡܬܒܥܐ
ܗܘܬ ܒܟܠ ܫܠܡܘܬܗ[6] ܢܦܫܬܐ ܕܒܠܒܒܐ. ܘܗܘܬܪܐ ܗܘܬ[7]
ܒܐܬܪ̈ܘܗܝ ܘܡܡܒܒܐ ܥܠ ܙܘܡܐ ܕܡܬܘܪܝܢ ܠܟܘܠ ܢܦܫܗ
3 ܕܐܠܗܐ. ܘܡܛܠ ܗܢܐ ܠܐ ܒܒܢܝܢ ܕܗܝܟܠܢ ܘܠܐ ܕܐܬܚܙܝ
ܡܢ ܐܠܗܝ[8] ܕܒܒ ܡܢ ܒܬܪܗ. ܐܢܫܝܢ ܕܢܘܚܝ ܒܪܚܡ̈ܝܗܘܢ
ܕܫ̈ܠܝܚܐ. ܙܟܐ ܗܘܐ ܚܕ ܘܚܫܢ ܡܢ ܒܟܠ ܢܘܗܪܐ ܕܙܕܩܝ
ܘܡܠܬܐ ܐܠܗܝܐ.[9] ܗܘ ܕܗܘܝܢ ܡܢ ܐܠܗܐ ܕܢܒܚ ܥܠ ܒܢ̈ܝ
ܐܢܫܐ.[10] ܘܒܢܝܢ ܗܘ ܫܠܡܗ ܥܠ ܐܪܥܐ ܘܒܗܘܢ ܒܫ̈ܠܝܚܘܗܝ
4 ܒܚܕ ܗܘܐ. ܗܕܝܢ ܗܘ ܫܢܝܐ ܕܐܘܕܝܢ ܠܥܠܡ. ܐܝܟ ܕܡܢ
𝔄 104 ܘܗܪܬܐ ܫܒܝܚܐ ܕܐܠܗܐ ܒܟܠ ܒܢ̈ܝܢܐ ܕܬܪܒܝܬܗ. ܒܗ ܐܬܬܒܥ
ܡܢ ܦܪܘܣ ܫܠܝܛܐ ܡܢ ܩܕܡ ܒܐܪܥܐ ܕܝܗܘܕ ܒܒܢ̈ܝܬܐ ܕܦܠܪ
ܗܘܐ. ܘܒܪܘܟ ܡܢ ܬܡܢ[11] ܠܦܠܣܛܝܢܐ ܗܟܢܐܝܬ. ܘܡܢ ܡܕܝܢܬ
ܠܡܕܝܢܬܐ ܪܕܐ ܗܘܐ. ܕܗܦܟ ܒܪܚܡܘܗܝ. ܕܐܝܟ ܕܒܚܝܠܗ ܐ[12]

[32] A adds ܢܝܫܐ [33] A ܒܟܠܠ ܕܪܐ (omitting ܪܒܐ)

Chap. XIV. [1] A ܕܗܓܡܘܢܐ [2] 𝔄 dat. [3] 𝔄 :- ܕܐܬܚܒܫܘܬܐ [4] A ܒܡܫܩ̈ܦܢܘܬܗܘܢ [5] 𝔄 *resistebant* [6] A ܡܠܟܘܬܐ [7] 𝔄 adds *arces* [8] A ܘܠܐ ܕܐܠܨܝܢ [9] 𝔄 : ܕܐܠܗܐ [10] A ܒܒ̈ܢܝܢܐ [11] 𝔄 *e.c* *Judaea* and om. ܠܡܕܝܢܬܐ [12] A om. ܐ 𝔄 does not express ܐ or ܗܘܐ

5 ܬܡܢ ܗܘܐ ܢܒܥܐ.[13] ܟܕ ܕܝܢ ܥܠ ܠܙܒܢܐ ܡܒܪܟܬܐ: ܘܦܪܘܢܝܬܐ
ܡܬܚܦܛ ܗܘܐ ܒܗ ܗܘ ܚܝܠܐ ܕܐܠܗܐ ܗܘܐ ܠܗ. ܗܘܕܐ ܒܡܠܠ
ܘܒܢܝܢ ܗܘܒܐ ܐܝܟ ܣܘܦܛܗ.[14] (B fol. 29 b) ܕܐܣܒܪܐ[15] ܕܐܦ
6 ܐܚܝܕܪܘܬܐ ܐܘܨܦܗ ܠܗ ܬܡܢ[16] ܠܐܡܘܪܐ ܐܝܟ ܕܠܐܠܗܐ. ܠܐ
ܕܝܢ ܦܓܥ ܘܒܢܝܢ ܐܝܟܢܐ[17] ܙܒܢܗ.[18] ܒܝܘܡܐ ܓܝܪ ܒܡܡܒܡ ܒܗ
ܒܡܠܟܘܬܗ ܕܩܠܘܕܝܘܣ.[19] ܒܦܠܝܠܘܬܐ ܕܦܛܪܘܬܗ ܘܕܡܪܝܫܘܬܗ
ܕܐܠܗܐ. ܠܗܘ ܚܠܝܬܐ ܘܪܒܐ[20] ܕܫܠܝܚܐ: ܠܗܘ ܕܡܠܠ ܕܒܪܗ
ܒܝܫܐ ܐܝܬܘܗܝ ܗܘܐ ܪܫܐ ܕܟܠܗܘܢ ܫܠܝܚܘܗܝ.[20a] ܠܦܛܪܘܣ.
ܕܟܪܬܗ ܦܠܝܒܘܬܗ[21] ܘܐܝܬܝܬܗ ܠܪܘܡܝ. ܐܝܟ ܕܠܘܩܒܠ ܗܝܠܐ
ܡܚܒܠܢܗ ܕܒܠܗܐ. ܘܐܝܟ ܪܒ ܚܝܠܐ ܢܨܝܚܐ ܕܐܠܗܐ ܢܘܗܪܗ
ܒܝܫܐ ܕܐܠܗܐ. ܘܬܐܘܪܬܐ ܡܒܝܫܬ ܕܡܠܟܐ ܕܢܘܗܪܐ
ܪܘܚܢܝ ܡܢ ܡܕܢܚܐ ܠܡܥܪܒܐ[22] ܕܡܒܪܒܪܐ ܡܘܒܠ ܗܘܐ.
ܘܡܒܣܪ ܗܘܐ ܠܗܘܢ ܒܪܘܪܬܐ ܕܡܠܟܘܬܐ ܕܫܡܝܐ ܒܗ
ܐܡܪܝ: ܕܗܘ ܢܘܗܪܐ ܘܡܠܬܐ ܕܡܚܝܢܐ[23] ܢܦܩܬܐ ܕܚܝܝ ܐܢܫܐ. 𝔄 105
xv. 1 ܟܕ ܕܝܢ ܡܠܟܬ ܠܘܬܗܘܢ[24] ܡܠܬܐ ܕܐܠܗܐ. ܒܝܘܡܐ ܕܒܝܢ
ܫܡܥܘܢ ܘܐܬܒܪܝ ܚܝܠܗ..

ܕܡܫܬܥܝܢ ܥܠ ܐܘܢܓܠܝܘܢ ܕܡܪܩܘܣ..

ܗܟܢܐ ܕܝܢ ܕܢܚ[1] ܢܘܗܪܐ ܕܡܠܬܐ ܕܐܠܗܐ ܒܪܗܘܡܝܐ
ܕܫܡܥܘܢܝܐ ܕܦܛܪܘܣ. ܕܠܐ ܫܘܒܚܬ ܠܗܘܢ ܒܪܘܪܬܗ
ܕܡܠܦܢܐ ܡܢ ܫܡܥܐ ܕܡܠܬܐ[2] ܒܠܒܗ.[3] ܐܠܐ ܒܒܥܘܬܐ[4]

[13] A (and seemingly 𝔄) ܢܒܥܐ [14] 𝔄 *studium erroris eius* [15] A 𝔄 ܐܚܒܝܐ
[16] 𝔄 om. ܬܡܢ [17] A adds ܬܡܢ [18] A fol. 29 b [19] A ܕܩܠܘܕܝܣ
[20] 𝔄 ܪܒܐ ܘܫܠܝܚܐ [20a] A ܪܫܐ ܕܟܠܗܘܢ ܫܠܝܚܘܗܝ ܐܝܬܘܗܝ ܗܘܐ
[21] A 𝔄 ܦܠܝܒܘܬܐ [22] A ܠܡܥܪܒܐ [23] A ܕܡܚܝܢܐ [24] A ܠܘܬܗܘܢ
CHAP. XV. [1] A adds ܗܘܐ [2] 𝔄 perhaps = ܕܡܠܬܐ ܡܢ ܫܡܥܐ [3] A om. ܒܠܒܗ [4] A adds ܠܗܘܢ

ܒܫܐܠܬܐ ܐܦܝܣܘ ܠܡܪܩܘܣ ܗܘ ܕܐܟܬܒ ܐܘܢܓܠܝܘܢ ܕܗܘ
ܢܩܦ ܗܘܐ[5] ܠܦܛܪܘܣ. ܕܒܟܬܝܒܬܐ ܢܫܒܘܩ ܠܗܘܢ ܥܘܗܕܢܐ
ܕܝܘܠܦܢܐ. ܗܘ ܕܒܡܠܬܐ ܡܫܠܡ ܗܘܘ. ܕܗܘܝ ܗܕܐ ܡܢ ܡܕܡ
ܠܐ ܡܫܢܝܐ ܗܘܬ ܠܗ. ܘܗܘܝܢ ܗܘܘ ܥܠܬܐ ܠܗܢܐ ܟܬܒܐ
ܕܐܘܢܓܠܝܘܢ ܕܡܪܩܘܣ. ܟܕ ܝܕܥ ܕܝܢ ܦܛܪܘܣ ܗܝ ܗܕܐ
ܕܓܠܬ ܠܗ ܪܘܚܐ ܕܩܘܕܫܐ. ܘܐܬܒܣܡ ܒܚܦܝܛܘܬܗܘܢ ܕܗܠܝܢ
ܐܢܫܐ. ܫܪܪܗ[6] (B fol. 30 a) ܠܗܢܐ ܟܬܒܐ[6a] ܠܡܩܪܝܢܐ ܕܒܥܕܬܐ.[7]
𝔄 106 ܡܛܠ ܗܕܐ ܕܝܢ ܩܠܝܡܝܣ[8] ܒܫܘܬܐ ܕܬܫܥܝܬܗ. ܘܡܣܗܕ ܬܘܒ
ܥܡܗ ܐܦ ܐܦܝܣܩܘܦܐ[9] ܕܐܝܪܦܘܠܝܣ[10] ܕܫܡܗ ܦܦܝܐ.[11] ܠܗ ܕܝܢ
ܠܡܪܩܘܣ ܡܕܟܪ ܠܗ ܦܛܪܘܣ ܒܐܓܪܬܗ[12] ܩܕܡܝܬܐ ܕܟܬܒ ܡܢ
ܪܗܘܡܝ. ܕܪܡܙ ܠܗ ܠܡܕܝܢܬܐ[13] ܐܝܟ ܕܒܠܐܬܐ ܘܩܪܐ ܠܗ
1 Pet v 13 ܒܒܠ ܘܐܡܪ: ܕܫܐܠܐ ܫܠܡܟܘܢ ܥܕܬܐ[14] ܓܒܝܬܐ ܕܐܬܓܒܝܬܘܢ
ܕܒܒܠ[15] ܘܒܪܝ ܡܪܩܘܣ ܀

ܕܫܬܬܥܣܪ̈: ܕܐܝܟܢܐ ܡܪܩܘܣ ܡܣܒܪܢܐ ܐܟܪܙ ܣܒܪܬܐ[1]
ܕܡܫܝܚܐ ܠܗܘܢ ܕܡܨܪܝܢ ܀

ܥܠ ܗܢܐ[2] ܡܪܩܘܣ. ܡܬܐܡܪ ܕܠܘܬܗܝ. ܕܗܘ ܡܣܒܪܢܐ
ܐܙܠ ܠܡܨܪܝܢ ܘܐܟܪܙ ܬܡܢ ܐܘܢܓܠܝܘܢ ܗܘ ܕܐܦ ܟܬܒ
ܟܬܒܗ. ܘܗܘ ܡܣܒܪܢܐ ܐܩܝܡ ܥܕܬܐ ܒܐܠܟܣܢܕܪܝܐ.

[5] A adds ܠܗ [6] 𝔄 *confirmavit* (ܫܪܪܗ) [6a] 𝔄 adds [illegible] = εὐαγγελίζεσθαι [7] A ܕܒܥܕ̈ܬܐ [8] A ܩܠܝܡܝܣ [9] A ܐܦܝܣܩܘܦܐ [10] A fol. 31 a [11] 𝔄 *Papraba* [12] A ܒܐܓܪ̈ܬܐ [13] 𝔄 ܠܡܕܝܢܬܗ and for the following words has *et allegorice vocat* [14] A 𝔄 om. ܥܕܬܐ [15] A ܕܒܒܒܠ; 𝔄 ܒܒܒܠ (another MS. ܒܒܠ)

CHAP. XVI. [1] A ܣܒܪܬܗ [2] A adds ܕܝܢ

ܕܐܫܬܬܐܣܬ ܕܡܨܪܝܐ¹ ܡܫܬܒܚܬܐ ܥܠܝܗܝܢ ܟܠ ܒܢܝ̈ܢܐ ܕܡܟܪ̈ܢܝܢ². 𝔄 107
2 ܗܢܐ ܕܝܢ ܐܬܩܢ ܗܘܐ ܬܡܢ³ ܒܢܫܐ ܕܗܝܡ̈ܢܘܬܐ ܕܓܒܪ̈ܐ
ܘܕܢܫ̈ܐ ܗܢܘܢ ܡܢ ܫܘܪܝܐ ܒܦܘܠܚܢܐ ܓܡܝܪܐ ܕܢܟܦܘܬܐ. ܐܝܟ
ܕܐܦ ܒܟܬܒܐ ܡܛܠܬܗܘܢ⁴ ܢܦܫܗ ܥܠܝܗܘܢ. ܥܠ ܡܕܒܪ̈ܢܘܬܗܘܢ
ܘܥܠ ܟܢܘܫܝܗܘܢ ܘܥܠ ܡܫܬܘܬܗܘܢ ܘܥܠ ܫܪܟܐ ܕܕܘܒ̈ܪܝܗܘܢ.
xvii. 1 ܥܠܘܗܝ ܕܝܢ ܥܠ ܗܢܐ ܦܝܠܘܢ ܡܬܐܡܪ. ܕܒܝ̈ܘܡܝ ܩܠܘܕܝܘܣ⁵ ܟܕ
ܡܟܝܠ ܗܘܐ ܦܛܪܘܣ ܒܪܗܘܡܐ ܡܠܠ ܥܡܗ ܬܡܢ. ܘܕܡܟܝܠ
ܗܘ ܗܢܐ.⁶ ܡܛܠ ܕܐܦ ܗܢܐ ܒܬܟܐ ܕܐܡܪܢ⁷ ܥܠܘܗܝ. ܡܢ
ܒܬܪ ܙܒܢܐ ܣܓܝܐܐ ܠܒܪ. ܗܘ ܘܦܘܠܩܗ⁸ ܕܦܘܩܕܢܝܬܐ⁹ ܥܠ ܕܘܒܪܐ
2 ܕܥܕܬܐܝܬܐ¹⁰ ܕܢܛܪ ܥܕܡܐ ܠܙܒܢܐ ܕܟܕܘܬܐ¹¹ ܗܫܐ. ܐܠܐ
ܐܦ ܥܠ ܕܘܒܪܐ¹² ܕܫܠܝ̈ܚܐ ܕܐܝܬ ܠܘܬܢ¹³ ܫܬܐܣܬ ܐܝܟ
(B fol. 30 b) ܕܐܬܚܙܝܗܘܢ¹⁴ ܡܫܬܒܚܐ. ܠܗ ܕܝܢ ܕܢܪܒ ܗܘܐ ܠܗܘܢ
ܥܠܝܗܘܢ. ܐܠܐ ܐܦ ܕܡܫܒܚ¹⁵ ܥܠܘܗܝ ܘܡܬܐܡܪ¹⁶ ܗܘܘ.
ܘܡܫܒܚ ܠܗܘܢ ܠܐܒܗ̈ܬܐ ܕܝܠܗܘܢ ܬܠܡܝ̈ܕܘܗܝ ܕܫܠܝ̈ܚܐ ܗܘܘ
ܒܝ̈ܗܘܕܝܐ. ܐܝܬܝܗܘܢ ܗܘܘ ܕܝܢ ܡܢ ܥܒܪ̈ܝܐ. ܘܡܟܝܠ
3 ܢܛܪܝܢ ܗܘܘ ܡܥܝܕ̈ܐ ܕܩܕ̈ܡܝܐ¹⁷ ܡܛܠ ܗܢܐ. ܘܕܡܟܝܠ ܕܝܢ De Vit Cont 1
ܐܡܪ: ܕܠܘܬ ܡܢ ܥܒܪܐ ܡܕܡ ܡܢ ܟܠܗ ܢܦܫܗ ܠܐ ܐܘܣܦ. 𝔄 108
ܒܐܠܝܢ ܕܐܫܬܟܚ ܒܗܘ ܡܐܡܪܐ ܕܐܟܬܒ ܥܠ ܕܘܒܪܐ
ܕܐܢܫ̈ܘܬܐ.¹⁸ ܘܐܡܪ ܥܠܝܗܘܢ ܕܡܬܩܪܝܢ ܗܘܘ ܡܢܟܦ̈ܐ.
ܘܠܢܫ̈ܐ¹⁹ ܕܐܝܬ ܗܘܐ²⁰ ܥܡܗܘܢ ܡܢܟܦ̈ܬܐ. ܘܐܡܪ ܥܠܬܗ²¹
ܕܗܢܐ ܫܡܐ ܕܡܬܩܪܝܢ ܗܘܘ ܒܗ. ܕܐܘ²² ܠܡ ܡܛܠ ܕܡܐܣܝܢ

Chap. XVII. ¹ A ܕܡܨܪ̈ܝܐ ² 𝔄 *de viris Aegyptiis* ³ A om. ܬܡܢ
⁴ A ܡܛܠܬܗ ⁵ 𝔄 adds *Caesaris* ⁶ A ܗܢܐ ⁷ A ܕܐܡܪܢ
⁸ A adds ܗܘܐ In 𝔄 for *lfd* read *lq*. ⁹ A adds ܠܗ ¹⁰ A adds ܕܟܪ̈ܐ
¹¹ A om. ܡܟܝܠ ¹² A ܕܘܒܪܐ ¹³ A ܠܘܬܗܘܢ ¹⁴ 𝔄 = ܕܐܝܬܝܗܘܢ
¹⁵ 𝔄 sing. ¹⁶ A ܐܦ ܡܬܕܡܪ ¹⁷ A fol. 31 b ¹⁸ A ܕܘܒܪܐ
ܕܝܗܘܕܝ̈ܐ ¹⁹ A 𝔄 ܘܢܫ̈ܐ ²⁰ A om. ܗܘܐ ²¹ A ܟܠܗܝܢ ²² 𝔄 − ܐܘ

ܗܘܘ ܘܡܟܐܡܣ ܢܦ̈ܫܬܐ ܕܐܝܠܝܢ ܕܡܬܬܘܪܝܢ ܠܘܬܗܘܢ ܡܢ ܚܫܐ
ܕܟܐܒ̈ܬܐ ܒܕܘܒܪ ܐܣܘ̈ܬܐ. ܐܘ ܡܛܠ ܕܡܫܡܫܝܢ ܗܘܘ ܠܐܠܗܐ
4 ܒܦܘܠܚܢܗܘܢ ܕܟܢܐ ܘܦܫܝܛܐ.[23] ܐܘ ܟܒܪ ܗ̇ܘ ܗܘ ܫܡ ܠܗܘܢ
ܗܢܐ ܫܡܐ ܕܫܠܡ ܠܥܒܕܝܗܘܢ. ܐܘ ܕܒܪܢܫܐܝܬ ܗܢܐ
ܡܬܩܪܝܢ ܗܘܘ ܡܢ ܡܕܡ̈ܢܐ. ܡܛܠ ܕܒܕܒܠ[24] ܫܡܐ ܕܦܪ̈ܘܣܝܐ
5 ܠܐ ܐܫܬܟܚܬ ܗܘܐ ܒܟܠ ܐܬܪ. ܒܬܪ ܕܝܢ ܘܡܕܟܪܐܝܬ.[25]
ܕܡܫܬܪܝܢ ܗܘܘ ܡܢ ܩܢ̈ܝܢܝܗܘܢ ܡܚܒܘܬ ܠܒܝܫܝܢ ܘܐܬܚ̈ܪ
ܗܟܢܐ. ܕܟܕ ܕܡܫܬܪܝܢ ܠܗ[26] ܒܚܣܝܪܘܬܐ. ܡܬܦܪܫܝܢ ܗܘܘ ܡܢ
ܡܢܝܢܝܗܘܢ[27] ܘܡܢ ܟܠܗ ܨܒܘܬܗ ܕܥܠܡܐ. ܘܥܕܡܐ ܠܢܦܩܝܢ ܗܘܘ
ܠܒܪ ܡܢ ܫܘܪܐ ܕܡܕܝܢ̈ܬܐ.[28] ܘܒܐܓܘܪ̈ܣܐ ܘܒܦܪ̈ܕܝܣܐ ܒܥܡܪܝܢ
ܗܘܘ. ܕܢܫܬܦܬܐ[29] ܕܐܝܠܝܢ ܕܠܐ ܫܠܡܝܢ ܠܕܘܒܪܗܘܢ.
ܒܣܦܪ̈ܝܬܐ ܘܡܦܩ̈ܕܢܘܬܐ ܢܫܒܐ ܗܘܬ ܠܗܘܢ. ܘܗܠܝܢ ܗܕܪܝܢ 𝔄 109
ܗܘܘ ܡܢ ܬܪܥܐ ܕܗܘܠܐ ܕܡܫܒܚܘܬܐ. ܘܢܣܒܝܢ ܗܘܘ ܕܢܦܪܫܘܢ
6 ܒܡܫܪ̈ܬܐ ܕܢܦܫܐ. ܐܦ ܦܪܫܘܣ (B fol. 31 a) ܕܝܢ ܕܫ̈ܠܝܚܐ
Acts ii 45 iv 34 f. ܡܫܟܚܐ.[30] ܕܒܠܒܘܗܘܢ ܐܝܠܝܢ ܕܡܬܬܠܡܕܝܢ ܗܘܘ ܠܫ̈ܠܝܚܐ
ܒܠܒܕ[31] ܕܩܢܝܢ[32] ܡܙܒܢܝܢ ܗܘܘ. ܘܡܦܠܓܝܢ ܗܘܘ ܠܐܢܫ ܐܢܫ
ܐܝܟ ܕܡܣܬܢܩ ܠܗ. ܕܐܢܫ ܕܡܣܬܢܩ ܠܗ ܐܝܟ ܠܐ ܢܗܘܐ ܒܗܘܢ.
ܐܝܠܝܢ ܓܝܪ ܕܩܢܝܢ ܗܘܘ ܩܘܪ̈ܝܐ ܘܒܬ̈ܐ ܐܝܟ ܕܐܡܪ ܟܬܒܐ.
ܡܙܒܢܝܢ ܗܘܘ ܘܡܝܬܝܢ ܕܡܝܗܘܢ. ܘܡܦܠܓܝܢ ܗܘܘ ܬ̈ܠܡܝܕܝܗܘܢ
ܕܫ̈ܠܝܚܐ. ܕܢܗܘܐ ܡܬܝܗܒ ܠܐܢܫ ܐܢܫ ܐܝܟ ܕܡܣܬܢܩ ܠܗ.
7 ܕܕܟܪܝܢ ܕܝܢ ܠܗܠܝܢ ܡܚܒܘܬ ܦܝܠܘܢ[33] ܒܠ ܗܠܝܢ ܐܢܫܐ. ܒܪ ܐܡܪ

[23] 𝔄 *sanctis et castis operibus suis* [24] 𝔄 ܐܘ ܕܒܕܒܠ [25] A ܘܡܕܟܪܝܢ [26] In 𝔄 for ... read ...? [27] A ܡܢ ܩܢܝܢܝܗܘܢ 𝔄 *ab omnibus rebus suis* [28] A ܡܢ ܡܕܝܢ̈ܬܐ [29] A ܕܫܠܝܛܘܬܐ [30] In 𝔄 plur. verb [31] A ܒܟܠ ܡܕܡ [32] A adds ܗܘܘ [33] A fol. 32 a

ܕܒܬ̈ܘܠܘܬܗܘܢ ܗܘܝܐ. ܕܟܠ ܐܡܪ ܠܗ ܒܟܠܗ ܥܠܡܐ ܐܝܬܘܗܝ[33a] ܗܢܐ De Vit Cont 3
ܬܓܡܐ. ܘܙܕܩ ܗܘܐ ܓܝܪ ܕܗܢ ܠܛܒܬܐ ܕܡܫܡܠܝܐ. ܕܢܦܠܓܘܢ
ܐܦ[34] ܝܘܢܝܐ ܘܒܪ̈ܒܪܝܐ. ܣܓܝܐܝܢ ܕܝܢ ܒܡܨܪܝܢ ܒܟܠ ܡܕܝܢܐ.
ܘܬܘܒ ܐܝܬ[35] ܕܝܢ ܒܐܠܟܣܢܕܪܝܐ. ܝܬܝܪܐܝܬ ܕܝܢ ܕܗܢ[36] ܥܠ ܐܬܪ. 8
ܐܝܟ ܕܠܡܫܝܢܘܬܐ ܕܬܘܬܒܘܬܐ ܕܡܫܝ̈ܢܝܐ ܐܬܝܢ ܠܐܬܪܐ ܚܕ
ܕܒܝܬ̈ ܠܗܘܢ. ܕܐܝܬܘܗܝ ܠܥܠ ܡܢ ܝܡܬܐ ܕܡܪܝܘܛ ܡܢܘܪܐ. 𝔄 110
ܘܣܝܡ ܠܥܠ ܡܢ ܪ̈ܡܬܐ ܫܦܠܐ ܘܗܪܬܘܬܐ ܡܦܠܠ[37] ܡܛܘ̈ܪܘܗܝ
ܕܐܐܪ. ܡܢ ܒܬܪ ܕܝܢ ܒܡܫܪܝܘܬܗܘܢ ܕܐܝܟܢܐ ܐܝܬܘܗܝ ܗܘܐ. 9
ܗܘܐ ܕܝܢ ܕܦܫܛ[38] ܠܒܪ̈ܬܐ ܕܟܠ ܐܬܪ. ܘܡܬܚܘܝܢܐ ܠܗ[39] ܐܝܬ
ܠܗܘܢ ܬܡܢ[40] ܒܝܬܐ ܩܕܝܫܐ ܕܡܬܩܪܐ ܒܝܬ ܢܟܦܘܬܐ ܘܡܝܕܥܘܬܐ ܕܡܫܝܢܘܬܐ[40a]
ܕܒܗܘܢ ܒܗ ܝܚܝܕܐܝܬ. ܘܐܪ̈ܙܐ ܕܕܘܒܪܐ ܕܢܟܦܘܬܐ ܡܫܡܠܝܢ
ܒܗ. ܘܡܕܡ ܠܐ ܡܥܠܝܢ ܠܗ ܠܐ ܡܐܟܘܠܬܐ ܘܠܐ ܡܫܬܝܐ.[41]
ܘܠܐ ܡܕܡ ܡܢ ܐܝܠܝܢ ܕܠܚܫܚܘܬܗܘܢ ܕܦܓܪܐ ܡܬܒܥܝܢ. ܐܠܐ
ܢܡܘ̈ܣܐ ܘܡ̈ܠܐ[42] ܕܐܬܝܗܒ ܡܢ ܢܒܝ̈ܐ[43] ܘܬܫܒ̈ܚܬܐ.[44] ܘܟܠ
ܐܝܠܝܢ ܕܡܣܬܟܠܬܐ (B fol. 31 b) ܘܕܚܠܬ ܐܠܗܐ ܡܬܝܬܪ̈ܢ ܒܗܘܢ
10 ܘܡܬܓܡܪܢ. ܘܡܢ ܒܬܪ ܩܠܝܠ ܐܡܪ. ܕܡܢ ܨܦܪܐ ܠܗ ܘܥܕܡܐ
ܠܪܡܫܐ ܟܠܗ ܝܘܡܐ ܐܝܬܝܗܘܢ ܒܦܘܠܚܢܐ. ܘܗܘ ܦܪܝܡ
ܒܟܬܒܐ ܩܕܝ̈ܫܐ. ܡܬܥܢܝܢ ܒܦܝܠܣܘܦܘܬܐ ܕܐܒܗ̈ܬܐ. ܘܡܬܒܩܝܢ
ܒܡ̈ܠܬܐ ܕܐܪ̈ܙܝܢ ܒܗܘܢ. ܡ̈ܠܐ ܓܝܪ ܕܐܡܪܝܢ ܦܫܝܩܐ[45] ܚܝܒ.
11 ܐܪ̈ܙܐ ܕܡ̈ܠܬܐ ܡܬܒܥܝܢ ܕܪܡܝܙܢ ܗܘܝ̈ܢ. ܐܝܟ ܕܝܢ ܠܡܬܠܗܘܢ
ܐܦ[46] ܟܬ̈ܒܐ ܕܐܢܫܐ ܩܕ̈ܡܝܐ ܕܗܘܘ ܪ̈ܫܐ[47] ܕܬܘܠܡܕܘܬܗܘܢ. 𝔄 111

[33a] In 𝔄 for [illegible] read [illegible] [34] 𝔄 om. ܐܦ [35] A ܘܬܘܒܬ
[36] A ܡܢ [37] A om. ܡܛܠܠ [38] A ܢܦܫܗ [39] A om. ܠܗ
[40] A om. ܬܡܢ [40a] 𝔄 om. ܕ [41] A ܠܐ ܕܡܐܟܘܠܬܐ ܘܠܐ ܕܡܫܬܝܐ [42] A ܘܡ̈ܠܐ ܕܢܡܘܣܐ [43] A ܕܢܒܝ̈ܐ [44] A 𝔄 ܘܬܫܒܚܬܐ [45] A ܦܫܝ̈ܩ
[46] 𝔄 om. ܐܦ [47] A ܪ̈ܫܝܢܐ

ܕܢܦܩܘܢ ܠܗܘܢ ܒܡܗܕܝܢܐ ܕܚܘܪܐ ܕܦܘܢܝܩܐ. ܘܡܬܒܣܡܝܢ[48] ܒܗܘܢ
12 ܐܝܟ ܕܒܡܚܙܝܬܐ ܘܡܬܦܪܓܝܢ ܠܡܚܘܬܐ ܕܐܬܪܥܝܬܗܘܢ. ܕܒܢܝܐ
ܕܝܢ ܕܗܠܝܢ ܕܐܬܡܢܝܘ ܠܗܢܐ ܓܒܪܐ.[49] ܕܒܪ[50] ܡܬܥܬܕܝܢ ܟܠ[51]
ܟܬܒܐ ܩܕܝܫܐ ܢܓܡܪ ܡܢܗܘܢ.[52] ܘܗܠܝܢ ܕܐܬܡܪ ܕܐܬܐ ܠܘܬܗܘܢ
ܟܬܒܐ ܕܩܕܝܫܐ.[53] ܕܥܠ ܐܘܢܓܠܝܘܢ ܕܡܫܝܚܐ ܕܐܬܡܪ ܘܥܠ ܟܬܒܐ
ܕܫܠܝܚܐ.[54] ܘܬܫܒܘܚܬܐ ܕܡܙܡܘܪܐ ܩܕܝܫܐ ܕܢܒܝܐ ܕܐܬܡܪ. ܒܬܪ
ܟܠ ܗܢܝܢ ܐܚܪܢܝܬܐ ܕܒܟܬܒܐ ܘܐܣܛܪܛܝܬܐ ܐܚܪܢܝܬܐ ܕܠܐ ܗܘܬ ܕܒܠܥܘܣ.
13 ܬܘܒ ܕܝܢ ܟܠ ܡܙܡܘܪܐ ܕܒܟܢܝܢ[55] ܫܒܝܚܬܐ ܗܘܬ ܡܢ ܢܦܫܗܘܢ
ܘܬܫܒܘܚܬܐ ܡܬܒܣܡܐ ܗܘܬ. ܕܠܐ ܠܡ ܒܠܫܢܐ ܡܫܬܒܠܐ ܡܫܬܒܠܝܢ ib
ܒܐܬܒܐ. ܐܠܐ ܐܦ ܡܢ ܢܦܫܗܘܢ ܒܒܢܝܢ ܘܒܬܕܝܪܐ ܘܬܫܒܚܬܐ[56]
14 ܠܐܠܗܐ ܒܟܠ ܡܩܫܝܢ ܒܩܠܝܬܐ ܢܩܦܬܐ.[57] ܐܦ ܡܠܝܛܘܬܐ
ܐܣܝܪܘܬܐ ܐܡܪ ܒܠܫܘܢ. ܗܠܝܢ ܕܝܢ ܕܣܒܝܢ ܐܬܚܙܝ ܠܝ.
ܕܠܐ ܕܐܬܒܥܐ ܘܐܫܟܚ ܐܠܝܢ ܕܕܡܘܬܐ[58] ܕܙܡܪܐ ܕܒܪܬܐ[59]
15 ܐܬܬܗܝܢ. ܐܟ ܕܝܢ ܐܚܪ ܦܬܪ[60] ܕܗܠܝܢ ܕܐܡܝܪܢ ܕܠܐ ܕܙܡܪܐ
ܐܝܟ ܕܡܠܦܢܐ ܕܐܘܢܓܠܝܘܢ: ܐܠܐ ܡܥܡܝܢ ܐܝܟ ܕܢܫܠܡܢ ܐܦ
ܥܠ ܐܣܪܢܝ. ܢܬܓܠܘܢ.[61] ܡܢ ܗܠܝܢ ܬܠܬܐ ܕܐܡܪ ܡܢ ܒܬܪܒ.
ܕܒܢܝܢ ܗܘܕܥܘܬܐ[62] ܕܠܐ ܦܘܠܓܐ[63] ܡܦܩܠ ܐܟ ܐܬܬܗܘܢ 𝔄 112
16 (B fol. 32 a) ܦܘܪܫܐ. ܬܘܒ ܓܝܪ ܗܕܢܐ.[63a] ܕܡܫܒܚܢܘܬܐ ܠܗ[64] ib 4
ܐܝܟ ܕܐܬܚܙܝܬ ܗܢܝܢ ܠܗ ܒܢܦܫܗܘܢ. ܘܒܠܗ ܟܠܝܢ ܫܦܝܪܐ
ܕܕܡܪܐ ܫܒܝܚܐ. ܡܬܩܒܠܬܐ ܕܝܢ ܐܦ ܡܫܬܐ ܐܚܪ ܡܢܗܘܢ

[48] A ܐܦ ܡܬܒܣܡܝܢ [49] 𝔄 *de illo* [50] A ܡܢ 𝔄 has a negative before ܡܢ
[51] 𝔄 *ex* [52] A fol. 32 *b* [53] A ܩܕܝܫܐ [54] A ܟܬܒܐ ܕܫܠܝܚܐ
[55] A ܕܒܟܢܫܝܢ [56] Read with A 𝔄 ܘܬܫܒܚܬܐ [57] 𝔄 *et dulcibus vocibus*
[58] 𝔄 does not express ܕܡܘܬܐ [59] A 𝔄 ܕܙܡܪܐ ܕܒܪܐ [60] A om. ܦܬܪ
[61] A 𝔄 add ܐܦ [62] A ܕܩܕܡܘܬܐ [63] A ܦܘܠܚܢ [63a] A ܗܘܢ
[64] 𝔄 om. ܠܗ

ܠܐ ܠܓܡܪ ܗܘܐ ܕܢܓܙܪ ܥܡܗܝܢ. ܕܢܣܒ ܓܝܪ ܕܦܘܠܚܢܐ[65] ܕܡܫܡܫܢܘܬܐ
ܠܢܘܗܪܐ ܓܘܐ. ܠܝܚܝܕܝܐ ܕܝܢ[66] ܢܟܝܣܘܬܗ ܕܦܓܪܐ. ܡܛܠܗܢܐ
ܡ̈ܦܪܢܝܢ ܐܝܟܢܐ ܠܡܫܡܫܢܘܬܐ. ܘܠܢܟܝܣܘܬܗ[67] ܕܦܓܪܐ ܘܥܠܠ
17 ܡܗܝܡܢܬܐ ܡܢ ܠܠܝܐ ܗܘܝܢ ܠܗ. ܐܝܬ ܕܝܢ ܒܗܘܢ ܕܐܬܬܐ[68]
ܣܒ̈ܬܐ ܕܡܬܕܒܪܢ ܒܡܩܒܠܬܐ.[69] ܐܝܠܝܢ ܕܦܠܚܢ ܡܢܙܪ ܒܗܘܢ
ܫܘܒܐ ܕܦܘܠܚܢܐ ܕܡܫܡܫܢܘܬܐ. ܐܚܪ̈ܢܐ ܕܝܢ[70] ܗܠܝܢ[71] ܒܩܘܡܝܢ
ܘܡܬܦܪܫܝܢ ܒܗ ܒܡܫܬܡܠܝܢ ܡܢ ܫܡܫܬܐ ܬܘܪܬܗ. ܕܠܡܫܡܫܘ[72]
ܠܥܬܐ ܘܩ̈ܝܡܝܢ ܠܓܡܝܢ ܗܘܢ. ܡܛܠ ܕܐܟܚܕܐ ܒܡܩܒܠܬܐ
ܕܟܣܝܐ. ܘܗܠܝܢ ܩ̈ܠܝܗܝܢ ܕܦܝܠܘ ܦܪܘܫܘܬ ܕܠܐ[73] ܚܙܝܢ ܥܠ
18 ܕܡܢܝܢܐ[74] ܕܝܠܗ ܥܠܡܐ. ܐܦ ܕܝܢ ܡܢ ܒܬܪ ܗܠܝܢ ܐܝܬ ܐܚܪ
ܕܡܬܚܙܝܐ ܘܠܐ ܡܬܦܫܩܢ.[75] ܐܦ ܗܘ ܢܬܪܣܐ ܡܢ ܦܘܠܚܢܐ ܒܗ
ܡܦܠܠ ܚܣܝܘܬܐ ܕܡܬܚܬܐ.[76] ܐܝܠܝܢ ܕܥܠܝܗ ܠܘܬ ܒܬܘܠܘܬܐ
19 ܥܒܝܕ ܒܦܘܠܚܢܐ ܕܡܠܦܢܐ ܕܐܘܪܚܬܗܘܢ. ܐܡܪ ܓܝܪ ܥܠܝܗܘܢ
ܥܠ ܗܠܝܢ.[77] ܕܐܝܬ ܗܘܐ ܠܗ ܒܗܘܢ ܢܫ̈ܐ. ܕܩܫܝܫ̈ܬܐ[78] *ib* 8
ܡܟܝܢ ܒܒܬܘܠܘܬܐ ܗܘܝ. ܘܠܐ ܒܐܘܠܨܢܐ ܐܝܟ ܕܟܘܡܪ̈ܬܐ ܐܝܟ 𝔄 113
ܐܚܪ̈ܢܐ ܕܐܝܬ ܒܗ ܢܣܒ[79] ܐܠܐ ܡܢ ܪܓܬܐ ܡܠܝܬܐ. ܕܠܚܡܐ
ܘܒܣܘܟܠܐ ܕܡܫܡܫܬܐ ܕܢܦܫܬ ܐܠܗܐ ܕܠܗ[80] ܡܬܚܫܒܐ ܠܡܥܒܕܘܬܗ.
ܡܛܠܗܢܐ ܐܘܟܝܬ ܐ̈ܚܝܢܬܐ ܕܦܓܪܐ. ܘܠܐ ܠܢܦܫܐ ܡܗܡܢܬܐ
ܡܬܒܥܝܢ ܐܠܐ ܠܗܘ ܕܠܐ ܡܐܬܐ: ܕܥܒܕܐ ܒܠܚܘܕ ܕܝܕܥܐ
20 ܠܐܠܗܐ ܡܚܝܐ ܡܘܠܕܐ (B fol. 32 *b*) ܠܗ. ܘܡܢ ܒܬܪ ܩܠܝܠ ܒܗ

[65] A ܕܦܘܠܚܢܐ ܕܝܢ ܕܝܠܗܝܢ [66] A ܝܚܝܕ̈ܝ [67] A adds ܕܝܢ [68] A adds ܗܘ [69] A ܘܡܩܒܠܬܐ [70] 𝔄 adds *ex iis* [71] A ܗܘܝܢ [72] A ܘܠܡܫܡܫܘ 𝔄 expresses neither ܕ nor ܘ (the comma should be placed after instead of before *mšmšw*) [73] A fol 33 *a* [74] A ܕܡ̈ܢܝܢ [75] A ܡܬܦܫܩܘ [76] A ܐܪ̈ܡܠܬܐ [77] 𝔄 adds *ita* [78] A ܕܩܫܝܫ̈ܬܐ [79] Read with A 𝔄 ܢܣ̈ܒܐ [80] A ܕܠܗܘ

ib 10 ܫܢܬ ܒܗ ܒܬܫܡܫܬܗ. ܗܘ[81] ܕܢܡܘܣܐܝܬ ܡܕܝܢܐ.[82] ܬܒܢܝܐ ܠܗ
ܒܪ[83] ܕܡܠܟܐ ܡܫܝܚܐ ܗܘ ܠܗܘܢ ܐܝܟ ܕܡܠܟܘܬܐ ܐܬܟܠܠ.
ܟܠܗ ܒܪ ܢܡܘܣܐ ܡܬܦܬܪ ܠܗܘܢ ܠܐܢܫܐ ܗܠܝܢ ܕܕܒܪܐ
ܠܕܝܢܐ.[84] ܘܡܠܟܐ ܕܐܬܡܫܚܘ ܦܘܪܬ ܚܠܦ ܡܩܕܫܝܢ ܠܗܘܢ
ܒܡܫܚܐ. ܒܢܫܐ ܕܝܢ ܠܗܝܟܠܐ ܕܚܘܐ ܕܐܠܗܝܢ ܒܗܘܢ. ܗܘ
ܕܗܢܐ ܒܡܬܪܐ ܐܘܦ ܠܡܬܬܠܠܘ ܒܗ ܡܬܐܪܬܐ. ܕܒܗܠܝܢ
ܒܫܬܐ ܕܠܘܬܗ ܐܝܟ ܕܟܡܝܢܘܬܐ. ܚܡܪܐ ܬܫܡܫܬܐ ܕܟܗܢܐ[85]
21 ܫܢܝ ܒܗܘܢ. ܒܗܢܐ ܡܬܬܟܒܐ ܠܝ ܕܢܗܘܐ ܘܐܬܒܪ ܡܕܡ
ܕܢܗܘܐ ܬܘܒ ܥܠ ܒܗܘܢܐ ܕܢܘܒܗܘܢ.[86] ܕܡܦܪܫܝܢ ܠܚܒܪܐ
ܡܢܗܘܢ ܘܠܗܘܢ. ܘܗܒܢܐ ܐܦ ܠܢܫܐ. ܥܠ ܕܗܒܪܐ ܗܘܒܠ
ܩܢܝܐ ܕܒܪܒܐ ܠܡܒܢܐ ܡܫܬܒܚ ܠܗܬܝܢ ܐܡܪ ܗܘ ܡܬܒܢܝܐ.
𝔄 114 ܕܒܘܠܒܐ ܕܒܐܪܐ ܕܢܫܡܗ ܕܦܪܘܩܢ. ܒܪܘܚܐ ܘܒܫܡܪܐ ܘܒܡܪܝܢܐ
22 ܕܡܠܟܐ ܡܫܝܚܐ ܐܢܬ[87] ܠܝ ܒܢܝܐ ܠܡܒܒܪ.[87a] ܕܗܘ ܗܢܐ ܗܘ[88] ܠܦܫܡܐ
ܐܘܪܒ ܗܢܐ ܒܪܢܐ ܕܦܘܡܗ ܐܡܪܝܢ[89] ܥܠܘܗܝ ܒܬܒܗ. ܒܗ
ܡܫܬܒܐ ܥܠ ܫܡܪܐ ܕܒܐܪܐ ܪܒܐ ܕܒܒܝܢ. ܘܠܬܫܡܫܬܗ
ܘܠܬܫܒܚܬܐ[90] ܕܡܙܡܪܝܢ ܒܗ. ܘܕܐܝܟ ܕܠܦܫܡܐ ܡܙܡܪ ܫܪ.
ܘܐܝܢܐ ܒܥܠܡܐ ܢܪܬܝܢ ܠܗ ܘܒܫܘܠܛ ܦܬܚܒܐ ܚܢܝ. ܘܕܐܝܟܢܐ[90a]
ܒܗܘܢ ܒܗܠܝܢ ܘܡܬܬܐ ܡܫܒܚܐ ܐܝܟ ܕܒܡܒܒܒܐ[91] ܕܡܬܢܝܢ ܥܠ
ܐܪܒܐ: ܘܡܒܪܐ ܗܘ ܠܐ ܠܦܫܡܝܢ ܐܝܟ ܕܐܬܒܥ ܒܡܠܘܗܝ:
ܐܦܠܐ ܡܕܡ ܕܢܦܩ ܡܢܗ ܕܒܪܐ ܐܚܠܝܢ: ܡܫܬܡܗܘܢ ܕܝܢ
ܐܬܬܡܗܘܢ ܡܢܝܐ: ܘܡܫܒܚܬܗܘܢ ܠܡܒܝܐ ܘܡܠܚܐ ܒܗ ܘܙܘܦܐ:[92]

[81] A ܗܘܐ In 𝔄 for *b* read *bq* [82] A ܡܕܢ [83] 𝔄 om. ܡܫܝܚ
[84] A ܠܒܪ ܐܢܫܐ [85] 𝔄 instrumental case [86] Read with A ܕܢܘܒܗܘܢ?
𝔄 sing. [87] A ܐܢܬ? [87a] A ܠܡܒܢܝܐ [88] A adds ܡܫܝܚ 𝔄 *quod secundum hunc typum* [89] A ܐܡܪܝܢ A fol. 33 *b* [90] Read with A ܘܠܬܫܡܫܬܗ 𝔄 *et de ministerio eius et hymnis* [90a] 𝔄 om. ܘ [91] 𝔄 om. ܐܝܟ ܕ [92] 𝔄 *sal et panis et hyssopus*

23 ܘܥܡ ܗܠܝܢ ܟܬܒ ܥܠ ܬܐܘܪܝܐ: ܕܐܝܬ ܕܡܨܠܝܢ ܒܥܘܬܐ
ܘܡܬܗܡܢܝܢ ܦܘܠܚܢܐ ܕܒܝܬܐ:[93] ܘܬܫܡܫܬܐ ܕܡܫܡ̈ܫܢܐ[94] ܘܥܠ
ܕܪܒܐ (B fol. 33 a) ܡܠܠܐ[95] ܕܐܦܝܣܩܘܦܘܬܐ. ܗܠܝܢ ܕܝܢ ܐܝܟܢܐ
ܕܡܫܚ ܠܚܡܣ ܥܠ ܡܬܬܦܬܚܝܢ. ܢܐܠܦ ܡܢܗ̇ ܡܢ ܬܫܥܝܬܗ
ܕܗܘܐ ܠܒܪܐ ... ·:· ...

ܕܬܫܥܝܬܗ ܕܡܢܝܢܐ[1] ܕܡܐܡܪ̈ܝܢ ܕܟܠܗ ܕܦܝܠܘܢ ܡܢܝܢ[2] ·:· 𝔄 115

24 ܕܠܦܘ̈ܫܩܐ ܕܝܢ ܡܕܥܢܐ ܕܦܝܠܘܢ ܕܐܘܪܫܠܡ: ܘܠܟܬ̈ܒܐ[3]
ܕܐܫܬܠܡܘ ܡܢ ܩܕܝܫܐ ܐܕܪܟ ܦܠܘܢ ܘܗܠܝܢ ܐܡܪܬ. ܕܡܢܝܢܐ[4]
xviii. 1 ܗܘ ܠܟܢ ܕܝܟܐ. ܣܓܝ ܗܘܐ[4a] ܕܝܢ ܒܡܠܬܗ ܘܚܟܝܡ ܒܬܪܥܝܬܗ.
ܘܥܠ[5] ܘܫܒܩܠܐ ܒܒܘܢܐ ܕܟܬ̈ܒܐ[6] ܕܐܠܗܝܐ.[7] ܘܡܦܪܫܢܝܬ ܒܒܘܠ
ܬܐܘܪܝܣ ܒܟܒܪ ܦܘܫܩܐ[8] ܠܟܠܗ ܕܟܬ̈ܒܐ. ܘܟܬܪ ܟܬܪ ܒܡܫܪܝܬܐ
ܒܟܒܪ ܦܘܫܩܐ ܕܡܩܪܐ ܕܟܢܘܬܐ. ܘܐܟܬܒ ܥܠܝܗܘܢ ܦܘܫܩܐ
ܕܥܠ̈ܬܐ ܕܢܡܘ̈ܣܐ ܡܕܝܢܐ.[9] ܬܘܒ ܕܝܢ ܒܟ̈ܬܒܐ ܫ̈ܢܝܐ ܦܪܫ
ܕ̈ܝܢܐ ܕܡܬܟܬܒܝܢ ܒܟܬ̈ܒܐ ܡܕܝܢܝ ܘܦܪܫ ܕܢܝܐ ܕܐܝܠܝܢ.
ܐܦ ܥܠ ܗ̈ܠܟܘܬܐ[10] ܕܝܢ ܕܐܝܬ ܒܡܦܪܫ ܕܡܩܒܠܐ ܘܥܠ ܫܪܝܗܘܢ.
ܐܝܟ ܕܐܟܬܒ ܥܠ ܡܦܪܫ ܕܡܕܝܢܬܐ ܐܟܬܒ ܐܦ ܥܠܝܗܘܢ.
2 ܐܝܬ ܠܗ ܕܝܢ ܡܐܡܪ̈ܐ[11] ܡܢܗܘܢ ܘܠܗܘܢ. ܕܐܬܝܗܘܢ
ܥܠ ܦܘܠܚܢ[12] ܐܪ̈ܒܥܐ ܬܪ̈ܝܢ. ܘܥܠ ܪ̈ܘܚܬܐ ܬܪ̈ܝܢ.[13] ܘܐܚܪ̈ܢܐ[14]

[93] 𝔄 om. ܕܒܝܬܐ and renders ܦܘܠܚܢܐ by a plural [94] A ܘܡܫܡ̈ܫܢܐ
[95] A ܩ̈ܠܠܐ ܕܪ̈ܒܐ

Chap. XVIII. [1] 𝔄 = ܘܡܢܝܢܐ [2] A ܐܝܟܢܝ [3] A ܐܘ ܠܟܬ̈ܒܐ [4] A ܐܝܟܢܐ [4a] 𝔄 յորդ էր copiosus erat = ܣܓܝ ܗܘܐ? [5] A ܕܢܘܪ [6] A ܒܒܘܢܝܐ ܕܟܬܒܐ [7] For ܒܒܘܢܐ ܕܟܬܒܐ ܕܐܠܗܐ 𝔄 has գրոց իմաստութեան Աստուծոյ libris sapientiā Dei [8] A ܦܘܫܩܐ [9] A ܡܕܝܢ ܕܢܡܘ̈ܣܐ [10] A ܗ̈ܠܟܘܬܐ [11] A ܡܐܡܪ̈ܐ 𝔄 alii sermones [12] 𝔄 plur. [13] A om. ܘܥܠ ܪ̈ܘܚܬܐ ܬܪ̈ܝܢ [14] A ܐܘ ܐܚܪ̈ܢܐ

𝔄 116 ܬܘܒ ܐܝܬ ܠܗ ܡܢ ܕܡܦܪܫܐܝܬ ܐܡܝܪ̈ܢ. ܕܡܛܠ ܗܢܐ ܐܡܚܘܝܢ ܠܗ
ܐܝܟ ܗܘ̇ ܕܡܟܪܙܐ ܕܐܡܪܬ ܠܥܠ. ܕܡܕܒܪܐ[15] ܗܘܐ ܕܐܬܚܒܪܝ:
ܡܠܟܐ ܘܠܐܦ. ܘܥܠ ܒܘܠܒܠܐ ܕܠܥ̈ܡܐ. ܘܥܠ ܒܙܘܙܐ
ܕܩܘܪܒܢܐ. ܘܥܠ ܒܡܝܐ ܕܡܛܠ ܠܡܦܢܝܐ. ܘܥܠ ܕܚܒܘ ܗܘܘ[16]
ܬܪ̈ܬܝܢ ܕܐܝܠܝܢ ܕܕܐܠܗܐ ܐܝܟ. ܘܥܠ ܦܘܪܣܐ[17] ܕܐܝܠܝܢ ܕܢܦ̈ܩܘ
ܘܐܝܠܝܢ ܕܐܬܬܚܡܘ̈ܢ ܫܘܫܠܐ. ܘܬܘܒ ܥܠ ܬܠܬ ܥܣܪܝܢܬܐ
3 ܕܒܗ ܐܣܝܪܘܬܐ ܐܡܪܬ ܒܠܫܢܗܘܢ ܡܫܒܚܐ. ܘܥܠ ܬܘܒ
ܦܘܠܚܢܐ (B fol. 33 b) ܕܩܘܪܒܢܐ[18] ܕܐܝܬ ܒܐ̈ܬܘܬܐ ܘܕܡܛܠ ܗܢܐ
4 ܐܫܬܠܡܘ. ܘܡܢ ܬܘܒ ܥܠ ܕܐܬܡܠܟ ܬܪ̈ܬܝܢ. ܐܝܬ ܠܗ ܕܝܢ
ܐܦ ܥܠ ܬܘܬܒܬܐ. ܘܥܠ ܕܡܒ̈ܪܐ ܕܡܫܝܚܐ ܕܐܫܬܠܠ[19]
ܒܕܡܘܬܐ ܐܘ ܒܨܘ̈ܪܐ ܕܠܐ ܒܬܚܘܡ. ܘܬܘܒ ܥܠ ܒܢ̈ܝܐ
ܘܥܠ ܕܠܐ ܡܫܬܠܛ ܐܠܗܐ. ܘܬܘܒ ܡܚܒܫ ܥܠ ܗ̇ܘ ܕܡܫܝܚܐ
ܡܘܫܐ ܕܡܬܚܙܝܢ ܗܘܘ ܢ̈ܦܫܐ ܡܢ ܐܠܗܐ̇. ܗܠܝܢ ܕܝܢ ܒܠܚܘܕ
5 ܐܝܠܝܢ ܕܗܘܝܢ[20] ܕܐܡܪ ܒܡܦܩܐ ܕܒܪܝܬܐ. ܥܠ ܡܦܩܢܐ ܕܝܢ
ܢܘܚܝܢ ܕܐܡܪ ܡܫܟܚܐ ܥܠ ܐܝܬܘܗܝ[21] ܘܒܪܘܚܗܘܢ. ܘܐܦ ܥܠ
ܡܦܩܢܐ ܘܐܦ ܥܠ ܒܡܦܪܐ ܦܬ̈ܓܡܝܢ. ܘܐܡܪܢܐ ܥܠ ܐܝܠܝܢ
ܕܐܡܪܝܢ ܒܡܫܡܫܐ ܘܡܠܟܝܢ ܠܗܝܢ ܒܡܦܪܐ[22] ܦܘܩܕܢܝܢ. ܘܥܠ
ܫܢܬܐ ܕܐܬܡܠܟܘ ܗܘܘ ܡܝܢܐ ܡܕܪ̈ܫܐ. ܘܕܐܝܠܝܢ ܐܝܟ
𝔄 117 ܐܝܠܝܢ ܕܐܬܡܠܟܘ ܠܡ̈ܢܝܐ.[23] ܘܠܐܝܠܝܢ ܕܗܘܝܢ ܒܡܫܡܫܐ. ܠܦܬ̈ܓܡܐ
6 ܒܡܬܪܬܐ ܘܠܡܦܢܝܐ ܕܒܢܝܐ ܡܫܡܫ ܘܠܦ̈ܬܓܡܐ. ܘܡܢ ܗܠܝܢ
ܒܠܗܘܢ ܘܡ̈ܠܟܐ ܕܫܒܩܢ ܠܗ ܚܕ ܚܕ. ܐܝܟ ܗܘ ܕܐܡܪ ܥܠ

[15] A fol. 34 a [16] A 𝔄 ܗܘ̇ܐ [17] 𝔄 plur. [18] A ܘܟܠܠ ܡܘܢܟܐ ܕܡܦ̈ܩܪܢ ܠܒܝܬ [19] A ܕܐܫܬܠܠܘ [20] A ܕܐܡܪܝܢ [21] A ܐܦ̈ܝܬܐ [22] A ܕܡܫܬܦܝܢ ܡܛܠܗܘܢ = 𝔄 ܘܡܬܡܠܝܢ ܠܟܠܗܘܢ ܡܦ̈ܪܫܐ [23] A om. ܠܦ̈ܪܫܐ = 𝔄 ܠܦ̈ܪܫܐ

ܡܦܪܫܘܬܐ. ܘܥܠ ܢܡܘܣܐ ܘܥܠ ܕܘܟܪܢܐ ܘܥܠ ܐܠܟܣܢܕܪܘܣ.[24]
ܘܕܐܝܬ ܐܦ ܠܚܝܘܬܐ ܡܠܬܐ ܣܪܝܚܬܐ. ܘܥܡ ܗܠܝܢ ܐܦ ܥܠ
ܕܥܒܕܐ ܗܘ ܟܠ ܒܪ ܐܢܫ ܕܒܝܫ. ܘܗܘ ܒܬܪܗ ܕܥܠ ܕܟܠ
7 ܚܦܝܛܐ ܒܪ ܚܐܪܐ ܗܘ. ܘܥܡ ܗܠܝܢ ܗܘ ܕܣܝܡ ܠܗ ܥܠ
ܕܘܒܪܐ[25] ܕܚܙܝܐ. ܕܥܒܕܗ ܦܬܓܡ ܥܠ ܕܘܒܪܐ[26] ܕܬܠܡܝܕܘܗܝ[27]
ܕܫܠܝ̈ܚܐ. ܘܦܘܫܩܐ ܕܫܡ̈ܗܐ ܥܒܪ̈ܝܐ ܕܐܝܬ ܒܟܬ̈ܒܐ[28]
8 ܒܢܡܘܣܐ ܘܒܢܒ̈ܝܐ ܡܬܐܡܪ ܕܕܝܠܗ ܗܘ. ܗܢܐ ܗܟܝܠ ܒܝ̈ܘܡܝ
ܓܐܝܘܣ ܟܕ ܐܬܐ ܠܪܗܘܡܐ ܘܐܟܬܒ ܥܠ ܚܫܘܬܗ ܕܓܐܝܘܣ.
ܐܝܟ ܕܒܟܝܢܐ ܐܟܬܒ ܥܠܘܗܝ ܥܠ ܡܝ̈ܬܪܘܬܐ[29] (B fol. 34 a) ܠܡ
ܕܓܐܝܘܣ.[30] ܡܬܐܡܪ ܕܝܢ ܕܐܬܩܪܝ ܗܢܐ ܣܦܪܐ ܩܕܡ ܟܠܗ
ܣܘܢܩܠܝܛܘܣ[31] ܕܪ̈ܗܘܡܝܐ ܒܝܘ̈ܡܝ ܩܠܘܕܝܘܣ. ܘܐܫܬܒܚ. ܘܐܬܚܫܒ
ܒܝܬ ܓܙܐ ܕܟܬ̈ܒܐ ܕܬܡܢ.

ܕܬܫܥܝܬܐ ܕܐܝܢܐ ܐܘܠܨܢܐ[1] ܓܕܫ ܠܥܡܐ ܝܗܘܕܝܐ 𝔄 118
ܒܥܐܕܐ[2] ܕܦܣܚܐ ܒܐܘܪܫܠܡ...[3]

ܒܗܠܝܢ ܙܒܢ̈ܐ. ܩܠܘܕܝܘܣ ܥܠܝܢܐ ܡܠܟܐ[4] ܒܙܘܥܬܐ ܪܘܪܒܬܐ ܕܗܒܪܬܐ 9
ܡܢ ܐܘܪܫܠܡ ܘܒܕܡܐ ܠܐܠܘܪܝܣܘܣ. ܠܝܗܘܕܝܐ ܕܝܢ ܦܓܪ ܗܘܐ
ܐܝܟ ܩܠܘܕܝܘܣ ܡܢ ܪܗܘܡܐ. ܐܩܘܠܘܣ[5] ܕܝܢ ܘܦܪܝܫܘܬ.
ܟܕ ܢܘܟܪܝܐ ܐܢܫܐ[6] ܐܬܚܙܝܘ ܡܢ ܪܗܘܡܝܐ ܘܩܛܠܘ ܠܐܢܫ.
ܘܬܡܢ ܡܬܟܢܫܝܢ ܗܘܘ ܥܡ ܦܘܠܚܢ. ܟܕ ܕܚܝܠ ܗܘܐ ܕܝܢ ܗܘ
ܐܬܡ ܗܘܐ ܬܡܢ ܣܛܪ̈ܛܝܘܛܐ[7] ܕܒܢܝܬܐ. ܘܡܫܕܪ ܗܘܐ ܠܗܘܢ.

[24] 𝔄 վասն Աղեքսանդրի de Alexandro s. Alexandria? [25] A ܕܘܒܪ̈ܐ
[26] A ܕܘܒܪ̈ܐ [27] 𝔄 om. ܕܬܠܡܝܕܘܗܝ [28] A fol. 34 b [29] A ܡܟܣܢܘܬܐ
[30] A 𝔄 om. ܕܓܐܝܘܣ [31] A ܣܘܢܩܠܝܛܘܣ 𝔄 om. ܟܠܗ

Chap. XIX. [1] 𝔄 plur. [2] 𝔄 plur. [3] A 𝔄 om. ܒܐܘܪܫܠܡ [4] A ܡܠܟܐ [5] A ܐܩܘܠܘܣ 𝔄 Ակելաս Akelas [6] 𝔄 om. ܟܕ ܢܘܟܪ̈ܝܐ ܐܢܫ̈ܐ
[7] A ܠܟܣܝܣ ܗܘܐ ܠܗܘܢ ܩܛܠܐ

Acts xviii 2 ܥܠ ܗܠܝܢ ܒܟܬܒܐ ܕܦܪܟܣܣ⁹ ܕܫܠܝܚܐ. ܘܟܕ⁸ ܗܟܝܠ ܩܠܘܕܝܘܣ xix. 1
ܡܕܒܪ ܗܘܐ ܡܠܟܘܬܐ. ܒܥܐܕܐ ܕܦܨܚܐ¹⁰ ܕܦܛܝܪܐ ܗܘܐ
ܫܓܘܫܝܐ¹¹ ܘܐܠܘܨܝܐ ܒܐܘܪܫܠܡ. ܘܟܕ ܡܬܟܢܫܝܢ ܗܘܐ ܥܡܐ
ܒܬܪ̈ܥܘܗܝ ܕܗܝܟܠܐ. ܬܠܬ ܪ̈ܒܘܢ ܕܝ̈ܗܘܕܝܐ ܐܬܕܪܟܘ ܚܕ ܥܡ
ܚܕ ܘܡܝܬܘ. ܘܐܬܗܦܟܘ ܒܬܪܥܐ ܠܐܒܠܐ ܠܟܠܗ ܥܡܐ. ܘܗܘܐ
Ant xx 5, 3 B J ii 12, 1 ܬܘܠܐܝܬ ܥܠ ܟܢܫܬܐ.¹² ܗܠܝܢ ܕܝܢ ܐܡܪ ܝܘܣܝܦܘܣ.¹³ ܩܠܘܕܝܘܣ 2
ܕܝܢ ܠܐܓܪܝܦܐ ܒܪܗ ܕܐܓܪܝܦܐ¹⁴ ܐܩܝܡ ܡܠܟܐ ܥܠ ܝ̈ܗܘܕܝܐ.
𝔄 119 ܠܦܠܝܟܣ ܕܝܢ ܫܕܪ ܐܦܛܪܘܦܐ ܠܟܠܗ ܐܬܪܐ ܕܫܡܪܝܢ ܘܓܠܝܠܐ.
ܘܐܬܪܐ ܕܥܒܪܐ ܕܝܪܕܢܐ.¹⁵ ܟܕ ܕܝܢ ܕܒܪ ܗܘܐ ܡܠܟܘܬܐ
ܬܠܬܥܣܪܐ ܫ̈ܢܝܢ ܘܬܡܢܝܐ¹⁶ ܝܘ̈ܡܝܢ. ܥܢܕ ܒܬܪܗ ܥܠ ܫܘܠܛܢܗ
ܠܢܪܘܢ ܘܡܝܬ.

ܕܥܒ̈ܕܐ ܕܐܝܠܝܢ ܐܬܥܒܕ ܒܐܘܪܫܠܡ ܒܝܘ̈ܡܬܗ ܕܢܪܘܢ ·:·

ܒܝܘ̈ܡܬܗ ܕܝܢ ܕܢܪܘܢ: ܟܕ ܐܝܬܘܗܝ ܦܠܝܟܣ ܐܦܛܪܘܦܐ xx. 1
ܥܠ ܝܗܘܕ. (B fol. 34 b) ܬܘܒ ܡܬܬܟܫܐ ܝܘܣܝܦܘܣ¹ ܥܠ ܚܪ̈ܝܢܐ
ܘܫ̈ܓܘܫܝܐ² ܕܗܘܘ ܠܟܗ̈ܢܐ ܚܕ ܠܘܬ ܚܕ. ܘܐܟܬܒ ܗܟܢܐ
Ant xx 8, 8 ܒܬܫ̈ܥܝܬܗ.³ ܐܬܓܘܙ ܠܗ ܚܪܝܢܐ ܕܪ̈ܒܝ ܟܗ̈ܢܐ ܠܘܬ ܟܗ̈ܢܐ 2
ܘܠܘܬ ܪ̈ܫܝܐ⁴ ܕܥܡܐ ܕܐܘܪܫܠܡ. ܘܟܠ ܚܕ ܚܕ ܡܢܗܘܢ ܟܢܫ
𝔄 120 ܠܗ ܓܘܕܐ ܕܐܢܫܐ ܡܪ̈ܚܐ ܘܫ̈ܓܘܫܝܐ ܘܗܘܐ ܒܠܚܘܕܝܗܘܢ ܪܫܢܐ.
ܘܟܕ ܗܘܝܢ ܚܕ ܥܡ ܚܕ. ܐܡܪܝܢ ܗܘܘ ܡ̈ܠܐ ܒܨܥܪܐ ܥܠ ܫ̈ܕܝܐ
ܘܪ̈ܓܡܝܢ ܗܘܘ ܒܟ̈ܐܦܐ. ܘܡܚܐܐ ܒܗܘܢ ܠܝܬ ܗܘܐ. ܐܠܐ

⁸ 𝔄 *libri sacri Actorum apostolorum* ⁹ A ܕܟܪ ¹⁰ A ܕܦܨܚܐ ¹¹ A adds ܪܒܐ ¹² A ܟܢ ¹³ A ܝܘܣܝܦܘܣ ¹⁴ A ܕܐܓܪܝܦܐ ¹⁵ In 𝔄 for [illegible] read [illegible] ¹⁶ A fol. 35 a

Chap. XX. ¹ A ܝܘܣܝܦܘܣ ² A ܕܕܝܢܐ ܘܫܓܘܫܝܐ ³ A ܒܬܫܥܝܬܗ ⁴ A ܪܫܐ 𝔄 sing.

ܐܝܟ ܕܒܡܕܝܢܬܐ ܕܡܕܒܪܢܐ ܠܘܬ ܠܗ̇. ܗܠܝܢ ܗ̈ܘܝܢ ܗܘܘ ܒܗ̇
3 ܡܫܬܠܡܢܘܬ. ܠܐܝܟ ܗܕܐ ܕܝܢ ܥܢܝܘܬܐ ܘܡܣܪܩܘܬܐ ܐܬܬ
ܗܘܘ ܙ̈ܒܢ ܒܗ̈ܢܐ. ܐܝܟ ܕܐܦ ܠܒܓ̈ܝܣܘܗܝ ܡܟܪܙܝܢ ܗܘܘ
ܠܐܕ̈ܢܐ. ܘܢܦܩܝܢ ܗܘܘ ܡܕܡ̈ܝܐ ܕܡܬܬܚܝܒܝܢ ܗܘܘ ܠܒ̈ܢܝܐ.
ܘܠܒܒܢܐ ܗܘܬ ܕܣܢܐܐ ܗܘܐ ܐܢܫ ܠܒ̈ܢܝܐ ܕܐܟܒܝܢ ܡܢ
ܢ̈ܟܡܘܬܐ.[5] ܘܗܟܢܐ ܢܦܫ ܗܘܐ ܡܠܝܢܐ ܕܗ̇ܢܘܢ ܥܠܝ̈ܐܢܐ
4 ܠܚܠܘ̈ܗܝ ܘܠܫܢܬܐ. ܘܬܘܒ ܗܘ ܡܬܬܒܥܢܐ ܡܬܒܥܝܢ. ܕܒܗܘܢ B J ii 13, 3
ܒܗܠܝܢ ܕܟ̈ܢܝܐ ܐܬܘܢ.. ܗܘܐ ܒܐܘܪܫܠܡ ܠܦܘܩܕܢܐ[6] ܕܠܩ̈ܠܝܢܐ.
ܕܐܣܟܡܐ ܒܡܨܥܬܗ̇ ܕܡܕܝܢܬܐ ܡܠܠܝܢ ܗܘܘ ܠܐܢܠܝܢ ܕܦܠܚܝܢ
5 ܒܗܘܢ. ܠܬܪܐܬ ܕܝܢ ܒܥܐ̈ܕܐ ܡܬܠܠܝܢ ܗܘܘ ܒܚܢܓܐ.[7]
ܘܡܠܚܡܝܢ ܗܘܘ ܗܢ̈ܘܢ ܢܣܒܬ ܠܒܠ̈ܒܗܘܢ. ܘܒܗܘܢ ܕܠܚܡ
ܗܘܘ ܠܐܢܫܐ ܕܒ̈ܝܐ.[8] ܘܒܝܐ ܕܢܩܠܗ ܗ̇ܘܝܢ ܗܘܘ ܐܦ ܗ̇ܢܘܢ
ܡܢ ܒܝܬܐ ܕܗ̇ܢܘܢ ܕܡܬܬܒܥܝܢ ܒܠ ܩ̈ܠܝܐ. ܘܡܬܠ[9]
6 ܐܣܒܪܗܘܢ ܠܐ ܡܬܬܒܥܝܢ ܗܘܘ. ܡܕܒܪܐܝܬ ܕܝܢ ܐܬܩܛܠ ܗܘܐ 𝔄 121
ܢܬܢ ܢ̈ܒ ܣܓܝ̈ܐ. ܘܡܢ ܒܬܪܗ ܒܟܠ ܝܘܡ ܡܬܩܛܠܝܢ ܗܘܘ[10]
ܣ̈ܓܝܐܐ. ܚܢܝܐ ܗܘܬ ܕܝܢ ܕܚܠܬܐ ܡܢܗ ܡܢ ܚܫܐ. ܕܒܠܒܗ̇
ܐܝܟ ܕܒܩܪܒܐ ܡܣܟܐ ܗܘܐ ܟܠ ܐܢܫ ܠܡܘܬܗ.

ܕܥܣܪ̈ܝܢ ܘܚܕ ܥܠ ܡܨܪܝܐ ܗܘ ܕܐܦ ܦܪܟܣܝܣ[1] (B fol. 35 a)
ܕܫ̈ܠܝܚܐ ܡܕܟܪܐ ܠܗ..

xxi. 1 ܡܢ ܒܬܪ ܗܠܝܢ ܒܗ ܐܚܪ̈ܢܝܬܐ ܐܡܪ ܐܦ ܗܕܐ ܝܘܣܦܘܣ.[2]
ܕܒܡܫܘܚܬܐ[3] ܠܗ ܕܪܘܒܐ ܡܢ ܗܠܝܢ. ܐܟܚܕ ܠܝܘܕܝܐ ܡܨܪܝܐ B J ii 13, 5

[5] 𝔄 *fame moriebantur iuxta egestatem* [6] 𝔄 ըստ օրինակի *secundum typum*
[7] 𝔄 plur. [8] A ܐܢ̈ܫܝܐ [9] A adds ܒܝ [10] A fol. 35 b
Chap. XXI. [1] 𝔄 = ܦܪܟܣܝܣ [2] A ܝܘܣܝܦܘܣ [3] A ܕܝܠ ܒܡܫܘܚܬܐ

ܟܐ. ܡܨܪܝܐ ܢܒܝܐ ܕܓܠܐ. ܐܬܐ ܓܝܪ ܠܐܬܪܐ[4] ܗܘ ܗܢܐ
ܡܛܥܝܢܐ ܘܣܡ ܥܠܘܗܝ ܫܡܐ ܕܢܒܝܐ. ܘܟܢܫ[5] ܠܘܬܗ ܐܝܟ
ܬܠܬ ܪ̈ܒܘܢ ܕܐܢܫܐ ܘܛܥܐ[6] ܒܬܪܗ. ܘܟܕ ܐܚܕ ܐܢܘܢ.
A 122 ܡܢ ܡܕܒܪܐ ܐܝܬܝ ܐܢܘܢ ܠܛܘܪܐ ܕܡܬܩܪܐ ܕܒܝܬ ܙ̈ܝܬܐ.
ܘܡܢ ܬܡܢ ܒܡܛܠܪܐ ܪܓܐ ܗܘܐ ܕܢܥܘܠ ܠܐܘܪܫܠܡ. ܘܟܕ
ܐܚܕ ܡܛܪܬܐ ܕܪ̈ܗܘܡܝܐ ܘܡܢ ܥܡܐ ܒܛܪܘܢܘܬܐ ܡܬܚܫܒ
ܗܘܐ̇. ܥܡ ܠܒ̈ܫܐ ܕܐܝܬ ܗܘܐ ܥܡܗ. ܦܓܥܗ ܕܝܢ ܠܡܪܕܗ̇ 2
ܦܝܠܟܣ. ܕܐܪܥܗ[7] ܥܡ ܠܒ̈ܫܐ ܕܪ̈ܗܘܡܝܐ. ܐܦ ܟܠܗ ܥܡܐ[8]
ܐܬܟܠܠ ܥܡܗܘܢ ܒܡܬܟܬܫܘܬܐ. ܘܟܕ ܗܘܐ[9] ܩܪܒܐ. ܡܨܪܝܐ
ܗܘ ܥܪܩ ܥܡ ܙܥܘ̈ܪܐ. ܐܬܬܚܝܕܘ ܕܝܢ ܘܐܬܒܕܪܘ ܣܓܝ̈ܐܐ ܡܢ
ܗܢܘܢ[10] ܕܐܝܬ ܗܘܘ[11] ܥܡܗ. ܗܠܝܢ ܫܪ̈ܟܐ ܘܐܫܬܘܙܒܘ[12] ܠܡܥܪ̈ܬܐ 3
ܕܬ̈ܬܝܢ. ܘܙܕܩ ܠܝ ܕܝܢ ܕܢܚܫܘܒ ܗܠܝܢ ܕܐܡܝܪܢ ܗܪܟܐ ܥܠ
ܗܢܐ ܡܨܪܝܐ ܠܗܠܝܢ ܕܐܡܝܪܢ ܒܦܪܟܣܝܣ ܕܫ̈ܠܝܚܐ. ܕܐܡܝܪ
ܗܘܐ ܠܟܠܝܪܟܐ[13] ܗܘ ܠܦܘܠܘܣ ܟܕ ܙܥܩܝܢ ܗܘܘ ܥܠܘܗܝ ܟܢܫܐ[14]
Acts xxi 38 ܕܝܗܘܕܝܐ ܒܐܘܪܫܠܡ[15] ܒܝ̈ܘܡܘܗܝ ܕܦܝܠܟܣ.[16] ܕܠܐ ܗܘܐ ܠܟ
ܐܢܬ ܗܘ ܗܘ[17] ܡܨܪܝܐ. ܕܩܕܡ ܗܠܝܢ ܝܘ̈ܡܬܐ ܐܙܝܥ ܘܐܦܩ
ܠܡܕܒܪܐ. ܐܪܒܥܐ[18] ܐ̈ܠܦܝܢ ܓܒܪ̈ܝܢ ܥ̈ܒܕܝ ܒܝ̈ܫܬܐ. ܗܠܝܢ
ܗ̇ܘܝ ܒܝ̈ܘܡܘܗܝ ܕܦܝܠܟܣ..

[4] In 𝔄 for 'ի [illegible] or 'ի [illegible] read 'ի [illegible] or 'ի [illegible] [5] A ܘܟܢܫܘ [6] A 𝔄 ܘܛܥܘ [7] A ܘܐܪܥܗ [8] 𝔄 *et de omni populo* [9] 𝔄 *crevit* [10] A ܗ̇ܠܝܢ [11] A ܗܘܐ [12] A ܫܡܫܘ [13] A ܠܟܠܝܪܟܐ [14] 𝔄 plur. [15] A ܒܐܘܪܫܠܡ [16] A ܕܦܝܠܟܣ [17] A ܗܢܐ [18] 𝔄 *tria*

ܕܟܬ̈ܝܒܢ ܘܬܘ̈ܒܝܢ. ܕܐܝܟܢܐ[1] ܐܫܬܕܪ ܡܢ ܝܗܘܕ ܠܪܗܘܡܐ 𝔄 123
ܦܘܠܘܣ ܟܕ ܐܣܝܪ܆ ܘܟܕ ܢܦܩ ܙܟܝܐ ܐܬܦܢܝ ܡܢ ܟܠ ܕܝܢ ܀

xxii. 1 (B fol. 35 b) ܐܫܬܕܪ ܕܝܢ[2] ܡܢ ܢܪܘܢ[3] ܦܗܣܛܘܣ[4] ܒܕܘܟܬܗ
ܕܦܝܠܟܣ. ܘܟܕ ܐܬܒܥ ܕܝܢܐ[5] ܦܘܠܘܣ. ܐܫܬܕܪ ܠܪܗܘܡܝ ܟܕ
ܐܣܝܪ. ܐܝܬ ܗܘܐ ܕܝܢ ܥܡܗ ܥܡ ܦܘܠܘܣ ܐܪܣܛܪܟܘܣ. ܗܘ
ܕܡܛܠ ܗܕܐ ܩܪܐ ܠܗ ܒܐܓܪܬܗ[6] ܫܒܝܐ ܕܥܡܝ. ܐܦ[7] ܠܘܩܐ
ܕܐܟܬܒ ܦܪܟܣܝܣ[8] ܕܫ̈ܠܝܚܐ ܒܗܕܐ ܫܠܡ[9] ܬܫܥܝܬܗ ܟܕ ܐܡܪ
ܥܠ ܦܘܠܘܣ. ܕܥܒܕ ܬܪ̈ܬܝܢ ܫ̈ܢܝܢ ܒܪܗܘܡܐ ܟܕ ܫܪܐ[9a] ܡܢ
ܐܣܘܪ̈ܘܗܝ. ܘܡܠܠ ܒܓܠܝܬܐ[10] ܡܟܪܙ ܗܘܐ ܬܡܢ ܡܠܬܐ ܕܐܠܗܐ.
2 ܡܬܐܡܪ ܕܝܢ ܥܠܘܗܝ ܥܠ ܫܠܝܚܐ. ܕܟܕ ܢܦܩ ܗܘܐ ܙܟܝܐ
ܥܠ ܡ̈ܦܩ ܢܦܫܗ. ܒܬܪܗ ܕܟܢ ܐܙܠ[11] ܗܘܐ ܬܘܒ ܠܬܫܡܫܬܐ
ܕܟܪܘܙܘܬܐ. ܟܕ ܕܝܢ ܐܬܐ ܕܬܪ̈ܬܝܢ ܙܒܢܝܢ ܠܗ̇ ܠܡܕܝܢܬܐ ܗܕܝܢ
ܐܫܬܠܡ ܒܣܗܕܘܬܐ. ܕܒܗ̇[12] ܟܕ ܐܣܝܪ ܗܘܐ ܟܬܒ ܠܛܝܡܬܐܘܣ[13]
ܗܝ ܐܓܪܬܐ ܕܬܪ̈ܬܝܢ. ܕܒܗ̇ ܚܘܝ ܐܦ ܡܦܩ ܒܪܘܚܐ ܩܕܡܝܐ
3 ܕܗܘܐ ܠܗ ܘܫܘܠܡܗ ܕܡܢ ܒܬܪܟܢ. ܩܒܠ ܗܘܝܠ ܡܛܠ ܗܠܝܢ 𝔄 124
ܣܗܕܘܬܐ[14] ܕܝܠܗ ܕܐܡܪ. ܕܒܡܦܩ ܒܪܘܚܝ[15] ܠܡ ܡܩܪܒܢܝ ܠܐ 2 Tim iv 16 f
ܐܢܫ ܡܢ ܐܢܫܐ ܐܬܚܙܝ ܠܘܬܝ. ܐܠܐ ܟܠܗܘܢ ܫܒܩܘܢܝ.
ܠܐ ܬܬܚܫܒ ܠܗܘܢ ܗܕܐ.[16] ܡܪܝ ܕܝܢ ܥܠܝܗܘܢ[17] ܩܡ ܠܘܬܝ.
ܘܚܝܠ ܒܝ ܚܝܠܐ ܕܒܝ ܟܪܘܙܘܬܐ ܬܫܬܠܡ.[18] ܘܢܫܡܥܘܢ ܟܠܗܘܢ ܥܡ̈ܡܐ

Col iv 10 · Acts xxviii 30

CHAP. XXII. [1] Here begins the extract in D (Add. 7157) fol. 196 *a*. After ܕܐܝܟܢܐ D adds ܦܘܠܘܣ [2] D ܗܟܝܠ (for ܕܝܢ) 𝔄 om. [3] A fol. 36 *a* [4] A ܦܗܣܛܘܣ [5] D adds ܩܕܡܘܗܝ [6] 𝔄 om. ܒܪܘܚ and renders ܕܥܡܗ for ܕܥܡܝ [7] A ܘܐܦ [8] D ܦܪܟܣܝܣ [9] 𝔄 wrongly takes ܫܠܡ as partic. Peal [9a] 𝔄 *quod liberatus erat* [10] A ܒܓܠܝܐ [11] A ܢܦܫܗ. ܢܦܩ ܗܘܐ ܐܙܠ [12] A ܘܡܢ [13] A ܠܛܝܡܬܐܘܣ [14] A D ܣܗܕܘܬܐ [15] A ܒܪܘܚܝ [16] 𝔄 adds *peccatum* [17] 𝔄 om. ܥܠܝܗܘܢ [18] 𝔄 *consummaretur*

4 ܒܠܘܩܝܢ ܕܐܬܦܨܝܬ ܡܢ ܦܘܡܗ[18a] ܕܐܪܝܐ. ܦܫܝܩܐܝܬ[19] ܕܝܢ ܡܚܘܐ
ܒܡܠܝܢ. ܕܒܗܘ ܙܒܢܐ ܕܒܘܚܪܢܐ[20] ܡܕܡܝܢ. ܘܟܠ ܕܐܬܬܓܠܙ
ܒܪܘܪܘܬܗ ܐܬܦܨܝ ܡܢ ܦܘܡܗ ܕܐܪܝܐ. ܗܘ ܕܝܢ ܡܢ ܢܘܪܐ.
ܕܠܗ ܡܫܡܫܝܢܗ ܐܪܝܐ ܡܛܠ ܡܫܘܬܐ ܕܪܘܓܙܗ. (B fol. 36 *a*) ܘܡܛܠ
ܕܒܥܐ ܗܘܐ ܒܘܚܪܢܐ ܕܒܛܝܠ ܠܐ ܢܦܠ ܗܘܐ ܘܡܢ ܫܘܠܠܗ.
5 ܐܡܪ ܠܗ ܕܐܬܦܨܝܬ ܡܢ ܦܘܡܗ ܕܐܪܝܐ. ܘܢܦܨܝܢܝ[21] ܡܪܝ *ib* 18
ܡܢ ܟܠ ܥܒܕ ܒܝܫ[22] ܘܢܚܝܢܝ ܒܡܠܟܘܬܗ ܒܫܡܝܐ.[22a] ܕܡܫܝܚܐ
ܥܠ ܡܘܗܒܬܗ ܗܝ ܕܡܢ ܥܠܡܝܢ. ܗܝ ܕܦܫܝܩܐܝܬ ܐܡܪ ܥܠܝܗ̇
ܟܕ ܟܬܒ ܐܓܪܬܐ. ܕܐܢܐ ܠܡ ܡܢܟܝܠ ܗܘ ܙܒܢ ܠܡܬܕܒܚܘ.[23] *ib* 6
6 ܘܙܒܢܐ[24] ܕܫܘܢܝܝ[25] ܩܪܒ ܠܗ. ܒܗܕܐ ܕܝܢ ܐܓܪܬܐ ܕܬܪܬܝܢ
ܕܠܘܬ ܛܝܡܬܐܘܣ. ܥܕ ܒܬܚܘܡ ܡܫܝܚ ܕܠܘܩܐ ܒܠܚܘܕ ܐܝܬ 𝔄 125
ܗܘܐ ܥܡܗ. ܒܩܕܡ ܕܒܘܚܪܢܐ[26] ܕܝܢ[27] ܡܕܡܝܢ ܐܦܠܐ ܗܘ.[28]
ܡܛܠ ܢܦܩܐ ܗܘ ܕܠܘܩܐ ܠܦܪܘܩܣܘܣ[29] ܕܫܠܝܚܐ ܒܪܡܐ[30] ܠܗܘ
7 ܪܒܐ ܕܗܘܐ ܗܘܐ ܒܗ ܦܘܠܘܣ ܫܪܗ ܠܡܫܒܚܘܬܗ. ܗܠܝܢ ܕܝܢ
ܕܐܡܪܝܢ. ܕܝܫܘܥ ܕܠܗ ܒܫܡܗ ܪܒܐ ܕܐܬܟܬܒ ܠܘܩܐ ܕܐܙܠ
8 ܦܘܠܘܣ ܠܪܘܡܝܐ ܗܘܐ ܫܠܝܚܐ ܕܡܫܡܫܢܘܬܗ. ܕܟܕ ܕܝܢ
ܕܒܫܘܪܝܐ ܕܠܗ[31] ܡܫܝܐܝܬ ܐܝܬܘܗܝ ܗܘܐ ܢܘܪܐ ܠܘܬ ܗܢܐ
ܬܘܠܡܕܐ. ܘܡܛܠ ܗܢܐ ܦܫܝܩܐܝܬ ܡܚܐ ܒܗܘ ܒܘܚܪܢܐ[32]

[18a] D ܦܘܡܐ   [19] A ܦܫܝܩܐܝܬ D ܦܫܝܩܐܝܬ   [20] 𝔄 *in illo iudicio* (*mauhrap*), cf. 2 Tim. iv 16 in Arm. Vulg.   [21] A D ܢܦܨܝܢܝ 𝔄 ܢܦܨܝܢܝ (and om. ܡܪܝ)   [22] 𝔄 *ab omni factorum malitia*   [22a] D 𝔄 ܕܒܫܡܝܐ   [23] 𝔄 lit. *ego nunc dehinc inquit offeror* (the last word = σπένδομαι)   [24] A fol. 36 *b*   [25] 𝔄 *reditus mei*   [26] 𝔄 *mauhrap*: see note 20 above   [27] D ܟܕ   [28] D ܗܘ̣   [29] D ܠܦܪܘܩܣܘܣ   [30] 𝔄 om. all the words from ܗܘ ܐܦܠܐ to ܕܩܕܝܫܐ and prefixes ܘ to ܪܒܐ   [31] A 𝔄 ܠܗ   [32] 𝔄 *mankank*

ܕܦܘܠܘܣ ܩܕܡܝܬܐ.[33] ܒܗ ܕܝܢ ܒܬܪ ܟܪܘܙܘܬܗ ܠܗ ܐܫܬܡܠܝܬ.[34]
ܗܟܢܐ ܗܘܐ ܘܐܦ[35] ܥܠ ܬ̈ܠܝܢܐ[36] ·:· ·:· ·:·

ܕܥܣܪܝܢ ܘܬܠܬܐ. ܕܐܝܟܢܐ[1] ܐܣܗܕ ܝܥܩܘܒ. ܗܘ ܕܡܬܐܡܪ ܐܚܘܗܝ ܕܡܪܢ.

xxiii. 1 ܝܗܘ̈ܕܝܐ ܕܝܢ ܟܕ ܚܙܘ ܕܦܘܠܘܣ ܒܩܪܝܢܘܗܝ ܕܩܣܪ ܘܐܫܬܕܪ ܠܪܗܘܡܐ ܡܢ ܦܗܣܛܘܣ:[2] ܟܕ[3] ܢܦܠܘ ܡܢ ܗܝ ܡܣܒܪܬܐ[4] ܕܢܟܠܐ ܕܐܬܚܫܒܘ ܗܘܘ ܥܠܘܗܝ.[5] ܗܦܟܘ ܠܗܘܢ ܥܠ ܝܥܩܘܒ ܐܚܘܗܝ ܕܡܪܢ. ܗܘ ܕܩܒܠ ܗܘܐ ܡܢ ܫ̈ܠܝܚܐ ܬܪܘܢܘܣ[6] ܕܐܦܣܩܘܦܘܬܐ[7] (B fol. 36 b) ܕܐܘܪܫܠܡ. ܒܪܘܫܥܘܬܗܘܢ ܕܝܢ ܕܠܘܬܗ[8] ܗܕܐ[9] ܥܒܕܘ. ܐܝܬܝܘܗܝ ܠܡܨܥܬܐ. ܘܒܥܝܢ ܗܘܘ 𝔄 126

2 ܕܢܟܦܘܪ ܒܗܝܡܢܘܬܐ[10] ܕܡܫܝܚܐ ܠܥܝܢ ܟܠܗ ܥܡܐ. ܗܘ ܕܝܢ ܠܒܪ ܡܢ ܣܒܪܐ ܘܣܘܟܠܐ ܕܟܠܗܘܢ. ܒܩܠܐ ܪܡܐ ܒܦܪܗܣܝܐ ܠܥܝܢ ܟܠܗ ܥܡܐ ܐܘܕܝ. ܕܒܪܗ ܗܘ[11] ܕܐܠܗܐ ܦܪܘܩܢ ܡܪܢ ܝܫܘܥ ܡܫܝܚܐ. ܘܟܕ ܠܐ ܐܣܝܒܪܘ ܕܢܣܝܒܪܘܢ ܣܗܕܘܬܗ: ܡܛܠ ܕܟܠܢܫ[12] ܡܗܝܡܢ ܗܘܐ ܕܙܕܝܩܐ ܗܘ: ܡܛܠ[13] ܒܝܬܪܘܬܐ ܕܕܘܒܪܐ ܕܡܫܟܚܬܐ[14] ܘܕܥܠܝܬ ܐܠܗܘܬܐ ܗܝ ܕܒܗ ܐܝܬܝܗ ܗܘܬ. ܐܫܟܚܘ ܗܘܘ ܠܗܘܢ ܕܝܢ[15] ܙܒܢܐ ܠܡܩܛܠܢܘܬܗ ܕܠܝܬ ܗܘܐ ܠܗܘܢ ܡܕܒܪܢܐ. ܡܛܠ ܕܒܗܘ ܙܒܢܐ ܡܝܬ ܗܘܐ ܠܗ[16] ܦܗܣܛܘܣ[17]

[33] D ܩܕܡܝܬܐ ܕܦܘܠܘܣ [34] A ܐܫܬܡܠܝܬ 𝔄 adds *malis* [35] A D ܐܦ 𝔄 om. [36] Here ends the extract in D

CHAP. XXIII. [1] Here begins the extract in E (Add. 14,650) fol. 70 *a* [2] A ܦܗܣܛܘܣ [3] 𝔄 = ܘܟܕ [4] 𝔄 plur. [5] 𝔄 om. ܥܠܘܗܝ [6] A ܬܪܘܢܘܣ [7] E ܕܐܦܝܣܩܘܦܘܬܐ [8] 𝔄 = ܕܥܠܘܗܝ [9] A ܗܕܐ [10] A ܒܗܝܡܢܘܬܗ [11] 𝔄 *confessus est nomen Filii* [12] A ܕܟܠ ܐܢܫ [13] A adds ܗܘ [14] 𝔄 = ܘܕܡܫܒܚܘܬܐ [15] 𝔄 om. ܕܝܢ [16] A fol. 37 *a* [17] A ܦܗܣܛܘܣ

ܒܝܘܡܗ̇. ܘܐܠܐ ܪ̈ܒܐ ܘܡܫܒ̈ܚܐ[18] ܐܝܬܝܗ̇ ܗܘܬ ܡܦܪܗܣܝܘܬܐ
3 ܕܬܡܢ.[19] ܦܠܣܛܝܢܐ ܕܝܢ ܕܫܘܠܛܢܗ ܕܝܘܡܢ. ܐܦ ܗܘ ܗܢܐ
ܦܪܡܝ[20] ܐܘܪܒܝܢ ܡܢ ܬܫ̈ܒܝܬܐ[21] ܕܬܠܡ̈ܝܕܘܗܝ ܕܡܠܦܢܐ.[22] ܕܡܢ
ܚܢܘܟ ܕܡܕܝܢܬܐ ܥܕܐܘܗܝ[23] ܘܒܡܫܡܫܐ ܟܠܗ ܠܒܗܬܐ. ܫܬܐܬܐ
4 ܕܝܢ ܐܚܪ̈ܢܐ[24] ܚܠܘܗܝ. ܒܬܫܒܝܚܬܗ ܕܡܫܝܚ. ܕܗܘ ܠܗ ܦܥܠ
ܘܡܬܠܡܕ[25] ܡܢ ܫ̈ܠܝܚܐ. ܘܡܫܬܥܐ ܚܠܘܗܝ ܗܕܐ. ܕܦܥܠ
ܠܗ ܒܕܘܟܬܐ ܡܢ ܫ̈ܠܝܚܐ ܢܗܘܐ ܐܚܘܗܝ ܕܡܪ̈ܢ. ܗ̇ܘ ܕܙܕܝܩܐ
ܡܫܬܡܗ ܗܘܐ ܡܢ ܒܠܥ.[26] ܡܢ ܢܘܡ̈ܘܣܘܗܝ ܕܡܪ̈ܢ ܘܒܕܡܘܬܐ
5 ܠܗܘܢ. ܡܛܠ ܕܩܕܝܫܐ ܡܬܟܪܝܢ ܗܘܘ ܢܟܘܡܒ. ܗܢܐ ܕܝܢ
ܡܢ ܒܪܘܫܗ ܕܐܡܟܢ ܡܢܟܪܐ ܗܘܐ.[27] ܘܫܡܪܐ ܘܚܡܪܐ ܠܐ
ܐܫܬܝ. ܘܡܣܪܩ ܕܐܝܬ ܒܗ ܢܦܫܐ ܠܐ ܐܟܠ. ܘܡܣܪܝܩܐ ܥܠ
ܪܫܗ ܠܐ ܣܠܩ. ܘܡܫܝܚܐ ܠܐ ܡܫܚ. ܘܒܒܠܢܐ[28] ܠܐ ܐܬܚܫܚ.
6 ܠܗܢܐ[29] ܒܠܚܘܕܘܗܝ ܫܠܝܛ ܗܘܐ ܕܢܥܘܠ ܠܩܘܕܫ ܩܘܕ̈ܫܐ. ܐܦܠܐ
ܓܝܪ ܕܡܚܪܐ ܠܒܫ ܗܘܐ ܐܠܐ (B fol. 37 a) ܟܬܢܐ. ܘܒܠܚܘܕܘܗܝ
ܥܐܠ ܗܘܐ ܠܗܝܟܠܐ. ܘܡܬܟܢܫ ܗܘܐ ܠܗ ܕܢܨܠܐ ܥܠ ܥܡܗ.
ܘܪܐܠ ܗܘܐ ܢܫܒܘܩܐ[30] ܥܠܘ ܒܪܟܐ. ܒܕܡܘܬܐ ܕܐܬܡܫܚ[31]
ܒܪ̈ܟܘܗܝ ܐܝܟ ܕܓܡܠܐ. ܡܛܠ ܕܐܡܬܝܢܘܬܐ ܪ̈ܒܐ ܗܘܐ
7 ܘܩܪܐ ܠܐܠܗܐ. ܘܪܐܠ ܗܘܐ ܢܫܒܘܩܐ ܥܠ[32] ܒܪܟܐ. ܘܡܛܠ[33]
ܡܬܪܬܐ ܕܙܕܝܩܘܬܗ[34] ܡܬܩܪܐ[35] ܗܘܐ ܙܕܝܩܐ. ܘܥܘܕܪܢܗ ܕܥܡܐ.
8 ܘܙܕܝܩܘܬܗ.[36] ܐܝܟ ܕܢܒܝ̈ܐ ܐܡܪܝܢ[37] ܥܠܘܗܝ. ܐܢܫܐ ܡܢܗܘܢ

[18] A E 𝔄 ܢܘܦ ܡܕܒܪܢܘܬܐ [19] 𝔄 *Iudaeae* [20] A ܦܪܡܝܢ [21] A E 𝔄 ܠܬܫ̈ܒܝܬܐ [22] A ܘܠܦܩܝܕ [23] A ܓܙܐܘܗܝ [24] E 𝔄 ܐܚܪ̈ܢܐ [25] A ܘܡܬܠܡܕ [26] A ܥܠ ܐܢܫ [27] E ܙܕܝܩܐ ܡܬܩܪܐ ܗܘܐ ܘܙܕܝܩܐ [28] A ܒܒܠܢܐ 𝔄 *et in balnea non intravit* [29] A adds ܓܝܪ [30] A ܢܫܒܘܩܐ [31] E fol. 70 b [32] A ܥܠ [33] A 𝔄 ܡܛܠ E ܘܡܛܠ [34] E ܘܙܕܝܩܘܬܗ ܘܥܘܕܪܢܗ [35] 𝔄 ܡܬܩܪܐ [36] 𝔄 om. ܘ [37] E adds ܗܘܘ

ܡܢ ܗܠܝܢ ܫܒܥ ܗܪ̈ܣܝܣ[38] ܕܐܝܬ ܗܘܐ ܒܥܡܐ ܕܩܕܡܬ ܐܡ̈ܪܬ
ܟܠܗܘܢ ܒܗܠܝܢ ܬܫ̈ܥܝܬܐ.[39] ܡܫܐܠܝܢ ܗܘܘ ܠܗ ܕܐܝܢܘ[40] ܬܪܥܐ
9 ܕܝܫܘܥ. ܘܗܘ ܕܝܢ ܐܡܪ ܠܗܘܢ ܕܗܢܘ ܦܪܘܩܐ. ܘܡܢܗܘܢ[41] 𝔄 128
ܗܝܡܢܘ ܕܝܫܘܥ ܗܘܝܘ[42] ܡܫܝܚܐ. ܗܠܝܢ ܕܝܢ ܗܪ̈ܣܝܣ[43] ܕܐܡܪܢܢ
ܐܡܝܢ̈ܝܢ. ܠܐ ܡܗܝܡܢܝܢ ܗܘܘ ܐܦܠܐ ܕܩܡ ܡܢ ܒܝܬ ܡܝ̈ܬܐ.[44]
ܐܦܠܐ ܕܐܬܐ ܕܢܦܪܘܥ ܠܟܠ ܐܢܫ[45] ܐܝܟ ܥܒ̈ܕܘܗܝ. ܘܐܝܠܝܢ
10 ܕܗܝܡܢܘ ܡܛܠ ܝܥܩܘܒ ܗܘ ܗܝܡܢܘ. ܟܕ ܕܝܢ ܣܓܝܐܐ ܐܦ
ܡܢ ܪ̈ܫܢܐ[46] ܕܥܡܐ ܡܗܝܡܢܝܢ ܗܘܘ. ܫܓܘܫܝܐ[47] ܐܝܬ ܗܘܬ
ܕܝܗܘ̈ܕܝܐ[48] ܘܕܣܦܪ̈ܐ ܘܕܦܪ̈ܝܫܐ[49] ܕܐܡܪܝܢ[50] ܗܘܘ. ܕܡܬܐܠܨ ܠܗ
ܟܠܗ ܥܡܐ ܕܢܣܟܐ ܠܝܫܘܥ ܡܫܝܚܐ. ܐܬܟܢܫܘ ܕܝܢ[51] ܘܐܡܪܝܢ
ܠܗ ܠܝܥܩܘܒ. ܒܥܝܢ ܐܢܚܢܢ[52] ܡܢܟ[53] ܟܠܝܘܗܝ ܠܥܡܐ. ܡܛܠ
ܕܛܥܐ ܒܝܫܘܥ ܕܗܘܝܘ ܡܫܝܚܐ. ܒܥܝܢ ܐܢܚܢܢ[54] ܡܢܟ ܐܦܝܣ
ܠܟܠܗܘܢ ܐܝܠܝܢ ܕܐܬܝܢ ܠܦܨܚܐ ܕܬܦܝܣ ܥܠ ܝܫܘܥ. ܠܟ ܓܝܪ
ܟܠܢ ܡܬܛܦܝܣܝܢ. ܣܗܕܝܢ[55] ܓܝܪ ܗܘܝܢ ܐܢܚܢܢ[56] ܠܟ ܘܟܠܗ ܥܡܐ
11 ܕܙܕܝܩܐ ܐܢܬ. ܘܒܐܦ̈ܐ ܕܐܢܫ ܠܐ ܢܣܒ ܐܢܬ. ܐܦܝܣ
ܗܟܝܠ ܐܦܝܣ ܠܥܡܐ ܒܝܫܘܥ ܕܠܐ ܢܛܥܘܢ. ܡܛܠ ܝܫܘܥ. ܐܦ
ܓܝܪ ܟܠܗ ܥܡܐ ܘܐܢܚܢܢ[57] ܟܠܢ (B fol. 37 *b*) ܡܬܛܦܝܣܝܢ ܣܗܕܝܢ[58] ܠܟ.
ܩܘܡ ܠܟ ܗܟܝܠ ܥܠ ܟܢܦܐ ܕܗܝܟܠܐ ܕܬܗܘܐ ܡܬܚܙܝܐ ܡܢ
ܠܥܠ. ܘܢܗܘܘܢ ܡܫܬܡܥܝܢ ܡ̈ܠܝܟ ܠܟܠܗ ܥܡܐ. ܡܛܠ ܓܝܪ ܦܨܚܐ[59] 𝔄 129

[38] A ܗܪ̈ܣܝܣ [39] 𝔄 sing. [40] A ܐܝܢܐ ܗܘ [41] 𝔄 adds *multi*
[42] A E ܗܘ [43] A ܗܪ̈ܣܝܣ 𝔄 om. ܕܝܢ [44] A fol. 37 *b* [45] E ܠܟܠܢܫ
[46] A E 𝔄 ܪ̈ܫܢܘܗܝ [47] 𝔄 *sed tumultus valde* [48] E ܝܗܘ̈ܕܝܐ [49] A ܕܦܪ̈ܝܫܐ
[50] A E ܘܐܡܪܝܢ [51] A ܐܬܟܢܫܘ ܗܢܘܢ 𝔄 om. ܕܝܢ
[52] A E ܒܥܝܢܢ [53] 𝔄 adds *domine* [54] A E ܒܥܝܢܢ [55] A ܡܬܛܦܝܣܝܢ
ܣܗܕܝܢ. ܐܢܚܢܢ [56] E ܗܘܝܢܢ [57] E ܘܐܢܚܢܢ [58] A ܡܬܛܦܝܣܝܢ ܐܢܚܢܢ
E ܡܬܛܦܝܣܝܢ [59] E ܦܨܚ ܓܝܪ

12 ܐܬܬ ܠܗܘܢ ܥܩ̈ܬܐ ܡܢ ܡܠ̈ܟܐ. ܐܘܣܦܣܝܢܘܣ ܡܛܠ ܗܠܝܢ
ܕܦܩܕ ܐܒܕܢ ܠܟܠܗܘܢ[60] ܦܘܪ̈ܐ ܘܦܘܪ̈ܥܢܐ ܥܠ ܥܡܐ ܕܝܗܘܕܝ̈ܐ.
ܘܗܟܢ ܘܐܬܩܪܝ ܠܗ. ܘܗܘܐ ܕܠܝܬ ܦܠܐ[61] ܕܢܬܦܠܐܣ ܥܠ. ܡܛܠ
ܕܡܠܟܐ ܦܠܓܐ ܠܗ ܒܬܪ ܡܫܘܚ ܗܘ ܕܐܬܓܠܠ. ܐܡܪ ܠܝ ܕܐܝܟܘ
13 ܬܘܪܟܐ ܕܡܥܘܕ. ܘܡܢܐ ܒܡܠܟܐ ܙܒܢܐ ܘܐܡܪܬ. ܡܢܐ ܡܬܐܡܠܝܢ
ܐܬܘܢ ܠܝ. ܥܠ ܒܪܗ ܕܐܠܗܐ. ܘܗܘ[62] ܢܦܩ ܒܫܡܝܐ ܡܢ
ܡܢܚܐ ܕܝܘܡܐ ܙܒܢܐ.[63] ܘܟܬܒ̈ ܕܢܒܝܘܬܐ ܥܠ ܚܝ̈ܘܗܝ ܫܡܥܢܐ.
14 ܘܟܕ ܦ̈ܠܓܘܬܐ ܐܬܒܪܪܘ ܘܡܬܢܚܡܝܢ ܗܘܘ ܥܠ ܡܕܘܕܬܗ ܕܡܫܝܚ
ܘܐܡܪܝܢ ܗܘܘ̇ ܐܘܡܢܘܬܐ ܠܒܪܗ[64] ܕܕܘܝܕ. ܗܢܘܢ ܬܘܒ[65] ܗܘܢ
ܗܠܝܢ ܦܘ̈ܪܐ ܘܦܘܪ̈ܥܢܐ ܐܡܪܝܢ ܗܘܘ[66] ܠܘܬ ܫ̈ܕܕܐ. ܒܥܐܢܬ
ܒܟܕܢ. ܕܡܗܝܡܢ ܠܗ ܠܡܥܕ ܕܐܝܟ ܗܕܐ ܡܕܘܕܬܐ. ܐܠܐ
15 ܢܦܩ ܘܢܛܪܘܗܝ ܕܕܚܠܘܢ[67] ܘܠܐ ܢܣܬܟܠܘܢ. ܘܗܟܢ
ܘܐܡܪܝܢ.. ܐܦ ܐܢ ܕܐܡܪ ܦܠܓܐ ܠܗ. ܘܡܬܒܠܥ ܗܘܐ ܡܢܗ
Is iii 10 ܕܬܐܒ ܒܐܡܬܟ. ܕܢܛܪܘܢܗ[68] ܠܕܐܡܪ ܡܛܠ ܕܠܐ ܢܚܫ ܠܢ.[69]
16 ܡܛܠܗܢܐ ܒܟܕ[70] ܐܬܪܗܘܢ ܢܥܠܘܢ. ܘܥܠܘ ܗܘܒܐ[71]
𝔄 130 ܘܐܬܪܗܘܢ ܠܕܘܟܐ. ܘܐܡܪܝܢ ܗܘܘ ܠܫܪܒܐ ܢܬܚܒܠܘܢ
ܠܡܥܒܕ ܕܕܘܟܐ. ܘܫܪܘ ܢܬܒܥܘܢ ܠܗ. ܡܛܠ ܕܟܕ ܢܦܠ ܠܐ[72]
ܡܬܠ ܗܘܐ. ܐܠܐ[73] ܐܬܦܣܩ ܘܗܘܐ ܒܥܘܪܒܐ ܘܐܡܪ. ܦܪܝܢܐ[74]
ܡܢܝ ܡܪܢܐ ܐܠܗܐ ܐܟܢܐ ܕܢܦܠ ܢܒܥܘ ܠܗܘܢ. ܠܐ ܠܐ ܚܢܪ

[60] A ܘܦܘܪ̈ܥܢܐ ܐܚܪ̈ܢܐ ܥܠܝܗܘܢ 𝔄 om. the words [61] A ܕܢܬܦܠܐ ܠܝ ܦ̈ܠܐ 𝔄 *juste, tibi soli* (read [illegible] for [illegible]) [62] A ܕܗܘ [63] E om. ܙܒܢ [64] 𝔄 [illegible] lit. *benedictio filio* [65] A 𝔄 om. ܬܘܒ [66] A fol. 38 *a* [67] E fol. 71 *a* [68] E ܕܢܬܩܛܠܘܢܗ 𝔄 *trucidabimus* [69] 𝔄 *quod contrarius factus est nobis* [70] 𝔄 *secundum opera* [71] A adds ܘܐܬܦܣܩܘܢ ܟܠܗܘܢ [72] 𝔄 = ܘܠܐ [73] A adds ܬܘܒ [74] A E ܡܢܐ ܐܢܐ

17 ܝܕܥܝܢ ܡܢܐ ܥܒܕܝܢ. ܘܟܕ ܗܘ ܡܨܠܐ[75] ܪܓܡܝܢ ܗܘܘ ܠܗ. ܚܕ[76] ܡܢ
ܟܗ̈ܢܐ (B fol. 38 a) ܒܢ̈ܝ ܪܟܒ ܒܪ ܪܟܒܝܡ[77] ܡܢ ܗ̇ܢܘܢ ܕܡܣܗܕ
ܥܠܝܗܘܢ ܐܪܡܝܐ ܢܒܝܐ. ܩܥܐ ܘܐܡܪ ܗܘܐ.[78] ܫܠܘ ܡܢܐ
18 ܥܒܕܝܢ ܐܢܬܘܢ. ܡܨܠܐ ܥܠܝܟܘܢ ܙܕܝܩܐ. ܘܢܣܒ[79]
ܚܕ ܡܢܗܘܢ ܡܢ ܡܪ̈ܩܐ ܩܝܣܐ ܗ̇ܘ ܕܡܪܩ ܗܘܐ ܒܗ ܡܐ̈ܢܐ.
ܘܡܚܝܗܝ ܥܠ ܪܫܗ ܠܙܕܝܩܐ[80] ܘܗܟܢܐ ܐܣܗܕ. ܘܩܒܪܘܗܝ ܥܠ
ܕܘܟܬܗ ܥܠ ܓܢܒ ܗܝܟܠܐ. ܘܥܕܡܐ ܠܗܫܐ ܩܝܡܬܗ ܩܝܡܐ
ܗ̣ܝ ܥܠ ܓܢܒ ܗܝܟܠܐ. ܣܗܕܐ ܗܟܝܠ ܫܪܝܪܐ ܗܘܐ ܗܢܐ
ܠܝܗܘ̈ܕܝܐ ܘܠܚܢ̈ܦܐ ܕܝܫܘܥ ܗܘܝܘ ܡܫܝܚܐ. ܘܡܚܕܐ ܚ̇ܒܪܐ
19 ܠܗܘܢ[81] ܐܣܦܣܝܢܘܣ.[82] ܗܠܝܢ ܐܡܝܪ̈ܢ ܡܪܘܚܐܝܬ ܠܗܓܣܝܦܘܣ.[83]
ܕܫܠܡܢ ܕܝܢ ܠܗܠܝܢ ܐܡܪ ܘܐܦ[84] ܩܠܝܡܝܣ. ܕܗܟܢܐ[85] ܠܗ
ܡܬܕܡܪ ܗܘܐ ܐܦ[86] ܠܘܬ ܟܠܢܫ ܘܡܫܬܒܚ ܗܘܐ[87] ܒܙܕܝܩܘܬܐ
ܕܝܠܗ. ܐܝܟܢܐ ܕܐܦ ܡܢ ܝܗܘ̈ܕܝܐ ܐܝܠܝܢ ܕܐܝܬ ܗܘܐ ܒܗܘܢ
ܡܕܥܐ ܡܫܠܡܐ ܣܒܝܪܝܢ ܗܘܘ. ܕܗܕܐ ܗܘܬ ܥܠܬܐ ܕܒܥܓܠ 𝔄 131
ܡܢ ܒܬܪ ܣܗܕܘܬܗ ܬܬܟܒܫ ܐܘܪܫܠܡ. ܘܠܐ ܡܛܠ ܡܕܡ
20 ܐܚܪܝܢ ܓܕܫܬ ܠܗܘܢ ܐܠܐ ܡܛܠ ܕܐܬܪܓܡ[88] ܥܠܘܗܝ.. ܒܪܡ
ܕܝܢ ܐܦ ܝܘܣܝܦܘܣ.[89] ܠܐ ܐܬܟܠܝ ܕܐܦ ܗܕܐ ܒܟܬ̈ܒܬܐ
ܢܣܗܕ ܒܗܠܝܢ ܡ̈ܠܐ. ܕܗܠܝܢ ܠܗܘܢ ܓܕܫ[90] ܠܝܗܘ̈ܕܝܐ ܐܝܟ ܡܛܠ
ܬܒܥܬܗ ܕܝܥܩܘܒ ܙܕܝܩܐ. ܕܐܝܬܘܗܝ ܗܘܐ ܐܚܘܗܝ ܕܝܫܘܥ[91]
ܕܡܬܩܪܐ ܡܫܝܚܐ. ܥܠ ܕܙܕܝܩܐ ܗܘܐ ܘܩܛܠܘܗܝ ܝܗܘ̈ܕܝܐ.
21 ܘܗܘ ܬܘܒ ܕܝܢ ܗܘ ܐܦ ܥܠ ܡܘܬܗ ܡܫܘܕܥ ܒܗܠܝܢ ܡ̈ܠܐ.

[75] 𝔄 + ܗܘܐ [76] A ܚܕ ܚܕ [77] 𝔄 *de filiis Rachab Rachibimiticis*
[78] E om. ܗܘܐ [79] 𝔄 inserts *cucurrit* before ܢܣܒ [80] 𝔄 adds *et trucidavit*
[81] E ܡܚܐ ܐܢܘܢ [82] End of the extract in E [83] A ܠܗܓܣܝܦܘܣ [84] A 𝔄 ܐܦ
[85] A ܕܗܟܢ [86] 𝔄 om. ܐܦ [87] A om. ܘܡܫܬܒܚ ܗܘܐ [88] A fol. 38 b [89] A ܝܘܣܝܦܘܣ [90] 𝔄 = ܓܕܫ (omitting ܠܗܘܢ) [91] 𝔄 om. ܕܝܫܘܥ

Ant xx 9, 1 ܟܕ ܠܡ ܫܡܥ ܩܣܪ ܥܠ ܡܘܬܗ ܕܦܗܣܛܘܣ.[92] ܫܕܪ ܠܐܠܒܝܢܘܣ
ܗܓܡܘܢܐ ܥܠ ܝܗܘܕ. ܐܢܢܘܣ[93] ܕܝܢ ܥܠܝܡܐ[94] ܗܘ ܕܐܡܪܢܢ[95] ܥܠܘܗܝ
ܕܩܒܠ ܪܒܘܬ ܟܗܢܘܬܐ. ܩܫܐ ܗܘܐ ܘܡܪܚ ܛܒ ܘܡܬܪܐܝܬ.[96]
(B fol. 38 b) ܘܐܬܘܗܝ ܗܘܐ ܡܢ ܗܪܣܝܣ ܕܨܕܘܩܝܐ.[97] ܗܢܘܢ
ܕܐܬܘܗܝ ܩܫܝܐ ܒܕܝܢܐ[98] ܝܬܝܪ ܡܢ ܟܠܗܘܢ ܝܗܘܕܝܐ ܐܝܟ
22 ܕܡܚܘܝܢ ܐܡܪܝܢ. ܡܛܠ ܕܗܟܢܐ ܐܬܘܗܝ ܗܘܐ ܗܘ ܐܢܢܘܣ.
ܣܒܪ ܕܐܫܟܚ ܠܗ ܙܒܢܐ ܕܒܗ̇ܘܢ.[99] ܡܛܠ ܕܦܗܣܛܘܣ[1] ܡܝܬ
ܗܘܐ ܠܗ. ܘܐܠܒܝܢܘܣ ܒܕܪܒܐ ܒܐܘܪܚܐ ܗܘܐ. ܘܐܘܬܒ
ܟܢܫܐ ܕܕܝܢܐ.[2] ܘܐܝܬܝ ܬܡܢ ܠܐܚܘܗܝ ܕܝܫܘܥ[3] ܕܡܬܩܪܐ ܗܘܐ[4]
𝔄 132 ܡܫܝܚܐ ܕܫܡܗ ܗܘܐ ܝܥܩܘܒ ܘܠܐܚܪ̈ܢܐ[5] ܐܚܪ̈ܢܐ. ܘܥܒܕ
ܥܠܝܗܘܢ ܩܛܝܓܘܪܝܐ[6] ܐܝܟ ܕܠܥܒܪ̈ܝ ܢܡܘܣܐ ܕܢܗܘܘܢ ܩܛܠܐ. ܘܐܫܠܡ
23 ܐܢܘܢ ܕܢܬܪܓܡܘܢ. ܠܟܠܗܘܢ ܕܝܢ ܡܕܝܢ̈ܬܐ ܕܐܝܬ ܗܘܘ
ܒܡܕܝܢܬܐ ܕܐܬܚܫܒܝܢ ܗܘܘ ܠܗܘܢ ܠܢܡܘܣܐ ܚܬܝܬܐܝܬ.[7]
ܐܬܟܪܝ ܒܝܢܝܗܘܢ ܗܢܐ ܥܒܕܐ. ܘܫܕܪܘ ܠܘܬ ܡܠܟܐ
ܟܣܝܐܝܬ ܘܒܥܘ ܗܘܘ ܡܢܗ ܕܢܟܬܘܒ ܠܐܢܢܘܣ. ܕܠܐ ܢܥܒܕ
ܢܗܘܐ ܥܒܕ ܕܐܝܟ ܗܠܝܢ. ܐܦ ܠܐ ܓܝܪ ܡܢ ܩܕܡ ܗܘܐ
ܬܪܝܨܐܝܬ ܥܒܕ ܗܘܐ. ܐܝܠܝܢ ܕܝܢ ܡܢܗܘܢ ܟܕ ܐܬܐ ܐܠܒܝܢܘܣ
ܡܢ ܐܠܟܣܢܕܪܝܐ. ܐܪܥܘܗܝ ܘܐܠܦܘܗܝ ܥܠ ܐܢܢܘܣ. ܕܠܐ
ܫܠܝܛ ܗܘܐ ܠܗ ܕܢܘܬܒ ܟܢܫܐ ܕܕܝܢܐ[8] ܕܠܐ ܡܢ ܦܘܩܕܢܗ.
24 ܗ̇ܘ ܕܝܢ[9] ܐܬܦܝܣ ܠܡܠܐ ܗܠܝܢ. ܘܟܬܒ ܠܗ ܠܐܢܢܘܣ[10] ܒܚܡܬܐ

[92] A ܕܦܗܣܛܘܣ [93] Read with A 𝔄 ܐܢܢܘܣ] [94] A om. ܥܠܝܡܐ [95] 𝔄 ܕܐܡܪܢ [96] A ܡܬܪܝܡܬ [97] Read with A 𝔄 ܕܙܕܘܩܝܐ [98] 𝔄 plur. [99] A om. ܕܒܗ̇ܘܢ [1] A ܕܦܗܣܛܘܣ [2] 𝔄 [illegible] *tribunal populi* [3] A adds ܗ̇ܘ [4] A om. ܗܘܐ [5] A adds ܕܝܢ [6] A ܥܠܘܗܝ ܩܛܝܓܘܪܝܐ [7] A ܚܬܝܬܐܝܬ [8] For ܢܘܬܒ ܟܢܫܐ ܕܕܝܢܐ 𝔄 has [illegible] *iudicium instituere* [9] A ܕܝܢ [10] A fol. 39 *a*

ܘܐܬܬܠܝܛ ܠܗ ܕܢܒܥܐ ܡܢܗ ܬܒܥܬܐ. ܘܐܦ ܡܠܟܐ ܐܓܪܦܣ
ܡܛܠ ܗܕܐ ܫܩܠܗ̇ ܡܢܗ ܪܒܘܬ ܟܗܢܘܬܐ ܟܕ ܗܘ ܒܗ̇ ܬܠܬܐ
25 ܝܪ̈ܚܝܢ. ܘܐܩܝܡ ܠܝܫܘܥ ܠܟܗܢܐ[11] ܒܪ ܕܡܢܐ. ܗܠܝܢ ܐܡܝܪ̈ܢ
ܥܠ ܝܥܩܘܒ. ܗܘ ܕܐܠܝܗ ܡܬܐܡܪܐ ܕܐܝܬܝܗ̇ ܗ̇ܝ ܐܓܪܬܐ
ܩܕܡܝܬܐ ܕܩܬܘܠܝܩܘܣ.[12] ܘܠܐ ܠܝ ܕܝܢ ܕܐܢܕܥ ܕܠܐ ܡܬܩܒܠܐ.
ܠܘ ܓܝܪ ܣܓܝܐܐ ܐܕܟܪܘܗ̇ ܡܢ ܩܕ̈ܡܝܐ. ܐܝܟܢܐ ܗ̇ܝ ܕܡܬܐܡܪܐ
ܕܝܗܘܕܐ. (B fol. 39 *a*) ܕܐܦ ܗ̇ܝ ܓܝܪ ܐܝܬܝܗ̇ ܚܕܐ ܡܢ ܗܠܝܢ
ܫܒܥ ܩܬܘܠܝܩܘܣ.[13] ܒܪܡ ܕܝܢ ܝܕܥܝܢ[14] ܕܐܦ ܗܠܝܢ ܥܡ ܗܠܝܢ 𝔄 133
ܐܚܪ̈ܢܝܬܐ. ܡܬܩܪ̈ܝܢ ܐܝܟ ܒܥܕ̈ܬܐ ܣܓܝ̈ܐܬܐ.

ܕܥܣܪ̈ܝܢ ܘܐܪܒܥܐ. ܕܡܢ ܒܬܪ ܡܪܩܘܣ ܡܢ ܒܥܕܬܐ
ܕܐܠܟܣܢܕܪܝܐ ܡܕܒܪܢܘܬ ܐܢܝܢܘܣ.[1]

xxiv. ܒܫܢܬ ܬܡܢܝܐ ܕܝܢ ܕܡܠܟܘܬܗ ܕܢܐܪܘܢ ܡܠܟܐ. ܡܢ ܒܬܪ
ܡܪܩܘܣ ܐܘܢܓܠܣܛܐ. ܩܒܠ ܬܫܡܫܬܐ ܕܥܕܬܐ ܕܐܠܟܣܢܕܪܝܐ
ܐܢܝܢܘܣ[2] ܀ ܀

ܕܥܣܪ̈ܝܢ ܘܚܡܫܐ. ܥܠ ܪܕܘܦܝܐ ܕܗܘܐ ܒܝܘ̈ܡܝ ܢܐܪܘܢ.
ܕܒܗ ܦܘܠܘܣ ܘܦܛܪܘܣ ܢܨܚܘ ܒܟܠܝܠܐ[1] ܕܣܗܕܘܬܐ ܡܛܠ ܕܚܠܬ
ܐܠܗܐ. ܒܪܗܘܡܐ.

xxv. 1 ܟܕ ܡܬܩܒܥ ܗܘܐ ܕܝܢ ܢܐܪܘܢ ܒܫܘܠܛܢܗ. ܠܨ̈ܒܝܢܐ ܒܝ̈ܫܬܐ[2]
2 ܐܫܬܪܝ ܗܘܐ ܘܠܘܩܒܠ ܕܚܠܬ ܐܠܗܐ ܐܙܕܝܢ ܗܘܐ. ܕܢܬܟܬܒ 𝔄 131

[11] A ܠܟܗܢܐ [12] A ܕܩܬܘܠܝܩܘܣ [13] A ܩܬܘܠܝܩܘܣ [14] A ܝܕܥܝܢ

CHAP. XXIV. [1] A ܐܢܝܢܘܣ [2] A ܐܢܝܢܘܣ

CHAP. XXV. [1] A ܟ̈ܠܝܠܐ [2] A ܒܝܫܬܐ ܠܨܒܝܢܐ ܠܗܘܢ

ܕܝܢ ܕܐܡܒܠܐ ܐܢܬܬܗ ܗܘܬ ܒܫܘܬܦܘܬܗ[3] ܠܗ ܘܒܢܝܐ ܗܘ ܠܗ.
ܦܢܝܩܐ[4] ܕܝܢ ܐܫܬܟܚܬ[5] ܒܠܗܘܢ ܢܬܬܐܡܪ. ܕܐܡܪܝܢ ܕܐܦܢ
ܒܝܬܘܢ ܡܢ ܐܝܟ ܕܐܢܫܐ ܒܠ ܫܡܘܬܗ ܕܗܢܐ ܒܪܝܫܐ[6] ܕܕܠܐ
ܒܫܪܒܬܐ ܐܚܪܬܐ ܕܒܘܪܬܐ[7] ܕܐܢܫܐ. ܘܒܗܢܐ ܠܗܢܐ ܐܢܫܐ ܫܘܒܚܐ
ܕܡܠܠܐ ܐܚܪܢ. ܕܐܦ ܠܐ ܡܢ ܡܠܬܐ ܕܟܠܗ ܒܝܬܗ[8] ܘܕܫܒܝܚܘܗܝ
ܐܬܟܠܘ.. ܠܐܢܫܐ ܕܝܢ ܘܠܐܢܫܘܗܝ ܘܠܐܚܪܢܘܗܝ[9] ܘܠܦܘܠܚܢܐ[10]
ܡܢ ܦܘܠܚܢܗܘܢ. ܐܝܟ ܕܠܬܫܡܫܬܐ ܘܠܦܘܠܚܢܐ ܒܣܓܕܬܐ[11] ܕܒܢܐ
3 ܒܗܘ ܦܠܛ ܐܝܟ. ܘܠܐ ܗܘܬ ܗܘܝܐ ܕܒܡ ܒܠܚܘܕ ܕܐܦ
ܗܕܐ ܬܬܒܬܒ ܒܠܗܘܢ ܕܐܘܪܦܘܪܘܣ ܘܕܡܢܐ[12] ܙܥܘܪܐ ܕܕܝܠܗ
4 ܐܠܗܐ ܗܘ ܐܬܚܫܒ.. ܠܗ ܠܗܢܐ ܬܘܒ. ܛܪܛܠܠܝܢܘܣ[13]
Apol 5 ܪܗܘܡܝܐ ܚܟܝܡ ܠܗ ܡܕܡ ܘܐܡܪ. ܕܡܢܗ ܠܡ ܒܥܡܪ
(B fol. 39 b) ܒܡܫܩܝܢܘܬܗ.[14] ܘܬܘܒ ܡܬܬܪܓܡܐ: ܕܪܗܘܡܝܬ
ܢܡܘܣܐ ܕܗܘ ܠܗܢܐ ܘܠܥܠܡܐ ܒܪܘܡܝܐ. ܡܢܪ ܗܘܐ ܕܝܢ[15]
ܥܠ ܟܠ ܐܢܫ. ܡܢ ܒܬܪ ܕܥܒܕ ܠܟܠܗ ܡܕܝܢܬܐ. ܘܡܫܬܡܗܪ
𝕬 135 ܣܝܡ[16] ܒܕܐܝܟ ܗܢܐ ܪܫܐ ܕܡܠܟܝܢ. ܐܝܢܐ ܕܝܢ ܕܢܗܒ ܠܗ
ܠܗܘ ܘܒܢܝܐ ܡܫܝܚܐ ܕܢܬܒܥܠ. ܕܐܠܗܘܬܐ ܗܘܬ ܪܒܬܐ ܕܡܢ
5 ܢܬܪܘܢ ܐܢܫܝܢ ܢܬܢܒܐ. ܗܢܐ ܗܟܝܠ ܗܘ ܡܢ ܒܟܠ ܕܩܘܡ
ܩܛܠܝܒܘܢ. ܒܡܠܒܒܢܐ ܡܕܡܝܐ ܕܐܠܗܐ ܐܬܒܪܝ ܕܩܘܡܐ.
ܕܐܬܪܝܡ[17] ܠܡܦܠܠ ܠܟܠܝܫܐ. ܦܘܠܘܣ. ܗܟܝܠ ܐܦܣܩܘ ܪܫܗ
ܒܗ ܒܪܘܡܝ.[18] ܘܦܠܪܘܣ. ܐܦ ܗܘ ܐܘܕܝܣ ܒܬܪ ܪܫܗ.

[3] A ܒܫܘܬܦܘܬܗ [4] A ܦܢܝܩܝܐ [5] A ܐܫܬܪܝܬ [6] 𝕬 om. ܕܗܢܐ ܒܪܝܫܐ
[7] A ܪܘܡܝܬܐ [8] A fol. 39 b [9] A ܘܠܐܚܪܢܘܗܝ 𝕬 *et uxorem suam*
[10] A ܘܠܦܘܠܚܢܐ [11] A 𝕬 ܒܣܓܕܬܐ [12] 𝕬: ܐܘܪܦܘܪܘܣ ܕܡܢܝܐ [13] A
ܛܪܛܠܠܝܢܘܣ [14] A ܒܡܫܩܝܢܘܬܗ A ܢܡܘܣ 𝕬 expresses neither ܕܝܢ
nor ܢܡܘܣ [16] A ܐܢܝܢ [17] A ܡܠܠ ܕܐܬܪܝܡ [18] 𝕬 *ibi in illa urbe*

ܐܝܟ ܕܡܬܐܡܪ ܒܬܫ̈ܥܝܬܐ. ܘܡܟܪܙ[19] ܠܗ ܠܫܬܥܒܕܘܬܐ ܗܕܐ
ܫܘܡܗܐ ܕܦܛܪܘܣ ܘܦܘܠܘܣ. ܕܐܚܝܕ ܘܐܬ̈ܬܐ[20] ܒܩܒܪܐ
6 ܠܡܘܕܥܢܐ ܥܠܬ ܥ̈ܕܬܐ ܕܬܡܢ. ܠܐ ܕܝܢ ܒܠܚܘܕ ܗܕܐ. ܐܠܐ
ܐܦ ܓܒܪܐ ܚܕ ܕܥܕܬܐ ܕܫܡܗ ܓܐܝܘܣ: ܕܗܘܐ ܒܝܘ̈ܡܘܗܝ
ܕܐܦܪܝܢܘܣ ܐܦܣܩܘܦܐ[21] ܕܪܗܘܡܝܐ. ܟܕ ܕܪܫ ܥܡ ܦܪܘܩܠܘܣ[22]
ܗܘ ܕܡܩܝܡ ܗܘܐ ܥܠ ܝ̈ܘܠܦ ܗܠܝܢܐ ܕܦܪ̈ܘܓܝܐ. ܗܟܢ ܡܠܠ
ܐܦ ܥܠ ܕܘܟ̈ܝܬܐ ܕܣܝܡܝܢ ܒܗܘܢ[23] ܦܓ̈ܪܝܗܘܢ ܩܕ̈ܝܫܐ
7 ܕܫ̈ܠܝܚܐ. ܗ̇ܢܘܢ ܕܦܩܕܝܢ ܐܡܪ̈ܝܢ ܒܠܚܘܕܝܗܘܢ[23a]. ܐܢܐ ܕܝܢ ܠܟ ܐܝܬ
ܠܝ ܕܐܚܘܐ[24] ܙܟܘ̈ܬܗܘܢ ܕܫ̈ܠܝܚܐ. ܐܢ ܓܝܪ ܬܪܓܡ ܕܬܐܙܠ
ܠܘܬܝܩܢܘܣ ܐܘ ܠܐܘܪܚܐ ܕܐܘܣܛܝܐ. ܡܫܟܚ ܐܢܬ ܙܟܘ̈ܬܗܘܢ
8 ܕܗܠܝܢ ܕܐܬܐܣܘ ܗܕܐ ܥܕܬܐ. ܕܟܕ ܕܝܢ ܙܒܢܐ ܐܫܡܗܕܘ
ܬܪ̈ܝܗܘܢ ܐܚܕܐ. ܕܝܢܘܣܝܘܣ ܐܦܣܩܘܦܐ ܕܩܘܪܢܬܘܣ[25]
ܒܡܬܢܝܬܐ ܕܟܠܠ ܥܡ ܪ̈ܗܘܡܝܐ ܣܗܕ[26] ܗܟܢܐ. ܕܐܦ ܐܢܬܘܢ
(B fol. 40 a) [27]ܒܦܘܠܘܣ ܡܢ ܦܛܪܘܣ ܘܦܘܠܘܣ ܕܐܬܢܨܒܬ ܗ̇ܝ ܢܨܒܬܐ. ܠܟܢ 𝔄 136
ܪ̈ܗܘܡܝܐ ܘܕܩܘܪܢܬܝܐ[28] ܒܡܠܦܢܘܬܗܘܢ ܚܕ̈ܢܝܬܐ. ܬܪ̈ܝܗܘܢ
ܓܝܪ ܐܦ ܠܩܘܪܢܬܘܣ ܢܨܒܘ ܘܐܠܦܘ. ܘܗܟܘܬ ܐܦ
ܒܐܝܛܠܝܐ ܐܟܚܕܐ ܐܠܦܘ ܘܐܣܗܕܘ ܒܚܕ ܙܒܢܐ ⁘

ܕܫܠܡ ܡܐܡܪܐ[1] ܥܠ ܫܪܒܐ ܡܫܝܚܝܬܐ[2] ܕܥܒܕܘ ܝܗܘ̈ܕܝܐ
ܥܠ ܡܪܢܐ ܐܚܪܢܐ ܕܗܘܐ ܠܗܘܢ ܥܡ ܪ̈ܗܘܡܝܐ...
xxvi. 1 ܘܗܠܝܢ ܕܝܢ ܐܝܟ[3] ܕܐܬܬܣܝܡܘ ܡܫܪܝܬ ܡܬܥܒܕܢܘܬܐ. ܬܘܒ
ܘܦܘܣܠܘܣ[4] ܬܘܒ ܫܪܒܬܐ ܡܫܝܚܝܬܐ ܕܐܕܪܟ ܠܥܡܐ ܕܝܗܘ̈ܕܝܐ.

[19] A ܘܡܟܪܙ [20] A ܐܬܐ ܘܐܝܟ ܘܐܝܟ ܘܐܝܟ 𝔄 om. ܕ before ܐܝܟ [21] A ܕܐܦܪܝܢܘܣ
ܐܦܣܩܘܦܐ [22] A ܦܪܘܩܠܘܣ 𝔄 *cum Paulo* [23] A ܒܗܘܢ [23a] 𝔄 om.
ܗ̇ܢܘܢ....ܒܠܚܘܕܝܗܘܢ [24] A fol. 40 a [25] A ܕܩܘܪܢܬܘܣ [26] A ܣܗܕ
[27] A ܡܢ ܦܘܠܘܣ [28] A ܘܩܘܪܢܬܝܐ

CHAP. XXVI. [1] A ܘܐܬܬܐ [2] A ܡܫܝܚܝܬܐ [3] A adds ܗܠܝܢ [4] A
ܦܣܦܣܘ

BJ ii 14, 9 ܕܢܦܫܐ ܒܟܠܗܘܢ ܒܗ̇ ܡܕ̈ܝܢܬܐ ܕܣܘܪܝܐ. ܘܡ̈ܠܝܐ ܠܗ̇ ܡܢ
ܐܝܟ ܕܡܢܗܪܝܢ ܗܘܘ ܒܝܗܘܕܝܐ ܕܐܬܚܪܒܘ ܒܡܕܝܢܬܐ ܒܐܘܪܫܠܡ.
ܘܐܢܕܘܩܘ ܒܬܪ ܢܝܪܘܢ[5] ܡܢ ܐܢܫܝ ܦܠܘܪܘܣ[6] ܗܘ̇ ܕܐܬܬܘܗܝ
ܗܘܐ ܐܦܛܪܘܦܐ ܕܝܗܘܕ.. ܒܪ ܐܬܬܚܒܪ ܗܘܐ ܥܡܪܗ ܕܩܪܒܐ
A 137 2 ܒܫܢܬ ܬܪܬܥܣܪܐ ܕܡܠܟܘܬܗ ܕܢܝܪܘܢ. ܘܒܟܠܗ̇ ܣܘܪܝܐ
ib ii 18, 2 ܡܕܝܢܬܐ ܕܒܟܘ ܫܘܪ̈ܝܐ. ܕܠܘܩܒܠܐ ܡܕܝܢܬܐ ܐܝܟ ܗܘܐ
ܠܒܢܝ ܥܡܐ ܕܟܠ ܐܬܪ ܡܢ ܕܝܗܘܕܝܐ ܕܚܒܝܫܬܐ. ܕܕܠܐ
ܦܢܝܐ ܐܝܟ ܕܡܦܪܟܐ ܡܬܚܪܒܝܢ ܗܘܘ. ܘܡܫܟܚܐ[7] ܗܘܐ ܐܢܫ
ܠܡܕܝܢܬܐ ܕܡܠܝܢ ܦܓܪ̈ܐ ܡܝ̈ܬܐ ܕܠܐ ܡܩܒܪܝܢ. ܘܚܙܝܢ ܗܘܘ
ܐܚܝ̈ܕܐ ܛܠܝ̈ܐ ܘܣ̈ܒܐ[8] ܘܢ̈ܫܐ. ܕܐܦ ܠܐ ܐܣܟܡܐ
ܕܦܘܪܫܢܗܘܢ[9] ܡܫܟܚܐ ܗܘܐ. ܘܟܠܗ̇ ܗܦܪܟܝܐ[10] ܡܠܝܐ ܗܘܬ
ܐܘ̈ܠܨܢܐ ܕܠܐ ܡܬܡܠܠܢ. ܚܙܝܢ[11] ܗܘܐ ܕܝܢ ܠܗܘܢܐ ܕܫܡܥܬܐ.[12]
ܐܦ ܡܢ ܐܝܟ ܕܡܬܚܫܒܬܐ ܒܟܠܗܘܢ ܡܬܬܚܙܝܢ ܗܘܘ. ܗܠܝܢ
ܐܡܪ ܒܟܠܗܘܢ ܝܘܣܝܦܘܣ.[13] ܠܝܗܘܕܝܐ ܕܝܢ[14] ܗܠܝܢ ܓܕܫ III. i. 1
ܠܗܘܢ ܀

ܫܠܡ ܣܦܪܐ ܕܬܪܝܢ ܕܡܟܬܒܢܘܬܐ ܕܥܕܬܐ.[15]

·o:o· ·o:o· ·o:o· ·o:o·

[5] A ܢܝܪܘܢ [6] A φγ/ιικο/ [7] A ܐܢܫ [8] A = ܛܠܝ̈ܐ ܘܣ̈ܒܐ
[9] A ܕܦܘܪܫܢܗܘܢ [10] A ܗܦܪܟܝܐ [11] A fol. 40 b [12] A ܕܫܡܥܬܐ
[13] A ܝܘܣܝܦܘܣ [14] A = ܠܝܗܘܕܝܐ [15] A om. ܕܥܕܬܐ ܕܡܟܬܒܢܘܬܐ

ܪܘܚܐ ܡܫܡܫܢܐ ܕܒܐܝܠܝܢ ܐܪ̈ܒܥܬܐ[2] ܐܒܪܘ[3] ܬܠ̈ܡܝܕܐ ܠܡܫܝܚܐ[4]

ܕܬܪܝܢ ܕܡܫܡܫܢܐ ܒܥܕܬܐ[5] ܕܪܗܘܡܐ ܡܛܠ[6] ܡܢ ܪܒܐ ·:·

ܕܬܠܬܐ ܥܠ ܐܚܪ̈ܬܗܘܢ ܕܬܠ̈ܡܝܕܐ ·:·

ܕܐܪܒܥܐ. ܥܠ ܝܘܠܦܢܗܘܢ ܡܫܡܫܢܐ ܕܬܠ̈ܡܝܕܐ.

ܕܚܡܫܐ ܥܠ ܫܒܝܗܘܢ ܐܚܪܢܐ[7] ܕܡܫܘ̈ܕܥܐ ܕܡܢ ܒܬܪ ܡܫܝܚܐ ·:·

ܕܫܬܐ ܥܠ ܥܕܬܐ[8] ܕܐܝܟ ܗܘܐ[9] ܐܝܟ ܠܡܫܘܕܥܐ..

ܕܫܒܥܐ ܥܠ ܡ̈ܠܟܐ ܕܦܠܓ ܐܦܝ̈ ܡܫܝܚܐ...

ܕܬܡܢܝܐ ܥܠ ܐܬ̈ܘܬܐ ܕܦܘܠܘܣ ܡܢ ܡܪܢܐ.

ܕܬܫܥܐ. ܥܠ ܡܩܕܘܢܝܐ[10] ܘܥܠ ܚ̈ܘܪܐ ܕܥܕܗ....

ܕܥܣܪܐ ܕܐܚܪܢܐ ܒܢܝܢ ܠܦ̈ܘܠܐ ܡܫܡ̈ܫܢܐ...

ܕܚܕܥܣܪ. ܕܡܢ ܒܬܪ ܢܚܘܬ ܫܠܝ̈ܚܐ ܡܢ ܒܥܕܬܐ ܕܐܘܪܫܠܡ.

ܕܬܪܥܣܪ ܕܐܚܪܢܐ ܒܦܫܛ ܗܘܐ ܐܦܣܩܘܦܘܣ ܕܐܘܪܫܠܡ[11] ܐܝܟ ܕܡܢ ܗܕܐ ܐܢܘܢ ܕܗܘܘ ·o·

ܕܬܠܬܥܣܪ ܕܐܦܣܩܘܦܐ[12] ܕܬܪܝܢ ܡܢ ܐܝܠܝܢ[13] ܒܥܕܬܐ ܕܐܢܛܝܘܟܝܐ.

Book III. [1] A 𝔄 add ܠܗܘܢ [2] 𝔄 sing. [3] A ܐܒܪܝ [4] 𝔄 om. ܠܡܫܝܚܐ [5] A ܕܥܕܬܐ [6] A ܡܛܠ [7] 𝔄 = ܡܩܕܡܐ [8] A adds ܗܘ [9] A om. ܗܘܐ [10] A ܡܩܕܘܢܝܐ [11] 𝔄 adds *omnes* [12] A ܕܐܦܣܩܘܦܐ [13] A ܐܝܠܝܢ 𝔄 Ե...(but read ղ for ղ)

Ա 142 ܕܐܪܒܥܣܪ̈. ܕܗܘܐ ܐܦܣܩܘܦܐ ܕܬܪ̈ܝܢ ܒܪܗܘܡܝ
ܐܢܛܠܐܦܣ.[14]

ܕܚܡܫܬܥܣܪ̈. ܕܡܢ[15] ܒܬܪܗ ܕܬܠܬܐ ܗܘܐ ܠܟܝܘܣ[16] ⁘

ܕܫܬܬܥܣܪ̈ ܥܠ ܐܦܪܬܗ ܕܠܐܟܣܝܣ.[17]

ܕܫܒܥܬܥܣܪ̈ ܥܠ ܟܘܦܢܐ ܕܗܘܐ ܒܝ̈ܘܡܝ ܕܩܠܘܕܝܘܣ.

ܕܬܡܢܬܥܣܪ̈ ܥܠ ܡܘܬܗ ܥܠܝܒܐ[18] ܘܥܠ ܗ̇ܘ ܟܠܒܢܐ.

ܕܬܫܥܬܥܣܪ̈ ܕܐܝܟܢܐ ܕܩܠܘܕܝܘܣ. ܠܐܝܠܝܢ ܕܡܢ ܓܢܣܗ
ܐܝܟ ܕܕܘܫ ܦܩܕ ܕܢܬܟܢܫܘܢ ⁘

ܕܥܣܪܝܢ ܥܠ ܐܝܠܝܢ ܕܡܢ ܓܢܣܗ ܐܝܟ ܕܦܪܘܩ.

ܕܥܣܪܝܢ ܘܚܕ. ܕܒܟܪܟܐ ܕܐܠܟܣܢܕܪܝܐ ܐܦܣܩܘܦܐ[19] ܕܬܠܬܐ
ܗܘܐ ܡܪܩܘܣ[20]

ܕܥܣܪܝܢ ܘܬܪܝܢ. ܕܒܐܢܛܝܘܟܝܐ[21] ܐܦܣܩܘܦܐ ܕܬܪ̈ܝܢ ܗܘܐ
ܐܝܓܢܛܝܘܣ[22]...

ܕܥܣܪܝܢ ܘܬܠܬܐ. ܬܫܥܝܬܐ ܥܠ ܡܘܬܗ ܥܠܝܒܐ ⁘

ܕܥܣܪܝܢ ܘܐܪܒܥܐ. (B fol. 44 a) ܕܐܝܟܢܐ ܐܬܬܟܬܒܘ[23]
ܐܘܢܓܠܝܘܢ[24] ⁘ ⁘

ܕܥܣܪܝܢ ܘܚܡܫܐ. ܥܠ ܟܬܒܐ ܕܐܝܠܝܢ ܡܬܩܒܠܝܢ ܘܐܝܠܝܢ
ܠܐ ⁘ ⁘

ܕܥܣܪܝܢ ܘܫܬܐ ܥܠ ܡܫܒܪܢܘܬܗ ܫܢܝܐ̈ ◦

ܕܥܣܪܝܢ ܘܫܒܥܐ ܥܠ ܗܪܘܕܣ[25] ܕܐܟܪܘܢܝܐ...

ܕܥܣܪܝܢ ܘܬܡܢܝܐ ܥܠ ܡܐܪܝܬܘܬܗ ܝܪ.ܫ ܗܪܘܕܣ[26] ⁘

ܕܥܣܪܝܢ ܘܬܫܥܐ ܥܠ ܢܛܠܐܘܣ ܘܥܠ ܐܝܠܝܢ ܕܬܘܒܢ ܡܢ
ܥܡܗ ⁘

[14] A ܐܢܛܝܠܠܦܣ [15] A ܡܢ [16] A ܠܟܝܘܣ [17] A ܐܦܪܬܗ ܕܠܟܝܣܘܣ
[18] A adds ܐܓܪܝܦܘܣ [19] A ܐܦܣܩܘܦܐ. A fol. 44 a [20] Ա Կարդիոն *Kardion* [21] A ܕܒܐܢܛܝܘܟܝܐ [22] A ܐܝܓܢܛܝܘܣ [23] A ܕܐܝܟ ܐܬܟܬܒܘ
[24] Ա *evangelia* [25] A ܗܪܘܕܣ [26] A ܗܪܘܕܣ

ܕܬܠܬܝܢ ܥܠ ܫ̈ܠܝܚܐ ܐܝܠܝܢ ܕܐܙܕܘܓܘ ܒܥܠܡܐ.

ܕܬܠܬܝܢ ܘܚܕ. ܥܠ ܡܦܩܬܗ ܕܝܘܚܢܢ ܘܕܦܝܠܝܦܘܣ ⁘

ܕܬܠܬܝܢ ܘܬܪܬܝܢ. ܕܐܝܟܢܐ[27] ܐܣܗܕ ܫܡܥܘܢ ܐܦܣܩܘܦܐ[28] 𝔄 143
ܕܐܘܪܫܠܡ ⁘

ܕܬܠܬܝܢ ܘܬܠܬ. ܕܐܝܟܢܐ[29] ܟܠܐ ܛܪܝܢܘܣ ܕܠܐ ܢܬܒܥܘܢ
ܟܪ̈ܣܛܝܢܐ.[30]

ܕܬܠܬܝܢ ܘܐܪܒܥ. ܕܐܦܣܩܘܦܐ ܕܐܪ̈ܒܥܐ ܥܠ ܥܕܬܐ
ܕܪ̈ܗܘܡܝܐ ܐܘܐܪܣܛܘܣ ܗܘܐ.

ܕܬܠܬܝܢ ܘܚܡܫܐ. ܕܒܬܪܐ[31] ܕܐܘܪܫܠܡ ܐܦܣܩܘܦܐ ܕܬܠܬܝ
ܝܘܣܛܘܣ ܗܘܐ ⁘

ܕܬܠܬܝܢ ܘܫܬ.[32] ܥܠ ܐܝܓܢܛܝܘܣ[33] ܘܥܠ ܐܓܪ̈ܬܗ.[34]

ܕܬܠܬܝܢ ܘܫܒܥ. ܥܠ ܡܒܫܪ̈ܢܐ ܕܢܨܝܚܝܢ ܗܘܘ ܒܕܪܐ ܠܗܘ
ܙܒܢܐ ⁘

ܕܬܠܬܝܢ ܘܬܡܢܐ. ܥܠ ܐܓܪܬܗ ܕܩܠܝܡܝܣ[35] ܘܥܠ ܗ̈ܠܝܢ
ܕܡܬܐܡܪܢ ܒܓܠܘܬܐ ܕܫܡܗ ܐܝܟܢ.

ܕܬܠܬܝܢ ܘܬܫܥ. ܥܠ ܡܐܡܪ̈ܘܗܝ ܕܦܦܝܐ...

ܪ̈ܝܫܐ ܩܕܡܝܐ. ܕܒܐܝܠܝܢ ܐܬܪ̈ܘܬܐ[1] ܐܟܪܙܘ ܫ̈ܠܝܚܐ 𝔄 145
ܠܡܫܝܚܐ ⁘

ܫ̈ܠܝܚܘܗܝ ܕܝܢ ܩܕܝ̈ܫܐ ܕܦܪܘܩܢ ܘܬܠܡ̈ܝܕܘܗܝ ܢܦܩܘ[2] ܗܘܘ
ܒܟܠܗ ܥܠܡܐ. ܐܝܟ ܕܡܫܘܕܥܐ ܕܝܢ[3] ܡܫܠܡܢܘܬܐ. ܠܬܐܘܡܐ[4]

[27] A ܕܐܝܟ [28] A ܐܦܣܩܘܦܐ [29] A ܕܐܝܟ [30] 𝔄 adds *in mortem*
[31] A ܒܬܪܐ [32] A ܘܫܬܐ [33] A ܐܝܓܢܛܝܘܣ [34] A ܐܓܪ̈ܬܗ [35] A
ܐܓܪ̈ܬܗ ܕܩܠܝܡܝܣ

CHAP. I. [1] 𝔄 sing. [2] A ܕܢܦܩܘ [3] A om. ܕܝܢ [4] In 𝔄 for
Թովմայ 'ի read *Թովմայի*

ܒܦܪܬܘ ܕܦܠܓܘܬܗ ܗܘܐ ܐܬܪܐ ܠܟܪܘܙܘ. ܐܢܕܪܐܘܣ[5] ܕܝܢ
ܒܣܩܘܬܝܐ.[6] ܘܝܘܚܢܢ ܒܐܣܝܐ܂ ܕܠܘܬܗܘܢ ܡܬܬܢܝܚ ܗܘܐ.
2 ܘܗܘܐ (B fol. 41 b) ܫܠܡܐ ܕܡܫܡܫܬܗ ܒܐܦܣܘܣ. ܘܦܛܪܘܣ
ܕܝܢ ܒܦܢܛܘܣ[7] ܘܒܓܠܛܝܐ ܘܒܒܝܬܘܢܝܐ ܘܒܩܦܕܘܩܝܐ ܘܒܐܣܝܐ.
ܠܝܗܘܕܝܐ ܗܢܘܢ ܕܡܢ ܒܘܕܪܬܐ ܐܝܟ ܕܡܟܪܙ ܗܘܐ. ܗܘ
ܕܒܚܪܬܐ ܐܬܐ ܠܪܗܘܡܐ ܘܐܙܕܩܦ. ܥܠ ܪܫܗ. ܕܗܟܢ ܗܘ ܐܦܝܣ
3 ܕܗܟܢܐ ܒܥܐ ܗܘܐ. ܡܢܐ ܕܝܢ ܢܐܡܪ ܥܠ ܦܘܠܘܣ. ܕܡܢ
ܐܘܪܫܠܡ ܒܕܡܐ ܠܐܠܘܪܝܩܘܣ[8] ܡܠܝܐ ܗܘܐ ܣܒܪܬܗ ܕܡܫܝܚܐ.
𝔄 116 ܘܠܚܪܬܐ ܒܪܗܘܡܐ ܒܝܘܡܝ ܢܪܘܢ ܐܣܗܕ ܗܘܐ. ܗܠܝܢ
ܐܡܝܪܢ ܠܐܘܪܝܓܢܣ ܚܕܐ ܒܬܪ ܚܕܐ ܀

ܕܬܪܝܢ. ܕܒܥܕܬܐ ܕܪܗܘܡܐ ܡܢܘ ܩܕܡܝ ܩܡ ܒܪܝܫܐ.[1]

ii. ܥܠ ܥܕܬܐ ܕܝܢ ܕܪܗܘܡܐ ܡܢ ܒܬܪ ܣܗܕܘܬܐ ܕܦܘܠܘܣ
ܘܕܦܛܪܘܣ. ܐܬܬܚܕ ܐܦܝܣܩܘܦܐ ܩܕܡܝܐ ܠܝܢܘܣ.[2] ܡܕܟܪ ܠܗ[3]
2 Tim iv 21 ܠܗܢܐ ܦܘܠܘܣ. ܟܕ ܟܬܒ ܠܛܝܡܬܐܘܣ ܡܢ ܪܗܘܡܐ ܒܫܘܠܡܐ
ܕܐܓܪܬܐ ܀ ܀ ܀

ܕܬܠܬܐ. ܥܠ ܐܓܪܬܗܘܢ ܕܫܠܝܚܐ..

iii. 1 ܐܓܪܬܐ ܕܝܢ ܕܦܛܪܘܣ ܕܡܬܩܒܠܐ ܐܝܬ ܚܕܐ ܗܝ ܕܡܬܘܕܝܐ[1]
ܡܫܪܪܬܐ. ܒܗܕܐ ܐܦ ܩܫܝܫܐ ܡܩܕܡܐ ܐܬܚܫܚܘ ܒܗ
𝔄 117 ܒܟܬܒܝܗܘܢ ܕܠܐ ܦܘܠܓ.. ܗܝ ܕܝܢ[2] ܕܬܪܬܝܢ. ܕܡܬܩܒܠܐ ܠܡ
ܒܟܬܒܐ ܡܬܚܫܒܐ ܠܐ ܡܩܒܠܝܢ. ܒܪܡ ܕܝܢ ܠܣܓܝܐܐ[3] ܐܬܚܙܝܬ
ܕܚܫܚܐ. ܘܐܬܒܛܠܠ ܠܗܘܢ ܥܡܗ ܐܟܚܕ ܕܟܬܒܐ ܐܚܪܢܐ.[4]

[5] A ܐܢܕܪܐܘܣ [6] A ܒܣܩܘܬܝܐ [7] A ܒܦܘܢܛܘܣ [8] A ܠܐܠܘܪܝܩܘܣ

Chap. II. [1] 𝔄 ܪܫܐ [2] A 𝔄 ܠܠܝܢܘܣ [3] A adds ܕܝܢ

Chap. III. [1] A ܕܡܬܩܒܠܐ [2] 𝔄 reads ܗܝܕܝܢ as one word [3] A ܠܣܓܝܐܐ [4] A ܕܥܡ ܟܠܗ ܟܬܒܐ

ܦܪ̈ܟܣܘܬܐ ܕܝܢ ܘܐܦܝܣܛܘܠܝ̈ ܀ ܘܗܝ̇[5] ܕܡܬܩܪܝܐ ܟܪܘܙܘܬܐ̈[6] ܕܠܡ 2
ܗܘ̇ ܓܠܝܢܐ ܕܡܬܐܡܪ ܕܝܠܗ. ܠܐ ܝܕܥܝܢ[7] ܕܐܫܬܠܡܘ ܠܢ ܡܢ
ܡܗܝܡ̈ܢܐ ܕܥܕܬܐ. ܠܐ ܓܝܪ ܐܢܫ ܡܢ ܡܦܩ̈ܢܐ ܐܦܠܐ ܥܠ
ܣܗܕ̈ܘܬܗܘܢ ܕܐܠܝܢ ܚܕ ܡܢ ܡܬܚ̈ܒܪܢܐ ܕܗܘܘ ܒܥܕܬܐ. ܐܬܚܫܚ
ܒܗܘܢ ܠܡܣܗܕܘܬܐ ܕܥܠܬܐ. ܗܕܐ ܕܝܢ ܕܪ̈ܝܢ ܐܢܫܝܢ 3 (B fol. 42 a)
ܗܘ̇ ܒܬܫܥܝܬܐ ܒܚܕܐ ܡܢ ܡܫܠܡܢܘܬܐ[8] ܡܘܕܥܝܢܢ.[9] ܕܐܝܠܝܢ
ܡܢ ܡܟܬ̈ܒܢܐ ܕܥܕܬܐ ܒܙܒܢ̈ܝܗܘܢ. ܡܢ ܟܬ̈ܒܐ[10] ܐܝܠܝܢ ܕܐܝܬ
ܥܠܝܗܘܢ ܡܫܡܫ ܒܪܒܢܐ ܕܩܘܠܛܝܐ ܐܡܪܝܢܐ[11] ܐܬܚܫܚܘ[12] ܒܗܘܢ.
ܘܕܐܝܟܢܐ ܐܡܪܝܢ ܠܗܘܢ ܥܠ ܟܬ̈ܒܐ ܡܕܝ̈ܢܐ. ܕܡܘܕܝܐ ܒܗܘܢ
ܒܥܕܬܐ ܕܠܐ ܦܘܠܓ. ܘܥܠ ܐܝܠܝܢ ܕܠܐ ܗܘܐ ܗܟܢܐ
ܐܬܚܙܝܘ. ܡܢ ܐܓܪ̈ܬܐ ܕܝܢ ܗܠܝܢ ܕܡܫܬܡܗܢ[13] ܕܦܘܠܘܣ 4
ܝܕܥܐ ܒܠܚܘܕ ܘܐܪܒܥ[14] ܕܥܣ̈ܪܐ. ܕܡܘܕܝܢ ܒܗ̇ ܐܦ ܐܢ̈ܫܝܢ
ܡܫܪܪܐ ܡܦܩ̈ܢܐ. ܕܦܘܠܘܣ[15] ܕܝܢ ܐܦܪ̈ܟܣܝܣ. ܗܠܝܢ ܕܡܬܐܡܪܢ[16] 5
ܦܫܝܩܐܝܬ. ܘܠܐ ܠܢ ܕܝܢ ܕܢܕܥ ܕܐܢܫܝܢ ܡܢ ܥܕܬܐ ܕܬܘܗܡܢ̈ܐ. 𝔄 148
ܐܦܠܘ ܗ̇ܝ ܠܗ̇ ܐܓܪ̈ܬܐ ܕܥܒ̈ܪܝܐ ܘܐܡܪܝܢ ܕܠܐ ܗܘܬ ܕܦܘܠܘܣ.
ܐܦ[17] ܥܠ ܗܕܐ ܕܝܢ[18] ܐܓܪ̈ܬܐ. ܡܕܡ ܕܐܡܪܝܢ ܠܐܢܫܐ ܕܩܕܡܘ
ܡܢܗܘܢ ܒܙܒܢ̈ܝܗܘܢ ܢܚܘܝܢ.[19] ܘܦܪ̈ܟܣܝܣ ܕܡܬܐܡܪܢ ܕܦܘܠܘܣ
ܐܝܟ ܕܡܠܦܝܢ ܡܢܗܘܢ ܒܪܒܢܐ ܕܩܘܠܛܝܐ ܐܝܬ ܥܠܝܗܘܢ. ܡܛܠ 6
ܕܝܢ ܕܗܘ̇ ܦܘܠܘܣ ܗܘ̇ ܒܗ̇ ܫܠܡܐ[20] ܐܚܪܝܐ ܕܐܓܪܬܐ ܕܗܪ̈ܘܡܝܐ:
ܥܡ ܐܚܪ̈ܢܐ[21] ܫܐܠ ܐܦ ܠܗܪܡܐ: ܠܗܢܐ ܕܐܡܪܝܢ ܕܕܝܠܗ ܗܘ Rom xvi 14
ܗܘ̇ ܟܬܒܐ ܕܡܬܩܪܐ ܕܪ̈ܥܝܐ. ܘܠܐ ܠܢ ܕܝܢ[22] ܕܢܕܥ ܕܐܢܫܝܢ

[5] 𝔄 om. ܘܗܝ [6] 𝔄 plur. [7] A ܐܝܕܥܝܢ] [8] A fol. 42 a
[9] 𝔄 adds *vobis* [10] 𝔄 *e scriptoribus* [11] A ܐܡܪܝ] [12] 𝔄 sing. [13] A ܕܡܫܬܡܗܢ [14] A ܐܪܒܥ] In 𝔄 read *ι* for *ιδ* [15] A prefixes ܐܦ]
[16] A ܕܐܡܪܝܢ [17] A ܐܠܐ ܕܝܢ [18] A om. ܕܝܢ [19] A ܡܚܘܝܢ ܗܘܘ 𝔄 *novimus* [20] A 𝔄 ܫܘܠܡܐ [21] A ܐܚܪ̈ܢܐ [22] A 𝔄 om. ܕܝܢ

ܡܢ ܡܕ̈ܝܢܬܐ ܠܐ ܡܟܠܡܗܘܢ.. ܘܐܝܟ[23] ܕܡܢ ܐܪܕܝܣܘܗܝ ܒܐܡܠܝܢ
ܕܡܕܡܝܐ ܒܗܘܢ ܒܕܘܟܬ ܠܐ ܡܬܚܫܒ. ܐܝܟܢܐ[24] ܕܝܢ ܕܠܝܢ
ܕܦܠܓ ܒܗܘܢ ܕܡܬܪܥܝܬ ܡܬܘܪܢܝܬܐ[25] ܗܘ ܕܐܡܠܝܢ ܘܐܡܠܝܢ ܕܒܐܡܠܝܢ
ܠܬܘܠܡܕܐ. ܘܡܬܠܗܝܢܐ ܐܦ[26] ܒܒܢ̈ܬܐ ܫܒܝ̈ܚܬܐ ܡܬܡܪ̈ܐ.
7 ܘܠܐܢܫܝܢ[27] ܡܢ ܡܚܘ̈ܬܒܢܐ ܡܕܝ̈ܢܬܐ ܡܕܒܪܬ[28] ܕܐܬܚܫܒܘ ܒܗ. ܗܠܝܢ
ܕܝܢ ܕܐܬܟ̈ܬܒ ܕܐܘܣܝܐ ܥܠ ܦܘ̈ܠܒܐ ܕܐܠܗܐ ܕܐܡܠܝܢ (B fol. 42 b)
ܡܬܡܟܠܝܢ ܕܠܐ ܦܘܠܓ. ܘܐܡܠܝܢ ܐܝܟܢ ܐܡܠܝܢ ܕܠܐ ܡܕܡܐ
ܒܗܘܢ ܥܠ ܐܝܟ

𝔄 149 ܕܐܘܪܚܝܬ ܥܠ ܦܘܠܘܣ ܡܕܡܐ ܕܫ̈ܠܝܚܐ ·:·

ܕܠܝܗ̈ܘܕܝܐ ܕܝܢ ܡܚܕܪ ܗܘܐ[1] ܦܘܠܘܣ: ܘܡܢ ܐܘܪܫܠܡ ܠܕܪܡܣܘܩ iv. 1
ܠܐܠܘܦܪܘܣܘܣ[2] ܗܘ ܗܘܐ ܫܘܐܐ ܕܟܬ̈ܒܐ. ܡܫܝܚܐ ܗܘ ܗܝ ܡܢ
ܫܠܝܚܘ ܕܝܠܗ. ܘܡܢ ܐܡܠܝܢ ܕܐܬܚܙܝ. ܠܗܘܐ ܒܦܪܘܣܘܣ.[3]
2 ܘܦܝܪܘܣ ܡܢ ܫܠܝܚܘ ܡܢ ܗܘ. ܐܓܪ̈ܬܐ ܕܐܡܪܝܢ ܡܬܠܘܬܗ
ܕܡܬܡܟܠܐ ܒܟܬܒ̈ܐ ܡܫܝܚܐ[4] ܗܘ. ܦܘܠܘܣܐܝܬ: ܕܟܬܒܐ ܐܡܪܐ ܐܬܪܘܗܝ
ܐܟܪ ܠܡܫܝܚܐ ܠܫܡܗ ܕܡܢ ܒܪܘܬܐ ܐܝܟ ܘܐܫܟܚ ܠܗܘܢ[5]
ܡܠܬܐ ܕܕܝܢܐ ܫܪܝܬܐ.[6] ܗܘ ܕܝܢ ܠܫܡܗ ܕܡܢ ܒܒ̈ܢܝܐ
ܐܬܚܙܝܘ ܗܘܘ ܒܒܕܪܐ. ܒܦܘܠܘܣ[7] ܘܒܠܠܝܐ ܘܒܡܦܩܘܣܝܐ[8]
3 ܘܒܐܫܝܐ ܘܒܒܝܬܘܢܝܐ. ܕܐܡܠܝܢ ܕܝܢ ܗܘܘ ܡܬܩܪ̈ܝܢܘܬܗܘܢ ܫܪ̈ܝܪܐ
ܕܗܠܝܢ ܘܐܬܒܝܪܘ ܕܝܪ̈ܝܗܘܢ ܒܕܘܟܬܐ ܕܐܬܡܝܘ. ܘܠܐ[9] ܦܫܘ ܠܗ
ܕܐܡܪܝܢ ܗܢܝܐ. ܐܠܐ ܐܢ ܕܠܡܐ ܐܫܝܘ. ܐܫܪ[10] ܕܢܠܦ ܡܢ

[23] 𝔄 om. ܘ [24] A ܐܝܟܢܐ [25] A 𝔄 ܡܬܘܪܢܝܬܐ ܕܡܬܪܥܝܬ [26] 𝔄 om. ܐܦ
[27] 𝔄 *aliquos quidam* [28] A ܡܕܒܪܬܐ 𝔄 *d ...* *pervenerunt*

Chap. IV. [1] A fol. 42 b [2] A ܠܐܠܘܦܪܘܣܘܣ [3] 𝔄 *in actis apostolorum*
[4] A ܐܡܫܝܚܐ [5] A ܘܐܫܟܚ ܠܗܘܢ [6] A adds ܠܗܘܢ [7] A ܒܦܘܠܘܣ
[8] 𝔄 = ܘܒܡܦܩܘܣܝܐ ܘܒܩܦܕܘܩܝܐ [9] A 𝔄 ܠܐ [10] 𝔄 *poterimus*

4 ܬ̈ܠܡܝܕܘܗܝ ܕܦܘܠܘܤ. ܕ̈ܟܘܬܗ ܓܝܪ ܗܘܘ ܠܗ ܤܓܝ̈ܐܐ. ܘܐܝܟ
ܕܗܘܘ ܡܫܡܫܢܗ ܠܗܘܢ ܦܠܚ̈ܐ ܗܘܘ ܥܡܗ ܒܟܪܘܙܘܬܐ. ܕܠܥ̈ܡܡܐ 𝔄 150
ܡܢܗܘܢ ܠܡܕܒܪܢܐ[11] ܕܠܐ ܡܬܦܠܓܐ ܐܢܫܝ ܐܢܘܢ. ܘܐܫܬܘܕܥܬ
5 ܫܟܚ ܗܘܐ ܠܗܘܢ ܒܐܓܪ̈ܬܗ ܒܡܤܗܕܘܬܐ[12] ܕܟܠܗܘܢ. ܠܘ
ܕܝܢ ܟܠܗܘܢ ܗܢܘܢ. ܐܠܐ ܐܦ ܠܘܩܐ ܒܦܪܟܤܝܤ. ܠܫ̈ܠܝܚܐ[13] ܕܐܝܬ
6 ܗܘܐ ܒܗܘܢ ܒܫܡܗܐ ܡܕܟܪ ܠܗܘܢ. ܥܠ ܛܝܡܬܐܘܤ ܕܝܢ
ܡܫܬܥܝܢ ܥܠܘ̈ܗܝ. ܕܐܦܤܩܘܦܐ ܩܕܡܝܐ ܕܐܦܤܘܤ ܗܘ ܗܘܐ.
7 ܐܝܟ ܕܐܦ ܛܝܛܘܤ ܕܥܕ̈ܬܐ ܕܐܝܬ ܗܘܐ ܒܩܪܛܐ.[14] ܠܘܩܐ
ܕܝܢ ܒܓܢܤܗ ܐܝܬܘܗܝ ܗܘܐ ܡܢ[15] ܐܢܛܝܘܟܝܐ. ܘܗܘ ܡܕܡ
ܐܝܬܘܗܝ ܗܘܐ ܐܤܝܐ. ܘܤܓܝܗ ܕܒܝܩܐ ܥܡ ܦܘܠܘܤ
ܗܘܐ. ܐܦ ܥܡ ܫܪܟܐ ܕܫ̈ܠܝܚܐ ܡܫܬܦܠܐܝܬ (B fol. 43 *a*) ܡܬܗܦܟ
ܗܘܐ. ܕܐܤܝܐ ܕܝܢ ܚܠܝܐ ܩܢܐ ܡܢܗܘܢ ܕܐܤܘܬܐ ܕܢܦ̈ܫܬܐ.
ܫܒܩ ܬܘܕܝܬܐ ܒܬܪܝܢ[16] ܟܬ̈ܒܐ ܕܪܘܚܐ ܕܐܠܗܝܐ ܕܐܟܬܒ.
ܒܐܘܢܓܠܝܘܢ ܕܒܗ ܟܕ ܟܬܒ ܐܡܪ. ܕܐܝܟ ܕܐܫܠܡܘ ܠܗ[17]
ܗ̇ܢܘܢ ܕܡܢ ܡܢܝܢ ܗܘܘ ܚ̈ܙܝܐ ܘܡܫܡ̈ܫܢܐ ܕܡܠܬܐ. ܗ̇ܢܘܢ
ܕܐ̈ܡܪ ܕܡܢ ܡܢܝܢ ܢܩܦ ܗܘܐ ܠܗܘܢ. ܘܒܟܬܒܐ ܕܦܪܟܤܝܤ ܕܫ̈ܠܝܚܐ.
ܠܘ ܐܝܟ ܕܡܢ ܫܡܥܐ ܐܠܐ ܐܝܟ ܕܒܥܝ̈ܢܘܗܝ ܚܙܐ ܐܟܬܒ ܡܕܡ
8 ܕܐܟܬܒ ܘܠܘ ܡܢ ܡܫܡܥܬܐ. ܐܡܪܝܢ ܗܟܝܠ. ܕܦܘܠܘܤ ܠܡ
ܠܗ ܠܐܘܢܓܠܝܘܢ ܕܠܘܩܐ ܡܕܟܪ ܗܘܐ ܐܡܝܢܐܝܬ ܐܝܟ
ܕܥܠܘܗܝ ܗܘ. ܐܡܪܝܢ ܕܐܡܪ ܗܘܐ ܕܐܝܟ ܕܐܡܪ. ܒܐܘܢܓܠܝܘܢ
ܕܝܠܝ. ܬܪܝܢ ܕܝܢ ܕܐܢܫ̈ܐ[18] ܕܢܩܦܝܢ ܗܘܘ ܠܗ ܠܦܘܠܘܤ. ܥܠ 𝔄 151
9 ܟܪܤܩܘܤ ܗܘ ܦܘܠܘܤ ܡܤܗܕ ܥܠܘܗܝ ܕܐܙܠ ܠܓܠܛܝܐ. ܠܝܢܘܤ[19]

[11] In 𝔄 for ժողովրդեան read ժողովրդեանն [12] A ܒܡܣܗܕܘ̈ܬܐ For ܕܟܠܗܘܢ 𝔄 has *praedicabat de iis* [13] A ܠܫ̈ܠܝܚܐ [14] A ܒܡܕ̈ܝܢܬܐ ܕܩܪܛܐ [15] A om. ܡܢ [16] A fol. 43 *a* [17] A ܠܝ [18] 𝔄 adds *multi sunt* [19] 𝔄 ܘܠܝܢܘܤ

ܕܐܦ ܗܘ ܕܡܟܬܒ ܠܗ ܕܥܡܗ ܗܘܐ ܒܪܗܘܡܐ ܒܐܓܪܬܐ
ܕܠܛܝܡܬܐܘܣ[20] ܕܬܪܬܝܢ. ܘܒܬܪ ܦܛܪܘܣ ܕܗܘܐ[21] ܡܕܒܪܢܐ ܡܬܠ 2 Tim iv 21
ܐܦܝܣܩܘܦܘܬܐ ܕܥܕܬܐ ܕܪܗܘܡܐ. ܐܦ ܟܕ ܗܟܢܐ ܐܘܕܥܢ.[22]
10 ܐܠܐ ܐܦ[23] ܥܠ ܩܠܐܡܝܣ[24] ܕܗܘܐ ܐܦܝܣܩܘܦܐ ܕܬܠܬܐ ܒܪܗܘܡܐ.
ܘܗܘ ܦܘܠܘܣ ܣܗܕ ܥܠܘܗܝ ܕܡܥܕܪܢܗ ܗܘܐ ܘܦܠܚܐ ܕܥܡܗ. Phil iv 3
11 ܐܦ ܕܝܘܢܘܣܝܘܣ[25] ܗܘ ܕܗܝܡܢ ܥܠܘܗܝ ܒܐܪܝܘܦܓܘܣ[26] ܕܡܢ ܐܬܢܘܣ Acts xvii 34
ܦܠܘܣ ܕܝܢ ܐܝܟ ܬܘܒ ܦܘܠܘܣ ܗܘ ܡܕܐܡܟܝܬ ܗܝܡܢ ܗܘܐ.
ܡܫܬܥܐ ܥܠܘܗܝ ܕܝܘܢܘܣܝܘܣ[27] ܐܚܪܢܐ.[28] ܕܐܝܬܘܗܝ ܗܘܐ
ܐܦܝܣܩܘܦܐ ܕܥܕܬܐ ܕܩܘܪܢܬܘܣ ܕܗܘܐ ܠܗ[29] ܗܘܐ ܐܦܝܣܩܘܦܐ
12 ܡܕܒܪܢܐ ܒܐܬܢܘܣ.[30] ܟܕ ܕܝܢ ܙܒܢܐ ܒܗ ܒܬܫܥܝܬܐ ܒܙܒܢܝܗܘܢ
ܕܐܝܠܝܢ ܕܦܠܚܘ[31] ܥܡ ܫ̈ܠܝܚܐ (B fol. 43 b) ܐܡܪܝܢܢ[32] ܥܠܝܗܘܢ.
ܗܫܐ ܕܝܢ ܢܦܩܐ ܠܢ ܠܬܫ̈ܥܝܬܐ.[33]

ܕܚܡܫܐ. ܥܠ ܥܩܒܬܗܘܢ ܐܚܪܝܬܐ[1] ܕܝܗܘܕܝܐ[2] ܕܡܢ ܒܬܪ 𝔄 152
ܡܫܝܚܐ ·:·

v. 1 ܡܢ ܒܬܪ ܕܥܡ ܢܪܘܢ ܒܡܠܟܘܬܐ ܬܠܬܥܣܪܐ ܫ̈ܢܝܢ:
ܘܒܬܪܗ ܓܠܒܐ ܘܐܬܘܢ ܫ̈ܢܬܐ ܘܦܠܓܗ̇. ܟܕ ܐܚܕ ܘܐܣܦܣܝܢܘܣ
ܒܡܪܕܐ ܕܥܡ ܝܗܘܕܝܐ ܒܗ ܒܝܗܘܕ.[3] ܐܡܠܟܘܗ ܚܝܠܐ ܕܪܗܘܡܝܐ

[20] A ܒܗ̇ ܐܓܪܬܐ ܕܠܛܝܡܬܐܘܣ [21] 𝔄 om. ܕ [22] 𝔄 om. ܐܦ ܟܕ ܗܟܢܐ ܐܘܕܥܢ [23] 𝔄 om. ܐܦ [24] A ܩܠܝܡܝܣ [25] A ܕܝܘܢܘܣܝܘܣ [26] 𝔄 *in actis apostolorum* [27] A ܕܝܘܢܘܣܝܘܣ [28] In B there stood originally an ܘ after the ܕ. 𝔄 has for the last six words *credidit, sicut narrat de eo. Sed alter etiam Dionysius* [29] 𝔄 om. ܠܗ [30] A ܒܐܬܢܘܣ [31] 𝔄 ܕܐܝܠܝܢ ܕܦܠܚܘ [32] A 𝔄 ܐܡܪܝܢܢ [33] A 𝔄 ܠܬܫܥܝܬܐ

Chap. V. [1] 𝔄 ܩܘܡܝܐ (comp. Index) [2] A fol. 43 b [3] A 𝔄 join ܒܗ ܒܝܗܘܕ to the following words

ܕܐܬܐ ܗܘܐ ܒܬܪ ܕܢܣܒܗ ܡܠܟܐ ܐܣܦܣܝܢܘܣ[4]. ܘܡܫܝܕܐ
ܐܫܠܡ ܩܪܒܐ ܕܥܡ ܝܗܘܕܝܐ ܠܛܛܘܣ[5] ܒܪܗ. ܘܗܘ ܐܙܠ ܠܗ
2 ܠܪܗܘܡܝ. ܡܢ ܒܬܪ ܕܝܢ ܣܘܠܩܗ ܕܦܪܘܩܢ. ܟܕ ܡܚܫܒܬܗܘܢ
ܕܝܗܘܕܝܐ ܕܠܘܬܗ. ܢܟܠܐ ܣܓܝܐܐ[6] ܐܦ ܥܠ ܫܠܝܚܐ ܐܬܚܫܒܘ
ܗܘܘ. ܘܩܕܡܝܬ[7] ܩܛܠܘܗܝ ܠܐܣܛܦܢܘܣ ܒܟܐܦܐ. ܘܬܘܒ[7a]
ܡܢ ܒܬܪܗ ܦܣܩܘ ܪܫܗ ܕܝܥܩܘܒ ܒܪ ܙܒܕܝ ܐܚܘܗܝ ܕܝܘܚܢܢ.
ܘܒܬܪ ܗܠܝܢ. ܬܘܒ ܠܝܥܩܘܒ ܗܘ ܕܡܢ ܒܬܪ ܣܘܠܩܗ ܕܦܪܘܩܢ
ܩܒܠ ܗܘܐ ܬܪܘܢܘܣ[8] ܕܐܦܣܩܘܦܘܬܐ[9] ܕܬܡܢ ܩܛܠܘܗܝ. ܐܦ ܠܗ A 153
ܐܝܟ ܕܦܩܕܢ ܐܚܪܢܐ. ܘܠܫܪܟܐ ܕܫܠܝܚܐ. ܦܘܪܫܢܐ ܣܓܝܐܐ
ܐܬܦܪܫܘ ܗܘܘ ܠܗܘܢ ܐܝܟ ܕܠܡܘܬܐ ܘܪܕܦܘ[10] ܐܢܘܢ ܡܢ
ܐܪܥܐ ܕܝܗܘܕ. ܗܢܘܢ ܕܝܢ ܐܬܕܪܘ ܡܢ ܡܪܢ ܠܟܠܗ ܥܡܡܐ.
3 ܠܡܟܪܙܘ ܣܒܪܬܐ ܒܫܡܗ. ܐܦ ܥܡܐ ܕܝܢ ܕܥܕܬܐ ܕܐܘܪܫܠܡ:
ܐܝܟ ܕܡܢ ܓܠܝܢܐ ܕܗܘܐ ܥܠ ܢܨܝܚܐ ܕܬܡܢ. ܩܕܡ ܩܪܒܐ
ܐܬܦܩܕ ܗܘܐ ܠܗܘܢ ܕܢܦܩܘܢ ܡܢܗ ܡܢ ܡܕܝܢܬܐ. ܘܢܐܙܠܘܢ
ܘܢܥܡܪܘܢ ܒܟܪܟܐ. ܒܡܕܝܢܬܐ ܕܡܬܩܪܝܐ ܦܠܠܐ. ܠܘܬܗܘܢ
ܐܝܠܝܢ ܕܐܬܐ ܗܘܘ ܒܐܘܪܫܠܡ ܕܡܗܝܡܢܝܢ ܒܡܫܝܚܐ. ܐܝܟ
ܕܢܫܒܩܘܢ ܡܢܗ ܟܠܗܘܢ ܐܢܫܐ ܩܕܝܫܐ. ܘܗܝܕܝܢ ܢܐܬܐ
ܕܝܢܐ ܕܬܒܥܬܐ ܡܢ ܐܠܗܐ[11] ܥܠܝܗܘܢ: ܥܠ ܡܕܝܢܬ (B fol. 44 a)
ܡܠܟܘܬܐ ܕܝܗܘܕܝܐ. ܘܥܠ ܟܠܗ ܐܪܥܐ ܕܝܗܘܕ. ܥܠ ܡܕܡ
ܕܐܡܪܝܘ ܥܠ[12] ܡܫܝܚܐ ܘܥܠ ܫܠܝܚܘܗܝ. ܐܝܕܐ ܕܒܦܘܪܥܢܗ
4 ܠܗܝ ܫܪܒܬܐ ܕܪܫܝܥܐ ܡܢ ܗܘ ܐܬܪܐ. ܕܐܝܠܝܢ ܕܝܢ ܒܫܢܬܐ
ܓܕܫ ܠܟܠܗ ܥܡܐ ܒܟܠ ܐܬܪ: ܘܕܐܝܟܢܐ ܡܬܐܪܬ ܒܡܘܪܬܗ
ܕܝܗܘܕ ܒܩ̈ܪܒܐ ܣܓ̈ܝܐܐ ܐܬܚܒܠܘ: ܘܕܟܡܐ ܪ̈ܒܘܬܐ ܐܢܫܐ A 154

[4] A ܐܘܣܦܣܝܢܘܣ [5] A ܠܛܝܛܘܣ [6] A ܢܟܠܐ ܣܓܝܐܐ [7] A ܘܩܕܡܝܬ
[7a] A om. ܬܘܒ [8] A ܬܪܘܢܘܣ [9] A adds [illegible] ܕܐܘܪܫܠܡ
[10] A ܘܪܕܦܘ [11] A ܕܝܢܐ ܕܐܠܗܐ [12] A fol. 44 a

ܒܚܘܫܒܐ[13] ܘܒܒܘܫܢܐ[14] ܘܒܠܘ̈ܚܡܐ ܦܘܪܥܢܐ ܕܡܛܬ ܥܠܘ:
ܘܡܟܝܠ ܕܗܘܐ ܠܡܕ̈ܝܢܬܐ ܦ̈ܪܝܫܬܐ ܕܝܗܘܕ: ܐܦ ܐܝܟܢ
ܒܢ̈ܬܐ[14a] ܫܡܝܢܬܐ ܚܕ ܡܢ ܒܐܘܪܫܠܡ: ܐܝܟܢ ܕܒܪܘܗ ܗܘܘ
ܠܗ ܠܡܬܓܘܣܘ ܒܗ ܐܝܟ ܕܠܡܕܝܢܬܐ ܡܫܝܢܬܐ: ܘܐܫܬܡܫܘܗܝ
ܕܟܠܗ ܦܘܪܥܢܐ ܘܟܠ ܕܓܒܐ ܒܗ[15] ܒܚܝ̈ܘܗܝ ܡ̈ܢܘܗܝ: ܘܕܐܡܒܢܐ
ܡܟܬܒ ܒܣܦܪܐ ܐܚܪܢܐ ܕܦܠܚܘܬܐ ܕܣܘܪܒܐ[16] ܐܝܟ ܕܐܡܒܪ̈
ܒܒܒܢܐ: ܥܠ ܗܘ ܡܠܟܐ ܡܫܡܫܢܐ ܕܐܬܩܘܡܘܗܝ ܗܘܐ ܡܢ
ܩܕܝܡ ܕܐܠܗܐ: ܕܐܝܒܢܐ[17] ܐܬܚܫܒ ܒܠܚܘܕܝܬ ܒܢܘܪܐ. ܐܝܢܐ
ܕܦܓܥܐ ܕܢܛܠ ܫܬܬܐܝܬ. ܡܢ ܬܫܥܝܬܐ ܕܐܬܒܥܝ ܢܘܣܘܣܘܣ[19]
5 ܡܦܓܥܐ ܕܢܛܠ. ܕܐܝܒܢܐ ܕܝܢ[19] ܒܫܘܐ ܗܘ ܗܢܐ ܢܘܣܘܣܘܣ:[20]
ܕܐܬܥܒ̈ܕܘ ܗܘܘ ܡܢ ܥܠܠ ܫܡܗ ܒܩܘܪܒܬܐ ܕܒܐܪܐ[21] ܕܦܫܝܢ:
ܘܐܝܟܢ ܕܒܢܬ ܐܣܝܪܐ[22] ܥܠܘ ܐܬܚܒܫܘ[23] ܒܐܘܪܫܠܡ ܐܝܟܢ
6 ܕܬܬܡܐܐ[24] ܕܟܠܗܘܢ ܢܦ̈ܫܬܐ. ܦܠܐ ܠܗ ܕܝܢ ܕܢܘܕܥ.[25] ܕܗܦ
ܗܘܐ ܚܢ̈ܐ[26] ܕܟܗ̈ܢܘܗܝ ܘܡ̈ܫܬܘܬܐ ܕܒܗ[27] ܒܫܥܝܢ ܗܘܐ ܐܬܚܘܝܘ ܥܠ
ܦܘܡܗܘܢ ܘܟܢܫ ܦܠ̈ܚܘܬܐ ܕܟܠ ܥܠ[28] ܡܫܝܚܐ ܒܪܗ ܕܐܠܗܐ.
ܕܗܘܘ ܢܬܚܒܫܘܢ ܐܝܟ ܕܒܒܢܬ ܐܣܝܪ̈ܐ. ܘܢܦܠܘܢ ܐܒܕܢܐ
ܡܢ ܕܝܢܐ[29] ܒܐܝܕܐ ܕܐܠܗܐ.

𝔄 155 ܕܫܬܐ ܥܠ ܕܘܒܢܐ ܕܐܬܝܢ ܗܘܐ ܐܝܟ ܠܝܗܘܕܝܐ ∴

7 ܐܬܒܘܩ ܕܝܢ ܐܝܠܝܢ (B fol. 44 b) ܕܥܒ̈ܕܘܗܝ ܡܠܘ̈ܗܝ ܓܒܐ ܗܘܐ
ܐܝܟ ܠܝܗܘܕ̈ܝܐ ܒܫܢ̈ܝܐ[1] ܘܒܐܩ̈ܕܡܢܐ ܐܚܪ̈ܢܐ. ܘܐܡܪ

[13] A ܒܫܘܦܐ [14] 𝔄 ܒܒܫܢܐ ܘܒܒܘܫܢܐ [14a] B ܒܢ̈ܬܐ ܐܠܟܝ
[15] A ܒܗ̇ [16] A ܕܣܘܪܒܐ [17] A ܕܐܝܒܢ [18] A ܢܘܣܘܣܘܣ [19] A om. ܕܝܢ
[20] A ܢܘܣܘܣܘܣ [21] A ܕܒܐܪܐ [22] A ܕܒܒܢܬ ܐܣܝܪܐ [23] A adds ܗܘܐ
[24] A ܬܬܡܐܐ [25] A ܕܢܘܕܥ; 𝔄 om. ܕܝܢ and joins this clause to the preceding
A ܕܢܦܫ ܗܘܐ [27] A (and probably 𝔄) ܒܗ [28] 𝔄 ܒܟܠ [29] 𝔄 plur.
Chap. VI. [1] In 𝔄 for *ᶣᵖᶦᶦᶠ* read *ᶣᵖᵐᶠ* = ܒܫܘܦܐ

ܒܠܚܘܕ ܟܠ ܐܘܠܨܢܐ ܡܪ̈ܝܪܐ ܕܐܬܕܪܟܘ[2] ܐܝܟ ܕܟܬܝܒܐ.
ܕܐܦ ܒܡܠܬ[3] ܐܝܠܝܢ ܕܦܪܫ ܒܗܢܐ ܟܬܒܐ ܢܗܘܘܢ ܡܕܟܪܝܢ.
ܕܢܗܘܐ ܒܪܢܫܐ[4] ܕܡܪܕܘܬܗܘܢ ܕܥܠ ܡܫܝܚܐ ܒܟܠ ܐܬܪ
vi. 1 ܐܝܟ ܡܢ ܐܠܗܐ. ܣܒ ܠܟ ܗܟܝܠ ܬܫܥܝܬܐ ܕܝܘܣܦ
ܕܝܘܣܝܦܘܣ[5] ܘܩܪܝ ܕܗܟܢܐ ܐܡܪ[6] ܒܗܘ ܙܒܢܐ. ܟܕ ܐܡܪ
2 ܗܟܢܐ. ܕܐܝܠܝܢ ܠܗ[7] ܕܐܝܬ ܗܘܐ ܠܗܘܢ ܩܢܝܢܐ. ܕܢܦܩܘܢ B J v 10, 2
ܐܘ ܕܢܐܟܠܘܢ ܟܠܐ ܗܘܐ ܠܗܘܢ. ܒܥܠܬܐ ܓܝܪ ܕܡܩܪ̈ܒܝܢ ܗܘܘ
ܠܐܢܫ[8] ܕܐܝܟ ܕܠܥܪ̈ܘܩܐ ܥܒܕܐ ܕܢܥܠܘܢ.[8a] ܐܚܕ ܗܘܘ ܡܛܠ
ܩܢܝܢܗ. ܘܒܬܪܗ ܒܡ ܕܥܠܐ ܘܐܦ[9] ܡܪ̈ܝܘܬܗܘܢ ܕܥܬܝܪ̈ܐ
ܒܓܢܐ ܗܘܬ. ܘܒܠܚܘܕ ܬܪܬܝܗܘܢ ܗܠܝܢ ܒܢ̈ܓܕܐ ܡܬܓܕܠܝܢ ܗܘܘ.
3 ܢ̈ܦܠܐ ܕܝܢ[10] ܟ̈ܠܗܝܢ ܐܟܠܐ ܒܕܘܟ ܡܬܛܥܝܢ ܗܘܘ. ܫܘܪܝܢ A 156
ܗܘܘ ܓܝܪ ܘܥܐܠܝܢ ܘܡܥܩܒܝܢ ܒ̈ܬܐ.[10a] ܘܐܝܟ ܗܘ ܕܡܫܟܚܝܢ ܗܘܘ
ܡܕܡ ܟܠ ܐܢܫܝܢ ܘܡܦܪܣܝܢ[11] ܚܒܫܝܢ ܗܘܘ ܠܗܘܢ. ܘܐܠܐ[12]
ܡܫܟܚܝܢ ܗܘܘ. ܐܝܟ ܕܠܐܢܫܐ ܕܡܢ ܐܘܠܨܢܐ[13] ܠܦܢܝ ܡܫܢܩܝܢ
4 ܗܘܘ ܠܗܘܢ. ܬܫܢܝܩܬܐ ܕܝܢ[14] ܕܐܝܟ ܐܝܬ ܗܘܐ ܠܐܢܫ ܡܕܡ
ܐܘ ܠܐ. ܚܝܬܐ ܕܦܓܪ̈ܝܗܘܢ ܕܕ̈ܡܝܐ[15] ܐܬܚܕܘ ܗܘܬ. ܘܐܝܠܝܢ
ܡܢܗܘܢ ܕܚܣܝܢܝܢ ܗܘܘ ܦܓܪ̈ܝܗܘܢ ܡܬܦܬܟܪܝܢ ܗܘܘ.
ܕܡܫܬܪܬܐ[16] ܡܫܬܪܝܬܐ ܗܘܬ ܠܗܘܢ. ܕܢܦܠܠܘܢ ܕܝܢ ܠܐܝܠܝܢ
ܕܠܕܘܝܗܘܢ ܦܪܥܝܢ ܗܘܘ ܠܡܕܡ. ܗܕܐ ܕܠܐ ܡܫܟܚܬܐ

[2] A fol. 44 b [3] A ܒܡܠܠܐ ܕܠ? [4] A ܒܪܢܫܐ [5] A ܝܘܣܝܦܘܣ?
[6] 𝔄 adds *illis* but omits the following words to ܗܟܢܐ [7] 𝔄 om. ܠܗܘܢ
[8] A ܐܢܫ] ܟܠ 𝔄 lit. *per causas quas iungebant in praetextus quos imponebant hominibus* [8a] A ܢܥܠܘܢ [9] A ܐܦ [10] A ܓܝܪ [10a] For ܘܥܐܠܝܢ ܘܡܥܩܒܝܢ ܒ̈ܬܐ 𝔄 has *et intrabant in domus et in apothecas et quaerebant et scrutabantur* [11] 𝔄 ܘܡܦܪܣܝܢ [12] A ܐܠ ܘܐܠ [13] 𝔄 *apud hominem qui propter famem* [14] A ܓܝܪ [15] A adds ܗܘܐ [16] A adds ܠܗܘܢ

5 ܐܬܬܥܝܪܬ ܗܘܬ.[17] ܦܢܩܝܬܐ ܕܝܢ ܕܠܘܩܒܠܢ ܡܬܝܒܘܬܗܘܢ[18] ܡܢܝܚܝܢ
ܗܘܘ ܟܕ ܒܠܐ ܕܢܟܝܐ. ܐܝܟ ܒܬܪܐ ܐܬܝܗܒܘܢ ܗܘܘ.
ܘܕܡܫܡܫܝܢ ܡܢܗܘܢ[19] ܒܡܕܝܢܬܐ. ܘܡܬܟܠܝܢ ܗܘܘ ܢܦܫܗܘܢ
ܒܬܫܡܫܬܗܘܢ ܠܥܕܬܐ. ܘܐܝܬ ܕܡܢܗܘܢ ܕܡܢ (B fol. 45 a) ܦܪܢܣܘܬܐ
ܡܫܠܡܢܘܬܐ.[20] ܕܐܝܟ ܕܐܬܝܗܒܘ[21] ܫܠܝܐ ܐܡܠܝܢ ܗܘܘ ܠܗܝܢ ܒܗ
ܠܐ ܦܫܝܩܝܢ. ܐܝܬ ܕܝܢ ܕܐܡܪܝܢ ܗܘܘ ܐܝܟ ܕܐܬܝܠܕܘ ܒܫܢܬܐ
6 ܗܘܬ. ܘܒܬܘܪܐ ܠܝܠܝ ܒܕܘܟ ܠܐ ܬܘܒ ܗܘܐ. ܘܡܚܡܗ ܡܢ
ܢܘܪܐ ܢܦܩܝܢ ܗܘܘ ܘܐܟܠܝܢ[22] ܠܗ[23] ܠܫܘܒܪܬܐ ܒܗ ܠܐ ܒܫܠܡܐ.[24]
ܕܫܟܐ ܕܝܢ ܐܬܬܥܝܪܬ ܗܘܬ ܗܝ ܡܐܟܘܠܬܐ.[25] ܘܠܙܒܢܐ ܥܒܕܐ
ܗܘܬ[26] ܗܝ ܢܦܫܗ. ܕܐܟܠܝܢ[26a] ܕܡܬܠܝܢ ܡܢ ܚܒܪܝܗܘܢ ܡܫܠܡܝܢ
7 ܗܘܘ ܠܗ. ܘܐܟܠܝܢ[27] ܕܚܒܪܝܗܘܢ ܒܦܘܡ ܗܘܘ. ܠܟܠ ܢܟܝܢ ܕܝܢ
𝕬 157 ܢܦܩ ܐܘܠܨܢܗ ܕܥܡܐ. ܘܡܕܡ ܕܡܦܩܒ ܕܠܐ ܒܡܬܘܬܐ ܐܒܘܬܗ
ܠܗܬ. ܢܒܥܬܐ ܒܪ ܕܡܠܟܐ ܐܚܪܢܐ[28] ܥܒܕ ܠܡܬܚܫܒܢܘܬܐ ܒܗ
ܕܠܗ[29] ܡܬܢܫܝܠ. ܢܟܐ ܒܪ ܡܢ ܚܒܪܝܗܘܢ ܘܡܠܐܟܐ ܡܢ
ܐܟܢܝܫܘܬܗܘܢ. ܘܕܫܠܐ ܡܢ ܚܠܝܢ. ܐܬܡܘܬܗܘܢ ܕܠܘܩܒܠ ܡܢ
ܦܘܠܚܢܗܘܢ ܢܦܩ ܗܘܘ ܠܗ[30] ܠܡܐܟܠܬܐ.[31] ܘܟܕ ܕܢܚܡܢܘܢ
ܒܐܬܪܘܬܗܘܢ ܢܣܒܝܢ ܗܘܘ. ܠܐ ܢܚܫܝܢ ܗܘܘ ܕܢܦܩܘܢ[32] ܠܡܦܠܬܐ[33]
8 ܕܢܫܒܩܘܢ. ܘܟܕ ܗܟܢܐ ܐܡܠܝܢ ܗܘܘ. ܠܡܬܦܠܚܘ[34] ܠܐ

[17] 𝕬 om. ܗܘܐ ܕܠܐ ܡܫܡܫܢܘܬܐ ܐܝܠܝܢ ܗܘܐ ܬܘܒ   [18] A ܡܢܝܚܝܢ   [19] A ܘܕܡܫܡܫܝܢ ܡܢܗܘܢ ܗܘܘ 𝕬 om. ܡܢܗܘܢ   [20] A om. ܡܫܠܡܢܘܬܐ   [21] 𝕬 om. ܕܐܝܟ ܕܐܬܝܗܒܘ   [22] A ܘܐܟܠܝܢ   [23] A fol. 45 a   [24] 𝕬 om. ܒܗ ܠܐ ܒܫܠܡܐ   [25] 𝕬 om. ܕܫܟܐ.... ܡܐܟܘܠܬܐ   [26] A adds ܐܦ   [26a] 𝕬 ܘܐܟܠܝܢ   [27] A ܐܦ ܐܟܠܝܢ   [28] A ܐܚܪܢܐ   [29] A ܕܠܗ   [30] A om. ܠܗ   [31] A ܠܡܐܟܠܬܐ   [32] A ܕܢܦܩܘܢ ܒܐܬܪܘܬܗܘܢ ܢܣܒܝܢ ܗܘܘ. ܠܐ ܢܚܫܝܢ ܕܢܦܩܘܢ   [33] In 𝕬 for ܝܠܬܐ read ܡܦܠܬܐ   [34] A ܠܡܬܦܠܚܘ

ܡܫܬܟܚܝܢ ܗܘܘ. ܟܠ ܕܗܘܐ ܕܝܢ ܡܬܚܙܝܢ ܗܘܐ ܡܢܗܘܢ ܡܬܚܛܦܐ.
ܘܡܬܕܪܩܝܢ ܗܘܘ ܥܠ ܠܡܢܐ ܡܕܡ ܕܢܐܟܠܘܢ ܗܘܘ. ܐܡܬܝ ܚܒܪ
ܕܢܐܡ ܗܘܐ ܒܕܘܟܬ ܬܪܥܝܬܐ ܕܐܢܫܝܢ. ܐܬܐ ܗܘܬ[35] ܗܕܐ
ܕܐܟܠܝܢ ܕܐܢܫܬ ܠܓܘ ܡܢܗ ܡܕܡ ܕܡܐܟܘܠܬܐ[36] ܐܟܠܝܢ ܗܘܘ.[37]
ܘܡܚܛܦܐ ܡܬܟܬܫܝܢ ܗܘܘ ܠܗܘܢ ܠܬܪ̈ܥܐ. ܘܫܒܪܝܢ ܗܘܘ ܘܐܟܠܝܢ.[38]
9 ܘܥܡ ܠܣܒ̈ܬܗܘܢ ܡܚܝܢ ܗܘܘ ܘܡܚܦܝܢ ܠܗ.[39] ܟܠܗܝܢ ܗܘܘ ܕܝܢ
ܗܟܢܐ ܐܟܠܝܢ ܕܡܬܡܣܟܢܝܢ ܗܘܘ[40] ܒܗ ܒܡܣܟܢܘܬܐ.[41] ܘܡܬܬܒܥ
ܗܘܐ ܗܕܪܐ ܕܢܫ̈ܐ ܕܡܬܚܙܝܢ ܗܘܘ. ܡܕܡ ܡܐܟܘܠܬܐ. ܘܠܝܬ
ܗܘܐ ܕܒܥܐ ܠܗ ܫܢܬܐ ܘܟܠ ܡܠܘܕܐ. ܠܟܠܘܕܐ ܟܕ ܥܒܪ
ܥܕܠܝܢ ܗܘܘ ܠܗܘܢ. ܘܒܗ ܒܡܐܟܘܠܬܐ[42] ܬܠܝܢ ܗܘܘ ܠܗܘܢ
ܘܡܩܦܝܢ ܥܠ[43] ܐܪܒܐ. (B fol. 45 b) ܐܟܠܝܢ ܕܝܢ ܕܡܕܡ ܕܢܚܠܘܢ 𝔄 158
ܡܕܡܝܢ ܗܘܘ ܘܐܟܠܝܢ ܠܗ ܠܡܐܟܘܠܬܐ. ܥܠ[44] ܕܠܐ ܐܢܫ ܐܙܪܘܗ
ܐܢܘܢ. ܐܝܟ ܐܢܫܐ ܕܡܬܓܠܝܢ ܐܬܓܠܝܢ ܡܬܬܪܬܢܝܢ ܗܘܘ.
10 ܘܡܬܦܪܫܝܢ ܗܘܘ[45] ܕܢܟܣܘܢ ܙܪܥܐ ܒܟܪ̈ܫܢܐ[46] ܕܥܒ̈ܕܐ ܠܚܝܘܬܐ
ܕܡܫܬܪܬܐ. ܒܚܫ̈ܟܐ[47] ܟܕ ܫܟܢܝܢ ܗܘܘ ܒܬܫܒܚܬܗܘܢ ܕܡܫܝ̈ܚܐ.
ܘܩܕܠܐ ܣܪ̈ܘܦܐ ܚܦܝܢ ܗܘܘ ܒܡܫ̈ܬܘܬܗܘܢ. ܕܘܪܟܐ ܗܘܐ
ܕܝܢ ܐܦ ܠܡܫܟܚܬܗ. ܡܕܡ ܕܩܒܠ ܗܘܐ ܐܢܫ[48] ܒܡܕܪܝܘܬܐ
ܕܣܓܝܐ ܚܝܘܬܐ. ܘܥܠ ܡܠܐ ܕܦܫܐ ܡܚܝܢܐ ܕܡܣܬܪܐ.
11 ܡܫܬܥܝܢ ܕܝܢ ܐܦ. ܠܐ ܡܕܡ ܚܣܝܢ ܗܘܘ. ܓܝܪܐ ܗܘܬ
ܕܝܢ ܗܕܐ ܡܢܗܘܬܐ ܒܚܝ̈ܠܘܬܗܘܢ. ܕܐܝܢܘܢ ܢܬܠܘܢ ܗܘܘ.

[35] A adds ܠܗܘܢ [36] A ܡܐܟܘܠܬܐ [37] 𝔄 renders this and the following sentence somewhat freely [38] A ܗܘܘ ܐܟܠܝܢ [39] A adds ܠܡܣܟܢܘܬܐ [40] A om. ܗܘܘ [41] A om. ܒܡܣܟܢܘܬܐ [42] A ܒܡܐܟܘܠܬܐ [43] A ܗܘܘ ܡܩܦܝܢ ܠܗܘܢ ܥܠ [44] 𝔄 = ܘܥܠ [45] 𝔄 om. ܘܡܬܦܪܫܝܢ ܗܘܘ [46] A fol. 45 b [47] In 𝔄 for *[illegible]* read *[illegible]* (unless it be an old form cf. كرسنة) [48] A ܐܢܫ ܐܢܫ

ܡܬܕܪܟܝܢ ܗܘܘ ܕܝܢ ܒܗ̇[49] ܒܡܫܝܚܘܬܐ. ܘܒܥ̈ܪܐ ܡܦܪܕܝܢ ܗܘܘ

12 ܡܬܚܙܝܢ ܠܗܘܢ ܠܡܫܬ̈ܟܚܬܐ ܕܡܢ ܒܬܪܟܝܢ. ܠܐܝܠܝܢ ܕܝܢ ܕܪܫܝܢ

ܘܢܦܫܝܢ[50] ܠܡܓܪܬܐ ܕܙ̈ܘܗܡܐ ܚܠܠܐ̈ ܕܝܠܗܝܢ ܥܝܢܐ ܘܪܒܐ ܕܕܒܪܐ

ܘܒܡܫܟܢ ܐܪܒܥܝܢ ܗܘܘ ܠܗܘܢ. ܘܡܟܐ ܕܗܘܐ ܦܓܪܘ ܕܐܡܬܝ

ܡܢ ܒܠܒ̈ܒܝܗܘܢ. ܢܦܩܝܢ ܗܘܘ ܡܢܗܘܢ ܗ̇ܘ ܡܕܡ ܕܐܝܬܘܗ̈ܝ.

ܘܡܟܐ ܕ̈ܒܝܢ ܡܬܟܬܫܝܢ ܗܘܘ ܠܗܘܢ ܘܡܬܡܚܝܢ ܗܘܘ ܠܗܘܢ

ܒܗ̇ܘ ܙܒܢܐ ܕܣܒܠܐ[51] ܕܐܠܗܐ̈. ܕܢܬܠܘܢ ܠܗܘܢ ܡܢܬܐ ܡܠܘܠ

ܡܢ ܗ̇ܘ ܕܐܬܓ̈ܪܘ ܘܐܬܐܠܨܘ ܘܐܬܝܬܘ. ܘܡܟܕܡ ܡܢܝܢ ܠܐ

ܡܫܟܚܝܢ ܗܘܘ ܠܗܘܢ. ܣܓܝܐܐ[52] ܗܘܬ ܠܗܘܢ ܕܝܢ ܗܕܐ

ܕܡܐܟܠ ܠܐ ܢܐܟܠܘܢ ܡܢ ܬܫܠܡܬܗܘܢ. ܘܡܬܪ ܗܠܝܢ ܡܢ

13 ܐܢܫ̈ܝܢܬܐ[53] ܡܢܗܘܢ ܘܐܝܟܢܐ. ܕܠܡܗܘܕܥܐ[54] ܠܢ ܒܡܡܠܠܗ ܡܢ

ܡܟܘܬܗܘܢ ܐܬܦܫܛ ܗܘܐ ܟܦܢܐ ܕܢܚܢܘܢ. ܘܟܕ ܢܦܩ

ܗܘܐ ܒܟܠܐ ܒܟܠ ܒܬܝܢ ܘܟܠ ܫ̈ܘܩܝܢ[55] ܘܐܪܥܐ ܗܘܐ ܠܗ

ܠܒܡܟܐ.[56] ܐܟܪ̈ܐ ܒܪ̈ܐ[57] ܡܠܝܢ ܗܘܘ ܢܫ̈ܐ ܘܝܠܘ̈ܕܐ ܕܡܝ̈ܬܝܢ

14 ܘܫܒ̈ܒܝ ܘܒܬ̈ܘܠܬܐ ܫܒ̈ܝܐ ܡܝ̈ܬܬܐ. ܛ̈ܠܝܐ ܕܝܢ (B fol. 46 a) ܘܥܠܝ̈ܡܘܬܐ

ܢܦܝܚܝܢ ܗܘܘ[58] ܘܐܝܟ ܛ̈ܠܠܐ ܒܫ̈ܘܩܐ ܡܬܟܪܟܝܢ ܗܘܘ. ܘܢܦܠܝܢ

ܗܘܘ ܐܝܟܢܐ ܕܡܕܪܟ ܗܘܐ ܠܗ ܠܚܕ ܡܢܗܘܢ ܚܫܐ.[59]

ܕܢܦܕܪܘܢ ܗܘܘ ܕܝܢ ܠܡܩܒܪܝܢܗܘܢ ܠܐ ܡܫܟܚܝܢ ܗܘܘ ܐܝܠܝܢ[60]

ܕܚܝܝܢ ܗܘܘ.[61] ܘܐܝܟܢܐ ܕܡܫܡܫܝܢ ܗܘܬ ܡܟܐ ܗܘܐ

ܡܛܠ ܫܘܚܠܦܐ[62] ܕܡܝ̈ܬܐ. ܘܕܡܟܐ ܟܪܝܗ ܠܗ ܕܐܝܟ ܠܐ

[49] A ܒܗ̇ ܕܝܢ   [50] 𝔄 adds *furtim*   [51] A ܡܛܠ ܙܢܐ ܕܒܝܫܬܐ   [52] 𝔄 *incredibile*   [53] 𝔄 om. ܢܦܠ ܐܝܟ ܕܡܬܢܩܦܢܐ   [54] A ܕܡܬܟ̈ܪܝܢ   𝔄 adds *extendebatur* 𝔄 *totum populum*   [57] 𝔄 *et tecta*   [58] 𝔄 adds *sicut umbra*   [59] A ܘܐܣܝܐ ܕܐܢܫ ܡܢܗܘܢ ܗܘܐ ܠܐ ܗܘܐ ܡܢ ܒܝܫܬܐ ܕܡܛܠ 𝔄 lit. *et remedium cuiusquam ex iis non erat a malis, quod*   [60] A fol. 46 a   [61] 𝔄 om. ܐܢܫ̈ܝܢ ܕܡܬܥܠܝܢ ܗܘܘ   [62] 𝔄 *propter tristitiam*

ܢܦܠ ܗܘܐ. ܡܬܚܙܝܢܐ ܓܝܪ ܡܢܗܘܢ. ܕܠܟܠ ܡܢܗܘܢ ܕܡܝܬܘܢ
ܕܡܬܚܫܒܝܢ ܗܘܘ ܢܦܠܝܢ ܗܘܘ ܘܡܝܬܝܢ. ܡܬܚܙܝܢܐ ܕܝܢ ܕܒܥܠܬܐ
ܢܦܠܘܢ ܠܡܒܥܐ ܡܣܬܪܝܢ ܗܘܘ. ܘܡܛܠܝܢ[63] ܐܬܠܝܨܘܬܐ ܡܬܥܪܢܐ.
15 ܐܟܠܐ ܘܡܚܒܐ ܠܗ ܗܘܐ. ܟܕܡܐ ܓܝܪ ܠܟܠܗܘܢ ܡܥ̈ܩܬܐ ܢܦܫ
ܗܘܐ. ܘܩܪ̈ܒܐ ܕܡܬܩܪܒܬܐ ܡܬܩܢܝܢ ܠܚܡܬܐ. ܒܢܝ̈ܐ ܕܡܬܚܙܝܢ
ܠܗܘܢ ܠܡܥܒܕ ܣܓܝ ܗܘܘ. ܫܬܩܐ ܕܝܢ[64] ܒܚܡܬܐ ܣܓܝ ܗܘܐ
16 ܠܗ ܠܡܒܝܫܘܬܐ ܘܠܠܝܐ ܕܒܥܠܬܐ ܡܟܬܫܐ. ܘܡܢ ܟܠܗܝܢ ܗܠܝܢ
ܠܩܛܠܐ ܒܥܝܢ ܗܘܘ. ܡܣܠܝܢ ܗܘܘ ܓܝܪ ܠܒ̈ܢܝܬܐ ܒܟܬܒܝܗܘܢ. 𝕬 160
ܘܬܒܥܬܐ ܕܩܢܝܢܗܘܢ ܡܬܠܝܢ ܗܘܘ. ܘܒܗ ܒܝܘܡܢ ܡܢ ܬܡܢ
ܢܦܩܝܢ ܗܘܘ. ܘܟܕܡܝܢ ܗܘܘ ܚܘܪܒܐ ܕܐܬܦܢܝܘܗܝ ܒܫܪܝܐ
ܡܬܘܬܐ. ܘܡܬܥܒܪܝܢ ܗܘܘ ܠܗܘܢ ܒܢܝ̈ܐ ܕܝܠܗܝܢ ܘܒܒܥܠ[65]
ܚܝܝܢ ܗܘܘ. ܠܐܝܠܝܢ ܕܝܢ ܕܡܬܥܒܕܝܢ ܗܘܘ ܠܗܘܢ ܕܢܫܐܠܘܢ
ܐܢܘܢ ܡܢܝܢܐ ܘܫܘܦܐ ܕܢܦܫܗܘܢ ܡܢ ܟܦܢܐ. ܡܫܡܗܝܢ[66] ܗܘܘ
ܡܢܗܘܢ ܒܫܘܒܗܪܐ. ܘܒܢܝ̈ܐ ܕܡܬܢܬܝܢ ܗܘܘ. ܟܠ ܚܕ ܚܕ
ܡܢܗܘܢ ܚܙܘܗ ܒܡܚܠܐ ܩܛܝܪ ܗܘܐ. ܕܩܛܠ ܗܘܐ ܠܗܘܢ
17 ܠܥܠܡܐ ܒܗ ܒܝܘܡ. ܩܘܡܘܢ ܕܝܢ ܒܡܫܡܫܐ.[67] ܡܢ ܟܠܗ ܓܝܪ
ܕܚܠܐ ܕܢܬܩܒܪܘܢ ܩܛܝܠܐ ܩܒܝܢ ܗܘܘ. ܡܛܠ ܕܠܐ ܡܫܟܚܝܢ
ܗܘܘ ܪܘܚܐ ܒܥܝܐ. ܒܗ ܕܝܢ ܠܡܩܒܪ ܠܐ ܫܒܩܝܢ ܗܘܘ. ܡܢ
18 ܫܘܪܝ ܒܫܘ̈ܠܐ[68] ܫܒܩܝܢ ܗܘܘ ܠܗܘܢ ⁘ ⁘ ⁘ ܛܛܠܘܣ[69] ܕܝܢ
ܒܗ ܚܒܪ ܗܘܐ ܗܘܐ ܥܠ ܢܫܠܐ ܩܕܡܘܗܝ: ܘܢܦܝܐ[70] ܕܡܛܠܝܢ ܗܘܘ
ܡܬܝܢܬܐ ܘܪܗܘܡܝܐ (B fol. 46 *b*) ܕܙܕܩܐ[71] ܡܢ ܦܓܪ̈ܐ. ܐܬܬܢܝܚ[72] ܘܐܪܝܡ
ܐܝ̈ܕܘܗܝ. ܠܥܠ ܘܩܪܐ ܗܘܐ ܠܐܠܗܐ. ܕܗܘܐ ܠܗ ܣܗܕܐ

[63] 𝕬 adds *omnibus* [64] 𝕬 :: ܝܗܝ [65] A ܡܢ ܒܪܬ ܟܠܠ [66] 𝕬 :: ܘܡܫܡܗܝܢ [67] 𝕬 :: ܕܡܫܡܫܬܐ [68] A 𝕬 ܒܫܘܠܐ [69] A ܛܛܘܣ
[70] A ܢܦܐ [71] A ܕܙܕܩܐ ܗܘܐ 𝕬 :: ܙܕܩܐ ܗܘܐ [72] A ܘܐܬܬܢܝܚ

19 ܠܐ ܗܘܐ ܕܠܐ[73] ܀ ... ܘܗܢ ܕܐܡܪ ܥܠܝܗ ܝܘܣܝܦܘܣ.[74] ܟܬܒ
ܗܠܝܢ ܐܘܣܦ ܘܐܡܪ. ܠܐ ܠܝ[75] ܡܬܥܠܐ ܐܢܐ ܠܡܐܡܪ[76] ܗܘ (B J v 13, 6)
ܡܕܡ ܕܐܟܡܐ[77] ܦܩܕ ܠܝ ܕܐܡܪܢܘܗܝ. ܣܒܪ ܐܢܐ[78] ܕܝܢ.
ܕܐܠܘ ܪ̈ܘܗܡܝܐ ܐܬܐܚܪܘ ܗܘܘ ܕܢܐܬܘܢ ܥܠ ܗܠܝܢ ܡܪ̈ܘܕܐ. (𝔄 161)
ܐܘ ܒܥܘܡܩܐ ܡܬܬܒܠܥܐ ܗܘܬ ܐܘ ܒܛܘܦܢܐ ܐܟܙܢܐ ܗܘܬ ܗܝ
ܡܕܝܢܬܐ. ܐܘ ܢܘܪܐ ܕܣܕܘܡ ܡܬܚܪܒܐ ܗܘܬ ܟܠܗ̇. ܡܛܠ
ܕܡܢ ܗܢܘܢ ܓܒܪ̈ܐ[79] ܕܗܘܘ ܒܗ̇ ܠܝܬ ܡܥܕܪܢܗ̇ ܐܠܗܐ ܠܗܕܐ ܫܪܒܬܐ
ܕܐܬܬܢܝܗ̇[80] ܕܠܐ ܐܠܗ. ܒܡܪܘܕܘܬܗܘܢ ܓܝܪ ܕܗܠܝܢ ܐܦ ܟܠܗ
20 ܥܡܐ ܐܒܕ ܥܡܗܘܢ ܀ ܘܬܘܒ ܒܡܦܘܪܐ ܕܫܬܝܬܝ ܗܟܢܐ ܐܟܬܒ.
ܕܡܢ ܐܝܠܝܢ ܕܡܢ ܟܦܢܐ ܡܬܚܒܠܝܢ ܗܘܘ[81] ܒܡܕܝܢܬܐ. ܣܓܝ ܗܘܐ (B J vi 3, 3 f)
ܡܢܝܢܐ ܕܠܐ ܡܢܝܢ. ܘܫ̈ܘܢܩܝܗܘܢ ܕܝܢ ܕܠܘܬܗܘܢ ܠܐ ܡܫܬܥܝܢܐ.
ܒܟܠ ܒܝܬܐ ܓܝܪ ܐܝܟܢܐ ܕܡܬܚܙܝܐ ܐܦ ܦܠܚܬܐ ܕܣܝܒܪܬܐ
ܩܪܒܐ ܗܘܐ ܗܘܐ. ܘܚܕ ܥܠ ܚܕ ܐܬܝܢ ܗܘܘ ܚܒ̈ܝܒܐ
ܘܚܛܦܝܢ ܗܘܘ ܙ̈ܘܕܐ ܕܢܦܫܬܐ.[82] ܠܐ ܕܝܢ ܡܬܗܝܡܢܝܢ ܗܘܘ
21 ܒܗ̇ ܕܪ̈ܚܡܘܬܗܘܢ ܐܦ ܠܐ ܒܪ ܡܢܬܝܢ ܗܘܘ. ܐܠܐ ܐܦ
ܠܗܘܢ ܠܚ̈ܝܘܗܝ[83] ܕܡܢܬܝܢ ܗܘܘ ܡܚܪܝܢ ܗܘܘ ܠܗܘܢ ܚ̈ܝܘܢ
ܠܡܦܠܛ. ܕܕܠܡܐ ܒܪ ܐܢܫ ܒܥܒܕܗ̇ ܕܐܢܫ ܡܛܫܝܢ ܗܘܘ ܡܕܡ
ܐܕܪܒܗ[84] ܡܢܬܐ. ܘܐܢܫܐ[85] ܡܢ ܪ̈ܚܡܘܬܗܘܢ ܒܪ ܦܓܪܝܢ
ܦܘܡܝܗܘܢ ܐܝܟ ܟܠܒ̈ܐ ܘܥܒܪ̈ܐ[86] ܡܬܥܒܪܝܢ ܗܘܘ ܘܢܦܠܝܢ ܥܠ
ܬܪ̈ܥܐ. ܘܢܩܫܝܢ ܗܘܘ ܐܝܟ ܪ̈ܘܝܐ.[87] ܘܡܢ ܐܘܠܨܢܐ ܕܣܓܝ
ܗܘܐ ܠܗܘܢ. ܠܗܘܢ ܒܪ ܠܗܘܢ ܠܬܪ̈ܥܐ ܥܒܪܝܢ ܗܘܘ ܘܒܟܐܠܝܢ

[73] A adds ܗܘ A fol. 46 b [74] A ܝܘܣܦܘܣ [75] 𝔄 om. ܠܝ [76] A ܐܢܐ ܕܐܡܪ [77] A ܕܟܡܐ [78] A ܗܟܢܐ [79] A ܓܒܪ̈ܐ ܕܗܘܘ ܒܗ̇ [80] In 𝔄 for [illegible] read [illegible] [81] A adds ܠܗܘܢ [82] 𝔄 [illegible] cibum animarum afflictarum [83] A ܠܡܢܬܝܢ [84] 𝔄 ܘܐܕܪܒܗ [85] A ܘܐܢܫܐ [86] A om. ܘܡܩܪ̈ܒܐ 𝔄 et vicini (ܘܡܩܪ̈ܒܐ) [87] A adds ܥܠ ܡܕܡ 𝔄 om. ܐܝܟ

22 ܬܪ̈ܬܝܢ ܘܚܡܫ ܘܬܠܬ[88] ܒܡܕܝܢܬܐ ܚܙܐ. ܐܢܫܐ ܕܝܢ ܒܠܚܘܕ 𝔄 162
ܡܫܬܟܚܐ (B fol. 47 a) ܗܘܬ ܠܡܐܟܘܠܬܐ. ܘܡܛܠ ܕܐܦ ܠܐ
ܫܘ̈ܬܐ ܡܣܪ̈ܝܬܐ ܐܟܠܝܢ. ܟܠܡܕܡ ܗܘܘ ܘܐܟܠܝܢ. ܐܟܠܐ ܓܝܪ
ܡܢ ܒܥ̈ܘܠܐ ܕܐܢܫܝ[89] ܣܢ̈ܝܐ ܘܕܚܝܫ ܕ̈ܟܠܐ ܠܚܝܘ̈ܬܐ[90] ܐܬܟܠܘ
ܗܘܘ. ܘܡܫ̈ܟܐ[91] ܕܬܘܪ̈ܣܝܢ ܥܠ ܚܨ̈ܐ ܠܩܝܢ ܗܘܘ ܘܡܠܥܣܝܢ.
ܡܐܟܘܠܬܐ ܗܘܬ ܠܗܘܢ ܓܝܪ[92] ܐܦ. ܡܢܬܐ ܕܡܣܪܚܐ ܒܬܒܢܐ.
ܡܚܠܦܝܢ ܗܘܘ ܓܝܪ ܐܢܫܐ ܚܕ ܚܕ ܚܠܦ. ܘܡܛܪܚܝܢ ܡܬܩܛܠܝܢ
23 ܒܐܪ̈ܒܥܐ ܐܣܪ̈ܝܢ[93] ·:· ܡܛܠ ܕܝܢ ܡܬܒܥܐ ܠܝ ܕܢܐܡܪ:[94] ܥܠ
ܕܡܬܚܫܚܝܢ ܗܘܘ ܒܚܘܒܠܐ ܒܐܟܠܝܢ ܕܕܠܐ ܢܦܫܐ ܐܢܝܢ. ܐܝܟ
ܠܐ ܓܝܪ ܕܐܢܫܐ ܚܙܝܐ.[95] ܕܐܟܘܬܗ ܠܐ ܒܝܬ ܝܘ̈ܢܝܐ ܘܠܐ
ܒܝܬ ܒܪ̈ܒܪܝܐ ܡܫܬܡܠܠ ܕܐܫܬܡܥ. ܕܘܚܠܬܐ ܗܘ ܕܝܢ[96] ܕܢܬܡܠܠ.
ܘܠܡܫܡܥܬܗ[97] ܓܠܠ ܠܡܬܗܝܡܢܘ. ܠܐ ܕܝܢ ܐܫܬܒܩܬ ܕܡܢ ܢܦܫ
ܡܛܠ ܐܢܫܐ ܬܕܡܘܪܬܐ ܢܕܝܪܬܐ[98] ܠܒܢ̈ܝ ܐܢܫܐ.[99] ܢܕܝܐܝܬ ܓܝܪ
ܡܗܝܡܢܐ ܗܘܬ ܘܒܬܪ ܠܗ ܠܗܢܐ ܦܘܪܣܢܐ.[1] ܐܠܐ ܠܐ ܕܐܝܬ
ܗܘܐ ܠܗ ܦܘܪܣܐ ܕܠܐ ܡܢܝܢ. ܐܠܐ ܐܦ ܦܠܓܘܬܐ ܒܙܢܝ̈ܬܐ
ܒܩ̈ܢܐ ܒܚܕ ܒܚܕ ܫܥܬܐ.[2] ܕܐܡܗܬܐ[3] ܡܢ ܡܠܬܐ ܕܗܘ ܡܛܠ
24 ܕܒܥ̈ܕܐ ܐܬܥܒܕ.. ܐܢܬܬܐ ܚܕܐ ܡܢ ܗܢܘܢ ܕܥܡܪܝܢ ܗܘܘ
ܒܥܒܪܗ[4] ܕܝܘܪܕܢܢ: ܕܫܡܗ[5] ܗܘܐ ܡܪܝܡ ܒܪܬܗ ܕܐܠܥܙܪ ܡܢ
ܩܪܝܬܐ ܕܫܡܗ̇ ܒܝܬ ܐܙܘܒ: ܕܡܬܬܪܓܡ ܒܝܬܗ ܕܐܙܘܒܐ: 𝔄 163
ܘܒܓܢܣܐ ܘܒܥܘܬܪܐ ܐܢܬܬܐ ܗܘܬ ܡܫܒܚܬܐ. ܗܕܐ ܥܡ

[88] A 𝔄 ܐܠܦ̈ܝܢ ܘܬܠܬ ܬܪ̈ܬܝܢ [89] A fol. 47 a [90] Instead of ܠܡܐܟܠ 𝔄 has *ab edendo* [91] 𝔄 sing. [92] A ܠܗܘܢ ܓܝܪ ܡܐܟܘܠܬܐ ܗܘܬ 𝔄 om. ܐܦ ܓܝܪ [93] A ܐܣܛܪ̈ܝܢ 𝔄 *stateribus* [94] 𝔄 om. ܕܢܐܡܪ [95] A om. ܚܙܝܐ [96] 𝔄 om. ܕܝܢ [97] A ܘܐܦ ܠܡܫܡܥܬܐ [98] In 𝔄 for [illegible] read [illegible] [99] 𝔄 *in medio populi* [1] A ܦܘܪܢܣܐ [2] A ܡܢ ܗܘܬ ܩ̈ܕܡܝܢ ܒܥܕܢ ܒܥܕܢ [3] A ܘܐܡܗܬܐ [4] A ܒܥܒܪܐ [5] 𝔄 = ܘܫܡܗ

25 ܦܘܠܚܢܐ ܠܡܬܓܘܫܘ ܒܐܘܪܫܠܡ ܘܐܬܡܚܝܬ ܬܡܢ. ܡܢܚܬ ܕܝܢ
ܕܗܕܐ[6] ܗܘ ܕܐܬܚܝܬ ܒܡܢܗ ܠܡܕܝܢܬܐ[7] ܡܢ ܒܒܪܗ ܕܢܗܪܐ
ܢܦܩܘܗܝ ܗܘܘ ܗܘܢ ܦܠܘܓܐ. ܘܥܒܪܐ ܕܝܢ[8] ܕܟܠ ܠܗ ܡܢ
ܡܫܪ̈ܝܐ ܕܬܫܡܫܬܗ: ܘܡܫܒܘܪܬܐ ܡܕܡ ܐܢ ܡܫܬܡܥܢܐ ܗܘܬ
ܠܗ. ܥܒܕܝܢ ܗܘܘ ܘܡܩܒܠܝܢ[9] ܘܢܦܩܝܢ ܠܗ[10] ܗܘܢ ܠܒܢܝ ܕܝܠܗ.
ܗܘ ܕܝܢ ܡܬܪܥܒܢܐ[11] ܗܘܬ ܡܢܝܪܐܝܬ. ܘܩܕ̈ܡ (B fol. 47 b) ܦܠܘܓܝܢ
ܡܓܝܚܐ ܗܘܬ ܘܠܢܦܠܐ ܠܗܘܢ[12] ܠܗܘܢ ܬ̈ܦܘܫܐ.[13] ܕܬܓܪܐ
26 ܐܝܟ ܗܢ[13a] ܠܡܦܠܠܗ. ܗܢ ܕܝܢ ܠܐ ܚܙܐ ܡܦܘܪܬܐ ܘܠܐ[14]
ܡܪܢܝܬܐ ܡܪܢܝܬ ܗܘܐ ܚܕ ܡܢܗܘܢ ܘܦܠܠ ܠܗ. ܐܦ ܡܫܒܚܘ
ܐܢ ܡܫܒܚܢܐ ܗܘܬ ܡܕܡ ܡܫܬܪܝܬ ܠܐܬܪ̈ܐ[15] ܗܘ ܒܚܠܐ
ܗܘܬ. ܡܢ ܟܠ ܓܒܝܢ ܕܝܢ ܡܓܒܐ ܗܘܬ ܝܕܥܬܗ ܐܦ ܠܡܫܒܚܘ
ܡܕܡ. ܒܦܠܐ ܕܝܢ ܐܫܬܠܠ ܗܘܐ ܒܪ̈ܝܫܝܬܐ ܘܒܡܘܫܐ. ܘܐܬܪ
ܡܢ ܒܦܠܐ ܚܡܬܐ ܕܡܬܓܘܠܐ[16] ܗܘܬ. ܗܘ ܕܝܢ ܗܕܐ ܐܬܬܐ.
ܡܠܓܐ ܡܢ ܓܒܝܐ ܘܡܢ ܐܢܫܐ ܢܦܩܬ ܗܘܬ ܘܦܫܛܬ ܥܠ
ܚܝܠ.[17] ܘܠܒܪܐ ܕܐܝܬ ܗܘܐ ܠܗ ܕܢܚܘܢ[18] ܚܠܒܐ ܢܦܩܬܗ
27 ܘܐܡܪܬ.[19] ܒܠܘܕܐ ܕܗܘܝܐ. ܒܦܪܥܐ ܘܒܟܦܢܐ ܘܒܨܗܝܐ
ܠܟܝܢ ܐܠܦܝܢ. ܐܦ ܚܝܠܐ ܗܘܝܢ ܒܚܪܒܘܬܐ ܗܘ ܕܪܗܘܡܝܐ.
ܐܦ ܠܗ ܕܝܢ ܠܚܪܒܘܬܐ ܦܩܕ ܠܗ ܒܦܢܝܐ. ܘܡܢ ܬܪܬܝܗܘܢ
ܗܠܝܢ[20] ܡܪܢܝܢ ܐܢܘܢ ܗܘܢ[21] ܥܠ̈ܝܡܐ. ܬܐ ܗܫܐ ܗܘܝ
ܠܝ ܠܡܐܟܘܠܬܐ.[22] ܘܠܗܘܢ ܠܒܢܝ ܥܠ̈ܝܡܐ ܠܡܚܝܢܘܬܐ

[6] 𝔄 om. ܕܗܕܐ [7] 𝔄 *Hierosolyma* and om. ܡܢ ܒܒܪܗ ܕܢܗܪܐ [8] A 𝔄 om. ܕܝܢ [9] A adds ܗܘܘ [10] A ܠܗ ܘܢܦܩܝܢ [11] A ܡܬܪ̈ܥܢܝܬܐ [12] A ܗܘܬ ܠܗܘܢ ܘܡܚܝܠܐ [13] 𝔄 om. ܠܗܘܢ ܬ̈ܦܘܫܐ A fol. 47 *b* [13a] 𝔄 *et incitabat eos* [14] A ܡܦܘܪܐ. ܐܦ ܠܐ [15] 𝔄 sing. [16] A 𝔄 ܡܬܓܘܠܬܐ [17] A ܚܝܠܐ ܚܝܠܐ [18] A ܕܢܚܘܒ [19] 𝔄 om. ܘ ܢܦܩܬܗ [20] A ܗܠܝܢ ܠܐܪ̈ܝܢܗܘܢ A ܗܠܝܢ [22] A ܠܡܐܟܘܠܬܐ

ܘܠܟܠܗ ܠܥܡܐ[23] ܡܬܠܐ. ܕܗܘܐ ܒܠܚܘܕܝܗܘܢ ܚܣܝܪ ܡܢ ℞ 164
ܐܬܠܝܛܘܗܝ[24] ܕܡܫܘܕܥܢܐ. ܘܒܬܪ ܗܠܝܢ ܐܡܪܬ ܡܠܠܬܗ ܠܒܪܗ̇:
28 ܘܩܛܠܬܗ ܘܐܟܠܬܗ ܦܠܓܗ. ܘܫܪܟܐ ܒܡܛܫܝܬ ܘܛܫܬܗ. ܘܡܚܕܐ
ܐܪܝܚܘ ܓܒܪ̈ܐ ܠܪܝܚܐ ܕܗܘܐ ܡܣܪܝܐ ܕܡܐܟܘܠܬܐ. ܥܓܠ
ܕܝܢ ܡܩܝܡܘܗܝ ܘܡܬܚܠܨܝܢ ܗܘܘ ܕܢܩܛܠܘܢܗ̇: ܐܠܐ[25] ܕܚܝܠܐ
ܠܗܘܢ[26] ܗܘ̇ ܡܕܡ ܕܚܙܘ. ܗ̇ܝ ܕܝܢ ܡܫܝܪܐ[27] ܐܡܪܬ ܠܗܘܢ.
ܕܐܦ ܡܢܬܐ ܠܒܬܐ ܢܛܪܬ ܠܟܘܢ ܡܢ ܡܕܡ ܕܐܘܬܪܬ[27a] ܡܢ
29 ܒܪܝ. ܘܟܠܘ ܘܣܒܥܘ ܐܢܬܘܢ. ܘܡܚܕܐ ܐܫܬܪܝܘ ܐܢܘܢ ܘܥܒܕܬܐ.
ܘܓܒܘ[28] ܘܢܦܩܘ[29] ܡܢ ܬܡܢ. ܗܝܕܝܢ[30] ܐܡܪܬ. ܕܗܢܐ ܒܪܐ ܗܘ
ܕܝܠܝ ܡܚܒܒܐ. ܘܡܫܬܪܝܢ ܕܝܠܝ ܗܘ. ܗܟܢ ܐܟܠܬ. ܐܦ[31]
ܐܢܬܘܢ ܟܢܫ ܐܟܘܠܘ. ܠܐ ܡܟܝܠ (B fol. 48 a) ܬܗܘܘܢ ܪܚܝܡܝܢ ܡܢ
ܐܢܬܬܐ ܐܦ ܠܐ ܡܪܚܡܢܝܢ ܡܢ ܐܡܗܐ. ܐܠܐ ܕܝܢ ܐܢܬܘܢ[32]
ܟܢ̈ܘܬܐ ܐܢܬܘܢ ܘܡܢ ܢܫܐ ܐܠܘ[32a] ܡܫܬܐܠܝܢ ܐܢܬܘܢ. ܐܢܐ
30 ܒܪ ܗܢܐ ܐܟܠܬ. ܘܡܕܡ ܕܦܫ ܢܛܪܬ ܠܟܘܢ. ܡܢ ܒܬܪ ܗܠܝܢ
ܢܦܩܘ ܡܢ ܬܡܢ ܟܕ ܙܝܥܝܢ ܘܪܬܝܬܝܢ[33] ܘܠܡܕܝܢܬܐ ܐܦ ܗܕܐ
ܡܫܪܬܐ ܥܒܕܘ ܠܗ̇ ܠܡܠܝ ܐܢܬܬܐ. ܘܡܚܕܐ ܐܬܡܠܝܬ ܟܠܗ̇
ܡܕܝܢܬܐ ܡܢ ܗܢܐ ܥܘܠܐ ܕܡܫܪܬܐ. ܘܟܠ ܐܢܫ[34] ܡܢܘ
ܒܪܢܫܐ ܦܐܝܫ ܗܘܐ ܠܗ[35] ܠܗܢܐ ܒܐܟܐܒܐ[36]. ܘܐܝܟ ܕܗܘ
31 ܡܪܗ ܠܥܠ ܗܘܐ ܡܢܗ. ܘܬܡܝܗܝܢ ܗܘܘ ܕܝܢ ܕܡܬܒܥܝܢ ܒܟܦܢܐ ℞ 165
ܗܕܐ ܗܘܬ ܠܡܚܙܐ. ܘܦܩܘܚܐ ܡܬܚܫܒ ܗܘܐ ܠܐܝܠܝܢ ܕܡܝܬܝܢ
ܘܡܝܬܘ. ܒܕܠܐ ܢܚܙܘܢ ܘܢܫܡܥܘܢ ܕܐܝܟ ܗܠܝܢ ܒܝܫܬܐ.

[23] A ܠܟܠܗ ܥܡܐ ܘܠܟܠܗܘܢ ℞ *et toti populo* [24] A ܐܬܠܝܛܘܗܝ [25] A ܠܐ ܗܘܐ ܠܗ
[26] ℞ places ܠܗܘܢ after ܕܚܝܠܐ [27] ℞ om. ܡܫܝܪܐ [27a] ℞ *id quod mansit*
[28] A fol. 48 a [29] A ܘܐܬܦܢܝܘ [30] A ܗܝ ܕܝܢ [31] A ܘܐܦ [32] A om.
ܐܢܬܘܢ [32a] In ℞ for *qnmfp* read *mmmfp* [33] A ܙܝܥܝܢ ܘܪܬܝܬܝܢ ܡܢ
[34] A ܘܟܠܢܫ [35] A om. ܠܗ [36] ℞ *dolorem intolerabilem* and om. ܘ
before ܐܝܟ

ܕܥܒܕܘ ܥܠ ܡܫܝܚܐ[1] ܕܦܪܩ ܐܢܘܢ ܡܫܝܚܐ.[2]

32 ܕܐܝܟ ܗܢܐ ܕܝܢ ܦܘܪܥܢܐ ܗܘܐ ܠܝܗܘܕܝܐ. ܥܠ ܥܘܠܗܘܢ

vii. 1 ܘܪܘܫܥܗܘܢ ܕܥܒܕܘ ܒܡܫܝܚܗ ܕܐܠܗܐ. ܘܙܕܩ ܗܘ ܕܝܢ ܕܢܩܝܡ

Mt xxiv 19 ff

2 ܠܗܠܝܢ ܢܒܝܘܬܗ ܕܦܪܘܩܢ ܕܠܐ ܐܬܛܠܡ ܕܐܡܪ: ܕܘܝ[3] ܠܒ̈ܛܢܬܐ
ܘܠܐܝܠܝܢ ܕܡܝܢܩܢ ܒܗܢܘܢ ܝܘܡܬܐ. ܨܠܘ ܕܝܢ ܕܠܐ ܢܗܘܐ
ܥܪܘܩܝܟܘܢ ܒܣܬܘܐ ܘܠܐ ܒܫܒܬܐ. ܢܗܘܐ ܓܝܪ ܐܘܠܨܢܐ
ܪܒܐ. ܕܠܐ ܗܘܐ ܐܝܟܘܬܗ ܡܢ ܫܘܪܝܐ ܕܗܘܐ ܥܠܡܐ ܘܥܕܡܐ

𝔄 166

3 ܠܗܫܐ ܐܦܠܐ ܢܗܘܐ ܀ ܗܘ ܕܝܢ ܗܢܐ ܡܟܬܒܢܐ. ܟܢܫ ܠܗ ܠܡܢܝܢܐ

B J vi 9, 2 f

ܕܡܝܬܐ ܕܐܝܠܝܢ[4] ܕܐܒܕܘ ܒܚܪܒܐ ܘܒܟܦܢܐ ܘܐܡܪ. ܕܗܘܐ[5]
ܡܐܐ ܘܥܣܪܝܢ[6] ܪ̈ܒܘ. ܫܪܟܐ ܕܝܢ ܗ̇ܢܘܢ ܫ̈ܒܝܐ ܘܠܩ̈ܛܝܠܐ
ܡܢ ܒܬܪ ܫܘܪܗ̇ ܐܬܦܠܓܘ. ܕܗܢܘܢ ܡܢܝܢ[7] ܗܘܘ ܠܫܒ̈ܥܐ.
ܐܝܠܝܢ ܕܝܢ[8] ܕܛܠܝܢ ܗܘܘ ܘܪܫܝܢ ܒܥܘܡܪܗܘܢ ܘܡܬܐܡܪܝܢ ܗܘܘ
ܒܝܘܬܐ ܕܦܓܪܐ. ܐܬܦܠܓܘ ܕܢܗܘܘܢ ܠܡܪ̈ܘܢܐ.[9] ܫܪܟܐ ܕܝܢ
ܕܥܡܐ ܡܢ ܒܪ ܥܣܪܝܢ ܫܢܝܢ ܘܠܥܠ ܐܬܐܣܪܘ[10] ܘܐܫܬܕܪܘ
(B fol. 48 b) ܠܡܨܪܝܢ ܠܦܘܠܚܢܐ. ܣ̈ܓܝܐܐ ܕܝܢ ܐܬܦܠܓܘ ܠܐܦܪ̈ܟܝܐ.
ܕܢܐܒܕܘܢ ܒܬܐܛܪܘܢ ܒܣܝܦܐ[11] ܘܒܚܝܘܬܐ. ܘܐܝܠܝܢ ܕܐܫܬܚܪܘ
ܡܢ ܒܪ ܥܣܪܝܢ ܫ̈ܢܝܢ ܘܠܬܚܬ[12] ܐܙܕܒܢܘ ܘܐܬܕܒܪܘ. ܕܗܘܝܢ

4 ܗܘܘ ܒܡܢܝܢܐ ܬܫܥ ܪ̈ܒܘ. ܗܠܝܢ ܕܝܢ ܗܘܝ[13] ܐܫܬܡܠܝ.
ܒܫܢܬ ܬܪܬܝܢ ܕܡܠܟܘܬܗ ܕܐܣܦܣܝܢܘܣ. ܕܐܝܟ ܡܫܬܘܕܥܬ
ܕܒܬܗ[14] ܕܦܪܘܩܢ ܡܢ ܩܕܡ ܡܫܝܚܐ. ܕܒܚܝܠܐ[15] ܕܐܠܗܘܬܐ
ܦܪܩ ܣܓܝ ܘܐܬܚܙܝ[16] ܐܝܠܝܢ ܕܥܬܝܕܢ ܗܘܝ ܠܡܗܘܐ ܐܝܟ

CHAP. VII. [1] A ܡ̈ܠܐ ܥܠ 𝔄 *de verbo* [2] 𝔄 ܕܡܛܠ ܐܡܪܝ ܥܠ ܡܫܝܚܐ [3] A adds ܠܟܘܢ [4] A ܘܐܝܠܝܢ [5] A 𝔄 ܕܗܘܐ [6] A ܡܢܝܢ [7] A ܡܬܡܢܝܢ [8] A fol. 48 *b* [9] 𝔄 sing. [10] A adds ܗܘܘ [11] 𝔄 ܒܣܝܦܐ [12] In 𝔄 for *ܠܥܠ* read *ܠܬܚܬ* [13] A ܗܘܝ [14] A ܐܡܪܗ̇ [15] A ܒܚܝܠܐ 𝔄 om. ܕܐܠܗܘܬܐ ; ܒܚܝܠܐ [16] A adds ܥܠ 𝔄 *et dixit* (for ܘܐܬܚܙܝ)

ܕܩ̈ܘܪܝ. ܘܟܒܐ ܕܠܝܗ̇ ܥܠ ܡܕܝܢܬܐ ܐܝܟ ܕܟܬܝܒ ܒܐܘܢܓܠܝܘܢ
5 ܡܪܝܐ. ܕܐܡ̇ܪ ܗܘܐ ܠܗ̇ ܠܐܘܪܫܠܡ ܗܟܢܐ. ܐܠܘ ܟܝ ܝܕܥܬܝ Lc xix 42 ff
ܐܝܠܝܢ ܕܐܝܬܝܗܝܢ ܕܫܠܡܟܝ ܐܦ ܒܝܘܡܐ ܗܢܐ.[17] ܐܠܐ ܐܬܟܣܝ
ܠܗܝܢ[18] ܡܢ ܥܝ̈ܢܝܟܝ. ܢܐܬܘܢ ܠܟܝ ܓܝܪ ܝܘܡ̈ܬܐ. ܕܢܚܕܪܘܢܟܝ
ܒܥܠܕܒܒ̈ܝܟܝ ܘܢܐܠܨܘܢܟܝ ܡܢ ܟܠ ܦܢ̈ܝܢ. ܘܢܣܚܦܘܢܟܝ ܘܠܒܢ̈ܝܟܝ 𝔄 167
6 ܒܓܘܟܝ.[19] ܘܬܘܒ ܥܠ ܥܡܐ ܐܡ̇ܪ. ܢܗܘܐ ܓܝܪ ܐܘܠܨܢܐ ܪܒܐ Lc xxi 23 f
ܥܠ ܐܪ̈ܥܐ ܘܪܘܓܙܐ ܢܗܘܐ ܥܠ ܥܡܐ ܗܢܐ. ܘܢܦܠܘܢ
ܒܦܘܡܐ ܕܚܪܒܐ ܘܢܫܬܒܘܢ ܠܟܠܗܘܢ ܥܡ̈ܡܐ. ܘܐܘܪܫܠܡ
ܬܗܘܐ ܡܬܕܝܫܐ ܡܢ[20] ܥܡ̈ܡܐ. ܥܕܡܐ ܕܢܫܠܡܘܢ ܙܒ̈ܢܐ
ܕܥܡ̈ܡܐ ⁘ ܘܬܘܒ ܐܡ̇ܪ. ܡܐ[21] ܕܚܙܝܬܘܢ ܠܐܘܪܫܠܡ ܕܚܕܝܪ ib 20
7 ܠܗ̇ ܚܝܠܐ. ܗܝܕܝܢ ܬܕܥܘܢ ܕܩܪܒ ܠܗ ܚܘܪܒܗ̇. ܟܕ ܐܢܫ
ܗܟܝܠ ܢܚܘܪ ܡ̈ܠܘܗܝ ܕܦܪܘܩܢ ܠܬܫ̈ܥܝܬܗ[22] ܕܗܢܐ ܡܟܬܒܢܐ
ܕܐܡ̇ܪ ܥܠ ܟܠܗ ܩܪܒܐ. ܐܝܟ ܠܐ ܢܦܫܘܪ ܕܥܒܝܕܐ ܪܘܪܒܐܝܬ[23]
ܡܫܪܪܬ ܡܫܟܚܘܬܗ[24] ܕܦܪܘܩܢ. ܘܢܒܝܐ[25] ܕܪܝܫܢܐܝܬ[26] ܕܕܐܠܗܐ
8 ܗܝ. ܥܠ ܐܝܠܝܢ ܕܝܢ ܕܓܕܫ ܠܟܠܗ[27] ܥܡܐ ܕܝܗܘ̈ܕܝܐ ܡܢ ܒܬܪ
ܚܫܗ ܕܦܪܘܩܢ: ܘܩܠܐ[28] ܗ̇ܢܘܢ ܕܟܠܗ ܟܢܫܐ ܕܝܗܘ̈ܕܝܐ[29] ܥܒܕܝܢ
ܗܘܘ: ܘܫܐܠܝܢ ܠܗ̇ ܒܢܫܐ ܘܦܝܠܛܘܣ[30] ܕܢܫܒܘܩ ܘܢܬܠܘܛ ܠܗܘܢ:
ܘܠܗ̇ܘ (B fol. 49 a) ܪܫܐ ܕܚܝ̈ܐ ܡܬܒܥܝܢ ܗܘܘ ܕܢܫܬܩܠ ܡܢܗܘܢ.
ܕܢܘܣܦ ܕܝܢ[31] ܥܠ ܗܠܝܢ ܬܫ̈ܥܝܬܐ ܡܕܡ ܠܐ ܡܬܒܥܐ ܠܝ. ܗܠܝܢ
9 ܕܝܢ ܕܗܘ̈ܝ ܕܢܩܦ ܠܗܝܢ. ܐܝܠܝܢ ܕܬܫ̈ܥܝܬܐ[31a] ܐܝܟ ܕܡܢ ܪܝܫܝܬܗ
ܘܡܛܠܠܘܬܐ ܕܦܠܚܘܬܗ. ܕܐܪ̈ܒܥܝܢ ܫܢ̈ܝܢ ܐܪܒܥܐ ܡܢ ܒܬܪ 𝔄 168

[17] A ܐܠܐ ܠܟܝ ܐܬܟܣܝ ܗܫܐ ܡܢ ܥܝ̈ܢܝܟܝ 𝔄 the same without ܠܟܝ
[18] A 𝔄 ܠܗ̇ [19] 𝔄 adds *occident* [20] A adds ܟܠܗܘܢ [21] A ܡܐ ܕ
[22] A ܠܬܫܥܝܬܗ [23] A ܪܘܪܒܬ [24] A ܐܫܟܚܬܗ [25] 𝔄 om. ܘ [26] A
ܕܪܝܫܢܝܬ A fol. 49 *a* [27] 𝔄 om. ܟܠܗ [28] 𝔄 sing. [29] 𝔄 om. ܕܝܗܘ̈ܕܝܐ
[30] A ܦܝܠܛܘܣ [31] 𝔄 om. ܕܝܢ [31a] A ܕܬܫܥܝܬܐ

ܡܪܝܚܘܬܗܘܢ ܕܥܠ ܡܫܝܚܐ ܐܡܗܒ. ܡܢ ܐܒܕܢ̈ܗܘܢ. ܕܒܗܝܢ
ܦ̈ܓܥܐ ܡܢ ܬ̈ܠܝܠܐ ܘܡܢ ܬܠܡ̈ܝܕܘܗܝ. ܘܡܛܘܠ ܗܘ ܕܐܬܡܪ̈ܝ
ܐܘܚܕܝ ܕܡܢܝܢ ܕܗܘܐ ܗܘܐ ܐܣܩܘܦܐ[32] ܒܡܕܝܢܬܐ. ܒܗ ܒܙܒܢ
ܦܫܝܢ ܗܘܘ ܘܒܗ ܒܐܘܪܫܠܡ ܡܬܗܦܟܝܢ ܗܘܘ. ܘܐܝܟ ܫܘܪܐ
ܚܣܝܢܐ ܐܚܝܕ ܗܘܘ ܒܗ ܒܐܬܪܐ. ܕܡܫܒܚܢܐ ܕܐܠܗܐ ܕܒܗܝܢ
ܠܡܫܐ ܡܛܪ ܗܘܐ ܠܗܘܢ ܪܘܚܐ. ܕܐܠܗܐ ܡܬܗܦܟܝܢ ܢܬܗܦܟܘܢ[33]
ܘܢܬܦܠܘܢ ܒܠ ܡܢ ܕܒܥܘ. ܘܢܗܘܐ ܠܗܘܢ ܫܘܒܩܢܐ
ܘܫܝܢܐ.[34]

ܕܬܡܝܗܬܐ ܥܠ ܐܬܘ̈ܬܐ ܕܗܘܝ ܩܕܡ ܩܪܒܐ.

ܡܢ ܗܕܐ ܒܠܘ ܡܛܠܬ ܪܘܚܐ. ܐܦ ܐܬܘ̈ܬܐ ܬܡܝܗ̈ܬܐ[1]
A 169 ܐܬܚܙܝ ܠܗܘܢ. ܕܡܕܡ ܕܥܬܝܕ ܗܘܐ ܕܢܗܘܐ ܠܗܘܢ ܐܠܐ
ܬܡܝܢ. ܕܐܦ ܠܗܝܢ ܐܚܪܢܐ ܐܝܟ ܠܡܦܪܫܐ[2] ܗܘ ܗܢܐ ܡܟܬܒܢܐ
ܕܦܪܡ ܐܡܪ[3] ܒܠܚܘܕ ܒܡܟܬܒܢܘܬܗ.[4] ܠܘܬ ܕܝܢ ܦܠܚܬܐ. ܕܒܗ
viii. 1 ܙܒܢ ܚܕ ܒܗ ܒܡܬܠܐ ܕܐܦ ܠܗܝܢ ܢܣܝܡ ܐܝܟ. ܗܟܢ ܡܚܘܐ
ܘܐܡܪ ܡܛܠ ܕܐܡܪܝܢ ܠܗ ܒܡܟܬܒܢܘܬܗ ܕܬܘܬ ܒܗ ܐܚܪܢ ܡܚܘܐ.
B J vi 5, 3 ܕܠܡܟܐ ܠܗ ܒܥܒܕ. ܡ̈ܫܝܚܐ ܗܢܘܢ ܕܡܦܣܩܝܢ ܕܓܠܘܬܐ ܥܠ
ܐܠܗܐ ܡܦܝܣܝܢ ܗܘܘ ܠܗ ܒܗܘ ܙܒܢܐ. ܕܒܐܬܘ̈ܬܐ ܡܬܚܙ̈ܝܢܬܐ[5]
ܕܡܘܕܥܢ ܗܘܝ ܡܛܠ ܥܠ ܚܘܪܒܐ[6] ܕܥܬܝܕ ܗܘܐ[7] ܠܡܗܘܐ
ܠܐ ܚܙܘ ܘܠܐ ܢܗܝܡܢܘܢ. ܐܠܐ ܐܝܟ ܐܢܫܐ ܕܥܡܠ ܡܕܡܗܘܢ
ܘܠܝܬ ܠܗܘܢ ܠܒ̈ܒܐ ܘܠܐ ܢܦܫܐ. ܗܟܢ ܡܣܬܒܪܝܢ ܗܘܘ ܡܢ
2 ܒܪܘܝܘܬܗ ܕܐܠܗܐ. ܡܬܡܨܝܢܬ ܕܝܢ. ܕܠܟܠ (B fol. 49 b) ܡܢ

[32] A ܐܦܣܩܘܦܐ [33] A ܕܠܥܠܡ ܢܬܗܦܟܘܢ 𝔄 *ne vertantur aliquando* [34] A 𝔄 ܕܫܝ̈ܢܐ

Chap. VIII. [1] 𝔄 *et mirabilia* [2] A adds ܒܟܬܒܢܘܬܗ [3] A ܐܡܪܝܢ
[4] A om. ܒܡܟܬܒܢܘܬܗ [5] A ܐܬܚܙ̈ܝܢܬܐ [6] A ܚܘܪܒܐ [7] A fol. 49 b

ܡܕܢܚܬܐ ܗܘ ܒܡܕܒܪܐ ܕܕܡܝܐ ܠܪܘܡܚܐ. ܘܟܠܗ̇ ܫܢܬܐ ܚܕܐ
ܒܗ̇ ܩܡܬ. ܘܬܘܒ ܡܢ ܩܕܡ ܕܢܡܪܕܘܢ ܕܢܬܟܢܫ ܟܠܗܘܢ ܦܛܝܪܐ:
ܒܗ̇ ܡܬܟܢܫ. ܥܡܐ[9] ܒܝܘܡܐ ܕܬܡܢܝܐ[10] ܕܦܠܓܪܐ: ܒܬܫܥܝܬܐ
ܒܠܝܠܝܐ ܒܬܫܥ ܫܥܝܢ ܕܠܠܝܐ. ܗܟܢܐ ܐܟܘܬ ܢܘܗܪܐ ܥܠ
ܡܕܒܚܐ ܘܥܠ ܗܝܟܠܐ ܐܝܟ ܕܢܣܒܪ ܐܢܫ ܕܐܝܡܡܐ ܗܘ
ܢܗܝܪܐ. ܘܐܟܙ ܬܘܒ ܦܠܓܘܬ ܫܥܐ. ܕܡܐ ܗܘܐ ܠܗܕܝܘܛܐ
ܡܬܚܫܒܐ ܗܘܬ ܕܠܛܒܬܐ ܗܘܬ: ܠܐܝܠܝܢ[11] ܕܝܢ ܕܝܕܥܝܢ ܦܘܫܩܐ
3 ܡܪ̈ܙܐ ܦܘܪܫܗ ܦܪܝܫ. ܕܥܠܝܗ̇ ܕܥܬܝܕ ܗܘܐ. ܘܒܗ
ܒܗܝܟܠܐ ܒܐܕܪܐ ܩܪܒ ܐܢܫ. ܬܘܪܬܐ ܠܕܒܚܬܐ. ܘܝܠܕܬ ܐܡܪܬܐ 𝔄 170
4 ܒܡܨܥܬܗ ܕܗܝܟܠܐ.[12] ܘܬܘܒ ܬܪܥܐ ܡܕܢܚܝܐ ܓܘܝܐ
ܕܐܬܬܘܡܝ[13] ܕܢܚܫܐ ܘܥܫܝܢ ܗܘܐ: ܘܒܪ̈ܢܫܐ ܠܥܣܪܝܢ ܓܒܪܝܢ ܗܘܘ
ܠܗ ܒܩܫܝܢ ܚܒܪܝܢ ܘܒܡܩܠܕܐ ܕܦܪܙܠܐ ܡܬܬܚܕ ܗܘܐ: ܘܠܬܦܬܚ
ܐܝܬ ܗܘܐ ܠܗ ܡܣܓܪܐ ܒܡܣܟܪ̈ܐ. ܒܫܬ ܫ̈ܥܝܢ ܕܠܠܝܐ ܐܬܦܬܚ
5 ܦܬܝܚ ܡܢ ܢܦܫܗ. ܘܡܢ ܒܬܪ ܩܠܝܠ ܥܐܕܐ ܕܦܨܚܐ[14] ܒܚܕ
ܘܥܣܪܝܢ ܒܐܝܪ ܚܙܘܐ ܡܕܡ ܐܬܚܙܝ. ܘܡܫܬܥܝܢ ܕܚܙܘ
ܠܡܬܗܡܝܢܘ. ܐܠܘ ܠܐ ܕܡܫܬܥܝܢ ܗܘܘ ܐܝܠܝܢ ܕܚܙܐܘܗܝ.
ܘܫܡܥܝܢ[15] ܬܘܒ. ܕܐܬܘ̈ܬܐ ܫ̈ܘܚܝܢ ܠܡܬܗܡܝܢܘ. ܡܛܠ ܓܝܪ ܕܢܓܪܒ
ܫܡܫܐ ܐܬܚܙܝ ܡܪ̈ܟܒܬܐ ܠܥܠ ܒܥܢܢ̈ܐ ܒܐܐܪ: ܘܚܝܠܐ ܕܡܙܝܢ
ܠܟܠ ܟܢܫܐ. ܡܬܥܘܪܝܢ ܗܘܘ ܘܡܬܟܪܟܝܢ ܗܘܘ ܠܡܕܝܢܬܐ.
6 ܘܬܘܒ ܒܥܐܕܐ ܕܐܬܐ ܕܡܬܩܪܐ ܦܢܛܩܘܣܛܐ ܒܠܠܝܐ. ܥܠܘ
ܟܗܢ̈ܐ ܠܗܝܟܠܐ ܠܡܫܡܫܘܬܐ ܐܝܟ ܕܐܝܬ ܗܘܐ ܠܗܘܢ ܥܝܕܐ.
ܘܡܪܓܫܝܢ[16] ܗܘܘ ܙܘܥܐ ܘܢܘܫܐ ܐܡܪܝܢ[17] ܕܫܢܝܢ ܗܘܘ. ܘܡܢ
ܒܬܪܟܢ[18] ܩܠܐ ܡܢ ܟܠܗ ܕܐܡܪܝܢ ܗܘܘ (B fol. 50 a) ܕܫܢܝܢ ܐܢܚܢ[19]

[8] 𝔄 ·· ܡܢ [9] 𝔄 *populus totus* [10] A ܕܐܒ [11] A 𝔄 ܐܝܠܝܢ
[12] A ܒܡܨܥܬܗ ܕܗܝܟܠܐ [13] A adds ܗܘܐ [14] A ܕܦܨܚܐ [15] A ܘܫܡܥܝܢ
[16] A fol. 50 *a* [17] A ܐܡܪ [18] A ܡܢ ܒܬܪ ܟܢ [19] A ܫܢܝܢ

7 ܠܝ ܡܢ ܗܪܟܐ.[20] ܘܕܕܒܝܒܠܝ[21] ܡܢ ܗܠܝܢ ⁘ ⁘ ܒܪܢܫܐ ܕܝܢ[22] ܚܕ
ܗܕܝܘܛܐ ܡܢ ܗܕܝܘܛܘܬܐ ܕܫܡܗ ܗܘܐ ܝܫܘܥ ܒܪ ܚܢܢܝܐ: ܩܕܡ
ܐܪܒܥ ܫܢܝܢ ܕܩܪܒܐ ܟܕ ܡܫܝܢܐ ܗܘܬ ܡܕܝܢܬܐ ܘܫܠܝܐ
ܒܥܕܢ ܕܡܛܠܠܬܐ.[23] ܐܬܐ ܠܥܐܕܐ ܕܒܗ ܒܥܕܢ ܗܘܘ ܡܛܠܠܐ
𝔄 171 ܠܐܠܗܐ ܐܝܟ ܕܐܝܬ ܒܥܝܕܐ. ܘܡܢ ܫܠܝ ܫܪܝ ܩܥܐ ܗܘܐ
ܒܗܝܟܠܐ. ܩܠܐ ܡܢ ܡܕܢܚܐ ܩܠܐ ܡܢ ܡܥܪܒܐ. ܩܠܐ ܡܢ
ܐܪܒܥ ܪ̈ܘܚܐ. ܩܠܐ ܥܠ ܐܘܪܫܠܡ ܘܥܠ ܗܝܟܠܐ. ܩܠܐ ܥܠ
ܚܬ̈ܢܐ ܘܟܠ̈ܬܐ.[24] ܩܠܐ ܥܠ ܟܠܗ[25] ܥܡܐ. ܘܗܢܐ ܒܟܠܗ[26]
ܐܝܡܡܐ ܘܒܠܠܝܐ[27] ܒܟܠܗܘܢ ܫܘ̈ܩܐ[28] ܡܬܦܪܢܣ ܗܘܐ ܘܩܥܐ.
8 ܐܢܫܐ ܕܐܢܫܐ ܝܕ̈ܝܥܐ ܡܢ[29] ܥܡܐ ܐܬܪܥܡܘ ܒܗܢܐ ܦܓܥܐ
ܒܝܫܐ. ܘܐܚܕܘܗܝ[30] ܠܗܢܐ ܒܪܢܫܐ ܘܡܚܐܘܗܝ[31] ܡܚ̈ܘܬܐ
ܣ̈ܓܝܐܬܐ. ܗܘ ܕܝܢ ܐܦܠܐ ܥܠ ܢܦܫܗ ܒܥܐ ܐܬܒܥ ܐܦܢܝ
ܦܬܓܡܐ ܠܗܢܘܢ ܕܡܚܝܢ ܗܘܘ. ܐܦܠܐ ܡܕܡ ܡܢ ܢܦܫܗ
ܐܡܪ. ܐܠܐ ܗܢܘܢ[32] ܩܠܐ ܘܕܘ̈ܘܢܐ ܐܝܟ ܕܒܩܕܡ ܩܥܐ ܗܘܐ.
9 ܫܩܠܘ ܕܝܢ ܐܪ̈ܟܘܢܐ. ܕܡܢ ܝܗܘܕܐ[33] ܗܘ ܘܝܒܠܗ ܠܗܓܡܘܢܐ ܪܗܘܡܝܐ.
ܘܐܫܠܡܘܗܝ ܠܦܪܕܝܣܐ ܕܗܓܡܘܢܐ. ܘܬܡܢ ܒܡ̈ܚܘܬܐ ܫܪ̈ܝܩܢ
ܗܘܘ ܠܗ ܥܕܡܐ ܠܓܪ̈ܡܘܗܝ. ܗܘ ܕܝܢ ܠܐ ܐܬܟܫܦ ܠܗܘܢ
ܐܦܠܐ ܡܕܡܥܐ ܒܟܐ. ܐܠܐ ܐܝܟ ܕܐܝܬܘܗܝ ܡܝܠܠܬܐ[34] ܠܗ
ܠܗܢܐ ܩܠܐ ܡܪܝܪ ܗܘܐ ܠܗ ܒܬܐܢܚܬܐ ܒܟܠ ܡܚ̈ܘܢ
10 ܕܡ̈ܚܝܢ ܗܘܘ ܠܗ ܘܐܡܪ: ܘܝ ܘܝ ܐܘܪܫܠܡ. ܘܬܘܒ ܐܚܪܢܝܬܐ
B J vi 5, 4 ܬܡܝ̈ܗܬܐ ܡܫܬܥܝܐ ܗܘ ܗܢܐ ܡܬܚܒܢܐ. ܕܡܛܠܬܐ ܠܡ ܕܢܒܝܘܬܐ

[20] 𝔄 seems to repeat ܩܠܝܠ and wants the full stop before ܒܪܢܫܐ [21] A ܘܕܕܒܝܒܠܝ [22] 𝔄 om. ܕܝܢ [23] A ܡܛܠܠܐ [24] A ܘܟ̈ܠܠܬܐ [25] 𝔄 om. ܟܠܗ [26] A 𝔄 ܒܟܠܗ [27] A 𝔄 ܒܟܠܠܝܐ [28] 𝔄 adds *urbis* [29] A ܢܩܐ [30] 𝔄 om. ܘ [31] A ܘܡܚܝܘܗܝ [32] A ܐܠܐ ܐ̱ܢ ܗܢܘܢ [33] 𝔄 plur. [34] A ܝܠܝܠܐ

ܐܬܬܚܝܕܬ ܒܐܘܪܫܠܡ ܕܒܬܪ ܗܘܐ ܟܢ ܡܫܝܚܐ.[34a] ܕܟܡ ܟܢܘ ܗܘ
ܘܒܠܝܐ[35] ܡܢ ܒܬܪ ܦܘܡ ܐܢܫ ܕܡܢܗܘܢ ܘܡܫܬܠܛ ܒܟܠܗ 𝔄 172
ܥܠܡܐ. ܕܗܢܘܢ (B fol. 50 b) ܣܒܪܝܢ ܗܘܘ ܥܠ[36] ܐܣܦܣܝܢܘܣ.
11 ܥܠܡܬ. ܗܢܐ ܕܝܢ ܠܐ ܥܠ ܟܠܗ ܥܠܡܐ ܐܫܬܠܛ. ܐܠܐ ܥܠ
ܪ̈ܗܘܡܝܐ ܒܠܚܘܕ. ܘܗܘ ܗܘܐ ܕܟܠ ܡܕܝܢܬܐ ܬܫܬܥܒܕ ܗܘܐ.
ܗܘ ܕܐܡܪ[37] ܠܗ ܡܢ ܐܒܐ. ܕܫܐܠ ܡܢܝ ܘܐܬܠ ܠܟ ܥܡܡܐ Ps ii 8
ܠܝܪܬܘܬܟ. ܘܐܘܚܕܢܟ ܥܒܪ̈ܘܗܝ ܕܐܪܥܐ.[38] ܕܟܡ ܟܢܘ ܗܘ ܘܒܠܝܐ
ܒܟܠܗ ܐܪܥܐ ܢܦܩ ܣܒܪܬܗܘܢ ܕܫ̈ܠܝܚܐ ܩܕ̈ܝܫܐ.[39] ܘܒܣܒ̈ܪܬܗܘܢ[40] Ps xviii 15
ܕܠܣܘܦܐ ܐܫܬܡܥܬ ܡܠܬܗܘܢ[41] ܀

ܬܫܥܝܬܐ. ܥܠ ܝܘܣܝܦܘܣ[1] ܘܥܠ ܟܬ̈ܒܐ ܕܫܒܩ. ܀

ix. 1 ܘܒܬܪ ܗܠܝܢ ܟܠܗܝܢ. ܐܦ ܥܠܘܗܝ. ܥܠ ܝܘܣܝܦܘܣ:[2] ܗܘ
ܕܗܘܐ ܐܡܪܢ. ܠܝ ܡܠܐܐ ܕܗܠܝܢ ܟܠܗܝܢ ܬܫ̈ܥܝܬܐ ܒܗܠܝܢ[3]
ܣ̈ܦܪܐ[4] ܘܗܘ ܠܝ ܕܢܘܕܥ. ܕܡܢ ܐܝܟܐ ܘܡܢ ܐܝܢܐ ܫܪܒܬܐ
ܐܝܬܘܗܝ ܗܘܐ. ܗܘ ܕܝܢ ܡܘܕܐ ܐܦ ܥܠ ܗܕܐ ܘܐܡܪ
ܗܟܢܐ. ܕܝܘܣܝܦܘܣ[5] ܠܘܝ[6] ܒܪ ܡܬܝ. ܟܗܢܐ ܡܢ ܐܘܪܫܠܡ: BJ i 1, 1
ܕܗܘ ܡܢ ܕܩܕܡܝܬ ܐܬܟܬܫ. ܥܡ ܪ̈ܗܘܡܝܐ: ܘܠܐܣܝܪܘܬܐ ܢܦܠ 𝔄 173
2 ܒܐܝ̈ܕܝܗܘܢ ܡܢ ܐܢܫܐ. ܠܘ ܕܝܢ ܠܘܬ ܝܗܘܕܝܐ ܒ̈ܢܝ ܥܡܗ
ܒܠܚܘܕ ܝܕܝܥ[7] ܗܘܐ ܟܢܘ ܕܒܠܝܐ. ܐܠܐ ܐܦ ܠܘܬ ܪ̈ܗܘܡܝܐ
ܓܒܪܐ[8] ܡܫܒܚܐ. ܘܠܐܝܩܪܗ[9] ܐܩܝܡܘ ܐܢܕܪܝܢܛܐ[10] ܪ̈ܗܘܡܝܐ

[34a] 𝔄 om. ܟܢܘ ܗܘܢܐ [35] A fol. 50 b [36] A 𝔄 ܕܟܠ [37] A 𝔄 ܕܐܡܪ
[38] For ܠܝܪܬܘܬܟ......ܕܐܪܥܐ 𝔄 has [illegible] in hae-reditatem et dominium [39] 𝔄 om. ܩܕ̈ܝܫܐ [40] 𝔄 *et usque ad fines* [41] 𝔄 plur.

Chap. IX. [1] A ܝܘܣܝܦܘܣ [2] A ܝܘܣܝܦܘܣ [3] A ܕܗܠܝܢ
[4] 𝔄 lit. *historiarum huius totius libri* [5] A ܕܝܘܣܝܦܘܣ [6] 𝔄 om. ܠܘܝ
[7] A ܐܝܕܥ [8] A 𝔄 add ܗܘܐ. In 𝔄 for ... read ... [9] A ܐܦ ܠܐܝܩܪܗ [10] A ܐܢܕܪܝܢܛܐ 𝔄 adds *ei*

ܡܫܝܚܘܬܐ. ܘܦܛܪܐ ܕܐܬܡܫܚ ܘܐܬܟܬܒ. ܒܗ ܒܙܒܢܐ ܕܡܠܟܘܬܗܘܢ
3 ܐܬܚܙܝܘ ܕܢܬܡܫܚܘܢ.[11] ܘܗܘ ܗܢܐ ܟܠܗ[12] ܫܪܒܐ ܡܕܡܟܐ
ܕܡܫܘܕܥܐ ܒܡܫܪܝܢ ܣܦܪܝܢ ܗܟܢܐ. ܘܬܫܥܝܬܐ ܕܥܒܪܐ ܕܝܗܘܕܝܐ
ܕܗܘܐ ܒܝܘܡܬܗ[13] ܒܥܒܕܐ. ܕܠܐ ܗܘܐ ܟܠܗܘܢ ܝܘܐܝܬ.
ܐܠܐ ܐܦ ܠܒܢܝܐ ܕܐܡܝܢܘܬܐ ܐܬܟܬܒܬ. ܐܝܟ ܕܗܘ ܡܦܩܕ
ܠܗ ܢܦܫܗ. ܘܥܢܐ ܗܘ ܠܡܬܚܙܝܢܘ ܡܟܠܠ ܐܚܪܢܝܬܐ.[14]
4 ܘܐܚܪܢܐ[15] ܐܝܬ ܠܗ ܕܫܡܝܢ ܒܫܘܦܠܐ ܬܪܝܢ ܥܠ ܡܕܒܪܢܘܬܗܘܢ
ܕܝܗܘܕܝܐ. ܘܒܗܘܢ ܐܦ ܕܪܫܐ ܠܘܬ ܐܒܘܗܝܢ ܒܪܝܫܢܘܬܐ
ܒܒܪ ܗܘܐ. ܗܘ ܕܐܬܟܬܒ[16] ܗܘܐ ܠܗܘܒܠ (B fol. 51 a) ܝܗܘܕܝܐ
ܒܗܘ[17] ܙܒܢܐ. ܘܠܘܬ ܐܚܪܢܐ[18] ܕܝܢܐ ܕܐܬܟܠܝܘ ܩܪܝܐ ܕܒܥܒܕܐ
ܕܝܗܘܕܝܐ ⁖ ⁖

𝔄 174 ܕܒܙܒܢ ܕܐܝܠܝܢ ܡܟܪܙ ܝܘܣܦܘܣ[1] ܠܟܗܢܐ ܪܒܐ ܡܢܗܪܐ.
5 ܘܒܐܝܠܝܢ[2] ܡܕܡܝܢ ܗܢܐ ܒܫܢܬܐ ܫܒܥ ܕܥܣܪܐ ܕܫܘܠܛܢܐ[3]
ܗܘ ܕܡܬܩܪܐ ܬܝܒܪܝܘܣ. ܕܐܝܟ ܐܢܘܢ ܠܘܬ ܒܒܢܝܢܐ
ܗܘܘ[4] ܕܗܠܝܢ ܦܩܕ ܐܢܘܢ. ܐܝܟ ܕܗܢ ܡܫܠܡܢܘܬܐ
Ap i 8 ܡܬܝܚܕܬܐ. ܘܒܗܝܢ[5] ܒܫܠܝܡܘ ܫܠܛ ܗܪܢܐ. ܒܫܢܬܐ[6] ܠܗ x. 1
ܬܪܬܝܢ ܐܝܬ ܠܗܘܢ ܕܢܚ ܠܗ ܠܐ ܫܠܡܝܢ ܘܩܪܝܢ ܒܗ ܚܙܪܐ.
ܒܫܢܝܢ ܕܝܢ[7] ܘܬܪܝܢ ܫܢܝܢ ܐܝܟ ܐܝܠܝܢ ܕܐܚܝܕܐܝܬ ܡܬܡܚܝܢ
ܕܕܐܠܗܐ ܐܢܘܢ. ܕܐܝܬ ܒܗܘܢ ܡܬܬܒܢܘܬܐ ܕܒܠܗ ܕܝܢܐ.
2 ܗܘ ܗܠܝܢ ܕܝܢ ܫܒܥܐ ܐܢܫܝܢ ܕܒܫܡܐ. ܕܐܝܬ ܒܗܘܢ

[10] A ܕܢܬܡܫܚܘܢ [12] 𝔄 om. ܟܠܗ [13] A adds ܗܘܐ ܠܗ ܥܡܗ
[14] A ܕܥܬܝܕܐ [15] A fol. 51 a [16] In 𝔄 for [illegible] read [illegible]
[17] 𝔄 ܒܗܘ [18] A ܕܝܢܐ
Chap. X. [1] A ܝܘܣܦܘܣ [2] A ܒܐܝܠܝܢ [3] 𝔄 plur. [4] A ܗܘܘ
[5] A ܒܗܝܢ [6] A ܒܫܢܬܐ [7] 𝔄 om. ܕܝܢ

ܢܡܘ̈ܣܐ ܘܡܫܠܡܢܘܬܐ ܕܡܘܠܕܐ ܕܐܢܫܘܬܐ ܥܕܡܐ ܠܡܘܬܗ
ܕܝܠܗ. ܗܢܐ ܕܝܢ ܙܒܢܐ ܡܢ ܬܠܬܐ ܐ̈ܠܦܝܢ ܫ̈ܢܝܢ ܚܣܝܪ ܩܠܝܠ ܡܢ 3
ܡܘܬܗ ܕܡܘܫܐ[8] ܘܥܕܡܐ ܠܐܪܛܚܫܫܬ ܡܠܟܐ ܕܦܪ̈ܣܝܐ.
ܢܒ̈ܝܐ[9] ܗ̇ܢܘܢ ܕܗܘܘ ܡܢ ܒܬܪ ܡܘܫܐ.[10] ܡܕܡ[11] ܕܗܘܐ
ܒܙܒ̈ܢܝܗܘܢ ܐܟܬܒܘ[12] ܒܬܠܬܥܣܪ ܟܬ̈ܒܝܢ. ܐܪ̈ܒܥܐ ܕܝܢ ܐ̄ܚܪ̈ܢܐ.
ܬܫܒ̈ܚܬܐ ܕܐܠܗܐ ܐܝܬ ܒܗܘܢ ܘܡܠܦܢܘܬܐ ܕܕܘܒܪ̈ܐ. ܡܢ 4
ܐܪܛܚܫܫܬ ܕܝܢ ܘܥܕܡܐ ܠܙܒܢܐ ܗܢܐ ܕܒܗ ܐܝܬܝܢ[13] ܟܬܝܒ.
ܗܘ̣ ܟܠ ܕܗܘܐ. ܠܐ ܕܝܢ ܫܘܝܢ ܠܡܬܗܝܡܢܘ ܐܝܟ ܗܠܝܢ
ܕܡܢ ܩܕܡܝܗܘܢ. ܡܛܠ ܕܠܝܬ ܡܫܡܠܝܘܬܐ ܝܚܝܕܝܬܐ ܕܢܒ̈ܝܐ. 𝔄 175
ܒܥܒ̈ܕܐ ܕܝܢ ܡܘܕܥܐ ܗܘ̣. ܕܐܝܟܢܐ ܐܢܚܢ ܡܬܪ̈ܨܝܢ ܐܚܝܕܝܢ[14] 5
ܠܗܘܢ ܠܟܬ̈ܒܐ ܕܝܠܢ. ܒܗܢܐ ܓܝܪ ܟܠܗ ܙܒܢܐ ܕܥܒܪ. ܘܠܐ
ܕܢܘܣܦ ܐܢܫ ܘܠܐ ܕܢܒܨܪ ܡܢܗܘܢ[15] ܘܠܐ ܕܢܫܚܠܦ ܐܡܪܚ.[16]
ܢܨܝܒܐ ܗܘ ܓܝܪ ܗܢܐ ܒܟܠܗ[17] ܒܢ̈ܝܐ ܕܝܗܘ̈ܕܝܐ ܡܢ ܡܠܝܕܘܬܗܘܢ
ܘܡܪܒܝܬܗ. (B fol. 51 b) ܕܢܬܗܝܡܢܘܢ[18] ܕܦܘܩ̈ܕܢܐ ܐܢܘܢ ܕܐܠܗܐ
ܘܢܩܘܡܘܢ ܒܗܘܢ. ܘܐܢ ܡܬܒܥܐ ܕܢܡܘܬܘܢ ܚܠܦܝܗܘܢ ܢܡܘܬܘܢ
ܚܕܝܐܝܬ. ܘܗܠܝܢ ܕܐܡ̈ܪܢ ܗܢܐ ܡܬܚܙܝܢ ܚܙܝܢ ܗܘܘ ܕܗܪܟܐ 6
ܢܬܚܙܘܢ. ܣܓܝ̈ܐܐ ܠܗ ܕܝܢ ܐܦ.[19] ܐܣܝܪ̈ܐ ܫܒܝܐ ܥܠ ܡܫܢܝܬܐ
ܥܠܝܠܬ ܒܡܬܘܗ̇:[20] ܕܟܠ ܐܟܠܘܣܐ[21] ܕܬܘܢ ܕܐܝܬ ܒܗܘ̇ ܒܬܟܐ
ܕܡܬܢܟܪܐ ܗܦܟܐ ܕܡܩܒܠܢܐ. ܒܒܘ̈ܝܐ ܕܝܬܘ ܡܛܠ ܕܠܝܬ ܐܠܗܐ.
ܐܦ ܒܫܘܠܡܐ ܗܘܬ ܕܬܫ̈ܢܝܬܐ[22] ܕܒܚܕܝܢ ܕܐܟܬܒ ܡܬܒܥ. 7
ܕܐܢܫ ܐܝܬ ܗܘܐ ܠܗ ܝܩܝܢܐ ܕܢܟܬܒ. ܒܐܪ̈ܒܥܐ ܣܦ̈ܪܝܢ. Ant xx 11, 2

[8] A ܡܘܬܗ ܕܗܘܐ [9] A ܢܒ̈ܝܐ [10] A ܒܬܪ ܗܘܐ [11] A ܕܡܕܡ
[12] A ܐܟܬܒ [13] A ܩܢܝܢ ܚܢܢ [14] A ܚܢܢ ܡܬܗܝܡܢܝܢ [15] A om. ܡܢܗܘܢ [16] A adds ܡܢܗܘܢ [17] A fol. 51 b [18] Read with A ܕܢܬܗܝܡܢܘܢ [19] A ܘܐܦ [20] 𝔄 om. ܕ ܒܡܬܘܗ̇ [21] A ܐܘܟܠܘܣܐ [22] A ܕܬܫܢܝ̈ܬܐ

ܘܢܘܙܒ[21] ܒܫܡܐ ܕܚܢܢܐ[24] ܕܐܟܣܢܝܐ[25] ܕܫܘܡܪܝܐ. ܕܥܠ ܐܠܗܐ
ܘܥܠ ܐܣܝܘܬܗ ܘܥܠ ܢܦܫܗܝ. ܕܥܠ ܡܛܠ ܐܝܬ ܣܓܝܐܬܐ
ܕܢܠܦ ܠܡܣܒܪ ܘܐܝܬ ܕܠܐ. ܘܐܚܪܢܐ ܫܘܦܠܐ ܐܝܬ ܠܗ
𝔄 176 ܐܝܟ ܕܗܘܐ ܡܕܒܪ ܒܟܠܗܘܢ. ܘܡܢ ܗܠܝܢ ܗܠܝܢ ܠܝ ܠܡܬܒܥܐ 8
ܐܦ ܟܠܗ ܕܗܘܐ ܒܕܘܠܒܐ ܕܐܬܚܒܫܘܬܗ. ܠܡܫܡܠܝܘܬܐ ܕܣܗܕܘܬܐ
ܕܫܡܠܝ ܠܝ ܡܢܗ. ܕܪܫܐ ܗܘܐ ܠܦܘܠܘܣ ܕܡܢ ܦܪܘܣܘܦ.[26]
ܕܢܓܕܐ ܕܢܫܬܒܩ ܐܒܘܬܗ ܡܢܗܘܢ ܕܓܒܪ ܒܫܢܝܢ ܘܩܢܐ ܕܠܐ
ܐܒܬܒ ܝܪܝܬܐ.[27] ܘܡܪܓܠܝܐ ܐܚܪܢܐ[28] ܐܝܬܝ ܒܠܗܘܢ ܥܠ ܗܢܐ
Vit 65 ܒܢܝܐ ܒܗܠܝܢ ܟܠܗ ܒܪ ܥܣܪܝ ܗܘܢܐ. ܕܐܝܢܐ ܠܡ ܠܐ ܠܐ ܗܘܐ 9
ܐܟܘܬܟ ܒܟܬܒܐ ܕܠܐ ܐܬܟܬܒܬ. ܐܠܐ ܠܗܘܢ ܠܥܠܡܐ
ܦܪܣܬ ܐܝܟ ܠܬܘܒ. ܒܪ ܫܘܕܝ ܚܒܪܐ ܕܡܬܚܝܢ. ܡܟܝܠ
ܩܘܡܬ ܒܪ ܒܢܫܒ ܕܢܦܪܬ ܥܙܪܐ ܕܡܫܝܚܘܬܐ.[29] ܘܡܫܠܡ ܕܡܫܡܫܐ
ܩܘܡܬ ܕܐܦܩ ܣܗܕܘܬܐ ܕܚܠܦ ܡܢ ܠܐ ܥܠܡܬ. ܘܠܐܚܪܢܐ 10
ܕܡܢ ܩܦܕܘܩܝܐ ܦܪܣܬܗ ܠܗܕܐ ܬܫܒܘܚܬܐ. ܕܣܓܝܐܐ ܒܢܝܢܘܢ
ܒܗ[30] ܒܡܪܒܐ ܐܣܬܦܩܘ. ܐܝܟ ܕܐܦ ܒܟܠܗܐ ܐܓܘܢܐ ܘܐܢܫܝܢ
(B fol. 52 a) ܡܢ ܟܕ ܦܘܪܦܘܪܝܘܣ. ܦܝܠܦܘܣ[31] ܒܪ ܐܦܘܠܝܢܪܝܘܣ[32] 11
ܗܘܢܐ ܢܓܕܐ. ܕܒܢܝܗܘܢ ܒܠܘܚܕ ܢܫܠܡ ܠܐܢܫܐ ܡܕܒܬܐ
ܕܫܒܪܘܗܝ. ܘܐܝܟ ܕܒܐܕܪܘܗܝ ܕܠܗ ܢܬܘܒ ܢܚܙܐ[33] ܐܢܘܢ.
ܘܚܒܝܒ ܕܠܒܝ ܒܠܒܐ[34] ܢܬܘܪܘܢ. ܩܠܒܐ ܕܝܢ ܐܓܘܢܐ. ܫܘܝܢ
𝔄 177 ܘܬܪܬܝܢ ܐܓܪܐ ܒܦܘܒ. ܗܘܢ ܠܓܪܘܗܝ ܕܗܘܐ ܒܕܠܒܫܘܬܐ.
ܕܡܫܝܚܝܢ ܗܘܢ[35] ܬܪܬܝܢ ܒܗܢܐ ܡܕܡ ܕܐܬܚܒܫܘ. ܒܠܗܘܢ ܕܝܢ 12
ܓܡܪܐ ܠܗܪܒܐ ܐܘܕܥܝܢ ·:· ·:·

[21] A ܒܝܘܙܝܒ [24] In 𝔄 for *ܐܦ ܝܘܡܐ* read *ܝܘܡܬܐ* [25] A adds ܡܩܠܐ.
ܝܫܟܘܢ A om. ܪܡܐ ܠܡܬܒܥܘܗܝ [27] A ܡܬܩܠܐ [28] A ܢܨܚܐ
[29] 𝔄 plur. [30] A fol. 52 a [31] A ܦܝܠܦܘܣ [32] A ܐܦܘܠܝܡܐܦܘܪ
[33] A 𝔄 ܢܚܙܐ [34] A ܥܠ ܐܢܫ [35] A ܗܘܢ

ܕܚܕܥܣܪ. ܕܡܢ ܒܬܪ ܝܥܩܘܒ ܫܡܥܘܢ ܩܡ ܒܥܕܬܐ
ܕܐܘܪܫܠܡ.

xi. 1 ܢܐܬܐ ܠܢ ܗܟܝܠ[1] ܥܠ ܗܠܝܢ ܕܡܢ ܒܬܪ ܟܢ.[2] ܣܗܕܘܬܗ[3]
ܕܝܥܩܘܒ ܘܫܘܒܩܗ[4] ܕܐܘܪܫܠܡ ܕܗܘܐ ܒܗܘ ܙܒܢܐ. ܡܬܐܡܪܐ
ܡܠܬܐ. ܕܫ̈ܠܝܚܐ ܘܬܠܡ̈ܝܕܘܗܝ ܕܡܪܢ ܐܝܠܝܢ ܕܐܫܬܚܪܘ ܗܘܘ
ܒܥܠܡܐ[5] ܒܗܘ ܙܒܢܐ. ܕܐܬܟܢܫܘ ܗܘܘ ܐܟܚܕܐ ܡܢ ܟܠ
ܕܘܟ̈ܝܢ ܥܡ ܐܚ̈ܝܢܗܘܢ[6] ܕܡܪܢ ܕܒܒܣܪ. ܣܓܝܐܐ ܓܝܪ ܐܦ[7]
ܡܢܗܘܢ ܩܝܡܝܢ ܗܘܘ ܒܥܠܡܐ ܒܗܘ ܙܒܢܐ. ܘܟܠܗܘܢ ܡܠܟܘ[8]
2 ܕܢܣܒܘ ܙܕܩ ܕܢܦܠ ܕܢܬܒܗ ܕܫܡܥܘܢ. ܘܡܢ ܚܕܐ ܬܪܥܝܬܐ
ܟܠܗܘܢ ܓܒܘ. ܕܫܡܥܘܢ ܒܪ ܩܠܘܦܐ[9] ܢܗܘܐ ܠܟܘܪܣܝܐ ܕܒܥܕܬܐ
ܗܬܡܢ. ܗܘ ܕܡܕܟܪ[10] ܠܗ ܟܬܒܐ[11] ܕܐܘܢܓܠܝܘܢ. ܘܐܝܟ
ܕܐܡܪܝܢ ܐܚܘܗ ܗܘܐ ܕܩܠܘܦܐ. ܡܫܬܟܚܐ ܓܝܪ ܗܘ ܠܐܝܘܣܦ.
ܕܩܠܘܦܐ[12] ܐܚܘܗܝ ܗܘܐ ܕܝܘܣܦ. ·:·

𝔄 178 ܕܬܪ̈ܬܥܣܪ ܕܐܝܟܢܐ[1] ܦܩܕ ܐܣܦܣܝܢܘܣ. ܕܢܬܒܥܘܢ ܐܝܠܝܢ[2]
ܕܡܢ ܙܪܥܗ ܐܝܬܝܗܘܢ ܕܕܘܝܕ.

xii. ܘܒܬܪ ܗܠܝܢ ܡܢ ܒܬܪ ܚܘܪܒܗ ܕܐܘܪܫܠܡ. ܐܣܦܣܝܢܘܣ
ܦܩܕ ܕܢܬܒܥܘܢ ܟܠܗܘܢ ܐܝܠܝܢ ܕܡܢ ܫܪܒܬܗ ܐܝܬܝܗܘܢ ܕܕܘܝܕ.
ܐܝܟ[3] ܕܠܐ ܢܫܬܚܪ ܐܢܫ ܠܘܬ ܝܗܘܕ̈ܝܐ[4] ܕܡܢ ܫܪܒܬܐ ܗܘ
ܕܡܠܟܘܬܐ.[5] ܘܡܢ ܗܕܐ ܥܠܬܐ ܪܕܘܦܝܐ ܣܓܝܐܐ[6] ܗܘܐ ܠܥܡܐ

CHAP. XI. [1] A ܡܟܝܠ [2] 𝔄 om. ܟܢ [3] A ܣܗܕܘܬܗ [4] A ܘܫܘܒܩܗ [5] 𝔄 om. ܒܥܠܡܐ [6] A ܐܚ̈ܝܢܗܘܢ [7] 𝔄 om. ܐܦ [8] A ܡܠܟܘ [9] A adds ܠܗܘ [10] A ܡܕܟܪ [11] 𝔄 *is quem commemorant libri* [12] A ܕܗܘ ܩܠܝܘܦܐ

CHAP. XII. [1] A ܕܐܝܟ [2] 𝔄 - ܐܝܠܝܢ ܕܟܠܗܘܢ [3] A ܐܝܟܢܐ [4] A fol. 52 *b* [5] A ܗܘ ܕܡܠܟܘܬܐ [6] A ܣܓܝܐܐ

ܕܝܗܘ̈ܕܝܐ. ܒܬܪ ܕܝܢ ܡܢ ܐܣܦܣܝܢܘܣ. ܥܣܪ (B fol. 52b) ܫ̈ܢܝܢ xiii.
ܒܡܠܟܘܬܐ. ܐܘܛܘܩܪܛܘܪ ܛܝܛܘܣ[7] ܒܪܗ ܡܠܟ ܒܬܪܗ. ܘܒܫܢܬ[8]
ܬܪܬܝܢ ܕܡܠܟܘܬܗ.[9] ܠܝܢܘܣ[10] ܐܦܣܩܘܦܐ ܕܪܗܘܡܐ: ܡܢ[11] ܒܬܪ
ܬܪܬܥܣܪܐ ܫ̈ܢܝܢ ܕܐܚܕ ܬܫܡܫܬܐ ܠܐܢܩܠܛܘܣ[12] ܐܫܠܡܗ. ܒܬܪ
ܡܢ ܕܝܢ ܛܝܛܘܣ[13] ܒܡܠܟܘܬܐ ܬܪܬܝܢ ܫ̈ܢܝܢ ܘܬܪܝܢ ܝܪ̈ܚܝܢ.
ܕܘܡܛܝܢܘܣ[14] ܐܚܘܗܝ ܡܠܟ ܒܬܪܗ.

ܕܬܠܬܥܣܪ. ܕܐܦܣܩܘܦܐ[1] ܕܬܪܝܢ ܡܢ ܐܒܝܠܘܣ[2] ܒܥܕܬܐ ܕܐܠܟܣܢܕܪܝܐ.

𝔄 179 ܒܫܢܬ ܐܪܒܥ ܫ̈ܢܝܢ ܕܕܘܡܛܝܢܘܣ ܡܠܟܐ. ܐܢܝܢܘܣ[3] ܗܘ ܕܗܘܐ xiv.
ܡܕܒܪܢܐ ܐܦܣܩܘܦܐ ܕܥܕܬܐ ܕܐܠܟܣܢܕܪܝܐ. ܒܗ ܟܠܗ ܒܫܢܝܢ
ܫ̈ܢܝܢ ܘܬܪܬܝܢ[4] ܢܦܩ ܡܢ ܥܠܡܐ. ܘܗܘܐ ܡܢ ܒܬܪܗ ܕܬܪܝܢ[5]
ܐܒܝܠܘܣ.

ܕܐܪܒܥܣܪ. ܕܗܘܐ ܐܦܣܩܘܦܐ ܕܬܪܝܢ[1] ܒܪܗܘܡܐ
ܐܢܩܠܛܘܣ.

ܒܫܢܬ ܬܪܬܥܣܪܐ ܕܝܢ ܕܡܠܟܗ ܕܕܘܡܛܝܢܘܣ: ܒܬܪ ܡܢ xv.
ܐܢܩܠܛܘܣ ܒܥܕܬܐ ܕܪܗܘܡܐ ܬܪܬܥܣܪܐ ܫ̈ܢܝܢ. ܡܠܟ ܡܢ
ܒܬܪܗ ܩܠܝܡܝܣ ·:·

[7] A ܛܝܛܘܣ. ܩܕܡܝ ܒܪܗ ܕܐܘܛܘܩܪܛܘܪ ܒܡܠܟܘܬܐ [8] 𝔄 om. ܘ [9] A ܠܡܠܟܘܬܗ [10] 𝔄 *Julianos* [11] A om. ܡܢ [12] A ܐܢܩܠܛܘܣ [13] A ܛܝܛܘܣ [14] A ܕܘܡܛܝܢܘܣ

Chap. XIII. [1] A ܕܐܦܣܩܘܦܐ [2] A ܐܒܝܠܘܣ ܗܘ [3] 𝔄 *Ananianos* [4] A 𝔄 ܫ̈ܢܝܢ ܘܬܪܬܝܢ ܫ̈ܢܝܢ [5] 𝔄 *tertius*

Chap. XIV. [1] 𝔄 *tertius*, but read *երկրորդ secundus*

ܕܐܬܬܫܥܝܬ ܥܠ ܩܠܝܡܝܣ ܗܘ ܕܗܘܐ ܡܢ ܒܬܪ ܬܠܬܐ[1]...

ܥܠ ܩܠܝܡܝܣ[2] ܕܝܢ. ܦܘܠܘܣ ܫܠܝܚܐ ܟܕ ܟܬܒ ܠܦܝܠܝܦܣܝܐ 𝔄 180
ܐܠܦ ܕܗܘ ܗܘܐ ܡܥܕܪܢܗ ܒܟܪܘܙܘܬܐ. ܟܕ ܐܡܪ ܗܟܢܐ. ܥܡ Phil iv 3
ܩܠܝܡܝܣ ܠܝ[3] ܘܥܡ ܫܪܟܐ ܕܡܥܕܪܢܝ. ܗܢܘܢ[4] ܕܫܡܗܝܗܘܢ
ܟܬܝܒܝܢ ܒܣܦܪܐ ܕܚܝܐ.

ܕܐܬܬܫܥܝܬ ܥܠ ܐܓܪܬܐ ܕܝܠܗ ܕܩܠܝܡܝܣ[1]...

xvi. ܠܗܢܐ ܕܝܢ ܚܕܐ ܐܓܪܬܐ ܝܕܥܬܐ ܘܬܡܝܗܬܐ ܕܡܫܘܕܥܐ ܒܗ[2]
ܪܒܬܐ ܐܝܬ ܠܗ. ܗܝ ܕܐܟܬܒ ܐܝܟ ܕܡܢ[3] ܥܕܬܐ ܕܪܗܘܡܝܐ
ܠܥܕܬܐ ܕܩܘܪܢܬܝܘܣ. ܡܛܠ ܫܓܘܫܝܐ ܕܗܘܐ ܬܡܢ[4] ܒܩܘܪܢܬܝܘܣ
ܒܗܘ ܙܒܢܐ. ܘܗܝ ܕܝܢ ܗܕܐ ܐܓܪܬܐ. ܒܥܕ̈ܬܐ ܡܫ̈ܡܥܬܐ[5]
ܡܢ ܩܕܝܡ ܘܥܕܡܐ ܠܗܢܐ ܙܒܢܐ ܡܬܩܪܝܢ[6] ܕܡܬܩܪܝܐ ܠܗܝܢ ܟܠܗ
ܒܥܕܬܐ. ܕܒܙܒܢܘܗܝ ܕܝܢ ܕܗܢܐ ܐܬܬܙܝܥ ܫܓܘܫܝܐ ܒܩܘܪܢܬܝܘܣ.
ܐܝܟ ܗܕܐ ܕܣܗܕ (B fol. 53 a) ܠܗܓܝܣܝܦܘܣ. ܗܓܣܝܦܘܣ

ܕܐܫܬܥܝܬ ܥܠ ܪܕܘܦܝܐ ܕܗܘܐ ܒܝܘܡܝ ܕܕܘܡܛܝܢܘܣ. 𝔄 181

xvii. ܕܕܘܡܛܝܢܘܣ ܕܝܢ ܡܠܟܐ ܟܕ ܡܣܝܒܪܢܘܬܐ ܣܓܝܐܬܐ ܚܘܝ ܠܘܬ
ܣܓܝ̈ܐܐ. ܠܐ ܘܒܥܘܬ ܒܪ ܐܢܫܐ ܡܢ ܦܠܘܣܡܐ ܪܒܐ[1] ܒܗ̇
ܒܪܗܘܡܝ. ܘܡܣܓܝܐܐ ܕܐܢܫܐ ܡܝ̈ܩܪܐ ܩܛܠ ܕܠܐ ܕܝܢܐ
ܕܟܐܢܘܬܐ.[2] ܘܬܘܒ ܣܓܝ ܐܢܫܐ[3] ܡܫܝ̈ܚܝܐ ܐܣܝܪ ܠܒܪ ܡܢ

CHAP. XV. [1] 𝔄 *tertius* [2] A ܩܠܝܡܝܣ [3] A 𝔄 om. ܠܝ [4] A ܢܠܟܘܢ

CHAP. XVI. [1] Read with A 𝔄 ܩܠܝܡܝܣ؛ [2] Read with A ܒܗ̇ [3] 𝔄 does not render ܐܝܟ ܕ [4] 𝔄 om. ܬܡܢ A fol. 53 a [5] A ܩܗܝܡܬܐ. ܐܘ [6] A ܡܬܩܪܝܢ

CHAP. XVII. [1] 𝔄 *de stirpe sua* [2] 𝔄 ܘܡܪܘܒܐ [3] A ܐܢܫܐ؛

ܬܫܡܫܬܐ. ܘܐܫܬܠܡܘ⁴ ܡܢܝܢܗܘܢ ܕܠܐ ܚܒܠ. ܘܠܣܘܪܬܐ ܡܛܠ ܗܘܐ ܡܢ ܢܒܝܘܢ ܕܗܘܘ ܡܢ ܩܕܡܘܗܝ ܒܟܠܙܒܢܐ ܕܐܠܗܐ. ܗܘ ܓܝܪ ܐܡܪ ܚܠܡ ܡܢ ܩܕܡ ܢܒܝܘܢ ܕܕܘܟܝܐ ܕܬܪܝܢ. ܚܕ⁵ ܐܟܡܢ ܐܣܦܣܝܢܘܣ ܐܦܠܐ ܡܬܢܒܝܢ ܐܬܚܙܝ ܕܢܫܟܚ ܠܗ ܡܕܡ ܕܦܢܝܐ...

ܕܬܡܢܬܥܣܪ ܥܠ ܝܘܚܢܢ ܫܠܝܚܐ ܘܥܠ ܗܘ ܓܠܝܢܐ ܀

xviii. 1 ܡܬܐܡܪܐ ܕܠܗܕܐ. ܕܝܘܚܢܢ ܫܠܝܚܐ ܘܡܣܒܪܢܐ. ܒܗܢܐ
ܘܚܝܐ ܒܓܙܪܬ ܦܛܡܘܣ ܗܘܐ ܒܥܠܡܐ. ܘܡܛܠ ܣܗܕܘܬܐ ܕܥܠ
𝔄 182 ܡܠܬܐ ܕܐܠܗܐ. ܐܫܬܕܝ ܕܢܥܡܪ ܒܓܙܪܬܐ ܗܕܐ ܕܦܛܡܘܣ
2 ܦܛܡܘܣ.. ܐܝܪܢܐܘܣ ܗܟܝܠ ܟܕ ܟܬܒ ܥܠ ܚܘܫܒܢܐ ܕܫܡܗ
ܕܡܫܝܚܐ: ܕܟܬܝܒ ܒܗܘ ܓܠܝܢܐ ܕܡܬܐܡܪ ܕܝܘܚܢܢ. ܗܠܝܢ
ܐܡܪ ܡܛܠ ܝܘܚܢܢ. ܒܦܢܝܐ ܕܚܡܫܐ ܕܐܟܬܒ ܠܘܩܒܠ ܗܪܣܝܣ..¹
Adv Haer v 30, 3 3 ܘܐܡܪ ܗܟܢܐ. ܕܐܢ ܘܠܐ ܗܘܐ ܠܗ ܕܢܬܟܪܙ ܓܠܝܐܝܬ
ܫܡܗ ܒܗܢܐ ܙܒܢܐ ܗܘ ܕܐܬܚܙܝ ܠܗ ܓܠܝܢܐ ܒܐܝܕܘܗܝ
ܡܬܐܡܪ ܗܘܐ. ܠܐ ܓܝܪ ܡܢ ܙܒܢܐ ܣܓܝܐܐ ܐܬܚܙܝ. ܐܠܐ
ܒܗܢܐ ܕܪܐ ܕܠܢ ܩܪܝܒ ܣܓܝ:² ܒܫܘܠܡܐ ܕܡܠܟܘܬܗ ܕܕܘܡܛܝܢܘܣ.³
4 ܕܒܗܠܝܢ ܙܒܢܐ ܗܟܢܐ ܢܗܝܪ ܗܘܐ ܝܘܠܦܢܐ ܕܗܝܡܢܘܬܐ ܕܝܠܢ.
ܐܝܟܢܐ⁴ ܕܐܦ ܡܟܬܒܢܐ ܕܗܘܘ ܠܒܪ ܡܢ ܝܘܠܦܢܢ. ܠܐ ܐܟܣܝܘ
ܕܢܟܬܒܘܢ ܒܡܟܬܒܢܘܬܗܘܢ⁵ ܠܗ ܠܪܕܘܦܝܐ ܘܠܣܗܕܘܬܐ (B fol. 53 b)
5 ܕܗܘܘ ܒܗ. ܕܗܢܘܢ ܐܦ. ܟܠܗܘܢ ܥܠ ܙܒܢܐ ܐܘܕܥܘ
ܚܬܝܬܐܝܬ ܘܐܡܪܘ. ܕܒܫܢܬ ܚܡܫܬܥܣܪܐ ܠܗ⁶ ܕܕܘܡܛܝܢܘܣ.

⁴ A ܘܐܫܬܠܡܘ ⁵ A adds ܝܢ?

Chap. XVIII. ¹ A ܗܪܣܝܣ ² Instead of ܩܪܝܒ ܣܓܝ 𝔄 has [illegible] *computavit quod* ³ A fol. 53 b ⁴ A ܐܝܟ ⁵ A ܒܡܟܬܒܢܘܬܗܘܢ ⁶ A ܚܡܫܬܥܣܪܐ ܠܗ, 𝔄 om. ܠܗ

ܘܥܡ ܐܚܪ̈ܢܐ ܣ̈ܓܝܐܐ ܐܫܬܕܪܬ ܐܦ ܗܝ ܦܠܒܝܐ[7] ܕܘܡܝܛܠܠܐ.
ܕܐܚܬܗ̇ ܗܘܬ ܒܪܬ ܚܬܗ ܕܦܠܐܒܝܘܣ[8] ܩܠܝܡܝܣ. ܚܕ ܡܢ
ܗ̈ܦܛܩܘ ܕܐܝܬ ܗܘܘ ܒܪܗܘܡܐ ܒܗܘ ܙܒܢܐ. ܕܡܛܠ ܣܗܕܘܬܐ
ܕܥܠ ܫ̈ܡܗ ܕܡܫܝܚܐ. ܐܫܬܕܝܬ ܒܟܡܣܐ ܒܪܝܐ ܠܓܙܪܬܐ ܚܕܐ
ܕܡܬܩܪܝܐ ܦܘܢܛܝܐ..

ܕܬܫܥܝܬܐ ܕܐܝܟܢܐ ܦܩܕ ܕܘܡܝܛܝܢܘܣ. ܕܢܬܩܛܠܘܢ ܐܝܠܝܢ 𝔄 183
ܕܡܢ ܫܪܒܬܗ ܐܢܘܢ ܕܕܘܝܕ..

xix. ܦܩܕ ܗܘܐ ܕܝܢ ܗܘ ܕܘܡܝܛܝܢܘܣ. ܕܢܬܩܛܠܘܢ[1] ܐܝܠܝܢ ܕܡܢ
ܫܪܒܬܗ ܐܢܘܢ ܕܕܘܝܕ. ܘܡܠܬܐ ܡܢ ܩܕܝܡ ܕܡܬܐܡܪܐ[2]
ܕܐܢܫܐ ܡܢ ܗܪܣܝܣ[3] ܐܟܠܘ ܩܪܨܐ ܗܘܘ ܠܒܢ̈ܘܗܝ ܕܝܗܘܕܐ. ܗܘ
ܕܐܚܘܗܝ ܗܘܐ ܐܚܘܗܝ ܕܡܪܢ ܒܒܣܪ. ܐܝܟ ܕܠܐܢܫܐ
ܕܡܢ ܫܪܒܬܗ ܐܢܘܢ ܕܕܘܝܕ ܘܕܡܢ ܫܪܒܬܗ ܕܡܫܝܚܐ. ܗܠܝܢ
ܕܝܢ ܡܫܘܐ ܗܓܣܝܦܘܣ ܗܟܢܐ ·:· ·:·

ܕܥܣܪܝܢ ܥܠ ܐܝܠܝܢ[1] ܕܡܢ ܫܪܒܬܗ ܐܢܘܢ ܕܡܪܢ ·:· ·:·

xx. 1 ܐܡܪ ܗܟܝܠ ܗܓܣܝܦܘܣ.[2] ܕܥܕܟܝܠ ܦܝܫܝܢ ܗܘܘ ܒܥܠܡܐ
ܐܝܠܝܢ ܕܡܢ ܫܪܒܬܗ ܐܢܘܢ ܕܡܪܢ. ܒܢ̈ܘܗܝ ܕܝܗܘܕܐ ܗܘ
ܕܡܬܐܡܪ ܒܒܣܪܐ ܐܚܘܗܝ. ܕܐܠܘܗܝ[3] ܐܬܐܟܠܘ ܩܪ̈ܨܝܗܘܢ 𝔄 184
2 ܐܝܟ ܕܒܢ̈ܘܗܝ ܐܢܘܢ ܕܕܘܝܕ. ܠܗܠܝܢ ܐܝܬܝ ܐܢܘܢ ܐܘܟܠܦܛܘܣ
ܠܘܬ ܕܘܡܝܛܝܢܘܣ[4] ܩܣܪ. ܕܚܝܠ ܗܘܐ ܓܝܪ ܡܢ ܡܐܬܝܬܗ[5]
ܕܡܫܝܚܐ ܐܝܟ ܗܪܘܕܣ.. ܘܫܐܠ ܐܢܘܢ ܐܢ[6] ܡܢ ܫܪܒܬܗ

[7] A ܦܠܒܝܐ   [8] A ܕܦܠܒܝܘܣ

Chap. XIX. [1] A adds ܒܠܚܘܕ   [2] A ܡܬܐܡܪܐ   [3] A ܗܪܣܣ

Chap. XX. [1] 𝔄 = ܒܠܚܘܕ ܐܝܠܝܢ   [2] A ܗܓܝܣܝܦܘܣ   [3] A ܕܝܠܗܘܢ   [4] A ܕܘܡܝܛܝܢܘܣ   [5] A ܡܐܬܝܬܗ   [6] A ܐܢ | 𝔄 revera

ܐܝܬܘܢ ܕܕܘܟ. ܘܐܬܘܗܝ.. ܗܢܘܢ ܬܘܒ ܫܬܠ ܐܢܘܢ ܕܒܝܬܐ
3 ܡܨܪܝܐ ܐܝܬ ܗܘܘ ܠܗܘܢ[7] ܘܫܡܗܐ ܕܐܒܗܐ ܩܒܝܠ.[8] ܫܡܗܘܢ ܕܝܢ
ܐܚܪܢܐ.[9] ܕܠܢܒܝܐܗܘܢ ܐܝܟ ܕܬܫܒܚܬܐ[10] ܐܠܗܝ ܕܫܪܝܪܐ ܐܝܬ
4 ܠܗܘܢ ܟܠܗܘܢ. ܕܗܘܐ ܠܗܢ ܡܫܡܗܝܢ ܦܠܓܐ.[10a] ܘܩܪܘ
(B fol. 54 a) ܗܠܝܢ ܠܘ ܩܪܘ ܕܝܠܗܐ ܐܝܬ ܗܘܐ ܠܗܘܢ. ܐܠܐ
ܕܢܒܝ̈ܐ ܕܐܬܠܝܢ ܘܬܫܒܚܬܐ ܦܠܛܪܝܢ[11] ܐܪܒܥܐ ܕܐܝܬ ܗܘܐ ܠܗܘܢ
ܟܠܗܘܢ. ܕܚܫܝܗܘܢ ܐܦ ܡܢܐܬܐ ܡܫܡܫܝܢ ܗܘܘ. ܘܡܐܪ̈ܝܗܘܢ[12]
5 ܦܠܚܝܢ ܗܘܘ ܘܡܬܬܪܥܝܢ. ܘܡܫܬܡܥܝܢ ܗܘܘ ܬܘܒ ܐܪ̈ܝܗܘܢ
ܠܗܕܝܘܬܐ. ܕܡܐܪ̈ܝܗܘܢ[13] ܦܠܚܝܢ ܗܘܘ ܡܫܝܚܘܬܗ ܕܦܓܪܐ.
6 ܘܐܪ̈ܝܗܘܢ ܕܐܬܦܫܛ ܡܢ ܦܠܚܢܐ ܐܡܝܢܐ. ܘܒܪ ܐܫܬܪܝܘ
ܠܐ ܡܫܝܢܐ ܘܠܐ ܡܠܟܘܬܗ: ܕܐܝܟܢܐ ܗܘ ܘܐܝܟܢܐ ܘܐܬܒܪܝܘ
ܡܬܚܝܢܐ. ܦܢܘ ܦܬܓܡܐ[14] ܕܠܘ ܕܗܢܐ ܗܘ ܟܠܡܐ. ܘܠܐ ܟܠ
ܐܪܒܥܐ ܗܘܘܐ. ܐܠܐ ܠܟܠ ܡܢ ܥܡܝܐ ܐܝܬܝܗ[15] ܟܠ ܡܠ̈ܟܐ.
ܘܟܠܡܠܟܗ ܕܟܠܡܐ ܡܬܠܟܝܢ ܡܢܐ ܕܐܬܪܐ ܒܫܡܝܐ ܕܢܫܘܢ
7 ܡܢ̈ܬܐ ܘܫܢ̈ܝܐ.[16] ܘܢܦܘܩ ܠܟܠܝܫ[17] ܐܝܟ ܒܪ̈ܕܘܗܝ. ܘܒܪ ܠܐ 𝔄 185
ܓܒܠ ܐܢܘܢ ܕܡܬܝܠܝܢ ܒܗܠܝܢ. ܐܠܐ ܐܦ ܐܢܘܢ ܐܝܟ
ܕܠܡܨܪ̈ܝܐ ܘܐܡܪܘ[18] ܐܢܘܢ ܦܢܘ ܡܨܪ̈ܝܐ. ܘܗܘ ܦܘܩܕܢܐ ܕܢܫܠܐ
8 ܕܢܘܩܐ ܕܟܠ ܟܢܬܐ. ܘܩܪܘ ܗܠܝܢ ܒܪ ܐܬܬܪܘ ܡܟܢܝܢ
ܗܘܘ ܟܢ̈ܬܐ ܐܝܟ ܐܢܫܐ ܡܫܕ̈ܪܐ. ܘܐܝܟ ܕܡܢ ܠܥܠܡ ܐܢܘܢ
ܕܟܝܢ. ܘܩܘܡܐ ܕܝܢ ܫܠܡܬܐ ܘܡܩܘܢ ܒܟܠܡܢ ܒܕܡܝܐ
9 ܠܦܪ̈ܢܘܣ[19] ܡܠܟܐ. ܗܠܝܢ ܕܝܢ ܗܢܐܣܝܘܣ. ܠܘ ܕܝܢ ܗܘ

[7] A fol. 51 a [8] 𝔄 om. ܩܒܝܠ [9] A adds ܘܟܘܟ [10] A 𝔄 ܐܠܦܝ ܕܫܪܝܪܐ] [10a] 𝔄 adds *eius* [11] 𝔄 om. ܦܠܛܪܝܢ [12] A ܘܡܐܪ̈ܝܗܘܢ [13] In 𝔄 for *Mōp* read *Mōqp* [14] 𝔄 adds *et dicunt* [15] For ܐܝܬܝܗ] 𝔄 has *h et* (but read *h ?*) [16] 𝔄 ܡܢ̈ܬܐ ܘܫܢ̈ܝܐ] [17] A ܠܟܠܝܫ] ܠܟܠ ܐܢܫ [18] 𝔄 om. ܘ [19] A ܠܦܪ̈ܢܘܣ

ܒܠܚܘܕ. ܐܠܐ ܐܦ ܛܪܛܠܠܝܢܘܤ[20] ܡܥܗܕ ܠܗ ܠܕܘܡܛܝܢܘܤ
ܗܟܢܐ. ܕܢܣܐ ܗܘܐ ܠܗ[21] ܟܘܢ ܐܦ[22] ܕܘܡܛܝܢܘܤ ܕܢܥܒܕ Apol 5
ܐܟܘܬܗ ܕܗܘ. ܡܛܠ ܕܒܪ ܡܢܬܐ ܗܘܐ ܕܒܝܫܘܬܗ[23] ܕܢܪܘܢ.
ܐܠܐ ܕܝܢ ܐܝܟ ܕܣܒܪ ܐܢܐ.[24] ܡܛܠ ܕܐܝܬ ܗܘܐ ܒܗ ܩܠܝܠ
ܣܘܟܠܐ ܒܥܓܠ ܐܬܒܛܠ ܗܘܐ. ܘܐܦܢܝ ܗܘܐ ܐܦ[25] ܠܗܢܘܢ
10 ܕܐܓܠܝ ܗܘܐ. ܡܢ ܒܬܪ ܕܘܡܛܝܢܘܤ. ܕܝܢ ܕܐܚܕ[26] ܫܘܠܛܢܐ
ܚܡܫܬܥܣܪܐ ܫܢ̈ܝܢ. ܩܒܠ ܡܠܟܘܬܗ[27] ܢܪܘܐ[28] ܘܐܬܓܙܪ ܥܠܘܗܝ
ܐܝܩܪܗ ܕܕܘܡܛܝܢܘܤ. ܘܦܩܕ (B fol. 54 b) ܠܕܝܠܗܘܢ ܟܠܗܘܢ
ܐܝܠܝܢ ܕܒܥܘܠܐ ܐܬܕܚܝܘ ܢܗܦܟܘܢ ܘܐܬܝܗܒ ܠܗܘܢ ܐܦ ܩܢܝܢܗܘܢ.
ܐܝܟ ܕܡܢ ܦܘܩܕܢܐ ܕܣܘܢܩܠܝܛܘܤ[29] ܕܪܗܘܡܝܐ. ܗܠܝܢ ܡܫܬܥܝܢ
ܐܢܫܐ ܐܝܠܝܢ ܕܟܬܒܘ ܬܫܥܝܬܐ ܕܥܕܬܐ ܕܗܘܐ ܒܙܒܢܗܘܢ ܘܬܢܝܘ.
11 ܘܗܝܕܝܢ ܐܦ ܝܘܚܢܢ ܫܠܝܚܐ[30] ܦܢܐ ܡܢ ܗܝ ܓܠܘܬܐ ܕܓܙܪܬܐ
ܗܘܐ ܒܗ̇. ܘܐܬܐ ܠܐܦܣܘܣ. ܘܬܡܢ ܡܬܗܦܟ ܗܘܐ ܐܝܟ
ܕܐܫܬܠܡܬ ܠܝ ܡܫܡܥܢܘܬܐ ܕܩܕܡ̈ܝܐ :·:

ܕܒܬܪ ܐܢܝܐ ܕܒܥܕܬܐ ܕܐܠܟܣܢܕܪܝܐ ܗܘܐ ܐܦܣܩܘܦܐ
ܕܬܠܬܐ ܩܪܕܘܢ :·:

xxi. 1 ܟܕ ܗܘ̣ ܕܝܢ ܒܡܠܟܘܬܐ ܢܪܘܐ[1] ܚܕܐ ܫܢܬܐ ܝܬܝܪ ܩܠܝܠ.
ܩܒܠ[2] ܡܠܟܘܬܗ ܛܪܝܢܘܤ.[3] ܘܒܫܢܬܐ ܩܕܡܝܬܐ ܕܝܠܗ: ܟܕ ܕܒܪ
ܐܒܝܠܝܘܤ ܥܕܬܐ ܕܒܐܠܟܣܢܕܪܝܐ ܬܠܬܥܣܪܐ ܫܢ̈ܝܢ.[4] ܩܒܠ

[20] A ܛܶܪܛܽܠܠܝܰܢܳܘܣ [21] 𝔄 om. ܠܗ [22] A om. ܐܦ | 𝔄 om. ܐܦ ܕܘܡܛܝܢܘܤ [23] A ܕܒܺܝܫܽܘܬܶܗ [24] A ܣܳܒܰܪ ܐ̱ܢܳܐ [25] 𝔄 om. ܐܦ [26] 𝔄 sed Domitianos cepit A fol. 51 b [27] 𝔄 et post eum cepit [28] A ܢܶܪܘܳܐ [29] A ܡܰܠܟܳܐ ܕܣܽܘܢܩܠܺܝܛܳܘܣ [30] 𝔄 om. ܫܠܝܚܐ

CHAP. XXI. [1] A ܢܶܪܘܳܐ [2] A adds ܠܶܗ [3] 𝔄 Pianos [4] A ܫ̈ܢܺܝܢ ܬܠܳܬܰܥܣܰܪ

2 ܒܬܪܗ ܡܪܩܘܣ. ܕܗܘ ܗܘ ܬܪܝܢ ܬܠܝܬܝܐ ܡܢ ܒܬܪ⁵ ܐܢܝܩܛܘܣ
ܡܕܝܢܬܐ. ܘܒܫܢܬܐ ܕܬܡܢܐ ܕܡܠܟܘܬܗ ܕܐܘܪܝܣ ܗܘܐ ܪܝܫܬܐ⁶
ܕܪܗܘܡܝܐ. ܕܐܦ ܗܘ ܕܪܓܐ ܕܬܠܝܬܝܐ ܐܚܝܕ ܗܘܐ ܒܐܦܣܩܘܦܘܬܐ⁷
3 ܕܗܘܘ ܬܡܢ. ܡܢ ܒܬܪ ܦܘܠܘܣ ܘܦܪܝܡܘܣ ܠܝܘܠܝܢܘܣ⁸ ܡܕܝܢܬܐ.
ܘܡܢ ܒܬܪܗ ܐܝܘܠܝܢܘܣ⁹...

ℨ 187 ܕܥܣܪܝܢ ܘܬܪܝܢ. ܕܒܐܝܓܝܣܝܦܘܣ¹ ܐܦܣܩܘܦܐ ܕܬܪܝܢ ܐܝܓܝܣܝܦܘܣ
ܗܘܐ.

xxii. ܐܠܐ ܐܦ ܒܐܝܓܝܣܝܦܘܣ: ܡܢ² ܒܬܪ ܐܘܗܕܝܢܘܣ ܗܘ ܕܗܘܐ
ܬܡܢ ܐܦܣܩܘܦܐ ܕܪܗܘܡܐ. ܒܬܠܬ ܕܝܢ ܐܦܣܩܘܦܐ ܕܬܪܝܢ
ܗܘܐ³ ܗܘܐ ܐܝܓܝܣܝܦܘܣ. ܘܗܟܢܐ ܐܦ ܥܡܗܘܢ ܐܦܣܩܘܦܐ
ܕܬܪܝܢ ܒܥܕܬܐ⁴ ܕܐܘܪܫܠܡ ܡܢ ܒܬܪ ܝܥܩܘܒ ܐܚܘܗܝ ܕܡܪܢ.
ܒܬܠܬ ܕܝܢ ܐܚܝܕ ܗܘܐ ܬܫܒܘܚܬܐ

¹ܕܥܣܪܝܢ ܘܬܠܬܐ. ܕܬܫܥܝܬܐ ܥܠ ܕܝܘܢܘܣܝ ܥܠܝܡܐ...

xxiii. 1 ܒܗܠܝܢ¹ᵃ ܕܝܢܐ. ܐܫܬܡܥ ܗܘܐ ܒܥܠܡܐ ܒܐܘܪܚܐ ܗܘ
ܕܐܪܝܢ ܗܘܐ ܠܗ ܡܫܟܚ ܕܝܘܢܘܣܝ ܥܠܝܡܐ ܘܡܦܩܕܢܐ. ܘܡܕܒܪ²
ܗܘܐ ܒܬܪܗ ܕܬܡܢ. ܟܕ ܦܝܫܐ ܡܢ ܩܘܪܢܬܘܣ ܕܥܕܬܐ ܗܘܐ
2 ܒܗ: ܡܢ ܒܬܪ ܡܘܬܗ (B fol. 55 *a*) ܕܦܘܠܝܩܪܦܘܣ.³ ܕܒܗܠܝܢ ܕܝܢ
ℨ 188 ܕܝܢܐ ܡܢܗ ܗܘܐ ܒܥܠܡܐ. ܦܩܚ ܕܐܬܚܫܒ ܡܢ ܬܪܝܢ ܩܫܝܫܝܢ

⁵ A ܒܬܪ ܕܬܠܬܐ ⁶ ℨ *princeps ecclesiae* ⁷ ℨ *episcopatûs* ⁸ ℨ *Iulianos* ⁹ A ܐܝܘܠܝܢܘܣ

CHAP. XXII. ¹ A ܕܐܝܓܝܣܝܦܘܣ ² A ܕܡܢ In ℨ for *[Armenian]* read *[Armenian]* ³ A ܐܡܝܢ ⁴ ℨ = ܕܥܕ̈ܬܐ

CHAP. XXIII. ¹ A fol. 55 *a* ¹ᵃ Here begin extracts in E (Add. 14650) fol. 71 *a*, and F (Add. 14641) fol. 144 *a* ² ℨ om. ܘ ³ A F ܕܦܘܠܝܩܪܦܘܣ

ܡܫܡ̈ܫܢܐ. ܗܘܘ ܕܝܢ ܗܠܝܢ[4] ܫ̈ܠܝܚܐ ܕܡܫܡܠܝܘܬܐ ܫܪܪܬܐ[5]
ܕܥܕܬܐ. ܕܐܝܬܝܗܘܢ ܐܝܪܢܐܘܣ[6] ܘܩܠܝܡܝܣ ܐܠܟܣܢܕܪܝܐ.
3 ܕܐܝܪܢܐܘܣ[7] ܗܘ ܟܕ ܒܡܐܡܪܐ ܕܬܪܝܢ ܕܣܛ ܠܘܩܒܠ ܗܪ̈ܣܝܣ[8]
ܐܟܬܒ ܗܟܢܐ ܒܬܠܡ̈ܘܗܝ.. ܕܟܠܗܘܢ ܠܡ ܩ̈ܫܝܫܐ ܗܢܘܢ ܕܐܝܬ Adv Haer ii 22, 5
ܗܘܐ ܒܐܣܝܐ ܘܐܬܚܙܝܘ ܥܡ ܝܘܚܢܢ ܬܠܡܝܕܗ ܕܡܪܢ.
ܡܣܗܕܝܢ ܕܗܘ ܐܫܠܡ ܠܗܘܢ. ܐܟܬܪ ܓܝܪ[9] ܥܡܗܘܢ ܥܕܡܐ
4 ܠܙ̈ܒܢܘܗܝ ܕܛܪܝܢܘܣ.[10] ܘܒܡܐܡܪܐ ܕܬܠܬܐ ܕܝܠܗ ܕܗܢܐ
ܫܪܒܐ ܗܢܘ[11] ܗܠܝܢ ܡܚܘܐ. ܐܠܐ ܠܡ[12] ܐܦ ܥܕܬܐ ܕܐܦܣܘܣ. ib iii 4
ܕܫܬܐܣܬ ܡܢ ܦܘܠܘܣ. ܘܝܘܚܢܢ[13] ܕܝܢ[14] ܐܟܬܪ ܠܘܬܗܘܢ ܥܕܡܐ
ܠܙܒܢܐ ܕܛܪܝܢܘܣ..[15] ܐܦ ܗܝ ܣܗܕܐ ܗܝ[16] ܫܪܝܪܬܐ
5 ܕܡܫܠܡܢܘܬܗܘܢ ܕܫ̈ܠܝܚܐ. ܘܩܠܝܡܝܣ[17] ܕܝܢ ܐܦ ܥܠܘܗܝ ܥܠ ܙܒܢܐ
ܗܢܘܢ ܐܦ ܬܫܥܝܬܐ ܕܦܩܕ. ܒܡܠܐ ܠܐܝܠܝܢ ܕܨܒܝܢ ܠܡܫܡܥ.
ܐܝܠܝܢ ܕܐܝܟ ܕܫܦܝܪ. ܒܡܣܥܣ[17a] ܬܘܒ ܒܡܐܡܪܐ ܕܣܛ:
ܘܐܬܒ ܥܠܘܗܝ ܥܠ ܕܐܝܬܐ ܗܘ[18] ܥܬܝܕܐ ܕܫܢܝܐ[19] ܘܫܟܒ ܘܦܛܪ[20]
6 ܒܟܬܒܗ. ܕܐܝܬ ܟܝ ܡܕܝܢܐ. ܘܒܥܕ ܠܡ ܡܬܠܐ. ܠܐ[21] ܕܝܢ Quis Div Salv 42
ܡܬܠܐ ܐܠܐ ܡܠܬܐ ܕܐܫܬܠܡܬ. ܘܡܥܗܕܢܐ ܐܬܒܪܬ[22] ܥܠ
ܝܘܚܢܢ ܫܠܝܚܐ. ܡܠܠ ܓܒܪ ܕܡܫܒܚ[23] ܗܘܐ ܠܗ ܫܡܘܥܐ ܗܘ.
ܦܢܐ[24] ܡܢ ܦܛܡܘܣ ܓܙܪܬܐ ܘܐܬܐ ܠܐܦܣܘܣ.. ܘܩܥܝܢ[25] ܗܘܘ 𝔄 189

[4] In 𝔄 for ... read ... [5] 𝔄 *doctores veri fidei* [6] F ܐܝܪܝܢܐܘܣ
[7] A ܘܐܝܪܝܢܐܘܣ F ܕܐܝܪܝܢܐܘܣ ܗܘ [8] A ܗܪܣܝܣ 𝔄 has sing. [9] 𝔄 = ܕܝܢ
[10] A E F ܕܛܪܝܢܘܣ [11] E fol. 71 *b* [12] 𝔄 om. ܐܠܐ ܠܡ [13] E F ܘܝܘܚܢܢ [14] A om. ܕܝܢ [15] A E ܕܛܪܝܢܘܣ [16] F om. ܗܝ
[17] A ܘܩܠܝܡܝܣ [17a] 𝔄 = ܘܡܬܘܡܐܣ [18] A E F ܐܝܟܢܐ ܕ [19] A ܕܫܢܝܐ
E F ܕܫ̈ܢܝܐ [20] E 𝔄 ܦܛܪ [21] A adds ܗܘܐ [22] F fol. 144 *b* [23] For ܕܡܫܒܚ E has ܕܡ ܡܫܒܚ but the letters ܕܡ are a later insertion [24] 𝔄 =
ܘܦܢܐ (for ܦܢܐ .ܗܘ) [25] A fol. 55 *b*

ܡܢܗܘܢ ܘܐܙܠ[25a] ܗܘܐ ܠܐܬܪܘܬܐ ܕܡܕܢܚܐ.[26] ܐܝܬ ܐܬܪܐ
ܕܢܣܒ ܡܢܗ ܐܦܝܣܩܘܦܐ.[27] ܐܝܬ[28] ܕܐܦ ܕܢܬܒܣܡ ܒܕܘܟܬܐ.[29] ܘܐܝܬ
ܕܠܡܣܒ ܐܝܟܐ ܕܚܙܐ ܡܢ ܦܬܓܡܐ ܕܒܕܘܟܬܐ.[30] ܠܐܢܫܝܢ ܕܪܘܚܐ
7 ܕܡܘܕܥܢܐ[31] ܡܘܕܥܢܐ ܗܘܬ ܠܗ[32] ܒܠܚܘܕ. ܐܝܟܐ ܕܝܢ ܐܦ[33]
ܠܡܕܝܢܬܐ ܚܕܐ ܕܦܪܘܣܝܐ ܗܘܬ ܡܠܠ: ܐܝܬ (B fol. 55 b) ܕܝܢ
ܐܚܪܢܐ ܕܐܦ ܥܡܗ ܐܡܪܝܢ. ܘܐܢܫܝܢ ܐܝܠܘܢ ܠܐܢܫܐ
ܒܠܚܘܕ. ܘܡܢ ܒܠܗܘܢ ܗܠܝܢ. ܚܕܐ ܗܘܐ[34] ܠܟܠܗܘܢ ܚܕ
ܕܣܠܩܬ ܗܘܐ ܒܓܠܝܢܗ ܘܥܒܕܐ ܚܝܘܬܗ ܘܪܘܚܗ. ܒܪܫܗܘܢ. ܘܚܕ
ܒܐܦܝܣܩܘܦܐ[35] ܕܩܐܡ ܗܘܐ ܬܡܢ ܘܐܡܪ ܠܗ. ܗܢܐ ܠܝ
ܡܢܠܠ ܐܢܐ[36] ܠܗ ܒܝܘܦܠܐ ܡܠܝܐ ܠܟܝ ܒܕܘܟܬܐ ܘܡܥܝܢܐ
ܕܥܘܗܕ. ܗܘ ܕܝܢ ܡܠܠ ܘܐܫܬܘܝ ܡܠܬܐ. ܬܘܒ[37] ܗܢܝܢ
8 ܒܗ ܗܢܝܢ ܡܠܠ ܗܘܐ ܠܗ ܘܡܦܝܣ. ܘܡܢ ܒܬܪܡ ܐܙܠ ܗܘܐ
ܠܐܦܝܣܩ. ܘܗܘ ܡܫܝܚܐ[38] ܕܩܪܗ ܠܗܘ ܒܠܝܠܝܐ ܕܐܬܓܠܝ[39]
ܠܗ ܠܚܠܘܬܗ ܘܡܬܘܪܬܐ ܗܘܐ ܠܗ. ܘܡܫܡܫܢ ܗܘܐ ܒܗ
ܘܡܪܢܝܬ ܗܘܐ ܒܠܗܘܢ. ܘܡܬܪܣܝܢ ܐܚܪܢܐ. ܘܒܬܪ[40] ܗܕܐ
ܐܡܪܘ ܡܢ ܒܝܠܘܬܐ ܡܫܝܚܝܬܐ ܘܡܢ ܢܦܩܝܢ. ܐܝܟ[41] ܕܢܦܩܪܐ
9 ܡܬܟܠܠܐ ܐܝܟܢ ܠܗ ܠܫܘܬܦܗ ܕܡܕܝܢܐ.[42] ܗܘ ܕܝܢ ܒܠܚܘܕܐ
ܒܗ ܥܡܠ ܐܪܘܚܬܐ. ܐܬܐ ܢܦܫܗ ܥܒܪܐ ܒܬܪ ܩܘܫܝ ܒܐܠܦܐ
𝔄 190 ܘܡܫܬܡܠܝܐ ܕܦܠܚܝܢ ܒܬܪܐ ܕܒܫܪܬܐ. ܘܡܥܡܪܐܝܬ[43] ܕܒܪܡ ܗܘܐ

[25a] E F ܘܐܙܠ [26] E F add ܕܡܕܢܚܝܢ 𝔄 adds *et ivit. Et* [27] A ܐܦܝܣܩܘܦܘܬܐ E F ܐܦܝܣܩܘܦܘܬܐ. In 𝔄 read [illegible] [28] A ܘܐܝܬ [29] 𝔄 omits the clause ܐܝܬ ܕܐܦ ܕܢܬܒܣܡܘܢ ܒܟܬܒܐ [30] A 𝔄 ܕܟܬܒܐ [31] A adds ܗܘ [32] 𝔄 *monstrat prius* [33] 𝔄 om. ܐܦ [34] A adds ܠܗܘܢ [35] E ܐܦܝܣܩܘܦܘܬܐ F ܐܦܝܣܩܘܦܘܬܐ [36] A ܡܬܚܫܒܢܐ [37] 𝔄 – ܘܬܘܒ [38] 𝔄 *episcopus* [39] E F ܕܐܬܓܠܝ [40] E ܒܬܪ [41] E adds ܦܝ [42] E ܕܡܫܬܒܚܢܐ (prob. originally ܕܡܕܝܢܐ) [43] A ܘܡܥܡܪܢܐܝܬ E F ܘܡܥܡܪܢܐܝܬ

ܠܗ ܠܛܪܘܬܐ ܕܥܠܝܡܘܬܗ. ܘܡܢ ܒܬܪܟܢ ܐܦ[44] ܟܠܠܐ ܢܩܦܝܢ ܗܘܘ
ܘܡܬܥܠܝܢ ܐܢܫܝܢ ܘܕܒܪܝܢ ܗܘܘ ܠܗ ܒܡܥܒܕܗܘܢ. ܘܬܘܒ[45]
ܡܩܩܝܢ ܗܘܘ ܠܗ ܕܢܗܘܐ ܒܡܥܒܕܗܘܢ ܐܦ ܕܘܟܬܐ ܡܢ ܗܕܐ.
10 ܗܘ ܕܝܢ ܒܩܠܝܠ ܩܠܝܠ ܡܬܥܕܪ ܗܘܐ.[46] ܘܐܝܟ ܒܥܝܪܐ ܕܚܝܠܐ
ܓܒܪܐ.[47] ܘܐܝܟ ܣܘܣܝܐ ܕܠܐ ܡܬܒܥܛ ܦܘܡܗ ܘܢܦܩ ܡܢ ܐܘܪܚܗ[48]
ܒܐܘܪܚܐ ܥܩܝܡܬܐ.[49] ܘܪܕܐܝܬ ܠܥܘܡܩܗ ܕܒܝܫܘܬܐ[50] ܓܒܪܐ ܗܘܐ.
11 ܟܕ ܕܝܢ ܦܣܩ ܣܒܪܐ ܕܚܝܘܗܝ ܕܒܐܠܗܐ ܡܫܡܠܝܐܝܬ. ܠܐ
ܗܘܐ ܡܕܡ ܙܥܘܪ ܡܬܪܥܐ ܗܘܐ ܕܢܥܒܕ ܗܘܐ. ܐܠܐ ܕܘܟܬܐ
ܡܢ ܟܠ ܡܛܠ ܕܐܒܕܐ ܗܘܐ ܐܝܟ ܗܘܐ. ܘܩܡ ܡܫܩܠ ܗܘܐ
ܕܢܥܒܕ[51] ܐܝܟ ܚܒܪܘܗܝ. ܕܒܪ ܐܢܘܢ ܗܘܝܠ ܠܗܘܢ[52] (B fol. 56 a)
ܠܗܠܝܢ. ܘܥܒܕ ܠܗ ܓܘܕܐ ܕܠܣܛܝܐ. ܘܐܬܬܨܝܒ[53] ܪܫ ܠܣܛܝܐ
ܩܘܐ ܗܘܐ[54] ܘܕܚܝܪ ܒܩܛܠܐ. ܩܛܘܠܐ ܒܝܫܐ[55] ܘܡܫܬܐܢܐ.[56]
12 ܗܘܐ ܕܝܢ ܙܒܢܐ[57] ܒܡܨܥܬܐ.[58] ܘܩܪܐܘܗܝ[59] ܠܝܘܚܢܢ ܕܗܢܘ[60]
ܡܬܒܥܝܬܐ. ܘܟܕ ܐܬܐ ܒܬܪܟܢ[61] ܗܘ ܕܡܛܠܬܗ ܐܬܐ ܗܘܐ
ܐܡܪ ܠܐܦܝܣܩܦܐ.[62] ܦܢܐ ܠܝ ܓܘܥܠܢܐ ܗܘ ܕܐܢܐ ܘܡܫܝܚܐ
ܐܓܥܠܢ ܠܟ. ܠܟܠ ܣܗܕܘܬܐ ܕܥܕܬܐ ܗܕܐ ܕܩܕܡ ܐܢܬ ܒܗ. 𝔄 191
13 ܗܘ ܕܝܢ ܒܡܬܕܡܪܢܘܬܐ ܬܩܝܦ ܗܘܐ.[63] ܕܡܣܩܒܪ[64] ܕܒܟܣܦܐ ܕܠܐ
ܢܣܒ ܡܬܥܒܕܐ ܗܘܐ.[65] ܘܠܐ ܕܢܣܝܒ ܡܢܗ ܗܘܐ ܒܥܒܕܗ

[44] F 𝔄 om. ܐܦ [45] A ܒܘܬ E omits the words from ܒܘܬܘ to the second ܒܡܥܒܕܗܘܢ [46] 𝔄 adds *et assuescebat rebus*, and omits ܘ before ܟܕ [47] E fol. 72 *a* [48] A ܦܘܪܢܗ̇ E F ܦܘܪܢܗ [49] A fol. 56 *a* [50] A E F 𝔄 ܒܦܘܡܩܐ [51] 𝔄 = ܕܢܗܘܘܢ [52] F om. ܠܗܘܢ 𝔄 has *postea* instead of ܠܗܠܝܢ [53] A ܘܐܬܬܨܝܒ E ܘܐܬܬܨܝܒ [54] E F om. the second ܗܘܐ [55] 𝔄 = ܘܩܛܘܠܐ [56] A E F ܘܡܫܬܐܢܐ. In B the ܢ seems later [57] F fol. 145 *a* [58] E F 𝔄 add ܘܡܛܠ ܨܒܘܬܐ [59] A E ܘܩܪܐܘܗܝ [60] F ܠܗܢܝ = 𝔄 ܗ̈ܢܝܢ ܗܘ [61] A ܠܒܣܬܐ [62] E ܠܐܦܣܩܘܦܐ F ܠܐܦܝܣܩܘܦܐ [63] F adds ܒܗܝ [64] 𝔄 om. ܕܡܣܩܒܪ [65] 𝔄 *debet ei*

ܕܠܝܬ ܗܘܐ ܠܘܬܗ. ܘܠܐ[66] ܕܢܬܦܠܓ ܥܠ ܢܘܚܝ ܡܫܬܡܥ ܗܘܐ.
ܟܕ ܕܝܢ ܐܡܪ ܠܗ: ܕܠܥܠܡܐ[67] ܗܘ ܬܒܥ ܐܢܐ[68] ܘܢܦܫܗ ܕܗܘ
ܐܝܟ.[69] ܐܬܬܚܝܒ ܡܕܝܪܘܬܗ ܗܘ[70] ܡܫܬܡܥ[71] ܐܦ ܕܟܒܪ. ܘܐܡܪ.
ܗ̇ܘ ܚܘܝܬ ܠܗ. ܗܘ ܕܝܢ ܐܡܪ.[72] ܐ̇ܡܪܝܢܐ ܦܟܐܢܐ ܡܢܗܘܬܐ.
ܗܘ ܕܝܢ ܐܡܪ.[73] ܕܐܠܗܘܬܐ ܡܢܗ. ܢܦܩ ܠܒܪ[74] ܡܢܝ ܘܡܫܬܕܪ.
ܘܠܣܘܪܬܐ ܠܫܠܡܐ.[75] ܘܗܫܐ ܢܠܦ ܒܕܘܬܐ ܕܠܘܪܐ ܡܢܘܪܐ[76] ܒܗ
14 ܐܣܝܪܐ[77] ܕܕܡܝܢ ܠܗ. ܗܘ ܕܝܢ ܦܩܕ[78] ܢܫܬܘܬܦܘܢ ܘܒܥܒܕܬܐ
ܡܠܐܬܐ ܡܢܚܐ ܥܠ ܦܘܩܕܢܗ. ܘܐܡܪ. ܡܐ ܕܠܘܪܐ ܕܡܬܚܫܒ
ܠܢܦܫܗ ܕܗܘ ܥܠܡܐ. ܒܟܠ ܫܘܫܠܐ ܐܝܬܘ ܠܝ ܘܠܒܪܐ
ܕܢܣܘܚ[79] ܐܘܪܚܐ. ܕܒܪ ܫܒܝܠ ܡܢܗ ܡܢ ܒܕܘܬܐ ܘܐܙܠ.
15 ܘܟܕ ܩܪܒ ܠܕܘܟܬܐ ܗ̇ܝ ܐܬܬܚܝܕ ܡܢ ܡܠܟܘܬܐ ܕܠܫܠܝܐ. ܗܘ
ܕܝܢ ܐܦܠܐ ܡܢܘܚ ܕܪܗ ܐܦ ܠܐ ܡܬܚܬܐ ܐܬܚܫܠ. ܐܠܐ
ܦܓܥ ܗܘܐ ܘܡܕܒܪ[80] ܕܟܠ ܗܕܐ ܗܘ ܐܬܝܬ. ܐܠܐ ܐܘܟܠܘܣ[81]
16 ܠܘܬ ܪܘܚܐ. ܗܘ[82] ܕܝܢ ܒܥܠܡܐ ܕܒܟܬܐ ܟܕ ܡܟܝܢ ܡܦܩܐ ܗܘܐ ܗܘܐ. 𝔄 192
ܟܕ ܕܝܢ ܐܬܦܪܥ ܘܐܫܬܕܪܟܗ ܠܢܘܚܝ. (B fol. 56 b) ܐܬܚܡܝ ܘܡܪܕ
ܚܪܡ.[83] ܗܘ ܕܝܢ ܢܘܚܝ ܪܕܦ ܗܘܐ ܒܬܪܗ ܡܢ ܚܕ. ܘܠܟܐ
17 ܗܘܐ ܘܐܦ[84] ܫܡܥܘܬܗ. ܘܦܓܥ ܗܘܐ ܘܐܡܪ. ܡܢܝܐ[85] ܚܪܡ
ܐܝܬ ܒܪܐ[86] ܡܢ ܐܒܘܗܝ ܦܓܥ ܘܒܪܦܠܐ.[87] ܐܬܪܚܡ ܥܠܝ[87a] ܒܪܝ
ܠܐ[88] ܬܕܚܠ. ܐܝܬ ܗܘ ܠܝ ܒܟܠ ܦܪܘܐ ܕܚܝܐ. ܐܢܐ ܐܙܠ

[66] A ܠܐ ܐܦ 𝔄 ܕܠܐ [67] F ܕܥܠܡܝܢ̈ [68] A ܠܡܒܥܐ [69] 𝔄 adds *postulo* [70] A E F ܗ̇ܘ [71] F 𝔄 ܐܫܬܡܥ [72] A 𝔄 add ܠܗ (𝔄 om. ܗܘ ܕܝܢ) [73] 𝔄 ܐܡܪ ܠܗ (omitting ܗܘ ܕܝܢ) [74] 𝔄 adds *ex eo hic* (or perhaps *ex eo daemon*) [75] 𝔄 adds *etiam* [76] E F ܡܟܪܟ 𝔄 *circumerrat* [77] A ܐܣܝܪܐ [78] A ܗܘ ܕܝܢ ܦܩܕ [79] A ܕܢܣܘܚܘܢ [80] E 𝔄 ܘܐܡܪ [81] E F ܐܘܟܠܘܣ A fol. 56 *b* [82] E F ܗ̣ܘ [83] F ܚܪܡ [84] A F ܐܦ [85] 𝔄 *ob quod* [86] 𝔄 adds *times* [87] 𝔄 om. ܘܒܪܦܠܐ [87a] E fol. 72 *b*
𝔄 ܘܠܐ

ܦܬܓܡܐ ܚܠܦܝܟ ܠܡܫܝܚܐ. ܘܐܢ ܘܠܐ ܕܐܡܘܬ ܚܠܦܝܟ.
ܟܕ ܚܝܐ ܐܢܐ ܡܫܠܡ ܐܢܐ[89] ܐܝܟ[90] ܕܐܦ ܡܪܢ ܚܠܦܝܢ.
ܚܠܦܝܟ ܢܦܫܝ ܕܝܠܝ ܝܗܒ ܐܢܐ.[91] ܩܘܡ ܘܥܠܒ ܘܗܝܡܢܝܢܝ.[92]
18 ܡܫܝܚܐ[93] ܫܕܪܢܝ. ܗܘ ܕܝܢ ܟܕ ܫܡܥ. ܡܪܟܢܐܝܬ[94] ܩܐܡ ܗܘܐ
ܘܚܐܪ ܠܬܚܬ. ܘܡܢ ܒܬܪܟܢ ܫܕܐ ܙܝܢܘܗܝ. ܘܟܕ ܪܬܝܬ[95] ܒܟܐ
ܗܘܐ ܡܪܝܪܐܝܬ. ܟܕ ܕܝܢ ܐܬܩܪܒ ܥܠܝܡܐ[96] ܘܓܦܦܗ. ܢܫܩ
ܗܘܐ ܠܗ ܙܘܥܐ ܗܘ ܒܠܚܘܕܝܗ[97] ܐܝܟ ܕܡܥܡܕ ܗܘܐ[98] ܒܕܡܥܬܐ[99]
ܬܢܝܢܘܬܐ.[1] ܘܕܬܪܬܝܢ ܘܟܣܝܢ ܒܡܟܬܒܐ ܢܦܫܗ[2] ܝܗܒ ܗܘܐ:
19 ܡܛܫܝܗ ܕܝܢ. ܒܠܚܘܕ ܝܡܝܢܐ[3] ܗܘܐ. ܗܘ ܕܝܢ ܥܠܝܡܐ ܚܙܐ[4]
ܗܘܐ ܟܕ ܝܡܐ ܘܡܘܡܐ[5] ܠܗ. ܕܫܘܒܩܢܐ ܢܫܟܚ ܐܢܐ ܠܟ[6] ܡܢ
ܦܪܘܩܢ ܘܡܬܚܢܢܘܬܐ.[7] ܘܡܬܦܝܣܐ ܗܘܐ ܠܗ̇ ܠܗ̇ܘ ܡܬܚܢܢܐ[8]
ܠܐ̈ܦܘܗܝ ܘܡܬܒܥܐ[9] ܠܗ̇. ܐܝܟ ܕܐܬܕܒܘܬ ܠܗ̇ ܒܝܕ ܬܝܒܘܬܐ. 𝔖 193
ܘܕܒܪ ܘܐܝܬܝܗ[10] ܠܥܕܬܐ. ܘܒܨ̈ܠܘܬܐ ܐܣ̈ܓܝܐܬܐ ܕܫܐܠ[11] ܗܘܐ
ܚܠܦܘܗܝ: ܘܒܨܘ̈ܡܐ ܐܚ̈ܪܢܐ ܕܨܡ[12] ܗܘܐ ܥܡܗ. ܘܒܡ̈ܠܐ
ܦܐ̈ܝܬܐ ܠܗ ܚܝܠܗ ܡܥܕܪܐ ܗܘܐ ܪܢܝܗ. ܘܒܕܡܐ ܕܐܫܠܡܗ
ܠܕܥܬܗ ܠܐ ܫܒܩ. ܘܩܪܒ ܬܘܒܬܐ ܠܬܝܒܘܬܐ ܕܫܪܝܪܐ.
ܘܡܚܘܝܢܘܬܐ[13] ܪܒܬܐ ܕܡܘܠܕܐ ܕܡܢ ܕܪܝܫ.[14] ܘܐܘܕܝܬܐ[15] ܕܩܝܡܬܐ
xxiv. 1 ܕܢܘܚܡܐ. ܗܠܝܢ ܬܫ̈ܥܝܬܗ[16] ܕܝܠܗܝܢ. ܕܐܬܬܗܘܝ[17] ܠܬܪܓܡܢܐ
ܕܐܝܠܝܢ ܕܫܡܥܝܢ[18] ·܀· . . .

[89] A ܚܝܐ ܡܫܠܡܢܐ [90] E F ܕܐܝܟ [91] A ܝܗܒܢܐ [92] A E F ܘܗܝܡܢܝܢܝ [93] 𝔖 *quia is* [94] F ܡܪܟܝܢ [95] A ܪܬܝܬ [96] 𝔖 for ܥܠܝܡܐ has *ad eum* [97] A om. ܗܘ ܒܠܚܘܕܝܗ [98] A adds ܗܘ ܒܠܚܘܕܝܗ [99] F fol. 145 *b* [1] A ܬܢܝܢܐܝܬ [2] E F 𝔖 ܢܦܫܗ ܒܡܟܬܒܐ [3] F ܝܡܝܢܐ [4] E F ܚܙܐ [5] A ܘܐܝܡܐ E F ܘܝܡܐ [6] 𝔖 om. ܠܟ [7] E F ܐܢܬ ܡܬܚܢܢܐ [8] F ܠܡܬܚܢܢܐ ܗ̇ܘ [9] E adds ܗܘܐ [10] A ܐܝܬܝܗ [11] E F 𝔖 om. ܕ [12] A ܒܨܘܡܐ E F 𝔖 ܒܨܘ̈ܡܐ [13] A ܘܐܚܘܝܢܘܬܐ [14] A ܕܡܢ ܪܝܫ [15] 𝔖 = ܘܐܘܕܝܬܐ [16] A ܬܫ̈ܥܝܬܐ 𝔖 sing. [17] A E ܕܐܬܬܗܘܝ [18] End of the extracts in E and F

ܕܥܣܪܝܢ ܘܐܪܒܥܐ. ܕܐܝܟܢܐ ܐܬܬܣܝܡܘ ܐܘܢܓܠ̈ܝܘܢ[1].

ܢܚܘܐ ܕܝܢ ܗܫܐ ܟܬܒܘܗܝ ܕܗܢܐ ܫܠܝܚܐ ܐܝܠܝܢ ܕܠܝܬ

2 ܥܠܝܗܘܢ ܦܠܓܘܬܐ. (B fol. 57 *a*) ܒܐܘܢܓܠܝܘܢ ܕܝܢ ܕܝܠܗ ܗܘ

ܕܝܕܝܥ ܗܘܐ ܒܟܠܗܝܢ ܥܕ̈ܬܐ ܕܬܚܝܬ ܫܡܝܐ. ܢܘܕܐ ܩܕܡܝܐܝܬ.

ܕܗܟܢ ܡܩ̈ܕܡܝܐ ܕܝܢ ܒܘܠܝܬܐ ܒܡܢܬܐ ܕܐܪܒܥ ܡܬܚܫܒ:

𝔄 194 3 ܘܡܕܒܪܗܘܢ ܗܢܘܢ ܬܠܬܐ. ܗܫܐ ܢܘܕܥ. ܬ̈ܠܡܝܕܘܗܝ ܡܕ̈ܝܢܐ

ܕܡܫܝܚܐ: ܕܫܪܝܪܐܝܬ ܐܝܟ ܗܘܘ ܠܐܠܗܐ ܘܡܫܬܡܠܝܐܝܬ

ܢܩܕ ܗܘܐ ܕܘܒܪܗܘܢ. ܘܒܟܠܗܝܢ ܛܒ̈ܬܐ ܘܡܫܬܒ̈ܚܬܐ

ܢܦ̈ܫܬܗܘܢ ܡܨܒܬܢ ܗܘܘ.. ܒܠܫܢܐ ܕܝܢ ܗܕܝܘܛܐ ܐܝܬܝܗܘܢ

ܗܘܘ. ܬܟܝܠܝܢ ܗܘܘ ܕܝܢ ܥܠ ܚܝܠܐ ܬܡܝܗܐ ܘܐܠܗܝܐ ܕܐܬܝܗܒ

ܠܗܘܢ ܡܢ ܦܪܘܩܢ. ܕܡܬܚܫܚܢܘܬܐ ܕܝܢ[2] ܘܐܘܡܢܘܬܐ ܕܡ̈ܠܐ

ܢܦܪܘܢ ܡܠܦܢܐ ܕܪܘܡܗܘܢ. ܘܠܐ[3] ܚܫܒ ܡܕܥܝܢ ܗܘܘ ܐܦܠܐ

ܢܫܡܫܘܢ ܠܗܕܐ ܡܣܒܝܢ ܗܘܘ. ܒܬܚܘܝܬܐ ܕܝܢ ܕܪܘܚܐ ܕܐܠܗܐ[4]

ܕܡܬܚܝܠ ܗܘܐ ܒܗܘܢ.[5] ܘܒܚܝܠܐ ܕܬܕܡܪ̈ܬܗ ܕܡܫܝܚܐ

ܕܡܬܓܡܪ ܗܘܐ ܒܐܝ̈ܕܝܗܘܢ ܡܬܚܫܚܝܢ ܗܘܘ ܒܠܚܘܕ[6].

ܘܡܟܪܙܝܢ ܗܘܘ ܝܕܥܬܐ ܕܡܠܟܘܬܐ ܕܫܡܝܐ ܒܟܠܗ ܥܠܡܐ. ܕܟܬܒܘܬܐ

ܕܝܢ ܒܒܨܝܪ ܗܘܘ ܡܠܝܠܘܬܐ ܕܢܟܬܒܘܢ ܡ̈ܠܐ ܒܟܬܒ̈ܐ.

4 ܘܗܕܐ ܕܝܢ ܕܥܒܕܝܢ ܗܘܘ. ܡܛܠ ܕܬܫܡܫܬܐ ܕܡܥܠܝܐ ܡܢ

ܒܢ̈ܝ ܐܢܫܐ ܡܫܡܫܝܢ ܗܘܘ. ܦܘܠܘܣ ܓܝܪ ܗܘ ܕܣܓܝ ܗܘܐ

ܡܢ ܟܠܗܘܢ ܒܡܠܟܐ ܕܡܠܬܐ ܘܡܝܬܪ ܗܘܐ ܐܦ ܒܡܡܠܠܐ.

ܠܐ ܐܫܠܡ ܒܟܬܒܐ ܝܬܝܪ ܡܢ ܗܠܝܢ ܐܓܪ̈ܬܐ ܙܥܘܪ̈ܬܐ. ܟܕ

Chap. XXIV. [1] A ܐܝܟܢܐ ܐܬܬܣܝܡܘ ܐܘܢ̈ܓܠܝܘܢ. These words however have been erased, and the whole eighth quire of A is lost [2] 𝔄 om. ܕܝܢ [3] 𝔄 om. the words from ܘܠܐ to ܡܣܒܝܢ ܗܘܘ [4] 𝔄 *Spiritus Sancti* [5] For ܕܡܬܚܝܠ ܗܘܐ ܒܗܘܢ 𝔄 has *confirmabantur* [6] For ܡܬܚܫܚܝܢ ܗܘܘ ܒܠܚܘܕ 𝔄 has only *ibant*

ܐܝܬ ܗܘܐ ܠܗ ܕܢܐܡܪ ܙܒܢ ܕܠܐ ܐܬܡܠܠ: ܐܝܟ ܕܒܥܐ
ܕܢܬܠ ܠܫܡܝܐ ܕܬܠܬܐ[7] ܫܡܝܢ. ܘܐܬܚܛܦ ܐܦ ܠܦܪܕܝܣܐ 𝔄 195
ܘܗܘ ܡܫܡܫܢܐ. ܘܐܬܚܙܝ ܕܢܫܡܥ ܬܡܢ ܡ̈ܠܐ[8] ܕܠܐ ܡܬܡܠܠܢ
5 ܠܒܢܝܢܫܐ ܠܡܡܠܠܘ ܐܢܫ. ܠܐ ܕܝܢ ܡܫܬܪܝܢ ܗܘܘ ܡܢ ܗܠܝܢ
ܐܦ ܫܪܟܐ ܕܬܠܡܝܕܘܗܝ ܕܦܪܘܩܢ. ܬ̈ܠܡܝܕܐ ܕܝܢ[9] ܫܒܥܝܢ ܗܘܘ
ܬܪܥܣܪ. ܘܬܠܡܝ̈ܕܐ ܐܚܪ̈ܢܐ ܥܣܪܝܢ[10] (B fol. 57 b) ܘܐܚܪ̈ܢܐ ܣܓܝ
ܗܠܝܢ ܡܢܝܢܐ. ܟܕ ܕܝܢ ܡܢ ܟܠܗܘܢ ܬ̈ܠܡܝܕܘܗܝ ܕܡܪܢ.
ܬܫ̈ܥܝܬܐ ܕܒܝܬ ܡܪܢ ܡܬܝ ܘܝܘܚܢܢ ܒܠܚܘܕ ܟܬܒܘ ܠܢ. ܕܐܦ
ܗܢܘܢ ܐܝܟ ܕܫܡܥܝܢܐ ܡܠܬܐ. ܐܢܢܩܐ ܗܘ ܩܡܬ ܠܗܘܢ
6 ܠܡܟܬܒ. ܡܛܠ ܕܡܬܝ ܓܝܪ ܟܕ ܡܢ ܩܕܡ ܠܥܒܪ̈ܝܐ ܡܟܪܙ ܗܘܐ ܘܟܕ ܨܒܐ
ܗܘܐ ܠܡܐܙܠ ܠܐܬܘܪ̈ܘܬܐ ܐܚܪ̈ܢܝܬܐ. ܐܫܠܡ ܠܗܘܢ ܒܟܬܒܐ
ܕܟܬ̈ܒܐ ܐܘܢܓܠܝܘܢ ܕܝܠܗ. ܕܢܗܘܘܢ ܕܝܠܗ ܢܡܠܐ[11] ܠܗܘܢ
7 ܒܡܬܠܐ ܡܕܥܢܬܐ[12] ܕܡܕܒܪ ܗܘܐ. ܟܠ ܡܢܝܢܐ ܕܝܢ ܘܟܠ
ܠܘܩܐ ܘܟܠ ܡܫܠܡܢܘܬܐ ܕܐܘܢ̈ܓܠܝܘܢ[13] ܕܝܠܗܘܢ. ܐܦ ܟܕ
ܗܘܝܘ ܐܡܪ ܗܘ ܠܢ. ܝܘܚܢܢ ܕܝܢ ܐܝܟ ܕܡܬܐܡܪ ܟܠܗܘܢ.
ܟܠܗ ܙܒܢܐ ܕܠܐ ܒܟܬܒܐ ܡܟܪܙ ܗܘܐ. ܘܠܚܪܬܐ
ܡܛܠ ܗܕܐ ܕܠܬܠܬܐ ܠܡܟܬܒ ܐܬܐ ܗܘܐ. ܕܟܕ ܐܬܝܕܥܘ ܗܢܘܢ
ܬܠܬܐ ܐܘܢܓܠܝܘܢ ܕܐܬܟܬܒܘ[13a] ܠܘܬ ܟܠ ܐܢܫ: ܘܠܘܬܗ ܐܦ
ܠܘܬܗ ܐܝܟ ܕܫܡܥܢܐ[14] ܡܠܬܐ ܐܬܩܒܠܘ[14a] ܟܠܗܘܢ. ܘܣܗܕ
ܟܠܗܘܢ ܕܫܪܝܪܐ ܐܬܟܬܒܘ.[15] ܟܠܗܘܢ ܠܡ ܗܕܐ ܚܣܝܪܐ ܒܗܘܢ.
ܬܫ̈ܥܝܬܐ ܕܐܝܠܝܢ ܕܐܬܥܒܕ̈ ܡܢ ܫܘܪܝܐ ܕܡܠܦܢܘܬܗ ܕܡܫܝܚܐ.
8 ܘܫܪܝܪܐܝܬ ܐܬܬܣܝܡܬ ܗܕܐ ܡܠܬܐ. ܡܫܡܫܝܢ ܐܚܪ̈ܢܝܢ ܗܘܝܠ 𝔄 196
ܠܡܐܠܦ. ܕܗܠܝܢ ܬܠܬܝܗܘܢ ܐܘܢܓܠܝܘܢ. ܕܡܢ ܒܬܪ ܕܐܫܬܠܡ.

[7] 𝔄 om. ܬܠܬܐ [8] 𝔄 adds *ineffabilia* [9] 𝔄 om. ܕܝܢ? [10] 𝔄 *octo*
[11] In 𝔄 for *dlyh* read *ynlt*? ܠܗܘܢ is not expressed in 𝔄 [12] 𝔄 = ܡܕܥܢܘܬܗ
[13] 𝔄 sing. [13a] 𝔄 = ܘܐܬܟܬܒܘ [14] 𝔄 *sicut et dicitur* [14a] 𝔄 sing. [15] 𝔄 passive

ܝܘܚܢܢ ܡܥܡܕܢܐ ܒܝܬ ܐܣܝܪܐ. ܡܛܠ ܕܚܙܐ ܥܠܬܐ ܐܘܢܓܠܣܛܐ
ܡܢ ܩܕܡ ܐܟܬܒܘ ܟܠܗܘܢ. ܗܠܝܢ ܗܘܐ ܐܘܕܥܗ ܒܪܝܫ
9 ܬܫܥܝܬܗܘܢ. ܕܡܢ ܒܬܪ ܐܪܒܥܝܢ ܝܘܡܝܢ ܕܨܘܡ[16] ܩܕܡ ܘܐܬܐܣܪ
ܒܗܘܢ. ܫܪܘ ܒܟܪܘܙܐ ܕܬܫܥܝܬܗܘܢ. ܡܛܠ ܓܝܪ ܕܫܡܥܘ
Mt iv 12 ܗܟܢܐ. ܕܟܕ ܫܡܥ ܠܗ ܕܐܬܐܣܪ ܝܘܚܢܢ[17] ܫܢܝ ܠܗ ܡܢ ܝܗܘܕ
Mc i 14 10 ܠܓܠܝܠܐ. ܐܦ ܡܪܩܘܣ ܗܟܢܐ ܐܡܪ.[18] ܕܡܢ ܒܬܪ ܕܐܫܬܠܡ
ܝܘܚܢܢ ܐܬܐ ܠܗ ܝܫܘܥ ܠܓܠܝܠܐ. ܠܘܩܐ ܕܝܢ ܩܕܡ ܕܢܫܪܐ
ܒܬܫܥܝܬܐ ܕܡܥܒܕܢܘܬܗ ܕܡܪܢ. ܗܟܘܬ ܢܛܪ ܘܐܡܪ.
Lc iii 20 ܕܗܪܘܕܣ ܠܗ ܥܠ[19] ܟܠܗܝܢ ܒܝܫܬܐ ܕܥܒܕ ܗܘܐ. ܐܘܣܦ ܗܘܐ
11 ܘܚܒܫ ܠܝܘܚܢܢ ܒܝܬ ܐܣܝܪܐ. ܒܗ ܗܟܝܠ ܡܛܠܗ ܡܢ ܝܘܚܢܢ
ܫܠܝܚܐ ܡܛܠ ܗܠܝܢ. ܕܗܢܐ ܙܒܢܐ (B fol. 58 a) ܕܐܫܬܩܠܘ ܡܢ
ܐܘܢܓܠܣܛܐ ܩܕܡܝ̈ܐ: ܘܡܕܡ ܕܐܘܢܓܠܣܛܐ ܒܗ ܡܢ ܦܪܘܩܢ
ܕܢܫܠܡ ܒܥܒܕܐ ܕܠܗ. ܗܘ ܕܝܢ ܡܕܡ ܕܐܘܢܓܠܣܛܐ ܩܕܡ
ܕܢܫܬܠܡ ܝܘܚܢܢ ܡܥܡܕܢܐ ܒܝܬ ܐܣܝܪܐ. ܗܠܝܢ ܗܘܐ ܐܘܕܥ.
Jn ii 11 ܕܒܝܬ ܐܡܪ ܕܗܝ ܗܘܐ ܠܗ ܐܬܐ ܩܕܡܝܬܐ ܕܥܒܕ ܝܫܘܥ
𝔄 197 ܘܗܘܐ ܫܘܒܚܗ. ܘܟܕ ܥܕܟܝܠ ܠܗ ܠܝܘܚܢܢ ܡܥܡܕܢܐ ܒܝܬ
ܫܘܪ̈ܝܗܘܢ ܕܢܝ̈ܫܐ. ܕܡܕܒܪ ܡܥܡܕ ܗܘܐ ܒܟܢ ܒܗ[20] ܕܟܠ
ib iii 21 ܥܕܡܐ ܠܥܠܡ.[21] ܘܡܫܬܐܠܝܬ ܗܘܐ ܟܕ ܐܡܪ ܗܟܢܐ. ܕܠܐ ܠܗ
12 ܟܕܟܝܠ ܢܦܠ ܗܘܐ ܝܘܚܢܢ ܒܝܬ ܐܣܝܪܐ. ܡܛܠ ܕܝܘܚܢܢ
ܒܐܘܢܓܠܝܘܢ ܕܠܗ ܗܠܝܢ ܐܟܬܒ. ܐܝܠܝܢ ܕܐܘܢܓܠܣܛܐ ܡܢ ܩܕܡ
ܡܢ ܩܕܡ ܕܢܫܬܠܡ ܝܘܚܢܢ ܡܥܡܕܢܐ ܒܝܬ ܐܣܝܪܐ. ܗܠܝܢ ܕܝܢ
ܬܠܬܐ ܐܚܪ̈ܢܐ[22] ܐܘܢܓܠܣܛܐ. ܐܝܠܝܢ ܕܐܘܢܓܠܣܛܐ ܡܢ ܒܬܪ
13 ܕܐܫܬܠܡ ܝܘܚܢܢ[23] ܒܥܒܕܘܗܝ. ܕܟܕ ܢܬܪܪ[24] ܗܟܝܠ ܒܗܠܝܢ ܡܬܒܥܐ

[16] 𝔄 ܡܢ ܒܬܪ [17] 𝔄 (cum) occidisse Ioannem [18] 𝔄 aor. [19] 𝔄 supra [20] 𝔄 in Iordane [21] 𝔄 [illegible] [22] 𝔄 om. ܐܚܪ̈ܢܐ [23] 𝔄 adds [illegible] ܡܥܡܕܢܐ [24] 𝔄 ܡܢ ܢܬܪ

ܠܡ ܕܠܘܬ ܦܠܝܓܘܬܐ ܠܐܘܢ̈ܓܠܝܐ ܥܠ ܫ̈ܢܝܐ. ܡܛܠ ܕܗܘ
ܐܘܢܓܠܝܘܢ ܕܝܘܚܢܢ ܬܫܥܝܬܐ[25] ܕܣܘܥܪ̈ܢܘܗܝ ܩܕ̈ܡܝܐ ܕܡܫܝܚܐ
ܐܝܬ ܒܗ. ܘܗܠܝܢ ܐܚܪ̈ܢܝܬܐ ܬܫܥܝܬܐ ܕܥܒܕ ܕܗܘܐ ܠܗ ܒܪ̈ܝܫܐ
ܐܚܪ̈ܢܐ. ܕܗܢܐ ܕܝܢ ܕܡܛܠ ܗܕܐ ܫܒܩ ܝܘܚܢܢ ܡܢ ܗܘܐ
ܬܫ̈ܥܝܬܗ ܕܦܪܘܩܢ ܕܒܒܣܪ: ܡܛܠ ܕܡܬܝ ܘܠܘܩܐ ܦܪܫܘ
ܐܬܟܬܒ ܐܝܟ. ܘܥܒܪ ܗܘ ܕܢܬܟܬܒ ܥܠ ܐܠܗܘܬܗ̇. ܕܐܝܟ
ܕܡܢ ܪܘܚܐ ܕܐܠܗܐ ܐܬܝܗܒܬ ܠܗ ܗܕܐ ܐܝܟ ܕܠܡܥܠܝܐ
14 ܡܢܗܪܐ. ܗܠܝܢ ܐܡܪܢ ܠܢ ܥܠ ܡܟܬܒܐ ܕܐܘܢܓܠܝܘܢ ܕܝܘܚܢܢ.
ܐܦ ܥܠܬܐ ܕܝܢ ܕܗܘܬ ܠܐܘܢܓܠܝܘܢ ܕܡܪܩܘܣ ܡܢ ܩܕܡ
15 ܐܘܕܥܢ. ܠܠܘܩܐ ܕܝܢ ܐܦ ܗܘ ܒܪ ܫܪܝ ܒܟܬܒܗ. ܦܩܕ ܥܠܬܗ̇
ܠܥܠܬܐ ܕܡܛܠܬܗ̇ ܐܟܬܒ: ܕܣܓ̈ܝܐܐ ܠܡ ܐܚܪ̈ܢܐ ܩܕܡܘ 𝕬 198
ܠܡܟܬܒ ܘܠܐܠܝܬ ܬܫ̈ܥܝܬܐ ܕܡ̈ܠܐ. ܕܗܘ ܡܫܪܪܐ ܗܘܐ
ܒܦܣܩܐ ܕܟܠܗܝܢ. ܘܡܛܠ ܕܢܦܩܘܢ ܡܢ ܡܫܟܚ ܒܪ̈ܢܫܐ (B fol. 58 b)
ܕܦܠܓܘܬܐ ܕܐܚܪ̈ܢܐ. ܐܫܠܡ ܠܢ ܗܘ ܫܪܪܐ ܕܡ̈ܠܐ ܕܦܓܠ ܗܘܐ
ܘܐܫܬܪܪ ܒܗܘܢ. ܡܢ ܢܘܩܦܘܬܗ ܘܐܡܝܢܘܬܗ ܕܥܡ ܦܘܠܘܣ.
ܘܣܘܠܛܢܗ ܕܥܡ ܫܪܟܐ ܕܫ̈ܠܝܚܐ. ܘܐܟܬܒ ܐܝܟ ܒܐܘܢܓܠܝܘܢ
16 ܕܠܗ. ܗܠܝܢ ܕܝܢ ܐܝܟܢ ܐܡܪܢ. ܘܬܘܒ ܕܝܢ ܐܦ ܡܫܠܡܢܘܬܐ
17 ܕܡܕ̈ܒܪܢܐ ܕܡܬܠܬܗܘܢ ܒܪ̈ܢܫܐ ܡܘܕܝܢ. ܥܠ ܟܬܒ̈ܘܗܝ
ܕܝܢ ܕܝܘܚܢܢ ܒܪ ܐܘܢܓܠܝܘܢ ܕܟܬܒ. ܐܦ ܐܓܪ̈ܬܗ ܡܩܒܠܢ̈.
ܠܡܕ̈ܒܪܢܐ ܐܦ ܠܐܚܪ̈ܢܐ ܕܠܐ ܦܠܓܘܬ ܐܬܩܒܠܬ. ܗܠܝܢ ܕܝܢ
ܬܪ̈ܬܝܢ ܐܚܪ̈ܢܝܬܐ ܕܐܡܪܝܢ ܕܕܝܠܗ ܐܝܟ ܐܝܬ ܗܘ ܕܠܗܘܢ
18 ܦܠܓܘܬܐ. ܥܠ ܓܠܝܢܗ ܕܝܢ ܒܗܕܐ ܠܡܬܒܥܢ. ܠܡܢܐ ܓܒܐ
ܘܠܡܢܐ ܡܬܦܢܝܐ ܡܫܡܥ ܒܪ̈ܢܫܐ ܕܟܠܗܘܢ ܡܢ ܣܓ̈ܝܐܐ. ܘܬܘܒ
ܐܦ ܡܛܠ ܗܢܐ ܐܝܟ ܕܡܢ ܣܗܕܘܬܐ ܕܡܕ̈ܒܪܢܐ. ܕܒܝܢܐ[26]
ܕܟܠܗܘܢ ܒܪ̈ܢܫܘܗܝ ܡܫܘܚܢ ܚܢܢ.

[25] 𝕬 sing. [26] 𝕬 *indicii*

𝔄 199 ܕܟܬ̈ܒܝܢ ܘܡܫܬܟܚܝܢ. ܥܠ ܟܬ̈ܒܐ ܕܐܝܠܝܢ ܡܬܡܠܠܝܢ ܘܐܝܠܝܢ
ܠܐ ܀......

XXV. 1 ܘܫܦܝܪ ܕܝܢ ܕܒܗܢܐ ܠܡܦܪܫܘ. ܘܠܡܢܝܘ ܗܘ ܕܡܫܝܚ ܒܦܢܝܐ
ܟܬ̈ܒܐ ܕܕܝܬܩܐ ܚܕܬܐ. ܗܠܝܢ ܕܦܪܫܢ ܐܡܪܢ ܥܠܝܗܘܢ.
ܢܣܝܡ ܕܝܢ ܐܘ̈ܢܓܠܝܐ ܡܩܕ̈ܫܐ ܕܐܪܒܥܬܗܘܢ. ܘܒܬܪܗܘܢ ܟܬܒܐ
2 ܕܦܪ̈ܟܣܝܣ ܕܫ̈ܠܝܚܐ. ܘܒܬܪ ܗܠܝܢ ܢܣܘܒ[1] ܐܓܪ̈ܬܗ ܕܦܘܠܘܣ.
ܘܒܬܪܗܝܢ ܐܓܪ̈ܬܗ ܕܝܘܚܢܢ ܡܫܒܚܬܐ. ܘܐܟܘܬܗ̇ ܐܦ ܗ̇ܝ
ܡܫܪܪܬܐ ܕܦܛܪܘܣ ܢܣܝܒ. ܘܒܬܪ ܗܠܝܢ ܐܦ ܓܠܝܢܗ
ܕܝܘܚܢܢ. ܐܢ ܐܬܚܙܝܬ ܕܠܘܩܐ. ܘܗܠܝܢ ܟܠܗܝܢ ܒܪ̈ܢܫܐ ܕܗ̇ܘܘ
ܠܡܩ̈ܒܠܢܐ[2] ܕܡܠܠܬܗ[3] ܒܟܬܒܝܗܘܢ ܫܪܝܪܝܢ. ܘܗܠܝܢ[4] ܒܡܬܕܪܫܢܘܬܐ
3 ܕܒܕܝܬܐ ܠܦܘܫܩܗܘܢ. ܡܢ ܗ̇ܢܘܢ ܕܝܢ ܕܐܝܬ ܠܟܠܗܘܢ
ܦܠܓܘܬܐ[5] ܥܠ ܗܟܢܐ ܕܝܢ[6] ܡܬܡܠܠܝܢ. ܐܝܟ ܐܓܪܬܐ ܗ̇ܝ
ܕܡܬܩܪܝܐ (B fol. 59 a) ܕܝܥܩܘܒ ܘܕܝܗܘܕܐ. ܘܐܓܪܬܐ ܕܬܪܬܝܢ
ܕܦܛܪܘܣ. ܘܐܓܪܬܐ[7] ܕܬܪܬܝܢ ܘܕܬܠܬ[8] ܕܡܬܩܪ̈ܝܢ ܕܝܘܚܢܢ. ܐܘ[9]
4 ܕܐܘܢܓܠܝܣܛܐ ܗܘ ܐܘ ܕܐܚܪܢܐ ܒܪ ܫܡܗ ܐܝܬܝܗܘܢ. ܘܗܠܝܢ
ܒܐܝܠܝܢ ܕܐܝܬ ܠܗܘܢ ܦܠܓܘܬܐ ܠܡܣܒܗܝܢ ܐܦ ܟܬ̈ܒܐ
ܕܦܪ̈ܟܣܝܣ ܕܦܘܠܘܣ. ܘܗܘ ܕܡܬܩܪܐ ܪܥܝܐ ܘܓܠܝܢܗ
𝔄 200 ܕܦܛܪܘܣ. ܘܥܡ ܗܠܝܢ ܐܦ ܐܓܪܬܐ[10] ܕܒܪܢܒܐ ܘܗܘ ܕܡܬܩܪܐ
ܝܘܠܦܢܐ[11] ܕܫ̈ܠܝܚܐ. ܘܬܘܒ ܐܦ ܓܠܝܢܗ ܕܝܘܚܢܢ ܐܢ ܕܦܘܩܕܬ
ܐܡܪܬ: ܐܢ ܡܬܚܙܝܐ ܕܐܦ ܗܘ ܡܢܗܘܢ ܐܝܬܘܗܝ. ܡܛܠ
ܕܐܝܬ ܒܢ̈ܝ ܕܡܣܠܝܢ ܠܗ. ܘܐܝܟ ܕܥܡ ܗܠܝܢ ܫܪ̈ܪܐ ܕܡܘܕܝܢܐ
5 ܟܡܘܢ ܒܕܝܬܐ ܡܢܝܢ ܠܗ. ܐܝܬ ܕܝܢ ܐܚܪ̈ܢܐ ܕܥܡ ܗܠܝܢ

CHAP. XXV. [1] 𝔄 om. ܢܣܘܒ [2] 𝔄 om. ܠܡܩܒܠܢܐ [3] 𝔄 – ܡܠܠܬܗܘܢ
[4] 𝔄 *et cum eis* [5] 𝔄 adds *qui ei praegerunt* = ܕܩܕܡܘܗܝ [6] 𝔄 om. ܕܝܢ
[7] 𝔄 plur. [8] 𝔄 om. ܘ [9] B had originally ܕܐܘ [10] 𝔄 plur.
[11] 𝔄 plur.

ܣܦܩܝܢ ܐܦ[12] ܐܘܢܓܠܝܘܢ ܕܥܒܪ̈ܝܐ. ܕܢܗܝܪ ܒܗ ܡܬܢܐܡܪܬ
ܕܒܪ̈ܝܐ ܐܝܠܝܢ ܕܩܒܠܘ ܠܡܫܝܚܐ. ܟܠܗܘܢ ܗܠܝܢ ܡܢ ܐܝܠܝܢ
6 ܕܐܝܬ ܥܠܝܗܘܢ ܦܠܓܘܬܐ ܢܬܐܡܪܘܢ. ܒܥܝܐ ܗܘܬ ܗܟܝܠ
ܕܢܣܘܡ ܐܦ ܠܗܠܝܢ. ܕܢܦܪܘܫ ܐܝܠܝܢ ܐܝܟ ܡܠܬܐ ܫܪܝܪܬܐ
ܕܠܝܬ ܒܗܘܢ ܦܠܓܘܬܐ ܕܟܬܒܐ ܕܐܫܬܠܡܘ ܒܥܕܬܐ. ܘܐܝܠܝܢ[13]
ܕܐܝܬ ܥܠܝܗܘܢ ܚܘܠܩܐ ܘܦܠܓܘܬܐ. ܕܒܣܘܟܐ ܕܥܕܬܐ ܠܐ
ܡܬܦܩܕܝܢ. ܒܪܡ ܕܝܢ ܫܟܝܚܐ ܡܢ ܣ̈ܓܝ ܕܥܕܬܐ ܡܬܝܕܥܝܢ
ܗܘܘ. ܢܗܘܐ ܕܝܢ ܡܬܚܫܒ. ܕܡܢ ܗܠܝܢ ܕܟܬܒܐ ܕܫ̈ܠܝܚܐ
ܡܦܩܝܢ ܠܗܘܢ ܗܪ̈ܣܝܘܛܐ: ܕܐܝܬܝܗܘܢ ܐܘܢܓܠܝܘܢ̈ ܐܘ
ܕܦܛܪܘܣ ܐܘ ܕܬܐܘܡܐ ܐܘ ܕܡܬܝܠܘܣ[14] ܐܘ ܕܐܚܪ̈ܢܐ: ܐܘ
ܦܪ̈ܟܣܣܬܐ ܕܐܢܕܪܐܘܣ ܘܕܝܘܚܢܢ ܘܕܫܪܟܐ ܕܫ̈ܠܝܚܐ. ܕܡܢܗܘܢ
ܠܓܒܪ ܐܚܕ ܡܢ ܣ̈ܓܝ ܒܪ̈ܬܐ ܕܪܕܘ ܒܡܘܒܠܐ ܠܡܥܗܕܢܘ ܠܐ
7 ܐܫܘܝ ܒܟܬ̈ܒܘܗܝ. ܦܘܫܩ ܕܝܢ[15] ܡܠܬܐ ܘܡܫܚܠܦ ܠܓܡܪ
ܕܡܠܬܗܘܢ ܡܢ ܕܫ̈ܠܝܚܐ. ܘܪܥܝܢܐ ܘܨܒܝܢܬܐ (B fol. 59 b)
ܕܪܫܝܡܐ ܒܗܘܢ. ܦܠܓ ܡܕܒܪܢܐ ܠܗܝܡܢܘܬܐ ܫܪܝܪܬܐ. A 201
ܕܐܢܫܝܢ ܒܪ ܗܪ̈ܣܝܘܛܐ ܓܒܠܘ ܐܢܘܢ ܡܢ ܢܦܫܗܘܢ. ܗܢܘܢ
ܕܡܚܘܝܢ ܦܣܝܩܐܝܬ. ܡܛܠܗܢܐ ܐܦ ܠܐ ܥܡ ܐܝܠܝܢ ܕܐܝܬ
ܥܠܝܗܘܢ ܦܠܓܘܬܐ ܢܬܐܡܪܘܢ. ܐܠܐ ܐܝܟ ܢܘܟ̈ܪܝܐ
ܘܡܣ̈ܠܝܐ[16] ܢܫܬܐܠ ܡܢܗܘܢ. ⁘

ܕܫܡܥܘܢ ܘܡܠܬܐ ܥܠ ܡܢܢܕܪܘܣ ܚܪܫܐ...

xxvi. 1 ܢܐܬܐ ܠܢ ܡܟܝܠ ܠܬܫܥܝܬܐ ܕܡܢ ܒܬܪ ܗܢ. ܡܢ ܫܡܥܘܢ
ܚܪܫܐ ܩܒܠ ܡܢܢܕܪܘܣ. ܘܗܢܐ ܕܬܪܝܢ ܕܚܫܒ ܡܢ ܗܘ ܡܫܡܥܐ

[12] A om. ܐܦ [13] In A for այլն read ա յլն [14] A [illegible] [15] A: [illegible]
[16] A adds ոչ և ոչ omnino

ܚܘܝ ܒܢܦܫܗ ܕܡܥܒܕܢܘܬܗ ܕܣܛܢܐ ܐܝܬܘܗܝ.[1] ܗܘܐ ܕܝܢ ܐܦ[2]
ܗܘ ܫܡܪܝܐ. ܒܪ ܕܝܢ[3] ܐܫܬܡܠܝ ܒܚܪܫܘܬܐ ܐܝܟ ܪܒܗ.
ܝܬܝܪܐ ܪ̈ܘܪܒܬܐ ܡܫܬܒܗܪܢܐ ܗܘܐ[4] ܘܐܡܪ ܗܘܐ ܥܠ ܢܦܫܗ.
ܕܗܘܝܘ ܠܗ ܦܪܘܩܐ ܕܐܫܬܕܪ ܡܢ ܠܥܠ ܡܢ ܥ̈ܠܡܐ ܕܠܐ
2 ܡܬܚܙܝܢ ܠܦܘܪܩܢܗܘܢ ܕܒ̈ܢܝ ܐܢܫܐ. ܘܡܠܦ ܗܘܐ̇ ܕܐܚܪܢܐܝܬ
ܠܡ ܠܐ ܡܨܐ ܐܢܫ ܕܢܙܟܐ ܠܡܠܐ̈ܟܐ ܒܒܪܘܝܘܗܝ ܕܗܢܐ
A 202 ܥܠܡܐ. ܐܠܐ ܐܢ ܐܬܐ ܘܡܬܕܪܫ ܠܕܘܪܫܐ ܕܚܪܫܘܬܐ
ܕܡܫܠܡ ܗܘܐ̇. ܘܠܡܥܡܘܕܝܬܐ ܕܒܐܝ̈ܕܘܗܝ ܡܬܝܗܒܐ. ܕܐܝܠܝܢ
ܕܡܫܬܘܝܢ ܠܗ̇ ܚܝ̈ܐ ܠܗ ܕܠܥܠܡ ܒܗܢܐ ܥܠܡܐ ܡܩܒܠܝܢ.
ܘܩ̈ܝܡܝܢ ܒܗ̇ ܟܕ ܠܐ ܡܝܬܝܢ ܘܠܐ ܡܬܚܠܦܝܢ. ܗܠܝܢ ܦܫܝܩ ܕܢܕܥ
3 ܐܢܫ ܡܢ ܡ̈ܠܘܗܝ ܕܐܝܪܢܐܘܣ. ܐܦ ܝܘܣܛܝܢܘܣ ܕܝܢ ܒܗ̇ ܗ̇ܘ
ܡܐܡܪ ܕܐܡܪ[5] ܥܠ ܫܡܥܘܢ. ܐܡܬܝ ܐܦ[6] ܬܫܥܝ̈ܬܐ[7] ܕܥܠ
Apol i 26 ܗܢܐ ܘܐܡܪ ܗܟܢܐ. ܕܡܢܢܕܪܘܣ ܠܡ ܕܐܦ[7a] ܗ̇ܘ ܐܝܬܘܗܝ
ܗܘܐ ܫܡܪܝܐ ܡܢ ܩܘܪܝܬܐ ܕܫܡܗ̇ ܟܦܪܐܛܝܐ[8] ܕܗܘܐ[9] ܬܠܡܝܕܗ
ܕܫܡܥܘܢ: ܕܒܗܢܐ ܐܦ ܗܘ[10] ܒܡܥܒܕܢܘܬܐ ܕܫܐ̈ܕܐ ܘܐܛܥܝ
ܠܐܢܛܝܘܟܝܐ: ܘܠܣ̈ܓܝܐܐ ܐܛܥܝ ܒܐܘܡܢܘܬܐ ܕܚܪܫܘܬܗ.[11]
ܕܐܝܠܝܢ ܕܐܙܠܘ ܒܬܪܗ ܐܦܝܣ (B fol. 60 a) ܐܢܘܢ ܕܢܗܡܢܘܢ
ܕܠܐ ܡܝܬܝܢ. ܘܗܫܐ ܐܝܬ ܐܢܫܐ ܡܢ ܝܘܠܦܢܗ ܕܗ̇ܘ ܕܡܘܕܝܢ
4 ܗܟܢܐ. ܐܝܬܝܗ̇ ܗܘܬ ܕܝܢ ܡܥܒܕܢܘܬܗ[11a] ܕܣܛܢܐ. ܕܒܝܕ ܗܠܝܢ
ܫ̈ܐܕܐ ܕܠܒܫܘ ܫܡܐ ܕܡܫܝܚܐ. ܠܐܪܙܐ ܪܒܐ ܕܕܚܠܬ ܐܠܗܐ
ܒܚܪܫܘܬܐ ܐܬܚܫܒܘ ܕܢܛܥܘܢ. ܕܒܐܪ̈ܝܘܗܘܢ ܢܬܒܙܚܘܢ[12]
ܚܝ̈ܐ ܕܢܦܫܐ[13] ܕܠܐ ܡܝܬܝܢ ܘܡܫܒܚܬܐ ܕܡܢ ܟܠ ܡܪܢܝܬܐ.

CHAP. XXVI. [1] A *rim Satanae* (omitting ܕ and ܐܝܬܘܗܝ) [2] A om. ܐܦ ܕܝܢ [3] A om. ܕܝܢ [4] A *sed is magna gloriabatur* [5] A om. ܒܗ̇ܘ ܡܐܡܪ ܕ [6] A om. ܐܦ [7] A sing. [7a] A om. ܠܡ and ܐܦ [8] A [illegible] [9] A om. ܗܘܐ [10] A [illegible] *in quem seducti sunt* [11] A ܕܚܪܫܘܬܐ [11a] A *ex efficacia* [12] A *perficerentur* [13] A *animarum*

ܕܐܬܬܗܘܢ ܗܠܝܢ ܦ̈ܬܓܡܐ ܕܟܬܒܐ. ܗܠܝܢ ܕܝܢ ܕܐܬܟܬܒܘ
ܒܠܫܢܗܘܢ ܦܬ̈ܘܣܐ ܠܛܟ̈ܣܝܗܘܢ ܡܢ ܣܓܝܐܐ ܕܒܪ̈ܢܫܐ
ܢܦܠ ·܀· ·܀·

𝔄 203 ܕܚܣܪܝܢ ܘܡܫܡܥܢ ܥܠ ܗܪܣܝܣ ܕܐܒܝ̈ܘܢܝܐ.

xxvii. 1 ܐܠܐ ܕܝܢ ܫܐܕܐ ܒܝ̈ܫܐ ܕܠܐ ܡܫܟܚ ܗܘܐ ܕܢܙܝܥ ܠܐܝܠܝܢ
ܕܡܫܝܚܝܢ ܠܡܫܝܚܗ ܕܐܠܗܐ. ܐܫܟܚ ܠܐܝܠܝܢ ܕܐܬܬܚܝܕܘ ܡܢ
ܗܠܝܢ ܘܐܣܟܠܘ[1] ܐܝܟ ܕܒܪ̈ܗ. ܕܠܗܘܢ ܡܩܪ̈ܝܢܐ ܒܐܝܢܐܝܬ
ܩܪܝܢ ܗܘܘ ܠܗܘܢ ܐܒܝ̈ܘܢܝܐ. ܥܠ ܕܡܣܟܢܐܝܬ ܘܒܨܝܪܐܝܬ
2 ܐܬܪܢܝܢ ܗܘܘ ܠܡܫܝܚܐ. ܒܪܢܫܐ ܓܝܪ ܫܚܝܡܐ ܐܝܟ ܟܠܢ
ܣܒܪܝܢ ܗܘܘ ܠܗ. ܕܐܙܕܕܩ ܡܬܪ̈ܬܐ ܕܒܢܝܐ ܕܘܒܪ̈ܐ.
ܘܐܬܝܠܕ[2] ܡܢ ܫܘܬܦܘܬܐ ܕܓܒܪܐ ܘܕܒܬܘܠܬܐ. ܘܐܡܪܝܢ ܕܡܬܒܥܐ
ܗܘ ܠܗܘܢ ܦܘܠܚܢܗ ܕܢܡܘܣܐ. ܕܠܐ ܡܗܝܡܢܝܢ ܕܡܬܚܝܝܢ
ܕܢܚܘܢ ܡܢ ܗܝܡܢܘܬܐ ܒܠܚܘܕ ܕܡܫܝܚܐ ܘܡܢ ܕܘܒܪܐ ܕܐܠܗ.
3 ܗܘܘ ܕܝܢ ܐܚܪ̈ܢܐ ܕܡܬܩܪܝܢ ܒܗ ܒܫܡܐ ܗܢܐ. ܡܢ
ܡܪܝܬܗܘܢ ܫܓܝܫܬܐ ܕܗܠܝܢ ܕܐܡܝܪܢ ܠܥܠ ܡܢܗܘܢ ܒܪܘܚ.
ܕܐܬܝܠܕ ܡܢ ܡܪܝܡ ܒܬܘܠܬܐ ܘܡܢ ܪܘܚܐ ܕܩܘܕܫܐ ܠܐ
ܟܦܪܝܢ. ܠܐ ܕܝܢ ܡܘܕܝܢ ܐܟܘܬܗܘܢ. ܕܡܢ ܩܕܝܡ ܐܝܬܘܗܝ ܗܘܐ
ܡܠܬܐ ܐܠܗܐ ܘܚܟܡܬܐ. ܘܠܪܫܝܥܘܬܗܘܢ ܕܝܢ ܕܗܠܝܢ
ܡܬܗܦܟܝܢ ܐܟܘܬܗܘܢ[3]. ܡܛܠ ܕܐܦ ܗܢܘܢ ܬܫܡܫܬܐ ܦܓܪܢܝܬܐ 𝔄 204
4 ܕܢܡܘܣܐ ܐܟܘܬܗܘܢ ܕܗܢܘܢ ܡܬܚܦܛܝܢ ܠܡܓܪ. ܗܢܘܢ ܕܝܢ
ܗܠܝܢ. ܟܠܗܝܢ ܐܓܪ̈ܬܗ ܕܦܘܠܘܣ ܫܠܝܚܐ (B fol. 60 b) ܟܦܪܝܢ.
ܘܩܪܝܢ ܠܗ[4] ܡܣܬܠܝܢܐ ܕܢܡܘܣܐ. ܒܐܘܢܓܠܝܘܢ ܕܝܢ ܒܗܘ
ܕܡܬܩܪܐ ܕܥܒܪ̈ܝܐ ܡܬܚܫܚܝܢ ܒܠܚܘܕ. ܘܠܗܠܝܢ ܐܚܪ̈ܢܐ

CHAP. XXVII. [1] 𝔄 = ܘܐܣܟܠܘ? [2] 𝔄 om. ܐܬܝܠܕ [3] 𝔄 խորհեցան *meditati sunt* [4] 𝔄 om. ܠܗ

5 ܒܝܪܐܝܬ ܐܚܝܕܝܢ ܗܘܘ ܠܗܘܢ. ܫܒܬܐ ܕܝܢ ܘܫܪܟܐ ܕܕܘܒܪ̈ܐ
ܕܝܗܘܕܝܘܬܐ ܐܟܘܬܗܘܢ ܕܗ̇ܢܘܢ ܢܛܪܝܢ. ܘܡܘܥܕ̈ܬܐ ܕܝܢ
ܕܚܕ̈ܒܫܒܐ ܐܟܘܬܢ ܥܒܕܝܢ. ܠܥܘܗܕܢܐ ܕܩܝܡܬܗ ܕܦܪܘܩܢ.[5]
6 ܘܡܛܠ ܗܕܐ ܬܪܥܝܬܐ ܕܐܝܬ ܗܘܬ ܠܗܘܢ ܡܫܠܘ ܗܢܐ
ܫܡܐ ܕܐܒܝܘܢ. ܕܡܫܘܕܥܐ[6] ܥܠ ܬܪܥܝܬܗܘܢ[7] ܡܣܟܢܘܬܐ.
ܗܢܐ ܗܘ[8] ܓܝܪ ܡܬܩܪܐ ܡܣܟܢܐ ܒܠܫܢܐ ܥܒܪܝܐ...

ܕܥܣܪܝܢ ܘܬܡܢܝܐ ܥܠ ܩܐܪܝܢܬܘܣ ܪܫ ܗܪܣܝܣ..

ܒܗܘܢ ܕܝܢ ܒܗܠܝܢ ܙܒ̈ܢܐ ܦܠܓܝܢ. ܕܗܘܐ ܩܐܪܝܢܬܘܣ ܪܫܐ xxviii. 1
ܕܗܪܣܝܣ ܐܚܪܬܐ.[1] ܓܐܝܘܣ ܕܝܢ ܗ̇ܘ ܕܡܢ ܩܕܝܡ ܣܡܢܢ
2 ܡ̈ܠܘܗܝ. ܒܟܬܒܬܐ ܕܗܘܬ ܠܗ̇ ܗܟܢܐ ܐܟܬܒ ܥܠܘܗܝ. ܐܠܐ
ܐܦ ܩܐܪܝܢܬܘܣ ܠܡ ܗ̇ܘ ܕܒܝܕ ܓܠܝ̈ܢܐ[2] ܐܝܟ ܫܠܝܚܐ ܪܒܐ
ܐܥܠ ܡܚܘܝܢܘܬܐ ܕܬܗܪ̈ܐ ܡܚܘܝ̈ܢܝܬܐ: ܕܕܓܠ ܘܐܡܪ ܕܗܢ
𝔄 205 ܡܠܐܟ̈ܐ ܡܠܦܘ ܠܝ.[3] ܕܡܢ ܒܬܪ ܠܡ ܩܝܡܬܐ ܥܠ ܐܪܥܐ ܗܘܐ
ܡܠܟܘܬܗ ܕܡܫܝܚܐ. ܘܬܘܒ ܠܪ̈ܓܝܓܬܐ ܕܦܓܪܐ[4] ܒܐܘܪܫܠܡ
ܗ̇ܘܝܢ ܦܠܚܝܢ. ܘܡܛܠ ܕܒܥܠܕܒܒܐ ܗܘܐ ܕܟܬ̈ܒܐ ܕܐܠܗܐ.
ܨܒܐ ܗܘܐ ܕܢܛܥܐ ܘܐܡܪ ܕܒܫܝܢܐ ܕܐܠܦܐ ܕܫ̈ܢܝܐ ܗ̇ܘܐ
3 ܒܐܕܐ ܕܡܫܬܘܬܐ.[5] ܐܦ ܕܝܘܢܘܣܝܘܣ ܕܝܢ ܗ̇ܘ ܕܐܝܬܘܗܝ
ܗܘܐ ܐܦܝܣܩܘܦܐ ܕܒܥܕܬܐ ܕܐܠܟܣܢܕܪܝܐ. ܒܡܐܡܪ̈ܐ ܕܬܪܝܢ
ܕܥܠ ܫܘܘ̈ܕܝܐ ܐܡܪ ܡܕܡ ܡܢ ܥܠ ܓܠܝܢܗ ܕܝܘܚܢܢ. ܐܝܟ
ܕܡܢ ܡܫܠܡܢܘܬܐ ܘܥܬܝܩܬܐ. ܘܡܩܒܠ ܠܗ ܠܗܢܐ ܟܬܒܐ
4 ܒܗܠܝܢ ܡ̈ܠܐ. ܩܐܪܝܢܬܘܣ ܠܡ ܗ̇ܘ ܕܐܩܝܡ ܗܪܣܝܣ. ܗܕܐ

[5] 𝔄 om. ܕܦܪܘܩܢ [6] 𝔄 om. ܕ [7] 𝔄 plur. [8] For ܗܘ ܗܢܐ 𝔄 has *appellatio Abion*

Chap. XXVIII. [1] In 𝔄 for [illegible] read [illegible] or [illegible] [2] 𝔄 sing. [3] 𝔄 *dilexi hoc* [4] 𝔄 plur. [5] 𝔄 *nuptiarum*

ܕܡܬܩܪܝܐ ܕܩܐܪܝܢܬܝܐܢܘ. ܨܒܐ (B fol. 61 a) ܕܢܣܝܡ ܫܡܗ
ܕܢܩܘܐ ܠܡܬܗܝܡܢܘܬܗ ܠܬܚܘܡܬܐ ܗ̇ܝ ܕܓܒܠ ܗܘܐ. ܗܘ ܓܝܪ
ܘܠܦܘܗ̇ ܕܐܡܪ ܗܘܐ. ܕܥܠ ܐܪܥܐ ܗܘܝܐ ܗܘܬ ܡܠܟܘܬܗ
5 ܕܡܫܝܚܐ. ܘܠܐܝܠܝܢ ܕܗܘ ܡܬܪܓܪܓ ܗܘܐ ܡܛܠ ܕܦܓܪܢ. ܦܓܪܢ
ܗܘܐ ܘܪܢܫ ܗܘܐ ܕܓܠܝܬܐ. ܠܗܠܝܢ ܚܙܐ ܗܘܐ[6] ܒܚܠܡܗ
ܕܗ̈ܘܝܢ. ܣܒܥܬܐ ܕܟܪܣܐ ܗܘ ܕܝܢ ܡܐܟܘܠܬܐ ܘܡܫܬܝܬܐ
ܘܙܘܘܓܐ.[7] ܘܐܝܠܝܢ ܬܘܒ ܕܢܫܦܪ ܕܐܫܟܚ ܕܡܫܬܡܗܘܢ ܡܢ ܗܠܝܢ.
ܒܥܐ̈ܕܐ ܘܒܕ̈ܒܚܬܐ ܘܒܢܟܣܬܐ[8] ܕܩܘܪ̈ܒܢܐ. ܗܠܝܢ ܐܡܪ ܥܠܘܗܝ. A 206
6 ܕܩܘܕܫܘܗܝ. ܐܝܪܢܐܘܣ ܕܝܢ ܐܦ ܡܦܩ ܟܬ̈ܒܐ ܕܩܕܡܝܬܐ
ܕܠܗ ܕܗܢܐ ܗܘ ܒܡܐܡܪܐ ܡܫܠܡܐ ܕܠܘܩܒܠ ܗܪ̈ܣܝܣ.
ܐܦ ܬܫܥܝܬܐ ܕܢܟܝܐ ܠܓܘܢܪܝܐ ܪܫܡ ܒܟܬܒܗ̇. ܐܝܟ ܕܡܢ
ܡܫܠܡܢܘܬܐ[9] ܕܦܘܠܘܩܪܦܘܣ ܕܐܡܪ. ܕܝܘܚܢܢ ܠܡ ܫܠܝܚܐ ܥܠ Adv Haer iii 3, 4
ܗܘܐ ܒܝܘܡ ܠܒܠܢܐ ܐܝܟ ܕܢܣܚܐ. ܟܕ ܕܝܢ ܝܕܥ ܕܬܡܢ ܗܘܐ
ܩܐܪܝܢܬܘܣ. ܫܘܪ ܡܢ ܕܬܡܢ ܘܢܦܩ ܠܒܪܐ. ܕܠܐ ܣܒܪ
ܕܢܗܘܐ ܬܚܝܬ ܡܛܠܠܐ ܕܐܝܬܘܗܝ ܒܗ. ܘܩ̇ܡ ܗܘܐ ܡܦܝܣ
ܗܘܐ ܠܗܠܝܢ ܕܐܝܬ ܗܘܐ ܥܡܗ ܘܐܡܪ ܕܢܥܪܘܩ.[10] ܕܠܡܐ
ܐܦ ܒܝܬܐ ܢܦܠ: ܕܐܝܬܘܗܝ ܒܓܘܗ̇ ܩܐܪܝܢܬܘܣ ܒܥܠܕܒܒܐ
ܕܫܪܪܐ ⁘ ⁘

ܕܒܫܢܝܢ ܘܬܫܥܝܬܐ ܥܠ ܢܝܩܠܐܘܣ. ܘܥܠ ܐܝܠܝܢ ܕܡܬܩܪܝܢ ܡܢ
ܫܡܗ.

xxix. 1 ܒܗܢ ܗܠܝܢ ܕܝܢ ܐܦ ܗܪܣܝܣ ܗ̇ܝ ܕܡܬܩܪܝܐ ܕܢܝܩܘܠܐܝܘ
ܩܡܬ ܩܠܝܠ ܙܒܢܐ. ܗ̇ܝ ܕܡܟܪܙܐ ܠܗ̇ ܐܦ ܓܠܝܢܗ ܕܝܘܚܢܢ.
ܗܠܝܢ ܡܫܬܒܗܪܝܢ ܗܘܘ ܒܢܝܩܘܠܐܘܣ ܗ̇ܘ ܕܐܝܬܘܗܝ ܗܘܐ ܚܕ

[6] A *videbat* [7] In A the three nouns are plur. [8] A plur. [9] In A for [illegible] read [illegible] [10] A om. ܕ

𝔄 207 ܡܢ ܗܢܘܢ ܕܐܬܓܒܝܘ ܗܘܘ ܥܡ ܐܣܛܦܢܘܣ ܠܬܫܡܫܬܐ
ܕܡܣܟܢܐ. ܩܠܝܡܝܣ ܕܝܢ ܐܠܟܣܢܕܪܝܐ. (B fol. 61 *b*) ܒܡܟܬܒܢܘܬܐ
Strom iii 4 ܕܥܠܘܗܝ ܕܗܢܐ ܗܠܝܢ ܐܡܪ ܡܠܠܗ. ܕܐܢܬܬܐ ܠܡ ܐܝܬ ܗܘܬ 2
ܠܗ ܠܗܕܐ ܕܫܦܝܪܐ ܗܘܬ ܒܚܙܘܗ̇. ܘܡܢ ܒܬܪ ܣܘܠܩܗ ܕܡܪܢ
ܐܬܚܣܕ ܡܢ ܫܠܝ̈ܚܐ ܥܠ ܕܛܐܢ ܗܘܐ ܒܗ̇. ܗܘ ܕܝܢ ܐܝܬܝܗ̇
ܠܡܨܥܬܐ ܠܐܢܬܬܗ̇. ܘܐܦܣ[1] ܠܗ̇ ܕܬܗܘܐ ܐܢܬܬܐ ܠܟܠ
ܕܨܒܐ. ܘܐܡܪܝܢ ܗܘܘ ܕܝܢ ܗܢܘܢ ܠܗܢ̈ܐ. ܕܗܕܐ ܗܘܦܟܐ
ܥܠܡ ܗܘ ܠܗܝ ܡܠܬܐ ܕܡܠܦ. ܕܡܬܒܥܐ ܗܘ ܠܡ ܕܢܬܠ ܠܗ
ܠܦܓܪܐ[2] ܕܢܬܚܫܚ ܒܗ. ܘܡܪܕܘ ܠܗܢܐ ܟܕ ܕܒܩܘ ܠܗܢܐ ܘܠܡܕܒܪ
ܕܐܬܐܡܪ ܫܡܥܝܐܢܝܬ ܘܦܫܝܩܐܝܬ. ܘܡܛܠܗܢܐ ܡܢܗܘܢ ܕܠܐ
3 ܬܫܡܫܬܐ ܐܝܠܝܢ ܕܡܬܗܪܝܢ ܡܢ ܗܪܣܝܣ ܕܥܠܘܗܝ. ܢܠܦܬ ܕܝܢ ܐܢܐ
ܥܠ ܢܝܩܠܐܘܣ ܕܠܐ ܐܫܬܡܫ ܥܡ ܐܢܬܬܐ ܐܚܪܬܐ. ܐܠܐ
ܥܡ ܗܝ ܚܕܐ ܕܢܣܒ. ܘܥܠ ܒܢܘܗܝ ܬܘܒ. ܥܠ ܕܒܢܬܐ
ܕܗܘܝ̈ ܠܗ ܕܗܘܝ ܒܒܬܘܠܘܬܐ. ܘܒܪܗ ܗܘܐ[3] ܕܠܐ ܚܒܠܐ[4].
ܕܥܠܡ ܗܘܬ ܗܟܢܐ ܐܬܛܥܝܢ ܗܘ ܢܒܥܐ ܗܘ. ܕܡܫܠܡܢܘܬܐ ܗܝ
ܕܗܘܬ ܠܘܬ ܫܠܝ̈ܚܐ ܥܠ ܚܛܝܬܐ ܕܐܢܬܬܗ. ܕܡܫܬܐܠܢܘܬܐ
𝔄 208 ܐܝܬܝܗ̇ ܗܘܬ ܕܡܢ ܚܛܝܬܐ ܘܡܫܬܡܠܝܢܘܬܐ ܕܡܢ ܚܘܦܠܐ
ܕܐܬܪܚܩܬܐ[5] ܠܐܚܪ̈ܢܐ ܕܝܢ ܚܠܦܐ ܗܘܬ ܕܢܬܚܫܚܘܢ ܒܢܝܫܗܘܢ
ܕܦܓܪܐ. ܐܝܟ ܕܦܩܕ ܐܢܐ ܟܕ ܠܐ[6] ܨܒܐ ܗܘܐ ܐܝܟ
ܦܘܩܕܢܗ ܕܦܪܘܩ ܕܥܠܘܗܝ ܠܬܪܝܢ ܡܪ̈ܘܢܐ. ܠܪ̈ܓܬܐ[7] ܘܠܡܪܝܐ.
4 ܐܡܪܝܢ ܕܝܢ ܕܐܦ ܬܘܠܡܝ ܗܟܢܐ ܡܠܦ ܗܘܐ. ܕܥܡ ܦܓܪܐ
ܠܡ ܢܬܟܬܫ ܘܢܒܣܪܝܘܗܝ. ܘܡܕܡ ܐܝܟ ܢܝܚܐ ܠܐ ܢܬܪܦܐ

Chap. XXIX. [1] 𝔄: ܡ ܐܦܣ [2] 𝔄 om. ܠܗ ܠܦܓܪܐ [3] 𝔄 = ܗܘܝ
[4] 𝔄 *sine coniugio* [5] 𝔄 plur. [6] For ܠܐ ܨܒܐ 𝔄 has ... ܠܐ
[7] 𝔄 plur.

ܠܗ. ܠܢܩܫܐ ܕܝܢ ܢܦܫܐ ܒܡܫܡܫܢܘܬܐ ܘܒܝܕܥܬܐ. ܗܠܝܢ ܗܟܝܠ
ܐܡܪܝܢ ܠܗܝܢ ܡܛܠ ܗܠܝܢ ܕܒܗܘܢ ܙܒܢܐ ܐܬܦܪܣܘ ܠܡܪܚܫܘ
ܥܙܝܙܐ. (B fol. 62 a) ܘܕܒܟܘ ܒܟܠ ܐܝܟ ܕܡܬܐܡܪܐ ܡܠܬܐ.

ܕܬܠܬܝܢ ܥܠ ܫ̈ܠܝܚܐ ܐܝܠܝܢ ܕܐܙܕܘܓܘ ܒܗ ܒܥܠܡܐ...

xxx. 1 ܗ̇ܘ ܕܝܢ ܩܠܝܡܝܣ ܗ̇ܘ ܕܐܡܪܢܢ ܡ̈ܠܘܗܝ ܗܫܐ. ܡܛܠ ܗܠܝܢ
ܕܡܣܪܒܝܢ ܐܡܪܝܢ ܥܠܝܗܘܢ:[1] ܡܢ ܒܬܪܝܢ ܬܘܒ ܡܛܠ ܐܢܫܐ
ܕܡܣܠܝܢ ܙܘܘܓܐ. ܠܫ̈ܠܝܚܐ ܐܝܠܝܢ ܕܐܙܕܘܓܘ ܒܥܠܡܐ ܦܩܕ
ܠܗܘܢ ܘܐܡܪ ܗܟܢܐ. ܐܘ ܕܠܡܐ ܠܟ ܐܦ ܠܫ̈ܠܝܚܐ ܡܣܠܝܢ.[2] Strom iii 6
ܦܛܪܘܣ ܓܝܪ ܘܦܝܠܝܦܘܣ ܐܦ[3] ܒ̈ܢܝܐ ܐܘܠܕܘ. ܦܝܠܝܦܘܣ ܕܝܢ
ܐܦ[4] ܠܒ̈ܢܬܗ ܝܗܒ ܠܓܒ̈ܪܐ. ܘܦܘܠܘܣ ܬܘܒ ܠܐ ܟܡܐ ܐܡܟܢ 𝔄 209
ܕܢܫܐܠ ܫܠܡܗ̇ ܕܒܪܬ ܙܘܓܗ ܒܐܓܪܬܐ.[5] ܠܐ ܕܝܢ ܡܛܥܢ
2 ܗܘܐ ܠܗ̇ ܒܥܒܕ ܡܛܠ ܢܩܦܘܬܗ̇ ܕܬܫܡܫܬܐ. ܡܛܠ ܕܝܢ
ܕܠܗܠܝܢ ܐܙܕܘܓܝܢ ܠܐ ܡܦܢܐ ܥܡܘܬܐ. ܕܢܫܡܫ ܐܦ ܗܕܐ
ܬܫܡܫܬܐ ܕܫ̈ܝܢܐ ܠܡܬܬܢܝܚܘ ܕܝܠܗ ܕܗܢܐ ܡܬܒܥܝܐ. ܗ̇ܘ
ܕܡܫܡܫܢܘܬܐ ܕܫܒܒ ܕܒܚܫܒܐ ܠܗ[6] ܐܬܬܒ ܗܕܢܐ. ܐܡܪܝܢ ܠܟ ib vii 11
ܗܟܝܠ.[7] ܕܦܠܘܓܝܐ ܦܛܪܘܣ ܢܕܥܐ ܗܘܐ ܠܐܢܬܬܗ ܕܡܬܦܕܒܪܐ
ܗܘܬ ܠܡܩܛܠ: ܘܚܕܝ ܒܡܪܢܘܬܗ̇ ܕܦܘܠܓܘܬܐ. ܘܕܡܬܠܝܐ
ܗܘܬ ܠܡܐܙܠ ܠܒܝܬܐ ܕܥܙܝܙܐ. ܩܪܐ ܘܐܡܪ ܠܗ̇ ܒܫܡܗ̇
ܘܒܒܥܘܬܐ. ܘܡܪܬܗ̇ ܒܥܡܟ ܘܐܡܪ. ܐܬܕܟܪܝ ܠܡܪܢ. ܗܟܢܐ
ܐܝܬܝܗܘܢ ܗܘܐ ܙܘܘܓܗܘܢ ܕܛܘ̈ܒܢܐ. ܘܫܘܡܠܝܐ ܕܡܫܡܠܝܐ
ܕܚܒ̈ܝܒܐ. ܘܗܠܝܢ ܕܝܢ ܕܒܗܝܢ ܗܘܘ ܠܗܢܐ ܫܪܒܐ ܕܐܡܝܪܐ
xxxi. 1 ܠܝ. ܒܕܒ̈ܝܬܗܝܢ ܐܬܚܫܒ ܗܟܢܐ. ܥܠ ܡܦܩܬܗܘܢ ܕܝܢ ܕܡܢ

CHAP. XXX. [1] 𝔄 om. the words from ܗܘܐ to ܥܠܝܗܘܢ [2] 𝔄 *spernitis ac contemnitis vos* [3] 𝔄 om. ܐܦ [4] 𝔄 *et Philippus* [5] 𝔄 *in epistola sua* [6] 𝔄 om. ܕܒܚܫܒܐ ܠܗ [7] 𝔄 om. ܗܟܝܠ

ܠܥܠܡܐ ܕܦܪܣܘܣ ܘܕܦܠܘܣ ܘܒܐܝܢܐ⁸ ܕܒܢܐ: ܘܕܐܝܟܢܐ ܬܘܒ
ܕܡܢ ܒܬܪ ܡܦܩܬܗܘܢ ܕܐܝܟܢܐ ܐܬܬܣܝܡܘ ܦܓܪ̈ܝܗܘܢ. ܐܦ
ܟܕ ܗܫܐ ܐܡܪܝܢ ܀

ܕܬܠܬܝܢ ܘܚܕ ܥܠ ܡܦܩܬܗ ܕܝܘܚܢܢ ܘܕܦܝܠܝܦܘܣ ܀ (B fol. 62 b)

2 ܥܠ[1] ܙܒܢܗ ܕܝܢ ܕܝܘܚܢܢ ܐܦ ܥܠ ܗܫܐ ܐܡܪܢ.[2] ܕܡܘܬܐ 𝔄 210
ܕܝܢ ܕܗܘܐ ܒܗ ܡܬܝܕܥܐ. ܡܢ ܐܓܪܬܐ ܕܐܟܬܒ ܦܘܠܝܩܪܛܘܣ[3]
ܕܐܝܬܘܗܝ[4] ܐܦܣܩܘܦܐ[5] ܕܐܦܣܘܣ. ܠܒܝܩܛܘܪ[6] ܐܦܣܩܘܦܐ[7]
ܕܪܗܘܡܐ.[8] ܘܡܥܗܕ ܠܗ ܐܟܚܕܐ[9] ܠܗ ܘܠܦܝܠܝܦܘܣ ܫܠܝܚܐ
3 ܘܠܒܢ̈ܬܗ ܟܕ ܗܟܢ ܟܬܒ. ܐܦ ܒܐܣܝܐ ܓܝܪ ܢܗܝܪ̈ܐ ܪ̈ܘܪܒܐ
ܫܟܒܘ.[10] ܕܗܢܘܢ[11] ܢܩܘܡܘܢ ܒܝܘܡܐ ܐܚܪܝܐ ܕܡܐܬܝܬܗ[12]
ܕܡܪܢ. ܕܒܗ[13] ܐܬܐ ܒܫܘܒܚܐ ܡܢ ܫܡܝܐ ܘܡܟܢܫ ܠܟܠܗܘܢ
ܩܕ̈ܝܫܘܗܝ. ܦܝܠܝܦܘܣ ܗܘ ܕܐܝܬܘܗܝ ܗܘܐ ܡܢ ܬܪ̈ܥܣܪ
ܫ̈ܠܝܚܐ ܕܗܘ[14] ܫܟܝܒ ܒܗܝܪܦܘܠܝܣ.[15] ܘܬܪܬܝܢ ܒܢ̈ܬܗ ܕܣܐܒ
ܒܒܬܘܠܘܬܐ. ܘܐܚܪܬܐ ܒܪܬܗ ܕܒܪܘܚܐ ܕܩܘܕܫܐ ܡܬܕܒܪܐ[16]
ܗܘܬ ܒܐܦܣܘܣ[17] ܐܬܬܢܝܚܬ.[18] ܬܘܒ ܕܝܢ ܐܦ ܝܘܚܢܢ ܗܘ
ܕܐܬܬܟܝܢ ܗܘܐ ܒܥܘܒܗ ܕܡܪܢ: ܗܘ ܕܐܝܬܘܗܝ ܗܘܐ[19]

[8] 𝔄 = ܕܒܐܝܢܐ

Chap. XXXI. [1] Here begin extracts in E (Add. 14650) fol. 72 b, and F (Add. 14611) fol. 145 b [2] E F ܐܡܪܝܢ ܚܢܢ [3] F ܦܘܠܝܩܪܛܘܣ [4] E F add ܗܘܐ 𝔄 *erat* [5] E ܐܦܝܣܩܘܦܐ F ܐܦܣܩܘܦܐ [6] E ܠܒܝܩܛܘܪܝܢܘܣ (but the original reading is indistinguishable) [7] E F ܐܦܝܣܩܘܦܐ [8] F ܕܪܗܘܡܝ [9] F ܐܟ ܚܕܐ [10] E F ܫܟܝܒܝܢ [11] E ܕܢܗܘܘܢ (probably originally ܕܗܢܘܢ) [12] F ܚܪܝܐ ܕܡܐܬܝܬܗ [13] E F ܕܒܗ [14] E F ܘܗܘ [15] E ܒܐܝܪܦܘܠܝܣ F ܒܗܝܪܘܦܘܠܝܣ [16] E F ܡܬܕܒܪܢܝܬܐ [17] F ܒܐܦܣܘܣ [18] E F ܐܬܬܢܝܚܬ [19] F ܗܘ ܕܗܘܐ ܐܝܬܘܗܝ

ܒܟܘܡܪܐ[20] ܘܠܒܝܫ[21] ܗܘܐ ܟܠܝܠܐ ܕܩܘܕܫܐ ܘܗܘܐ ܣܗܕܐ
ܘܡܠܦܢܐ. ܗܢܐ ܒܐܦܣܘܣ ܫܟܝܒ. ܗܠܝܢ ܐܡܪܝܢ ܐܦ[22] ܥܠ
4 ܡܘܬܗܘܢ[23] ܕܗܠܝܢ.[24] ܐܦ ܡܕܪܫܐ ܕܝܢ ܕܓܐܝܘܣ ܗܘ ܕܐܡܪܢ
ܡܠܠ ܐܡܪܝܢܘܣ. ܦܪܘܩܠܘܣ ܗܘ ܕܐܡܪ ܗܘܐ ܥܡܗ ܥܠ
ܡܘܬܗ ܕܦܝܠܝܦܘܣ ܘܕܒܢܬܗ. ܕܫܡܥ ܠܗܠܝܢ ܕܦܪܡܝܢ[25] ܐܡܪܝܢ
ܐܡܪ ܐܦ ܗܘ. ܕܒܬܪ ܗܢܐ ܠܡ. ܢܒܝܬܐ[26] ܐܪܒܥ ܐܝܬ 𝔄 211
ܗܘܐ ܒܗܝܪܦܘܠܝܣ[27] ܕܐܣܝܐ ܒܢܬܗ ܕܦܝܠܝܦܘܣ. ܘܩܒܪܗܝܢ
5 ܬܡܢ ܐܝܬܘܗܝ ܘܕܐܒܘܗܝܢ. ܗܠܝܢ ܐܡܪ ܗܢܐ. ܠܘܩܐ ܕܝܢ
ܒܦܪܟܣܝܣ ܕܫܠܝܚܐ.[28] ܥܠ ܒܢܬܗ ܕܦܝܠܝܦܘܣ ܐܚܪܢܐ:[29] ܕܐܝܬܝܗܝܢ
ܗܘܝ[30] ܥܡ ܐܒܘܗܝܢ ܒܩܣܪܝܐ ܕܝܗܘܕ ܒܙܒܢ ܗ̇ܘ ܕܒܙܢܐ: ܘܐܝܬ
ܗܘܐ ܠܗܝܢ ܡܘܗܒܬܐ ܕܢܒܝܘܬܐ. (B fol. 63 a) ܡ̣ܠܠ ܒܡ̈ܠܘܗܝ
ܘܐܡܪ ܗܟܢܐ. ܕܐܬܝܢ ܠܢ ܠܩܣܪܝܐ. ܘܥܠܢ[31] ܠܒܝܬܗ Acts xxi 8 f
ܕܦܝܠܝܦܘܣ ܡܣܒܪܢܐ ܕܐܝܬܘܗܝ ܗܘܐ[32] ܡܢ ܫܒܥܐ ܘܩܘܝܢ
ܠܘܬܗ. ܐܝܬ ܗܘܐ ܠܗ ܕܝܢ[33] ܒܢ̈ܬܐ ܒܬ̈ܘܠܬܐ ܐܪܒܥ ܕܡ̈ܬܢܒܝܢ
6 ܗܘܝ. ܐܝܠܝܢ ܗܟܝܠ ܕܡܛܝܢ[34] ܘܠܘܬܢ ܥܠ ܫ̈ܠܝܚܐ[35] ܘܥܠ ܙܒܢܝܗܘܢ:
ܘܥܠ ܡ̈ܠܟܐ ܘܢܨ̈ܚܐ ܕܫܒܩܘ ܠܢ: ܘܥܠ ܐܝܠܝܢ ܕܐܝܬ ܥܠܝܗܘܢ
ܦܘܠܓܐ ܘܥܠ ܫܘ̈ܐܠܐ ܡܦܠܠܝܢ: ܘܥܠ ܐܝܠܝܢ ܕܡܫܠܡܐܝܬ
ܡܩܒܠܝܢ ܘܢܛܪܝܢ ܠܡܫܠܡܢܘܬܐ ܫܪܝܪܬܐ ܕܫ̈ܠܝܚܐ ܒܗܠܝܢ ܐܡܪܝܢ.[36]
ܢܗܘܐ ܠܝ ܡܛܠ ܠܡܫܠܡܘܬܐ ܕܡܢ ܟܬܒܝ.[37]

[20] 𝔄 *archisacerdos*. E fol. 73 a [21] F ܘܠܒܝܫ [22] E 𝔄 om. ܐܦ
[23] E F ܡܘܬܗܘܢ [24] End of the extract in E [25] F ܕܦܪܡܝܢ [26] F ܢܒܝܬܐ [27] F ܒܗܝܪܦܘܠܝܣ [28] F fol. 146 a [29] 𝔄 adds *dicit*
[30] F om. ܗܘܝ [31] F ܘܥܠܢ [32] F om. ܗܘܐ [33] F ܘܐܝܬ ܗܘܐ ܠܗ
[34] F ܕܡܛܠܝܢ [35] 𝔄 *ab apostolis* [36] F ܐܡܪܝܢ ܗܟܢ. [37] End of the extract in F

𝔄 212 ܕܬܠܬܝܢ ܘܬܪܝܢ ܕܐܝܟܢܐ ܐܣܗܕ ܫܡܥܘܢ ܐܦܝܣܩܘܦܐ
ܕܐܘܪܫܠܡ.[1]

ܡܢ ܒܬܪ ܢܪܘܢ ܘܕܘܡܛܝܢܘܣ ܒܝܘܡܬܗ ܕܛܪܝܢܘܣ xxxii. 1
ܗܢܐ ܕܥܠ ܙܒܢܘܗܝ ܗܠܝܢ ܡܫܬܥܝܢ ܐܢܚܢ. ܒܕܘܟ ܕܘܟ
ܒܡܕܝܢ̈ܬܐ. ܡܬܐܡܪܐ ܕܡܠܬܐ[2] ܕܐܬܬܥܝܪ ܪܕܘܦܝܐ ܕܥܠܝܢ
ܐܝܟ ܕܡܢ ܣܘܦܩܐ ܕܥܡܐ. ܕܒܗ ܫܡܥܘܢ ܒܪ ܩܠܝܘܦܐ ܗܘ̇
ܕܐܡܪܢܢ ܠܥܠ ܕܗܘܐ ܐܦܝܣܩܘܦܐ ܕܬܪܝܢ ܒܥܕܬܐ ܕܐܘܪܫܠܡ.
2 ܫܠܡ ܕܒܣܗܕܘܬܐ ܢܦܩ ܡܢ ܥܠܡܐ. ܘܣܗܕ ܠܗܠܝܢ[3]
ܗܓܐܣܝܦܘܣ. ܗܘ̇ ܕܐܬܚܫܚܢ ܒܡ̈ܠܘܗܝ ܒܕܘܟ̈ܝܬܐ ܣܓܝ̈ܐܬܐ.
ܕܗ̇ ܡܫܬܥܐ ܗܘܐ[4] ܥܠ ܐܢܫܐ ܕܡܢ ܗܪܣܝܣ ܡܩܪܒ ܘܐܟܠܝ
ܕܐܝܟ[5] ܕܡܫܝܚܝܘܢ ܕܗ̇ܘܝܘܢ. ܒܗ ܒܫܢܐ ܘܒܬܪ ܐܬܬܒܠ
ܡܬܢܓܕ ܕܫܡܥܘܢ[6] ܕܡܪܛܘܪܝܐ ܗܘ̣. ܘܒܫܢ̈ܩܬܐ ܣܓܝ̈ܐܬܐ
ܒܝܘ̈ܡܐ ܕܥܠ ܙܒܢ ܡܬܢܓܕ ܗܘܐ. ܗܕܐ ܕܠܗ ܠܕܝܢܐ ܘܠܐܝܠܝܢ
ܕܩܪܒܝܢ ܠܗ ܐܬܕܪܝ ܒܡܣܝܒܪܢܘܬܗ. ܘܠܚܪܬܐ ܒܙܩܝܦܐ
3 ܕܢܣܒ ܕܡܢܐ ܒܝܠܕܐ ܗܘܐ ܫܘܠܡܐ ܕܣܗܕܘܬܗ. ܠܘܬ ܕܝܢ
𝔄 213 ܟܠܬܐ. ܕܡܝܢܗ ܡܢ ܡܬܬܟܢܫܐ ܢܦܩܘ ܠܗܘܢ ܠܗܠܝܢ ܕܡܫܬܥܐ
ܗܢܐ.[7] ܕܡܢܗܘܢ ܠܟ ܡܢ ܕܘܝܕ ܗܘܐ ܗܪܘܕܝܢܐ (B fol. 63 b)
ܐܬܐܟܠܘ ܩܪ̈ܨܘܗܝ ܕܫܡܥܘܢ ܒܪ ܩܠܝܘܦܐ. ܕܐܝܬܘܗܝ ܡܢ
ܕܒܝܬ ܕܘܝܕ ܘܕܟܪܣܛܝܢܐ ܗܘ̣. ܘܐܣܗܕ ܗܢܐ ܒܫ̈ܢܝ ܛܪܝܢܘܣ ܩܣܪ
ܡܢ ܘܐܛܝܩܘܣ ܗܘܦܛܝܩܐ.[8] ܐܝܬܘܗܝ ܗܘܐ ܕܝܢ ܒܪ ܡܐܐ
4 ܘܥܣܪܝܢ ܫܢܝܢ. ܐܡܪ ܕܝܢ ܗܘ ܗܢܐ ܗܓܐܣܝܦܘܣ. ܕܐܦ ܩܪ̈ܝܒܘ
ܗ̇ܢܘܢ ܕܐܟܠܘ ܩܪ̈ܨܘܗܝ. ܟܕ ܡܬܒܥܝܢ ܗܘܘ ܗܘ ܟܕ ܗܘܘ
ܘܒܢ̈ܝܐ ܐܝܠܝܢ ܕܡܢ ܫܪܒܬܐ ܐܝܟ ܕܡܠܟܘܬܐ ܕܝܗܘܕ̈ܝܐ.

Chap. XXXII. [1] 𝔄 = ܕܐܘܪܫܠܡ [2] 𝔄 om. ܕ [3] 𝔄 om. ܠܗܠܝܢ [4] 𝔄 om. ܒ and ܗܘܐ [5] 𝔄 om. ܐܝܟ [6] 𝔄 om. ܕܫܡܥܘܢ [7] 𝔄 om. ܗܘܐ [8] 𝔄 հիւպատոսի = ὑπάτου

ܕܐܦ ܗܢܘܢ ܐܬܚܪܝܘ ܐܝܟ ܐܢܫܐ ܕܡܢܗܘܢ ܐܢܘܢ. ܒܪ
ܢܓܝܕܐ ܐܢܫ ܕܝܢ ܐܦ ܒܡܫܝܚܝܘܬܐ ܡܣܒܪ ܕܗܘ ܗܘܐ ܣܗܕܘܢ.
ܡܢ ܗܢܘܢ ܕܫܪܘ ܠܡܣܒܪ ܘܫܡܫܘ ܡܫܝܚܐ ܐܝܬܝܗܘܢ ܗܘܘ.
ܒܪ ܢܦܫ ܬܘܬܒܘܬܐ ܡܢ ܛܘܪܐ ܕܢܘܟܪܝܐ ܕܣܝܢܘܗܝ. ܘܒܪ[9]
ܓܒܪܐ ܒܬܒܐ ܕܐܘܢܓܠܝܘܢ ܠܡܪܢ ܒܪܬ ܩܠܝܘܦܐ. ܕܒܢܝܗ
5 ܗܘܐ ܕܝܢ ܐܦ ܗܘ ܡܣܗܕ ܐܘܪܚܬ ܡܠܬܐ.[10] ܗܘ ܕܝܢ[11] ܗܢܐ
ܡܬܬܟܢܐ. ܘܠܐܢܫܝܢܐ ܡܢ ܒܢܝܗܘܢ ܕܗܪܣܝܣ ܗܘ ܕܡܬܩܪܝܐ
ܗܘܐ ܐܝܣܘܗܝ ܕܡܢ̈ܝܢ. ܡܫܘܚܬ ܕܫܢܝܢ ܗܘܘ ܒܪ̈ܒܢܘܬܗ ܕܗܕܐ
ܡܠܟܘܬܐ. ܘܡܢ ܒܬܪ ܬܫܥܝܬܐ ܕܣܗܕܘܬܗܘܢ ܡܫܡܠܝܬܐ ܕܟܠ
ܐ̈ܦܝ ܗܝܡܢܘܬܐ ܕܡܫܝܚܐ[12] ܕܒܝ̈ܘܡܝ ܕܛܪܝܢܘܣ ܡܠܟܐ.
6 ܐܡܬܝ ܕܝܢ[13] ܗܢܐ. ܕܐܬܘ ܠܗ ܘܩܪܝܢ ܗܘܘ ܥܠܘܗܝ ܒܥ̈ܕܬܐ
ܐܝܟ ܗܫܘ̈ܕܐ ܘܐܝܟ ܐܢܫܐ ܕܡܢ ܓܢܣܗ ܐܢܘܢ ܕܕܘܝܕ.
ܘܒܪ ܗܘܐ ܗܘܐ ܫܠܡܐ ܙܒܢܐ ܒܥܠܡܝܢ ܒܫ̈ܢܐ. ܐܬܢܓܕ ܒܓܕܫܐ 𝕬 214
ܠܛܪܝܢܘܣ ܡܠܟܐ: ܒܓܕܫܐ[14] ܠܗܘ ܙܒܢܐ ܕܐܬܐܡܠܘ ܡܬܢܟܝܢ
ܕܣܗܕܘܢ ܒܪ ܩܠܝܘܦܐ ܡܢ ܗܪ̈ܣܝܘܛܐ ܐܟܘܬܗܘܢ ܕܗܢܘܢ.[15]
ܒܝ̈ܘܡܝ[16] ܐܛܝܩܘܣ ܗܘܦܛܝܩܐ[17] ܘܒܢ̈ܓܕܬܐ ܣܓܝ̈ܐܐ ܟܕ ܡܫܬܢܩ
ܗܘܐ ܐܣܗܕ. ܐܝܟܢܐ ܕܟܠ ܐܢܫ ܡܬܕܡܪ ܗܘܐ ܐܦ ܗܘ
ܗܘܦܛܝܩܐ.[18] ܕܐܝܟܢܐ ܣܝܒܪ ܗܢܐ ܟܠܗ ܟܕ ܐܝܬܘܗܝ (B fol. 64 *a*)
7 ܒܪ ܡܐܐ ܘܥܣܪܝܢ ܫܢܝܢ. ܘܦܩܕ ܕܢܙܕܩܦ. ܘܡܛܠ ܗܠܝܢ ܗܘ
ܗܢܐ ܓܒܪܐ ܒܪ ܡܫܬܥܝܢܐ ܒܠܚܘܕܝܗܘܢ ܟܠ ܗܠܝܢ.[19] ܐܘܣܦ
ܘܐܡܪ. ܕܐܝܟ ܕܒܬܘܠܬܐ ܠܗܘ ܙܒܢܐ ܒܬܘܠܬܐ[20] ܕܥܕܬܐ ܘܕܠܐ

[9] 𝕬 om. ܘ [10] 𝕬 *aliud verbum* [11] 𝕬 om. ܕܝܢ [12] 𝕬 om. ܕܡܫܝܚܝܘܬܐ [13] 𝕬 om. ܕܝܢ [14] 𝕬 = ܘܒܙܒܢܐ [15] 𝕬 om. ܐܟܘܬܗܘܢ ܕܗܢܘܢ [16] 𝕬 *diebus* [17] 𝕬 = ὑπάτου [18] 𝕬 = ὕπατος [19] 𝕬 om. ܒܠܚܘܕܝܗܘܢ ܟܠ ܗܠܝܢ [20] For ܐܝܟ ܕܒܬܘܠܬܐ ܠܗܘ ܙܒܢܐ ܒܬܘܠܬܐ 𝕬 has *in illo tempore tanquam virgo*

ܢܦܠܐ ܩܘܡܬ ܒܪܬܐ. ܕܐܝܟ ܕܒܚܫܘܟܐ ܡܬܛܫܝܢ ܗܘܘ ܥܕܡܐ
ܠܗܘ ܙܒܢܐ.[21] ܐܦܢ ܐܝܬ ܗܘܐ ܐܢܫܐ ܕܪܕܝܢ ܗܘܘ ܕܢܚܒܠܘܢ
8 ܩܢܘܢܐ[22] ܚܠܝܡܐ ܕܝܘܠܦܢܐ ܕܚܝ̈ܐ. ܟܕ ܕܝܢ ܫܢܘ ܡܢ ܥܠܡܐ
ܟܠܗ ܗܘ ܟܢܫܐ ܕܫ̈ܠܝܚܐ ܩܕ̈ܝܫܐ: ܘܥܒܪ ܟܠܗ[23] ܗܘ ܕܪܐ
ܕܐܫܬܘܝܘ. ܕܢܫܡܥܘܢ ܒܐܕ̈ܢܝܗܘܢ ܠܚܟܡܬܗ ܕܐܠܗܐ. ܗܝܕܝܢ ܫܪܝܬ
ܠܡܬܩܝܡܘ ܛܥܝܘܬܐ ܗܝ ܕܐܝܬܝܗ̇ ܕܠܐ ܐܠܗ̇. ܒܝܕ ܡܛܥܝܢܘܬܐ[24]
ܕܗ̇ܢܘܢ ܕܡܫܚܠܦܝܢ ܝܘܠܦܢܐ ܕܒܪ̈ܝܐ. ܕܟܕ[25] ܠܐ ܐܫܬܚܪܘ
ܐܢܫ. ܡܢ ܫ̈ܠܝܚܐ ܒܗܘ ܙܒܢܐ.[26] ܒܓܠܐ ܪܫ ܓܠܝܢ ܗܘܘ
A 215 ܠܡܟܪܙܘ. ܝܕܥܬܐ ܕܓܠܬܐ ܠܗ̇ ܒܫܘܡܗܐ ܕܟܕܒܘܬܐ. ܗܕܐ xxxiii. 1
ܕܝܢ ܐܬܟܬܫ ܗܘܐ ܒܐܬܪ̈ܘܬܐ ܣܓܝ̈ܐܐ ܪܕܘܦܝܐ ܕܥܠܝܢ ܒܗܘ
ܙܒܢܐ. ܐܝܟܢܐ ܕܐܦ ܦܠܝܢܘܣ[27] ܣܩܘܢܕܘܣ ܗܓܡܘܢܐ ܝܕܝܥܐ
Plin et Tra Ep 96 ܟܕ ܚܙܐ ܣܘܓܐܐ ܕܣܗ̈ܕܐ ܐܬܬܙܝܥ: ܘܐܘܕܥ ܠܡܠܟܐ ܥܠ
ܡܢܝܢܐ[28] ܣܘܓܐܐ ܕܡܬܩܛܠܝܢ ܗܘܘ ܥܠ ܫܘܡ ܗܝ ܡܫܝܚܝܘܬܐ. ܘܒܗ̇
ܒܗ̇ ܗܕܐ ܐܘܕܥܗ. ܕܡܕܡ ܕܒܝܫܐ ܐܘ ܠܒܪ ܡܢ ܢܡܘܣܐ ܗܘ
ܠܐ ܐܫܬܟܚܘ ܕܥܒܕܝܢ. ܠܒܪ ܡܢ ܗܕܐ ܕܡܟܐ ܕܩܝܡܝܢ ܒܨܦܪܐ
ܡܫܒܚܝܢ ܠܡܫܝܚܐ ܐܝܟ ܕܠܐܠܗܐ. ܠܙܢܝܘܬܐ[29] ܕܝܢ ܘܠܓܘܢܒܐ:[30]
ܘܠܣܘܪ̈ܚܢܐ ܐܚܪ̈ܢܐ ܕܒܝ̈ܫܬܐ[31] ܕܕܡܝܢ ܠܗܠܝܢ. ܐܦ ܟܠܗܘܢ
2 ܡܣܠܝܢ. ܘܥܠ ܗܕܐ ܕܥܒܕܝܢ ܐܝܟ ܕܒܢܡܘܣܐ.[32] ܕܠܡܥܒܕ ܗܠܝܢ
ib 97 ܦܪܝܫܘܬ ܗܘܐ (B fol. 61 b) ܦܘܩܕܢܐ ܕܐܝܟ ܗܢܐ. ܕܟܪ̈ܣܛܝܢܐ ܠܐ
ܕܪܕܘܦܝܐ[33] ܡܬܒܥܝܢ ܠܐ ܢܬܒܥܘܢ. ܐܢ ܕܝܢ ܢܫܬܟܚܘܢ
ܢܬܕܝܢܘܢ. ܘܒܗ̇ ܒܗܕܐ ܣܘܓܐܗ ܕܠܘܚܡܐ ܕܪܕܘܦܝܐ ܕܩܝܡ.
ܗܘܐ ܡܬܬܪܝܬ ܕܟܝ. ܠܐ ܕܝܢ ܚܣ̈ܪܝ ܗܘܘ ܥܠ̈ܠܬܐ ܠܐܝܠܝܢ

[21] A om. ܥܕܡܐ ܠܗܘ ܙܒܢܐ [22] A plur. [23] A om. ܟܠܗ [24] A plur.
[25] A om. ܡܢ [26] A om. ܒܗܘ ܙܒܢܐ [27] A ܦܠܝܢܝܘܣ [28] A plur.
[29] A plur. [30] A plur. [31] For ܐܚܪ̈ܢܐ ܕܒܝ̈ܫܬܐ A has *et cetera mala*
[32] A adds *faciunt* [33] A plur.

ܕܢܣܓܕܘܢ ܗܘܘ ܕܢܦܠܚܘܢ ܘܢܒܐܫܘܢ ܠܡ. ܐܡܬ ܕܝܢ ܕܗܢ ܚܙܐ. ܘܐܡܬ ܕܝܢ ܕܗܢ ܕܢܬܝܐ ܕܡܐܬܘܪܬܐ ܡܬܦܪܣܝܢ ܗܘܘ ܕܢܬܢܛܠܘܢ ܠܗܘܢ. ܐܡܝܢܐ ܕܗܠܐ ܦܘܩܕܢܐ ܕܡܠܟܐ ܒܐܬܪܘܢ ܐܬܪܘܢ ܡܬܢܛܪ ܗܘܐ ܙܘܥܐ. ܘܩܛܠܐ ܕܡܫܝܚܝܐ ܐܬܦܣܩܘ ܒܐܠܗܘܬܐ ܕܟܠ ܐܢܫ.

ܕܬܠܬܝܢ ܘܬܠܬܐ. ܕܐܝܟܢܐ ܦܩܕ ܛܪܝܢܘܤ ܕܠܐ ܢܬܪܕܦܘܢ ܟܪ̈ܣܛܝܢܐ.

3 ܝܕܝܥܐ ܠܢ ܕܝܢ ܗܕܐ ܬܫܥܝܬܐ. ܡܢ ܗܘ ܡܦܩ ܒܪܘܡܝܐ
ܕܛܪܛܠܝܢܘܤ ܕܦܩܕܡ ܐܡܪܢ ܠܗܘܢ ܕܐܡܪܢ ܪܗܘܡܐܝܬ.
ܘܐܬܬܗܘܝ ܦܫܩܬܗ ܗܟܢܐ. ܒܬܪ ܠܡ ܐܡܚܫܒ ܕܐܬܡܠܠ 𝔄 216
ܒܗܘܟܐ ܕܚܠܝܢ. ܦܘܠܝܘܤ[1] ܓܝܪ ܣܩܘܢܕܘܤ ܗܓܡܘܢܐ ܕܐܬܪܐ Apol ii 52
ܣܓܝ ܠܐܢܫܐ ܡܢ ܟܪ̈ܣܛܝܢܐ ܘܒܙܪܐ ܐܢܘܢ ܡܢ ܕܪ̈ܓܫܘܢ.
ܘܐܬܕܠܚ ܒܣܘܓܐܐ ܕܩܛ̈ܠܐ ܕܗܘܘ. ܘܡܛܠ ܕܠܐ ܝܕܥ
ܗܘܐ[2] ܡܢܐ ܢܥܒܕ. ܐܘܕܥܗ ܠܛܪܝܢܘܤ ܡܠܟܐ ܘܐܡܪ.
ܕܠܒܪ ܡܢ ܗܕܐ ܕܠܐ ܨܒܝܢ ܕܢܣܓܕܘܢ ܠܦܬܟܪ̈ܐ. ܡܕܡ ܕܒܝܫ
ܒܗܘܢ ܠܐ ܐܫܟܚܬ. ܐܘܕܥܗ ܗܘܐ ܕܝܢ ܐܦ ܗܕܐ. 4
ܕܡܩܕܡܝܢ ܠܡ ܩܝܡܝܢ ܒܨܦܪܐ ܟܪ̈ܣܛܝܢܐ ܘܡܫܒܚܝܢ ܠܡܫܝܚܐ 𝔄 217
ܐܝܟ ܕܠܐܠܗܐ. ܘܒܢܡܘܣܗܘܢ[3] ܡܦܩܕܝܢ ܗܟܢܐ. ܕܢܬܟܠܐ
ܐܢܫ ܡܢ ܩܛܠܐ ܘܡܢ ܓܘܪܐ. ܘܡܢ ܓܢܒܘܬܐ ܘܡܢ ܓܠܘܙܘܬܐ.[4]
ܘܡܢ ܐܠܝܢ ܕܠܗܠܝܢ ܕܡܝܢ. ܘܠܘܩܒܠ ܗܕܐ ܟܬܒ ܛܪܝܢܘܤ.[5]
ܕܫܘܪܝܐ ܕܟܪ̈ܣܛܝܢܐ ܠܐ ܢܬܒܥܘܢ. ܐܢ ܢܫܬܟܚܘܢ ܕܝܢ[6]
ܢܬܕܝܢܘܢ. ܘܗܟܢܐ ܕܝܢ (B fol. 65 a) ܐܬܢܝܚܬ ܗܘܬ ܗܟܢܐ.

CHAP. XXXIII. [1] 𝔄 Պլինիոս [2] 𝔄 adds *postea* [3] With this word ends the lacuna in A, fol. 57 a. A ܒܢܡܘܣܗܘܢ [4] A ܓܠܘܙܘܬܐ [5] A ܛܪܝܢܘܤ [6] A ܐܢ ܕܝܢ ܢܫܬܟܚܘܢ

ܕܬܠܬܝܢ ܘܐܪܒܥܐ. ܕܗܘܐ ܐܦܝܣܩܘܦܐ ܕܐܪܒܥܐ ܒܡܢܬܐ
ܕܪܗܘܡܐ ܐܘܐܪܝܣܛܘܣ.[1]

xxxiv. ܒܫܢܬ ܬܠܬ ܕܠܗ ܕܛܪܐܝܢܘܣ.[2] ܩܠܝܡܝܣ ܐܦܝܣܩܘܦܐ
ܕܪܗܘܡܐ: ܟܕ ܫܠܡ ܬܫܥ ܫܢ̈ܝܢ[3] ܒܬܫܡܫܬܗ ܘܫܘܠܦܢܐ[4]
ܕܡܠܬܐ ܕܐܠܗܐ ܢܦܩ ܡܢ ܥܠܡܐ. ܘܐܫܠܡ ܬܫܡܫܬܗ
ܠܐܘܐܪܝܣܛܘܣ[5] ·:· ·:·

𝔄 218 ܕܬܠܬܝܢ ܘܚܡܫܐ. ܕܒܥܕܬܐ ܕܐܘܪܫܠܡ ܐܦܝܣܩܘܦܐ ܕܬܠܬܝܬܐ[1]
ܝܘܣܛܘܣ ܗܘܐ ·:·

xxxv. ܐܠܐ ܐܦ ܫܡܥܘܢ ܡܢ ܒܬܪ ܕܐܫܬܠܡ ܐܝܟ ܕܦܫܩܢ
ܐܡܪܢ. ܝܘܣܛܘܣ[2] ܕܐܦܝܣܩܘܦܘܬܐ ܕܥܕܬܐ ܕܐܘܪܫܠܡ ܩܒܠ
ܡܢ ܒܬܪܗ ܝܘܣܛܘܣ.. ܕܐܝܬܘܗܝ ܗܘܐ ܡܢ ܣܘ̈ܓܐܐ ܕܗܝܡܢܘ
ܒܡܫܝܚܐ. ܘܟܘܬܐ ܒܪ ܐܢܫ ܗܘܘ ܒܗܿ ܘܒܢ̈ܝܐ ܕܗܝܡܢܘ ܡܢ
xxxvi. 1 ܓܙܘܪܬܐ. ܝܕܝܥ ܗܘܐ ܕܝܢ ܒܗܠܝܢ ܙܒܢ̈ܐ ܒܐܣܝܐ ܦܘܠܝܩܪܦܘܣ[3]
ܐܦܝܣܩܘܦܐ ܕܙܡܘܪܢܐ.[4] ܓܒܪܐ ܕܐܬܚܙܝ ܥܡ ܫ̈ܠܝܚܐ.
ܘܐܦܝܣܩܘܦܘܬܐ[5] ܡܢ ܗܢܘܢ ܕܚܙܘ ܘܫܡܫܘ[6] ܠܡܪܢ ܩܒܠ ܗܘܐ.
2 ܒܙܒܢܗ ܕܝܢ[7] ܗܘܐ ܐܦܝܣܩܘܦܐ ܕܥܕܬܐ ܕܐܝܪܦܘܠܝܣ.[8]
ܕܒܫܡܐ ܚܬܝܬܐ ܡܫܬܪܪܐ ܗܘܐ ܦܦܝܐ ·:· ·:·

ܕܬܠܬܝܢ ܘܫܬܐ[1] ܥܠ ܐܝܓܢܛܝܘܣ ܘܥܠ ܐܓܪ̈ܬܗ.
ܘܐܝܓܢܛܝܘܣ ܗܘ ܕܒܣܓܝܐܐ ܠܗܫܐ ܡܫܬܒܗܪ ܠܘܬ
ܩ̈ܕܝܫܐ. ܕܬܪܬܝܢ ܒܥܕܬܐ ܕܐܢܛܝܘܟܝܐ ܡܢ ܒܬܪ ܦܛܪܘܣ. ܐܦܝܣܩܘܦܐ[2]

CHAP. XXXIV. [1] A ܐܘܐܪܝܣܛܘܣ 𝔄 Եւարեստոս [2] B orig. ܕܛܪܝܢܘܣ A ܕܛܪܝܢܘܣ [3] In 𝔄 for [illegible] read [illegible] [4] 𝔄 om. ܘ [5] 𝔄 [illegible]

CHAP. XXXV. [1] In 𝔄 for [illegible] read [illegible] [2] A ܝܘܣܛܘܣ [3] A ܦܘܠܘܩܪܦܘܣ [4] A ܕܙܡܘܪܢܐ A ܘܐܦܝܣܩܘܦܘܬܐ [6] A om. ܘܫܡܫܘ [7] A ܒܗܘ ܙܒܢܐ ܐܦ ܗܘ [8] A ܕܗܝܪܐܦܘܠܝܣ

CHAP. XXXVI. [1] A ܘܫܬܐ [2] A ܦܛܪܘܣ

3 ܕܬܪܝܢ ܗܘ ܗܘܐ. ܘܡܬܐܡܪܐ ܕܡܢ ܟܠܗܘܢ[3] ܡܠܬܐ. ܕܟܕ
ܣܘܪܝܐ[4] ܐܬܕܒܪ ܗܘܐ ܠܪܗܘܡܐ ܒܡܘܬܐ ܕܣܗܕܘܬܐ ܘܐܬܐܟܠ ܡܢ 𝔄 219
4 ܚܝܘܬܐ. ܘܟܠ ܣܗܕܘܬܐ ܕܥܠ ܝܕ ܡܫܝܚܐ.[5] ܟܕ ܥܒܪ ܗܘܐ
ܕܝܢ ܒܟܠ ܐܣܝܐ: ܘܡܬܒܛܠ ܗܘܐ ܒܢܛܘܪܬܐ ܩܫܝܫܬܐ
ܕܦܠܘܪܐ ܕܐܚܝܕܝܢ ܗܘܘ ܠܗ. ܠܡܕܝܢܬܐ[6] ܕܒܟܠ ܗܘܐ ܠܗܘܢ
ܡܫܪܪ ܗܘܐ ܠܗܘܢ. ܒܡܠܬܐ[7] (B fol. 65 b) ܕܒܥܘܬܐ ܘܡܠܟܐ.
ܘܡܬܚܝܠܬ[8] ܕܢܗܘܘܢ ܙܗܝܪܝܢ ܘܡܬܟܐܢܬ[9] ܡܢ ܗܪܣܝܣ[10] ܕܣܓܝ
ܗܘܐ ܠܗܘܢ.[10a] ܘܟܠ ܕܢܗܘܘܢ ܗܘ[11] ܒܕܚܝܠ ܩܛܠ ܗܘܐ. ܘܒܥܐ
ܗܘܐ ܡܢܗܘܢ ܕܠܐ ܢܬܪܦܘܢ ܡܢ ܡܫܠܡܢܘܬܐ ܕܫ̈ܠܝܚܐ.
ܘܠܗܘܪܐ ܡܫܐܠܐ ܐܬܬܠܒ ܗܘܝ ܕܐܦ ܒܝܕ ܟܬܒ̈ܬܐ
5 ܢܛܘܪ ܠܗܘܢ.[12] ܘܟܕ ܒܠ ܠܡܕܝܢܬܐ ܐܝܟܐ ܕܐܝܬܝܗ ܗܘܐ
ܦܝܠܕܠܦܝܐ.[13] ܟܬܒ ܚܕܐ ܐܓܪܬܐ ܠܥܕܬܐ ܕܐܦܣܘܣ.[14]
ܘܐܚܪܬܐ ܕܐܝܬ ܗܘܐ ܠܗܘܢ ܪܚܡܐ ܐܢܫܝܡܘܣ. ܘܐܚܪܬܐ
ܠܡܓܢܣܝܐ[15] ܕܒܢܬܐ ܗܝ ܕܐܝܬ ܥܠ ܐܦܝ ܡܢܝܢܘܣ
ܢܗܘܪ. ܕܐܦ ܒܗ[16] ܡܕܒܪ ܕܐܝܬ ܗܘܐ ܒܗ ܐܦܝܣܩܘܦܐ[17]
ܕܡܕܡ ܕܢܐ. ܘܐܚܪܬܐ ܬܘܒ ܠܛܪܠܝܣ ܡܕܝܢܬܐ. ܘܥܠܬ
6 ܕܐܝܬ ܗܘܐ ܬܡܢ ܪܥܝܐ ܕܫܡܗ[18] ܦܘܠܝܒܝܘܣ.[19] ܘܟܕ ܗܠܝܢ
ܐܦ ܠܥܕܬܐ ܕܪܗܘܡܐ ܟܬܒ ܘܦܝܣ ܠܗܘܢ ܕܗ ܦܝܣܐ. 𝔄 220
ܕܠܐ ܢܬܟܠܘܢ ܡܢ ܣܗܕܘܬܗ ܘܢܟܠܘܢܝܗܝ ܡܢ ܣܒܪܐ
ܕܡܫܚܐ. ܕܡܫܝܚܝܢ ܘܠܐ ܗܘ ܕܢܦܝܩ ܘܠܟܠ ܠܣܗܕܘܬܐ ܕܐܟܠܝܢ

[3] A om. ܟܠܗܘܢ [4] A fol. 57 b [5] 𝔄 does not render ܥܠ ܐܝܕ [6] 𝔄 *in omnibus urbibus* [7] 𝔄 sing. [8] For ܘܡܠܟܐ. ܘܡܬܚܝܠ 𝔄 has *et hortabatur eos* [9] A ܡܬܟܢܝܐ [10] A ܗܪܣܝܣ [10a] 𝔄 om. ܡܣܓܝܐ ܗܘܐ ܠܗܘܢ [11] A adds ܟܠܗ. For ܗܘ ܕܒܕܚܝܠ ܗܘ ܩܛܠ 𝔄 has *illa res* [12] 𝔄 om. ܠܗܘܢ [13] A ܦܝܠܕܠܦܝܣ 𝔄 adds *episcopus* [14] A 𝔄 ܐܦܣܘܣ [15] A ܠܡܓܢܣܝܐ [16] 𝔄 *de ea* [17] A ܐܦܝܣܩܘܦܐ [18] 𝔄 om. ܕܫܡܗ [19] A ܦܘܠܝܒܝܘܣ

Ep ad Rom 5 ܕܐܬܐܡܪ. ܟܬܒ[20] ܕܝܢ ܒܐܓܪܬܗ ܗܕܐ. ܕܡܢ ܣܘܪܝܐ ܠܡ 7
ܥܕܡܐ ܠܪܗܘܡܝ ܥܡ ܚܝ̈ܘܬܐ ܡܬܟܬܫ ܐܢܐ ܒܝܒܫܐ
ܘܒܝܡܐ. ܒܠܠܝܐ ܘܒܐܝܡܡܐ.[21] ܟܕ ܐܣܝܪ ܐܢܐ[22] ܥܡ ܥܣܪܐ
ܢܡܪ̈ܝܢ. ܕܐܝܬܝܗܘܢ ܓܘܕܐ[23] ܕܐܣܛܪ̈ܛܝܘܛܐ. ܕܟܕ ܡܛܐܒܘ
ܡܛܐܒܝܢ ܐܢܫ[24] ܠܗܘܢ. ܗܢܘܢ ܡܒܐܫܝܢ ܘܒܐܝܫܝܢ.[25]
ܘܒܡܒܐܫܢܘܬܗܘܢ ܐܢܐ[26] ܝܬܝܪܬ ܡܬܬܠܡܕ ܐܢܐ. ܠܘ ܕܝܢ
8 ܡܛܠ ܗܕܐ[27] ܐܙܕܕܩܬ ܠܝ[28] …·:·… ܐܬܗܢܐ ܐܢܐ ܥܠܝܗܘܢ ܕܚܝ̈ܘܬܐ
ܕܡܛܝܒܝܢ ܠܝ. ܘܡܨܠܐ ܐܢܐ[29] ܕܒܥܓܠ ܢܫܬܟܚܘܢ ܠܝ. ܘܐܦܠܓ
ܐܢܝ ܕܒܥܓܠ ܢܐܟܠܘܢܢܝ. ܠܘ ܐܝܟ ܕܕܚܠ ܡܢ ܐܚܪ̈ܢܐ ܘܠܐ
ܩܪܒ ܠܗܘܢ.[30] ܕܐܦ ܗܢܘܢ ܢܬܟܠܡ ܘܠܐ ܢܨܒܘܢ ܠܡܩܪܒ ܠܝ.
9 ܐܢܐ ܒܩܛܪܐ ܐܙܠ ܠܘܬܗܘܢ. ܫܒܘ ܠܝ ܡܢ ܢܦܫܝ. (B fol. 66 *a*)
ܡܢܐ ܦܩܚ ܠܝ. ܐܢܐ ܝܕܥܢܐ. ܗܫܐ ܗܘ ܡܫܪܐ ܐܢܐ[31]
ܕܐܗܘܐ ܬܠܡܝܕܐ. ܠܐ ܬܛܢ ܒܝ ܡܕܡ ܡܢ ܐܝܠܝܢ ܕܡܬܚܙܝܢ
ܘܡܢ ܐܝܠܝܢ ܕܠܐ ܡܬܚܙܝܢ.[32] ܕܠܝܫܘܥ ܡܫܝܚܐ ܐܫܟܚ. ܢܘܪܐ
ܘܨܠܝܒܐ ܘܟܢܫܐ[33] ܕܚܝ̈ܘܬܐ ܘܒܘܕܪܐ ܕܓܪ̈ܡܐ: ܘܦܘܫܫܐ
ܕܗ̈ܕܡܐ ܘܐܒܕܢܐ ܕܟܠܗ ܦܓܪܐ ܘܬܫܢܝܩܐ ܕܣܛܢܐ. ܟܠܗܝܢ
10 ܥܠܝ ܢܐܬܝܢ. ܘܒܠܚܘܕ ܠܝܫܘܥ ܡܫܝܚܐ ܐܫܟܚ. ܘܗܠܝܢ[34]
𝔄 221 ܐܓܪ̈ܬܐ ܡܢ ܗܝ ܡܕܝܢܬܐ ܕܐܡܪܢܢ[35] ܟܠܗܝܢ ܟܬܒ ܠܗܠܝܢ
ܥܕ̈ܬܐ ܕܐܡܪܢ ·:· ܟܕ ܕܝܢ ܥܒܪ ܠܣܡܘܪܢܐ ܡܢ ܛܪܘܐܣ.
ܟܬܒ ܬܘܒ ܠܗܢܘܢ ܕܒܦܝܠܕܠܦܝܐ[36] ܘܠܥܕܬܐ ܕܣܡܘܪܢܐ. ܘܕܝܠܐܝܬ

[20] A 𝔄 ܟܬܒ [21] A ܒܐܝܡܡܐ ܘܒܠܠܝܐ [22] A ܐܣܝܪܐ 𝔄 om.
[23] 𝔄 plur. [24] A ܐܢܫ [25] 𝔄 adds *nobis* [26] In 𝔄 for *hu* read *hu*
[27] A fol. 58 *a* [28] A om. ܠܝ [29] A ܘܡܨܠܝܢܐ [30] In 𝔄 for *um* read *hunu*
[31] A adds ܠܟܘܢ [32] 𝔄 om. ܘܡܢ ܐܝܠܝܢ ܕܠܐ ܡܬܚܙܝܢ [33] 𝔄 plur. [34] A ܘܗܠܝܢ
[35] A ܕܐܡܪܢ [36] A 𝔄 ܕܒܦܝܠܕܠܦܝܐ

ܕܝܢ ܠܐܦܝܣܩܘܦܐ[37] ܕܬܡܢ ܦܘܠܝܩܪܦܘܣ.[38] ܕܢܛܪ ܗܘܐ ܠܗ
ܕܡܕܒܪܢܐ ܗܘ ܕܥܕܬܐ. ܘܐܝܟ ܪܥܝܐ ܛܒܐ ܠܥܢܐ ܘܡܕܒܪܢܐ
ܐܟܚܕ ܠܗ ܡܪܥܝܬܗ ܕܟܐܢܘܬܐ. ܘܐܦܝܣܗ ܕܡܫܝܢܘܬܐ
11 ܢܐܟܦ ܕܠܗ. ܘܗܘ ܕܝܢ ܗܘ ܟܕ ܟܬܒ[39] ܠܗܢܘܢ ܕܒܙܡܘܪܢ.
ܠܐ ܝܕܥܢܐ ܐܢܐ ܡܢ ܐܝܟܐ ܐܬܢܣܒ ܟܬܝܒܢ ܗ̈ܠܝܢ. ܕܐܡܪ ܗܟܢܐ[40]
ܥܠ ܡܫܝܚܐ. ܕܐܢܐ ܠܡ ܐܦ ܡܢ ܒܬܪ ܩܝܡܬܗ ܒܦܓܪ ܝܕܥ Ep ad Sm 3
ܐܢܐ[41] ܠܗ. ܘܡܗܝܡܢ ܐܢܐ ܘܡܫܪܪܢ ܐܢܐ ܕܐܝܬܘܗܝ. ܘܟܕ
ܐܬܐ ܠܘܬ ܗ̈ܢܘܢ ܕܥܡ ܦܛܪܘܣ[42] ܐܡܪ ܠܗܘܢ. ܓܫܘ
ܓܫܘܢܝ ܘܚܙܘ[43] ܕܠܐ ܪܘܚܐ[44] ܐܢܐ ܕܠܐ ܦܓܪ. ܘܡܚܕܐ
12 ܓܫܘ ܠܗ ܘܗܝܡܢܘ. ܢܕܥ ܠܗ ܕܝܢ ܠܐܝܓܢܛܝܘܣ ܐܦ ܐܝܪܢܝܘܣ.
ܘܠܐܓܪ̈ܬܗ[45] ܡܕܟܪ. ܘܐܡܪ ܗܟܢܐ.[46] ܕܐܝܟ ܕܐܡܪ ܠܢ ܐܢܫ Adv Haer v 28, 4
ܡܢ ܕܝܠܢ. ܕܡܛܠ ܣܗܕܘܬܐ ܕܥܠ ܐ̈ܦܝ ܐܠܗܐ[47] ܐܬܚܝܒ
ܕܢܬܕܫܐ[48] ܠܚܝ̈ܘܬܐ. ܚܛܬܐ ܠܝ ܐܝܬܝ ܕܐܠܗܐ. ܘܒܫ̈ܢܐ
ܕܚܝ̈ܘܬܐ (B fol. 66 b) ܡܬܛܚܢ ܐܢܐ. ܕܐܫܬܟܚ ܠܚܡܐ ܕܟܝܐ.
13 ܐܦ ܦܘܠܝܩܪܦܘܣ[49] ܠܗܘܢ ܠܗܠܝܢ ܡܕܟܪ ܒܐܓܪܬܐ ܕܟܬܒ 𝔄 222
ܠܦܝܠܝܦܣܝ̈ܐ[50] ܒܗܠܝܢ ܡ̈ܠܐ ·܀··· ܒܥܐ ܐܢܐ[51] ܡܢ ܟܠܟܘܢ. Ep ad Phil 9
ܕܬܬܛܦܝܣܘܢ ܘܬܗܘܘܢ[52] ܒܟܠܗ̇ ܡܣܝܒܪܢܘܬܐ ܗܝ ܕܚܙܝܬܘܢ
ܒܥܝ̈ܢܝܟܘܢ. ܠܐ ܒܠܚܘܕ ܒܗ̇ܢܘܢ[53] ܛܘܒ̈ܢܐ ܐܝܓܢܛܝܘܣ ܘܪܘܦܘܣ
ܘܙܘܣܝܡܘܣ. ܐܠܐ ܐܦ ܒܐܚܪ̈ܢܐ ܕܗܘܘ ܡܢܟܘܢ. ܐܦ ܒܗ
ܒܦܘܠܘܣ ܘܒܫܪܟܐ ܕܫ̈ܠܝܚܐ. ܟܕ ܡܦܝܣ ܐܢܘܢ ܕܟܠܗܘܢ

[37] A ܠܐܦܣܩܘܦܐ [38] A ܦܘܠܘܩܪܦܘܣ 𝔄 has *ad Polycarpum episcopum eorum* [39] A 𝔄 ܟܕ ܟܬܒ (omitting ܗܘ). 𝔄 adds *etiam* [40] 𝔄 om. ܗܟܢܐ [41] A ܝܕܥܢܐ [42] For ܠܘܬ ܗܢܘܢ ܕܥܡ ܦܛܪܘܣ 𝔄 has *ad Petrum* [43] A om. ܘܚܙܘ [44] 𝔄 adds *merus* [45] A 𝔄 ܘܠܐܓܪ̈ܬܗ [46] A fol. 58 *b* [47] 𝔄 *testimonium Dei* [48] A adds ܗܘܐ 𝔄 *et deiectus est* [49] A ܐܦ ܦܘܠܘܩܪܦܘܣ [50] A ܠܦܝܠܝܦܣܝ̈ܐ [51] A ܒܥܐ [52] A ܘܬܗܘܘܢ A ܒܗܠܝܢ

ܗܠܝܢ[54] ܠܐ ܣܪܝܩܐܝܬ ܪܗܛܝܢ ܗܘܘ. ܐܠܐ ܒܗܝܡܢܘܬܐ
ܘܒܙܕܝܩܘܬܐ. ܘܗܫܐ ܒܐܬܪܐ ܕܡܬܚܫܚ ܗܘܐ ܠܗܘܢ
ܐܝܬܝܗܘܢ. ܠܘܬ ܡܪܢ ܗܘ ܕܥܡܗ ܚܫܘ. ܠܐ ܓܝܪ ܠܗܢܐ[55]
ܐܚܒܘ. ܐܠܐ ܠܡܢ ܕܡܝܬ ܗܘ ܚܠܦܝܢ. ܘܡܛܠܬܢ ܩܡ
14 ܡܢ ܒܝܬ ܡܝ̈ܬܐ. ܘܟܬܒܬܘܢ ܐܦܢ. ܕܟܬܒܬܘܢ ܠܝ ܠܡ ܐܢܬܘܢ ib 13
ܘܐܝܓܢܛܝܘܣ. ܕܐܢ ܐܢܫ ܐܙܠ ܠܣܘܪܝܐ[56] ܐܦ ܐܓܪ̈ܬܐ[57]
ܕܝܠܟܘܢ ܢܘܒܠ: ܕܗܢܐ ܗܕܐ ܐܥܒܕ ܐܢ ܢܗܘܐ ܠܝ ܙܒܢܐ
ܕܫܦܝܪ. ܐܘ ܐܢܐ ܐܘ ܗܘ ܕܡܫܕܪ ܐܢܐ[58] ܕܢܗܘܐ ܐܝܙܓܕܐ
15 ܐܦ ܚܠܦܝܟܘܢ.[59] ܐܓܪ̈ܬܐ ܕܐܫܬܕܪ ܠܢ ܡܢ ܐܝܓܢܛܝܘܣ.
ܘܐܚܪ̈ܢܝܬܐ[60] ܗܠܝܢ ܕܐܝܬ ܗܘܐ ܠܘܬܢ. ܫܕܪܢ ܐܝܟ ܠܟܘܢ
ܐܝܟ ܕܦܩܕܬܘܢ. ܕܐܝܠܝܢ ܒܗܕܐ ܐܓܪܬܐ ܪܫܝܡܢ ܡܢ ܠܘܬܗ:
ܕܒܗܝܢ ܡܥܕܪܝܢ ܐܢܬܘܢ ܬܗܘܘܢ ܣܓܝ.[61] ܐܝܬ ܒܗܝܢ ܓܝܪ
𝔄 223 ܗܝܡܢܘܬܐ ܘܡܣܝܒܪܢܘܬܐ ܘܟܠܗ ܒܢܝܢܐ ܕܡܬܒܢܐ ܠܘܬܗ[62]
ܡܪܢ. ܥܠ ܐܝܓܢܛܝܘܣ ܕܝܢ ܕܐܟܢܐ ܗܠܝܢ ܗܘܝ. ܩܒܠ ܕܝܢ ܡܢ
ܒܬܪܗ ܐܦܣܩܘܦܘܬܐ ܕܐܢܛܝܘܟܝܐ[63] ܗܐܪܘܣ ܀

ܕܬܠܬܝܢ ܘܫܒܥܐ.[1] ܥܠ ܡܟܪ̈ܙܢܐ ܕܢܨܝܚܝܢ[1a] ܗܘܘ ܒܙܒܢܐ ܗܘ
ܕܒܟܠܐ ..

xxxvii. 1 ܡܢ ܗܠܝܢ ܕܝܢ ܕܢܨܝܚܘ ܒܡܫܝܚܘܬܗܘܢ ܕܗܠܝܢ. ܐܝܬܘܗܝ
ܗܘܐ ܐܦ ܩܘܕܪܛܘܣ.[2] ܥܡ[2a] ܒܢ̈ܬܗ ܕܦܝܠܝܦܘܣ. ܕܢܒܝܢ

[54] A ܗܠܝܢ ܕܝܠܗܘܢ [55] A 𝔄 add ܠܥܠܡܐ [56] A ܠܣܘܪܝܐ, altered by a later hand into ܠܣܘܪܝܐ [57] A ܐܓܪܬܐ [58] A ܕܡܫܕܪ [59] A ܚܠܦܝܟܘܢ ܐܘ [60] A ܘܐܚܪܢܝܬܐ [61] 𝔄 joins ܣܓܝ to the following words [62] In 𝔄 read [illegible] [63] A ܕܐܢܛܝܘܟܝܐ

Chap. XXXVII. [1] A fol. 59 *a* [1a] A ܕܢܨܝ̈ܚܝܢ [2] A ܩܘܕܪܛܘܣ 𝔄 om. ܐܘ [2a] A ܐܘ

ܡܬܐܡܪܢܐ ܕܐܝܬ ܗܘܐ ܠܘܬܗܘܢ (B fol. 67 a) ܡܫܡܗܘܬܐ
ܕܢܒܝܘܬܐ. ܐܦ ܐܚܪ̈ܢܐ ܣܓܝ̈ܐܐ[3] ܐܝܬ ܗܘܐ ܕܡܬܝܕܥܝܢ[4]
ܒܫܘ̈ܒܚܗܘܢ ܕܗܠܝܢ.[5] ܕܐܚܝܕܝܢ ܗܘܘ ܕܪܓܐ ܩܕܡܝܐ
ܕܡܫܠܡܢܘܬܐ ܕܡܢ ܫ̈ܠܝܚܐ. ܗܢܘܢ ܕܐܝܟ ܐܝܬܝܗܘܢ ܗܘܘ
ܗܢܘܢ ܗܠܝܢ ܬܠܡ̈ܝܕܐ ܕܐܝܟ ܠܐܠܗܐ. ܕܥܠ ܐܣ̈ܐ ܕܐܬܬܣܝܡ[6]
ܡܢ ܫ̈ܠܝܚܐ ܒܟܠ ܐܬܪ ܗܢܘܢ ܡܒܢܝܢ ܗܘܘ. ܘܡܣܓܝܢ ܗܘܘ
ܟܪܘܙܘܬܐ[7] ܕܝܠܗܘܢ. ܘܙܪܥܐ ܕܚܝ̈ܐ ܕܡܠܟܘܬܐ ܕܫܡܝܐ
ܒܟܠܗ ܥܠܡܐ. ܙܪܥܐܝܬ ܙܪܥܝܢ ܗܘܘ. ܣܓܝ̈ܐܐ ܓܝܪ ܡܢ 2
𝔄 224 ܬܠܡ̈ܝܕܐ ܕܗܘ ܙܒܢܐ. ܒܡܬܪܬܐ ܕܫܘܒܚܐ ܕܡܫܒܚܬܗ
ܕܡܫܝܚܐ. ܒܡܠܬܐ ܕܐܠܗܐ ܢܦܫܗܘܢ ܡܚܠܝܢ ܗܘܘ. ܘܡܫܡܠܝܐܝܬ
ܦܘܩܕܢܗ ܕܦܪܘܩܢ ܡܫܠܡܝܢ ܗܘܘ. ܘܠܣ̈ܢܝܩܐ ܡܦܠܓܝܢ ܗܘܘ[8] ܩܢܝܢܗܘܢ
ܗܘܘ. ܘܡܢ ܒܬܪܟܢ[9] ܪ̈ܕܝܢ ܗܘܘ ܒܐܘܪ̈ܚܬܐ. ܘܥܒ̈ܕܐ ܕܡܫܡܫܢܘܬܐ
ܥܒܕܝܢ ܗܘܘ ܠܘܬ ܐܝܠܝܢ ܕܠܐ ܫܡܥܘ ܠܓܡܪ ܣܒܪܬܐ.
ܘܡܬܚܦܛܝܢ ܗܘܘ ܠܡܟܪܙܘ ܡܠܬܐ ܕܡܫܝܚܘܬܐ. ܘܡܫܠܡܝܢ ܗܘܘ
ܠܗܘܢ ܟܬ̈ܒܐ ܩܕܝ̈ܫܐ ܕܐܘܢܓܠܝܘܢ. ܗܠܝܢ ܕܝܢ[10] ܫܬܐܣ̈ܬܐ[11] 3
ܕܗܝܡܢܘܬܐ ܒܠܚܘܕ ܗܘܘ ܒܐܬܪ̈ܘܬܐ ܢܘ̈ܟܪܝܐ. ܘܡܩܝܡܝܢ ܗܘܘ[12]
ܪ̈ܥܘܬܐ ܠܐܚܪ̈ܢܐ.[13] ܘܡܫܠܡܝܢ ܗܘܘ ܠܗܘܢ ܦܘܠܚܢܐ ܕܣܘܥܪܢܐ ܕܗܢܘܢ
ܕܫܪܝܘܬܐ ܐܬܬܠܡܕܘ. ܗܢܘܢ ܕܝܢ ܠܐܬܪ̈ܘܬܐ ܘܠܥܡ̈ܡܐ
ܐܚܪ̈ܢܐ[14] ܦܪܚܝܢ ܗܘܘ ܥܡ ܛܝܒܘܬܐ ܘܥܘܕܪܢܐ ܕܐܠܗܐ.
ܡܛܠ ܕܪܘܚܐ ܕܐܠܗܐ ܐܦ ܒܗܘ ܙܒܢܐ ܒܐܝ̈ܕܝܗܘܢ[15]
ܚܝ̈ܠܐ ܬܕܡܘܪ̈ܬܐ[16] ܣܓܝ̈ܐܐ ܗܘܬ. ܐܝܟܢܐ ܕܡܢ ܫܘܪܝܐ ܩܕܡܝܐ.

[3] A ܣܓܝ̈ܐܐ [4] A ܕܐܬܝܕܥܝܢ [5] A ܕܗܢܘܢ 𝔄 has *in diebus illis* [6] A ܕܐܬܬܣܝܡܘ [7] 𝔄 adds *eius* [8] A ܡܦܠܓܝܢܗܘܢ [9] A ܒܬܪܟܢ [10] 𝔄 om. ܗܠܝܢ ܕܝܢ [11] A ܫܬܐܣ̈ܬܐ [12] 𝔄 adds *iis* [13] A ܠܐܚܪ̈ܢܐ [14] 𝔄 *in regiones aliorum populorum* [15] A om. ܒܐܝ̈ܕܝܗܘܢ [16] A *vim mirabilium*

ܡܢ ܥܠܬ[17] ܗܘ̈ܠܠܐ ܕܐܝܬܝܐ ܚܕܘܬܐ[18] ܕܢܠܘܬ ܐܠܗܐ ܒܦܘܪܫܢܗܘܢ
4 (B fol. 67 b) ܡܦܩܠܝܢ[19] ܗܘܘ. ܡܛܠ ܕܝܢ ܕܠܐ ܦܫܝܩ ܠܝ ܕܐܫܩܘܒ
ܐܢܘܢ ܒܟܬܒܐ ܠܟܠܗܘܢ ܐܝܠܝܢ ܕܦܬܠܐ ܡܫܠܡܢܘܬܐ ܘܡܚܘܬܐ
ܕܫ̈ܠܝܚܐ: ܕܗܘܘ ܪ̈ܥܘܬܐ ܘܡܫܡ̈ܫܢܐ ܒܟܠܗܝܢ ܕܪ̈ܬܐ ܕܐܝܬ
ܒܟܠܗ ܥܠܡܐ. ܠܗܠܝܢ ܥܠܝܗܝܢ ܒܫܡܐ ܒܫܡܢ ܠܗܘܢ ܗܘܕܥܢܐ
A 225 ܒܟܬܒܝ̈. ܠܐܝܠܝܢ ܕܡܛܝܐ ܠܗܫܐ ܐܝܬ ܠܘܬܢ ܒܝܕ
ܒܬܫ̈ܥܝܬܗܘܢ[20] ܡܫܠܡܢܘܬܐ ܕܝܘܠܦܢܐ ܕܫ̈ܠܝܚܐ. ܐܝܟܢܐ xxxviii. 1
ܕܐܝܓܢܛܝܘܣ. ܒܗܠܝܢ ܐܓܪ̈ܬܐ[21] ܕܐܡܪܢ.

ܕܬܠܬܝܢ ܘܬܡܢܝܐ. ܥܠ ܐܓܪ̈ܬܗ[1] ܕܩܠܝܡܝܣ[2] ܘܥܠ ܟܬ̈ܒܐ
ܐܝܠܝܢ ܕܡܬܐܡܪܝܢ ܒܕܓܠܘܬܐ ܕܕܝܠܗ ܐܢܘܢ.

ܘܕܩܠܝܡܝܣ[3] ܒܐܓܪܬܐ ܗܝ ܕܟܬܒ[4] ܕܥܠ ܐܝܟ ܥܕܬܐ ܒܗ̇:
ܕܬܟܬܒܗ̇ ܐܝܟ ܕܡܢ ܒܥܕܬܐ ܕܪ̈ܗܘܡܝܐ ܠܥܕܬܐ ܕܩܘܪܢܬܝܘ̈ܣ.
ܡܚܘܐ ܠܗ ܒܗ̇ ܪ̈ܥܝܢܐ ܦܬ̈ܓܡܐ ܕܦܘܠܘܣ ܡܢ ܗܝ ܐܓܪܬܐ[5]
ܕܥܒܪ̈ܝܐ. ܬܘܒ ܕܝܢ ܐܦ ܡ̈ܠܐ ܦܘܪܫܬ ܒܗ̇ ܐܝܟ ܕܐܡܪ
ܒܗ̇ ܐܬܟܬܒ. ܘܡܫܘܐܝܬ ܚܙܝ ܕܠܐ ܗܘܐ ܟܠܐ ܒܬܟܬܒܗ̇
2 ܕܗܕܐ ܐܓܪܬܐ ܕܥܒܪ̈ܝܐ. ܘܡܛܠ ܗܢܐ ܒܕܘܟܐ ܐܬܚܫܒܬ
ܥܡ ܫܪܟܐ ܕܐܓܪ̈ܬܗ ܕܫܠܝܚܐ.[6] ܠܥܒܪ̈ܝܐ ܓܝܪ ܒܠܫܢܐ
ܕܐܒܗ̈ܬܐ ܟܬܒ ܘܡܛܠ ܒܥܒܪܝܐ ܫܠܝܚܐ. ܐܝܬ ܕܐܡܪܝܢ
ܕܠܘܩܐ ܐܘܢܓܠܝܣܛܐ ܬܪܓܡܗ̇. ܘܐܝܬ ܕܐܡܪܝܢ ܕܗܘ ܗܢܐ
3 ܩܠܝܡܝܣ. ܘܕܡܟܝܢ ܕܗܕܐ ܫܪܝܪܐ. ܡܛܠ ܕܕܡܐ[7] ܠܒܟܐ ܕܡܠܬܐ

[17] A ܟܠ [18] 𝔄 *magno gaudio* [19] A fol. 59 *b* [20] A ܒܐܓܪ̈ܬܗܘܢ 𝔄 *epistolarum eorum* [21] 𝔄 *Ignatii illius epistolis*

CHAP. XXXVIII. [1] 𝔄 sing. [2] A ܕܩܠܡܝܣ [3] A ܘܕܩܠܡܝܣ [4] 𝔄 om. ܕܟܬܒ [5] 𝔄 plur. [6] 𝔄 plur. [7] For ܕܡܐ 𝔄 has *b et*

ܐܝܟ ܠܡܐܡܪ ܐܓܪܬܐ ܕܥܒܪ̈ܝܐ ܘܠܐܓܪܬܗ[8] ܕܝܠܗ. ܘܕܠܐ[9] 𝔄 226
4 ܢܣܒܝܢ ܕ̈ܝܢܐ ܕܡܫܠܡܐ ܕܐܝܬ ܒܐܓܪ̈ܬܗܘܢ ܡܢ ܫ̈ܠܝܚܐ. ܘܠܐ
ܗܘ ܕܝܢ ܠܡܥܒܕ ܕܐܦ ܐܓܪܬܐ ܕܬܪ̈ܬܝܢ ܡܬܐܡܪܐ[10] ܕܐܝܬ
ܠܗ ܠܩܠܝܡܝܣ.[11] ܠܐ ܕܝܢ ܦܫܝܩܐܝܬ ܡܬܚܫܒܢ[12] ܕܕܝܠܗ ܗܝ ܐܝܟ
ܗܝ ܡܫܡܗܬܐ. ܡܛܠ ܕܐܦܠܐ ܡܩܕ̈ܡܝܐ[13] ܝܕܥܝܢ[14] ܕܐܬܚܫܚܘ
5 ܒܗ̇. (B fol. 68 a) ܬܘܒ ܐܦ ܐܚܪܢܐ ܟܬܒܐ ܦܢܝܢ ܡ̈ܠܐ ܐܦܣܩܘ[15]
ܐܚܪܢܐ ܡܢ[16] ܡܛܘ ܡܠܠ ܐܝܟ ܕܕܝܠܗ ܗܘ. ܘܐܝܬ ܒܗ ܕܪܫܐ
ܕܦܛܪܘܣ ܘܕܐܦܝܘܢ. ܐܝܟ ܕܝܢ ܡܢ ܡܩܕ̈ܡܝܐ ܠܓܡܪ ܠܐ
ܡܬܕܟܪ ܠܗ. ܐܦܠܐ ܓܝܪ ܕܗܝܡܢܘܬܐ ܕܡܫܠܡܢܐ ܕܥܕܬܐ ܘܬܪܝܨܐ
ܕܩ̈ܠܝܣܐ ܐܝܬ ܒܗ. ܟܬܒܐ ܕܝܢ ܕܝܠܗ ܕܩܠܝܡܝܣ ܗܘ ܕܟܠܢܫ
ܡܫܘܕܐ ܒܝܢ ܡܢܝܢ ܗܘ. ܐܝܬܝܗ̇ ܕܝܢ ܐܦ ܕܐܝܓܢܛܝܘܣ
ܘܕܦܘܠܝܩܪܦܘܣ[17] ·:··

ܕܬܠܬܝܢ ܘܬܫܥܐ. ܥܠ ܡܐܡ̈ܪܘܗܝ ܕܦܦܝܐ...

xxxix. 1 ܠܦܦܝܐ ܕܝܢ ܐܝܬ ܠܗ ܚܡܫܐ ܡܐܡ̈ܪܝܢ. ܕܟܬܝܒ ܥܠܝܗܘܢ[1]
ܕܥܠ ܦܘܫܩܐ ܠܡ ܕܡ̈ܠܘܗܝ ܕܡܪܢ. ܠܗܘܢ ܕܝܢ ܠܗܠܝܢ[2]
ܡܕܟܪ ܐܝܪܢܐܘܣ[3] ܕܗܠܝܢ ܒܠܚܘܕ ܐܟܬܒ ܘܐܡܪ ܗܟܢܐ. 𝔄 227
ܕܗܠܝܢ ܠܡ ܐܦ ܦܦܝܐ ܐܣܗܕ ܗܘܐ ܕܫܡܥܗ ܡܢ ܝܘܚܢܢ ܥܒܕ Adv Haer v 33, 4
ܗܘܐ. ܘܚܒܪܗ ܗܘܐ ܕܦܘܠܝܩܪܦܘܣ[4] ܘܐܬܘܗܝ ܗܘܐ ܓܒܪܐ

[8] 𝔄 plur. [9] 𝔄 om. ܘܕ [10] 𝔄 - ܕܡܬܐܡܪܐ [11] A ܕܐܝܬܝܗ ܐܝܬ ܠܗ ܠܩܠܝܡܝܣ [12] A ܦܫܝܩܐܝܬ ܡܬܚܫܒܝܢ ܚܢܢ [13] 𝔄 sing. [14] A ܝܕܥܝܢ [15] A ܘܩܡܐ ܕܐܚܪܢܐ ܝܕܥܝܢ ܡ̈ܠܐ. ܗܦܝܟ [16] A fol. 60 a [17] A ܘܕܦܘܠܝܩܪܦܘܣ

CHAP. XXXIX. [1] A om. ܕܟܬܝܒ ܥܠܝܗܘܢ 𝔄 - ܕܟܬܝܒ ܥܠܝܗܘܢ [2] For ܠܗܘܢ and ܠܗܠܝܢ 𝔄 has singulars [3] A ܐܝܪܢܐܘܣ 𝔄 *et Irenaeus*, and om. ܕܗܠܝܢ ܒܠܚܘܕ ܐܟܬܒ [4] A ܕܦܘܠܝܩܪܦܘܣ ܐܬܘܗܝ

ܒܬܘܡܐ. ܘܒܟܬܒܬܐ ܡܫܘܕܥ ܒܪܢܫܐ ܕܡܦܪ̈ܘܗܝ. ܗܟܢ
ܠܗ ܓܝܪ ܡܦܪ̈ܫ ܚܫܒܐ. ܗܠܝܢ ܐܡܪ̈ ܒܠܘܗܝ ܐܘܢܓܠܝܘܢ.
2 ܗܘ ܕܝܢ ܦܦܝܐ ܒܥܘܕܪܢܐ ܕܡ̈ܠܘܗܝ. ܠܐ ܚܘܝ ܕܫܡܥ ܡܢ
ܫ̈ܠܝܚܐ ܡܙܕܗܝܐ[5] ܐܘ ܚܙܐ ܐܢܘܢ. ܕܩܒܠ ܕܝܢ ܡ̈ܠܐ
ܕܗܝܡܢܘܬܐ[6] ܡܢ ܝܕܘܥܝܗܘܢ ܕܫ̈ܠܝܚܐ ܐܠܦ[6a] ܒܗܠܝܢ ܡ̈ܠܐ
3 ܕܐܡܪ:[7] ܕܠܐ ܡܬܟܐܢ ܐܢܐ ܠܟ ܕܐܟܬܘܒ ܠܝ ܒܗܠܝܢ
ܦܘܫ̈ܩܐ. ܐܦ ܐܝܠܝܢ ܕܝܠܦܬ ܫܦܝܪ ܡܢ ܩܫܝ̈ܫܐ. ܘܐܬܕܟܪܬ
ܒܥܘܕ ܐܢܐ[8] ܠܗܝܢ ܘܡܫܪܪ ܐܢܐ ܚܠܦܝܗܘܢ ܫܪܪܐ. ܠܘ ܓܝܪ
ܒܗܢܘܢ ܕܣܓܝ̈ܐܬܐ[9] ܐܡܪܝܢ ܚܕܐ ܗܘܝܬ ܐܝܟ ܣܓܝ̈ܐܐ.
ܐܠܐ ܒܗܢܘܢ ܕܫܪܝܪܐ ܡܠܦܝܢ. ܐܦܠܐ ܒܗܢܘܢ ܕܡܥܗܕܝܢ
ܦܘܩ̈ܕܢܐ ܕܢܘܟܪ̈ܝܐ. ܐܠܐ ܒܗܢܘܢ ܕܡܥܗܕܝܢ ܗܘܘ ܐܝܠܝܢ
ܕܡܢ ܡܪܢ ܐܬܝܗܒ ܠܗܝܡܢܘܬܐ.[10] ܘܡܢܗ ܡܢ ܫܪܪܐ ܐܬܝܠܕܘ
4 ܘܐܢܬ. ܐܠܐ ܐܢ ܐܢܫ (B fol. 68 b) ܢܬܐܬܐ ܕܢܩܘܦ ܠܩܫܝ̈ܫܐ
ܡ̈ܠܘܗܝ[11] ܕܩܫܝ̈ܫܐ ܡܥܩܒ ܗܘܝܬ: ܕܐܢܕܪܐܘܣ[12] ܡܢܐ ܐܡܪ.
𝕬 228 ܐܘ ܦܛܪܘܣ ܡܢܐ ܐܡܪ: ܐܘ ܕܡܢܐ ܦܝܠܝܦܘܣ ܐܘ ܕܡܢܐ
ܬܐܘܡܐ: ܐܘ ܕܡܢܐ ܝܥܩܘܒ ܐܘ ܕܡܢܐ ܝܘܚܢܢ ܐܘ ܡܬܝ.[13]
ܐܘ ܚܕ ܡܢ ܬܠܡܝܕܘܗܝ ܕܡܪܢ ܐܚܪ̈ܢܐ. ܐܘ ܕܡܢܐ ܐܪܝܣܛܘܢ
ܐܘ ܝܘܚܢܢ ܩܫܝܫܐ.[14] ܠܘ ܓܝܪ ܗܟܢܐ ܣܒܪ ܗܘܝܬ ܕܡܥܕܪ
ܐܢܐ ܕܐܬܪ ܡܢ ܟܬܒ̈ܘܗܝ. ܐܝܟ ܕܡܢ ܩܠܐ ܚܝܐ ܘܡܩܘܝܐ.
5 ܗܪܟܐ ܕܝܢ ܡܬܒܥܐ ܠܟ ܕܬܬܒܩܠ ܕܬܪܬܝܢ ܙܒ̈ܢܝܢ ܡ̈ܢܐ ܫܡܗ
ܕܝܘܚܢܢ. ܠܚܕ ܡܢܗܘܢ ܥܡ ܦܛܪܘܣ ܘܝܥܩܘܒ[15] ܘܡܬܝ ܘܫܪܟܐ

[5] A om. ܡܙܕܗܝܐ [6] A ܕܝܢ ܗܝܡܢܘܬܐ [6a] 𝕬 adds *nos* [7] A ܘܐܡܪ
[8] A ܚܫܝܐ [9] A ܕܦܩܝ̈ܕܬܐ [10] 𝕬 *de fide* (omitting ܠܗܝܡܢܘܬܐ) [11] A fol. 60 b [12] A ܕܐܢܕܪܐܘܣ [13] A 𝕬 ܐܘ ܡܬܝ ܡܢܐ [14] 𝕬 *Aristos et Joannes* (B...) *presbyteri* [15] A om. ܘܝܥܩܘܒ

ܕܫ̈ܠܝܚܐ[16] ܢܟܪ ܠܗ ܕܦܪܘܫܐܝܬ ܒܫܡܗ ܥܠ ܐܘܢܓܠܝܣܛܐ.[17] ܗܘ
ܕܝܢ ܗܘܝܘ ܐܚܪܢܐ ܦܪܫܗ ܒܡܠܬܗ ܘܐܚܪܢܝܐܝܬ ܥܠ ܗܘ
6 ܡܢܝܢܐ ܕܫ̈ܠܝܚܐ ܣܡܗ. ܘܣܡ ܩܕܡܘܗܝ ܠܐܪܝܣܛܝܘܢ. ܘܠܗ
ܦܫܝܛܐܝܬ ܩܫܝܫܐ ܡܫܡܗ ܠܗ. ܕܐܝܟ ܕܡܢ ܗܠܝܢ ܢܚܘܐ ܥܠ
ܬܫܥܝܬܐ ܕܫܪܝܪܐ ܗܝ ܕܗܢܘܢ ܕܐܡܪܘ. ܕܬܪܝܢ ܐܝܬ ܗܘܘ[18]
ܒܐܣܝܐ ܕܚܕ ܫܡܐ ܡܬܩܪܝܢ ܗܘܘ. ܘܒܐܦܣܘܣ ܐܝܬܝܗܘܢ
ܩܒ̈ܪܝܗܘܢ. ܘܬܪܝܗܘܢ ܒܫܡܐ[19] ܠܝܘܚܢܢ ܗܘܝܢ ܡܬܩܪܝܢ.
ܘܘܠܐ ܠܢ ܕܢܣܡ ܪܥܝܢܢ. ܠܬܢܝܢܐ ܓܝܪ ܗܘ ܕܡܬܩܪܐ ܕܝܘܚܢܢ.
ܐܢ ܐܢܫ ܠܐ ܡܨܒܐ ܕܐܬܚܙܝܘܗܝ ܕܝܘܚܢܢ ܐܦܘܩܠܝܦܣܝܣ. ܕܒܫܡܗ
7 ܕܠܬܢܝܢܐ ܗܘܝܘ ܐܚܪܢܐ[20] ܐܬܚܙܝ. ܘܗܘ ܕܝܢ ܗܢܐ ܦܦܝܐ 𝔄 229
ܕܗܫܐ ܐܘܕܝܢ[21] ܕܠܡܘܗܝ ܡܘܕܐ. ܕܡ̈ܠܝܗܘܢ ܕܫ̈ܠܝܚܐ ܡܢ
ܗ̇ܢܘܢ ܕܢܩܝܦܝܢ ܗܘܘ ܠܗܘܢ ܩܒܠ. ܘܡܢ[22] ܐܪܝܣܛܝܘܢ ܘܡܢ
ܩܫܝܫܐ ܝܘܚܢܢ. ܐܡܪ ܓܝܪ ܕܗܘ ܕܫܡܥܗܘܢ ܒܚܕܐ ܗܘܐ.
ܘܩ̈ܠܝܢ ܗܠܝܢ ܒܫܡܗܘܢ ܡܕܟܪ ܠܗܘܢ. ܘܒܡ̈ܟܬܒܢܘܗܝ
ܗܡܢ[23] ܡܫܠܡܢܘܬܐ ܕܡܠܠ ܡܢܗܘܢ. ܘܗܠܝܢ ܠܗ ܕܠܐ ܢܬܝܪܢ
8 (B fol. 69 a) ܐܡܝܪܢ ܠܢ. ܘܠܘܬܐ ܗܝ ܕܝܢ ܕܠܡܠܝܢ ܡ̈ܠܘܗܝ ܕܦܦܝܐ
ܕܐܡܝܪܢ ܕܢܣܦ ܠܗܝܢ ܡ̈ܠܐ ܐܚܪ̈ܢܝܬܐ ܕܝܠܗ: ܕܡܫܬܥܝܐ
ܒܗܝܢ ܬܕܡܪ̈ܬܐ. ܘܫܘ̈ܥܝܬܐ ܐܚܪ̈ܢܝܬܐ ܕܡܠܠ ܡܢ ܡܫܠܡܢܘܬܐ.
9 ܕܒܐܝܪܦܘܠܝܣ ܕܝܢ ܡܬܗܦܟ ܗܘܐ ܦܝܠܝܦܘܣ[24] ܥܡ ܒܢ̈ܬܗ
ܚܕ. ܗܫܐ ܐܘܕܝܢ. ܕܒܙܒ̈ܢܝܗܘܢ ܕܝܢ ܗܘܐ ܗܘ ܦܦܝܐ:
ܘܬܫ̈ܥܝܬܐ[25] ܕܬܕܡܘܪ̈ܬܐ ܡܕܡ ܕܡܠܠ ܡܢ ܒܢ̈ܬܗ ܕܦܝܠܝܦܘܣ
ܗܫܐ ܡܘܕܥܝܢ.[26] ܕܗܟܢ ܡܚܘܬܐ ܓܝܪ[27] ܒܡܟ̈ܬܒܢܘܬܗ ܡܫܬܥܐ.

[16] A adds ܘܡܠܟ ܢܒܘܟ [17] A 𝔄 ܐܘܢܓܠܝܣܛܐ [18] A ܗܘܐ [19] 𝔄 = ܠܬܪ̈ܝܗܘܢ ܒܫܡܐ [20] A om. ܐܚܪܢܐ [21] A ܐܘܕܝ [22] A 𝔄 ܡܢ [23] A fol. 61 a [24] A ܦܝܠܝܦܘܣ [25] A 𝔄 ܘܬܫܥܝܬܐ [26] A ܡܘܕܥ ܐܢܐ [27] A ܡܚܘܬܐ ܓܝܪ 𝔄 om. ܓܝܪ

ܘܬܘܒ ܬܫܥܝܬܐ ܐܚܪܬܐ ܡܫܬܟܚܐ ܥܠ ܝܘܣܛܘܣ ܗܘ
ܕܐܬܩܪܝ ܒܪ ܫܒܐ.[28] ܕܐܫܬܝ ܗܘ ܣܡܐ ܕܡܘܬܐ. ܘܡܛܠ
ܛܝܒܘܬܗ ܕܡܪܢ ܡܕܡ ܕܒܝܫ ܠܐ ܚܫ ܒܗ. ܠܗܢܐ ܕܝܢ[28a] 10
ܝܘܣܛܘܣ ܡܢ ܒܬܪ ܣܘܠܩܗ ܕܦܪܘܩܢ. ܥܡ ܡܬܝܐ ܐܩܝܡܘܗܝ
ܫܠܝ̈ܚܐ ܩܕܝ̈ܫܐ ܕܗ ܦܠܓܘ ܥܠܝܗܘܢ. ܕܢܩܒܠܘܢ ܚܕ ܡܢܗܘܢ
ܚܠܦ ܝܗܘܕܐ ܒܡܢܝܢܗܘܢ. ܘܗܕܐ ܦܪܥܣܘ ܕܫܠܝ̈ܚܐ[29] ܡܫܬܒܚܢ
Acts i 23 ܗܟܢܐ.[30] ܕܐܩܝܡܘ ܠܗ ܬܪ̈ܝܢ. ܠܝܘܣܦ ܕܐܬܩܪܝ ܒܪ ܫܒܐ[31]
𝔄 230 ܕܐܬܟܢܝ[32] ܝܘܣܛܘܣ ܘܠܡܬܝܐ ܘܦܠܓܘ.[33] ܘܬܘܒ[34] ܐܚܪܢܝܬܐ 11
ܐܡܪ ܗܘ ܗܢܐ ܕܡܛܠ ܐܝܟ ܕܡܢ ܡܫܠܡܢܘܬܐ ܕܠܐ ܟܬܒܐ.
ܘܡܠ̈ܬܐ ܡܫ̈ܚܠܦܬܐ ܕܦܪܘܩܢ ܘܡܠܦܢܘܬܗ.[35] ܘܬܘܒ ܐܦ ܡܬ̈ܠܐ
ܐܚܪ̈ܢܐ. ܕܐܝܟ ܗܠܝܢ ܐܦ ܐܠܦܐ ܕܫ̈ܢܝܐ ܐܡܪ ܕܗܘܐ ܡܢ ܒܬܪ 12
ܩܝܡܬܐ ܕܡܝ̈ܬܐ. ܘܦܓܪܢܐܝܬ ܡܩܝܡܐ ܡܠܟܘܬܗ ܕܡܫܝܚܐ ܥܠ
ܐܪܥܐ. ܡܬܪܥܐ ܐܢܐ ܕܝܢ. ܕܬܫ̈ܥܝܬܐ[36] ܕܫ̈ܠܝܚܐ ܕܡܟܠ:
ܘܐܠܝܢ ܕܐܡܝ̈ܪܢ ܠܗܘܢ ܠܬܫܥܝܬܐ ܒܐܪ̈ܙܐ.[36a] ܣܒܪ ܐܢܐ
ܠܗܘܢ ܐܘܪܚܐܝܬ. ܡܛܠ ܕܠܐ ܚܙܐ ܒܗܝܢ ܐܝܟ[37] ܕܐܬܐܡܪ̈ܝ
ܒܐܪ̈ܙܝܗܝܢ. ܣܓܝ ܓܝܪ ܡܬܚܙܐ[38] ܕܙܥܘܪ ܗܘܐ ܒܡܕܥܗ ܡܢ 13
ܬܫܥܝܬܐ ܕܡ̈ܠܘܗܝ. ܒܪܡ ܕܝܢ ܐܦ ܠܣܓܝ̈ܐܐ ܕܡܢ ܒܬܪܗ[39]
ܠܡܫܝ̈ܚܝܐ ܡܢ ܒ̈ܢܝ ܥܕܬܐ. ܗܘܐ ܠܗܘܢ ܥܠܬܐ ܠܗܢܐ
ܡܣܒܪ ܒܥ̈ܝܢܐ. ܕܢܣܒܝܢ ܗܘܘ ܒܥܬܝܩܘܬܗ[40] ܐܝܟ ܗܢܐ (B fol. 69 *b*)
ܕܐܝܪܝܢܐܘܣ. ܘܐܢ̈ܫ[41] ܐܝܬ ܐܚܪܢܝܢ[42] ܕܐܝܬ ܠܗ ܕܐܝܟ ܗܢܐ
ܪܥܝܢܐ. ܘܬܘܒ ܐܚܪ̈ܢܝܬܐ ܐܝܟ ܒܟܬܒܘܗܝ ܒܫܘ̈ܥܝܐ[43] ܕܐܪܣܛܝܘܢ 14

[28] A ܒܪܫܒܐ 𝔄 *consolationis* [28a] 𝔄 om. ܕܝܢ [29] A ܦܪܥܣܗ ܕܫܠܝ̈ܚܐ
[30] A ܗܟܢ [31] A ܒܪܫܒܐ 𝔄 *consolationis* [32] A ܘܐܬܟܢܝ
𝔄 *et posthac vocatus est* [33] 𝔄 om. ܘܦܠܓܘ [34] A ܬܘܒ [35] 𝔄 ܕܡܠܦܢܘܬܗ
[36] A 𝔄 ܕܫܠܝܚܬܐ [36a] A ܠܬܫܥܝܬܐ ܒܐܪܙܐ [37] A adds ܗܘ. A fol. 61 *b*
[38] A adds ܗܘܐ [39] 𝔄 ܒܬܪܗ [40] 𝔄 ܥܬܝܩܘܬܐ [41] 𝔄 om. ܘ
[42] In 𝔄 for *ayk* read *ayt* [43] A ܒܫܘܥܝܐ 𝔄 *in narrationibus*

ܥܠ ܡ̈ܠܘܗܝ ܕܡܪܢ. ܘܡܫܠܡܢܘܬܐ ܕܝܘܚܢܢ ܩܫܝܫܐ. ܢܘܗܒ
ܕܝܢ ܥܠ ܡ̈ܠܘܗܝ[44] ܡܫܠܡܢܘܬܐ ܗܝ ܕܐܟܬܒ ܥܠ ܡܪܩܘܤ.
15 ܐܘܢܓܠܝܣܛܐ. ܕܗܟܢ ܒܗܠܝܢ ܡ̈ܠܐ. ܕܗܕܐ[45] ܠܢ ܐܡ̈ܪ ܗܘܐ 𝔄 231
ܩܫܝܫܐ. ܕܡܪܩܘܤ. ܟܕ ܗܘܐ ܡܬܪܓܡܢܗ ܕܦܛܪܘܤ. ܐܝܠܝܢ
ܕܥܗܕ ܡܫܬܠܡܢܝܬ ܐܟܬܒ. ܠܘ ܕܝܢ ܒܡܛܟܤܘܬܐ ܐܝܠܝܢ
ܕܐܬܐܡܪ ܡܢ ܡܪܢ ܐܘ ܐܝܠܝܢ ܕܐܬܥܒܕ. ܠܐ ܓܝܪ ܫܡܥ
ܡܢ ܡܪܢ ܘܠܐ ܢܩܦܗ. ܐܠܐ ܠܚܪܬܐ ܕܝܢ ܐܝܟ ܕܐܡ̈ܪܬ
ܢܩܦ ܠܦܛܪܘܤ. ܘܠܘܩܒܠ ܣܢܝܩܘܬܗ ܐܝܟ ܡܠܦܐ ܡ̈ܠܦ[46] ܗܘܐ.
ܐܠܐ ܠܘ ܡܛܟܤܐ ܥܒܕ ܐܝܟ ܠܡ̈ܠܘܗܝ ܕܡܪܢ. ܡܛܠ ܡܪܩܘܤ
ܡܕܡ ܠܐ ܐܤܟܠ: ܕܐܟܬܒ. ܡܕܡ ܕܥܗܕ. ܚܕܐ ܓܝܪ[47]
ܟܠܠܗܬܐ ܐܝܬ ܗܘܐ ܠܗ. ܕܡܕܡ ܡܢ ܐܝܠܝܢ ܕܫܡܥ ܠܐ
ܢܫܒܘܩ ܘܠܐ ܢܟܕܒ ܒܗܝܢ. ܗܠܝܢ ܐܡܪܗ. ܦܦܝܐ ܥܠ ܡܪܩܘܤ.
16 ܥܠ ܡܬܝ ܕܝܢ ܗܠܝܢ ܐܡܪ. ܕܡܬܝ ܠܢ ܒܠܫܢܐ ܥܒܪܝܐ ܐܟܬܒ
ܐܘܢܓܠܝܘܢ. ܬܪܓܡܘܗܝ ܕܝܢ ܐܢܫ ܐܢܫ ܐܝܟ ܕܐܫܟܚ.
ܐܬܚܫܚ ܕܝܢ ܗܘ ܗܢܐ ܦܦܝܐ ܐܝܟ[48] ܠܤܗܕܘܬܐ[49] ܡܢ ܐܓܪ̈ܬܗ[50]
ܕܝܘܚܢܢ ܘܕܦܛܪܘܤ. ܐܟܬܒ ܕܝܢ ܬܘܒ ܐܦ ܬܫܥܝܬܐ ܥܠ
ܐܢܬܬܐ ܚܕܐ. ܕܐܬܩܛܪܓܬ ܗܘܬ ܒܚ̈ܛܗܐ ܣܓܝ̈ܐܐ: ܒܝܕܥܐ
ܕܗܘܐ ܒܗ ܡܪܢ ܒܡܠܬܐ. ܕܗܝ ܗܕܐ ܕܟܬܝܒܐ ܒܐܘܢܓܠܝܘܢ[51]
ܕܥܒܪ̈ܝܐ. ܘܗܠܝܢ ܥܡ ܗܠܝܢ ܕܦܩܕܢ[52] ܢܗܘܪ̈ܢ ܒܡܠܬܐ
ܐܬܬܣܝܡ[53] ·⁘· ·⁘·

ܫܠܡ ܣܦܪܐ ܬܠܝܬܝܐ ܕܬܫ̈ܥܝܬܐ ܕܥܕܬܐ.

[44] A adds ܘܐܦ [45] A ܕܗܕܐ [46] A ܐܠܦ [47] 𝔄 = ܕܝܢ [48] 𝔄 om. ܐܝܟ. For [illegible] read [illegible] [49] A ܠܤܗܕܘܬܐ [50] 𝔄 sing. [51] A fol. 62 a [52] A ܕܦܩܕܢ [53] A ܐܬܬܣܝܡ. In 𝔄 for 'ի գա read [illegible]

ܫܪܒܐ ܩܕܡܝܐ. ܕܐܝܠܝܢ ܐܦܣܩܘܦܐ ܗܘܘ ܒܪܗܘܡܐ
ܘܒܐܠܟܣܢܕܪܝܐ ܒܡܠܟܘܬܗ ܕܛܪܐܝܢܘܣ[2] ·o·

ܕܬܪ̈ܝܢ ܕܒܝܫܬܐ ܗܠܝܢ ܕܝܗܘܕܝܐ ܒܝܘ̈ܡܬܗ ܕܛܪܐܝܢܘܣ[3] ·:· ·:·

ܕܬܠܬ̈ܝܢ ܕܐܝܠܝܢ ܐܢ̈ܫܝܢ ܢܦܩܘ ܦܘܪܣܐ ܥܠ ܐ̈ܦܝ. ܗܝܡܢܘܬܐ
ܒܡܠܟܘܬܗ ܕܐܕܪܝܢܘܣ ·:·

ܕܐܪܒܥܝܢ ܥܠ ܐܦܣܩܘܦܐ ܕܗܘܘ ܒܪܗܘܡܐ ܘܐܦ[4]
ܒܐܠܟܣܢܕܪܝܐ ܒܝܘ̈ܡܘܗܝ[5] ܕܐܕܪܝܢܘܣ ·:· ·:·

ܕܚܡܫ̈ܝܢ ܥܠ ܐܦܣܩܘ̈ܦܐ ܕܗܘܘ ܒܐܘܪܫܠܡ ܡܢ ܡܪܢ
ܘܥܕܡܐ ܠܗܘܢ ܠܗܠܝܢ ܙܒ̈ܢܐ ·:·

ܕܫܬ̈ܝܢ ܥܠ ܚܪܒܗܘܢ[6] ܐܚܪܝܐ ܕܝܗܘܕ̈ܝܐ ܕܒܝ̈ܘܡܝ ܐܕܪܝܢܘܣ ·o·

ܕܫܒܥ̈ܝܢ ܕܐܝܠܝܢ ܗܘܘ ܒܗܢܘܢ ܙܒ̈ܢܐ ܪ̈ܫܢܐ[7] ܕܝܘܠܦܢܐ
ܕܕܓܠܘܬܐ[8] ܕܓܠܬܐ ·:·

ܕܬܡܢ̈ܝܢ ܕܐܝܠܝܢ ܡܟܬܒܢܐ ܗܘܘ ܡܢ ܒܢܝ ܥܕܬܐ ·o·

ܕܬܫܥ̈ܝܢ ܐܓܪܬܐ ܕܐܕܪܝܢܘܣ. ܕܥܠܝܢ ܕܠܐ ܢܗܘܘܢ
ܡܬܪܕܦܝܢ ܒܪ̈ܘܫܠܢܐ ܕܠܐ ܕܝܢܐ ·:·

ܕܡܐܐ ܕܐܝܠܝܢ ܐܦܣܩܘ̈ܦܐ[9] ܗܘܘ ܒܪܗܘܡܐ ܘܒܐܠܟܣܢܕܪܝܐ
ܒܡܠܟܘܬܗ[10] ܕܐܢܛܘܢܝܢܘܣ.

Book IV. [1] A adds ܗܘ [2] A ܛܪܝܢܘܣ [3] A ܛܪܝܢܘܣ [4] A ܐܦ [5] A ܒܡܠܟܘܬܗ [6] A ܚܘܪܒܗܘܢ [7] A ܪ̈ܫܢܐ [8] A ܕܐܝܬܝܗ [9] A ܐܦܣܩ̈ܘܦܐ [10] 𝔄 *diebus*

𝔄 234 ܕܚܕܥܣܪ ܥܠ ܪ̈ܝܫܐ ܕܗܪܣܝܣ[11] ܕܗܘܘ[12] ܒܙܒ̈ܢܐ ܗܢܘܢ ܀

ܕܬܪܬܥܣܪ ܥܠ ܡܦܩ ܒܪܘܚܐ ܕܥܒܕ ܝܘܣܛܝܢܘܣ
ܠܐܢܛܘܢܝܢܘܣ ܀

ܕܬܠܬܥܣܪ ܥܠ ܐܓܪܬܗ[13] ܕܐܢܛܘܢܝܢܘܣ ܕܫܕܪ ܠܟܠܗ[14]
ܐܣܝܐ ܡܛܠ ܝܘܠܦܢܐ ܕܝܠܢ ܀

ܕܐܪܒܥܣܪ ܕܐܝܟܢܐ ܐܬܐ ܠܪܗܘܡܐ ܦܘܠܝܩܪܦܘܣ
ܕܫܠܝ̈ܚܐ[15] ܀

ܕܚܡܫܬܥܣܪ ܕܐܝܟܢܐ ܒܝܘܡ̈ܘܗܝ ܕܘܪܘܣ ܐܣܗܕ ܦܘܠܝܩܪܦܘܣ
ܥܡ ܐܚܪ̈ܢܐ ܒܡܕܝܢܬܐ ܙܡܘܪܢܐ ܀ ܀

ܕܫܬܬܥܣܪ[16] ܕܐܝܟܢܐ ܝܘܣܛܝܢܘܣ ܦܝܠܣܘܦܐ. ܟܕ ܡܟܪܙ
ܒܪܗܘܡܐ ܡܠܬܐ ܕܡܫܝܚܐ ܐܣܗܕ ܀

ܕܫܒܥܬܥܣܪ ܕܐܝܠܝܢ ܣܗ̈ܕܐ ܡܕܟܪ ܒܡܐܡܪܗ
ܝܘܣܛܝܢܘܣ ܀ ܀

ܕܬܡܢܬܥܣܪ ܕܐܝܠܝܢ ܡܐܡܪ̈ܐ ܕܝܘܣܛܝܢܘܣ[17] (B fol. 70 *b*)
ܡܛܝܘ

ܕܬܫܥܬܥܣܪ ܕܐܝܠܝܢ ܐܦܝܣܩܘܦܐ ܗܘܘ ܒܪܗܘܡܐ
ܘܒܐܠܟܣܢܕܪܝܐ ܒܝܘܡ̈ܘܗܝ ܕܘܪܘܣ...

ܕܥܣܪܝܢ ܕܐܝܠܝܢ ܐܦܝܣܩܘܦܐ[18] ܗܘܘ ܒܐܢܛܝܘܟܝܐ ܀ ܀

ܕܥܣܪܝܢ ܘܚܕ ܥܠ ܡܟܬܒܢ̈ܐ ܕܥܕܬܐ ܕܗܘܝܢ ܗܘܘ
ܒܗܘܢ ܙܒ̈ܢܐ ܀

ܕܥܣܪܝܢ ܘܬܪܝܢ ܥܠ ܗܓܣܝܦܘܣ ܘܥܠ ܐܝܠܝܢ ܕܡܕܟܪ ܀ · ·

[11] A ܪ̈ܝܫܐ ܕܗܪܣܝܣ [12] A adds ܗܘܐ [13] A ܐܓܪܬܗ̇ 𝔄 *edictum*
[14] 𝔄 om. ܟܠܗ [15] A ܕܐܝܟܢܐ ܦܘܠܝܩܪܦܘܣ ܚܒܪܐ ܗܘܐ ܕܫܠܝ̈ܚܐ. In
𝔄 for [illegible] read [illegible]? [16] A fol. 62 *b* [17] A ܕܝܘܣܛܝܢܘܣ
[18] A ܐܦܣ̈ܩܘܦܐ

ܕܥܣܪܝܢ ܘܬܠܬܐ. ܥܠ ܕܝܘܢܘܣ ܐܦܣܩܘܦܐ ܕܩܘܪܢܬܘܣ
ܘܥܠ ܐܓܪ̈ܬܐ[19] ܕܟܬܒ ·:·

ܕܥܣܪܝܢ ܘܐܪܒܥܐ ܥܠ ܬܐܘܦܝܠܘܣ[20] ܐܦܣܩܘܦܐ ܕܐܢܛܝܘܟܝܐ.
ܘܥܠ ܦܝܠܝܦܘܣ ܘܥܠ ܡܘܕܣܛܘܣ. ܘܥܠ ܡܠܝܛܘܢ ܘܥܠ ܐܝܠܝܢ
ܕܐܡܪܢ: ܘܥܠ ܐܦܘܠܝܢܪܝܘܣ[21] ܘܥܠ ܡܘܣܢܘܣ[22] ·:· ·:· ·:·

𝔄 235 ܕܥܣܪܝܢ ܘܫܒܥܐ ܥܠ ܗܪܣܝܣ[23] ܕܛܛܝܢܘܣ[24] ·:·

ܕܥܣܪܝܢ ܘܬܡܢܝܐ. ܥܠ ܒܪܕܝܨܢ ܣܘܪܝܝܐ ܘܥܠ ܡܐܡܪ̈ܐ
ܕܐܡܪ ܗܘ.

𝔄 237 ܣܘܛܪܐ ܡܕܝܢ ܕܐܝܠܝܢ ܐܦܣܩ̈ܘܦܐ ܗܘܘ ܒܪܗܘܡܐ
ܘܒܐܠܟܣܢܕܪܝܐ ܒܬܫܡܫܬܗ[1] ܕܐܓܪܝܢܘܣ.

i. 1 ܒܫܢܬ ܬܪ̈ܬܥܣܪܐ ܕܡܢ ܕܬܫܡܫܬܗ ܕܐܓܪܝܢܘܣ.[2] ܐܦܣܩܘܦܐ
ܕܒܥܕܬܐ ܕܐܠܟܣܢܕܪܝܐ ܡܪܩܘܣ: ܗܘ ܕܟܢ ܡܕܡ ܡܠܠ ܐܡܪܝܢ
ܥܠܘܗܝ ܢܦܩ ܡܢ ܥܠܡܐ. ܘܩܒܠ ܬܫܡܫܬܐ ܕܬܪܝܢ[3] ܦܪܝܡܘܣ.
ܕܐܬܘܗܝ ܗܘܐ ܐܦܣܩܘܦܐ[4] ܕܐܪܒܥܐ ܒܡܢܝܢܘܬܐ ܕܡܢ
2 ܫ̈ܠܝܚܐ. ܘܒܗܢܐ ܙܒܢܐ. ܟܕ ܫܠܡ ܬܡܢܐ ܫ̈ܢܝܢ ܣܘܛܪܘܣ[5]
ܒܐܦܣܩܘܦܘܬܐ ܕܪܗܘܡܝ. ܐܠܘܬܪܘܣ ܕܐܬܘܗܝ ܗܘܐ
ܬܪ̈ܬܥܣܪܐ ܡܢ ܫܠܝܚܘܬܐ ܕܫ̈ܠܝܚܐ ܘܩܒܠܗ ܡܢ[6] ܒܬܪܗ.

[19] A 𝔄 ܐܓܪ̈ܬܐ [20] A ܬܐܘܦܝܠܘܣ [21] A ܐܦܘܠܝܢܪܝܘܣ [22] A ܡܘܣܝܢܘܣ [23] A ܗܪܣܝܣ [24] 𝔄 *Traiani*

CHAP. I. [1] 𝔄 *diebus* [2] A ܐܓܪܝܢܘܣ [3] 𝔄 *ministerium eius* [4] A ܐܦܣܩܘܦܐ [5] A ܐܘܣܛܪܘܣ [6] 𝔄 -ܡܢ ܕ

ܕܬܪ̈ܝܢ ܕܚܫ̈ܐ ܗܒܠ ܝܗ̈ܘܕܝܐ ܒܝܘܡܬܗ ܕܛܪܝܢܘܣ.[1] ⁘ 𝔄 238

ii. 1 ܬܪܒܝܬܐ ܕܝܢ[1a] ܕܡܠܦܢܘܬܗ ܕܦܪܘܩܢ ܘܕܥܕܬܗ ܒܟܠ[1b] ܝܘܡ ܪܒܝܐ
ܗܘܬ ܘܣܓܝܐ. ܐܦ ܐܘܠܨܢܗܘܢ[2] ܕܝܗ̈ܘܕܝܐ ܒܥܩ̈ܒܬܐ ܕܒܟܠ
ܙܒܢ. ܣܓܝ ܗܘܐ. (B fol. 71 a) ܟܕ ܓܝܪ ܥܠܬ ܐܘܛܘܩܪܛܘܪ[3]
ܠܫܢܬ ܬܡܢܬܥܣܪܐ. ܬܘܒ ܐܬܬܙܝܥ[4] ܫܓܘܫܝܐ ܕܝܗ̈ܘܕܝܐ ܘܚܒܠܐ
2 ܣܓܝܐܐ ܐܒܕ ܡܢܗܘܢ. ܒܐܠܟܣܢܕܪܝܐ ܓܝܪ ܘܒܫܪܟܗ ܕܡܨܪܝܢ
ܘܒܩܘܪܝܢܐ.[5] ܐܝܟ ܕܡܢ ܪܘܚܐ ܒܝܫܐ ܕܐܠܘܨܝܐ ܐܬܓܪܝܘ.[6]
ܘܪܗܛܘ ܥܠ ܚܢ̈ܦܐ[7] ܕܥܡܝܪܝܢ ܗܘܘ ܥܡܗܘܢ. ܟܕ ܕܝܢ
ܐܬܥܫܢܘ ܠܫܓܘܫܝܐ. ܪܘܪܒܐܝܬ[8] ܠܫܢܬܐ ܐܚܪܬܐ[9] ܩܪܒܐ ܪܒܐ
ܥܒܕܘ. ܟܕ ܐܝܬܘܗܝ ܗܘܐ ܒܗܘ ܙܒܢܐ ܥܠ ܟܠܗ ܡܨܪܝܢ
3 ܠܘܦܘܣ. ܘܒܩܕܡܝܬܐ ܡܙܕܟܝܢܐ[10] ܕܐܦܪܢܣ. ܒܬܪ ܗܢܐ ܘܩܡܘ ܐܢܘܢ
ܠܚܢ̈ܦܐ. ܘܚܙܘ ܘܐܬܚܒܨܘ ܒܐܠܟܣܢܕܪܝܐ. ܘܠܟܠܗܘܢ
ܝܗ̈ܘܕܝܐ ܕܐܝܬ ܗܘܘ ܒܡܕܝܢܬܐ ܐܚܕܘ ܘܩܛܠܘ ܐܢܘܢ. ܟܕ ܕܝܢ 𝔄 239
ܐܬܚܠܘ ܡܢ ܥܘܕܪܢܗܘܢ ܕܗܠܝܢ[11] ܐܝܠܝܢ ܕܐܝܬ ܗܘܘ ܒܩܘܪܝܢܐ[12]
ܐܬܪܐ. ܕܒܫܝܢ ܗܘܘ ܠܗܘܢ ܠܚܢ̈ܦܐ[13] ܡܢ ܡܨܪܝܢ. ܘܢܟܣ̈ܐ
ܕܒܗ[13a] ܡܚܒܠܝܢ ܗܘܘ. ܐܝܬ ܗܘܐ ܕܝܢ ܒܠܗܘܢ ܪܫܢܐ ܠܘܩܘܣ.[14]
ܐܘܛܘܩܪܛܘܪ[15] ܕܝܢ ܫܕܪ ܠܡܪܩܘܣ[16] ܛܘܪܒܘܢܐ ܥܡ ܚܝܠܐ
4 ܕܪ̈ܓܠܐ ܒܐܠܦ̈ܐ. ܘܬܘܒ ܕܝܢ ܐܦ ܥܡ ܦܪ̈ܫܐ.[17] ܗܘ ܕܝܢ
ܒܬܟܬܘܫܐ[18] ܣܓ̈ܝܐܐ ܘܒܩܪܒܐ ܣܓܝܐܐ[19] ܐܬܟܬܫ ܒܩܪܒܐ

CHAP. II. [1] A ܕܛܪܝܢܘܣ [1a] A fol. 63 a [2] A ܐܘܠܨܢܗܘܢ [3] A ܐܘܛܘܩܪܛܘܪ [4] A ܐܬܬܙܝܥ [5] A ܘܒܩܘܪܝܢܐ ܡܕܝܢܬܐ [6] 𝔄 ‥ ܐܝܟ ܕܡܢ ܪܘܚܐ ܒܝܫܐ ܕܐܠܘܨܝܐ ܐܬܓܪܝܘ [7] 𝔄 *in Iudaeos* [8] A 𝔄 join ܪܘܪܒܐܝܬ to the preceding words [9] In 𝔄 for *[illegible]* read *[illegible]* [10] A ܘܒܩܕܡܝܬܐ ܡܙܕܟܝܢܐ [11] A ܕܗܠܝܢ [12] A ܗܘܐ ܒܩܘܪܝܢܐ [13] 𝔄 *in gentes* [13a] 𝔄 *et leges eorum* [14] A ܠܘܩܘܦܘܣ: B had originally ܠܘܩܘܣ [15] A ܐܘܛܘܩܪܛܘܪ [16] A ܠܡܪܩܘܣ [17] A om. ܘܬܘܒ ܕܝܢ ܐܦ ܥܡ ܦܪ̈ܫܐ [18] A ܘܒܬܟܬܘܫܐ ܠܘܩܒܠ (omitting ܗܘ ܕܝܢ) [19] 𝔄 = ܩܪ̈ܒܐ ܣܓܝ̈ܐܐ

ܕܠܬܗܘܢ.[20] ܘܪ̈ܕܘܬܐ ܡܫܬ̈ܚܠܦܬܐ[21] ܡܢ ܡܗ̈ܘܕܝܢܐ ܦܠܛܘ. ܠܐ
ܒܠܚܘܕ ܡܢ ܩܘܪ̈ܒܐ.[22] ܐܠܐ ܐܦ ܒܡܬ̈ܪܝܢ ܡܢ ܐܝܠܝܢ ܕܡܕܒܪܝܢ
ܗܘܘ ܠܠܘܩܝܐ[23] ܡܠܟܘܬܗܘܢ. ܐܣܛܪܛܝܘܛܐ ܕܝܢ ܡܢ ܣܓܝ ܒܪ̈ܢܫܐ.
ܕܐܦ ܒܟܠ ܢܨܚ̈ܢܐ ܡܗ̈ܘܕܝܢܐ ܗܘܝܢ ܗܘܬ ܡܬܒܣܪܝܢ[24] ܒܠ
ܒܡܪ̈ܘܗܝ ܕܐܬܪ̈ܐ. ܘܦܩܕ ܠܠܘܩܝܘܣ ܘܐܣܛܘܦܘ.[24a] ܕܢܣܬܒܪ
ܐܝܟ ܡܢ ܗ̇ܘ ܡܦܪ̈ܣܝܣ.[25] ܗܘ ܕܝܢ[26] ܗܘ ܒܠܚܘܕ. ܘܦܠܛ
ܡܢܗܘܢ ܒܡܐܐ ܡܣܓܝܐܐ. ܘܡܛܠ[26a] ܗܢܐ ܢܝܫܐ ܕܚܒܒ.
ܗܟܢܐ ܥܠ ܢܦܫܗ ܐܣܛܪܛܝܘܛܐ.[27] ܗܠܝܢ ܕܝܢ
(B fol. 71 b)[28] ܐܦ[29] ܡܬܬ̈ܒܥܢܐ ܡܢ ܒܬ̈ܒܥܐ ܕܐܝܬ ܗܘܘ ܒܗ̇ܘ
ܙܒܢܐ ܐܬܚܒܘ ܒܛܠܝܬܗܘܢ[30] ·:· ·:·

𝔄 240 ܕܬܠܬܐ ܕܐܝܠܝܢ ܐܬܩܝܡ ܢܦܩܘ ܙܘܥܐ ܥܠ ܚ̈ܕܐ ܗܝܡܢܘܬܐ
ܒܡ̈ܠܬܗ ܕܗܪܕܝܢܘܣ ·:·

iii. 1 ܛܪܝܢܘܣ ܕܝܢ ܒܪ ܒܝܫ ܡܠܟܘܬܐ ܒܥܣܪܝܢ[1] ܫ̈ܢܝܢ ܒܝܘܡ ܫܪܬܐ
ܫܢܝܢ. ܐܠܝܨܘ ܗܕܪܝܢܘܣ ܩܛܠ ܡܢ ܒܬܪܗ. ܠܗܢܐ ܒܥܒܕ
ܩܘܕܪܛܘܣ[2] ܡܐܡܪܐ ܕܡܦܩ ܒܪܘܚܐ ܘܩܪܒ ܠܗ ܥܠ ܚܕ
ܗܝܡܢܘܬܐ. ܕܐܝܬܝܐ ܠܢ ܒܟܬܒ̈ܐ ܡܬܦܪܫܢ ܕܢܣܒܘܢ ܠܥܡܐ
ܕܝܠܢ. ܘܒܗܕܐ ܠܗܢܐ ܐܝܬܘܗܝ ܗܢܐ ܡܐܡܪܐ[3] ܠܘܬ ܐܢ̈ܫܐ
ܩܠܝܠܐ ܐܦ ܠܘܬܢ.[4] ܕܒܗ ܡ̈ܫܟܚܝܢ ܐܢܫܝܢ ܕܢܗܝܪܐ ܬܘܩܢܬܐ
ܗܘܬ̈ܪܐ ܕܡܬܒܪܢܘܬܗ[4a] ܕܗܢܐ ܓܒܪܐ. ܘܫܪܝܪܘܬܐ ܕܗܝܡܢܘܬܐ

[20] A ܠܐܘܪܚܐ ܠܗܘܢ ܒܩܪܒܐ [21] A ܘܪ̈ܕܘܬܐ ܡܫܚ̈ܠܦܬܐ [22] A ܩܪ̈ܒܐ
[23] A ܠܠܘܩܝܘܣ 𝔄 [illegible] [24] A ܡܬܒܣܪܝܢ [24a] 𝔄 [illegible]
A ܗܦܪ̈ܣܝܣ [26] 𝔄 adds *gladium* [26a] 𝔄 om. ܘ [27] A ܐܣܛܪܛܝܘܛܐ
[28] A fol. 63 *b* [29] 𝔄 om. ܐܦ [30] 𝔄 adds *ita*

CHAP. III. [1] 𝔄 *decem* [2] A ܩܘܕܪܛܘܣ [3] 𝔄 *sermo eorum* [4] 𝔄 *qui s. quae sunt apud nos* (for ܐܦ ܠܘܬܢ) [4a] 𝔄 *lucidae mentis*

2 ܕܫ̈ܠܝܚܐ. ܘܗܘ ܕܝܢ ܗܘ ܚܣܝܐ ܐܦ[5] ܥܠ ܚܒܝܫܘܬܗ ܕܝܠܗ
ܒܗܠܝܢ ܡ̈ܠܐ ܕܡܫܬܥܝܢ ܗܟܢܐ. ܕܥ̈ܒܕܘܗܝ ܕܝܢ ܕܦܪܘܩܢ
ܐܡܝܢܐܝܬ ܩܝܡܝܢ ܗܘܘ. ܫܪܝܪܝܢ ܗܘܘ ܓܝܪ ܗ̇ܢܘܢ[6] ܕܐܬܐܣܝܘ
ܘܗ̇ܢܘܢ ܕܩܡܘ ܡܢ ܒܝܬ ܡܝ̈ܬܐ. ܕܠܐ ܒܠܚܘܕ ܡܬܚܙܝܢ
ܐܬܚܙܝܘ ܕܡܬܐܣܝܢ ܗܘܘ ܘܕܩܝܡܝܢ ܗܘܘ. ܐܠܐ ܐܦ ܐܡܝܢܐܝܬ
ܐܫܬܟܚܘ ܗܘܘ. ܠܘ ܒܠܚܘܕ ܕܝܢ ܐܝܬܘܗܝ ܒܥܠܡܐ ܦܪܘܩܢ.
ܐܠܐ ܐܦ ܡܢ ܒܬܪ ܕܫܢܝ ܡܢܗ ܡܢ ܥܠܡܐ ܐܫܬܟܚܘ ܗܘܘ 𝔄 241
ܙܒܢܐ ܣܓܝܐܐ. ܗܟܢܐ ܕܐܦ ܒܙܒܢܐ ܠܙ̈ܒܢܝܢ ܕܝܠܢ ܡܛܘ
3 ܐܢܫܐ ܡܢܗܘܢ. ܗܠܝܢ ܕܝܢ ܐܡܪ ܗܢܐ. ܐܦ[7] ܐܪܝܣܛܝܕܝܣ
ܓܒܪܐ ܡܗܝܡܢܐ ܡܢ ܕܚܠܬܐ ܕܝܠܢ. ܐܟܘܬܗ ܕܩܘܕܪܐܛܘܣ[8]
ܫܒܩ ܡܦܩ ܒܪܘܚܐ ܥܠ ܐ̈ܦ ܗܝܡܢܘܬܢ[9] ܘܩܪܒ ܠܐܕܪܝܢܘܣ.
ܘܗܘ ܗܢܐ ܟܬܒܐ ܡܫܬܟܚ ܒܙܒܢܐ ܠܡܣܓܝܢܐ ܨܝܕ ܣ̈ܓܝܐܐ

ܕܐܪ̈ܟܝܗ ܥܠ ܐܦܝܣܩܘܦܐ ܕܗܘܘ ܒܪܗܘܡܐ ܘܒܐܠܟܣܢܕܪܝܐ
ܒܝܘ̈ܡܘܗܝ ܕܗܕܪܝܢܘܣ.

iv. ܒܫܢܬ ܬܠܬ[1] ܕܝܠܗ (B fol. 72 a) ܕܡܠܟܘܬܗ. ܐܠܟܣܢܕܪܘܣ
ܐܦܝܣܩܘܦܐ[2] ܕܪܗܘܡܐ: ܟܕ ܡܠܐ ܥܣܪ ܫ̈ܢܝܢ ܒܡܕܒܪܢܘܬܗ
ܢܦܩ ܡܢ ܥܠܡܐ. ܘܩܒܠ ܡܢ ܒܬܪܗ ܟܣܘܣܛܘܣ.[3] ܘܒܗܕܐ
ܕܐܠܟܣܢܕܪܝܐ ܟܕ ܡܠܐ ܦܪܝܡܘܣ ܬܪܬܥܣܪܐ ܫܢܝ̈ܢ[4] ܢܦܩ ܡܢ
ܥܠܡܐ. ܘܩܒܠ ܡܢ ܒܬܪܗ ܐܦܝܣܩܘܦܘܬܐ ܝܘܣܛܘܣ ·:· ·:·

[5] A ܘܐܦ [6] A ܗ̇ܠܝܢ [7] A ܘܐܦ 𝔄 om. [8] A ܩܘܕܪܐܛܘܣ
[9] 𝔄 ܗܝܡܢܘܬܐ

Chap. IV. [1] In 𝔄 for *երկրորդի* read *երրորդի* [2] 𝔄 om. ܐܦܝܣܩܘܦܐ
[3] A ܟܣܘܣܛܘܣ [4] A fol. 64 *a*

𝔄 242 ܕܫܡܗܬܐ ܥܠ ܐܦܣܩܘܦܐ ܕܗܘܘ ܒܐܘܪܫܠܡ. ܡܢ ܦܪܘܩܢ
ܘܥܕܡܐ ܠܗܘܢ ܠܗܠܝܢ ܙܒܢܐ ܀

ܕܐܦܣܩܘܦܐ ܕܝܢ ܕܗܘܘ ܒܐܘܪܫܠܡ. ܙܒܢܐ[1] ܕܫܢܝܗܘܢ v. 1
ܒܟܬܒܐ ܒܙܒܢ. ܠܐ ܐܫܟܚܬ. ܡܬܐܡܪܐ ܕܝܢ ܡܠܬܐ ܕܥܠܝܠ
2 ܗܘ ܥܠܝܠ ܙܒܢܐ ܚܝܘ. ܗܕܐ ܕܝܢ[2] ܡܛܠܬ ܒܡܬܒܥܢܘܬܐ. ܕܒܙܒܢܐ
ܠܫܘܪܒܐ ܐܚܪܝܐ[3] ܕܗܘܘܐ ܒܝܗܘܕ ܗܕܪܝܢܘܣ. ܡܢܚܠܝܘܬܐ
ܕܝܗܘܕܝܐ ܐܦܣܩܘܦܐ[4] ܕܡܢ ܦܪܘܢ. ܕܟܠܗܘܢ[5] ܒܟܘܪܝܐ
ܐܬܚܙܝܘܢ ܗܘܘ. ܕܡܢ ܩܕܡ ܕܒܬܗ ܕܒܝܫܝܐ ܚܕܒܐܬ
ܡܠܟܘ ܗܘܘ. ܘܡܢ ܚܝܘܢ ܕܡܫܝܚܐ ܗܘܘ ܠܡܬܒ[6] ܕܐܝܟ
ܗܠܝܢ. ܒܗܝܢ ܡܬܚܫܒܝܢ ܗܘܘ ܕܐܠܝܢ ܫܦܝܪ[7] ܠܡܫܡܫܘܬܐ
ܕܐܦܣܩܘܦܘܬܐ. ܒܝܢܒܝܐ ܗܘܬ ܟܢܘܫ[8] ܟܠܗ ܕܒܝܢܐ ܒܗܝ ܒܙܒܢܐ
ܕܗܘܬ ܡܢ ܥܡܪܐ ܕܡܫܝܚܝܐ. ܡܢ ܥܒܪܝܐ ܫܪܝܪܬܐ ܘܒܙܒܢܐ
ܠܫܘܪܒܐ ܐܚܪܝܐ. ܕܒܗ ܡܪܕܘ ܝܗܘܕܝܐ ܥܠ ܪܗܘܡܝܐ
𝔄 243 ܘܐܬܚܪܒܘ ܒܩܪܒܐ ܪܘܪܒܐ. ܡܛܠ ܕܒܨܝܪܘ ܕܝܢ[9] ܒܗܘ ܙܒܢܐ 3
ܐܦܣܩܘܦܐ ܕܡܢ ܓܙܪܬܐ. ܘܠܝܬ ܗܘ ܕܢܦܘܫ ܐܠܐ ܗܫܐ
ܡܢ ܗܘ ܕܡܢܝܢܐ. ܐܬܘܛܝܣ ܗܘܐ ܕܝܢ[10] ܡܟܣܢ ܗܘ ܕܡܬܩܪܐ
ܗܘܐ[11] ܐܘܣܛܘܣ ܕܡܢܝܢ... ܕܬܪܝܢ ܫܡܥܘܢ ܀ ܕܬܠܬܐ
ܝܘܣܛܘܣ ܀ ܕܐܪܒܥܐ ܀ ܙܟܝ ܀ ܕܚܡܫܐ ܛܘܒܝܐ ܀
ܕܫܬܐ ܒܢܝܡܝܢ ܀ ܕܫܒܥܐ ܝܘܚܢܢ ܀ ܕܬܡܢܝܐ ܡܬܝ ܀
ܕܬܫܥܐ ܦܝܠܝܦܘܣ ܀ ܕܥܣܪܐ ܣܢܩܐ ܕܣܐܡܘܢ[12] ܀ (B fol. 72 b)
ܕܚܕܥܣܪ ܝܘܣܛܘܣ ܀ ܕܬܪܥܣܪ ܠܘܝ ܀ ܀ ܕܬܠܬܥܣܪ

Chap. V. [1] A 𝔄 ܐܟܣܐ [2] 𝔄 adds *solum* [3] A ܚܝܪܐ [4] A ܐܦܣܩܘܦܝܢ [5] A ܒܠܚܘܕ [6] A ܠܟܠܗܝܢ [7] A ܕܩܘܡ [8] 𝔄 *cos* (instead of ܟܢܘܫ) [9] 𝔄 om. ܕ ܡܟܝܠ and ܕܝܢ [10] A ܐܬܘܛܝܣ ܗܘܐ ܡܟܣܢ 𝔄 ܐܬܘܛܝܣ ܗܘܐ ܕ [11] A om. ܗܘܐ 𝔄 om. ܗܘܐ ܕܡܬܩܪܐ ܗܘ [12] A 𝔄 ܣܐܢܩܘܣ

ܐܦܪܝܣ ܀ ܕܐܪܒܥܬܥܣܪ ܝܘܣܦ ܀ ܘܐܚܪܝܐ ܕܒܬܪܗܘܢ
4 ܕܚܡܫܬܥܣܪ ܝܗܘܕܐ ܀ ܗܠܝܢ ܒܠܚܘܕ ܗܘܘ ܐܦܣܩܘܦܐ
ܕܒܡܕܝܢܬܐ ܕܐܘܪܫܠܡ[13] ܡܢ ܓ̈ܠܝܐ ܘܥܕܡܐ ܠܗܢܐ ܙܒܢܐ
5 ܘܟܠܗܘܢ ܡܢ ܓܙܘܪܬܐ. ܒܫܢܬ ܬܪ̈ܬܥܣܪܐ[14] ܕܝܢ ܕܡܠܟܗ̇
ܕܡܠܟܘܬܐ. ܟܕ ܫܠܡ ܟܣܘܣܛܘܣ ܥܣܪ ܫ̈ܢܝܢ ܒܐܦܣܩܘܦܘܬܐ
ܕܪ̈ܗܘܡܝܐ.[15] ܩܒܠ[16] ܡܢ ܒܬܪܗ ܛܠܣܦܘܪܘܣ.[17] ܕܐܝܬܘܗܝ ܗܘܐ
ܫܒܝܥܝܐ ܡܢ ܡܫܠܡܢܘܬܐ ܕܡܢ ܫ̈ܠܝܚܐ. ܟܕ ܕܝܢ ܒܬܪ ܫܢܬܐ[18]
ܘܦܠܓܗ̇ ܥܠܝ. ܡܢ ܒܬܪ ܕܐܠܟܣܢܕܪܘܣ ܫܬܬܝܐ ܐܘܡܢܝܣ.[19]
ܟܕ ܫܠܡ ܗܘ ܕܡܕܒܪܢܘܬܗ ܬܠܬܥܣܪܐ ܫ̈ܢܝܢ ܀

ܕܫܬܐ ܥܠ ܣܘܪܚܢܗܘܢ ܐܚܪܝܐ ܕܝܗܘ̈ܕܝܐ ܕܒܝ̈ܘܡܝ 𝕬 214
ܗܕܪܝܢܘܣ...

vi. 1 ܟܕ ܕܝܢ ܡܪܘܕܘܬܗܘܢ ܕܝܗܘ̈ܕܝܐ ܣܓܝܐܐ ܗܘܬ ܘܥܒܝܢܐ.
ܪܘܦܘܣ ܗܓܡܘܢܐ ܕܝܗܘܕ ܟܕ ܚܝܠܐ ܕܐܫܬܕܪ ܠܗ ܡܢ ܡܠܟܐ
ܠܥܘܕܪܢܐ.[1] ܡܬܚܫܚ ܗܘܐ ܠܗ̇ ܠܡܪܝܕܘܬܗܘܢ ܒܡܬܒܥܬܐ ܕܠܐ
ܚܘܣܢ. ܘܪ̈ܒܘܬܐ ܡܢ ܥܠܝ[2] ܕܓܒܪ̈ܐ ܘܢܫ̈ܐ ܘܕܛ̈ܠܝܐ[3] ܩܛܠ
2 ܗܘܐ. ܘܒܢܝܟܣܐ ܕܐܪ̈ܥܬܗܘܢ[4] ܫܒܐ ܗܘܐ. ܐܝܬ
ܗܘܐ ܕܝܢ ܠܗܘܢ ܠܝܗܘ̈ܕܝܐ ܒܗܘ ܙܒܢܐ ܪܝܫܐ ܕܡܬܩܪܐ ܗܘܐ̇
ܒܪ ܟܘܟܒܐ. ܕܒܐܝܕܝܘܬܐ ܐܝܬܘܗܝ ܗܘܐ ܠܒܪܐ ܩܛܘܠܐ
ܘܠܓܝܣܐ.[5] ܒܫܡܗ ܕܝܢ ܡܬܪܘܪܒ ܗܘܐ̇ ܕܐܝܟ ܕܡܢ ܫܡܝܐ
3 ܕܢܚܬ ܠܗܘܢ ܦܘܪܩܢܐ. ܐܝܟ ܕܠܡ̈ܠܝܟܐ ܘܡܥ̈ܝܢܐ.[6] ܟܕ ܕܝܢ

[13] A ܐܦܣܩܘ̈ܦܐ ܒܐܘܪܫܠܡ [14] In 𝕬 ܬܪ̈ܬܥܣܪܐ should be struck out
[15] A ܕܪ̈ܗܘܡܝܐ. A fol. 64 b [16] A adds ܗܘܐ [17] A ܛܠܣܦܘܪܘܣ
[18] A 𝕬 add ܚܕܐ [19] A ܐܘܡܢܝܣ

CHAP. VI. [1] A ܠܥܘܕܪܢܐ [2] A ܥܠܠ [3] A ܘܕܛ̈ܠܝܐ ܘܢܫ̈ܐ [4] 𝕬 sing.
[5] A ܗܘܐ ܠܗܘܢ ܐܝܟ ܡܚܝܕܐ ܘܡܩܒܠܢܐ ܕܠܒܪܢܫܐ ܚܝܠܐ [6] 𝕬 om. ܘܡܥܝܢܐ

ܕܒܗ ܡܢܟܐ ܒܫܘܩ ܬܫܒܘܚܬܐ ܕܟܠܗ ܕܡܫܠܡܢܘܬܐ. ܥܠ ܓܝܪ
ܐܢܬܬܐ ܐܝܬ ܗܘܐ ܒܡܕܝܢܬܐ ܚܕܐ ܕܒܗܘܪܬܐ. ܘܒܝܫܘܬܐ ܗܘܬ
ܩܕܡ. ܘܡܢ ܐܘܪܫܠܡ ܠܗ ܩܕܡ ܢܫܡܐ ܗܘܬ. ܘܡܕܢܝܐ[7] ܒܗ
A 215 ܡܘܕܝܢܐ. ܗܕܐ (B fol. 73 a) ܚܕܐ ܕܝܢ ܡܢܟܐ[8] ܡܢ ܠܒܪ ܘܒܟܠܐ
ܦܘܠܚܢܐ. ܒܒܥܠܐ ܘܡܩܒܠܢܐ ܗܦܟ ܗܢܘܢ ܕܡܘܕܝܢܐ. ܘܗܘ
ܕܗܘܐ ܠܗܘܢ[9] ܚܠܦܬܐ ܠܡܥܕܪ ܡܛܠ ܬܚܒܠܬܐ ܕܥܒܕܐ ܠܗ.[10]
ܘܡܚܠ ܗܕܐ ܟܠܗ ܒܥܒܕܐ ܕܡܘܕܝܢܐ ܐܬܚܒܘ[11] ܕܠܓܕܘܪ ܠܐ
ܢܬܟܒܘܢ ܣܒܪܗ ܕܐܘܪܫܠܡ. ܐܝܟ ܕܡܢ ܢܟܦܐ ܘܩܘܡܕܝܐ[12]
ܕܡܕܝܢܘܬ ܕܦܢܝ. ܕܐܦ ܠܐ ܡܢ ܒܪܬܐ ܦܘܠܚܢܐ ܣܒܪܗܘܢ
ܒܐܬܪܐ ܕܒܗ ܐܝܟܢܘܗܝ. ܗܠܝܢ ܐܬܚܒܘ ܐܪܟܘܢܛܘܢ ܕܡܢ
ܦܐܠܠܐ ܒܡܕܝܢܬܐ. ܗܕ ܕܝܢ ܣܒܪܗ ܐܘܪܫܠܡ ܡܠܐܟܬܐ ܡܢ 4
ܟܠܗܘܢ ܡܘܕܝܢܐ ܕܒܥܕܢ ܗܘܘ ܒܗ ܡܢ ܩܕܝܡ: ܘܐܬܟܢܫܘ
ܐܚܪܬܐ[13] ܡܢ ܙܘܗܪܐ[14] ܘܐܬܬܟܢܫ ܡܢ ܒܥܒܕܐ ܠܡܕܢܚܐ:
ܘܐܝܟ ܠܐܘܪܫܠܡ ܕܝܢ ܕܗܘ ܕܐܝܬ ܗܘܐ ܡܫܠܡܢܘܬܐ. ܕܐܝܬܘܗܝ
ܐܠܝܢ ܗܕܝܢܘܢ ܐܬܩܪܝܬ ܐܠܝܢܐ[15] ·:· ܐܦ ܒܗܕܐ ܕܐܬܐ ܕܐܬܢ
ܕܐܬܚܒܫܘ[16] ܡܢ ܒܡܟܬܒ. ܡܢ[17] ܟܬܪ ܗܢܘܢ ܐܦܝܣܩܘܦܐ ܕܗܘܝܢ
ܗܘܘ ܡܢ ܠܒܪ. ܘܒܚܝܠܐ ܡܛܠ[18] ܐܦܝܣܩܘܦܘܬܐ[19] ܕܐܬܒܢܝ
ܒܪܘܡܐ ·:· ·:· · · ·

[7] A *intraverunt (et) se muniverunt* [8] A ܡܢܟܬܐ [9] A om. ܠܗܘܢ [10] A ܙܕܩ ܠܗ ܗܘܐ [11] A ܐܬܚܒܘ [12] A *ex iussu* (omitting ܘ) [13] A *denuo* [14] A fol. 65 a [15] A *et vocata est Heliana* [16] A om. ܕ [17] A ܟܡܐ [18] A adds ܗܘܐ [19] A ܐܦܝܣܩܘܦܘܬܐ

ܕܥܒܕܢܐ ܕܐܝܠܝܢ ܗܘܘ ܒܫܡܗܘܢ ܘܟܢܐ ܐܕܪ̈ܝܢܐ ܕܡܬܩܪܝܐ 𝔄 246
ܕܡܫܡܫܬܐ[1] ܕܐܝܠܝܐ.

vii. 1 ܟܕ ܕܝܢ ܡܢܗܪܢ ܗܘܝ ܥܕ̈ܬܐ ܕܒܟܠܗ ܥܠܡܐ ܒܗܝܡܢܘܬܐ
ܕܟܘ̈ܟܒܐ ܢܗܝܪ̈ܐ: ܘܡܫܝܢܐ[2] ܗܘܬ ܗܝܡܢܘܬܗ ܕܦܪܘܩܢ ܡܪܢ[3]
ܝܫܘܥ ܡܫܝܚܐ ܒܟܠܗ ܓܢܣܐ[4] ܕܒܢ̈ܝ ܐܢܫܐ.[5] ܣܛܢܐ ܕܝܢ
ܣܢܝܐ ܕܛܒ̈ܬܐ ܘܒܥܠܕܒܒܗ ܕܫܪܪܐ: ܕܐܝܬܘܗܝ ܒܟܠ ܙܒܢ
ܣܩܘܒܠܐ ܕܚܝ̈ܘܗܝ[6] ܕܒܢ̈ܝ ܐܢܫܐ. ܡܬܦܠܚ ܗܘܐ ܠܡܩܒܠ
ܥܕ̈ܬܐ[7] ܕܟܠ ܐܬܪ: ܕܟܠ ܥܩܘܠܝܢ ܡܢ ܩܕܡ ܒܪܕܘܦܝܐ ܟܕ
ܢܘܟܪ̈ܝܐ ܡܩܕܡ ܗܘܐ ܠܡܩܒܠܗ̇. ܗܫܐ ܕܝܢ ܡܢ ܗܠܝܢ ܐܬܕܚܩ 2
ܗܘܐ. ܒܐܢܫܐ ܓܒܪ̈ܐ ܘܢܟ̈ܝܐ. ܐܝܟ ܕܒܡ̈ܐܢܐ ܡܫܚܠܦܐ
ܕܢܟ̈ܝܬܐ ܘܡܬ̈ܬܓܪܢܐ ܕܐܒܕܢܐ (B fol. 73 b) ܐܬܚܫܚ ܒܗܘܢ.
ܘܡܙܝ̈ܥܢܘܬܐ ܐܚܪ̈ܢܝܬܐ ܡܚܕܬ ܗܘܐ. ܘܒܟܠ ܡܕܡ ܡܬܦܪܣ
ܗܘܐ. ܕܢܠܒܫܘܢ ܗܘܘ ܐܦ[8] ܫܪ̈ܝܐ ܘܡܬܦܠܓܢܐ ܥܡܡܐ
ܕܪܘܦܠܝܢܘܬܐ. ܘܐܝܠܝܢ ܕܡܬܕܒܪܝܢ ܗܘܘ ܠܗܘܢ ܡܢ ܐܝܠܝܢ
ܕܡܗܝܡܢܝܢ. ܠܥܘܡܩܐ ܕܐܒܕܢܐ ܢܦܠܝܢ ܗܘܘ ܠܗܘܢ. ܘܠܐܝܠܝܢ 𝔄 247
ܕܒܪܒܝܠ ܠܡܗܝܡܢܘܬܐ ܠܐ ܐܬܩܪܒܘ ܗܘܘ. ܒܥܒܕ̈ܝܗܘܢ[9]
ܒܝ̈ܫܐ ܡܦܩܕܝܢ ܗܘܘ ܠܗܘܢ. ܕܠܐ ܢܬܩܪܒܘܢ ܠܫܠܝܬܐ
ܕܚܝ̈ܐ.. ܡܢ ܒܝܫܘܬܗ ܕܝܢ ܗܘ̇ ܕܗܢ ܩܕܡ ܩܠܝܠ ܐܡܪܢ 3
ܥܠܘܗܝ ܕܡܢ ܒܬܪ ܗܢܘܢ. ܡܬܟܬܫܢܐ[10] ܐܬܚܙܝ ܚܘܝܐ
ܢܦܪ̈ܫܐ ܒܥܒܕܗ̇ ܚܘܝܐ[11] ܕܬܪ̈ܝܢ ܪ̈ܫܘܗܝ. ܒܬܪ̈ܝܢ ܪ̈ܫܝܢ[12] ܕܡܟܗ̇
ܕܬܪ̈ܝܢ ܦܪ̈ܨܘܦܐ.[13] ܒܣܛܘܪܢܝܠܘܣ[14] ܕܐܝܬܘܗܝ ܗܘܐ[15] ܒܢܫܐ

CHAP. VII. [1] A ܫܡ̈ܫܐ ܕܐܝܠܝܐ [2] 𝔄 om. ܘ [3] 𝔄 *et Domini* [4] 𝔄 plur. [5] A ܕܒܢܝ̈ܢܫܐ [6] For ܣܩܘܒܠܐ ܕܚܝ̈ܘܗܝ 𝔄 has only *adversarius* [7] A 𝔄 ܠܥܕ̈ܬܐ [8] A ܘܐܦ 𝔄 om. ܐܦ [9] 𝔄 ·· ܕܒܥܒ̈ܕܝܗܘܢ [10] A ܡܬܟܬܫܐ [11] 𝔄 *draconis*, omitting ܒܡܚܘܬܐ [12] A ܪ̈ܫܝܢ [13] A ܦܪܨܘܦܐ [14] A ܒܣܛܘܪܢܝܠܘܣ 𝔄 om. ܒ [15] A om. ܗܘܐ

ܐܢܛܝܘܟܝܐ ܘܒܡܫܠܝܛܘܣ[16] ܐܠܟܣܢܕܪܝܐ. ܗܢܐ ܡܢܗܘܢ ܒܩܘܪܝܐ̇
ܘܐܣܝܐ[17] ܒܟܪܝܢ.[18] ܐܘܢܟܘ ܘܠܦܢܐ ܕܗܪܘܣܣ[19] ܕܫܡܝܢܐ
4 ܠܐܠܗܐ. ܗܘܦܪܝܛܘܣ[20] ܕܝܢ ܒܡܦܪ̈ܫܬܐ[21] ܒܝܬܡܠܘܬܗ ܕܡܫܒܪܘܣ
ܡܠܠ ܕܟ̈ܠܗܬܐ. ܐܝܟ ܕܗܘܐ ܐܪܝܢܘܣ. ܒܐܡܫܡܫܢܐ ܕܝܢ ܕܡܛܠ
ܕܠܐ ܡܬܡܠܠ ܐܦ ܒܡܫܠܝܛܘܬܗ ܡܛܘܠ ܝ̈ܘܬܪܢܗ[22] ܕܠܐ ܗܫܟ݂.
5 ܕܓܒܠ ܠܦܘܪܦܘܪܐ ܕܐܠܗ ܡܫܡܫܬܐ ܫܒ̈ܝܚܬܐ ܦܫܝ̈ܛܬܐ. ܐܝܬ
ܗܘܐ ܕܝܢ ܒܗ̇ܘ ܙܒܢܐ ܡܢ ܩ̈ܢܐ ܒܙܒܬܐ ܐܚܪܢܐ ܦ̈ܠܣܐܦܐ
ܕܡܬܬܬܥܝܢ ܗܘܘ ܥܠ ܦ̈ܘܡܐ ܙܪܪܐ. ܘܢܫܒܐܣܛ[23] ܥܠ ܦ̈ܘܡܐ.
ܡܫܝܚܘܬܐ ܕܐܬܐܘܡܐ ܫ̈ܠܝܚܐ ܒܕܘܟܬ ܕܡܪܝܢ ܗܘܘ. ܦ̈ܠܣܐܦܐ
𝔄 248 ܕܝܢ ܐܦ ܒܪ ܒܬ̈ܒܝܬܐ ܠܐܝܠܝܢ ܕܡܢ ܒܬܪܗܘܢ ܫܒܩܘ ܘܡܗܪܐ[24]
6 ܠܘܩܝܠ ܗܠܝܢ ܗܪܦܣܘ ܕܐܡܪܝܢ ܚܠܡܝܢ. ܕܡܢܗܘܢ[25] ܐܦ
ܐܢܫܝܢ[26] ܣܓܝܐܢ ܡܐܡܪܐ[27] ܕܡܫܡܫܢܘܬܐ[28] ܣܠܝܡܬܐ. ܕܗܘ ܐܦܪܘܦܐ
ܒܪ ܦܐܣܦܘܪ ܡܢ[29] ܡܬܬܒܥܢܐ ܡܢܒܝܐ[30] ܕܒܗܘ ܘܒܝܐ ܠܘܩܝܠ
7 ܒܡܫܠܝܛܘܬܗ.[31] ܘܦܪܣܝ ܒܝܫܘܬܐ (B fol. 74 a) ܕܦܠܘܛܘܬܗ. ܘܒܪ
ܚܠܐ ܒܫܒ̈ܬܗ ܐܡܪ ܚܠܘܦ. ܕܠܘܩܝܠ ܐܘܓܠܝܘܢ ܠܗ[32]
ܐܬܬܒ ܒܫܦܝܪ ܘܐܪܒܥܐ ܡܢܝ̈ܢ. ܫܪܝܗ ܠܗ[33] ܕܝܢ ܢ̈ܟܣܐ[34] ܒܪ
ܦܟܝܪ ܘܒܪ ܡܘܦ.[35] ܘܐܣܪܝܐ[36] ܫ̈ܒܘܐ ܒܙܒܢܐ ܕܠܐ ܐܬܬܢܝܚܘܢ.
ܐܝܟ ܕܠܬܗܘܪܐ ܕܐܝܠܝܢ ܕܐܣܝܢ ܡܢ ܕܐܝܟ ܗܠܝܢ. ܘܟܠܦ ܠܗ
ܕܢܗܘܘܢ ܐܝܠܝܢ ܕܒܝܫܬܐ ܕܠܐ ܦܘܪܫܢ. ܘܢܗܘܘܢ ܒܦܪܝܢ
ܒܡܫܝܚܘܬܐ ܒܒܝܬܐ ܕܐܪܕܘܦܣܐ[37] ܕܠܐ ܘܩܪܬܐ. ܘܟܦܢܘ

[16] A ܘܒܒܡܫܠܝܛܘܣ [17] A ܘܐܣܝܐ [18] A fol. 65 b [19] A ܕܗܪܘܣܣ
[20] A ܗܦܪܝܛܘܣ [21] A ܒܡܦܪܫܬܐ [22] 𝔄 sing. [23] A ܘܢܫܒܐܣܛ
[24] A ܘܡܗܪܐ [25] 𝔄 om. ܕܡܢܗܘܢ [26] A ܐܢܫ [27] A 𝔄 add ܡܢ
[28] 𝔄 instrum. [29] A adds ܕܗܘ [30] A ܡܢܒܝܐ [31] A ܒܡܫܠܝܛܘܣ
[32] A ܠܗ ܐܘܓܠܝܘܢ [33] 𝔄 cis [34] A ܢܟܣܐ [35] 𝔄 Banals et
Barkaph [36] A ܘܐܣܪܝܐ [37] A ܕܐܪܕܘܦܣܐ

ܘܗܘܐ ܠܐܝܠܝܢ ܕܡܬܦܪܣܝܢ ܠܗ ܒܕܒܪܘܬ ܦܬܓܡܪ̈ܐ[38] ܕܣܘܟܠ
8 ܩ̈ܠܝܠ[39] ܢܗܘܘܢ ܫܒܝܩܝܢ. ܘܣܓܝ̈ܐܬܐ[40] ܕܕܝ̈ܢܝܢ ܠܗܠܝܢ ܐܟܙܢ
ܟܠܗܘܢ ܥܠ ܟܗܢܐܕܘܣ..[41] ܐܦ ܐܪܝܣܛܘܣ[42] ܡܠܐܟܝܬ ܒܟܠܢܐ
9 ܦܪܣܝܣ ܠܗܕܐ ܗܪܣܝܣ.[43] ܚܘܒ ܕܝܢ ܐܪܝܣܛܘܣ.. ܕܐܝܬ ܗܘܐ
ܒܪ̈ܫܝܬܗܘܢ ܕܗܠܝܢ ܡܪܦܘܪܐܦܛܣ ܪܫܐ ܕܗܪܣܝܣ ܐܚܪܬܐ.[44]
ܕܡܬܩܪܝܐ ܗܘܬ ܕܒܪܒܘܣܝܕܝܢܘ.[45] ܕܗܢܘܢ ܗܠܝܢ ܚܪܫܘܬܗ
ܕܗܘܝܢ ܠܗ ܐܚܘܬܗ ܕܝܠܗܘܢ[46] ܗܘܐ ܠܗ. ܐܠܐ ܒܟܠܢܐ 𝔄 249
ܡܥܠܡܝܢ ܗܘܘ ܠܗ. ܘܐܝܟ[47] ܕܡܕܒܪ ܗܘܐ ܡܫܬܒܗܪܝܢ ܗܘܘ
ܒܚ̈ܙܘܬܐ ܕܚܠܡܝܢ ܗܘܘ ܒܫܪܒܬܐ ܠܪܘܚܢܘܬܐ.[48] ܘܒܫܘ̈ܚܪܐ
ܕܫ̈ܠܝܐ[49] ܘܒܐܡܘܢܘܬܐ ܕܥܒ̈ܕܐ ܕܠܬܐܘܗܝ̈. ܘܒܚ̈ܙܘܬܐ
ܐܣܝܪ̈ܬܐ[50] ܕܕܝ̈ܢܝܢ ܠܗܠܝܢ. ܘܗܕܢܐ ܠܟ[51] ܡܠܦܝܢ ܕܡܬܒܥܐ
ܠܗܘܢ ܕܢܫܡܥܘܢ[52] ܥܠ ܡܘܬܒܝܢ ܠܐܝܠܝܢ ܕܡܬܠܠܝܢ ܒܐܪ̈ܚܬܗܘܢ.
ܗܘ ܕܝܢ ܒܢܘܡܘܬܗܘܢ. ܕܐܝܬܝܗܝ ܠܐ ܡܫܡܗܝܢ[53] ܕܢܦܪܘܢ
ܐܝܟ ܕܐܡܪܝܢ ܗܢܘܢ ܡܢ ܐܪ̈ܡܘܢܝܗܘܢ ܕܠܠܚܡ. ܐܠܐ ܐܦ ܐܢ
ܦܪܥ ܐܢܘܢ ܣܘܟܠܗܘܢ[54] ܒܝܕ ܥܠ̈ܬܐ ܢܟܪ̈ܝܬܐ ܕܠܐ ܡܬܡܠܠܝܢ.
10 ܒܗܠܝܢ ܡܫܟܢܢܐ ܕܒܝܫܬܐ. ܡܬܚܫܚ ܗܘܐ ܣܛܢܐ ܕܢܦܪܐ
ܒܫܝܢܬܐ.[55] ܘܐܝܠܝܢ ܕܦܠܚܝܢ[56] ܗܘܘ ܒܐܪ̈ܡܘܢܝܗܘܢ. ܥܒܠܐܝܬ[56a]
ܠܐܒܕܢܐ ܡܫܬܒܝܢ ܗܘܘ. ܠܒܥܒܕܐ[57] ܕܝܢ ܐܝܠܝܢ ܕܒܒܝܬ ܠܐ
ܗܝܡܢܘ. (B fol. 74 *b*) ܠܚܕܒܪܐ ܪܒܐ ܡܗܝܡܢܝܢ ܗܘܘ ܥܠ ܡܠܬܐ

[38] A ܦܬܓܡܪܐ [39] A 𝔄 ܩ̈ܠܝܠ [40] A ܐܘ ܣܓ̈ܝܐܬܐ 𝔄 adds *multa*
[41] A ܟܗܢܕܝܣ [42] A ܐܪܝܣܛܘܣ [43] A ܗܪܣܝܣ [44] 𝔄 *unius*
[45] A ܕܒܪܒܘܣܝܕܝܢܘ [46] A fol. 66 *a* [47] 𝔄 om. ܘ [48] 𝔄 adds *erroris*
[49] A ܕܓ̈ܚܟܐ ܘܒܚܠܡܘܬܐ 𝔄 *et in risum somniorum* [50] A ܣܓ̈ܝܐܬܐ [51] A ܘܗܕܢ (omitting ܠܟ) [52] A ܕܢܫܡܥܘܢ [53] A ܡܟܝܢ [54] A ܘܣܘܟܠܗܘܢ
[55] A ܒܒܫܝܢܬܐ [56] In 𝔄 for *[illegible]* read *[illegible]* [56a] In 𝔄 read *[illegible]* *corrupti* [57] 𝔄 does not express ܠܒܥܒܕܐ (read *[illegible]* for *[illegible]*?)

ܕܐܠܗܐ ܡܬܠܠܬܗܘܢ ܕܡܠܝܢ. ܕܒܫܡܐ[58] ܕܪܘܡܝܘܬܐ ܡܫܠܡܝܢ
11 ܗܘܘ.[59] ܟܕ ܥܒܕ ܕܝܢ ܐܝܟ ܕܐܡܪ[60] ܗܠܝܢ ܥ̈ܠܝܡܐ ܕܐܬܟܠܠܘ ܕܬܬܦܢܝܢ
𝔄 250 ܥܠܝܢ ܡܬܒܩܪܢܘܬܐ ܪܘܫܥܬܐ. ܕܐܝܟ ܕܒܘܣܘܟܐ ܠܗ ܠܗ ܕܠܐ
ܢܣܒܘܢ ܒܗ ܐܬ̈ܪܬܗܘܢ ܘܒܗ ܐܫ̈ܝܬܗܘܢ ܡܬܢܣܝܢ ܐܢܫܝܢ.
12 ܘܡܚ̈ܠܦܬܐ ܡܫܢ̈ܝܬܐ ܡܬܦܩܕܝܢ ܐܢܫܝܢ.[61] ܠܐ ܕܝܢ ܐܫܬܘܩ
ܗܠܝܢ ܕܥܒܕܐ ܥܬܝܕܐ. ܗܘ ܓܝܪ ܥܙܪܐ ܦܠܚ ܢܦܫܗ ܘܫܘܝ ܢܗܘܪܗ
13 ܡܢ ܟܠܗ ܥܠܡ ܕܒܢܐ. ܡܬܕܒܪܐ ܗܘܬ ܓܝܪ ܐܘܡܢܘܬܗܘܢ[62]
ܕܒ̈ܥܠܕܒܒܐ ܡܢ ܫ̈ܪܒܬܗܘܢ ܘܒܟܠ ܕܒܝܬܐ ܗܘܬ. ܕܡܫܬܡܠܝܢ
ܗܘܘ. ܘܡܬܡܨܝܢ ܗܘܬ ܗܪܘܣܘ.[63] ܘܡܬܚܒܠܬܐ ܚܠܡ ܗܘܝ. ܘܒܟܠ
ܐܬܟ̈ܒܝܡ ܘܒܟܠ ܕܚ̈ܝܠܐ ܒܗܘܢ ܕܒܝܢ ܡܬܚܫܠ ܗܘܘ. ܙܟܐ ܗܘܐ
ܕܝܢ ܘܟܒܪ ܐܡܚܝܢܘܬ ܒܗ ܡܢܗܘܢ ܕܠܐ ܥܒܕܝܢ ܥܡܠܐ ܕܫܪܪܐ
ܕܒܗܬܐ. ܗܘ ܕܝܢ ܥܠܘܗܝ ܟܠ ܐܬܪ ܒܢܦܫܬܐ ܘܡܫܬܠܠܬܐ
ܘܫܐܪܘܬܐ. ܘܕܚܠܬܐ[64] ܘܡܕܝܢܘܬܐ ܕܕܘܟܪܐ. ܕܢܫܟܚܬܐ[65]
ܕܐܠܗܝ̈ ܒܟܠܗ ܟܢܫܐ ܕܒ̈ܢܝ ܐܢܫܐ ܡܢܗܪܐ ܗܘܬ ܒܥ̈ܘܢܝܗ
14 ܘܒܥ̈ܒܕܐ.[66] ܐܝܟ ܕܝܢ ܒܗܘܢ ܒܗ ܘܒܢܐ ܐܦ ܠܡܘܕܝܐ ܗܘ
ܕܟܠ ܟܠܗ ܒܗܐ ܕܪ̈ܫܝܢܐ. ܘܗܘܘ ܡܠܒܝܢܐ ܕܠܡ ܒܗ ܙܒܢ
ܠܥܘܕܗܘܢ ܘܟܠ[67] ܐܢܫ ܡܗܘܕܐ ܒܗ. ܕܢܚܝܢ ܒܦ̈ܘܩܕܢܐ
ܕܢܦܩܬܐ ܘܕܡܢܝܢܘܬܐ ܕܢܚܡܬ[68] ܐܠܗܐ. ܘܐܢܫ ܠܐ ܡܚܪܢ
ܗܘܐ[69] ܕܢܬܠ ܥܠ ܗܝܡܢܘܬܗ ܡܠܬܐ ܨܠܝܬܐ. ܐܦ ܕܢܬܚܫܚ
ܠܡܘܕܝܐ ܥܠ ܐܢܫܐ ܡܢ ܕܠܡ ·:· ·:· ·:· ·:·

[58] A ܒܫܡܐ 𝔄 *quod de nomine* [59] 𝔄 *loquebantur calumniam* [60] For ܐܡܪ ? 𝔄 has *et* [61] A ܢܣܝܢ [62] A ܐܘܡܢܘܬܗܘܢ [63] A ܗܪܘܣܘ [64] A fol. 66 *b* [65] 𝔄 + ܕܘܟܪ̈ܐ ܒܡܫܘܚܠܦܐ [66] A 𝔄 ܘܒܡܫܡܫܢܘܬܗ [67] 𝔄 om. ܘ [68] 𝔄 + ܕܢܚܝܢܘܬܐ [69] 𝔄 *audet*

ܕܬܫܒܘܚܬܗ ܕܐܠܗܐ ܡܫܬܡܠܝܐ ܗܘܬ ܡܢ ܟܠܗ̇ ܒܪܝܬܐ. 𝔄 251

15 ܒܬܪ ܕܝܢ ܒܗܘܢ ܒܗܠܝܢ ܙܒܢ̈ܐ. ܐܚܠ[1] ܫܪܪܐ ܠܡܬܚܙܝܘܬܐ

ܦܓ̈ܥܐ ܕܡܬܬܟܬܫܝܢ ܥܠ ܗ̈ܕܡܝܗ. ܘܡܚܘܝܢ ܗܘܘ ܠܗܘܢ

ܠܗܪ̈ܣܝܣ[2] ܘܡܬܬܟܬܫܝܢ (B fol. 75 a) ܒܡܠܘܗܝ. ܠܐ ܒܠܚܘܕ ܕܠܐ

ܒܟܬܒ̈ܐ. ܐܠܐ ܐܦ ܒܬܘܟ̈ܣܬܐ ܕܒܬܘ̈ܒܐ. ܚܕ ܗܘܐ viii. 1

ܕܝܢ ܒܗܘܢ ܒܗܠܝܢ ܗܓܣܝܦܘܣ. ܗܘ ܕܐܦ ܡܢ ܡܕܡ

ܐܬܝܕܥ ܒܡܠܘܗܝ ܒܡܟܬ̈ܒܢܘܬܐ. ܘܐܝܟ ܕܡܢ ܡܫܠܡܢܘܬܐ

ܕܠܗ ܗܟܢ ܡܕܡ ܡܫܠ ܫ̈ܠܝܚܐ. ܚܡܫܐ ܗܘܝܠ 2

ܗܦ̈ܝܢ[3] ܡܫܠܡܢܘܬܐ ܕܟܪܘܙܘܬܐ ܕܫ̈ܠܝܚܐ ܗܘ ܕܗܠܝܢ ܠܓܒܘܬܐ

ܗܘ ܐܟܬܒ ܒܡ̈ܠܐ ܦܫܝ̈ܛܬܐ. ܘܒܙܒܢܐ ܗܘ ܕܐܬܝܕܥ ܗܘܐ

ܒܗ ܐܘܕܥ ܥܠ ܐܝܠܝܢ ܕܡܢ ܡܕܡ ܐܬܡܠܘ ܗܘܘ ܦܬܟܪ̈ܐ.

ܘܐܟܬܒ ܗܟܢܐ. ܗܘܘ ܠܗ ܕܒܢܘ ܒܝܬ ܡܕܘܪܐ ܘܢܘ̈ܣܐ

ܐܝܟ ܕܐܦ ܐܢܫܐ ܠܡܚܡܠܐ ܒܥܕܢܝ: ܕܚܕ ܡܢܗܘܢ ܐܢܛܝܢܘܣ

ܐܢܛܝܢܘܣ ܒܥܒܕܗ ܕܩܝܣܪ ܗܕܪܝܢܘܣ ܩܝܣܪ: ܗܘ ܕܐܦ ܐܓܘܢܐ[4] ܒܥܕܢ

ܠܗ: ܐܢܛܝܢܘܣ ܗܢܐ ܕܗܘܐ ܒܝܘ̈ܡܝܢ. ܐܦ ܡܕܝܢܬܐ ܒܪ 𝔄 252

ܒܢܐ ܥܠ ܫܡܗ ܐܢܛܝܢܘ. ܒܝܘ̈ܡܘܗܝ ܕܝܢ ܗܘܐ ܐܦ ܐܢܛܝܢܘܣ 3

ܡܫܒܚܐ ܕܝܫܘܥܬܐ ܕܫ̈ܪܪܐ. ܕܒܥܒܕ ܒܗܘ ܪܒܢܐ ܒܗܘ

ܫܡܥܬܐ ܕܐܦܝܣܐ ܡܬܗܦܟ ܗܘܐ. ܡܛܠ ܕܝܢ ܒܠܘܗܝ ܥܠ

ܗܢܐ ܪܒܢܐ[5] ܒܟܬܒ ܒܪܘܚܐ ܗܘ ܕܟܬܒ[6] ܠܐܢܛܘܢܝܢܘܣ ܘܟܬܒ

ܗܟܢܐ. ܘܠܝܬ ܗܘ ܠܢ ܕܢܘܕܥ ܟܕ ܗܠܝܢ ܐܦ. ܥܠ ܐܢܛܝܢܘܣ

ܗܘ ܕܗܫܐ ܗܘܐ. ܗܢܐ ܕܟܠ ܐܢܫ ܐܝܟ ܕܠܐܠܗܐ ܒܕܚܠܬܐ

ܠܡܣܓܕ ܠܗ ܡܬܚܫܒ. ܟܕ ܝܕܝܥ ܠܗ ܕܡܢܘ[7] ܘܡܢ ܐܝܟܐ

ܐܬܝܗܘܢ. ܘܗܘܐ ܟܕ ܗܘ ܐܦ[8] ܠܦܪܟܐ ܗܘ ܕܐܬܘܕܝܐ ܕܒܗܘ 4

Chap. VIII. [1] A 𝔄 ܐܚܠܦ   [2] A ܠܗܪܣܝܣ   [3] A ܗܦ̈ܝܢ In 𝔄 read *գրքունքն բերան*   [4] A ܐܓܘܢܐ   [5] 𝔄 = ܒܪܘܚܐ   [6] A fol. 67 *a*

[7] A adds ܗܘ   [8] For ܐܦ ܗܘ ܟܕ ܘܗܘܐ 𝔄 has *itemque*

ib i 31 ܘܒܢܝܐ ܡܕܡ ܘܐܫܬܟܚ ܡܬܒܢܝܐ. ܐܦ[8a] ܒܡܫܪܝܐ ܠܡ ܕܬܘܒܐ
ܠܝܗܘܕܝܐ. ܟܕ ܒܡܒܥܐ ܠܡ[9] ܗܘ ܕܬܘܒܐ ܪܫܐ[10] ܠܡܪܕܘܬܗܘܢ
ܕܝܗܘܕܝܐ. ܦܓܥ ܗܘܐ ܕܢܐܬܘܢ ܪ̈ܘܡܝܐ ܠܡܣܒ ܒܪ̈ܢܫܐ
ܡܪ̈ܘܕܐ. ܐܢ ܠܐ[11] ܒܥܒܪܝܢ (B fol. 75 b) ܗܘܘ ܡܬܚܫܒܝܢ ܥܠ ܡܥܘܒ
5 ܡܫܝܚܐ ·܀· ܐܡܪ ܕܝܢ ܐܦ ܥܠ ܢܦܫܗ. ܕܐܝܟܢܐ[12] ܩܒܠ
ܠܕܝܠܗ ܡܢܝ ܡܢ ܫܒܚܬܐ ܕܫܘܝܐ. ܕܒܡܫܝܚܘܬܐ ܘܒܥܕܪܐ
ib ii 12 ܒܕܝܢܗ[13] ܠܗܕܐ. ܘܟܕ ܡܫܘܐ ܗܠܝܢ ܟܬܒ. ܕܐܦ ܐܝܟܐ ܠܡ
𝔄 253 ܢܘܪܐ ܫܘܬܦܐ ܒܟܠܗܘܢ ܕܗܠܝܢ. ܘܟܕ ܥܒܕ ܫܘܬܦ ܕܡܬܐܟܠܝܢ
ܡܥ̈ܝܘܗܝ ܕܪ̈ܘܡܝܐ: ܢܘܪܐ ܫܘܬܦ ܕܝܢ[14] ܕܡܢ ܟܪܝܘܬܐ ܠܐ
ܕܝܠܗ ܗܘܘ: ܐܦ ܠܐ ܡܢ ܡܕܡ ܕܡܬܚܙܐ ܕܒܝܢܬ. ܘܡܬܪܒܐ
ܗܘܬ ܒܢܦܫܗ ܕܠܐ ܡܫܬܡܥܐ ܬܐܘܬܐ ܕܐܝܬܝܗ̇ܘܢ ܒܥܝ̈ܬܐ
ܘܒܥ̈ܓܠܬܐ. ܡܟܝܠ ܟܕ ܐܝܬ ܕܪ̈ܘܫܡ ܓ̈ܓܠܬܐ ܘܠܐ[15] ܡܬܚܫܒܢ[16]
ܒܡܥܒܪܢܘܬܐ. ܐܘ ܕܡܦܬܠܐ ܥܠܘܗܝ ܡܐܒܠܬܐ[17] ܕܡܥܝܐ
ܕܒ̈ܢܝ ܐܢܫܐ. ܘܡܛܠ ܕܢܣܒܢܘܗܝ[18] ܠܡܘܬܐ ܠܓܠܬܐ ܕܓܠܠ ܠܗ ܡܢ
ܓ̈ܓܠܬܗ. ܐܠܐ ܡܢ ܥܠ ܦܘ̈ܪܣܝܢ ܐܝܟܢܐ ܕܗܒܢܐ ܗܘ. ܕܢܫܘܐ
ܚܕ ܒܗܢܐ ܥܠܡܐ ܐܡܝܢܐܝܬ[19] ܗ̇ܘܐ ܡܬܦܪܫ ܘܕܠܐ ܢܓ̈ܪܥܘܢ
ܒܗ ܕܒ̈ܢܝܐ. ܘܠܐ[20] ܢܦܫܗ ܗ̇ܘܐ ܗܘܐ ܡܚܕܪ ܐܝܟ ܕܢܬܠܝܢܘܗܝ...

𝔄 254 ܕܬܫܥܝܬܐ ܐܚܪܬܐ ܕܗܪܘܕܝܣ ܕܒܬܪܗ.[1] ܕܠܐ ܢܣܒܘܢ
ܡܬܪ̈ܕܝܢ ܒܪ̈ܘܡܝܐ ܕܠܐ ܕܝܢܐ.

6 ܬܘܒ ܕܝܢ ܗܘ ܝܘܣܝܦܘܣ[2] ܡܫܬܥܐ. ܕܗܢ ܩܛܠ ܗܪܘܕܝܣ[2a]

[8a] 𝔄 om. ܐܦ [9] A 𝔄 om. ܠܡ [10] A ܪܫܐ [11] A ܐܠܐ. ܒܥܒܪܝܢ ܗܘܘ
[12] A ܘܐܝܟܢܐ [13] A ܒܕܝܢܗ̇ [14] 𝔄 om. ܕܝܢ [15] 𝔄 om. ܘ [16] A adds ܗܘܘ
[17] A ܡܐܒܠܬܐ [18] A ܕܢܣܒܘܢܝܗܝ [19] A ܐܡܝܢܐܝܬ [20] 𝔄 om. ܘ
Chap. IX. [1] A ܕܬܫܥܝܬܐ ܕܒܬܪ ܗܪܘܕܝܣ [2] A ܝܘܣܝܦܘܣ [2a] 𝔄 om. ܗܪܘܕܝܣ

ܟܬ̈ܒܬܐ: ܡܢ ܣܐܪܢܘܣ ܒܪܐܢܝܘܣ[3] ܗܓܡܘܢܐ ܢܨܝܚܐ[4]
ܡܛܠ ܒܪ̈ܘܫܠܡܐ ܕܟܬܒ ܗܘܐ ܠܗ: ܕܠܐ ܗܘܬ ܒܐܢܐ[5] ܗܕܐ
ܕܕܠܐ ܪ̈ܫܝܢܐ ܕܟܕܡ ܠܡܣܒܬܐ ܕܒܣܡܐ ܢܚܒܐ ܠܓܒܪܘܬ̈ܐ ܘܒܠ̈ܥܝܬ
ܢܩܛܠ ܐܢܘܢ. ܘܗܘ ܕܝܢ ܡܠܟܐ ܠܗܡܟܠ ܗܠܝܢ ܟܬ̈ܒܢ.
ܠܡܝܢܘܩܝܘܣ ܦܘܢܕܢܘܣ[6] ܐܢܬܘܦܛܐ ܕܐܣܝܐ ܘܦܩܕ. ܕܠܐ
ܢܩܛܠ[7] ܠܐܢܫ. ܕܠܐ ܪܫܝܢܐ ܘܩܛܝܓܘܪܝܘܬܐ[8] (B fol. 76 a) ܕܙܕܩܐ.
7 ܘܣܡ ܦܨܚܗ̇ ܕܗܕܐ ܐܓܪܬܐ ܘܒܬܒܗ̇ ܠܒܬܪܐ ܪ̈ܗܘܡܝܐ ܐܝܟ
ܕܐܝܬܝܗ̇ ܗܘܬ. ܘܐܡܪ ܕܝܢ ܡܩܕܡܗ̇ ܗܠܝܢ. ܕܐܦ ܡܢ ܐܓܪ̈ܬܐ[9] Apol i 68
ܠܢ ܕܡܠܟܐ ܪܒܐ ܘܢܨܝܚܐ ܗܕܪܝܢܘܣ ܐܒܘܢ.[10] ܐܝܬ ܠܢ
ܕܢܬܒܥ[11] ܡܢܟܘܢ ܐܝܟ ܕܐܦܣܩ[12] ܕܢܬܦܪܥܘܢ[13] ܕܝܢܐ ܗܘܐ
ܕܒܥܐ. ܘܗܕܐ[14] ܠܘ ܐܝܟ ܡܛܠ ܕܗܢ[15] ܗܕܪܝܢܘܣ ܐܦܩܕ ܡܛܠ
ܗܢܐ ܐܦܣܩܢ. ܐܠܐ ܡܢ ܗܕܐ ܡܦܣܩܝܢ ܐܢܚܢܢ ܕܟܐܢܐ ܗܘ
ܒܥܘܬܢ. ܣܡܢܢ ܕܝܢ ܐܦ ܦܨܚܐ[16] ܕܐܓܪܬܗ[17] ܕܗܕܪܝܢܘܣ.
8 ܕܐܦ ܡܢܗ̇ ܡܢ ܗܕܐ ܬܫܬܘܕܥܘܢ ܕܫܪܝܪܐ ܐܡܪܝܢ. ܘܗܢܐ
ܕܝܢ ܦܨܚܗ̇.[18] ܐܝܟ ܕܐܝܬܘܗܝ ܦܣܩܗ̇[19] ܪ̈ܗܘܡܝܐܝܬ ܗܘܐ[20] 𝔄 255
ܗܟܢܐ. ܐܢܚܢ ܕܝܢ ܐܝܟ ܚܝܠܢ ܠܠܫܢܐ ܝܘܢܝܐ ܐܦܩܢܗ̇. ܐܝܬ
ix. 1 ܠܗ̇ ܕܝܢ ܗܟܢܐ :·: ܠܡܝܢܘܩܝܘܣ ܦܘܢܕܢܘܣ.[21] ܐܓܪܬܐ ib i 69
ܩܒܠܬ ܕܐܬܟܬܒܬ̇ ܠܝ ܡܢ ܣܐܪܢܘܣ ܒܪܐܢܝܘܣ[22] ܓܒܪܐ
ܡܫܒܚܐ. ܗܘ ܕܐܢܬ ܩܒܠܬ ܡܢ ܒܬܪܗ. ܠܐ ܡܬܚܙܐ ܠܝ ܓܒܪܐ
ܐܝܢܐ ܕܐܫܬܒܩܝܗ̇ ܨܒܘܬܐ[23] ܕܠܐ ܒܘܩܝܐ. ܕܐܦܠܐ[24] ܒܢ̈ܝ

[3] A ܣܪܢܝܢܘܣ [4] 𝔄 *e praeclaris iudicibus* [5] A fol. 67 *b* [6] A ܠܡܝܢܘܩܝܘܣ ܦܘܢܕܢܝܢܘܣ [7] A ܢܩܛܠܘܢ [8] A ܘܩܛܝܓܘܪܝܐ [9] A ܐܓܪܬܐ [10] 𝔄 *patris nostri* [11] A ܕܢܬܒܥܘܢ [12] A ܕܐܦܣܩܢ [13] A 𝔄 ܕܬܦܪܥܘܢ [14] A ܕܗܕܐ [15] A ܕܡܛܠܗܢ (for ܡܛܠ ܕܗܢ) [16] A ܦܨܚܗ̇ [17] 𝔄 plur. [18] 𝔄 adds *inquit* [19] 𝔄 = ܦܨܚܐ [20] A ܗܘܝܢ [21] A ܦܘܢܕܢܝܢܘܣ [22] A ܣܪܢܝܢܘܣ 𝔄 om. [23] 𝔄 om. ܨܒܘܬܐ [24] A ܕܠܐ

ܐܢܫܐ ܢܗܘܘܢ ܡܬܥܠܣܝܢ. ܐܦ ܠܐ ܠܐܟ̈ܠܝ ܩܪ̈ܨܐ ܒܠܒܘܬܐ
2 ܠܥܠܬܐ ܬܬܝܗܒ.[25] ܡܟܝܠ[26] ܦܩܘܕܐܝܬ ܒܗܢܐ ܦܘܩܕܢܐ ܕܡܚܣܢ
ܒܟܬܒܐ[27] ܕܐܬܚܙܝܬ ܡܛܠ ܕܬܫܦܝܢܐ ܕܢܬܦܠܓܘܢ. ܐܢ ܗܘ
ܕܡܫܟܚܝܢ ܕܢܚܘܘܢ ܟܠܗܘܢ ܒܟ̈ܪܝܐ ܕܫܢܝܐ ܠܒܗܬܬܐ ܒܗܕܐ
ܟܠܢܫ ܢܬܦܚܠܘܢ. ܠܘ ܕܝܢ ܠܦܢܝܐ[28] ܐܘ ܠܩܠܐ ܟܠܢܫ
ܢܥܒܕ.[29] ܦܟܗ ܕܝܢ ܗܢܐ. ܕܐܝܟ ܐܢܫ ܕܚܒܐ ܕܢܐܟܘܠ ܡܢܝܢܗܘܢ
3 ܕܐܝܬܝܗ ܬܦܢܝܬ. ܐܝܟ ܐܢܫ ܕܝܢ ܕܡܦܩܪ ܠܗܘܢ ܥ̈ ܘܡܫܟܚܐ[30]
ܕܠܒܪ ܡܢ ܢܡܘܣܐ ܡܬܬܪܒܝܢ. ܗܟܢܐ ܗܘܐ ܦܩܕ ܐܢܝ ܣܠܗ
ܕܢܫܠܡܐ. ܘܡܘܡܐ ܐܢܐ ܠܟ ܒܡܪܘܬܟ. ܕܐܝܟ ܐܢܫ ܡܛܠ
ܒܫܘܢܐ ܒܟܪ [31](B fol. 76 *b*) ܗܕܐ. ܢܬܛܠܠ ܠܟ ܕܬܬܒ ܘܬܬܦܩ
ܠܗ ܦܘܪܥܢܐ ܕܒܝܫܘܬܗ ...

ܕܒܣܘܦ ܕܐܝܟܢ ܐܬܦܣܩܬ ܗܘܬ ܒܫܘܠܡܐ ܘܒܐܠܗܫܢܝܬܐ
ܒܡܠܟܘܬܗ ܕܐܠܝܩܢܝܘܣ.

x. ܡܢ ܒܬܪ ܕܗܠܝܢ ܕܝܢ ܡܟܣܝܡܝܢܘܣ ܡܠܟܘܬܐ ܠܡܣܪܝܢ ܘܫܪܝܐ
ܛ̈ܒܝܢ ܘܗܕܝܐ. ܐܠܝܩܢܝܘܣ ܗܘ ܕܐܬܬܪܝܡ ܐܘܣܒܝ. ܡܛܠ ܕܬܪܗ
𝔄 256 ܡܠܟܘܬܐ ܕܪ̈ܗܘܡܝܐ. ܘܒܝܫܬ ܣܓܝ ܕܡܠܟܘܬܗ. ܠܐܘܣܛܪܘܦܘܣ
ܒܗ ܟܠܗ ܣܝܒܪܐ ܛ̈ܒܝܢ ܬܫܒܚܬܗ ܢܦܩ ܡܢ ܒܠܒܐ. ܘܡܛܠ
ܡܢ ܒܬܪܗ ܡܚܝܢܘܣ ܐܣܛܘܣܦܘܬܐ ܕܪ̈ܗܘܡܝܐ. ܡܫܬܒܚܐ ܕܝܢ
ܐܢܬܝܘܣ ܒܠ ܠܐܘܣܛܪܘܦܘܣ. ܕܒܫܘܕܥܐ ܐܬܬܒܝܢ ܡܫܒܚܬܗ
ܕܡܢ ܒܠܒܐ.

[25] A ܐܦܠܐ ܐܟ̈ܠܝ ܩܪ̈ܨܐ ܗܢܘܢ ܥܠܬܐ ܠܟܕܒܘܬܐ 𝔄 *և ոչ չարախօսք այն պատճառք ստութեան չարեաց լիցին* lit. *neque criminatores illi causa mendacii malorum fiant* [26] In A ܡܟܝܠ has been altered into ܡܩܝܠ [27] 𝔄 plur. [28] 𝔄 plur. [29] 𝔄: ܠܡܥܒܕ [30] A ܐܘ ܡܫܟܚܐ [31] Here begins a lacuna in A

ܕܐܬܚܫܒ ܥܠ ܪ̈ܥܝܐ ܕܪ̈ܗܘܡܝܐ[1] ܕܗܘܘ ܒܡ̈ܫܠܡܬܐ ܗܢܘܢ.
ܒܗܕܐ ܕܝܢ ܗܘ ܐܝܪܢܐܘܣ. ܕܒܡܫܠܡܢܘܬܗ ܕܗܝܓܝܢܘܣ
ܐܦܝܣܩܘܦܐ ܕܪ̈ܗܘܡܝܐ ܗܘܐ ܕܐܡܪܢ ܥܠܘܗܝ ܐܟܚܕ ܘܠܘܠܢܛܝܢܘܣ
ܗܪܘܡܝܐ ܕܐܬܐ. ܘܐܘܕܥܢ ܪܫܐ ܕܝܘܠܦܢܐ ܕܒܝܬ ܡܪܩܝܘܢ.
ܕܐܬܝܕܥܘܢ ܒܗܘ ܙܒܢܐ ܐܬܝܕܥܘ ܗܘܘ ܒܪܗܘܡܐ. ܟܬܒ[2]
xi. 1 ܕܝܢ ܗܟܢܐ. ܕܘܠܢܛܝܢܘܣ ܠܡ ܐܬܐ ܠܪܗܘܡܐ ܒܝܘ̈ܡܬܗ Adv Haer iii 4, 3
ܕܗܝܓܝܢܘܣ. ܐܬܥܫܢ ܕܝܢ ܠܦܝܣܘܬܗ ܒܝܘ̈ܡܬܗ ܕܦܝܘܣ. ܐܩܘܝ
ܕܝܢ ܥܕܡܐ ܠܝܘ̈ܡܬܗ ܕܐܢܝܩܛܘܣ. ܩܪܕܘܢ ܕܝܢ ܗܘ ܕܩܕܡ 𝔄 257
ܡܢ ܡܪܩܝܘܢ. ܐܦ ܗܘ ܒܝܘ̈ܡܬܗ ܕܗܝܓܝܢܘܣ ܗܘ ܕܐܬܝܗܘܢ
ܗܘܐ ܐܦܝܣܩܘܦܐ ܕܬܫܥܐ ܗܘܐ ܠܫܠܝ̈ܚܐ. ܘܡܛܐ
ܗܘܐ̇ ܕܡܬܠܒܐ ܠܓܒܐ. ܘܡܘܕܐ[3] ܒܥ̈ܕܬܐ ܗܘܐ̇ ܐܝܟ ܬܝܒܘܬܐ.
ܕܒܟܢ ܚܠܦ ܗܘܐ ܠܡܬܝܒܘ. ܘܒܬܪܟܢ ܬܘܒ ܡܘܕܐ ܗܘܐ
ܠܡܬܝܒܘܬܗ. ܒܬܪ ܕܝܢ ܡܬܟܫܦ ܗܘܐ ܒܐܝܠܝܢ ܕܡܠܦ ܗܘܐ
ܒܝܫܬܐ. ܘܡܬܪܚܩ ܗܘܐ ܡܢ ܟܢܫܐ (B fol. 77 a) ܕܐܚ̈ܐ. ܗܠܝܢ 2
ܐܡܪ ܒܡܐܡܪܐ ܕܬܠܬܐ ܕܠܘܩܒܠ ܗܪ̈ܣܝܣ. ܒܗܘ ܕܝܢ ܡܕܡܟܐ
ܬܘܒ ܗܠܝܢ ܐܡܪ ܥܠ ܡܪܩܝܘܢ. ܡܪܩܝܘܢ ܠܡ ܗܘ ܕܡܢ ܐܝܠ ib i 27, 1
ܩܠܝܠܐ ܡܢ ܒܬܪܗ ܕܩܪܕܘܢ ܦܬܟܪܗ ܐܬܐ ܠܪܗܘܡܐ ܒܫ̈ܢܝ
ܕܗܝܓܝܢܘܣ. ܗܘ ܕܐܬܝܗܘܗܝ ܗܘܐ ܐܦܝܣܩܘܦܐ ܕܬܫܥܐ ܡܢ
ܫܠܝܚ̈ܐ ܕܡܢ ܬ̈ܠܝܬܝܐ. ܘܡܠܦ ܗܘܐ. ܕܐܠܗܐ ܗܘ ܕܐܬܒܪܢ
ܡܢ ܢܡܘܣܐ ܘܡܢ ܢ̈ܒܝܐ ܠܐ ܐܝܬܘܗܝ ܕܝܫܘܥ ܡܫܝܚܐ
ܐܒܘܗܝ. ܗܢܐ ܠܡ ܝܕܝܥ ܗܘ. ܗܘ ܕܝܢ ܠܐ ܡܬܝܕܥ.
ܘܗܢܐ ܐܝܬܘܗܝ ܟܐܢܐ. ܗܘ ܕܝܢ ܛܠܘܡܐ ܐܝܬܘܗܝ. ܡܛܠ ܕܝܢ
ܕܗܢܐ ܡܢ ܗܢܐ ܡܪܩܝܘܢ ܝܪܬܗ ܠܗܢܐ ܝܘܠܦܢܐ. ܘܐܠܐ
ܐܬܪܒܝ ܡܠܦ ܗܘܐ. ܗܘ ܕܝܢ ܗܢܐ ܐܡܪܝܘܣ. ܦܪܣ 3

CHAP. XI. [1] 𝔄 *Alexandrinorum* [2] 𝔄 *scribit* [3] 𝔄 = ܒܥܕܬܐ

ܒܬܪܝܨܘܬ ܪܘܚܐ ܡܫܬܐܣܬܐ ܠܒܣܡܘܬܐ ܕܡܫܝܚܘܬܗ ܕܛܠܝܘܬܗܘܢ
ܕܠܐ ܡܬܚܒܠܝܢ. ܕܐܝܟ ܙܒܢܐ ܚܒܝܐ ܒܢܩܫܗܘܢ ܚܟܝܡ ܗܘܐ
4 ܘܡܫܡܫܬܐ. ܘܟܕ ܗܠܝܢ ܬܘܒ ܐܦ ܥܠ ܐܝܪܢܐ ܕܒܝܬܗ ܡܪܘܡܘܡ
A 258 ܐܡܝܪ ܕܗܘܐ ܒܗܘܢ ܒܫܝܢܐ ܘܩܠܐ. ܕܡܙܡܪ ܗܘܐ
ܒܐܘܡܢܘܬܐ ܕܡܙܡܘܪܬܐ. ܒܬܪ ܕܝܢ ܘܦܪܫ ܐܦ ܫܘܒܚܐ
ib i 21, 3 5 ܕܐܝܬܝܗܘܢ ܡܩܒܠܢ ܒܗܠܝܢ ܟܠܗ. ܕܐܝܟ ܠܗ ܡܚܝܗܘܢ ܕܚܝܬ
ܡܫܬܘܬܐ[4] ܡܬܩܢܝܢ. ܘܒܬܪܗ ܫܘܒܚܐ ܕܐܝܬܝܗܘܢ ܒܟܠܗ
ܕܡܬܒܪܝܢ ܒܠܒܗܘܢ ܥܠ ܫܠܘܢ. ܘܦܪܝܢ ܠܗ ܠܗܘ ܡܕܡ
ܕܡܫܡܫܝܢ ܡܠܝܗܘܢ ܡܫܬܘܬܐ ܘܪܘܚܢܬܐ[5]. ܒܬܡܝܗܘܬܐ ܕܫܘܠܝ
ܡܩܪܒܐ ܕܠܒܠ. ܘܚܝܠܝܢ ܠܗܘܢ ܠܫܒܝܐ ܘܡܬܡܟܝܢ ܠܗܘܢ
ܘܗܟܢܐ ܐܡܪܝܢ ܒܠܒܗܘܢ. ܕܟܕ ܡܫܐܠܐ ܠܗ ܕܐܝܟ ܕܐܝܬ ܗܘ ܕܐܬܐ
ܡܬܝܕܥ. ܘܟܕ ܫܡܥܐ ܕܒܪܝܬܐ ܐܠܗܐ ܕܟܠ. ܘܟܫܡܥܐ (B fol. 77 b)
ܕܗܘ ܕܢܚܬ ܥܠ ܫܡܝܐ. ܐܝܟܢܐ ܕܝܢ ܥܒܕܗ ܐܢܫ ܒܒܪܢܫܐ ܡܬܒܢܝܢ.
ܕܬܫܪܘܢ ܐܝܟ ܦܩܕ ܠܗܘܢ ܕܡܬܝܒܠܝܢ ܒܐܝܬܝܗܘܢ.
6 ܘܗܟܢܐ ܒܬܪ ܕܝܢ ܕܟܠܗ ܡܢܝܢܘܬ ܐܘܪܚ ܫܢܝܢ ܒܐܦܣܩܘܦܘܬܐ.
ܦܘܫ ܡܢܟܠ ܬܫܡܫܬܐ ܕܐܦܣܩܘܦܘܬܐ ܕܐܘܪܗܝ. ܒܐܠܟܣܢܕܪܝܐ
ܕܝܢ ܡܪܘܡܘܡ ܗܘܐ ܐܒܝܢܐ. ܟܕ ܡܢܐ ܐܡܘܢܝܘܣ[6] ܬܬܬܒܫܪܐ
ܫܢܝܢ. ܘܟܕ ܡܢܐ ܡܪܘܡܘܡ ܒܢܝܢ ܫܢܝܢ ܒܬܫܡܫܬܗ ܘܐܬܬܚܝܒ.
ܡܢܟܠ ܗܢ ܒܬܪܗ ܬܫܡܫܬܐ ܕܒܝܬܐ ܕܐܠܟܣܢܕܪܝܐ ܘܠܐܕܘܢ.
A 259 7 ܬܘܒ ܕܝܢ ܐܦ ܒܟܢܘܬܐ ܕܐܘܪܗܝ: ܗܢ ܒܬܪ ܚܡܫܡܐܐ
ܫܢܝܢ ܕܐܦܣܩܘܦܘܬܗ ܕܦܘܫ ܢܦܫ ܡܢ ܥܠܡܐ. ܘܗܘ ܬܘܒ[7]
ܐܢܛܝܘܣ. ܕܟܢܘܫܬܗ ܐܬܬܒ ܗܢܐܦܝܣܩܘܦܐ ܕܥܠ ܐܘܪܗܝ.
ܘܗܘܐ ܬܘܒ ܒܕܘܟܬܐ ܠܐܦܣܩܘܦܘܬܗ ܕܐܠܟܣܢܕܪܘܣ[8]. ·:·

[4] A *domum nuptiarum* [5] A *ministratio* [6] A Օրոնէս *Orones* [7] A om. ܠܗܝ [8] A Եղեգորոսի (read Եղեփորոսի)

ܕܬܬܪܓܡܢ. ܥܠ ܡܠܦ ܒܪܗܘܡܐ ܕܐܡܬܒ ܡܦܝܠܣܘܦܘܣ 𝔄 260
ܠܐܦܝܠܣܘܦܘܣ.

ܬܐܪܬܐ ܕܝܢ ܚܕܐ ܗܘܐ ܒܗܘܢ ܐܬܢܐ ܡܦܝܠܣܘܦܘܣ. 8
ܘܒܗ ܐܬܬܗܘܢ ܒܐܣܟܡܐ ܕܦܝܠܣܘܦܘܬܐ ܡܟܪܙ ܗܘܐ ܒܡܠܬܐ
ܕܐܠܗܐ. ܘܒܡܐܡܪܘܗܝ ܕܟܬܒ ܗܘܐ ܡܬܟܬܫ ܗܘܐ ܥܠ
ܐܦ ܗܝܡܢܘܬܐ. ܘܒܡܐܡܪܐ ܕܐܟܬܒ ܠܘܩܒܠ ܡܪܩܝܘܢ
ܡܕܒܪ. ܘܒܗܘ ܕܒܢܐ ܕܐܝܟ ܗܘܐ ܠܗ̇[1] ܚܝܐ ܗܘܐ ܒܥܠܡܐ
ܗ̣ܘ ܡܪܩܝܘܢ. ܐܡܪ ܕܝܢ[2] ܗܟܢܐ. ܕܡܪܩܝܘܢ ܠܡ ܦܘܢܛܝܩܝܐ 9 Apol i 26
ܗ̇ܘ ܕܐܦ ܒܙܒܢ ܚܝܐ: ܘܡܠܦ ܠܐܢܫܝܢ ܕܢܬܟܦܪܘܢ ܠܗ
ܕܢܗܝܡܢܘܢ ܕܐܝܬ[3] ܐܠܗܐ ܐܚܪ ܡܢ ܒܒܪܝܐ. ܘܗ̣ܘ ܕܝܢ ܗܢܐ
ܒܒܪܐ ܕܟܠܗ. ܠܟܠܗ ܐܢܫܐ ܡܢܫܐܐ ܐܦܝܣ ܒܝܕ ܫܐܕܐ
ܕܡܒܪܝܢ ܗܘܘ ܠܗ̇. ܕܢܣܒܘܢ ܡܡܠܠܝܢ ܓܘܕܦܐ ܘܕܢܟܦܪܘܢ.
(B fol. 78 *a*) ܕܒܒܪܘܝܐ ܕܟܠ ܠܐ ܗ̣ܘܐ ܐܒܘܗܝ ܕܡܫܝܚܐ.
ܘܢܕܪܘܢ ܕܐܚܪܢܐ ܐܝܬ ܪܒ ܡܢ ܗܢܐ.[4] ܘܟܠܗܘܢ ܕܪܕܘ ܡܢ
ܗܠܝܢ ܐܝܟ ܕܐܡܪܢܢ[5] ܒܫܡܠܝܐ ܡܬܩܪܝܢ. ܐܝܟܢܐ ܕܠܐ ܫܠܝܛ
ܦܝܠܣܘܦܘܢ ܕܦܝܠܣܘܦܘܬܐ ܠܫܡܗܐ. ܫܡܐ[6] ܕܦܝܠܣܘܦܘܬܐ ܕܫܘܐ
ܐܬܬܗܘܢ. ܘܒܬܪ ܗܠܝܢ ܡܘܣܦ ܘܐܡܪ. ܕܐܝܬ ܠܝ ܠܡ ܡܐܡܪܐ 10
ܠܘܩܒܠ ܟܠܗܝܢ ܗܪܣܝܣ ܕܗ̇ܘܝ. ܕܐܢ ܨܒܝܢ ܐܢܬܘܢ ܕܬܩܪܘܢ
ܐܢܫ ܡܫܡܝܢ ܐܢܐ ܠܟܘܢ.[7] ܗ̣ܘ ܕܝܢ ܗܢܐ ܡܦܝܠܣܘܦܘܣ. 11
ܐܦ ܠܘܩܒܠ ܝܘܢܝ̈ܐ ܣܓܝ ܡܐܡܪܐ ܒܦܝܠܣܘܦܘܬܐ. ܘܬܘܒ ܐܦ
ܐܚܪܢܐ ܕܐܝܬ ܒܗܘܢ ܡܦܩ ܒܪܘܚܐ ܥܠ ܐܦ̈ܝ ܗܝܡܢܘܬܢ
ܠܡܠܟܐ ܐܢܛܘܢܝܢܘܣ ܗ̇ܘ ܕܐܬܩܪܝ ܐܘܣܒܝܣ. ܐܦ ܠܡܠܟܐ
ܕܡܢܐܛܠܛܘܣ ܕܪܗܘܡܝܐ ܥܒܕ. ܟܕ ܗ̇ܘ ܐܚܪ ܕܪܗܘܡܝܐ ܡܬܗܦܟ 𝔄 261

CHAP. XII. [1] For ܗܘܐ ܠܗ̇ ܚܝܐ 𝔄 has *q ku. adhuc* (but read *q ḥ ḫ p?*)
[2] 𝔄 *dicit ipse* [3] 𝔄 inserts *alius* [4] 𝔄 *quam hic creator* [5] 𝔄 om.
ܐܝܟ ܕܐܡܪܢܢ [6] 𝔄 = ܘܫܡܐ [7] 𝔄 *si vultis legere, dant eos vobis*

ܗܘܐ. ܘܡܫܘܐ ܥܠ ܢܦܫܗ ܕܡܢܘ ܘܡܢ ܐܝܟܐ ܐܝܬܘܗܝ.

ib i 1 ܟܡܟܡ ܒܪܘܫ ܕܐܡܬܝ ܒܗܠܝܢ ܡ̈ܠܐ. ܠܐܘܛܘܦܪܘܢ ܦܛܛܘܣ: xii.
ܐܠܗܘܣ ܗܕܪܝܢܘܣ: ܐܘܛܘܦܪܘܢ ܐܘܣܡܝܣ ܣܩܪ ܡܣܡܛܘܣ.
ܘܠܐܪܝܣܛܘܦܢܘܣ ܒܪܗ ܦܠܣܘܦܐ ܘܠܛܘܣܘܣ ܒܪܗ ܕܣܘܦܪ:
ܘܠܟܠܗ ܡܣܝܥܛܘܣ. ܘܠܟܠܗ ܥܡܐ ܕܐܬܢܝܐ: ܣܠܩ ܗ̈ܘܝ ܕܡܢ
ܟܠܗ ܥܡܐ ܕܟ̈ܠܢ ܐܢܫܐ ܡܬܬܢܝܢ ܒܐܠܗܘܬܐ ܘܡܬܬܠܡܝܢ.
ܘܡܛܠܗܘܢ ܒܪ ܦܪܣܘܣ ܒܪ ܟܢܫܐ ܕܡ ܢܩܘܠܢ ܕܠܡܛܠܝܢ.
ܡܦܪܒ ܐܢܐ ܠܗܘܢ ܒܟܘܬܝ ܘܬܟܒܬܐ ·:· ·:· ·:·

ܕܬܬܒܥܢܝ ܐܬܪܬܐ ܕܐܘܛܘܦܪܘܢ ܕܝܠܗ ܠܟܠܗ ܐܢܫܐ ܡܛܠ
ܘܠܥܢܝܐ ܕܠܝ ·:·

ܟܕ ܕܝܢ ܦܪܟܗ ܠܗ ܒܟܘܬܐ ܐܦ ܐܚܪܢܐ ܠܡܠܟܐ ܐܘܛܘܦܪܘܢ:
ܕܟܠܗ[1] ܐܢܫܐ ܡܬܒܪܐ ܕܠܐ ܐܢܫܝܢ ܡܢ ܚܕܐ[2] ܕܘܪܐ
ܡܬܐܠܝܢ ܒܪܘܚܢܐ. ܕܐܝܟ ܗܘܐ ܦܘܩܕܢܐ ܗܘ[3] (B fol. 78 b)
Apol i 70 ܒܟܠܗ ܐܢܫܐ. ܐܘܛܘܦܪܘܢ ܣܩܪ. ܡܪܘܡܐ ܐܪܘܣ ܐܪܐܠܝܘܣ xiii. 1
2 ܐܘܛܘܦܪܘܢ ܡܣܡܛܘܣ ܠܟܠܗ ܐܢܫܐ ܥܠܡ. ܐܢܐ ܐܢܐ ܕܐܡܪܐ
𝔄 262 ܕܠ̈ܐܠܗܐ ܟܠܗ ܗܘ ܠܗܘܢ. ܕܠܐ ܢܦܩܘܢ ܠܐܠܗܝܢ ܕܗܘܝܐ
ܐܢܘܢ. ܡܛܠ ܡܢܗܘܢ ܚܢܢ ܩܘܡܘܢ ܡܢܝܢܢ ܠܐܠܗܝܢ ܕܠܐ
3 ܝܕܥܝܢ ܕܡܬܚܙܝܢ ܠܗܘܢ. ܒܗܕܐ ܚܢܢ ܕܡܫܝܚܝܢ ܐܢܬܘܢ ܒܠܗܘܢ
ܢܦܫܬܐ ܬܪܝܢܘܬܐ ܕܐܝܬ ܠܗܘܢ ܡܬܕܪܢ ܐܢܬܘܢ. ܕܡܣܬܒܪܝܢ
ܐܢܬܘܢ ܠܗܘܢ ܐܝܟ ܕܠܝܬ ܠܗܘܢ ܐܠܗܐ. ܩܘܡܘܢ ܕܝܢ ܒܗܕܐ
ܕܡܬܬܦܪܫܝܢ ܒܗ ܚܢܢ ܠܗܘܢ. ܕܟܠ ܚ̈ܕ ܐܠܗܝܗܘܢ ܡܟܢܬ
ܢܡܘܣܐ ܡܛܠ ܡܢ ܕܢܝܫܘܢ. ܡܛܠ ܗܢܐ ܐܦ ܕܝܢ ܕܢܦܫܬܗܘܢ

[a] 𝔄 ܦܘܪܫܢܐ [b] 𝔄 *offerimus*

CHAP. XIII. [1] In 𝔄 for ܘܟܠܗܘܢ read ܟܠܗܘܢ [2] 𝔄 plur. [3] 𝔄 =
ܗܘ̈ܝ and adds *etiam*

ܡܫܠܡܝܢ. ܕܠܐ ܢܫܬܥܒܕܘܢ ܠܡܕܡ [4]ܕܡܦܩܝܢ ܐܢܬܘܢ ܠܗܘܢ
4 ܕܢܥܒܕܘܢ. ܥܠ ܙܘ̈ܥܐ ܕܝܢ ܕܗܘܘ ܘܗܘܝܢ ܘܠܐ ܗܘ[5] ܕܢܬܕܟܪܘܢ.
ܕܡܬܬܥܝܩܝܢ[6] ܐܡܬܝ ܕܗܘܝܢ. ܟܕ ܢܦܫܗ ܡܫܠܡ ܕܝܠܗ ܒܡ
ܕܗܘܠܢܝ. ܗܢܘܢ ܒܙܘܥܐ ܐܬܬܙܝܥܘܢ ܠܘܬ ܐܠܗܐ ܡܬܪ 5
ܡܢܢ. ܐܢܬܘܢ ܕܝܢ ܒܟܠܗ ܙܒܢܐ ܕܐܠܝܢ ܐܢܬܘܢ[7] ܟܡ. ܐܦ
ܒܫ̈ܠܡܐ ܐܚܪ̈ܢܐ ܒܥܝܢ ܐܢܬܘܢ. ܘܒܦܘܠܚܢܐ ܕܗܘ ܕܠܐ
ܡܐܬ ܡܬܒܛܠܝܢ ܐܢܬܘܢ. ܕܠܟܪ̈ܝܣܛܝܢܐ ܕܦܠܚܝܢ ܠܗ ܡܪܕܝܢ
6 ܐܢܬܘܢ ܘܪܕܦܝܢ ܐܢܬܘܢ ܥܕܡܐ ܠܡܘܬܐ. ܘܥܠܝܗܘܢ ܟܠ
ܗܠܝܢ ܗ̈ܓܡܘܢܐ ܣ̈ܓܝܐܐ ܕܒܐܬܪ̈ܘܬܐ ܟܬܒܘ ܠܐܒܝ. ܐܦ
ܗܘ ܟܬܒ ܠܗܘܢ ܦܘܩܕܢܝܢ[8] ܕܡܕܡ ܠܐ ܢܗܡܘܢ ܐܢܘܢ
ܐܢܫ ܠܗܠܝܢ ܕܗܟܢܐ ܐܝܬܝܗܘܢ. ܐܠܐ ܐܢ ܕܠܡܐ ܐܬܚܙܝܘ
ܕܡܬܥܫܢܝܢ[9] ܐܝܟܐ ܡܕܡ ܒܡܠܟܘܬܐ ܕܪ̈ܗܘܡܝܐ. ܐܦ ܠܝ
ܐܘܕܥܘܢ ܣ̈ܓܝܐܐ ܡܛܠ ܗܠܝܢ. ܐܦ ܐܢܐ ܟܬܒܬ ܘܦܩܕܬ 𝔄 263
7 ܠܬܪܥܝܬܗܘܢ ܕܐܝܟܢ. ܐܢ (B fol. 79 a) ܐܢܫ ܕܝܢ ܐܝܬ ܕܡܩܪܒܐ
ܠܗܢܐ ܐܢܫܐ: ܘܡܫܬܥܐ ܠܐܢܫ ܡܢ ܗܠܝܢ ܠܕܝܢܐ ܕܗܘܐ ܠܗ ܗܟܢܐ
ܗܘ. ܗܘ[10] ܕܡܬܐܟܠ ܡܬܪܗܘܢ ܢܫܬܪܐ ܡܢ ܕܝܢܐ. ܐܦܢ ܢܬܚܙܐ
ܕܐܝܟ[11] ܕܡܬܐܡܪ ܒܠܚܘܕ ܐܝܬܘܗܝ. ܗܘ ܕܝܢ ܐܟܠܐ[12] ܕܐܟܠ
8 ܡܬܪܗܘܢ ܢܬܚܝܒ.. ܐܬܦܫܛ ܕܝܢ ܗܢܐ ܦܘܩܕܢܐ ܒܟܢܘܫܗ ܕܐܣܝܐ.
ܘܕܗܠܝܢ ܗܟܢܐ ܗ̈ܘܝ ܡܣܗܕ ܡܠܝܛܘܢ. ܕܐܝܬܘܗܝ ܗܘܐ
ܐܦܣܩܘܦܐ ܕܟܢܘܫܬܐ[13] ܕܣܪ̈ܕܝܣ ܡܕܝܢܬܐ. ܕܟܬܒ ܗܘܐ
ܒܗܘ ܕܒܢܝܐ ܒܡܟܬܒ ܒܪܘܚܐ ܕܟܬܒ ܠܐܘܛܘܩܪܛܘܪ[14] ܘܐܪܘܣ
ܥܠ ܗ̈ܕܐ. ܡܫܬܒܚܘܬܐ[15] ܕܠܗ ·:·

[4] End of the lacuna in A, fol. 68 a [5] A adds ܠܝ [6] A ܕܡܬܬܥܝܩܝܢ ܚܝܠ [7] A ܕܐܬܚܡܠܘ [8] 𝔄 exemplar edictorum [9] A ܐܘ ܕܠܡܐ ܟܕ ܥܠܝܗܘܢ] 𝔄 si quis ex iis extendat ܕܡܬܥܫܢܝܢ [10] A adds ܦܠܢ [11] A adds ܡܛܠ [12] A ܐܢܫ ܕܝܢ [13] A ܐܦܣܩܘܦܐ, omitting ܕܟܢܘܫܬܐ [14] A ܠܐܘܛܘܩܪܛܘܪ [15] A 𝔄 ܘܡܫܒܚܘܬܐ

ܕܐܪܒܬܥܣܪ̈ ܕܐܝܟܢܐ ܐܝܬ ܒܥܘܗܕܢܐ ܕܬܠܡܝ̈ܕܘܗܝ ܕܫܠܝܚܐ.[1]
ܒܙ̈ܒܢܘܗܝ ܕܝܢ ܕܐܢܝܩܛܘܣ[2] ܗܘܐ ܕܐܡܪܢ ܥܠܘܗܝ ܕܐܬܚܘܝ xiv. 1
ܗܘܐ ܐܦܝܣܩܘܦܐ ܕܒܥܕܬܐ ܕܪܗܘܡܝ. ܡܛܠܬܐ ܐܝܪܢܐܘܣ.
ܕܦܘܠܝܩܪܦܘܣ[3] ܦܝܫ ܗܘܐ ܒܥܠܡܐ[4] ܘܐܬܐ ܠܪܗܘܡܝ. ܕܐܬܐ[5]
𝔄 264 ܗܘܐ ܠܗ ܡܠܬܐ ܕܒܥܝܬܐ ܥܡ ܐܢܝܩܛܘܣ[6] ܥܠ ܡܥܕܐ ܕܦܨܚܐ.
ܘܗܘ ܕܝܢ ܗܘ ܐܦ ܬܫܒܘܚܬܐ ܐܚܪܬܐ ܐܫܠܡ[7] ܡܛܠ ܦܘܠܝܩܪܦܘܣ[8]. 2
ܕܐܦ ܠܗ ܘܠܬܐ ܗܘ ܕܢܦܩ ܠܐܝܠܝܢ ܕܡܬܐܡܪܢ ܥܠܘܗܝ..
ܪܫܝܡܐ ܕܝܢ ܒܡܐܡܪܐ ܬܠܝܬܝܐ ܕܣܦܪ ܐܝܪܢܐܘܣ[9] ܠܘܩܒܠ 3
Adv Haer iii 3, 4 ܗܪ̈ܣܝܣ[10] ܗܟܢܐ. ܦܘܠܝܩܪܦܘܣ[11] ܠܡ: ܠܐ ܒܠܚܘܕ ܕܡܬܬܠܡܕ
ܐܬܬܠܡܕ ܡܢ ܫ̈ܠܝܚܐ ܘܐܬܗܦܟ ܥܡ ܣܓ̈ܝܐܐ[12] ܕܚܙܘ ܠܡܫܝܚܐ.
ܐܠܐ ܐܦ ܡܢܗܘܢ ܡܢ ܫ̈ܠܝܚܐ ܗܘܐ ܐܦܝܣܩܘܦܐ[13] ܒܐܣܝܐ
ܒܥܕܬܐ ܕܒܙܡܘܪܢܐ. ܕܐܦ ܐܚܢܢ[14] ܚܙܝܢܝܗܝ ܒܛܠܝܘܬܢ. ܣܓܝ 4
ܕܝܢ[15] ܐܓܪ ܒܥܠܡܐ ܘܣܐܒ ܣܓܝ. ܘܒܢܨܚܢܘܬܐ ܘܝܕܝܥܐܝܬ[16]
ܐܣܗܕ. ܘܗܟܢܐ[17] ܢܦܩ ܡܢ (B fol. 79 *b*) ܥܠܡܐ. ܘܗܠܝܢ ܟܠܗ
ܗܘܐ ܐܠܦܢܘܬܐ ܗܠܝܢ ܕܗܢܝܢ ܒܠܚܘܕ ܐܬܚܘܝܢ[18] ܫܪܝܪ̈ܢ.
ܘܡܣܗܕܝܢ ܠܗܠܝܢ ܟܠܗܝܢ ܥܕ̈ܬܐ ܕܐܝܬ ܒܐܣܝܐ. ܘܐܝܠܝܢ 5
ܕܩܕܡܐ ܠܡܕܒܪܢܐ ܐܚܝܕܝܢ ܡܫܠܡܢܘܬܗ ܕܦܘܠܝܩܪܦܘܣ[19].. ܣܓܝ
ܓܝܪ ܡܝܬܪ ܗܘܐ ܘܣܗܕܐ ܗܘܐ[20] ܡܗܝܡܢܐ ܠܫܪܪܐ. ܘܬܘܒ

CHAP. XIV. [1] A ܕܐܝܟܢܐ ܦܘܠܝܩܪܦܘܣ. ܡܢܐ ܗܘܐ ܕܬܠܡ̈ܝܕܐ ܫ̈ܠܝܚܐ. 𝔄 *quomodo memoriam cognovimus apostolorum* [2] A ܕܐܢܝܩܛܘܣ [3] A ܕܦܘܠܝܩܪܦܘܣ [4] A fol. 68 *b* [5] A ܘܐܬܐ [6] A ܐܢܝܩܛܘܣ [7] 𝔄 adds *nobis* [8] A ܦܘܠܝܩܪܦܘܣ [9] A ܐܝܪܢܐܘܣ [10] A ܗܪ̈ܣܝܣ [11] A ܦܘܠܝܩܪܦܘܣ [12] A ܣܓ̈ܝܐܐ [13] A ܐܦܣܩܘܦܐ [14] A ܚܙܝܢ [15] 𝔄 : ܕܝܢ [16] A ܘܐܝܕܝܥܐܝܬ [17] A ܘܗܟܢ 𝔄 om. ܗܟܢܐ [18] A om. ܐܬܚܘܝܢ [19] A ܕܦܘܠܝܩܪܦܘܣ [20] For ܡܝܬܪ ܗܘܐ ܘܣܗܕܐ ܗܘܐ 𝔄 has *egregius testis erat* (read *վկայ էր* for *վկայէր*)

ܠܥܠܡ ܘܐܠܦܢܘܗܝ ܘܡܫܠܡܝܢ ܘܕܫܪܝܪܐ ܡܫܠܡܢ ܥ̈ܕܬܐ.[20a] ܘܗܘ
ܐܬ̣ܐ ܠܪܗܘܡܐ. ܒܝܘܡܘܗܝ ܕܐܢܝܩܛܘܣ.[21] ܠܣܓ̈ܝܐܐ ܡܢ
ܗܠܝܢ ܗܪ̈ܣܝܘܛܐ ܕܐܡܪܢ ܠܥܠ ܐܦܢܝ ܠܥܕܬܐ ܕܐܠܗܐ.
ܘܟܠܗ ܗܘܐ ܘܡܟܪܙ ܕܠܗܕܐ ܫܪܪܐ ܒܠܚܘܕ[22] ܩܒܠ ܡܢ ܫ̈ܠܝܚܐ.
6 ܗܢܐ ܕܒܥܕܬܐ ܡܫܠܡܐ ܠܗ.[23] ܘܐܝܬ ܐܢܫܐ ܕܫܡܥܘ ܡܢܗ 𝔄 265
ܕܐܡܪ ܗܘܐ. ܕܝܘܚܢܢ[24] ܬܠܡܝܕܗ ܕܡܪܢ ܒܐܦܣܘܣ[25] ܐܙܠ
ܗܘܐ ܕܢܣܚܐ. ܘܚܙܐ ܠܓܘ ܠܩܪܝܢܬܘܣ.[26] ܘܦܪܩ ܢܦܩ[26a] ܡܢ
ܒܠܢܐ[27] ܘܠܐ ܣܚܐ. ܐܠܐ ܐܡܪ ܗܘܐ ܕܢܥܪܘܩ ܠܢ.[28] ܕܠܐ ܐܦ
ܒܠܢܐ ܢܦܠ ܥܠܝܢ. ܕܐܝܬܘܗܝ ܒܓܘܗ ܩܪܝܢܬܘܣ[29] ܒܥܠܕܒܒܗ
7 ܕܫܪܪܐ. ܐܦ ܗܘ ܕܝܢ ܡܪܩܝܘܢ ܒܙܒܢ ܐܬ̣ܐ ܠܦܘܓܥܗ
ܕܦܘܠܘܩܪܦܘܣ[30] ܘܐܡܪ ܠܗ ܗܘܝ ܡܫܬܘܕܥ[31] ܠܝ.[32] ܗܘ ܕܝܢ
ܐܡܪ.[33] ܡܫܬܘܕܥ ܐܢܐ ܠܟ[33a] ܕܒܘܟܪܗ ܐܢܬ ܕܣܛܢܐ. ܘܐܟܢ
ܗܕܐ ܟܠܗ̇[34] ܙܗܝܪܘܬܐ ܐܝܬ ܗܘܬ ܠܫ̈ܠܝܚܐ ܘܠܬܠܡ̈ܝܕܝܗܘܢ.
ܐܝܟܢܐ ܕܐܦ ܠܐ ܒܡܠܬܐ ܠܡܠܬܐ ܢܫܬܘܬܦܘܢ ܠܐܢܫ ܡܢ
ܐܝܠܝܢ ܕܡܥܩܡܝܢ ܫܪܪܐ. ܐܝܟ[35] ܕܐܦ ܦܘܠܘܣ ܐܡܪ: ܕܡܢ Tit iii 10
ܒܪܢܫܐ ܠܗ ܕܡܦܠܓ ܒܪ̈ܝܫܘܬܗ[36] ܒܡܠܦܢܘܬܐ ܐܫܬܢܐ.[37] ܡܢ ܒܬܪ
ܚܕܐ ܡܪܬܝܢܘ ܘܕܬܪ̈ܬܝܢ ܐܫܬܐܠ ܡܢܗ. ܕܝܕܥ ܐܢܬ ܕܡܥܩܡ
ܗܘ ܐܢܫܐ ܕܗܟܢܐ ܗܘ ܘܚܛܐ. ܘܕܐܢ ܢܦܫܗ ܠܚܝܒܘܬܐ.
8 ܐܝܬ ܕܝܢ ܐܦ ܐܓܪܬܐ[38] ܚܕܐ ܕܦܘܠܘܩܪܦܘܣ[39] ܕܟܬܝܒ

[20a] A ܕܥܕ̈ܬܐ [21] A ܡܢܝܩܛܘܣ [22] 𝔄 om. ܒܠܚܘܕ [23] For ܠܗ 𝔄 has *hodie* [24] A ܝܘܚܢܢ [25] 𝔄 adds *in balneum* [26] A ܠܩܝܪܢܬܘܣ [26a] A ܘܦܪܩ ܢܦܩ; 𝔄 *saluit et exiit* [27] A ܒܢܐ [28] A 𝔄 om. ܠܢ [29] A ܩܝܪܢܬܘܣ [30] A ܕܦܘܠܘܩܪܦܘܣ; 𝔄 *venit ut precaretur Polycarpum* [31] A fol. 69 *a* [32] 𝔄 *me* [33] A ܐܡܪ ܠܗ, omitting ܗܘ ܕܝܢ. 𝔄 *et is dicit ei* [33a] 𝔄 om. ܠܟ [34] 𝔄 om. ܟܠܗ̇ [35] A ܐܝܟܢܐ [36] A ܪܝܫܘܬܗ [37] For ܡܢ ܒܪܢܫܐ ܠܗܘ ܕܡܦܠܓ ܒܪ̈ܝܫܘܬܗ ܒܡܠܦܢܘܬܐ ܐܫܬܢܐ 𝔄 has [illegible] *Հերետիկոսէ*, *ab homine heretico*. Cf. Arm. Vulg. [38] 𝔄 *alia epistola* [39] A ܐܓܪܬܐ ܕܦܘܠܘܩܪܦܘܣ

𝕬 266 ܠܡܥܪ̈ܒܝܐ. ܕܬܫܒܘܚܬܐ ܕܡܫܒܚܘܬܐ[40] ܘܟܪܘܙܘܬܐ (B fol. 80 a)
ܕܫܡܝܐ[41] ܕܗ̇ܘ ܡܚܝܢ ܐܢܫܝܢ[42] ܠܟܠ. ܐܝܟ ܕܪܟܡ ܘܡܚܠܐ[43]
9 ܠܗܘܢ ܥܠ ܚܝ̈ܘܗܝ ⁘ ܗܠܝܢ ܐܡܪ ܐܢܫܝܢܐ. ܗܘ ܕܝܢ
ܦܘܠܝܩܪܦܘܣ[44] ܒܗܕܐ ܐܓܪܬܐ ܕܦܠܝܩܪܦܘܣ ܕܥܠ ܘܐܬܚܙܝ[45]
ܕܟܬܒ ܠܗܘܢ. ܐܬܚܙܝ ܠܗܕܘܬܐ ܕܢ ܗ̇ܘ ܐܓܪܬܗ[46]
ܡܫܡܫܢܘܬܐ ܕܐܣܬܘܣ ⁘ ⁘ ⁘ ⁘

ܕܡܫܬܟܚܢ ܕܐܬܟܬܒ ܐܘܢܓܠܝܘܢ[1] ܟܕ ܗܘܐ ܡܪܩܘܣ[2]
ܥܡ ܐܚܪ̈ܢܐ ܒܡܘܬܪܐ ܡܫܬܟܚܢܘܬܐ ⁘
10 ܐܘܢܓܠܝܘܢ[3] ܕܝܢ[3a] ܗܘ̇ ܕܐܬܟܬܒ ܐܣܬܟܡ[4] ܟܕ ܕܟܪ
ܡܠܟܘܬܐ ܕܗܘܐ ܘܐܬܬܕܝܩ ܥܡ̈ܡܐ. ܡܪܩܘܣ ܐܢܓܠܝܘܢ ܘܐܡܪܘܣ[4a]
xv. 1 ܐܘܢܓܠܝܘܢ ܕܗ̇ܘ ܥܡ ܠܦܛܪܘܣ[5] ܐܝܟ ܕܫܡܥ[6] ܡܢ[7] ܦܛܪܘܣ. ܕܗܢܐ
ܗܟܢܐ ܗ̣ܘܐ ܓܒܝܐ ܕܪܘܡܝܐ[7a] ܫܐܠܘܗܝ ܠܡܪܩܘܣ.[8] ܘܐܬܒܥܝܘ
ܕܢܟܬܘܒ ܦܘܠܝܡܦܘܣ.[9] ܘܗܢܐ ܗܘ̣ ܕܝܢ ܕܬܠܡܝܕܐ ܕܢܟܬܘܒܘܗܝ
𝕬 267 ܕܢܫܠܡ ܠܗܘܢ ܠܡܫܡܥܘ[10] ܕܢܫܬܡܥܘܢ[11] ܒܟܬܒܘܢ ܕܗܢܐ
2 ܬܫܒܘܚܬܐ. ܕܝܢܐ[12] ܕܝܢ. ܗܘ[13] ܒܬܘܪܟܐ ܐܝܟ ܕܒܗ ܦܪܘܫܘܬܐ
ܕܒܬܪܗ ܗ̇ܘ ܕܡܫܡܥ ܗܘܐ. ܠܟܬܒܐ[14] ܕܐܝܬ ܒܦܘܠܝܡܦܘܣ[15]

[40] A 𝕬 [Syriac readings] [41] 𝕬 *et veritatem praedicationis eius* [42] A 𝕬 om. [Syriac readings] [43] 𝕬 om. [Syriac readings] [44] A [Syriac readings] [45] 𝕬 om. [Syriac readings] [46] A [Syriac readings]

Chap. XV. [1] A [Syriac reading] [2] A om. [Syriac reading] [3] Here begin extracts in E (Add. 14650) fol. 73 *a*, and F (Add. 14641) fol. 146 *a* [3a] E om. [Syriac reading] [4] A F [Syriac reading] [4a] F [Syriac reading] [5] F [Syriac reading] [6] A om. [Syriac reading] [7] A adds [Syriac reading] [7a] E F [Syriac reading] [8] A om. [Syriac reading] [9] A [Syriac reading] F [Syriac reading] [10] A [Syriac reading] [11] F [Syriac reading] [12] 𝕬 [Syriac reading] [13] A adds [Syriac reading] [14] A E F 𝕬 [Syriac reading] [15] A E [Syriac reading] 𝕬 [Syriac reading]

3 ܕܡܘܕܝܢܐ[16] ܒܗܠܝܢ ܬܠܬܐ ܀ ܒܕܘܬܐ[17] ܕܐܠܗܐ ܠܐܠܝܢ[18]. ܕܐܝܬ
ܒܦܠܘܡܐܠܐ[19] ܘܠܟܠܗܘܢ ܒܢܝ̈ܥܕܬܐ ܕܐܝܬ ܒܟܠܕܘܟ ܥܕܬܐ ܩܕܝܫܬܐ[20]
ܕܒܟܠ ܐܬܪ. ܛܝܒܘܬܐ ܘܫܠܡܐ ܘܚܘܒܐ ܕܐܠܗܐ ܐܒܘܢ
ܘܕܡܪܢ ܝܫܘܥ ܡܫܝܚܐ ܢܣܓܐ.[21] ܟܬܒܢ[22] ܠܟܘܢ ܐܚܝܢ ܥܠ
ܐܝܠܝܢ ܕܐܣܗܕܘ[23] ܐܦ ܥܠ ܛܘܒܢܐ[24] ܦܘܠܝܩܪܦܘܣ.[25] ܕܒܝܕ
4 ܣܗܕܘܬܗ ܚܬܡ ܪܕܘܦܝܐ. ܘܗܟܢ ܟܬܒ ܗܠܝܢ ܕܝܢ[26] ܕܩܕܡ
ܕܣܗܕܘܬܗ ܕܦܘܠܘܩܪܦܘܣ.[27] ܥܠ ܣܗ̈ܕܐ ܐܚܪ̈ܢܐ[28] ܡܫܬܥܝܢ
ܘܡܚܘܝܢ ܒܡܬܥܒܕܢܘܬܐ. ܕܐܝܟܢܐ (B fol. 80 b) ܡܫܬܪܩܢܘܬܐ ܚܘܘ
ܒܐ̈ܒܝܕܘܗܝ. ܗܢܘܢ ܕܐܬܚܙܝܘ ܠܐܝܠܝܢ ܕܩܝܡܝܢ ܗܘܘ ܘܚܙܝܢ
ܘܫܪܝܢ ܒܗܘܢ. ܕܟܕ ܒܢܓܕ̈ܐ[29] ܕܡܚܘܐ ܠܓܘ̈ܝܐ ܓܝ̈ܕܐ[30]
ܡܬܦܪܩܝܢ ܗܘܘ. ܗܟܢܐ ܕܐܦ ܡܥܝ̈ܢܝܗܘܢ ܓܘܝܐ ܡܬܚܙܝܢܐ
ܗܘܐ.[31] ܒܟܡ ܕܝܢ ܐܦ ܫܠܘܬܐ ܣܓܝ̈ܐܐ ܕܗܘܝܢ ܒܝܫܐ
ܡܣܝܒܪܝܢ ܗܘܘ ܡܬܬܢܝܚܝܢ. ܘܟܠ[32] ܐܢܫ ܕܚ̈ܕܪܝܢ ܘܢܟܦܐ
ܡܬܚܝܢ[33] ܗܘܘ ܠܗܘܢ. ܘܠܚܪܬܐ ܡܐܟܘܠܬܐ ܠܚܝ̈ܘܬܐ ܡܫܬܠܡܝܢ
5 ܗܘܘ. ܡܫܬܥܝܢ[34] ܕܝܢ ܕܐܬܥܒܕܬ ܐܘܠܨܢ ܦܘܠܘܩܪܦܘܣ ܫܠܝܐ. 𝔄 268
ܕܡܫܒܠ ܗܘܐ ܒܪ ܚܫܝܒܘܬܐ ܕܐܠܗܐ ܕܒܐ ܠܡܫܠܛ ܒܡܬܐ
ܕܚܝܒܐ ܒܦܘܬܐ. ܘܟܕ ܫܡܥ ܗܘܐ ܐܫܬܘܕܥܐ[35] ܕܫܘܫܦܘܗܝ:
ܘܗܕܐ ܗܘܐ ܕܡܬܚܡܝ. ܘܚܡܝܬܗ ܘܐܡܪ ܗܘܐ ܠܗ:[36] ܕܝܠܟ[37]
ܐܢܬ ܘܠܡܪܝܐ ܚܝܝܟ ܥܠ ܢܦܫܟ. ܗܘ ܕܝܢ ܠܐ ܐܬܚܠܠ ܠܗ.

[16] 𝔄 ܘܡܘܕܝܢܐ [17] 𝔄 plur. [18] 𝔄 om. ܠܐܝܠܝܢ [19] E F ܒܦܠܘܡܝܠܝܐ
[20] A E F 𝔄 ܥܕ̈ܬܐ ܩܕܝ̈ܫܬܐ [21] E F add ܠܟܘܢ [22] E ܟܬܒܝܢ
F ܟܬܒܝܢ ܚܢܢ [23] A fol. 69 b [24] A adds ܘܪܒܐ [25] A ܦܘܠܘܩܪܦܘܣ
[26] A ܕܝܢ ܗܠܝܢ [27] A ܕܦܘܠܘܩܪܦܘܣ; E ܕܦܘܠܝܩܪܦܘܣ [28] A ܕܢܬܠ
[29] A ܠܢܓ̈ܕܐ [30] 𝔄 usque ad nervos s. tendines [31] F fol. 116 b [32] 𝔄
ܘܟܠ [33] A ܡܬܚܡܝܢ ܗܘܘ [34] 𝔄 narrat [35] F ܐܫܬܘܕܥܐ.
E fol. 73 b [36] 𝔄 om. ܠܗ [37] A ܕܝܠܟ

ܐܠܐ[38] ܫܪܝܪܐܝܬ ܡܢܝܪܬܐ ܗܘܐ ܠܗ̇ ܠܢܨܚܘܬܐ[39] ܠܘܬܗ. ܠܐ
ܒܠܚܘܕ ܒܥܘܕܪܢܐ ܐܠܐ[40] ܐܦ ܒܡܦܩܢܐ. ܐܝܟ ܕܒܥܓܠ ܢܫܬܪܐ
6 ܡܢ ܗܢܐ ܥܠܡܐ[41] ܕܥܘܠܐ ܘܕܪܘܫܥܐ. ܘܒܬܕܡܘܪܬܗ ܥܒܝܕܝ
ܟܠܗ ܥܡܐ[41a] ܐܬܕܡܪ ܗܘܐ. ܒܓܢܒܪܘܬܗ ܕܗܢܐ ܣܗܕܐ[42]
ܘܪܚܡܗ[42a] ܕܐܠܗܐ. ܘܒܢܝܚܘܬܐ[43] ܕܟܠܗ ܥܡܐ ܕܟܪ̈ܣܛܝܢܐ. ܘܡܢ
ܥܠ ܗܕܐ ܩܥܘ ܟܠܗܘܢ ܢܫܬܩܠܘܢ ܐܝܠܝܢ ܕܕܠܐ ܐܠܗܐ ܐܢܘܢ.
7 ܢܬܒܥܐ ܦܘܠܝܩܪܦܘܣ.[44] ܘܟܕ ܗܘܐ ܫܓܘܫܝܐ ܣܓܝܐܐ
ܒܡܬܘܗܝ. ܦܪܘܓܝܐ ܚܕ ܕܫܡܗ ܗܘܐ ܩܘܝܢܛܘܣ. ܕܓܢܣܗ
ܐܬܘܗܝ ܦܪܘܓܝܐ: ܕܐܬܐ ܗܘܐ ܡܢ ܦܪܘܓܝܐ. ܗܢܐ[45] ܡܢ
ܘܚܙܐ[46] ܚܝ̈ܘܬܐ ܘܠܘܩܒܠܗܝܢ. ܕܚܠ ܘܐܬܡܪܚ ܒܢܦܫܗ.
8 ܘܠܚܪܬܗ ܐܬܪܦܝ ܒܢܦܫܗ. ܡܛܠ ܕܡܢ ܩܠܝܠܬܗ ܕܗܘܐ
ܒܗܬܐ.[47] ܕܗܘ ܗܢܐ ܡܣܪܗܒܐ ܗܘܐ. ܘܠܐ ܡܛܠ ܕܚܠܬ
𝔄 269 ܩܪܒ[48] ܐܝܟ ܢܦܫܗ ܠܕܝܢܐ ܥܡ ܐܚܪ̈ܢܐ. ܟܕ ܕܝܢ ܟܕ ܐܚܝܕ
ܗܘܐ[49] ܬܘܩܦܐ (B fol. 81 a) ܠܟܠܐ[50] ܢܦܫܗ ܠܡܠܟܐ.[51] ܕܠܐ ܠܐ ܗ̇ܠܐ
ܕܢܗܘܐ ܐܝܟ ܓܒܪܐ ܢܦܫܗ ܠܐܝܢܐ ܗܠܝܢ ܕܒܨܒܝܢܐ ܡܚܘܝܢܘܬ
ܕܠܐ ܕܚܠܬ ܡܢܗ. ܫܘܠܡܐ ܕܝܢ ܕܗܠܝܢ ܗܘܝܐ ܗܘܐ ∻
9 ܦܘܠܝܩܪܦܘܣ[52] ܕܝܢ ܬܡܝܗܐ ܟܕ ܫܡܥ ܩܕܡܐܝܬ ܗܠܝܢ[53] ܠܐ
ܐܬܫܓܫ. ܘܨܒܐ ܕܢܦܘܫ ܒܗ̇ ܒܡܕܝܢܬܐ.[54] ܘܟܕ
ܕܢܦܩ[55] ܡܢ ܡܕܝܢܬܐ. ܟܕ ܕܝܢ ܟܠܗ ܥܡܗ ܦܝܣܘܗܝ ܕܐܙܠ

[38] A adds ܕܝܢ [39] 𝔄 plur. [40] A ܐܠܐ ܠ [41] F ܥܠܡܐ ܗܢܐ
[41a] E F ܟܠܗ ܒܢܝ̈ܢܫܐ 𝔄 *omnes homines* [42] A adds ܡܫܝܚܝܐ [42a] 𝔄 =
ܘܪܚܡܬܗ [43] A ܘܒܢܝܚܘܬܐ [44] A ܦܘܠܘܩܪܦܘܣ [45] 𝔄: ܘܡܢ
[46] A adds ܗܘܐ [47] A fol. 70 *a* [48] A ܟܠܗܘ [49] A ܗܘ ܗܘܐ
E F ܗܘܐ 𝔄 *et is* [50] E F om. ܠܟܠܐ [51] A ܠܟܠ ܐܢܫ [52] A
ܦܘܠܘܩܪܦܘܣ [53] E ܗܢܝܢ ܡܩܕܡܝܐ F ܡܩܕܡܝܬ ܗܢܝܢ [54] A ܡܬܬܙܝܥ
[55] A E F add ܒܗ̇

ܗܘܘ ܒܥܘܗ: ܕܢܦܘܩ ܠܐܓܪܘܣܐ ܕܩܠܝܠ ܪܚܝܩ ܗܘܐ ܡܢ
ܡܕܝܢܬܐ ܐܬܛܦܝܣ.[56] ܘܐܬܬܘܬܒ ܗܘܐ ܬܡܢ ܥܡ ܐܢܫܐ
ܙܥܘܪ̈ܐ. ܘܡܕܡ ܐܚܪܢ ܠܐ ܥܒܕ ܗܘܐ ܠܗ[57] ܒܠܠܝܐ ܘܠܐ
ܒܐܝܡܡܐ.[58] ܐܠܐ ܕܩܐܡ ܗܘܐ ܒܨܠܘܬܐ ܕܠܘܬ ܡܪܢ.
ܕܒܗܝܢ ܒܥܐ ܗܘܐ ܘܡܬܟܫܦ:[59] ܘܫܐܠ ܕܢܗܘܐ ܫܠܡܐ ܠܟܠܗܝܢ[59a]
ܒܥܕ̈ܬܐ ܕܒܟܠܗ ܥܠܡܐ. ܗܢܐ[60] ܓܝܪ ܥܝܕܐ ܐܝܬ ܗܘܐ ܠܗ
10 ܐܡܝܢܐܝܬ. ܘܟܕ[61] ܡܨܠܐ ܩܕܡ ܬܠܬܐ[62] ܝܘܡܝܢ ܕܢܬܬܨܝܕ. ܚܙܐ
ܒܚܠܡܐ ܚܙܘܐ ܕܒܣܕܝܬܐ ܕܐܝܬ ܗܘܬ[63] ܬܚܝܬ ܪ̈ܫܗ.[64] ܕܡܢ[64a] ܥܠ
ܢܒܬ ܒܗ̇ ܢܘܪܐ ܘܐܬܝܩܕܬ. ܟܕ ܕܝܢ ܐܬܥܝܪ[65] ܡܢ ܫܢܬܗ ܡܚܘܐ[66]
ܦܫܩܗ ܠܗܢܐ ܚܙܘܐ. ܘܦܫܩܘܬܗ[67] ܦܘܡ ܐܡܪ ܠܗܘܢ ܕܐܝܬ
ܗܘܘ ܒܗܘܢ ܕܒܢܘܪܐ ܕܐܬܝܗ[67a] ܗܘܐ ܠܡܗܘܐ. ܕܢܬܩܛܠ ܡܛܠ ܡܫܝܚܐ 𝔄 270
11 ܒܢܘܪܐ ܢܦܩ ܐܢܐ ܡܢ ܥܠܡܐ. ܟܕ ܕܝܢ ܐܟܬܫܘ ܗܘܘ ܒܚܦܝܛܘܬܐ
ܗܦܝܟܐܝܬ[68] ܫܢܝ ܕܒܥܝܢ ܗܘܘ ܠܗ. ܬܘܒ ܒܒܝܬܐ ܕܐܚܪ̈ܢܐ
ܐܬܦܢܝ ܕܢܦܩ ܠܐܓܪܘܣܐ ܠܐܚܪܢܐ.[69] ܘܒܬܪ ܩܠܝܠ ܐܬܕܒܪܘܗܝ[70]
ܬܡܢ ܗܢܘܢ ܕܪܕܦܝܢ ܗܘܘ ܒܬܪܗ.[71] ܐܚܕܘ ܕܝܢ ܡܢ ܬܡܢ ܬܪ̈ܝܢ
ܛܠܝ̈ܐ ܘܢܓܕܘ ܠܚܕ ܡܢܗܘܢ. ܘܐܘܕܥܘ[72] ܐܘܚܕܗ[73] ܐܝܟܢ
12 ܒܝܬ ܡܫܪܝܗ ܕܦܘܠܝܩܪܦܘܣ.[74] ܟܕ ܕܝܢ ܐܕܪܟܘܗܝ ܬܡܢ ܒܪܡܫܐ
ܕܥܪܘܒܬܐ.[75] ܐܫܟܚܘܗܝ ܕܫܟܝܒ (B fol. 81 b) ܒܥܠܝܬܐ. ܘܟܕ ܡܨܐ
ܗܘܐ ܕܢܥܪܘܩ ܡܢ ܬܡܢ[76] ܠܕܘܟܬܐ ܐܚܪܬܐ ܠܐ ܨܒܐ. ܐܡܪ

[56] A ܘܐܬܛܦܝܣ F adds ܘܐܙܠ [57] F ܐܠܐ, but the initial ܐ is half erased
[58] F ܘܒܐܝܡܡܐ [59] A adds ܗܘܐ [59a] E F ܒܟܠܗܘܢ [60] A adds ܗܘ
[61] A adds ܗܘ [62] F fol. 147 *a* [63] A E F ܗܘܐ [64] E F ܪܝܫܗ
[64a] E ܡܢ [65] E F ܐܬܬܥܝܪ [66] F ܡܚܘܐܗ [67] A ܘܦܫܩܘܬܗ 𝔄 adds *explicuit* [67a] E fol. 74 *a* [68] A ܗܦܝܟܐ [69] A ܠܐܓܪܘܣܐ ܐܚܪܢܐ
E F ܐܚܪܢܐ ܠܐܓܪܘܣܐ [70] E F add ܗܘܘ [71] A ܠܗ [72] A E ܘܐܘܕܥܘ.
A fol. 70 *b* [73] A E ܐܘܚܕܢܗ 𝔄 *monstraverunt* [74] A ܕܦܘܠܘܩܪܦܘܣ
[75] 𝔄 *accedebat vespera* [76] 𝔄 om. ܡܢ ܬܡܢ

13 ܗܘܐ ܕܝܢ ܕܢܬܚܙܘܢ[77] ܕܐܠܗܐ ܢܗܘܐ.[78] ܘܟܕ ܡܠܟ ܕܢܩܛܘܠ ܐܢܘܢ
ܕܐܡܪܐ ܡܠܬܗ ܢܒܝܬ ܠܢܦܫܗܘܢ. ܘܡܛܠܠ ܒܢܦܫܗܘܢ ܒܦܪ̈ܨܘܦܐ
ܡܫܢܝܐ ܘܦܪ̈ܝܫܐ. ܘܡܫܬܥܒܕܢܐ ܗܘܬ ܠܐܢܫܝܢ ܕܠܐ ܡܢܟܝܢ ܠܗ
ܕܬܕܡܘܪܬܐ ܢܦܫ. ܕܣܓܝܐܝܢ ܗܘܘ ܒܬܘܠܡܘܬܐ ܕܡܫܝܚܘܬܗ.
ܘܒܢܟܦܘܬܐ ܘܬܘܟܠܢܘܬܐ ܕܦܪ̈ܨܘܦܗ. ܘܐܝܟܢ ܕܐܝܟܢ ܗܕܐ
14 ܡܦܠܣܘܬܐ ܗܘܬ ܕܢܬܠܒܟܢ ܕܐܝܟܢ ܗܢܐ ܗܟܢܐ. ܗܘ ܕܝܢ
ܡܫܘܕܐ ܟܕ ܕܢܫܒܚܘܢ ܠܗܘܢ ܦܬܘܪ̈ܐ ܕܡܫܒܪ̈ܬܐ[79] ܡܬܒܪ̈ܬܐ[80]
ܐܬܝܡ ܠܗܘܢ. ܒܐܠܐ ܕܝܢ ܡܢܗܘܢ ܥܒܕܬܐ ܚܕܐ ܕܢܝܫܐ
ܒܢܝܫܐ.[81] ܘܟܕ ܐܦܣܩ ܠܗ. ܡܢ ܘܡܚܝܠܐ ܗܘܐ ܟܕ ܡܠܟܐ
ܦܢܝܘܬܗ ܕܡܚܪ̈. ܐܡܪܢܐ[82] ܕܢܬܗܘܪܘܢ ܐܝܠܝܢ ܕܐܬܘ. ܘܡܫܟܚܝܢ
𝔄 271 ܗܘܘ ܠܗ ܟܕ ܡܚܝܠܐ ܘܠܦܘܩܕܢܐ ܡܢܗܘܢ ܬܘ̈ܒܐ ܗܘܬ ܠܗܘܢ
ܢܦܫܗܘܢ. ܕܐܢܫܐ ܠܒܪܐ ܒܬܪ ܕܢܦܩܘܬ. ܗܟܢܐ ܢܦܩ ܐܢܫ ܕܐܢܫܐ
15 ܠܐܠܗܐ ·:· ܘܟܕ ܗܠܝܢ ܬܘܒ ܡܫܡܫܐ ܒܬܟܐ ܕܐܬܥܒܕܬ
ܗܟܢܐ. ܕܟܕ[83] ܟܬܪ ܕܐܬܕܟܪ ܠܟܠܢ[84] ܒܝܠܘܬܗ:[85] ܘܠܐܢܫܝܢ
ܕܡܬܬܘܡ[86] ܠܐ ܝܕܥ ܐܢܘܢ. ܠܢܒܘܪܐ ܘܠܡܘ̈ܪܒܪܐ ܠܡܢܘܪܐ
ܘܠܡܘܪ̈ܬܐ.[87] ܘܠܟܠܗ ܒܥܬܐ ܕܐܝܬ ܒܟܠܗ ܚܠܡܕ ܥܠܡ ܝܠܬܗ.
ܘܟܕ ܢܦܠܐ ܒܕܢܐ ܕܢܦܩܘܢ.[88] ܐܬܬܟܒܘܗܝ ܟܠ ܚܡܕܪ
ܘܐܬܬܘܗܝ ܠܡܪܝܢܬܐ. ܘܐܬܬܢܝܗ ܗܘܬ ܥܒܕܬܐ ܪܒܬܐ. ܘܦܩܕ
ܟܡ ܗܘܕܝܫ ܐܣܪ̈ܬܐ[89] ܘܐܟܘܬܗܝ ܐܣܛܠܝܬܐ.[90] ܗܘܝ ܕܝܢ
ܐܬܬܟܒܘܗܝ ܒܒܪܢܫܐ ܒܡܪ̈ܒܒܬܐ. ܘܡܫܬܚܩܝܢ ܗܘܘ ܠܗ ܟܕ
ܢܬܒܝܢ ܒܟܒܘ ܘܐܡܪܝܢ ܠܗ.[90a] (B fol. 82 a) ܕܡܠܟܐ ܠܟ ܐܝܬ ܗܘܐ ܒܗܕܐ

[77] F ܕܢܬܚܙܘܢ [78] A ܘܡܢ ܢܩܛܘܠ [79] A ܕܡܫܒܪ̈ܬܐ [80] E F ܘܡܫܒܪ̈ܬܐ ܡܬܒܪ̈ܬܐ [81] 𝔄 *decenter* [82] A ܐܡܪ [83] A ܡܢ [84] A ܠܟܠܗ ܐܢܫ [85] E F ܒܝܠܘܬܐ [86] A ܘܡܢ ܡܬܬܘܡ [87] A ܘܠܡܛܘܪ̈ܬܐ [88] F adds ܠܗܘܢ [89] E F ܐܣܝܪ̈ܬܐ [90] E F ܐܣܛܠܝܬܐ [90a] E om. ܠܗ

16 ܕܟܢܫܐ.[91] ܕܢܐܡܪ ܐܢܫ ܡܕܡ. ܡܛܠ ܕܒܟܝܢ[91a] ܘܫܠܝܐ. ܗܘ ܕܝܢ
ܟܡܕܡܝܬܘܗܝ ܠܐ ܐܬܬܙܝܥ ܐܝܟ ܦܠܓܘܬܐ. ܟܕ[92] ܕܝܢ[93] ܐܣܩܘܗܝ ܗܘܘ
ܠܗ ܐܡܪ ܠܗܘܢ.[94] ܠܐ ܚܛܐ ܐܢܐ ܡܕܡ ܕܡܠܟܝܢ[95] ܐܢܬܘܢ
ܠܝ.[96] ܗܢܘܢ ܕܝܢ ܟܕ ܫܡܥܘ ܕܠܐ ܡܬܦܢܐ ܠܗܘܢ[97] ܐܡܪܝܢ
ܗܘܘ ܠܗ ܡܠܐ ܟܠܝܬܐ. ܘܗܝ ܫܡܥ[98] ܕܐܡܪܝܢ ܡܢ ܡܪܟܒܬܐ.[99]
ܘܟܕ ܢܣܒܝܗܝ[1] ܐܬܟܢܫܬ ܫܘܪܬܗ.[2] ܗܘ ܕܝܢ ܠܐ ܐܬܟܫܝ. ܐܠܐ
ܐܝܟ ܗܘ ܕܡܛܝܡ ܠܐ ܒܥܕܢܗ. ܒܫܠܝܘܬܗ ܘܒܫܦܝܪܘܬܐ ܐܙܠ
17 ܗܘܐ. ܘܐܝܬܝܘܗܝ ܠܐܣܛܕܝܢ.[3] ܘܩܡ ܠܦܘܪܢܣܐ[4] ܕܒܗ ܗܘܬ
ܒܐܣܛܕܝܢ. ܕܡܫܬܝܐ[5] ܐܟܠܐ[6] ܡܫܕܪܝܢ ܚܝܘܬܐ.[7] ܕܟܠ
ܦܘܠܝܩܪܦܘܣ[8] ܠܐܣܛܕܝܢ. ܘܟܕ ܥܐܠ ܗܘܐ ܩܠܐ ܐܬܐ ܡܢ
ܫܡܝܐ.[9] ܐܬܚܝܠ ܘܐܬܓܒܪ ܦܘܠܝܩܪܦܐ.[10] ܠܗܘ ܕܝܢ ܕܐܡܪ
ܗܕܐ ܐܢܫ ܠܐ[11] ܚܙܝܗ. ܩܠܐ ܕܝܢ ܫܡܥܘܗ ܡܢ ܕܝܠܢ ܣܓܝܐܐ.[12]
18 ܘܟܕ ܩܪܒܘܗܝ.[13] ܗܘܐ ܫܓܘܫܝܐ ܪܒܐ.. ܕܫܡܥܘ ܕܐܬܬܚܝܕ
ܦܘܠܝܩܪܦܘܣ.[14] ܘܟܕ ܐܬܩܪܒ. ܡܫܐܠ ܗܘܐ ܠܗ ܐܢܬܘܦܛܐ[15]
ܕܐܢ[16] ܐܢܬ ܗܘ ܦܘܠܝܩܪܦܘܣ.[17] ܘܟܕ[18] ܐܘܕܝ ܡܦܝܣ ܗܘܐ ܠܗ
ܕܢܟܦܘܪ. ܘܐܡܪ ܗܘܐ[19] ܠܗ ܐܬܚܫܒ ܡܢ ܫܢܝܟ.
ܘܐܚܪܢܝܬܐ[20] ܕܕܡܝܢ ܠܗܠܝܢ ܐܝܟ ܕܐܝܬ ܠܗܘܢ ܥܝܕܐ ܠܡܐܡܪ

[91] F fol. 147 *b* [91a] E fol. 74 *b* [92] A ܘܟܕ [93] A fol. 71 *a*
[94] 𝔄 om. ܠܗ and ܠܗܘܢ [95] A ܕܡܠܟܝܢ [96] 𝔄 om. ܠܝ [97] 𝔄 om. ܠܗܘܢ [98] A E F ܘܫܡܥܐ [99] A ܘܗܘܐ ܕܢܚܬܐ ܡܢ ܡܪܟܒܬܐ [1] A E F ܢܣܒܘ
[2] F ܫܘܪܬܗ [3] 𝔄 *et cum duxissent eum in arenam ubi bestias emittebant*
[4] E F ܦܘܪܢܣܐ [5] 𝔄 adds *ex iis* [6] A ܠܐ ܐܦ ܘܐܫܬܝܐ [7] F ܚܝܘܬܐ
[8] A ܦܘܠܝܩܪܦܘܣ [9] 𝔄 adds *et dicit* [10] A ܦܘܠܝܩܪܦܐ [11] F ܠܐ ܐܢܫ
[12] 𝔄 inverts the preceding clauses, rendering *vocem multi e nostris audierunt sed clamantem non viderunt* [13] 𝔄 om. ܟܕ ܩܪܒܘܗܝ [14] A ܦܘܠܝܩܪܦܘܣ
[15] F ܐܢܬܘܦܛܐ [16] A ܕܐܢ [17] A ܦܘܠܝܩܪܦܘܣ [18] 𝔄 om. ܟܕ
[19] A om. ܗܘܐ 𝔄 om. ܠܗ [20] A ܘܐܚܪܢܝܬܐ E F add ܠܗܠܝܢ 𝔄 adds *multa verba dicebat*

19 ܐܡܪ ܠܗ.[21] ܐܝܟܢܐ[22] ܒܠܒܗ ܕܩܘܦܪ ܘܐܬܬܘܬܐ.[23] ܐܡܪ ܕܢܣܬܩܠܘܢ[24]
ܐܝܠܝܢ ܕܕܠܐ ܐܠܗܐ ܐܢܘܢ. ܗܘ ܕܝܢ[24a] ܦܘܠܝܡܪܦܘܣ.[25] ܒܡܪܬܘܒܐ[26]
ܗܘܝܐ[27] ܚܪ ܒܠܗܘܢ ܒܥܝܢܐ ܕܐܝܟ ܒܐܣܛܪܛܝܓ ܘܐܡܪ ܠܗܘܢ[28]
ܐܝܟܢܐ. ܘܐܬܬܢܝܚ ܗܘܐ ܒܥܡܡܐ. ܘܐܡܪ. ܥܡܘܠ ܐܢܘܢ ܠܐܝܠܝܢ
20 ܕܕܠܐ ܐܠܗܐ ܐܢܘܢ. ܟܕ ܕܝܢ ܬܘܒ ܗܘܐ (B fol. 82 b) ܠܗ ܕܢܬܠܐ
𝔄 273 ܘܐܡܪ ܠܗ.[29] ܐܝܟܢܐ[30] ܘܬܘܒ ܐܢܐ[31] ܠܟ ܝܘܡܢܐ ܠܡܚܫܢܘ. ܐܡܪ
ܠܗ[32] ܦܘܠܝܡܪܦܘܣ.[33] ܬܫܡܫܬܐ[34] ܘܫܬ ܫܢܝܢ ܐܢܬ ܠܐ ܕܩܠܝܬ ܐܢܐ
ܠܟ. ܘܡܫܡܫ ܠܐ ܐܫܬܘܝ. ܐܝܟܢܐ ܡܫܡܫ ܐܢܐ ܕܐܝܟܢܐ
21 ܠܡܠܟܐ ܠܗܘ ܕܗܘ ܦܘܩܕܢ. ܟܕ ܕܝܢ ܬܘܒ ܗܘܐ ܠܗ ܬܘܒ[35]
ܘܐܡܪ ܠܗ[36] ܐܝܟܢܐ[37] ܒܠܒܗ ܕܩܘܦܪ. ܐܡܪ[38] ܠܗ[39] ܦܘܠܝܡܪܦܘܣ.[40]
ܡܢ ܗܢܐ ܡܬܝܕܥ. ܐܝܟ ܕܐܡܪܬ[41] ܠܝ ܐܝܟܢܐ[42] ܒܠܒܗ ܕܩܘܦܪ:
ܘܡܛܠ ܐܝܟ[43] ܢܦܫܝ[44] ܕܠܐ ܚܙܐ ܐܝܟ ܡܢܗ ܐܢܬ.[45] ܢܦܩ
ܗܘܐ[46] ܒܦܪܗܣܝܐ. ܒܦܘܠܚܢܐ ܟܢܐ. ܐܝܟ ܕܓܒܪܐ ܕܐܬܬܠܐ[47]
22 ܡܠܬܐ ܕܒܦܘܠܚܢܘܬܐ. ܗܘ ܢܗܡܐ ܘܢܝܚܐ. ܐܡܪ ܠܗ[48]
ܐܢܬܘܦܠܛܐ[49] ܐܦܘܣ ܠܥܡܐ. ܘܦܘܠܝܡܪܦܘܣ[50] ܐܡܪ ܠܗ.[51] ܠܝ
ܐܢܐ ܬܘܒ ܐܦ ܠܡܠܬܐ. ܠܐܝܢ[51a] ܟܝܪ. ܕܠܐܝܢܐ[52] ܘܠܫܠܝܛܢܐ[53]

[21] 𝔄 om. ܠܗ [22] A ܐܝܟܢܐ ܐܝܟ E F ܐܝܟܢܐ [23] E F ܘܐܬܘܬܐ
[24] A ܢܣܬܩܠܘܢ [24a] A ܕܝܢ ܗܘ E adds ܢܘܚܐ [25] A ܦܘܠܝܡܪܦܘܣ
[26] F ܒܡܪܬܘܒܐ [27] A ܗܘܝܐ [28] 𝔄 om. ܠܗܘܢ [29] 𝔄 om. ܘ and ܠܗ
[30] A E F ܐܝܟܢܐ [31] A ܘܬܘܒ [32] 𝔄 om. ܠܗ [33] A ܦܘܠܝܡܪܦܘܣ
[34] F ܬܫܡܫܬܐ [35] A om. ܬܘܒ 𝔄 *et iterum incitabat eum index* [36] 𝔄 om. ܠܗ [37] A adds ܐܝܟ E F ܐܝܟܢܐ [38] F ܐܡܪ [39] 𝔄 om. ܠܗ
[40] A ܦܘܠܝܡܪܦܘܣ [41] E F ܕܐܡܪܬ ܐܢܬ [42] A E F ܐܝܟܢܐ [43] A ܘܡܛܠ
[44] A fol. 71 b [45] A ܐܢܬ ܡܢܗ [46] A ܡܢܗ [47] E F ܕܐܬܠܐ ܐܢܬ ܕܐܬ
[48] 𝔄 om. ܠܗ. F fol. 148 a [49] F ܐܢܬܘܦܠܛܐ [50] A ܦܘܠܝܡܪܦܘܣ
E ܦܘܠܝܡܪܦܘܣ [51] 𝔄 om. ܠܗ [51a] A ܐܠܐܝܢ [52] A ܕܠܐܝܢܐ
[53] A ܘܠܫܠܝܛܢܐ E F ܘܠܫܠܝܛܢܐ 𝔄 plur.

ܕܦܣܩܝܢ ܡܢ ܐܠܗܐ̈. ܐܡܪܐ ܐܝܟ ܕܩܠܐ ܐܝܬܐ ܕܠܐ ܡܬܒܣܪ
ܠܝ ܢܬܠ.[53a] ܠܫܘܝܢ ܕܝܢ ܠܐ ܫܒܩ ܐܢܐ[54] ܠܗܘܢ ܕܢܩܘܡ ܠܡܚܣܘ
23 ܒܪܘܚܐ. ܗܘ ܕܝܢ ܐܢܬܘܦܛܐ[55] ܐܡܪ ܠܗ.[56] ܫܒܘܩܬܐ ܐܝܬ ܠܝ
ܘܠܗܝܢ ܪܡܐ ܐܢܐ ܠܟ ܐܠܐ[57] ܡܬܬܘܒܬ. ܗܘ ܕܝܢ ܐܡܪ.
ܩܪܝ ܐܝܢ.[58] ܠܝܬ ܠܝ ܓܝܪ ܫܘܠܦܐ ܕܬܝܒܘܬܐ ܡܢ ܛܒܬܐ
ܠܒܝܫܬܐ. ܫܦܝܪܐ ܗܘ ܕܝܢ ܕܢܬܘܒ ܐܢܫ ܡܢ ܒܝܫܬܐ ܠܛܒܬܐ.
24 ܬܘܒ ܕܝܢ ܐܡܪ ܠܗ.[59] ܒܢܘܪܐ ܡܦܩܕ ܐܢܐ ܠܟ ܐܢ ܠܐ
ܫܘܒܬܐ ܡܫܢܝܬ: ܐܢ ܗܘ ܕܠܐ[60] ܬܬܒ ܐܢܬ. ܦܘܠܝܩܪܦܘܣ[61]
ܕܝܢ ܐܡܪ ܠܗ.[62] ܢܘܪܐ ܡܬܠܗܒܐ ܐܢܬ ܕܡܬܚܡܠܐ ܕܫܥܬܐ 𝔄 274
ܘܒܬܪ ܩܠܝܠ ܕܥܒܪܐ. ܠܐ ܓܝܪ ܝܕܥ ܐܢܬ ܠܢܘܪܐ ܕܕܝܢܐ
ܕܥܬܝܕܐ[63] ܘܬܫܢܝܩܐ ܕܠܥܠܡ ܕܢܛܪܝܢ ܠܪ̈ܫܝܥܐ. ܐܠܐ ܡܢܐ[64]
25 ܡܬܠ ܡܫܬܘܚܪ ܐܢܬ. ܐܝܬܐ[65] ܡܕܡ ܕܨܒܝܬ. ܗܠܝܢ ܕܝܢ
ܘܕܝܬܝܪ̈ܢ[66] ܡܢ ܗܠܝܢ ܐܚܪ̈ܢ ܟܕ ܐܡܪ ܗܘܐ (B fol. 83 a) ܡܠܝܐ ܠܘܒܒܐ
ܘܚܕܘܬܐ. ܘܦܪ̈ܨܘܦܘܗܝ[67] ܡܠܝܐ ܗܘܐ ܛܝܒܘܬܐ. ܕܠܐ ܒܠܚܘܕ
ܡܬܬܙܝܥ ܠܐ[68] ܐܬܡܟܟ ܗܘܐ ܐܘ ܐܬܕܠܚ. ܡܢ ܐܝܠܝܢ
ܕܡܬܐܡܪ̈ܢ[69] ܗܘܝ ܠܗ. ܐܠܐ ܣܘܓܠܐ ܕܗܠܝܢ. ܐܡܬܝ
ܕܐܦ ܗܘ[69a] ܐܢܬܘܦܛܐ[70] ܬܡܗ. ܘܫܕܪ ܟܪܘܙܐ ܘܡܟܪܙ ܗܘܐ
ܡܨܥܬ ܐܣܛܕܝܢ ܬܠܬ ܙܒܢ̈ܝܢ. ܦܘܠܝܩܪܦܘܣ[71] ܐܘܕܝ ܥܠ ܢܦܫܗ
26 ܕܟܪܣܛܝܢܐ ܐܝܬܘܗܝ.[72] ܟܕ ܕܝܢ ܐܬܐܡܪܬ[73] ܗܕܐ ܡܢ ܟܪܘܙܐ.
ܟܠܗ ܟܢܫܐ ܕܥܡ̈ܡܐ ܘܕܝܗܘ̈ܕܝܐ ܕܥܡܪܝܢ ܒܙܡܘܪܢܐ.[74] ܒܚܡܬܐ

[53a] E fol. 75 *a* [54] A ܫܒܩܢܐ [55] E F ܐܢܬܘܦܛܐ [56] 𝔄 om. ܠܗ [57] A E F ܐܠ ܠܐ [58] 𝔄 adds *et veniant* [59] 𝔄 om. ܠܗ [60] For ܠ ܗܘ ܕ 𝔄 has only *et* [61] A ܦܘܠܘܩܪܦܘܣ [62] 𝔄 om. ܠܗ [63] A ܕܥܬܝܕ [64] F om. ܡܢܐ [65] 𝔄 infin. [66] F ܘܝܬܝܪ̈ܢ [67] 𝔄 om. ܘ [68] 𝔄 om. ܠܐ [69] E F ܕܐܬܐܡܪ̈ܢ (E om. ܐܡܟܝܢ) [69a] E F ܕܗܘ [70] F ܐܢܬܘܦܛܐ [71] A ܦܘܠܘܩܪܦܘܣ F ܦܘܠܝܩܪܦܘܣ [72] 𝔄 *sum* [73] A ܐܬܐܡܪܬ ܕܝܢ [74] F ܒܙܡܘܪ̈ܢܐ A adds ܟܠܗܘܢ

ܕܠܐ ܡܫܬܡܥܝܢ[75] ܘܚܡܬܐ ܕܪܒܬܐ ܦܝܫܝܢ ܗܘܘ.[75a] ܗܢܘ[76] ܡܠܦܝܢ[77]
ܕܐܝܟܢܐ ܐܟܘܬܗܘܢ ܕܒܬܐܘܦܝܠܐ ܘܡܪܘܬܗܘܢ[78] ܕܐܠܗܘܬܢ.
ܕܟܠܗ. ܠܡܫܝܚܐ[79] ܕܠܐ ܢܬܚܫܘܢ ܘܠܐ ܢܬܬܙܝܥܘܢ ܠܗܘܢ.
27 ܘܟܕ ܐܡܪܘ ܗܠܝܢ. ܦܝܫܝܢ ܗܘܘ ܘܩܝܡܝܢ ܡܢ ܦܠܓܗ ܪܡܫܐ[80]
ܕܐܝܟܢ ܕܢܦܩܐ ܐܘܪܚܐ ܥܠ ܦܠܣܛܝܢܘܣ.[81] ܗܘ ܕܝܢ ܐܡܪ[82]
𝔄 275 ܕܠܝܬ ܠܗ ܫܘܠܛܢܐ. ܡܛܠ ܕܐܫܬܠܛܘ ܠܗܘܢ ܚܙܝܐ. ܗܘܝܢ
ܥܒܪ ܠܗܘܢ ܕܢܫܒܩܘܢ ܐܚܝܕܝ.[83] ܕܟܕ ܚܕ ܢܣܬܒܠܝܢܗܘܢ
28 ܠܦܠܣܛܝܢܘܣ.[84] ܡܬܚܒܠܐ ܗܘܐ ܓܒܪ ܕܫܡܠܝ ܚܝܠܐ ܗܘ
ܕܚܙܐ ܒܗܘ ܒܡܫܟܐ ܕܬܚܝܬ ܪܓܠܘܗܝ.[85] ܕܚܝܢܘܗܝ. ܗܘܐ ܕܝܩܪ ܒܗ
ܡܠܟܐ. ܘܐܬܦܫܛ ܗܘܐ ܘܐܡܪ[86] ܠܡܗܝܡܢܐ ܗܢܘܢ ܕܐܝܬ
29 ܗܘܘ ܒܗܘ ܒܟܢܘܫܬܐ. ܕܟܘܪܐ ܐܝܬ ܠܝ[87] ܕܐܡܪ. ܘܗܠܝܢ
ܘܠܐܝܬ ܥܠ ܕܐܬܐܡܪܝ ܡܫܬܟܪܘ[88] ܐܫܬܟܪ: ܕܟܢܫܐ ܐܢܬܘܢ[89]
ܒܢܟܐ[90] ܡܢ ܚܙܘܬܐ ܘܡܢ ܟܠܗܘܢ ܡܫܟܐ ܘܚܒܬܐ. ܡܬܪܐܝܬ[91]
ܡܘܕܝܬܐ. ܕܢܕܝܢ ܘܡܫܬܦܠܝܢ ܒܕܐܝܟ ܗܠܝܢ ܐܝܟ ܒܥܕܗܘܢ. ܟܕ
30 (B fol. 83 b) ܕܝܢ ܐܬܦܠܓܬ ܢܘܪܐ.[92] ܐܝܟ ܡܢܗ ܠܟܢܫܗܘܢ ܟܠܗܘܢ
ܘܢܘܪܐ ܐܝܟ ܚܙܘܗܝ. ܘܐܟܬܐ[93] ܕܢܥܒܕ ܐܦ ܡܢ ܪ̈ܓܠܘܗܝ.[93a] ܟܕ
ܡܢ ܩܕܡ[94] ܗܕܐ[95] ܠܐ ܚܙܐ[96] ܗܘܐ. ܡܛܠ ܕܡܬܦܠܓܝܢ ܗܘܘ
ܡܗܝܡܢܐ ܕܐܝܟܢܐ ܡܟܢܫܘܢ ܘܡܕܐܬ ܢܦܩܘܢ[97] ܠܟܢܫܗܘܢ.

[75] 𝔄 *magnâ irâ* and om. ܘ   [75a] 𝔄 adds *et dicebant*   [76] A ܗܘܐ ܗܢܘ   [77] E F ܡܠܦܢܐ   [78] F ܘܡܪܘܬܗܘܢ   [79] A ܠܡܫܝ̈ܚܐ. A fol. 72 *a*   [80] E F ܪܡܫܐ   [81] A ܦܠܣܛܝܢܘܣ E ܦܠܣܛܝܢܘܣ   [82] 𝔄 adds *iis*   [83] E F ܐܝܟ ܚܕ   [84] A ܠܦܠܣܛܝܢܘܣ F ܠܦܠܣܛܝܢܘܣ   [85] E F ܪܓܠܗ   E F ܘܐܬܦܫܛ ܘܐܡܪ ܗܘܐ   [87] 𝔄 *exspectabam*   [88] F fol. 148 *b*   E F ܘܐܢܬܘܢ   [90] A ܒܢܟܐ   [91] F ܡܬܪܐܝܬ   [92] E fol. 75 *b*   [93] E F ܘܐܟܬ̈ܐ   [93a] 𝔄 *calceos suos* (for ܡܢ ܪ̈ܓܠܘܗܝ)   [94] A E F ܡܩܕܡ   F om. ܗܕܐ   [96] E F 𝔄 ܚܙܐ   [97] A ܡܟܢܫܝܢ ܢܦܩܝܢ E ܡܟܢܫܝܢ ܢܦܩܝܢ

ܟܠܗ ܒܪ ܕܡܕܝܢܬܐ ܠܦܠܐ ܡܝܩܪܬ ܗܘܐ ܐܦ[98] ܩܕܡ ܣܝܒܘܬܗ.
ܡܚܕܐ ܗܟܝܠ ܐܬܬܣܝܡܘ[99] ܡܐܢ̈ܐ ܕܡܬܩܢܝܢ ܗܘܘ ܠܢܘܪܐ. ܟܕ[1] 31
ܕܝܢ ܥܬܝܕܝܢ ܗܘܘ ܕܢܩܒܥܘܢܝܗܝ ܒܣܟ̈ܐ ܐܡܪ ܠܗܘܢ.
ܫܒܘܩܘܢܝ[2] ܗܟܢܐ. ܗܘ ܓܝܪ ܕܝܗܒ ܠܝ[3] ܚܝܠܐ ܕܐܣܝܒܪ
ܢܘܪܐ. ܗܘ ܢܬܠ ܠܝ[4] ܕܐܩܘܐ ܒܗ̇[5] ܒܢܘܪܐ ܕܠܐ ܙܘܥܐ[5a] ܘܕܠܐ 𝔄 276
ܘܡܟܒܐ ܕܣܟ̈ܐ. ܗܢܘܢ ܕܝܢ ܠܐ ܩܒܥܘܗܝ. ܐܣܪܘܗܝ ܕܝܢ
ܡܐܣܪ. ܗܘ ܕܝܢ[6] ܣܡ ܐܝܕ̈ܘܗܝ ܠܒܣܬܪܗ. ܘܐܬܐܣܪ ܐܝܟ 32
ܐܡܪܐ ܓܒܝܐ ܕܥܢܐ[7] ܡܢ ܡܪܥܝܬܐ ܪܒܬܐ. ܘܩܘܪܒܢܐ ܡܩܒܠܐ
ܠܐܠܗܐ ܐܚܝܕ ܟܠ ·:· ܘܚܪ ܘܐܡܪ.[8] ܐܒܘܗܝ ܕܚܒܝܒ 33
ܡܫܝܚܐ ܒܪܟ ܚܒܝܒܐ ܘܡܒܪܟܐ: ܗܘ ܕܒܐܝܕܗ ܩܒܠܢ
ܝܕܥܬܟ: ܐܠܗܐ ܕܡܠܐܟ̈ܐ[9] ܘܕܚܝ̈ܠܘܬܐ ܘܕܟܠܗܝܢ[10] ܒܪ̈ܝܬܐ:
ܘܕܟܠܗ[11] ܓܢܣܐ ܕܙܕܝ̈ܩܐ ܗܢܘܢ ܕܚܝܝܢ ܠܘܬܟ. ܡܒܪܟ
ܐܢܐ ܠܟ ܕܐܫܘܝܬܢܝ ܠܝܘܡܐ ܗܢܐ ܘܠܫܥܬܐ ܗܕܐ. ܕܐܣܒ
ܡܢܬܐ ܒܡܢܝܢܐ ܕܣܗ̈ܕܐ ܒܟܣܐ ܕܡܫܝܚܟ. ܠܩܝܡܬܐ ܕܚܝ̈ܐ
ܕܠܥܠܡ ܕܢܦܫܐ[12] ܘܕܦܓܪܐ ܒܪܘܚܐ[13] ܕܩܘܕܫܐ ܕܠܐ ܚܒܠܐ.
ܕܒܗܠܝܢ ܐܬܩܒܠ ܩܕܡ ܐܦ̈ܝܟ ܝܘܡܢܐ ܕܒܚܬܐ ܕܡܝܬܪܬܐ 34
ܘܡܩܒܠܬܐ.[14] ܐܝܟ[15] ܕܐܛܝܒܬ ܡܢ ܩܕܡ ܘܓܠܝܬ ܘܡܠܝܬ ܐܢܬ
ܐܠܗܐ ܕܫܪܪܐ. ܡܛܠܗܢܐ ܥܠ ܟܠܡܕܡ ܠܟ ܡܫܒܚ ܐܢܐ[16] 35
ܘܡܒܪܟ ܐܢܐ. ܒܝܕ ܪܒ ܟܘܡܪܐ ܕܠܥܠܡ[17] (B fol. 84 a) ܝܫܘܥ
ܡܫܝܚܐ ܒܪܟ ܚܒܝܒܐ ܕܒܐܝܕܗ[18] ܠܟ ܘܥܡܗ[19] ܥܡ ܪܘܚܐ

[98] E F add ܡܢ [99] E F ܐܬܬܣܝܡܘ [1] A ܟܕ [2] F ܫܒܘܩܘܢܝ [3] A ܠܝ [4] A ܠܝ ܚܝܠܐ [5] A om. ܒܗ̇ [5a] 𝔄 sine prolongando [6] 𝔄 = ܕܝܢ [7] E F ܕܗܦܟܐ (so originally B) [8] F adds ܠܗܘܢ [9] A adds ܟܠܗܘܢ [10] A fol. 72 b [11] A ܘܟܠܗ [12] E F 𝔄 ܒܢܦܫܐ [13] 𝔄 = ܒܚܘܣܝܐ [14] 𝔄 om. ܘ [15] A ܘܐܝܟ [16] A ܡܫܒܚܢܐ [17] 𝔄 om. ܕܠܥܠܡ [18] A ܘܐܝܕܗ [19] A E F ܥܡܗ

ܕܡܘܕܝܢ. ܫܘܒܚܐ[20] ܡܢ ܗܢܐ ܘܡܘܕܝܢܘܬܐ ܠܟܠܗ ܟܠܗܝܢ[21] ·:·

36 ܘܒܬܪ ܥܠܡ ܟܠܬܐ[22] ܘܡܝܬܪ ܐܡܝܢ. ܐܢܫܐ ܗܢܘܢ ܩܕܝܫ̈ܐ ܢܘܪܐ 𝔄 277

ܐܘܚܕܘܗܝ ܠܢܘܪܐ. ܟܕ ܕܝܢ ܩܪܒܬ ܫܘܠܡܘܬܐ ܕܣܗܕܘܬܐ.

ܕܡܬܟܪܝܬܐ[23] ܣܪܝܩܝܢ[24] ܐܝܠܝܢ ܕܐܬܚܫܒ[25] ܠܗܘܢ ܕܢܣܒܘܢ.[26] ܕܩܘܠܝܢ

37 ܐܬܒܠܥܘ[27] ܕܢܦܩܘܢ ܠܐܣܝܪܐ ܡܢܗܘܢ ܕܩܘܡܐ. ܩܝ ܒܪ ܢܘܪܐ[28]

ܒܒܝܬ ܕܡܗܘܬܐ ܕܒܓܕܬܐ ܐܝܟ[29] ܒܬܪܐ ܕܐܦܠܐ ܡܢܐ ܕܡܠܐ

ܡܢ ܐܐܪ. ܘܡܢܪܚܬܐ ܗܘܬ[30] ܚܕܪܘܗܝ ܕܦܠܓܗ ܕܒܣܪܐ.

ܘܐܬܗܘܝ[31] ܗܘܐ ܒܩܠܩܠܐ ܠܗ ܐܝܟ ܒܢܘܪܐ ܕܢܦܩ.[32] ܐܠܐ ܐܝܟ

ܕܡܠܐ ܘܗܐܡܐ ܕܡܬܚܫܒ[33] ܒܚܘܪܐ.[34] ܘܪܘܚܐ ܒܡܫܝܚܐ

ܗܘܝܐ ܐܬܬܐ[35] ܗܘܐ ܠܝ[36] ܐܝܟ ܪܘܚܐ ܕܠܒܝܫܬܐ. ܐܘ ܐܝܟ

38 ܕܫܐ ܡܢ ܗܘܘܡܐ ܡܫܬܪܐ. ܒܫܪܬܐ ܕܝܢ ܟܕ ܚܙܘ ܗܢܘܢ

ܟܠܗܘܢ:[37] ܕܠܐ ܡܪܝܐ ܗܘܬ ܢܘܪܐ ܡܘܡܕܐ ܠܗ ܠܦܓܪܗ.

39 ܦܩܕܘ ܠܐܣܦܘܩܠܛܪܐ[38] ܚܕ ܕܢܦܪܘܩ ܘܢܫܕܪܘܢ ܒܝܡܐ. ܘܟܕ

ܒܓܕ[39] ܗܘܐ. ܢܦܩ ܡܢܗ ܕܡܐ ܣܓܝܐܐ ܘܐܛܦܝܗ̇ ܠܢܘܪܐ.

ܘܐܬܕܒܪ ܟܠܗ ܗܘ ܒܢܫܐ. ܕܐܝܬ ܕܐܝܟ ܗܢܐ ܦܘܪܫܢܐ

ܒܝܬ[40] ܗܘ ܕܠܐ ܡܗܝܡܢܝܢ[41] ܘܠܚ̈ܕܝܐ ܕܐܠܗܐ. ܕܫܐ ܡܗܝܡܢ

ܐܬܚܘܝ ܗܘܐ ܗܢܐ ܠܦܘܪܣܐ ܬܡܝܗܬܐ.[42] ܕܩܘܡܐ ܒܟܢܫܝ ܕܠܝ

ܡܦܪܫܢܐ ܕܟ̈ܠܝܠܐ ܘܕܢ̈ܕܪܐ. ܐܦܘܣܩܘܦܐ[43] ܕܒܝܬܐ ܕܡܩܪܒܢܐ.[44] ܟܠ

[20] A om. ܫܘܒܚܐ [21] E F add ܐܡܝܢ [22] E F ܠܟܠܗܘܢ [23] E F 𝔄 ܠܡܬܦܪܣܬܐ [24] A ܣܪܝܩܝܢ. ܣܪܝܩܝܢ F ܣܪܝܩܝܢ ܣܪܝܩܝܢ [25] E ܕܐܬܚܫܒܘܢ [26] F fol. 149 *a* [27] A ܐܬܒܠܥܘ [28] A ܢܘܪܐ ܗܘܐ [29] F adds a second ܐܝܟ [30] E fol. 76 *a* [31] A ܘܐܬܗܘܝ [32] F ܢܦܩ [33] A ܘܡܬܚܫܒܝܢ (orig. ܕܡܬܚܫܒܝܢ) E F ܡܢ ܕܡܬܚܫܒܝܢ [34] F ܒܚܘܪܐ [35] F ܐܬܐ [36] A ܐܬܐ ܗܘܐ ܠܝ ܗܢܐ [37] A ܟܠܗܘܢ ܚܙܘ (omitting ܗܢܘܢ) [38] A E F ܠܐܣܦܘܩܠܛܪܐ ܡܢ [39] F ܒܓܕܘ [40] A ܒܝܬ [41] A fol. 73 *a* [42] 𝔄 adds *vir Dei* [43] E F ܐܦܝܣܩܘܦܐ [44] F ܕܡܩܪܒܢܐ

ܡܠܬܐ ܕܝܢ ܕܢܦܩܬ ܡܢ ܦܘܡܗ ܐܫܬܠܡܬ݂ ܘܡܫܬܠܡܐ ·:· ·:·
40 ܟܠܗܘܢ ܕܝܢ ܟܢܫܐ ܕܥܡܡܐ[45] ܘܝܗܘܕܝܐ ܕܥܡܗܘܢ ܠܗܘܢ[46]
ܠܦܘܡܗܘܢ (B fol. 84 b) ܕܕܝܢܐ. ܟܕ ܚܙܐ ܪܒܘܬܐ ܕܣܗܕܘܬܗ 𝔄 278
ܘܕܘܒܪܗ[47] ܗܘ ܕܡܢ ܡܕܡ ܕܠܐ ܪܫܝܢ ܗܘܐ: ܕܐܬܟܠܠ[48] ܗܘܐ
ܒܟܠܝܠܐ ܕܠܐ ܚܒܠܐ ܘܙܟܘܬܐ ܕܡܟܠ ܕܠܐ ܦܘܠܓ.. ܐܬܕܠܚ.
ܐܡܝܢܐ ܕܐܦ ܠܐ ܠܓܘܫܡܗ ܢܬܝܗܒ ܠܢ. ܟܕ ܣܓܝܐܐ
ܡܬܪܓܪܓܝܢ ܗܘܘ ܕܢܥܒܕܘܢ ܗܕܐ[49] ܘܢܫܬܘܬܦܘܢ ܠܦܓܪܗ
41 ܩܕܝܫܐ. ܓܪܓ ܗܟܝܠ ܐܢܫܐ ܠܢܝܩܛܐ ܐܒܘܗܝ ܕܗܪܘܕܣ
ܘܐܚܘܗܝ ܕܕܠܩܣ[50] ܕܢܬܪܘܒ[51] ܠܗܓܡܘܢܐ ܕܠܐ ܢܬܠ[52] ܠܢ
ܦܓܪܗ. ܕܠܐ ܠܡ ܢܫܒܩܘܢ[53] ܠܗܘ ܕܐܨܛܠܒ. ܘܢܣܓܕܘܢ ܗܟܢ
ܠܗܢܐ. ܘܟܕ ܓܪܓ ܗܠܝܢ ܘܟܪܙܘ[54] ܒܛܡܗܘܢ ܐܦ ܝܗܘܕܝܐ:
ܗܢܘܢ ܕܐܦ ܢܛܪܘ[55] ܢܛܪܝܢ ܗܘܘ ܠܢ ܕܢܣܒܝܢ ܗܘܘ ܕܢܫܩܠܘܢܗܝ[56]
ܡܢ ܢܘܪܐ. ܠܐ ܟܕ[57] ܝܕܥܝܢ ܗܘܘ. ܕܐܢܚܢ[58] ܐܦܠܐ
ܠܡܫܝܚܐ ܡܢ ܡܬܘܡ[59] ܡܫܒܚܝܢ ܚܢܢ[59a] ܕܢܫܒܘܩ. ܠܗܘ ܕܚܫ ܥܠ
ܦܘܪܩܢ ܚܝܘܗܝ[60] ܕܥܠܡܐ. ܗܘ ܕܝܢ ܥܠ ܚܛܗܐ ܐܚܪܢܐ ܕܙܕܝܩܝܢ
42 ܕܚܛܝܢ. ܐܦ ܠܐ ܠܐܚܪܢܐ[61] ܡܫܬܘܕܝܢ[62]. ܠܡܫܝܚܐ ܓܝܪ ܣܓܕܝܢ
ܐܢܚܢ[63] ܠܗܘ ܕܐܝܬܘܗܝ[63a] ܒܪܐ ܕܐܠܗܐ. ܠܣܗܕܐ ܕܝܢ ܡܚܒܝܢ
ܐܢܚܢ[64] ܐܝܟ ܕܙܕܩ. ܕܡܬܠܡܝܕܐ ܐܢܘܢ ܕܣܗܕܘܬܗ ܕܡܪܢ.

[45] A ܘܝܗܘܕܝܐ F om. ܝܗܘܕܝܐ [46] A ܠܟܠܗܘܢ 𝔄 adds *toti* [47] 𝔄 om. ܘܕܘܒܪܗ
[48] F ܕܐܬܟܠܠ [49] A ܗܘܘ ܡܬܪܓܪܓܝܢ ܗܘܐ ܕܢܥܒܕܘܢ [50] E F ܕܕܠܩܣ
[51] F ܕܢܬܪܘܒ 𝔄 *ut moneret* A adds ܗܘܐ [52] 𝔄 plur. [53] A 𝔄 ܢܫܒܩܘܢ ܠܗܘ [54] 𝔄 om. ܘ [55] A ܡܛܪܘ [56] F ܕܢܫܩܠܘܢܗܝ [57] E F om. ܟܕ
[58] A E F ܕܚܢܢ [59] E F ܡܬܘܡ [59a] F ܡܫܒܚܝܢܢ [60] F ܚܝܘܗܝ
[61] A ܠܐܚܪܢܐ (but orig. ܠܐܚܪܢܐ) [62] A ܡܫܬܘܕܝܢ ܐܢܚܢ [63] A E ܡܫܬܘܕܝܢ
F ܚܢܢ ܡܫܬܘܕܝܢ 𝔄 inverts the two preceding clauses, reading *quod Christo adoramus nos et non aliis* [63a] 𝔄 *qui erat* [64] A E F ܡܚܒܝܢܢ F places the ܕܝܢ after ܡܚܒܝܢܢ

ܡܛܠ ܬܪܒܝܬܐ ܕܛܠܝܘܬܐ ܘܡܫܬܘܚܕܬܐ ܕܐܝܬ ܠܗܘܢ ܠܘܬ ܢܦܫܐ
ܘܡܠܟܝܢ.[64a] ܕܢܫܬܘܕܥ ܐܦ ܐܝܟܢ[65] ܕܢܗܘܐ ܠܗܘܢ ܬܠܡܝܕܘܬܐ
43 ܘܫܘܬܦܘܬܐ. ܟܕ ܝܕܥ ܕܝܢ[66] ܡܕܒܪܢܐ[67] ܬܫܡܫܬܗܘܢ[68] ܕܡܘܗܒܬܐ.[69] 𝔄 279
ܗܟܢ ܒܡܫܝܚܘܬܐ ܐܝܟ ܒܢܝܐ ܕܐܝܬ ܠܗܘܢ ܘܐܘܩܕܗ.
ܘܗܕܝܢ[70] ܐܝܟܢ[71] ܠܝܘܬܐ ܒܕܢܚ[72] ܟܪܡܗܘܢ.[73] ܕܒܟܘܗܝܢ ܡܛܘܪ
ܡܢ ܟܬܒܐ[74] ܕܢܡܘܣܐ ܕܒܬܪܗܘܢ ܘܟܘܢܝܢ ܠܟ[75] ܡܢ ܕܗܘܐ ܗܘܝܬ.[76]
44 ܘܫܡܥܬ[77] ܐܢܘܢ ܐܡܬܐ[78] (B fol. 85 *a*) ܕܫܡܥ ܠܝ ܡܢ ܪܒܐ. ܕܗܘܝܢ
ܡܬܚܢܢ[79] ܒܝܕܘܬܐ ܘܒܥܕܢܐ[80] ܘܒܟܠܗܝܢ ܐܝܟܢ[81] ܘܡܢܟܐ ܕܕܘܪܬܐ
ܕܗܝܕܘܬܗ. ܐܝܟ ܕܠܕܘܪܬܐ ܕܗܘܝܢ ܕܦܘܪܫܢ ܐܬܠܝܗܘ.
45 ܘܡܠܬܐ[82] ܕܗܘܝܢ ܕܬܘܕܝܢ ܠܡܪܢ ܒܗܘܢ. ܕܐܝܟ ܗܠܝܢ
ܗܘܝ ܐܝܠܝܢ ܕܐܫܬܥܝ ܠܡܠܟܐ ܦܘܠܘܩܪܦܘܣ.[83] ܟܕ ܗܘܝܢ
ܬܘܪܨܐ ܡܢ ܦܠܘܓܬܐ[84] ܕܐܫܬܕܘ ܒܟܬܒܝܢ.[85] ܘܡܬܪ ܡܢ
ܠܗܘܢ ܕܠܐ ܒܠܫܘܢܗܘܢ ܗܟܢ ܕܟܪܢܝ. ܗܟܢ ܕܐܦ ܒܗܬ
46 ܒܬܪܟܐ ܕܬܡܠܠ. ܕܠܦܘܠܘܩܪܦܘܣ[86] ܕܝܢ[86a] ܬܫܒܘܚܬܐ ܘܬܠܡܝܕܘܬܐ
ܕܫܠܝܚܐ[87] ܕܐܝܟ ܗܢܐ ܫܘܠܡܐ ܗܘܐ ܠܗ. ܐܡܪܐ[88] ܕܝܢ

[64a] E fol. 76 *b* [65] E F ܐܝܟ [66] F fol. 149 *b* [67] A E F ܡܕܒܪܢܐ
[68] A ܠܬܠܡܝܕܘܗܝ [69] 𝔄 places the clause ܐܝܟ ܕܟܬܒܐ ܕܐܝܬ ܠܗܘܢ here, instead of after ܡܫܝܚܘܬܐ [70] F ܘܗܕܡܘܗܝ: ܗܕܝܢ [71] A E F ܐܝܟ
[72] F ܒܥܠܡ [73] In E ܕܢܘܚܐ is added in a later hand. A fol. 73 *b* [74] A ܟܬܒܐ [75] A ܘܠܟ (omitting ܟܢܝܢ) E F ܟܢܝܢ ܠܟ. In 𝔄 for *զորմեոյ* read *փորձեոյ* [76] A adds ܟܢܝܢ [77] F adds ܐܝܟ [78] A E F add ܐܢܐ . ܗܘܐ ܕܪܘܟ; 𝔄 has *ubi decens erat quod Dominus dedit nobis* [79] A adds ܡܬܚܢܢܝܢ F ܕܡܬܚܢܢ [80] A ܐܦ ܒܥܕܢܐ [81] A ܘܒܟܠܗܝܢ E F ܒܟܠܗܝܢ
[82] A ܘܡܠܬܐ [83] A ܦܘܠܘܩܪܦܘܣ E ܦܘܠܝܩܪܦܘܣ [84] A ܕܦܠܘܓܬܐ E F ܕܦܠܓܘܬܐ ܡܢ ܦܠܓܘܬܐ [85] F ܒܟܬܒܐ [86] A E ܕܦܘܠܝܩܪܦܘܣ F ܕܦܘܠܘܩܪܦܘܣ ܕܢܘܚܐ [86a] 𝔄 om. ܕܝܢ [87] F adds ܩܕܝܫܐ 𝔄 sing. [88] A ܐܡܪܐ

ܕܒܟܬܒܬܐ[89] ܕܐܘܪܒܢܐ[89a] ܒܬܒܘܗ̇ ܠܗܕܐ ܬܫܥܝܬܗ̇[90] ܒܗܕܐ ܐܓܪܬܐ
ܕܙܒܢܝܢ. ܒܗ ܕܝܢ ܒܟܬܒܐ ܡܬܟܬܒܢ.[91] ܐܦ ܥܠ ܐܚܪ̈ܢܐ ܣܗܕܐ
ܕܐܣܬܗܕܘ[92] ܒܗ̇ ܒܡܕܝܢܬܐ[93] ܒܗ ܒܙܒܢܐ[94] ܘܒܢܝ̈. ܐܟܬܒܘ ܒܡܢܗ̇[95]
ܒܗܢ[95a] ܣܘܕܥܬܗ ܕܦܘܠܝܩܪܦܘܣ. ܘܒܗܝܢܘܢ[96] ܒܗܢ ܗܠܝܢ
ܡܬܟܬܒܢ. ܐܦ ܥܠ ܡܛܪܘܕܘܪܘܣ[97] ܗܘ ܕܩܫܝܫܘܬܐ ܗܘܐ ܡܥܝܢܐ 𝔄 280
ܕܛܥܝܘܬܐ ܗ̇ܝ[98] ܕܒܢܝܬ ܡܪܩܝܘܢ: ܘܗ̇[99] ܕܡܫܬܪܐ ܕܢܘܗܪܐ
ܠܗ ܗ̇ܘܐ ܠܗ. ܐܝܟ ܕܟܠ ܦܠܓܐ ܕܡܫܘܕܝ ܐܠܗܐ ܐܫܬܠܡ
47 ܐܦ[1] ܗܘ ܠܢܘܪܐ ܘܡܝܬ ·:· ܡܢ ܗܘܕܐ ܕܝܢ ܡܫܬܒܚܐ ܕܦܘܢܘ
ܒܗ̇ ܕܢܫܝܢ. ܚܕ ܡܢܗܘܢ ܐܝܬܘܗܝ ܗܘܐ ܦܪܝܫܐ ܦܝܘܢܝܘܣ.[2]
ܗ̇ܘ ܕܡܕܝܢܬܗ ܒܟܢܫܐ ܡܢܝܢ:. ܘܡܦܪܗܣܝܐ ܕܡܠܬܗ
ܘܡܚܡܣ ܒܪܘܚܗ ܥܠ ܟܠ ܚܫܘܫܝܬܐ ܕܠܘܬ ܟܢܫܐ[3] ܘܕܠܘܬ[4]
ܕܢܫ̈ܐ. ܘܡܠܦܢܘܬܗ[5] ܕܠܗܘܢ ܠܟܠܢ[6] ܘܡܡܠܠܐ ܕܡܦܩ ܗܘܐ ܠܐܝܠܝܢ
ܕܢܦܠܘ ܡܢ ܢܨܚܢܐ ܕܪܘܕܦܝܐ.[7] ܘܒܘܝܐܐ ܕܡܒܥܐ (B fol. 85 b)
ܗܘܐ ܒܝܬ ܐܣܝܪ̈ܐ[8] ܠܐܚ̈ܐ ܕܐܬܝܢ ܗܘܘ ܠܘܬܗ.[9] ܘܟܡ
ܗܠܝܢ ܐܦ ܥܢܝܕܐ ܕܡܫܬܒܪ ܗܘܐ ܘܣܝܒܪܘܗܝ:[10] ܘܡܩܒܠ ܬ̈ܪܥܐ[11]
ܘܡܬܩܪܒܢܘܬܗ ܕܒܢܘܪܐ ܘܫܘܠܡܗ ܕܟܠܗܝܢ ܡܠܝܠܬܗ. ܢܥܒܪ
ܠܬ̈ܫܥܝܬܐ[12] ܕܥܠܘܗܝ. ܕܐܝܠܝܢ ܕܨܒܝܢ ܘܪܓܝܓ ܕܢܐܠܦܘܢ.[13]

[89] A 𝔄 ܕܟܬܒܐ [89a] E F ܕܐܘܪܟܡܢܐ [90] A E F ܠܬܫܥܝܬܐ. End of the extract in E [91] In 𝔄 for *ηkn.ku* read *ηρh ku* [92] A ܐܣܬܗܕܘ ܒܗܘ̇ ܕܡܕܝܢܬܐ ܥܠ [93] F ܒܐܘܪܟܡܢܐ [94] A ܒܗܢ [95] F om. ܒܡܢܗ̇ [95a] In 𝔄 for *puu* read *pby* [96] A ܕܦܘܠܝܩܪܦܘܣ. ܕܒܗܠܝܢ [97] A ܡܛܪܘܕܘܪܘܣ F ܡܛܪܘܕܘܪܘܣ 𝔄 *Metredotos* [98] F ܗܘ̇ [99] A ܐܝܟ [1] A ܘܐܦ [2] F ܦܝܘܢܝܘܣ [3] 𝔄 plur. [4] F 𝔄 ܘܠܘܬ [5] F ܘܡܠܦܢܘܬܐ [6] A ܥܠ ܐܝܟ [7] A ܕܢܨܚܢܐ ܕܪܘܕܦܝܐ [8] A om. ܐܣܝܪ̈ܐ ܒܝܬ [9] A ܐܣܝܪ̈ܐ ܕܒܝܬ ܠܘܬܗ [10] A 𝔄 ܘܣܝܒܪܗ. A fol. 74 a [11] A ܘܡܩܒܠ ܬ̈ܪܥܐ [12] A F ܠܬܫܥܝܬܐ [13] F ܕܢܐܠܦܘܢ

ܗܐ ܟܬܝܒ ܒܗܘܦܡܢܝܡܛܐ[14] ܕܡܟܢܫ ܠܗ ܡܢ ܩܕܡ ܕܣܘܪ̈ܝܐ.[15]

48 ܐܡܪ ܕܝܢ[16] ܬܘܒ ܒܗܘ̈ܦܡܢܝܡܛܐ.[17] ܕܐܝܠܝܢ ܕܐܣܛܪܘ[18] ܒܦܪܓܡܛܝܐ ܡܕܝܢܬܐ ܕܐܣܝܐ. ܘܕܦܪܘܓܝܐ[19] ܘܕܦܡܦܘܠܝܐ[20] ܘܕܐܬܬܐ ܗܢܐ ܕܡܫܡܗ ܐܢܛܝܘܟܝܐ.[21] ܘܐܫܬܠܠܘ[22] ܒܡܗܝܡܢܘܬܐ ܫܡܝܢܝܬܐ ܘܢܨܚܬܐ.[23]

ℨ 281 ܕܐܬܬܟܫܦܪ ܕܐܡܝܢܐ ܝܘܣܝܦܘܣ ܦܠܣܘܦܐ ܒܗ ܡܩܦܪ 182 ℨ
ܒܪܘܡܝܐ ܡܠܬܐ ܕܡܫܝܚܐ ܐܣܗܕ..

xvi. 1 ܒܗܠܝܢ ܙܒܢ̈ܐ. ܐܦ[1] ܝܘܣܝܦܘܣ ܗܘ ܕܡܢ ܩܕܡ ܡܠܠ
ܐܡܪܢܢ ܥܠܘܗܝ: ܡܢ ܒܬܪ ܕܦܪܥ ܚܡܫ ܒܪܘܡܝܐ ܕܬܪܝܢ ܥܠ
ܫ̈ܢܝ ܘܡܠܦܢܐ ܕܝܠܗ ܠܗܘܢ ܠܗܠܝܢ ܫ̈ܠܝܚܐ ܐܫܬܠܠ ܒܣܗܕܘܬܐ.
ܦܪܐܣܘܣ[2] ܒܝܪ ܦܠܘܣܦܐ: ܕܐܢܬܘܗܝ ܗܘܐ ܡܢܘܣܘܣ[3] ܗܘ
ܕܝܢ ܥܠܝܗ: ܕܡܬܪܢܝܬܐ ܘܡܟܬܒܢܐ ܒܫܡܗ ܐܝܟ ܗܘܐ ܕܢܟܪܝ.
ܥܠ ܪ̈ܒܢܬܐ[4] ܡܫܝ̈ܚܬܐ[5] ܠܗܝ ܫܡ̈ܥܬܐ[6] ܕܢܫܡܥ ܗܘܘ ܪܒܝܗܝ
ܒܪܫܐ ܝܘܣܝܦܘܣ. ܠܣܗܬܐ ܕܝܢ ܗܪܒ ܥܠܘܗܝ ܢܦܠܐ. ܘܥܠ

2 ܫ̈ܒܩ ܫܪܪܐ ܗܘ ܕܡܟܪܙ ܗܘܐ ܒܣܗܕܘܬܐ ܐܫܬܟܠܠ.[7] ܘܦܝܣ
ܗܕܐ ܐܦ ܗܢܐ ܦܠܣܘܦܐ ܕܫܪܪܝ ܦܪܘܣܐܬ ܐܡܪ ܒܗܘ
ܡܛܠ ܒܪܘܡܐ ܕܒܢܝ ܗܘܐ. ܘܡܢܗܘܢ ܕܒܬܪܗ ܗܘܐ ܕܢܛܪܝܢܗܘܢ

ℨ 282 3 ܦܩܕ ܐܘܟܒ ܒܗܠܝܢ ܬ̈ܠܬܐ. ܕܐܦ ܐܢܫܐ ܠܡ ܡܫܡܥܐ ܐܢܫܐ ܗܘ

[14] A ℨ add ܕܣܘܪ̈ܝܐ [15] A ℨ om. ܕܣܘܪ̈ܝܐ. F fol. 150 *a* [16] A om. ܕܝܢ
[17] A ܒܗܘܦܡܢܝܡܛܐ [18] A adds ܘܗܘ [19] A F ℨ ܘܦܪܘܓܝܐ [20] F ܘܦܡܦܘܠܝܐ [21] A ܐܢܛܝܘܟܝܐ [22] ℨ ܕܐܫܬܟܠܠܘ [23] F ܢܨܚܬܐ ܘܡܗܝܡܢܘܬܐ. End of the extract in F

CHAP. XVI. [1] A ܐܦ ℨ om. ܐܦ [2] A ܦܪܐܣܘܣ, originally ܦܪܐܣܘܣ [3] A ܡܢܘܣܘܣ [4] A ℨ ܥܠ ܪ̈ܒܢܬܐ [5] A ܡܫܝ̈ܚܬܐ [6] ℨ *auditorum multorum* [7] A ܐܫܬܟܠܠ

ܕܐܫܬܐܠ ܡܢ ܚܕ ܡܢ ܗܢܘܢ ܕܡܫܬܐܠܝܢ.[8] ܐܘ ܡܢ ܩܪܣܩܣ[9] Apol ii 3
ܦܝܠܘܣܘܦܐ ܕܟܠܒܐ ܘܪܚܡ ܫܘܒܚܐ[10] ܘܐܬܦܪܒ ܒܢܡܘܣܐ. ܠܘ
ܓܝܪ ܦܝܠܘܣܘܦܐ[11] ܘܢܦ (B fol. 86 a) ܠܗ ܕܢܬܩܪܐ. ܠܓܒܪܐ ܕܠܡܕܡ
ܕܠܐ ܝܕܥ ܡܣܗܕ ܒܓܠܝܐ ܠܗܝܢ ܒܡܟܐ.[12] ܕܟܪܣܛܝܢܐ ܠܡ ܕܠܐ
ܐܠܗܐ ܐܝܬܝܗܘܢ ܘܪܫܝܥܐ. ܘܐܝܟ[13] ܕܢܥܒܕ ܠܛܝܒܘܬܐ ܘܪܓܬܐ
4 ܠܣܓܝܐܐ ܕܛܥܝܢ ܥܒܕ ܗܘܐ ܗܕܐ. ܐܢ ܓܝܪ ܡܩܪܐ[14] ܠܐ
ܩܪܐ ܒܝܘܠܦܢܗ ܕܡܫܝܚܐ ܘܡܚܪܝܘ. ܕܐܝܟܢ ܚܠܝܢ ܕܚܠܬܐ.[15]
ܡܒܝܫܐ ܗܘ ܕܓܒܪܐ ܒܝܫܐ ܐܝܬܘܗܝ. ܘܦܠܓ ܒܝܫ ܡܢ
ܗܕܝܘܛܐ. ܕܗܢܘܢ ܒܪ ܢܛܪܝܢ ܢܫܡܥܘܢ ܐܘ ܕܢܦܪܫܘܢ ܐܘ
ܕܢܣܗܕܘܢ ܕܓܠܝܬܐ[16] ܥܠ ܡܕܡ ܕܠܐ ܡܦܣܝܢ. ܐܢ ܕܝܢ
ܬܘܒ ܩܪܐ ܘܠܐ ܐܣܬܟܠ ܒܪܒܘܬܐ ܕܐܝܬ ܒܗ: ܐܘ ܐܢ
ܐܣܬܟܠ ܬܘܒ ܥܠ ܕܠܐ ܢܦܬܟܪ ܕܡܒܝܢܐ ܐܝܬܘܗܝ. ܚܒܪ
ܗܠܝܢ. ܡܬܐܪܝܬ ܡܫܬܥܒܕ ܪܥܝܢܗ ܘܒܝܫܐ. ܕܡܫܬܒܗܪ
5 ܠܗܕܝܘܛܘܬܐ ܘܠܫܘܒܚܐ ܣܪܝܩܐ ܘܠܕܚܠܬܐ. ܘܕܫܐܠܬܗ ܫܘܐܠܐ
ܕܐܝܟ ܗܠܝܢ. ܕܐܦܠܐ ܡܢܗ ܘܐܫܟܚܬܗܝ.. ܕܫܪܝܪܐܝܬ ܡܕܡ
ܠܐ ܝܕܥ. ܨܒܐ ܐܢܐ[17] ܕܝܢ[18] ܕܬܕܥܘܢ ܕܫܪܝܪܐܝܬ[19] ܐܡܪܬ
ܐܢܐ.[20] ܕܐܢ ܗܘ ܕܠܐ ܐܬܦܪܣ ܠܡܫܬܐܠܘܢ[21] ܩܕܡ ܗܠܝܢ
ܫܐܠܐ ܕܒܥܘܬ. ܡܠܒܕ ܐܢܐ ܗܘ ܕܐܦ ܠܡܢܝܢܘܢ ܢܫܘܘܢ ܬܘܒ 𝔄 283
ܗܠܝܢ ܫܘܐܠܐ. ܐܦ ܓܝܪ ܗܘ ܗܢܐ ܒܥܕܢܐ[22] ܕܡܠܟܘܬܐ ܗܘ.
6 ܐܢ ܕܝܢ ܡܬܚܘܝܢ[23] ܐܝܠܝܢ ܠܗܠܝܢ ܫܘܐܠܐ ܘܦܘܢܝ̈ܗܘܢ
ܕܝܠܝ. ܡܒܝܢܐ ܗܘ ܠܟܘܢ ܗܕܐ. ܕܡܕܡ ܡܢ ܕܝܠܢ ܠܐ

[8] A ܕܡܫܬܐܠܝܢ [9] A ܩܪܐܣܩܣ [10] 𝔄 = ܪܚܡ ܫܘܒܚܐ ܘܙܝܚܐ, and adds *vel ab alio* [11] A ܦܝܠܘܣܘܦܐ [12] A adds ܟܠܗ
[13] A ܐܝܟ [14] A ܡܩܪܐ ܓܝܪ ܐܢ [15] A fol. 74 *b* [16] A ܓܠܝ̈ܬܐ [17] A ܨܒܐ
[18] A 𝔄 om. ܕܝܢ [19] A ܕܫܪܝܪܐܝܬ [20] In 𝔄 for *[illegible]* read *[illegible]* [21] A ܠܡܫܬܐܠܘܗܝ [22] 𝔄 plur. [23] A ܐܬܚܘܝܘ

ܡܚܝܒ. ܐܘ ܐܢ ܡܚܝܒ ܗܘܐ ܘܡܛܠ ܗܢܘܢ ܕܫܡܥܝܢ ܗܘܘ
ܠܐ ܡܬܒܝܢ ܗܘܐ ܠܡܐܡܪ. ܐܝܟ[24] ܕܐܡܪܬ ܐܚܪܢܝܬ. ܐܬܚܙܝ.
ܕܠܐ ܦܝܠܘܣܘܦܐ[25] ܗܘ ܐܠܐ ܪܚܡ ܫܘܒܗܪܐ ܗܘܐ. ܕܐܦܠܐ
ܠܗܠܝܢ ܕܣܘܩܪܛܝܣ[26] ܕܫܦܝܪ ܠܡܬܦܢܝܘ ܡܢܗ.[27] ܗܠܝܢ ܐܡܪ
7 ܡܫܝܚܝܐ. ܗܕܐ ܕܝܢ ܕܢܦܠ ܐܡܪ ܗܘܐ: ܕܡܢ ܩܪܐܣܩܣ
ܗܘܐ ܥܠܘܗܝ ܡܛܠ ܦܘܪܫܢܐ (B fol. 86 b) ܕܒܗ ܐܫܬܡܠܝ ܝܘܣܛܝܢܘܣ.
ܐܫܬܟܚ. ܒܬܪܐ ܕܒܘܟܪܗ ܡܢܝܢܐ ܐܦܘܠܘܓܝܐ ܐܚܪܝܬܗ ܗܘܐ
ܒܗܠܝܢ ܕܗܡܝܢܐ. ܘܠܐ[28] ܠܒܪܢܫܐ ܗܘܬ ܬܫܡܫܬܐ ܕܡܢܝܐ
ܒܗ. ܘܕܘܟܪܢܐ[29] ܕܡܐܡܪܐ ܫܒܝܚܐ ܐܟܘܬ. ܕܟܠܗ ܗܘ ܕܐܡܪ
Or cont Græc 18 ܠܗ ܠܛܛܝܢܘܣ ܣܘܦܝܣܛܐ ܡܫܬܥܝܢܐ ܗܘܝܢܐ ∴ ܕܐܦ ܝܘܣܛܝܢܘܣ ܠܗ
ܬܘܗܝ ܬܪܝܨܐܝܬ ܐܡܪ: ܕܠܦܝܠܘܣܘܦܐ ܕܐܦ ܗܠܝܢ ܕܦܠܣܝܢ
8 ܐܡܪܝܢ[30] ܟܠܗܘܢ. ܘܟܕ ܐܡܪ ܥܠܝܗ ܡܛܠ ܦܝܠܘܣܘܦܐ.
ib 19 ܐܡܪ ܡܢ ܟܬܪܝܢ ܗܠܝܢ.[31] ܕܩܪܐܣܩܣ ܠܗ ܗܘ ܕܡܬܚܙܝܢܬ
ܓܠ ܠܡܕܝܢܬܐ ܪܒܬܐ[32] ܪܗܘܡܝ. ܒܪܝܫܬܐ ܕܫܡܝܐ ܕܬܠܡܝܕܐ
𝕬 284 ܠܟܠ ܐܢܫ ܒܟܪ ܗܘܐ. ܘܒܪܝܫܬ ܒܣܘܪ ܦܠܓ ܒܗܠܐ ܗܘܐ.
9 ܘܡܢ ܡܘܬܐ ܗܘ ܕܢܗܘܐ ܕܚܠ ܗܘܐ ܕܝܘܣܛܝܢܘܣ[33] ܐܝܟ. ܗܘ
ܕܢܠ ܗܘܐ ܡܬܝܢ ܡܢ ܡܘܬܐ. ܗܟܢܐ ܕܠܝܘܣܛܝܢܘܣ ܐܝܟ
ܕܠܡܥܬܐ ܪܒܬܐ ܐܬܦܪܣ ܘܐܪܒܥ ܥܠܘܗܝ ܕܢܡܘܬ ܡܛܠ
ܕܡܟܪܙ ܗܘܐ ܫܪܪܐ. ܘܟܕܘܒܐ ܗܘܐ ܠܦܝܠܘܣܘܦܐ[34] ܕܐܝܬܝܗܘܢ
ܡܚܘܐ ܘܡܦܠܓܢܐ. ܘܥܠܬܐ[35] ܕܝܢ ܕܣܗܕܘܬܗ ܕܝܘܣܛܝܢܘܣ ܗܕܐ
ܗܘܬ ∴ ∴

[24] A ܐܝܟܢܐ [25] A ܦܝܠܘܣܘܦܐ [26] A ܕܣܘܩܪܛܝܣ [27] In 𝕬 for [illegible] read [illegible] A ܠܐ [29] A 𝕬 ܘܕܘܟܪܢܐ [30] A ܐܡܪܝܢ [31] A fol. 75 a [32] 𝕬 om. ܪܒܬܐ [33] A ܕܝܘܣܛܝܢܘܣ [34] A ܠܦܝܠܘܣܘܦܐ [35] A ܥܠܬܐ

ܕܡܫܬܥܝܢ. ܕܐܝܠܝܢ ܡܣܗܕܐ[1] ܓܒܪܐ ܒܡܐܡܪܗ̇[2] ܝܘܣܛܝܢܘܣ.

xvii. 1 ܗܘ ܕܝܢ ܝܘܣܛܝܢܘܣ. ܩܕܡ ܣܗܕܘܬܗ ܡܕܟܪ ܠܐܢ̈ܫܐ
ܕܐܣܗܕܘ ܩܕܡܘܗܝ. ܒܗܿܘ ܡܦܩ ܒܪܘܚܐ ܩܕܡܝܐ ܕܥܒܕ ܠܗ
ܠܡܠܟܐ. ܡܛܠ ܕܒܗܝܢ ܗܘܐ ܠܗܿܘ ܥܒܕܐ ܕܗܘܝܐ ܗܘܐ ܠܗ.
2 ܘܟܬܒ ܗܟܢܐ ܀ ܕܐܢܬܬܐ ܠܡ ܚܕܐ ܡܫܬܥܒܕܐ ܗܘܬ ܠܓܒܪܐ Apol ii 2
ܡܫܝܛܐ. ܐܦ ܗܝ ܕܝܢ ܡܢ ܩܕܝܡ ܡܫܝܛܐ ܗܘܬ. ܟܕ ܕܝܢ
ܝܠܦܬ ܝܘܠܦܢܗ ܕܡܫܝܚܐ[3] ܐܬܢܟܦܬ. ܘܡܬܦܝܣܐ ܗܘܬ ܕܬܦܝܣ
ܠܒܥܠܗ̇ ܕܢܬܢܟܦ ܐܟܘܬܗ̇. ܘܡܚܘܝܐ[4] ܗܘܬ ܠܗ ܝܘܠܦܢܐ
ܘܬܢܝܐ ܗܘܬ (B fol. 87 a) ܠܗ ܢܘܪܐ ܕܬܫܢܝܩܐ ܕܠܥܠܡ. ܕܥܬܝܕ 𝔄 285
ܕܢܗܘܐ ܠܐܝܠܝܢ ܕܠܐ ܡܬܢܟܦܝܢ ܘܡܬܕܒܪܝܢ ܒܡܫܚܬܐ ܬܪܝܨܬܐ.
3 ܗܘ ܕܝܢ ܟܕ[5] ܒܗ̇ ܒܝܫܘܬܗ ܦܫ ܗܘܐ ܟܕ ܡܣܪܘܚܘܗܝ
ܠܙܢܝܐ. ܢܘܟܪܝܬܐ ܥܒܕ̇ ܗܘܐ ܠܐܢܬܬܗ. ܡܛܠ ܗܢܐ ܕܪܘܫܥܐ
ܣܒܝܒ ܗܘܐ ܠܗ̇[6] ܠܡܗܘܐ ܐܢܬܬܐ: ܕܬܗܘܐ ܡܫܬܘܬܦܬܐ[7] ܥܡ
ܓܒܪܐ ܕܐܝܟܢܐ ܗܘܐ ܕܡܫܬܒܪ ܡܢ ܟܠ ܦܘܪܣܝܢ ܐܬܓܠܓܠܬܗ̇[8] ܠܒܪ
ܡܢ ܢܡܘܣܐ ܕܟܝܢܐ ܘܠܒܪ ܡܢ ܙܕܩܐ.[9] ܨܒܬ ܕܬܦܪܘܫ ܡܢ
4 ܫܘܬܦܘܬܗ. ܘܡܛܠ ܕܡܬܚܒܐ ܗܘܬ ܡܢ ܩܪܝܒܝܗ̇: ܕܡܠܟܝܢ
ܗܘܘ ܠܗ̇ ܕܬܩܘܐ ܬܘܒ ܒܗ[10] ܥܠ ܣܒܪܐ ܕܡܬܬܘܒ. ܟܕ
5 ܐܬܦܐ ܒܪܡ[11] ܗܘ ܥܠܬܗ̇. ܐܠܨܬ ܢܦܫܗ̇ ܘܦܪܫܬ ܠܘܬܗ. ܡܛܠ
ܕܝܢ ܕܡܢ ܒܬܪܟܢ[12] ܐܙܠ ܠܐܠܟܣܢܕܪܝܐ: ܘܐܫܬܡܥܬ ܥܠܘܗܝ[13]
ܕܥܒܕ[14] ܣܘܪ̈ܚܢܐ ܣܓܝ̈ܐܐ. ܕܠܐ ܬܗܘܐ ܠܗ̇ ܫܘܬܦܬܐ[15]

CHAP. XVII. [1] A adds ܕܝܢ [2] A ܒܡܐܡܪ̈ܘܗܝ [3] A adds ܝܫܘܥ [4] A ܐܦ ܡܢܗܪܐ [5] 𝔄 om. ܡ [6] A om. ܠܗ̇ [7] A ܡܫܘܬܦܬܐ [8] A ܐܬܓܠܓܠܬܗ̇ [9] For ܕܠܒܪ ܡܢ ܙܕܩܐ 𝔄 has *et digna iustitiae* [10] A fol. 75 b [11] 𝔄 om. ܒܪܡ [12] 𝔄 om. ܕܝܢ and ܡܢ ܒܬܪܟܢ [13] 𝔄 *et dicebant* [14] A adds ܗܘܐ 𝔄 adds *ibi* [15] A 𝔄 ܫܘܬܦܘܬܐ

ܒܫܘܠܛܢܗ ܘܒܪܘܪܒܢܘܬܗ: ܟܕ ܦܪܝܫܐ[15] ܚܣܡܗ ܒܪܘܓܙܐ[16]
ܘܒܚܡܬܐ ܘܒܡܪܡܪܢܘܬܐ. ܫܕܪ ܠܗ[17] ܠܘܬ ܐܬܪܐ ܕܕܘܠܠܐ ܘܐܬܦܪܢܣ
6 ܬܡܢ. ܗܘ ܕܝܢ ܗܘܐ ܒܟܠܗ ܢܨܚܐ ܘܒܣܡܐ: ܕܩܠܐ ܗܘܐ ܠܗ
ܕܢܚܙܐ ܕܐܬܦܪܢܣ ܡܢ ܗܘ ܡܕܡ ܕܡܕܒܪܐ ܗܘܬ ܡܢ ܩܕܡ
ܦܪܢܣܐܝܬ ܒܗ ܒܒܝ̈ܬܗ ܘܐܬܦܪܢܣ:[17a] ܘܢܣܒܐ ܗܘܬ ܒܪܘܝܘܬܐ
ܘܒܟܠܗܝܢ ܒܨܒ̈ܘܬܐ: ܘܗܕܡ[18] ܒܠܚܘܕ ܗܠܝܢ ܫܘܒ̈ܚܐ ܥܠܬ:
𝔄 286 ܘܟܣܐ[19] ܗܘܬ ܕܐܦ ܠܗ ܬܬܠܐ ܕܗܠܝܢ[20] ܦܪܐ ܗܘܐ. ܟܠ
ܕܐܪܣܘܬ ܒܬܡܗ ܟܕܒ ܟܠܗ ܡܦܪܢܣܘܬܐ[21] ܕܒܪܢܫܝܘܬܐ ܗܝ
7 ܠܗ. ܗܝ ܕܝܢ ܡܪܝܬ ܠܡܠܟܐ ܐܘܦܠܘܪܘܦܘܪ[22] ܘܐܫܬܘܕܝܬ ܕܬܬܬܦܘ
ܡܕܒܐܝܬ[23] ܠܡܦܪܢܣܘ ܒܢ̈ܬܗ: ܘܗܡ ܟܬܪܡ ܬܦܩܘ ܪܘܚܐ ܟܠ
ܡܕܡ ܕܡܬܦܠܓܐ ܗܘܬ ܡܢ ܟܬܪ ܕܡܦܪܢܣܐ ܒܢ̈ܬܗ. (B fol. 87 b)
8 ܘܡܚܒ ܠܗ ܗܝ ܗܕܐ. ܗܘ ܕܝܢ ܕܗܡ ܡܕܡ ܐܝܬܘܗܝ ܗܘܐ
ܒܟܠܗ. ܡܛܠ ܕܠܐ ܡܬܚܣܢ[24] ܗܘܐ ܕܢܐܡܪ ܠܗ ܡܕܡ[25] ܐܬܦܢܝ
ܗܘܐ ܠܗ ܥܠ ܦܠܛܝܐܘܣ. ܗܘ ܕܐܝܬܘܗܝ ܗܘܐ ܡܠܦܢܗ
ܕܗܕܐ ܒܝܠܦܢܐ ܕܒܪܢܫܝܘܬܐ. ܗܘ ܕܩܛܠܗ ܐܘܪܒܢܘܣ.
9 ܒܗܢܐ ܦܬܓܡܐ[26] ܐܪܟܢܗ ܗܘܐ ܡܦܪܘܫܐ ܠܦܠܛܝܐܘܣ.[27]
ܒܬ ܐܘܪܚܐ ܡܛܠ ܕܢܣܒܗ ܗܘܐ ܕܒܟܠܗ. ܐܦܣܩܗ[28] ܗܘܐ
ܠܒܪ[29] ܕܢܐܚܘܢܝܗܝ ܒܡܠܬܐ. ܘܢܫܐܠܘܢܝܗܝ[30] ܗܝ ܗܕܐ ܒܠܚܘܕ[31]
ܕܐܝܟ ܒܪܦܠܣܐ ܐܝܬܘܗܝ.[32] ܗܘ ܕܝܢ ܦܠܛܝܐܘܣ[33] ܡܛܠ

[15] In 𝔄 for [illegible] read [illegible] [16] A ܒܡܘܪܝܬܐ 𝔄 is here somewhat loose [17] 𝔄 om. ܠܗ [17a] 𝔄 adds *luxurians erat* [18] 𝔄 om. ܕ [19] 𝔄 om. ܘ [20] 𝔄 om. ܕ [21] A ܡܦܪܢܣܘܬܐ [22] A ܐܘܦܠܘܪܘܣ [23] 𝔄 om. ܡܕܒܐܝܬ [24] A ܐܬܚܣܢ [25] In 𝔄 read [illegible] [26] 𝔄 joins ܒܗܢܐ ܦܬܓܡܐ to the preceding sentence [27] A ܡܦܪܘܫܐ ܠܦܠܛܝܐܘܣ [28] A ܐܦܣܩܗ [29] 𝔄 om. ܠܒܪ [30] 𝔄 *ut caperet et verbo interrogaret* [31] A om. ܒܠܚܘܕ 𝔄 om. ܗܝ ܗܕܐ ܒܠܚܘܕ [32] A ܗܘ [33] A ܦܠܛܝܐܘܣ

ܕܙܢܝܘܬܐ ܣܓܝܐܐ ܗܘܬ ܘܠܐ ܡܬܒܥܝܐ ܗܘܐ ܐܦ ܕܢܬܒܥܐ. ܐܘܪܒܝ
ܗܘ ܗܕܐ[34] ܕܒܪܘܡܝܐ ܐܬܬܗ̇.[35] ܘܡܫܢܐ ܐܘܪܒܝܩܘܣ ܒܬܪ
10 ܐܦܪܝܩܝܐ ܗܘ ܡܬܩܪܝܢ ܘܒܢܝܐ ܩܠܝܐܝܬ ܫܡܥܘܗܝ ܬܢܢ. ܠܫܪܪܐ
ܕܝܢ ܕܒ[36] ܐܬܬܗܘܢ ܠܗܝܐ ܟܢܫܐ ܡܢܐ ܐܘܪܒܝܩܘܣ.[37] ܗܘ
ܗܕܐ ܒܠܚܘܕ ܐܫܬܐܠ[37a] ܕܐܢ ܟܪܝܣܛܝܢܐ ܐܢܬܘܢ. ܗܘ ܕܝܢ
ܟܠܠ ܕܕܟܝܘ[38] ܗܘܐ ܒܫܪܪܗ[39] ܕܟܪܝܣܛܝܢܘܬܐ. ܟܕ ܡܢ ܟܠܗ̇ ܐܘܕܝ
11 ܒܗ ܒܗܝܐ ܘܠܘܬܐ ܫܒܝܚܐ ܕܐܠܗܘܬܐ. ܐܝܢܐ ܓܝܪ ܕܟܦܪ
ܘܡܢܟܦ. ܐܘ[40] ܡܫܬܠܛ ܥܠ ܗܝܡܢܘܬܗ. ܐܘ ܡܘܕܐ
ܡܢܟܪ ܕܝܢ ܗܘ ܠܝܘܠܦܢܐ ܗܢܐ ܘܟܦܪ ܡܢ ܕܗܘܐ ܒܗ. 𝔄 287
12 ܕܐܘܕܝ[41] ܡܢ ܗܠܝܢ ܟܕ ܟܪܝܣܛܝܢܐ ܕܫܪܝܪܐ ܠܝܬ ܀ ܒܕ ܕܝܢ ܦܩܕ
ܐܘܪܒܝܩܘܣ[42] ܕܢܬܩܛܠ. ܚܙܐ ܠܘܩܝܘܣ ܕܐܦ ܗܘ ܐܬܘܗܝ ܗܘܐ
ܟܪܝܣܛܝܢܐ[43] ܕܕܝܢܐ ܗܢܐ ܕܗܘܐ ܕܠܐ ܒܟܐܢܘܬܐ.[44] ܘܐܡܪ
ܠܗ ܠܐܘܪܒܝܩܘܣ.[45] ܡܢܐ ܗܝ ܗܕܐ ܥܠܬܐ ܕܒܗ̇ ܠܐ[46] ܐܬܒܥܝ
ܕܐܬܘܗܝ. ܠܐ ܓܝܪܐ ܘܠܐ ܙܢܝܐ. ܘܠܐ ܩܛܘܠܐ ܘܠܐ
ܠܣܛܝܐ ܘܠܐ ܚܛܘܦܐ.[47] ܘܠܐ ܕܥܒܕ ܚܕܐ ܡܢ ܗܠܝܢ[48] ܒܝܫܬܐ.[48a]
ܐܠܐ ܕܐܘܕܝ ܒܠܚܘܕ ܕܟܪܝܣܛܝܢܐ ܐܬܘܗܝ[49] ܘܫܡܗ ܒܫܡܗ. ܠܡܢܐ
ܕܠܐ ܫܦܝܪ ܠܐܘܛܘܩܪܛܘܪ[50] (B fol. 88 a) ܐܦ ܠܐ
ܠܦܝܠܘܣܘܦܐ ܒܪܗ ܕܩܣܪ ܐܦ ܠܐ ܠܣܘܢܩܠܛܘܣ[51] ܩܕܝܫܬܐ
13 ܕܐܢ ܐܢܬ ܐܘ ܐܘܪܒܝܩܘܣ..[52] ܘܗܘ ܠܐ ܡܦܢܐ ܐܬܬܒܥ ܦܬܓܡܐ

[34] 𝔄 om. ܗܘ ܗܕܐ [35] 𝔄 = ܠܗܝܢ [36] A fol. 76 a [37] A ܐܘܪܒܝܩܘܣ
[37a] 𝔄 act. [38] A ܕܡܫܬܘܕܐ ܒܪܘܚܐ (for ܕܡܫܬܘܕܐ) [39] A ܕܝܫܪܗ 𝔄 = ܒܫܪܪܐ
and om. ܕܡܫܝܚܝܐ [40] 𝔄 ܗܘ = ܗܘܐ [41] A ܘܐܝܟ [42] A ܐܘܪܒܝܩܘܣ
[43] 𝔄 om. ܟܪܝܐ [44] 𝔄 *iniuria* [45] A ܠܐܘܪܒܝܩܘܣ [46] A adds ܕܝܢ
[47] For ܘܠܐ ܠܣܛܝܐ ܘܠܐ ܚܛܘܦܐ 𝔄 has only *non latro* [48] A 𝔄 om. ܗܠܝܢ
[48a] 𝔄 *et non aliorum malorum factor* [49] A ܕܐܠܗܘܬܗ ܒܪܗܛܝܐ [50] A
ܠܐܘܛܘܩܪܛܘܪ [51] A ܠܣܘܢܩܠܛܘܣ [52] A ܐܘܪܒܝܩܘܣ

ܥܠ ܗܠܝܢ ܐܡܪ ܠܗ ܠܠܘܩܝܘܣ. ܡܬܚܙܐ ܐܢܬ[53] ܠܝ ܕܐܦ
ܐܢܬ ܒܢܦܫܟ ܐܝܬܝܟ. ܗܘ ܕܝܢ ܠܘܩܝܘܣ. ܐܡܪ.[54] ܐܝܢ
ܒܪܝܟܘܬ.[55] ܗܘ ܕܝܢ[56] ܦܩܕ[57] ܕܐܦ ܗܢܘ ܢܐܟܒ. ܠܘܩܝܘܣ ܕܝܢ
ܡܘܕܐ ܗܘܐ ܘܐܡܪ.[58] ܕܛܝܒܘܬܐ ܪܒܬܐ ܗܘܬ ܒܗ ܕܐܬܦܢܝ
ܡܢ ܡܪ̈ܘܬܐ ܒܝ̈ܫܬܐ. ܘܐܙܠ ܠܘܬ ܡܠܟܐ ܘܐܒܐ[59] ܛܒܐ ܐܠܗܐ.
ܘܬܘܒ ܐܚܪܢܐ ܐܬܘܕܝ ܕܬܠܝܬܝܐ ܘܩܒܠ ܐܦ ܗܘ ܡܣܩ ܒܪܝܫܐ
14 ܕܢܬܩܛܠ. ܠܗܠܝܢ ܐܡܪ. ܗܘ ܝܘܣܛܝܢܘܣ ܗܠܝܢ ܡ̈ܠܐ ܕܡܢ ܩܕܝܡ 𝔄 288
ܐܬܟܢܠ[60] ܘܐܡܪ. ܕܐܦ ܐܢܐ ܡܣܟܐ ܗ̇ܘܝܬ ܕܡܢ ܚܕ ܡܢ
ܗ̇ܢܘܢ ܕܡܫܬܡܗܝܢ ܐܬܢܟܠ ܘܐܙܕܩܦ.

ܕܬܡܢܬܥܣܪ ܕܐܝܠܝܢ ܡܐܡܪ̈ܐ[1] ܕܝܘܣܛܝܢܘܣ. ܡܠܝܢ...

xviii. 1 ܡܐܡܪ̈ܐ ܕܝܢ ܣ̈ܓܝܐܐ ܫܒܩ ܠܢ ܗܘ ܗܢܐ ܝܘܣܛܝܢܘܣ
ܕܡܠܝܢ ܝܘܬܪܢܐ ܣܘܟܠܐ. ܕܡܚܘܝܢ[2] ܥܠܘܗܝ ܕܦܫܝܐ ܪܕܝܬܐ
ܐܝܬ ܗܘܬ ܠܗ. ܕܡܦܝܣܐ ܒܝܘܠܦܢܐ ܕܐܠܗܐ. ܕܐܝܠܝܢ[3]
ܕܡܚܕܝܢ ܘܠܦܢܝ ܗܢܘܢ ܢܦܩܘܢ ܒܠܗܘܢ. ܘܐܝܠܝܢ ܕܡܛܝܢ[4]
2 ܠܝ ܡܢܗܘܢ ܐܝܟ ܕܠܝܘܬܢܐ ܪܫܝܡܝܢ ܠܗܘܢ. ܐܝܬ ܠܗ ܕܝܢ
ܚܕ ܕܟܬܒ ܠܐܢܛܘܢܝܢܘܣ[5] ܡܠܟܐ ܗܘ̇ ܕܐܬܩܪܝ[6] ܐܘܣܒܝܣ.
ܘܠܒܢܘܗܝ ܘܠܣܢܩܠܝܛܘܣ[7] ܕܪ̈ܗܘܡܝܐ ܒܥܘܬܐ[8] ܥܠ ܐ̈ܦܝ
ܝܘܠܦܢܐ ܕܠܢ. ܘܐܚܪܢܐ ܕܐܝܬ ܒܗ ܡܦܩ ܒܪܘܚܐ ܥܠ ܐ̈ܦܝ
ܗܝܡܢܘܬܢ. ܕܟܬܒ ܠܗ ܠܘܬ ܐܢܛܘܢܝܢܘܣ[9] ܘܐܪܘܣ. ܗܢܐ

[53] A ܡܬܚܙܝܬ [54] 𝔄 *confitebatur et dicebat* [55] 𝔄 adds *Christianus sum* [56] A ܗܝܕܝܢ [57] A adds ܗܘܐ [58] 𝔄 om. ܘ ܗܘܐ ܡܘܕܐ ܕܝܢ [59] 𝔄 adds *nostrum* [60] A ܐܬܟܢܠܝ

CHAP. XVIII. [1] A adds ܕܝܢ ܕܝܠܗ. A fol. 76 *b* [2] A ܡܚܘܝܢ ܕܝܢ [3] A ܘܐܝܠܝܢ [4] 𝔄 om. ܕܝܢ [5] A ܕܥܠ ܠܐܢܛܘܢܝܢܘܣ [6] A ܗ̇ܘ ܕܐܬܩܪܝ [7] A ܘܠܣܘܢܩܠܝܛܘܣ [8] A om. ܒܥܘܬܐ [9] A ܐܢܛܘܢܝܢܘܣ

ܕܡܠܟ ܡܢ ܒܬܪܗ ܗ̇ܘ. ܘܡܡܠܠܐ ܕܐܬܟܬܒ ܥܠ ܚܢ̈ܦܐ (B fol. 88 b) 𝔄 289
3 ܡܥܒܪ.[10] ܘܐܚܪܢܐ ܬܘܒ ܠܘܬ ܝܘ̈ܢܝܐ. ܕܒܗ ܐܪܝܟ ܠܗ ܥܠ
ܒܥ̈ܝܬܐ ܣܓܝ̈ܐܬܐ ܕܐܝܬ ܒܝܢܝܢ ܘܠܦܝܠܘܣܘ̈ܦܐ[11] ܕܝܘ̈ܢܝܐ. ܘܐܚܪܢܐ[12]
ܬܘܒ ܕܥܒܕ ܕܢܐܡܪ ܥܠ ܟܝܢܐ ܕܫܐ̈ܕܐ. ܕܠܐ ܐܠܝܨܐ ܠܝ
4 ܕܟܘܬܐ[13] ܗܢܐ ܕܢܦܫܩܘܗܝ.[14] ܘܬܘܒ ܐܚܪܢܐ[15] ܠܘܬ ܝܘ̈ܢܝܐ
ܕܐܬܟܬܒ ܥܠܘܗܝ[15a] ܡܟܣܢܘܬܐ. ܘܬܘܒ ܐܚܪܢܐ. ܕܫܡܗ ܗܘ
ܒܠܫܢܗܘܢ ܐܝܬܝܐ ܐܠܗܐ. ܕܠܘ ܒܠܚܘܕ ܡܢ ܟ̈ܬܒܐ ܕܝܠܢ.
5 ܐܠܐ ܐܦ[16] ܡܢ ܟ̈ܬܒܐ ܕܚܢ̈ܦܐ ܕܡܩܪܒ ܠܗ. ܘܬܘܒ
ܐܚܪܢܐ[17] ܕܟܬܒ ܥܠܘܗܝ ܡܙܡܘܪܢܐ. ܘܬܘܒ ܐܚܪܢܐ ܥܠ
ܢܦܫܐ. ܕܒܗ ܣܡ ܒܥ̈ܬܐ ܡܦܪ̈ܫܐ ܕܟܠ ܗܢܐ ܥܒܕܐ
ܕܘܟܝܐ[18] ܠܗ. ܘܣܐܡ ܡܣܡ ܒ̈ܥܝܢܐ ܕܩܘܡܘ ܠܦܝܠܣܘ̈ܦܐ ܕܠܒܪ
ܒܡܠܦܢܘܬܗܘܢ ܘܡܫܬܘܕܥܐ ܕܢܐܡܪ ܠܘܩܒܠܗܘܢ. ܘܢܣܝܡ ܡܣܡ
6 ܒܪ̈ܥܝܢܐ ܕܗܘܘ ܠܗ ܒܡܐܡܪ̈ܐ ܐܚܪ̈ܢܐ. ܘܬܘܒ ܕܪܫܐ ܕܫܡ
ܠܘܩܒܠ ܝܗܘܕܝ̈ܐ. ܗܢܐ ܕܥܒܕ ܒܐܦܣܘܣ ܠܘܩܒܠ ܛܪܝܦܘܢ
ܕܐܬܝܗܘܗܝ ܗܘܐ ܒܫܡܗ ܘܪܒܐ ܓܒܪܐ ܝܕܝܥܐ[19] ܡܢ ܥܒܪ̈ܝܐ.[20]
ܘܒܗ[21] ܡܚܘܐ ܕܒܐܝܢܐ ܠܦܘܣܐ ܐܝܬܝܗ̇ ܠܦܪܢܘܣܘܬܗ[22] ܕܐܠܗܐ
ܠܟܠܬܐ ܕܗܝܡܢܘܬܐ. ܘܕܐܝܟܢܐ ܚܦܝܛܘܬܐ ܐܝܬ ܗܘܬ ܠܗ ܡܢ
ܩܕܝܡ ܒܝܘܠܦܢܐ ܕܦܝܠܘܣܘܦܘܬܐ. ܘܕܐܝܟܢܐ ܛܒܐ ܗܘܬ ܠܗ ܡܢ 𝔄 290
ܟܠܗ ܢܦܫܗ ܡܟܠܠ ܥܘܕܪܐ. ܘܡܫܬܥܝܢܐ ܒܗ ܬܘܒ ܥܠ ܝܗܘܕܝ̈ܐ
7 ܕܪܕܦܘ ܢܟܠܐ ܥܠ ܝܘܠܦܢܗ ܕܡܫܝܚܐ. ܟܕ ܐܡܪ ܠܘܩܒܠ
ܛܪܝܦܘܢ ܗܟܢܐ. ܕܠܘ ܠܡ ܡܛܒ ܠܐ ܬܬܘܒܘܢ ܡܢ ܐܠܝܢ
ܕܥܒܕܬܘܢ ܒܣܐܢܬܗ.[23] ܐܠܐ ܐܦ (B fol. 89 a) ܠܓܒܪ̈ܐ ܓܒ̈ܝܐ[24] Trypho 17

[10] A ܒܥ̈ܬܐ 𝔄. ܕܗܘܐ [11] A ܘܠܦܝܠܣܘ̈ܦܐ [12] A ܘܐܚܪܢܐ [13] 𝔄 simply *quod non est nobis* [14] A ܕܢܦܫܩܘܢܗܝ [15] A ܐܚܪܢܐ [15a] In 𝔄 for ܥܠܘܗܝ read ܥܠܘܗܝ [16] A om. ܐܦ [17] A ܐܚܪܢܐ [18] A ܕܐܘܪܟܐ 𝔄 om. ܕ (read ܗܠܝܢ for ܗܢܐ) [19] A ܐܝܕܝܥܐ [20] A fol. 77 a [21] A ܘܒܗ [22] A ܠܦܪܢܘܣܘܬܐ [23] A ܒܣܢܐܬܗ [24] A ܓܒ̈ܝܐ

ܚܪܒܬܗܘܢ ܒܗܘ ܕܒܢܐ ܡܢ ܐܘܪܫܠܡ. ܘܒܙܪܘܬܗܘܢ ܐܝܟ ܗܘ ܠܟܠܗ
ܐܪܥܐ ܕܢܟܪܝܘܬܗܘܢ. ܕܗܪܘܣܣ ܐܬܚܙܝܬ ܕܠܐ ܐܠܐ ܠܗ ܕܦܪܨܘܦܝܐ.
ܘܡܫܠܠܝܢ ܗܘܘ ܥܠܝܢ ܒܢܒܝܘܬܐ. ܗܠܝܢ ܕܡܫܝܚܐ ܐܡܪܝܢ[25] ܥܠܘܗܝ
ܐܝܠܝܢ ܕܠܐ ܝܕܥܝܢ ܠܗ. ܡܚܘܐ ܠܗ ܒܠܘܩܒܠ ܠܢܦܫܗܘܢ[26] ܐܝܬܝܗܘܢ[27]
8 ܒܠܬܐ ܕܢܒܝܘܬܐ. ܐܠܐ ܐܦ ܠܟܠܗܘܢ ܩܕܡ ܐܢܫܐ.[28] ܕܒܬܪ.
ܕܝܢ ܘܡܢܗ. ܕܐܦ ܒܥܕܬܐ ܠܡܘܗܒܬܗ ܕܠܝ ܐܝܬ ܗܘܐ ܡܫܬܡܗܬܐ
ܕܢܒܝܘܬܐ ܒܕܪܗ.[29] ܡܥܗܕ ܕܝܢ ܗܘ[30] ܥܠ ܓܠܝܢܗ ܕܝܘܚܢܢ ܘܐܡܪ
ܦܫܝܩܐܝܬ ܕܕܝܠܗ ܗܘ ܕܫܠܝܚܐ. ܘܡܥܗܕ ܡ̈ܠܐ ܡܢ ܢܒܝܐ
ܘܐܡܪ ܗܘܐ ܠܦܘܪܩܢ. ܕܡܘܕܝܢܐ ܦܫܝܩܐ ܐܝܟ ܡܢ ܟ̈ܬܒܐ.
ܩ̈ܕܝܫܐ[31] ܡܟܪܙܢܘܬܐ ܐܡܪܢܐ ܐܝܬ ܠܗ ܕܡܬܪܟܒܝܢ ܠܘܬ ܐܢ̈ܫܐ
9 ܡܫܝ̈ܚܝܐ. ܕܗܟܢܐ[32] ܣܥܝܪܝܢ ܗܘܘ ܠܡܪ̈ܕܘܬܐ ܡܐܡܪ̈ܘܗܝ[33]. ܕܗܢܐ
ܚܒܪܐ ܕܟܠܗ ܣܘܦܠܝܗ.[34] ܕܐܝܪܢܐܘܣ ܐܦ.[35] ܡܛܠܐ ܗܢܐ ܡܢ
𝔄 291 ܡ̈ܠܘܗܝ ܒܡܐܡܪܐ ܕܐܘܪܒܐ ܕܥܒܕ ܠܗ ܠܘܩܒܠ ܡܪܩܝܘܢ.[36]
Adv Haer iv 6, 2 ܗܢܐ[36a] ܕܝܢ ܡܢ ܡ̈ܠܘܗܝ ܡܘܕܥܐ. ܕܟܬܒܐܝܬ ܠܗ ܐܡܪ ܝܘܣܛܝܢܘܣ.
ܒܡܐܡܪܐ ܗܘ[37] ܕܥܒܕ ܠܗ ܠܘܩܒܠ ܡܪܩܝܘܢ. ܕܐܦܠܐ ܠܡ[38]
ܐܦܠܐ ܠܗ ܠܡܪܢ ܡܬܛܦܝܣ ܗܘܝܬ. ܐܢ ܡܣܒܪ ܗܘܐ
ܕܐܝܬ ܐܠܗܐ ܐܚܪܢܐ ܠܒܪ ܡܢ ܒܪܘܝܐ. ܘܬܘܒ ܒܡܐܡܪܐ
ib v 26, 2 ܐܚܪܢܐ ܕܥܒܕܐ ܕܠܗ ܕܗܘܢܐ[39] ܙܒܢܐ ܐܡܪ ܗܟܢܐ. ܕܐܦܠܐܝܬ
ܠܡ ܐܡܪ ܝܘܣܛܝܢܘܣ.[40] ܕܩܕܡ ܡܐܬܝܬܗ[41] ܕܡܪܢ ܠܐ
ܡܡܪܚ ܗܘܐ ܣܛܢܐ ܕܢܓܕܦ ܥܠ ܐܠܗܐ. ܡܛܠ ܕܠܐ

[25] 𝔄 adds *de nobis* 𝔄 *animis nostris* ܠܢܦܫܗܘܢ ܐܢܬܘܢ A.
ܥܠܝܗܘܢ ܟܢܫܬܐ A. ܟ̈ܬܒܐ A. [30] For ܗܘ 𝔄 has ܐܦ
[31] A adds ܕܝܢ ܕܗܟܢ A. [32] ܡܐܡܪ̈ܘܗܝ A. [34] ܕܟܠܗ ܣܘܦܠܝܗ A.
In 𝔄 for *phlkfn* read *ph k'n* or *phnkwn* [35] 𝔄 om. ܐܦ [36] A ܡܪܩܝܘܢ
[36a] 𝔄 ܘܠܗܢܐ [37] A ܗܘ ܕܐܬܥܒܕ A. [38] 𝔄 om. ܐܠܐ ܠܡ [39] A fol. 77 b
[40] A ܝܘܣܛܝܢܘܣ [41] A ܡܐܬܝܬܗ

ܢ̈ܒܝ (B fol. 89 b) ܗܘܐ ܒܙܒܢܐ ܫܒܚܘܬܗ. ܘܠܝܢ ܕܝܢ ܒܕܘܟܐ ܐܬܐܡܪ̈[12] ܠܡܪܩܝܘܢ ܕܐܡܠܝܢ ܕܡܫܚܝܢ ܘܠܡܕܢܐ. ܕܡܫܝܚܘܬܐ ܢܣܒܘܢ ܡܡܫܡܝܢ ܥܠ ܡܐܡܪ̈ܘܗܝ. ܚܪ̈ܝܢ ܕܝܢ ܕܗܘܢ ܗܟܢܐ[13] ܗ̈ܘܐ.

ܕܐܬܬܚܡܪ ܕܐܝܠܝܢ ܐܦܝܣܩܘܦܐ ܗܘܘ[1] ܒܪܗܘܡܐ ܘܒܐܠܟܣܢܕܪܝܐ ܒܫ̈ܢܝܗܘܢ ܕܐܪܘܣ.

XIX. ܒܫܢܬ ܬܡܢܝܐ ܕܝܢ ܕܡܠܟܘܬܗ ܕܐܢܛܘܢܝܢܘܣ ܘܐܪܘܣ: ܒܗ
ܫܠܡ ܐܢܝܩܛܘܣ ܐܦܝܣܩܘܦܐ ܕܪܗܘܡܐ ܚܕܥܣܪܐ ܫ̈ܢܝܢ. ܩܒܠ 𝔄 292
ܡܢ ܒܬܪܗ ܣܘܛܝܪ[2]. ܬܘܒ ܕܝܢ ܐܦ ܒܥܕܬܐ ܕܐܠܟܣܢܕܪܝܐ:
ܟܕ ܦܫ ܐܪܒܥܣܪܐ ܫ̈ܢܝܢ ܩܠܕܝܘܢ[3]. ܩܒܠ ܡܢ ܒܬܪܗ
ܐܓܪܦܝܢܘܣ ·:·

ܕܚܫܒܢ ܕܐܝܠܝܢ ܐܦܝܣܩܘܦܐ ܗܘܘ ܒܐܢܛܝܘܟܝܐ[1] ·:·

XX. ܐܦ ܒܥܕܬܐ ܕܐܢܛܝܘܟܝܐ. ܐܦܝܣܩܘܦܐ[2] ܕܫܬܬܐ ܡܢ ܫ̈ܠܝܚܐ ܬܐܘܦܝܠܐ ܝܕܝܥ[3] ܗܘܐ ܬܐܘܦܝܠܘܣ. ܐܝܬ ܗܘܐ ܕܝܢ ܬܡܢ ܡܢ ܒܬܪ ܗܐܪܘܢ[4] ܩܘܪܢܠܝܘܣ ܐܦܝܣܩܘܦܐ. ܡܢ ܒܬܪܗ ܕܝܢ ܩܒܠ[5] ܕܪܓܐ ܕܐܦܝܣܩܘܦܘܬܐ ܢܗܝܪܐ ܐܪܘܣ[6] ·:·

[12] In 𝔄 read [illegible] [13] 𝔄 ܒܫܢܐ ܕܒܠܝܐ

Chap. XIX. [1] A ܗܘܘ [2] A ܣܘܛܝܪ [3] A ܩܠܕܝܘܢ

Chap. XX. [1] A ܗܘܘ ܐܦܝܣܩܘܦܐ ܕܒܐܢܛܝܘܟܝܐ [2] A ܕܐܢܛܝܘܟܝܐ. ܐܦܝܣܩܘܦܐ [3] A ܝܕܝܥ [4] 𝔄 post Hermonem [5] 𝔄 = ܩܒܠ

[6] The name is corrupted in 𝔄

ܕܥܣܪܝܢ ܘܚܕ ܥܠ ܡܫ̈ܬܒܚܢܐ ܒ̈ܢܝ ܥܕܬܐ ܕܡܬܝܕܥܝܢ ܗܘܘ
ܒܗܢܘܢ[1] ܙܒ̈ܢܐ ⁘

𝔄 293 ܡܫܬܒܚ ܗܘܐ ܕܝܢ ܒܗܢܘܢ ܙܒ̈ܢܐ ܒܥܕܬܐ ܗܓܣܝܦܘܣ.[2] xxi.
ܗܢܐ ܕܝܠܦܢ[3] ܕܐܝܬܘܗܝ ܗܘܐ ܡܢ ܩܕ̈ܡܝܐ. ܐܦ ܕܝܘܢܘܣܝܘܣ
ܐܦܝܣܩܘܦܐ ܕܩܘܪܢܬܘܣ. ܘܦܝܢܘܛܘܣ[4] ܕܐܝܬܘܗܝ ܗܘܐ
ܐܦܝܣܩܘܦܐ ܒܩܪܛܐ. ܘܥܡ ܗܠܝܢ ܐܦ[5] ܦܝܠܝܦܘܣ ܘܐܦܘܠܝܢܪܝܣ.[6]
ܘܡܠܝܛܘܢ[7] ܘܡܘܣܢܘܣ.[8] ܘܡܘܕܣܛܘܣ ܘܐܝܪܢܐܘܣ.. ܕܥܕܡܐ[9]
ܠܘܬܢ ܒܝܕ ܟܬ̈ܒܝܗܘܢ ܕܗܠܝܢ. ܐܬܝܒܠܬ ܗܝܡܢܘܬܐ[10] ܕܫܪܪܐ
ܕܡܫܠܡܢܘܬܐ ܕܫ̈ܠܝܚܐ[11] ⁘

ܕܥܣܪܝܢ ܘܬܪ̈ܝܢ ܥܠ ܗܓܣܝܦܘܣ ܘܥܠ ܐܝܠܝܢ ܕܡܕܟܪ ⁘

ܗܓܣܝܦܘܣ ܕܝܢ ܒܚܡܫܐ[1] ܡܐܡܪ̈ܝܢ ܕܝܘܠܦܢ[2] ܕܡܫܒܚܝܢ xxii. 1
ܠܢ. ܫܒܩ (B fol. 90 a) ܕܘܟܪܢܐ ܕܬܪܥܝܬܗ ܡܫܡܠܝܐܝܬ. ܕܒܗܘܢ
ܡܘܕܐ ܕܥܡ ܐܦܝܣܩ̈ܘܦܐ ܣܓ̈ܝܐܐ ܐܬܚܠܛ ܟܕ ܪܕܐ ܗܘܐ
ܒܐܘܪܚܐ ܕܢܐܙܠ ܠܪܗܘܡܐ. ܘܕܡܢ ܟܠܗܘܢ ܠܗ ܠܗܢܐ
ܝܘܠܦܢܐ ܩܒܠ.[3] ܢܐܡܪ ܕܝܢ[4] ܡܠܐ ܐܚܪܢ ܡܢ[5] ܒܬܪ ܐܚܪ̈ܢܝܬܐ.
ܐܦ ܥܠ ܐܓܪ̈ܬܗ[6] ܕܩܠܝܡܝܣ. ܕܟܬܒ ܠܥܕܬܐ ܕܩܘܪܢܬܘܣ. ܕܐܡܪ[7]
𝔄 294 ܗܟܢܐ. ܘܩܘܝܐ ܗܘܬ ܠܗ[8] ܥܕܬܐ ܕܩܘܪܢܬܘܣ. ܒܫܪܝܪܘܬܐ ܕܝܘܠܦܢܐ. 2
ܥܕܡܐ ܠܦܪܝܡܘܣ ܐܦܝܣܩܘܦܐ ܕܐܝܬ ܗܘܐ ܒܩܘܪܢܬܘܣ. ܕܥܡ[9]

Chap. XXI. [1] A ܒܗܠܝܢ [2] A ܗܓܝܣܝܦܘܣ [3] A ܕܝܠܦܝܢ [4] A ܘܦܝܢܘܛܘܣ 𝔄 *et Pintos* [5] 𝔄 om. ܐܦ [6] A ܐܦܘܠܝܢܪܝܣ [7] 𝔄 *Melitos*, omitting ܘ [8] A ܘܡܘܣܢܘܣ [9] 𝔄 ܕܗܝܕܐ [10] A ܗܝܡܢܘܬܐ [11] 𝔄 *ab apostolis*, omitting ܕܡܫܠܡܢܘܬܐ

Chap. XXII. [1] A fol. 78 *a* [2] A 𝔄 ܕܝܘܠܦܢܐ [3] A om. ܩܒܠ [4] A 𝔄 add ܡܢܗܘܢ A om. ܡܢ [6] A ܐ̈ܚܪܢܐ 𝔄 sing. [7] 𝔄 ܡܠܬܐ A ܕܝܢ 𝔄 expresses neither ܟܠܗ nor ܕܝܢ [8] 𝔄 ܡܢ

ܦܓܥ ܐܢܐ ܠܩܘܪܢܬܝܐ. ܐܫܬܘܬܦܬ ܥܡܗܘܢ ܥܡ ܡܬܪܝܨܘܬܐ
ܘܗܘܝܬ ܠܘܬܗܘܢ ܝܘ̈ܡܬܐ ܩܠܝ̈ܠܐ.[10] ܘܐܬܬܢܝܚܬ ܐܟܚܕܐ
3 ܒܡܠܬܐ ܬܪܝܨܬܐ. ܟܕ ܕܝܢ ܐܬܝܬ ܠܪܘܡܝ. ܥܒܕܬ ܬܡܢ
ܡܫܠܡܢܘܬܐ ܕܐܦܣܩܘܦܐ[11] ܥܕܡܐ ܠܐܢܝܩܛܘܣ. ܗܘ ܕܩܒܠ
ܡܢ ܒܬܪܗ ܣܘܛܝܪ.[12] ܘܡܢ ܒܬܪ ܣܘܛܝܪ ܐܠܘܬܪܝܘܣ.[13]
ܘܗܟܢܐ ܐܝܬ ܒܟܠܗ[14] ܡܫܠܡܢܘܬܐ ܘܒܟܠܗܝܢ ܡܕ̈ܝܢܬܐ. ܐܝܟ
4 ܕܐܟܪܙ ܢܡܘܣܐ ܘܢܒ̈ܝܐ ܘܡܪܢ. ܘܗܘ ܒܗ ܗܘ ܐܦ ܪ̈ܫܐ
ܕܗܪ̈ܣܝܣ[15] ܕܗܘܘ ܒܥܕܢܗ ܪܫܡ ܒܗܠܝܢ ܡ̈ܠܐ. ܕܡܢ ܒܬܪ
ܕܐܣܗܕ ܠܗ ܝܥܩܘܒ ܙܕܝܩܐ ܐܝܟ ܕܐܦ ܡܪܢ.[16] ܡܢ
ܐܦܣܩܘܦܐ[17] ܕܬܪܝܢ ܫܡܥܘܢ ܒܪ ܩܠܝܘܦܐ[18] ܕܐܚܘܗܝ ܗܘܐ
ܒܪ ܕܕܗ.[19] ܕܟܠ ܐܢܫ[20] ܠܗܘܢ ܗܘ ܗܘܐ ܩܪܝܒܐ ܕܐܚܘܗܝ
ܗܘܐ[21] ܐܚܝܢܗ[22] ܕܡܪܢ. ܘܡܛܠܗܢܐ ܩܪܝܢ ܗܘܘ ܠܥܕܬܐ
ܒܬܘܠܬܐ. ܠܐ ܓܝܪ ܥܕܟܝܠ ܐܬܚܒܠܬ ܗܘܬ ܒܫܡ̈ܥܐ ܣܪ̈ܝܩܐ.
5 ܫܪܝ ܕܝܢ ܡܢ ܬܐܒܘܬܝ[23] ܕܢܚܒܠ ܬܘܒ ܬܐܒܘܬܝܣ. ܥܠ ܕܠܐ ܗܘܐ
ܗܘܐ ܐܦܣܩܘܦܐ. ܕܐܝܬܘܗܝ (B fol. 90 b) ܗܘܐ[24] ܡܢ ܚܕܐ ܡܢ
ܫܒܥ ܗܪܣܝܣ.[25] ܘܗܘ ܐܝܬܘܗܝ ܗܘܐ ܒܥܡܐ.[26] ܕܡܢܗܘܢ
ܗܘܐ ܫܡܥܘܢ. ܡܛܠܗܢܐ ܡܬܩܪܝܢ ܫܡܥܘܢܝ̈ܢܐ.[27] ܘܩܠܐܘܒܝܘܣ 𝔄 295
ܕܡܢܗ ܗܘܘ ܩܠܐܘܒܝܢ̈ܐ.[28] ܘܕܘܣܝܬܐܘܣ[29] ܕܡܢܗ ܗܘܘ
ܕܘܣܝܬܝܢ̈ܐ.[30] ܘܓܘܪܬܐܘܣ[31] ܕܡܢܗ ܗܘܘ ܠܓܘܪ̈ܬܝܢܐ[32] ܘܡܣܒܘ̈ܬܐ.

[10] A ܩܠܝ̈ܠܐ [11] 𝔄 *percucurri totum ordinem episcoporum* [12] A ܣܘܛܪ
[13] A ܣܘܛܪ ܐܠܘܬܪܝܘܣ [14] In 𝔄 read [illegible] [15] A ܕܗܪܣܝܣ [16] 𝔄 om. ܐܝܟ ܕܐܦ ܡܪܢ [17] A ܐܦܣܩܘܦܐ [18] 𝔄 [illegible] [19] A ܐܚܝܢܗ (for ܒܪ ܕܕܗ): 𝔄 om. ܕܐܝܬܘܗܝ ܗܘܐ ܒܪ ܕܕܗ [20] A ܘܟܠܗܘܢ
[21] 𝔄 adds *filius fratris Iosephi et erat* [22] A ܚܝܢܗ [23] A ܡܬܒܘܬ [24] 𝔄 *et est hic*, and omits the ܡܢ before ܚܕܐ [25] A ܗܪ̈ܣܝܣ [26] A ܒܥܡܐ 𝔄 *e populo* [27] A ܫܡܥܘܢܝܢܐ [28] A ܩܠܐܘܒܝܢܐ [29] A ܘܕܘܣܝܬܐܘܣ [30] A ܕܘܣܝܬܝܢܐ. A fol. 78 b [31] A ܘܓܘܪܬܐܘܣ 𝔄 *et Gorenthos* [32] A ܓܘܪܬܝܢܐ

ܘܡܢ ܗܠܝܢ ܗܘܘ ܡܫܝܚ̈ܝ ܕܓܠܐ. ܘܡܢ̈ܒܝܝ ܘܡܫܠܝ̈ܚܝ ܕܓܠܐ.
ܘܡܫܠܝܚ̈ܝܢ ܘܡܦܠܓܢܘܬܐ[33] ܕܟܠ ܚܕ ܚܕ ܡܢܗܘܢ ܡܢܗ ܠܗ
ܘܐܣܬܪܩ. ܐܝܟ ܡܕܡ ܪܘܚܢܐ ܕܦܠܓܘܗ̇ ܐܚܠܘ ܗܠܘܢܐ.[34]
ܘܡܢ ܗܠܝܢ ܗܘܘ ܡܫܝ̈ܚܐ ܕܓ̈ܠܐ ܘܢܒ̈ܝܐ[35] ܕܓ̈ܠܐ ܘܫ̈ܠܝܚܐ
ܕܓ̈ܠܐ. ܕܦܠܓܘ ܚܕܝܘܬܗ̇ ܕܥܕܬܐ. ܒܡ̈ܠܐ ܕܓ̈ܠܐ ܕܚܒܠܐ
6 ܕܐܡܪܘ ܥܠ ܐܠܗܐ ܘܥܠ ܡܫܝܚܗ ⁘ ܬܘܒ ܕܝܢ[35a] ܗܘ ܗܘ
ܗܓܝܣܝܦܘܣ. ܐܦ[36] ܥܠ ܗܪ̈ܣܝܣ[37] ܕܐܝܬ ܗܘܝ ܒܗ ܒܥܡܐ ܕܝܗܘ̈ܕܝܐ
ܡܢ ܩܕܝܡ ܡܫܬܥܐ ܘܐܡܪ. ܕܐܝܬ ܗܘܝ ܠܗ ܦܘܪ̈ܫܢܝܬܐ
ܡܦܪ̈ܫܬܐ ܒܫܪ̈ܒܬܐ ܒܢܝ̈ ܐܝܣܪܝܠ. ܡܢ ܗ̇ܢܘܢ ܕܐܝܬ ܗܘܘ
ܠܘܩܒܠ ܫܒܛܐ ܕܝܗܘܕܐ ܘܠܘܩܒܠ ܡܫܝܚܐ. ܕܐܝܬܝܗܝܢ ܗܠܝܢ.
ܐܣܝ̈ܐ ܘܓܠܝܠܝ̈ܐ ܘܗ̇ܢܘܢ ܕܡܥܡܕܝܢ ܒܟܠ ܝܘܡ. ܘܡܨܒ̈ܘܬܝܐ
7 ܘܫܡܪ̈ܝܐ ܘܙܕ̈ܘܩܝܐ ܘܦܪ̈ܝܫܐ[38] ⁘ ⁘ ܘܡܠܟ̈ܬܐ ܐܚܪ̈ܢܝܬܐ[39]
ܟܬܒ. ܕܡܢܗܘܢ ܐܡܪܢ[40] ܒܥܝܢܢ ܒܗܕܐ ܬܫܒܘܚܬܐ. ܘܡܢ
𝔄 296 ܐܘܢܓܠܝܘܢ ܕܥܒܪ̈ܝܐ ܘܣܘܪ̈ܝܝܐ. ܘܡܢܗ[41] ܘܠܗ̇ ܡܕܡ ܡܕܡ
ܗܘ ܡܢ ܠܫܢܐ ܥܒܪܝܐ. ܘܡܘܕܐ ܥܠ ܢܦܫܗ ܕܡܢ ܥܒܪ̈ܝܐ
ܐܝܬܘܗܝ ܗܘܐ ܘܡܢܗܘܢ.[42] ܘܐܚܪ̈ܢܝܬܐ[43] ܬܘܒ ܡܕܟܪ ܐܝܟ ܕܡܢ
8 ܡܫܠܡܢܘܬܐ[44] ܕܝܗܘܕܝܘܬܐ ܕܠܐ ܡܢ ܟܬܒܐ. ܘܗܘ[45] ܕܝܢ ܗܢܐ
ܘܐܝܪܢܐܘܣ[46] ܘܟܠܗܘܢ ܩܕ̈ܡܝܐ. ܠܡ̈ܬܠܘܗܝ. ܕܫܠܝܡܘܢ
ܣܘܦܝܐ ܚܟܝܡܬܐ (B fol. 91 a) ܩܪܝܢ ܗܘܘ ܠܗܘܢ. ܘܠܗ̇ܢܘܢ
ܕܬܘܪ̈ܝܢ ܟܠܗܘܢ ܡܬܟܢܝܢ ܕܐܡܝܢܘܢ ܒܟܬ̈ܒܘܗܝ.[47] ܕܐܠܗܐ
ܐܬܟܠܘ ܡܢ ܐܢܫܐ ܕܡܢ ܗܪ̈ܣܝܣ.[48]

[33] A ܡܢܒ̈ܝܢܐ ܘܡܫܬܠܚ̈ܢܐ. ܘܡܦܪܦܪ̈ܢܝܬܐ. ܘܡܦܠܓ̈ܢܝܬܐ. ܘܦܘܠܓܢ̈ܝܬܐ   [34] 𝔄 *sectus haeresium* : ܗܪ̈ܣܝܣ   [35] A ܘܢܒ̈ܝܐ   [35a] 𝔄 om. ܕܝܢ   [36] A om. ܐܦ   [37] A ܗܪ̈ܣܝܣ   [38] A ܘܦܪ̈ܝܫܐ   [39] A ܕܝܘ̈ܢܝܬܐ   [40] A ܐܡܪܢܢ   [41] A ܡܢܗ   [42] A om. ܘܡܢܗܘܢ   [43] A ܘܐܚܪ̈ܢܝܬܐ   [44] In 𝔄 for *mhazqu fil kil* read *mnzqu fil kil*   [45] A ܗܘ   [46] A ܘܐܝܪܢܐܘܣ   [47] A ܡܬܐܡܪ̈ܢ ܕܒܟܬ̈ܒܘܗܝ   [48] A ܗܪ̈ܣܝܣ

ܕܟܢܫܝܢ ܒܓܠܝܬܐ. ܥܠ ܕܝܘܢܘܣܝܘܣ ܐܦܝܣܩܘܦܐ[1] ܕܩܘܪܢܬܘܣ.
ܘܥܠ ܐܓܪ̈ܬܐ[2] ܕܟܬܒ...

xxiii. 1 ܢܐܡܪ ܗܟܝܠ[3] ܐܦ ܥܠ ܗܢܐ ܘܢܬܒܐܝܬ: ܥܠ ܕܝܘܢܘܣܝܘܣ
ܗܘ ܕܐܝܬܘܗܝ ܗܘܐ ܐܦܝܣܩܘܦܐ[4] ܕܒܥܕܬܐ ܕܩܘܪܢܬܘܣ.
ܕܡܫܘܚܬܐ ܕܐܝܬ ܗܘܐ ܠܗ ܒܡܠܬܐ ܕܐܠܗܐ. ܠܘ[5] ܒܠܚܘܕ
ܠܒܢܝ̈ܐ ܕܐܝܬ ܗܘܘ ܬܚܝܬ ܐܝܕܗ ܡܠܟ ܗܘܐ. ܐܠܐ ܐܦ[6]
ܠܐܬܪ̈ܘܬܐ ܢܘܟܪ̈ܝܐ ܐܝܬܘܗܝ ܗܘܐ ܘܡܬܪܥܐ. ܒܐܓܪ̈ܬܐ[7]
2 ܕܟܬܒ ܗܘܐ ܠܥܕ̈ܬܐ. ܕܐܝܬ[8] ܗܝ ܕܐܟܬܒ ܠܠܩܕܡܘܢ̈ܝܐ[9] ܥܠ
ܬܘܠܡܕܘܬܐ ܕܗܝܡܢܘܬܐ ܬܪܝܨܬܐ ܘܥܠ ܫܠܡܐ ܘܥܠ ܐܘܝܘܬܐ.
ܘܐܚܪܬܐ ܠܐܬܢܝ̈ܐ. ܥܠ ܥܝܪܘܬܐ ܕܗܝܡܢܘܬܐ ܘܥܠ ܕܟܪܘܙܐ[10]
ܕܒܐܘܢܓܠܝܘܢ. ܘܡܟܣ ܠܗܘܢ ܒܗ ܥܠ ܕܐܬܦܠܓ ܗܘܐ
ܒܙܒܢ̈ܝܢ. ܘܡܬܕܒܪܝܢ ܗܘܘ ܕܢܗܦܟܘܢ ܡܢ ܫܪܪܐ. ܘܡܢ
ܗܢܐ ܓܝܪ ܕܝܢܘܣܝܘܣ ܐܦܝܣܩܘܦܐ ܗܘ ܕܐܡܪ ܗܘܐ ܒܪܫܗܘܢ
ܕܐܚܕܗ ܗܘܐ ܦܘܠܘܣ: ܒܐܪܝܘܦܓܝܬܐ ܕܗܘܐ ܒܗܘܢ ܩܕܡܝܐ.
3 ܘܡܕܟܪ ܕܩܘܕܪܐܛܘܣ ܗܘܐ ܠܗܘܢ ܐܦܝܣܩܘܦܐ ܡܢ ܒܬܪ
ܕܐܣܗܕ ܦܘܦܠܝܘܣ.[11] ܘܡܣܗܕ ܥܠܘܗܝ ܥܠ ܩܘܕܪܐܛܘܣ.
ܕܒܫܩܦܬܗ ܐܬܟܢܫܬ[12] ܘܐܬܥܝܪܬ[13] ܗܝܡܢܘܬܗܘܢ. ܘܥܡ ܗܠܝܢ
ܡܥܕܪ. ܕܕܝܘܢܘܣܝܘܣ[14] ܗܘ ܕܐܝܬܘܗܝ ܗܘܐ ܡܢ ܐܪܝܘܣ
ܦܓܘܣ: ܕܗܝܡܢ ܒܐܝܕܗ ܕܦܘܠܘܣ ܐܝܟ ܕܟܬܝܒ ܒܦܪܟܣܣ.[15]
ܕܐܦܝܣܩܘܦܐ ܩܕܡܝܐ ܒܥܕܬܐ (B fol. 91 *b*) ܕܐܬܝܢܘܣ.[16] ܗܘ ܗܘܐ.
4 ܘܐܓܪܬܐ[17] ܐܚܪܬܐ ܐܝܬ ܠܗ ܕܟܬܒ ܠܢܝܩܘܡܕܝܐ. ܘܒܗ

CHAP. XXIII. [1] A ܐܦܝܣܩܘܦܐ [2] A ܐܓܪ̈ܬܐ [3] A ܗܟܝܠ [4] A ܐܦܝܣܩܘܦܐ [5] A ܘܠܐ [6] A fol. 79 *a* [7] 𝔄 ܕܐܓܪ̈ܬܐ [8] 𝔄 ܘܐܝܬ [9] A ܠܠܩܕܡܘ̈ܢܝܐ [10] A ܕܟ̈ܪܙܐ [11] A ܦܘܦܠܝܘܣ [12] 𝔄 adds *dispersi* [13] A ܘܐܬܥ̈ܝܪܬ [14] A ܕܕܝܘܢܘܣܝܘܣ 𝔄 om. ܕ [15] A 𝔄 add ܕܫ̈ܠܝܚܐ [16] A ܕܐܬܝܢܘܣ [17] A adds ܬܘܒ

𝔄 297

ܐܡܪ ܠܗܘܢ ܡܢܗܘܢ ܕܡܢܗܘܢ ܘܦܠܓ ܫܠܡܘܬܐ ܕܥܕܬܐ.
ܐܦ ܠܥܕܬܐ ܕܐܝܬ ܒܐܡܣܛܪܝܣ[18] ܘܠܫܪܟܐ ܕܥܕ̈ܬܐ ܕܐܝܬ 5
ܒܦܢܛܐ ܟܬܒ ܐܓܪܬܐ.[19] ܘܡܥܗܕ[20] ܠܒܩܠܝܕܘܣ ܐܦܣܩܘܦܐ
𝔄 298 ܕܐܝܬ ܗܘܐ ܠܗܘܢ. ܕܢܨܝܚܐ ܦܘܫ̈ܩܐ[21] ܡܣܝܡܝܢ ܒܗ ܒܟܬ̈ܒܐ
ܗܝ ܕܐܝܬ ܗܘܬ ܩܕܝܫܬ ܐܠܗܐ. ܘܡܥܗܕ ܠܗ ܕܢܗܘܪ ܡܢ
ܒܢܡܘܣܗܘܢ ܕܗܪ̈ܣܝܘܬܐ.[21a] ܘܠܟܬ̈ܒܐ ܕܐܝܬ ܗܘܬ[22] ܒܐܘܢܓܠܝܘܢ 6
ܒܗ ܐܣܝ̈ܢܬܐ ܕܐܝܬ ܗܘܝ ܒܦܘܢܛܘܣ[23] ܟܬܒ ܐܓ̈ܪܬܐ.[24]
ܘܡܥܗܕ ܕܒܟܟܠܝܕܘܣ[25] ܘܠܐܠܦܝܣܛܘܣ ܐܠܨܘܗܝ ܗܘܘ ܘܟܬܒ.
ܘܐܦ[26] ܒܗ ܦܘܫ̈ܩܐ[27] ܕܟܬ̈ܒܐ ܕܐܠܗܐ. ܘܡܚܘܐ ܕܐܝܬ ܗܘܐ
ܠܗܘܢ ܐܦܣܩܘܦܐ ܦܠܡܐ.[28] ܘܡܦܝܣܢܘܬܐ[29] ܣܓܝ ܠܗܘܢ ܥܠ
ܙܘܘܓܐ ܘܥܠ ܕܟܝܘܬܐ. ܘܦܩܕ ܠܗܘܢ ܬܘܒ. ܕܢܩܒܠܘܢ
ܡܦܢܝܢ[30] ܠܐܝܠܝܢ ܕܡܬܦܢܝܢ ܡܢ ܣܘܪ̈ܚܢܬܐ ܐܘ ܡܢ ܒܘܨ̈ܪܐ ܐܘ
ܡܢ ܛܥܝܘܬܐ ܕܗܪܣܝܣ.[31] ܘܠܗܠܝܢ ܢܦܩܐ[32] ܐܓܪܬܐ ܐܚܪܬܐ 7
ܕܟܬܒ ܠܩܢܘܣܝܐ. ܘܡܦܝܣ[33] ܒܗ ܠܦܝܢܘܛܘܣ ܐܦܣܩܘܦܐ[34]
ܕܡܕܝܢܬܐ ܕܬܡܢ. ܕܠܐ ܢܣܝܡ ܝܘܩܪܐ ܝܩܝܪܐ ܕܩܕܝܫܘܬܐ ܒܐܘܠܨܢܐ
ܥܠ ܐܚ̈ܐ. ܐܠܐ ܢܗܘܐ ܡܬܚܡܢ ܒܟܪܝܗܘܬܐ ܕܣܓܝ̈ܐܐ.
ܘܠܗܘܢ ܗܕܐ ܟܬܒ ܠܗ[35] ܗܘ ܦܝܢܘܛܘܣ. ܘܐܬܥܗܕ ܒܗ 8
ܘܡܫܒܚ ܠܕܝܘܢܘܣܝܘܣ.[36] ܘܡܒܥܐ ܡܢܗ ܕܢܬܠ ܐܦ ܒܡܐܟܘܠܬܐ
𝔄 299 ܫܠܝܡܬܐ ܕܡܠ̈ܬܐ ܕܓܡܝܪ̈ܐ ܠܥܡܐ ܕܐܝܬ ܗܘܐ

18 A ܒܐܡܣܛܪܝܣ 19 𝔄 om. ܟܬܒ ܐܓܪܬܐ 20 𝔄 adds *in ea* 21 A ܦܘܫ̈ܩܐ 21a 𝔄 *haeresium* 22 A ܘܠܐܣܛܪ̈ܛܝܐ ܕܐܝܬ ܗܘܐ 23 A ܒܦܘܢܛܘܣ 24 𝔄 sing. 25 A ܕܒܟܟܠܝܕܝܣ 26 A ܘܐܠܦܝܣ 27 A ܦܘܫ̈ܩܐ 28 𝔄 *Poplēma* 29 A ܘܩܘܪ̈ܝܢܘܬܐ 𝔄 adds *et alia* 30 A fol. 79 b 31 A ܕܗܪ̈ܣܝܣ 𝔄 adds *quod apud eos factum est* 32 𝔄 om. ܠܗܠܝܢ ܢܦܩܐ 33 A ܠܩܢܘ̈ܣܝܐ. ܘܡܦܝܣ 34 A ܐܦܣܩܘܦܐ 35 𝔄 om. ܠܗ 36 A ܠܕܝܘܢܘܣܝܘܣ

ܬܫܒܚܬ ܐܡܪ̈ܗ. ܕܠܐ[37] ܒܐܘܠܨܐ ܠܐܚܘܬܐ ܒܢ̈ܟܦܐ[38] ܕܢܠܟܐ[39] ܢܣܝܡܘܢ
ܪ̈ܒܢ. ܘܢܣܬܟܠܘܢ ܒܡܘܟܪܐ[40] ܕܠܦܪܘܬܐ. ܕܗܘ ܒܗܕܐ ܐܓܪܬܐ
ܡܬܕܡܪܐ ܦܫܝܛܘܬܐ (B fol. 92 a) ܕܚܬܝܬܘܬܐ ܕܗܝܡܢܘܬܗ ܥܬܝܪܬܐ
ܕܡܦܝܣܘܬܗ.. ܘܡܩܒܠܘܬܗ ܕܟܠ[41] ܘܡܪܕܘܬܗܘܢ ܕܪ̈ܥܝܢ ܕܐܝܬ
ܗܘܘ ܬܫܒܚܬ ܐܡܪ̈ܗ. ܘܡܠܠܘܬܗ ܘܫܘܒܚܗ ܕܒܫܝܠܬ ܐܠܗܐ.
9 ܬܘܒ ܕܝܢ ܐܝܬ ܠܗ ܠܕܝܘܢܘܣܝܘܣ[42] ܐܦ[43] ܐܓܪܬܐ ܐܚܪܬܐ[44]
ܠܘܬ ܪ̈ܗܘܡܝܐ. ܕܟܬܝܒܐ ܠܐܦܝܣܩܘܦܐ[45] ܗܘ ܕܐܝܬ ܗܘܐ
ܒܗܘ ܙܒܢܐ ܕܫܡܫ ܗܘܐ ܣܘܛܝܪ.[46] ܘܡܢܗ̇ ܢܣܝܒ ܡ̈ܠܐ[47]
ܡܠܝܢ ܕܐܡܝܪܐ ܡܥܕܝܢ ܠܥܕܬܐ ܕܪ̈ܗܘܡܝܐ. ܗܘ ܕܐܬܢܛܪ ܒܕܘܟܐ
10 ܠܐܪܕܘܦܝܐ ܗܢܐ ܕܗܘܐ ܒܝܘܡܬܢ. ܘܐܡܪ ܗܟܢܐ. ܕܡܢ
ܪ̈ܫܝܬܐ ܠܡ ܐܝܬ ܠܟܘܢ ܗܢܐ ܥܝܕܐ ܕܬܥܒܕܘܢ ܠܐܚ̈ܐ
ܒܟܠ ܦܘܪ̈ܥܢ.[47a] ܘܠܡܥܕܪܘ[48] ܥ̈ܕܬܐ ܠܣܓܝ̈ܐܬܐ ܡܫܟ̈ܢܬܐ ܕܐܝܬ
ܒܟܠ ܡܕܝܢܐ. ܕܒܗܝܢ ܪܘܚܡܬܗܘܢ ܕܡܣ̈ܟܢܐ ܡܢܝܚܝܢ ܐܢܬܘܢ.
ܘܠܐܚ̈ܐ ܕܐܝܬ ܒܡ̈ܛܠܠܐ ܡܣܩܘܢܝܢ[49] ܡ̈ܥܕܪܝܢ ܐܢܬܘܢ.
ܒܙܘܕ̈ܐ ܕܡܢ ܩܕܝܡ ܐܝܬ ܠܟܘܢ ܚܒܪܐ ܡܥܕܪܝܢ ܐܢܬܘܢ.
ܘܐܝܟ[50] ܕܡܢ ܡܫܠܡܢܘܬܐ[51] ܕܐܒܗܝܟܘܢ ܢܛܪܝܢ ܠܗ ܠܥܝܕܐ
ܠܗܢܐ ܚܕܐ. ܕܐܦܝܣܩܘܦܐ ܕܠܟܘܢ ܛܘܒܢܐ ܣܘܛܝܪ. ܠܘ
ܒܠܚܘܕ ܢܛܪ ܢܛܪܗ̇. ܐܠܐ ܐܦ ܡܘܣܦ ܝܬܝܪ ܠܡܗܘܒܬܐ 𝔄 300
ܕܡܫܬܕܪܐ ܗܘܬ ܠܩܕ̈ܝܫܐ. ܘܒܡ̈ܠܐ ܛܒ̈ܬܐ ܡܒܝܐ ܗܘܐ
11 ܠܐܚ̈ܐ ܕܣܠܩܝܢ ܠܘܬܗ ܐܝܟ ܐܒܐ ܡܪܚܡܢܐ ܠܒܢ̈ܘܗܝ. ܘܒܗ̇
ܒܗܕܐ ܐܓܪܬܐ ܡܕܟܪ ܐܦ ܠܐܓܪܬܐ ܕܟܬܒ ܩܠܝܡܝܣ

[37] 𝔄 om. ܠܐ [38] 𝔄 sing. [39] A ܕܢܟܠܐ 𝔄 [illegible] = ܕܠܐ ܢܟܠܐ [40] A ܒܡܘܟܪ̈ܐ [41] In 𝔄 for [illegible] read [illegible] [42] A ܠܕܝܘܢܘܣܝܘܣ [43] A om. ܐܦ [44] A adds ܐܦ [45] A ܠܐܦܝܣܩܘܦܐ [46] A ܣܘܛܝܪ [47] A om. ܡ̈ܠܐ [47a] In 𝔄 read [illegible] [48] A ܘܠܡܥܕܪܘ [49] A 𝔄 ܡܣܩܘܢܝܘܢ [50] 𝔄 om. ܘ [51] Here a leaf is wanting in A

ܠܦܘܪܢܣܘܬܐ. ܘܡܦܩܕ̈ܝ ܕܐܝܟ ܕܡܢ ܐܒܗ̈ܐ ܡܫܠܡܐ ܥܝܕܐ ܠܟܘܢ ܥܠܘܗܝ
ܕܐܬܐ ܡܬܛܪܣܐ ܠܟܘܢ. ܐܦܢ ܗܫܐ. ܕܡܒܪܟܐ ܠܟ ܚܒܝܒ[52]
ܘܗܟܢܐ ܡܫܝܚܐ ܕܣܘܟܠܝ ܘܦܪܘܫ ܠܗ ܐܟܪܙܘܬܗ̇. ܗܘ ܕܐܦ.
(B fol. 92 b) ܒܟܠ ܙܒܢ ܩܠܐ ܕܒܗ ܦܪܝܫ ܐܝܟܢ ܒܗ̇ ܢܗܘܐ ܡܬܚܫܒܢ.
12 ܐܝܟ ܕܟܬܝܒ ܡܫܬܥܝܐ[53] ܕܐܬܬܥܝܕܬ ܠܝ ܡܢ ܩܠܝܠ. ܘܗܘ
ܕܝܢ ܒܗ ܗܘ ܥܠ ܐܓܪ̈ܬܗ[54] ܕܝܠܗ. ܥܠ ܕܗܕܝܘ ܒܗܝܢ[55] ܐܢܫܐ
ܐܓܪ̈ ܗܟܢܐ. ܕܐܓܪ̈ܬܐ ܠܟ ܐܦܝܣܩܘܦ ܐܚܪ̈ܢܐ ܕܐܬܟܬܒ
ܠܗܘܢ[56] ܘܐܬܬܒ. ܘܠܗܝܢ ܠܗܠܝܢ ܫܠܝܚܘܗܝ ܕܡܫܝܚܐ ܡܠܘ ܐܝܢ
ܙܝܙܢܐ. ܒܡܕܡ ܕܚܪ̈ܢܐ ܡܢܗܝܢ ܘܐܘܣܦܘ ܒܠܚܘܕ. ܕܠܗܘܢ
ܠܗܠܝܢ ܘܝܐ[57] ܢܛܪ ܠܗܘܢ. ܠܐ ܬܗܘܐ ܕܝܢ ܬܡܝܗܐ ܒܡܘܬܐ
ܐܢ ܐܦ ܒ̈ܬܟܒܘܗܝ ܕܡܪܢ ܥܒܠܘ ܐܢܫܐ. ܐܝܟܐ ܕܥܠ
ܐܝܠܝܢ ܕܠܐ ܗܘܐ ܡܟܝܠ ܐܬܬܥܝܪܝܢ ܒܒܙܘ ܢܦܠܐ. ܘܬܘܒ
ܐܚܪܬܐ ܐܓܪܬܐ ܐܝܬ ܠܗ ܠܟܪܘܣܘܦܘܣ ܕܟܬܒ[58] ܠܡܗܝܡܢܬܐ
ܚܬܐ ܡܗܝܡܢܬܐ ܕܒܗ̇ ܠܗܠܝܢ. ܘܡܫܝܢܬܐ ܕܚܠܬܐ ܕܚܘܒܐ
ܗܘܬ ܠܗ̇ ܡܦܝܣ ܗܘܐ ܠܗ̇. ܕܪܘܚܢܝܘܬܐ ܕܝܢ ܗܠܝܢ.

A 301 ܕܥܣܪܝܢ ܘܐܪ̈ܒܥܐ. ܥܠ ܬܐܘܦܝܠܘܣ ܐܦܣܩܘܦܐ ܕܐܢܛܝܘܟܝ.
ܘܥܠ ܦܝܠܝܦܘܣ ܘܥܠ ܡܘܕܣܛܘܣ.[1] ܘܥܠ ܡܠܝܛܘܢ ܘܥܠ ܐܝܠܝܢ
ܕܐܡܪܢ. ܘܥܠ ܐܦܘܠܝܢܪܝܣ ܘܥܠ ܡܘܣܢܘܣ ·:·

ܠܬܐܘܦܝܠܘܣ ܕܝܢ ܗܘ ܕܐܡܪܢ ܥܠܘܗܝ ܕܐܬܬܘܗܝ ܗܘܐ xxiv. 1
ܐܦܣܩܘܦܐ ܕܐܢܛܝܘܟܝܐ. ܬܠܬܐ[2] ܡܐܡܪܝܢ ܐܝܬ ܠܗ ܠܘܬ
ܐܘܛܘܠܘܩܘܣ. ܘܐܚܪܢܐ ܕܟܬܝܒ ܥܠܘܗܝ ܠܘܩܒܠ ܗܪܣܝܣ
ܕܗܪܡܘܓܢܣ. ܕܒܗ ܡܬܚܫܚ ܠܣܗܕܘܬܐ ܡܢ ܗܘ ܟܬܒܐ

[52] A ܚܒܝܒ̈ܝ [53] A adds *epistola* [54] A sing. [55] A sing.
[56] A om. ܠܗܘܢ [57] A adds *in aeternum* [58] A ܕܟܬܒܐ

Chap. XXIV. [1] A read ܕ for ܪ [2] A *et tres*

ܕܗܘܣܝܢ. ܘܐܚܪ̈ܢܐ ܟܬ̈ܒܐ ܐܝܬ ܠܗ ܕܡܥܠܝܢ ܠܬܠܡܝܕܘܬܐ.
2 ܐܝܠܝܢ ܕܝܢ[3] ܕܡܢ ܝܘܠܦܢܐ ܐܢܘܢ ܕܗܪ̈ܣܝܣ. ܐܦ[4] ܗܢܘܢ ܕܟܬܒ
ܒܕܡܘܬܐ ܕܙܝܙܢܐ ܡܚܒܠܝܢ ܗܘܘ ܙܪܥܐ[5] ܕܟܝܐ ܕܝܘܠܦܢܐ
ܕܫ̈ܠܝܚܐ. ܪ̈ܥܘܬܐ ܕܝܢ ܕܐܝܬ ܗܘܘ ܒܥܕ̈ܬܐ ܕܟܠ ܐܬܪ. ܐܝܟ
ܠܚܝ̈ܘܬܐ ܕܕܒܪܐ ܡܢ ܥܢܗ ܕܡܫܝܚܐ (B fol. 93 a) ܙܪܝܙܝܢ ܗܘܘ
ܠܗܘܢ. ܒܙܒܢ ܒܡܠܦܢܘܬܐ ܘܒܡܒܥܝܢܘܬܐ ܕܠܘܬ ܐܚ̈ܐ. ܒܙܒܢ ܕܝܢ
ܒܓܠܝܐܝܬ ܠܘܩܒܠ ܦܪ̈ܨܘܦܝܗܘܢ ܡܬܟܬܫܝܢ ܗܘܘ ܒܡܠܬܗܘܢ[6] ܒܕܪܫܐ
ܘܡܟܣܝܢ ܗܘܘ ܠܗܘܢ. ܬܘܒ ܕܝܢ ܐܦ ܒܟܬ̈ܒܐ ܕܡܐܡܪ̈ܐ. 𝔄 302
ܡܛܠ ܕܬ̈ܚܘܝܬܗܘܢ ܚܬܝܬܐܝܬ ܡܚܘܝܢ ܗܘܘ ܘܡܦܪܫܝܢ. ܗܘ 3
ܕܝܢ ܬܐܘܦܝܠܘܣ ܥܡ ܐܚܪ̈ܢܐ ܐܘܟܝܬ ܠܘܩܒܠܗܘܢ. ܡܚܘܐ ܕܝܢ
ܡܢ ܡܐܡܪܐ ܚܕ ܕܟܬܒ ܠܗ ܚܝܠܬܢܐܝܬ ܠܘܩܒܠ ܡܪܩܝܘܢ.
ܗܘ ܕܐܦ ܗܘ ܥܡ ܐܚܪ̈ܢܐ ܗ̇ܢܘܢ ܕܐܡܪܢܢ ܥܠܝܗܘܢ ܢܛܪ
ܗܘ.[7] ܘܡܢ ܟܬܒܗ ܕܗܢܐ ܡܛܠ ܡܫܡܫܢܘܬܗ ܐܦܝܣܩܘܦܘܬܐ
ܕܥܕܬܐ ܕܐܢܛܝܘܟܝܐ. ܕܐܝܬܘܗܝ ܗܘܐ ܫܒܝܥܝܐ ܡܢ ܒܬܪ
xxv. ܫ̈ܠܝܚܐ. ܦܝܠܝܦܘܣ ܕܝܢ ܗܘ ܕܝܠܦܝܢ ܚܢܢ ܡܢ ܡ̈ܠܘܗܝ
ܕܕܝܘܢܘܣܝܘܣ ܐܦܝܣܩܘܦܐ ܕܩܘܪܢܬܘܣ: ܕܐܝܬܘܗܝ ܗܘܐ
ܐܦܝܣܩܘܦܐ ܕܥܕܬܐ ܕܓܘܪܛܘܢܐ ܕܒܩܪܝܛܐ. ܐܦ ܗܘ ܟܬܒ
ܡܐܡܪܐ ܠܘܩܒܠ ܡܪܩܝܘܢ ܚܦܝܛܐܝܬ.[8] ܐܦ ܐܝܪܢܐܘܣ
ܘܡܘܕܣܛܘܣ: ܗܘ ܕܝܬܝܪ ܡܢ ܐܚܪ̈ܢܐ ܦܪܫ ܠܘܩܒܠ ܛܥܝܘܬܗ 𝔄 303
ܕܗܢܐ ܓܒܪܐ. ܘܐܚܪ̈ܢܐ ܣ̈ܓܝܐܐ ܕܡܐܡܪ̈ܝܗܘܢ ܢܛܝܪܝܢ ܠܘܬ
xxvi. 1 ܐܚ̈ܐ ܣ̈ܓܝܐܐ ܥܕܡܐ ܠܗܫܐ. ܒܗܢܐ ܕܝܢ ܙܒܢܐ ܐܦ ܡܠܝܛܘܢ
ܐܦܝܣܩܘܦܐ ܕܥܕܬܐ ܕܣܪܕܣ. ܘܐܦܘܠܝܢܪܝܣ ܐܦܝܣܩܘܦܐ[9] ܕܥܕܬܐ

[3] 𝔄 om. ܕܝܢ [4] 𝔄 om. ܐܦ [5] 𝔄 plur. [6] 𝔄 om. ܒܡܠܬܗܘܢ
[7] 𝔄 om. the clause ܗܘ ܕܐܦ ܗܘ......ܢܛܪ ܗܘ [8] 𝔄 *magna cura* [9] With this word the text of A recommences, fol. 80 *a*

ܕܐܪܝܣܛܘܒܘܠܘܣ[10] ܡܫܬܡܗܬ ܒܫܡܝܢ ܗܘܐ. ܕܗܢܘܢ ܒܚܕܘ ܡܛܘܡ
ܒܪܢܫܐ ܥܠ ܟ̈ܠܗ ܡܫܡܠܝܘܬܐ ܚܕ ܚܕ ܡܢܗܘܢ ܩܢܐ ܠܗ̇.
ܘܦܪܫܘ ܠܡܠܟܐ ܕܬ̈ܫܡܫܬܐ ܕܐܝܬ ܗܘܐ ܒܗܘܢ ܘܟܠܢܐ.
2 ܡܫܡ̈ܫܢܘܗܝ ܕܝܢ ܕܗܠܝܢ ܐܠܝܢ ܕܐܡܪܢ[11] ܡܢ ܐܢܘܢ ܗ̇ܢܘܢ
ܗܠܝܢ. ܕܡܠܝܠܝܢ ܥܠ ܦܘܫܩ ܬܪ̈ܝܢ. ܘܥܠ ܕܡܕܒܪ (B fol. 93 b) ܘܥܠ
ܢܦܫܐ. ܘܐܚܪܢܐ ܥܠ ܕܘܒܪ̈ܐ ܘܐܚܪܢܐ ܥܠ ܫܘܥܒܕܐ.[12] ܘܬܘܒ
ܐܚܪܢܐ[13] ܥܠ ܡܫܡܠܝܘܬܗ[14] ܕܒܪ ܐܢܫܐ[14a] ܘܐܚܪܢܐ ܥܠ ܓܠܝܬܗ.
ܘܬܘܒ ܐܚܪܢܐ ܥܠ ܡܥܒܕ ܐܢܫܐ[15] ܕܡܫܡܠܝܘܬܐ. ܘܡܢ ܗܠܝܢ
ܥܠ ܢܦܫܐ ܘܦܓܪܐ. ܘܬܘܒ ܥܠ ܡܕܒܪܢܘܬܐ ܘܥܠ ܥܘܪ̈ܝ ܘܥܠ
ܡܫܡܠܝܘܬܐ. ܘܥܠ ܡܘܠܕܗ ܕܡܫܝܚܐ ܘܥܠ ܡܠܬܐ ܕܒܝܘܬܗ.
ܘܬܘܒ ܥܠ ܢܦܫܐ ܘܦܓܪܐ. ܘܐܚܪܢܐ ܥܠ ܐܘܪܚܐ ܕܬܘܪܬ ܬ̈ܫܡܫܬܐ[16]
ܘܥܠ ܗܝܠܢܝ ܘܥܠ ܠܒܘܫܗ ܕܡܫܝܚ. ܘܬܘܒ ܐܚܪܢܝ ܥܠ ܐܠܗܐ
ܕܠܒܪ ܦܓܪܐ. ܘܬܘܒ ܐܚܪܢܝ ܕܥܠ ܠܐܪܝܣܛܘܒܘܠܘܣ ܡܠܟܐ.
3 ܗܢ ܕܝܢ[17] ܟܬܒ̈ܐ ܡܠܠ ܘܟܠܢܐ ܕܦܝܠܘܢ ܘܥܒܪ̈ܝ ܕܢܟܬܒ[18] ܐܘܕܥ
ܗܠܝܢ. ܕܒܪ̈ܝܢܘܗܝ ܕܐܘܪܫܠܡ ܦܠܘܣ. ܐܘܣܛܦܛܪܐ ܕܐܣܝܐ
ܐܝܟܢܐ ܐܓܪܝܦܐ.[19] ܘܦܘܬ ܟܬܒܐ ܗܝܠܢܝܬܐ[20] ܕܠܒܪ̈ܢܫܐ ܥܠ
ܦܘܫܩ ܕܡܫܬܘܕܥܐ ܒܝܘܡ ܕܝܢ ܒܢܘܗܝ ܘܡܬ̈ܝܒܐ ܘܐܬܬܟܒ
4 ܗܠܝܢ. ܠܗ ܕܝܢ ܠܗܢܐ ܡܐܡܪܐ. ܡܗܕܪ ܠܗ[21] ܘܠܡܟܒܫ
ܐܠܟܣܢܕܪܐ[22] ܒܡܐܡܪܐ ܕܠܗ ܕܐܟܬܒ ܥܠ ܦܘܫܩ ܘܐܡܪ.
ܕܐܝܟ ܕܗܘ ܥܠܬܐ ܕܡܐܡܪܗ ܕܡܠܠܬܗܘܢ ܐܚܪܢܐ ܐܦ ܗܘ.
5 ܒܗܘ ܕܝܢ ܡܐܡܪ ܒܪܘܫܐ ܕܡܠܟ[22a] ܠܐܘܦܘܪܘܦܛܝܢ.[23] ܕܐܝܟ ܗܠܝܢ

𝔄 304

[10] A ܕܐܪܝܣܛܘܒܘܠܘܣ [11] A ܕܝܠܝ [12] 𝔄 plur. [13] A ܘܐܚܪܢܐ [14] A ܕܡܫܡܠܝܘܬܐ [14a] In 𝔄 read [illegible] [15] 𝔄 *de obedientia* [16] 𝔄 = ܢܡܘܣܐ ܩܕܫܐ [17] 𝔄 om. ܕܝܢ [18] A ܕܢܟܬܘܒ [19] 𝔄 om. this name [20] A ܗܝܠܢܝܬܐ [21] 𝔄 has *et* for ܠܗ [22] 𝔄 adds *et* [22a] In 𝔄 read *km* [23] A ܠܐܘܦܘܪܘܦܛܝܢ

ܡܫܬܟܚܐ ܕܩܘ̈ܡܘܣ[24] ܡܢܗ ܠܥܡܐ ܕܝܠܟ. ܕܡܕܡ ܠܡ ܕܡܬܚܬܡ
ܠܐ ܗ̤ܘܐ. ܗܫܐ ܡܬܪ̈ܕܦ ܠܓܢܣܐ ܕܕܚ̈ܠܘܗܝ ܕܐܠܗܐ
ܒܦܘ̈ܩܕܢܐ ܚ̈ܕܬܐ ܒܐܣܝܐ. ܡ̈ܠܠ ܦܪ̈ܝܐ ܓܝܪ ܘܪ̈ܚܡܝ ܩܢ̈ܝܢܐ[25]
ܕܐܚ̈ܪܢܐ ܗ̇ܢܘܢ ܕܕܠܐ ܬܘܣܦܬܐ ܐܢܘܢ. ܒܥܠܬܐ ܕܐܝܬ
ܠܗܘܢ ܦܘܩܕ̈ܢܐ[26] ܓܠܝܐܝܬ ܡܚܠܨܝܢ ܘܒܙܙܝܢ ܒܠܠܝܐ ܘܒܐܝܡܡܐ.[27]
6 ܠܐܢܫܐ ܕܡܕܡ ܠܐ ܐܣܟܠܘ. ܘܒܬܪ ܐܣܬܥܪܬ ܐܡܪ ܗܘܬ.
ܕܐܢ ܐܝܬ ܠܡ (B fol. 94 a) ܒܦܘܩܕܢܟ ܕܡܬܥܒܕܐ ܗܕܐ: ܠܦܐܝܬ ܐܦ
ܡܫܬܒܪ̈ܢܐ. ܡܠܟܐ ܓܝܪ ܟܐܢܐ ܠܐ ܡܬܚܫܒ ܡܬܪܥܐ ܡܕܡ
ܥܘܠܐܝܬ. ܐܦ[28] ܐܢܚܢܢ ܚܕܝܐܝܬ ܡܣܝܒܪܝܢ[29] ܐܝܩܪܗ[30] ܕܗܢܐ
ܡܘܬܐ. ܗܕܐ ܕܝܢ ܒܥܘܬܐ ܡܦܝܣܝܢ[31] ܠܟ ܒܠܚܘܕ. ܕܐܢܬ
ܬܚܙܐ ܐܢܘܢ ܡܕܡܝܢܝܬ[32] ܠܦ̈ܠܚܘܗܝ[33] ܕܗܢܐ ܚܪܝ̈ܢܐ ܘܬܕܘܢ
ܒܐܢܘܬ:[34] ܕܐܢ ܙܕܩ ܠܡܘܬܐ ܘܠܡܣܒܠ ܒܝ̈ܫܬܐ. ܐܘ ܠܚܝ̈ܐ
ܘܠܢܝܚܐ. ܐܢ ܕܝܢ ܡܢܟ ܠܐ ܐܬܝܗܒ ܗܢܐ ܓܘܢܝܐ ܘܗܢܐ
ܦܘܩܕܢܐ ܚܕܬܐ: ܕܠܐ ܝܐܐ[35] ܕܢܬܦܩܕ ܗܟܢܐ ܐܦܠܐ ܠܘܬ 𝔄 305
ܒܪ̈ܒܪܝܐ ܒܥܠܕܒܒ̈ܐ. ܡܬܟܫܦܝܢܢ ܚܢܢ ܐܟܚܕ[36] ܡܢܟ ܕܠܐ
7 ܬܗܡܝܐ ܡܢ ܒܗܢܐ ܕܘܒܪܐ ܕܡܢ ܒܠܥܡܐ ·:· ܒܬܪ ܗܠܝܢ
ܕܝܢ ܐܡܪ. ܕܦܝܠܣܘܦܘܬܐ ܠܡ ܕܝܠܢ ܡܩܕܡܐܝܬ ܒܝܬ ܒܪ̈ܒܪܝܐ
ܐܬܝܠܕܬ. ܫܘܚܬ ܕܝܢ ܐܦ ܒܥܡܡܐ ܕܝܠܟ ܒܝܘ̈ܡܬܗ ܕܐܓܘܣܛܘܣ.
ܘܦܪܚܬ ܠܡܠܟܘܬܐ[37] ܕܪ̈ܗܘܡܝܐ ܠܫܘܦܪܐ ܪܒܐ. ܘܗܘܬ ܐܝܬ[38]
ܠܡܠܟܘܬܟ ܕܝܠܟ ܬܘܕܝܬܐ[39] ܠܛܒܬܐ. ܡܢ ܗܘ ܕܒܗ ܓܝܪ ܪܒܐ
ܘܡܬܝܬܪ ܐܘܚܕܢܐ ܕܪ̈ܗܘܡܝܐ. ܗܘ ܕܐܢܬ ܩܒܠܬܗܝ

[24] 𝔄 adds *mala* [25] A ܘܩܢܝܢܐ [26] A fol. 80 b [27] A ܘܒܐܝܡܡܐ
[28] A ܘܐܦ [29] A ܡܣܝܒܪܝܢ ܚܢܢ [30] In 𝔄 for [illegible] read [illegible]
[31] A ܡܦܝܣܝܢ [32] A ܡܕܡܝܢܬ [33] In 𝔄 for [illegible] read [illegible]
[34] A ܒܐܢܘܬ [35] 𝔄 *quod non dictum est* [36] A ܡܬܟܫܦܝܢ ܚܢܢ
[37] 𝔄 = ܡܠܟܘܬܐ [38] A ܘܗܘܬ [39] 𝔄 = ܠܬܘܕܝܬܐ

ܘܐܪܬܚܬܗܝ. ܘܫܪܝ ܬܬܒܢܝܘܗܝ ܥܡ ܒܪܘܚ.[40] ܟܕ ܢܦܠ ܐܝܬ
ܠܗ ܦܠܣܘܦܘܬܐ[41] ܕܪܘܚܐ ܥܡ ܡܠܠܘܬܗܘܢ ܕܫܪܝܪܬ ܡܢ
ܐܟܠܣܛܝܩܝ.[42] ܗܘ ܕܐܝܟ ܐܒ̈ܗܝܢ ܡܢ ܫܘܪܝܐ ܕܕܫ̈ܠܡܬܐ
8 ܐܢܫ̈ܝܢܬܐ ܐܦ[43] ܠܗ ܫܡܥܘ.. ܘܬܘܣܝܬܐ ܪܒܬܐ ܗܘܐ ܗܘ̣ܝ.
ܕܠܗܘܢ ܕܡܠܠܘܬܗ ܥܒܝܕܬ ܡܟܪܬܐ ܕܝܠܗ ܡܢ ܥܒܘܪܗ ܠܡ̈ܠܐ.
ܕܐܝܟ ܕܡܢ ܩܕܡ ܐܟܠܣܛܝܩܘܣ ܡܕܡ ܕܟܢܫ ܠܗ ܐܠܐ ܐܪܚܗ
ܠܡܠܠܘܬܗܘܢ̈. ܐܠܐ ܡܬܐܪܬ ܒܡܠܠܗܘܢ ܡܬܕܒܢܐ ܘܡܬܒܣܪܢܐ
9 (B fol. 94 *b*) ܒܓ̈ܠܘܬܐ ܕܒܗܠ. ܘܡܢ ܟܠܗܘܢ ܡ̈ܠܟܐ ܕܗܘܘ ܒܐܪܘܢ
𝔄 306 ܘܕܡܬܠܒܢܘܢ ܒܠܒܗܘܢ ܐܬܦܠܣܘ[44] ܠܐܢܫܐ ܢܦܫܬܐ. ܘܡܟܠܐ
ܡܟܐܠ ܡܢܗܐ ܥܠ ܡܠܘܐܐ ܕܝܠܗ. ܘܡܗܝܡܢܘܢ ܡܢ ܗܠܝܢ ܐܝܟ
ܕܡܢ ܚܝܠܐ ܕܠܐ ܡܬܚܫܒܬܐ[45] ܓܕ̈ܝܪ. ܕܢܬܚܒܠ ܒܫܘܒܢܐ[46] ܕܕ̈ܓܠܘܬܐ
10 ܟܠܝܢ. ܐܠܐ ܕܝܢ ܠܒܝܫܘܬܗܘܢ ܕܫ̇ܘܒܝ ܐܒ̈ܗܝܢ ܕܝܠܢ
ܐܬܦܢܝܘܗ̇. ܘܟܬ̈ܒܐ ܒܪ ܡܫܝܚ̈ܝܬܐ ܠܦܪ̈ܘܓܝܐ ܐܓܙܪ ܒܥܒ̈ܕܘܬܐ.
ܠܐܝܠܝܢ[47] ܕܓܠܒ ܕܡܚܪܝܢܘܢ ܘܢܥܝܩܘܢ[48] ܡܛܠ ܗܕܐ.[49] ܗܟܢ
ܕܝܢ ܗܕܪܝܢܘܣ ܠܦܪ̈ܘܓܝܐ ܟܬܒ[50] ܡܛܠ ܗܕܐ. ܐܦ ܠܦܘܢܕܝܢܘܣ[51]
ܐܢܬܘܦܠܐ ܕܐܡܣܝܐ. ܐܝܟܢ ܕܝܢ ܡܛܠܬܗܘܢ ܟܬܒ ܠܡܕܝܢ̈ܬܐ[52]
ܕܠܐ ܐܢܫ. ܢܗܪ̈ܘܢ. ܟܕ ܐܦ[53] ܐܝܬ ܒܗܘܢ ܡܕܒܪ ܗܘܝܬ
ܒܡܕܡ. ܐܦ ܠܦܪ̈ܘܓܝܐ ܘܠܬܩܠܣܝܩܝܐ[54] ܘܠܐܬܝܣܘܣ ܘܠܟܠܗ
11 ܒܡܕ̈ܝܢܢ. ܟܠܝܢ ܕܝܢ ܡܗܝܡܢܝ ܕܗܕܪ ܡܢ ܗܢܘܢ ܐܝܬ ܠܝ

[40] 𝔄 ܒܪ̈ܘܚ [41] A ܦܠܣܘܦܘܬܐ [42] A ܐܩܠܣܝܛܝܣ. The following word in 𝔄 should be *qop* [43] 𝔄 om. ؛ ܡܢܚܐ and ܐܦ ܐܢܫ̈ܝܢܬܐ [44] A ܗܘܢ ܒܠܒܗܘܢ ܕܡܬܦܠܣܝܢ ܐܬܦܠܣܘ [45] 𝔄 *sine iure* [46] 𝔄 *testimonium* [47] A fol. 81 *a* [48] 𝔄 *qui ausi sunt et voluerunt vexare* [49] 𝔄 joins ܡܛܠ ܗܕܐ to the next clause, in which ܗܟܢ is rendered *adversatus est* [50] 𝔄 *et scripsit* [51] A ܐܦܘܢܕܝܢܘܣ 𝔄 *ad Pondinum* (omitting ܐܦ) [52] 𝔄 *ad omnes urbes* [53] 𝔄 om. ܐܦ [54] A ܠܟܠܗܘܢ ܘܠܐܩܠܣܝܩܝܐ

ܬܪܥܝܬܐ ܠܗܘܬܐ ܥܠ ܗܠܝܢ. ܘܡܬܦܝܣܝܢ[55] ܕܬܬܪܐܝܬ[56] ܠܡܥܒܕ
ܒܫܠܡܘܬܐ ܦܫܛ ܐܝܬ ܡܕܡ ܕܒܥܝܢ ܡܢܟ. ܗܠܝܢ ܕܝܢ ܒܡܐܡܪܐ
12 ܠܗܪܟܐ ܐܬܬܣܝܡܝܢ[57] ·:· ·:· ܒܠܘܩܛܐ ܕܝܢ ܕܥܒܝܕܝܢ ܠܗ ܗܘ
ܠܡܠܝܛܘܢ. ܒܗ ܒܫܘܪܝܐ ܒܗܘܢ. ܪܫܡ ܡܢܝܢܐ ܕܟܬ̈ܒܐ 𝔄 307
ܕܕܝܬܝܩܐ ܥܬܝܩܬܐ ܗܢܘܢ ܕܐܝܬ ܡܬܡܠܝܢ. ܕܡܠܐ ܕܢܫܬܪܪ[58]
13 ܐܢܘܢ ܗܪܟܐ. ܟܬܒ ܕܝܢ ܗܟܢܐ ·:· ·:· ܡܠܝܛܘܢ ܠܐܢܣܝܡܘܣ
ܐܚܝ[59] ܫܠܡ. ܡܛܠ ܕܙܒ̈ܢܬܐ ܣܓܝ̈ܐܬܐ[60] ܐܬܒܣܡܬ ܒܚܦܝܛܘܬܐ
ܕܐܝܬ ܠܟ ܡܛܠ ܡܠܬܐ: ܕܐܬܥܒܕ ܠܟ ܠܘܩܛܐ ܡܢ ܢܡܘܣܐ
ܘܡܢ ܢܒ̈ܝܐ ܥܠ ܦܪܘܩܢ ܘܥܠ ܟܠܗ ܗܝܡܢܘܬܢ: ܘܬܘܒ ܐܦ ܨܒܝܬ
ܕܬܐܠܦ ܥܠ ܟܬ̈ܒܐ ܥܬ̈ܝܩܐ ܫܪܝܪܐܝܬ ܕܟܡܐ ܐܝܬ ܗܘܝܢ
ܒܡܢܝܢܐ ܘܐܝܟܢ ܣܝܡܝܢ (B fol. 95 *a*) ܐܢܘܢ ܒܬܪ ܒܬܪ. ܐܬܚܦܛܬ ܠܝ
ܕܐܦ ܗܕܐ ܐܥܒܕ. ܕܝܕܥ ܗܘܝܬ ܒܚܦܝܛܘܬܟ ܕܥܠ ܗܝܡܢܘܬܐ[61]
ܘܥܠ ܝܘܠܦܢܗ ܕܡܠܬܐ. ܕܝܬܝܪ[62] ܡܢ ܟܠܡܕܡ ܠܚܘܒܐ ܕܐܠܗܐ
14 ܡܬܚܪܐ ܐܢܬ. ܘܥܠ ܚܝ̈ܐ ܕܠܥܠܡ ܡܬܚܫܒ ܐܢܬ.[63] ܟܕ
ܣܠܩܬ ܗܟܝܠ ܠܡܕܢܚܐ: ܘܡܛܝܬ ܥܕܡܐ ܠܗ ܠܐܬܪܐ ܕܒܗ
ܐܬܟܪܙܘ ܘܐܬܥܒܕܘ:[64] ܘܝܠܦܬ ܒܚܬܝܬܘܬܐ ܥܠ ܟܬ̈ܒܐ ܕܕܝܬܝܩܐ
ܥܬܝܩܬܐ. ܫܕܪܬ ܘܟܬܒܬ ܐܢܘܢ[65] ܠܟ. ܕܐܝܬܝܗܘܢ ܫܡܗܝܗܘܢ
ܗܠܝܢ ·:· ܕܡܘܫܐ ܚܡܫܐ. ܒܪܝܬܐ ܘܡܦܩܢܐ. ܘܡܢܝܢܐ
ܘܕܟܗ̈ܢܐ[66] ܘܬܢܝܢ ܢܡܘܣܐ. ܘܬܘܒ ܝܫܘܥ ܒܪ ܢܘܢ. ܘܫܦܛܐ[67]
ܕܢܝ̈ܐ ܘܪܥܘܬ. ܘܡܠܟ̈ܐ ܐܪܒܥܐ. ܘܣܦܪ ܕܒܪܝܡܝܢ[68]

[55] A ܘܡܦܝܣܝܢ ܚܢܢ [56] A ܕܬܚܝܬ [57] A ܐܬܬܣܝܡ 𝔄 om.
[58] In 𝔄 read *արժան է կարգել*. [59] A ܠܐܚܘܢ ܐܢܣܝܡܘܣ [60] A ܣܓܝܐܬܐ
[61] A ܗܝܡܢܘܬܐ [62] A ܝܬܝܪ [63] 𝔄 omits the clause ܘܥܠ ܐܦܝ.....ܡܬܚܫܒ ܐܢܬ
[64] A ܐܬܟܪܙܘ ܘܐܬܥܒܕܘ [65] 𝔄 om. ܐܢܘܢ [66] A ܘܕܟܗ̈ܢܐ ܘܡܢܝܢܐ. 𝔄 *Levitarum et Numeri* [67] 𝔄 om. ܘ [68] 𝔄 *et liber* Παραλειπομένων

ܛܘܪ. ܘܡܙܡܘܪܐ ܕܕܘܝܕ. ܘܕܫܠܝܡܘܢ. ܡ̈ܬܠܐ ܕܩܕܝܫ[69] ܘܚܟܡܬܐ
𝔄 308 ܘܩܘܗܠܬ ܘܫܝܪܬ ܫܘܒ̈ܚܬܐ. ܘܐܝܘܒ. ܘܕܢ̈ܒܝܐ.[69a] ܐܫܥܝܐ
ܘܐܪܡܝܐ.[70] ܘܬܪܥܣܪ ܢ̈ܒܝܐ ܐܚܪ̈ܢܐ. ܘܕܢܝܐܝܠ ܘܚܙܩܝܐܝܠ[71]
ܘܥܙܪܐ. ܕܟܬܒܗܘܢ ܡܢ ܗܠܝܢ ܟܬܒܬ ܠܘܩܒܠܐ ܘܗܦܟܬ ܟܬܒܬܐ[72]
ܒܐܡܪܝܢ. ܗܠܝܢ ܟܠܗܝܢ[73] ܕܡܠܝܠܝܢ. ܘܬܘܒ[74] ܐܦ ܕܐܦܘܠܝܢܪܝܘܣ[75] xxvii.
ܒܐܡܪܐ ܩܕܡܝܐ ܐܝܟ ܕܡܬܚܙܝܢ ܠܘܬ ܦܪܝܣܐ. ܐܝܠܝܢ ܕܝܢ[76]
ܕܝܗܒ ܠܝ ܐܢܬܘܢ ܗܠܝܢ. ܚܕ ܕܟܬܒ ܒܪܘܚܐ. ܗܘ ܕܒܟܬܒ
ܠܗ ܠܘܬ ܗܢܐ ܡܠܟܐ ܕܦܪܣܝܢ ܐܡܪܝܢ ܒܠܗܘܢ. ܘܠܘܩܒܠ
ܣܦܪ̈ܐ ܚܢܦܐ. ܘܠܘܩܒܠ ܡܩܪ̈ܒܝ ܛܘܪ. ܘܐܝܠܝܢ ܕܡܢ ܒܛܘܪ
ܗܢ ܚܠ ܡܪܩܘܣ ܕܦܪܘܓܢܐ[77] ܕܒܗ ܢܣܬܐܬ ܥܕܡ ܥܠܠ
ܘܟܢܫ. ܕܗܢܘܢ ܓܒܪ ܗܘܐ ܡܫܝܚܘܣ ܥܡ ܢܫܐ ܢܒܝ̈ܬܐ
ܕܓܠܬܐ[78] ܕܢܣܒ ܗܘܘ. ܠܗ ܠܡܫܠܐ ܡܢ ܥܪܪܐ

𝔄 309 ܕܡܛܠ ܘܣܡܥܐ ܥܠ ܡܪܩܘܣ[1] ܕܛܛܝܢܘܣ[2]

ܘܩܘܣܛܘܣ[3] ܕܝܢ ܗܘ ܕܡܫܝܚܝܢܘܬܗ[4] (B fol. 95 b) ܥܡ ܗܘܢ xxviii.
ܕܢܣܒܢ. ܐܝܬ ܠܗ ܒܐܡܪܐ ܕܟܬܒ ܠܗ[5] ܠܘܬ ܐܢܫܐ. ܕܓܠܐ
ܗܘܘ ܠܡܪܩܘܣ ܕܬܘܪܐ ܕܐܢܛܝܠܝܐ ܠܡܦܢܝܘ ܐܢܘܢ
ܠܥܪܪܐ. ܕܗܢܘܢ ܗܘ ܥܒܪܬ ܠܡܬܘܢܘ. ܘܠܡܠܠ ܠܟܠܡܐ ܡܢܢ
ܒܪܢܫܐ ܕܓܠܐ ܘܠܡܪܐ ܘܡܫܠܐ. ܡܬܐܡܪܐ ܕܝܢ ܡܠܬܐ.

[69] A ܕܗܘܝ ܕܫܠܝܡܘܢ ܘܡ̈ܬܠܐ 𝔄 does not render ܕܩܕܝܫ but for ܚܟܡܬܐ has *Sapientiae* (genit.) [69a] 𝔄 om. ܕ [70] 𝔄 places ܘܐܪܡܝܐ after ܢ̈ܒܝܐ [71] 𝔄 places ܘܕܢܝܐܝܠ after ܘܚܙܩܝܐܝܠ A ܟܬܒܐ [72] 𝔄 om. ܒܟܬܒܐ [73] A ܟܠܗܘܢ [74] A ܬܘܒ [75] A ܕܐܦܘܠܝܢܪܝܣ [76] A fol. 81 b A ܕܦܪܘܓܝܐ [77] 𝔄 *cum mulieribus et falsis prophetis*

Chap. XXV. [1] A ܡܪܩܘܣ [2] For ܛܛܝܢܘܣ 𝔄 has *Tetrianos* throughout the chapter [3] B orig. ܘܦܝܣܛܘܣ A ܦܝܣܛܘܣ 𝔄 has genitive [4] A ܕܡܫܝܚܝܢܘܬܗ [5] 𝔄 om. ܠܗ

xxix. 1 ܕܠܗܕܐ ܠܛܥܝܘܬܐ ܫܠܝܬܐ ܕܫܘܪܝܗ̇ ܛܛܝܢܘܣ ܗܘܐ. ܗܘ ܕܩܕܡ
ܠܥܠ ܐܝܬܝܢ ܡܢ ܡ̈ܠܘܗܝ ܕܐܡܪ ܡܛܠ ܝܘܣܛܝܢܘܣ[5a] ܣܗܕܐ
ܬܡܝܗܐ. ܘܐܫܬܥܝܢ[6] ܕܠܘܬܗ ܕܬܠܡܝܕܗ ܗܘܐ. ܡܘܕܥ ܕܝܢ ܥܠ
ܗܕܐ ܐܝܪܢܐܘܣ[7] ܒܡܐܡܪܐ ܩܕܡܝܐ ܕܟܬܒ ܠܗ ܠܘܩܒܠ 𝔄 310
ܗܪܣܝܣ.[8] ܥܠܘܗܝ ܥܠ ܛܛܝܢܘܣ. ܘܥܠ ܗܪܣܝܣ[8] ܕܝܠܗ. ܘܟܬܒ
2 ܗܟܢܐ ·܀····· ܕܡܢ ܒܬܪ ܣܛܘܪܢܝܠܘܣ[9] ܠܡ ܘܡܪܩܝܘܢ ܗܢܘܢ Adv Haer i 28, 1
ܕܡܬܩܪܝܢ ܐܢܩܪܛܝܛܐ.[10] ܐܟܪܙܘ ܘܐܣܠܝܘ ܙܘܘܓܐ ܘܟܠܝܢ
ܠܒܪܝܬܗ ܘܡܕܒܪܢܘܬܐ ܕܐܠܗܐ ܘܡܣܩܝܢܘܬܐ[11] ܡܨܥܪܝܢ ܠܗܘ
ܕܥܒܕ ܕܟܪܐ ܘܢܩܒܬܐ ܠܡܘܠܕܐ ܕܒ̈ܢܝ ܐܢܫܐ. ܘܟܠܝܢ ܕܢܬܐܟܠ
ܐܢܫ ܡܢ ܡܐ̈ܟܠܬܐ ܕܟܠ ܡܕܡ ܕܐܝܬ ܒܗ ܢܦܫܐ. ܘܦܠܛܝܢ
ܡܘܟܠ ܛܝܒܘܬܐ ܕܐܠܗܐ ܒܥܒܕܐ ܕܟܠ. ܘܡܢܟܪܝܢ ܠܘܩܒܠ
3 ܦܘܪܩܢܗ ܕܒܪ ܐܢܫܐ[12] ܕܐܬܓܒܠ ܩܕܡܝܐܝܬ.[13] ܗܕܐ[14] ܗܫܐ ܗܘ
ܐܬܚܕܬ ܠܘܬܗܘܢ. ܕܡܩܕܡܝܐܝܬ[15] ܛܛܝܢܘܣ ܐܟܠܗ ܠܗܢܐ
ܠܒܘܙܚܐ. ܗܘ ܕܐܬܝܗܘܢ ܗܘܐ ܬܠܡܝܕܗ ܕܝܘܣܛܝܢܘܣ. ܘܟܡܐ
ܕܠܗ ܢܦܩ ܗܘܐ. ܡܕܡ ܕܗܕܢܐ ܠܐ ܚܙܐ. ܡܢ ܒܬܪ ܕܝܢ
ܣܗܕܘܬܗ[16] ܕܗܘ ܐܪܚܩ ܗܢܐ ܡܢ ܒܕܬܐ ܕܐܬܪܝܡ ܘܐܬܚܬܪ:
ܕܥܒܕ[17] ܒܪܥܝܢܗ ܕܢܗܘܐ ܡܠܦܢܐ ܐܝܟ ܡܝܬܪ ܡܢ ܐܚܪ̈ܢܐ.[18]
ܘܥܒܕ ܠܢܦܫܗ ܦܘܡܐ ܕܝܘܠܦܢܐ ܐܚܪܢܐ. ܘܐܫܬܥܝ ܫ̈ܘܥܝܬܐ
ܐܦ ܗܘ ܒܕܡܘܬܗܘܢ (B fol. 96 a) ܕܗܢܘܢ ܕܒܝܬ ܘܠܢܛܝܢܘܣ.
ܕܥ̈ܠܡܐ[19] ܠܡ ܕܠܐ ܡܬܚܙܝܢ. ܘܦܪܣܝ ܠܙܘܘܓܐ ܚܒܠܐ ܘܙܢܝܘܬܐ
ܒܕܡܘܬܗ ܕܡܪܩܝܘܢ ܘܣܛܘܪܢܝܠܘܣ.[20] ܘܐܝܟ ܠܘܩܒܠ ܦܘܪܩܢܗ

[5a] A ܝܘܣܛܝܢܘܣ [6] A ܕܐܬܬܠܡܕ [7] A ܐܝܪܢܐܘܣ [8] A ܗܪܣܝܣ
[9] A ܣܛܘܪܢܝܠܘܣ [10] A ܐܢܩܪܛܝܛܐ [11] A ܘܡܣܩܝܢܘܬܐ [12] A ܕܒܪܢܫܐ
[13] A ܡܩܕܡܝܐܝܬ [14] A 𝔄 ܘܗܕܐ [15] A ܘܡܩܕܡܝܐܝܬ [16] A ܣܗܕܘܬܗ ܕܝܢ
[17] 𝔄 *et putabat* [18] A ܢܬܝܪ [19] 𝔄 = ܘܥ̈ܠܡܐ [20] A ܘܣܛܘܪܢܝܠܘܣ

4 ܕܐܡܪ. ܗܠܝܢ ܓܝܪ ܐܬܐܡܪܘ[21] ܀ ܒܬܪ ܙܒܢܐ ܕܝܢ ܩܠܝܠ.[22]
𝔄 311 ܒܬܪܗ ܚܕ ܕܒܢܘܗܝ ܗܘܐܪܘܣ[23] ܙܪܥܗ[24] ܠܗܕܐ ܗܪܘܕܣ.[24a] ܘܗܘܐ
ܚܠܦܐ ܠܐܒܘܗܝ ܕܡܬܬܠܡܕܝܢ ܒܗ: ܕܢܗܘܘܢ ܡܬܬܪܝܢ ܡܢ ܥܡܗ
5 ܘܣܐ̈ܘܢܝܐ.[25] ܡܬܬܥܝܩܝܢ ܕܝܢ ܗܘܘ ܗܠܝܢ ܒܟܢܘܫܝܐ ܘܒܢ̈ܝܢܐ
ܘܡܐܘܓܠܝܘܢ. ܘܐܝܟ ܪܒܢܘܗܝ ܡܬܬܪܓܡܝܢ ܠܗ ܠܡܣܠܝܘ
ܕܡܠܬܐ. ܡܬܚܝܪܝܢ ܕܝܢ ܒܠ ܦܘܠܘܣ. ܥܠܝܗ ܘܡܬܚܠܦܝܢ ܐܬ̈ܘܬܗ.
6 ܘܠܐ ܡܫܬܠܝܢ ܐܘܠܐ ܦܪܘܣܘܣ ܕܫ̈ܠܝܚܐ. ܗܘ ܕܝܢ ܗܘܐ
ܦܛܪܘܣ ܪܝܫܗܘܢ ܘܡܢܗܘܢ. ܒܢܝ ܘܬܠܬ ܘܫܒܥ ܐܘܢ̈ܓܠܝܘܢ
ܘܦܪܝܫܘ ܕܦܛܪܘܣ.[26] ܗܘܐ ܕܝܢ ܕܡܬܠܬܠܐ.[27] ܗܘܐ ܕܠܘܬ
ܩܠܝܡܐ ܒܒܪܐ ܠܡܕܝܢܬܐ ܐܬܐܘ̈ܗܝ. ܡܬܐܡܪ ܕܝܢ ܒܠܘܗܝ.
ܕܐܡܪܘ ܕܢܣܝܒ ܚ̈ܠܐ ܡܢ ܕܫ̈ܠܝܚܐ ܐܝܟ ܕܢܬܪܘܡ ܦܪܨܘܦܗ
7 ܕܡܠܬܐ. ܥܒܕ ܕܝܢ ܗܘ ܗܢܐ ܡܬܐܡܪܐ ܩܠܝܠܐ. ܕܡܢܗܘܢ
ܐܝܬ ܚܕ ܡܬܐܡܪܐ ܕܡܬܩܪܝܢܗ ܠܘܬ ܩܠܝܠܐ ܠܡܩܒܠ[28] ܚܝܪܐ.
ܕܗܘ ܐܡܪ ܠܡܬܒܥܘܬܐ ܕܗܘܘ ܒܝܬ ܫܘܦܐ ܡܢ ܪ̈ܒܢܐ ܕܐܘ̈ܪܚܐ.
ܘܥܡܗ ܕܦܪܝܫ ܠܚܠܡܘܢ ܡܬܒܥܐ ܘܢܩܫܐ[29] ܕܒܒܪ̈ܐ. ܕܗܘ[30] ܗܘܐ
ܡܬܐܡܪܐ ܡܬܚܙܝܐ ܕܡܕܝܢܬܐ: ܘܐܝܬ ܒܗ ܡܘܗܪܬܐ ܡܠܬܪ ܡܢ
ܟܠܗܘܢ ܡܬܐܡܪ̈ܘܗܝ. ܗܠܝܢ ܕܝܢ ܐܬܐܡܪ ܡܛܠ ܗܠܝܢ ܀ ܀

𝔄 312 ܕܡܫܪܝܢ ܘܬܒܥܐ. ܟܠ ܒܢ̈ܝܢܐ ܐܘܪܫܠܡ[1] ܘܥܠ ܡܬܐܡܪܐ
ܕܐܬܐ ܠܗ.

xxx. 1 ܟܠܗ ܕܝܢ ܟܠ ܡܠܘܐܬܗ ܕܐܘܪܫܠܡ. ܘܐܘܪܗܣ ܡܫܬܒܚܢ
ܗܘܘ ܗܪܘܕܣ.[2] ܘܒܬܪ[3] ܕܚܙܘܬܐ ܒܐܘܪܗܝ ܒܢ̈ܝܢܐ ܚܝܠܐ

[21] A ܐܬܐܡܪ ܠܟܘܢ. A fol. 82 a [22] 𝔄 adds *risus est* [23] A ܗܘܪܘܣ
[24] In 𝔄 for *[illegible]* read *[illegible]* [24a] A ܗܪܘܕܣ [25] A ܣܪ̈ܘܢܝܐ
𝔄 *[illegible] Atesaron* [27] 𝔄 *[illegible] mistionis* [28] A ܠܡܓܠ
[29] A ܕܢܩܫܐ [30] A ܗܘ
CHAP. XXVI. [1] 𝔄 om. ܐܪܥܢܐ [2] A ܗܪܘܕܣ [3] 𝔄 om. ܘ

ܕܡܕܝܢܬܐ:[4] ܕܠܫܢܐ ܐܪܡܝܐ ܡܗܝܪ ܗܘܐ ܛܒ: ܘܠܘܩܒܠ ܗ̇ܢܘܢ[5]
(B fol. 96 b) ܕܒܝܬ ܡܪܩܝܘܢ ܘܠܘܩܒܠ ܐܚܪܢܐ[6] ܕܡܫܚܠܦܝܢ ܒܠ
ܐܦ ܡ̈ܠܦܢܐ[7] ܕܦܠܓ̈ܘܬܐ ܗܘ ܒܡܠܬܗ. ܘܐܟܬܒܗ ܠܡܐܡܪܐ
ܒܠܫܢܐ ܕܝܠܗ. ܥܡ ܡܐܡܪ̈ܐ ܐܚܪ̈ܢܐ ܣܓܝ̈ܐܐ ܕܐܟܬܒ.[8] ܐܝܬ[8a]
ܗܘܘ ܠܗ ܕܝܢ ܡܕ̈ܒܪܐ ܣܓܝ̈ܐܐ[9] ܕܚܝܠܬܢ[9a] ܒܡܠܬܐ. ܘܗܢܘܢ
ܐܦܩܘ ܐܢܘܢ ܠܡܐܡܪ̈ܘܗܝ ܡܢ ܠܫܢܐ ܐܪܡܝܐ ܠܝܘܢܝܐ.
2 ܘܒܗܘܢ ܒܗܠܝܢ ܡܐܡܪ̈ܘܗܝ܆ ܐܝܬ ܕܪܫܐ ܕܐܡܪ ܠܗ ܕܘܪܐܒܐܬ
ܥܠ ܗܠܩܐ[10] ܕܐܟܬܒ ܠܐܢܛܘܢܝܢܘܣ. ܘܐܚܪ̈ܢܐ[11] ܣܓܝ̈ܐܐ ܐܡܪܝܢ
ܒܠܗܘܢ ܕܥܒܕ.[12] ܒܥܠܬܐ ܕܪܕܘܦܝܐ ܕܗܘܐ ܒܗܘ ܙܒܢܐ.
3 ܐܝܬܘܗܝ ܗܘܐ ܕܝܢ ܗܢܐ ܡܩܕܡܐܝܬ[13] ܒܝܘܠܦܢܗ ܕܘܠܢܛܝܢܘܣ.[14]
ܟܕ ܕܝܢ ܐܬܒܩܝ ܒܒܨܘܬܗ ܗܢܐ ܘܐܟܣ ܣܘܥܪ̈ܢܘܗܝ ܣܓܝ̈ܐܬܐ:[15]
ܘܐܬܦܢܝ ܗܘܐ ܕܐܝܟܢܐ ܗܘ ܡܢ ܢܦܫܗ[16] ܢܓܕܐ ܗܘܐ ܠܬܪܝܨܘܬܐ
ܕܡܗܝܡܢܘܬܐ. ܠܐ ܕܝܢ ܡܫܡܠܝܐܝܬ[17] ܓܠܐ ܡܢܗ ܨܐܬܐ ܕܗ̇ܝ
ܗܪܣܝܣ ܥܬܝܩܬܐ. ܗܝ ܒܗܢܐ ܕܒܢܝ ܐܬܚܙܝܬ[18] ܐܣܟܘܡܐ
ܕܒܪܬܐ ܕܪܘܗܡܐ.

ܫܠܡ ܣܦܪܐ ܕܐܪܒܥܐ ܕܬܫ̈ܥܝܬܐ ܕܥܕܬܐ[19]..

[4] A ܐܪܡܝܐ [5] A ܗܠܝܢ [6] A 𝔄 ܐܚܪ̈ܢܐ [7] 𝔄 sing. [8] 𝔄 om. ܕܐܟܬܒ [8a] B orig. ܐܝܬ 𝔄 -ܘܐܝܬ, omitting ܕܝܢ [9] A ܣܓܝ̈ܐܐ [9a] 𝔄 *et potentes erant* [10] A adds ܗܘ [11] A ܐܦ ܐܚܪ̈ܢܐ [12] A ܕܐܟܬܒ [13] A ܡܩܕܡܝܬ [14] A ܕܘܠܢܛܝܢܘܣ [15] A ܣܓܝ̈ܐܬܐ [16] A fol. 82 b [17] A ܡܫܡܠܝܐܝܬ [18] A ܐܬܬܚܝܢ [19] A om. ܕܥܕܬܐ ܕܬܫ̈ܥܝܬܐ, 𝔄 om. the whole subscription

·o:o· ·o:o· ·o:o·

ܪܝܫܐ ܩܕܡܝܐ. ܕܟܡܐ ܣܗ̈ܕܐ ܗܘܘ ܒܝܘܡܬܗ ܕܘܐܪܘܣ ܡܠܟܐ ܒܓܠܝܘܣ.[3] ܘܐܝܟܢܐ[4] ܘܡܛܠ ܐܝܟܢܐ[5] ܥܠ ܫܘܒ ܕܫܠܡ ܐܠܗܐ.

ܕܬܪ̈ܝܢ ܕܐܝܟܢܐ ܣܗ̈ܕܐ ܢ̈ܨܚܘܗܝ ܕܐܠܗܐ ܡܩܒܠܝܢ ܗܘܘ ܘܡܐܣܝܢ ܠܐܝܠܝܢ ܕܢܦܠܘ ܒܪܕܘܦܝܐ.

ܕܬܠܬܐ ܕܐܝܠܝܢ ܚܙܘܐ ܚܙܐ ܒܚܠܡܗ[10] ܐܛܛܠܘܣ ܣܗܕܐ.

ܕܐܪܒܥ ܕܐܝܟܢܐ ܡܫܒܚܝܢ ܗܘܘ ܣܗ̈ܕܐ ܠܐܝܪܝܢܐܘܣ[6] ܒܐܓܪ̈ܬܗܘܢ.

ܕܚܡܫܐ ܕܐܝܟܢܐ ܐܚܬ ܐܠܗܐ ܡܛܪܐ ܡܢ ܫܡܝܐ ܒܨ̈ܠܘܬܐ ܕܟܪ̈ܣܛܝܢܐ. ܠܡܪܩܘܣ ܐܘܪܠܝܘܣ[7] ܩܣܪ ܀

ܕܫܬ ܫܡܗ̈ܐ ܕܐܦܣܩ̈ܘܦܐ[8] ܕܗܘܘ ܒܪܗܘܡܐ.

(B fol. 97 a) ܕܫܒܥܐ ܕܥܕܡܐ ܠܙܒܢܗܘܢ ܕܒܢ̈ܝܐ ܗ̈ܘܝܢ ܗܘܘ ܐܬ̈ܘܬܐ ܚܝܠܬܢܝܬܐ[9] ܒܝܕ ܡܗܝ̈ܡܢܐ...

ܕܬܡܢܝܐ ܕܐܝܟܢܐ ܡܟܪܙ ܐܝܪܝܢܐܘܣ[10] ܠܟܬ̈ܒܐ ܕܐܠܗܐ.

ܕܬܫܥܐ ܐܦܣܩ̈ܘܦܐ[11] ܕܗܘܘ ܒܝܘܡܬܗ ܕܩܘܡܘܕܘܣ ܡܠܟܐ.

Book V. [1] A adds ܗܘ [2] A ܕܥܕܬܐ [3] A ܒܓܠܝܒܘܣ [4] 𝔄 ܒܐܬܪܘܬܐ [5] A ܐܝܟܢܐ [6] 𝔄 *in visione sua* [6] A ܠܐܝܪܝܢܐܘܣ [7] 𝔄 *Marco et Aurelio* [8] 𝔄 om. ܕ ܫܡܗ̈ܐ [9] 𝔄 *signa et miracula* [10] A ܐܝܪܝܢܐܘܣ [11] A ܐܦܣܩ̈ܘܦܐ

ܕܥܣܪܐ ܥܠ ܦܢܛܝܢܘܣ[12] ܦܝܠܣܘܦܐ ⁘ ⁘

ܕܚܕܥܣܪ ܥܠ ܩܠܝܡܝܣ ܐܠܟܣܢܕܪܝܐ.

ܕܬܪܬܥܣܪ ܥܠ ܐܦܝܣܩܘܦܐ[13] ܕܗܘܘ ܒܐܘܪܫܠܡ.

ܕܬܠܬܬܥܣܪ ܥܠ ܪܘܕܘܢ ܘܥܠ ܦܠܓܘܬܐ ܕܐܡܪ ܡܛܠ ܡܪܩܝܘܢ...

ܕܐܪܒܥܬܥܣܪ ܥܠ ܢܒܝܐ ܕܓܠܐ ܕܐܝܬ ܗܘܘ ܒܦܪܘܓܝܐ[14] ܕܦܪܘܓܝܐ. 𝔄 318

ܕܚܡܫܬܥܣܪ ܥܠ ܦܠܓܘܬܐ[15] ܕܒܠܣܛܘܣ ܕܗܘܬ ܒܪܘܡܐ.

ܕܫܬܬܥܣܪ[16] ܕܐܝܠܝܢ ܡܬܐܡܪܢ ܥܠ ܡܘܢܛܢܘܣ ܘܥܠ ܢܒܝܐ ܕܓܠܐ ܕܗܘܘ ܥܡܗ ⁘

ܕܫܒܥܬܥܣܪ ܥܠ ܡܠܛܝܐܕܣ[17] ܘܥܠ ܡܐܡܪܐ ܕܐܟܬܒ.

ܕܬܡܢܬܥܣܪ ܐܝܟܢܐ ܕܡܟܣ ܐܦܘܠܘܢܝܘܣ[18] ܠܡܘܢܛܢܘܣ ܕܦܪܘܓܝܐ ܘܐܝܠܝܢ ܐܚܪܢ...

ܕܬܫܥܬܥܣܪ ܕܐܝܠܝܢ ܐܡܪ ܣܪܦܝܘܢ ܥܠ ܡܘܢܛܢܘܣ[19] ܕܦܪܘܓܝܐ..

ܕܥܣܪܝܢ ܕܡܟܣ ܐܡܪ ܒܟܬܒܬܐ ܐܝܪܝܢܐܘܣ[20] ܠܗܘܢ ܫܪܩܐ ܕܐܝܬ ܗܘܘ ܒܪܘܡܐ...

ܕܥܣܪܝܢ ܘܚܕ ܕܐܝܟܢܐ[21] ܐܣܗܕ ܐܦܘܠܘܢܝܘܣ[22] ܒܪܘܡܐ ⁘ ⁘

ܕܥܣܪܝܢ ܘܬܪܬܝܢ ܕܐܝܠܝܢ[23] ܐܦܝܣܩܘܦܐ ܝܕܝܥܝܢ ܗܘܘ ܒܗܘܢ ܙܒܢܐ...

ܕܥܣܪܝܢ ܘܬܠܬܐ. ܥܠ ܫܐܠܬܐ[24] ܕܗܘܬ ܒܗܘ ܙܒܢܐ ܡܛܠ ܦܨܚܐ...

[12] A ܦܢܛܝܢܘܣ [13] A ܐܦܝܣܩܘܦܐ [14] A ܒܦܪܘܓܝܐ [15] 𝔄 adds *Floriani et* [16] A ܕܐܬܐܡܪܢ [17] A ܡܠܛܝܐܕܣ [18] A ܐܦܘܠܘܢܝܘܣ [19] A ܡܘܢܛܢܘܣ [20] A ܐܝܪܢܐܘܣ [21] A ܐܝܟܢ [22] A ܐܦܘܠܘܢܝܘܣ [23] A fol. 83 *a* [24] A ܫܘܐܠܐ

ܕܒܣܝܘܢ ܘܐܪܒܥܐ. ܥܠ ܦܠܝܓܘܬܐ ܕܗܘܬ ܒܐܘܪܚܐ ·܀·

ܕܒܣܝܘܢ ܘܚܡܫܐ. ܕܐܝܟܢܐ ܗܘܬ ܚܙܝܐ ܒܥܘܬܐ ܒܟܠ ܕܗܘ ܡܠܠ ܥܡܗ.

ܕܒܣܝܘܢ ܘܫܬܐ. ܕܒܡܐ ܡܐܡܪ̈ܝܢ ܘܟܠܗ ܡܢ ܫܘܝܘܬܗ ܕܐܢܫܘܬܗ.

ܕܒܣܝܘܢ ܘܫܒܥܐ. ܥܠ ܫܪܒܐ ܕܦܘܠܓܐ ܕܢܒܝܝܢ ܗܘܘ ܒܗܘܢ ܪ̈ܒܢܐ.

ܕܒܣܝܘܢ ܘܬܡܢܝܐ. ܥܠ (B fol. 97 b) ܡܢܗܘܢ ܕܗܘܘ ܡܢ ܫܘܪܝܐ ܡܢ ܗܪܘܕܣ ܕܐܪܟܠܐܘܣ[25] ܘܟܐܝܢܐ ܠܦܘܣܐ ܐܬܐܡܪܘܢ ܗܘܘ. ܘܐܝܟܢܐ[26] ܐܬܪܚܩܘ ܠܡܫܝܚܐ ܚ̈ܟܡܐ ܡܕ̈ܢܚܝܐ.

ܦܘܪܫܐ ܕܡܫܟܢܐ ܕܬܫ̈ܥܝܬܐ ܕܥܕܬܐ[1]

··· ·܀·

𝔄 321 ܫܪܒܐ ܩܕܡܝܐ. ܕܒܗܿ ܡܬܚܘܐ ܕܗܘ ܒܢ̈ܝܬܗ ܕܐܘܪܫܠܡ. ܟܠܗܘܢ. ܘܐܝܟܢܐ ܩܡܘ ܐܝܟܢܐ[2] ܥܠ ܗ̈ܘܦܐ ܕܠܗ ܐܠܗܐ.

ܐܣܦܣܝܢܘܣ ܕܡܢ ܒܬܪܗ ܕܢܝܪܘܢ ܩܣܪ[2a] ܗܘ ܡܢ[3] ܬܠܬܐ Pref. 1
ܩܠܝܠ ܢܦܩ[4] ܡܢ ܟܠܗܝܢ. ܘܟܠ ܡܢ ܒܬܪܗ ܐܬܠܬܐܪܘܣ[5].
ܕܐܬܬܘܗܝ[6] ܗܘܐ ܐܣܦܣܝܢܘܣ[7] ܕܬܪܥܘܣ ܡܢ ܒܬܪ ܩܠܝܠܐ.
ܐܬܐܡܪ ܗܘܬ ܕܝܢ ܫܢܬ ܥܣܪܝܢ ܕܐܠܟܣܢܕܪܘܣ[8] ܐܠܟܣܢܕܪܘܣ
ܘܐܪܘܣ. ܕܗܘ ܒܫܢܐ ܘܫܒܐ ܒܐܬܪܘܗܝ ܐܬܪܘܗܝ ܒܢܝܐܬ
ܐܬܬܚܝܪ[9] ܕܡܘܫܐ[10] ܕܚܠܡ ܐܝܟ ܕܡܢ ܡܫܝܚܘܬܐ ܕܒܢ̈ܝܐ.

[25] A ܗܪܘܕܣ ܕܐܪܟܠܐܘܣ [26] A 𝔄 ܘܐܝܟܢܐ

Chap. I. [1] A 𝔄 om. this superscription [2] A ܐܝܟܢܐ [2a] A ܩܣܪ [3] 𝔄 *qui stetit* [4] 𝔄 *et exiit* [5] A ܐܬܠܬܐܪܘܣ [6] 𝔄 -- ܘܐܬܬܘܗܝ [7] A ܐܣܦܣܝܢܘܣ [8] A ܕܐܠܟܣܢܕܪܘܣ [9] A ܐܬܬܚܝܪ [10] 𝔄 *suscitati sunt inimici*

ܘܪ̈ܒܘܬܐ ܕܣܗ̈ܕܐ ܡܬܚܙܝܢ ܐܝܟ[11] ܕܗܘܘ ܒܟܠ ܐܬܪ܆ ܒܗ
ܢܣܒܢ ܡܢ ܗܝ ܕܒܥܡܐ ܚܕ[12] ܗܘ̈ܝ. ܘܐܬܟܬܒܘ[13] ܘܐܫܬܠܡ ܠܫܪܒܐ
2 ܕܗܝ ܒܬܪܗܘܢ[14] ܠܕܪ̈ܐ ܕܠܐ ܡܬܛܥܝܢܐ.[15] ܒܬܟܬܒܐ ܕܝܢ
ܕܬܫ̈ܥܝܬܗܘܢ ܕܗܠܝܢ ܡܫܬܠܡܢܘܬ[16] ܪܫܡܢ ܗܘ ܠܝ ܒܗ ܕܣܗ̈ܕܐ
ܕܟܢܫܬ. ܕܠܗ ܟܠܗܝܢ ܒܦܢܩܝܬܐ ܕܬܫ̈ܥܝܬܐ[17] ܐܡܪܢ ܠܝ. ܐܠܐ
ܐܦ ܕܡܠܦܢܘܬܐ. ܗܫܐ ܕܝܢ ܗܠܝܢ ܕܡܬ̈ܒܥܝܢ ܒܗܢܐ ܡܐܡܪܐ
3 ܕܐܡܪܢܐ[18] ܠܝ ܢܠܦܬ ܘܢܣܝܡ. ܐܚܪ̈ܢܐ ܕܝܢ ܕܡܫܬܥܝܢ[19] ܘܒܬܟܝܢ
ܬܫ̈ܥܝܬܐ ܕܡܠܟܐ. ܡܟܠܝܢ ܕܗܘܬ ܕܩܪ̈ܒܐ[20] ܕܗܘܝܐ ܡܢ ܥ 322
ܒܟܠܙܒܢܐ. ܘܢܨ̈ܚܢܐ ܕܥܠ ܫ̈ܐܕܐ ܘܠܘܩܒܠ ܚܝܘܬܐ ܕܪ̈ܘܚܢܝܬܐ.
ܕܐܬܓܠܝܘ ܒܡܐܡܪܐ[21] ܘܩܛܠܐ ܣܓܝܐܐ ܕܛܠ̈ܝܐ[22] ܒܢܝ ܐܬܪܐ
4 ܘܒܡܬܘܪܐ ܕܐܚܪ̈ܢܐ ·:· ·:· ܡܠܬܐ ܕܝܢ ܕܬܫ̈ܥܝܬܐ ܕܡܛܠ
ܕܟܢܫܐ[23] ܕܢܗܘܐ ܐܠܗܐ ܐܡܪܝܢ ܐܢܫܝܢ.[24] ܥܠ ܡܕܝܢܬܐ ܗܘ[25]
ܕܡܛܠ ܚܝܠܐ ܕܫܘܒܚܐ[26] ܘܒܠ ܗܘܢ ܕܐܝܟܘ ܒܗ. ܕܠܘ[27] ܒܠ
ܐܦ ܐܬܪܐ (B fol. 98 a) ܐܬܚܫܒܘ ܐܠܐ[28] ܒܠ ܐܦ ܦܪܢܐ. ܘܠܘ
ܒܠ ܐܦ ܕܢܣܒܘܢ. ܐܠܐ ܒܠ ܐܦ ܕܡܠܬ ܡܢܐ.
ܘܢܒܥܘܢ ܠܕܪ̈ܐ ܕܠܟܠܗܝܢ ܡܬܬܒܪܢܘܬܐ ܕܐܬܠܒܫܘܗܝ[29] ܕܟܢܫܐ.
ܘܡܢܗܘܢ ܕܡܬܠܘ ܒܟܢܘܫܬܗܘܢ. ܘܦܢܘܬܐ ܕܒܗ ܦܢܘ ܠܥܕ̈ܬܐ
ܘܠܡܬܓܡܪܢܐ ܕܠܐ ܡܬܚܫܒܝܢ. ܘܩܠܝܠܗܘܢ[30] ܕܗܠܝܢ[31] ܠܕܪ̈ܐ
i. 1 ܕܠܟܠܢ ܡܬܕܪܝܢ ܣܡ ·:· ܒܐܬܪܐ ܗܟܝܠ ܕܓܠܝܐ ܐܬܐܘܣ

[11] A om. ܡܬܚܙܝܢ ܐܝܟ [12] In A for ܗܘ̈ܝ read ܗܘܬ [13] A om. ܘ [14] In A for ܒܬܪܗܘܢ read ܒܬܪܗ [15] A ܡܬܛܥܝܢܐ = ܕܡܬܛܥܝܢܐ (for ܕܠܐ ܡܬܛܥܝܢܐ) [16] A ܡܫܬܠܡܢܘܬܐ [17] A plur. [18] A ܕܐܡܪܐ [19] A ܡܫܬܥܝܢ [20] A ܕܩܪܒܐ [21] A ܡܟܣܐ [22] A et caede multorum iuvenum [23] A ܕܡܬܚܙܐ ܕܢܗܘܐ [24] A ܐܢܫ [25] A est = ܗܘ [26] A plur. [27] A ܘܠܘ [28] A fol. 83 b [29] A ܕܐܬܠܒܫܘܗܝ [30] A sing. [31] A om. ܘܩܠܝܠܗܘܢ ܕܗܠܝܢ

ܗܘܐ ܗܢܐ ܬܫܡܫܬܐ ܕܐܠܗܘܬܐ.[32] ܕܗܠܝܢ ܚܫ̈ܐ ܕܐܡܪܝܢ
ܟܠܗܘܢ. ܡܫܡܫܢܝܗܘܢ ܕܝܢ ܬܘܒ ܡܕܒܪ̈ܢܘܬܐ ܡܫ̈ܒܚܬܐ ܡܛܪܦܘܠܝܣ.
ܕܡܕ̈ܝܢܬܢ ܡܢ ܐܚܪ̈ܢܝܬܐ ܕܐܝܬ ܒܗ ܒܐܬܪܐ.[33] ܠܐܘܕܘܩܝܐ
ܘܠܐܢܛܝܘܟܝܐ. ܕܟܠܗܘܢ ܟܠ ܗܠܝܢ ܡܕ̈ܝܢܬܐ ܬܪ̈ܬܝܗܝܢ ܘܥܠ ܟܠܗ̇
ܒܪ[34] ܕܠܗܝܢ. ܒܒܪ ܪܘܕܘܢܘܣ[34a] ܢܗܪܐ ܒܥܩܒܐ ܩܝܠܝܩܝܐ[35]
2 ܕܡܫܩ̈ܘܗܝ. ܬܫܒܘܚܬܐ ܕܝܢ ܕܥܠ ܗܠܝܢ ܚܫ̈ܐ. ܟܠܗ ܘܥܕܪ ܒܥܕ̈ܬܐ
ܡܫ̈ܒܚܬܐ ܕܒܐܬܪܐ[36] ܕܓܠܝܠܐ.[37] ܠܒܪ̈ܝܬܐ[38] ܕܐܝܬ ܒܐܦܡܝܐ
ܘܒܦܘܢܝܩܐ[39] ܒܗܕ ܕܐܬܚܙܝ ܠܘܬܗܘܢ. ܡܫܒܚܝܢ ܕܝܢ ܗܢܐ
3 ܠܦܘܡܐ. ܐܝܟܢ ܐܝܠܝܢ ܕܝܢ ܠܗܘܢ[40] ܠܡܠܟܘ̈ܬܐ :·: ܒܝ̈ܘܡܘܗܝ
ܕܡܫܝܚܐ ܕܗܕܝܢ ܒܒܐܝܢܐ ܘܒܠܐܘܕܘܩܝܐ[41] ܕܓܠܝܠܐ. ܠܐܢ̈ܫܐ
ܕܐܝܬ ܒܐܦܡܝܐ ܘܒܦܘܢܝܩܐ: ܕܐܝܬ ܠܗܘܢ ܡܗܝܡܢܘܬܐ
ܕܦܪܘܩܢ ܘܡܫܒܚܝܢ. ܫܠܡܐ ܘܛܝܒܘܬܐ[42] ܘܫܝܢܐ. ܡܢ ܐܠܗܐ
4 ܐܒܘܢ ܘܡܢ ܝܫܘܥ ܡܫܝܚܐ ܡܪܢ.[43] ܘܡܢ ܒܬܪ ܗܠܝܢ ܐܡܪܘ ܘܟܠ
ܡܕܡ[44] ܬܫܒܘܚܬܐ. ܘܡܪܢܝܢ ܘܡܒܪܟܝܢ ܫܘܒܚܐ ܠܡܠܟܘܬܗ ܕܡܫܝܚܐ :·:
ܕܟܠ ܪܘܒܘܬܗ ܠܗ ܕܐܘܠܨܢܐ ܕܗܘܝܐ ܗܪܟܐ:[45] ܘܟܠ ܪܘܓܙܗܘܢ
ܕܡܕܒܪ̈ܢܐ ܕܟܠ ܡܕܝܢܬܐ: ܘܕܡܠܟܐ[46] ܘܥܒܕܘ ܚܫ̈ܐ ܠܦܬܟܪ̈ܐ.
𝔄 323 ܫܬܐܬܝܬ[47] ܠܐ[48] ܐܝܠܝܢ[49] ܗܘܝܢ ܕܐܬܬܢܝ. ܐܦ ܠܐ ܒܥܠܬܐ
5 ܡܛܠ ܕܩܕܡܝ. ܡܢ ܟܠܗ ܓܝܪ ܣܓܝ ܐܬܬܥܝܪ[50] ܟܠܗ ܒܡܠܟܘܬܐ
ܘܦܩܕ (B fol. 98 b) ܢܗܘܐ ܠܗ ܠܡܠܟܘܬܗ. ܕܒܫܝܢܐ ܕܬܗܘܐ

[32] A ܠܟܠܗܘܢ ܕܐܡܪܝܢ ܚܫܐ ܗܢܐ [33] A adds ܗܘ [34] A ܒܙܪ [34a] In 𝔄 read *[illegible]* [35] A ܣܩܘܦܐ ܩܠܝܩܝܐ [36] A ܠܒܪܬܐ ܕܐܝܬ ܒܐܦܡܝܐ [37] A adds ܘܠܟܠܗܘܢ ܡܕܝܢܬܐ [38] 𝔄 *et ad ecclesias* [39] 𝔄 om. ܘ [40] A ܠܡܠܟܝܗܘܢ [41] A ܘܠܐ ܒܠܐܘܕܘܩܝܐ [42] 𝔄 *gratia et pax* [43] A om. ܡܪܢ [44] 𝔄 read ܡܕܡ ܡܕܡ for ܡܕܡ [45] A ܠܗ [46] 𝔄 om. ܘ [47] A 𝔄 join ܫܬܐܬܝܬ to the preceding clause [48] 𝔄 *et non* [49] A ܣܢܝ [50] A ܐܬܥܝܪ

ܕܠܐ ܒܚܘܫܒܐ. ܘܟܠ ܓܒܝܢ ܐܬܦܢܝܘ ܕܢܓܝܪ ܠܐܝܠܝܢ ܕܕܚܠܝܗ[51]
ܐܢܘܢ̇. ܘܢܦܩܘܢ[52] ܢܙܟܐ ܐܢܘܢ ܠܗܘܟܠ ܒܥ̈ܒܕܘܗܝ ܕܐܠܗܐ.
ܕܠܘ ܒܠܚܘܕ ܡܢ ܒ̈ܬܐ ܘܡܢ ܒܠܢ̈ܐ ܘܡܢ ܫܘ̈ܩܐ ܢܬܪܕܘܢ ܗܘܘ
ܠܢ. ܐܠܐ ܕܐܦ ܕܠܓܒܪ ܐܢܫ ܡܢܢ ܠܐ ܢܬܚܙܐ ܒܟܠ ܕܘܟ ܦܩܕܝܢ
6 ܗܘܘ[53]. ܡܩܪܒܐ ܗܘܬ ܕܝܢ ܠܘܩܒܠܗܘܢ[54] ܛܝܒܘܬܐ ܕܐܠܗܐ̇.
ܘܠܐܝܠܝܢ ܕܟܪܝܗܝܢ ܡܦܨܝܐ ܗܘܬ. ܡܩܝܡܐ ܗܘܬ ܕܝܢ[55] ܥܡܘ̈ܕܐ
ܬܩܝ̈ܦܐ. ܕܡܫܟܚܝܢ ܗܘܘ ܒܝܕ[56] ܡܣܝܒܪܢܘܬܗܘܢ ܠܡܦܟܠܘ
ܒܢܦܫܗܘܢ ܟܠܗ ܚܡܬܗ ܕܒܥܠܕܒܒܐ. ܘܟܠܗܘܢ ܐܟܚܕܐ
ܡܣܝܒܪܝܢ ܗܘܘ ܥܠ ܣܩ̈ܘܒܠܝܢ ܘܥܠ ܨ̈ܥܪܝܢ. ܘܣܓܝ̈ܐܬܐ ܠܗܘܢ
ܙܥܘܪ̈ܝܬܐ ܚܫܒܝܢ ܗܘܘ. ܕܡܬܚܦܛܝܢ ܗܘܘ ܠܡܐܙܠ ܠܘܬ ܡܫܝܚܐ.
ܘܡܚܘܝܢ ܗܘܘ̇ ܕܠܐ ܫܘܝܢ ܚܫ̈ܘܗܝ ܕܙܒܢܐ ܗܢܐ. ܠܫܘܒܚܐ ܠܬܫܒܘܚܬܐ Rom viii 18
7 ܕܥܬܝܕܐ ܕܬܬܓܠܐ ܒܢ. ܘܡܕܡܐܢܝܬ ܡܕܡ ܕܓܕܫ ܗܘܐ ܠܗܘܢ
ܡܢ ܟܠܗ ܐܟܠܘܣ ܒܗ ܒܚܕܐ. ܡܣܝܒܪܝܢ ܗܘܘ ܚܝܠܬܢܐܝܬ. ܒܨܘܚ̈ܬܐ 𝔄 324
ܘܓܘܕܦܐ ܕܡܚ̈ܘܬܐ ܘܣܚܒܐ. ܘܟܠ ܡܕܡ ܕܐܝܬ ܒܝܫܐ
ܠܡܗܘܐ ܐܝܟ ܕܡܢ ܐܢܫܐ ܒܥܠܕ̈ܒܒܐ. ܠܘܬ ܪ̈ܚܡܝܗܘܢ[57] ܘܠܘܬ
8 ܒܢ̈ܝ ܒܝܬܗܘܢ ·:· ·:· ܟܕ ܕܝܢ ܐܬܘ ܠܫܘܩܐ: ܘܐܬܬܚܕܘ
ܡܢ ܫܠܝܛ̈ܢܐ ܘܡܢ ܟ̈ܠܝܪܟܐ ܕܩܝܡܝܢ ܗܘܘ ܒܡܕܝܢ̈ܬܐ ܘܒܨܘ
ܠܗܘܢ ܩܕܡ ܥܡܐ̇. ܟܕ ܐܘܕܝܘ ܕܝܢ[58] ܕܟܪ̈ܣܛܝܢܐ ܐܢܘܢ̇. ܐܬܚܒܫܘ
9 ܥܕ ܐܫܬܪܝܬ ܒܥܕܢܐ ܠܡܐܬܝܬܗ ܕܗܓܡܘܢܐ. ܘܡܢ ܒܬܪܟܢ
ܕܝܢ ܐܝܬܝܘ ܐܢܘܢ ܠܘܬ ܗܓܡܘܢܐ. ܗܘ ܕܐܝܬܘܗܝ ܡܬܚܫܒ
ܗܘܐ ܒܡܫܚܘܬܐ ܠܘܬ ܥܡܐ ܕܠܢ. ܚܕ ܡܢ ܐܚ̈ܐ ܕܝܢ ܕܫܡܗ
ܗܘܐ ܘܐܝܛܝܘܣ ܐܦܓܬܘܣ[59]: ܕܡܫܬܡܠܐ ܗܘܐ ܒܚܘܒܐ ܕܐܠܗܐ
ܘܠܘܬ ܩܪܝܒܗ̇. ܕܡܫܡܠܝܐ (B fol. 99 a) ܕܘܒܪܗ ܗܘܐ ܒܕܘܒܪܘ̈ܗܝ.

[51] In 𝔄 for *[illegible]* read *[illegible]* [52] 𝔄 = ܢܠܨܘܢ [53] 𝔄 adds *nobis* [54] 𝔄 ܠܘܩܒܠܗܘܢ [55] 𝔄 *immobiles erant* [56] Here begins a lacuna in 𝔄 [57] 𝔄 *amatos suos* [58] 𝔄 om. ܕܝܢ [59] 𝔄 *Վեթիոս Եպագաթոս*

ܕܟܕ ܛܠܝܐ ܗܘܐ ܐܬܦܚܡ ܠܩܫܝܫܐ. ܒܣܗܕܘܬܐ ܗܿܝ ܕܙܟܪܝܐ
Lc i 6 ܕܠܗܘܢ. ܕܡܗܠܟ ܗܘܐ ܓܝܪ ܒܟܠܗܘܢ ܦܘܩܕܢܘܗܝ ܕܡܪܝܐ
ܘܒܟܐܢܘܬܗ[60] ܕܠܐ ܥܘܠ.. ܘܒܟܠܗܿ ܬܫܡܫܬܐ ܕܠܘܬ ܩܪܝܒܗ
ܕܠܐ ܡܟܐܢܘܬܐ. ܘܐܝܬ ܗܘܐ ܒܗ ܛܢܢܐ ܕܐܠܗܐ ܘܪܬܝܚ
ܗܘܐ ܒܪܘܚܐ. ܗܟܢܐ ܕܝܢ ܐܝܬܘܗܝ ܗܘܐ. ܕܠܐ ܫܦܪ ܗܘܐ
ܐܢܫܐ ܕܢܝܒܠ[61] ܕܢܗܘܐ ܒܢ ܕܠܐ ܡܫܟܚܘܬܐ.[62] ܐܠܐ ܐܬܪܥܡ
ܗܘܐ ܡܬܪܐܬ ܘܡܦܝܣ ܗܘܐ ܕܢܫܬܡܥ. ܘܒܥܐ ܗܘܐ ܪܘܚܐ
ܥܠ ܐ̈ܦܝ ܐܚ̈ܐ. ܕܠܐ ܡܬܚܫܒ ܠܗܘܢ ܡܕܡ ܕܡܪܘܕܘܬܐ
10 ܐܝܟ ܗܿܢܘܢ ܕܕܠܐ ܐܠܗܐ[63] ܐܢܘܢ܀ ܪܒܘ ܕܝܢ ܥܠܘܗܝ ܟܠܗܘܢ A 325
ܗܿܢܘܢ ܕܩܝܡܝܢ ܗܘܘ ܠܩܕܡ. ܐܝܬܘܗܝ ܗܘܐ ܓܝܪ ܓܒܪܐ
ܝܕܝܥܐ. ܐܦ ܗܘ ܗܓܡܘܢܐ ܠܐ ܩܒܠ ܦܝܣܐ ܕܒܟܐܢܘܬܐ
ܕܩܪܒ ܗܘܐ ܠܗ. ܐܠܐ ܒܠܚܘܕ ܗܕܐ ܫܐܠܗ ܗܘܐ ܕܐܢ
ܐܦ ܗܿܘ ܟܪܣܛܝܢܐ ܐܝܬܘܗܝ. ܗܿܘ ܕܝܢ ܐܘܕܝ ܒܦܪܗܣܝܐ
ܒܩܠܐ ܪܡܐ. ܘܐܬܩܒܠ ܐܦ ܗܿܘ ܒܡܢܝܢܐ ܕܣܗ̈ܕܐ ܘܗܿܘܐ
ܡܒܝܐܢܐ ܕܟܪܣܛܝܢܐ. ܐܝܬ ܗܘܐ ܒܗ ܓܝܪ ܪܘܚܐ ܦܪܩܠܛܐ[64]
ܝܬܝܪ ܡܢ ܙܟܪܝܐ ܕܒܝܕ ܚܘܒܗ ܫܡܠܝܐ. ܕܡܠܠ[65] ܥܡܗ ܒܪܘܚܐ
ܕܥܠ ܢܦ̈ܫ ܐܚ̈ܐ ܨܒܐ ܕܢܣܝܡ ܐܦ ܢܦܫܗ. ܐܝܬܘܗܝ ܗܘܐ
Rev xiv 4 ܓܝܪ ܬܠܡܝܕܐ ܫܪܝܪܐ ܕܡܫܝܚܐ. ܕܢܩܦ ܠܐܡܪܗ ܕܐܠܗܐ
11 ܠܐܬܪ ܕܐܙܠ܀ ܡܢ ܗܪܟܐ ܡܬܦܪܫܝܢ ܗܘܘ ܫܪܟܐ.
ܡܕ̈ܝܢܐ ܕܝܢ[66] ܘܐܬܓܠܝܘ ܗܿܢܘܢ ܗܘܘ ܩܕܡ ܣܗ̈ܕܐ. ܗܿܢܘܢ ܕܗܢ
ܟܠܗ̇ ܬܪܝܨܘܬܗܘܢ ܡܫܬܟܠܠܝܢ ܗܘܘ ܒܡܘܕܝܢܘܬܐ (B fol. 99 b)
ܕܣܗܕܘܬܐ. ܡܬܚܙܝܢ ܗܘܘ ܕܝܢ ܐܝܠܝܢ ܕܠܐ ܡܛܝܒܝܢ ܘܠܐ
ܡܕܪܫܝܢ ܕܢܣܝܒܠ ܒܐܘܠܨܢܗܘܢ ܗܘܘ. ܘܠܐ ܡܫܟܚܝܢ ܗܘܘ ܡܣܝܒܪܝܢ

[60] A om. ܘܒܟܐܢܘܬܗ [61] A plur. [62] A *iniuria* [63] B orig. ܐܠܗܐ
[64] A *εὔφημον bona loquentem* [65] A = ܘܡܫܠܡ [66] A om. ܕܝܢ

ܣܠܩ ܕܐܓܘܢܐ ܪܒܐ. ܕܡܢܗܘܢ ܗܦܟܘ ܒܣܘܪܐ ܒܡܗܝܡܢܐ.
ܕܗܢܘܢ[67] ܒܥܠܬܐ ܕܡܚܝܠܘܬܐ ܘܐܒܠܐ ܪܒܐ ܥܒܕܘ ܠܢ.
ܘܬܪܥܝܬܐ ܕܥܕܪܐ ܕܐܚܪܢܐ ܐܝܠܝܢ ܕܥܕܟܝܠ ܠܐ ܐܬܬܚܕܘ
ܗܘܘ ܐܚܪܢܐ. ܘܗܢܘܢ ܗܠܝܢ ܟܠ ܝܘܡ ܡܬܚܕܝܢ ܗܘܘ ܡܢ 𝔄 326
ܫܘܝܐ ܠܡܢܝܢܗܘܢ ܡܢ ܫܘܪܝܐ ܘܠܐ ܡܬܦܪܫܝܢ ܗܘܘ ܡܢܗܘܢ.
12 ܗܢܘܢ ܕܟܠܗ ܙܪܙܐܝܬ ܬܩܢܘ. ܕܠܐ ܒܥܒܕ ܢܟܝܢ ܗܘܘ
ܡܢܐ ܢܓܒܝܢ ܒܡܕܝܢܬܐ. ܕܠܘ[68] ܕܕܝܠܝܢ ܗܘܘ ܡܢ ܥܒܕܐ
ܕܐܬܝܢ ܗܘܘ ܥܠܝܢ. ܐܝܟ ܕܐܚܝܕܝܢ ܗܘܘ ܒܫܘܠܛܢܐ ܕܗܓܡܘܢܐ.
13 ܘܕܚܠܝܢ ܗܘܘ ܕܠܐ ܢܗܦܘܟ ܐܢܫ.. ܡܬܬܚܝܕܝܢ[69] ܗܘܘ ܕܝܢ
ܒܟܠܝܘܡ ܐܝܠܝܢ ܕܫܦܝܪܝܢ. ܘܡܬܟܢܫܝܢ ܗܘܘ ܡܢ ܬܪ̈ܬܝܗܝܢ ܕܫܝܢ
ܕܢܟܠܘ. ܗܢܘܢ ܕܒܗܘܢ ܬܘܬܒܗܘܢ ܗܘܐ ܒܥܕ̈ܬܐ ܐܬܬܩܢܘ ܥܠܝܗܘܢ
ܫܦܝܪܐ. ܘܐܝܠܝܢ ܕܡܬܝܪܐܝܬ ܒܟܢܘܫܝܗܘܢ ܡܬܕܒܪܝܢ ܗܘܘ ܒܥܕܬܐ
14 ܕܗܪܟܐ ·:· ܡܬܬܚܝܕܝܢ ܗܘܘ ܕܝܢ ܬܘܒ ܐܦ ܐܢܫܐ ܚܢܦܐ
ܥ̈ܒܕܝ ܒܬ̈ܝܗܘܢ ܕܐܚܝܢܐ[70] ܡܢ ܕܝܠܢ. ܡܛܠ ܕܒܓܠܝܐ ܠܥܝܢ ܟܠܗ
ܥܡܐ ܦܩܕ ܗܓܡܘܢܐ ܕܢܬܒܥܘܢ ܟܠܢ. ܗܢܘܢ ܕܝܢ ܗܠܝܢ ܐܝܟ
ܕܡܢ ܡܥܒܕܢܘܬܗ ܕܣܛܢܐ ܕܥܠܘ ܡܢ ܗܘܦܟܐ. ܕܚܠܝܢ ܗܘܘ
ܕܡܫܬܢܩܝܢ ܩܕ̈ܝܫܐ. ܚܙܘ ܐܢܘܢ ܕܝܢ[71] ܦܠ̈ܚܐ ܕܢܓܠܘܢ ܥܠܝܢ
ܘܐܡܪܘ. ܕܒܢ̈ܝܢ ܠܢ ܐܟܠܝܢ ܚܢܢ ܘܥܡ ܐܡ̈ܗܬܢ ܒܥܘܠܐ
ܡܬܚܠܛܝܢ. ܘܐܚܪ̈ܢܝܬܐ[72] ܐܝܠܝܢ ܕܠܐ ܫܦܝܪ ܠܝ ܠܡܡܠܠܘ ܐܘ
ܠܡܬܪܥܝܘ ܐܢܫ[73] ܐܦܠܐ ܠܡܗܝܡܢܘ. ܕܐܝܬܝܗܝܢ ܡܬܥܒܕܢ ܡܢܢ
15 ܕܐܝܟ ܗܟܢܐ ܠܘܬ ܟܠ ܐܢܫܐ ·:· ܟܕ ܕܝܢ ܢܦܩ ܗܢܐ ܛܒܐ. 𝔄 327
ܟܠܗܘܢ ܠܒܫ ܚܡܬܐ ܥܠܝܢ ܐܝܟ ܚܝ̈ܘܬܐ. ܕܐܦܢ (B fol. 100 a)

[67] 𝔄 = ܘܗܢܘܢ [68] In B the ܕ of ܕܠܘ appears to be scored out. 𝔄 does not render it [69] 𝔄 = ܕܡܬܐܠܨܝܢ [70] In 𝔄 for [illegible] read [illegible] [71] 𝔄 om. ܕܝܢ [72] 𝔄 adds *multa* [73] 𝔄 om. ܐܢܫ

ܐܝܟ ܗܘܐ ܐܢܫܐ ܕܡܢ ܡܕܡ ܡܬܪܢܚܡ[74] ܗܘܘ ܥܠܝܗ ܡܛܠ
ܐܢܫܘܬܐ. ܗܢܝܢ ܕܪܘܪܒܐܝܬ[75] ܡܬܡܪܡܪܝܢ ܗܘܘ ܘܡܬܚܪܝܢ
ܗܘܘ ܥܡܗܘܢ ܥܠܝܗ. ܡܬܬܟܠܝܢ ܗܘܬ ܕܝܢ ܡܠܟܘܬܗ ܕܡܪܢ
ܕܐܡܪ ܗܘܐ. ܕܐܬܐ ܫܥܬܐ ܕܟܠ ܡܢ ܕܢܩܛܠܟܘܢ.[76] ܢܣܒܪ[77]
16 ܕܠܐܠܗܐ ܩܠܝܠ. ܡܢ ܗܪܟܐ ܡܛܠ ܥܒܕܐ ܕܠܐ ܡܬܡܠܠܝܢ
ܡܫܬܒܚܝܢ ܗܘܘ ܗܕܘܝܐ ܠܡܬܝܢܐ. ܕܡܬܦܪܫ. ܗܘܐ ܓܝܪ ܩܠܝܠ
17 ܕܐܦ ܒܢܝܗܘܢ ܢܬܡܠܠ ܠܦܘܩܕܢܐ ܕܡܠܟܐ. ܢܬܐܪܬ[78] ܕܝܢ ܒܢܝܢ
ܪܘܡܝܐ ܕܒܠܝܗ ܒܥܠܡܐ ܘܕܗܓܡܘܢܐ ܘܐܣܛܪܛܝܓܐ.[79] ܟܠ
ܗܓܡܘܢܘܣ[80] ܡܫܡܫܢܐ ܕܡܢ ܒܐܝܢܐ. ܘܥܠ ܡܛܪܦܘܠܝܣ[81]
ܕܢܦܩ ܗܘܐ ܡܬܡܛܝܬܐ ܣܓܝܐܬ. ܐܝܬܝܗܘܢ ܗܘܐ ܕܝܢ
ܐܬܠܝܛܐ ܢܨܝܚܐ. ܘܥܠ ܐܬܠܝܛܘܣ ܕܐܝܬܝܗܘܢ ܗܘܐ ܒܫܡܗ
ܡܢ ܦܪܢܣܘܣ ܡܕܝܢܬܐ. ܗܘ ܕܝܢ ܐܝܬܘܗܝ ܗܘܐ[82] ܐܡܝܢܐܝܬ
ܠܥܠܡ ܕܟܝܢܐ ܐܬܪܐ ܒܡܕܝܢܬܐ ܛܘܒܐ.[83] ܘܥܠ ܟܠܕܘܢܝܐ[84]
ܗܘ ܕܫܡܗ[85] ܣܘܝ ܡܫܝܚܐ. ܕܐܝܟ ܕܡܬܚܙܐ ܕܒܗ ܐܝܬ ܐܢܫܐ
ܒܪܢܫܐ ܘܡܫܡܪܐ ܘܡܫܬܪܐ. ܠܡܫܡܠܝܬܐ ܪܘܚܐ ܡܬܒܪܟܝܢ ܠܗܬ
ܐܠܗܐ ܡܛܠ ܣܘܓܐ ܕܠܘܬܗ. ܗܘ ܕܢܫܠܛܐ ܡܬܚܙܐ ܘܠܐ[85a]
18 ܒܢܝܬܐ ܡܫܬܡܪ. ܒܕ ܓܝܪ ܐܢܝܢ[85b] ܒܗܘܢ ܕܢܠܝܢ ܗܘܝܢ. ܐܦ[86] 𝔄 328
ܗܘ ܕܐܝܬܘܗܝ ܗܘܬ ܡܪܬܗ ܒܚܙܪܐ: ܐܦ ܗܘ ܓܝܪ ܡܫܝܚܐ
ܡܢ ܗܕܡܐ ܐܝܬܘܗܝ ܗܘܬ ܒܐܘܠܨܢܐ:[87] ܘܡܚܘܬܐ ܗܘܬ ܥܠ
ܗܕܐ ܐܡܬܗ: ܕܠܐܠܗܐ ܠܐ ܬܫܒܘܚ ܠܗܕܝܘ ܒܦܪܗܣܝܐ ܡܛܠ

[74] With this word the text of A recommences, fol. 84 a [75] A ܪܘܪܒܐܝܬ
[76] A ܕܢܩܛܠܟܘܢ [77] 𝔄 ܢܣܒܪ [78] A ܬܐܪܬ [79] A ܘܐܣܛܪܛܝܓܐ
[80] A ܗܓܡܘܢܘܣ [81] A ܡܛܪܦܘܠܝܣ [82] A om. ܗܘܐ [83] A 𝔄 ܒܡܕܝܢܬܐ ܕܡܬܩܪܝܐ ܛܘܒܪܝܐ [84] 𝔄 [illegible] [85] 𝔄 ܕܫܡܗ [85a] A ܘܠܐ [85b] A ܐܢܝܢ [86] A ܘܐܦ [87] A ܒܐܘܠܨܢܐ

ܒܪܘܣܘܬܐ ܕܦܓܪܗ̇. ܗܿܝ ܕܝܢ ܠܒܠܢܕܝܢܐ[88] ܕܐܡܝܢ ܗܘܢܐ[89] ܚܝܠܐ
ܐܬܚܠܡܬ̇. ܐܝܟܢܐ[89a] ܕܢܫܬܪܘܢ ܘܢܬܠܐܝܘܢ ܗܿܢܘܢ ܕܫܘܚܠܦܐ
ܟܠ ܐܣܟܡ ܡܫܢܝܢ ܗܘܘ ܠܗ̇ ܡܢ (B fol. 100 b) ܨܦܪܐ ܘܥܕܡܐ
ܠܪܡܫܐ. ܘܗܿܢܘܢ ܡܘܕܝܢ ܗܘܘ ܕܐܙܕܟܝܘ. ܘܡܕܡ ܠܡܥܒܕ ܠܗ̇
ܠܝܬ ܗܘܐ ܠܗܘܢ. ܘܡܬܕܡܪܝܢ ܗܘܘ ܕܐܫܬܐܪܬ̇ ܒܗ̇ ܐܝܟ
ܢܦܫܬܐ.[90] ܕܡܬܦܪܐ ܗܘܐ ܟܠܗ ܦܓܪܗ̇ ܘܡܬܦܬܚ. ܘܣܗܕܝܢ ܗܘ̈ܘ
ܕܚܕ ܡܢ ܙܢ̈ܝܐ ܕܫܢܕܐ ܐܘܟܝܢܐ[91] ܣܦܩ ܗܘܐ ܕܢܦܩܝܘܗ̇
19 ܢܦܫܗ̇:[92] ܚܕ ܒܚܕܐ ܗܘܢܐ ܟܠܗ ܬܫܢܝܩܐ. ܐܠܐ ܕܝܢ ܗܿܝ
ܠܦܘܠܚܢܐ ܐܝܟ ܐܬܠܝܛܐ[93] ܚܠܝܨܬܐ. ܡܬܚܕܬܐ ܗܘܬ ܒܗ̇
ܒܡܘܕܝܢܘܬܗ̇.[94] ܘܗܘܐ ܗܘܬ ܪܘܚܬܗ̇ ܘܢܝܚܗ̇ ܘܕܠܐ[95] ܢܟܐܒ ܠܗ̇
ܡܕܡ ܕܡܬܠܐ ܗܘܬ̇. ܡܕܐ ܕܐܡܪܐ ܗܘܬ ܕܟܪܣܛܝܢܝܬܐ[96]
20 ܐܢܐ. ܘܠܘܬܢ ܡܕܡ ܕܒܝܫ ܠܐ ܡܬܥܒܕ ܀ ܣܢܩܛܘܣ[97]
ܕܝܢ ܐܦ ܗܘ ܡܣܝܒܪܢܘܬܐ ܘܡܠܝܐ[98] ܡܢ ܟܠܗܝܢ.[99] ܥܘ̈ܠܐ ܕܡܢ ܒ̈ܢܝ
ܐܢܫܐ[1] ܡܣܝܒܪ ܗܘܐ ܚܠܝܨܐܝܬ. ܘܟܕ ܣܒܪܝܢ ܗܘܘ ܗܿܢܘܢ 𝔄 329
ܒܥ̈ܘܠܐ: ܕܡܛܠ ܐܡܝܢܘܬܐ ܘܡܛܠ ܪܒܘܬܗܘܢ ܕܫ̈ܢܕܐ ܕܢܫܟܚܘܢ
ܡܢܗ ܡܕܡ ܡܢ ܐܝܠܝܢ ܕܠܐ[2] ܘܙܕܩ. ܗܿܘ ܗܘܢܐ ܡܟ ܠܡܫܠܡܘܢ[3]
ܒܡܣܝܒܪܢܘܬܗ. ܐܝܟܢܐ ܕܐܦܠܐ ܫܡܗ ܢܐܡܪ ܠܗܘܢ. ܐܦܠܐ
ܕܡܢ ܐܝܢܐ ܗܘ[4] ܥܡܐ ܐܦܠܐ ܕܡܢ ܐܝܢܐ ܗܘ ܡܕܝܢܬܐ.[5]
ܐܦܠܐ ܕܐܢ ܥܒܕܐ ܗܘ ܐܘ ܒܪ ܚܐܪܐ. ܐܠܐ ܠܡܫܠ ܟܠ

[88] A 𝔄 ܠܒܠܢܕܝܢܐ [89] In 𝔄 for [illegible] read [illegible] [89a] A ܐܝܟ [90] A ܕܐܦܠܐ ܢܦܫܬܐ ܐܫܬܒܩܬ ܒܗ̇ [91] A ܕܐܣܟܝܡܐ ܗܘܐ ܗܘ; 𝔄 has merely *unus ex cruciatibus illis* [92] A ܕܢܦܩܝܗ̇ ܠܢܦܫܗ̇ In 𝔄 for [illegible] read [illegible] [93] A ܐܬܠܝܛܐ [94] A ܒܡܘܕܝܢܘܬܐ [95] A ܕܠܐ ܐܘ 𝔄 has neither ܘ nor ܐܘ [96] A fol. 84 b [97] A ܣܢܩܛܘܣ [98] A only ܡܠܝ [99] A ܟܠܗܝܢ [1] A ܒ̈ܢܝܢܫܐ [2] 𝔄 om. ܠܐ [3] A ܠܡܫܠܡܘܬܗ [4] A ܐܘ [5] A ܡܢ ܐܝܢܐ ܡܕܝܢܬܐ

ܡܛܠ ܕܡܬܐܠܨܝܢ ܗܘܘ ܠܗ̇. ܗܕܐ[6] ܡܬܒܥ ܗܘܐ ܠܗܘܢ ܟܠܢܫܐ
ܙܗܘܡܢܝ ܕܒܘܠܛܢܐ ܕܝܢܐ. ܘܚܘܙܐ ܡܚܘܙܐ ܗܘܐ ܟܠܗ ܥܡܐ
ܘܟܠܗ ܡܕܝܢܬܐ ܘܟܠܗ ܦܘܠܡܘܣܐ ܘܟܠܗ ܒܠܚܘܕ ܥܡܐܝܬ.
21 ܘܡܛܠ ܐܢܫܝܢ ܠܐ ܥܡܟܘ ܡܢܗ ܚܝܠܐ. ܘܒܬܪ ܗܢܐ ܩܘܐ
ܠܡܘܠܟܢ ܚܢܢܐ ܙܒܢܐ ܡܢ ܡܫܟܢܘܬܐ ܘܡܢ ܐܝܠܝܢ ܕܡܫܢܝܢ
ܗܘܘ ܠܗ. ܘܟܕ ܡܛܠ ܐܢܫܝܢ ܠܝܬ ܗܘܐ ܠܗܘܢ (B fol. 101 *a*)
ܕܢܦܩܘܢ ܠܗ̇. ܠܚܐܪܘܬܐ ܠܦܘܩܕܢܐ[7] ܕܚܫܟܐ ܡܚܣܝܢ ܗܘܘ ܘܥܒܕܝܢ
22 ܒܠ ܦܓܪܗ ܒܡܘܠܬܐ ܙܒܢܬܐ. ܘܟܕ ܢܦܩ ܗܘܐ ܦܓܪܗ ܗܘ
ܡܫܒܪ ܗܘܐ. ܘܠܐ ܡܬܦܟܟ ܗܘܐ ܐܘ ܡܬܦܪܫܐ. ܐܠܐ
ܡܬܚܫܠ ܗܘܐ ܒܡܬܘܡܝܘܬܐ ܡܢ ܢܒܥܐ ܥܡܝܢܐ ܕܫܡܝܐ ܫܢܐ
ܕܢܦܩܘ[8] ܡܢ ܦܓܪܗ ܕܡܫܝܚܐ.[9] ܕܒܟܠ ܗܘܐ ܒܠܗܘܢ ܘܚܫܝܠ
23 ܠܗ. ܐܦ ܗܘ ܕܝܢ ܦܓܪܗ ܡܗܕܐ ܗܘܐ ܕܡܛܠ ܕܡܫܒܪ. ܒܠܗ[10]
ܒܪ ܡܫܘܬܐ ܩܘܡܝ ܘܥܩܘܒܐ. ܘܡܟܬܒܐ ܘܡܫܒܠ ܗܘܐ ܒܠܗ
𝔄 330 ܫܘܩܐ ܡܢ ܕܡܘܬܐ ܕܟܕܢܝ[11] ܐܢܫܐ. ܘܟܕ[12] ܫܐܠ. ܟܗ̇. ܡܫܝܚܝ[13]
ܬܥܡܝܫܘܬܐ ܙܟܘܬܐ ܒܚܝܪ ܗܘܐ ܒܐܚܝܕܘܗܝ.[14] ܕܡܬܒܠܠ ܗܘܐ
ܠܒܠܒܒܟܐ ܘܡܫܘܐ ܒܗ ܕܡܘܬܐ ܠܐܚܪܢܐ.[15] ܕܠܝܬ ܡܛܠ
ܕܕܚܝܠ ܐܢܫܐ ܕܐܢܬ ܚܘܒܗ ܕܐܟܢ. ܘܠܐ ܡܛܠ ܕܡܬܐܒ
24 ܐܝܟܢܐ ܕܐܢܬ ܥܘܒܕܗ ܕܡܫܝܚܐ ܀ ܩܘܡܘ ܕܝܢ ܒܩܠܐ.
ܒܬܪ ܗܠܝܢ. ܬܘܒ[16] ܡܚܣܝܢ ܗܘܘ ܠܗ ܠܗܘܕܐ. ܘܡܚܪܝܢ ܗܘܘ
ܟܕ ܩܪܐ[17] ܘܡܚܘܐ ܦܓܪܗ: ܕܐܝܟ ܡܩܪܒܝܢ ܠܗ ܬܘܒ ܠܗܘܢ
ܠܗܠܝܢ ܥܕܕܐ[18] ܡܬܚܫܒܝܢ ܚܠܦ. ܠܐ ܒܪ ܡܫܝܚܐ ܗܘܬ ܐܘܠܐ
ܐܝܟܐ ܕܒܪܢܫܐ ܠܡܩܪܒ ܠܗ. ܐܘ ܐܝܟ ܢܫܡܬ ܗܘܬ ܒܗܘܢ[19]

[6] A ܗܘ [7] A ܠܦܩܕܐ [8] A ܢܦܩܘ [9] A adds ܗܘ [10] 𝔄 does not express ܒܠܗ [11] 𝔄 sing. [12] 𝔄 = ܟܕ [13] 𝔄 inserts *tamen* [14] A ܒܚܝܪܗ [15] 𝔄 adds *multis* [16] A ܠܗܘܢ ܒܬܪ ܢܓܕܐ [17] A adds ܗܘܐ [17a] 𝔄 *h. Şmphmy_ et caesum* [18] 𝔄 *in priores cruciatus* (omitting ܠܗܘܢ) [19] Here begins a large lacuna in A

ܡܬܩܫܝܢܘܗܝ[20] ܢܚܘܐ ܕܠܝܬܐ ܠܐܚܪ̈ܢܐ... ܠܘ ܕܝܢ ܒܠܚܘܕ ܚܙܐ
ܡܢ ܗܠܝܢ ܠܐ[21] ܐܬܚܫܒܘ. ܐܠܐ ܡܕܡ ܕܟ̈ܠܗ ܐܢܫܐ ܠܐ
ܡܬܪܓܡ ܗܘܐ. ܐܬܐܣܝ ܘܐܬܚܠܡ ܦܓܪܗ[21a] ܒܫ̈ܢܕܐ ܕܒܬܪܟܢ ܠܗ
ܡܢ ܡܬܪܓ. ܘܡܛܠ ܕܡܚܘܬܗ ܘܪ̈ܡܚܬܐ ܘܫܘܚܢܐ ܕܗܕ̈ܡܘܗܝ.
ܕܫܘܝܐ ܗܘ ܕܬܪ̈ܝܢ[22] ܠܐ ܗܘܐ ܠܬܫܢܝܩܐ ܗܘܐ ܠܗ. ܐܠܐ
25 ܠܐܣܝܘܬܐ ܒܠܒܘܬܗ ܕܡܫܝܚܐ ⁘ ܘܐܢܬܬܐ ܚܕܐ ܕܡܢܗܝܢ
ܒܝܒܠܝܣ: ܕܐܬܡܢܝܐ ܗܘܬ ܡܢ ܗܢܘܢ ܕܟܦܪܘ ܘܡܢ (B fol. 101 b)
ܩܕܝܡ. ܟܕ ܣܒܪ ܒܠܘܒܒܐ ܕܐܟܠܬ. ܨܒܐ ܬܘܒ ܕܐܦ ܒܗ
ܓܘܕܦܐ ܢܣܝܡܘܢ. ܘܐܬܬܝܗ̇ ܬܘܒ ܠܫܢܕܐ. ܘܐܠܨܝ ܗܘܐ 𝔄 331
ܕܬܐܡܪ ܥܠܝܢ ܐܝܟ ܕܠܐ ܕܚܠܝܢ. ܕܢܣܒܐ[23] ܪ̈ܫܝܬܗ ܘܢܫܝܬܗ̇.
26 ܗܘ ܕܝܢ ܟܕ ܗܘܘ ܒܫ̈ܢܕܐ ܒܗܕܐ ܕܢܫܬܡܠܐ ܘܐܝܟ ܕܡܢ ܫܢܬܐ
ܕܡܘܬܐ ܐܬܚܙܝܬ. ܘܐܬܕܟܪܬ ܟܕ ܗܠܝܢ ܫܢ̈ܝܐ ܕܓܗܢܐ
ܠܬܫܢܝܩܐ ܕܓܗܢܐ ܕܠܥܠܡ. ܘܒܢܝܢ ܘܐܡܪܬ ܠܗܘܢ ܗܢܘܢ
ܡܪ̈ܕܝܬܐ. ܐܝܟܢܐ ܠܡ ܐܟܠܝܢ ܛ̈ܠܝܐ. ܗܢܘܢ ܕܐܦܠܐ ܕܡܐ
ܕܚ̈ܝܘܬܐ ܫܠܝܛ ܠܗܘܢ ܠܡܐܟܠ. ܘܡܢ ܗܝ ܫܥܬܐ ܡܘܕܝܢܐ
ܗܘܬ ܥܠ ܢܦܫܗ̇ ܕܟܪܣܛܝܢܝܬܐ ܐܝܬܝܗ̇.[24] ܘܒܡܢܝܢܐ ܕܣܗ̈ܕܐ
27 ܐܬܬܘܣܦܬ. ܟܕ ܕܝܢ ܐܬܒܛܠܘ ܫܘܢܩ̈ܝܗܘܢ ܕܛܘܪ̈ܢܐ ܡܢ ܡܫܝܚܐ
ܒܝܕ ܡܣܝܒܪܢܘܬܗܘܢ ܕܛܘܒ̈ܢܐ. ܨܒܝܬܐ ܐܚܪܬܐ ܡܬܦܪܣ
ܗܘܐ ܒܠܘܒܒܐ. ܕܒܣܒܠܢܘܬܐ ܕܟܠܗ ܐܣܝܪ̈ܐ ܒܐܘ̈ܚܕܢܬܐ
ܕܚܫܘܟ ܘܐܠܝ̈ܨܝܢ ܢܬܘ ܐܝܟ. ܘܢܬܚܢܩ ܬ̈ܠܝܬܝܗܘܢ ܒܗܕܐ
ܥܠ ܚܫܟܐ ܢܩܒܝܢ. ܘܒܡܚ̈ܘܬܐ ܐܚܪ̈ܢܝܬܐ ܕܡܟܒܫܢ ܒܐܘܠܨܢܐ
ܠܡܬܚܫܝܘ. ܘܗܠܝܢ ܣܓܝ̈ܐܬܐ ܡܢ ܒܠܘܒܒܐ ܡܬܚܒܪܝܢ ܗܘܘ
ܠܗܘܢ ܕܢܬܚܢܩܘܢ ܗܘܘ. ܗܟܢܐ ܕܣܛܢܐ ܕܡܫܡܫܢܘܗܝ
ܐܬܚܙܝܘ ܗܘܘ ܒܗܬ ܐܣܝܪ̈ܐ ܐܝܟܢ ܕܨܒܐ ܡܪܝܐ ܕܢܚܘܐ

[20] 𝔄 does not express the suffix [21] In 𝔄 for ոք read ոչ [21a] 𝔄 om. ܦܓܪܗ
[22] In 𝔄 for երկայնքն read երկու. այնքն [23] 𝔄 *quod vidit* [24] 𝔄 *sum*

28 ܢܦܩܘܢ ܡܢ ܒܠܒܟܐ ܕܚܫܘܟܐ ܢܦܫܗ. ܗܢܘܢ ܓܝܪ[25] ܕܐܫܬܢܩܘ
ܡܪ̈ܝܪܐܝܬ: ܕܡܣܬܒܪܝܢ ܗܘܘ ܕܐܦ. ܟܕ[25a] ܬܬܥܒܕ ܗܘܬ ܠܗܘܢ
A 332 ܟܠܗ̇ ܐܣܝܘܬܐ ܠܡܚܝܐ ܠܐ ܡܫܟܚܝܢ ܗܘܘ. ܗܢܘܢ ܩܘܝܘ
ܒܝܬ ܐܣܝܪ̈ܐ. ܟܕ ܓܠܝܙܝܢ ܡܢ ܟܠܗ̇ ܒܛܝܠܘܬܐ ܕܒܢܝ̈ ܐܢܫܐ.
ܡܢ ܡܪܢ ܕܝܢ ܡܬܚܝܠܝܢ ܗܘܘ ܘܡܬܚܝܠܝܢ ܒܦܓܪܐ ܘܒܢܦܫܐ.
ܘܠܐܚܪ̈ܢܐ (B fol. 102 a) ܡܠܒܒܝܢ ܗܘܘ ܘܡܒܝܐܝܢ. ܗܠܝܢ ܕܝܢ[26]
ܕܚܕܬܐܝܬ ܐܬܬܚܕܘ ܗܘܘ̇ ܘܡܩܕܡ ܠܐ ܫܢܝܩܝܢ[27] ܗܘܘ
ܦܓܪ̈ܝܗܘܢ. ܠܐ ܡܣܝܒܪܝܢ ܗܘܘ ܝܘܩܪܗ ܕܫܘܢܩܐ ܐܠܐ ܠܘ
29 ܡܝܬܝܢ ܗܘܘ ⁘ ܛܘܒܢܐ ܕܝܢ ܦܘܬܝܢܘܣ ܗܘ̇ ܕܡܗܝܡܢ ܗܘܐ
ܬܫܡܫܬܐ ܕܐܦܣܩܘܦܘܬܐ ܒܠܘܓܕܘܢܐ: ܕܥܒܪ ܗܘܐ ܠܬܫܥܝܢ[28]
ܫ̈ܢܝܢ ܘܟܪܝܗ ܗܘܐ ܦܓܪܗ ܛܒ: ܘܠܡܢܫܡ ܡܬܥܝܩ ܗܘܐ
ܡܛܠ ܟܪܝܗܘܬܐ ܕܦܓܪܗ:[29] ܡܢ ܬܘܒܥܬܐ ܕܝܢ ܕܪܘܚܐ[30] ܡܬܚܝܠ
ܗܘܐ ܡܛܠ ܪܓܬܐ ܕܣܗܕܘܬܐ ܕܡܣܒܪܐ ܗܘܬ. ܐܦ ܠܗ ܕܝܢ
ܓܪܝܫ ܗܘܘ̣ ܘܡܝܬܝܢ ܠܗ ܠܒܐܡ. ܟܕ ܦܓܪܗ ܡܫܪܐ ܗܘܐ ܡܢ
ܣܝܒܘܬܐ ܘܡܢ ܟܘܪܗܢܐ. ܢܦܫܗ ܕܝܢ ܢܛܝܪܐ ܗܘܬ ܒܗ̇. ܕܒܗ̇
30 ܡܫܝܚܐ ܢܙܟܐ ܗܘܐ. ܘܟܕ ܐܬܝܬܘܗܝ ܐܣܛܪ̈ܛܝܓܐ ܠܒܐܡ:
ܘܠܘܝܢ ܗܘܘ ܠܗ ܫ̈ܠܝܛܢܐ ܕܡܕܝܢܬܐ: ܘܟܠܗ ܥܡܐ ܩܥܝܢ ܗܘܘ
ܩܠܬܐ ܕܟܠ ܓܢܣ. ܕܗܢܐ ܠܗ ܗܘܘ ܡܫܝܚܐ. ܗܘ ܕܝܢ ܐܘܕܝ
31 ܒܣܗܕܘܬܐ ܛܒܬܐ. ܟܕ ܕܝܢ ܫܐܠ ܗܘܐ ܠܗ ܗܓܡܘܢܐ
A 333 ܕܐܡܪ ܕܐܝܢܐ ܗܘ ܐܠܗܗܘܢ ܕܟܪ̈ܣܛܝܢܐ. ܗܘ ܕܝܢ ܐܡܪ.
ܐܢ ܫܘܝܬ ܬܕܥ ܐܢܬ. ܘܓܪܫܘ ܗܘܘ ܒܝܫ ܠܗ ܕܠܐ ܚܘܣ.
ܘܡܚܘܬܐ ܕܟܠ ܓܢܣ ܡܩܒܠ ܗܘܐ. ܗܢܘܢ ܕܝܢ ܕܩܪܝܒܝܢ ܗܘܘ
ܠܗ. ܒܐܝ̈ܕܝܗܘܢ ܘܒܪ̈ܓܠܝܗܘܢ[31] ܡܫܓܪܝܢ ܗܘܘ ܠܗ ܒܟܠ

[25] A. ܟܪ̇ܝܘܢ [25a] In A *pppb* has fallen out [26] A om. ܕܝܢ [27] In A for *op Şmdmphmq* read *oz Şmphmq* [28] A *nonaginta* [29] A om. ܕܦܓܪܗ [30] A adds *sui* [31] A transposes ܒܐܝ̈ܕܝܗܘܢ and ܒܪ̈ܓܠܝܗܘܢ

ܐܣܝܪ̈ܝ. ܘܠܐ ܡܬܬܙܝܥܝܢ ܗܘܘ ܡܢ ܫܝܢܘܬܗ. ܘܐܝܠܝܢ
ܕܪܕܝܦܝܢ ܗܘܘ ܡܢܗ. ܟܠ ܚܕ ܚܕ ܡܢܗܘܢ ܡܛܠ ܕܐܚܝܕ[32] ܗܘܐ
ܒܐܝܕܗ ܥܕܝܢ ܗܘܐ ܒܗ. ܘܟܠܗܘܢ ܗܕܐ ܚܫܒܝܢ ܗܘܘ
ܒܬܚܢܢܘܗܝ. ܕܪܘܒܐܝܬ ܡܫܒܚ ܘܡܪܒܐ ܐܝܟܐ ܕܡܬܚܙܐ
ܘܠܐ ܡܬܬܦܝܣ ܒܗ. ܗܕܐ ܓܝܪ ܣܒܪܝܢ ܗܘܘ ܕܬܬܒܥܬܐ
ܕܐܠܗ̈ܝܗܘܢ ܬܬܒܥ (B fol. 102 b) ܗܘܘ. ܘܟܕ ܠܚܝܫܝܢ ܐܫܬܘܕܝܬ
ܒܗ ܢܦܫܬܐ ܐܫܬܕܝ ܒܝܬ ܐܣܝܪ̈ܐ. ܘܡܢ ܒܬܪ ܬܪ̈ܝܢ ܝܘܡܝܢ
32 ܡܝܬ. ܘܗܘܬ ܗܘܬ ܕܝܢ ܡܦܪܢܣܢܘܬܐ ܪܒܬܐ ܕܐܠܗܐ ܘܪܚ̈ܡܬܐ
ܕܠܐ ܡܬܚܫܒܢܝܢ ܕܡܫܝܚܐ ܒܗܘܢ ܕ̈ܠܝܠܐ[33] ܕܢܦܠܘ ܗܘܘ. ܕܠܐ
33 ܐܬܚܙܝܘ ܡܢ ܡܦܪܢܣܢܘܬܗ ܕܡܫܝܚܐ. ܐܦ ܗ̇ܢܘܢ ܓܝܪ[34]
ܕܐܬܬܚܝܕܘ ܡܢ ܩܕܝܡ ܘܟܦܪܘ. ܡܬܚܒܫܝܢ ܗܘܘ ܘܐܦ ܗ̇ܢܘܢ
ܘܡܫܬܘܬܦܝܢ ܗܘܘ ܐܘܠ̈ܨܢܐ. ܐܦܠܐ ܓܝܪ ܒܗܢܐ ܠܒܟܐ ܗ̣ܘܐ
ܠܗܘܢ ܡܘܬܪܐ ܕܡܕܡ ܒܗܘܐ ܕܟܦܪܘ. ܗ̇ܢܘܢ ܓܝܪ ܕܐܘܕܝܘ
ܗܘܘ ܐܝܟ ܡܐ ܕܐܝܬܝܗܘܢ ܗܘܘ[35] ܐܝܟ ܒܥܠܕܒ̈ܒܐ ܚܒܝܫܝܢ
ܗܘܘ. ܟܕ ܠܐ ܡܬܕܝܢܝܢ ܗܘܘ ܥܠܝܗܘܢ ܥܠܬܐ ܐܚܪܬܐ. ܗܠܝܢ
ܕܝܢ ܡܟܝܠ ܐܝܟ ܩܛܘ̈ܠܐ ܘܡܫܘ̈ܓܪܐ ܐܬܕܝܢܘ ܗܘܘ. ܘܥܨܒܐܝܬ 𝔄 334
34 ܥܠ ܐܚܪ̈ܢܐ ܡܬܬܢܝܚܝܢ ܗܘܘ. ܠܗ̇ܢܘܢ ܓܝܪ ܚܕܘܬܐ ܕܣܗܕܘܬܐ
ܡܩܠܠܐ ܗܘܬ ܒܗܘܢ ܠܒܪ̈ܐ. ܘܣܒܪܐ ܕܡܠܟܘܬܐ ܘܚܘܒܗ
ܕܡܫܝܚܐ ܘܪܘܚܐ ܦܪܩܠܛܐ ܠܗܠܝܢ ܕܝܢ ܕܟܦܪܘ. ܬܪܝܬܝܗܘܢ
ܪܘܪܒܐܝܬ ܡܚܝܒܐ ܗܘܬ ܠܗܘܢ. ܘܗܕܐ ܕܐܦ ܡܢ ܟܠܢܫ
35 ܢܕܥܝܢ ܗܘܘ ܒܚܙܘ̈ܐ ܡܢ ܐ̈ܦܝܗܘܢ. ܗ̇ܢܘܢ ܓܝܪ ܚܕ̈ܝܐ
ܐܬܝܢ ܕܢܦܩܝܢ ܗܘܘ ܦܨܝܚܝܢ ܗܘܘ. ܘܐܝܩܪܐ ܘܛܝܒܘܬܐ
ܡܙܠܓܬܐ[36] ܒܐ̈ܦܝܗܘܢ ܡܚܠܛܐ ܗܘܬ. ܘܠܒ̈ܘܫܝܗܘܢ[37] ܐܝܟ

[32] In 𝔄 for ܚ read ܢܦ [33] Read ܕ̈ܠܝܠܐ so 𝔄 [34] 𝔄 om. ܓܝܪ
[35] 𝔄 om. ܗܘܘ ܕܐܝܬܝܗܘܢ ܐܝܟ ܡܐ [36] 𝔄 *et gratia et multa gloria* [37] 𝔄 does not express the suffix

ܓܒܬܐ ܦܠܓܐ ܐܬܦܠܓܘܢ ܗܘܘ ܠܚܘܕܝܗܘܢ. ܘܐܝܟ[38] ܥܠܬܐ
ܡܬܟܢܫܬܐ ܕܒܝܬ ܠܨܠܘܬܐ ܒܫܘܒܚܐ ܦܠܓܐ. ܘܦܫܝܢܐ ܗܘܐ
ܡܢܗܘܢ ܐܢܫ ܕܡܢܘܫܝܐ. ܕܐܝܬ ܡܢܗܘܢ[39] ܕܡܫܬܡܠܝܢ ܗܘܘ
ܕܟܬܒܐ ܕܠܡܕܐ ܡܫܡܥܝܢ ܗܘܘ. ܗܢܘܢ ܕܝܢ ܕܟܘܪ̈ܗܢܐ. ܒܗ
ܒܡܢܝܢ ܘܡܡܟܟܢ ܘܡܫܒܪܝܢ ܘܡܠܝܢ ܒܠܒܗ ܒܡܗܬܬܐ.
ܘܡܬܚܫܒܝܢ ܗܘܘ[40] ܡܢ (B fol. 103 a) ܚܘܒܐ ܐܝܟ ܐ̈ܒܗܬܐ ܘܐܚ̈ܐ.
ܘܡܬܝܩܪܝܢ ܗܘܘ ܐܝܟ ܩܕ̈ܝܫܐ. ܘܐܘܒܕܘ ܥܒܕܐ ܕܡܢ ܟܠ
36 ܡܢܗܘܢ ܘܡܫܒܚܝܢ. ܘܚܫܝܐ. ܘܡܢ ܕܐܚܪܢܐ ܡܠܝܠ. ܒܬܪ ܗܠܝܢ
ܐܘܣܒܝ ܘܐܚܪܢܐ. ܕܡܢ ܒܬܪ ܗܠܝܢ ܠܟ. ܠܟܠ ܐܣܟܝܡ ܐܬܥܠܠܬ
𝔄 335 ܗܘܬ ܗܣܘܪܬܐ ܒܡܣܘܬܗܘܢ. ܡܢ ܟܠ ܗܩܕܡ ܠܚܪ ܘܡܢ ܟܠ
ܦܩܝܕ ܠܟܠ ܠܠܠܟ ܘܦܪܟܘ ܠܐܟܣܐ ⁘ ܘܗܘ ܗܘ[41] ܕܝܢ ܕܒܐܬܪ
ܟܠ ܐܬܠܝܠܐ ܫܠܝܛܐ. ܕܦܩܕܘ ܐܠܘܨܐ ܒܟܠ ܥܡܠܐ ܘܚܕܐ
37 ܪܘܚܐܝܬ: ܘܡܟܠܘ ܟܠܠܐ ܙܒܢܐ ܕܠܐ ܫܟܠܐ. ܠܦܪܦܘܪܘܣ
ܗܟܝܠ ܘܠܦܐܠܝܘܣ ܘܠܐܠܝܢܐ ܘܠܐܦܦܠܘܣ.[42] ܐܝܟ ܐܢܘܢ
ܠܥܝܢܘܬܐ ܠܚܝܢ ܒܠܗ ܒܟܠܐ ܠܥܢܬܐ ܕܒܥ̈ܕܐ ܗܘ ܕܕܠܐ
ܙ̈ܕܝܩܐ ܗܘ[43] ܒܗܘܢܐ ܕܐܬܚܙܝ ܗܘܐ ܡܠܦܠܬ ܠܥܢܬܐ
38 ܕܬܒܬܥܐ. ܘܠܡܛܪܝܘܣ[44] ܘܠܣܡܘܝܘܣ ܐܝܟ ܐܢܘܢ ܬܘܒ.
ܒܬܐܦܪܘܢ ܠܟܠ ܩܕ̈ܝܫ ܘܐܝܟ[45] ܗܘ ܕܡܢ ܠܐ ܚܙܝ ܐܢܘܢ.
ܬܘܪܐܬ ܕܝܢ[46] ܒܡܢܐ ܡܚܕܐ ܚܘܫܝܢ ܗܘܘ ܠܗ ܠܡܠܝܒܒܐ.
ܡܠܠ ܟܠܠܐ ܒܪ ܐܝܬ ܗܘܐ ܠܗܘܢ ܐܠܘܨܐ. ܡܫܢܝܢ
ܗܘܘ ܕܝܢ ܬܘܒ ܥܫܝܢܐ[47] ܕܡܫܘܢܬܐ ܕܩܘܪܐ ܒܗܘܢ ܬܘܒܢ
ܘܕܒܬܬܐ ܕܫܢܘܬܐ. ܘܟܠܡܕܡ ܕܦܟܝܢ ܗܘܘ ܒܥܢܝܘܬܗܘܢ

[38] 𝔄 om. ܘ [39] 𝔄 om. ܡܢܝܢ [40] 𝔄 om. ܗܘܘ [41] 𝔄 *oportebat*
[42] The names appear in 𝔄 as [illegible]
[43] 𝔄 *omnium ethnicorum qui immisericordes erant* [44] 𝔄 *sed Metarium*
[45] 𝔄 om. ܘ [46] 𝔄 om. ܕܝܢ [47] 𝔄 sing.

ܘܚܘܪܬܐ ܘܩܪܝܣܘܬܐ ܘܡܫܬܦܬܐ ܐܝܟ ܐܬܠܝܛܐ ܪܒܐ ܕܠܐ
𝔄 337 ܡܙܕܥܐ ܠܡܫܐ[51] ܗܘܬ. ܘܒܕܪܐ ܗܟܢܐ ܫܘܪܬܗ ܠܡܠܟܘܬܐ.
43 ܘܒܟܢܫܐ ܒܡܠܟܐ ܕܠܐ ܡܬܚܫܒ ܐܬܬܠܠܬ. ܠܐܦܦܠܘܣ ܕܝܢ
ܐܦ ܠܗ ܪܘܚܐܝܬ ܚܒܐ (B fol. 101 a) ܗܘܐ ܠܗ ܒܟܝܢܐ. ܐܝܬܘܗܝ
ܗܘܐ ܓܝܪ ܡܫܡܫܢܐ. ܘܡܛܠ ܬܐܘܪܝܬܐ ܕܦܝܠܣܘܦܘܬܐ ܕܐܝܬ ܗܘܬ
ܠܗ ܛܒ ܐܝܟ ܐܬܠܝܛܐ ܡܦܠܣܦܐ. ܡܛܠ ܕܒܕܪܫ ܗܘܐ
ܡܠܝܐܝܬ ܒܝܘܢܝܐ ܕܦܝܠܣܘܦܘܬܐ. ܘܐܡܝܢܐܝܬ ܗܘܐ ܕܫܪܪܐ[52]
44 ܐܝܬܘܗܝ ܗܘܐ ܠܘܬܗܘܢ. ܘܟܕ ܐܚܪܢܘܗܝ ܚܕܪܝܗ ܕܐܬܦܪܥܘܢ.
ܐܙܠ ܗܘܐ ܡܩܛܠܗܘܢ ܕܦܐ ܕܐܬܝܒ ܒܗ ܒܠܥܕܐ ܪܘܡܝܢܐ ܗܘ
ܐܦܦܠܘܣ ܒܦܠܣܦܝܐ. ܘܟܕ[53] ܗܘ ܒܟܢܐ ܪܘܒܐܝܬ ܡܬܒܪܝܢ
ܗܘܐ ܒܠܘܗܝ. ܟܕ[54] ܢܦܩ ܡܫܒܚܢܐ ܕܐܘܡܢܘܬܐ ܗܘ. ܦܓܥ
ܕܐܬܦܪܣ ܒܗ ܐܦܪܟܐ ܕܗܘ ܒܢܝ ܐܚܪܢܐ ܕܐܝܬ ܗܘܐ ܬܡܢ
ܕܒܬܪ ܡܛܠܬܗܘܢ ܠܗܘܢ. ܘܡܫܘܐ ܗܘܐ ܠܐܦܝܣܩܘܦܘܣ ܕܥܠܡܐ ⁘
45 ܘܒܢܝܐ ܕܝܢ ܕܗܘܐ ܒܡܫܬܥܢܝܬܐ. ܠܘ ܕܟܠܠܐ ܐܝܬܘܗܝ ܗܘܐ
ܠܗܘܢ ܐܘ ܕܠܐ ܦܐܪܐ. ܐܠܐ ܟܕ ܡܫܒܪܢܘܬܗܘܢ. ܚܣܝܢ
ܕܡܚܣܢܐ ܗܘ ܕܠܐ ܡܬܬܒܥܢ ܡܬܚܙܝܐ ܗܘܐ. ܟܕ ܗܢܘܢ
ܓܝܪ ܕܚܝܝܢ ܗܘܘ ܚܐܪܝܢ ܗܘܘ[55] ܐܦ ܗܢܘܢ ܕܡܫܚܘ. ܘܗܢܘܢ
ܫܘܪܝܐ ܠܗܢܘܢ ܕܠܐ ܗܘܘ ܫܘܪܝܐ ܕܚܝܝܢ ܗܘܘ. ܘܗܘܝܐ
ܗܘܬ ܚܕܘܬܐ ܪܒܬܐ ܠܐܢܫܝܢ ܒܬܘܠܬܐ. ܕܠܗܢܘܢ ܕܡܫܪܬ[56]
𝔄 338 46 ܐܢܘܢ ܐܝܟ ܡܬܠܬܐ ܦܠܓܬ ܐܢܘܢ ܬܪܝܢ. ܒܐܬܪܘܗܝ ܓܝܪ
ܕܗܢܘܢ ܗܫܐ. ܫܘܪܝܐ ܡܢ ܐܠܗܐ ܕܥܒܕܘ ܡܬܟܬܫܝܢ ܗܘܘ
ܐܦ ܡܬܠܒܝܢ. ܘܡܬܟܬܪܝܢ ܗܘܘ ܘܠܚܡ ܕܢܨܚܘܢ.[57] ܘܟܕ ܚܙܝܢ
ܗܘܘ ܘܫܠܡܝܢ ܡܬܡܪܩܝܢ ܗܘܘ ܠܒܪ. ܕܢܫܬܐܠܘܢ ܡܢ

[51] 𝔄 ܠܡܫܡܫ [52] 𝔄 *constans veritate* (but read *[illegible]*)
[53] 𝔄 om. ܕܝܢ [54] 𝔄 ܟܕ [55] 𝔄 om. ܗܘܘ ܕܚܝܝܢ [56] In 𝔄 read *[illegible]*
[57] 𝔄 *et discebant et confitebantur*

ܒܝ̈ܫܐ ܡܢ ܗܢܐ ܓܒܐ ܘܡܢ ܗܢܐ܂ ܘܩܝܡܝܢ ܗܘܘ ܕܢܚܙܘܢ
ܐܢܘܢ܂ ܘܟܕ ܟܠܗܘܢ ܥܠ ܟܘܪܣܝܐ ܕܦܪ̈ܙܠܐ ܐܬܘܬܒܘ ܐܢܘܢ܂
ܘܟܕ ܡܬܛܓܢܝܢ ܗܘܘ ܦܓܪ̈ܝܗܘܢ܂ ܪܝܚܐ ܕܒܘܫܠܗܘܢ[47] ܚܢܝܩܐ
39 ܗܘܐ ܠܗܘܢ ܠܒܝ̈ܫܐ܂ ܗܢܘܢ ܕܝܢ ܒܝ̈ܫܐ[48] ܐܦ ܠܐ ܗܟܢܐ
ܫܠܝܢ ܗܘܘ܂ ܐܠܐ ܝܬܝܪ ܡܬܚܡܬܝܢ ܗܘܘ܂ ܘܨܒܝܢ
ܗܘܘ (B fol. 103 b) ܕܢܙܟܘܢ ܠܡܣܝܒܪܢܘܬܗܘܢ ܕܣܗ̈ܕܐ܂ ܐܦܠܐ A 336
ܕܝܢ ܗܟܢܐ ܫܡܥܘ ܡܕܡ ܐܚܪܝܢ ܡܢ ܣܢܩܛܘܣ܂ ܐܠܐ ܐܢ
ܗܝ ܡܠܬܐ ܕܡܘܕܝܢܘܬܐ܂ ܕܡܢ ܪܫܝܬܐ[49] ܡܟܝܠ ܗܘܐ ܕܐܡܪ ܀
40 ܗܠܝܢ ܗܟܝܠ ܐܓܘܢܐ ܪܒܐ ܗܢܘ ܟܠܗ ܕܦܠܓܐ܂ ܐܓܪܬ ܒܗܘܢ
ܢܦܫܗܘܢ܂ ܠܚܪܬܐ ܕܝܢ ܐܬܢܟܣܘ܂ ܘܚܠܦ ܚܙܘܐ ܡܫܪܝܐ
ܕܬܟܬܘܫܐ ܕܗܘܝܢ ܗܘܘ ܒܗܘ ܝܘܡܐ܂ ܗܢܘܢ ܗܘܘ ܚܙܘܬܐ
41 ܠܟܠܗ ܥܠܡܐ܂ ܒܠܢܕܝܢܐ ܕܝܢ ܐܬܬܠܝܬ ܒܩܝܣܐ܂ ܘܡܬܝܗܒܐ ܗܘܬ
ܕܬܗܘܐ ܡܐܟܘܠܬܐ ܠܚܝ̈ܘܬܐ ܕܡܫܬܕܪܝܢ ܗܘܘ ܥܠܝܗ܂ ܘܒܚܙܝܬܗ
ܕܐܣܟܡܐ ܕܨܠܝܒܐ ܬܠܝܐ ܗܘܬ܂ ܘܒܨܠܘܬܗ ܚܝܠܬܢܝܬܐ
ܠܚܘܒܒܐ ܪܒܐ ܒܥܐ ܗܘܬ ܠܗܢܘܢ ܕܥܒܕܝܢ ܗܘܘ ܐܓܘܢܐ܂
ܕܚܙܝܢ[50] ܗܘܘ ܒܐܓܘܢܗܘܢ܂ ܐܦ ܒܥܝ̈ܢܝܗܘܢ ܒܪ̈ܝܬܐ ܒܝܕ
ܗܕܐ ܚܬܐ ܠܗܘ ܕܐܨܛܠܒ ܥܠ ܐ̈ܦܝܗܘܢ܂ ܕܢܦܝܣ ܠܟܠܗܘܢ
ܐܝܠܝܢ ܕܡܗܝܡܢܝܢ ܒܗ܂ ܕܟܠ ܕܚܐܫ ܥܠ ܐ̈ܦܘ܂ ܬܫܒܘܚܬܗ
42 ܕܡܫܝܚܐ܂ ܫܘܬܦܘܬܐ ܐܝܬ ܠܗ ܥܡ ܐܠܗܐ ܚܝܐ܂ ܘܟܕ ܠܐ
ܩܪܒ ܠܗ ܚܕܐ ܡܢ ܗܠܝܢ ܚܝ̈ܘܬܐ܂ ܐܚܬܘܗ ܡܢ ܗܘ ܩܝܣܐ
ܘܐܬܢܛܪܬ ܬܘܒ ܒܗܝ ܐܚܪܢܝܬܐ ܕܬܬܩܪܒ ܠܐܓܘܢܐ ܐܚܪܢܐ܂
ܕܒܣܘܓܐܐ ܕܐܓܘܢ̈ܐ ܙܟܝܐ ܠܬܢܝܢܐ ܒܥܩܠܬܢܐ ܘܫܘܠܡܗ ܕܠܐ
ܢܚܙܐ ܡܬܒܪ ܠܗ܂ ܠܬܢܝܢܐ ܕܝܢ ܬܬܒܪ ܐܢܘܢ܂ ܕܗܕܐ

[47] A does not express the suffixes in ܦܓܪ̈ܝܗܘܢ and ܕܒܘܫܠܗܘܢ. [48] A om. ܒܝ̈ܫܐ [49] In A for [illegible] read [illegible]. [50] A om. ܕ

ܗܟܡܘܢܐ ܒܚܢܢܘܬܗ ܕܐܠܗܐ[58] ܗܘ ܕܠܐ ܨܒܐ ܒܡܘܬܗ
ܕܚܛܝܐ. ܐܠܐ ܒܚܝܘܗ ܟܠ ܐܝܠܝܢ ܕܬܝܒܝܢ ܠܘܬܗ ·:· · · · ·
47 ܟܬܒ ܕܝܢ ܩܣܪ. ܕܐܝܠܝܢ ܕܠܐ ܟܦܪܝܢ ܢܬܩܛܠܘܢ. ܘܐܝܠܝܢ
(B fol. 101 b) ܕܟܦܪܝܢ ܢܫܬܪܘܢ. ܒܫܘܪܝܐ ܕܝܢ ܕܗܘܐ ܗܘܐ ܡܘܬܒܐ:
ܕܡܬܟܢܫܝܢ ܒܗ ܒܢܝ̈ܢܫܐ ܕܡܢ ܟܠ[58a] ܥܡ̈ܡܝܢ ܡܬܟܢܫܝܢ ܠܗ̇. ܒܗ[59]
ܙܒܢ ܕܢܦܩ ܐܝܬܝ ܐܢܘܢ ܠܒܝܡ. ܕܢܚܘܐ ܐܢܘܢ ܠܐܘ̈ܟܠܘܣܐ
ܬܐܛܪܘܢ ܘܫܪܘܢܐ ܠܟܠܗ ܗܘ̇ ܒܕܝܢܐ. ܘܡܫܐܠ ܗܘܐ ܬܘܒ.
ܡܫܐܠ ܗܘܐ ܠܗܘܢ. ܘܠܐܝܠܝܢ ܕܐܝܬܝܗܘܢ ܗܘܘ ܡܢ ܕܪܘܡܝܐ
ܕܪܗܘܡܝܘܬܐ ܦܩܕ ܕܢܬܦܣܩܘܢ ܪ̈ܫܝܗܘܢ. ܠܫܪܟܐ ܕܝܢ ܡܫܕܪ
48 ܗܘܐ ܠܗܘܢ ܠܚܝܘ̈ܬܐ. ܡܫܬܒܚ ܗܘܐ ܕܝܢ ܡܫܝܚܐ ܪܘܪܒܐܝܬ[60]
ܒܗܘܢ ܕܗܢܘܢ ܕܩܕܡ ܟܦܪܘ ܗܘܘ. ܕܠܒܪ ܡܢ ܡܗܝܡܢܘܬܗܘܢ
ܕܢ̈ܦܩܐ ܡܩܕܡ ܗܘܘ. ܐܦ. ܓܝܪ[61] ܡܢܗܘܢ ܘܠܗܘܢ ܡܫܬܐܠܝܢ
ܗܘܘ ܗܠܝܢ. ܐܝܟ ܕܗܐ ܠܗ ܡܫܬܒܩܝܢ.[61a] ܒܗ ܕܝܢ ܐܘܕܝܘ ܐܬܬܘܣܦܘ
ܗܘܘ ܥܠ ܡܢܝܢܐ ܕܣܗ̈ܕܐ. ܗܢܘ ܕܝܢ ܠܒܪ ܗܢܘܢ ܕܐܦ ܠܐ 𝔄 339
ܒܡܢܬܐ ܕܗܝܡܢܘܬܐ ܡܫܬܘܬܦ ܗܘܬ ܠܗܘܢ. ܐܦܠܐ ܪܢܝܬܐ
ܠܒܘܫܐ ܕܡܫܬܘܬܐ. ܐܦ ܠܐ ܬܪܥܝܬܐ ܕܕܚܠܬ ܐܠܗܐ.
ܐܠܐ ܐܦ ܒܗܘ̈ܦܟܝܗܘܢ ܡܓܕܦܝܢ ܗܘܘ ܥܠ ܐܘܪܚܐ ܕܫܪ̈ܪܐ.
49 ܕܐܝܬܝܗܘܢ ܒܢܝ̈ܐ ܕܐܒܕܢܐ. ܘܫܪܟܐ ܕܐܫܬܪܟܘ ܐܬܬܘܣܦܘ
ܥܠ ܥܕܬܐ ·:· ·:· ܘܟܕ ܡܫܬܐܠܝܢ ܗܘܘ. ܓܒܪܐ ܚܕ ܕܫܡܗ
ܗܘܐ ܐܠܟܣܢܕܪܘܣ: ܕܓܢܣܗ ܐܝܬܘܗܝ ܗܘܐ ܦܪܘܓܝܐ:
ܘܒܐܘܡܢܘܬܐ ܕܐܣܝܘܬܐ ܐܝܬܘܗܝ ܗܘܐ ܐܣܝܐ: ܘܫ̈ܢܝܐ
ܣܓܝ̈ܐܬܐ ܐܬܥܟܒ ܒܓܠܝܐ: ܘܝܕܝܥ ܗܘܐ ܠܟܠܢܫ ܡܛܠ
ܚܘܒܗ ܕܠܘܬ ܐܠܗܐ ܘܦܪܗܣܝܐ ܕܡܠܬܗ. ܠܐ ܕܝܢ ܓܠܝܙ ܗܘܐ

[58] 𝔄 om. ܕܐܠܗܐ and the preceding suffix [58a] In 𝔄 read [illegible]
[59] 𝔄 ܒܗ [60] 𝔄 om. ܪܘܪܒܐܝܬ [61] 𝔄 om. ܓܝܪ [61a] In 𝔄 read [illegible]

ܐܦܠܐ ܡܢ ܡܗܝܡܢܘܬܐ ܕܥܠܝܡܘܬܐ. ܗ̇ܘ ܗܢܐ ܥܠܝܡ ܗܘܐ
ܛܠܝ ܒܫܢܝ̈. ܘܒܬܪܗ ܡܚܒܪ̈ܐ ܗܘܐ ܠܗܘܢ ܠܫܪܟܢ ܕܐܚܘܗܝ.
ܘܐܝܟ ܗ̇ܘ ܕܡܫܠܡܐ ܚܫܝܡ ܗܘܘ (B fol. 105 a) ܠܗ. ܚܙܐ ܗܘܐ
50 ܕܝܢ ܠܗܘܢ ܕܡܩܪܒܝܢ ܗܘܘ ܠܘܬ ܕܝܢܐ ·:· ·:· ܐܬܕܒܪ ܗܘܐ
ܕܝܢ ܥܠܘܗܝ ܕܝܢܐ ܗ̇ܘ ܡܛܠ ܗ̇ܢܘܢ ܕܢܦܩܘ ܗܘܘ ܕܬܘܒ ܢܦܩܘ
ܐܘܕܝܘ. ܘܡܚܘ ܒܠܘܗܝ ܥܠ ܐܠܟܣܢܕܪܘܣ. ܐܝܟ ܕܗܘ ܠܡ
ܚܕܐ ܗܕܐ. ܘܟܕ ܐܬܐ ܘܐܩܝܡܗ ܗܓܡܘܢܐ: ܘܫܐܠ ܗܘܐ
ܕܡܢܘ ܐܝܬܘܗܝ: ܘܗ̣ܘ ܐܡܪ ܕܟܪܣܛܝܢܐ ܐܝܬܝ. ܐܬܚܡܬ
ܘܦܩܕ ܕܢܬܬܠܐ ܠܚܝ̈ܘܬܐ. ܘܠܝܘܡܐ ܕܡܬܕܪܝܢ ܥܠ ܚܡ A 310
ܐܦܛܠܡܘܣ. ܐܦ ܠܗ ܓܝܪ ܠܐܦܛܠܡܘܣ. ܐܝܟ ܕܢܚܙܐ ܦܛܡܘܬܐ
ܗܓܡܘܢܐ ܠܕܝܢܝܫ. ܐܦ ܠܗ ܐܬܦܩܕܗ[62] ܗܘܐ ܕܢܬܬܠܐ ܠܚܝ̈ܘܬܐ.
51 ܟܕ ܕܝܢ ܐܫܬܡܥܘ ܐܝܟܢ ܕܐܬܕܒܪܘ ܟܠܗܘܢ ܡܫܡܠܝܐ
ܕܐܬܕܒܪܘ ܠܦܘܪ̈ܢܐ ܘܩܪܒܘ ܐܚܕܢܐ ܙܟܝ. ܠܫܪ̈ܬܐ ܐܬܟܢܫܘ
ܐܦ ܗ̇ܢܘܢ. ܐܠܟܣܢܕܪܘܣ ܕܝܢ ܐܦܠܐ ܡܬܬܚܝܒ ܐܬܬܢܝܚ.
ܐܦ ܠܐ ܡܬܬܢܝܚ ܦܩܝܕ ܦܘܠܡܘܣ ܘܐܡܪ ܡܢܗ. ܐܠܐ ܟܠܗܘܢ
52 ܡܛܠܠ ܗܘܐ ܒܡ ܐܠܗܐ ·:· ·:· ܐܦܛܠܡܘܣ ܕܝܢ ܡܢ ܕܐܬܒܢܝܘܗܝ
ܥܠ ܒܘܪܣܢܐ ܕܦܪܢܣܐ ܕܐܬܡܪ ܗܘܐ. ܒܪ ܓܒܪ ܩܠܝܠ ܡܢ ܦܓܪܗ
ܐܟܠ. ܐܡܪ ܥܠܝܢܐ ܙܗܘܡܢܐ ܠܟܠܗ ܗ̇ܘ ܒܢܝܢܐ. ܗܕܐ ܗܝ
ܕܬܐܟܘܠ ܐܢܫ ܕܟܠ ܐܢܫܐ. ܗܕܐ[63] ܕܐܢܬܘܢ ܡܢ ܟܒܪܝܢ
ܐܢܬܘܢ. ܐܢܫܝܢ ܓܝܪ[64] ܠܐ ܒܢܝ̈ ܐܢܫܐ ܐܟܠܝܢ ܐܦܠܐ ܡܕܡ
ܕܫܘܢܐ ܡܚܝܪ ܠܝ. ܘܟܕ ܕܝܢ ܫܐܠܘܗܝ ܗܘܘ ܕܐܝܢܐ ܫܡܟ
ܐܝܬ ܠܟܠܗܝ ܐܡܪ.[65] ܕܠܐܠܗܐ ܫܡܟ ܠܝܬ ܠܗ ܐܝܟ
53 ܕܠܒܢܝܢܐ... ܟܬܪ ܗܠܝܢ ܒܠܚܘܕ. ܠܗܘܢܐ ܐܚܪܢܐ ܕܐܬܬܘܟܠ

[62] A *iussit* [63] A *edere hominis carnem hoc (est)* [64] A *sed nos*
[65] A adds *iis* and omits the following ܕ

ܐܬܐ ܠܟܠܗܝܢ݂. ܒܪ ܛܠܝܐ ܚܕ ܕܫܡܗ ܗܘܐ ܦܘܢܛܝܩܘܣ.[66]
ܕܐܝܬܘܗܝ. ܗܘܐ ܐܝܟ ܒܪ ܫܒܥܣܪܐ ܫܢ̈ܝܢ. (B fol. 105 b) ܕܠܗܘܢ[67]
ܠܗܠܝܢ ܟܠܝܘܡ ܡܥܠܝܢ ܗܘܘ ܠܗܘܢ ܕܢܗܘܘܢ ܚܙܝܢ ܫܢ̈ܕܐ
ܕܐܚܪ̈ܢܐ. ܘܐܠܨܝܢ ܗܘܘ ܠܗܘܢ ܕܢܐܡܘܢ ܒܦܬܟܪ̈ܐ. ܘܡܛܠ
ܕܩܘܝܘ ܗܘܘ ܒܫܘܠܡܐ ܘܫܛܘ ܗܘܘ ܠܗܘܢ̇. ܐܬܡܪܡܪ 𝔄 341
ܟܢܫܗܘܢ ܟܠܗ ܗܘ ܕܥܡܐ. ܐܝܟܢܐ ܕܐܦܠܐ ܥܠ ܠܐ ܡܫܬܡܗ
ܕܗܘ ܛܠܝܐ ܠܬܪ̈ܝܗܘܢ. ܐܦܠܐ ܡܢ ܓܢܣܐ ܕܐܢ̈ܬܬܐ
54 ܢܬܚܡܣܘܢ. ܐܠܐ ܐܥܒܪܘ ܐܢܘܢ ܠܟܠ ܫ̈ܢܕܝܢ ܘܐܥܒܪܘ ܐܢܘܢ
ܒܟܠ ܫ̈ܘܠܦܝܢ ܕܫ̈ܘܢܩܐ. ܘܐܠܨܝܢ ܗܘܘ ܠܗܘܢ ܕܢܐܡܘܢ
ܒܦܬܟܪ̈ܐ.[68] ܒܪ ܕܝܢ ܠܐ ܡܫܟܚܝܢ ܗܘܘ ܠܡܥܒܕ ܠܗܘܢ ܗܕܐ.
ܗܘ ܓܝܪ ܦܘܢܛܝܩܘܣ[69] ܡܬܚܝܠ ܗܘܐ ܡܢ ܗ̇ܝ ܚܬܗ. ܘܚܙܝܢ
ܗܘܘ ܗܢܘܢ ܥܡ̈ܡܐ. ܕܗ̇ܝ ܡܠܒܒܐ ܠܗ ܘܡܚܝܠܐ ܠܗ. ܗܘܒܪ
ܡܛܠ ܢܨܝܚܘܬܗ ܥܠ ܫ̈ܢܕܝܢ. ܘܐܣܬܝܒܪܗ ܠܡܘܬܗ ܘܢܦܩ ܡܢ
55 ܥܠܡܐ ⁛ ܛܘܒܢܝܬܐ ܕܝܢ ܒܠܢܕܝܢܐ ܠܚܪܬܐ ܕܟܠܗܘܢ̇. ܐܝܟ
ܐܡܐ ܢܨܝܚܬܐ ܕܐܦܪܩܬ ܐܢܘܢ ܘܫܕܪܬ ܠܒ̈ܢܝܗ̇ ܒܪ ܡܟܠܠܝܢ
ܠܘܬ ܡܠܟܐ[70] ܡܫܝܚܐ: ܘܫܡܠܝܬ ܐܢܘܢ ܠܟܠܗܘܢ ܐܓܘ̈ܢܐ
ܕܒ̈ܢܝܗ̇: ܘܡܬܦܝܓܐ ܗܘܬ ܕܬܐܙܠ ܠܘܬܗܘܢ ܒܪ ܡܠܟܐ
ܚܕܘܬܐ ܘܪܘܙܐ: ܐܝܟ ܗ̇ܝ ܕܠܓܢܘܢܐ ܕܡܫܬܘܬܐ ܐܬܩܪܝܬ
56 ܗܘܬ. ܐܪܡܝܘܗ̇ ܕܝܢ[71] ܠܚܝܘܬܐ. ܘܡܢ ܒܬܪ ܡܚ̈ܘܬܐ ܘܚܝ̈ܘܬܐ
ܘܡܢ ܒܬܪ ܛܓܢܐ. ܠܚܝܬܐ ܐܪܡܝܘܗ̇ ܒܡܨܝܕܬܐ ܘܐܬܠܬ
ܠܬܘܪܐ. ܘܟܕ ܡܬܛܘܦܐ ܗܘܬ ܡܢܗ̇. ܐܝܟ ܗ̇ܝ ܕܐܦܠܐ
ܡܪܓܫܐ ܡܪܓܫܐ ܗܘܬ ܒܡܕܡ ܕܓܕܫ ܠܗ̇: ܡܛܠ ܣܒܪܐ 𝔄 342
ܘܣܘܟܝܐ ܕܡܗܝܡܢܘܬܐ ܗܘܬ: ܘܡܛܠ ܡܡܠܠܗ̇ ܕܥܡ

[66] 𝔄 ܦܘܢܛܝܩܘܣ [67] 𝔄 om. ܕ [68] 𝔄 om. ܒܦܬܟܪ̈ܐ [69] Here the name is corrupt in 𝔄 [70] 𝔄 om. ܡܠܟܐ [71] 𝔄 om. ܕܝܢ?

ܡܥܝܢܐ. ܘܠܫܪܟܐ ܐܬܒܢܝܬ ܐܦ ܗܝ. ܘܡܫܕܝܢ ܗܘܘ ܠܟܠܗܘܢ
ܠܟܠܒ̈ܐ. ܕܠܐ ܢܬܩܒܪܘܢ ܡܛܠ ܐܢܬܬܐ ܗܠܝܢ ܘܕܐܝܟ ܗܠܝܢ
57 ܢ̈ܫܐ. ܐܦܠܐ ܕܝܢ ܗܘܢܐ ܗܘܢܝܬ ܥܝܢܝܬܗܘܢ (B fol. 106 *a*)
ܘܥܝܢܬܗܘܢ ܕܠܘܬ ܩܕ̈ܝܫܐ. ܡܢ ܚܝ̈ܘܬܐ ܓܝܪ ܒܪ̈ܝܬܐ
ܗܘ ܕܝܢ ܡܢ ܗܦܟܐ. ܐܫܬܟܚܘ ܗܘܘ ܗܠܝܢ ܚܡ̈ܫܐ ܒܪ̈ܢܫܐ
ܘܒܪ̈ܝܬܐ ܘܠܐ ܡܕܡ ܗܘܘ ܕܢܦܠܘܢ. ܐܠܐ ܬܘܒ ܥܘܪܢܐ
58 ܐܚܪ̈ܢܐ ܕܐܝܟܢܐ ܚܒܪܘ ܠܦܓܪ̈ܝܗܘܢ ܕܩܕ̈ܝܫܐ. ܠܐ ܓܝܪ
ܐܬܚܫܒܘ ܡܢ ܗ̇ܢܘܢ ܕܐܪܘܚܘ ܡܛܠ ܕܡܫܥܒܕܬܐ[72] ܕܒܪ̈ܢܫܐ ܠܘܬ
ܗܘܐ ܠܗܘܢ. ܐܠܐ ܡܬܪܐܬ ܡܬܚܒܪ ܗܘܐ ܪܘܓܙܗܘܢ
ܟܠܢ ܐܝܟ ܕܚܝ̈ܘܬܐ.[73] ܘܡܫܟܚܢܐ ܘܡܚܒܐ ܟܠܗ ܥܡܐܝܬ
ܡܫܚܝܢ ܗܘܘ ܫܐܝܬܗܘܢ ܕܡܦܠܐ ܕܠܘܬܢ. ܕܢܫܠܡ ܟܬܒܐ
Rev xxii 11 59 ܕܐܡܪ: ܕܡܢ ܕܥܘܠܐ ܬܘܒ ܢܥܘܠ ܘܙܕܝܩܐ ܬܘܒ ܢܙܕܕܩ. ܠܗ̇ܢܘܢ
ܓܝܪ[74] ܕܐܬܢܝܚܘ ܗܘܘ ܒܗܬ ܐܟܘܬ ܐܪ̈ܝܘܬܐ ܐܝܟ ܠܒ̈ܠܥܐ.
ܘܡܪ̈ܢܝܢ ܗܘܘ ܠܗܘܢ ܡܬܦܩܢܬ ܟܠܠܐ ܘܡܫܡܫܢܐ ܕܠܐ
ܢܬܟܪܘܢ ܡܢܝ. ܘܗܢܘܢ ܗܟܢܐ ܐܝܟ ܠܥܪ̈ܒܝܐ ܕܬܘܒ ܡܢ
ܫܘܬܐ ܘܡܢ ܢܘܪܐ. ܡܚܝܢܘܢ ܕܡܬܚܫܝܢ ܘܡܚܝܢܘܢ[75] ܕܡܫܕܪܢ.
A 313 ܘܡܪܓܫܬܐ ܕܐܪ̈ܒܥܐ ܕܐܚܪ̈ܢܐ[76] ܥܡ ܦܘܫܩܐ[77] ܕܬܫܢܝ̈ܩܝܗܘܢ.
ܘܡܪ̈ܢܝܢ ܗܘܘ ܠܗܘܢ ܕܠܐ ܢܬܟܪܘܢ ܒܡܪܕܘܬܐ ܕܦܘܪ̈ܥܢܘܬܐ
60 ܡܚܫ̈ܬܐ ܩܛܠܢܝܬܐ. ܘܐܝܬ ܕܚܕܝܢ ܡܢ ܫܘܩܐ ܕܡܬܚܙܝܢ ܗܘܘ
ܘܡܚܝܟܝܢ ܗܘܘ ܥܠܝܗܘܢ ܟܠܗܘܢ: ܘܦܚܝܢ ܗܘܘ ܕܢܚܙܘܢ
ܬܫܢܝܩܬܐ ܕܒܗܘܢ ܕܢܬܪ̈ܝܢ ܡܢ ܗܠܝܢ. ܐܚܪ̈ܢܐ ܕܝܢ ܚܢܝܢ
ܗܘܘ ܘܡܚܕܝܢ ܒܗܘܢ. ܘܡܗܘܪܝܢ ܗܘܘ ܠܬܫܒ̈ܘܚܬܗܘܢ ܘܐܡܪܝܢ
ܗܘܘ. ܕܐܝܟܢܘܢ ܡܠܟܗ ܡܫܚ ܒܪ̈ܢܫܐ ܗܠܝܢ.[78] ܐܚܪ̈ܢܐ ܕܝܢ

[72] A – [illegible], omitting ܡܛܠ. The preceding [illegible] seems corrupt
[73] A *quam beluarum* [74] A = [illegible] [75] A om. ܘܡܚܝܢܘܢ [76] A *aliorum multorum* [77] In A read [illegible] [78] A *poenas suas*

ܐܝܠܝܢ ܕܡܬܦܬܟܪܝܢ ܕܡܫܡܫܝܢ ܘܡܪ̈ܘܡܝܢ ܒܗܘܢ. ܘܡܫܬܒܗܪܝܢ ܗܘܘ
ܠܗܘܢ ܘܐܡܪܝܢ ܕܐܝܟܐ ܗܘ ܐܠܗܗܘܢ ܕܗܠܝܢ. ܘܡܢܐ
ܐܘܬܪܬ ܐܢܘܢ ܕܚܠܬܗ̇. ܗ̇ܝ ܕܓܒܬ ܡܢ ܢܦܫܗܘܢ ܚܠܦ
ܠܗܘܢ.[79] (B fol. 106 b) ܡܢ ܠܘܬ ܗ̇ܢܘܢ ܕܝܢ ܕܐܝܟ ܗܠܝܢ
61 ܫܘ̈ܚܠܦܐ ܡܫܬܟܚܝܢ ܗܘܘ... ܐܚܪܢ ܕܝܢ ܒܐܪܥܐ ܪܒܐ
ܐܝܬܝܢ ܗܘܝ. ܡܛܠ ܕܠܐ ܡܬܚܫܒܝܢ ܗܘܘ ܕܢܩܒܘܪ ܦܓܪ̈ܝܗܘܢ
ܒܐܪܥܐ. ܐܦܠܐ ܓܝܪ ܠܠܝܐ ܒܗܘܢ ܗܘܐ ܠܗ ܠܗܕܐ. ܐܦܠܐ
ܒܟܣܦܐ ܡܦܝܣ ܗܘܐ ܠܗܘܢ ܠܢܛܘܪ̈ܐ. ܐܦܠܐ ܒܒܥܘܬܐ ܡܬܦܝܣܐ
ܗܘܬ ܠܗܘܢ. ܒܟܠ ܦܘܪ̈ܣܝܢ ܓܝܪ ܢܛܪܝܢ ܗܘܘ ܠܗܘܢ. ܐܝܟ
62 ܕܡܕܡ ܪܒ ܡܬܪܝܢ ܗܘܘ ܐܠܐ ܡܬܡܚܪܝܢ ܗܠܝܢ... ܡܢ ܒܬܪ
ܕܐܡܪܘ.[80] ܐܚܪ̈ܢܝܬܐ ܐܘܩܕܘ ܘܐܡܪܘ.[81] ܕܦܓܪ̈ܝܗܘܢ ܠܡ
ܕܣܗ̈ܕܐ ܒܪ ܦܪܘܫܘ ܐܢܘܢ ܒܟܠ ܐܣܟܝ̈ܡܝܢ ܘܐܬܬܫܝܛܘ ܒܐܐܪ
ܫܬܐ ܝܘܡܝܢ.[82] ܡܢ ܒܬܪܟܢ ܐܘܩܕܘ ܐܢܘܢ ܗ̇ܢܘܢ ܥܘ̈ܠܐ
ܒܪܡܫܐ ܕܗܘܘ ܐܝܟ ܡܠܟܐ. ܘܕܪܘ ܐܢܘܢ ܒܪܘܚܐ. ܠܢܗܪܐ
ܕܪܕܐ ܬܡܢ. ܐܝܟܢܐ ܕܐܦܠܐ ܓܪ̈ܡܝܗܘܢ ܢܬܚܙܘܢ ܡܟܝܠ ܥܠ
63 ܐܪܥܐ ··· ··· ܘܗܠܝܢ ܥܒܕܝܢ ܗܘܘ ܐܝܟ ܐܢܫܐ ܕܡܫܟܚܝܢ
ܗܘܘ ܕܢܙܟܘܢ ܠܐܠܗܐ. ܘܢܣܒܘܢ ܡܢܗܘܢ ܐܦ[83] ܚܝܘܬܐ
ܕܡܢܚܬܗܘܢ ܕܡܢ ܒܝܬ ܡܝ̈ܬܐ. ܕܐܝܟ ܕܐܡܪܝܢ ܗܘܘ ܓܝܪ
ܗ̇ܢܘܢ ܗܠܝܢ. ܕܐܦ ܠܐ ܠܡ ܣܒܪܐ ܢܗܘܐ ܠܗܘܢ ܕܡܢܚܬܐ
ܗ̇ܝ[84] ܕܥܠܝܗ̇ ܐܬܬܟܠܘ. ܘܐܥܠܘ ܠܢ ܦܘܠܚܢܐ ܕܢܘܟܪܝܬܐ ܘܚܕܬܐ
ܘܫܕܪܬܐ. ܘܥܠܘ ܠܚܠܡܘܢ ܐܬܠܝܛܐ. ܘܐܬܘ ܠܡܘܬܐ ܒܚܕܘܬܐ
ܟܕ ܡܛܠܒܝܢ. ܗܫܐ ܢܚܙܐ ܐܢܗܘ ܕܡܩܝܡܝܢ. ܘܐܢ[85] ܡܫܟܚ
ܐܠܗܗܘܢ ܕܢܥܕܪ ܐܢܘܢ ܘܢܦܨܐ ܐܢܘܢ ܡܢ ܐܝ̈ܕܝܢ.

[79] 𝔄 = ܠܗ [80] 𝔄 *et post hoc quum dixissent* [81] 𝔄 om. ܘܐܡܪܘ
[82] 𝔄 = ܘܡܟܝܠ [83] 𝔄 om. ܐܦ [84] In 𝔄 for *[illegible]* read *[illegible]* [85] For
ܘܐܢ 𝔄 has *et nunc videbimus an*

𝔄 315 ܕܬܪܝܢ ܕܐܡܝܢܐ ܣܗܕܐ ܪ̈ܚܡܘܗܝ. ܕܐܠܗܐ ܡܫܒܚܝܢ ܗܘܘ
ܘܡܘܕܝܢ ܠܐܝܠܝܢ ܕܥܒܕܝܢ ܒܪܘܚܒܐ.

ii. 1 ܗܠܝܢ ܕܦܪܫܢ ܐܡܪܝܢ ܗܟܢ ܗܘܘ. ܒܬܪ̈ܬܐ ܕܡܫܝܚܐ ܒܢ̈ܡܘܣܘܗܝ
ܕܐܪܘܢ ܐܢܛܩܘܛܦܐ. ܕܗܢ ܗܠܝܢ ܡܫܬܥܐ ܗܘ ܐܢܫ ܕܢܦܩܘ
ܒܪ̈ܚܡܘܗܝ (B fol. 107 a) ܕܡܫܝܚܐ ܒܬܪ ܒܟܠܗܝܢ ܩ̈ܪܝܐ[1] ܐܦ
ܒܐܬܪ̈ܘܬܐ ܐܚܪ̈ܢܐ. ܘܗ̇ ܗܘ ܕܝܢ ܕܡܟܝܠ ܡܢ ܗܘܢܐ ܟܬܒܝ
ܢܚܘܝܢ ܐܦ ܥ̈ܠܬܐ ܐܚܪ̈ܢܝܬܐ. ܕܡܢܗܝܢ ܡܬܝܕܥܐ ܡܣܝܒܪܢܘܬܗܘܢ
ܘܡܪܚܡܢܘܬܗܘܢ ܕܗܠܝܢ ܣܗ̈ܕܐ ܕܦܪܫܢ ܒ̈ܡܪܝܢ ܟܠܗܘܢ.
2 ܒܬܢܝܢ ܕܝܢ ܬܒܢ[2] ܗܠܝܢ ܥ̈ܠܬܐ. ܕܗܘܘ ܠܗ[3] ܗܠܝܢ ܣܗ̈ܕܐ
Phil ii 6 ܗܘܢܐ ܐܝܬܝܗܘܢ ܗܘܘ ܠܛܢܢܐ ܘܡܬܕܡܝܢܐ ܕܡܫܝܚܐ. ܗ̇ܘ
ܕܟܕ ܒܕܡܘܬܐ ܗܘ ܕܐܠܗܐ. ܠܐ ܗܘܐ ܚܛܘܦܝܐ ܚܫܒܗ̇
ܫܘܝܘܬܐ ܕܢܗܘܐ[4] ܦܚܡܐ ܠܐܠܗܐ. ܕܟܕ ܒܗܢܐ ܫܘܒܚܐ
ܐܝܬܝܗܘܢ ܗܘܘ: ܕܠܘ ܚܕܐ ܙܒܢ ܐܘ ܬܪ̈ܬܝܢ ܐܠܐ ܙܒ̈ܢܬܐ
ܣܓܝ̈ܐܬܐ ܐܣܗܕܘ ܗܘܘ. ܘܟܕ ܡܢ ܚܝ̈ܘܬܐ ܐܬܦܨܝܘ ܗܘܘ[5]
ܘܟܘܝܢ ܗܘܘ ܒܢܘܪܐ ܘܫܘܡ̈ܬܐ ܘܡܚ̈ܘܬܐ. ܐܦ ܠܐ ܗܘܝܢ
𝔄 346 ܐܡܪܝܢ ܗܘܘ ܥܠ ܢܦܫܗܘܢ ܕܣܗ̈ܕܐ ܐܢܘܢ. ܐܦ ܠܐ ܠܢ
ܡܦܣܝܢ ܗܘܘ ܕܢܩܪܐ ܐܢܘܢ ܒܗܢܐ ܫܡܐ. ܐܠܐ ܐܢ ܒܙܒܢ
ܡܬܚܫܒܢ ܘܩܪܐ ܐܢܘܢ ܐܢܫ. ܣܗ̈ܕܐ ܐܘ ܒܡܠܬܐ ܐܘ
ܒܟܬܒܬܐ[6]. ܡܟܐܢܝܬ ܟܐܝܢ ܗܘܘ ܒܗ ܒܗ̇ ܡܢ ܕܩܪܐ ܠܗܘܢ.
3 ܢܝܚܐܝܬ ܓܝܪ ܡܫܠܡܝܢ ܗܘܘ ܠܗ ܠܗܢܐ ܫܡܐ ܕܣܗܕܘܬܐ
ܠܡܫܝܚܐ. ܠܗ̇ܘ ܕܐܝܬܘܗܝ ܣܗܕܐ ܡܗܝܡܢܐ ܕܫܪܪ̈ܐ ܘܒܘܟܪܐ
ܕܡܝ̈ܬܐ ܘܪܫܝܬܐ ܕܚܝ̈ܐ. ܘܡܬܕܟܪܝܢ ܗܘܘ ܠܣܗ̈ܕܐ ܕܢܦܩܘ

Chap. II. [1] 𝔄 adds *in urbibus* [2] 𝔄 *et* (for ܠܡܶܠ) [3] In 𝔄 for *mll'n* read *mnk'n* [4] 𝔄 *non tamen rapinam putavit habere seipsum* [5] Corruption in 𝔄 [6] 𝔄 ܐܘ ܒܟܬܝܒܬܐ ܐܘ ܒܡܣܟܢܘܬܐ

ܡܢ ܒܠܥܕܐ ܘܐܬܕܟܪܝܢ ܗܘܘ. ܕܗܢܘܢ ܐܝܟ ܗܠܝܢ ܣܗ̈ܕܐ. ܗܢܘܢ
ܕܒܡܘܕܝܢܘܬܗܘܢ ܐܫܬܘܝ ܐܝܟ ܡܫܝܚܐ ܕܢܬܕܒܪܘܢ. ܘܢܬܬܝܡ
ܡܘܕܝܢܘܬܗܘܢ ܒܝܕ ܣܗܕܘܬܗܘܢ. ܐܢܫܝܢ ܕܝܢ ܕܣܗ̈ܕܝܢܐ ܐܝܬܝܗܘܢ
ܡܩܒܠܝ ܘܚ̈ܝܪܐ. ܘܒܡܘܕܝܢܘܬܐ ܫܦܝܪܬܐ ܡܦܝܣܝܢ ܗܘܘ ܠܐܚ̈ܐ
ܘܡܒܥܝܢ ܗܘܘ ܡܢܗܘܢ. ܕܒܬܟܫܦܬܐ ܢܒܥܘܢ ܨ̈ܠܘܬܐ[7]
4 ܠܫܘܡܠܝܗܘܢ ܕܢܫܬܡܠܠܘܢ. ܘܒܪ[8] ܫܠܝܚܘܗ (B fol. 107 b) ܕܝܢ ܕܡܘܕܝܢܘܬܐ
ܒܚ̈ܒܪܐ ܡܚܘܝܢ ܗܘܘ: ܒܦܪܗܣܝܐ ܦܫܝܛܘܬܐ ܕܐܝܬ ܗܘܐ
ܠܗܘܢ ܠܘܬ ܥ̈ܡܡܐ: ܘܡܣܝܒܪܢܘܬܗܘܢ ܒܡܣܝܒܪܢܘܬܐ ܕܠܐ
ܕܚܠܬܐ ܘܒܥܘܬܐ ܡܚܘܝܢ ܗܘܘ. ܡܢ ܥܡܟܐ ܕܣܗ̈ܕܐ ܡܫܬܐܠܝܢ
ܗܘܘ ܡܛܠ ܐܚ̈ܝܢ. ܡܛܠ ܕܒܥܝܢ[9] ܗܘܘ ܕܢܬܠܝܗ ܕܐܠܗܐ ܀
5 ܘܬܘܒ ܡܢ ܒܬܪܟܢ ܐܡܪܘ. ܕܡܡܟܟܝܢ ܗܘܘ ܢܦܫܗܘܢ ܬܚܝܬ 1 Pet v 6
ܐܝܕܐ ܪܡܬܐ. ܗܝ ܕܒܝܕܗ ܐܬܪܘܪܒܘ ܗܫܐ. ܠܟܠ ܐܢܫ
ܕܝܢ ܢܦܩܝܢ ܗܘܘ ܙܘܥܐ. ܘܠܐܢܫ ܠܐ ܡܦܠܓܝܢ ܗܘܘ. ܘܫܪܝܢ
ܗܘܘ ܠܟܠ ܐܢܫ. ܘܠܐܢܫ ܠܐ ܐܣܪܝܢ ܗܘܘ. ܘܠܗܢܘܢ
ܕܒܝ̈ܫܬܐ ܡܣܒܠܝܢ ܗܘܘ ܠܗܘܢ ܡܨܠܝܢ ܗܘܘ ܥܠܝܗܘܢ. ܐܝܟ 𝔄 347
ܐܣܛܦܢܘܣ. ܣܗܕܐ ܡܫܡܠܝܐ ܕܐܡܪ ܗܘܐ. ܡܪܝ[10] ܠܐ Acts vii 60
ܬܩܝܡ ܠܗܘܢ ܗܕܐ ܚܛܝܬܐ. ܐܢ ܕܝܢ ܚܠܦ ܗܢܘܢ ܕܪܓܡܝܢ
6 ܗܘܘ ܠܗ ܡܨܠܐ ܗܘܐ ܟܕ ܒܥܐ ܚܠܦ ܚ̈ܝܒܐ... ܘܡܢ ܒܬܪ
ܡܠܝܢ ܐܡܪܘ ܬܘܒ. ܕܗܘܐ ܠܗ ܟܠܗ ܩܪܒܐ ܪܒܐ ܕܩܘܒܠܐ
ܠܗܘܢ ܥܡ ܣܛܢܐ. ܡܛܠ ܚܘܒܐ ܡܫܡܠܝܐ. ܕܢܬܚܢܩ[11] ܚܘܝܐ
ܒܚܢܩܐ. ܘܠܗܢܘܢ ܕܡܦܪܩܘ[12] ܕܢܦܠܘ ܗܘܘ ܟܕ ܚܝܝܢ ܢܦܩܘ. ܐܝܟܘ.
ܠܐ ܚܝܪ ܡܬܚܫܒܝܢ ܗܘܘ ܥܠ ܗܢܘܢ ܕܢܦܠܘ ܗܘܘ. ܐܠܐ
ܒܪ̈ܚܡܐ ܕܐܡܗܬܐ ܡܬܢܝܢ ܗܘܘ ܡܩܒܠܝܢ ܗܘܘ ܡܘܗܒܬܐ ܕܐܚ̈ܝܢ.

[7] 𝔄 *ut preces et supplicationes fierent* [8] 𝔄 om. ܒ and the following ܝܢ? [9] 𝔄 *quod et ii*: the equivalent of ܡܠܟܝܢ seems to have fallen out [10] 𝔄 om ܡܪܝ [11] 𝔄 *ut finderetur* [12] 𝔄 = ܕܡܦܩܘ

ܕܢܝܚܐ ܐܝܟ ܐܡܪܐ ܥܠ ܩܛܠܗ̇[13] ܐܝܬ ܗܘܐ ܠܗܘܢ. ܘܕܬܒܥܐ
7 ܡܫܬܥܢܝ̈ܬܐ ܡܫܬܒܚܝܢ ܗܘܘ ܡܫܠܡܘܬܗܘܢ ܠܘܬ ܐܒܐ. ܘܚܢܢ
ܫܐܠܘ ܡܢܗ ܘܝܗܒ[14] ܠܗܘܢ. ܘܗܢܘܢ ܦܠܓܘ ܐܢܘܢ ܥܡ
ܩܪ̈ܝܒܝܗܘܢ. ܘܟܠ ܡܕܡ ܠܟܠܗ ܕܗܘܬ ܘܐܙܠܘ ܠܘܬ ܐܠܗܐ.
ܫܠܡܐ[15] ܢܛܪܘ ܐܡܝܢܐܝܬ ܘܫܠܡܐ ܐܫܬܠܡܘ ܠܗ. ܘܒܫܠܡܐ
ܡܢܚܘ ܠܘܬ ܐܠܗܐ. ܘܠܐ ܥܒܕܘ ܟܐܒܐ ܠܐܚܝܗܘܢ. ܐܦ
𝔄 348 ܠܐ ܥܩܬܐ ܘܐܘܠܨܢܐ (B fol. 108 a) ܠܐܚ̈ܝܗܘܢ. ܐܠܐ ܚܕܘܬܐ
8 ܘܫܠܡܐ.[16] ܘܐܘܝܘܬܐ ܘܚܘܒܐ. ܗܠܝܢ ܕܐܬܐܡܪ̈ ܡܛܠ
ܚܘܒܗܘܢ ܕܗܢܘܢ ܠܘܬ ܦܘܪ̈ܩܢܐ ܕܠܘܬ ܐܚܐ ܕܢܦܠܘ ܗܘ̇ܘ. ܘܐܝܟ[17]
ܕܠܬܪܥܝܬܐ ܐܬܬܚܝܒ ܗܪ̈ܓܐ. ܡܛܠ ܬܪ̈ܚܘܬܗܘܢ ܕܗܢܘܢ ܕܕܠܐ
ܢܒܚܐ ܘܕܠܐ ܚܝܠܐ ܐܢܘܢ. ܕܡܬܦܪ̈ܫܝܢ ܠܘܬ ܗܪܘܛܘܬܗ
ܕܡܚܝܢܐ ܕܠܐ ܚܘܣ ·:· ·:·

ܬܠܝܬܝܐ ܕܐܝܠܝܢ ܣܗܕܐ ܒܝܕ ܫܘܠܛܢܗ ܐܦܠܝܢܘܣ[1] ܗܓܡܘܢܐ.

iii. 1 ܗ̇ܘ ܕܝܢ ܗܢܐ ܒܫܢܬܐ ܕܬܠܬ ܫܢ̈ܝܐ ܕܪܕܘܦܝܐ ܐܬܚܪܝܢ
ܟܠܗܘܢ. ܐܦ ܬܫܒܘܚܬܐ ܐܚܪܬܐ ܐܝܬ ܒܗ ܕܢܦܩܬ ܠܕܘܒܪܐ.
ܠܘܬ ܕܝܢ ܣܗܕ̈ܐ ܕܩܣܪܝܐ ܠܕܘܒܪ̈ܝܗܘܢ[1a] ܕܐܝܠܝܢ ܕܦܪܝܢ.
2 ܐܬܬܚܕ ܕܝܢ ܗܢܐ... ܐܦܠܝܢܘܣ ܠܡ ܗܘ̇ܐ[2] ܚܕ ܡܢܗܘܢ
ܒܛܘܒܢܐ ܕܗܦܟܝܢ ܡܬܕܒܪ ܗܘܐ. ܘܚܕܕ ܐܚܪܝܢ ܡܢ ܡܕܡ
ܠܐ ܫܒܠ ܗܘܐ ܐܘ ܥܒܕ. ܐܠܐ ܐܢ ܠܒܣܐ ܠܚܡܐ ܘܡܝ̈ܐ.
ܘܓܒܐ ܗܘܐ ܕܐܦ ܒܗ ܐܚܪܬܐ ܗܘܢܐ ܢܗܘܐ ܡܬܕܒܪ.
𝔄 349 ܠܐܦܦܠܝܢܘܣ ܕܝܢ[3] ܐܬܚܙܝ ܗܘܐ ܠܗ ܡܢ ܟܬܪ ܗܘ̇ ܐܓܘܢܐ

[13] 𝔄 does not express the suffix [14] 𝔄 *et dederunt* [15] 𝔄 *et pacem*
[16] 𝔄 *et gaudium* [17] 𝔄 om. ܘ

CHAP. III. [1] 𝔄 has throughout this chapter ܐܦܦܠܝܢܘܣ [1a] In 𝔄 for ܠܕܘܒܪ̈ܝܗܘܢ read ܠܕܘܒܪ̈ܝܗܘܢ [2] 𝔄 om. ܚܕ [3] 𝔄 adds *beato*

ܘܡܕܡܐ ܕܡܫܟܚ ܗܘܐ. ܕܠܐ ܫܦܝܪ ܥܒܕ ܐܠܩܝܒܝܕܣ ܕܠܐ ܡܬܚܫܚ.
ܒܒܪ̈ܝܬܗ ܕܐܠܗܐ. ܘܝܗܒ ܠܐܚܪ̈ܢܐ ܕܡܘܬܐ ܕܬܘܩܠܬܐ.
3 ܘܐܬܛܦܝܣ ܕܝܢ ܐܠܩܝܒܝܕܣ ܠܗܠܝܢ. ܘܡܩܒܠ ܗܘܐ ܡܫܒܪ̈ܬܐ
ܘܡܘܕܐ ܠܐܠܗܐ. ܠܐ ܓܝܪ ܡܬܚܫܟܝܢ ܗܘܘ ܕܠܐ ܣܘܥܪܢܐ
ܕܛܝܒܘܬܗ ܕܐܠܗܐ. ܐܠܐ ܪܘܚܐ ܕܩܘܕܫܐ ܐܝܬܝܗ̇ ܗܘܬ
ܡܠܦܢܝܬܗܘܢ. ܘܗܠܝܢ ܒܙܒܢܐ ܠܗܪܟܐ ܗܟܢ ·:· · · ·

ܕܐܝܟܢܐ ܕܐܝܡܢܐ ܡܫܒܚܝܢ ܗܘܘ ܣܗܕ̈ܐ ܠܐܝܪܢܐܘܣ. ܒܐܓܪ̈ܬܗܘܢ. 𝔄 350

4 ܗ̇ܢܘܢ ܕܝܢ ܕܒܝܬ ܡܘܢܛܢܘܣ ܘܐܠܩܝܒܝܕܣ ܘܬܐܘܕܛܘܣ
ܒܦܪܘܓܝܐ. ܡܕܡܐ ܐܝܬ ܗܘܬ ܠܗܘܢ ܡܣܒܪܢܘܬܐ ܕܢܒܝܘܬܐ.
ܠܘܬ ܣܓܝܐܐ. ܐܬܘ̈ܬܐ ܓܝܪ ܚܝܠܬܢܝܬܐ ܕܛܝܒܘܬܗ ܕܐܠܗܐ.
(B fol. 108 *b*) ܒܙܒܢܐ ܠܗܘ ܘܣܓܝܐ ܡܬܓܡܪܢ ܗܘܝ ܒܥܕ̈ܬܐ
ܡܬܚܫ̈ܒܬܐ. ܘܡܛܠ ܗܢܐ ܐܝܬ ܗܘܬ ܡܣܒܪܢܘܬܐ ܐܦ ܥܠ
ܗܠܝܢ ܠܘܬ ܡܫܟܚ̈ܐ. ܕܐܦ ܗܢܘܢ ܡܬܝܒܝܢ. ܐܝܬ
ܗܘܬ ܕܝܢ ܦܠܓܘܬܐ ܡܠܠܬܗܘܢ ·:· ·:· ܬܘܒ ܕܝܢ[1] ܐܚ̈ܐ
ܕܐܝܬ ܒܓܠܝܐ ܦܘܪܫܢܗܘܢ ܕܒܕܝܠܗ ܐܠܗܐ ܘܒܡܫܡܫܢܘܬܐ[2]
ܫܪܪܬܗ ܐܦ ܡܛܠ ܗܠܝܢ ܐܬܟܬܒܘ. ܐܦ[3] ܐܓܪ̈ܬܐ ܡܦܪܫܬܐ
ܕܣܗ̈ܕܐ ܕܐܬܓܡܠܠܘ ܠܘܬܗܘܢ ܕܐܬܟܬܒܘ[4] ܒܗ ܒܝܬ ܐܣܝܪ̈ܐ
ܐܝܬܝܗܘܢ ܗܘܘ. ܠܐܚ̈ܐ ܕܐܝܬ ܗܘܘ ܒܐܣܝܐ ܘܒܦܪܘܓܝܐ
ܗܢܘ ܒܗܘܢ. ܠܘ ܕܝܢ ܒܠܚܘܕ ܠܗܠܝܢ. ܐܠܐ ܐܦ ܠܐܠܘܬܪܘܣ.
ܐܦܝܣܩܘܦܐ ܕܪܗܘܡܐ ܕܐܝܬ ܗܘܐ ܒܗ̇ܘ ܙܒܢܐ. ܡܛܠ
iv. 1 ܫܠܡܐ ܕܥܕ̈ܬܐ ܡܦܝܣܝܢ ܗܘܘ ܠܗ. ܘܗ̇ܢܘܢ ܕܝܢ ܗܠܝܢ

Chap. IV. [1] 𝔄 om. ܕܝܢ [2] 𝔄 for ܘ has *kp crat* [3] 𝔄 om. ܐܦ
[4] 𝔄 om. ܕܐܬܟܬܒܘ

𝔄 351 ܣܗ̈ܕܐ. ܐܦ ܠܐܝܪܢܐܘܣ ܕܐܝܬܘܗܝ ܗܘܐ[5] ܩܫܝܫܐ ܒܗ̇ܘ
ܙܒܢܐ ܒܥܕܬܐ ܕܠܘܓܕܘܢܘܢ. ܡܫܒܚܝܢ ܗܘܘ ܠܗ ܠܐܠܘܬܪܘܣ
ܐܦܝܣܩܘܦܐ ܕܪ̈ܗܘܡܝܐ. ܘܡܣܗܕܝܢ ܗܘܘ ܥܠܘܗܝ ܣܓܝ̈ܐܬܐ
2 ܐܝܟ ܕܡܚܘ̈ܝܢ ܟܬ̈ܒܝܗܘܢ ܕܐܡܪܝܢ ܗܟܢܐ. ܕܬܗܘܐ ܚܕܐ
ܒܐܠܗܐ ܬܘܒ.[6] ܘܐܡܝܢܐܝܬ ܡܨܠܝܢ ܐܚܢܢ ܚܠܦܝܟܘܢ[7] ܐܒ̈ܘܢ
ܐܠܘܬܪܐ. ܗܠܝܢ ܠܐܓܪ̈ܬܐ ܕܦܩܕܢ ܢܥܒܕܝܢ ܕܢܝܬܐ ܐܚܢܢ ܠܟ
ܐܚܘܢ ܘܫܘܬܦܢ ܐܝܪܢܐܘܣ. ܘܡܦܝܣܝܢ[8] ܐܚܢܢ ܠܟ ܘܡܩܒܠܝܢ
ܐܚܢܢ ܠܗ ܠܟ. ܠܛܢܢܐ ܓܝܪ ܐܝܬܘܗܝ ܕܕܝܬܩܐ ܕܡܫܝܚܐ.[9]
3 ܡܢܐ ܕܝܢ ܡܬܒܥܐ ܠܝ ܕܢܦܩܐ ܣܕܪܘܬܐ ܕܫܡ̈ܗܝܗܘܢ ܕܣܗ̈ܕܐ
ܕܪ̈ܫܝܡܝܢ ܒܗܢܐ ܟܬܒܐ ܡܢܗܘܢ ܘܠܘܬܗܘܢ. ܕܐܝܠܝܢ ܕܐܬܦܩܕܘ
ܕܢ̈ܝܚܘܢ ܘܐܬܟܠܠܘ ܘܕܐܝܠܝܢ ܕܢܦܠܘ ܠܡܐܟܘܠܬܐ ܕܚܝܘ̈ܬܐ.
ܘܬܘܒ ܕܫܢܘ ܕܒܒܝܬ ܐܣܝܪ̈ܐ. ܘܡܢܝܢܐ ܕܡܘ̈ܕܝܢܐ
ܕܦܫܝܢ ܗܘܘ ܒܚܝ̈ܐ. ܐܝܢܐ ܓܝܪ ܕܨܒܐ ܦܫܩ ܠܗ ܕܢܐܠܦ
ܡܫܡܠܝܐܝܬ ܒܗ ܢܣܒܘܗܝ ܠܟܬܒܗܘܢ. ܗܘ ܕܐܦ ܗܘ ܟܕ
ܒܟܬܒܐ ܕܣܗ̈ܕܐ ܕܟܢܫܝܢ ܡܫܠܡ ܠܗ ·:·

ܕܚܡܫܐ ܕܐܝܟܢܐ ܐܝܬܝ ܐܠܗܐ ܡܛܪܐ ܡܢ (B fol. 109 *a*)
ܫܡܝܐ ܒܨܠܘ̈ܬܐ ܕܟܪ̈ܣܛܝܢܐ. ܠܡܪܩܘܣ ܐܘܪܠܝܘܣ ܩܣܪ[1] ·:·

ܐܠܝܢ ܕܝܢ ܕܗ̈ܘܝ ܒܝܘ̈ܡܘܗܝ ܕܐܢܛܘܢܝܢܘܣ. ܐܝܬܝܗܝܢ ܗܘܝ[2]
v. 1 ܗܠܝܢ ܕܦܩܕܢ ܐܡܪܢ ܒܠܚܘܕܝܗܝܢ. ܡܬܐܡܪܐ ܕܝܢ ܡܠܬܐ.
ܕܐܚܘܗܝ ܕܗܢܐ ܡܪܩܘܣ ܐܘܪܠܝܘܣ ܩܣܪ.[3] ܟܕ ܩܪܒ ܗܘܐ
𝔄 352 ܩܪܒܐ ܥܡ ܓܪ̈ܡܢܝܐ ܘܣܪ̈ܡܛܝܐ. ܘܐܨܛܪܝ ܗܘܐ ܚܝܠܗ ܠܨܗܝܐ

[5] 𝔄 adds *iis* [6] 𝔄 joins ܬܘܒ to the following words [7] 𝔄 *propter te*
[8] 𝔄 om. ܘ [9] 𝔄 merely կտակարանաց = *testamentorum* s. *testamenti*

CHAP. V. [1] 𝔄 *et Aurelius Caesar* (*Marcus* having fallen out: cf. index of chaps.) [2] 𝔄 *et erant* [3] 𝔄 *huius Marci, Aurelius Caesar*

ܘܠܝܬ ܗܘܐ ܠܗ ܦܘܪܣܐ ܡܕܡ ܠܡܥܒܕ. ܣܛܪ̈ܛܝܘܛܐ ܕܝܢ
ܕܠܓܝܘܢܐ ܕܡܬܩܪܝܐ[4] ܡܠܝܛܝܢܐ: ܕܡܢ ܗܝܕܝܢ ܘܥܕܡܐ ܠܗܫܐ
ܡܢ ܡܗ̈ܝܡܢܐ[5] ܡܩܝܡܐ. ܟܕ ܣܕܝܪܝܢ ܠܩܘܒܠ ܒܥܠܕܒ̈ܒܝܗܘܢ.
ܣܡܘ ܒܘܪܟܐ ܥܠ ܐܪܥܐ ܐܝܟ ܕܐܝܬ ܠܢ ܥܝܕܐ ܠܡܨܠܝܘ
ܘܡܬܟܫܦܝܢ ܗܘܘ ܠܐܠܗܐ. ܘܗܕܐ ܨܒܘ̈ܬܐ ܬܕܡܘܪܬܐ ܡܕܡ 2
ܠܒܥܠܕܒ̈ܒܝܗܘܢ ܡܬܚܙܝܐ ܗܘܬ. ܘܟܕ ܦܬܝܢ ܬܡܝܗܝܢ ܗܘܘ.
ܬܕܡܘܪܬܐ ܕܪܒܐ ܡܢ ܗܕܐ ܐܚܪܢܬ ܗܘܬ ܗ̇ܝ ܕܝܢ ܘܦܠܚܐ
ܕܪܕܡܐ ܟܦܢܐ. ܘܠܒܥܠܕܒ̈ܒܝܗܘܢ ܪܕܦ ܗܘܐ ܘܡܟܪܝܢ ܠܗܘܢ
ܠܐܟܕܐ. ܘܒܡܦܠܐ ܕܝܢ ܐܪܥܘ ܗܘܐ ܠܚܝܠܐ[6] ܟܠܗ ܡܛܠ
ܩܠܝ̈ܗܘܢ ܕܡܬܟܫܦܝܢ ܗܘܘ ܠܐܠܗܐ. ܕܦܢܝܚ ܗܘܐ ܟܠܗ ܚܝܠܐ
ܡܢ ܨܗܝܐ ܠܡܐܒܕ. ܗܕܐ ܕܝܢ ܬܫܒܘܚܬܐ ܐܝܬܝܗ̇ ܐܦ ܠܘܬ 3
ܡܟܬ̈ܒܢܐ ܢܘܟܪ̈ܝܐ ܕܪܚܝܩܝܢ ܡܢ ܝܘܠܦܢܐ ܕܝܠܢ. ܕܠܬܗܘܢ
ܐܫܬܕܪܬ ܗ̇ܝ ܗܕܐ. ܐܘܕܝܘ ܕܝܢ ܡܛܠܬܗ̇ ܐܦ ܐܚܪ̈ܢܐ ܡܢ
ܕܝܠܢ. ܐܠܐ ܕܝܢ ܠܡܟܬ̈ܒܢܐ[7] ܒܪ̈ܝܐ ܕܬܫܥܝ̈ܬܐ. ܐܝܟ ܢܘܟܪ̈ܝܐ
ܕܗܝܡܢܘܬܐ ܐܟܬܒܘ ܬܕܡܘܪܬܐ. ܠܐ ܕܝܢ[8] ܐܘܕܝܘ ܕܒܨܠܘ̈ܬܐ
ܕܝܠܢ ܗܘܬ ܗܕܐ. ܗܠܝܢ ܕܝܢ ܕܝܠܢ ܐܝܟ ܪ̈ܚܡܝ ܫܪܪܐ.
ܒܦܫܝܛܘܬܐ ܘܒܬܪܝܨܘܬܐ ܡܕܡ ܕܐܬܥܒܕ ܐܫܬܥܝܘ. ܚܕ ܡܢܗܘܢ 4
ܐܝܬܝܗܝ ܐܦܘܠܝܢܪܝܣ ܕܐܡܪ ܥܠ ܗܕܐ ܠܓܝܘܢܐ. ܕܡܬ̈ܠܬܗ̇
ܦܩܘܬ ܗܘܐ ܡܬܩܪܝܐ.[9] ܕܡܢ ܗ̇ܘ ܕܒܟܠܐ ܦܠܓܬ ܫܡܝܐ ܡܢ 𝔄 353
ܡܠܟܐ[10] (B fol. 109 b) ܒܠܫܢܐ ܪܗܘܡܝܐ. ܕܫܠܡ ܠܗܢܐ ܡܕܡ[11]
ܕܐܬܥܒܕ. ܘܗܘܐ ܡܗܝܡܢܐ ܕܗܠܝܢ ܛܪܛܠܝܢܘܣ. ܗܘ 5
ܕܟܬܒ ܒܠܫܢܐ ܪܗܘܡܝܐ ܡܦܩ ܒܪܘܚܐ ܥܠ ܐܦ̈ܣ ܡܫܝܚܝܘܬܐ

[4] In 𝔄 for կոչիր read կոչէր [5] In 𝔄 read 'ի հաւատացելոց [6] 𝔄 adds *eius* [7] 𝔄 nominative [8] 𝔄 *quod non* [9] 𝔄 plur. [10] In 𝔄 the 'ի before յաղագս should be omitted [11] 𝔄 adds *nonne testis bene loquens est?*

ܠܣܘܢܩܠܝܛܘܣ. ܕܠܗ ܠܡܠܟܐ ܦܩܕܘ ܐܪܕܟܠܝܣܘܣ.[12] ܡܫܪܪ ܠܗ ܕܝܢ
6 ܠܡܕܝܢܬܐ ܡܫܒܚܬܐ ܒܬܫܡܫܬܐ ܪ̈ܒܬܐ ܕܟܚܕܝܐ ܐܣܛܪܛܝܓܘܬ. ܒܬܪ
ܕܝܢ ܐܦ ܗܘ ܘܐܬܦܪܫ ܗܟܢܐ ⁘ ․․․ ܕܢܪܘܡܘܢ ܠܗ ܫܠܡܐ
ܡܫܬܠܛܝܢ. ܐܪ̈ܙܬܐ[13] ܕܠܗ ܐܝܟ ܒܟܕܐ ܠܡܕܝܢܬܐ ܕܟܠܗܝܢ
ܗܢܝܢ. ܕܟܪܝܣܛܝܢܐ[14] ܒܦܘܪܥܢܐ ܕܡܪ̈ܢܐ ܡܙܝܒ ܗܘܐ ܚܝܠܗ
ܠܡܐܚܕ. ܘܒܬܠܬܐ ܕܡܬܚܫܢܐ ܐܬܦܪܘܣ. ܘܐܡܪ ܒܠܗܘܢ
ܕܐܦ ܡܛܠܬܐ ܐܬܠܝܨ ܠܐܝܠܝܢ ܕܝܗܒܝܢ ܕܢܬܦܪ̈ܥܘܢ ܠܡܠܟܐ
7 ܕܝܠܗ. ܘܡܢ ܒܬܪ ܗܠܝܢ ܐܬܚܙܝ ܬܘܒ ܗܘ ܗܢܐ ܒܟܝܪܐ. ܐܝܠܝܢ
ܐܢܘܢ ܗܟܝܠ ܗܠܝܢ ܕܢܣ̈ܒܐ ܕܪܘܫܥܐ ܘܕܟܘܠܐ ܘܕܣܟܠܘܬܐ
𝔄 351 ܕܥܠܝܗ ܗܘ ܟܠܡܕܡ ܡܬܬܚܫܒܝܢ. ܕܐܦܠܐ ܐܣܟܡܝܗܘܢ ܒܠܐ 155 𝔄
ܐܢܘܢ ܒܪ ܐܦ[15] ܠܡܕܝܢܬܐ ܪܒܬܐ ܗܘܐ. ܛܪܝܐܢܘܣ ܕܝܢ
ܒܡܕܡ ܡܕܡ ܐܦ ܐܣܠܝ ܐܢܘܢ. ܕܒܠܐ[16] ܕܠܐ ܢܬܒܣܡܘܢ
ܒܬܫܒܘܚܬܐ. ܐܦ[17] ܡܕܪܫܘܗܝ ܒܪܙܐ[18] ܐܢܘܢ ܒܪ ܒܠܡܕܡ ܡܟܡܒ
ܗܘܐ. ܐܦܠܐ ܐܬܚܫܒܘ ܗ̇ܘ ܕܐܬܦܪܫ ܐܘܟܡܣ ⁘ ⁘ ⁘

ܕܫܬ̇. ܐܦܣܩܘܦܐ ܕܗ̇ܘܘ ܒܢܝܩܘܡܕܝܐ.

8 ܢܐܬܐ ܠܝ ܗܟܝܠ ܠܡܫܪܝܘܬܗ ܕܬܫܒܘܚܬܐ. ܦܘܬܢܘܗܝ ܕܝܢ
ܒܪ ܩ̈ܠܐ. ܒܠܗܝܢ ܩ̈ܠܐ ܣܗ̈ܕܘܗܝ ܬܫܒܚܢ ܩ̈ܠܝܢ:[1] ܘܐܫܬܒܠܠ ܒܗܝܢ
ܗ̇ܢܘܢ ܗܫ̈ܐ ܕܒܠܚܘܕ. ܡܟܝܠ ܡܢ ܒܬܪܗ ܐܦܣܩܘܦܘܬܐ
ܕܒܝܬܐ ܕܠܡܠܟܘܬܐ. ܐܢܫܝܢ ܗܢܐ ܕܝܢ ܒܟܝܠܬܗ ܡܢ
9 ܦܘܠܝܛܝܩܘܣ ܡܬܬܠܒܟ ܗܘܐ. ܘܡܬܒܠܠܬܐ ܕܐܦܝܣ̈ܩܘܦܐ
ܕܗܘܘ ܒܢܝܩܘܡܕܝܐ ܗܘ ܐܝܟܢ. ܒܡܐܡܪܐ ܕܬܠܬܐ ܕܝܫܘܥ

[12] 𝔄 ܐܪܕܟܠܝܣܘܣ [13] 𝔄 sing. [14] In 𝔄 read [illegible]
[15] 𝔄 om. ܐܦ [16] 𝔄 *sed Trianos contempsit et sprevit eos* [17] 𝔄 ܐܠܐ
[18] 𝔄 ܡܪܐ

Chap. VI. [1] 𝔄 om. ܩ̈ܠܝܢ

ܠܡܩܛܠ ܡܪܘܬܗ. ܘܣܓܝ ܐܢܘܢ ܕܢܚܐ ܠܐܠܗܘܬܗ. ܗܘ
ܕܥܠ ܪܫܢܘܬܗ ܐܪܟܐ ܗܘܐ ܠܗ ܣܘܦܠܐ ܕܥܘܢ ܕܐܝܪܢܐܘܣ..
vi. 1 ܡܫܬܥܝܬܐ ܕܝܢ ܕܥܠܝܗܘܢ ܘܦܫܪ ܠܗܘܢ ܗܟܢܐ ܀ ܕܫ̈ܠܝܚܐ Adv Haer iii 3, 3
(B fol. 110 a) ܠܗ ܠܦܘܠܚܢܐ ܗܢܐ ܕܐܦܣܩܘܦܘܬܐ ܕܥܕܬܐ ܘܫܠܡܘܗ̇.
ܘܐܫܠܡܘ ܒܗ̇[2] ܐܦܣܩܘܦܘܬܐ ܠܠܝܢܘܣ.[3] ܠܗܢܐ ܕܝܢ ܠܝܢܘܣ[3] ܡܕܟܪ 2 Tim iv 21
ܠܗ ܦܘܠܘܣ ܫܠܝܚܐ ܒܐܓܪܬܐ ܕܠܛܝܡܬܐܘܣ. ܘܡܩܒܠ ܡܢ 𝔄 355
ܒܬܪܗ ܐܢܩܠܛܘܣ. ܘܡܢ ܒܬܪ ܗܢܐ ܬܠܝܬܝܐ ܡܢ ܒܬܪ 2
ܫ̈ܠܝܚܐ. ܩܒܠ ܐܦܣܩܘܦܘܬܐ ܩܠܝܡܝܣ. ܗܢܐ ܕܚܙܐ[4] ܐܢܘܢ
ܠܫ̈ܠܝܚܐ ܠܛܘܒܢܐ ܘܐܬܗܦܟ ܥܡܗܘܢ. ܘܥܕܟܝܠ ܟܪܘܙܘܬܐ
ܕܫ̈ܠܝܚܐ ܡܫܪܪܐ ܗܘܬ ܒܗ̇. ܘܡܫܠܡܢܘܬܗܘܢ ܩܕܡ ܥܝܢܘܗܝ.
ܐܝܬܝܗ̇ ܗܘܬ.[4a] ܠܘ ܕܝܢ ܗܘ ܒܠܚܘܕܘܗܝ. ܐܠܐ ܐܦ ܣ̈ܓܝܐܐ
3 ܐܫܬܚܪܘ ܗܘܘ ܒܗ̇ ܒܙܒܢܐ ܕܐܬܬܠܡܕܘ ܡܢ ܫ̈ܠܝܚܐ. ܒܙܒܢܗ
ܕܝܢ ܕܗܢܐ ܩܠܝܡܝܣ. ܦܠܓܘܬܐ ܗܘܬ ܥܙܝܙܬܐ ܣܓܝܐܐ ܠܐܚ̈ܐ
ܒܩܘܪܢܬܘܣ. ܘܫܕܪܬ ܥܕܬܐ ܕܪܗܘܡܐ ܠܩܘܪܢܬܘܣ ܐܓܪܬܐ
ܕܬܦܝܣ ܐܢܘܢ ܠܫܝܢܐ. ܘܬܚܕܬ[5] ܗܝܡܢܘܬܗܘܢ ܘܡܫܠܡܢܘܬܐ
4 ܗ̇ܝ ܕܩܒܠܘ ܗܘܘ ܚܕܬܐܝܬ ܡܢ ܫ̈ܠܝܚܐ ܀ ܡܢ ܒܬܪ ܩܠܝܡܝܣ ܐܘܪܣ
ܛܘܣ. ܘܡܢ ܒܬܪ ܗܢܐ ܩܒܠ ܐܠܟܣܢܕܪܘܣ.. ܡܢ ܒܬܪ
ܐܠܟܣܢܕܪܘܣ. ܘܩܡ ܩܣܛܘܣ ܫܬܝܬܝܐ ܡܢ ܒܬܪ
ܫ̈ܠܝܚܐ ܟܣܘܣܛܘܣ. ܘܡܢ ܒܬܪܗ ܛܠܣܦܘܪܘܣ. ܗܘ ܕܐܣܗܕ
ܒܫܘܒܚܐ. ܘܡܢ ܒܬܪܗ ܗܘܓܝܢܘܣ. ܘܡܢ ܒܬܪ ܗܘܓܝܢܘܣ
ܦܝܘܣ. ܘܬܘܒ ܡܢ ܒܬܪ ܗܢܐ ܐܢܝܩܛܘܣ.. ܩܒܠ ܕܝܢ ܡܢ
ܐܢܝܩܛܘܣ ܣܘܛܝܪ. ܘܡܢ ܒܬܪܗ ܩܒܠ ܕܬܪܥܣܪ ܡܢ ܒܬܪ
5 ܫ̈ܠܝܚܐ ܐܠܘܬܪܘܣ. ܒܗ[6] ܒܛܟܣܐ ܘܒܗ ܒܝܘܠܦܢܐ ܐܝܕܐ.

[2] 𝔄 = ܠܗ̇ [3] 𝔄 *Iulianum* [4] 𝔄 om. ܕ [4a] 𝔄 adds *continuo* [5] 𝔄 = ܘܠܡܢ [6] 𝔄 = ܘܒܗ

ܘܡܫܠܡܢܘܬܐ ܕܦܫܛܬ ܒܥܕܬܐ ܡܢ ܫܠܝܚܐ ܘܫܪܪܘܬܐ ܕܫܪܪܐ
vii. 1 ܫܠܡܬ ܒܥܕܬܐ ܠܘܬܗܘܢ. ܗܠܝܢ ܐܡܪ ܐܝܪܝܢܐܘܣ. ܕܫܠܡܝܢ
ܠܬܫܥܝܬܐ ܗܠܝܢ ܕܡܦܩܝܢ ܐܡܪܝܢܢ ܠܗ. ⁘ ⁘ ⁘

𝔄 356 ܕܥܒܕ̈ܐ. ܕܒܕܘܟܬܐ ܠܡܫܘܚ ܕܪ̈ܒܐ ܗܘܝܢ ܗܘܘ (B fol. 110 b)
ܐܬ̈ܘܬܐ ܥܒܝܕܬܐ[1] ܒܝܕ ܡܗܝ̈ܡܢܐ...

ܒܡܐܡܪ̈ܐ ܕܝܢ ܕܐܬܟܬܒ ܐܝܪܝܢܐܘܣ ܕܗܘܝܢ ܚܝܠܐ ܒܥܕܬܐ:
ܥܠ ܡܫܡܫܢܘܬܐ ܘܥܒܪܐ ܕܐܬܒܕܬܐ ܕܐܠܗܐ. ܒܡܐܡܪ̈ܐ ܕܬܪܝܢ
ܕܠܘܬ ܕܗܘܝܐ ܥܒܕܐ ܐܟܬܒ. ܕܐܦ ܒܥܕܬܗ ܐܫܬܘܕܥܬ ܗܘܬ
ܬܘܩܦܬܐ ܕܚܝܠܐ[2] ܕܬܕܡܪ̈ܬܐ ܒܚܪ̈ܬܐ. ܘܡܘܕܥ ܕܝܢ ܒܗܠܝܢ
Adv Haer ii 31, 2 — 2 ܡ̈ܠܐ. ܕܠܘ ܦܩܚ ܠܢ ܡܣܬܪܝܢ ܡܢ ܗܕܐ ܕܡܫܟܚܝܢ ܡܢܬܐ
ܐܝܟ ܕܡܚܝܕ ܗܘܐ ܡܪܢ. ܘܫܠܝܚܐ ܒܝ̈ܠܬܗܘܢ. ܘܒܢ̈ܬܐ
ܗܕ̈ܡܬܐ ܐܦ ܒܐܡܝܢܘܬܐ ܐܝܬܘܗܝ ܕܗܕܐ ܗܘܐ: ܘܡܫܟܚܬ ܒܥܕܬܐ
ܕܐܝܬ[3] ܒܐܬܘ̈ܬܐ ܐܬܘ̈ܬܐ ܡܢ ܐܠܗܐ ܒܝܘܡܐ ܘܒܟܒܘܬܐ
ܗܝܡܢܬܐ. ܐܬܦܣܩܬ ܪܘܚܗ ܕܡܝܬܐ ܘܐܬܦܢܝܬ ܒܨܠܘܬܐ ܗܘ
ib ii 32, 4 — 3 ܠܩ̈ܠܝܬܗܘܢ ܕܡܪ̈ܢܐ. ܘܡܢ ܒܬܪ ܗܠܝܢ ܐܡܪ ܬܘܒ. ܕܐܦ
ܐܡܪܝܢ ܐܦ ܥܠ ܡܪܢ. ܕܒܦܢܛܣܝܐ ܥܒܪ ܗܘܐ ܕܐܝܟ ܗܠܝܢ.
𝔄 357 ܢܟܠܐ ܐܢܘܢ ܠܘܬ ܢܒܝ̈ܐ ܘܢܣܒܐ ܐܢܘܢ ܡܢܗܘܢ. ܕܠܡܚܕܐ
ܡܫܒܚ ܗܘܐ ܘܐܡܪܝܢ ܗܘܐ ܠܗܘܢ ܘܐܬܟܫܦܘ ܫܪܝܪܐܝܬ:
ܘܗܘܝܢ ܒܠܚܘܕܝܗܘܢ ܒܝܕ ܕܐܠܗܐ. ܘܡܟܠ ܗܢܐ ܐܝܠܝܢ
ܕܐܬܝܗܘܢ ܬܠܡ̈ܝܕܘܗܝ ܒܫܪ̈ܪܐ. ܒܫܡܗ ܘܒܡܘܗܒܬܐ[4]
ܕܡܟܠ ܡܢܗ. ܠܒܘܪܟܐ ܕܫܪܟܐ ܕܒ̈ܢܝ ܐܢܫܐ ܗܟܢܐ ܕܐܝܟ
4 ܗܠܝܢ. ܐܝܟ ܡܘܗܒܬܐ[4] ܕܢܣܒܘ ܡܢܗ ܐܢܫ ܐܢܫ. ܐܝܬ ܓܝܪ
ܡܢܗܘܢ ܕܫܐܕ̈ܐ[4] ܪܕܦܝܢ ܡܫܬܡܠܝܢܐܝܬ ܘܫܪܝܪܐܝܬ. ܕܒܙܒܢܐ

Chap. VII. [1] 𝔄 *et mirabilia* [2] 𝔄 plur. [3] 𝔄 om. ܐܝܬ [4] 𝔄 plur.

ܘܫ̈ܢܝܢ ܣܓܝ̈ܐܢ ܕܐܬܕܒܪܘ ܐܢܫܐ ܡܢ ܙܘܥܐ ܒܫ̈ܢܝܬܐ. ܡܗܝܡܢܝܢ
ܗܘܘ ܘܩܝܡܝܢ ܒܥܕܬܐ. ܐܝܟ ܕܝܢ ܐܚܪ̈ܢܝܬܐ ܕܐܦ ܡܘܗܒܬ
ܡ̈ܢܝܬܐ ܕܐܝܠܝܢ ܕܒܠܒܝܗܘܢ ܠܟܢܘܫܬܐ ܐܝܬ ܠܗܘܢ.[5] ܘܡܬܝܗ̈ܒܢ[6]
ܘܡ̈ܠܐ ܕܢܒܝܘܬܐ. ܐܚ̈ܪܢܐ ܕܝܢ ܠܐܝܠܝܢ ܕܟܪ̈ܝܗܝܢ ܒܫܡܐ ܐܣܝܢ
ܒܐܝܕܝܐ. ܘܡܚܠܡܝܢ. ܗܐ ܕܝܢ ܐܝܟ ܕܐܡܪܢ ܐܡ̈ܪܢ ܐܦ
ܡ̈ܝܬܐ (B fol. 111 a) ܩܡܘ. ܘܩܘܝܘ ܥܡܢ ܫ̈ܢܝܐ ܣܓܝ̈ܐܬܐ.
5 ܡܢܐ ܕܝܢ ܢܐܡܪ ܗܠܝܢ. ܠܐ ܓܝܪ ܐܝܬ ܡܢܝܢܐ ܠܡܘܗ̈ܒܬܐ
ܕܩܒܠܬ ܥܕܬܐ ܡܢ ܡܪܢ ܒܟܠܗ ܥܠܡܐ. ܘܒܫܡܗ ܕܝܫܘܥ
ܡܫܝܚܐ ܗܘ ܕܐܨܛܠܒ ܒܝܘ̈ܡܝ ܦܢܛܝܘܣ ܦܝܠܛܘܣ. ܒܟܠ ܝܘܡ
ܓܡܪܐ ܒܥܘܕܪܢܐ ܠܥܡ̈ܡܐ. ܟܕ ܠܐܢܫ ܠܐ ܡܛܥܝܐ. ܘܒܫܘܩܐ
ܡܘܗܒܬܐ[7] ܠܐ ܫܩܠܐ. ܐܝܟܢܐ ܓܝܪ ܕܡܓܢ ܢܣܒܬ ܡܢ ܐܠܗܐ
6 ܡܓܢ ܐܦ ܫܩܠܐ. ܘܒܚܘܒܬܐ ܐܚܪܬܐ ܬܘܒ ܗܘ ܒܗ ܗܘ ܡܠܦ. A 358
ܕܐܝܟ ܠܡ ܕܫܡܥܢܢ ܥܠ ܐܚ̈ܐ ܣܓܝ̈ܐܐ ܒܥܕܬܐ ܕܐܝܬ ܠܗܘܢ ib v 6, 1
ܡܘܗܒܬܐ ܕܢܒܝܘܬܐ. ܘܒܟܠ ܠܫ̈ܢܝܢ ܡܡܠܠܝܢ ܒܪܘܚܐ ܕܩܘܕܫܐ.
ܘܡܦܩܝܢܗܘܢ ܕܒ̈ܢܝ ܐܢܫܐ ܡܛܘܠ ܠܚܠܝܦܘܬܐ[8] ܐܝܟ ܕܠܡܘܬܪܬܐ.
ܘܐܪ̈ܙܘܗܝ[9] ܕܐܠܗܐ ܡܫܬܥܝܢ ·:· ·:· ܗܠܝܢ ܕܐܡܪܢ ܕܢܣܒ
ܕܒܟܬܒܐ ܠܗܘܢ ܢܒܝܐ. ܗܘ ܗܘܐ ܡܘܗܒܬܐ ܦܪܝܫܬܐ ܠܘܬ
ܐܝܠܝܢ ܕܫܠܡܝܢ :

ܬܫܥܝܬܐ ܕܐܝܟܢܐ ܡܕܒܪ ܐܝܪܢܝܘܣ ܠܟ̈ܬܒܐ ܕܐܠܗܐ...

viii. 1 ܡܛܠ ܕܝܢ ܕܒܕ ܫܪܝܢ ܒܗ ܒܡܟܬܒܢܘܬܐ. ܐܫܬܘܕܝܢ ܕܢܣܝܡ
ܒܗܝ ܕܐܡܪܘ ܒܡ̈ܠܘܗܝ ܡܫܬܥܝܢܐ ܕܢܒ̈ܝܐ ܘܡܟܬܒ̈ܢܐ ܕܗܘܘ
ܒܥܕ̈ܬܐ[1] ܥܠ ܟܬ̈ܒܐ ܕܡܬܬܟܠܢ. ܐܝܟ ܡܫܠܡܢܘܬܐ ܕܡܢܠܗ

[5] In 𝔄 for [illegible] read [illegible] [6] 𝔄 sing. [7] 𝔄 *et argenti dona* [8] In 𝔄 read [illegible] [9] 𝔄 om. ܘ

Chap. VIII. [1] 𝔄 sing.

ܘܐܫܠܡܘ ܒܬ̈ܚܘܡܝܗܘܢ. ܚܕ ܡܢܗܘܢ ܕܝܢ ܐܝܬܘܗܝ[2] ܐܢܕܪܐܘܣ.
ܢܦܩ ܡܛܠ ܬ̈ܠܡܝܕܘܗܝ: ܘܡܟܪܙܢܘܬ݂ ܡܕܡ ܕܐܡܪ ܥܠ ܐܘܪܫܠܡ
2 ܡܫܝܚܐ. ܐܡܪ ܕܝܢ ܗܟܢܐ. ܕܚܙܘ ܠܟ ܟܠ ܒܢܝ̈ܢܐ ܕܠܥܠܡܐ ib iii 1, 1
ܕܠܗܘܢ ܐܦ ܒܬܪܟܐ ܕܐܘܪܫܠܡ ܗܘ̣. ܟܕ ܦܛܪܘܤ ܘܦܘܠܘܤ[3].
3 ܡܣ̈ܗܕܝܢ ܗܘܘ ܒܪܘܡܐ ܘܡܬܩܛܠܝܢ ܒܕܘܟܬܐ.[3a] ܘܡܢ ܒܬܪ ܕܝܢ 𝔄 359
ܡܣܩܬܗܘܢ ܕܗܠܝܢ. ܒܪܘܡܐ ܬܠܬܝܢ ܘܡܬܓܘܫܡܝܢ ܕܦܛܪܘܤ.
ܐܦ ܗܘ ܗ̇ܘ ܡܕܡ ܕܡܫܪ ܗܘܐ ܦܛܪܘܤ ܒܟܬܒܐ ܐܫܠܡ
ܠܗ ·:· ··· ܠܗܘܐ ܕܝܢ ܗ̇ܘ ܕܢܦܩ ܗܘܐ ܠܦܘܠܘܤ. ܠܐܘܪܫܠܡ
ܕܡܫܪ ܗܘܐ ܗ̇ܘ (B fol. 111 b) ܦܘܠܘܤ ܒܟܬܒܐ ܗܒܝܒܗ ܗܘܐ.
4 ܘܡܢ ܒܬܪ[4] ܢܘܚܝ ܬܠܡܝܕܘܗܝ ܕܡܪܢ ܗ̇ܘ ܕܢܓܠ ܗܘܐ ܥܠ
ܣܝܡܝ. ܐܦ ܗܘ ܥܠܝܗ ܐܘܪܫܠܡ ܟܕ ܡܬܗܦܟ ܗܘܐ
5 ܒܐܦܣܘܣ ܕܐܣܝܐ. ܗܠܝܢ ܕܝܢ ܐܡܪܢ ܠܗ ܒܡܐܡܪܐ ܕܬܠܬܐ[5]
ܕܗܢܐ ܙܪܒܐ ܕܐܡܪܝܢ ܠܘܬܗ ܡܢ ܡܢܗ. ܒܡܐܡܪܐ ܕܝܢ
ܕܣܒܟܬ ܗܕܐ ܐܡܪ ܥܠ ܠܘܬܗ ܕܝܘܚܢܢ ܘܥܠ ܣܦܪܐ
ܕܓܒܗ ܕܓܠܝܢܐ. ܕܒܗ ܗܠܝܢ ܠܟ ܗܟܢܐ ܐܬܘܡܝܢ: ܘܡܛܠܝܗܘܢ ib v 30, 1
ܢܫܐ ܡܢ̈ܝܢܐ ܕܟܬܝܒܝܢ ܒܣܘܦܐ ܗܢܐ ܗܢܐ ܡܢܝܢܐ.
ܘܡܣܗܕܝܢ ܥܠܝܗܘܢ ܗ̇ܢܘܢ ܕܚܙܘ ܒܥ̈ܝܢܝܢ ܚܙܘ ܗܘܘ ܠܝܘܚܢܢ.
ܘܗܘ ܡܠܬܐ ܡܠܦܐ ܠܢ. ܕܡܢܝܢܐ ܕܫܡܗ ܕܚܝܘܬܐ ܚܝܘܬܐ
6 ܐܟܘܬ ܚܝܘܬܐ ܕܡܬܝܕܥ ܡܢ ܒܬ̈ܘܬܗ ܡܬܝܕܥ. ܘܡܢ ܒܬܪ
ܩܠܝܠ ܐܡܪ ܬܘܒ ܥܠܘܗܝ. ܕܐܢܫ ܠܟ ܠܐ ܡܬܐܠܨܝܢ ܚܢܢ ib v 30, 3
ܡܛܠ ܫܡܗ ܕܡܠܟܘܬܐ. ܕܡܫܡܘܫ ܘܐܡܪ ܥܠܘܗܝ ܫܪܝܪܐܝܬ.
ܐܢ ܓܝܪ ܡܬܒܥܐ ܗܘܐ ܕܢܬܟܪܙ ܠܙܒܢܐ ܗܢܐ ܒܗܢܐ ܙܒܢܐ 𝔄 360
ܥܠܡܐ. ܒܐܝܕܘܗܝ ܗ̇ܘ ܕܚܙܝܗ̇[6] ܠܗ̇ܘ ܓܠܝܢܐ ܡܬܐܡܪ
ܗܘܐ. ܠܐ ܓܝܪ ܡܢ ܙܒܢܐ ܣܓܝܐܐ ܐܬܚܙܝ. ܐܠܐ ܩܪܝܒ

[2] 𝔄 *quod unus ex iis erat* [3] 𝔄 *Paulus et Petrus* [3a] 𝔄 probably plur.
[4] 𝔄 *et post omnes* In 𝔄 read [illegible] In 𝔄 for [illegible] read [illegible]

ܚܙܝ[7] ܒܕܪܐ ܩܪܝܒܐ ܕܝܠܢ. ܒܫܘܠܡܐ ܕܡܠܟܘܬܗ ܕܕܘܡܛܝܢܘܣ.
ܘܠܡ ܐܫܬܥܝ ܩܒܠ ܗܘ ܟܬܒܐ ܗܢܐ ܕܪܥܝܐ ܕܐܡܪܝܢ 7
ܟܠܗܘܢ. ܡܕܟܪ ܕܝܢ ܐܦ ܠܟܬܒܘܗܝ ܡܬܚܘܝܢܘܬܐ ܕܫܠܝܡܘܢ ܘܡܚܘܬܐ
ܡܢܗ ܡܫܘܕܥܘܬܐ[8] ܦܩܘܕܬܗ. ܘܗܟܢܐ ܐܦ ܠܟܬܒܘܗܝ ܕܝܘܣܛܝܢܘܣ
ܡܣܗܕܘܬܐ ·:· ·:· ܠܗܘ ܕܝܢ ܡܠܬܐ ܕܪܘܚܢܝ. ܠܘ ܒܠܚܘܕ ܕܡܕܟܪ
ܢܣܒ ܠܗ. ܐܠܐ ܐܦ ܡܬܩܠܐ[9] ܡܩܒܠ ܟܠܗܘܢ. ܘܐܡܪ ܡܢܗ
ܗܟܢܐ. ܕܠܟܐܢܬ ܠܢ ܐܡܪ ܒܬܟܒܐ. ܕܡܕܟܪܢܬ ܗܘܝܢ ܕܝܢ ܗܘ
ܐܠܗܐ ܕܒܪܐ ܟܠ ܘܐܬܩܢ. ܘܡܫܪܟܐ... (B fol. 112 a) ܘܟܣܟܣܬܐ 8
ܕܫܠܝܚܘܬܐ ܕܡܬܚܫܒ ܒܬܠܝܬܐ ܘܐܡܪ ܡܢܗ ܗܟܢܐ. ܕܚܝܬܐ *ib* iv 38, 3
ܠܗ ܕܐܠܗܐ ܚܕܕܐ ܫܡܝܐ. ܘܚܢܝ ܡܕܪܝܢ ܠܘܬ ܐܠܗܐ...
ܘܡܕܡ ܕܒܘܗ ܗܘܐ ܡܫܟܚܐ ܚܙ ܕܡܬܠ ܗܘܐ ܡܢ ܥܠܝܡܐ ܡܕܡܪ *ib* v 33, 3
ܬܘܒ ܗܘ[10] ܕܫܡܗ ܠܐ ܐܫܠܡ ܠܢ. ܘܗܟܢ ܬܘܒ ܡܢ ܕܝܠܗ
ܦܘܫܩܐ ܕܡܠܬܐ ܕܐܠܗܐ. ܬܘܒ ܕܝܢ ܐܡܪ ܐܦ ܠܝܘܣܛܝܢܘܣ 9 *ib* v 28, 4
ܣܗܕܐ ܘܠܐܦܘܠܝܢܪܝܐ. ܘܡܬܚܫܒ ܠܡܣܗܕܘܬܐ ܡܢ
ܟܬܒܘܗܝ ·:· ·:· ܡܫܬܘܕܥܐ ܕܝܢ ܬܘܒ ܒܫܘܦܠܐ[11] ܕܒܟܢ. *ib* i 27, 4
10 ܘܡܫܡܗܘܢ ܡܢ ܟܬܒܘܗܝ. ܕܡܦܩܢ ܢܩܘܡ ܠܡܩܠܗ. ܕܐܡܟܝܐ[12] 𝔄 361
ܕܝܢ ܐܬܬܪܓܡܘ ܟܬܒܐ ܕܩܘܕܫܐ ܕܐܠܗܐ ܡܢ ܝܘܢܝ ܥܒܪܝܢ
ܕܬܪܓܡܘ ܐܝܟܢ. ܒܙܒܢ ܡܠܟܐ ܚܕ. ܒܟܬܒܘܗܝ. ܕܐܠܗܐ ܠܢ *ib* iii 21, 1
ܟܕ ܐܝܟܢܐ ܗܘܐ. ܘܗܘ ܟܬܒܐ ܐܝܟ ܘܡܢܗܘܢ[13] ܐܬܬܝ. ܕܗܘܐ Is vii 14
ܠܢ ܒܬܘܠܬܐ ܟܠܗܝ ܘܠܕܐ. ܘܠܘ ܐܝܟ ܕܐܡܪܝܢ ܐܢܫܝܢ ܡܢ
ܗܢܘܢ ܕܡܬܪܓܡܝܢ ܠܬܪܓܡܘܬܐ ܣܗܕܐ ܕܟܬܒܐ. ܕܗܐ ܠܢ
ܥܠܝܡܬܐ ܒܛܢܐ ܘܝܠܕܐ ܒܪܐ. ܐܝܟ ܕܬܪܓܡ ܬܐܘܕܘܛܝܘܢ
ܐܦܣܝܐ ܘܐܩܘܠܐ ܦܘܢܛܝܩܝܐ. ܕܬܪܝܗܘܢ ܐܬܝܗܘܢ ܗܘܘ
ܝܗܘܕܝܐ ܓܝܘܪܐ. ܕܒܬܪܗܘܢ ܕܗܠܝܢ ܐܝܠܝܢ ܐܒܝܘܢܝܐ ܘܐܡܪܝܢ.

[7] In 𝔄 for [illegible] read [illegible] [8] 𝔄 sing. [9] 𝔄 om. ܡܬܩܠܐ
[10] 𝔄 *et is* [11] 𝔄 sing. [12] 𝔄 *etiamsi* [13] 𝔄 adds *nobis*

11 ܕܡܢ ܢܦܫܗ ܐܬܬܠܝ ܡܢܗ... ܘܡܢ ܒܬܪ ܩܠܝܠ ܐܦܢܝ ܬܘܒ. ib iii 21, 2
ܕܢܣܒ ܠܗ ܕܢܫܬܪܪ ܒܥܠܝܠܘܬܗܘܢ ܕܪ̈ܗܘܡܝܐ: ܘܒܟܠ ܡܕܒ̈ܪܢܘܬܐ
ܐܚܝܕܝܢ ܗܘܘ ܠܐܚܘܢܝ. ܦܠܘܛܝܐܘܣ ܕܡܬܚܫܒ ܗܘܐ ܕܢܨܒܬ
ܒܝܘܠܦܢܐ ܕܐܬܘܢ ܗܘܐ ܒܐܠܟܣܢܕܪܝܐ ܒܟܬ̈ܒܐ ܕܟܠܗܘܢ
ܚܢ̈ܦܐ ܐܢܫܐ ܐܝܟܢܐ[14] ܕܐܝܬ ܗܘܐ ܕܪܫܝܡ ܠܦܝܠܣܘܦ̈ܐ. ܢܟܠ ܗܘܐ
ܡܢ ܩ̈ܕܡ ܐܘܪܫܠܡ ܕܢܒܝܐ ܗܘܐ ܒܬܫ̈ܡܫܬܗܘܢ. ܘܢܦܩ ܐܢܘܢ
12 ܠܠܒܪܐ ܢܘܗܪܐ. ܗܢܘܢ ܕܝܢ ܡܟܝܠ (B fol. 112 b) ܕܡܬܬܒܪܝܢ ܗܘܘ
ܒܗܘ ܙܒܢܐ ܠܡܬܘܪ̈ܓܡܢܐ ܫܕܪܘ ܠܘܬ ܦܝܠܝܡܐܘܣ ܫܒܥܝܢ
ܡܫ̈ܝܚܢ. ܕܡܬܕܪܫܝܢ ܒܟܬ̈ܒܐ ܘܫܒܩܝܢ ܬܪ̈ܥܝܗܘܢ ܠܒ̈ܢܝܐ. ܐܠܗܐ A 362
13 ܕܝܢ ܚܒܝܒ ܗܘܐ[15] ܡܢܢ ܕܢܝܚܐ. ܗܘ ܕܝܢ ܡܠܟܐ ܢܝܚܐ ܗܘܐ
ܕܢܦܩܘܠ ܢܦܫܗܘܢ. ܕܕܚܠ ܗܘܐ ܓܝܪ ܕܠܐ ܢܬܬܘܢ[16] ܒܚܕ
ܙܒܢܐ. ܘܢܬܠܘܢ ܒܬܘܪ̈ܓܡܗܘܢ ܫܪܪܐ ܕܐܝܬ ܒܟܬ̈ܒܐ.
ܘܦܫܩ ܐܢܘܢ ܚܕ ܡܢ ܚܕ ܘܦܩܕ ܕܟܠܗܘܢ ܚܕ ܬܘܪܓܡܐ
14 ܢܬܠܘܢ. ܘܗܟܢܐ ܚܒܫ ܟܠ ܟܠܗܘܢ ܒܟܬ̈ܒܐ. ܟܕ ܕܝܢ
ܐܬܟܢܫܘ ܘܐܬܘ ܟܠܗܘܢ ܐܟܚܕܐ ܠܘܬ ܦܝܠܝܡܐܘܣ: ܘܦܚܡ
ܟܠ ܚܕ ܚܕ ܡܢܗܘܢ ܬܘܪܓܡܗ. ܐܠܗܐ[17] ܐܫܬܒܚ ܘܟܬ̈ܒܐ
ܐܬܝܕܥܘ ܕܐܠܗܝܐ[17a] ܐܢܘܢ ܫܪܝܪܐܝܬ: ܕܟܠܗܘܢ ܐܟܚܕܐ ܠܗܘܢ
ܠܡ̈ܠܐ[18] ܘܠܗܘܢ ܠܫܡ̈ܗܐ ܐܡܪܘ ܡܢ ܪܫܝܬܐ ܘܥܕܡܐ
ܠܫܘܠܡܐ. ܘܟܠܗܘܢ ܥܡ̈ܡܐ ܕܐܝܬ ܗܘܐ ܬܡܢ ܝܕܥܘ. ܕܐܝܟ[19]
15 ܕܡܢ ܡܫܠܡܢܘܬܐ ܕܐܠܗܐ ܐܬܬܪ̈ܓܡܘ[20] ܟܬ̈ܒܐ. ܘܠܐ ܗܘܐ
ܬܡܝܗܐ ܗܕܐ ܕܥܒܕ ܐܠܗܐ. ܗܘ ܕܐܦ ܒܫܒܝܬܗ ܕܥܡܐ
ܕܗܘܬ ܒܝܕ ܢܒܘܟܕܢܨܪ ܕܐܬܚܒܠܘ ܗܘܘ ܟܬ̈ܒܐ. ܘܡܢ

[14] In A for op read oip and add op before opdudp [15] A faciebat
[16] In A read dp dpuputnhqph [17] A et Deus [17a] A = ܕܐܠܗܝܐ [18] In
A read putu [19] A om. ܕܐܝܟ [20] In A read pdupqdutnhqutu

ܡܛܠ ܫܒܥܝܢ ܓܒܪܝܢ ܟܕ ܫܠܡܘ ܗܘܘ ܡܫܘܕܥܐ ܠܐܪܒܥܗܘܢ
ܒܪ̈ܘܚܗܘܢ ܕܐܬܦܠܣܛܬ ܡܠܟܐ ܕܦܪ̈ܘܫܐ. ܢܦܩ ܪܘܚܐ ܒܚܕܐ
ܒܗܢܐ ܡܢ ܫܘܒܚܐ ܕܠܗܐ ܕܢܬܒܘܒ ܒܠܗܘܢ ܩ̈ܠܝܗܘܢ ܕܒ̈ܢܝܐ
ܡܕܒ̈ܪܢܐ. ܘܢܬܠ ܠܗ ܠܒܢܝܐ ܢܡܘܣܐ ܗܘ ܕܐܬܝܗܒ ܒܝܕ
ܡܘܫܐ. ܗܠܝܢ ܒܠܗܝܢ ܐܡܪ ܐܝܪܢܝܘܣ. ∴ ∴

ܕܬܫܥܐ. ܐܦܣܩܘܦܐ ܕܗܘܘ ܒܝ̈ܘܡܬܗܘܢ ܕܩܘܡܘܕܘܣ ܡܠܟܐ. 𝔄 363

ix. ܒܪ ܕܝܢ ܫܠܡ ܐܢܛܘܢܝܢܘܣ ܬܫܥܣܪܐ ܫܢܝܢ ܒܡܠܟܘܬܗ. ܩܒܠ ܡܢ ܒܬܪܗ ܩܘܡܘܕܘܣ. ܒܫܢܬܐ ܕܝܠܗ ܩܕܡܝܬܐ ܩܒܠ ܗܘܐ ܐܓܪܝܦܝܢܘܣ ܬܪܬܥܣܪܐ ܫܢܝܢ ܒܬܫܡܫܬܐ ܕܐܦܣܩܘܦܘܬܐ ܕܒܥܕܬܐ ܕܐܠܟܣܢܕܪܝܐ. (B fol. 113 a) ܘܩܒܠ ܡܢ ܒܬܪܗ ܝܘܠܝܢܘܣ.

ܕܥܣܪܐ. ܥܠ ܦܢܛܝܢܘܣ ܦܝܠܣܘܦܐ.

x. 1 ܐܝܬܘܗܝ ܗܘܐ ܕܝܢ ܒܗܘ ܙܒܢܐ ܓܒܪܐ ܕܡܠܦܢܐ ܕܡܗܝ̈ܡܢܐ ܕܐܝܬ ܗܘܐ ܒܐܠܟܣܢܕܪܝܐ. ܓܒܪܐ ܕܡܫܡܗ[1] ܗܘܐ ܒܡܪܕܘܬܐ ܘܫܡܗ ܕܫܡܗ[2] ܗܘܐ ܦܢܛܝܢܘܣ. ܐܝܟ ܕܡܢ ܥܝܕܐ ܥܬܝܩ ܡܬܕܒܪܐ ܡܕܪܫܬܐ ܗܘܬ ܠܘܬܗܘܢ ܡܠܦܢܘܬܐ ܕܟ̈ܬܒܐ ܩܕ̈ܝܫܬܐ ܗܘ. ܕܐܦ ܥܕܡܐ ܠܘܬܢ ܡܬܢܛܪ: ܘܡܢ ܐܢܫܐ ܐܝܠܝܢ ܕܚܝܠܬܢܝܢ ܒܡܠܬܐ ܘܒܚܘܫܒܐ ܕܚܝܠܬ ܐܠܗܐ ܡܬܦܪܢܣܐ ܗܘܬ. ܡܬܐܡܪܐ ܕܝܢ ܡܠܬܐ. ܕܡܢ ܟܠܗܘܢ ܐܝܠܝܢ ܕܒܝܘܡܬܗ ܗܘܘ ܒܗܘ ܙܒܢܐ. ܢܗܝܪ ܗܘܐ ܗܢܐ ܓܒܪܐ ܕܐܡܪܢ ܟܠܗܘܢ ܘܡܢ ܦܝܠܣܘܦܐ ܗܘܐ ܕܦܠܣܘܦܘܬܐ ܕܗܢܘܢ ܕܡܬܩܪܝܢ ܣܛܘܐܝ̈ܩܘ.
2 ܘܗܢܐ ܕܝܢ ܐܡܪܝܢ ܥܠܘܗܝ. ܕܗܘܐ ܬܪܥܘܬܐ ܕܐܘܢܓܠܝܐ

𝔄 364

Chap. X. [1] 𝔄 om. ܕ [2] 𝔄 = ܘܫܡܗ

ܒܡܠܬܐ[3] ܕܐܠܗܐ. ܐܡܝܢܐ ܕܐܦ ܒܙܘܥܐ ܕܐܘܢܓܠܝܘܢ ܕܡܫܝܚܐ
ܠܥܡ̈ܡܐ ܕܐܝܬ ܒܡܕܢܚܐ ܗ̇ܘܐ ܗܘܐ. ܘܥܠ ܗܘܐ ܒܕܘܒܪܐ
ܠܐܪܥܐ ܕܗܢܕܘ. ܐܝܬ ܗܘܘ ܓܝܪ ܒܥܒܕܐ ܒܗ̇ܘ ܙܒܢܐ
ܡܟܪ̈ܙܢܐ ܣܓ̈ܝܐܐ ܕܡܠܬܐ ܕܐܠܗܐ. ܗ̇ܢܘܢ ܕܐܝܟ ܕܫܠܝܚܐ
ܕܐܠܗܐ ܕܡܫܘܬܐ ܕܫ̈ܠܝܚܐ ܥܒܝܕܝܢ ܗܘܘ: ܘܐܝܟ ܕܠܬܪܒܝܬܐ
3 ܘܒܢܝܢܐ ܕܡܠܬܐ ܕܐܠܗܐ ܡܬܚܫܒܝܢ ܗܘܘ: ܚܕ[4] ܡܢܗܘܢ
ܐܝܬܘܗܝ ܗܘܐ ܗ̇ܘ ܦܢܛܝܢܘܣ. ܕܡܬܐܡܪ ܥܠܘܗܝ ܕܥܠ ܗܘܐ
ܒܕܘܟܐ ܠܗܢܕܘ ܘܐܫܟܚ ܬܡܢ ܐܘܢܓܠܝܘܢ ܕܡܬܝ. ܕܩܕܡ
ܡܐܬܝܬܗ ܕܠܬܡܢ ܐܝܬܘܗܝ ܗܘܐ ܠܘܬ ܐܢܫܐ ܕܗܝܡܢܘ
ܒܡܫܝܚܐ ܬܡܢ. ܕܐܡܪܝܢ ܗܘܘ ܠܗܘܢ ܒܪ ܬܘܠܡܝ ܚܕ ܡܢ
ܬ̈ܠܡܝܕܐ. ܘܟܪܙ ܗܘܐ ܠܗܘܢ ܠܟܬܒܐ ܕܐܘܢܓܠܝܘܢ ܕܡܬܝ
(B fol. 113 b) ܒܟܬ̈ܒܬܐ ܥܒܪ̈ܝܬܐ. ܘܢܛܝܪ ܗܘܐ ܠܗܘܬܗܘܢ
4 ܒܕܘܟܐ ܠܗ̇ ܚܕܐ. ܗܘ ܕܝܢ ܦܢܛܝܢܘܣ ܡܢ ܟܠܗܘܢ ܣܘܥܪ̈ܢܘܗܝ[5]
A 365 ܛܒ̈ܐ. ܠܣܘܦܐ ܪܫܐ ܕܡܠܦܢܐ ܕܒܐܠܟܣܢܕܪܝܐ ܗ̣ܘܐ ܗܘܐ.
ܘܡܠܦ ܗܘܐ ܒܡܠܬܐ ܘܒܟܬܒܐ ܕܡܬܐܡܪ̈ܢ. ܐܝܟ ܕܡܠܦܢܐ ܕܢܣܒܬ
ܐܠܗܐ[6] ܫܦܝܪ ܗܘܐ.

ܕܡܬܝܕܥ ܥܠ ܩܠܝܡܝܣ ܐܠܟܣܢܕܪܝܐ ·:·

xi. 1 ܒܙ̈ܒܢܘܗܝ ܕܝܢ ܕܦܢܛܝܢܘܣ. ܝܕܝܥ ܗܘܐ ܒܐܠܟܣܢܕܪܝܐ
ܕܡܬܪܒܐ ܗܘܐ ܒܟܬ̈ܒܐ ܕܐܠܗܐ ܩܠܝܡܝܣ. ܒܪ ܫܡܗ
ܕܐܦܣܩܘܦܐ ܗ̇ܘ ܕܗܘܐ ܗܘܐ ܒܪܘܡܐ. ܕܐܝܬܘܗܝ ܗܘܐ
2 ܬܠܡܝܕܐ ܕܫ̈ܠܝܚܐ. ܗ̇ܘ ܕܝܢ ܗܢܐ ܩܠܝܡܝܣ ܒܡܐܡܪ̈ܐ
ܕܐܟܬܒ ܒܫܡܗ. ܡܕܒܪ ܠܗ ܠܦܢܛܝܢܘܣ[1] ܕܡܠܦܢܐ ܗܘܐ. ܐܝܬ

[3] A *quam habebat de verbo* [4] A *et unus* [5] In A for *b* read *p*
In A read *quamam m[illegible]*

Chap. XI. [1] A *et Pentanum*

ܠܗ ܕܝܢ ܐܦ ܒܡܐܡܪܐ ܐܚܪ̈ܢܐ.[2] ܘܒܡܐܡܪܐ ܩܕܡܝܐ
ܪ̈ܡܙ ܗܘܐ ܥܠܘܗܝ ܥܠ ܗܢܐ ܦܢܛܝܢܘܣ. ܟܕ ܐܡܪ ܗܘܐ ܥܠ
ܐܢܫܐ ܡܝ̈ܩܪܐ ܕܫܡܠܘ ܘܐܬܬܡܠܘ ܡܢ ܫ̈ܠܝܚܐ. ܐܡܪ ܕܝܢ
3 ܗܟܢܐ... ܕܗܘܢܐ ܠܟ ܨܘܪܬܐ ܕܐܘܪܚܐ ܠܝ. ܠܐ ܟܬܒܬܐ ܗܝ ܗܘ Strom i 11
ܕܡܬܩܢ ܒܐܘܡܢܘܬܐ ܠܚܘܝܬܐ. ܐܠܐ ܒܡܘ̈ܕܥܢܐ ܗܘܦܡܢܝܢ ܒܝܬ
ܣܝܡܐ ܠܣܝܒܘܬܐ. ܕܢܗܘܘܢ ܣܡܐ[3] ܠܛܥܝܘܬܐ ܘܨܠܡܐ[3] ܕܠܐ
ܐܘܡܢܘܬܐ. ܘܨܘܪܬܐ ܕܚܙܘܢ ܨ̈ܠܡܐ ܚܝ̈ܐ ܘܡܠܝܠܬܐ ܕܡ̈ܠܐ
ܕܐܢܫܐ ܛܘ̈ܒܢܐ. ܕܐܫܬܘܕܥܬ ܕܫܒ̈ܝܚܐ ܘܐܢܫܐ.[4] ܐܝܟ[5] 𝔄 366
4 ܕܒܫ̈ܪܪܐ ܫܦܝܪ ܠܒܘܪܟܬܐ ܕܐܝܬܝ̈ܪܐ. ܕܐܝܬ ܡܢܗܘܢ ܕܡܢ
ܩܠܕܝܐ ܐܝܬܘܗܝ ܗܘܐ ܘܐܚܪܢܐ ܡܢ ܣܘܪܝܐ. ܘܐܚܪܢܐ ܡܢ
ܡܨܪܝܢ ܘܐܚܪܢܐ ܡܢ ܡܕܢܚܐ. ܕܗܢܘܢ ܗܠܝܢ. ܐܝܬ ܡܢܗܘܢ
ܕܡܢ ܒܝܬ ܐܬܘ̈ܪܝܐ ܗܘܐ̇ ܘܐܚܪܢܐ ܦܠܣܛܝܢܝܐ. ܕܐܝܬܘܗܝ
ܗܘܐ ܡܢ ܥܒܪ̈ܝܐ. ܘܒܐܚܪܝܬ ܟܠܗܘܢ ܕܝܢ
ܦܓܥܬ ܒܗܘ ܕܒܚܝܠܐ ܩܕܡܝܐ (B fol. 114 a) ܗܘܐ̇. ܘܐܫܟܚܬܗ
5 ܕܛܫܐ ܗܘܐ ܘܠܐ ܡܢܚ ܘܐܬܬܢܝܚܬ ܠܘܬܗ ܒܡܨܪܝܢ. ܐܝܠܝܢ
ܕܝܢ[6] ܕܢܛܪܘ ܡܫܠܡܢܘܬܐ ܕܡܠܦܢܐ[7] ܕܫ̈ܪܪܐ. ܡܢ ܦܛܪܘܣ
ܘܝܥܩܘܒ ܘܝܘܚܢܢ ܘܦܘܠܘܣ. ܡܢ ܐܒܘܗܝ ܫ̈ܠܝܚܐ ܩܕ̈ܝܫܐ. ܐܝܟ
ܒܢܝܐ ܡܢ ܐܒܗ̈ܬܗܘܢ ܩܒܠܘ. ܘܒܘܝܢ ܐܢܘܢ ܕܝܢ ܐܝܠܝܢ
ܕܙܪܥܘ ܠܐܒܗ̈ܬܗܘܢ. ܫܠܝܚܝܐ ܕܝܢ ܐܦ ܒܡܕܡܐ ܠܘܬܢ ܒܪ̈ܝܫܝܗ
ܕܐܠܗܐ̈. ܐܝܠܝܢ ܕܙܪܥܘ ܡܢ ܙܪܥܐ ܡܫܝܚܐ ܕܐܒ̈ܗܬܗܘܢ
ܫ̈ܠܝܚܐ. ·· ·:· ·· ·:· ·· ··

[2] In 𝔄 for [illegible] read [illegible]   [3] 𝔄 plur.   [4] 𝔄 om. ܘܐܢܫܐ   [5] 𝔄 ܐܝܟܢܐ?   [6] 𝔄 om. ܕܝܢ?   [7] In 𝔄 read [illegible]

𝔄 367 ܕܬܪ̈ܬܥܣܪ ܥܠ ܐܦܣܩܘܦܐ ܕܗܘܘ ܒܐܘܪܫܠܡ...

xii. 1 ܒܙܒܢܗܘܢ ܕܗܠܝܢ ܢܗܝܪ ܗܘܐ ܐܦܣܩܘܦܐ ܒܥܕܬܐ ܕܐܘܪܫܠܡ
ܢܪܩܝܣܘܣ. ܗܘ ܕܡܫܬܡܗ ܐܦ ܥܕܡܐ ܠܗܫܐ. ܐܬܝܗܒ ܗܘܐ
ܕܝܢ ܕܚܡܫܬܥܣܪ ܒܡܫܠܡܢܘܬܐ ܡܢ ܚܘܪܒܗܘܢ ܕܝܗܘ̈ܕܝܐ
ܕܒܝ̈ܘܡܝ ܗܕܪܝܢܘܣ.. ܕܡܢ ܗܘ ܙܒܢܐ ܫܪܝܬ ܘܡܕܐܝܬ ܠܡܬܩܝܡܘ
ܬܡܢ[1] ܥܕܬܐ ܕܡܢ ܥܡ̈ܡܐ. ܡܢ ܒܬܪ[2] ܗܢܘܢ ܕܡܢ ܓܙܘܪܬܐ.
ܐܘܕܝܢ[3] ܕܝܢ ܕܗ̣ܘܐ ܗܘܐ ܬܡܢ ܐܦܣܩܘܦܐ ܩܕܡܝܐ ܡܢ ܥܡ̈ܡܐ
2 ܡܪܩܘܣ. ܘܡܢ ܒܬܪܗ ܩܣܝܢܘܣ. ܐܝܟ ܕܡܫܘܚܬܐ ܣܕܝܪܘܬܐ
ܕܡܫܠܡܢܘܬܐ ܕܬܡܢ. ܡܢ ܒܬܪ ܗܢܐ ܦܘܒܠܝܘܣ.. ܘܬܘܒ ܡܢ
ܒܬܪ ܗܢܐ ܡܟܣܝܡܘܣ.. ܘܒܬܪ ܗܠܝܢ[4] ܝܘܠܝܢܘܣ.. ܘܡܢ ܒܬܪܗ
ܓܐܝܘܣ. ܘܒܬܪ ܗܢܐ ܣܘܡܟܘܣ. ܘܓܐܝܘܣ ܐܚܪܢܐ.[5] ܘܬܘܒ
ܝܘܠܝܢܘܣ ܐܚܪܢܐ. ܘܡܢ ܒܬܪ ܗܠܝܢ[6] ܩܦܝܛܘܢ. ܘܡܢ ܒܬܪܗ
ܘܐܠܝܣ. ܘܬܘܒ ܕܘܠܝܟܝܢܘܣ.[7] ܘܒܬܪ ܟܠܗܘܢ ܢܪܩܝܣܘܣ.. ܕܗܘܝܘ
ܟܠܗܘܢ ܬܠܬܝܢ ܡܢ ܒܬܪ ܫ̈ܠܝܚܐ ܒܡܫܠܡܢܘܬܐ...

𝔄 368 ܕܬܠܬܥܣܪ ܥܠ ܪܘܕܘܢ ܘܥܠ ܦܠܓܘܬܐ ܕܐܡܪ ܡܠܠ
ܡܪܩܝܘܢ...

xiii. 1 ܒܗܘ ܕܝܢ ܙܒܢܐ ܐܦ[1] ܪܘܕܘܢ ܕܠܘܡܗ ܐܬܝܕܥ ܗܘܐ
(B fol. 114 b) ܡܢ ܐܣܝܐ: ܘܬܬܠܡܕ[2] ܒܪܗܘܡܐ ܡܢ ܛܛܝܢܘܣ.
ܗܘ ܕܡܢ ܩܕܡ ܐܡܪܢ ܥܠܘܗܝ ܐܝܟ ܕܗܘܐ ܐܫܬܡܥ. ܠܗ ܕܝܢ
ܠܗܢܐ ܣܝܡܝܢ ܠܗ ܟܬܒ̈ܐ ܡܦܪ̈ܫܐ. ܘܡܢ ܗܠܝܢ ܐܦ ܠܘܩܒܠ

Chap. XII. [1] 𝔄 *nobis* [2] 𝔄 *et post* [3] 𝔄 fut. [4] In 𝔄 read *[illegible]* [5] The words ܘܒܬܪ ܗܢܐ ܣܘܡܟܘܣ ܘܓܐܝܘܣ ܐܚܪܢܐ are omitted in the text of 𝔄 but rendered in the margin [6] In 𝔄 read *[illegible]* [7] 𝔄 *Դղքիանոս Dlchianos*

Chap. XIII. [1] 𝔄 om. ܐܦ [2] i.e. ܘܐܬܬܠܡܕ

ܪܘܕܘܢ ܕܡܢ ܐܣܝܐ ܗܘܐ. ܗܢ ܕܒܪܘܡܝ ܐܬܬܠܡܕ ܠܛܛܝܢܐ
ܡܦܪܫܐ. ܐܝܟ ܕܡܫܬܥܐ. ܟܕ ܟܬܒ ܥܠ ܗܠܝܢ ܕܟܕܒܘ
ܦܠܓܘܬܐ[3] ܘܣܬܬܐܡܬ ܡܢܗܘܢ ܬܠܬܐ ܬܪܬܝܢ. ܕܐܬܦܪܫܘ ܘܐܙܠܘ.
ܥܠ ܚܕ ܚܕ ܡܢܗܘܢ. ܟܬܒ ܕܝܢ ܡܛܠ ܗܘ ܕܟܬܒ ܗܠܝܢ[4] ⁘ 2
ܕܡܛܠ ܗܢܐ ܠܡ ܐܬܦܠܓܘ ܥܠ ܢܦܫܗܘܢ. ܥܠ ܕܡܢܗܘܢ ܥܠ
ܗܦܟ ܬܪܥܝܬܐ ܕܠܝܬ ܠܗ ܡܩܝܡܐ. ܡܢ ܪܥܝܢܐ ܕܝܢ ܕܠܗܘܢ
ܕܗܠܝܢ. ܐܦܠܝܣ ܗܘ ܕܐܬܬܪ ܒܣܝܒܘܬܗ ܘܒܫܘܒܚܬܗ ܒܝܫ
ܫܪܪܐ ܡܘܕܐ. ܘܥܠ ܢܒܝܘܬܐ ܐܡܪ ܕܡܢ ܪܘܚܐ ܐܝܬ
𝔄 369 ܕܫܘܒܠܐ[5]. ܡܠܦ ܕܡܬܦܠܓܝܢ ܠܬܪܬܝܢ ܕܒܬܠܬܐ ܚܕܐ
ܒܐܕܝܬܐ ܕܡܢܗ ܦܠܘܡܝܢܐ. ܐܚܪܢܐ ܕܝܢ ܬܪܝܢ ܫܘܪܝܢ 3
ܡܠܝܢ ܐܝܟ ܡܪܩܝܘܢ. ܕܡܢܗܘܢ ܐܢܬܘܢ ܦܘܛܝܛܘܣ
ܘܒܣܠܝܩܘܣ.. ܘܐܚܪܢܐ ܕܐܙܠܘ ܒܬܪ ܦܘܛܝܛܘܣ: ܘܠܐ 4
ܐܝܬܘܬܐ ܕܦܪܫܘ ܒܬܪܬܝܢ ܐܝܟܢܐ ܕܐܦ ܠܐ ܗܘ ܠܐܝܠܝܢ
ܕܩܒܠܘ. ܐܬܦܝܣܘ ܠܗܘܢ ܘܐܡܪܝܢ ܕܐܝܬ ܬܪܝܢ ܫܘܪܝܢ
ܥܝܕܐܝܬ ܕܠܐ ܬܘܚܡܐ. ܐܚܪܢܐ ܕܝܢ ܡܢܗܘܢ ܬܘܒ
ܠܒܝܫ ܡܢ ܗܠܝܢ ܐܬܬܢܝܘ. ܕܠܘ ܬܪܝܢ ܒܠܚܘܕ ܟܝܢܝܢ ܣܡܝܟܝܢ.
ܐܠܐ ܐܦ ܬܠܬܐ. ܕܐܝܬܝܗܘܢ ܠܗܘܢ ܪܫܐ ܘܡܕܒܪܢܐ
ܣܘܢܐܪܘܣ. ܐܝܟ ܕܐܡܪܝܢ ܐܠܝܢ ܕܐܚܝܕܝܢ ܝܘܠܦܢܗ. ܟܬܒ ܕܝܢ 5
ܗܘ ܪܘܕܘܢ[6] ܕܐܦ ܠܡܠܬܐ ܐܬܐ ܥܡ ܐܦܠܝܣ.. ܘܐܡܪ ܗܟܢܐ.
ܕܐܦܠܝܣ ܠܡ ܗܢܐ ܐܡܪ ܒܟܝܢ. ܘܒܣܝܒܘܬܐ ܕܐܡܪ ܗܘܐ
ܒܫܐܠܬ ܐܬܒܗܘܢ. ܘܡܠܦܢܐ ܐܡܪ ܗܘܐ (B fol. 115 a) ܕܠܐ
ܡܬܒܥܐ ܕܢܬܝܗ ܠܡܠܬܐ ܠܫܐܘܠܐ. ܐܠܐ ܟܠ ܐܢܫ ܢܗܘܐ
ܐܝܟܢܐ ܕܗܝܡܢ. ܐܡܪ ܗܘܐ ܓܝܪ. ܕܠܗܘܢ ܐܠܝܢ ܕܡܣܒܪܝܢ

[3] 𝔄 plur. [4] 𝔄 hoc ita [5] 𝔄 plur. [6] In 𝔄 for [illegible] read [illegible]

ܒܗܘ ܕܐܬܓܠܝ ܚܐܝܢ ܒܠܚܘܕ: ܐܝܟ ܡܫܬܟܚܝܢ ܟܬܒ̈ܐ ܓܠܝ̈ܐ.
ܘܕܓܠܠ ܡܢ ܒܠܚܘܕ ܟܠܗ ܗܘܐ ܐܝܟ ܕܦܪܥܬ ܐܡܪܬ. ܥܠ
A 370 ܐܠܗܐ ܡܠܬܐ ܒܪ ܚܕ ܫܘܪܝܐ ܐܝܟ ܕܐܦ ܐܚܝܢ ܐܡܪܝܢ.
6 ܘܡܠܐ ܕܡܠܬܗ ܡܫܬܡܫ ܘܐܡܪ ܒܠܗ ܡܟܝܠ ܒܪܚܝܡܘ. ܘܡܠܐ
ܕܐܡܪܝܢ ܠܡܫܒܚܘ ܕܡܢ ܐܝܟܢܐ ܐܝܬ ܠܟ ܬܫܡܫܬܗ ܕܡܠܐ:[1]
ܐܘ ܐܝܟܢܐ ܡܫܬܡܥ ܐܢܬ ܠܡܐܡܪ ܚܕ ܫܘܪܝܐ ܦܫܛ ܠܟ. ܗܘ
ܕܝܢ ܐܡܪ ܗܘܐ. ܕܒܢܝܢܘܬܐ ܠܡ ܩܕܝܡ ܠܗܝܢ ܡܢܗܝܢ ܡܛܠ
ܕܡܢܗܝܢ ܕܫܪܪ ܠܐ ܐܡܪܢ. ܠܐ ܒܪ ܥܠܡܝܢ ܠܡܕܢܐ. ܘܕܓܠܢ
ܘܫܘܫܠܐ ܐܝܟ ܕܢܫܡܝܢ. ܕܐܝܟܢܐ ܕܝܢ ܐܬܝܘܗܝ ܗܘܐ ܚܕ
ܫܘܪܝܐ ܐܡܪ ܗܘܐ ܕܠܐ ܢܦܠ. ܐܠܐ ܕܗܟܢܐ ܡܬܬܪܝܢ[2]
7 ܒܠܚܘܕ. ܘܬܘܒ ܡܛܠܗܐ ܗܘܬ ܠܗ ܕܐܝܟܢܐ ܫܪܪܬܐ. ܘܡܢܐ
ܗܘܐ ܘܫܪܝ ܘܐܡܪ. ܕܠܐ ܡܦܩ ܐܢܐ ܕܐܝܟܢܐ ܐܬܝܘܗܝ
ܚܕ ܐܠܗܐ ܐܝܬܘܗܝ. ܐܠܐ ܒܠܚܘܕ ܡܢܗܘܢ ܐܢܐ. ܐܢܐ ܕܝܢ
ܫܪܝܬ ܘܫܠܡܬܗ ܒܪܚܡܝ. ܡܛܠ ܕܐܡܪ ܗܘܐ ܥܠ ܢܦܫܗ
ܕܡܠܦܢܐ ܗܘ. ܘܠܐ ܢܦܠ ܗܘܐ ܕܢܦܩ ܗܘ ܡܢܗ ܕܟܠܗ
8 ܗܘܐ... ܒܗ ܕܝܢ ܒܗܢܐ ܡܐܡܪܐ ܥܒܕ ܗܘܐ ܠܬܠܡܝܕܘܗܝ.
ܘܡܕܪܫܐ ܗܘܐ ܕܐܬܬܠܡܕܘ ܒܪܘܚܡܐ ܡܢ ܦܠܛܝܢܘܣ. ܘܐܡܪ
ܗܘܐ ܕܐܬܚܫܒ ܗܘܐ ܦܠܛܝܢܘܣ ܘܗܘ ܦܘܪܐ ܕܫܒܐܠܝ
ܘܡܫܬܕܪܐ ܗܘܐ ܒܗܘܢ ܕܢܦܩ. ܕܡܫܝܐ ܗܘܐ ܘܠܐ ܢܕܥ
ܡܢܗ ܕܢܦܫ ܒܡܠܝܐ ܕܐܠܗܐ. ܗܘ ܕܝܢ ܪܘܚܗ ܒܡܐܡܪܐ
ܕܠܗ ܐܫܬܘܕܝ ܕܢܦܫ ܪܘܚܗ ܕܫܐܠܬܗܘܢ ܕܗܘ. ܐܝܬ ܠܗ
9 ܕܝܢ ܒܬܠܬ ܐܦ ܥܠ ܫܬܬ ܡ̈ܠܐ. ܐܦܠܐ ܕܝܢ ܗܘ ܕܐܡܪܝܢ A 371
(B fol. 115 b) ܟܠܗܘܢ ܡܥܒܕܢܘܬܗ ܚܕܐ ܥܠ ܡܢܝܢܐ. ܘܒܗܢܐ ܐܦ
ܥܠ ܟܠܗܘܢ[3] ܕܐܠܗܐ ܚܕܐ ܒܡܐܡܪ̈ܘܗܝ ܦܠܛܝܢܐ. ܘܐܝܟ

[1] A ܠܡܫܘܐ ܕܗܢܐ [2] A *loquebatur* [3] A sing.

ܕܡܦܩ ܗܘܐ ܒܪܒܢܘܗ. ܠܡܬܚܡܢܘܬܗܘܢ ܕܟܬ̈ܒܐ[10] ܘܒܘܢܝܗܘܢ.
ܢܦܩܬܐ ܕܬܘܬܐ ܐܝܬ ܗܘܬ ܠܗ. ܗܠܝܢ ܕܝܢ ܐܬܐܡܪ ܥܠ
ܗܠܝܢ.

ܕܐܪܒܥܣܪ. ܥܠ ܢܒܝ̈ܐ ܕܓ̈ܠܐ ܕܐܝܟ ܗܘܘ ܒܡܘܢܛܢܘܣ
ܒܦܪܘܓܝܐ.[1]

xiv. ܒܥܠܕܒܒܐ ܕܝܢ ܕܥܕܬܗ ܕܐܠܗܐ: ܕܣܢܐ ܫܦܝܪ̈ܬܐ ܘܪܚܡ
ܒܝܫ̈ܬܐ. ܠܐ ܫܒܩ ܚܕ ܦܘܪܣܐ ܕܢܒܠܐ ܕܢܥܒܕ ܠܘܩܒܠ ܒ̈ܢܝ
ܐܢܫܐ. ܬܘܒ ܚܠܦ ܕܢܦܩܘܢ ܗܪ̈ܣܝܣ ܠܘܩܒܠ ܥܕܬܐ. ܕܡܢܗܘܢ
ܒܕܡܘܬܐ ܕܚܘܝ̈ܐ ܐܝܟ ܕܪܘܚܐ ܡܪܝܪܬܐ[1a] ܒܐܣܝܐ ܘܒܦܪܘܓܝܐ
ܪܚܫܝܢ ܗܘܘ.[2] ܡܫܒܚܝܢ ܕܝܢ ܡܬܕܒܪܢܘܬܗ ܗܘܐ ܕܗܘܘ ܦܪܩܠܛܐ.
ܘܦܪܝܣܩܐ ܘܡܟܣܡܝܠܠܐ ܢܫ̈ܐ ܕܐܝܬܝܗܝܢ[3] ܡܢ ܕܝܠܗ. ܘܐܦ
ܢܒ̈ܝܢ ܡܫܬܒܗܪ̈ܢ ܗܘܝ̈ ܕܢܒܝܘܬܗ ܗܘܝ ܕܡܘܢܛܢܘܣ...

ܕܚܡܫܬܥܣܪ. ܥܠ ܦܠܓܘܬܐ ܕܦܠܘܪܝܢܘܣ ܘܕܒܠܣܛܘܣ ܕܗܘܬ A 372
ܒܪܗܘܡܐ.

xv. ܐܝܬ ܗܘܐ ܕܝܢ ܐܚܪ̈ܢܐ ܕܒܪܗܘܡܐ ܒܙܢ ܗܘܘ. ܕܐܝܬܘܗܝ
ܗܘܐ ܒܪܫܗܘܢ ܦܠܘܪܝܢܘܣ ܕܢܦܠ ܡܢ ܡܫܡܫܢܘܬܗ ܕܒܥܕܬܐ.
ܘܥܡܗ ܐܦ ܒܠܣܛܘܣ. ܕܒܕܡܘܬܗ ܢܦܠ ܐܦ ܗܘ. ܕܗܢܘܢ
ܗܠܝܢ ܠܣܓܝܐܐ ܡܢ ܒ̈ܢܝ ܥܕܬܐ ܢܓܕܝܢ ܗܘܘ ܠܨܒܝܢܐ ܕܝܠܗܘܢ.
ܘܬܪܝܗܘܢ ܡܚܕܝܗܘܢ ܘܠܗܘܢ ܠܡܩܡܘ ܠܘܩܒܠ ܫܪܪܐ
ܡܬܚܫܒܝܢ ܗܘܘ[1]...

[10] A *scriptorum eius*

CHAP. XIV. [1] A *Phrygum* [1a] A *venenum suum* [2] A *sibilabant*
[3] A om. ?

CHAP. XV. [1] A merely *stabant contra veritatem*

ܕܐܬܬܚܡܘ̈ܢ: ܕܡܢܐ ܡܬܐܡܪ ܥܠ ܡܘܢܛܢܘܣ ܘܥܠ ܢܒܝ̈ܐ
ܕܓܠܐ ܕܗܘܘ ܥܡܗ ܀

xvi. 1 ܠܘܩܒܠ ܐܘܪܝܓܢܣ ܕܝܢ ܗܘ̇ ܕܡܬܘܪܝܢܐ ܕܦܬ̈ܓܡܐ. ܣܓܝܐܐ
ܕܪ̈ܕܝܢ ܨܒܝܢ ܠܡܬܒܥܘ ܠܗܘܠܨܢܗܘܢ ܒܗܢܐ ܣܓܝܐܐ ܕܠܐ
ܡܬܕܟܐ. ܠܐܦܠܐܛܘܣ ܕܝܢ[1] ܗܘ ܕܐܣܪܩܘܦܣ ܗܘ ܕܐܕܪܝܬܗ
ܡܠܬܐ ܡܢ ܥܕܡܐ. ܘܠܐܟܣܢܝܐ (B fol. 116 a) ܫܠܝܚܐ ܕܒܗܘ
ܕܣܦܪ̈ܝܢ ܒܡܠܬܐ. ܕܟܬܒܘܗܝ ܡܢ ܗܠܝܢ ܥܒܪ̈ܝܐ ܫܠܝܚܐ
2 ܕܬܪ̈ܓܡܘܬܐ ܐܫܬܟܚܘ ܠܗ. ܗܘ ܕܝܢ ܐܩܘܠܝܢܘܣ. ܕܟ ܬܪ̈ܝܢ
ܕܒܬܘܟ ܠܗܘܠܝܗܘܢ ܡܢܘܬ ܕܐܝܟ ܕܠܐ ܒܬ̈ܝܒܘܬܐ ܐܝܟܢ
3 ܦܪܢܘܬܗܘܢ. ܘܒܪܝܫ ܡܠܬܗ ܡܐܟ ܕܐܝܟ ܗܢܐ ܦܘܣܩܐ.
ܡܢ ܘܩܡ ܕܒܢܐ ܠܟ ܩܦܠܐܐ ܐܬܦܩܕܬ ܡܢܟ ܢܥܒܕ ܐܘܪܝܫ
ܡܪܘܠܠܟ. ܕܐܝܟܢ ܡܐܡܪܐ ܠܡܘܠ ܐܘܪܝܓܢܣ. ܕܡܬܦܢܝܐ
ܕܡܠܦܢܐܕܗ. ܘܐܬܒܠܒܠܬ ܒܕܡܐ ܠܗܡܢܐ. ܠܘ ܡܦܠܠ ܕܠܐ
ܡܥܒܕܝܢ ܗܘܝܬ ܕܐܒܗܘܗܝ ܕܓܠܝܬܐ ܘܐܘܣܦܗ ܠܥܪ̈ܝܢ. ܐܠܝ
ܡܬܒܕܝܢ ܗܘܝܬ ܘܕܢܚ. ܕܠܐ ܐܣܬܦܪ ܠܐܚ̈ܪܢܝܢ ܕܥܠ ܝܘܠܦܢܐ
ܕܕܝܬܩܐ ܕܡܒܪܬܐ ܢܕܬܐ ܝܩܪܐ ܐܢܐ ܕܐܘܣܦ ܡܕܡ. ܕܐܢܐ
ܕܝܩܢܐ ܕܒܬܕܪ ܐܝܟ ܝܘܠܦܢܐ ܕܡܒܪܬܐ. ܠܐ ܡܥܒܕܝܢ ܠܡܘܣܦܘ
4 ܒܠܚܘܕ ܐܘ[2] ܠܡܬܒܪܝܢ ܡܢܗ ܡܕܡ. ܕܝܪܬܝܢ ܕܝܢ ܐܝܟܢܐ ܠܐܘܣܦܘܪܐ
ܕܓܠܝܢܟ. ܘܐܬܕܪܒܬ ܠܒܕܬܐ ܕܦܘܢܝܦܘܣ ܕܕܠܝܚܘܐ ܡܢ ܗܕܐ
ܢܒܝܘܬܐ ܢܕܬܐ ܐܝܟ ܕܗܘܝܘ ܐܡܪܝܢ. ܐܝܟ ܕܡܬܝܕܥܐ ܡܢ
ܨܒܘܬܝ[3] ܢܒܝܘܬܐ ܗܝ[4] ܕܓܠܬܐ. ܘܐܝܟ ܕܐܬܬܨܝܒܬ ܒܚܝܠܐ
ܕܗܝܡܢܬ ܦܪܘܬܗ ܕܡܪܝ. ܡܠܠ[5] ܒܕܕܬܐ ܒܠܚܘܕ ܥܠ ܗܠܝܢ
ܘܥܠ ܡܕܡ ܕܡܬܚܘܕܝܢ ܘܢܩܕ̈ܫܬܐ ܩܦܠܐܐ. ܐܡܬܝܢ ܕܒܕܬܐ

Chap. XVI. [1] 𝔄 om. ܕܝܢ? [2] 𝔄 *neque* [3] 𝔄 [illegible] *e rebus* [4] In 𝔄 read [illegible] [5] 𝔄 *locatus sum*

ܩܘܡܬ ܒܕܝܢܐ ܘܡܢܗܘܢ ܕܠܦܘܠܓܐ ܐܬܕܢܝܘ ܕܡܕܒܪܬܐ. ܘܡܢܗܘܢ
5 ܕܡܫܬܡܗܝܢ ܗܘܘ ܥܠ ܐ̈ܦܝܣܩܘܗܝ ܗܘܘ ܒܥܕܬܐ. ܐܦܝܣܩܘ ܗܘܘ
ܕܝܢ ܡ̈ܗܝܡܢܐ ܕܐܝܬ ܗܘܘ ܒܟܠܗ ܗܘ ܐܬܪܐ. ܕܐܠܝܢ ܕܐܬܬܟܠܠ
ܠܘܩܒܠ ܗ̇ܢܘܢ ܕܐܬܢܒܝܘܢ ܠܘܩܒܠ ܡܠܬܐ ܕܡܪ̈ܢ ܒܟܬܒ̈ܬܐ
ܢܒܚܘܢ ܐܝܟ ܠܗܘܢ̇. ܟܕ ܐܝܬܘܗܝ ܗܘܐ ܚܟܡ ܒܪܘܫܥܬܗܘܢ
ܡܫܒܚܐ ܘܦܠܝܓܐ. ܡܟܝܠ (B fol. 116 b) ܕܝܢ ܗܘܝ̇ ܠܗ ܠܐ ܚܒܪܝܢ.
ܐܫܬܘܕܝܘ ܕܝܢ ܕܢܬܘܒܘܢ ܡܘܢܐ ܕܠܘܩܒܠܘܬܗ ܕܐܠܗܐ ܒܫܘܦܠܝ̈
6 ܘܢܦܪܪ ܠܗܘܢ ܡܢ ܗܠܝܢ.[6] ܘܡܢ ܒܬܪ ܗܠܝܢ ܐܦܪܢ ܐܣ̈ܪܝܬܐ.
ܘܟܫܪܘܢܐ ܕܗܠܝܢ ܡܫܬܟܚܐ ܥܠ ܗܘ ܕܩܦܣܐ ܥܠܬܐ ܕܗܝܐ
ܗܪܣܝܣ ܒܪ ܐܬܐ ܒܗ̇ ܒܡܠܬܐ ܗܕܐ ⁘ ܕܥܠܬܐ ܠܗ
ܕܐܡܒܠܐ ܐܬܥܝܢ. ܗܪܣܝܣ ܕܡܪܩܝܘܢ. ܕܥܠܝܗܘܢ ܠܘܩܒܠ ܒܥܕܬܐ̇[7]
7 ܗܕܐ ܗܘܬ. ܘܩܪܝܬܐ ܚܕܐ ܡܬܐܡܪܐ[8] ܕܐܝܬ ܒܡܘܣܝܐ
ܕܦܪ̈ܘܓܝܐ ܕܫܡܗ̇ ܐܪܕܒܘ: ܕܬܡܢ ܡܬܐܡܪ ܥܠ ܚܕ ܕܡܢܗܘܢ
ܗܘܐ ܚܕܐܝܬ ܕܫܡܗ ܗܘܐ ܡܘܢܛܢܘܣ: ܒܝܘ̈ܡܘܗܝ
ܕܓܪܐܛܘܣ[9] ܐܢܬܘܦܛܐ ܕܐܣܝܐ. ܕܒܪܓܬܐ ܨܒܝܢܬܐ ܕܪܝܫܢܘܬܐ A 375
ܕܪܚܝܡܘܬܐ ܢܦܩ ܒܢܦܫܗ ܐܘܪܚܐ ܠܣܛܢܐ ܘܠܒܫܬܗ[10] ܪܘܚܐ
ܒܝܫܬܐ. ܘܡܢ ܥܠ ܢܦܩ[11] ܡܢ ܪܥܝܢܗ ܘܫܪܝ ܡܬܕܒܪ ܘܡܡܠܠ
ܡ̈ܠܐ ܢܘܟ̈ܪܝܬܐ. ܠܒܪ ܡܢ ܚܒܪܐ ܕܡܫܠܡܢܘܬܐ ܕܥܕܬܐ.
8 ܐܝܠܝܢ ܕܝܢ ܕܐܝܬ ܗܘܘ ܒܗܘ ܙܒܢܐ ܕܫܡܥܘ ܡܢܗ ܡ̈ܠܐ
ܢܘܟ̈ܪܝܬܐ. ܐܝܬ ܡܢܗܘܢ ܕܐܬܟܪܝ ܗܘܐ ܠܗܘܢ̇. ܘܐܝܟ[12]
ܕܡܕ̈ܒܪܐ ܕܗܘܬ ܠܗܘܢ ܡܢ ܟܕܢܘܬܐ ܕܫܐܕܐ ܘܪܘܚܐ
ܕܛܘܥܝܘܬܐ[13] ܕܡܥܝܪܢܐ[14] ܠܥܡܐ. ܟܐܢ ܗܘܘ ܒܗ ܘܟܠܝܢ ܗܘܘ

[6] A om. ܗܳܠܶܝܢ ܘܡܶܢ [7] A *contra totam ecclesiam* [8] In A read [illegible] [9] A [illegible] *Grati* [10] B orig. ܘܠܒܫܬܗ [11] A *coepit exire* [12] A om. ܘ [13] A = ܪܘܚܐ ܕܛܥܝܘܬܐ ܘܡܫܓܫܢܘܬܐ ܕܥܡܐ [14] A om. ܕ

ܠܗ ܕܠܐ ܢܚܠܠ. ܕܡܬܕܒܪܝܢ[15] ܗܘܘ ܦܘܩܕܢܘܗܝ ܕܡܪܢ
ܕܡܬܠܡܕ. ܕܡܕܡ ܕܒܝܪܘܬܐ ܡܢ ܢܩܫܐ ܕܬܚܠܐ. ܐܝܬ ܕܝܢ
ܐܚܪ̈ܢܐ ܕܐܝܟ ܕܒܪܘܚܐ ܕܩܘܕܫܐ ܘܒܡܗܝܡܢܘܬܐ[16] ܕܢܒܝܘܬܐ
ܫܬܝܪܝܢ ܗܘܘ ܡܢܗ ܘܡܬܪ̈ܥܝܢ ܗܘܘ ܒܦܫܝܩܘܬܗܘܢ. ܘܠܐ ܒܗܕܝܢ
ܗܘܘ ܦܣܩܝܢ[17] ܕܡܪܢ. ܘܠܗܘܢ ܪܘܚܐ ܕܢܒܝܐ ܡܕܒܪ ܘܡܥܕܪܐ
ܠܗ ܘܡܠܦܢܐ ܠܡܠܟܐ. ܒܕܠܝܢ ܗܘܘ ܘܡܫܬܒܚܝܢ (B fol. 117 a)
9 ܡܢܗ ܡܬܕܟܪܝܢ ܗܘܘ ܠܗ ܐܝܟ ܕܠܐ ܡܢܝܢ ܬܕܡܪ̈ܬܐ. ܘܐܬܬܚܝܘܗܝ[18]
ܗܕܐ ܒܐܘܡܢܘܬܐ ܕܝܠܗ̇ܬܐ[19] ܕܒܟܠܕܘܟܐ. ܕܐܬܦܪܣ
A 376 ܠܐܒܕܢܘܗܝ ܕܐܠܝܢ ܕܚܙܝܢ ܠܗ. ܒܕܡܘܬ ܠܗ ܠܗ ܠܒܪ ܡܢ
ܕܦܨܐ. ܘܐܡܪ ܘܐܘܣܒ ܬܪܢܝܬܗܘܢ ܗܢܘܢ ܕܕܡܟܐ ܗܘܐ ܒܬܘܗ ܡܢ
ܡܚܝܡܢܘܬܐ ܫܪܪܬܐ. ܘܐܡܪ ܬܪ̈ܬܝܢ ܢܩܦ ܐܚܪ̈ܢܝܢ ܘܡܛܠ
ܐܝܟ ܪܘܚܐ ܕܩܘܪܒܐ. ܘܡܛܠܠ ܗܘܐ ܒܫܡܝܘܬܐ ܘܠܐ ܒܕܒܝܐ
ܕܚܢܢ ܘܠܒܪ ܡܢ ܠܦܘܡܐ ܕܗܠܝܐ ܐܒܘܬܗ ܕܡܒܠܦܢܘܗ.
ܘܠܐܝܠܝܢ ܕܚܙܝܢ ܗܘܘ ܒܗ[20] ܘܡܬܪܦܝܢ ܠܗܘܢ ܡܢܗ[21] ܗܘܐ
ܠܦܠܚܐ ܗܘ ܗܘ ܫܐܕܐ. ܘܒܝܕ ܫܘܕܥܐ[22] ܙܘܪܒܐ ܕܪܘܚܐ ܡܚܝܕܬ
ܗܘܐ ܠܗܘܢ. ܒܗܘ ܕܝܢ ܐܦ ܡܢܝܢ ܗܘܐ ܠܐܚܪ̈ܢܐ[23] ܐܝܟ
ܕܡ ܕܡܬܬܪܝܐ ܐܝܟ ܕܢܗܘܐ ܫܪܐ ܠܡܬܗܝܡܢܘ. ܕܢܣܬܒܪ[24]
ܕܐܦ ܡܚܡܝܐ ܐܝܬܘܗܝ. ܘܒܘܪܐ ܕܝܢ ܐܝܬܝܗܘܢ ܗܘܘ ܡܢ
ܦܘܠܚܢܐ ܐܝܠܝܢ ܕܠܒܘ. ܘܟܠ ܟܠܗ ܒܕܒܬܐ ܕܬܫܝܬ ܫܡܝܐ
ܢܦܠ ܗܘܐ ܠܗܘܢ ܒܡܚܝܘܬܗ ܗܘ ܫܐܕܐ ܕܢܬܕܦܩܘܢ. ܟܠ
ܕܠܐ ܡܦܟܠܐ ܗܘܬ ܠܗ ܒܐܝܡܪܐ. ܐܦܠܐ ܡܟܠܢܘܬܐ[25]
ܕܐܘܪܚܐ ܠܢܒܝܘܬܐ ܕܓܠܝܐ ܐܝܬ ܗܘܐ ܠܗ ܡܢ ܒܗ ܠܗܘ ܫܐܕܐ.

[15] A [illegible] [16] A plur. [17] A plur. [18] A *et erat* [19] A plur.
[20] A [illegible] s. [illegible] [21] A [illegible] [22] In A read *[illegible]* [23] A *quasi ille virum quendam* [24] A om. [illegible] [25] In A for *[illegible]* read *[illegible]*

10 ܟܠܗܘܢ ܒܪ ܡܢ ܡܗܝ̈ܡܢܐ ܕܐܝܬ ܗܘܘ ܒܐܣܝܐ. ܘܒܕ̈ܘܟܬܐ
ܣܓܝ̈ܐܬܐ ܐܬܟܢܫܘ ܒܒܘ̈ܚܢܬܐ ܣܓܝ̈ܐܬܐ ܡܛܠ ܗܕܐ. ܘܠܗܘܢ
ܠܗܠܝܢ ܡ̈ܠܐ ܕܡܬܡܠܠܢ ܗܘܘ ܕܒܪܘܬܗܘܢ ܐܣܠܘ ܐܝܟ ܠܒܪ̈ܝܠܝܐ.[26]
ܘܦܣܩܘ ܥܠܝܗܝܢ ܕܡ̈ܠܐ ܐܝܟ ܦܩ̈ܥܬܐ. ܘܐܣܠܝܘܗ̇ ܠܗܕܐ
ܗܪܣܝܣ. ܘܗܟܢܐ ܐܬܦܪܫܘ ܡܢ ܥܕܬܐ ܘܐܬܚܪܡܘ ܡܢ 𝔄 377
11 ܫܘܬܦܘܬܗ̇ ·⁘· ··· (B fol. 117 b) ܗܠܝܢ ܐܬܟܬܒܘ ܒܪܝܫ ܡܐܡܪܗ ܗܘ
ܐܦܘܠܝܢܪܝܣ. ܘܒܟܠܗ ܡܐܡܪܗ ܒܬܪ ܟܢ ܡܟܣܢܘܬܐ ܕܗܕܐ
ܛܘܥܝܬܐ. ܘܒܡܐܡܪܐ ܕܬܪܝܢ ܥܠ ܫܘܠܡܗܘܢ ܕܗܠܝܢ ܐܡܪ
12 ܗܟܢܐ... ܡܛܠ ܠܢ ܕܩܪܝܢ ܠܢ ܡܩܛܠܝ ܠܢܒܝ̈ܐ[27] ܥܠ ܕܠܐ ܩܒܠܢ
ܠܢܒܝ̈ܗܘܢ ܕ̈ܡܠܠܐ: ܐܡܪܝܢ ܓܝܪ ܕܗܠܝܢ ܐܢܘܢ ܕܐܫܬܘܕܝ..
ܡܪܢ ܕܢܫܕܪ ܠܗܘ ܠܥܡܐ ܢܬܠܒܘܢ ܦܬܓܡܐ. ܐܝܟ ܕܩܕܡ
ܐܠܗܐ. ܕܐܝܟܢ ܐܝܬ ܐܢܫ ܡܢ ܗܢܘܢ ܕܒܬܪ ܡܘܢܛܢܘܣ. ܘܡܢ
ܗܢܝܢ ܢܫ̈ܐ ܕܫܪܝ ܠܡܡܠܠܘ ܦ̈ܛܠܬܐ: ܕܐܬܪܕܦܘ ܡܢ ܝܗܘܕܝܐ
ܐܘ ܕܐܬܩܛܠܘ ܡܢ ܪ̈ܫܝܥܐ. ܠܝܬ ܕܝܢ ܐܦܠܐ ܚܕ. ܐܦܠܐ ܐܢܫ.
ܡܢܗܘܢ ܐܬܬܚܕ ܥܠ ܫ̈ܡܐ ܗܢܐ ܫܡܐ ܘܐܙܕܩܦ. ܐܦ ܠܐ
ܒܟ̈ܢܘܫܬܗܘܢ ܕܝܗܘ̈ܕܝܐ. ܚܕܐ ܡܢ ܗܠܝܢ ܢ̈ܫܝܗܘܢ ܐܬܢܓܕܬ
13 ܐܘ ܐܬܪ̈ܓܡܬ ܡܢ ܡܬܘܡ. ܒܡܘܬܐ ܕܝܢ ܐܚܪܢܐ ܡܬܐܡܪ
ܟܠܗܘܢ ܕܡܝܬܘ. ܡܘܢܛܢܘܣ ܓܝܪ ܘܡܟܣܝܡܝܠܐ. ܗܠܝܢ
ܬܪ̈ܝܗܘܢ ܐܬܬܚܢܩܘ ܗܘܘ ܡܢ ܗܘ ܪܘܚܐ ܡܫܚܠܦܢܝܬܐ ܘܡܝܬܘ
ܢܦܫܗܘܢ. ܠܐ ܗܘܐ ܐܟܚܕܐ ܐܠܐ ܒܙܒܢܐ ܕܡܘܬܗ ܕܚܕ
ܚܕ ܡܢܗܘܢ. ܘܗܕܐ ܛܒܐ ܐܬܐܡܪ[28] ܕܗܟܢܐ ܡܝܬܘ. ܐܝܟ
14 ܡܘܬܗ ܕܝܗܘܕܐ ܡܫܠܡܢܐ. ܘܐܝܟ ܕܡܬܐܡܪܐ ܡܠܬܐ ܥܠ
ܗܘ ܪܫܐ ܕܗܘܐ ܒܢܒܝܘܬܐ ܕܡܬܚܙܩܢܐ ܠܬܠܗܘܢ ܕܐܬܩܪܝܘܗܝ 𝔄 378
ܬܐܕܘܛܘܣ: ܗܘ ܕܐܝܟ ܐܦܛܪܘܦܐ ܒܟܒܕ ܗܘܐ ܠܗܘܢ.

[26] 𝔄 sing. [27] In 𝔄 for *մարգարէս սպանողս* read *մարգարէասպանողս*?
[28] 𝔄 adds *de iis*

ܕܢܦܩ ܗܘܐ ܡܢ ܪܚܡܗ ܘܡܫܡܫ ܠܗܿܝ ܪܘܚܐ ܕܐܠܗܘܬܐ ܕܐܝܟ
ܗܘ ܕܠܥܡܡܐ ܡܬܠܐ ܘܡܫܬܠܡ.[28a] ܘܢܦܠ ܘܡܛܝܒ ܒܢܫܐܝܬ.
15 ܐܡܪܝܢ ܕܝܢ ܕܗܘܐ ܡܕܡܐ ܗܘܬ. ܐܠܐ ܕܝܢ ܟܕ ܢܣܒܐ ܐܢܫܝܢ
ܐܘ ܕܐܝܬܘܗܝ ܬܬܦܠܓܘܢ ܥܠ ܗܕܐ ܠܐ ܢܦܣܘܩ ܐܘ
ܦܠܓܘܬܐ. ܐܘ ܒܝܢܝ ܗܕܝܢܐ ܗܘ ܐܘ (B fol. 118a) ܠܐ.[29] ܡܛܠ
16 ܘܬܘܒ ܠܗܘܢ ܕܡܢܝܠܘܦܣ ܘܬܐܘܕܘܛܘܣ ܘܡܫܡܫܢܐ. ܐܡܪ
ܕܝܢ[30] ܒܗ ܒܗܘܢܐ ܡܐܡܪܢܐ. ܕܝܠܗ ܗܘܐ ܐܦܘܡܣܐ ܘܡܬܢܟܐ
ܕܐܝܬ ܗܘܐ ܒܗܘ ܡܠܬܐ: ܕܒܗܘܢܝܗ ܠܗܿܝ ܪܘܚܐ ܕܐܝܬ ܗܘܐ
ܒܡܫܡܫܢܐ[31] ܘܟܠܗ ܐܢܘܢ ܐܚܪ̈ܢܐ. ܗܢܘܢ ܕܡܒܕܪܝܢ ܗܘܘ
17 ܠܗ ܠܗܿܝ ܪܘܚܐ.[32] ܒܬܪ ܕܝܢ ܡܕܡܐ. ܕܠܐ ܠܡ ܬܐܡܪ ܐܝܟ
ܡܬܠܗ ܕܠܘܬ ܐܣܛܪܘܢܣ ܐܘܪܒܢܣ ܗܿܝ ܪܘܚܐ ܕܐܝܬ ܗܘܐ[33]
ܒܡܫܡܫܢܐ. ܕܡܬܪܕܦ ܐܢܐ ܠܡ ܐܝܟ ܕܐܡܪܐ ܡܢ ܐܡܪܬ.
ܠܐ ܗܘܝܬ ܕܐܡܪܐ. ܡܠܬܐ ܐܝܬܝ[34] ܘܪܘܚܐ ܘܚܝܠܐ. ܐܝܢ
ܐܝܬ ܒܗ ܕܝܢ[35] ܚܝܠܐ ܒܗܕܐ ܪܘܚܐ. ܒܟܒܪܐ ܢܦܘܫ ܘܬܒܥ.
ܘܒܝܕ ܗܿܝ ܪܘܚܐ ܢܒܝܐ ܕܢܘܕܥܘܢ ܒܗ: ܠܐܝܠܝܢ ܕܐܬܘ ܕܒܗܘܢܝܗ
ܘܒܗܘܢܝܗ ܠܗܿܝ ܪܘܚܐ ܒܪ ܡܬܠܠܐ. ܕܐܬܝܗܘܢ ܗܘܘ ܐܢܫܐ
ܟܠ ܣܓܝ̈ܐ ܘܐܦܘܡܣܐ. ܘܠܦܘܣܣ ܡܢ ܡܘܡܬܢܐ ܦܘܪܬܐ
A 379 ܘܠܘܢܝܘܣ ܡܢ ܐܦܡܢܐ. ܕܠܗܘܢ ܠܗܠܝܢ ܟܠܗ ܐܢܘܢ ܗܢܘܢ
ܕܒܢܬ ܬܐܡܪܣܘܢ ܘܠܐ ܝܗܒܘ ܕܒܗܘܢܝܗ ܠܗܿܝ ܪܘܚܐ.
18 ܘܢܣܒܘܢ ܕܐܬܝܗ̇ ܕܡܠܬܐ ܘܡܬܠܒܟܐ ܠܒܪܢܐ. ܘܒܗ ܒܗܘܢܐ
ܡܐܡܪܐ ܬܘܒ ܐܡܪ ܐܚܪ̈ܢܝܬܐ[36] ܠܡܫܡܫܢܘܬܐ ܕܢܒܝܘܬܐ
ܕܡܠܬܐ ܕܡܫܡܫܢܐ. ܘܐܡܪ ܐܦ ܥܠ ܗܘܢܐ ܕܒܗ ܒܣܦ
ܗܘܐ ܗܠܝܢ. ܘܡܕܒܪ ܐܦ ܟܠܗ ܕܒܢܘܬܗ ܕܒܗܘܢ[37] ܡܛܠܬ

[28a] A om. ܘܡܫܬܠܡ [29] A *sive non sit ita sive sit* [30] A *dicti sunt* (omitting ܕܝܢ) [31] A *in iis* [32] A adds *erroris* In A for [illegible] read [illegible] [33] A *sed verbum* [35] A om. ܕܝܢ [36] A adds *multa* [37] A *quod et*

ܕܡܪܕܐ ܠܗ ܘܫܓܘܫܝܐ ܗܘܐ. ܘܚܟܡ ܠܗ ܠܕܓܠܘܬܗ ܘܐܡܪ
19 ܗܕܐ.[38] ܕܐܡܒܪܐ ܠܗ. ܠܐ ܗܘܐ ܐܬܝܕܥܬ ܠܗ ܐܦ ܗܕܐ
ܕܓܠܘܬܐ:[39] ܕܗܘܐ ܗ̇ܫܐ ܡܢ ܬܠܬܥܣܪܐ ܫ̈ܢܝܢ ܒܕܒܪܐ ܠܝܘܡܢܐ
ܐܝܬ ܠܗ ܕܡܝܬܬ ܗܕܐ ܐܢܬܬܐ: ܘܠܐ ܩܡܐ ܦܪܘܫܐ ܠܐ
ܠܟܠܗ ܥܠܡܐ ܐܦܠܐ ܒܙܘܥ:[40] (B fol. 118 *b*) ܐܠܐ ܐܦ ܠܟܪܣܛܝܢܐ
ܬܐܪܝܬ ܗܘܐ ܫܠܡܐ ܢܓܝܪܐ[41] ܒܛܝܒܘܬܗ ܕܐܠܗܐ.
20 ܘܗܠܝܢ ܕܝܢ ܡܢ ܡܐܡܪܐ ܕܬܪ̈ܝܢ.[42] ܡܢ ܡܐܡܪܐ ܕܝܢ ܕܬܠܬܐ[43]
ܐܡܪ ܗܟܢ ܡ̈ܠܐ ܡܛܠ ܗ̇ܢܘܢ ܕܡܫܬܒܗܪܝܢ. ܕܐܦ ܡܢܗܘܢ
ܗܘܘ ܣܗܕܐ ܩܛܝ̈ܠܐ. ܐܡܪ ܕܝܢ ܗܟܢܐ. ܕܟܕ ܕܟܠܗܘܢ
ܠܗ ܐܬܟܣܘܢ ܘܠܝܬ ܠܗܘܢ ܡܕܡ ܕܢܐܡܪܘܢ. ܡܬܓܘܫܝܢ
ܠܗܘܢ ܒܣܗܕܐ ܘܐܡܪܝܢ ܣܗܕܐ ܩܛܝ̈ܠܐ ܐܝܬ ܠܢ. ܘܗܕܐ
ܬܚܘܝܬܐ ܗܝ ܡܗܝܡܢܘܬܐ. ܕܓܠܐ ܗܝ ܗ̇ܝ ܪܘܚܐ ܕܢܒܝܘܬܐ
ܕܡܬܐܡܪܐ[44] ܠܘܬܗܘܢ. ܡܛܠ ܕܡܢ ܟܠܗܘܢ ܓܒܪ ܗܘܐ ܗܝ[45] A 380
21 ܕܠܐ ܫܪܪܐ. ܐܦ ܡܢ ܗܪܣܝܣ. ܒܪ ܐܚܪ̈ܢܝܬܐ ܐܝܟ ܕܐܝܬ
ܠܗܘܢ ܣܗܕܐ ܩܛܝ̈ܠܐ. ܠܘ ܕܝܢ ܡܛܠ ܗܕܐ ܐܡܪܝܢ ܚܢܢ
ܕܫܠܡܬ ܐܢܫܝܢ. ܐܦ ܠܐ ܡܘܕܝܢ ܚܢܢ ܕܫܪܪܐ[45a] ܐܝܬ ܠܘܬܗܘܢ
ܘܒܕܡܐܝܬ ܡܢ ܗܪܣܝܣ. ܕܡܪܩܝܘܢܐ ܕܐܡܪܝܢ ܕܣܗܕܐ ܩܛܝ̈ܠܐ
ܐܝܬ ܠܘܬܗܘܢ. ܐܠܐ ܗܘ ܕܝܢ ܒܡܫܝܚܐ ܫܪܪܐ ܠܐ ܡܘܕܝܢ
22 ܒܗ. ܘܒܬܪ ܩܠܝܠ ܐܡܪ ܬܘܒ. ܘܡܛܠܗܢܐ[46] ܠܢ. ܐܡܬܝ
ܕܡܬܩܪܝܢ ܡܢ ܥܕܬܐ ܠܣܗܕܘܬܐ ܐܝܠܝܢ ܕܐܝܬܝܗܘܢ ܒܡܫܝܚܝܘܬܐ
ܕܫܪܪܐ ܥܡ ܣܗܕܐ ܕܗܢܘܢ[47] ܕܡܬܩܪܝܢ ܡܢ ܗܪܣܝܣ ܕܦܪܘܓܝܐ

[38] A om. ܘܐܡܪ ܗܕܐ [39] A *manifestatum est et in hoc etiam mendacium eius* [40] For ܠܐ ܠܟܠܗ ܥܠܡܐ ܐܦܠܐ ܒܙܘܥ A has *et non in universa terra* [41] A om. ܢܓܝܪܐ [42] A om. ܘܗܠܝܢ ܕܝܢ ܡܢ ܡܐܡܪܐ ܕܬܪ̈ܝܢ [43] In A read [illegible] [44] A adds [illegible] *esse* [45] In A for [illegible] read [illegible] [45a] In A read [illegible] [46] A om. ܘ [47] A om. ܕܗܢܘܢ

ܡܬܦܪܢܣܝܢ ܒܢܝܫܗܘܢ. ܘܟܕ ܠܐ ܡܫܬܘܬܦܝܢ ܠܗܘܢ ܡܫܬܠܠܝܢ.
ܡܛܠ ܕܠܐ ܨܒܝܢ ܕܢܫܡܥܘܢ ܠܗܿܝ ܦܘܩܕܢܐ ܕܐܝܬ ܒܢܡܘܣܗܘܢ
ܘܒܗܠܝܢ ܢܟ̈ܬܐ. ܘܗܟܢܐ ܫܪܝܪܐ ܗܘ. ܐܦ ܒܫܘ̈ܒܩܢܗܘܢ ܬܗܘܐ
ܒܐܦܝܣܐ ܡܢܝܚܬܐ[48] ܗܿܝ ܕܐܝܬ[49] ܥܠ ܡܫܡܫܢܘܬܗ ܢܘܪܐ.
ܒܫܝܢܗܘܢ ܕܒܝܬ ܟܢܘܫܬܗܘܢ. ܘܐܠܡܫܬܪܝܘܗܝ ܕܐܣܟܘܠ ܡܢ ܐܘܡܢܘܬܐ.

𝔄 381 ܕܐܬܦܢܝܘ ܥܠ ܡܠܟܘܬܗܘܢ ܘܥܠ ܡܟܐܒܘܬܐ ܕܐܬܥܒܕ.

ܒܡܘܬܐ[1] ܕܝܢ ܡܟܐܒܘܬܐ ܕܐܬܥܒܕ ܗܘܐ ܠܡܠܟܐ ܕܐܡܪܢܝܢ xvii. 1
ܥܠܘܗܝ. ܡܬܕܒܪ ܐܦ ܠܡܠܟܘܬܗ ܡܬܬܒܥܢܐ ܕܡܢ ܐܠܗܐ. ܕܒܠܥ
ܐܦ ܗܘ ܡܟܐܒܐ ܠܗܘܠ ܗܕܐ ܗܪܘܣܐ. ܟܕ ܕܝܢ[2] ܗܘ ܡܟܢ
ܡܢ ܬܠܡܝܗܘܢ (B fol. 119 a) ܡܦܩܕ[3] ܘܐܡܪ. ܕܗܠܝܢ ܠܟ ܐܥܒܕܬ[4]
ܒܝܕ ܡܢ ܡܟܐܒܝܢܘܬܐ. ܕܡܣܒܪ ܠܗܘܠ ܡܟܐܒܘܬܐ ܕܐܠܗܐ ܘܒܗ
ܐܝܟ ܗܝ ܕܒܗ ܡܫܬܐ ܗܘܐ. ܕܠܐ ܡܬܒܢܐ ܠܗ ܠܒܢܝܐ
2 ܕܢܬܠ ܠܒܪ ܡܢ ܗܘܝܘ. ܘܡܫܬܡܥܬܐ ܕܝܢ ܕܒܬ ܒܗ ܒܥܠܬܗ.
ܦܩܕ ܠܐܝܠܝܢ ܕܐܬܢܒܝܘ ܒܕܘܟܐ ܢܕܬܐ. ܕܢܫܡܘܢ ܒܗ ܗܠܝܢ
ܢܥܒ ܠܐܢܬܬܐ ܚܕܐ ܕܡܫܡܗ ܐܣܛܪܘܘܢ[5] ܘܠܡܘܪܩܝܣ. ܐܡܪ
ܕܝܢ ܗܟܢܐ. ܕܢܒܢܐ ܠܗ ܕܒܠܥ ܠܒܪ ܡܢ ܗܘܝܘ ܗܘ. ܘܡܛܠ
ܗܢܐ ܕܠܐ ܒܚܘܪܐ ܗܘ ܘܕܠܐ ܕܝܠܬܐ. ܡܟܪܐ ܕܝܢ ܒܨܒܝܢܗ
ܠܐ ܕܒܠܬܗ. ܡܬܦܘܩܝܢ ܕܝܢ ܕܠܐ ܒܨܒܝܢܗ ܠܬܫܘܝܬܐ[6] ܐܝܟ
3 ܕܡܫܪܬ ܐܪܥܬ. ܕܒܢܝܐ ܠܦܘܣܩܢܐ ܠܐ ܡܬܦܣܝܢ ܕܢܣܒܘܢ
𝔄 382 ܕܗܘܐ ܚܕ ܡܢ ܢܦܫܐ. ܠܐ ܒܕܝܬܘܬܐ ܒܬܘܩܬܐ ܐܟܠܐ
ܒܢܘܬܐ. ܡܢ ܐܝܠܝܢ ܕܠܒܫܘ ܢܘܣܐ ܕܦܘܠܚܢܐ. ܠܐ ܠܐܕܝ
ܘܠܐ ܠܢܘܡܐ. ܘܠܐ ܠܫܠܝܢ ܘܠܐ ܠܒܬܘܗ ܕܫܠܝܚܘ. ܘܠܐ

[48] 𝔄 om. ܡܢܝܚܬܐ [49] In 𝔄 read ܐܝܬ

CHAP. XVII. [1] In 𝔄 for ܒܡܘܬܐ read ܒܡܘܬܗ [2] 𝔄 om. ܕܝܢ [3] 𝔄 ܘܦܩܕ [4] In 𝔄 read ܐܥܒܕܬ ܠܟ [5] 𝔄 *Amasia* throughout [6] 𝔄 in-trum.

ܠܐܡܡܝܐ ܗܿܝ ܕܡܢ ܦܝܠܕܠܦܝܐ ܘܠܐ ܠܩܘܕܪܛܘܣ. ܐܦܠܐ
ܠܚܕ ܡܢ ܐܚܪ̈ܢܐ. ܠܐ ܡܫܟܚܝܢ ܢܫܬܒܗܪܘܢ ܒܗܠܝܢ. ܒܪ ܠܐ ܐܝܬ
4 ܠܗܘܢ ܥܡܗܘܢ ܫܘܬܦܘܬܐ. ܘܬܘܒ ܡܢ ܒܬܪ ܩܠܝܠ ܐܡܪ. ܐܢ
ܓܝܪ ܠܡ ܡܢ ܒܬܪ ܩܘܕܪܛܘܣ ܘܐܡܡܝܐ ܗܿܝ ܕܡܢ ܦܝܠܕܠܦܝܐ:
ܕܐܝܟ ܕܐܡܪܝܢ ܗܠܝܢ ܩܒܠ ܢܫ̈ܐ ܕܥܡ ܡܘܢܛܢܘܣ ܡܘܗܒܬܐ
ܕܢܒܝܘܬܐ ܢܚܘܘܢ. ܕܡܢ ܗܠܝܢ ܕܥܡ ܡܘܢܛܢܘܣ[7] ܘܡܢ ܢܫ̈ܐ
ܕܠܗܘܢ[8] ܡܢܘ ܩܒܠ. ܡܬܒܥܐ ܗܘ ܠܗܿ ܓܝܪ ܠܡܘܗܒܬܐ
ܕܢܒܝܘܬܐ ܕܬܗܘܐ ܒܥܕܬܐ ܥܕܡܐ ܠܡܐܬܝܬܐ ܐܚܪܝܬܐ ܐܝܟ
ܕܐܡܪ ܫܠܝܚܐ. ܐܠܐ ܠܐ ܐܝܬ ܠܗܘܢ ܕܢܚܘܘܢ. ܐܪܒܥܣܪܐ̈
ܓܝܪ ܫ̈ܢܝܢ ܐܝܬ ܡܢ ܡܘܬܗ̇ ܕܡܟܣܝܡܝܠܐ (B fol. 119 b) ܘܒܥܕܢܐ
5 ܠܗܢܐ ⁘ ܗܢܐ ܕܝܢ ܐܡܪ ܗܠܝܢ ܒܠܚܘܕ. ܡܠܛܝܕܣ ܕܝܢ ܗܢܐ
ܕܐܡܪ ܥܠܘܗܝ. ܐܦ ܕܡܟܬܒܢܐ ܕܫܩ̈ܠܐ ܐܚܪ̈ܢܝܬܐ ܫܒܩ ܠܢ
ܥܠ ܡ̈ܠܘܗܝ ܕܐܠܗܐ. ܒܡܐܡܪܐ ܕܐܟܬܒ ܠܘܩܒܠ ܚܢܦ̈ܐ.
ܘܡܐܡܪܐ ܕܟܬܒ ܠܘܩܒܠ ܝܗܘ̈ܕܝܐ. ܘܠܬܪ̈ܝܗܘܢ ܫܪ̈ܒܐ
ܡܫܚܠܦܝܢ ܘܠܗܘܢ ܬܪ̈ܝܢ ܬܪ̈ܝܢ ܡܐܡܪ̈ܝܢ ܣܝܡܝܢ ܠܗ. ܬܘܒ ܕܝܢ A 383
ܐܦ ܡܦܩ ܒܪܘܚܐ ܥܒܕ ܠܗ ܠܘܩܒܠ ܫܠܝ̈ܛܢܐ. ܡܛܠ ܦܝܠܘܣܘܦܘܬܐ
ܗܿܝ ܕܒܗܿ ܐܚܝܕܝܢ ܗܘܘ.

ܬܫܥܝܬܐ ܕܐܝܟܢܐ ܐܟܣ ܐܦܘܠܘܢܝܘܣ ܠܗܪܣܝܣ.
ܕܦܪ̈ܘܓܝܐ ܘܐܝܠܝܢ ܐܡܪ ⁘

xviii. 1 ܠܗܕܐ ܗܪܣܝܣ ܕܝܢ ܕܡܬܩܪܝܐ[1] ܕܦܪ̈ܘܓܝܐ. ܐܦ ܐܦܘܠܘܢܝܘܣ
ܟܬܘܒܐ ܡܫܬܟܚܢܐ ܗܘ ܒܙܒܢܐ: ܟܕ ܒܡܟܣ ܒܚܝܠܐ ܗܘܬ
ܒܦܪ̈ܘܓܝܐ ܚܒܪ ܡܐܡܪܐ ܕܡܟܣܢܘܬܐ. ܘܠܗܠܝܢ ܢܒܝ̈ܘܬܐ
ܕܡܬܐܡܪ̈ܢ[11] ܡܢܗܘܢ ܒܗܘܢ ܐܝܟ ܕܙܕܩܐ ܐܚܪ. ܘܒܨܪܘܗܝ

[7] A *eius* [8] A *eius*

CHAP. XVIII. [1] In A *ap*, the rendering of ܕ, has fallen out [11] In A read *l. pr*

ܕܪ̈ܫܝܢܗ̇ ܕܗܕܐ ܗܪܣܝܣ ܕܐܝܒܕܢܐ ܐܬܬܘܣܝ ܗܘܐ̇ ܒܗ̇.
ܒܙܒܢܐ ܕܝܢ ܠܗܘܢ ܠܐ̈ܟܠܐ[2] ܕܐܡܪܢ ܥܠ ܡܫܠܡܢܘܬܐ ܗܕܢܐ ·:·
2 ܐܠܐ ܕܡܢܗ ܐܬܬܗܘܝ ܗܢܐ ܡܠܦܢܐ ܥܕ̈ܬܐ ܒܝܘ̈ܡܘܗܝ ܘܒܠܝܠܘܬܗ
ܡܫܝܚܐ. ܗܢܘ ܕܐܠܦ ܪܥܝܐ ܕܥܘܠܡܐ ܘܗܘܐ ܢܨܚܐ ܕܐܘܪܚܐ̇.
ܗܘ̇ ܕܠܦܦܘܪܐ ܘܠܦܝܠܝܦܘܣ ܐܘܪܫܠܡ ܦܘܪܐ ܐܝܢ. ܐܬܬܚܡܝܢ ܕܝܢ
ܗܠܝܢ ܡܬܬܢܝܬܐ ܘܡܘܪܬܐ ܕܦܪܘܫܘܬܐ. ܘܢܨܚܐ ܗܘܐ ܕܢܚܫܐ
A 381 ܠܗܘܢ[3] ܠܟܠ ܕܡܬܦܠܦܠܝܢ ܠܗ ܡܢ ܥܠ ܐܬܪ: ܗ̇ܘ ܕܐܡܝܢ
ܬܟ̈ܪܟܐ ܕܡܘܦܐ. ܘܒܫܡܝܐ ܕܡܘܪ̈ܒܢܐ ܐܬܦܪܘ ܕܢܗܒ ܥܘܬܪܐ.[4]
ܗ̇ܘ ܕܡܬܐܬܐ ܒܫ̈ܢܐ. ܗܘܐ ܠܐܠܝܢ ܕܡܕܒܪܝܢ ܘܠܒܝܫ̈. ܕܟܝܢ
3 ܡܟܝܢܘܬܗܘܢ ܢܬܪܘܬ ܘܠܦܢܐ ܕܟܠܬܗ ·:· ܗܠܝܢ ܕܝܢ ܐܡܪܢ ܥܠ
ܡܫܠܡܢܘܬܐ. ܘܥܠ ܢܟ̈ܝܬܗ ܕܝܢ ܒܪ ܢܫܬ ܒܗ̇ ܒܟܠܬܗ[5] ܕܟܬܒ̇.[6]
ܗܕܢܐ. ܕܡܚܣܝܢ ܐܢܫܝܢ ܠܗ̇ (B fol. 120a) ܘܡܕܡܐܬܐ ܒܠܫܢܝܢ ܥܠ
ܗܠܝܢ ܢܟܝܬܗ̇. ܕܡܢ ܕܐܬܚܫܠ ܙܘܥܐ ܕܒܘܪܟ̈ܐ ܥܕܡ ܠܟ̈ܠܗܘܢ.
ܐ̄ܢܕܪܐ ܗܘܝܠ ܡܕܒܠܝܢ[7] ܥܠ ܦܪܘܫܐ ܘܦܪܝܢ ܠܗ̇ ܒܬܘܠܬܐ.
4 ܘܬܘܒ ܡܢܗܘܢ ܘܐܡܪ. ܕܒܪ ܐܢܬ ܕܥܠܡܘܢ ܒܬ̈ܪܟܐ ܦܠܝܢ
ܠܒܢܝ̈ ܕܠܐ ܢܗܒ ܒܥܘܬܪܐ ܘܒܫܦܐ. ܡܢܐ ܕܢܦܪܐ ܐܢܐ ܗܘܝܠ
ܠܒܢܝܬܐ ܕܢܦܟܬ[8] ܕܗܟܢܐ ܘܗܐܟܢܐ ܘܢܨܝܬܐ ܦܬ̈ܓܡܐ ܐ̄ܢܕܪܐ ܠܐ
5 ܐܬܦܠܠ ܡܢܗ̇. ܘܬܘܒ ܒܪ ܢܫܬ ܒܗ̇ ܒܟܠܬܗ̇.[9] ܐܡܪ ܥܠ ܚܕ
ܡܢ ܡܫܪ̈ܝܢܘܗܝ ܗܕܢܐ. ܕܬܘܒ ܠܗ̇ ܐܦ[10] ܬܫܡܫܘܢ: ܗ̇ܘ
ܕܡܦܠܓ ܗܘܐ ܠܥܒܕܘܬܐ ܒܐܘܡܢܘܬܐ ܕܙܒܢܐ ܠܡܬܘܒܠܘ: ܗ̇ܘ
ܕܠܐ ܥܒܠ ܗܘܐ ܐܬܐ ܕܡܕܝܢܬܐ ܐܠܐ ܒܡܫܦܐ ܦܠܚܐܝܬ.
ܐܝܟܢ ܗܘܐ ܡܫܝܚ ܐܘܫܥܢܐ. ܕܒܪ ܦܠܐ ܗܘܐ ܕܢܬܡܣܝܢ

[2] A eorum verba [3] A om. ܒܐܝܕܝ [4] A plur. [5] A om. ܐܢܫܐ ܡܢ ܒܢ̈ܝ? ܒܗ ܒܟܠܬܗ [6] A ܒܟܬܒ [7] In A for mdbl read mdbl [8] A pres. A ܒܟܠܬܗ [10] A om. ܐܦ ܠܗ ܥܠ

ܪ̈ܚܡܘܗܝ ܡܛܠ ܗܕܐ ܐܝܟ ܗܘܝܐ ܡܫܬܡܗܪ ܗܘܬ. ܘܐܡܪ̈ܝܢ. 𝔄 385
ܕܢܬܕܟܪܐ ܠܥܠܝܡܘܬܐ ܘܢܬܬܒ ܐܝܩܪܐ ܕܒܬܘܠܘܬܐ. ܕܢܬܠܒܫ[10]
ܠܐܠܝܢ ܕܗܘܬ ܡܢܗ ܡܬܟܢܫܝܢ ܗܘܘ ܕܬܬܕܪܫܘܢ. ܟܠܗ ܟܬܒܐ
ܦܘ̈ܩܕܢܐ. ܘܢܣܒܘܢ ܠܐ ܡܢܐ ܘܟܠ ܥܠܝܡܘܬܗܘܢ ܘܟܠ ܕܗܒܐ
6 ܘܟܣܦܐ. ܘܟܠ ܐܣܛܠܐ ܝܬܝܪܬܐ. ܗܘ ܕܢܒܝܬܐ ܗܘܬ ܡܩܒܠܐ
ܐܝܟ ܗܕܐ ܗܘܝܐ ܐܡܪ. ܕܠܐ ܠܟ ܢܐܡܪ ܥܠ ܦܓܥܬܐ.
ܬܐܡܪ ܠܝ ܢܒܝܬܐ ܥܠ ܐܠܟܣܢܕܪܘܣ ܗܘ ܕܣܗܕܐ ܗܘܐ ܢܦܫܗ
ܡܫܡܗ. ܗܘ ܕܒܟܡܐ ܡܫܬܥܝܢܐ ܗܘܬ. ܗܘ ܕܡܥܒܕܝܢ ܠܗ ܐܦ.
ܠܗ[11] ܦܓܥܬܐ. ܗܘ ܕܥܠ ܬܠܘܡܝܘܬܗ ܘܒܙܘܙܝܘܬܗ ܘܐܣܛܪܛܝܘܬܐ[12]
ܕܡܬܟܬܫܝܢ ܐܢܬܘܢ. ܠܗ ܐܢܫܝܢ ܡܬܬܒܥܝܢ ܕܢܐܡܪ ܐܠܐ
7 ܦܘܠܚܢܐ (B fol. 120 b) ܕܐܝܬܘܗܝ. ܡܢܘ ܗܘܐ ܠܡܢܘ ܫܒܩ[13] ܢܒܝܐ.
ܢܒܝܐ ܫܒܩ[13] ܬܠܘܡܝܘܬܗ ܠܣܗܕܐ. ܐܘ ܣܗܕܐ ܠܢܒܝܐ ܫܒܩ
ܥܠܘܒܘܬܗ. ܟܕ ܓܝܪ ܡܪܢ ܐܡܪ: ܕܠܐ ܬܩܢܘܢ ܕܗܒܐ Mt x 9
ܘܣܐܡܐ ܘܠܐ ܬܪ̈ܬܝܢ ܟܘܬܝܢ. ܗܠܝܢ ܒܡܣܘܒܠܢܐ ܕܥܠܡܝܢ
ܡܣܒܠܝܢ. ܒܗܠܝܢ ܡܬܝܕܥܐ ܕܥܒܕܘ ܥܠܝܗܘܢ. ܡܫܡܗ ܐܢܫܝܢ
ܓܝܪ[14] ܥܠ ܗܢܘܢ ܕܡܬܩܪܝܢ ܠܢܒܝܘܬܗܘܢ ܣܗܕܐ ܘܢܒܝܐ. ܕܠܐ
ܒܠܚܘܕ ܡܢ ܥܬܝܪ̈ܐ. ܐܠܐ ܐܦ ܡܢ ܡܣܟܢܐ ܘܡܢ ܝܬܡ̈ܐ 𝔄 386
8 ܘܡܢ ܐܪ̈ܡܠܬܐ ܓܒܝܢ ܡ̈ܘܗܒܐ. ܐܢ ܕܝܢ ܐܝܬ ܠܗܘܢ ܬܘܟܠܢܐ
ܢܩܘܡܘܢ ܒܗܕܐ. ܘܢܫܡܥܘܢ ܦܘܫܩܐ ܕܐܢܘܢ ܐܬܒܥܘ. ܐܦ
ܡܢ ܗܫܐ ܢܒܠܘܢ ܡܢ ܡܩܛܠܢܘܬܗܘܢ. ܡܬܟܒܐ ܓܝܪ ܕܢܬܟܒܘܢ
ܦܐܪ̈ܘܗܝ ܕܢܒܝܐ. ܡܢ ܦܐܪ̈ܘܗܝ ܓܝܪ ܡܬܝܕܥ ܐܝܠܢܐ.
9 ܕܬܘܗܝܐ ܕܝܢ ܡܢܕܥܐ ܠܐܠܝܢ ܕܝܕܥܝܢ ܕܢܐܠܦܘܢ[15] ܥܠ
ܐܠܟܣܢܕܪܘܣ. ܢܘܗܐ ܦܪܘܩܝܐ. ܐܬܕܢ ܗܢܐ ܡܢ ܐܟܠܘܣ

[10] 𝔄. ܕܢܬܠܒܫ [11] 𝔄 om. ܐܦ ܠܗ [12] 𝔄 = ܘܐܣܛܪܛܝܘܬܐ [13] 𝔄 pres. [14] 𝔄 *quod demonstrant* [15] In 𝔄 for ܕܢܐܠܦܘܢ read ܕܢܐܠܦܘܢ

ܦܘܪܢܣܗܘܢ ܐܬܬܦܩܬܐ ܕܐܣܩܘܗܝ. ܠܘ ܡܟܠ ܫܡܥܐ ܐܠܐ
ܡܟܠ ܦܬܓܡܐ ܕܡܡܪܢܘ. ܗܘܐ ܘܡܚܐ.[16] ܘܒܙ ܗܦܟܐ ܒܟܘܪܐ
ܘܢܒܐ ܘܒܠ ܒܫܡܗ ܕܡܪܝ܆[17] ܘܐܬܦܨܝ ܠܡܫܡܫܢܘܬܐ ܕܬܬܩܦ:
ܘܒܗܬܗ ܡܢ ܐܢܫܐ ܕܐܬܚܙܝܘ ܗܘܐ ܠܐ ܦܠܛܬܗ ܡܟܠ ܕܠܡܦܠܐ
ܗܘܐ. ܐܠܝܢ[18] ܕܝܢܚܘ ܕܢܐܠܗܘܢ ܡܟܠܬܗ.[19] ܐܝܬ ܠܗܘܢ ܒܗܬ
ܐܪܓܐ ܕܐܣܝܐ. ܘܗܝ ܕܠܐ ܡܕ. ܠܗ ܗܢܐ ܢܒܝܐ. ܒܙ ܠܘܬܗ
10 ܗܘ ܓܒܝܐ ܣܓܝܐܬܐ. ܠܗܢܐ ܡܫܡܫ ܐܢܫ ܠܗ ܘܒܟܐܢܝܩ
ܐܦ ܠܡܣܝܢܘ. ܘܡܫܡܫ ܣܝܡ ܠܗܢܐ ܢܒܝܐ ܒܙܒܢܘܬܗ ܘܡܫܒܚܝܢ
ܣܝܡ ܕܢܣܒܐ ܠܗܝܢ ܦܓܝܥܬܐ. ܘܐܦ ܕܝܢ ܦܫܝܛܝܢ ܢܡܫܪܘܢ
11 ܠܡܫܡܠܝܘܬܐ. ܦܘܫ ܕܝܢ ܒܙܒܢܬܐ ܐܚܪܬܐ ܒܗ ܒܟܐܡܪܐ. ܒܠ
𝔄 387 (B fol. 121 a) ܗܢܘܢ ܢܒܝܐ ܕܡܫܬܥܒܕܝܢ ܒܗܘܢ ܡܣܩܘܣ ܘܐܡܪ
ܗܢܐ. ܐܢ[20] ܒܦܘܡ ܠܟ ܕܠܐ ܢܫܒܘܩ ܢܒܝܝܗܘܢ ܫܘܝܐ.
ܦܝ ܗܕܐ ܢܗܘܘܢ. ܕܐܢ ܐܬܚܙܝܘ ܕܢܫܒܩ ܠܟ ܐܝܢ
ܢܒܝܐ. ܘܪܒܘ ܫܘܕܝܗܘܢ ܕܗܠܝܢ[21] ܐܝܟܐ ܡܦܝܣ ܐܝܟܐ ܘܙܦ ܕܝܢ
ܕܒܠܗܘܢ[22] ܦܐܪܘܣܘܣ ܕܢܒܝܐ ܕܢܬܒܥܘܢ. ܐܡܪ ܠܒ ܗܦܝܠ.
ܢܒܝܐ ܡܫܬܫܝܐ. ܢܒܝܐ ܡܬܠܒܟ. ܢܒܝܐ ܪܫܡ ܠܡܬܒ. ܢܒܝܐ
ܒܠܒܠܘܬܐ ܘܒܒܥܠܕܒܒܘܬܐ[23] ܡܫܬܒܚ. ܢܒܝܐ ܡܗܘܦ. ܗܠܝܢ[24]
ܢܘܕܘܢ ܕܐܢ ܥܠܝܟ ܕܢܫܬܒܩܘܢ ܐܘ ܠܐ. ܐܝܢܐ ܕܝܢ ܡܫܘܚܐ
12 ܐܝܟ ܕܐܫܬܪܝ ܠܬܗܘܢ. ܘܗܦ ܒܙ ܗܦ ܐܦܠܘܣܘܣ ܒܗ
ܒܗܢܐ ܡܐܡܪܐ[24a] ܡܫܬܒܚ. ܕܐܪܒܥܝܢ ܫܢܝܢ ܒܙܒܢܐ ܠܒܬܒܗ
ܕܗܢܐ ܡܐܡܪܐ ܐܝܬ ܗܘܝ.[25] ܡܢ ܕܐܡܦ ܡܘܦܩܘܣ. ܒܗܕܐ
13 ܕܡܫܬܒܪܐ ܢܒܝܘܬܐ. ܘܬܘܒ ܐܡܪ. ܕܦܘܠܝܣܘܣ ܗܘ ܕܐܡܪܗ

[16] In 𝔄 read *ամենք* [17] 𝔄 adds *et liberatus est* [18] 𝔄 ܘܐܠܝܢ
[19] 𝔄 om. ܡܟܠܬܗ [20] 𝔄 om. ܐܢ [21] 𝔄 om. ܕܗܠܝܢ [22] In 𝔄 for *ամէն ոչ* read *ամենայն* [23] 𝔄 corruptly *Հոգի spiritum* [24] 𝔄 om. ܗܠܝܢ [24a] 𝔄 *in sermone suo* [25] In 𝔄 read *որ խօսից էր*

ܘܗܘܐ ܡܫܬܘܕܝܢܐ ܡܙܕܗܝܢܐ. ܗܢܐ ܒܥܒܕܐ ܗܘܬ ܢܨܚܗ ܕܡܫܬܘܕܝܢܘܬܐ.
ܗܘܬ ܡܫܡܫܢܝܬܐ ܒܦܦܘܙܐ. ܡܢ ܗܘܐ ܕܢܒܣ ܠܗܝ ܪܘܚܐ
ܕܡܬܚܫܒܐ ܗܘܬ ܒܗ. ܘܠܐܢܘܢ ܗܘܘ ܗܢܘܢ ܕܐܝܬ ܗܘܐ
ܠܗܘܢ ܬܪܒܘܬܗ. ܡܛܠ ܕܝܢ ܐܦ ܠܬܐܘܕܘܣܐ ܗܢܐ ܕܗܘܐ
ܒܗܘ ܕܒܥܐ. ܐܡܪ ܗܘܐ ܕܝܢ ܬܘܒ ܐܝܟ ܕܡܢ ܡܫܠܡܢܘܬܐ. 14 (A 388)
ܕܦܘܫ ܗܘܐ ܠܗ ܦܘܡܐ[25a] ܠܦ̈ܠܘܣܘܦܐ. ܕܬܪܬܡܣܪ̈ܐ[26] ܩܠܝܠ ܠܐ
ܢܦܫܗܘܢ ܡܢ ܐܘܪܚܐ. ܡܬܚܙܐ ܕܝܢ ܠܡܣܬܕܘܬܐ ܡܢ ܟܠܗܘܢ
ܕܐܘܠܝܢ. ܘܡܬܚܙܝܢ ܕܐܦ ܡܢܗܝܢ ܐܚܪܢܐ ܢܦܫܢ ܒܫܠܝܐ
ܕܐܠܗܐ ܒܐܦܝܣܩܘ. ܘܐܚܪܢܝܬܐ ܐܡܪ ܕܒܗܝܢ ܒܗܘܢ ܡܠܐܟܬ
ܠܗܕܐ ܗܪܣܝܣ ܕܐܡܪܝܢ ܥܠܝܗ. ܗܠܝܢ ܐܡܪ (B fol. 121 b)
ܐܦܘܠܘܢܝܣ ·:· ·:·

ܕܬܫܬܥܣܪ. ܕܡܛܠ ܐܡܪ ܣܪܦܝܘܢ ܥܠ ܗܪܣܝܣ ܕܦܪ̈ܘܓܝܐ.

xix. 1 ܥܠ ܗܢܘܢ ܕܐܡܪ ܕܝܢ ܐܦܘܠܝܢܪܝܣ ܠܘܩܒܠ ܗܕܐ ܗܪܣܝܣ
ܕܦܪ̈ܘܓܝܐ ܡܗܕܪ ܠܗ ܣܪܦܝܘܢ ܐܦܝܣܩܘܦܐ. ܕܗܘܐ ܒܬܪ
ܡܫܡܫܢܘܬܗ ܒܕܪܬܐ ܕܐܢܛܝܘܟܝܐ. ܡܕܟܪ ܠܗ ܕܝܢ ܒܐܓܪܬܐ
ܕܠܘܬ ܕܟܪܝܣ ܠܩܪܝܩܘܣ ܘܦܘܢܛܝܩܘܣ[1] ܕܒܗ ܒܗܘܢ ܐܦ ܗܘ
2 ܠܗܕܐ ܗܪܣܝܣ. ܘܐܘܣܦ ܘܐܡܪ ܒܗ. ܕܡܛܠ ܠܡ ܕܬܗܘܘܢ
ܝܕܥܝܢ: ܕܡܥܠܬܐ ܕܗܕܐ[2] ܕܡܬܩܪܝܐ ܢܒܝܘܬܐ ܚܕܬܐ:[3] ܡܣܠܝܐ
ܗܝ ܡܢ ܟܢܫܘܬܗ ܠܟܠܗ ܐܚܘܬܐ ܕܐܝܬ ܒܟܠܗ ܥܠܡܐ. ܕܫܕܪܬ (A 389)
ܠܟܘܢ ܐܦ ܟܬ̈ܒܐ ܕܩܠܘܕܝܘܣ ܐܦܘܠܝܢܪܝܣ. ܦܠܘܓܝܐ
3 ܐܦܝܣܩܘܦܐ. ܕܐܝܬ ܗܘܐ ܒܐܝܪܦܘܠܝܣ ܕܐܣܝܐ. ܒܗܕܐ
ܕܝܢ ܐܓܪܬܗ ܕܣܪܦܝܘܢ ܐܦ ܪܘܫܡܐ ܕܐܦܝܣܩܘܦܐ ܣܓܝ̈ܐܐ

[25a] A = ܡܟܝ [26] In A read [illegible]

CHAP. XIX. [1] The names are corrupt in A [2] A om. ܕ [3] In A for նորա read նոր

ܪ̈ܒܝܢ¹ ܗܘ. ܕܐܝܬ ܒܟܬܒܘܗܝ ܕܝܘܣܦܘܣ ܪܗܛܘ...... ܐܪܟܠܐܘܣ⁵
ܡܪܝܠܘܣ ܗܘܕܝܐ. ܡܛܠ ܐܝܟ ܕܬܗܘܘܢ ܫܠܝܛܝܢ... ܐܚܪܢܐ
ܕܝܢ ܒܗܢܐ ܠܦܘܡܐ. ܐܪܟܠܐܘܣ ܦܘܠܝܘܣ. ܘܠܘܩܝܘܣ.
ܐܦܣܩܘܦܐ ܡܢ ܕܡܠܬܬܘܣ⁶ ܕܬܪܥܐ. ܚܕ ܗܘ ܐܠܗܐ ܕܒܫܡܝܐ.
ܕܗܦܟܘܣ ܠܦܠܒܝܐ ܗܘ ܕܐܝܬ ܒܐܢܛܠܘܣ ܝܗܒ ܕܢܦܩ ܫܐܕܐ
4 ܕܐܝܬ ܒܦܪܣܘܦܐ. ܘܠܐ ܫܘܘܕܝ ܬܘܒ. ܒܝ̈ܦܐ. ܐܦ⁷
ܕܐܦܘܩ̈ܘܦܐ ܕܡܨܪܝܐܝܢ ܒܡܕܝܢܬܐ ܘܫܠܝܛܝܢ⁷ᵃ ܠܗܠܝܢ. ܪܗܛܘ⁸
ܒܬܘ̈ܬܗܘܢ ܒܗܕܐ ܐܦܪܬܐ. ܗܠܝܢ⁹ ܕܝܢ ܗܕܐ ܐܬܬܗܝܢ
ܗܘ̈ܝ.

𝔄 390 ܕܒܬܪ ܕܫܠܡܐ ܐܬܐ ܐܠܟܣܢܕܪܝܐ. ܒܩ̈ܘܒܠܬܐ¹ ܠܗܘܒܠ
ܩ̈ܘܡܐ ܕܐܝܬ ܗܘܐ ܒܪܗܘܡܐ.

xx. 1 ܐܝܬ ܗܘܐ ܕܝܢ ܒܪܗܘܡܐ ܐܝܟܢܐ ܕܒܫܠܡܝܢ ܫܪܝܪܐ
ܕܒܩ̈ܘܦܣܗ ܕܒܕܬܐ. (B fol. 122 *a*) ܐܢܛܘܢܝܘܣ ܕܝܢ ܒܬܪ ܐܚܪܬܐ
ܡܦܪ̈ܫܬܐ. ܒܫܢܐ ܕܝܢ ܒܬܪ. ܒܠܗ ܠܗܘܒܠ ܒܐܦܘܠܘܣ ܡܠܠ
ܗܕܡܐ.¹ᵃ ܒܐܚܪܬܐ ܕܝܢ ܠܗܘܒܠ ܦܠܘܪܝܢܘܣ² ܒܠ ܚܕ ܥܒܘܪܐ.
ܘܐܠܗܐ ܠܗ ܒܥܘܕܐ ܗܘ ܕܒܢ̈ܝܬܐ. ܡܐܟ ܗܘܐ ܓܒܪ ܗܕܐ
ܒܠ ܟ̈ܦܐ ܗܕܐ ܬܪܒܬܐ. ܘܬܘܒ ܡܠܦܬܗ ܕܐܬܓܪܒ ܗܘܐ
ܠܗ ܠܦܪܘܬܐ ܕܒܝܬ ܘܠܦܠܝܘܣ.. ܐܦ ܒܠ ܬܟ̈ܝܫܐ ܗܘ
ܡܐܕܪܐ ܒܫܘܦܐ ܐܢܛܘܢܝܘܣ. ܕܒܗ ܪܥܒ. ܕܐܕܪܓ ܗܘܐ
2 ܡܫܠܘܬܐ ܡܕܒܪܬܐ ܕܬ̈ܠܝܬܐ. ܘܒܥܠܡܗ ܕܗܘܢܐ ܡܐܕܪܐ
ܪ̈ܘܥܝܐ³ ܐܚܪܢܐ⁴ ܕܐܬܥܒܕ. ܘܠܐ ܗܘ ܕܢܦܩܘܗܝ.⁵ ܒܗܘܢܐ

¹ 𝔄 sing. ⁵ 𝔄 Արքեղիոս *Archelios* ⁶ 𝔄 ի Բեղթեկոսի, *i Belthcco*
⁷ 𝔄 adds *alii* ⁷ᵃ 𝔄 om. ܘ ⁸ 𝔄 sing. ⁹ 𝔄 om. ܗܠܝܢ

Chap. XX. ¹ 𝔄 om. ܒܩ̈ܘܒܠܬܐ ¹ᵃ 𝔄 plur. ² 𝔄 Փիլոմետորի ³ In 𝔄 for զրուցմամբ read զրուցի ⁴ 𝔄 *ultimus* = ܐܚܪܝܐ ⁵ Here begins a lacuna in 𝔄

ܒܥܠܡܐ. ܐܝܬ ܗܘ ܕܝܢ ܗܟܝܠ. ܕܡܘܕܥܢܐ ܐܢܐ ܠܟ ܠܡ
ܠܐܝܠܝܢ ܕܩܕܡ ܗܢܐ ܒܥܠܡܐ ܒܟܪܝܢ ܢܣܒܘ ܡܫܝܚܐ:
ܘܡܠܐܟܘܬܗ ܥܒܝܕܬܐ ܗܝ ܕܒܗ ܐܬܐ ܕܢܦܩܘܢ ܚܝ̈ܐ ܘܡܝ̈ܬܐ.
ܕܬܦܣܩܘܢܗܝ ܗܢܐ ܕܢܦܩܘܢ ܘܬܬܦܣܩܘܢܗܝ ܥܠ ܗܢܐ ܗܘܐ ܢܦܫܐ
ܡܢ ܐܝܟܐ ܕܐܬܟܬܒܬܘܢ. ܘܡܟܬܒܢܘܬܐ ܐܦ ܠܗ ܠܡܕܪܐ ܡܫܡܫܢܘܬܐ
ܬܒܥܘܢ. ܘܬܬܦܢܝܘܗܝ ܒܗܘ ܒܥܠܡܐ ܕܢܦܩܘܬ. ܘܗܠܝܢ ܕܝܢ 3
ܠܡܬܪܢܐ ܐܬܐܡܪ ܡܢ ܗܘ ܟܢܫܐ. ܬܢܝܢ ܕܝܢ ܐܢܫܝܢ ܕܬܗܘܐ
ܠܟ ܬܫܘܝܬܐ ܡܫܡܠܝܬܐ ܕܫܘܦܪܐ. ܕܢܝܩܘܦܘܬܗܘܢ ܕܗܘܢ
ܐܢܫܐ ܡܪ̈ܝܐ ܘܡܪ̈ܬܝܐ. ܒܗܘ ܕܝܢ ܐܓܪܬܐ ܕܐܡܪܝܢ 4
ܒܠܝܫ ܕܩܕܡ ܠܦܠܘܪܝܢܘܣ ܗܘ ܐܝܪܢܐܘܣ. ܡܕܟܪ ܠܗ ܗܘ ܬܘܒ
ܢܦܫܗ ܕܥܡ ܦܘܠܝܩܪܦܘܣ ܘܐܡܪ ܗܟܢܐ ܬܘܟܠܐܝܬ. ܕܗܠܝܢ
ܠܡ ܝ̈ܘܠܦܢܐ ܦܠܘܪܝܢܝ ܠܐ ܗܘܘ ܕܬܪܥܝܬܐ ܚܠܝܡܬܐ. ܗܠܝܢ
ܝ̈ܘܠܦܢܐ ܠܐ ܫܠܡܝܢ ܠܥܕܬܐ. (B fol. 122 b) ܘܒܪܘܫܥܐ ܪܒܐ
ܪ̈ܡܝܢ ܠܗ ܠܐܝܠܝܢ ܕܡܬܛܦܣܝܢ ܠܗܘܢ. ܗܠܝܢ ܝ̈ܘܠܦܢܐ ܐܦܠܐ
ܗܪ̈ܛܝܩܐ ܕܠܒܪ ܡܢ ܥܕܬܐ ܐܡܪܝܢ ܕܢܡܪܚܘܢ ܕܢܡܠܠܘܢ
ܐܝܟܢ. ܗܠܝܢ ܝ̈ܘܠܦܢܐ. ܩܫ̈ܝܫܐ ܕܗܘܘ ܩܕܡܝܢ ܗܢܘܢ ܕܗܘܘ
ܬܠܡ̈ܝܕܝܗܘܢ ܕܫ̈ܠܝܚܐ ܠܐ ܐܫܠܡܘ ܠܟ. ܚܙܝܬܟ ܓܝܪ ܟܕ 5
ܛܠܝܐ ܐܢܐ ܒܐܣܝܐ ܬܚܬܝܬܐ ܠܘܬ ܦܘܠܝܩܪܦܘܣ ܒܕܪܬܐ
ܕܡܠܟܘܬܐ. ܘܥܒܝܕܬ ܡܫܬܦܪ ܗܘܝܬ ܘܡܬܚܫܒ ܗܘܝܬ ܕܬܬܠ
ܒܗܘܢܐ ܠܗܬܗ. ܡܬܐܪܟܬ ܓܝܪ ܒܗܕܝܐ ܠܗܠܝܢ ܕܒܗܘ ܙܒܢ 6
ܐܘ ܠܗܠܝܢ ܕܗܫܐ ܡܬܚܙܝܢ. ܝ̈ܘܠܦܢܐ ܓܝܪ ܕܛܠܝܘܬܐ.
ܥܡܗ̇ ܥܡ ܢܦܫܐ ܪ̈ܒܝܢ ܘܡܬܚܠܛܝܢ ܒܗ̇. ܘܡܛܠܗܢܐ ܡܫܟܚ.
ܐܢܐ ܕܐܡܪ ܐܦ ܐܬܪܐ ܕܝܬܒ ܗܘܐ ܒܗ ܘܡܠܦ ܛܘܒܢܐ
ܦܘܠܝܩܪܦܘܣ. ܘܡܦܩܢܘܗܝ. ܘܡܥܠܢܘܗܝ. ܘܕܡܘܬܐ ܕܕܘܒܪܗ
ܘܚܙܘܐ ܕܦܓܪܗ. ܘܡ̈ܠܐ ܕܡܠܠ ܗܘܐ ܠܥܡܐ. ܘܗܘܟܢܐ

ܕܡܬܗܦܟܝܢ ܗܘܐ ܒܗ ܢܘܚܡ ܘܒܗ ܐܣܝ̈ܘܬܐ ܕܢܦܫ ܠܒܢ̈ܝܢ
ܐܝܟ ܕܡܫܬܒܚܐ ܗܘܐ̇. ܘܕܐܝܟܢܐ ܡܬܕܒܪ ܗܘܐ ܡܠܬܗܘܢ.
ܘܐܝܠܝܢ ܕܝܗܒ ܗܘܐ ܡܢܗܘܢ ܥܠ ܡܢܝܢ ܘܥܠ ܚܝܠܐ ܕܩܕܡ
ܗܘܐ ܘܥܠ ܝܘܠܦܢܗ̇. ܕܡܢܗܘܢ ܡܢ ܗܢܘܢ ܕܝܗܒ ܒܟܬܒܝܗܘܢ
ܠܟܠܬܐ ܚܕܬܐ ܡܦܠ ܗܘܐ ܦܘܠܡܘܦܘܣ. ܘܡܫܬܒܚܐ ܗܘܐ
7 ܥܠ ܟܠܗܘܢ ܕܫܠܡܘ ܠܣܗܕܘܬܐ. ܗܠܝܢ ܐܦ ܒܗܘ ܙܒܢܐ ܡܛܠ
ܣܓܝܐ ܕܐܠܗܐ ܕܗ̣ܘܐ ܥܠܝ. ܫܩܠܬܗ ܥܒܕ ܗ̇ܘܬ ܘܗܟܢ
ܗ̇ܘܬ ܠܗܘܢ ܒܒܗܘܕܢܐ. ܠܐ ܒܡܦܩܢܐ ܐܠܐ ܟܠܗ.
ܘܐܡܝܢܐܝܬ ܒܦܘܪܥܢܗ ܕܐܠܗܐ ܡܬܚܢܢܐܝܬ ܕܡܬܒܥܐ ܐܢܐ
ܠܗܘܢ. ܘܡܫܒܚ ܐܢܐ ܕܐܫܬܘܝܬ ܦܘܡ ܐܠܗܐ. ܕܐܢ ܥܒܕ
ܗܘܐ ܒܚܕܐ ܕܕܟܪܐ ܠܗܠܝܢ ܗܘ ܦܘܠܚܢܐ ܡܫܟܚܐ ܕܒܡ (B fol. 123 a)
ܬ̈ܠܝܬܝ. ܦܪܐ ܗܘܐ ܘܡܫܦܪ ܗܘܐ ܐ̈ܬܘܬܗܘܢ ܘܐܝܟ ܚܕܐ
ܐܬܪ ܗܘܐ̇. ܐܘ ܐܠܗܝܢ ܛܒܐ̇. ܠܐܝܠܝܢ ܕܒܢܐ ܢܨܚܘܢ
ܕܐܘܗܘܐ ܡܫܘܒܚ ܗܠܝܢ. ܘܢܦܩ ܗܘܝ ܐܦ ܡܢ ܕܒܗܬܐ
ܕܩܐܡ ܗܘܐ ܒܗ ܐܘ ܢܦܫ ܗܘܐ ܒܗ: ܐܢ ܥܒܕ ܗܘܐ
8 ܕܐܝܟ ܗܠܝܢ ܬ̈ܠܬܐ. ܘܐܦ ܡܢ ܐܟ̈ܪܬܗ ܕܟܬܒ: ܐܘ ܠܒܪ̈ܬܐ
ܕܦܢܝܢ ܠܗ ܕܢܥܙܪ ܐܢܫ ܐܘ ܠܡ̈ܪܥܝܢ ܡܢ ܐܢ̈ܫܐ ܕܠܦ ܐܢܘܢ
ܘܢܬܪܓܡ ܐܢܘܢ. ܡܬܕܒܪܢܐ ܗܘ ܡܬܒܪܟܢܐ ܗܘܐ ܕܐܦܪܬ. ܗܠܝܢ
ܐܡܪ ܐܘܣܒܝܘܣ...

ܕܒܥܦܝܢ ܘܫܕ ܕܐܝܟܢܐ ܐܣܗܕ ܐܦܠܘܢܝܘܣ ܒܪܘܡܐ ·:·

xxi. 1 ܒܙܒܢܐ ܕܝܢ ܕܡܠܟܘܬܗ ܕܩܘܡܘܕܘܣ ܐܬܗܦܟܘ ܗܘܐ ܙܘܥ̈ܐ.
ܘܗܘܐ ܫܝܢܐ ܒܫܠܡܐ ܒܛܝܒܘܬܗ ܕܐܠܗܐ ܠܟܠܗܝܢ ܥܕ̈ܬܐ
ܕܐܝܬ ܒܟܠܗ ܥܠܡܐ. ܟܕ ܝܘܠܦܢܐ ܕܚܝ̈ܐ ܡܢ ܟܠܗ ܢܦܫܐ
ܕܒܢ̈ܝ ܐܢܫܐ ܐܦܢܝ ܗܘܐ ܥܠ ܬܫܡܫܬ ܠܦܘܠܚܢܐ ܕܫܘܠܛܢ ܐܠܗܐ.

ܐܝܟܢܐ ܕܐܦ ܡܢ ܥܬܝܪ̈ܐ ܕܐܝܬ ܗܘܘ ܒܪܘܡܐ ܒܥܘܬܪܐ
ܘܒܛܘܗܡܐ ܡܝܬܪܐ[1] ܐܬܦܢܝܘ ܗܘܘ ܠܚܝ̈ܝܗܘܢ. ܥܡ ܟܠ
ܒܢܝ̈ ܒܝ̈ܬܗܘܢ ܘܒܢܝ̈ ܛܘܗܡܗܘܢ. ܠܐ ܕܝܢ ܐܬܚܫܚ ܗܘܐ 2
ܠܒܥܠܕܒܒܐ ܣܢܝܐ ܕܛܒ̈ܬܐ ܥܒܕ̈ܬܐ ܕܡܫܝܚܐ. ܐܠܐ ܐܬܦܪܣ ܗܘܐ
ܕܢܠܒܫ. ܠܗܘܢ ܬܘܒ ܢܟ̈ܠܐ ܡܦܪ̈ܫܬܐ. ܘܐܥܠܘܗܝ ܠܕܝܢܐ
ܕܡܫܡܗ ܗܘܐ ܒܡܗܝ̈ܡܢܐ ܕܐܝܬ ܗܘܐ ܒܗܘ ܙܒܢܐ ܒܡܕܝܢܬܐ
ܘܡܩܪܒܬܐ ܐܝܬܝܗ ܠܕܝܢܐ. ܕܐܚܕ ܗܘܐ ܠܗ ܡܢ ܡܫܡ̈ܫܢܘܗܝ.
ܕܡܠܟܝܢ ܠܗܠܝܢ ܕܡܦܪ̈ܢܣܝܢ ܠܗܢܐ ܕܝܢܐ. ܐܠܐ ܕܝܢ ܗܘ 3
ܗܢܐ ܒܝܫܐ. ܥܠ ܕܐܟܠ ܗܘܐ (B fol. 123 b) ܕܝܢܐ ܕܠܐ ܒܙܒܢܗ:
ܡܛܠ ܕܠܐ ܡܫܬܡܥܝܢ ܗܘܘ ܕܢܚܘܘܢ[2] ܐܝܟ ܕܡܢ ܦܘܩܕܢܗ ܕܡܠܟܐ
ܐܝܠܝܢ ܕܡܩܕܡܝܢ ܥܠ ܐܝܟ ܗܠܝܢ ܨܒܘ̈ܬܐ ܬܬܒܪܢ ܠܗ ܫܩ̈ܘܗܝ.
ܕܚܝܒ ܗܘܐ ܥܠܘܗܝ ܗܢܐ ܦܣܩܐ ܦܪܝܣܘܣ[3] ܕܝܢܐ. ܗܢܐ 4
ܕܝܢ ܣܗܕܐ ܪܚܡܗ ܕܐܠܗܐ: ܒܗ ܒܫܥܬܐ ܗܘܐ ܡܚܝܗ
ܒܦܣܩܐ ܕܕܝܢܐ ܕܐܬܡܪ ܡܠܬܐ ܘܕܝܢ ܒܩܠܐ ܕܐܦܘܠܘܢܝܘܣ.
ܡܬܒܥ ܗܘܐ ܡܢܗ ܒܪܘܚܐ ܣܓܝܐܐ. ܥܠ ܗܝܡܢܘܬܐ ܗܝ ܕܥܠ
ܕܡܫܝܚ ܡܦܩ ܗܘܐ. ܐܝܟ ܕܡܢ ܦܘܩܕܢܐ ܕܝܢ ܕܐܦܘܠܘܢܝܘܣ
ܐܬܕܝܢ ܕܢܬܦܣܩ ܪܝܫܗ ܘܐܫܬܠܠ. ܡܛܠ ܕܐܝܬ ܗܘܐ ܠܗܘܢ
ܢܡܘܣܐ ܩܕܡܝܐ. ܕܐܝܠܝܢ ܕܡܥܠܝܢ ܠܕܝܢܐ ܚܕܐ ܙܒܢ ܘܠܐ
ܡܬܗܦܟܝܢ ܡܢ ܬܪܥܝܬܗܘܢ. ܕܠܐ ܢܫܬܒܩܘܢ. ܐܡܪ̈ܐ ܕܝܢ 5
ܕܡܚܝܒ ܕܐܠܗ ܡܠܘ̈ܗܝ: ܘܡܦܩ ܒܪܘܚܗ ܗܘ ܕܐܟܪܙ ܗܘܐ
ܠܗܘܢ ܩܕܡ ܕܐܬܬܒܥ ܗܘܐ ܡܢ ܦܪܝܣܘܣ:[3] ܘܥܠ ܗܠܝܢ ܡܩܡ
ܒܪܘܚܗ ܕܠܗܘܢ ܐܦܘܠܘܢܝܘܣ. ܢܠܦ ܡܢ ܟܬܒܐ ܡܟܬܒ ܠܗ
ܕܗܕܪܐ ܘܕܘܟ̈ܪܢܐ. ·:· ·:·

[1] Read ܡܝܬܪ̈ܐ? [2] Read ܕܢܚܝܘܢ? [3] Read ܦܪܢܝܣܘܣ?

ܕܥܣܪܝܢ ܘܬܪܝܢ. ܕܐܝܠܝܢ ܐܦܝܣܩܘܦܐ ܝܕܝܥܝܢ ܗܘܘ ܒܗܿܘ
ܙܒܢܐ...

xxii. ܒܫܢܬ ܥܣܪ ܕܡܠܟܘܬܗ ܕܩܘܡܘܕܘܣ: ܟܕ ܫܠܡ ܬܠܬܥܣܪܐ ܫܢ̈ܝܢ ܬܫܡܫܬܐ ܕܐܦܝܣܩܘܦܘܬܐ ܐܠܘܬܪܘܣ. ܩܒܠ ܡܢ ܒܬܪܗ ܒܝܩܛܘܪ. ܘܒܗܢܐ ܙܒܢܐ ܟܕ ܫܠܡ ܠܝܘܠܝܢܘܣ ܥܣܪ ܫܢ̈ܝܢ ܒܬܫܡܫܬܐ ܕܥܕܬܐ ܕܐܠܟܣܢܕܪܝܐ. ܩܒܠ ܕܡܛܪܝܘܣ. ܘܒܗܘܢ ܒܗܠܝܢ ܙܒܢܐ ܐܦ ܒܥܕܬܐ ܕܐܢܛܝܘܟܝܐ. ܬܡܝܢܝܐ ܡܢ ܫܠܝܚܐ ܝܕܝܥ ܗܘܐ ܐܦܝܣܩܘܦܐ ܣܪܦܝܘܢ. ܗܘ ܕܡܬܕܟܪܝܢ (B fol. 124a) ܡܐܡܪ̈ܘܗܝ ܠܘܬܢ. ܘܕܥܕܬܐ ܕܩܣܪܝܐ ܕܦܠܣܛܝܢܐ ܡܕܒܪ ܗܘܐ ܬܐܘܦܝܠܘܣ. ܐܦ ܢܪܩܣܘܣ ܕܝܢ ܗܘ ܕܐܬܕܟܪܬܗ ܡܠܬܐ ܡܢ ܩܕܡ ܩܠܝܠ. ܒܥܕܢ ܒܗܿܘ ܙܒܢܐ ܗܿܘ ܐܚܝܕ ܗܘܐ ܬܫܡܫܬܐ ܕܥܕܬܐ ܕܐܘܪܫܠܡ. ܘܒܗܘܢ ܒܗܠܝܢ ܙܒܢܐ ܐܝܬ ܗܘܐ ܐܦܝܣܩܘܦܐ ܒܩܘܪܢܬܘܣ ܕܗܠܠܕܝ ܒܟܠܘܣ. ܘܒܥܕܬܐ ܕܐܦܣܘܣ ܦܘܠܝܩܪܛܣ. ܘܐܚܪ̈ܢܐ ܣܓܝ̈ܐܐ ܒܪ ܗܠܝܢ ܝܕܝܥܝܢ ܗܘܘ ܒܗܿܘ ܙܒܢܐ. ܘܒܡܫܡܠܝܘܬܗܘܢ ܫܪܝܪܬܐ ܒܗܝܡܢܘܬܐ ܦܠܚܝܢ. ܠܗܠܝܢ ܕܝܢ ܡܛܠ ܕܒܗܢܐ ܗܘܬ ܦܣܩ̈ܢ ܐܝܟ ܒܟܬܒ̈ܝܗܘܢ...

ܕܥܣܪܝܢ ܘܬܠܬܐ. ܥܠ ܙܛܡܐ ܕܗܘܐ ܒܗܿܘ ܙܒܢܐ ܡܛܠ
ܦܨܚܐ...

xxiii. 1 ܒܥܠܬܐ ܕܝܢ ܙܛܝܢܘܬܐ ܐܬܬܙܝܥܬ ܒܗܿܘ ܙܒܢܐ. ܡܛܠ ܕܒܥܕ̈ܬܐ ܕܐܣܝܐ ܗܘܘ ܒܟܠܗܿ ܐܣܝܐ ܐܝܟ ܕܡܢ ܡܫܠܡܢܘܬܐ ܥܬܝܩܬܐ. ܐܪܒܥܣܪܐ ܒܣܗܪܐ ܢܛܪܝܢ ܗܘܘ ܘܥܒܕܝܢ ܦܨܚܐ ܕܦܪܩܐ ܕܦܘܪܩܢܐ ܕܦܨܚ ܕܒܗ ܠܗܘܢ ܕܢܟܣܝܢ ܗܘܘ ܐܡܪܐ ܝܗܘܕܝܐ. ܕܡܢ ܥܠ ܦܘܪܫܢ ܡܬܒܥܐ ܗܘܐ ܠܗ ܕܒܗ ܢܫܪܘܢ ܨܘܡܐ. ܒܐܝܢܐ ܝܘܡܐ ܕܡܫܬܟܚ ܡܢ ܫܒܬܐ. ܗܕܐ ܕܝܢ ܠܐ

ܡܬܒܥܝܐ ܗܘܬ ܒܗܠܝܢ ܙܒܢܐ ܕܐܝܬ ܒܟܠܗ ܥܠܡܐ. ܐܝܟ
ܕܡܢ ܡܫܠܡܢܘܬܐ ܒܪܢ ܕܫ̈ܠܝܚܐ[1] ܘܒܗ ܝܘܡܐ ܠܝܗܘܕܝܐ ܡܦܩܕܝܢ 𝔄 394
ܗܢܐ ܚܕܐ. ܕܒܗܘܢܐ ܐܡܪܝܢ ܟܠ ܐܢܫ ܢܫܪܐ ܨܘܡܐ.
2 ܠܒܪ ܡܢ ܗܘ̇ ܝܘܡܐ ܕܩܝܡܬܗ ܕܦܪܘܩܢ. ܐܬܟܢܫܘ ܗܘܘ ܕܝܢ
ܐܦܝ̈ܣܩܘܦܐ ܐܚܪ̈ܢܐ ܟܠ ܗܪܟܐ. ܘܟܠܗܘܢ ܒܚܕܐ ܪܥܝܐ ܒܐܓܪ̈ܬܐ
ܟܬܒܘ ܗܘܘ ܐܓܪ̈ܬܐ ܠܟܠܗܘܢ ܥܕ̈ܬܐ ܕܟܠ ܐܬܪ: ܕܐܝܟ ܕܡܢ
ܢܡܘܣܐ ܕܥܕܬܐ. ܠܐ ܢܗܘܐ ܡܫܬܡܠܐ ܪܐܙܐ ܕܩܝܡܬܐ
(B fol. 124 b) ܕܡܢ ܒܝܬ ܡܝ̈ܬܐ ܕܡܪܢ ܐܠܐ ܒܝܘܡܐ ܕܚܕܒܫܒܐ.
ܘܒܗܢܐ ܝܘܡܐ ܒܠܚܘܕ ܢܛܪ ܕܢܫܪܐ ܨܘܡܐ ܕܦܨܚܐ. ܐܝܬ
ܕܝܢ ܘܐܦ ܒܟܬܒܐ ܠܗܫܐ ܦܬ̈ܓܡܐ ܕܐܝܠܝܢ ܕܐܬܟܢܫܘ ܗܘܘ
ܒܗܘ ܙܒܢܐ ܒܦܠܣܛܝܢܐ. ܕܝܬܒ ܗܘܐ ܒܪܝܫܗܘܢ[2] ܬܐܘܦܝܠܘܣ. 𝔄 395
ܐܦܝܣܩܘܦܐ ܕܡܕܝܢܬܐ ܕܩܣܪܝܐ. ܘܢܪܩܝܣܘܣ ܕܡܕܝܢܬܐ ܕܐܘܪܫܠܡ.
ܘܕܪ̈ܘܡܝܐ ܬܘܒ ܕܐܬܟܢܫܘ ܗܘܘ[3] ܒܪܗܘܡܐ. ܐܝܬ[4] ܟܬܒܐ
ܐܚܪܢܐ ܡܦܠܓܘܬܗ[5] ܕܗܢܐ ܘܐܦܠܓܝ ܘܡܬܕܟܪ ܥܠ ܐܦܝܣܩܘܦܐ
ܒܦܢܛܘܣ: ܘܥܠ ܐܦܝ̈ܣܩܘܦܐ ܕܐܬܪ̈ܘܬܐ ܕܐܚܪ̈ܢܐ[5a] ܕܗܘܝ
ܒܪܝܫܗܘܢ ܦܠܡܐ. ܘܕܥܕ̈ܬܐ ܕܓܠܝܘܣ. ܕܐܝܪܝܢܐܘܣ[6] ܐܝܬܘܗܝ
3 ܗܘܐ ܠܗܘܢ ܪܫܐ. ܬܘܒ ܕܝܢ ܐܦ ܕܥܕ̈ܬܐ ܕܒܝܬ ܢܗܪ̈ܘܬܐ
ܘܡܕܝ̈ܢܬܐ ܕܬܡܢ.[7] ܘܡܕܝܢܗ ܘܠܗ[8] ܐܦ ܕܟܠܗܘܢ ܐܦܝܣܩܘܦܐ
ܕܩܘܪ̈ܝܬܗܘܢ ܘܕܗܠܝܢ ܐܚܪ̈ܢܐ. ܗܢܘܢ ܕܚܕ ܪܥܝܢ ܐܚܝܕܝܢ
ܗܘܘ ܘܡܫܠܡܘ ܚܕ ܫܘܥܒܕܐ. ܘܕܗܠܝܢ ܕܝܢ ܐܬܚܙܝܘ ܗܘܐ ܚܕ
ܦܣܩܐ ܗܢܐ ܕܐܡܪܝܢ ܟܠܗܘܢ.[9]

CHAP. XXIII. [1] Here the text of 𝔄 recommences [2] 𝔄 *quorum caput erat* [3] 𝔄 *et illi insuper congregati sunt* [4] 𝔄 = ܘܐܠܐ [5] In 𝔄 for բալ read վասն [5a] 𝔄 *aliarum regionum* [6] 𝔄 om. ܕ [7] 𝔄 *ecclesiarum et urbium quae in Mesopotamia sunt* [8] 𝔄 om. ܘܡܕܝܢܗ ܘܠܗ [9] In 𝔄 read առաջարք վասն նորա

ܕܥܣܪܝܢ ܘܐܪܒܥܐ ܥܠ ܦܠܓܘܬܐ ܕܩܡܬ ܒܐܣܝܐ܀

xxiv. 1 ܐܦܣܩܘܦܐ ܕܝܢ ܕܐܝܬ ܗܘܘ ܒܐܣܝܐ ܡܬܚܣܢܝܢ ܗܘܘ.
ܕܢܛܪܘܢ ܥܝܕܐ ܗܘ ܩܕܡܝܐ ܕܐܫܬܠܡ ܗܘܐ ܠܗܘܢ. ܐܝܬܘܗܝ
A 396 ܗܘܐ ܕܝܢ ܒܪܝܫܗܘܢ ܪܒܐ ܦܘܠܝܩܪܛܝܣ. ܗܘ ܕܐܦ ܗܘ
ܒܐܓܪܬܐ ܗܝ ܕܟܬܒ ܠܒܝܩܛܘܪ ܘܠܥܕܬܐ[1] ܕܪ̈ܗܘܡܝܐ. ܗܟܢ[2]
2 ܡܫܠܡܢܘܬܐ ܗܝ ܕܡܩܒܠ[3] ܗܘܐ ܒܗܠܝܢ ܡ̈ܠܐ. ܕܐܚܢܢ ܠܗ
ܕܠܐ ܫܘܚܠܦܐ[4] ܢܛܪܝܢ ܠܗ ܠܝܘܡܐ.[5] ܘܠܐ[6] ܡܘܣܦܝܢ ܥܠܘܗܝ:
ܘܠܐ ܒܨܪܝܢ ܐܢܚܢܢ ܡܢܗ.[7] ܐܦ ܓܝܪ ܒܐܣܝܐ ܢܗܝܪ̈ܐ ܪ̈ܘܪܒܐ
ܫܟܒܘ. ܕܩܝܡܝܢ ܒܝܘܡܐ ܕܡܐܬܝܬܗ ܕܡܪܢ. ܕܒܗ[8]
ܐܬܐ ܒܫܘܒܚܐ ܡܢ ܫܡܝܐ ܘܡܒܨܐ (B fol. 125 a) ܠܟܠܗܘܢ
ܩܕ̈ܝܫܐ. ܦܝܠܝܦܘܣ ܗܘ ܕܐܝܬܘܗܝ ܗܘܐ ܡܢ ܬܪ̈ܥܣܪ ܫܠܝ̈ܚܐ
ܕܗܘ ܫܟܒ ܒܐܝܪܦܘܠܝܣ. ܘܬܪ̈ܬܝܢ ܒ̈ܢܬܗ ܕܣܒ ܒܒܬܘܠܘܬܐ.
ܘܐܚܪܬܐ ܒܪܬܗ ܕܒܪܘܚܐ ܕܩܘܕܫܐ ܡܬܕܒܪܐ ܗܘܬ ܘܐܬܬܢܝܚܬ
3 ܒܐܦܣܘܣ. ܬܘܒ ܕܝܢ ܐܦ ܝܘܚܢܢ ܗܘ ܕܢܦܠ ܗܘܐ ܥܠ ܚܕܝܗ
ܕܡܪܢ: ܗܘ ܕܐܝܬܘܗܝ ܗܘܐ ܟܘܡܪܐ ܘܠܒܫ ܗܘܐ ܦܛܠܐ
ܕܩܘܕܫܐ: ܘܐܝܬܘܗܝ ܗܘܐ ܣܗܕܐ ܘܡܠܦܢܐ. ܗܘ ܗܢܐ
4 ܒܐܦܣܘܣ ܫܟܒ. ܬܘܒ ܕܝܢ ܐܦ ܦܘܠܝܩܪܦܘܣ ܒܙܡܘܪܢܐ.
ܕܐܝܬܘܗܝ ܗܘܐ[9] ܐܦܣܩܘܦܐ ܘܣܗܕܐ. ܘܬܪܣܝܐ[10] ܕܐܝܬܘܗܝ
ܗܘܐ ܐܦܣܩܘܦܐ ܘܣܗܕܐ ܡܢ ܐܘܡܢܝܐ ܘܫܟܒ[11] ܒܙܡܘܪܢܐ.
5 ܡܢܐ[12] ܕܝܢ ܡܬܒܥܐ ܕܢܐܡܪ ܥܠ ܣܓܪܝܣ[13] ܐܦܣܩܘܦܐ
ܘܣܗܕܐ ܕܗܘ ܫܟܒ ܒܠܐܕܝܩܝܐ. ܘܬܘܒ ܕܝܢ ܥܠ ܦܦܝܪܘܣ[14]
ܛܘܒܢܐ. ܘܥܠ ܡܠܝܛܘܢ ܐܘܢܘܟܐ ܗܘ ܕܒܪܘܚܐ ܕܩܘܕܫܐ

CHAP. XXIV. [1] A *et cepit ecclesia* [2] In A for [illegible] read [illegible] [3] A om. ܕ
[4] A *sine aliis* [5] In A for [illegible] read [illegible] [6] A om. ܘ [7] A *ab iis* [8] A om. ܗܘ [9] A *et erat* [10] A [illegible] [11] A om. ܘ
[12] A om. ܡܢܐ [13] In A read [illegible] [14] A [illegible]

ܡܬܩܒܪ ܗܘܐ ܒܠܗ ܙܒܢܐ ܕܩܘܡ ܚܝܐ ܒܣܪܕܝܣ. ܘܡܣܟܐ A 397
6 ܠܣܘܥܪܢܐ ܕܡܢ ܫܡܝܐ ܕܒܗ ܩܐܡ ܡܢ ܒܝܬ ܡܝ̈ܬܐ. ܗܠܝܢ
ܟܠܗܘܢ ܢܛܪܘ ܝܘܡܐ ܕܐܪܒܥܣܪܐ ܕܦܨܚܐ ܐܝܟ ܕܐܡܝܪ
ܐܘܢܓܠܝܘܢ. ܘܡܕܡ ܠܐ ܫܢܝܘ. ܐܠܐ ܢܩܦܘ ܠܩܢܘܢܐ
ܕܗܝܡܢܘܬܐ. ܬܘܒ ܕܝܢ ܐܦ ܐܢܐ ܦܘܠܘܩܪܛܝܣ ܕܐܝܬܝ ܙܥܘܪܐ
ܕܟܠܗܘܢ. ܐܝܟ ܕܡܫܠܡܬ ܡܢ ܐܚ̈ܝܢ ܕܢܩܦܬ ܠܬܪܝܢ ܡܢܗܘܢ.
ܫܒܥܐ ܕܝܢ ܗ̇ܘܝܢ ܗܘܘ ܐܚ̈ܝܢ ܐܦܝܣܩܘܦܐ ܘܐܢܐ ܬܡܝܢܝܐ.
ܘܐܫܬܡܫܬ ܠܗܢܐ ܝܘܡܐ ܒܟܠܙܒܢ[15] ܗܘܘ ܢܛܪܝܢ ܗܠܝܢ ܐܚ̈ܝ.
7 ܐܡܬܝ ܕܥܡܐ ܡܪܚܩ ܗܘܐ ܚܡܝܪܐ. ܐܢܐ ܗܟܝܠ ܐܚ̈ܝ.
ܫܬܝܢ ܘܚܡܫ ܫ̈ܢܝܢ ܐܝܬ ܠܝ ܒܡܪܢ. ܘܐܫܬܠܛܬ ܥܡ ܐܚ̈ܐ
ܕܐܝܬ ܒܟܠܗ ܬܒܝܠ ܘܟܬܒ̈ܬܐ (B fol. 125 b) ܒܟܠܗܘܢ ܩ̈ܕܝܫܐ
ܡܬܢܦܚ. ܘܠܐ ܡܬܪܗܒ ܐܢܐ ܡܢ ܗ̇ܢܘܢ ܕܡܙܕܥܝܢ. ܐܝܟ
ܕܪ̈ܘܪܒܢܝ[16] ܡܛܠ ܐܡܪܘ. ܕܠܐܠܗܐ ܗܘ ܘܠܐ ܕܢܫܬܡܥ. Acts v 29
8 ܝܬܝܪ ܡܢ ܒܢܝ̈ܢܫܐ.[17] ܘܡܛܠ ܗܠܝܢ ܡܘܕܥ. ܘܐܡܪ ܥܠ ܐܦܝܣܩܘܦܐ
ܒ̈ܢܝ ܥܕܬܗ ܕܐܝܬ ܗܘܘ ܥܡܗ ܒܗ ܒܙܒܢ ܗܘܐ. ܡܨܐ[18] ܗܘܝܬ
ܠܡ ܕܐܥܗܕ ܠܐܦܝܣܩܘܦܐ[19] ܕܐܫܬܟܚܘ ܬܡܢ. ܗ̇ܢܘܢ
ܕܐܢܬܘܢ ܐܫܠܛܬܘܢ ܕܢܩܪܐ ܐܢܘܢ ܘܩܪܝܬ ܐܢܘܢ.
ܕܫܡܗܝܗܘܢ[20] ܐܢ ܟܬܒܬ ܣܓܝܐܝܢ ܐܢܘܢ. ܐܝܠܝܢ ܕܝܢ A 398
ܕܚܙܝܢ ܠܒܨܝܪܘܬܝ ܫܠܡܘ[21] ܠܗܕܐ ܐܓܪܬܐ. ܕܝܕܥܝܢ ܕܠܘ
ܣܝܒܘܬܐ ܢܩܦ ܠܝ ܚܘܪܬܐ. ܐܠܐ ܒܝܫܘܥ ܡܫܝܚܐ ܒܟܠ
ܙܒܢ ܐܬܕܒܪܬ[22].

[15] A om. ܒܟܠܙܒܢ ܗܘܘ ܢܛܪܝܢ owing to a lacuna [16] Read with A ܪ̈ܘܪܒܢܐ
[17] A *quam hominibus* [18] A = ܡܨܐ [19] In A read [illegible]
[20] A om. ܕ [21] A = ܘܫܠܡܘ [22] In A for [illegible] read [illegible]

ܕܒܗܢܝܢ ܘܚܕܝܢ. ܕܐܝܟܢܐ ܗܘܬ ܚܕܐ ܒܣܘܓܐܬܐ ܒܟܠ
ܕܗܘܢ ܡܠܠ ܦܣܩܢ.

9 ܐܦܣܩܘܦܐ ܕܝܢ ܕܪܗܘܡܐ ܒܩܠܝܡܝܣ. ܬܠܬܐ ܗܘܐ ܡܢ ܒܬܪ
ܕܠܟܠܗܘܢ ܕܪ̈ܬܐ ܕܒܐܘܪܚܐ ܡܢ ܟܠܗܘܢ ܒܣܘ̈ܓܐܬܐ ܕܢܦܩ ܠܗܘܢ.
ܕܢܦܩܘ ܐܢܘܢ ܠܟܠܗܘܢ ܐܚܪ̈ܢܐ ܡܢ ܐܘܡܘܬܐ ܕܟܬܒܐ ܐܝܟ
ܕܠܐܢܫܐ ܩܠܝܠܐ. ܘܐܡܪܢ ܐܢܘܢ ܒܚܕ ܒܬܫ̈ܥܝܬܐ[1]

10 ܐܚܪܢܐ ܠܟܠܗܘܢ ܐܚܪ̈ܢܐ ܕܬܒܥܝܢ. ܠܐ ܕܝܢ ܠܟܠܗܘܢ ܐܦܣ̈ܩܘܦܐ
ܥܦܪ̈ܬ ܗܕܐ. ܐܠܐ ܐܬܝܢ ܗܘܘ ܘܡܣܩܦܝܢ ܠܗ. ܕܢܬܒܪܝܐ
ܐܝܠܝܢ ܕܡܫܠܡܢܐ ܐܝܟ ܘܡܫܠܡܢܘܬܐ ܘܢܣܘܒܐ ܕܐܢ̈ܫܐ. ܐܝܬ ܕܝܢ
ܐܦ ܡܠܘ̈ܗܝ[2] ܒܟܬ̈ܒܝܬܐ ܕܢܦܫܐܝܬ ܐܬܟܒ ܠܗ ܠܒܘܠܦܪ:

11 ܘܡܢܗܘܢ ܡܢ ܗܠܝܢ ܐܝܬܘܗܝ ܗܘܐ ܐܦ ܐܝܪܢܐܘܣ. ܕܟܬܒ
ܐܦ ܗܘ ܐܝܟ ܕܡܢ ܦܪ̈ܘܦܐ ܕܐܢ̈ܫܐ ܕܐܝܬ ܗܘܘ ܒܙܒܢܘܗܝ.
ܬܘܒ ܐܡܪܗ. ܡܣܝܒܪ ܗܘܐ ܕܝܢ ܥܠ ܗܕܐ. ܕܒܫܘܪܝܐ ܕܡܫܒܚܢܐ
ܒܠܫܢܐ ܗܘܐ ܐܡܪ̈ ܕܡܦܩܬܗ ܕܬܪ̈ܝܢ ܒܩܡܝܐ. 𝔄 399
ܠܒܘܠܦܪ ܕܝܢ ܕܢܬܠ ܗܘܐ ܠܗ. ܕܠܐ (B fol. 126 a) ܦܠܐ ܕܢܩܣܘܡ
ܗܠܝܢ ܟܠܗܘܢ ܒܪ̈ܬܐ ܕܐܠܗܐ ܥܠ ܕܪ̈ܫܢ ܡܫܠܡܢܘܬܐ ܕܚܝܐ
ܡܫܝܚܐ. ܘܐܝܬܝܘܬܐ ܕܝܢ ܡܠܟܘ̈ܬܐ ܚܕܐ ܗܘܐ ܡܢܗ. ܘܒܗܘܢ

12 ܒܟ̈ܬܒܘܗܝ ܐܘܣܦ ܗܘܐ ܘܐܡܪ̇ ܗܕܐ. ܕܠܘ ܠܡ ܒܠܫܢ
ܒܠܘܬܗ ܥܠ ܝܘܡܐ ܐܝܬ[3] ܦܠܓܘܬܐ. ܐܠܐ ܐܦ ܥܠ ܛܘܦܣܐ
ܕܝܘܡܗܘܢ. ܐܝܬ ܠܒܪ ܕܗܘܝܢ ܒܪ̈ܝܫܝܗܘܢ ܕܚܕ ܝܘܡܐ ܡܬܒܪܝܐ
ܠܗܘܢ ܕܝܘܡܗܘܢ. ܘܐܝܬ ܕܗܘܝܢ ܘܐܝܬ ܕܡܫܬܚܠܦܝܢ. ܘܐܝܬ
ܕܐܡܪܝܢ ܥ̈ܕܢܝܢ ܕܐܝܬܝܗܘܢ ܘܡܠܠܐ ܡܫܝܚܝܢ ܠܗ ܠܗܘ ܝܘܡܐ.

13 ܘܗܢܐ ܠܗ ܒܦܘܪܫܢܐ ܐܝܬ ܒܗ ܗܠܝܢ ܕܐܡܪ. ܘܠܐ ܒܡ̈ܠܬܐ
ܒܠܫܢ ܦܫܝܛ ܗܕܐ. ܐܠܐ ܐܦ ܒܡ̈ܠܐ ܗܠܝܢ ܕܗܘܘ ܡܬܡܠܝܢ.

Chap. XXV. [1] 𝔄 [illegible] *epistolae* [2] 𝔄 *nomina eorum* [3] 𝔄 adds *iis*

ܗ̇ܢܘܢ ܕܠܘ ܚܬܝܬܐܝܬ ܐܚܝܕܝܢ ܗܘܘ[4] ܠܗ̇ ܠܥܝܕܐ. ܐܠܐ
ܦܫܝܛܐܝܬ ܘܫܚܝܡܐܝܬ. ܘܟܠܗܘܢ ܗܠܝܢ ܐܝܬ ܗܘܐ ܠܗܘܢ
ܫܠܡܐ ܥܡ ܚ̈ܕܕܐ ܐܝܟ ܕܐܦ ܠܢ. ܐܦ ܦܠܓܘܬܐ ܕܨܘܡܐ
14 ܐܝܬ ܗܘ̣ܐ. ܐܘܝܘܬܐ ܕܗܝܡܢܘܬܐ ܡܫܪܪܐ ܗܘܬ. ܘܒܝܢ
ܗܠܝܢ ܩܫ̈ܝܫܐ. ܬܫܒܚܬܐ ܕܒܗܠܐ ܗܝ ܕܐܦܝܣܩܘܦܘܬܗ̇ ܗܫܐ̇
ܕܐܬܬܚܝ̇ ܗܟܢܐ. ܕܩܕܡܘܢ ܠܟ ܐܦܝܣܩܘܦܐ ܕܗܕܐ ܥܕܬܐ
ܕܡܕܒܪ ܐܢܬ[5] ܕܗܘܘ ܩܕܡ ܣܘܛܪ: ܐܢܝܩܛܘܣ. ܘܦܝܘܣ. ܘܗܝܓܝܢܘܣ 𝔄 400
ܘܛܠܣܦܘܪܘܣ. ܘܩܣܘܣܛܘܣ. ܠܐ ܗ̇ܢܘܢ ܢܛܪܘܗܝ ܠܗܢܐ
ܡܢܗܓ. ܐܦܠܐ ܐܝܠܝܢ ܕܗܘܘ[6] ܡܢ ܒܬܪܗܘܢ ܫܒܩܝܢ ܗܘܘ[7]
ܕܢܛܪܘܢܝܗܝ. ܘܟܕ ܗ̇ܢܘܢ ܠܐ ܢܛܪܝܢ ܗܘܘ ܠܗ̇. ܫܠܡܐ ܐܝܬ
ܗܘܐ ܠܗܘܢ ܥܡ ܐܢܫܐ ܕܢܛܪܝܢ ܗܘܘ ܠܗ ܒܟܪ̈ܟܐ ܐܚܪ̈ܢܝܬܐ
ܕܐܬܝܢ ܗܘܘ ܠܘܬܗܘܢ. ܐܝܟܢܐ ܕܣܘܩܒܠܐ ܗ̣ܘܐ ܕܢܛܪܘܢ
15 ܘܠܐ ܢܛܪܘܢ. ܐܦܠܐ ܡܬܘܡ (B fol. 126 b) ܐܫܬܕܝܘ ܐܢܫܐ
ܡܛܠ ܗܕܐ ܙܢܘܬܐ. ܐܠܐ ܟܕ ܠܐ ܢܛܪܝܢ ܗܘܘ ܐܦܝܣܩܘܦܐ
ܕܗ̇ܘܘ ܡܢܟܘܢ. ܠܗ̇ܢܘܢ ܕܢܛܪܝܢ ܗܘܘ ܒܟܪ̈ܟܐ ܐܚܪ̈ܢܝܬܐ
16 ܡܫܕܪܝܢ ܗܘܘ ܥܘܢܝܬܐ. ܘܛܘܒܢܐ[8] ܦܘܠܝܩܪܦܘܣ ܟܕ ܐܬ̣ܐ
ܠܪܗܘܡܐ ܒܝܘ̈ܡܘܗܝ ܕܐܢܝܩܛܘܣ: ܘܐܝܬ ܗܘܐ ܠܗܘܢ ܠܘܬ
ܚ̈ܕܕܐ ܙܥܘܪܐ ܩܠܝܠ ܐܦ ܡܛܠ ܐܚܪ̈ܢܝܬܐ. ܒܥܓܠ[9] ܥܒܕܘ
ܫܠܡܐ ܥܡ ܚ̈ܕܕܐ. ܘܥܠ ܗܕܐ ܪܫܘܬܐ ܠܐ ܗ̣ܘܐ ܠܗܘܢ
ܚܪܝܢܐ ܚܕ ܥܡ ܚܕ. ܐܦ ܠܐ ܓܝܪ ܐܢܝܩܛܘܣ ܡܫܟܚ ܗܘܐ
ܕܢܦܝܣܝܘܗܝ ܠܦܘܠܝܩܪܦܘܣ. ܕܠܐ ܢܛܪܘܗܝ ܠܗܢܐ ܡܢܗܓ.
ܡܛܠ ܕܥܡ ܝܘܚܢܢ ܬܠܡܝܕܗ ܕܡܪܢ ܘܥܡ ܫ̈ܠܝܚܐ[10] ܡܬܗܦܟ

[4] In 𝔄 read ունէին [5] 𝔄 sicut (որպէս) tu regis [6] 𝔄 pres.
[7] 𝔄 pres. [8] 𝔄 ունէր ումեք ի, apparently a corruption of ի երանելի
[9] 𝔄 et statim [10] 𝔄 et cum aliis apostolis

ܗܘܬ ܘܒܬܪܗܘܢ ܢܛܪܗ ܠܗܢܐ ܝܘܡܐ. ܐܦܠܐ[11] ܦܘܪܦܘܪܝܘܣ.
ܐܦܝܣ ܠܐܣܩܠܦܝܘܣ ܕܢܛܪܘܗܝ. ܕܐܡܪ ܗܘܐ ܠܗ: ܕܬܬܒܥܐ
17 ܠܝ ܕܢܛܪ ܚܕܐ ܕܐܬܟܪܗܬܘܢ ܐܦܣܩܘܦܐ ܕܗܘܘ ܡܕܡ. ܘܟܕ
ܗܠܝܢ ܡܟܝܠ ܐܢܬܘܢ ܗܘܝܬܘܢ ܐܫܬܘܬܦܘ ܥܡ ܫ̈ܐܕܐ. ܘܒܟܕܒܘܬܐ 𝔄 401
ܝܗܒ ܠܗ ܐܣܩܠܦܝܘܣ. ܠܦܘܪܦܘܪܝܘܣ ܕܢܦܩ ܡܘܪܒܢܐ ܒܡܫܡܫܢܘܬܗ.
ܘܒܫܠܡܐ ܦܓܪܗ ܡܢ ܫ̈ܐܕܐ ܒܗ ܒܠܥܘ ܒܗܬܐ[12] ܫܠܡܐ ܐܝܬ
18 ܗܘܬ. ܕܗ̇ܢܘܢ ܕܢܛܪܝܢ ܘܕܗ̇ܢܘܢ ܕܠܐ ܢܛܪܝܢ ·:· ·:· ܐܬܢܐܘܣ.
ܐܦ ܕܫܠܝܛ ܗܘܐ ܠܥܡܗ: ܕܒܟܒܪܐ ܐܬܘܗܝ ܗܘܐ ܒܟܪ̈
ܫܠܡܐ: ܗܘܝܘ ܒܪ ܬܘܪܓܡܢܐ ܕܥܡܗ. ܗܠܝܢ ܕܒܗܐ ܗܘܬ
ܘܡܦܝܣ. ܥܠ ܐ̈ܦܝ ܫܠܡܐ. ܘܗܘ ܕܝܢ ܗܘ ܠܘ ܒܠܫܢܗ ܠܦܘܪܦܘܪܝ.
ܐܠܐ ܐܦ ܠܐܢܫܐ ܙ̈ܕܝܩܐ ܡܫܒ̈ܚܐ ܕܐܝܬ ܗܘܘ ܒܟܪ̈ܬܐ.
ܕܕܚ̈ܠܝܢ ܠܗܠܝܢ ܚܠܦ ܗܘܐ ܒܐܠܗ̈ܘܬܗ[13] ܡܛܠ ܗܢܐ ܘܠܦܩܐ.
xxv. ܐܦܣܩܘܦܐ ܕܝܢ ܕܗܘܘ ܒܦܠܣܛܝܢܝ. (B fol. 127 *a*) ܗ̇ܢܘܢ ܕܡܨܪ
ܡܠܠ ܐܚܪ̈ܢܐ ܐܝܟܢ: ܢܦܩܘܢ ܘܐܬܩܛܠܘ. ܘܒܬܪܗܘܢ
ܡܫܘܘ. ܐܦܣܩܘܦܐ ܕܒܝܬܐ ܕܨܘܪ: ܘܣܝܠܒܢܘܣ ܕܦܠܛܐܡܝܣ.
ܘܐܝܠܝܢ ܕܐܬܟܢܫܘ ܒܥܡܗܘܢ. ܬܠܬܝܢ ܗܦܝܟ̈ܬܐ[14] ܥܠ ܡܫܠܡܢܘܬܐ 𝔄 402
ܕܫ̈ܠܝܚܐ ܕܡܟܠܘ ܗܘܘ ܡܛܠ ܦܢܝܢ. ܘܒܫܠܡܗܘܢ ܕܒܬܟܐ
ܒܗܘܦܟ ܘܐܡܪܝܢ ܗܠܝܢ ܡ̈ܠܐ. ܕܦܫܝܛܗ̇ ܠܢ ܕܗܕܐ ܐܓܪܬܐ
ܐܬܦܫܛܬ ܘܟܪܘ ܠܟܪ̈ܬܐ ܐܫܬܢܝܬ. ܕܠܐ ܢܗܘܐ ܐܢܫ ܚܠܦܬܐ
ܠܗܠܝܢ ܕܦܫܝܩܐܝܬ ܡܬܚܝܢ ܠܦܫܬܗܘܢ. ܘܡܗܕܪܝܢ ܐܢܫܝܢ
ܠܗܘܢ ܕܢܗܘܢ ܝܘܡܢܐ ܕܒܕܒܝܢ ܚܕܕܝܢ ܐܦ ܒܐܠܟܣܢܕܪܝܐ.
ܡܢ ܒܬܪ ܕܐ̈ܬܠܝܢ[15] ܠܗܘܢ ܒܫ̈ܢܝܬܐ ܘܐܦ ܡܢܗܘܢ ܠܝ ܐܬܒܝܢ.[16]
ܕܒܫܢܐ ܥܣܝܪܝܬܐ ܐܚܫܢܐ ܢܗܘܐ[17] ܒܟܢܝܢ ܠܗ ܠܗܢܐ ܝܘܡܐ
ܘܕܡܥܐ ·:· ·:· ·:·

[11] The negative is not rendered in 𝔄 [12] 𝔄 plur. [13] 𝔄 sing.
[14] 𝔄 om. ܗܦܝܟ̈ܬܐ [15] 𝔄 pres. [16] 𝔄 pres. [17] 𝔄 *sint*

ܕܥܣܪܝܢ ܘܫܬܐ. ܕܣܘܓܐܐ ܕܡܐܡܪ̈ܝܢ ܡܛܝܢ ܡܢ ܡܦܩܢܘܬܗ
ܕܐܝܪܝܢܐܘܣ.

xxvi. ܒܪ ܗܠܝܢ ܕܝܢ ܡܐܡܪ̈ܐ ܘܐܓܪ̈ܬܐ[1] ܕܐܡܪܢܢ ܕܐܝܬ ܠܗ
ܠܐܝܪܝܢܐܘܣ. ܐܝܬ ܠܗ ܬܘܒ ܡܐܡܪܐ ܠܘܩܒܠ ܚ̈ܢܦܐ
ܒܦܣܝܩܘܬܐ ܕܐܝܬ ܗܘ ܒܗ ܘܡܬܩܪܝܐ ܣܘܟܠܐ ܘܟܬܒ ܥܠܘܗܝ ܕܥܠ 𝔄 403
ܡܚܘܝܢܘܬܐ. ܘܐܚܪܢܐ ܕܟܬܒ ܠܐܚܐ ܚܕ ܕܫܡܗ ܗܘܐ ܡܪܩܝܢܐ
ܥܠ ܬܚܘܝܬܐ ܕܟܪܘܙܘܬܐ ܕܫ̈ܠܝܚܐ. ܘܐܚܪܢܐ ܟܬܒܐ ܕܕܪ̈ܫܐ
ܡܫܚܠ̈ܦܐ. ܕܒܗ ܡܕܟܪ ܠܐܓܪܬܐ ܕܥܒܪ̈ܝܐ ܘܠܚܟܡܬܐ[2]
ܕܫܠܝܡܘܢ. ܘܦܣܩ ܒܗ ܡܢ ܡܠܝܗܝܢ. ܡܦܩܢ ܠܗܝܢ ܕܝܢ ܕܐܝܪܝܢܐܘܣ.
ܕܣܒܪܝܢ ܐܢܫܝܢ ܗܠܝܢ ܐܝܟܢ.

ܕܥܣܪܝܢ ܘܫܒܥܐ. ܥܠ ܐܢܫ̈ܐ[1] ܩܫ̈ܝܫܐ ܕܡܬܝܕܥܝܢ ܗܘܘ
ܒܗܘܢ ܙܒܢܐ.

ܒܪ ܗܠܝܢ ܕܝܢ ܘܡܬܝܕܥܝܢ ܒܟܠܗܘܬܐ ܬܠܬܡܐ̈ܐ ܫ̈ܢܝܢ ܘܡܢܬܐ:
ܘܦܫ ܦܪ̈ܫܢܘܗܝ ܓܒܪܐ (B fol. 127 b) ܡܬܝܕܥܝܢ. ܡܢ ܒܬܪ ܡܟܬܒܢܘܬܗ
xxvii. ܕܡܘܕܥܘܬܗ ܗܘܘ ܡܛܠ ܟܬܒܘܗܝ. ܡܐܡܪ̈ܐ ܕܝܢ ܩܫ̈ܝܫܐ ܐܝܬ
ܕܡܬܝܕܥܝܢ ܐܦ ܒܙܒܢܐ ܠܗܘܢܝܢ ܠܘܬ ܩܫ̈ܝܫܐ ܕܐܝܬܝܐ ܒܥܕܬܐ
ܩܕܡ ܒܢ̈ܝܐ. ܕܡܬܟܬܒܝܢ[2] ܒܫܘܦܪܐ ܩܫ̈ܝܫܐ. ܐܝܠܝܢ ܕܝܢ ܕܐܝܬܝܢ
ܘܡܕܡ ܐܝܬܝܢ. ܐܝܟ ܕܗܪܩܠܝܛܘܣ. ܕܐܡܪ ܒܫܠܝܚܐ ܘܡܩܒܠܢܘܬܗ[3]
ܥܠ ܗܘܝܐ ܘܠܡܕܐ ܕܡܬܦܠܓܝܢ ܒܗ ܐܢܫܐ ܡܢ ܗܪܛܝܩܐ. ܘܡܢ 𝔄 404
ܐܝܟܐ ܗܘ ܕܫܪܬܐ ܘܥܠ ܗܕܐ ܕܡܒܪܝܐ ܒܪܝܐ ܗܘܠܐ.[4] ܘܬܘܒ
ܕܡܬܕܒܪܘܣ. ܥܠ ܫܬܬ ܝܘ̈ܡܬܐ[5] ܘܐܦܣܩܘܢ ܕܡܠܬܗ ܕܗܢܐ

Chap. XXVI. [1] 𝔄 sing. [2] 𝔄 sing.

Chap. XXVII. [1] 𝔄 *de aliis* [2] In 𝔄 for *կը* read *կն* [3] 𝔄 genit.
[4] 𝔄 *Հելայ Hela* [5] 𝔄 *վեցօրեայ աւուրց* lit. *hexameroruin dierum* s. *hexameron dierum*

ܫܪܒܐ. ܘܕܡܫܬܡܠܝܢ ܥܠ ܡܫܘܬܐ ܕܡܢ ܒܬܪ ܫܒܬܐ. ܘܐܚܪܢܐ ܫܪܒܐ ܕܐܒܝܘܢܝܣ⁶ ܘܕܐܚܪܢܐ ܡܫܬܡܗܐ. ܗܢܘܢ ܕܟܠ ܕܠܝܬ ܠܗ ܚܠܦܬܐ ܠܐ ܗܟܢ ܕܒܫܝܢܘܢ ܒܗܢܐ ܫܡܐ ܐܦ ܠܐ ܕܡܕܝܢܘܢ ܠܡܫܡܫܘܬܐ ܕܫܒܬܐ. ܘܐܚܪܢܐ ܡܫܬܡܗܐ ܗܢܘܢ ܕܠܐ ܡܫܡܫܝܢ ܕܒܛܠܐ ܫܡܫܘܗܝ ܚܝܠܝܢ ܒܡܬܡܪܘܗܝ. ܕܐܬܠܘܢ ܗܘܘ ܒܡܫܡܠܝܘܬܐ ܫܪܪܬܐ ܩܕܡ ܒܬܪ ܐܝܟ ܕܒܬܐ ܐܝܟ ܕܡܫܡܝܢ ܬܘܪܓܡܘܢ. ܠܐ ܕܝܢ ܡܫܡܝܢ ܡܛܠ ܕܠܐ ܒܬܡܝܢ ܡܫܡܘܢ ܕܗܢܘܢ ܕܒܬܒܐ ܐܢܘܢ.

𝔄 105 ܕܒܫܪܝܢ ܘܬܘܠܕܢ ܥܠ ܗܢܘܢ ܕܗܘܘ ܗܘܘ ܡܢ ܫܘܪܝܐ ܡܢ ܗܪܣܝܣ ܕܐܪܛܝܩܘ. ܘܒܐܝܢܐ ܦܘܫܩܐ ܐܬܩܘܢܘ ܗܘܘ. ܘܕܐܝܟܢܐ ܐܡܪܝܢ ܠܡܫܡܠܘ ܫܘܬܐ ܡܕܝܢܐ...

xxviii. 1 ܘܡܢ ܗܠܝܢ ܙܒܢܐ ܕܐܡܪܢ ܥܠܝܗܘܢ. ܒܪܫܝܬܐ ܕܗܪܣܝܣ ܒܥܠܠܬܐ ܠܗ ܡܢܗܘܢ ܠܗܘܢ ܩܪܝܢܬܘܣ ܕܐܪܛܝܩܘ. ܗܝ ܕܐܬܦܪܣ ܕܡܫܬܘܢ ܠܗܘܢ ܦܘܠܐ ܡܫܬܡܠܝܢ. ܐܝܬ ܒܗ

2 ܬܫܡܫܬܐ ܕܓܒܪܐ ܠܓܒܪܐ ܫܪܒܐ ܕܐܡܪܐ ܠܢ. ܗܢܐ ܓܒܪ ܩܪܝܢܬܘܣ¹ ܐܡܪܐ ܥܠ ܦܘܡܝ ܕܒܝܕܐ ܗܘ ܫܡܝܢܐ.
(B fol. 128 a) ܡܢܗܘܢ ܠܗ ܕܝܢ ܕܠܗ ܡܢ ܦܘܡ ܕܒܝܐ ܡܫܬܡܥܐ ܗܘܬ ܡܢ ܒܬܪܗ. ܡܛܠ ܕܡܫܬܒܗܪܝܢ ܗܘܘ ܗܢܘܢ ܕܡܫܡܝܢ ܥܠ ܐܦܝܗ ܕܡܫܝܚܐ ܗܘ. ܘܗܟܢ ܐܦ ܡܫܡܥܬܗ ܠܡܫܡܫܘܬܐ ܕܡܠܐ ܕܡܠܬܐ ܕܡܫܒܚܝܢ. ܡܫܬܡܥܐ ܕܝܢ ܒܡܠܘܗܝ ܗܘܒܐ.²

3 ܐܡܪܝܢ ܠܢ ܕܠܥܠܡ ܡܫܡܥܐ ܐܦ ܗܢܘܢ ܫܠܝܚܐ³ ܡܠܠ ܘܠܡܘ ܗܢܝܢ ܗܠܝܢ ܕܐܡܪܝܢ. ܘܐܬܢܛܪܘ⁴ ܠܢ ܫܪܪܐ ܕܒܫܘܪܬܐ

𝔄 106

⁶ In 𝔄 read ηԼրայխարժաւորն

Chap. XXVIII. ¹ In 𝔄 for *ηպտաւ* read *ηպտաւ* ² 𝔄 *et narrat ita* ³ 𝔄 *et ii ab apostolis* ⁴ 𝔄 *et servaverunt*

ܥܕܡܐ ܠܙܒ̈ܢܘܗܝ ܕܒܝܩܛܘܪ: ܕܐܝܬܘܗܝ ܗܘܐ ܐܦܣܩܘܦܐ
ܕܬܠܬܥܣܪ ܒܪܘܡܝܐ ܡܢ ܒܬܪ ܦܛܪܘܣ. ܡܢ ܙܐܦܪܝܢܘܣ ܕܝܢ
4 ܗܘ ܕܩܒܠ ܒܬܪܗ ܐܬܚܒܠ ܘܐܦܟܐ ܥܠ ܫܪܪܐ. ܗܕܐ ܕܝܢ ܟܒܪ
ܥܒܝܐ ܗܘܬ ܠܦܘܡܗ. ܐܠܘ ܠܐ ܕܡܬܚܪܝܐܬ ܟܬ̈ܒܐ ܡܩ̈ܕܫܐ
ܡܩܕܡ ܠܘܩܒܠܗܘܢ. ܐܝܬ ܕܝܢ ܐܦ ܟܬ̈ܒܬܐ ܕܐܚ̈ܐ ܡܢ
ܐܢܫܝܢ ܕܩܕܡܝܢ ܡܢ ܙܒ̈ܢܘܗܝ ܕܒܝܩܛܘܪ. ܐܝܠܝܢ ܕܟܬܒܘ ܗܘܘ
ܠܘܩܒܠ ܚ̈ܢܦܐ ܥܠ ܛܘܒ ܫܪܪܐ. ܘܠܘܩܒܠ ܗܪ̈ܣܝܣ ܕܐܝܬ ܗܘܐ
ܒܗܘ ܙܒܢܐ. ܐܡܪ ܐܢܐ ܕܝܢ ܕܝܘܣܛܝܢܘܣ ܘܕܡܠܛܝܕܘܣ.
ܘܕܛܛܝܢܘܣ ܘܕܩܠܝܡܝܣ. ܘܕܐܚܪ̈ܢܐ ܣܓܝ̈ܐܐ. ܕܒܟܠܗܘܢ ܗܠܝܢ
5 ܐܡܝܪ ܥܠ ܐܠܗܘܬܗ ܕܡܫܝܚܐ. ܕܐܝܪܢܐܘܣ ܓܝܪ[5] ܘܕܡܠܝܛܘܢ
ܘܕܐܚܪ̈ܢܐ ܟܬ̈ܒܝܗܘܢ ܕܠܐ ܡ̈ܢܝܢ ܡܫܬܟܚܝܢ. ܕܡܟܪܙܝܢ ܥܠ ܡܫܝܚܐ
ܕܐܠܗܐ ܐܝܬܘܗܝ ܘܒܪ ܐܢܫܐ. ܡܙܡ̈ܪܐ ܕܝܢ ܘܬܫ̈ܒܚܬܐ
ܕܐܬܟܬܒܘ ܡܢ ܐܚ̈ܐ ܡܗܝܡ̈ܢܐ ܡܢ ܩܕܝܡ: ܡܫܒܚܝܢ ܠܡܫܝܚܐ
6 ܡܠܬܗ ܕܐܠܗܐ ܘܐܡܪܝܢ ܥܠ ܐܠܗܘܬܗ. ܐܝܟܢܐ ܗܟܝܠ ܟܕ[6]
ܒܫܢܝܢ ܣܓܝ̈ܐܢ ܡܬܟܪܙ ܫܪܪܗ ܕܥܕܬܐ ܡܫܝܚܝܐ ܕܬܗܘܐ
ܗܕܐ ܕܐܡܪܝܢ ܗܠܝܢ. ܕܥܕܡܐ ܠܙܒ̈ܢܘܗܝ ܕܒܝܩܛܘܪ (B fol. 128 *b*)
ܡܬܟܪܙ ܗܘܐ ܗܢܐ ܪܘܚܐ. ܐܦ ܐܝܟܢܐ ܠܐ ܡܬܒܗܬܝܢ A 107
ܕܡܕܓܠܝܢ ܠܒܝܩܛܘܪ ܗܟܢܐ. ܟܕ ܝܕܥܝܢ ܫܪܝܪܐܝܬ ܕܒܝܩܛܘܪ:
ܠܬܐܘܕܘܛܘܣ ܕܐܝܬܘܗܝ ܗܘܐ ܪܫܐ ܘܐܒܐ ܕܗܕܐ ܡܛܥܝܢܘܬܐ
ܕܟܦܪܐ ܒܐܠܗܐ ܐܚܪܡܗ ܗܘܐ ܡܢ ܥܕܬܐ. ܕܬܐܘܕܘܛܘܣ
ܗܘ ܐܡܪ ܗܘܐ[7] ܥܠ ܡܫܝܚܐ ܕܒܪ ܐܢܫܐ ܗܘ ܫܚܝܡܐ. ܐܢ
ܓܝܪ ܒܝܩܛܘܪ ܐܝܟ ܕܐܡܪܝܢ ܡܚܫܒ ܗܘܐ ܐܝܟ ܗܠܝܢ ܘܡܠܦܐ
ܕܓܘܕܦܗܘܢ. ܐܝܟܢܐ ܚܪܡ ܗܘܐ[7a] ܠܬܐܘܕܘܛܘܣ. ܠܗܘ ܕܗܘ
ܗܘܐ ܡܫܟܚܢܐ[8] ܕܗܕܐ ܗܪܣܝܣ. ܘܗܠܝܢ ܐܡܪ ܥܠ ܒܝܩܛܘܪ.

[5] A *autem* [6] A om. ܡ [7] A *dicebat* [7a] A *rejiciebat* [8] In A for ܡܫܟܚܢܐ read ܡܫܟܚܐ.

7 ܒܗ ܗܘ ܕܝܢ ܒܬܫܥܣܪܬܗ ܕܗܕܪ ܩ̈ܠܘܕܝ. ܡܛܠ ܕܗ ܒܬܪܗ
ܘܐܦܪܝܡܘܣ. ܒܫܢܝܐ ܬܪܬ ܕܡܠܟܘܬܗ ܕܦܪܘܒܘܣ. ܘܡܟܣܝܡܘܣ
ܘܐܡܪ ܗܘ ܗܘ ܕܗܘܐ ܗܢܐ ܡܐܡܪܐ ܥܠ ܗܘ ܕܫ̈ܢܝ ܒܗܕܐ
ܗܪܛܝܩܐ ܕܐܡܪܝܢ ܥܠܝܗ̇. ܐܦ ܡܫܬܪܝܐ ܐܢܫܐ ܕܗܘܐ
8 ܒܢ̈ܝ ܐܦܪܝܡܘܣ. ܘܒܬܪ[9] ܒܗܠܝܢ ܫ̈ܢܝܐ ܗܢܝܐ. ܐܬܐ ܠܗ
ܠܐܢ̈ܫܐ ܓܒܘܬܐ ܕܒܢ̈ܝܢܝܢ ܐܬܬܚܪܬ: ܗܘ ܕܡܛܪ ܐܢܫܐ ܕܐܠܗ[10]
ܐܬܬܚܪܬ ܒܡܕܝܢ ܒܬܪ ܡܫܬܢܝܐ ܗܘܬ ܠܗ. ܒܬܪܗ ܚܙ ܐܢܬ
ܗܘܐ ܕܢܨܚܘ ܗܘܐ ܐܢܛܠܝܘܣ ܘܐܬܚܙܝ ܗܘܐ ܡܫܒܚܢܐ:
𝔄 408 9 ܠܘ ܕܝܢ ܡܢ ܡܕܝܢ ܩܘܐ ܗܘܐ̈ ܐܠܐ ܒܪ̈ܢܫܐ ܕܝܠܗ. ܠܗܢܐ
ܐܦܠܘܗܝ ܗܘܘ ܒܢܝ ܐܦܝܣܩܘܦܘܬܐ ܘܐܬܪܘܦܘܬܐ ܐܢܫ̈ܝܐ
ܘܐܬܚܘܝܘ ܗܘܢ ܦܪܘܦܛܐ. ܐܬܚܘܝܘܢ ܗܘܘ ܕܝܢ ܬܪ̈ܝܗܘܢ
ܬܠ̈ܡܝܕܘܗܝ[11] ܕܐܬܪܘܦܘܬܐ ܗܘ ܕܐܡܪܝܢ ܥܠܘܗܝ ܡܢ ܡܕܝܢ.
ܕܟܠܠ ܗܢܐ ܪܒܢܐ ܕܐܦܠܘܬܐ ܦܪܢܣ ܗܘܐ ܡܢ (B fol. 129 a)
ܥܒܕܘܬܐ ܒܡܦܠܘ ܐܘܣܦܘܣܐ ܐܝܟ ܕܦܘܡܗ ܐܬܟܪܬ.[12]
10 ܐܦܝܣܩܘܦܘ ܗܘܐ ܕܝܢ ܠܐܢܛܠܝܘܣ ܕܡܚܘܢ ܚܙܝܢ ܠܗ ܩܪ̈ܝܐ
ܡܢܗܝܢ ܘܬܘܪܐ ܐܦܝܣܩܘܦܐ ܠܡܕܝܢܬܐ ܗܪܩܠܐ. ܘܒܬܪܗ ܥܡܠ
11 ܡܢܝܢܘܢ ܥܠ ܢܘܚܐ ܕܡܐܐ ܘܫܬܝܢ ܕܫ̈ܢܝܢ. ܒܗ ܕܝܢ ܢܦܩ
ܠܗܘܢ. ܘܬ̈ܪܬܐ ܡܠܬܐ̈ ܒܗܕ ܚܕܐ ܡܬܚܫܒ ܗܘܐ ܡܢ
ܡܢ̈ܐ. ܐܠܗܐ ܚܙܐ[13] ܡܬܚܫܒܢܐ ܘܡܢܐ ܢܚܒܒ ܡܚܫܒ. ܠܐ
ܢܓܒܐ ܗܘܐ ܕܢܗܘܐ ܠܒܪ ܡܢ ܒܝܬܐ ܘܐܟܒܪ. ܡܛܠ ܕܗܘܐ
12 ܗܘܕܐ ܕܡܫܚ. ܡܛܠ ܕܝܢ ܕܪܦܐܝܬ ܚܙܪ ܗܘܐ ܒܗܘܢ
ܒܙ̈ܘܒܐ.[14] ܡܛܠ ܕܡܬܢܝܢ[15] ܗܘܐ ܒܝܕ ܢܨܚܘܬܐ ܕܠܘܬܗܘܢ
ܘܒܝܬܘܬܐ ܦܠ̈ܓܐ ܕܡܒܕܒܝܢ ܠܦ̈ܠܓܐ. ܠܣܝܪܬܐ ܗܒܝܠ

[9] In 𝔄 for ղդ read ղջե.
[10] 𝔄 om. ;
[11] In 𝔄 read աշակերտք
[12] 𝔄 om. ܐܝܟ ܕܦܘܡܐ ܐܦܘܪܐ
[13] 𝔄 autem
[14] 𝔄 sing.
[15] In 𝔄 for քան զոր սատակեալն read քանզի սպասեալ

ܐܬܢܓܕ ܡܢ ܡܠܐܟܐ ܩܕܝܫܐ. ܘܟܠܗ[16] ܠܠܝܐ ܐܬܢܓܕ. ܦܘܪܥܢܘܬܐ.
ܘܒܨܦܪܐ ܩܡ ܡܢ ܥܪܣܐ ܘܠܒܫ ܣܩܐ ܘܒܙܪ ܥܠܘܗܝ ܩܛܡܐ.
ܘܒܣܘܚܦܬܐ ܣܓܝܐܬܐ ܘܒܕ̈ܡܥܐ ܢܦܠ ܥܠ ܪ̈ܓܠܘܗܝ
ܕܙܦܪܝܢܘܣ ܐܦܝܣܩܘܦܐ. ܘܪܡܐ ܗܘܐ ܢܦܫܗ ܩܕܡ ܟܠ ܐܢܫ.
ܠܘ ܕܩܠܝܪ̈ܘܣ ܒܠܚܘܕ ܕܐܝܬܝܗܘܢ ܒܬܪܥܐ ܕܒܥܕܬܐ. ܐܠܐ ܐܦ 𝔄 409
ܩܕܡ ܥܡܐ. ܘܐܚܝܕ ܗܘܐ ܕܢܦܝܣܘܢܝܗܝ[17] ܩܕܡ ܥܕܬܐ ܡܪܚܡܢܝܬܐ
ܕܡܫܝܚܐ ܡܪܚܡܢܝܬܐ. ܘܢܦܠ ܒܟܐ ܗܘܐ ܘܡܬܟܫܦ[18]: ܘܡܚܘܐ
ܗܘܐ ܫܘ̈ܡܛܐ ܕܡܚܘ̈ܬܐ ܕܩܒܠ. ܘܠܡܚܝܣܘ ܢܗܘܘܢ ܠܗ
13 ܒܬܝܒܘܬܐ. ܘܠܗܠܝܢ ܢܦܩ ܠܗܘܢ ܐܦ ܡ̈ܠܐ ܐܚܪ̈ܢܝܬܐ ܕܠܗ
ܕܗܢܝܐ ܡܟܬܒܢܐ ܕܐܝܬܝܗܝܢ ܗܟܢܐ. ܟܬ̈ܒܐ ܠܗ ܩܕ̈ܝܫܐ ܕܠܐ
ܕܚܠܬܐ ܚܒܠܘ. ܘܠܩܢܘܢܐ[19] ܕܗܝܡܢܘܬܐ ܩܕܡܝܬܐ ܓܠܙܘ.
(B fol. 129 b) ܘܠܡܫܝܚܐ ܠܐ ܝܕܥܝܢ. ܘܠܐ ܒܥܝܢ ܕܡܢܐ ܐܡܪܝܢ
ܟܬ̈ܒܐ ܕܐܠܗܐ. ܐܠܐ ܕܐܝܢܐ[20] ܐܣܟܡܐ ܕܕܪܫܐ ܢܫܟܚܘܢ
ܕܢܟܠ ܐܠܗܘܬܗ ܕܒܪܐ. ܘܡܬܕܪܫܝܢ ܒܗ ܢܦܝܫܐܝܬ.[21] ܘܐܢ
ܐܢܫ ܡܥܐܠ ܠܗܘܢ ܡܠܬܐ ܡܢ ܟܬܒܐ ܕܐܠܗܐ. ܡܫܐܠܝܢ
ܩܘܡܘܢ ܘܡܬܡܟܐܝܬ. ܗܕܐ ܡܠܬܐ ܕܐܝܢܐ ܐܣܟܡܐ ܕܕܪܫܐ
14 ܡܫܡܫܐ ܠܡܥܒܕ ܢܠܦܐ ܐܘ ܡܦܪܫܐ. ܫܒܩܘ ܕܝܢ ܟܬ̈ܒܐ
ܩܕܝܫܐ ܕܐܠܗܐ[22] ܘܡܬܥܠܝܢ ܒܡܫܘܚܘܬܐ[23] ܕܐܪܥܐ. ܐܝܟ ܕܒ̈ܢܝ
ܐܪܥܐ ܐܢܘܢ ܘܡܢ ܐܪܥܐ ܡܡܠܠܝܢ. ܘܠܗܘ ܕܐܬܐ ܡܢ ܠܥܠ
ܠܐ ܝܕܥܝܢ. ܐܘܩܠܝܕܝܣ ܓܝܪ ܠܘܬ ܐܢܫܐ ܡܢܗܘܢ. ܢܦܝܫܐܝܬ
ܡܬܝܠܦ. ܐܪܣܛܛܠܝܣ ܕܝܢ ܘܬܐܘܦܪܣܛܘܣ. ܬܘܒ ܡܫܬܒܚܝܢ ܠܗܘܢ.
ܓܠܝܢܘܣ ܓܝܪ ܠܘܬ ܐܢܫܝܢ ܡܢܗܘܢ ܐܝܟ ܗܘ ܕܡܫܬܓܕܘ
15 ܡܫܬܒܚ. ܗܢܘܢ ܕܝܢ ܕܒܐܘܡܢܘܬܐ ܕܗ̇ܢܘܢ ܕܠܐ ܡܗܝܡܢܝܢ 𝔄 410

[16] 𝔄 om. ܘ [17] 𝔄 adds *et* [18] 𝔄 adds *ab iis* [19] 𝔄 plur. [20] In 𝔄 for *[illegible]* read *[illegible]* [21] 𝔄 om. ܘܡܬܕܪܫܝܢ ܒܗ ܢܦܝܫܐܝܬ
[22] 𝔄 om. ܕܐܠܗܐ [23] 𝔄 sing.

ܡܬܚܫܚܝܢ ܠܬܪܥܝܬܐ ܕܗܪܣܝܣ ܕܝܠܗܘܢ. ܘܢܝܚܘܬܐ ܕܪܘܚܢ
ܕܕܠܐ ܐܠܗܐ ܐܢܘܢ. ܡܡܪܚܝܢ ܒܡܫܡܫܢܘܬܐ ܒܫܝܛܘܬܐ ܕܟܘ̈ܟܒܐ
ܕܐܠܗ̈ܐ. ܒܪ ܐܦܠܐ ܕܝܢ[24] ܡܥܒܪ ܦܪܚܝܢ ܠܗ̇ ܠܡܫܡܫܘܬܐ.
ܡܢܐ ܡܬܒܥܐ ܠܝ ܕܢܐܡ̣ܪ ܒܠܚܘܕܝܗܘܢ. ܡܛܠ ܗܢܐ ܕܠܐ
ܕܫܠܬܐ ܐܪ̇ܡܝܘ ܐܬ̈ܕܢܐ ܥܠ ܟܘ̈ܟܒܐ ܕܐܠܗܐ ܘܐܡܪܝܢ
16 ܡܬܘܡܘ ܡܬܘܡܝܢ ܐܢܫܝܢ ܠܗܘܢ. ܘܕܠܐ ܡܫܡܫ ܒܢ̇ܫ ܐܢܐ
ܠܗܘܢ.[25] ܐܝܟܢܐ ܕܐܟܒܪ. ܡܫܡܫ ܢܠܦ. ܐܢ ܐܢܫ ܠܒܪ[26] ܢܦܫܐ
ܕܢܦܫ ܢܦܫܐ ܕܝܢ ܚܕ ܡܢܗܘܢ ܘܢܦܫܗ ܐܢܘܢ ܒܗ ܡ̈ܕܪܐ.
(B fol. 130 a) ܡܫܡܫ ܠܗܘܢ ܕܦܠܚܝܢ ܚܕ ܒܠ ܚܕ. ܦܠܚܝܢ ܠܒܪ
17 ܕܐܣܛܘܟܝ̈ܣ ܒܠ ܕܬܐܘܕܘܛܘܣ. ܦܠܚܝܢ ܕܝܢ ܡܫܬܡܫܝܢ ܡܢ
ܒܬܚܘܡܝܗܘܢ ܡܛܠ ܕܢܣܝܒܐܝܬ ܒܬܚܝܢ ܠܗܘܢ ܬܠܬ̈ܝܢܝܗܘܢ.
ܠܬܘܡܘܣܐ[27] ܕܝܢ ܚܕ ܡܢܗܘܢ ܐܝܟ ܕܩܢܘܢ ܦܪܝܢ ܠܗܘܢ.
ܐܝܬܝܗܘܢ ܕܝܢ ܢܘ̈ܟܪܝܐ. ܬܘܒ ܕܝܢ ܕܗܪܡܘܦܘܠܝܣ ܠܗܠܝܢ
ܠܐ ܥܠܡܝܢ. ܕܐܦܠܘܢܝܣ ܕܝܢ ܐܦܠܐ ܩܢܘܢ ܠܗܘܢ ܥܠܡܝܢ.
ܐܢ ܠܒܪ ܐܢܫ ܢܦܫܗ ܠܗ̇ܘܢ ܕܡܢ ܩܕܡ ܐܬܬܩܢܘ ܡܢܗܘܢ܀
ܠܗܠܝܢ ܕܒܝܪܬܐ ܦܪܝܫ. ܡܫܡܫ. ܕܐܦ ܩܢܘܢ[28] ܠܐ ܥܠܡܝܢ ܚܕ
18 ܠܚܕ ܀ ܕܒܡܟܐ ܕܝܢ ܐܬܝܬܘܗ̇ ܡܕܝܢܬܐ ܕܗܢܐ ܢܦܫܐ. ܕܒܒܝܐ
𝔄 111 ܕܐܦ ܩܢܘܢ ܡܕܒܝܢ. ܐܘ ܠܒܪ[29] ܠܐ ܡܫܡܫܝܢ ܕܡܢ ܦܘܪܣܐ
ܕܦܘܠܚܢܐ ܐܬܐܡܪܘ ܟܘ̈ܟܒܐ ܡܕܒܪ̈ܢܐ ܘܐܬܬܝܗܘܢ ܕܠܐ
ܡܫܡܫܢܘܬܐ. ܐܘ ܠܐܦܠܝܗܘܢ ܢܫܒܝܢ ܕܢܒ̈ܪܝܢ ܡܢ ܦܘܪܣܐ
ܕܡܘܕܒܐ. ܡܢܐ ܕܝܢ ܐܚܪܢܐ ܐܝܬܝܗܘܢ ܐܠܐ ܫܡ̈ܕܢܐ. ܠܐ
ܠܒܪ ܡܫܡܫܝܢ ܕܒܦܪܘܢ ܕܠܗܘܢ ܘܠܐ ܕܝ ܗܘ ܗܕܐ ܡܕܒܪܢܘܬܐ
ܒܪ ܒܐܬ̈ܪܘܬܗܘܢ ܒܬܚܘܡܝܢ.[30] ܡܢ ܗܢܘܢ ܕܝܢ[31] ܕܐܬܬܠܝܗܘܢ

[24] 𝔄 om. ܕܝܢ [25] 𝔄 om. ܕܟܠܗ ܡܢܗܘܢ ܢܦܫ ܐܢܐ ܠܒܪ̈ܝܗܘܢ [26] 𝔄 om. ܝܚܝܕܝܐ [27] 𝔄 plur. [28] 𝔄 om. ܐܦ ܩܢܘܢ [29] 𝔄 scribunt [30] 𝔄 om. ܕܝܢ

ܡܢܗܘܢ. ܠܐ ܡܚܠܘ ܐܝܠܝܢ ܗܟܢܐ ܠܟܬ̈ܒܐ. ܘܠܝܬ ܠܗܘܢ
19 ܕܢܣܒܘܢ ܕܝܢ ܐܝܟܢܐ ܡܬܟܘ ܐܝܠܝܢ ܠܝܫܢܗܘܢ. ܐܟܝܢ
ܕܝܢ[31] ܡܢܗܘܢ ܐܦ ܠܐ ܕܢܫܠܡܘܢ ܐܝܠܝܢ ܡܫܠܡܘ ܢܦܫ.
ܐܠܐ ܡܠܝܐܝܬ ܚܘܪܘ ܒܗܘܢ܇ ܒܢܡܘܣܐ (B fol. 130b) ܘܒܬ̈ܪܝܢܐ.
ܒܘܠܛܢܗܘܢ ܗܘ ܕܕܠܐ ܢܡܘܣ ܗܘ ܘܕܠܐ ܐܠܗܐ. ܘܡܚܒܠܬܐ
ܕܦܠܚܘܬܐ[32] ܠܚܪܬܐ ܕܐܡܪܝܢ ܐܝܬܝܗ. ܘܥܠ ܗܠܝܢ ܒܕܘܟܐ
ܠܗܪܟܐ ܐܫܬܟܚܢ ܆܆

ܫܠܡ ܡܐܡܪܐ ܕܚܡܫܐ ܕܬܫ̈ܥܝܬܐ ܕܥܕܬܐ.

·o:o· ·o:o· ·o:o·

ܫܘܒܚܐ ܠܐܠܗܐ ܘܠܒܪܗ ܘܠܪܘܚܐ ܕܩܘܕܫܐ.
ܠܥܠܡ ܥܠܡܝܢ ܐܡܝܢ ܘܐܡܝܢ.[33]

* *

* * *

* * *

* *

* *

* * *

* * *

[31] Some such words as *զօրինակս իւրեանց. նաև սմանք* have fallen out in 𝔄 [32] 𝔄 *erroris*: ܠܚܘܒܬܐ? [33] The subscription is omitted in 𝔄. Here ends the text of B

A 607 ܒܗ ܒܙܒܢܐ. ܗܘܐ ܒܐܬܪܘܬܐ ܕܠܐܕܝܩܝܐ. ܣܛܦܢ. [1](A fol. 85 a)
ܫ̈ܢܝܢ ܚܕܝܢ ܗܘܘ ܠܗ. ܒܟܪܟܐ[2] ܕܝܢ ܕܐܢܛܝܘܟܝܐ ܡܢ ܒܬܪ ܕܘܡܢܘܣ 29
ܐܦܣܩܘܦܐ. ܗܘ ܕܡܢ ܩܕܡ ܐܘܕܥܢ ܠܟܘܢ. ܘܕܒܪܐ ܩܠܝܠ
ܬܫܡܫܬܐ ܕܗܕܐ. ܒܬܪ ܩܠܝܠ ܕܝܢ ܙܒܢܐ ܟܕ ܐܬܢܝܚ ܗܢܐ.
ܛܝܡܐܘܣ ܐܚܪܢܐ ܩܒܠ ܬܪܘܢܘܣ ܕܥܕܬܐ. ܕܡܛܐ ܗܘܐ ܠܘܬܢ[3]
ܒܙܒܢܐ ܠܗܠܝܢ ܕܪܕܘܦܝܐ. ܒܐܠܟܣܢܕܪܝܐ ܕܝܢ ܒܗ ܒܙܒܢ 30
ܒܐܦܝܣܩܘܦܘܬܐ ܕܡܟܣܝܡܘܣ[4] ܬܡܢܥܣܪܐ ܫ̈ܢܝܢ. ܡܢ ܒܬܪ ܡܘܬܗ
ܕܕܝܘܢܘܣܝܘܣ. ܬܐܘܢܐܣ ܩܒܠ ܡܢ ܒܬܪܗ. ܘܒܝܘܡ̈ܬܗ ܕܗܢܐ
ܒܐܠܟܣܢܕܪܝܐ. ܥܡ ܦܝܪܝܘܣ[5] ܡܬܝܩܪ ܐܦ ܐܟܝܠܘܣ ܐܬܝܩܪ
ܗܘܐ. ܘܡܠܦܢܘܬܐ ܕܗܝܡܢܘܬܐ ܩܕܝܫܬܐ ܐܚܝܕ ܗܘܐ ܬܘܒ.
ܬ̈ܠܡܝܕܐ ܕܝܢ ܡܫܬܡܥܝܢ ܗܘܘ ܕܒܢܡܘܣܗ. ܕܒܟܬܒܐ[6] ܕܦܠܘܣܘܦܘܬܐ.
ܘܒܕܘܒܪܐ ܕܦܘܠܛܝܐ ܕܫܦܝܪܬܐ ܚܪܝܦܐܝܬ ܦܐܝܐ ܗܘܐ. ܡܢ 31
ܒܬܪ ܕܝܢ ܕܫܡܫ ܬܐܘܢܐܣ[7] ܬܫܥܣܪܐ ܫ̈ܢܝܢ ܩܒܠ ܡܢ ܒܬܪܗ
ܐܦܝܣܩܘܦܘܬܐ ܦܛܪܘܣ ܕܐܠܟܣܢܕܪܝܐ[7a]. ܘܐܬܚܫܒ[8] ܠܬܪܬܝܢ.
A 608 ܬܪܬܥܣܪܐ ܫ̈ܢܝܢ ܒܐܦܝܣܩܘܦܘܬܐ. ܟܕ ܗܘܐ ܕܝܢ ܒܬܪܬܐ ܬܠܬ
ܫ̈ܢܝܢ ܡܢ ܩܕܡ ܪܕܘܦܝܐ. ܘܥܒܕ ܕܘܒܪܗ. ܒܟܠܢܝܫ ܪܘܚܢܐ
ܦܠܚܘܬܐ ܢܦܫܗ ܡܕܒܪ ܗܘܐ. ܘܐܝܟ ܕܠܘܬܪܢܐ ܕܒܪ̈ܝܬܐ[9].

[1] Here ends the great lacuna in A, towards the close of the last chapter of Book VII. [2] A genit. [3] A om. ܠܘܬܢ [4] A *Maximus* [5] A *cum Piario* [6] A does not express ܕ before ܒܢܡܘܣܗ or ܒܟܬܒܐ [7] A *Theones* [7a] A *Alexandrinorum Petrus* [8] A: ܘܐܬܚܫܒ [9] A ܕܒܪ̈ܝܬܐ, and joins the word in construction to ܢܦܫܗ ܗܘܐ without rendering ܕܠܗܘܢ

ܝܕܥܢ ܗܘܐ ܕܠܗܘܢ ܪܘܪܒܐܝܬ. ܬܡܢ[10] ܗܘܝܢ ܟܠܗ ܙܒܢܐ ܬܢܢ
ܕܙܕܘܩܝܐ. ܐܬܦܫܩ ܗܘ ܓܝܪ ܘܐܬܚܫܒܬ ܒܟܠܠܝܐ ܕܡܫܘܕܥܘܬܐ.
32 ܒܗܢܐ ܠܡܐܡܪܐ ܫܒܥܝܐ ܕܡܫܠܡܢܘܬܐ ܕܣܡܢ ܘܗܟܝ.
ܠܡܘܠܕܗ ܕܦܪܘܩܢ. ܒܗܢܐ ܕܐܫܬܬܪ ܒ̈ܬܐ ܒܕܘܟܝܐ ܕܗ̈ܘܘ
ܬܠܬܡܐܐ ܘܚܡܫ ܫ̈ܢܝܢ. ܗܘ ܗܟܝܠ ܕܝܢ ܒܬܪܟܐ ܥܠ ܐܝܠܝܢ
ܕܐܬܟܬܪܘ ܒܐܓܘܢܐ. (A fol. 85 b) ܕܥܠ ܬ̈ܗܘܐ ܕܚܠܬ ܐܠܗܐ.
ܕܐܝܠܝܢ.[11] ܘܐܓܘܢܐ ܐܝܬܝܗܘܢ ܗܘܘ. ܒܟܬܒܐ ܢܟܬܘܒ.
ܒܡܕܪܟܐ ܠܐܝܠܝܢ ܕܐܬܝܢ ܒܬܪܢ ܀

ܫܠܡ ܡܐܡܪܐ ܕܫܒܥܐ.[12]

·o· ·o· ·o· ·o·

[10] 𝔄 om. ܬܡܢ [11] 𝔄 = ܘܐܝܠܝܢ [12] 𝔄 omits the subscription

܀ ܀ ܀ ܀

ܪܝܫܐ ܩܕܡܝܐ. ܥܠ ܐܝܠܝܢ ܕܗܘܘ ܩܕܡ ܐܪܕܘܦܝܐ ܀ ܀

ܕܬܪܝܢ. ܥܠ ܣܗܕܘܬܗ ܕܟ̈ܪܝܬܐ ܀ ܀

ܕܬܠܬܐ. ܥܠ ܕܐܝܟܢܐ ܟܕ ܒܘ ܐܬܚܘܝܐ ܐܝܠܝܢ ܕܗܘܘ ܒܪܕܘܦܝܐ ܀ ܀

ܕܐܪܒܥܐ. ܥܠ ܣܘ̈ܪܕܐ ܥܢ̈ܝܢܐ ܕܐܠܗܐ. ܐܝܟ ܟܠܗ ܥܠ ܐܬܪ̈ܘܢ ܕܡܕܝܢܬܗܘܢ[1] ܘܟܠܗ ܩ̈ܠܝܬܐ ܦܪ̈ܝܫܐ. ܥܠ ܐ̈ܦܝ ܕܢܝܚܬ ܐܠܗܐ ܀ ܀

ܕܚܡܫܐ. ܥܠ ܚܝ̈ܠܘܢ ܕܐܣܬܪܘ ܠܒܝܫܘܬܐ.

ܕܫܬܐ. ܥܠ ܚܠܘܨܝ ܕܐܣܬܪܘ ܗܘܘ ܡܢ ܬܠܘܣ̈ܝܗܘܢ ܕܡ̈ܠܟܐ ܀ ܀

ܕܫܒܥܐ. ܥܠ ܡܢ̈ܝܢܐ ܕܐܣܬܪܘ ܒܟܘܢܫܐ ܀

ܕܬܡܢܝܐ. ܥܠ ܐܝܠܝܢ ܕܐܣܬܪ ܒܗ ܒܡܢ̈ܝܢ.

ܕܬܫܥܐ. ܥܠ ܚܝܠܘܢ ܕܐܣܬܪܘ ܒܬܫܥܐܝܬ ܀

ܕܥܣܪܐ. ܘܠܦܢܐ ܕܬܫܒ ܦܠܐܘܣ ܡܕܪܐ. ܥܠ ܐܝܠܝܢ ܕܐܣܬܪܘ ܒܐܠܟܣܢܕܪܝܐ ܀

ܕܚܕܥܣܪ. ܥܠ ܚܝܠܘܢ ܕܐܣܬܪܘ ܒܦܪܘܓܝܐ ܀

ܕܬܪܥܣܪ. ܥܠ ܣܘܓܐܐ ܕܓܒܪ̈ܐ ܘܢܫ̈ܐ ܕܒܒܘ ܐܝܓܘܦܛܐ[2] ܒܦܘܪ̈ܢܝܐ ܩܕ̈ܝܫܬܐ ܀ ܀

Book VIII. [1] A plur. [2] A sing.

𝔄 612 ܕܬܠܬܬܥܣܪ. ܥܠ ܡܢܘ ܕܡܫܡܫܝܢ ܗܘܘ ܒܪܘܡܐ ܕܒܕ̈ܪܬܐ.
ܕܝܘܡܢ ܥܕܡܐ ܕܫܠܬ ܐܠܗܐ ܕܡܬܚܪܒܝܢ ܗܘܘ ܒܥܘܦܕܐ
ܕܕܝܗܘܢ.

ܕܐܪܒܥܬܥܣܪ. ܕܐܝܟܢܐ ܐܬܚܙܝܘ ܗܘܘ ܒܟܠܙܒܢܐ ܕܕܫܠܬ
ܐܠܗܐ ܀

ܕܚܡܫܬܥܣܪ. ܥܠ ܐܝܠܝܢ ܕܩܕܫ ܡܢ ܒܬܪܟܢ ܀

ܕܫܬܬܥܣܪ. ܥܠ ܫܘܠܡܐ ܫܪܒܐ ܕܝܬܒܘ̈ܬܐ[3] ܕܗܘܐ ܀ ܀

ܕܫܒܥܬܥܣܪ. ܥܠ ܫܘܠܡܐ ܕܟܠܗ[1]...

𝔄 615 ܫܪܒܐ ܬܡܝܢܝܐ. ܥܠ ܐܝܠܝܢ ܕܗܘܘ ܗܘܘ (A fol. 86 a) ܡܢ ܩܕܡ
ܐܪܕܘܦܝܐ ܒܙܒܢ̈ܝܢ[1]...

Pref. ܡܫܠܡܢܘܬܐ ܕܝܘܒܠܐ ܕܡܢ ܫ̈ܠܝܚܐ. ܒܫܒܥܐ[2] ܣܦܪ̈ܝܢ ܣܝܡܝܢ.
ܘܒܗܢܐ ܣܦܪܐ ܬܡܝܢܝܐ. ܡܕܡ ܕܐܣܬܥܪ ܒܙܒܢ̈ܝܢ ܠܗ
ܚܫܝܒܐܝܬ ܘܠܐ ܕܢܟܬܘܒܝܘܗܝ ܒܟܬܒܐ. ܠܝܘܠܦܢܐ ܕܐܝܠܝܢ
i. 1 ܕܗܘܝܢ ܡܢ ܒܬܪܢ. ܢܒܥܐ ܕܝܢ ܒܗ̇ ܒܡܠܬܐ ܡܢ ܗܪܟܐ. ܕܟܡܐ
ܘܕܐܝܟ ܐܝܕܐ ܦܪܗܣܝܐ ܘܬܫܒܘܚܬܐ. ܐܝܬ ܗܘܐ ܠܡܠܬܐ
ܕܕܚܠܬ ܐܠܗܐ. ܗ̇ܝ ܕܐܣܬܒܪܬ ܒܝܕ ܡܫܝܚܐ ܠܟܠܗܘܢ ܒ̈ܢܝ
ܐܢܫܐ. ܒܝܬ ܝ̈ܘܢܝܐ ܘܒܝܬ ܒܪ̈ܒܪܝܐ. ܡܕܡ ܪܘܪܒܐ ܕܗܘܐ
2 ܒܡܫܬ̈ܟܢܘܬ ܪܒܐ ܗ̄ܝ ܡܢ ܠܡܫܬܥܝܘ ܥܠܝܗ ܐܝܟ ܕܫܘܝܐ.
ܘܬܫܒܘܚܬܐ ܢܣܒ ܡܢ ܐܝܡܪܐ ܕܡܫܡܘܪܝܢ ܗܘܘ ܩ̈ܠܝܠܐ ܠܐܝܠܝܢ
ܕܡܢ ܕܝܠܢ ܐܢܘܢ ܠܗܘܢ[3] ܡܫܠܛܝܢ ܗܘܘ ܥܠ ܫܠܝ̈ܛܢܐ ܕܡܕܒܪܢܘܬܐ[4]
ܥܠ ܥܡ̈ܡܐ. ܘܒܝܬܗܘܢ ܡܠܟܐ ܕܢܦܩܝܢ ܗܘܘ ܠܗܘܢ ܘܡܠܟܐ
ܕܡܢܗܘܢ. ܡܢ ܚܘܫܒܐ ܕܕܚ̈ܠܬܐ ܢܦܫܝܢ ܗܘܘ ܠܗܘܢ ܠܟܝܢܐ.

[3] In 𝔄 for *[illegible]* read *[illegible]* [4] 𝔄 plur.

CHAP. I. [1] 𝔄 om. ܒܙܒܢ̈ܝܢ [2] In 𝔄 read *[illegible]* [3] 𝔄 + ܘܠܗܘܢ
[4] 𝔄 om. ܕܡܕܒܪ̈ܢܘܬܐ

3 ܡܢܐ ܕܝܢ ܢܐܡܪ ܥܠ ܐܝܠܝܢ ܕܗܘܝܢ ܒ̈ܬܝܗܘܢ ܕܡ̈ܠܟܐ ܐܝܬܝܗܘܢ 𝔄 616
ܗܘܘ. ܘܐܦ ܕܪ̈ܘܪܒܢܐ. ܗ̇ܢܘܢ ܕܠܟܠܗ ܒ̈ܬܝܗܘܢ[4a] ܡܢܗ ܐ̈ܦܝܗܘܢ
ܢܣܒܝܢ ܗܘܘ ܦܪܗܣܝܐ ܕܒܐܠܗܐ. ܒܡܠܬܐ ܘܒܣܘܥܪܢܐ
ܠܢ̈ܫܝܗܘܢ ܘܒ̈ܢܝܗܘܢ ܘܥ̈ܒܕܝܗܘܢ: ܘܠܐ[5] ܗܘܐ ܒܠܚܘܕ
ܕܢܬܒܣܪܘܢ ܒܦܪܗܣܝܐ ܕܡܫܒܚܘܬܐ ܡܦܣܝܢ ܗܘܘ ܠܗܘܢ:
ܐܠܐ ܐܦ. ܕܢܫܬܒܗܪܘܢ. ܘܝܬܝܪ ܡܢ ܐܝܠܝܢ ܕܪܘܚܐ ܒܗܘ ܒܡܠܬܗܘܢ:
4 ܡܫܬܒܚܝܢ ܗܘܘ ܟܠܗܘܢ ܘܡܝܩܪܝܢ ܗܘܘ ܠܗܘܢ: ܐܝܟ ܡܢܐ
ܕܐܬܬܗܝܡܢ ܗܘܐ ܕܪܒܝܬܐ. ܗܘ ܕܢܛܪ ܡܢ ܥܠ ܐܢܫ ܢܛܪ
ܗܘܐ ܒܫܘܒܚܗܘܢ ܪ̈ܘܚܐ ܘܒܫܡܝܢ. ܘܡܛܠ ܗܠܝܢ ܒܣܘܓܐ ܗܘܐ
ܡܢ ܟܠܗܘܢ ܐܝܠܝܢ ܕܒܐܫܢܘܬܐ ܘܒܡܕܒܪܢܘܬܐ[6] ܐܝܬܝܗܘܢ
ܗܘܘ. ܘܓܘܪܓܘܢܝܣ[7] ܗܘ ܕܐܟܘܬܗ ܡܫܒܚ ܗܘܐ. ܘܟܠܗܘܢ
ܐܝܠܝܢ ܕܐܟܘܬܗܘܢ. ܡܝܩܪܝܢ (A fol. 86 b) ܗܘܘ ܡܛܠ ܡܠܬܐ
5 ܕܐܠܗܐ. ܘܕܐܝܟܢܐ ܡܬܡܢܝܢ ܗܘܘ ܡܛܠ ܗܕܐ[8] ܒܐܝܩܪܐ
ܝܬܝܪܐ ܪܒܐ ܕܒܗܬܐ. ܡܢ ܟܠܗܘܢ ܐܦܛܪ̈ܘܦܐ ܘܗܓܡܘ̈ܢܐ ܀

ܕܬܪ̈ܝܢ. ܥܠ ܣܘܬܪܗܝܢ ܕܥ̈ܕܬܐ ܀

ܐܝܟܢܐ ܕܝܢ ܢܛܪܘ ܐܢܘܢ ܐܢܫ ܠܬܘܟܝܬܐ[1] ܕܒ̈ܢܝܐ ܕܐܢܫܐ
ܕܗܘܝܢ ܗܘܘ. ܕܗܟܝܢ[2] ܗܘܘ ܒܟܠ ܡܕܝܢܐ. ܘܠܡܣܦܩܐ ܕܒܢ̈ܝܐ
ܕܗܘܝܢ ܗܘܘ ܒܟܢܘܫܬ̈ܐ ܐܢ̈ܕܝܢܐ ܒܟܢ̈ܫܬܐ.[3] ܐܝܟܢܐ ܕܠܐ
ܣܦܩܝܢ ܗܘܘ ܡܟܝܠ ܗ̇ܢܘܢ ܒܬ̈ܐ ܩܕ̈ܡܝܐ. ܐܠܐ ܡܕܝܪ.
6 ܡܬܒܢܝܢ ܗܘܘ ܘܡܬܚܬܝܢ ܘܒܢܝܢ ܒܬ̈ܐ ܐܝܟ ܡܕܝܢ̈ܬܐ. ܗܠܝܢ
𝔄 617 ܕܝܢ ܒܙܒܢܐ ܒܗ ܙܒܢ ܗܘ̇. ܘܟܠܝܘܡ ܩܕ̈ܡܝܢ ܘܪܒܝܢ
ܘܡܬܬܘܣܦܝܢ ܗܘ̇. ܠܐ ܗܘܐ ܚܣܡܐ ܕܟܠܝܢ. ܐܦܠܐ

[4a] In 𝔄 read *[illegible]* [5] 𝔄: ܠܐ [6] 𝔄 *et in principatu* [7] 𝔄 *Goyonius* [8] 𝔄 om. ܡܛܠ ܗܕܐ

Chap. II. [1] 𝔄 sing. [2] 𝔄 — ܘܣܝܟܝܢ [3] 𝔄 sing.

ܐܝܟܢܐ ܒܝܕܐ ܡܫܝܚܐ ܗܘܐ ܠܡܫܘܡܢܘ ܦܢܝܢܗ. ܐܦ ܠܐ
ܕܡܬܪܒܝܢܘܬܐ ܕ̈ܒܢܝ ܐܢܫܐ ܢܒܥܘܢ. ܒܥܒܐ ܕܐܝܕܐ ܕܐܠܗܐ
ܡܢ ܥܒܕܐ ܡܚܒܐ ܗܘܬ ܘܢܛܪܐ ܠܥܡܗ. ܐܝܟ ܕܥܒܕ̇ܐ ܗܘܐ.
ܟܕ ܕܝܢ ܡܢ ܣܓܝܐܐ ܕܫܠܡܐ ܘܕܚܐܪܘܬܐ ܐܬܚܠܦܢ ܨ̈ܒܘܬܢ 7
ܘܫܡܝܢ ܗܘܘ ܘܡܬܚܝܢ ܦ̈ܓܥܐܐ ܠܣ̈ܒܪܐ. ܘܠܐ ܟܠܡܕܡ ܗܘܐ.
ܐܠܐ ܐܝܟ ܗ̇ܘ ܕܐܡܝܢ ܒܗ ܢܦܫ ܡܡܪܚܝܢ ܗ̤ܘܘ. ܒܙܒܢܐ
ܘܒܣܘܪܟܐ ܕܟ̈ܠܢ. ܘܪ̈ܥܝܐ ܠܪ̈ܥܝܐ ܚܬܡܝܢ ܗܘܘ.[4] ܘܡܥܡܐ ܥܠ
ܥܡܐ ܡܫܬܓܪ ܗܘܐ. ܘܡܗܡܟ ܒܐܦ̈ܐ ܕܠܐ ܗܦܟ. ܘܟܘܢܫܐ
ܒܡܫ̈ܬܐ ܗܓܪܐ ܗܘܐ ܘܡܟܢܫ ܒܐܘܬܗ ܕܝܢ ܕܐܠܗܐ ܒܣܘܥܢܐ
ܐܝܟ ܕܐܝܬܐ ܠܗ̇. ܟܕ ܒܟܢܫܐ ܒܢ̈ܫܐ ܫܪܝܢ ܗܘܘ. ܥܠܝܬܐ
ܘܒܐܪܘܬܐ. ܐܒܝܢܬ ܗܘܦܟܝܢܬܗ. ܘܩܪܒ ܗܘܐ ܪܕܘܦܝܐ. ܡܢ
ܐܚ̈ܐ ܕܒܠܫܝܢ ܗܘܘ ܒܐܣܛܪܛܝܐ. ܟܕ ܕܝܢ ܠܐ ܡܪܓܫܝܢ ܗ̤ܘܘ. 8
ܘܠܐ ܡܬܪܥܝܢ ܗ̤ܘܘ. ܕܐܝܟܢܐ ܢܬܪܥܐ ܠܗ ܘܢܫܟܚ ܚܠܝܢ
ܐܠܗܐ. ܐܠܐ ܐܝܟ ܐܢܫܐ ܕܠܐ ܐܠܗ ܐܝܬܘܗܝ ܚܫܒܝܢ ܗ̤ܘܘ
ܨ̈ܒܘܬܢ ܕܠܢܬ[5] (A fol. 87 a) ܒܠܒܗܘܢ ܚܪ̈ܝܦܐ ܘܡܫܩܘܪܐ.[6] ܘܒܝ̈ܫܬܐ 𝔄 618
ܥܠ ܒܝ̈ܫܬܐ ܐܘܣܦܘܬܐ ܡܫܘܫܦܝܢ ܗ̤ܘܘ. ܘܐܝܠܝܢ ܕܗܘܘ ܡܫܬܟܚܝܢ
ܕܐܝܬܝܗܘܢ ܪ̈ܥܘܬܐ. ܕܢܦܫܗ ܡܪܝܗܘܢ ܢܡܫܫܐ ܕܕܚܠܬ
ܐܠܗܐ. ܘܒܚܪܝܢܐ ܕܥܡ ܚ̈ܕܕܐ ܡܬܕܝܢ ܗܘܘ. ܘܟܠܗܘܢ ܗܢܘܢ
ܗܠܝܢ ܕܚܪܝܢܐ ܘܠܚܘܫܒܐ. ܘܕܦܠܓܘܬܐ ܘܕܬܚܬܝܬܐ. ܘܕܚܣܡܘܬܐ[7]
ܕܠܘܬ ܚ̈ܕܕܐ ܡܚܪܝܢ ܗܘܘ. ܘܦܠܓܘܬܐ. ܘܪܚܡܬ ܪ̈ܝܫܢܘܬܐ.[8]
ܡܢ ܟܠܗ ܪ̈ܘܚܢܗܘܢ ܬܒܥܝܢ ܗܘܘ. ܗܝܕܝܢ ܐܝܟ ܡܠܬܗ
ܕܐܪܡܝܐ ܕܐܡܪܐ. ܕܐܝܟܢ[9] ܚܫܟܐ[10] ܠܒܪܬ ܨܗܝܘܢ. ܘܐܪܡܝ Lam ii 1 f

[4] 𝔄 et duces duces seducebant [5] 𝔄 = ܘܠܟܠ [6] For ܚܪ̈ܝܦܐ and ܘܡܫܩܘܪܐ 𝔄 has singulars [7] In 𝔄 read [illegible] [8] 𝔄 et audaciam et principatum [9] 𝔄 quomodo obscuravit [10] 𝔄 adds [illegible] ird

ܡܢ ܥܡܡܐ ܠܐܘܪܚܐ ܬܫܡܫܬܗ ܕܐܝܣܪܐܝܠ. ܘܠܐ ܒܥܘܕ
ܒܥܒܕܐ ܕܢܟ̈ܠܘܗܝ ܒܥܘܠܐ ܕܥܒܕܘ. ܐܠܐ ܡܛܠ ܚܘܒܐ[11]
9 ܥܠܬ ܪ̈ܓܙܗ ܕܐܝܣܪܐܝܠ.[12] ܘܚܣܟ[13] ܥܠܝܗܘܢ ܢܦܩܘܗܝ. ܘܐܝܟ
Ps lxxxix 39 ff ܕܐܡܪ ܒܡܙܡܘܪܐ ܬܫܥܝܢܘܬܐ. ܕܐܒܛܠ ܩܝܡܐ ܕܥܒܕܗ. ܘܐܪܡܝ
ܠ ܐܪܥܐ ܡܘܬܒܗ ܒܦܘܪܩܢ ܕܚܪ̈ܒܬܐ[14] ܘܟܠ ܚܨ̈ܢܘܗܝ
ܘܚܣܟ ܢܦܩܘܗܝ.[15] ܕܒܙܘܗܝ[16] ܟܠ ܥܒ̈ܪܝ ܐܘܪܚܐ. ܘܒܬܪ ܗܠܝܢ
𝔄 619 ܗܘܐ ܚܣܕܐ ܠܫܒ̈ܒܘܗܝ. ܘܐܪܝܡ ܝܡܝܢܐ ܕܒܥܠܕܒ̈ܒܘܗܝ.
ܐܗܦܟ ܚܪܒܐ ܕܣܝܦܗ. ܘܠܐ ܣܡܟܗ[17] ܒܩܪܒܐ. ܘܒܛܠ
ܕܘܟܝܘܬܗ. ܘܟܘܪܣܝܗ ܠܐܪܥܐ ܫܕܐ. ܒܪܝ ܡܫ̈ܚܬܐ ܕܫܘܠܛܢܗ.
ii. 1 ܘܐܥܛܦܗ ܒܗܬܬܐ ·:· oo o·o oo ܐܝܟ ܕܝܢ ܟܠܝܢ ܗܠܝܢ
ܥܠܝܗܝܢ ܕܝܢ ܡܬܚܠܐ ܕܐ̈ܠܝܬܐ ܡܢ ܪܘܡܐ ܥܠ ܐܘܪܚܐ ܕܡܠܟܐ
ܠܬܫ̈ܡܫܬܗܘܢ ܡܬܗܦܟܝܢ ܗܘܘ. ܘܡ̈ܬܒܐ ܩ̈ܕܝܫܐ ܕܐܠܗܐ.
ܡܟܝܠ ܥܡܡܐ ܕܝܢ ܢܨܚܝܢ ܩ̈ܕܝܫܝܢ ܣܓܝ ܗܘ̈ܝ. ܘܪ̈ܥܝܬܐ
ܕܒܬܐ[18] ܡܬܚܪܒܢ ܠܗܘܢ ܘܠܐ ܡܬܦܢܝܢ ܗܘܘ. ܘܡܫܝܚܘܗܝ
ܕܝܢ ܡܬܬܢܝܚܝܢ ܗܘܘ ܡܢ ܓܒܪܐ. ܘܡܢ ܒܥܠܕܒܒܐ ܡܬܒܙܝܢ ܗܘܘ.
Ps cvii 40 ܘܐܝܟ ܕܐܡܪ ܒܡܠܬܐ ܐܚܪܬܐ ܕܒܥܐܘܬܐ. ܕܐܫܕ ܒܚܛܝܬܐ
2 ܥܠ ܫ̈ܠܝܛܢܐ ܘܐܛܥܝ ܐܢܘܢ ܒܕܒܪܐ ܕܠܐ ܐܘܪܚܐ. ܕܒܥܕܢ
ܕܝܢ ܗܠܝܢ ܠܐ ܗܘܬ ܕܝܠܗ. ܐܦܠܐ ܡܢ ܦܠܓܘܬܐ. (A fol. 87 b)
ܕܠܘܬ ܚ̈ܕܪܐ. ܘܡܥܕ̈ܪܬܐ ܕܥܘܕܪ ܪ̈ܘܚܫܐ. ܕܝܢ ܗܢ̈ܘ ܕܥܠܡ
ܩ̈ܝܡ ܠܒܪܘܫܐ. ܡܛܠ ܗܢܐ ܡܢܗܘܢ ܐܬ̈ ܠܐ ܝܕܥ ܕܥܢܬܐ
𝔄 620 ܥܠ ܗܠܝܢ. ܐܠܐ ܐܦܠܐ ܕܗܘܝܢ ܡܕܝܢ ܐܢܫ ܠܗܝܢ ܒܐܝܟܐ
3 ܕܐܠܗܐ. ܡܕܝܢ ܐܦܠܐ ܥܠ ܐܦܝܢ ܕܐܬܚܙܝܘ ܒܪ̈ܘܚܫܐ. ܐܘ
ܥܠ ܐܦܝܢ ܕܛܒܒܘ ܚܕ̈ܪܝܗ ܘܡܫܬ̈ܠܛܢܘܬܗ. ܘܗܢ ܡܢ̈ܝܫܢܘܗܝ

[11] 𝔄 adds *[illegible] immisericorditer* [12] 𝔄 *Iacobi* [13] 𝔄 om. ܘ [14] 𝔄 sing. [15] 𝔄 *et delevit castella eius et eruit moenia eius* [16] 𝔄 · ܘܪܘܡܗܘܢ [17] 𝔄 *recepit eum* [18] 𝔄 plur.

ܐܫܬܪܝܘ ܒܕܘܟܝܬܗܘܢ ܕܡܫܡܠܝܐ. ܐܟܘܬ ܕܐܡܪܢ. ܗܠܝܢ ܕܝܢ
ܕܠܘܬܗ ܗܘܘ ܠܬܫܡܫܬܐ ܡܫܡܠܝܬܐ. ܠܐܝܠܝܢ ܕܡܬܟܐܒܐ ܠܝ
ܘܠܐܝܠܝܢ[19] ܕܐܬܝܢ ܡܢ ܒܬܪܗܘܢ ܗܘܝܢ ܠܝܘܬܪܢܐ..

ܕܬܠܬܐ. ܥܠ ܕܐܝܟܢܐ ܥܒܕܘ ܐܓܘܢܐ. ܐܝܠܝܢ ܕܗܘܘ
ܒܐܪܕܘܦܐ.

ܢܬܬܐ ܠܝ ܗܟܝܠ ܡܢ ܗܫܐ. ܘܢܪܫܘܡ ܐܝܟ ܕܒܦܫܝܩܘܬܐ
4 ܠܐܓܘܢܐ ܩܕܝܫܐ ܕܣܗܕܐ ܕܡܠܬܐ ܕܐܠܗܐ·:·· ܐܬܝܗ ܗܘܬ
ܫܢܬ[1] ܬܫܥܣܪܐ ܕܡܠܟܘܬܗ ܕܕܝܘܩܠܛܝܢܘܣ. ܒܐܕܪ ܝܪܚܐ. ܟܕ
ܩܪܝܒ ܗܘܐ ܥܐܕܐ ܕܦܨܚܐ ܕܚܫܗ ܕܦܪܘܩܢ ܕܝܠܢ. ܘܐܬܦܪܣܘ
ܗܘܐ[2] ܒܟܠ ܐܬܪ ܟܬ̈ܒܐ ܕܡܠܟܘܬܐ ܕܦܩܕܝܢ ܕܥܕ̈ܬܐ
ܒܥܓܠ ܠܐܪܥܐ ܢܬܬܪܡܝܢ. ܘܟܬ̈ܒܐ[3] ܒܢܘܪܐ ܢܐܩܕܘܢ A 621
ܘܐܝܠܝܢ ܕܐܝܩܪܐ ܐܚܝܕܝܢ ܗܘܘ ܕܢܬܛܪܕܘܢ. ܘܐܝܠܝܢ ܕܐܝܬܝܗܘܢ
ܗܘܘ ܒܥܒܕܘܬܐ ܘܐܬܚܪܪܘ. ܐܦ ܢܗܘܘܢ ܒܪܢܫܐ ܕܥܪܛܠܝܘܬܐ
5 ܡܢ ܚܐܪܘܬܗܘܢ ܢܬܓܠܙܘܢ. ܒܬܪܟܐ ܕܝܢ ܡܕܡܝܐ ܕܐܬܚܫܒ ܗܘܐ
ܕܠܡ ܕܐܝܟ ܗܢܐ ܐܝܬܝܗܘܢ ܗܘܐ. ܒܬܪ ܩܠܝܠ ܕܝܢ. ܐܬܘ
ܟܬ̈ܒܐ ܐܚܪ̈ܢܝܬܐ ܕܦܩܕ ܗܘܐ ܒܗܝܢ. ܕܟܠܗܘܢ ܐܝܠܝܢ ܕܡܫܡܫܝܢ
ܒܪܝܫ ܕܥܕ̈ܬܐ ܒܟܠ ܐܬܪ. ܠܘܩܕܡ ܢܬܐܣܪܘܢ ܠܐܣܘܪ̈ܐ
ܘܒܬܪܟܢ ܒܟܠ ܐܦܢܝܢ ܢܬܐܠܨܘܢ (A fol. 88*a*) ܕܢܕܒܚܘܢ
iii. 1 ܗܕܝܢ ܒܪ̈ܫܐ ܩܕܡܝܐ ܕܥܕ̈ܬܐ. ܣܓܝ̈ܐܐ ܒܫ̈ܢܐ ܡܕܡܐ ܗܘܘ ܐܬܚܙܝܘ
ܒܗܘܢ ܕܒܟܘܬܐ ܕܝܢ ܣܓܝܐܐ. ܐܬܪܦܝ ܢܦ̈ܫܬܗܘܢ ܡܢ ܕܚܠܬܐ
ܘܐܬܟܫܠܘ ܡܢ ܥܘܪܗܘܢ ܕܡܪܕܐ ܬܘܒܘ. ܥܠ ܥܕܪܐ ܕܝܢ ܕܐܚܪ̈ܢܐ
ܥܠ ܟܠ ܚܕ ܚܕ ܡܢܗܘܢ ܙܢܐ ܦܘܪ̈ܫܐ ܕܫ̈ܢܕܐ ܡܬܝܠܕܝܢ ܗܘܘ
ܚܠܦܝܗܘܢ ܘܐܝܬ ܕܒܫܘܢܩ̈ܐ ܥܠܝܒ ܗܘܐ ܦܓܪܗ. ܘܐܝܬ

[19] A om. ܘ

Chap. III. [1] A *anno* [2] A adds *subito* [3] A adds *sanctitatis*

ܕܒܫ̈ܢܢܐ ܘܗܘ̈ܝܐ ܕܠܐ ܡܫܬܡܥܝܢ ܡܢܗܝܢ ܒܢ̈ܝܢܫܐ ܡܡܠܠ ܗܘܐ.
ܕܒܗܘܢ ܗܘ̇ܐ ܗܘܐ ܫܘܠܡܐ ܕܚܝܐ ܕܠܐ ܫܦܝܪ ܠܦ̈ܓܥܐ.
𝔄 622 2 ܐܘܪ̈ܚܐ ܕܝܢ ܬܘܒ ܐܘܪܚܐܝܬ ܢܦܩܘ ܒܗ ܒܐܝܟܢܐ.܀.܀

ܕܐܪܒܥܐ. ܟܠ ܗܫ̈ܘܒܐ ܥܫܝܢܐ ܕܐܠܗܐ. ܕܐܝܟܢܐ ܡܠܘ ܟܠ ܐܬܪ ܕܡܕܒܪܝܢܗܘܢ[1]. ܘܥܠܘ ܠܠܝܠܝܐ ܦܪ̈ܝܫܐ. ܟܠ ܐ̈ܦܝ ܕܫܠܛ ܐܠܗܐ.

ܐܝܬ ܓܝܪ ܕܗܘ ܐܘܪܚܐ ܒܡܦܪܫܐ ܕܩܝܡ[2] ܗܘܘ ܠܗ. ܘܠܒܫܘܬܐ[3] ܡܫܒܚܬܐ ܘܦܠܛܐܬܐ ܡܦܪܢܝܢ ܗܘܘ ܠܗ. ܐܝܟ ܐܢܫ ܕܡܕܒܪܝܢܘ ܕܒܫ ܡܥܬܪܐ ܗܘܐ. ܐܦ ܠܐ ܕܒܫ. ܘܐܝܬ ܕܐܦ ܠܐ ܡܬܦܪܥ ܐܬܦܪܥ. ܐܦ ܠܐ ܐܬܟܢܫ ܠܡܒܥܐ ܕܢܫܒܩ. ܘܒܗ̇ܝ ܕܪܘܚܐ ܐܡܪܘ ܕܕܒܫ. ܘܟܠ ܒܥܘܡܩܐ ܒܪ ܥܬܝܩ ܘܐܙܠ. ܐܘܪܚܐ ܕܝܢ ܒܟܠ ܡܬܠ ܠܗܘ ܡܬܒܥܝܢ ܗܘܐ:[4] ܘܐܝܟ ܡܢܗܬܐ
3 ܫܪܐ ܗܘܐ. ܘܐܝܬ ܬܘܒ ܕܟܠ ܐܪܒܥܐ ܫܪܐ ܗܘܐ ܘܡܬܓܠܝܘܗܝ ܡܬܓܪܪ ܗܘܐ ܠܦܪܘܐ ܗܓܡܘܢܐ[5]. ܘܡܢ ܐܝܠܝܢ ܕܕܒܫܘ ܫܥܒܝܢ ܗܘܘ ܠܗ. ܘܐܝܬ ܐܝܢܐ ܕܡܒܥܐ ܗܘܐ. ܘܟܠܗܝܢ ܙܒ̈ܢܐ ܡܫܡܫ ܗܘܐ. ܒܪ[6] ܒܟܪ ܒܕܒ̈ܫܘܬܐ ܡܫܡ̈ܬܬܐ. ܘܐܘܪܚܐ ܕܒܪܗܦܠܢܐ ܐܬܗܘܝ ܡܟܐ ܗܘܐ. ܘܡܬܬܠܡ ܗܘܐ ܒܡܕܒܪܢܘܬܐ ܕܫܒܗ ܕܦܪܘܩ. ܐܘܪܚܐ. ܕܠܐ[7] ܕܒܫ ܘܠܐ[8] ܡܕܒܫ ܡܟܐ ܗ̇ܘܐ ܗܘܐ. ܒܪܡ ܕܝܢ ܦ̈ܓܠܐܐ ܟܠܗܝܢ ܗܘܘ. ܘܡܫܬܬܦܝܢ (A fol. 88 b). ܒܦܘܪܫܐ ܦ̈ܓܠܐܐ ܕܡܫܪܝܬܐ ܕܪܘܡܝܢܐ. ܗ̇ܝ ܕܟܠ ܚܕܐ ܦܣܩܐ ܗܘܬ ܘܟܠ ܐ̈ܦܝܢܘܗܝ ܘܦܪ̈ܝܫܘܗܝ ܟܠܗܝܢ ܗܘܘ. ܘܡܦܠܪܐ ܠܒܪ

Chap. IV. [1] 𝔄 ܕܡܕܒܪܢܝܗܘܢ [2] 𝔄 *propellebant* [3] In 𝔄 for [illegible] read [illegible] [4] 𝔄 *cingebatur* (sc. *fascia*) [5] In 𝔄 the rendering of ܘܐܝܟ ܡܟܐܠܐ ܗܝ ܗܘܐ is repeated here [6] 𝔄 ܡܢ [7] In 𝔄 for [illegible] read [illegible] [8] 𝔄 om. ܠܐ

4 ܡܫܬܕܪܝܢ ܗܘܘ. ܗܟܢܐ ܕܝܢ[9] ܥܠ ܦܘܪܣܝܢ ܕܡܠܟܘܬܐ ܕܫܠܡܬ
ܐܠܗܐ ܡܬܥܣܩܝܢ ܗܘܘ ܗܟܢ. ܕܢܣܬܒܪ ܕܐܫܬܡܠܝ ܨܒܝܢܗܘܢ܆ 𝔄 623
ܠܘ ܕܝܢ ܠܘܬ ܫܘܪܪܐ ܡܬܚܫܒܐ ܢܦܩ ܗܘܐ ܠܗܘܢ܆ ܗܢܘܢ[10] ܕܠܐ
ܦܦܣܐ ܠܗܘܢ ܡܠܬܐ ܠܡܬܒܥܘ ܒܠܒܗܘܢ ܫܬܐܬ.
iv. 1 ܬܘܒܬܐ ܕܝܢ ܐܝܬ ܗܘܐ ܕܢܬܬܒܐ ܐܝܟ ܒܠܒܗܘܢ܆ ܕܫܦܘܢ
ܬܪܝܢܬܐ ܬܚܘܡܬܐ ܥܠ ܬ̈ܪܝܢ ܕܫܠܡܬ ܐܠܗܐ. ܠܘ ܒܠܚܘܕ ܡܢ
ܕܐܬܟܢܫܘ ܙܕܘܩܝܐ ܥܠ ܟܠ. ܐܠܐ ܐܦ ܡܢ ܩܕܡ ܕܟܠܐ ܣܓܝܐܐ
2 ܗܘ ܐܝܬ ܗܘܐ ܫܠܡܐ. ܡܫܪܐ ܕܝܢ ܡܬܓܪܝܐܝܬ ܐܝܟ ܕܡܢ ܪܫܐ
ܒܝܢܘܬ ܐܬܝܐ ܗܘܐ. ܗܘ ܕܡܟܠ ܗܘܐ ܥܘܠܝܢܐ ܕܥܠܡܘܬܐ.
ܘܒܠܘܥܝܐ ܒܡܟܣܝܢܘܬ[11] ܥܒܕ ܗܘܐ ܐܪܕܘܦܝܐ ܥܕ̈ܬܐ. ܡܢ
ܟܬܪ ܕܟܠܐ ܕܗܘܐ ܒܡܫܪܝܬܐ ܡܢ ܟܬܪ ܕܗܘܝܘ ܦܠܚܘܗܝ.
ܘܟܠ ܡܢ ܥܕܬܐ ܐܝܟ ܢܦܫܗ ܠܡܦܪܥ ܒܗܝܢ ܐܠܐ ܡܬܟܐܝܬ
ܠܗܢܘܢ ܕܒܐܣܛܪܛܝܐ ܦܠܚܝܢ ܡܫܪܝܐ ܗܘܐ. ܒܗܕܐ ܕܝܢ
ܫܪܝ ܗܘܐ ܕܡܕܒܪܝܢ ܗܘܘ ܣܓܝܐܐ ܕܐܚܪ̈ܢܐ ܦܫܝܩܐܝܬ. ܐܢ 𝔄 624
ܗܘ ܕܡܬܟܐܝܬ ܢܬܟܬܫ ܘܢܙܟܐ ܠܗܘܢ܆ ܠܐܣܛܪܛܝܘܬܐ ܗܟܝܠ ܡܢ
ܦܠܚ̈ܝ ܐܣܛܪܛܝܐ. ܣܓܝ ܗܘܐ ܐܢܫ ܕܢܚܬܟܐܝܬ ܡܫܒܚܝܢ
ܒܠܒܗܘܢ ܕܢܬܪܦܘܢ܆ ܘܢܗܘܘܢ ܐܝܟ ܥܒܕܐ ܕܐܠܗܐ ܕܚܝܝܢ
ܕܡܫܬܟܚܐܝܬ. ܕܠܐ ܢܦܪܩܘܢ ܒܦܘܠܚܢܐ ܕܐܠܗܐ[12] ܒܪܘܚܐ ܕܟܠ.
3 ܟܕ ܕܝܢ ܪܒܚܝܠܐ ܗܘ ܐܝܟܢܐ ܕܐܬܚܙܝ ܗܘܐ ܒܗܘ ܘܟܠܐ
ܕܐܬܪܕܝܢ ܡܬܟܐܝܬ ܐܝܟ ܗܘܐ ܒܐܪܕܘܦܝܐ ܕܦܠܚ̈ܝ ܐܣܛܪܛܝܐ.
ܘܡܬܚܦܛ ܗܘܐ ܘܡܬܕܒܐ. ܠܐܝܠܝܢ ܕܡܬܚܪܝܢ ܗܘܘ ܒܚܠܝܡܘܬܐ
(A fol. 89 a) ܕܐܣܛܪܛܝܐ. ܘܗܟܢ ܗܘܐ ܕܢܨܒܘܢ ܠܗܘܢ܆ ܐܘ
ܕܢܬܦܫܘܢ ܘܢܗܘܘܢ ܒܐܝܩܪܐ ܕܐܝܬܝܗܘܢ ܗܘܘ ܒܗ. ܐܘ
ܕܠܐ ܢܬܦܫܘܢ ܘܢܦܩܘܢ ܠܗܘܢ ܦܘܩܕܢܐ ܢܬܟܠܘܢ ܡܢܗ.

[9] 𝔄 om. ܕ [10] 𝔄 *sed illi* [11] 𝔄 *furtim et occulte* [12] 𝔄 om. ܐܠܗܐ ܕ

ܘܦ̈ܓܥܐ ܐܝܠܝܢ ܕܐܬܬܣܝܡܘܢ ܒܠ̈ܒܐ ܕܡܠܟܘܬܗ ܕܡܫܝܚܐ.
ܠܣܗܕܘܬܐ[13] ܕܒܗ ܒܫܘܫܬ ܕܠܐ ܦܘܠܓܐ ܢܣܒܘ. ܫܪܝ ܡܢ
ܬܫܒܘܚܬܐ ܗܝ ܕܡܬܦܪܫܐ ܗܘܬ. ܘܡܬܓܪܝܢܐ ܗܘ ܕܐܝܬ ܗܘܐ
4 ܠܗܘܢ܆ ܐܝܬ ܗܘܘ ܕܝܢ ܡܢܗܘܢ ܩ̈ܠܝܠܐ. ܕܠܐ ܗܘܐ ܒܠܚܘܕ
ܐܣܘܪܐ ܥܒܕܝܢ ܗܘܘ. ܐܠܐ ܘܐܦ ܡܘܬܐ. ܡܛܠ ܡܢܚܐ
ܙܢ̈ܝܐ ܕܫܘܠܛ ܐܠܗܐ ܡܩܒܠܝܢ ܗܘܘ. ܕܗܘ ܕܐܝܬܘܗܝ ܗܘܐ
ܡܚܒܝܢܐ ܕܢܦܠܐ ܕܡܫܬܐ. ܗܢܝܢ[14] ܗܘ ܒܐܒܠ ܐܫܟܚ ܗܘܐ
ܒܥܘܦ ܕܗܢܐ ܕܩ̈ܠܝܠܐ. ܘܕܡܝܢܐ ܕܢܦܠ ܗܘܐ ܒܐܒܠ ܡܢ
ܫܘܠܛܢܐ ܕܡܫ̈ܡܫܢܐ. ܘܡܬܬܚܬܢ ܗܘܐ ܕܢܬܪܘܡ ܒܪܘܚܐ[15]
ܕܠܗܬ ܠܒܝܫ ·:·:·:· ·

ܕܣܗ̈ܕܐ. ܥܠ ܐܝܠܝܢ ܕܐܣܗܕܘ ܒܢܝܩܘܡܕܝܐ. 𝔄 625

5 ܟܕ ܕܝܢ ܐܬܓܠܝ ܡܫܠܡܢܘܬ. ܠܐ ܡܟܣܝ ܐܢܫ ܕܒܫܬܐ
ܒܥܠܡܐ. ܕܟܡܐ ܘܐܝܟ ܐܝܠܝܢ ܣܗ̈ܕܘܗܝ[1] ܕܐܠܗܐ. ܘܟܕ
ܚܙ̈ܘܗܝ ܚܙܐ ܗܘܐ ܐܢܫ ܒܟܠ ܡܕܝܢܬܐ ܘܒܟܘܪ̈ܐ. ܗܝܕܝܢ ܚܕ v. 1
ܡܢ ܐܢܫܐ ܝܕ̈ܝܥܐ. ܡܢ ܐܝܠܝܢ ܕܡܬܝܪܬ ܥܒܝܕܝܢ ܒܕܪ̈ܓܐ
ܕܐܝܩܪܐ ܕܡܬܚܫܒܝܢ ܒܥܠܡܐ ܚܣܝܢܐ ܕܐܬܚܫܒ ܠܚܬܐ ܗܢܐ
ܥܠ ܒܪ̈ܬܐ ܒܢܝܩܘܡܕܝܐ. ܐܬܬܙܝܥ ܒܛܢܢܐ ܕܐܠܗܐ. ܘܫܩܠ
ܦܬܓܡܐ ܕܡܠܟܘܬܐ. ܟܕ ܩܒܝܥ ܗܘܐ ܒܐܬܪܐ ܕܓܠܝܐ
ܒܩܘܒܠܐ ܘܐܝܬܝܗ ܘܒܙܥܗ. ܐܝܟ ܕܥܠ ܕܛܠܡܘܬܐ ܘܪܘܫܥܐ
ܐܬܬܥܝܪ ܗܘܐ. ܟܕ ܬܪ̈ܝܢ ܡ̈ܠܟܐ ܒܗ ܒܡܕܝܢܬܐ ܐܝܬܝܗܘܢ
ܗܘܘ. ܗܢܘ ܕܝܢ. ܗܘ ܕܩܕܡ ܠܟܠܗܘܢ ܩܫܫ ܗܘܐ. ܘܗܘ ܕܬܪ̈ܝܢܐ[2]
2 ܪ̈ܘܚܢܐ ܕܪܫܝܥܘܬܐ ܐܚܝܕ ܗܘܐ. ܗܢܐ ܕܝܢ. ܓܢܒܪܐ[3] ܗܘܐ

[13] In 𝔄 read [illegible] [14] 𝔄 ܕܗܝܕܝܢ [15] 𝔄 sing.

Chap. V. [1] 𝔄 merely *quomodo martyres* [2] 𝔄. ܕܪܓܐ [3] 𝔄 [illegible] *fortis* ܚܣܝܢܐ

ܡܬܟܬܫܢܐ ܕܗܘܘ ܫܘܪ̈ܐ ܕܗܘܘ ܒܗ̇ܘ ܙܒܢܐ. ܘܒܗܢܐ (A fol. 89 *b*)
ܐܣܛܪܛܓܐ ܐܬܟܬܫܘ.[4] ܘܡܫܘܕܐ ܫܒܪܘ[5] ܠܐܝܠܝܢ ܕܫܡܥܝܢ ܠܕܐܝܟ 𝔄 626
ܗܢܐ ܒܙܒܢܐ. ܘܠܐ ܒܥܬܐ ܘܠܐ ܫܓܘܫܝܐ.[6] ܢܛܪ ܢܦܫܗ
vi. 1 ܒܕܡܟܐ ܠܢܫܡܬܐ ܐܚܪܝܬܐ. ܒܬܪ ܡܢ ܟܠܗܘܢ ܕܝܢ ܫܘ̈ܪܐ
ܕܐܬܦܠܣܦ ܬܫܡܫܬ. ܘܐܬܟܬܫܘ ܒܟܪܘܙܘܬܐ ܕܗܘܘ ܒܗܢ ܙܒܢ.
ܐܦ ܒܬܪ ܢܨܚܢܐ ܐܦ ܒܬܪ ܒܪ̈ܘܪܐ. ܗܘܘ[7] ܒܗܢܐ ܙܒܢܐ
ܫܘ̈ܪܐ ܥܢܝܢܐ ܕܐܠܗܐ. ܗܢܘܢ ܕܒܬܪ ܕܘܪܬܐܘܣ.[8] ܕܐܬܢܨܚܘ
ܗܘܘ ܒ̈ܢܝ ܒܝܬܗܘܢ ܕܡ̈ܠܟܐ. ܗ̇ܢܘܢ ܕܐܒܘܪܐ ܡܚܠܢܐ ܐܝܬ
ܗܘܐ ܠܗܘܢ ܡܢ ܠܘܬ ܡܪ̈ܝܗܘܢ: ܘܡܢ ܣܘܓܐ ܚܬܝܬܐ[9]
ܕܒ̈ܢܝܗܘܢ ܠܐ ܦܪܝܫܝܢ ܗܘܘ ܠܗܘܢ. ܒܡܘܬܐ ܕܝܢ ܡܝܬܪܐ[9a]
ܐܝܟ ܕܒܫܪ̈ܪܐ ܢܨܒܝܢ ܗܘܘ. ܒܬܪ ܡܢ ܙܘܒܢܐ ܘܦܘܩܕܢܐ
ܕܡܠܟܐ ܗܢܐ. ܠܫܘܕܐ ܘܠܡ̈ܚܘܬܐ ܕܟܠ ܙ̈ܢܝ ܕܒܠܬ ܐܠܗܐ.
ܘܠܡ̈ܘܬܐ ܕܒܟܠ ܙ̈ܢܝܢ ܕܡܫܬܚܠܦܝܢ ܗܘܘ ܒܠܝܢܘܢ: ܕܡܚܝܢܘܢ[10]
ܡܢ ܗܠܝܢ ܐܕܟܪ ܠܚܕ. ܕܐܝܢܐ ܥܘܠܒܐ ܕܡܠܟܐ[11] ܗܘܐ ܠܗ.
ܕܡܢܗ ܢܫܡܥܘܢ ܐܦ ܡܢܗܘܢ ܕܚܙܘ ܠܗܪ̈ܐ. ܐܝܠܝܢ ܕܡܢܝܢ
ܒܗܢܐ ܟܬܒܐ. ܐܝܬܘܗܝ ܗܒܝܠ ܠܗ ܠܡܕܝܢܬܐ. ܒܗܕܐ 2
ܡܕܝܢܬܐ ܕܩܕܡ ܐܡܪܢ ܥܠܝܗ. ܩܪܒܘܗܝ ܕܗܠܝܢ ܡ̈ܠܟܐ.
ܘܐܬܦܩܕ ܗܘܐ ܠܗ ܕܢܕܒܚ. ܟܕ ܕܝܢ ܡܣܪܒ ܗܘܐ ܐܬܦܩܕ 𝔄 627
ܕܢܬܬܠܐ ܠܥܠ ܒܙܩܝܦܐ. ܘܢܬܢܓܕ ܟܠܗ ܦܓܪܗ ܒܡܚ̈ܘܬܐ.
ܒܕܡܟܐ ܕܢܬܕܟܐ. ܕܐܦ ܟܕ ܠܐ ܨܒܐ ܡܕܡ ܕܐܬܦܩܕ ܢܥܒܕ
ܗܘܐ.[12] ܟܕ ܗܠܝܢ ܣܒܪ ܗܘܐ ܘܠܐ ܐܬܬܢܝܚ.. ܘܓܪ̈ܡܘܗܝ 3
ܡܚܝܠ ܡܬܚܙܝܢ ܗܘܘ. ܚܠܐ ܚܠܛܘ ܒܡܠܚܐ ܘܡܪܡܝܢ ܗܘܘ ܥܠ

[4] 𝔄 sing. [5] 𝔄 sing. [6] 𝔄 om. ܘܠܐ ܫܓܘܫܝܐ [7] 𝔄 om. ܗܘܘ
[8] In 𝔄 read Դորոթէոս [9] 𝔄 *inferiore* = ܬܚܬܝܐ [9a] 𝔄 om. ܡܝܬܪܐ [10] 𝔄 =
ܘܡܚܝܢܘܢ [11] 𝔄 om. ܕܡܠܟܐ [12] 𝔄 *si nollet facere ea quae iuberetur*

ܕܫ̈ܘܚܬܐ ܕܒܣܪܐ. ܐܝܠܝܢ ܕܐܬܡܚܝܘ ܗܘܘ.[13] ܟܕ ܕܝܢ ܐܦ ܠܗܠܝܢ
ܒܟ̈ܐܒܐ ܕܐܝܬ ܗܘܐ. (A fol. 90 a) ܡܫܠܐ ܕܢܘܪܐ[14] ܠܡܫܡܫܢܘܬܐ
ܐܝܬܘ. ܘܐܦܢܝ ܒܣܦܪܐ ܕܡܬܐܡܠ. ܫܪܒܐ ܕܦܓܪܗ ܒܗܝ ܢܘܪܐ
ܡܬܚܦܪ ܗܘܐ ܒܩܠܝܠ ܩܠܝܠ. ܠܘ ܐܟܚܕܐ ܡܢ ܫܠ. ܕܠܐ
ܦܫܝܩܐܝܬ ܢܓܗܐ ܗܘܐ. ܘܠܐ ܫܒܩܝܢ ܗܘܘ ܠܗ ܗܢܘܢ
ܕܢܗܘܘܢ ܠܟܠ ܡܢ ܗܝ ܢܘܪܐ ܕܢܣܩ ܡܢܗ. ܒܕܡܘܬܐ ܕܐܝܟ
4 ܒܪܡܫܐ ܢܬܘܕܐ ܥܠ ܐܝܠܝܢ ܕܡܬܦܩܕ ܗܘܐ ܠܗ. ܟܕ[15] ܕܝܢ ܗܘ
ܡܢ ܬܪܥܝܬܗ ܠܐ ܡܬܬܙܝܥ ܗܘܐ. ܟܕ ܠܒܢܝ ܕܡܘܬܐ[16] ܒܗܘܢ
ܒܢ̈ܝܐ ܐܝܟ ܢܦܫܗ. ܘܗܟܢܐ ܐܬܚܙܝ ܗܘܬ ܩܫܝܘܬܗ ܕܡܢ
ܡܢ ܗܢܘܢ ܟܠ ܒܬ̈ܝܗܘܢ ܕܩ̈ܛܠܐ. ܕܟܘܐ ܗܘܐ ܒܢܘܪܐ ܐܦ
5 ܠܒܘܢܗ. ܦܠܘܣ ܚܢܢ[17] ܐܬܘܗܝ ܗܘܐ ܫܡܗ. ܠܘ ܕܝܢ
ܒܝܢܝ ܗܘܝ ܡܢ ܗܠܝܢ. ܐܝܠܝܢ ܕܐܬܩܛܠܘ ܒܐܬܪܐ.[18] ܕܠܐ
𝕬 628 ܕܝܢ ܢܗܘܘܢ ܩ̈ܛܝܠܬܐ. ܢܟܒܘܫ ܫܪܒܐ ܘܗܕܐ ܢܗܘܘܢ. ܕܘܪܬܐܘܣ
ܘܡܪܩܠܘܣ. ܡܢ ܐܚܪ̈ܢܐ ܩܛܝܠܐ. ܕܐܬܩܛܠܘ ܗܘܘ ܡܢ
ܒܬܪ ܕܐܬܟܠܠܘ. ܡܢ ܒܬܪ ܐܣܟܡܐ[19] ܕܟܠ ܕܝܢ ܕܡܟܠܐ. ܫܠܡ
ܗܠܝܢ. ܫܢܝ ܘܟܠܝܠܐ ܕܙܟܘܬܐ ܕܒܐܠܗܐ ܩܒܠܘ[20]. . . .

ܕܫܬܐ. ܥܠ ܗܢܘܢ ܕܐܣܗܕܘ ܡܢ ܒܬ̈ܝܗܘܢ ܕܩ̈ܛܠܐ.

6 ܒܗܢܐ ܙܒܢܐ ܐܦ ܐܢܬܝܡܘܣ[1] ܕܐܝܟ ܗܘܐ ܒܪܢܫܐ ܕܒܢܬܐ
ܕܢܣܝܘܢܐ. ܡܛܠ ܣܗܕܘܬܐ ܕܟܠ ܥܒܕ ܡܫܝܚܐ ܪܫܡܗ

[13] 𝕬 merely *super ulcera carnis* [14] 𝕬 = ܒܢܘܪܐ [15] 𝕬 om. ܡ
[16] 𝕬 om. ܡ ܠܒܢܝ ܕܡܘܬܐ [17] 𝕬 − ܦܘܠܘܣ [18] 𝕬 *in alio loco*
[19] 𝕬 plur. [20] For the words after ܕܡܟܠܐ we have in 𝕬 (reading [illegible] for [illegible]) *permutaverunt hanc vitam* (ܢܣܒܘ ܚܝ̈ܐ ܕܗܠܝܢ ܚܝ̈ܐ) *et acceperunt aeternam vitam et incorruptibilem coronam a Christo Deo*

CHAP. VI. [1] 𝕬 Անթիմոս *Anthimos*

ܐܬܦܣܩ ܗܘܐ. ܘܒܬܪܗ ܬܘܒ ܐܬܬܘܣܦܘ[2] ܗܘܘ ܡܢ ܥܠ
ܣܓܝܐܐ ܕܣܗܕܐ ܥܡܗܘܢ ܒܪ ܟܢܘ̈ܫܬܐ. ܠܐ ܝܕܥ ܐܢܐ
ܕܐܝܟܢܐ ܕܢܦܠܬ ܢܘܪܐ ܒܝܬ ܡܠܟܘܬܐ ܕܐܝܬ ܒܢܝܩܘܡܕܝܐ.
ܘܐܝܟ ܕܡܢ ܡܣܒܪܢܘܬܐ.[3] ܢܦܩܬ ܡܠܬܐ ܕܡܢ ܒܢܝܐ ܕܝܠܢ
ܗܘܐ ܚܘܫܒܢܐ ܗܘܐ ܕܓܠܝܐܝܬ.[4] ܡܛܠ ܐܝܟ ܕܡܢ ܪܘܒܐ ܕܡܠܟܐ.
ܟܠܗ[5] ܟܢܫܐ ܐܟܚܕܐ ܕܐܝܬ ܗܘܐ ܬܡܢ ܕܕܚ̈ܠܘܗܝ ܕܐܠܗܐ. ܐܝܬ
ܕܒܣܝܦܐ ܐܬܩܛܠܘ ܗܘܘ. ܘܐܝܬ ܕܒܢܘܪܐ ܡܬܓܡܪܝܢ ܗܘܘ.
ܘܡܬܐܡܪܐ ܡܠܬܐ. (A fol. 90 b) ܕܐܝܟ ܕܡܢ ܡܚܒܒܢܘܬܐ
ܕܝܓܝܢܐ ܕܐܠܗܐ ܕܠܐ ܡܬܡܠܠ. ܓܒ̈ܪܐ ܥܡ ܢܫ̈ܐ ܠܗܘܢ
ܢܘܪܐ ܥܒܪܝܢ ܗܘܘ ܘܢܦܠܝܢ. ܐܚܪ̈ܢܐ ܕܝܢ ܠܣܘܓܐܐ
ܕܐܚܪ̈ܢܐ ܒܣܦ̈ܝܢܐ[6] ܥܡܠܝܢ ܗܘܘ. ܘܒܥܘܡ̈ܩܘܗܝ[6a] ܕܝܡܐ ܚܢܩܝܢ
7 ܗܘܘ ܠܗܘܢ ܠܡܝܐ ܕܝܢ ܩ̈ܛܠܝܗܘܢ ܕܡ̈ܠܟܐ. ܡܢ ܒܬܪ
ܡܘܬܗܘܢ ܒܬܪ ܕܐܬܩܒܪܘ ܘܐܬܣܝܡܘ[7] ܒܐܪܥܐ ܐܝܟ ܕܙܕܩ.
ܡܕܒܪ̈ܢܐ ܫܦܝܪ[8] ܘܐܣܬܒܪܘ ܐܢܘܢ ܘܦܣܩܘ ܕܢܦܩܘܢ ܐܦ ܗܢܘܢ
ܒܝܡܐ. ܘܦܣܩܘ ܩܒ̈ܪܐ ܡܢ̈ܝܚܝܗܘܢ. ܕܠܐ ܫܝܡܝܢ ܒܩܒ̈ܪܝܗܘܢ[9] 𝔄 629
ܗܘܝܢ ܣܓܕܝܢ ܠܗܘܢ ܐܢܫܐ. ܘܐܠܗ̈ܐ ܣܒܪܝܢ ܠܗܘܢ ܐܝܠܝܢ
ܕܐܣܬܥܪ ܕܝܢ ܒܫܘܪܝܐ ܕܪܕܘܦܝܐ ܒܡܕܝܢܬܐ[10] ܗܠܝܢ ܘܕܐܝܟ ܗܠܝܢ
8 ܐܬܬܗܝܡ ܗ̈ܘܝ ·o· oo · oo · oo · oo · ܒܬܪ ܩܠܝܠ ܕܡܢ ܙܒܢܐ.
ܒܐܬܪܐ ܕܡܬܩܪܐ ܕܡܠܝܛܝܢܐ.[11] ܘܬܘܒ ܐܦ ܒܣܘܪܝܐ. ܫܢ̈ܝܐ
ܐܢܫܐ ܒܗ̇ ܒܡܠܟܘܬܐ ܗܕܐ. ܘܡܬܦܪܫܝܢ ܗܘܘ. ܕܠܡܠܟܗܘܢ
ܪ̈ܥܝܐ ܕܥܕ̈ܬܐ ܕܟܠ ܐܬܪ. ܢܚܒܫܘܢ ܐܢܘܢ ܒܝܬ ܐܣܝܪ̈ܐ.

[2] In 𝔄 read [illegible] [3] 𝔄 *et tanquam e falsa opinione* [4] 𝔄 om. ܓܠܝܐܝܬ [5] In 𝔄 the [illegible] before [illegible] should be struck out [6] 𝔄 ܒܣܦܝܢ̈ܬܐ. Read ܒܣܦ̈ܝܢܐ. [6a] 𝔄 om. ܘ [7] 𝔄 om. ܘ ܒܬܪ ܕܐܬܩܒܪܘ [8] In 𝔄 read [illegible] [9] 𝔄 does not express the suffix [10] 𝔄 *in Nicomedia* [11] 𝔄 *Meltine* without ܕ

9 ܒܡܘܙܓܐ.[12] ܘܐܬܬܚܝܕܬ ܗܘܬ ܣܝܥܬܐ ܕܗܠܝܢ ܕܡܫܬܒܪܐ ܡܚܠܝܐ ܡܢ ܟܠ ܬܚܘܡ. ܣܘܓܐܐ ܓܝܪ ܕܐܣܝܪܘܬܐ ܣܒܝܥܝܢ ܗܘܘ ܒܟܠ ܐܬܪ. ܘܒܗܝܢ ܗܠܝܢ ܕܐܝܬ ܗܘܐ ܒܟܠ ܕܘܟܐ.[13] ܕܡܬܛܝܒܝܢ ܗܘܘ ܡܢ ܩܕܝܡ ܠܩܛܘܠܐ ܘܠܡܚܒܠܝ ܩܒܪܐ. ܗܝܕܝܢ ܐܦܣܩܘܦܐ ܘܩܫܝ̈ܫܐ ܘܡܫܡ̈ܫܢܐ. ܘܩܪ̈ܘܝܐ ܘܡܫܒ̈ܥܢܐ ܡܠܝܢ ܗܘܘ.[14] ܐܝܟ ܕܠܐ ܬܫܬܒܩ ܬܘܒ ܕܘܟܬܐ ܠܐܝܠܝܢ ܕܡܚܝܒܝܢ ܗܘܘ ܒܡܣܟܪ̈ܢܐ

10 ܒܝ̈ܫܬܐ.܀ ܬܘܒ ܕܝܢ ܒܬܪܟܢ ܚܪ̈ܢܝܬܐ ܐܬܪܙܝ ܗܘ̈ܝ ܠܡܕ̈ܝܢܬܐ. ܕܒܗܘܢ ܟܬܝܒ ܗܘܐ ܥܠ ܗܠܝܢ ܕܚܒܝܫܝܢ ܗܘܘ. ܕܐܢ ܡܕܒܚܝܢ. ܢܫܬܪܘܢ ܘܢܐܙܠܘܢ ܒܚܐܪܘܬܗܘܢ ܠܒܪ ܕܝܢ. ܐܢ ܕܡܣܪܒܝܢ ܕܝܢ ܘܠܐ ܡܬܛܦܝܣܝܢ ܒܫܘܢܩܐ ܕܣܓܝ̈ܐܐ ܕܫܘܢ̈ܩܝܗܘܢ ܐܬܦܩܕ (A fol. 91 a) ܗܘܐ. ܘܡܟܝܠ ܬܘܒ. ܐܝܟ [A 630] ܗܪܟܐ ܐܢܫܐ ܡܫܟܚ ܗܘܐ ܐܝܬ ܠܡܡܢܝܘ ܣܘܓܐܐ ܕܣܗ̈ܕܐ ܕܒܟܠ ܐܬܪ ܫܪܝܪܬ ܠܡܘܢ̈ܗ ܕܐܦܪܝܩܐ. ܘܡܘܪܝܛܢܝܐ ܕܡܘܪ̈ܝܐ. ܘܬܒܐܝܣ ܘܡܨܪܝܢ. ܗܠܝܢ ܕܡܢ ܬܡܢ ܘܐܦ ܠܡܕ̈ܝܢܬܐ. ܘܠܐܬܪ̈ܘܬܐ ܐܚܪ̈ܢܝܬܐ[15] ܢܦܩܘ ܗܘܘ. ܘܐܫܬܡܠܝܘ ܒܣܗܕܘܬܐ.

ܕܡܨܪ̈ܝܐ. ܥܠ ܗܢܘܢ ܐܓܘ̈ܢܣܛܐ. ܕܐܬܚܙܝܘ ܒܦܘܢܝܩܐ.܀

vii. 1 ܝܕܥܝܢ ܚܢ ܕܝܢ ܒܗܢܘܢ[1] ܕܡܢ ܡܨܪܝܢ ܐܬܢܨܚܘ ܗܘܘ ܘܐܬܚܙܝܘ[2] ܒܦܠܣܛܝܢܐ. ܘܝܕܥܝܢ ܚܢ ܠܗܢܘܢ[3] ܕܒܨܘܪ ܕܦܘܢܝܩܐ. ܕܡܢ ܕܚܙܐ ܐܢܘܢ ܬܗܪܐ ܐܚܝܕܗ ܗܘܐ. ܒܡܣܝܒܪܢܘܬܐ ܕܠܐ ܡܫܠܡ. ܘܡܣܝܒܪܢܘܬܐ ܕܗܠܝܢ ܐܬܠܝܛܐ ܡܫܝܚܝܐ. ܒܬܪܪܐ

[12] A adds *regis* [13] A merely *in carceribus*, omitting ܘ and ܐܝܬ ܗܘܐ; ܒܟܠ ܕܘܟܐ [14] In A for *[illegible]* read *[illegible]* (but A has ܐܦܣܩܘܦܐ and the following nouns in the nominative) [15] A ܠܐܬܪ̈ܘܬܐ ܐܚܪ̈ܢܝܬܐ ܘܠܡܕ̈ܝܢܬܐ

Chap. VII. [1] A ܕܡܢܗܘܢ ܕܡܢ ܡܨܪܝܢ [2] A. ܐܬܚܙܝܘ [3] A ܘܠܗܢܘܢ ܕܡܢ ܡܨܪܝܢ

ܕܪܓܙܘܗ ܐܠܗܐ. ܘܒܐܬܪܘܬܐ ܕܟܒܕܝܢ ܗܘܘ. ܕܚܙܝܬܐ ܡܢ ܒܬܪ
ܬܫܥܝܬܗܘܢ ܗܕܐ ܚܝܘܬܐ ܕܐܟܠܝܢ ܒܣܪ ܐܢܫܐ. ܒܓܙܪܬܐ
ܕܢܡܪܐ ܘܕܕܒܐ. ܘܕܚܙܝܪܐ ܒܪܐ ܘܬܘܪܐ. ܕܡܚܡܝܢ ܗܘܘ[4]
ܒܟܘܝܐ ܕܢܘܪܐ ܘܡܬܚܪܝܢ ܗܘܘ ܠܗܘܢ ܘܒܡܣܬܟܪܢܘܬܗܘܢ
2 ܥܒܝܕܬܐ ܕܬܠܝܬܐ ܕܠܘܬ ܚܕܐ ܚܕܐ ܡܢ ܣܗܕܐ. ܘܒܗܠܝܢ ܕܝܢ[5]
ܗܘܝܢ ܗܘܘ ܐܦ ܐܢܚܢ ܐܣܬܟܠܢ. ܟܕ ܚܝܠܗ ܕܐܠܗܐ A 631
ܘܕܦܪܘܩܢ ܡܪܢ[6] ܝܫܘܥ ܡܫܝܚܐ. ܗܘ ܕܣܗܕܘܬܗ ܡܣܗܕܝܢ
ܗܘܘ. ܡܐܟ ܗܘܐ ܠܘܬܗܘܢ. ܘܒܓܒܪܐ ܡܫܝܚܐ ܗܘܐ ܠܗܘܢ
ܠܣܗܕܐ ܠܢܬܘܐ. ܘܐܢܫܝܢ ܙܒܢܝܢ ܣܓܝܐܬܐ ܒܕܡܘܬܐ. ܕܒܥܝܐ
ܚܝܘܬܐ ܗܘܝܢ ܗܘܘ. ܘܠܐ ܡܩܪܒܝܢ ܗܘܘ[7] ܠܡܬܢܟܦܘ. ܐܦ
ܠܡܬܦܪܣܘ ܠܦܓܪܝܗܘܢ ܕܪܚܡܝܗ ܕܐܠܗܐ.[7a] ܥܠ ܐܚܪܢܐ ܕܝܢ
ܢܗܪܝܢ ܕܐܬܝܢ ܗܘܘ ܡܢ ܒܪ ܕܗܘ.[8] ܒܟܠܗ ܓܘܪܓܐ ܥܠܝܗܘܢ
ܗܟܝܢ ܗܘܘ.[9] ܥܠܝܗ ܕܝܢ ܠܐܬܠܝܛܐ[10] ܥܢܝܕܐ ܐܦ ܟܕ ܒܪܓܠ
ܡܗܠܟܝܢ ܗܘܘ. ܘܡܐܟܝܢܘܬܗܘܢ ܡܬܡܚܝܢ ܗܘܘ ܘܢܦܠܝܢ ܠܗܝܢ
ܠܘܬܗܘܢ ܕܗܕܝܐ ܡܬܩܦܝܢ ܗܘܐ ܠܗܘܢ ܕܢܟܒܢܘܢ. ܐܦܠܐ
ܠܚܕܐ ܡܢܗܝܢ ܗܘܘ ܠܗܘܢ ܐܝܟ ܕܝܢ ܕܒܥܝܐ ܕܐܦ (A fol. 91 b)
ܡܫܒܚܐ ܗܢܝܢ ܗܘܘ ܥܠܝܗܘܢ ܘܐܝܟ ܕܡܢ[11] ܚܝܠܐ ܕܐܠܗܐ
3 ܡܬܕܚܩܝܢ ܗܘܘ. ܘܬܘܒ[11a] ܠܡܬܦܪܣܘ ܩܥܝܢ ܗܘܘ. ܘܡܛܠ ܟܕ
ܢܓܪܐ ܡܬܥܒܪܝܢ ܗܘܘ. ܬܕܡܘܪܬܐ ܪܒܬܐ ܝܗܒܝܢ ܗܘܘ
ܠܚܙܝܐ. ܘܟܕ ܚܙܘܬܐ ܡܕܡ ܠܐ ܥܒܕܐ ܗܘܬ.
4 ܚܝܘܬܐ ܕܐܬܪܬܝܢ ܥܠܝܗܘܢ ܡܪܦܝܢ ܗܘܘ. ܠܡܬܗܪܘ ܗܘ ܕܝܢ
ܒܫܘܡܫܐ ܕܠܐ ܕܒܒ ܕܗܠܝܢ ܗܕܐ ܥܢܝܘܬܐ. ܘܡܣܬܒܪܢܘܬܐ

[4] A *qui exacerbabantur* [5] A = ܘܗܠܝܢ ܕܝܢ [6] A *vis divini Salvatoris nostri* [7] A *quod saepenumero stimulabantur* (omitting ܘܠܐ ܡܩܪܒܝܢ ܗܘܘ) [7a] A adds *et non audebant* [8] A om. ܡܢ ܒܪ ܕܗܘ [9] A adds *et statim trucidabant* [10] In A read [illegible] [11] A om. ܐܝܟ ܕ [11a] A om. ܘܬܘܒ

ܕܠܐ ܡܬܪܥܝܢܐ ܕܒܪܢܫܐ ܗܘܬ[12] ܒܦܓܪܐ ܕܓܠܠ̈ܐ. ܚܝܐ ܗܘܬ
ܒܝܬ ܡܟܫܘܬܐ ܕܒܢܝܢܐ ܡܢ ܕܒܫܘܪܝ ܫ̈ܢܝܢ. ܕܐܝܟ ܗܘܐ
ܚܠܝܡܐ ܕܠܐ ܦܘܪܫܐ. ܘܦܫܩ ܗܘܐ ܐܬܪ̈ܘܗܝ.. ܒܦܠܓܘܬܐ
𝔄 632 ܕܝܠܝܕܐ. ܘܡܬܪܒܝܬܐ ܕܠܐ ܕܝܠܗ ܐܘ ܕܡܬܕܒܪܢܐ ܡܬܚܝܒ ܗܘܐ
ܠܘܬ ܐܠܗܐ ܒܒܥܘܬܐ. ܘܠܐ ܡܬܬܟܝܒ ܗܘܐ ܐܘ ܡܬܬܪܝܡ
ܠܒܢܝ̈ܗܘܢ. ܡܢ ܗ̇ܘ ܕܒܥܘܬܐ ܕܒܗ̇ ܡܫܟܚ ܗܘܐ. ܟܕ ܕܒ̈ܐ ܘܢܡܪ̈ܐ
ܕܢܟܣܝܢ ܚܝܘܬܐ ܕܡܕܒܪܐ.[13] ܦܪܝܥܝܢ ܗ̈ܘܘ ܕܢܬܟܠܝܢ ܠܦܓܪܗ. ܘܗܟܢ
ܐܝܟ ܕܡܢ[14] ܚܝܠܐ ܕܐܠܗܐ[15] ܡܣܬܟܪ ܗܘܐ ܦܘܡܗܘܢ ܘܬܘܒ
ܠܒܣܬܪܗܘܢ ܗܦܟܝܢ ܗ̈ܘܘ. ܘܗܢܐ ܗ̣ܘ ܕܗܘ ܗܘܝܐ ܗܘܐ ܐܬܘܗܝ 5
ܗܘܐ. ܬܘܒ ܕܝܢ ܐܢܫ̈ܐ ܚܝܐ ܗܘܬ ܕܢܦܠܝܢ ܗܘܘ ܠܬܘܪܐ
ܒܩܪ̈ܢܬܐ.[16] ܗܘ ܕܠܐܢܫ̈ܐ ܩܪ̈ܢܐ ܕܡܬܩܪܒܝܢ ܗܘܘ ܠܗ.
ܒܩܪ̈ܢܬܗܘܢ ܠܐܪܥܐ ܫܕܐ ܗܘܐ ܘܡܦܪܩܬ ܠܗܘܢ; ܟܕ ܫܒܩ ܗܘܐ
ܠܗܘܢ ܒܝܬ ܡܚܬ ܠܚܝ̈ܐ.[17] ܟܠ ܚܕܐ ܕܝܢ ܩܕ̈ܝܫܐ ܒܠܚܘܕ.
ܟܕ ܒܣܡܟܬܐ ܘܠܘܝܬܐ ܟܪܝܟ ܗܘܐ.[18] ܐܦܠܐ ܕܢܬܩܪܒ ܠܗܘܢ
ܡܫܟܚ ܗܘܐ. ܒܪ̈ܓܠܘܗܝ ܕܝܢ ܘܒܡܪܕܘܬܗ ܠܟܐ ܘܠܟܐ ܡܬܗܦܟ
ܗܘܐ. ܘܡܛܠ ܒܡܪܝܪܐ ܕܚܝ̈ܘܬܐ.[19] ܚܡܬܐ ܘܠܘܝܬܐ[20] ܢܟܬ
ܗܘܐ. ܡܢ ܡܦܪܢܣܘܬܐ ܕܝܢ ܕܐܠܗܐ ܠܒܣܬܪܗ ܗܦܟ ܗܘܐ.
ܕܐܦ ܠܐ ܕܝܢ ܗܢܐ ܡܕܡ ܡܟܐܒܐ (A fol. 92 a) ܗܘܐ ܠܗܘܢ
ܐܚܪܢܝܬܐ ܕܝܢ ܬܘܒ ܚܝ̈ܘܬܐ ܡܬܩܪܒܝܢ ܗܘܘ ܒܠܚܘܕܝܗܘܢ ܠܣܗܕܘܬܐ 6
ܕܝܢ ܡܢ ܒܬܪ ܚܝܘܬܐ ܒܝܫܬܐ ܕܟܠ ܐܢܫ ܕܚܠܝܢ.[21] ܒܫܘܦܐ
ܐܬܦܠܓܘ ܠܗܘܢ;[22] ܘܫܠܗ ܐܪܒܥܐ ܘܦܠܓܪܐ[23] ܒܒܘ̈ܩܝܗܘܢ

[12] 𝔄 om. ܚܝܐ ܗܘܬ [13] 𝔄 ܘܡܕܒܪܐ [14] In 𝔄 for *ayp* read *ayoyl.a hyyh* [15] 𝔄 adds *op nz. quomodo ineffabili* [16] A orig. ܠܬܘܪ̈ܐ ܡܩܪ̈ܢܐ, and so 𝔄 [17] 𝔄 om. ܟܕ ܫܒܩ ܗܘܐ ܠܗܘܢ ܒܝܬ ܡܚܬ ܠܚܝ̈ܐ [18] 𝔄 *etsi irascebatur ungiendo* [19] 𝔄 om. ܕܚܝ̈ܘܬܐ [20] 𝔄 om. ܘܠܘܝܬܐ [21] For the words ܡܢ ܒܬܪ.....ܕܚܠܝܢ 𝔄 has *acerbius quam bestiae s. bestiis* [22] 𝔄 om. ܠܗܘܢ [23] 𝔄 sing.

ܕܐܝܟܢܐ ܐܬܟܬܫܘ. ܘܐܝܟܢ ܗܘܝܐ ܗܘܐ ܐܓܘܢܐ ܕܗܠܝܢ
ܡܨܪܝܐ. ܕܗܘܘ ܣܗܕܘܬܐ ܥܠ ܫܡܗ ܕܡܠܬ ܐܠܗܐ ܒܡܨܪܝܢ܀

𝔄 633 ܕܬܡܢܝܬܐ. ܥܠ ܗܢܘܢ ܕܐܣܗܕܘ ܒܡܨܪܝܢ܀

viii. 1 ܠܡܬܕܟܪܘ ܕܝܢ ܒܗܢܘܢ ܕܒܗ ܒܐܪܥܗܘܢ ܐܣܗܕܘ. ܐܝܟܢܐ
ܕܪ̈ܒܘܬܐ ܒܡܗܝܡܢܐ ܠܒܪ̈ܐ ܡܢ ܢܨ̈ܚܐ ܘܬ̈ܠܝܬܐ ܥܠ ܐܚ̈ܐ.
ܘܠܒܢܝ ܕܦܪܘܣ ܥܠܘ ܗܠܝܢ ܣܝ̈ܡܐ ܕܐܒܢܐ. ܘܡܣܒܪܘ ܡܗܘܬܐ
2 ܒܟܠ ܐܩ̈ܕܡܝܢ. ܐܝܬ ܡܢܗܘܢ ܕܡܢ ܒܬܪ ܣܘ̈ܩܐ ܘܬ̈ܒܪܐ
ܘܡܫܢܩܬܐ ܒܫ̈ܬܐ. ܘܡܢ ܒܬܪ ܙܒܢ ܙܢ̈ܝܢ ܕܫ̈ܢܩܐ[1] ܕܣܓܝܐ. ܒܢܘܪܐ
ܡܫܬܕܝܢ ܗܘܘ. ܐܚܪ̈ܢܐ ܒܡܘ̈ܥܢܘܗܝ ܕܝܡܐ ܡܫܬܕܝܢ ܗܘܘ.[2]
ܣܓ̈ܝܐܐ ܦܫܝܛܬ ܨܘܪ̈ܝܗܘܢ ܦܫܝܛܝܢ ܗܘܘ ܠܐܝܠܝܢ[3] ܕܦܣܩܝܢ
ܪ̈ܫܝܗܘܢ܆ ܣܓ̈ܝܐܐ ܒܨ̈ܠܝܒܘܬܗܘܢ ܡܬܛܫܝܢ ܗܘܘ. ܘܐܚܪ̈ܢܐ ܒܟܦܢܐ
ܡܬܚܢܩܝܢ ܗܘܘ. ܣܓ̈ܝܐܐ ܡܨܛܠܒܝܢ ܗܘܘ. ܐܝܟ ܕܐܝܟܢ ܒܢܝܐ
ܕܒܥ̈ܒܕܝ ܒܫ̈ܬܐ. ܐܚܪ̈ܢܐ ܒܪ̈ܫ[4] ܡܬܢܝܗܘܢ ܒܬܪ ܪܫܗܘܢ
ܡܬܗܦܟܝܢ ܗܘܘ. ܘܡܬܢܛܪܝܢ ܗܘܘ[5] ܥܕ ܚܝܝܢ. ܒܟܦܢܐ ܕܟܠܗܘܢ
ܕܗܢܘܢ ܩܛܠܐ ܒܟܦܢܐ ܡܬܚܢܩܝܢ ܗܘܘ܀

𝔄 634 ܕܬܫܥܝܬܐ. ܥܠ ܗܢܘܢ ܕܐܣܗܕܘ ܒܬܒܐܝܣ܀

ix. 1 ܒܒܢ̈ܝ ܗܢܝ ܕܝܢ ܡܢ ܟܠܗܝܢ. ܡܫܢܝܬܐ ܘܡܝܬܪܬܐ ܕܡܣܝܒܪܘ
ܣܘ̈ܓܐܐ ܕܗܘܘ ܒܬܒܐܝܣ. ܕܒܫ̈ܘܦܐ ܚܠܦ ܘܚܪܝܐ ܒܠܗ ܦܓܪܗܘܢ
ܡܣܬܪܩ ܗܘܐ. ܒܕܡܐ ܠܡܠܐܟܐ ܕܡܫܬܡܫܝܢ܆ ܘܢܫ̈ܐ ܬܘܒ
ܒܥܕܐ ܡܢ ܪ̈ܓܠܝܗܝܢ ܡܬܐܣܪ̈ܢ ܗܘ̈ܝ. ܘܠܥܠ ܒܐܐܪ

CHAP. VIII. [1] 𝔄 ܘܩ̈ܛܠܐ [2] 𝔄 *immersi sunt* (ܡܬܛܒܥܝܢ ܗܘܘ) [3] In 𝔄 for [illegible] read [illegible] [4] In 𝔄 read [illegible] [5] For ܥܕ ܢܦܫܗܘܢ ܡܬܢܛܪܝܢ ܗܘܘ ܘܡܬܒܥܝܢ ܗܘܘ 𝔄 has corruptly *de novo quaerebantur* = ܡܢ ܪܝܫ ܡܬܒܥܝܢ ܗܘܘ

ܒܐܘܡܢܘܬܐ ܡܬܬܠܝܢ ܗܘܘ ܘܡܬܢܓܕܝܢ ܒܗ ܥܠܝܗ ܒܪܓܠ.[1]
ܥܪܛܠܝܬܐ ܐܝܟ ܕܠܐ ܢܟܦܢ. ܘܚܙܘܐ ܡܢ ܟܠ ܚܙܘܐ ܠܬܕܗܪܐ
2 ܐܬܚܙܝܘ ܗ̈ܘܘ. (A fol. 92 b) ܐܚܪܢܐ ܬܘܒ ܕܝܢ ܐܢܫܝܢ ܒܐܝܠܢܐ
ܘܒܣܘ̈ܩܒܐ. ܒܠܒܝܫ ܡܬܬܠܝܢ ܗܘܘ. ܠܣܘ̈ܩܒܐ ܒܪ ܡܫܘܚܬܐ
ܕܐܝܠܢܐ. ܒܐܘܡܢܘܬܐ ܕܟܕܢ ܡܢ ܗܢܐ ܒܟܐ ܘܡܢ ܗܢܐ.
ܢܓܕܝܢ ܗܘܘ ܠܗܝܢ ܠܚܕܐ ܥܡ ܚܕܐ. ܘܬܠܝܢܘܗܝ ܕܗ̈ܕܡܐ ܚܕܐ
ܡܢܐ ܘܚܕܐ ܡܢܐ ܡܬܚܙܝܢ ܗ̈ܘܘ.[2] ܘܫܒܩܝܢ ܗܘܘ ܠܗܘܢ ܠܣܘ̈ܩܒܐ
ܕܢܐܙܠܘܢ ܠܕ̈ܘܟܝܬܗܘܢ. ܘܠܡܣܩܣܩܘ ܡܢ ܥܠ ܗܕ̈ܡܝܗܘܢ
3 ܡܬܓܠܚܝܢ ܗܘܘ. ܗܠܝܢ ܕܝܢ ܡܣܬܒܪܢ ܗ̈ܘܘ. ܠܘ ܡܬ̈ܚܙܝܢܐ ܐܘ
ܘܫܡܥܐ ܘܚܙܘܐ. ܐܠܐ ܐܦ ܒܥܘܒܕܐ ܕܫܟܝܚܐ. ܐܝܬ ܕܡܢܗܘܢ
ܕܝܬܝܪ ܡܢ ܚܡܫܐ ܒܚܕܝܢܐ ܡܬܩܛܠܝܢ ܗܘܘ. ܘܐܝܬ ܕܝܬܝܪ ܡܢ
𝔄 635 ܥܣܪܝܢ. ܘܒܙܒܢ ܐܦ ܬܠܬܝܢ ܐܝܬ ܕܝܢ ܕܐܦ ܒܚܕܐ ܠܬܠܬܝܢ.
ܘܒܙܒܢ ܐܚܪܝܢ ܐܦ ܒܚܕܐ ܠܡܐܐ. ܟܕ ܢܫ̈ܐ ܥܡܗܝܢ ܛܠܝ̈ܐ
ܘܢܫ̈ܐ ܒܗ ܬܠܬܐ ܡܬܩܛܠܝܢ ܗܘܘ. ܘܡܬܚܝܢ ܗܘܘ ܒܡܚܘܬ
4 ܒܙ̈ܢܝܐ ܡ̈ܢܝܢܐ ܕܟܠ ܙܢ ܐܦ ܐܢܫܝܢ ܕܝܢ ܚܙܝܢ ܒܟܝܢܝܢ. ܟܕ
ܐܝܠܝܢ ܠܗܘܢ ܠܐܬܠܝܬܐ ܗܠܝܢ. ܕܦܓܥܐ ܡܢ ܥܠ ܟܠ
ܡܕܡ. ܐܝܬ ܕܪ̈ܚܝܡܘܢ ܡܫܡܫܝܢ ܗܘܘ. ܘܐܝܬ ܕܡܫܡܫ ܒܪܫܐ
ܕܢܘܪܐ ܡܬܩܛܠܝܢ ܗܘܘ.[3] ܕܢܗܘܐ ܗܘܐ ܠܗ ܚܝܠܐ ܡܢ ܕܡܫܡܫ.
ܘܠܐ ܡܬܒܟܝܢ ܗܘܐ ܠܡܣܩܣܩ. ܘܗܘܘ ܡܬܚܠܦܝܢ ܠܐܘܐ
5 ܘܐܡܟܢܐ ܒܗ ܡܫܬܠܡܝܢ ܗܘܘ ܚܕ ܒܬܪ ܚܕ. ܠܒܟܐ ܕܝܢ
ܬܡܝܗܐ ܒܟܝܢܐ ܡܠܝܐ ܒܢܝܐ ܕܐܠܗܐ ܚܙܝܢ ܗܘܘ. ܕܗܠܝܢ
ܕܡܬܚܝܢ ܗܘܘ ܒܫܡܫܗ ܕܐܠܗܐ. ܕܡܬܐ ܒܪ ܕܡܬܚܠܝܢ
ܗܘܘ ܩܕܡܐ ܐܦܘܦܣܐ ܕܢܘܪܝܢ ܗܘܘ ܒܐܠܝܢ ܐܚܪ̈ܢܐ ܡܢ ܒܬܪܐ

Chap. IX. [1] For ܒܪܓܠ ... ܡܢ ܡܬܢܓܕܝܢ ܗܘܘ ܡܬܬܠܝܢ 𝔄 has *cruciabantur nudae talo (sc. suspensae)* [2] 𝔄 − ܗܘܘ ܡܬܚܙܝܢ [3] 𝔄 om.
ܗܘܘ ܡܬܩܛܠܝܢ ܕܢܘܪܐ ܒܪܫܐ ܕܡܫܡܫ ܘܐܝܬ

ܐܚܪܢܐ ܡܢܗ ܒܢܝ ܕܕܝܢܐ. ܘܡܘܕܝܢ ܗܘܘ ܥܠ ܢܦܫܗܘܢ
ܕܟܪ̈ܣܛܝܢܐ ܐܝܟ ܕܝܢ ܘܒܗܘܢ ܗܘܘ ܡܣܬܦܩܝܢ ܠܗܘܢ ܠܬܕܘܫܐ.
ܒܗ̈ܘܢ[3a] ܐܘ̈ܟܠܝܢܐ ܘܩ̈ܛܠܐ ܕܟܠ ܝܘܡ. ܘܐܠܦܐ[4] ܒܪܝܬܐ.
(A fol. 93 a) ܒܦܘܪܣܢܐ[5] ܐܝܬܝܗܘܢ ܗܘܘ ܒܚܝܠܬ ܐܠܗܐ.
ܘܒܣܝܡܘܬܐ ܘܐܘܪܝܐ ܕܒܘܣܡܐ[6] ܐܦܦܘܣܝܣ ܐܚܪܬܐ[7] ܕܡܘܬܐ
ܡܫܒܚܝܢ ܗܘܘ. ܟܕ ܡܬܕܝܢܝܢ ܗܘܘ. ܘܬܫܒܚܬܐ ܘܬܘܕܝܬܐ
ܠܐܠܗܐ ܕܟܠ ܡܫܡܫܝܢ ܗܘܘ. ܥܕܡܐ ܠܢܫܡܬܐ ܐܚܪܝܬܐ.
6 ܬܡܗܝܢ ܗܘܘ ܕܝܢ ܗܠܝܢ[8]. ܘܬܕܡܘܪܬܐ ܬܡܝܗܝܢ ܗܘܘ. ܗܢܘܢ 𝔄 636
ܕܟܗܘܪܬܐ ܘܦܠܗܘܕܐ. ܘܫܒܝܚܬܐ ܘܟܠܝܬܐ ܕܦܠܫܘܬܐ
ܥܒܝܕܝܢ ܗܘܘ. ܘܝܬܝܪ ܡܢ ܟܠ ܡܕܡ ܕܝܠܗ ܐܠܗܐ ܡܘܕܝܢ
7 ܗܘܘ. ܘܡܣܝܒܪܢܘܬܐ ܕܦܘܪܩܢ ܡܢ[9] ܡܛܠ ܡܫܝܚܐ. ܐܝܟ ܗܢܐ
ܕܐܝܬܘܗܝ ܗܘܐ ܦܝܠܘܪܘܡܘܣ[10]. ܕܠܐ ܗܘܐ ܙܥܘܪܬܐ ܫܘܠܛܢܘܬܐ
ܐܝܬ ܗܘܐ ܠܗ. ܐܠܐ ܡܕܒܪܢܘܬܐ ܕܐܠܟܣܢܕܪܝܐ ܐܚܝܕ ܗܘܐ.
ܕܟܕ ܒܗ ܒܕܪܓܗ ܐܝܬܘܗܝ ܗܘܐ. ܘܒܐܝܩܪܐ ܕܢܣܝܒ ܗܘܐ
ܠܗ ܡܢ ܪ̈ܗܘܡܝܐ. ܟܕ ܡܢ ܦܠܚ̈ܐ ܐܣܛܪܛܝܘܛܐ ܡܕܒܪ ܗܘܐ.
ܗܘ ܗܢܐ ܒܟܠ ܝܘܡ ܡܬܬܕܝܢ ܗܘܐ. ܘܦܝܠܐܘܣ[11] ܐܦܝܣܩܘܦܐ
ܕܬܡܘܐܝܣ ܡܕܝܢܬܐ. ܓܒܪܐ ܕܐܫܬܡܥ ܒܝܘܠܦܢܐ ܕܐܝܬܪܐ
8 ܕܐܠܗܐ ܒܐܬܪܗ ܘܒܝܘܠܦܢܐ ܕܦܝܠܣܘܦܘܬܐ ܕܗܘܝܢ ܗܠܝܢ ܟܕ
ܩ̈ܛܝܠܐ ܡܢ ܦܘܠܘܣܗܘܢ ܘܐܚ̈ܝܢܐ ܪ̈ܚܡܝܗܘܢ[12] ܒܥܝܢ ܗܘܘ
ܡܢܗܘܢ܆ ܘܐܦ ܐܝܠܝܢ ܕܐܝܬܝܗܘܢ ܒܪ̈ܫܢܐ ܕܫܘܠܛܢܘܬܐ. ܐܦ
ܗܘ ܕܝܢܐ ܗܢܐ ܗܘܐ ܡܢܗܘܢ܆ ܕܢܬܪܚܡܘܢ ܥܠ ܢܦܫܗܘܢ.

[3a] 𝔄 = ܠܗ̈ܘܢ (accus.) [4] 𝔄 om. ܘ [5] 𝔄 = ܘܒܦܘܪ̈ܣܢܐ [6] 𝔄 om. ܕܒܘܣܡܐ [7] 𝔄 om. ܐܚܪܬܐ [8] 𝔄 om. ܗܠܝܢ [9] 𝔄 om. ܡܢ [10] 𝔄 Փիլորոմոս *Philoromos* [11] 𝔄 *et Phelias* [12] 𝔄 omits ܡܢ and ܐܚ̈ܝܢܐ, and does not express the suffix in ܠܦܘܠܘܣܗܘܢ and ܪ̈ܚܡܝܗܘܢ. It also places ܒܥܝܢ ܗܘܘ ܡܢܗܘܢ after ܪ̈ܚܡܝܗܘܢ

ܘܣܘܟܘܢ ܥܠ ܩ̈ܢܘܡܝܗܘܢ ܘܢ̈ܦܫܬܗܘܢ܆ ܗܘܘ ܕܝܢ ܠܐ ܡܬܒܗܬܝܢ
ܗܘܘ ܠܗܠܝܢ ܟܠܗܘܢ. ܕܢܬܒܥܘܢ ܘܢܬܢܣܒܘܢ ܚ̈ܝܐ ܕܐܒܕܢܐ.
𝔄 637 ܘܡܫܬܠܡܝܢ ܠܡܘܬܐ ܕܡܣܗܕܘܬܐ ܘܡܬܒܪܝܢ ܒܩܘܪܒܐ. ܐܠܐ
ܒܡܫܡܠܝܘܬܐ ܚܬܝܬܘܬܐ ܘܫܠܡܘܬܐ.[11] ܗܢܘ ܕܝܢ ܕܕܚܠܬ ܐܠܗܐ.
ܘܡܚܒܬܐ ܕܢܘܗܪܐ ܠܐܠܗܐ. ܟܠܗܘܢ ܠܘܩܕܡܘܗܝ ܘܡܪܢܗ
ܕܡܫܝܚܐ ܡܬܩܪܒܝܢ ܗܘܘ. ܘܠܡܫܪܝܬܐ ܐܬܟܬܫܘ ܪ̈ܒܐ
ܕܒ̈ܪܝܗܘܢ܀

ܕܦܝܠܐܣ[1] (A fol. 93 b)

ܡܢ ܟܬܒ̈ܬܐ ܕܦܝܠܐܘܣ. ܕܠܘܬ ܬܐܡܘ̈ܝܣܝܐ ܀

𝔄 638 ܕܗܠܝܢ ܟܠܗܝܢ ܬܚ̈ܘܝܬܐ ܘܫ̈ܘܪܐ ܘܡ̈ܘܕܥܢܐ ܛܒ ܫܦܝܪ̈ܐ. x. 2
ܣܝܡܝܢ ܠܢ ܒܟܬ̈ܒܐ ܩ̈ܕܝܫܐ ܕܐܠܗܐ. ܣܗ̈ܕܐ ܩ̈ܕܝܫܐ ܕܒܗܝܢ
ܡܢ ܡܕܡ ܠܐ ܐܬܟܒܪܘ.[10] ܐܠܐ ܡܬܠܘ ܥܝܢܐ ܕܢܦܫܗܘܢ
ܢܦܫܐܝܬ ܠܘܬ ܐܠܗܐ ܕܥܠ. ܘܠܡܘܬܐ[2] ܕܒܝܠܘܬ ܐܠܗܐ
ܘܟܠ ܟܠܗܘܢ܆ ܘܠܐ ܐܬܦܢܝܘ ܡܢ ܪܚܡܬܗܘܢ ܡܛܠ ܕܐܫܬܡܥܘ
ܠܡܪܢ܆ ܝܫܘܥ ܡܫܝܚܐ ܕܠܡܛܠ ܠܚܘ̈ܒܐ ܡܛܠܬܢ. ܕܢܣܒܪܘܢ
Phil ii 6 ff ܟܠܗ ܣܟܠܘܬܐ. ܘܣܝܡ ܠܢ ܗܕܐ[3] ܠܐܘܪܚܐ ܕܫܢܐ ܠܗ ܠܘ ܟܪ

[11] 𝔄: ܫܠܡܘܬܐ ܘܫܠܝܢܘܬܐ

CHAP. X. [1] From comparison with 𝔄 it appears that there is a lacuna in A at the beginning of this chapter. The title is in 𝔄 *Doctrina quam scripsit Phileas martyr de omnibus quae gesta sunt in Alexandria urbe* (cf. the index, p. 319). The initial words (which have fallen out in A but are given in 𝔄) may be thus rendered *Sed quia diximus de Philea martyre qui magnus et copiosus erat sapientia terrestri, testetur hic de seipso monstrando qui fuerit et unde; et de omnibus quae evenerunt diebus suis in Alexandria urbe in martyriis multorum, quod magis quam nos peritus sciebat narrare vere de iis his verbis.* Then follow the words which stand as title in A. [10] In 𝔄 read [illegible]
[2] 𝔄 om. ܠܘܬ ܐܠܗܐ ܕܥܠ. ܘܠܡܘܬܐ [3] Read with 𝔄 ܗܕܐ

ܒܐܣܟܡܐ ܐܝܬܘܗܝ ܕܝܒܘܬܐ ܕܢܘܗܐ ܦܣܟܐ⁴ ܕܐܠܗܐ܂ ܐܢ

ܠܐ ܢܦܫܗ ܣܪܩ ܗܘܐ܂ ܘܕܡܘܬܐ[5] ܕܥܒܕܐ ܢܣܒ܂ ܘܒܐܣܟܡܐ[6]

ܕܒܪ ܐܢܫܐ[7] ܐܫܬܟܚ܂ ܘܡܟܟ ܢܦܫܗ ܥܕܡܐ ܠܡܘܬܐ܂ ܡܘܬܐ

3 ܕܝܢ ܕܨܠܝܒܐ[8]܂ ܡܛܠ ܗܢܐ ܛܢܘ ܒܡܘ̈ܗܒܬܐ ܪ̈ܘܪܒܬܐ ܣܗ̈ܕܐ

ܠܒ̈ܫܝ ܠܡܫܝܚܐ܂ ܘܟܠܗܘܢ ܟܐ̈ܒܐ ܘܟܠܗܘܢ ܦܘܪ̈ܫܢܐ

ܕܫ̈ܢܕܐ܂ ܠܐ ܚܕܐ ܙܒܢ܂ ܐܠܐ ܐܝܬ ܕܐܦ ܬܪ̈ܬܝܢ ܙܒ̈ܢܝܢ ܣܒܪܘ܂

ܘܟܠ ܠܘܚ̈ܡܝܢ܂ ܠܐ ܕܚ̈ܠܝܢ ܒܠܚܘܕ܂ ܐܠܐ ܘܐܦ ܕܡ̈ܥܒܕܐ ܣܒܠܘ܂

ܕܡܫܟܚܝܢ ܗܘܘ ܒܠܒܗܘܢ ܫܘܢ ܠܒ̈ܝܫܐ ܐܝܟܐ܂ ܘܗܘܘ ܟܕ

ܪ̈ܚܡܘܗܝ ܠܐ ܡܬܪܦܝܢ ܗܘܘ܂ ܡܛܠ ܕܚܘܒܐ ܡܫܡܠܝܐ ܠܒܪ

4 ܫܕܐ ܠܗ̇ ܠܕܚܠܬܐ܂ ܕܢܐܡܪ[9] ܕܝܢ ܥܠ ܢܨܚܢܗܘܢ[10]܂ ܘܥܠ

ܒܓܢܒܪܘܬܐ ܕܟܠ ܚܕ ܡܢܗܘܢ܂ ܐܝܕܐ ܡܠܬܐ ܡܣܦܩܐ ܠܝ܂ ܟܕ ܟܠ A 639

ܐܝܬ ܗܘܐ ܫܘܠܛܢܐ ܠܟܠ ܐܢܫ ܕܨܒܐ ܠܡܨܥܪܘ ܐܢܘܢ܂ ܐܝܟ

ܕܒܝ̈ܫܐ ܒܠܚܘܕܝܗܘܢ ܗܘܘ܂ ܐܢ̈ܫܝܢ ܕܝܢ ܒܩܝ̈ܣܐ܂ ܐܚܪ̈ܢܐ

5 ܒܫܒ̈ܛܐ[11]܂ ܐܚܪ̈ܢܐ ܕܝܢ ܒܡܢ̈ܓܕܐ܂ ܐܚܪ̈ܢܐ ܒܥܪ̈ܩܠܐ܂ ܚܪ̈ܢܐ

ܕܝܢ[12] ܕܚܙܝܢܘܬܗܘܢ ܡܬܚܙܝܢܐ ܗܘܬ[13]܂ * * * *

ܗܘܐ ܠܗܘܢ ܕܐܠܐ ܕܢܠܐ ܢܗܘܘܢ܂ ܡܢ ܒܬܪ (A fol. 94 a)

ܫܘܠܡܗ ܕܡܐܡܪܗ ܕܬܡܝܢܝܐ ·o:o·

ܕܫܪܒܐ܂ ܥܠ ܗ̇ܢܘܢ ܕܐܣܗܕܘ ܒܦܪܘܓܝܐ܂ A 642

12 ܗܢܐ ܡܛܠ ܡܬܟܬܒܐ ܠܝ ܕܐܡܪ ܡܕܝܢܬܐ܂ ܘܢܣܒ

ܬܫܡܫܬܐ ܫܢܝܬܐ ܥܠ ܫܢܝܬܐ܂ ܕܐܬܓܒܠܐ ܕܬܬܬܝܡܘܢ

[4] A *quod non rapinam putavit se aequalem fieri* [5] A om. ܘ [6] A om. ܘ [7] A *hominum* [8] For ܠܡܘܬܐ. ܡܘܬܐ ܕܝܢ ܕܨܠܝܒܐ A has *in obedientiam mortis crucis* [9] In A for [illegible] read [illegible] [10] A plur. [11] A om. ܐܚܪ̈ܢܐ ܒܫܒ̈ܛܐ [12] A *quod visio* [13] Here a leaf is wanting in A

ܕܡ̈ܕܪܐ ܕܗܘܘ ܒܟܠܗ ܥܠܡܐ. ܕܒܢܝܢܘܫܐ ܕܓܘܐ ܒܠܗܘܦܣܐ
xi. 1 ܕܡܪ̈ܕܐ ܡܬܚܪܒܝܢ ܗܘܘ. ܗܐ ܓܝܪ ܟܠܗ̇ ܚܕܐ ܡܕܝܢܬܐ
ܕܟܪ̈ܣܛܝܢܐ ܒܦܪܘܓܝܐ. ܠܟܪܟܗ̇ ܥܡ ܢ̈ܫܘܗ̇ ܘܦ̈ܠܚܐ ܕܒܗ̇.
ܚܕܪܘܗ̇ ܠܟܢܫܐ ܕܐܢܫܐ ܘܐܪܡܝܘ ܢܘܪܐ¹ ܘܐܘܩܕܘܗ̇. ܟܕ ܩܪܝܢ
ܗܘܘ ܘܡܫܬܡܗܝܢ ܩܕܡ ܐܠܗܐ. ܕܟܠܗ ܥܡܐ ܕܒܗ̇ ܒܡܕܝܢܬܐ
ܒܣܪ ܗܘܐ. ܠܘܓܣܛܐ ܥܡ ܐܣܛܪ̈ܛܝܓܐ. ܘܪ̈ܫܢܐ ܥܡ
ܟܠܗ ܥܡܐ.² ܘܟܪ̈ܣܛܝܢܐ³ ܐܝܬܝܗܘܢ ܡܘܕܝܢ ܗܘܘ. ܘܡܫܒܚܝܢ
ܠܐ ܡܬܛܦܝܣܝܢ ܗܘܘ ܠܐܝܠܝܢ ܕܦܩܕܝܢ ܗܘܘ ܠܗܘܢ ܕܢܦܠܚܘܢ
2 ܠܦܬܟ̈ܪܐ. ܘܐܝܬ ܗܘܐ ܓܒܪܐ ܚܕ.⁴ ܕܐܝܩܪܐ ܕܡܢ ܪ̈ܗܘܡܝܐ
ܐܝܬ ܗܘܐ ܠܗ. ܕܫܡܗ ܗܘܐ ܐܕܘܩܛܘܣ..⁵ ܘܐܝܬܘܗܝ.. ܗܘܐ⁶
ܡܢ ܐܢܫܐ ܝܩ̈ܝܪܐ ܕܒܐܝܛܠܝܐ ܘܐܬܕܒܪ⁷ ܒܟܠܗܘܢ ܕܪ̈ܓܐ
ܕܐܝܩܪܐ ܕܡܢ ܡܠܟܐ ܡܬܝܗܒܝܢ. ܐܝܟܢܐ ܕܐܦ ܡܦܪܢܣܢܘܬܐ
ܕܓܘܐ. ܐܝܠܝܢ ܕܡܬܩܪܝܢ ܒܫܡܗܘܢ ܡܓܝܣܛܪܘܬܐ ܘܩܬܘܠܝܩܘܬܐ
𝔄 643 ܕܠܐ ܪܫܝܢ ܕܒܪ ܗܘܐ. ܘܗ̇ܘ⁸ ܕܒܟܠܗܝܢ ܟܠܗܝܢ ܐܫܬܒܚ ܗܘܐ.
ܠܣܗܕܘܬܐ ܒܟܠܝܠܐ ܕܕܚܠܬ ܐܠܗܐ.⁹ ܘܒܡܘܕܝܢܘܬܐ ܕܥܠ ܫ̈ܡܗ
ܡܫܝܚܐ. ܟܕ ܗܘ ܒܕܪ̈ܓܐ ܕܐܬܠܝܛܘܬܐ ܐܬܥܛܦ ܗܘܐ. ܗܟܢ
ܐܓܘܢܐ ܕܥܠ ܫ̈ܡܗ ܕܚܠܬ ܐܠܗܐ. ܘܐܬܟܠܠܬ ܒܟܠܝܠܐ
ܕܣܗܕܘܬܐ܀܀

Chap. XI. ¹ 𝔄 adds *urbi* ² For ܠܘܓܣܛܐ ܥܡ ܐܣܛܪܛܝܓܐ. ܘܪ̈ܫܢܐ ܥܡ ܟܠܗ ܥܡܐ 𝔄 has merely *cum urbi praefecto et principibus* ³ 𝔄 – ܕܟܪ̈ܣܛܝܢܐ ⁴ 𝔄 adds *illustris* ⁵ 𝔄 [illegible] i.e. *Augustus* ⁶ In 𝔄 for [illegible] read [illegible] ⁷ 𝔄 – ܕܐܬܕܒܪ ⁸ In 𝔄 for [illegible] read [illegible] ⁹ In 𝔄 read [illegible]

ܕܬܪܥܣܪ. ܥܠ ܗܘܠܐܐ ܕܓܒܖ̈ܐ ܘܢܫ̈ܐ. ܕܒܟܡܐ ܐܓܘܢܐ ܒܟܘܪܗܢܐ ܣܓܝܐܐ.[1]

xii. 1 ܡܢܐ ܡܬܒܥܐ ܗܘܐ ܕܒܫܡܗܐ ܐܚܪ̈ܢܐ ܠܡܬܢܝܘ. ܐܘ ܕܐܡܪܝܢܐ ܗܘܠܐܐ ܕܓܒܖ̈ܐ. ܐܘ ܕܐܝܟܢ[2] ܫ̈ܢܕܐ ܕܟܠ ܐܢܫ ܕܗ̈ܕܡܐ ܬܫ̈ܢܝܩܐ. ܕܡܢܗܘܢ ܒܦܠ̈ܓܐ ܐܬܦܫܛܘ. ܐܝܟ ܡܢ (A fol. 94 b) ܕܗܘܐ ܒܐܪ̈ܒܥܐ. ܡܢܗܘܢ ܥܩ̈ܒܝܗܘܢ ܐܬܬܒܪ. ܐܝܟ ܕܓܒܫ ܠܗܘܢ ܕܒܦܣ̈ܘܥܝܐ. ܘܐܚܖ̈ܢܐ ܡܢ ܕܘܫ ܒܪ̈ܓܠܝܗܘܢ ܒܪܘܡܐ ܐܬܬܠܝܘ. ܘܐܚܪ̈ܢܐ ܕܥܡܗܐ ܗܘܡܐ ܗܘܬ ܬܫܢܝܩܬܗܘܢ܆ ܘܒܬܠܝܢܐ ܕܒܗܘܢ ܗܠܡ ܗܘܐ.[3] ܡܬܚܙܝܢ ܗܘܘ. ܐܝܟ ܡܢ ܕܗܘܐ. ܠܗܘܢ ܕܒܥܠܬ[4] ܢܦܘܩܬܐ. ܐܦ ܕܚܝ̈ܐ ܕܝܢ ܕܢܚ̈ܝܗܘܢ ܘܐܕܢ̈ܝܗܘܢ ܘܨܒ̈ܥܬܗܘܢ܆[5] ܩܠܝܠ ܩܠܝܠ ܦܣܩܘ ܗܘܘ. ܘܫܪܟܐ ܕܗܕ̈ܡܝܗܘܢ[6] ܘܡ̈ܢܘܬܐ ܕܦܓܖ̈ܝܗܘܢ ܦܣܩܘ.

2 ܐܝܟ ܕܗܘܐ ܠܗܘܢ ܕܒܐܠܟܣܢܕܪܝܐ. ܘܡܢܐ ܡܬܒܥܐ ܕܢܐܡܪ ܕܡܕܝܢܬܐ ܕܥܠܘܗܝ ܕܒܐܦܘܠܘܢܝܐ. ܕܒܦܠܓܢܐ ܕܐܘܪܐ. ܠܐ ܗܘܐ ܠܡܣܒܪܬܐ. ܐܠܐ[7] ܠܡܣܒܪ ܒܓܒܪ̈ܐ ܓܢܒ̈ܖܐ ܡܬܩܛܠܝܢ ܗܘܘ. ܐܚܪ̈ܢܐ ܕܝܢ ܒܢܓܠ ܡܚܝܢܘܢ ܒܢܘܪܐ ܡܚܝܡ ܗܘܘ. ܥܠ ܕܠܐ ܢܡܘܬܘܢ ܕܒܥܓܠ ܡܫܡܠܝܬܐ. ܐܚܖ̈ܢܐ ܕܝܢ ܕܒܙܢܝܢ ܗܘܘ ܡܢ ܠܡܘܬܐ ܕܥܠܝܢ. ܡܢ ܕܠܬܚܬܝܘ ܘܢܦܠܘܢ ܒܢܘܪܐ ܕܒܥܠܕܒܒܐ. ܡܢ ܠܟܠ ܡܢ ܙܘܒܐ ܕܓܒ̈ܪܐ[8] ܢܦܫܗܘܢ ܫܕܝܢ ܗܘܘ. ܕܡܘܬܐ ܒܣܝܦܐ[9] ܗܝܟ ܗܘܐ ܠܗܘܢ܆ ܘܬܘܒ[10] ܡܢ ܒܥܝܬܗܘܢ ܕܪ̈ܚܫܐ ܀

3 ܐܝܬ ܗܘܐ ܕܝܢ ܐܢܬܬܐ ܚܕܐ ܡܕܝܢܬܐ.

CHAP. XII. [1] 𝔄 *qui fecerunt certamina multa electe* (ընտրութեամբ) [2] In 𝔄 for նկատել read նկարել [3] 𝔄 om. ܕܒܗܘܢ ܗܠܡ ܗܘܐ [4] 𝔄 om. ܕܒܥܠܬ [5] 𝔄 *nares et aures signaverunt et digitos truncaverunt et* [6] 𝔄 om. ܘܫܪܟܐ ܕܗܕ̈ܡܝܗܘܢ [7] 𝔄 om. ܠܐ ܗܘܐ ܠܡܣܒܪܬܐ. ܐܠܐ [8] 𝔄 *et de tectis* [9] In 𝔄 read [illegible] [10] 𝔄 om. ܘ

ܘܬܗܡܐ ܒܫܘܒܚܬܐ ܕܦܫܛܗ̇. ܘܡܫܬܡܗܐ ܗܘܬ ܒܐܢܫܝܬܐ.
ܒܐܘܠܨܢܐ. ܒܡܘܬܐ ܘܒܠܘܚܡܐ. ܘܡܫܬܥܒܕܘܬܐ ܠܘܬ ܟܠ
ܐܢܫ. ܘܐܝܬ ܗܘܐ ܠܗ̇ ܒܥܬܐ ܬ̈ܘܠܬܐ. ܕܟܫܦܪܐ ܕܦܓܪܐ
ܘܦܩ̈ܘܕܬܐ ܐܝܟ ܗܘ̈ܝ. ܘܪܒܝܬ ܐ̈ܢܝܢ ܒܝܬ̈ܘܒܐ ܕܕܚܠܬ ܐܠܗܐ.
ܘܡܛܠ ܕܦܬܟ ܣܡܟܐ ܡܬܝܗܒ ܗܘܐ ܠܟܠܗܘܢ ܡܢ ܦܪܘܫܐ.[11]
ܟܕ ܦܘܪ̈ܫܢ ܡܬܒܪܝܢ ܗܘܐ ܘܡܬܡܟܟ[12] ܠܗܘܢ ܕܡܬܦܠܓܝܢ ܗ̈ܘܘ.
𝔄 645 (A fol. 95 a) ܟܕ ܕܝܢ ܥܒܕ ܕܒܐܬܪܐ ܐܚܪܢܐ ܐܬܚܙܝܘܢ ܗ̈ܘܘ.
ܒܟܠܝܠܬܐ[12a] ܠܐܓܘܢܘܣܐ ܗܢܐ ܐܚܝܢ. ܘܟܕ ܕܝܢ[13] ܐܬܬܚܕ
ܗ̈ܘܘ ܒܡܟܢܫܬܐ ܕܐܦܘܪ̈ܦܣܐ. ܟܕ[14] ܚܙܬ ܕܠܝܬ ܠܗ̇ ܦܘܪܣܐ.
ܕܬܒܟ ܗܝ ܘܩ̈ܛܠܬܗ̇. ܦܫܛܬ ܒܡܫܬܒܚܘܬܗ̇ ܒܢ̈ܬܐ ܕܡܢ ܩ̈ܕܡ
ܐܢܫܐ. ܘܕܒܠܠܐ ܡܢ ܟܠܗܘܢ ܠܡܣܒܐ ܕܙܟܘܬܐ. ܗ̇ܝ ܕܐܝܟܠܐ
ܒܐ̈ܪܝܗ̇ ܕܬܥܒܕ ܘܬܩܛܠ ܕܐܝܟ ܗܠܝܢ ܙܒܢܐ ܗܘܬ. ܐܦ
ܠܐ ܐܝܟܠܐ[15] ܕܢܟܠܝܢ ܢܚܫܝܢ ܠܦܠܚܝܐ ܕܫ̈ܒܐ. ܕܡܢܗ̇ ܡܢ ܟܠ
ܩ̈ܘܬܝܢ. ܘܟܕ ܡܢ ܟܠ ܐܒ̈ܕܝܢ. ܐܬܒܪܐ ܗܘܬ. ܚܕ ܕܝܢ ܥܒܪܐ
ܠܗܠܝܢ ܒܗܠܝܢ ܫܢܝܐ ܗܘܬ ܕܐܝܬ. ܗܘܐ ܕܝܢ ܒܝܬ ܓܒܣܐ
ܕܟܡܪܢ ܘܠܒܫܗ̇ ܘܠܒ̈ܢܬܗ̇ ܡܠܟܐ ܗܘܬ. ܘܡܢ ܕܐܫܬܘܝ 4
ܒܗܢܐ ܙܒܢܐ. ܟܠܗܘܢ ܚܝܘ ܦܓ̈ܪܝܗܘܢ ܠܒܩܫܝܘܢ ܢܦܩܐܝܬ.[16]
ܘܟܕ ܡܬܝܒ ܗܘ̈ܝ ܠܐܘܪܚܐ. ܫܩܠ ܡܢ ܢܦܘ̈ܪܐ[17] ܠܡܬܚܘܡܘ
ܦܠܠ. ܘܗܘܝܢ ܒܢܘܪܐ ܕܙܕܩܐ ܗܘܐ ܢܫܒܘܢ ܬܡܢ ܐܘܪܚܐ ܗ̈ܘܘ.
ܗܠܝܢ ܕܝܢ ܗܠܝܢ ܠܦܘܠ̈ܚܢܝܗܘܢ ܥܒܕ ܗ̈ܘܘ. ܐܚܪܢܝܬܐ ܕܝܢ 5
ܬ̈ܘܠܬܐ ܕܒܗ̇ ܒܐܘܠܨܢܐ. ܕܒܫܢܐ ܐܘܢܢܬܐ ܐܬܬܚܝܢ
ܗܘܘ.. ܘܟܠ ܡܕܡ ܗ̈ܘܝܢ ܗ̈ܘܘ ܠܐܠܗܐ. ܘܐܬܬܚܝܢ ܗ̈ܘܘ.
ܐܝܬܘ̈ܬܐ ܕܥܪ̈ܪܐ. ܘܥܒܝܢ ܗ̈ܘܘ ܠܦܠܗܡܟܐ. ܘܬܡܟܝܢ ܒܡܘܒܪܐ.

[11] 𝔄 plur. [12] 𝔄 = [illegible] [12a] 𝔄 *magna audacia*
[13] 𝔄 om. ܘ and ܕܝܢ? [14] 𝔄 = [illegible] [15] 𝔄 = [illegible] [16] For ܢܦܩܐܝܬ 𝔄
has *h quq... et ligaverunt* [17] 𝔄 sing.

ܘܩ̈ܛܠܝܢ ܗܘܘ ܒܚܪ̈ܒܐ. ܘܝܩܕܝܢ ܗܘܘ ܒܢܘܪܐ. ܘܛܒܥܝܢ ܗܘܘ A 646
ܒܝܡܐ. ܘܐܪܝܡܝܢ ܗܘܘ ܒܕܚܠܬ ܐܠܗܐ. ܘܡܬܟܬܫܝܢ ܗܘܘ
ܒܦܣܩܬܗܘܢ.[18] ܘܐܝܟ ܗܘ ܕܠܐ ܡܣܝܒܪܐ ܗܘܬ ܐܪܥܐ
ܠܡܛܠ ܕܐܝܟ ܗܠܝܢ ܡ̈ܬܟܢܐ ܐܬ̈ܠܝܛܐ. ܦܩܕܘ ܗܘܘ ܦܠܚܘ̈ܗܝ
ܕܐܪ̈ܕܐ ܕܢܫܬܕܘܢ ܒܢܗܪܐ. ܘܗܠܝܢ ܕܝܢ ܠܘܬ ܗܠܝܢ ܡܫܬܕܪܝܢ
6 ܗܘ̈ܘ[19] ·:· ܕܕܣܛܝܢ ܕܝܢ ܐܦ ܠܡܫܬܡܠܝܘܬܐ. ܡܫܬܕܪܝܢ ܗܘܘ ܐܣܛ̈ܪܐ
ܒܦܢܛܘܣ. ܩܢ̈ܝܐ ܚܪ̈ܝܦܐ ܕܢܥܨ ܒܨ̈ܒܥܬܗܘܢ ܬܚܝܬ
ܛܦܪ̈ܝܗܘܢ ܡܥܒܪܝܢ ܗܘܘ. ܘܐܚܪ̈ܢܐ ܐܒܪܐ ܒܫܘܪܐ ܡܦܫܪܝܢ
ܗܘܘ. ܘܡܢ ܕܐܬܦܫܪ ܒܢܘܪܐ (A fol. 95 b) ܥܠ ܚܨ̈ܝܗܘܢ
ܡܫܦܟܝܢ ܗܘܘ. ܘܗܕ̈ܡܐ ܐܝܠܝܢ ܕܣܬܪ ܡܟܣܝܢ ܒܦܓܪܐ.
7 ܡܩܠܝܢ ܗܘܘ. ܐܚܪ̈ܢܐ ܕܝܢ ܬܘܒ. ܒܗܕ̈ܡܐ ܒܟܐ̈ܒܐ ܘܒܪ̈ܚܡܝܗܘܢ
ܢ̈ܟܐ ܩܫ̈ܝܐ ܕܠܐ ܡܬܡܠܠܝܢ ܘܕܠܐ ܡܬܬܟܠܠܝܢ[20] ܡܫܬܕܪܝܢ ܗܘܘ.
ܐܝܠܝܢ ܕܕܝ̈ܢܐ ܕܝܢܐ ܬܩ̈ܢܢ ܢܬܚܙܐ. ܢܘܚܡܘܢ ܗܘܘܬܗܘܢ ܒܗܘܢ
ܡܣܩܝܢ ܗܘܘ. ܘܐܝܟ ܢܨܚܢܐ ܥܒܝܕܘܬܐ ܡܬܦܪܫܝܢ ܗܘܘ
ܘܡܬܩܠܩܝܢ ܫܢ̈ܐ. ܗܢܘܢ ܕܐܬܐܡܪܬ ܒܠܒܗܘܢ ܡܬܩܫܝܢ ܗܘܘ.
ܘܐܝܟ ܕܡܬܚܦܝܢ ܢܕܒܪܘܢ ܠܫܕܪܐ ܒܪܘܚܬܐ ܡܬܒܪܝܢ ܗܘܘ.
8 ܚܙܬܐ ܕܝܢ ܕܐܘ̈ܩܠܝܣܐ.[21] ܟܕ ܒܬܢܘܪܘܬܐ ܡܬܚܠ[22] ܕܒܥ̈ܛܐ
ܐܘܣܠܐ. ܘܠܐܘܐ ܡܢ ܕܠܡܒܠܠ. ܘܫܒܚܘ ܘܐܬܬܠܝܘ[23] ܡܢ
ܥܒܝܕܘܬܐ ܕܕܒܚܐ. ܐܬܦܢܝܘ ܠܗܘܢ ܐܝܟ ܡܟܐ ܕܫܒܩܘ
ܒܪ̈ܚܝܗܘܢ ܠܡܫܒܚܘܬܐ ܘܡܪܘܚܘܬܐ. ܐܚܪ̈ܢܐ ܐܢܫܐ ܕܡܟܝܠ A 647
ܐܝܟ ܪ̈ܚܡܝܗܘܢ ܡܢܕ ܕܗܘܐ ܠܘܬܗܘܢ ܠܐ ܢܫܒܩܘܢ. ܟܕ
9 ܐܡܪܝܢ. ܕܠܐ ܠܢ ܙܕܩ ܕܒܡܕܡܐ ܕܟܠ ܐܢܫ ܢܫܒܘܩ ܫܡ̈ܝܐ

[18] A om. ܘܠܡܕܡ ܗܘܘ ܒܡܫܬܠܗܘܢ [19] A om. ܘܗܠܝܢ ܕܝܢ
[20] For ܕܠܐ ܡܬܡܠܠܝܢ ܘܕܠܐ ܡܬܬܟܠܠܝܢ A has ܠܘܬ ܗܠܝܢ ܡܣܬܒܪܝܢ ܗܘܘ
et inmisericordem poenam [21] A sing. [22] A om. ܡܟܢܠܐ [23] A om.
ܘܐܬܡܠܟܘ

ܐܦܠܐ ܕܡܫܥܒܕܘܬܐ ܢܓܕ ܪܫܝܡܘܬܐ ܡܚܠܬܐ ܕܡ̈ܠܟܐ. ܗ̇ܝ
ܕܠܘܬ ܚܠܝܨ ܒܫܡܐ ܘܢܣܟܐ. ܘܗܝ ܗܘ ܠܡ ܒܪ ܕܐܬܬܡܟܢ
ܡܗܝܡܢܘܬܐ ܕܫܘܠܛܢܐ ܕܡ̈ܠܟܐ ܠܘܬ ܟܠ ܐܢܫ. ܒܡܕܝܢܬܐ.
ܕܠܐ ܡܚܠ ܢܗܘܘܢ ܡܬܢܣܒܝܢ ܠܡܘܬܐ. ܐܠܐ ܠܫܘܬܪܐ ܗܢܐ
10 ܡܫܡܫ ܒܢܫܐ ܕܟܠܝܢ ܡܛܠ ܡܗܝܡܢܘܬܗܘܢ ܕܡ̈ܠܟܐ. ܕܢܗ̈ܘܘܢ
ܕܝܢ ܡܬܬ̈ܢܝܢ ܒܢ̈ܝܫܗܘܢ܆ ܘܡܫܬܟܚܝܢ ܚܕܐ ܚܕܐ ܡܢ ܪ̈ܓܠܝܗܘܢ
ܐܬܦܣܩ ܗܘܐ. ܕܡܗܝܡܢܘܬܗܘܢ[24] ܒܪ ܗܠܝܢ ܐܬܝܗܝܢ ܗ̇ܢܝ.
ܘܡܫܡܫ ܒܢ̈ܫܐ ܩܠܝܠܐ ܕܟܠܝܢ. ܘܡܚܒܠ ܡܛܠ ܗܕܐ
ܡܗܝܡܢܘܬܗܘܢ ܕܢ̈ܫܝܐ. ܠܐ ܡܫܟܚ ܗܘܐ ܐܢܫ ܕܢܐܡܪ
ܡܢܝܢܗܘܢ ܕܐܝܠܝܢ ܕܡܫܬܒܚܝܢ ܗܘܘ. ܕܐܝܟ ܕܐܢ̈ܫܝܗܘܢ
ܕܡܚܝܠܐ ܒܣܝܦܐ ܡܬܦܣܩܝܢ ܗ̇ܢܝ.[25] (A fol. 96 a) ܘܡܢ ܒܬܪܟܢ ܒܢܘܪܐ
ܡܬܟܘܝܢ ܗ̇ܢܝ. ܘܐܣ̈ܝܪܐ ܪ̈ܓܠܝܗܘܢ ܕܣܡܠܐ. ܒܦ̈ܩܣܝܗܘܢ
ܡܬܟܘܝܢ ܗܘܘ ܘܡܫܬܪܝܢ. ܘܒܬܪ ܗܠܝܢ. ܠܡܫܠܡܘ[26] ܕܢܣܒܐ
ܕܐܝܟ ܒܐܬܪ̈ܘܢ ܐܬܪ̈ܘܢ ܡܬܢܣܒܝܢ ܗܘܘ ܕܢܫܬܪܘܢ܆ ܠܗ
𝔄 648 ܡܛܠ ܬܫܡܫܬܐ ܕܢܚܫܐ. ܐܠܐ ܡܛܠ ܒܝܫܬܐ ܘܥܡܠܐ[26a] ܕܗ̇ܢܘܢ
ܕܡܬܢܣܒܝܢ ܗܘܘ. ܘܒܗ ܗܠܝܢ ܟܠܗܘܢ. ܐܣ̈ܝܪܐ ܒܐܝܠܝܢܐ
ܐܣ̈ܝܪܐ ܢܟܝܢ ܗܘܘ. ܗ̇ܢܘܢ ܕܠܐ ܡܫܒܚܝܢ ܣܢ ܠܡܬܒܝܘ
11 ܐܝܟܢ ܕܝܢ ܒܪ ܢܨ̈ܚܝܗܘܢ ܠܡܠܬܐ. ܕܒܗܠܝܢ ܐܫܬܟܚܘ
ܣܓ̈ܝܐܐ ܢܨ̈ܚܐ ܕܡܫܝܚܐ ܒܟܠܗ ܥܠܡܐ. ܕܐܝܠܝܢ ܕܢܨܚܘ ܗܘܘ
ܒܒܪܬܘܬܗܘܢ ܒܟܠ ܕܘܟܐ ܡܬܗܪܝܢ ܗܘܘ. ܘܬܫܒܘܚܬܐ ܕܢܨܚܢܗ
ܒܫܡܐ ܕܐܠܗܐ. ܒܥܕܪܢܐ ܕܦܪܘܩܢ[27] ܕܫܪܝܪܐ ܡܫܒܚܝܢ ܗܘܘ ·.·.·

[24] 𝔄 nomin. [25] 𝔄 *quorum oculi (m. s. p.) effodiebantur gladio* [26] In 𝔄 the rendering of ܠܡܫܠܡܘ is wanting [26a] For ܘܥܡܠܐ 𝔄 has [illegible] *afflictionis* [27] 𝔄 *a vero Salvatore nostro*

ܕܬܬܠܬܠܘܢ. ܟܠ ܗܠܝܢ ܕܡܚܝܢ ܗܘܘ ܒܢܝܐ ܕܥܕܬܐ.
ܕܢܘܢ ܥܒܕܐ ܕܫܘܠܛܢܬܐ[1] ܐܠܗܐ ܕܡܒܕܪܝܢ ܗܘܘ. ܒܡܫܘܦܥܐ
ܕܕܡܗܘܢ܀

ܕܠܥܠܡܝܢ ܕܝܢ ܒܡܫܟܢܐ ܐܪܒܥ ܐܝܟ ܐܪܒܥܐ ܗܝ ܬܫܥܝܬܐ.
xiii. 1 ܘܒܬܪ ܐܦܠܐ ܡܫܡܫܢܐ ܕܬܗܘܐ ܕܗܠܝܢ ܕܝܢ ܙܟܝܐ ܕܐܣܗܕܘ
ܕܥܕ̈ܬܐ ܡܫܒܚܬܐ ܢܨܒܬ. ܘܡܕܒܪܢܐ ܒܪܘܚܢܝܐ ܕܡܫܝ̈ܚܝܐ.
ܬܘܪܨ ܗܘܕܐ ܕܡܠܟܘܬܗ ܕܡܫܝܚܐ. ܐܢܬܝܡܘܣ ܐܦܝܣܩܘܦܐ A 649
ܕܥܕܬܐ ܕܢܝܩܘܡܕܝܐ ܡܕܝܢܬܐ. ܕܐܬܦܣܩ ܪܫܗ ܒܡܕܘܢܝܘܬܐ.
2 ܘܥܡ ܣܗ̈ܕܐ ܕܐܢܛܝܘܟܝܐ. ܗܘ ܐܝܟܐ ܕܟܠܗܘܢ ܣܗ̈ܕܘܗܝ
ܫܠܝܛܐ ܐܫܬܡܗܝ ܗܘܐ. ܠܘܩܝܢܘܣ ܩܫܝܫܐ ܕܥܕܬܐ ܕܬܡܢ.
ܕܐܣܗܕ ܒܢܝܩܘܡܕܝܐ[2] ܐܦ ܗܘ. ܟܕ ܡܠܟܐ ܬܡܢ ܗܘܐ.
ܕܐܟܪܙ[3] ܠܡܣܬܡ ܡܠܟܘܬܐ ܫܡܝܢܝܬܐ ܕܡܫܝܚܐ ܒܡܠܬܐ. ܟܕ
3 ܡܦܩ ܒܥܘܒܕܐ. ܡܢ ܒܬܪܟܢ ܕܝܢ ܐܦ ܒܒܒܕܐ ·܀· ܡܢ ܗܠܝܢ
ܕܝܢ ܕܐܣܗܕܘ ܒܦܘܢܝܩܐ ܗܘܘ ܐܝܟܐ ܢ̈ܟܦܐ. ܘܡܢܒܠ ܡܕܡ
(A fol. 96 b) ܩܕܝܫܘܗܝ ܕܐܠܗܐ ܐܫܬܡܗܘܢ ܗܘܘ. ܙܕܝܩܬܐ
ܕܟܠܗ ܕܡܫܝܚܐ. ܛܪܘܢܝܢܘܣ[4] ܐܦܝܣܩܘܦܐ ܕܥܕܬܐ ܕܨܘܪ.
ܘܙܢܘܒܝܘܣ ܩܫܝܫܐ ܕܥܕܬܐ ܕܨܝܕܢ܀ ܣܠܘܢܘܣ[5] ܐܦܝܣܩܘܦܐ ܕܥܕܬܐ
4 ܕܚܡܨ[6] ܕܗܘ ܗܘܐ ܣܒ ܐܝܬܝܐ. ܠܡܐܟܘܠܬܐ ܠܚܝܘܬܐ ܗܘܐ
ܗܘܐ. ܒܚܡܨ ܡܕܝܢܬܐ.[7] ܘܐܬܬܟܠ ܠܒܢܝܢܐ[8] ܕܣܗ̈ܕܐ. ܗܠܝܢ
ܕܝܢ ܕܒܗܘ ܒܐܢܛܝܘܟܝܐ ܢܦܩܘ ܠܟܠܝܠܐ ܐܠܗܐ. ܬܪܝܢܘܗܝ
ܒܡܫܡܫܢܘܬܐ ܕܒܕܡܐ ܠܡܫܬܐ ܐܬܟܢܫܘ. ܐܦܝܣܩܘܦܐ ܕܝܢ
ܐܫܬܕܝ ܠܡܐܟܘܠܬܗ ܕܚܝܘܬܐ. ܘܐܢܫܐ ܕܝܢ ܕܐܫܬܡܗ ܗܘܐ
ܐܢܫܐ ܡܗܝܪܐ ܒܡܠܬܐ ܕܡܣܩܪܝܢ ܗܘܘ ܒܟܠܗܘܢ ܫܠܝܛܬ

CHAP. XIII. [1] A om. ܕ ܡܪ̈ܐ [2] In A read [illegible] [3] A om. ܕ
[4] A *Tirkanos* [5] A *et iterum Silvianos* [6] A [illegible] [7] A
[illegible] *in Ierusalem magna urbe* [8] A sing.

5 ܒܗܘܢ ܒܥ̈ܒܕܘܗܝ[9] ܡܝܬ. ܡܢ ܗܠܝܢ ܕܝܢ ܕܐܣܗܕܘ ܒܦܠܣܛܝܢܐ.
ܣܝܠܘܢܘܣ[10] ܐܦܝܣܩܘܦܐ ܕܥܕ̈ܬܐ ܕܥܙܐ. ܒܡܛܠܠܘܢ ܕܢܚܫܐ
ܕܐܝܬ ܒܦܝܢܘ.[11] ܥܡ ܐܚܪ̈ܢܐ ܕܗܘܘ ܗܘܘ ܬܠܬܝܢ ܘܬܫܥܐ
𝔄 650 ܒܣܝܦܐ ܐܬܦܣܩܘ ܪ̈ܫܝܗܘܢ. ܘܡܢ ܡܨܪ̈ܝܐ ܬܘܒ. ܦܐܠܝܘܣ
ܘܢܝܠܘܣ ܐܦܝܣܩ̈ܘܦܐ ܥܡ ܣܓܝ̈ܐܐ ܗܘܩܕܘ ܡܬܐ ܒܢܘܪܐ.
6 ܘܠܦܡܦܝܠܘܣ[12] ܪܒܐ ܕܥܕܬܐ ܕܩܣܪܝܐ. ܠܬܕܡܘܪܬܗ ܒܟܠܗܘܢ[13]
ܠܡܥܒܕܘܗܝ ܡܢܝܢܐ. ܕܬܡܝܗ ܗܘܐ ܡܢ ܗܠܝܢ ܕܗܘܘ ܠܘܬܢ
7 ܘܗܘ ܐܝܟܢܐ ܕܡܫܒܚܐ ܕܢܨ̈ܚܢܘܗܝ ܒܟܬܒܐ ܕܒܗܘܢ ܢܟܬܘܒ. ܡܢ
ܗܠܝܢ ܕܒܐܠܟܣܢܕܪܝܐ. ܦܛܪܘܣ ܐܦܝܣܩܘܦܐ ܓܒܪܐ ܕܐܠܗܐ.
ܡܠܦܢܐ ܕܕܝܠܬܗ[14] ܕܡܫܝܚܐ ܠܬܬܒܝ. ܘܩܫ̈ܝܫܐ ܕܥܡܗ.
ܦܘܣܛܘܣ. ܘܕܝܘܣ.. ܘܐܡܘܢܝܘܣ. ܣܗ̈ܕܐ ܓܡܝܪ̈ܐ ܕܡܫܝܚܐ.
ܘܦܝܠܐܘܣ ܘܗܣܘܟܝܣ ܘܬܐܕܘܪܘܣ.[15] ܐܦܝܣܩ̈ܘܦܐ ܕܥܕ̈ܬܐ
ܕܡܨܪܝܢ. ܘܐܚܪ̈ܢܐ ܣܓܝܐܐ ܥܡ ܗܠܝܢ[16] ܐܢܫܐ ܐܚܪ̈ܢܐ.
ܗܠܝܢ ܕܡܢ ܒܬ̈ܪܐ ܕܒܐܬܪ ܐܬܪ ܘܕܘܟܐ ܕܘܟܐ ܐܝܬ ܠܗܘܢ
ܕܘܟܪܢܐ. ܡܛܠ ܕܝܢ ܕܠܐ ܕܝܠܢ ܠܟܠܗܘܢ ܐܝܠܝܢ ܕܗܘܘ ܒܟܘܠܗ
ܥܠܡܐ. ܐܓܘܢܐ ܕܟܠ ܚ̈ܕ ܕܣܠܩ ܐܠܗܐ. (A fol. 97 a) ܕܒܟܬܒܐ
ܢܟܬܘܒ ܢܨܚ̈ܢܝܗܘܢ ܕܚܕ ܚܕ ܡܢܗܘܢ ܚܬܝܬܐܝܬ. ܠܘ ܕܝܠܢ ܗܝ
ܕܫܟܚܬܐ. ܐܠܐ ܕܗܠܝܢ ܕܚܙ̈ܝܢܗܘܢ ܚܘ ܐܝܟ ܠܗܘܢ ܠܫܘܥܪ̈ܢܐ.
𝔄 651 ܕܗܠܝܢ ܕܝܢ ܕܐܢܐ ܐܣܬܟܠܬ. ܒܡܗܘܕܢܐ ܠܕܥ̈ܬܝܕܝܢ ܕܡܢ
8 ܒܬܪܝܢ ܒܕܝܢ ܒܟܬܒܐ ܐܚܪܢܐ. ܒܗܕܐ ܕܝܢ ܬܫܥܝܬܐ
ܕܡܫܠܡܢܐ ܕܗܕܐ ܕܐܬܡܟܪ ܡ. ܢܦܩ ܠܗܠܝܢ ܕܐܬܐܡܪ. ܕܗܕܐ[17]

[9] 𝔄 om. ܕܫܠܡܘܬ and ܒܥ̈ܒܕܘܗܝ, and for ܡܢ ܗܘ has [illegible] : ܗܘ [10] 𝔄 *Siulianos* [11] In 𝔄 read [illegible] [12] 𝔄 om. ܘ [13] 𝔄 *cum his et* [14] 𝔄 *ecclesiae* (for ܕܕܝܠܬܗ??) [15] 𝔄 *et Theodotos* [16] The rendering of ܗܠܝܢ has dropped out in 𝔄 [17] 𝔄 ܗܕܐ

ܕܟܠܗ ܡܢ ܫܘܪܝܗ ܕܪܕܘܦܝܐ. ܕܫܢܝܢ ܠܐܝܠܝܢ ܕܡܢܝܢ ܒܗܠܝܢ
ܬܫ̈ܒܚܬܐ.[10] ܀

ܕܐܪܬܡܣ. ܕܐܡܝܢܐ ܐܬܐܡܪܘ ܗܘܘ ܒܟܬ̈ܒܒܐ ܕܗܘܠܬ
ܐܠܗܐ..

ܥܠ[1] ܡܕܒܪܢܘܬܐ ܕܝܢ ܕܪ̈ܘܗܡܢܐ ܕܗܢܘܢ ܡܠܟܘ̈ܗܝ ܕܥܡܢ. 9
ܒܫܢܐ ܕܒܬܪ ܕܪ̈ܕܘܦܝܗܘܢ ܒܫܠܡܐ ܘܒܫܝܢܐ ܠܗܘܢ ܐܬܝܗܘܢ
ܗܘܘ. ܕܠܥܠܡܐ ܟܠܗܝܢ ܦ̈ܪܓܬܐ ܘܒܣܝܡܘܬܐ ܫܘܐܬ. ܐܝܟܢܐ
ܟܠܗܐ ܡܫܝܚܝܐ ܠܡܫܬܡܠܝܘ. ܟܕ ܕܝܢ ܡܢܗܘܢ ܕܐܫܬܝܢ ܗܘܘ
ܫܠܡܐ ܕܪܫܢܘܬܐ ܟܠܗ ܒܗܘܢ ܫ̈ܢܝܢ. ܩܕܡܝܐ ܘܫ̈ܒܝܚܐ
ܘܒܒ̈ܗܪܐ ܦܪ̈ܝܫܐ. ܘܒܟܠܗ[2] ܥܠܡܐ ܒܫܝܢܐ ܡܫܪܝܢ ܗܘܘ.[3]
ܘܗܘܝܐ ܕܠܐ ܒܥܘܕܪܐ ܪ̈ܒܐ ܗܘܐ. ܘܟܠܝܘܡ ܒܥܡ ܗܘܐ 10
ܫܠܡܘܬܗܘܢ܆ ܘܟܕ ܐܬܚܠܦ[4] ܡܢ ܫܠܝ ܡܢ ܫܠܡܐ ܕܠܘܬ܆
ܘܦܪܟܐ ܡܫܢܐ ܐܚܪܢܐ ܗܘܘ. ܟܕ ܠܐ ܒܒܥܠ ܟܠܗ ܬܪ̈ܬܝܢ
ܫ̈ܢܝܢ ܒܗܘܢܐ ܡܪܕܐ. ܘܡܕܡ ܬܘܒ ܚܕܬܐܝܬ ܗܘܐ ܒܗ
11 ܒܡܠܟܘܬܗܘܢ܆ ܘܐܡܦܣܢ ܟܠܗܝܢ ܨ̈ܒܘܬܗܘܢ܆ ܒܡܪ̈ܗܝܢܐ ܕܝܢ
ܒܢ̈ܫܐ ܐܬܒܪܝܘ ܗܘܘ ܥܠ ܗܘ ܪܫܐ ܕܒܡܠܟܗ ܡܠܟܘܬܗܘܢ܆
ܕܡܠܟܘܢ ܡܢ ܒܡܪ̈ܗܝܢܐ[5] ܐܦ ܬܪܒܝܬܐ[6] ܐܬܗܦܟܬ ܠܫܝܢܘܬܐ.
ܒܥܡ[7] ܗܘ ܐܢܫܐ ܕܒܐܝܡܪܐ ܕܬܪ̈ܝܢ ܡܢ ܒܬܪܗ[8] ܐܬܗܦܟܘ
ܗܘܘ. ܕܒܪܐ ܡܗܕܝܢܐ ܐܝܟ ܫܪܒܐ ܕܐܢܫܐ ܡܟܠ ܗܘܐ.
ܘܟܕ ܒܒܥܠ ܗܠܝܢ ܗܘܝܐ ܐܫܬܟܪ ܗܘܘ. ܠܬܪܝܢ ܡܠܟܘܬܗܘܢ
ܒܟܠ ܡܕܡ ܐܬܦܠܓܬ ܗܘܬ. ܒܫ̈ܘܬܐ ܕܐܦܠܐ ܡܫܬܘܡ.

[10] 𝔄 sing.

CHAP. XIV. [1] The margin of A has the words ܡܠܝܐ ܠܗ ܕܡܘܟܠܦܢܘܣ ܠܝ [2] 𝔄 om. ܘ [3] 𝔄 *perficiebant* s. *perficiebantur* = ܡܫܬܡܠܝܢ ܗܘܘ [4] 𝔄 plur. [5] 𝔄 plur. [6] In 𝔄 read *[illegible]* [7] 𝔄 = ܘܡܠܟܐ [8] 𝔄 = ܒܠܪܗܘܢ

12 (A fol. 97 *b*) ܡܢ ܦܪܝܩ ܗܘܬ. ܘܒܬܪ ܩܠܝܠ ܙܒܢܐ ܕܗܘܐ ܒܡܕܝܢܬܐ
ܘܦܘܠܝܦܘܣ. ܗ̇ܘ ܕܚܕ ܗܘܐ ܒܚܠܡܗ ܗܦ̈ܩܘܗܝ. ܘܠܘܬ
ܗ̇ܘܢ ܕܐܝܬܘܗܝ ܥܠܝܦܘܗܝ ܒܡܫܝܚܘܬܐ ܐܝܬܘܗܝ ܗܘܐ. ܘܠܘܬ
ܐܠܗܐ ܒܫܘܒܚܐ. ܥܒܕ ܡܢ ܒܬܪܗ ܒܪܐ ܢܨܝܚܐ ܠܦܘܠܗܘܢ.
ܘܦܘܠܝܦܝܘܣ ܐܦܦܝܢܘܣ ܘܐܕܣܝܘܣ. ܘܒܢܝܢܘܣܐ ܕܒܝܬܐ
ܕܓܒܐ ܥܠܡ ܣܘܥܘܗܝ. ܘܗܘ ܦܪܣܐܝܬ ܒܐܠܗܐ ܡܫܬܒܗ ܗܘܐ.
ܐܦ ܡܢ ܒܬܪ ܡܘܬܗ. ܟܠܗ ܐܘܪܚܐ ܕܬܬܘܚܕ. ܗܘܐ ܠܡܠܟܐ
13 ܐܝܟ ܗܘܐ ܠܗ. ܢܝܚܐ ܘܒܫܝܢܐ ܕܡ̈ܠܟܐ. ܗ̇ܘ ܕܗܘܐ
ܠܫܘܕܥܘܗܝ. ܒܫ̈ܢܬܗ ܐܝܟ ܕܝܢ ܠܡܪܕܘܬܐ ܕܡ̈ܠܟܐ ܥܠܡ
ܕܢܚܐ ܕܪܥܘܬܗ. ܘܐܦ ܒܫ̈ܢܝܬܐ ܒܫܘܪܐ ܘܠܘܬ ܟܠ ܐܢܫ
𝔄 653 ܠܡܬܪܢܝܐ ܢܦܫܗ ܫܒܩ ܗܘܐ. ܐܦ ܒܡܪܝܐ ܕܠܘܬܗ ܐܦܠܐ
ܩܠܝܠ ܐܬܦܬܦ. ܐܠܐ ܐܦ ܠܬ̈ܠܡܝܕܘܗܝ ܕܐܠܗܐ ܕܐܝܬܘܗܝ ܐܢܫܗ.
ܕܠܐ ܚܘܣܪܢܐ ܘܕܠܐ ܦܘܠܚܢܐ ܢܦܪ ܗܘܐ. ܐܦܠܐ ܕܝܢ
ܡ̈ܬܠܐ ܕܒܬ̈ܪܬܐ ܗܘܬܪ. ܘܠܐ ܚܕܬ ܥܠܝܗ ܡܕܡ. ܡܛܠ ܗܢܐ
ܫܠܡܐ ܓܒܐ ܕܡܫܬܠܡܐ ܟܓܒ̈ܢܐ[9] ܩܒܠ ܗܘܐ. ܕܡܢ ܗܢܐ
ܚܠܦܐ ܗܘ ܠܫܘܕܥܘܗܝ. ܢܦܩ ܒܫܠܡܘܬܗ ܒܐܘܪܚܘܬܐ ܘܒܫܘܒܚܐ.
14 ܟܕ ܩܒܠ ܗܟܢ ܒܪܐ[10] ܢܨܝܚܐ ܢܦܩܐ ܕܕܚܠ ܡܢ ܐܠܗܐ.
ܕܐܬܘܗܝ. ܘܦܘܠܝܦܘܣ. ܕܡܫܐ ܒܐܘܪܚܗ ܡܠܟܐ ܡܫܬܠܡܐ
ܗܡܣܦܘܣ. ܡܢ ܦܠܚ̈ܘܗܝ. ܡܫܬܡܗ ܗܘܐ. ܘܦܪܕܝܣܗܘܢ
ܡܢܝܗܘܢ[11] ܡܢ ܐܠܗܐ ܡܠܟܐ ܕܟܘܠ ܐܫܬܡܗ ܗܘܐ. ܘܗܘ
ܐܢܫ ܢܦܫܗ ܕܢܘܗܪܐ ܡܫܪܝܢܐ ܕܐܒܘܗܝ ܒܫܠܡܘܬܐ ܕܕܝܠܗ
ܐܠܗܐ. ܘܗܢܐ ܕܝܢ ܗܘܢܐ ܐܬܘܗܝ ܗܘܐ ·.·.·

[9] 𝔄 sing. [10] 𝔄 *filius eius* [11] 𝔄 om. ܡܢܝܗܘܢ

ܕܡܫܬܒܚܘܬ. ܥܠ ܐܝܠܝܢ ܕܥܒܕ ܠܒܪ ܡܢ ܗܠܝܢ܀

ܘܟܕ ܗܠܝܢ ܕܝܢ ܘܐܦ[1] ܠܢܡܘܣ ܐܝܟ ܕܡܫܬܡܥܬܐ ܕܕܝܢܐ
ܕܗ̇ܢܘܢ ܕܐܣܝܪܝܢ ܗܘܘ ܒܠܒܘܬܐ ܐܫܬܥܝܬܗ ܐܘܬܪܘܦܘܪ
15 ܡܫܡܠܘܣ. ܠܡܫܡܫܢܘܬܗ ܕܝܢ ܪ̈ܒܐ[2] *
* * * (A fol. 98a) ܩ̈ܠܐ ܘܠܓ̈ܕܐ. 𝔄 657
ܘܠܛܝܒܘܬܐ ܕܦܬܟܪܘܬܐ ܗܟܢܐ. ܡܬܝܚܦ ܗܘܐ. ܠܒܪ ܡܢ
ܡ̈ܚܘܬܐ ܕܝܢ ܘܒܝܫܘܬܐ ܕܢ̈ܫܐ. ܐܦܠܐ ܒܒܥܝܐ ܠܓܦܪܐ ܕܢܫܝܢ
xiv. 9 ܡܢܗܘܢ ܝ̈ܕܥܐ ܗܘܐ. ܘܡܛܠܗܕܐ ܐܦ ܪܕܘܦܝܐ ܒܝܫܐܝܬ
ܘܐܟܦܝܐܝܬ. ܝܬܝܪ ܡܢ ܩܕܡܝ̈ܗܘܢ ܕܩܕܡܘܗܝ ܐܚܝܕ ܗܘܐ.
ܐܝܟܢܐ ܕܒܟܠ ܝܘܡ̈ܝܢ ܢܦܫܐ ܡܟܢܫܐ ܗܘܐ. ܘܟܢܫ ܦܬܟܪ̈ܐ
ܐܝܠܝܢ ܕܒܥܒܕܐ ܒܝܫܐ ܐܫܬܘܬܦܘ. ܘܡܬܕܝܢܝܢ ܒܡܫܬܠܛܢܘܬܐ
ܦܩܕ ܗܘܐ. ܘܟܡܪ̈ܐ ܕܦܬܟܪ̈ܐ ܒܟܠ ܐܬܪ ܘܡܕܝܢܬܐ ܡܩܝܡ
ܗܘܐ. ܘܟܕ ܗܠܝܢ܆ ܒܟܠ ܗܦܪܟܝܐ ܚܕ ܒܡܕܝܢܬܐ ܡܢ ܐܝܠܝܢ
ܕܒ̈ܬܪܐ ܕܪ̈ܚܝܡܐ ܗܘܐ. ܐܝܟ ܕܐܬܚܡܐ. ܒܬܫܡܫܬܐ ܕܕܝܘܐ
ܕܐܝܬܪܐ ܕܢܩܘܡ ܦܩܕ ܗܘܐ. ܒܡ ܡܫܪܝܬܐ ܕܐܣܛܪܛܝܓܘܬܐ
ܘܠܟ̈ܘܪܐ ܕܝܘܡܐ. ܠܟܠܗܘܢ ܕܝܢ ܚܟ̈ܝܡܐ. ܐܝܟ ܕܠܐܠܗܐ
ܒܟ̈ܗܢܐ ܘܪ̈ܚܡܘ. ܐܠܗܐ. ܗܝܟܠܘܬܐ ܘܦ̈ܠܚܐ ܕܪ̈ܘܚܐ
10 ܡܩܝܡ ܗܘܐ. ܘܦܩ ܒܗܠܝܢ ܐܬܬܘܣ ܗܘܐ. ܒܟܠ ܐܬܪ ܘܡܕܝܢܬܐ
ܒܟܠܗ ܗܦܪܟܝܐ[3] ܕܬܚܝܬ ܫܘܠܛܢܗ. ܟܗܢ̈ܐ ܕܕܝܘܐ 𝔄 658
ܘܕܐܠܗܐ. ܘܕܫ̈ܝܢܐ ܕܠܐ ܡܬܚܫܒܝܢ ܘܫ̈ܠܛܢܐ ܝܘܩܪܐ
ܕܢܘܦܪܢܐ ܐܠܝ ܗܘܐ ܘܡܩܒܠ. ܘܟܕ ܒܐܬܪܐ. ܩ̈ܫܝܫܐ ܕܗܘ̇
ܐܟ̈ܘܡܘܗܝ ܐܣܝܪܝܢ ܗܘܘ ܢܩܒ ܗܘܐ. ܘܒܥܘܬܐ ܕܗܘ̇ ܥܠ.
11 ܘܒܥ̈ܬܐ ܕܩ̈ܫܝܫܐ ܠܡܥ̈ܠܝܢܘܗܝ ܢܩܒ ܗܘܐ. ܒܪܘܝܬܐ ܕܝܢ

CHAP. XV. [1] 𝔄 om. ܘܐܦ   [2] Here a leaf is wanting in A   [3] 𝔄 om. ܒܟܠܗ ܗܦܪܟܝܐ

ܗܕܐ ܡܫܬܪܚ ܗܘܐ. ܐܝܟܢܐ ܕܒܗܝ ܡܫܬܠܐ ܐܦ ܗܘ ܗܘܢܗ
ܢܦܫ ܗܘܐ. ܘܐܝܟ ܗܠܝܢ ܦܓܪ ܗܘܐ ܒܪܘܚܬܗ. ܕܗܟܢܐ
ܕܢܦܩܝܗ ܣܚܒܪܘܗܝ. ܒܬܪ ܡܘܟܐ ܠܬܘܬ ܢܦܫܐ ܐܬܬܐ ܗܘܐ.
ܒܢܘܬܗ ܕܝܢ ܕܡ̈ܬܟܠܠܬܐ ܕܐܣܘܦܬܐ[4] ܠܟܠ ܐܢܫ ܚܒܪ[5] ܗܘܐ.
ܘܡܠܦܢܐ ܕܒܝ̈ܬܐ ܠܬ̈ܠܡܝܕܘܗܝ ܘܡܫܬܡ̈ܥܢܘܗܝ ܗܘ ܗܘ ܐܝܬܘܗܝ
ܗܘܐ. ܘܠܩܠܝܠ ܐܦܝܪܝܢܐ ܠܡܬܦܪܥܘ ܒܗ ܦܘ̈ܠܚܢܐ ܘܩܫܝܘܬܐ
ܡܫܬܥܬ ܗܘܐ. ܠܡ̈ܬܚܒܠܢܐ ܕܝܢ ܘܠܬ̈ܒܝ ܣܠܩܐ. ܒܣܘܦܢܐ
ܘܠܟܠܬܐ ܠܡܬܟܢܫܘ[6] ܥܠ ܐܝܠܝܢ ܕܬܘܒ ܐܬ̈ܪܘܗܝ ܡܚܪ̈ܒܢ
12 ܗܘܐ. (A fol. 98 b) ܕܒܟܠܗ ܐܟܣܢܝܘܬܗ ܒܦܪܝܫܘܬܐ ܡܬܝܒܢܝܢ ܗܕܐ
ܕܝܢ ܘܠܐ ܠܝ ܢܩܪܘܬܗ ܕܗܘ̇ ܓܒܪܐ[6a] ܕܢܘܬܪܐ ܠܡܕܒܪܘ. ܐܘ
ܠܡܚܒܐ ܩܘܠܐܐ ܕܝ̈ܬܐ ܕܟܠܗܝܢ ܒܐܪ ܗܘܐ. ܕܠܐ ܟܕ ܗܘܐ
ܡܨܝܢܘܬܐ ܕܠܐ ܟܕ ܗܘܐ ܒܗ ܣܘܟܠܐ ܕܝܢ̈ܐ. ܘܣܘܦܝܐ
13 ܬܘܒ[7] ܕܬܘܠܬܐ. ܘܒܗܠܝܢ ܡܛܠ ܗܘܐ ܠܘܬ ܟܠܢܫ. ܠܒܪ ܡܢ
ܒܪ̈ܘܦܝܢܐ ܡܢܗܘܢ ܕܢܦܫ ܠܗܘܢ[8] ܒܗܘܬܐ. ܘܐܝܟ[9] ܠܐ ܡܫܚ
ܡܢܝܢܐ ܗܘܬ ܠܗܘܢ ܗܕܐ ܟܠܗ ܦܪܘܬܗ. ܓܒܪܐ[10] ܓܪ
ܗܟܠ ܡܢܗ ܢܘܪܐ ܘܡܝܦܐ ܘܡܘܟܒ ܬ̈ܝܓܐ. ܘܕܝܠܗܘܢ ܠܝܘܬܐ.
ܘܕܡܬܒܪܝܢ ܒܟܘ̈ܬܒܝܗܘܢ ܕܝܢܐ. ܘܦܫܛܐ ܕܗܕܝܢܐ ܘܟܢ̈ܫܐ.[11]
ܘܕܡܬܚܙܝܢ ܒܢ̈ܝܫܐ: ܘܕܠܠ ܥܠܝܟ ܢܡܬܝܪ ܒܠܗ ܦܓܪܗܘܢ:
ܘܒܡ ܗܠܝܢ ܘܐܦ. ܒܡܠܐ ܘܡܟܠܠ ܘܐܣܦܪܐ. ܘܒܟܠܗܝܢ ܣܢܝ ܚܡܝܢ
ܒܡܫܒܪܢܘܬܐ ܕܟܠ ܐܬܐ ܕܣܠܩ ܐܠܗܐ. ܐܘ ܠܒܪ[12] ܕܣܠܩܘ
14 ܡܓܒܬܗ ܕܐܠܗܐ[13] ܒܡܬܒܪܐ. ܢܦܫܐ ܕܝܢ ܠܗ ܒܝܫܪ ܡܢ ܓܒܪܐ[14]

[4] 𝔄 ܒܢܘܫܬܐ ܕܝܢ ܕܬ̈ܠܡܝܕܐ ܕܐܣܟܘܠܐ [5] Read ܚܒܪ with 𝔄 [6] 𝔄 *confortabat* [6a] 𝔄 om. ܓܒܪܐ [7] 𝔄 om. ܠܗܘܢ [8] 𝔄 *in oculis eorum* [9] 𝔄 om. ܘ [10] In 𝔄 for ܡܟܢ read ܡܟܢ [11] In 𝔄 for ܦ read ܬ [12] 𝔄 om. ܓܒܪ [13] 𝔄 *cultum omnem* [14] 𝔄 om. ܡܢ ܓܒܪܐ

ܗܟܠ. ܐܫܬܪܪ ܓܒܪ ܡܢ ܫܘܠܛܢܐ ܕܡܠܬ ܐܠܗܐ. ܘܐܝܬ
ܕܒܝܫܘܬܐ ܕܓܒܪܐ ܗܟܠ ܐܬܓܠܝܬ. ܘܟܠ ܩ̈ܠܝܠܐ[15] ܐܟܘܬܗ
ܕܢܟܣܐ. ܘܐܝܟ ܕܠܣܘܦܐ ܡܬܦܪܥܝܢ ܗ̈ܘܘ. ܥܠ ܢܦܫ̈ܬܗܘܢ.
15 ܠܡܘܬܐ ܡܥܠܝܢ ܗ̈ܘܘ. ܐܦ ܦܪ̈ܝܫܝܢ ܠܣܘܟܠܐ ·܀· ܚܙܐ
ܕܝܢ ܐܢܬܬܐ. ܒܬܪ ܡܢ ܟܠܗܝܢ ܐܝܟ ܕܒܗܝܢ ܓܒܪ ܗܘܐ
ܦܪܘܣܐ. ܕܐܝܬܝܗ̇ ܗܘܬ ܒܪܘܦܝܢܘܬܐ. ܡܢ ܐܠܟܣܢܕܪܝܐ.
ܘܝܕܝܥܐ ܗܘܬ ܘܡܫܒܚܐ. ܫܡܗܬܗ̇ ܠܦܪܘܫܬܐ ܕܢܦܫܗ ܕܡܫܡܫܢܘ
ܒܟܢܫܐ ܕܟܪܣܛܝܢܐ. ܥܬܝܪܐ ܗܘܬ ܐܦ ܒܐܫܬܝܢܬܐ.[16]
ܒܥܘܬܪܐ ܘܒܝܘܚܣܐ. ܘܒܬܪܥܘܬܐ ܕܡܫܟܚܬܐ. ܥܠ ܗܕܐ ܕܝܢ
ܬܪܝܨܐ ܕܢܟܦܘܬܐ ܫܒܝܚ ܗܘܐ ܠܗ̇. ܗܝ ܕܒܗ̇ ܗܘܐ ܡܫܬܒܠ
ܗܘܐ ܠܗ̇. ܕܡܬܦܠܠ ܕܝܢ ܢܦܠܠܗ̇ ܠܐ ܡܨܝܐ ܗܘܐ. ܡܛܠ
ܕܪܓܬܐ ܬܘܒ ܡܢ ܡܚܬܐ ܫܦܝܪܐ ܗܘܬ ܠܗ̇. ܒܗ ܗܘ ܠܡܚܒܬ
ܡܠܟܐ ܗܘܬ. ܡܟܪܝܘ ܕܝܢ ܐܟܪܘܗ̇ ܘܫܠܛ ܒܟܠܗ[17] ܦܢܝܗ̇ ·܀·
16 ܡܠܝܬܐ ܕܝܢ ܐܢܬܬܐ (A fol. 99 a) ܕܠܐ ܡܟܢܫܝܢ ܗܘܘ ܠܡܫܡܫܢܘ
ܘܠܡܫܡܫ ܠܡܢܟܐ[18] ܕܢܚܫܘܬܐ. ܥܠ ܕܝܢ ܕܦ̈ܢܝܐ ܘܐܩܠܝܬܐ
ܘܡܘ̈ܬܢܐ[19] ܗܢܘܢ ܗܘܘ ܡܢ ܕܝܢܐ ܕܟܠ ܒܡܫ̈ܡܫܢ ܬܡܝܗܝܢ ܗܘܘ
ܕܝܢ[20] ܗܠܝܢ. ܬܘܒ ܓܒܪ[21] ܬܫܡܫܬܐ ܗܘܬ ܐܢܬܬܐ ܚܙܐ ܢܦܫܬܐ.
ܘܥܒܝܕܬ ܒܦܘܠܚܢܐ ܕܡܢ ܪܘܚܢܐ. ܗܝ ܕܝܢ ܗܘܐ
ܠܡܢܝܢܘܬܗ ܡܫܬܘܕܥ ܗܘ ܦܪܘܣܐ ܕܬܡܢ. ܗܘ ܕܐܝܬܘܗ̇
17 ܕܡܫܡܫܢܘܬܗ ܕܢܫܡܪ ܡܬܦܪܣ ܗܘܐ. ܒܗ ܓܒܪ ܥܡܒܬ ܕܐܬܘ
ܘܡܫܡ ܥܠ ܬܪܒܗ ܡܥܡ̈ܕܢܐ. ܗܢܘܢ[22] ܕܐܝܟ ܗܠܝܢ ܠܦܪܘܣܐ[23]
ܡܫܡܫܝܢ ܗܘܘ. ܘܒܗ ܚܝܬ ܠܟܠܗ ܕܡܢ ܕܢܠܬܗ ܐܟܘܬ ܕܒܒܪܢܐ

[15] A sing. [16] In A read [illegible] [17] For ܘܫܠܛ ܒܟܠܗ A has *et res et*
[18] A sing. [19] For ܘܡܘ̈ܬܢܐ A has *malae mortis* [20] A om. ܕܝܢ? [21] A *sed magis* [22] A *ministri eius* [23] A om. ܠܦܪܘܣܐ

ܘܒܠܒܘܗܝ. ܟܕ ܐܦ ܗܘ ܡܦܪܫܐ ܕܪܘܗܡܐ ܐܝܬܘܗܝ ܗܘܐ.
ܗܝ ܕܝܢ ܡܛܠ ܕܪܘܦܝܣܢܘܬܐ ܐܝܬܝܗ ܗܘܬ. ܐܫܬܠܛܬ ܥܠܝܗ
𝔄 661 ܒܕܝܢܐ ܐܝܟ ܕܬܫܬܥܒܕ. ܘܟܠܬ ܠܗ ܠܛܘܥܝܐ. ܘܟܕ ܗܘܬ 199 𝔄
ܒܠܘܕܝܗ ܥܡܠܬ ܗܘܦܐ ܘܚܝܠܬ ܒܠܒܗ. ܘܟܕ ܡܚܝܠܬ. ܥܒܕܬ
ܥܠܝܗ ܠܗܘܢ ܕܡܣܒܪܝܢ ܗܘܘ ܕܢܒܕܪܘܢܗ.[24] ܒܒܩܪܐ[25] ܕܝܢ ܕܡܒܪܝܢ
ܗܘܘ ܐܦ ܡܢ ܬܠܬܐ ܫܘܫܬ. ܕܐܬܪ ܡܢ ܟܠ ܡܢܝܢ ܚܟܝܡܘܬܐ
ܕܦܝܠܣܘܦܝܐ ܕܝܢܐ[26] ܘܠܐ ܡܫܒܚܬܐ. ܠܘܬ ܟܠܗܘܢ ܦܢܝ ܐܝܟܢܐ.
18 ܐܝܠܝܢ ܕܗܟܢܐ ܐܬܬܣܝܡܘ ܘܐܝܠܝܢ ܕܡܢ ܟܬܪܝܢ ܗܘܘ. ܕܐܝܟ[27]
ܗܕܐ ܥܠܝܗ ܥܡܠܘܬܐ ܕܟܢܫܬܐ[28] ܐܬܟܢܫܬ ܘܐܬܗܦܟܬ[29] ܒܝܕ
ܘܒܢܝܐ ܡܢ ܬܪܝܗܘܢ ܦܪܘܫܐ ܕܡܕܝܢܬܐ ܐܦ ܡܕܢܚܐ ܐܚܝܕܝܢ
ܗܘܘ. ܟܕ ܐܢܫ ܓܝܪ[30] ܢܣܒ ܒܠܚܘܕ ܕܗܠܝܢ ܡܢ ܐܢܫܐ ܐܝܬܘܗܝ
ܠܐ ܡܫܟܚ ܠܡܬܒܠܓܘ. ܟܕ ܐܡܪ ܕܡܢ ܐܪܕܘܦܝܐ ܕܠܝ[31] ܗܘܐ.
ܕܠܐ ܥܠ ܗܢܐ ܥܠܗ ܒܘܠܒܠܐ. ܒܗܕܐ ܕܡܟܠ ܒܪܘܦܣܝܢܐ
xv. 1 ܦܪܗܣܝܐ. ܐܬܒܣܝܢܘܬ ܕܝܢ ܒܥܣܪ ܫܢܝܢ ܕܪܕܘܦܝܐ. ܠܐ ܥܠܘܗ[32]
ܠܡܬܒܠܓܘ. ܘܠܡܬܦܪܣܘ ܒܗ ܫܕܘܐ. ܠܐ ܓܝܪ ܡܫܟܚ ܗܘܐ
(A fol. 99 b) ܐܢܫ ܠܡܬܕܪܐ ܒܫܝܢܐ. ܕܡܢ ܟܠ ܐܬܪ ܕܪܕܘܦܝܐ ܗܘܐ.
𝔄 662 ܐܝܟ[33] ܡܬܬܢܝܢ ܗܘܐ ܒܗܘܢ[34] ܫܒܩܝܢ ܕܐܩܠܝܣܝܐ[35] ܢܦܠ ܗܘܐ. 200 𝔄
ܘܡܬܚܪܝܢ ܗܘܘ ܘܡܬܦܬܟܝܢ ܒܟܠܗܘܢ[36] ܘܡܫܬܐܠܝܢ ܗܘܘ
ܕܠܟܐ ܡܢ ܟܠܗܒܒܐ ܐܫܬܪܘ. ܘܠܚܪܬܐ ܡܬܚܠܦܝܢ ܗܘܘ.
2 ܐܘ ܒܚܘܪܐ ܠܬܫܒܘܚܬܐ ܐܝܠܝܢ ܗܘܘ. ܘܡܣܒܪܐ ܘܡܫܪܝܐ ܡܦܝܣܝܢ

[24] The preceding sentence, from ܘܡܢ ܚܙܐ ܠܡܒܠܒܠܘܗܝ, is freely rendered in 𝔄
[25] In 𝔄 for *ompq lfll. qp* read *ompqlmdfp*. The ܕܝܢ is not rendered [26] 𝔄 ·· ܕܪܚܡܐ [27] 𝔄 ܟܕܐܝܟ [28] 𝔄 plur. [29] 𝔄 ܕܐܬܗܦܟܬ (omitting ܐܬܟܢܫܬ)
[30] 𝔄 · ܕܝܢ [31] 𝔄 om. ܕܠܝ [32] 𝔄 sing. [33] Before ܠ 𝔄 inserts *videbatur* [34] 𝔄 ܒܟܘܡܪܐ [35] 𝔄 sing. [36] 𝔄 nomin.

ܗܘܘ. ܘܟܐ̈ܒܐ ܘܢܝܪܟܐ. ܘܡܪܥܐ ܕܙܢܝܐ ܕܡܪܥܐ.[37] ܘܡܘ̈ܬܢܐ
ܕܒܗܝܢ ܙܢܝܐ ܕܡܪܥܐ ܒܟܠ ܐܬܪ ܡܣܬܒܪܝܢ ܗܘܘ. ܘܠܝܬ ܗܘܐ
ܡܕܡ ܐܚܪܢ ܠܡܣܝܒܘ[38] ܠܟܠ ܐܢܫ ܒܠܚܘܕ ܐܠܐ ܐܢ ܡܪܥܐ.
ܘܒܗ ܗܠܝܢ. ܒܬܪܡ ܕܒܥܐ ܕܢܗܘܬܐ[39] ܐܕܪܟܢ ܗܘܐ. ܕܒܝܬܗ
xvi. 1 ܐܫܬܟܚ ܒܠܘܗܝ ܡܕܡ ܕܘܠܐ ܗܘܐ. ܗܠܝܢ ܘܕܐܝܟ ܗܠܝܢ
ܐܫܬܟܚܝܢ ܗܘܘ. ܐܝܠܝܢ ܕܒܟܠܗ ܪܕܘܦܝܐ ܐܣܬܥܪܘ ܗܘܘ.

ܕܫܬܬܥܣܪ. ܥܠ ܫܘܠܡܐ ܫܦܝܪܐ ܕܫܠܝܘܬܐ ܕܗܘܐ.
ܒܗ ܕܝܢ ܫܠܡ ܗܠܝܢ ܥܣܪ ܫܢܝܢ ܡܫܬܡܠܝܢ[1] ܒܛܝܒܘܬܗ ܕܐܠܗܐ.
ܫܪܝ ܗܘܐ ܕܝܢ[2] ܠܡܬܢܝܚ ܡܢ ܒܬܪ ܬܡܢܐ ܫ̈ܢܝܢ. ܒܗ ܫܥܬ
ܦܢܝܬܐ ܫܡܝܢܝܬܐ ܕܐܠܗܐ ܠܘܬܢ ܘܡܪܚܡܢܘܬܗ ܒܠܚܘܕ.

ܕܫܒܥܬܥܣܪ. ܥܠ ܫܘܠܡܐ ܕܡ̈ܠܟܐ.. 𝔄 663
ܗܝܕܝܢ ܕ̈ܫܢܝܐ ܗܘܘ ܕܗܘܘ ܠܡܘܟܠ. ܗܘܘ ܕܡܢ ܩܕܡ
ܒܐܝ̈ܕܝܗܘܢ ܐܣܬܒܪܘ ܡܪܥܐ ܠܘܬܗܘܢ ܬܚܘܡܝܬ ܐܫܬܢܝܘ
ܪ̈ܥܝܢܝܗܘܢ. ܘܐܘܕܝܘ ܕ̈ܠܝܗܘܢ ܘܡܬܟܫܦܢܘܬܐ ܒܡܫܝܚ̈ܝܘܬܐ
ܕܠܘܬܝ ܘܒܦܘܪ̈ܣܢܐ ܢܣܝܐ. ܘܢܘܪܐ ܪܒܬܐ ܕܐܬܓܠܝܬ ܗܘܬ
2 ܒܪܘܫܥܐ ܕܥܒܕܘ ܗܘܘ. ܠܘ ܕܝܢ ܡܢ ܒܢܝ ܐܢܫܐ ܗܘܬ ܥܠܬܗ
ܕܗܕܐ. ܐܠܐ ܪܘܫܥܐ. ܐܦܠܐ ܢ̈ܫܡܬܐ ܕܡ̈ܠܟܐ. ܗܘ ܓܝܪ
ܡܢܝܢ ܗܘܘ ܡܢ ܗܕܐ. ܡܬܦܪܥ ܓܝܪ ܒܠܚܘܕ. ܡܢ ܫܘܪܝܐ
ܠܗܕܐ ܠܗܘ ܕܢܚܐ. ܒܥܝ̈ܢܬܐ ܥܠܝܢ[1] ܡܬܚܠܚܠܝܢ ܗܘܘ.

[37] The preceding clause, beginning with ܘܟܐ̈ܒܐ, is freely rendered in 𝔄, which in the following omits ܘܡܘ̈ܬܢܐ and ܙܢܝܐ ܕܡܪܥܐ [38] Read with 𝔄 ܠܡܣܝܒܘܬܗ [39] Read with 𝔄 ܘܢܘܗܬܐ

Chap. XVI. [1] In 𝔄 for ܫܬ read ܝܬ [2] 𝔄 om. ܕܝܢ

Chap. XVII. [1] 𝔄 = ܕܚܠܚܠܝܢ

ܒܐܘܡܢܘܬܐ ܓܒܪ ܕܟܠ ܢܘܿܠܩܝܢ ܩ̈ܢܛܐ ܕܟܠܝܢ ܒܚܘܠ ܘܩ̈ܠܝܢ
(A fol. 100 a) ܡܬܦܪܣܝܢ ܗܘܘ. ܐܠܐ ܡܕܒܪܢܐ ܗܘ ܓܠܝܐ
ܕܡܦܪܣܢܘܬܗ[1a] ܕܐܠܗܐ. ܕܐܬܦܪܥ ܠܒܥܠܗ. ܘܠܘܬ ܪܒܢܐ[2]
3 ܕܒܫܘܠܛܢܐ ܕܒܬ̈ܪܝܬܐ ܐܢܘܢ ܠܘܬܗܘܢ[3] ܐܘܠܨܢܐ ܕܬܫܢܝܩܐ[4] ܕܒܪ.
4 ܡܢ ܦܓܪܗ ܘܐܬܟܠܠ ܒܡܟܐܒܐ ܠܒܫܪܗ. ܡܢ ܫܠܝ ܓܒܪ ܒܡܕ̈ܡܝܐ
ܒܩܫܝܐ ܕܓܘܗ. ܗܘܐ ܠܗ ܡܟܐܒܐ. ܘܡܢ ܒܬܪܗ ܒܒܐ
ܒܒܣܝܡܘܬܐ ܕܐܬܚܘܝܘ ܫܪܝܓܐ. ܘܗܘܐ ܒܗ[5] ܢܘܡܐ ܕܡܣܝܒܐ
𝔄 664 ܕܠܐ ܐܣܝܐ ܒܟ̈ܐܒܘܗܝ. ܕܡܚܝܐ ܕܕܝܢ ܗ̈ܘܘ ܬܘ̈ܠܥܐ ܣܓܝܐܐ
ܕܠܐ ܣܘܦ. ܘܪܝܚܐ ܕܡܘܬܐ ܐܬܬ̈ ܗܘܐ ܡܢ ܦܓܪܗ. ܕܡܢ
ܣܓܝܐܐ ܕܡ̈ܐܟܠܬܐ. ܩܕܡ[6] ܒܡܪܥܗ ܠܬܘܪܥܬܐ ܕܒܣܡܢܐ
ܐܬܦܠܓ ܗܘܐ. ܘܗܫܝܢ ܒܗ ܐܬܚܒܠ. ܕܢܠܬܐ ܕܠܐ ܡܬܟܠܠܐ
5 ܠܐܝܠܝܢ ܕܡܬܩܪܒܝܢ ܠܗ ܐܬܬܿܘܗ ܗܘܬ ܢܣܝܗ. ܐܣ̈ܘܬܐ ܕܝܢ
ܐܝܠܝܢ ܕܠܐ ܡܫܟܚܝܢ ܗܘܘ ܠܡܣܝܒܪܘ ܪܝܚܗ ܗܪܓܐ ܡܬܩܛܠܝܢ
ܗܘܘ. ܟܕ ܕܝܢ ܦܓܪܗ ܡܬܡܣܟܐ ܗܘܐ. ܘܕܠܐ ܗܒܪܐ ܕܢܫܐ
ܐܬܚܙܝ ܗܘܐ. ܡܛܠ ܕܠܐ ܡܫܟܚܝܢ ܗܘܘ ܐܣ̈ܘܬܐ ܐܚܪ̈ܢܐ
xvii. 1 ܠܡܣܝܒܪܘܬܗ. ܕܠܐ ܢܣ̈ܒܝܢ ܡܬܩܛܠܝܢ ܗܘܘ. ܘܟܕ ܒܗܠܝܢ ܒܠܗܝܢ
ܒܫܢܬܐ ܬܡܢܝܐ ܗܘܐ. ܐܘܪܒ ܒܐܝܠܝܢ ܕܒܥ̈ܠܘܗܝ ܕܐܠܗܐ
ܐܡܪܢ ܗܘܐ. ܟܕ ܕܝܢ ܠܘܬܗ ܪܚܡܗ. ܘܡܘܕܝܐܝܬ ܠܐܠܗܐ
ܕܟܠ ܡܕܡ ܗܘܐ. ܘܡܢ ܒܬܪܟܢ ܩܪܐ ܠܡܕ̈ܒܪܢܘܗܝ ܘܐܡܪ
ܠܗܘܢ ܕܢܫܠܡܘܢ ܪ̈ܕܘܦܝܐ[7] ܕܥܠ ܟܢܘܫܬܐ ܕܠܐ ܒܥܘܟܒܐ. ܘܐܡܪ
ܕܡܢ ܢܡܘܣܐ ܘܦܘܩܕܢܐ ܕܡܠܟܐ ܢܦܪܣܘܢ ܠܡܒܢܐ ܒ̈ܝܬ ܟܢܘ̈ܫܬܗܘܢ
𝔄 665 ܘܡܟܪ̈ܝܣܘܬܗܘܢ ܢܥܒܕܘܢ ܘܢܨܠܘܢ ܥܠ ܫ̈ܠܡܐ ܕܡܠܟܘܬܐ ܕܝܠܢ
2 ܗܠܝܢ ܗܘܐ. ܘܗܫܝܢ ܒܟܬܒܐ ܒܬܪ ܡܠܬܐ ܙܕܐ ܗܘܐ. ܘܦܘܩܕܢܐ

[1a] In 𝔄 read *mbaṣyânûthêh* [2] 𝔄 plur. [3] 𝔄 *super eos* [4] 𝔄 *cruciatu* [5] 𝔄 om. ܒܗ [6] 𝔄 · ܩܕܡ [7] 𝔄 *ut finirent persecutionem*

ܕܡ̈ܠܟܐ⁸ ܟܠ ܡܕܝܢܐ ܦܪܝܫܝܢ ܗܘܘ. ܕܫ̈ܘܠܛܢܐ⁹ ܕܡܠܟܗܘܢ
3 ܕܟܠܗܝܢ. ܕܐܝܬ ܗܘܐ ܒܗܘܢ ܗܕܢܐ ·:·:· ܐܘܛܘܩܪܛܘܪ ܩܣܪ.
ܡܟܣܝܡܝܢܘܣ[10] ܓܪܡܢܝܩܘܣ. (A fol. 100 b) ܘܣܪܡܛܝܩܘܣ.[11] ܐܘܛܘܩܪܛܘܪ
6 ܩܣܪ. ܩܘܣܛܢܛܝܢܘܣ ܐܘܣܒܣ ܘܣܒܣܛܘܣ.. ܥܡ ܫܪܟܐ
ܕܢ̈ܩܦܬܐ ܕܡܠܟܘܬܐ. ܐܝܠܝܢ ܕܥܠ ܐ̈ܦܝ ܦ̈ܠܝܬܐ ܕܡܘܬܪ̈ܢܐ[12]
ܕܥܡܐ. ܚܢܢ[13] ܨܒܝܢ ܗ̈ܘܝܢ ܡܬܚܫܒܢ. ܕܐܝܟ ܢ̈ܡܘܣܐ ܩ̈ܕܡܝܐ. 𝔄 666
ܘܐܝܟ ܠܡܫ̈ܠܐ ܕܡܠܟܘܬܐ ܕܪ̈ܗܘܡܝܐ ܟܠ ܡܕܡ ܢܬܩܢ. ܕܐܦ
ܥܠ ܗܕܐ ܢܚܒܪ ܡܬܦܢܝܢܘܬܐ. ܕܟܪ̈ܣܛܝܢܐ ܕܫܒܩܘ ܕܝܠܬܐ
7 ܕܐܒ̈ܗܝܗܘܢ ܕܠܗ̇ ܢܗܦܟܘܢ. ܘܐܠܐ ܒܐܝܕܐ ܐܝܟܐ ܡܫܟܚܬܐ.
ܕܐܝܟ ܗܕܐ ܥܠܝܗ̇ ܒܥܠܒܘܬܐ[14] ܐܚܕܬ ܐܢܘܢ ܕܒܬܪ[15] ܐܝܠܝܢ
ܕܣܘܡ ܡܕ̈ܒܪܢܐ ܠܐ ܢܐܙܠܘܢ ܒܗ ܐܒ̈ܗܝܗܘܢ. ܗܢ ܡܕܡ ܒܗܘܢ
ܡܫܡܫܝܢ ܗܘܘ. ܐܠܐ ܕܐܝܟ ܨܒܝܢܗܘܢ ܘܐܝܟ ܕܟܠ ܚܕ ܚܕ
ܡܢܗܘܢ ܨܒܐ ܗܘܐ ܒܠܒܗ. ܕܢܡܘ̈ܣܐ ܕܠܗܘܢ ܢܣܝܡܘܢ
8 ܘܟܠ ܦܘܪ̈ܫܢܝܢ ܟ̈ܢܫܐ ܦܪ̈ܝܫܐ[16] ܢܟܢܫܘܢ ܡܫܠܡܢܐ[17] ܗܟܝܠ
ܕܐܝܟ ܗܕܐ ܦܘܩܕܢܐ ܐܬܬܦܩܕ ܗܘܐ. ܕܠܐܝܠܝܢ ܕܗܢ ܡܕ̈ܒܪܢܐ
ܐܬܬܦܝܣ ܢܗܦܟܘܢ ܐܢܘܢ. ܘܣܓ̈ܝܐܐ ܡܢܗܘܢ ܠܩܕܝܢܘܣ
ܐܫܬܠܡܘ. ܘܣܓ̈ܝܐܐ ܐܫܬܓܫܘ. ܘܟܠ ܙܢܝܢ ܕܡܘܬܐ ܣܒܠܘ.
9 ܘܡܛܠ ܕܠܣܓ̈ܝܐܐ ܚܙܝܢ ܕܒܗ̇ ܒܕܡܘܬܐ ܩܘܝܘ. ܕܠܐ ܠܐ̈ܠܗܐ
ܕܫܡܝܐ ܦܠܚܝܢ ܕܡܬܚܫܒ ܠܗܘܢ ܡܗܝܡܢܝܢ. ܘܐܦ ܠܐ
ܒܦܘܠܚܢܐ ܕܟܪ̈ܣܛܝܢܐ ܒܐܠܗܐ.[18] ܚܢܢ ܒܡܪܚܡܢܘܬܢ ܘܒܚܢܢ[19]
ܐܡܝܢܐ ܕܡܪܚܡܝܢ ܚܢܢ. ܫܒܩܘܬܐ ܠܡܬܝܗܒ ܠܟܠܗܘܢ ܒ̈ܢܝ ܐܢܫܐ. 𝔄 667

[8] 𝔄 sing. [9] 𝔄 sing. [10] 𝔄 om. ܡܟܣܝܡܝܢܘܣ [11] 𝔄 om. ܘ
[12] 𝔄 *propter dignum lucrum* [13] 𝔄 *et nos* [14] 𝔄 *ի բերի զի պաշտօնս պաշտօնութիւն et quasi talis negatio* [15] In 𝔄 om. the է after եթէ [16] 𝔄 *et omnes distinctos coetus* (omitting ܘܟܠ ܦܘܪ̈ܫܢܝܢ) [17] 𝔄 om. ܡܫܠܡܢܐ
[18] 𝔄 *պինդ կան perseverant* [19] In 𝔄 for *մոլորեցելոցն* read *ապաշխարութեան*

ܐܦ ܒܗܕܐ ܕܝܢ ܙܒܢܝܢ ܡܠܝܐ. ܐܬܐܡܪ ܕܢܬܠ ܠܗܘܢ ܫܘܒܚܐ.
ܕܬܘܒ ܢܗܘܘܢ ܒܪ̈ܘܫܠܡܝܐ. ܘܗ̈ܠܟܝܐ ܕܒܫܡܝܐ ܗܘܘ ܗܘܘ ܒܗܘܢ
ܢܫܝܚܘܢ. ܘܗܘ̇ ܡܕܡ ܕܫܘܡܠܝܐ ܗܘ ܕܦܫܝܛܘܬܐ[20] ܠܐ
ܢܗܪܘܢ[21] ܘܒܐܠܗܘܬܐ ܐܚܪܬܐ ܡܘܕܝܢ ܣܡ ܠܐ̈ܠܗܐ ܕܒܢܝܐ
10 ܡܬܒܥܝܐ ܠܗܘܢ ܕܢܦܪܘܢ. ܡܬܠܡܝܢܐ ܐܒܘܬܗ ܕܗܘܝܐ ܫܘܒܚܢ
ܣܒܝܢ ܐܢܘܢ ܕܢܬܒܥܘܢ ܒܠ ܥ̈ܒܕ ܫ̈ܝܢ ܕܐܠܝ ܠܐܠܗܘܢ.
ܘܕܝܠ̈ܦܘܬܐ ܕܡܠܟܘܬܐ. ܘܒܠ ܥ̈ܒܕ ܢܦܫܗܘܢ[22] ܕܗܘ ܒܠ
ܦܘܪ̈ܩܢ (A fol. 101 *a*) ܐܦ ܠܝ̈ܬܘܬܐ ܕܡܠܟܘܬܐ ܫܘܠܛܢܐ ܢܬܝܗܒ.
ܘܗܘܝܢ ܕܠܐ ܢܦܬܐ ܢܥܒܕܘܢ ܠܢܫܐ ܒܗ ܒܒܗܝܪܘܬܗܘܢ[23]
11 ܗܠܝܢ ܕܝܢ ܠܒܢܝܐ ܪ̈ܘܚܢܝܐ ܠܢܘܢܐ ܐܫܬܒܩ ܐܝܟ ܕܡܫܝܚܐ
ܗܘܬ. ܕܐܝܬ ܗܘܐ ܒܗ̇ ܡܕܝܢܬܐ. ܕܟܕ ܗܠܝܢ ܕܝܢ ܡܕܝܢܐ ܗܘ̇ܐ.
ܘܒܢܝܐ[24] ܗܘ ܠܝ ܕܢܬܒܥܘܢ ·o÷o·

ܫܠܡ ܡܐܡܪܐ ܕܬܫܥܝܬܐ.[25]

·o· ·o· ·o· ·o· ·o·

[20] 𝔄 կամաւոր *voluntatis* [21] In 𝔄 for *զարմացեալքն* read *զարմացեալն* [22] 𝔄 om. the suffix and the following ܕ [23] In 𝔄 for *արտաքսեալն եկեալ 'ի կեանս իւրեանց* read *կարեացեալն կեալ 'ի բնակութեան իւրեանց* [24] 𝔄 · ܒܢܝܐ
[25] 𝔄 om. the subscription

..

ܫܪܒܐ ܘܫܘܚܠܦܐ. ܥܠ ܚܝܠܐ ܫܠܝܛܐ ܕܗܘܐ ܗܘܐ..

ܕܬܪܝܢ. ܥܠ ܫܘܠܛܢܐ ܗܘ ܕܗܘܐ ܡܢ ܒܬܪܟܢ..

ܕܬܠܬܐ. ܥܠ ܝܠܕܐ ܗܘ ܕܐܬܝܠܕ ܚܕܬܐܝܬ ܒܐܦܠܝܩܘܢܐ.

ܕܐܪܒܥܐ. ܥܠ ܚܘܫܒܐ ܕܥܠܝܗ ܐܬܡܠܟܘ.

ܕܚܡܫܐ. ܥܠ ܡܦܩܢܘܬܐ ܕܪܒܘ ܥܠ ܡܢ.

ܕܫܬܐ. ܥܠ ܐܝܠܝܢ ܕܐܩܝܡܘ ܒܡܠܟܐ ܘܒܥܐ.

ܕܫܒܥܐ. ܥܠ ܡܬܥܒܕܢܘܬܐ ܕܐܬܬܚܝܕ ܥܠܝܗ ܥܠ ܦܠܓܘܬܗ.

ܕܬܡܢܝܐ. ܥܠ ܐܝܠܝܢ ܕܓܒܝ ܡܢ ܒܬܪܟܢ. ܒܟܦܢܐ ܘܒܡܘܬܢܐ ܘܒܩܪܒܐ[2] ...

ܕܬܫܥܐ. ܥܠ ܡܫܘܠܛܢܘܬܐ ܒܢܝܫܬܐ ܕܢܫ̈ܝܗܘܢ ܕܦܪ̈ܘܝܐ.

ܘܕܐܝܠܝܢ ܕ̈ܠܐ ܐܬܚܙܝ ܘܡܢ ܩܕܡ ܡܘܬܗܘܢ.

ܕܥܣܪܐ. ܥܠ ܕܗܘܬܐ ܕ̈ܫܠܝܐ ܕܢܦܩܘ ܡܢ ܐܠܗܐ...

ܕܚܕܥܣܪ. ܥܠ ܐܒܕܢܗܘܢ ܐܚܪܢܐ[3] ܕܬܠ̈ܡܝܕܐ ܕܕܚܠܬ ܐܠܗܐ.

Book IX. [1] A om. ܬܘܒ [2] A *fames et pestis in bello* [3] A ܩܘܛܠܐ

𝔄 671 ܫܢܝܐ ܡܕܡܝܢܐ. ܥܠ ܚܝܐ ܫܠܡܐ. ܗܘ ܕܗܘܐ ܗܘܐ܀

i. 1 ܫܘܠܡܐ ܕܝܢ ܕܝܘܒܠܗ ܕܡܠܟܐ ܕܐܬܟܬܒܬ. ܦܪܫ ܗܘܐ
ܒܐܘܢܐ ܟܠ ܡܦܪܢܣܐ. ܘܟܕ ܗܠܝܢ ܡܟܢܐ ܐܫܬܪܝ ܗ̈ܘܘ.
ܡܫܡܫܢܘܬܗ ܦܪܘܣܐ ܗܘ ܕܐܝܬ ܗܘܐ ܒܟܢܘܫܝܐ. ܕܪܫܝܢ
ܗܘܐ ܗܝ ܒܟܠ. ܘܪܘܒܐ ܐܬܚܘܝ ܗܘܐ ܕܕܝܠܗ ܐܠܗܐ.
ܠܐ ܫܦܪ ܗܘܐ ܠܗ ܟܕܡ ܕܐܬܟܬܒ ܗܘܐ. ܘܫܠܛ ܒܡܬ̈ܬܐ
ܕܐܬܚܫܒ ܗ̈ܘܘ. ܒܡܠܬܐ ܦܩܕ ܗܘܐ ܠܐ̈ܢܫܐ ܕܬܫܡܫ ܐܢܫ
2 ܕܢܫܠܘܢ ܘܪ̈ܒܐ[1] ܕܚܠܝܢ. ܡܛܠ ܕܒܪ ܕܠܐ ܫܠܝܛ ܗܘܐ ܕܢܩܘܡ
ܐܢܫ ܐܢܫܬ. ܠܡܫܒܠ (A fol. 101 *b*) ܦܘܩܕܢܐ ܕܡ̈ܢܘܢ ܕܪ̈ܘܪܒܢ
ܒܟܢܘܫ. ܫܠܡܘ ܗܘܐ ܠܢܡܘܣܐ ܗܢܐ ܕܐܬܚܫܒ ܗܘܐ. ܘܐܝܟ
ܕܠܚܠܝܐ ܠܐ ܬܐܬܐ ܗܘܢܐ. ܒܐܬܪ̈ܘܬܐ[2] ܕܬܫܡܫ ܫܠܛܢܘܗܝ.
ܘܕܠܐ ܢܬ̈ܒܢ ܦܩܕ ܠܡ̈ܢܝܢܐ ܕܬܫܡܫ ܐܢܫ ܕܢܫܠܘܢ ܪ̈ܘܪܒܢܐ
𝔄 672 ܕܠܝ. ܗܢܘܢ ܕܝܢ ܦܘܩܕܢܗ ܟܕ ܒܬ̈ܚܬܐ ܐܘܕܥܘ ܠܢ̈ܕܕܐ܀:܀
3 ܫܠܝܡܘ ܕܝܢ ܗܘ ܕܒܫܘܠܛܢܐ ܡܢܬܪܐ ܕܡܦܪܢܣܘܬܐ ܟܢܫܪ
ܗܘܐ ܒܡܠܟܘܬܐ. ܠܟܕܒܪ̈ܢܐ ܕܟܠ ܒܡ ܓܠܐ ܘܫܘܐ ܬܪܝܢܘܬܗ
7 ܕܡܠܟܐ ܒܐܓܪ̈ܬܐ ܪܗܘܡܝܐܝܬ. ܗܢܘܢ ܕܝܢ ܪ̈ܒܢܐ ܕܐܬܟܬܒ
ܠܗܘܢ ܡܟܪܘ[3] ܕܒܫܪ̈ܪܐ ܗܘ. ܘܠܠ̈ܓܡܦܐ[4] ܘܠܡܦ̈ܓܠܐ
ܘܐܠܝܢ ܕܡܫܬܡ ܥܠ ܡܘܪܐ. ܓܒܝܗ ܕܡܠܟܐ ܒܝܬ[5] ܒܬ̈ܚܬܐ
ܟܠܗ ܘܐܘܕܥܘ. ܠܘ ܕܝܢ ܒܒܬ̈ܚܬܐ ܗ̈ܘܝ ܟܠܗܘܢ ܗܠܝܢ. ܐܠܐ
ܘܐܦ ܒܟܢܘܫܐ ܡܕܡ ܒܬ̈ܚܬܐ. ܡܢܝܢ ܕܢܫܠܘܢ ܠܦܘܩܕܢܐ
ܕܡܠܟܐ. ܠܟܠ[6] ܐܝܠܝܢ ܕܡܫܟܚܝܢ ܗܘܘ ܠܗܘܢ ܒܝܬ ܐܣ̈ܝܪܐ.
ܡܛܠ ܡܟܪܣܘܬܐ ܕܟܠ ܐܦ ܡܫܢܝܐ[7] ܐܝܟܘ ܐܝܟ ܠܓܠܢܐ
ܘܡܟܡܐ ܐܝܟ ܟ̈ܠܗ ܣܐܘܪܐ. ܐܦ ܠܐܝܠܝܢ ܕܐܝܬ ܒܡܛܠܬܗ.

Chap. I. [1] 𝔄 sing. [2] In 𝔄 read [illegible] [3] In 𝔄 read [illegible] [4] 𝔄 sing., and om. ܘ [5] 𝔄 – ܒܝܬ [6] 𝔄 : ܘܟܠܗ [7] For ܡܫܢܝܐ ܐܝܟ ܐܝܟܘ ܐܦ 𝔄 has [illegible] ܗܘܐ ܠܒܢܝ ܕܟܠܗ

ܕܒܡܛܡܘܪ[8] ܒܢܝܐ ܐܫܬܕܝܘ[9] ܠܗܘܢ. ܗܦܟܘ ܓܝܪ ܕܟܫܝܪܐ ܡܠܟܐ[10]
ܝܟܐ ܗܟܢܐ. ܘܟܕ ܗܠܝܢ ܗܟܢܐ ܐܬܥܒܕ ܗܘ̈ܝ. ܡܢ ܫܠܝ. 8
ܐܝܟ ܡܢ ܠܠܝܐ ܕܚܫܘܟܐ ܢܘܗܪܐ ܕܢܚ ܗܘܐ. ܘܒܟܠ[11] ܡܕ̈ܝܢ
ܒܥܕ̈ܬܐ[12] ܕܡܬܟܢܫܝܢ ܚܙܐ[13] ܚܙܐ ܗܘܐ ܐܢܫ. ܘܐܦ ܟܢܘܫܝܐ
ܕܟܢ̈ܫܐ. ܘܕܘܒܪ̈ܐ ܕܡܫܬܡܠܝܢ ܒܥܝ̈ܕܝܗܘܢ[14] ܡܕ̈ܝܢܐ. ܬܗܪ A 673
ܗܘܐ ܕܝܢ ܪܘܪܒܐܝܬ ܘܡܬܕܡܪ ܒܗܠܝܢ. ܟܠ ܐܢܫܐ ܕܡܢ ܚܢ̈ܦܐ
ܕܠܐ ܡܗܝܡܢܝܢ[15] ܐܬܗܘܝ ܗܘܐ. ܥܠ ܗܢܐ ܫܘܚܠܦܐ ܬܡܝܗܐ
ܕܗܘܐ. ܘܩܥܝܢ ܗܘܘ ܘܐܡܪܝܢ[16] ܕܐܠܗܘܢ ܕܟܪ̈ܣܛܝܢܐ
ܐܝܬܘܗܝ ܒܠܚܘܕ ܐܠܗܐ ܕܫܪܪܐ. ܘܐܝܠܝܢ ܕܗܠܝܢ ܐܝܟ ܐܢܬ 9
ܐܝܠܝܢ ܕܐܬܚܙܝܘ ܒܐܬܟ̈ܬܫܘܬܐ[17] ܕܙܕܘܩܝܐ ܕܡܫܝܚܝܘܬܐ[18]
ܘܟܢܫܬܗ ܘܦܪܘܣܝܐ ܕܐܝܬ ܗܘܐ ܠܗܘܢ̈ ܠܘܬ (A fol. 102 a)
ܟܠܗ ܡܕܝܢܬܐ ܡܠܠܝܢ ܗܘܘ. ܥܠ ܐܝܠܝܢ ܕܝܢ ܕܐܬܟܪܗ ܗܘܘ
ܢܦܫ̈ܬܗܘܢ ܡܢ ܡܗܝܡܢܘܬܐ ܘܡܫܝܚܝܘܬܐ[19] ܡܠܝܢ ܗܘܘ. ܢܦܩܝܢ
ܗܘܘ ܒܗܘܟܐ ܥܠ ܐܘܣܝܬܐ ܕܢܦܫ̈ܬܗܘܢ: ܘܒܥܝܢ ܗܘܘ ܡܢ
ܫ̈ܠܝܚܐ. ܘܡܬܒܥܝܢ ܕܢܗܘܪܐ ܢܐܠܝܢ ܗܘܘ ܡܫܝܚܘܬܗܘܢ: ܘܡܬܟܢܫܝܢ A 674
ܗܘܘ ܠܐܠܗܐ ܕܫܪܝܪܐ ܠܗܘܢ: ܬܘܒ ܕܝܢ ܐܦ ܬ̈ܫܒܚܬܐ ܕܝܬܝܪܐ 10
ܕܫܠܡ ܐܠܗܐ. ܟܕ ܐܬܚܙܝܘ ܡܢ ܡܘܦܣܐ ܕܢܫ̈ܐ ܕܡܟܠܠܝܢ.
ܟܠܗܘܢ[20] ܠܐܬܪ̈ܘܬܗܘܢ ܦܢܝܢ ܗܘܘ. ܘܟܕ ܚܕܝܢ ܗܘܘ ܘܡܦܨܚܝܢ
ܥܒܪܝܢ ܗܘܘ ܒܟܠ ܡܕܝܢܬܐ. ܒܙܡܪ̈ܐ ܙܟܝܐ. ܘܠܐ ܡܬܒܣܝܢ
ܕܡܬܠܐ ܬܬܐܡܪ ܦܘܪܣܝܐ ܕܐܝܬ ܗܘܐ ܠܗܘܢ: ܒܫܢܝܐ ܕܡܢ 11
ܕܐܢܫܐ ܩܛܠܝܐ ܒܐܘܪܚܬܐ ܘܡܬܕ̈ܢܐ. ܟܕ ܡܬܢܚܝܢ ܠܐܠܗܐ

[8] In A for որ read ոք [9] A coniecti erant = ܐܬܪܡܝܘ [10] In A read Թագաւորն [11] A om. ܘ [12] In A read Եկեղեցիք [13] The first ܚܙܐ should be omitted: so A [14] A sing. [15] A om. ܠܐ ܡܗܝܡܢܝܢ [16] A om. ܘܐܡܪܝܢ [17] A sing. [18] In A for Յաստուածպաշտութեան read Յաստուածպաշտութենէ; ܘܡܫܒܚܝܢ is omitted [19] A om. ܘ [20] A om. ܟܠܗܘܢ

ܒܬܫܒܚ̈ܬܐ ܘܒܙܡܝ̈ܪܬܐ ܪܕܝܢ ܗܘܘ.[21] ܘܟܠܗܘܢ ܕܒܗܝܡܢ ܒܪ̈ܢܫܐ
ܩܢ̈ܝܐ. ܡܢ ܩܕܡ ܥܠܠ ܒܐܣܘܪ̈ܐ ܡܢ ܐܬܪ̈ܘܬܗܘܢ ܪ̈ܕܝܦܝܢ
ܗܘܘ. ܚܙܐ ܗܘܬ[22] ܠܗܘܢ ܒܦܠ̈ܛܝܐ ܫܘ̈ܩܝܐ ܘܩܘ̈ܪܝܐ
A 675 ܕܡܫܒܚܝܢ ܒܡܙܡܘܪ̈ܝܗܘܢ ܐܠܗܐ ܕܐܦ ܗ̇ܢܘܢ ܕܡܢ ܩܕܝܡ
ܩܛ̈ܠܝܢ[23] ܐܝܬܝܗܘܢ ܗܘܘ. ܟܕ ܚܙܘ ܬܕܡܘܪ̈ܬܐ[24] ܕܗܘܬ.
ܕܠܐ ܣܒܪܝܢ ܗܘܘ ܕܗܘܝܐ ܗܘܬ. ܚܕܝܢ ܗܘܘ ܥܡܗܘܢ ܒܗܘܢ
ܗܟܢ ܕܗܘܐ ·○·○·

ܕܬܪܝܢ. ܥܠ ܫܘܚܠܦܐ ܕܗܘܐ ܡܢ ܒܬܪܟܢ ܀

ii. 1 ܠܗܠܝܢ ܕܝܢ ܕܐܡܪܢܢ. ܠܐ ܐܫܟܚ ܗܘܐ ܕܢܣܝܒܪ ܗܘ ܛܪܘܢܐ.
ܕܣܢܐ ܗܘܐ ܥܒܝ̈ܕܬܐ. ܘܡܫܡܠܝܐ ܕܟܠܗܝܢ ܝܪ̈ܚܬܐ ܐܬܗܘܝ
ܗܘܐ. ܗܘ ܕܐܡܪܢܢ[1] ܟܠܗܘܢ ܕܐܬܚܘܝܘ ܗܘܐ ܪܕܝܐ
ܒܐܬܪ̈ܘܬܐ ܕܡܕܢܚܐ. ܕܐܦܠܐ ܫܢܬܐ ܫܠܝܡ ܕܬܬܟܬܪ ܗܘܬ
ܗܕܐ ܡܗܢܝܐ[2] ܡܫܬܒܪ ܗܘܐ. ܗܟܢ ܕܝܢ[3] ܐܬܟܠܒܢ ܗܘܐ
ܕܢܬܠܠܗܘܢ ܠܥܠܡܐ. ܘܡܕܡܐܬ ܕܢܚܠܝܢ ܗܘܐ ܒܥܠܬܐ ܡܢ
2 ܒܢ̈ܝܐ[4] ܕܒܝܫܬ ܡܘ̈ܕܝܐ ܐܬܦܪܣ ܗܘܐ. ܬܘܒ ܕܝܢ ܟܕ ܐܢܫܐ
ܒܢ̈ܝܐ ܗܘ ܗܘܐ ܠܢܦܫܗ ܐܝܟܢܐ ܠܗܘܠܝܢ. ܕܢܟܢܫ ܗܘܐ
ܠܐܢܛܘܟܝܐ ܕܡܫܘܫܚܝܢ ܕܢܦܫܗ. (A fol. 102 b) ܕܠܚܡܪ ܐܢܫ
ܠܐ ܢܥܡܪ ܡܢ ܒܢ̈ܛܘܟܝܐ ܒܐܬܪܐ ܕܐܘܚܕܢܗܘܢ܆ ܐܝܟ ܡܢ̈ܝܐ
A 676 ܒܗܘܢ ܠܒܠܚܘܕܝܬܐ ܪܒܬܐ. ܘܠܐܚܪ̈ܢܐ ܕܝܢ ܬܘܒ ܐܝܟ ܗܘܐ
ܕܒܥܒܘ ܕܐܝܟ ܗܕܐ.[5] ܘܡܕܡܝܢܐ ܘܪܒܐ ܕܗܕܐ ܒܐܢܛܘܟܝܐ
ܐܬܚܙܝ ܗܘܐ ܬܐܘܛܩܢܘܣ. ܓܒܪܐ ܒܝܫܐ ܘܚܪܫܐ. ܕܒܢܝܪ

[21] The words from ܒܬܫܒܚܬܐ ܪܒܐ to ܪܕܝܢ ܗܘܘ are freely rendered in 𝔄
[22] 𝔄 *videbant* [23] 𝔄 om. the suffix [24] 𝔄 plur.

Chap. II. [1] 𝔄 *sed sicut diximus* [2] 𝔄 om. ܗܘܐ [3] 𝔄 om. ܕܝܢ
[4] 𝔄 sing. [5] For ܕܐܝܟ ܗܕܐ 𝔄 has *hanc rem*

ܗܘܐ ܠܟܘܠܗܘܢ. ܐܬܬܣܝܡܘ ܗܘܐ ܕܝܢ ܠܡܬܒܣܡܐ. ܒܗ̇
ܒܡܕܝܢܬܐ ܀:܀

ܕܬܠܬܐ. ܥܠ ܨܠܡܐ ܕܐܬܥܒܕ ܗܘܐ ܚܕܬܐܝܬ ܒܐܢܛܝܘܟܝܐ.

iii. ܗܟܝܠ ܕܝܢ[1] ܐܘܣܝܡ ܗܘܐ ܗܘ ܗܢܐ ܕܐܡܪܢ ܟܠܗܘܢ ܠܡܥܒܕܘ ܥܡܢ. ܘܟܠܠ[2] ܦܣܩܝܢ ܠܐܝܠܝܢ ܕܕܠܡ ܐܝܟܢ ܐܝܟ ܐܢܫܐ ܡܗܝܡܢܐ ܗ̇ܢܘܢ ܕܡܬܦܫܝܢ ܒܚܫܘܟܐ ܠܗܝܢ ܡܬܢܨܦ ܗܘܐ. ܒܡܐܟܠ ܩܘܪܒܢܐ ܕܝܢ[3] ܘܡܬܟܪܙܢܘܬܐ[4] ܕܟܠܗܝܢ ܒܟܠܗܘܢ ܡܬܦܠܓ ܗܘܐ. ܘܟܠܗ ܕܗܘ ܗܘܐ ܠܫܘܠܛܢܐ ܠܥܝܪܢܐ. ܠܡܬܪܨܝ ܕܝܢ ܨܠܡܐ ܕܒܠܥܕܝܢ[5] ܦܠܘܣ ܐܦܣܪ ܗܘܐ. ܘܒܐܘܡܢܘܬܐ[6] ܕܚܪܫܘܬܐ ܘܒܫܡܫܘܬܐ ܡܫܡܫܢܝܬܐ. ܘܐܦܪܝܐ ܕܠܐ ܒܥܢܝܢ. ܘܕܘܒܐܐ ܠܦܪܘܩܐ ܐܝܬܝܗ ܗܘܐ ܘܐܚܪܢܝܐ.. ܒܕܡܘܬܐ ܕܐܦ ܠܡܠܟܐ ܐܘܡܢܘܬܐ ܬܚܘܝܬܐ ܕܨܘܪܬܐ ܚܕܘܬܐ ܗܘܐ. ܐܦ ܗܘ ܕܝܢ ܗܢܐ ܐܝܟ ܕܠܦܘܪܢܐ ܕܟܘܠ ܕܡܬܬܪܓܡ ܗܘܐ. ܗܘ̇ ܕܐܡܝܪ 𝔄 677 ܗܘܐ ܫܘܠܛܢܐ ܐܦܝܣ ܥܠ ܒܪܢܫܐ ܠܐܠܗܐ. ܟܕ ܐܡܪ ܗܘܐ. ܕܐܠܗܐ ܠܗ̇ ܦܩܕ. ܕܠܒܪ ܡܢ ܬܫܘܒܚܐ ܕܡܬܢܬܐ ܘܕܐܬܦܪܘܣܐ ܕܡܬܚܙܝ. ܢܬܪܕܘܢ ܒܪܢܫܐ. ܕܒܠܥܕܘܗܝ ܐܝܬܘܗܝ ܠܗ ܕܐܠܗܐ ܀܀܀

ܕܐܪܒܥܐ. ܥܠ ܦܩܕܢܐ ܕܥܠܝܢ ܐܬܟܬܒܘ ܀

iv. 1 ܟܕ ܕܝܢ ܗܟܢ[1] ܗܘ ܗܢܐ ܡܕܒܪܐܝܬ ܐܝܟ ܨܒܝܢܗ. ܐܦ ܫܪܟܐ ܕܫܠܛܘܢܐ ܕܒܟܠܗܝܢ ܡܕܝܢܬܐ ܕܐܝܬ ܬܚܝܬ

CHAP. III. [1] 𝔄 om. ܕܝܢ? [2] 𝔄 om. ܘ [3] 𝔄 om. ܕܝܢ? [4] In 𝔄 for [illegible] read [illegible] [5] In 𝔄 read [illegible] [6] 𝔄 om. ܘ

CHAP. IV. [1] 𝔄 *fecit*· ܥܒܕ

ܫܐܠܝܢܗ ܕܗܘܐ ܒܟܠܙܒܢ. ܕܐܝܟ ܗܕܐ ܡܫܟܚܬܐ ܐܬܪܥܝܢ
ܠܡܟܬܒ. ܕܢܗܘܐ ܡܬܘܕܥܢܐ ܕܐܬܪܘܬܐ ܕܗܕܐ ܐܚܘܢ (A fol. 103 a)
ܟܠܒܐ. ܘܡܬܒܥܐ² ܠܐܠܗܝܢ ܕܬܫܒܘܚ ܐܢܬܘܢ ܐܢܘܢ ܗܘ ܗܢܐ
2 ܠܡܥܒܕ. ܐܦ ܬܪܥܝܬܗܘܢ ܕܝܢ ܕܪܥܘܢ ܒܚܕܘܬܐ ܐܦܣ
ܦܪܘܫܐ ܟܕ ܒܬܫܒܚܬܗ ܕܬܫܬܒܪ. ܘܗܟܝܠ ܡܢ ܕܝܢ ܪܕܘܦܝܐ³
ܐܬܓܘܠ ܗܘܐ. ܒܡܕܝܢܬܐ ܕܝܢ⁴ ܐܦ ܙܒܢ ܒܡܕܝܢܬܐ ܕܦܬܒܪܬܐ.
ܒܟܠ ܡܕܝܢܬܐ ܡܢܗ ܡܢ ܡܟܣܝܢܘܣ ܡܬܘܣܦܝܢ ܗܘܘ. ܐܝܟ
ܕܝܬܝܪ ܐܬܬܟܝܘ ܒܪܘܪܒܐ ܕܐܝܟܢܐ ܒܟܠ ܡܕܝܢ.⁵ ܗܢܘܢ 𝔄 678
ܕܢܦܩ ܐܝܬ ܗܘܐ ܠܗܘܢ ܣܗܕܘܬܐ. ܥܠ ܦܘܠܚܢܐ ܕܬܫܒܘܚܬܐ
3 ܗܢܘܢ ܕܡܫܡܫܝܢ ܗܘܘ ܠܗܘܢ܂ ܕܒܗܘܬܗ ܕܝܢ ܕܠܐ ܡܫܒܚܘܬܐ
ܕܦܪܘܫܐ. ܠܟܠܗܘܢ ܙܕܝܩܐ. ܘܠܐܠܗܝܢ ܕܬܫܒܘܚ ܐܢܬܘܢ
ܐܢܘܢ܂ ܠܗܕܐ ܡܬܒܥܐ ܗܘܬ ܠܗܘܢ܂ ܕܟܠܒܘܢ ܢܫܒܩܘܢ
ܠܡܟܠ ܐܝܟ ܕܠܫܡܗ ܕܟܠܗ. ܗܕܐ ܦܬܓܡܬܐ⁶ ܡܫܪܝܢ ܗܘܘ
ܠܗ. ܫܠܝ ܦܬܓܡܐ ܕܝܢ ܗܘܘ ܕܢܫܬܠܡܘܢ ܡܢܗ. ܕܡܗܝܡܢܘܬܐ
ܫܠܝ ܡܗܝܡܢܘܬܐ ܡܠܠܐ ܕܟܠ ܢܣܒܝܢ ܗܘܘ. ܘܚܕܒܬ ܦܪܘܫܐ
ܕܠܘܬ ܡܫܬܝܢ ܗܘܘ ·܀·܀·

ܕܚܡܫܐ. ܗܘܦܬܝܣܛܝܩܝܐ ܕܪܒܘ ܥܠ ܡܪܢ ·܀·

ܪܒܘ ܕܝܢ ܗܘܦܬܝܣܛܝܩܝܐ. ܕܩܪܘܝ ܘܕܝܠܢܘܣ. ܕܟܠܝܢ ܗܘܘ v. 1
ܓܪܡܢܝܐ¹ ܥܠ ܡܫܝܚܐ. ܘܐܝܟ ܕܡܢ ܓܒܝܐ ܕܟܠܒܐ ܐܫܬܕܪ
ܠܟܠܗܘܢ ܟܠܬ ܐܘܪܚܝܗ. ܘܦܩܕ ܒܡܬܒܥܬܐ.² ܕܒܟܠ ܐܬܪ
ܒܟܪܝܗܘܬܐ ܐܦ ܒܐܓܪܬܐ. ܠܟܠ ܐܢܫ. ܒܓܠܝܐ ܢܬܬܫܡܫܘܢ܂

¹ 𝔄 om. ܘ ³ 𝔄 adds *nostrum* ⁴ 𝔄 om. ܕܝܢ? ⁵ 𝔄 om. ܒܟܠ ܡܕܝܢ ⁶ 𝔄 adds *magnum*

Chap. V. ¹ In 𝔄 read [illegible] ² 𝔄 adds *in edictis suis*

ܘܢܬܠܘܢ ܐܢܘܢ ܠܛܠܝܗܘܢ[3] ܣ̈ܦܪܐ ܕܢܠܦܘܢ ܗܦܟܐ. ܕܢܠܦ 𝔄 679
2 ܘܠܦܢܐ ܗܘܘ ܒܗܘܢ ܢܬܗܦܟܘܢ܆ ܘܢܐܣܪܘܢ ܒܗܘܕܝܘܢ܆ ܘܒܪ
ܗܠܝܢ ܗܟܢܐ ܐܫܬܥܒܪ ܗܘ̈ܝ. ܐܚܪܢܐ ܬܘܒ ܪܟܣܝܠܐ ܗ̇ܘ[4]
ܕܗ̈ܘܡܒܝܐ ܕܘܟܣ ܩܪܝܢ ܠܗ. ܒܕܪܡܣܘܣ[5] ܕܦܢܝܩܐ. ܫܦܠ
ܗܘܐ ܘܐܝܬܝ ܡܢ ܫܘܩܐ ܢ̈ܫܐ ܦܠܐ̈ܬܐ. ܘܥܒܕ ܕܢܦܪܩܘܢ
ܠܗܝܢ ܢ̈ܫܐ ܪܫܝܥܐܝܬ. ܘܐܠܨ ܗܘܐ ܠܗܝܢ ܕܢܐܡܪ̈ܢ ܒܟܬ̈ܒܬܐ.
(A fol. 103 b) ܕܗܢ ܡܕܡ ܒܦܪ̈ܗܣܝܝܬܐ ܐܬܐܡܪܝܢ ܗܘ̈ܝ. ܘܗܘܝܢ
ܣܝܡ ܗܘ̈ܝ ܒܗܘܢ ܫܘܥܒܕ̈ܢܐ[6] ܕܠܐ ܢܗܘܘܢ. ܕܒܗܘܢ ܠܡ
ܟܬ̈ܒܐ ܕܬܘ̈ܠܕܬܗܘܢ܆ ܒܟܕܝܢ ܗܘܘ ܫܘܥܒܕ̈ܢܐ ܕܦܝܠܣܘܦܘܬܐ.
ܘܐܣܪ̈ܚܬܐ ܐܝܠܝܢ ܕܗܘ ܝܒܐ ܗܘܐ ܕܢܐܡܪ̈ܢ ܐܝܟ ܕܠܝܒܪܐ
ܕܡܫܝܚܝ[7] ܐܦ ܗܘ ܕܝܢ ܗܢܐ. ܗܫܐ ܐܟܢ ܠܗܠܝܢ ܡ̈ܠܐ[8]
ܒܗܘܦܟ̈ܢܘܬܠܐ ܘܐܘܕܝ[9] ܠܛܠܝܐ. ܘܦܩܕ ܕܒܟܠ ܐܬܪ ܘܡܕܝܢܐ.
vi. 1 ܢܬܟܪܙܢ ܗܠܝܢ ܒܟܬ̈ܒܬܐ.[10] ܗܘ ܕܝܢ ܗܢܐ ܪܒ ܚܝܠܐ. ܟܬܪ
ܡܠܟ ܙܒܢܐ ܗܘ ܒܝܕܘܗܝ ܩܛܠ ܢܦܫܗ. ܘܐܬܦܪܥ ܕܝܢܐ
ܕܒܝܫܘܬܗ ·܀·

ܕܐܫܬܐ. ܥܠ ܐܝܠܝܢ ܕܐܣܗܕܘ ܒܗܢܐ ܙܒܢܐ. 𝔄 680

ܬܘܒ ܕܝܢ ܒܪܘܡܐ ܕܝܠܗ ܐܬܪܐ ܗܘܐ ܘܪܕܘܦܝܐ ܣܓܝܐܐ.
ܘܗܓܡ̈ܘܢܐ ܕܒܟܠ ܗܦܪܟܝܐ. ܒܡܫܝܚܘܬܐ ܬܘܒ ܟܠܗ ܡܢܚܡ
ܗܘܘ. ܘܦ̈ܠܒܐܐ[1] ܐܬܬܚܕܘ ܡܢ ܐܝܠܝܢ ܕܕܝܢܝܢ ܗܘܘ. ܒܡܠܬܐ
ܕܕܝܠܗ ܐܠܗܐ. ܘܩܒܠܘ ܕܝܢܐ ܕܡܘܬܐ ܒܬܘܕܝܬܐ. ܬܠܬܐ ܕܝܢ
ܡܢܗܘܢ ܒܚܡܨ ܡܕܝܢܬܐ ܕܦܢܝܩܐ. ܕܐܘܕܝܘ ܕܒܪ̈ܘܣܛܝܢܐ

[3] 𝔄 om. ܠܛܠܝܗܘܢ [4] 𝔄 om. ܗܘ̇ [5] 𝔄 [illegible] *in Damasco* [6] 𝔄 plur. [7] In 𝔄 for [illegible] read [illegible] [8] 𝔄 om. ܗܫܐ ܐܝܟ ܠܗܠܝܢ ܡ̈ܠܐ [9] 𝔄 om. ܘ [10] 𝔄: ܒܟܬ̈ܝܒܬܐ

Chap. VI. [1] 𝔄 om. ܘ

ܐܝܟ ܕ ܠܣܘ̈ܓܐܬܐ ܐܫܬܘܕܝܘ. ܕܡܢܗܘܢ ܚܕ ܦܠܘܛܪܟܘܣ ܐܣܗܕ
ܐܬܚܙܝܘ ܗܘܘ. ܕܬܠ̈ܡܝܕܐ ܕܝܠܗ ܐܬܚܙܝܘ ܗܘܘ.[2] ܘܐܪܒܥܝܢ
2 ܫ̈ܢܝܢ ܕܒܪ ܬܡܢܥܣܪܬܗ.[3] ܘܟܕ[4] ܒܗܢܐ ܙܒܢܐ. ܦܩܕܗ ܐܦܣܩܘܦܐ
ܕܝܢ ܒܥܕܬܐ ܕܐܠܟܣܢܕܪܝܐ ܥܒܝܕܘܬܐ. ܗܘ ܕܡܕܒܪܢܐ ܗܘܐ
ܕܐܠܗܐ ܡܛܠ ܥܒܝܕܘܬܐ ܕܦܘܠܚܢܗ[5] ܕܒܟܠܗܬܐ ܕܐܠܗܐ.
ܕܠܐ ܚܠܦܬܐ ܕܝܢ ܐܬܚܦܛ ܗܘܐ. ܟܕ ܠܝܬ ܗܘܐ ܡܣܬܒܪܢܘܬܐ
ܕܢܣܒ ܡܢ ܡܕܡ. ܘܡܢ[6] ܥܠ ܕܠܐ ܕܢܣܒ ܐܝܟ ܕܡܢ ܦܘܪܢܣܗ
A 681 ܕܡܫܬܡܥܝܢܘܗܝ. ܙܒܢ ܐܬܟܣܘ. ܟܬܒܗ ܕܝܢ ܐܦ ܚܕ̈ܬܐ ܩ̈ܕܡܝܐ
3 ܐܣܬܦܩ ܡܢ ܡܙ̈ܘܢܐ. ܕܐܝܟ ܗܕܐ ܡܟܠ. ܘܠܡܣܝܒܘ. ܬܘܒ
ܒܬܪ ܕܟܠܡܕܡ ܢܝܚ ܗܘܐ ܒܡܕܒܪܐ ܕܢܦܫܗ. ܘܒܝܘܡܬܐ
ܡܣܝܒܪ ܥܡܠܐ ܗܘܐ. ܕܐܬܝܗܘܢ ܗܘܐ ܡܢܝܚܐ ܕܠܠܝܬܐ
ܕܒܐܠܘܦܢܐ. ܐܬܝܗܘܢ ܠܡܫܡܠܝܐ ܟܬܒܝܬܐ. ܕܐܬܡ ܒܗܘ
ܘܒܢܐ ܟܠܗܐ ܡܬܩܦܢ ܗܘܐ. ܘܟܕ[7] (A fol. 101 a) ܚܡܫ ܒܗ ܟܡܐ
ܒܝܘܡܐ ܘܢܩ ܕܢܐܟܠ ܥܠ ܬܘ̈ܒ ܘܠܒܘܫܐ ܗܘ ܕܡܬܚܫܒ ܗܘܐ.
4 ܐܬܒܛܠ ܠܒܣܬ ܐܣܝܪܐ ܘܐܬܦܠܠ. ܘܗܟܢܐ ܟܠܥܠ ܕܟܢܐ
ܒܫܢܬ ܕܡܫܟܢܬܐ ܕܢܦܠܗ ܕܡܫܡܫܢܘܗܝ ܗܢܐ ܫܦܝܪܬܐ.
ܘܐܪܘܦܝܐ ܕܐܟܝܢ ܟܠܡ ܒܝܫ ܗܘܐ ܡܢ ܗܘ ܕܒܗܕܐ ·:·

·:ܕܝܗܘܕܐ. ܥܠ ܡܟܬܒܢܘܬܐ ܕܐܬܬܣܝܡ ܠܗ. ܥܠ ܫܒ̈ܘܥܐ.·:·

ܝܗܘܕܐ ܕܝܢ ܕܡܫܒܚܐ ܕܟܬܒܘܬܐ ܕܟܠܗ. ܘܡܟܬܒܢܘ ܐܦ vii. 1
ܦܘܩܕܢܐ[1] ܕܢܝܐܠ. ܡܟܬܒ ܟܬܝܒܘܬܐ ܥܠ ܫܒܘ̈ܥܐ ܕܢܒܝܐ
ܡܬܚܫܒܝܢ ܗܘܘ. ܕܝܢ ܕܡܬܩܪܝܢ ܠܐ ܗܘܐ. ܘܫܒܥܝܐ ܒܗ

[2] A om. ܕܬܠ̈ܡܝܕܐ ܕܝܠܗ ܐܬܚܙܝܘ ܗܘܘ [3] A. ܠܡܠܦܢܘܬܐ [4] A *sicut in eo* [5] For ܡܛܠ ܥܒܝܕܘܬܐ ܕܦܘܠܚܢܗ A has *propter mirabilem vitam suam et continuam curam* [6] A om. ܘ [7] A om. ܡ

Chap. VII. [1] A sing.

ܘܡܠܦܢܐ ܒܡܘܦܩܢܘܬܐ ܕܪܟܒܘ ܗܘܘ ܕܦܪܘܩܝܢ ܘܕܡܫܠܛܢܘܬܗܘܢ. 𝔄 682
2 ܐܝܟ ܕܠܝܒܪܐ ܒܠܒܘܢ. ܒܡܘܫܚܬܗܘܢ ܗܠܝܢ ܗܘܘ. ܗܪܟܐ
ܕܝܢ[2] ܡܬܚܙܐ ܠܝ ܕܗܘܐ ܕܢܫܬܡܥܘܢ. ܠܗ ܠܐܬܪܗ ܕܡܫܬܡܥܝܢܘܢ.
ܗܘ ܕܣܡܟ[3] ܥܠ ܦܘܠܚܢܗ. ܕܐܚܝܕܐ ܡܪܝܡܘܬܗ ܘܪܚܡܬܗ
ܘܥܒܕܘܗܝ. ܘܡܫܐܠܬܗ ܕܠܘܬ ܐܠܗܐ ܕܗܢܐ ܣܓܝܐܐ ܒܟܠܗܝܢ
ܬܬܝܗܒ. ܘܗܢܐ ܒܐܢܐ ܕܐܬܪܟܢܘ ܒܪܘܚܐ. ܗܘ ܕܠܐ ܕܗܟܢ
ܡܢ ܦܘܪܥܢܐ ܕܪ̈ܫܝܥܐ. ܕܒܗ ܐܫܬܘܝܘ ܒܢܝܢ ܒܬܪ ܟܠܗ ܕܒܢܐ.
ܫܘܒܚܐ ܕܗܠܝܢ ܥܠܝܢ[4] ܐܬܬܚܠܦ ܗܘܐ ܘܒܬܫܒ̈ܚܬܐ ܕܫܘ̈ܚܠܦܐ
ܐܚܪ̈ܢܐ ܥܠܝܢ ܦܩܕ ܗܘܐ ∴ ܦܪ̈ܨܘܦܐ ܕܦܘܩܕܢܐ ܗܢܐ
ܕܦܘܩ̈ܕܢܘܗܝ[5] ܕܡܫܡܫܢܘܬܐ ܘܒܢܝܐ[6]. ܕܡܢ ܠܗܘܢ ܩ̈ܠܝܐ
ܕܢܫܝ̈ܟܐ ܕܥܠܝܢ ܕܐܬܟܬܒ ܠܗ[7]. ܕܐܬܦܫܩ ܡܢ ܦܘܠܚܢܐ ܕܐܝܬ
3 ܗܘܐ ܒܨܘܪ. ܗܘ ܐܦ ܡܢ ܡܕܡ ܗܢܐ ܡܪܚܡܬܐ ܕܪܚܡܬܐ
ܕܬܪܥܝܬܐ ܕܐܢܫܘܬܐ ܐܬܚܝܠܬ[8]. ܘܕܚܙܬ ܘܦܠܠܬ ܒܗܘܢ ܒܗܠܝܢ
ܚܫܒܐ ܕܒܛܝܠܐ[9] ܕܦܛܝܠܘܬܐ. ܗܝ ܕܡܕܡ ܘܠܘܬ ܒܐܒܕܢܐ
ܕܣܓܝܐܐ ܕܦܛܝܠܘܬܐ ܐܬܦܪܣܬ ܘܡܒܕܬ[10] ܠܨܥܒܐ. ܘܐܬܦܪܣܬ
ܠܗܘܢ ܕܠܐ ܐܠܗܐ ܐܝܠܝܢ ܡܢ ܗܢܐ ܕܡܫܬܘܕܥܝܢ[11] 𝔄 683
ܕܒܛܠܠܘܬܐ ܕܪܘܚܬ ܦܠܝܚܘܬܐ ܕܐܠܗ̈ܐ ܗܢܘܢ ܕܠܐ ܡܬܚܙܝܢ.
4 ܥܠ ܡܕܡ ܡܬܦܪܣ ܘܡܬܬܩܢ ܗܕܐ ܕܡܢ ܒܥܒܕܬܐ. ܠܐ
(A fol. 104 b) ܡܬܝܗܒܝܢܐ ܒܗ ܬܬܐܡܪ.[11a] ܕܐܝܟ ܡܠܝܢ ܦܘܠܚܢܐ
ܒܬܪܥܝܬܐ ܘܚܫܒܐ. ܕܐܢܫܝܢ ܡܣܟܠܢܘܬܐ ܛܘܫܝܬܐ ܕܬܪܥܝܬܗܘܢ
ܕܢܫܝܟܬ ܐܠܗܐ.[12] ܒܗ ܐܦ ܡܕܡ ܗܕܐ ܢܗܝܪܐ ܗܘܬ ܠܟܠܢ..

[2] 𝔄 om. ܕܝܢ [3] 𝔄 adds *de nobis* [4] 𝔄 om. ܥܠܝܢ [5] 𝔄 om. ܗܘܐ ܕܦܘܩ̈ܕܢܘܗܝ [6] 𝔄 om. ܘܒܢܝܐ [7] 𝔄 *de eo* [8] In 𝔄 read *գործոյն* [9] In 𝔄 for *ձեռն* read *ձեռք* [10] In 𝔄 for *գնալ* read *գիտելով* [11] 𝔄 om. ܡܢ ܗܢܐ ܕܡܫܬܘܕܥܝܢ [11a] In 𝔄 read *առնելն* [12] 𝔄 = ܐܠܗ̈ܐ.
For *որոշ ի կամաց* read *որոշ իր կամաց*

ܕܟܐܝܢܐ ܦܠܘܪܬܐ. ܘܟܕ ܝܠܕܬܐ ܐܬܝܕܥܬܘܢ ܗܘܝܬܘܢ ܠܘܬ
ܐ̈ܠܗܐ ܕܠܐ ܡܝܬܝܢ. ܗ̇ܢܘܢ ܕܠܐ ܗܘܐ ܒܟ̈ܝܢܐ ܥܫܝܢܘܬܐ
ܘܫܪ̈ܝܪܘܬܐ ܡܫܬܘܕܥܝܢ ܗܝܡܢܘܬܐ ܕܐܢܫܐ. ܐܠܐ ܒܒ̈ܢܝܐ
5 ܕܢ̈ܫܐ ܘܒܢ̈ܝܐ ܘܐܚ̈ܝܐ. ܡܦܠܚܝܢܐ ܐܝܟ ܕܒܥܘܐ ܡܕܒܚܝܬܘܢ
ܠܫܐܕܐ. ܘܟܠܗ ܡܕܒܪܢܐ ܕܐ̈ܠܗܐ ܕܠܐ ܡܝܬܝܢ ܬܬܘܪܐ.
ܠܐ ܗܝ ܗܟܝܠ ܒܬܘܩܢܬܐ ܦܘܠܚܢܬܐ. ܕܟܫܝܪܘܬܐ ܕܐ̈ܠܗܐ
7 ܥܒ̈ܝܕܐ ܡܫܡܫܐ[13] * * ܡܛܠ ܗܝܡܢܘܬܗܘܢ܆ 𝔄 684
ܗܘ ܗܟܝܠ ܐܠܗܐ ܪܒܐ ܘܪܡܐ ܒܥܠܡܝܢ.[14] ܗܘ ܕܝܬܒ
ܒܫܡܝܬܗܘܢ ܠܫܡܝܐ. ܗܘ ܕܠܐܠܗܐ[15] ܕܐܒܗ̈ܝܗܘܢ܆ ܘܕܒܢ̈ܝܗܘܢ
ܘܕܢ̈ܫܝܗܘܢ܆[16] ܘܠܡܫܡܫܢܝܗܘܢ ܘܟ̈ܗܢܝܗܘܢ܆ ܦܩܕ ܗܘ ܥܠ ܐܒܕܢܐ
ܕܟܠܗ. ܒܬܫ̈ܒܚܬܗܘܢ ܐܟܚܕ ܗܘܐ ܢܨܝܚܐ ܘܫܘܒܚܐ. ܗܘ ܓܠܐ
ܘܡܫܘܐ ܕܐܝܟܢ ܡܬܐܪܐ ܗܘܐ ܘܟܫܝܢܐ ܘܡܫܝܢܐ. ܕܟܘܓܕܬܐ
ܕܡܬܚܫܒܐ ܬܬܘܪ ܠܦܘܠܚܢܐ ܘܠܬܫܡܫܬܐ[17] ܕܕܫ̈ܐܕܐ ܕܐ̈ܠܗܐ
8 ܕܠܐ ܡܝܬܝܢ. ܟܕ ܓܝܪ[18] ܗܘܐ ܕܗܟܢܐ ܐܬܚܙܝ ܕܠܐ ܡܕܡ̈ܐ.
ܕܡܬܩܢܝܢ ܕܢܗܘܐ ܢܡܢܘܢ ܠܡܫܪܐ ܒܠܗ. ܕܠܐ ܡܢܟܪ
ܕܟܫܝܦܘܬܐ ܕܪܫܝܥܘܬܐ ܕܦܘܠܚܢܐ ܕܐ̈ܠܗܐ ܗܘܐ ܗܘܐ. ܕܠܐ
ܐܪܒܐ ܬܕܥܘܢ ܒܪ̈ܝܬܐ ܕܡܫܬܠܛܝܢ ܠܗ̇. ܘܣܓܝܐܐ ܕܩ̈ܠܝܐ
ܬܦܢܘ ܘܐܬܕܒܠ ܫܘܠܝܗܘܢ܆ ܐܦܠܐ ܕܡܢܟܐ ܕܪܕܝܢ ܡܢ
ܡܚܘܠ ܢܬܝܢ[19] ܥܠ ܐܪܒܐ ܕܠܐ ܥܠܬܐ. ܘܢܬܦܠ ܡܘܪܒܐ[20]
ܕܫܡܝܐ. ܘܢܬܒܪܘܢ ܦܓܪ̈ܐ ܠܡܘܬܐ ܒܫܠܝܐ. ܐܦ ܠܐ
ܕܡܢܐ ܢܬܒܠܐ ܒܡܫܬܥܠܝܢܘܬܗ ܒܥܒܕܐ ܕܪ̈ܘܚܐ ܢܦܫܢܝܬܐ. ܐܦ
ܠܐ ܬܠܝܬܝܐ ܕܡܢ ܥܠ (A fol. 105 a) ܕܡܢܝܢ ܘܢܬܝܢ ܗܘܬܐ 𝔄 685

[13] A here omits some sentences, which are given in 𝔄 [14] In 𝔄 read [illegible] [15] 𝔄 plur. [16] 𝔄 rightly *et uxores et filios vestros* [17] 𝔄 om. ○ ܠܬܫܡܫܬܐ [18] 𝔄 [illegible] [19] 𝔄 *de longinquo mitteretur* [20] 𝔄 plur.

ܕܫܠܡܐ. ܐܦܠܐ ܬܘܒ ܐܪܥܐ ܐܡܐ ܡܪܒܝܢܝܬܐ[21] ܕܟܠ.
ܒܫܠܝܘܬܐ ܕܙܘ̈ܥܒܗ ܡܢ ܒܢ̈ܝܫܬܗ ܬܦܠܛ. ܐܦ ܠܐ ܦܐܪܐ ܙ̈ܪܥܐ
9 ܢܬܕܪܘܢ[22] ܒܡܘܬܐ ܕܡܘܬܢܐ. ܕܗܠܝܢ[23] ܚܠܡܝܢ ܒܝ̈ܫܬܐ. ܘܕܒ̈ܫܝܢ
ܡܢ ܗܠܝܢ. ܡܢ ܩܕܡ ܩܠܝܠ ܟܠ ܐܢܫ ܚܙܐ. ܕܗܘܝܢ ܗ̈ܘܘ.
ܘܒܠܗܝܢ ܗܠܝܢ ܐܚܝܕܐ. ܡܛܠ ܦܠܚܘܬܐ ܕܐܒܕܢܐ
ܕܣܪ̈ܝܩܘܬܗܘܢ ܕܗ̈ܢܘܢ ܐܢܫܐ. ܕܠܐ ܢܚܘܫ. ܗܘ̈ܝܢ ܗ̈ܘܘ.
ܕܢ ܠܟܠ ܡܢ ܢܦ̈ܫܬܗܘܢ ܥܩܒܬܐ ܗܘܬ. ܘܐܝܟܢ ܗܘ ܕܠܟܠܗ
10 ܬܒܝܠ ܒܡܬܬܐ ܐܫܕܝܐ ܗܘܬ ·○÷○· ܘܒܬܪ ܩܠܝܠ ܐܡܪ ܬܘܒ.
ܢܣܒܘܢ ܠܗ ܒܡܣ̈ܩܬܐ ܪ̈ܘܪܒܬܐ. ܕܙܘܥܢ ܢܦ̈ܠܬܗܘܢ[24] ܡܬ̈ܠܠܐ
ܦ̈ܘܬܐ ܕܐ̈ܢܫܐ. ܘܡܬ̈ܟܠܐ ܕܙܘܥܝܢ ܒܚܒܠܘܬܐ ܕܗ̈ܘܒܐ. ܡܛܠ
ܥܒܕܘܬܐ ܕܦܬܟܪ̈ܐ. ܘܬܘܕܝܬܐ ܕܐܢܐ ܕܫܘܚܐ ܒܚܘܠܦܢܐ[24a]
11 ܢܣܒܐ. ܢܣܒܐ ܟܠ ܐܢܫ ܒܫܠܝܘܬܐ[25] ܦܠܓܘܬܐ ܕܠܝ. ܘܒܬܫܒܚܬܐ
ܕܐܠܗܐ ܘܒܕ̈ܒܚܐ.[26] ܐܫܬܡܫ ܐܠܗܘܬܗ ܘܫܠܝܘܬܗ ܕܐܐܪ
ܘܕܪ̈ܡܘܬܗ.[26a] ܡܛܠ ܗܢܐ ܢܣܒܘܢ ܕܢ ܡܬܚܫܚܝܢ ܒܒܗܠܘܬܐ
ܕܫܠܡܐ ܒܝܫܐ ܕܪܕܝܐܬ.[27] ܘܟܠ ܐܠܗܝܢ ܕܡܢ ܗܝ ܒܥܘܪܬܐ A 686
ܕܦܠܚܘܬܐ[28] ܐܬܦܢܘ. ܘܐܬܚܕܪܘ[29] ܡܫܒܚܠܐܝܬ ܘܐܬܘ ܠܬܪܒܝܬܐ
ܬܪܝܨܬܐ ܘܡܬܬܪܬܐ. ܪܘܪܒܝܐܝܬ ܢܣܒܘܢ ܕܐܬܒܢܘ ܐܝܟ ܕܡܢ[30]
ܡܫܢܝܐ. ܐܘ ܐܝܟ ܕܡܢ ܒܪܘܚܐ ܫܦܝܐ. ܘܡܢ ܗܫܐ
12 ܒܦܐܪ̈ܐ ܕܒܣܘܣܐ ܕܢ̈ܫܐ ܡܬܚܝܣܝܢ. ܐܠܐ ܕܝܢ ܢܦܩܘܢ
ܒܣܪ̈ܝܩܘܬܗܘܢ ܠܦܠܚܘܬܐ. ܒܪܘܚܐ ܗܒܝܠܐ[31] ܡܢ ܡܕܝܢܬܢ
ܘܡܢ ܐܘܣܝܢܗ. ܐܝܟ ܕܐܬܩܫܘܬܗܘܢ ܢܬܦܫܪܘܢ ܘܢܬܪܕܦܘܢ
ܕܗܕܐ ܐܬܘܬܗ ܕܢܣܝܦܘܬܗܘܢ ܕܒܗܝܪܐ. ܗܝ ܕܫܒܝܠܐ

[21] A *et nutrix* [22] A = ܢܦܠܪܘܢ [23] In A read ܗܠܝܢ [24] A *corda eorum* [24a] A = ܡܟܘܪܝܬܐ [25] A = ܕܦܪܝܫܬܐ [26] A *et per cultum et sacrificia et honorem* [26a] A is slightly corrupt [27] A *et pace verae tranquillitatis* [28] A om. ܕܫܠܝܘܬܐ [29] A om. ܘ [30] A om. ܐܝܟ ܕ A plur.

ܠܥܠܡܐ. ܬܬܪܥܘ ܕܡܕܝܢܬܟܘܢ ܡܢ ܟܠ ܫܘܒܚܐ ܘܪܘܒܐ.
ܐܝܟ ܢܒܝܐ ܕܐܢܒܝ ܗܘܐ ܥܠܘ̇. ܘܒܡܫܬܘܬܐ ܐܚܪܢܐ ܕܡܬܬܚܝܒܐ
ܠܥ̈ܠܡܐ ܗ̇ܘܝܢ ܕܠܐ ܡܫܬܠܡܝܢ. ܬܬܒܥܐ ܒܟܘܠܗܝܢ ܕܕ̈ܝܢܐ.
13 (A fol. 105 b) ܕܬܗܘܘܢ[32] ܕܝܢ ܡܕܡ. ܕܐܝܕܐ ܡܢܝܢܐܝܬ ܘܡܠܝܢ
ܗܢܐ ܦܫܩܘܢ̈. ܕܐܦ ܕܠܐ ܦܫܩܐ. ܘܕܠܐ ܒܥܘܬܐ. ܡܢ
ܢܒܝܐ ܡܕܝܢܐ ܒܗ̇ ܚܙܐ ܐܢܐ.[33] ܢܦܩܝܢ ܐܘܪܚܬ ܦܘ̈ܩܕܢܐ[34]
ܠܡܫܪܘܬܟܘܢ̈ ܕܐܝܟܢܐ ܕܡܘܗܒܬܐ ܪܒܬܐ[35] ܕܬܬܟܒܘܢ ܕܬܬܟܐܠܢ̈
14 ܣܠܩ. ܗܢܐ ܢܒܝܐ ܐܘܦ ܐܠܗܐ[36] ܘܡܫܝܚܐ[37] ܗܘ ܗܕܐ ܠܡܫܡܪ
ܘܠܡܫܡܥ ܐܦܝܫ.[38] ܕܠܐ ܟܠܝܬܐ ܡܢ ܡܡܠܠ ܐܢܬܘܢ ܗܘ.
𝔄 687 ܕܒܗ ܗܕܐ ܬܬܝܗܒ ܠܡܫܡܥܬܟܘܢ̈ ܬܬܠ ܠܟܘܢ ܫܘܕܥܬܐ
ܦܠܚܬܐ[39] ܠܟܠܗ. ܕܫܪܪܬܟܘܢ[40] ܕܠܘܬ ܐ̈ܠܗܐ ܗ̇ܘܝܢ[41] ܕܠܐ
ܡܫܬܠܡ. ܘܡܟܠܬܘܢ ܡܫܡܥܬܐ ܡܢ ܐܘܪܚܬ ܦܠܚܘܬܟܘܢ ܐܝܟ
ܕܟܠ̇ܐ ܢܦܫܟܘܢ ܣܠܩ ܗܕܐ ܬܪܥܝܬܐ ܕܝܠܝܕܟܘܢ̈ ܬܬܝܗܒ
ܠܒ̈ܢܝܟܘܢ ܘܠܒ̈ܢܝ ܒ̈ܢܝܟܘܢ̈ ܀ ܀

ܕܬܡܢܝܐ. ܥܠ ܐܝܠܝܢ ܕܐܡܪ ܡܢ ܒܬܪ ܟܢ.[1] ܒܟܦܢܐ.
ܘܒܡܘܬܢܐ. ܘܒܩܪܒܐ.[2]

15 ܗܠܝܢ ܗܟܝܠ ܒܟܠ ܗܘܦܟܐ ܟܠܝܢ ܡܬܬܥܝܪܝܢ ܗ̄ܘ̈ܝ
ܘܡܬܒܪܢ̈ ܕܐܝܟ ܕܡܢ ܩܕܡ ܐܡܪܐ. ܡܢ ܟܠܗ̇ ܗܕܐ ܦܠܓܐ
Mt xxiv 21 ܕܢܦܩ ܗܘ̈ܝ ܠܗ. ܕܐܝܟ ܗ̇ܝ ܡܠܬܐ ܕܐܠܗܐ ܕܐܡܪܐ. ܕܐ ...

[32] 𝔄 om. ܕ [33] In 𝔄 read [illegible] [34] 𝔄 adds [illegible] *confidimus* [35] In 𝔄 [illegible] after [illegible] should be omitted [36] 𝔄 ܠܐ̈ܠܗܐ [37] 𝔄 om. ܒܡܫܝܚܐ [38] 𝔄 *iubete* [39] In 𝔄 for [illegible] read [illegible] [40] 𝔄 *et adorationis vestri* [41] 𝔄 adds *habetis*

Chap. VIII. [1] 𝔄 om. ܡܢ ܒܬܪ ܟܢ [2] 𝔄 *fames et pestis in bello*

16 ܡܥܡܘܫܢܐ ܒܗܠܝܢ ܘܐܦ ܠܬܚܬܝܐ ܢܬܡܠܘܢ܀ ܟܕ ܕܝܢ ܐܘܫܠܘ ܥܠ
ܦܘܩܕܢܐ ܦܠܝܛܐ܂[3] ܟܕ ܟܬܝܒܝܢ ܗܘ ܒܐܘܪܚܐ ܕܕܝܢ ܗܘܘ.
ܒܐܬܪ̈ܘܬܐ ܐܬܪ̈ܘܬܐ܀ ܕܡܬܚܙܝܢ ܗܘܘ ܠܥܝܢܐ ܒܠܒܐ ܕܐܬܬܣܝܡ
ܚܠܝܢ ܡܢ ܫܠܝ. ܐܠܗܐ ܗܘ ܕܗܘܘ ܡܒܕܪܢܐ ܕܒܕܬܗ. ܠܐ
ܟܠܗܘܢ ܫܘܒܗܪܗ ܕܦܘܪܢܐ ܕܚܠܝܢ ܟܠܠ. ܐܠܐ ܐܦ ܒܡܕܝܢܬܗ
viii. 1 ܫܡܝܢܐ ܗܘܘ. ܡܛܪܐ ܗܟܝܠ ܕܒܥܕܢܐ ܕܣܬܘܐ ܢܚܬ ܗܘܐ[2a] 𝔄 688
ܐܬܟܠܝ ܡܢ ܐܪܥܐ. ܟܦܢܐ ܕܝܢ ܐܚܕ ܗܘܐ ܠܚܝܫܢܝܬ.
ܘܡܢ ܒܬܪܗ ܐܦ ܒܘܪܟܢܐ. ܘܐܚܪܢܐ ܒܬܪܗ ܕܟܘܪܗܢܐ ܕܐܬܬܣܝܡ
ܗܘܐ ܫܘܚܢܐ. ܕܐܬܟܢܝܬܗ ܡܛܠ ܕܣܦܝܢܘܗ (A fol. 106 a) ܡܫܬܡܫܢܗ
ܗܘܐ ܠܟܘܪܗܢܐ. ܦܠܐ ܗܘܐ[4] ܘܒܗ ܒܟܠܗܘܢ ܦܓܪܐ
ܡܬܝܠܡ ܕܡܬܩܪܐ ܒܕܐ ܗܘܐ. ܒܐܝܠܝܢ ܕܥܡܝܢ ܒܗ. ܐܠܐ
ܒܥܝܢܐ ܕܦܓܪܐ ܠܐܪܥܐ ܗܘܐ ܗܘܐ. ܘܠܡܘܬܐ ܕܓܒܪܐ
2 ܡܢ ܢܫܐ ܘܛܠܝܐ ܦܬܝܢܐ ܒܒܕ ܗܘܐ.[5] ܘܒܡ[6] ܗܠܝܢ ܡܢ ܗܘܐ
ܒܠܗܘܢ ܥܠ ܩܪܒܐ ܦܘܟܐ. ܗܘ ܕܠܘܬ ܐܪܡܢܝܐ. ܒܓܒܪܐ
ܕܡܢ ܫܘܪܝܐ ܪ̈ܚܡܐ ܘܡܥܕܪ̈ܢܐ ܕܪ̈ܗܘܡܝܐ ܐܬܚܫܒܘܢ ܗܘܘ.
ܗܠܝܢ ܕܐܦ ܗܢܘܢ[7] ܒܡܗܝܡܢܐ ܐܬܚܫܒܘܢ ܗܘܘ. ܘܚܦܝܛܬܐ
ܕܠܘܬ ܐܠܗܐ ܒܕܚܠܬܐ ܓܡܝܪܝܢ ܗܘܘ. ܗܘ ܕܝܢ ܗܢܐ ܣܢܐܐ
ܕܐܠܗܐ. ܕܢܟܐ[8] ܗܘܐ ܕܢܐܠܘܨ ܐܢܘܢ ܕܢܕܒܚܘܢ ܠܦܬܟܪ̈ܐ.
ܘܠܫܐ̈ܕܐ ܬܠܝܒܒܐ. ܘܫܘܐ ܡܕܘܪ̈ܐ ܒܡܪܕܐ ܠܡܗܠܟ ܠܗܘܢ ܐܝܟ
3 ܐܝܟܢ܀ ܘܗܟܢ ܥܠܘ ܕܝܢ ܒܗܠܝܢ ܗܠܝܢ ܒܚܕ ܙܒܢܐ ܕܝ̈ܢ ܗܘܘ
ܘܐܬܝܢ. ܘܡܬܚܙܝܢܘܬܗ ܕܦܘܪܥܢܐ ܘܫܘܒܚܗ ܕܠܘܬ ܐܠܗܐ ܒܗܘܢ
ܗܘܘ· ܀ ܀ ܀ ܕܡܫܬܒܗܪ[9] ܗܘܐ ܡܛܠ ܡܪܫܥܘܬܗ[10] ܕܒܠ 𝔄 689
ܦܬܟܪ̈ܐ. ܡܛܠ ܙܘܕܩܐ ܕܚܠܝܢ. ܠܐ ܒܟܦܢܐ ܘܠܐ ܒܡܘܬܢܐ.

[3] 𝔄 plur. [2a] 𝔄 adds *in terram*, and om. the following ܡܢ ܐܪܥܐ [4] 𝔄 adds *super eos* [5] In 𝔄 read [illegible] [6] 𝔄 om. ܘ [7] 𝔄 om. ܐܦ ܗܢܘܢ [8] 𝔄 om. ܕ [9] 𝔄 om. ܕ [10] In 𝔄 for [illegible] read [illegible]

ܐܦܠܐ ܡܪܟܐ ܒܡܘܬ̈ܗ ܗܘܐ ܗܘܐ. ܗܠܝܢ ܕܝܢ ܐܟܚܕܐ ܒܚܕ
4 ܘܟܠܗ ܗܟܢ ܗ̈ܘܘ. ܘܐܝܟ ܗ̈ܘܘ ܓܒܪܐ ܕܐܟܚܕܘܗܝ. ܗܘ ܗܘ ܗܒܝܠ
ܚܪ ܟܠܗ[10] ܚܝܠܗ. ܒܡܪܟܐ ܕܠܘܬ ܗܪ̈ܕܘܬܐ ܡܬܢܦܫ ܗܘܐ.
ܠܥܪܟܐ ܕܝܢ ܠܐܝܠܝܢ ܕܬܘܣܦܬ ܫܘܠܡܗܘܢ ܕܣܗܕܝܢ ܒܟܠ ܙ̈ܒܢܝܢ.
ܒܦܢܝܐ ܕܡܘܬܐ[11] ܢܦܩ ܗܘܐ. ܐܝܟ ܕܝܢ ܡܘܕܝܐ ܕܢ̈ܦܫܐ.
5 ܒܬܪܝܢ[12] ܬ̈ܠܬܝܢ ܘܫܒܥܡܐܐ ܫ̈ܢܝܢ ܡܬܚܫܒ ܗܘܐ. ܙ̈ܒܢܬܐ ܕܝܢ
ܐܬܚܫܒܘܢ ܗܘܘ. ܫ̈ܠܘܢ ܕܒܒܘܠ ܡܕܝܢܬܐ ܡܬܚܪܝܢ ܗܘܘ.
ܘܦ̈ܠܚܝܢ ܡܢܗܘܢ ܗܘܝܢ ܕܡܘܣܪ̈ܐ ܘܒܐܠܦܘܪܐ. ܐܝܕܢܐ
ܕܐܝܠܝܢ ܕܡܢ ܡܢܗ ܒܡܣܦܪܐ ܡܬܬܚܝܢ ܗܘܘ. ܕܦ̈ܠܚܐܝܢ ܗܘܘ.
ܒܝܢ ܟܠܠ ܐܦ ܡܬܟܠܝܢ ܐܬܟܠܝܢ ܗܘܘ. ܕܡܢ ܥܠ ܡܢ
ܢܦܫܢܝܬܐ ܕܬܘܪܡܣܝܐ. ܘܡܢ ܒܡܪܗܝܐ ܕܡܘܬܐ. (A fol. 106 b)
6 ܐܬܚܫܒܘ ܗܘܘ. ܬ̈ܪܝܢ ܕܝܢ ܐܦ ܬ̈ܢܝܢܘܗܝ ܢܦ̈ܩܢܐ. ܒܟܠܠ
ܡܟܠܬܐ ܠܬ̈ܪܬܐ ܡܬܒܝܢ ܗܘܘ. ܐܚ̈ܪܢܐ ܕܝܢ ܡܫܝܢܘܗܝ
ܒܟܠܠ ܟܠܠ ܡܬܒܝܢ ܗܘܘ. ܒܕܡܐ ܕܐܬܘ ܠܡܒܐ ܕܢܦܫܪܬܐ
ܕܦܪܢܫܐ ܘܐ̈ܪܢܐ ܒܡܢܪܐ ܡܠܒܫܝܢ ܗܘܘ. ܘܒܫܒܐ ܫܡܠܐ
𝔄 690 ܕܒܒܐ ܢܒܠܐ ܐܟܠܝܢ ܗܘܘ.[13] ܘܫܘܡܟܐ ܕܦ̈ܓܪܝܗܘܢ ܡܢܟܠܝܢ
7 ܗܘܘ ܘܡܟܒܕܝܢ. ܐܦ ܢ̈ܫܐ ܕܝܢ ܐܝܬ̈ܝܕܬܐ ܒܪ ܐܬܪܗ. ܡܢ
ܐܢܫܐ ܕܦܪܢܫܐ. ܕܠܐ ܒܗܬܬܐ ܢܦܩ ܗ̈ܘܝ ܠܫ̈ܘܩܐ ܘܫܕܝ̈ܢ.
ܒܪ ܬܫܝܬܐ ܕܐܟܬ̈ܠܬܐ ܕܡܣܪܘܬܐ[14] ܡܪܡܝܬܐ. ܒܪ ܫܘܡܟܐ
8 ܕܦ̈ܪܓܘܡܝܢ ܘܠܟܒܐ ܕܠܟ̈ܫܝܢ ܡܢܗܘܢ ܗܘ̈ܝ. ܘܐܝܠܝܢ ܕܝܢ
ܕܐܬܟܒܐ ܡܢ ܒܦܢܐ. ܐܝܟ ܕܠܥܠܡܐ ܬ̈ܗܝܬܐ ܠܒܐ ܘܠܒܐ ܢܦܩܝܢ
ܗܘܘ. ܒܪ[15] ܠܐܬܝܢ ܒܗܘܢ ܕܒܫ̈ܘܗܘܢ ܘܡܬܬܠܝܢ. ܘܕܠܐ
ܡܟܒܫܝܢ ܗܘܘ ܕܢܩܒܠܘܢ ܒܡܫܬܡܥܝܢ ܗܘܘ ܘܢܦܠܝܢ ܒܫ̈ܘܩܐ.

[10] 𝔄 om. ܟܠܗ [11] 𝔄 ܟܡܘܬܐ [12] In 𝔄 for *h. hphwy* read *jhphwy*
[13] In 𝔄 read *mulpu* [14] 𝔄 *libertatis*: read ܕܚܐܪܘܬܐ [15] 𝔄 ܡܢ

ܒܗ̇ ܒܙܒܢ ܘܡܬܟܫܦܝܢ[16] ܕܢܫܬܒܩܘܢ ܠܗܘܢ ܡܛܠ ܚܘܣܪܐ
ܕܠܚܡܐ. ܘܟܕ[17] ܢܦܫܗܘܢ ܬܫܫ ܡܢܚܐ ܗܘܬ. ܕܟܦܢܝܢ ܟܦܢ
9 ܗܘܘ. ܘܠܗܢܐ ܥܠܐ ܒܠܚܘܕ ܡܢܝ̈ܐ ܫܢܝܬܝܢ ܗܘܘ. ܐܚܪܢܝܢ ܕܝܢ
ܕܡܬܢ̈ܝܢ ܗܘܘ. ܬܗܪܝܢ ܗܘܘ ܥܠ ܩܘܠܣܗܘܢ ܕܗܘܘܢ
ܕܫܐܠܝܢ. ܡܢ ܒܬܪ ܕܡܣܟܝܢ ܗܘܘ ܗܟܢ ܠܙܒܢܐ ܣܓܝܐ. ܕܠܐ
ܬ̈ܢܚܝܢ ܐܦܘ ܗܘܘ. ܕܡܩܠܝܢ ܗܘܘ ܕܕܠܚܡܐ ܥܙܝܙ ܠܗܘܢ ܐܦ
ܠܗܘܢ ܕ ܐܝܟ ܕܠܡܘܬܗܘܢ ܕܫܐܠܝܢ.[18] ܘܡܚܒܠ ܡܟܪܟܬ ܫܘ̈ܩܐ
ܦܬ̈ܝܬܐ ܫ̈ܒܝܠܐ ܘܬܪ̈ܥܬܐ.[19] ܒܗ̇ ܥܠܝܗܝܢ ܫܒܝܢ ܗܘܘ. ܒܗܠܐ
ܡܚܢܩܝܢ ܡ̈ܘܬܬܐ ܦܓܪ̈ܐ. ܐܦ ܚܝܘܬܐ ܥܒܝܬܐ ܠܬܪ̈ܢܐ ܡܣܟܝܢ A 691
10 ܗܘܘ. ܦ̈ܓܪܐ ܓܝܪ ܐܦ ܡܐܟܘܠܬܐ ܠܟܠ̈ܒܐ ܗܘܘ. ܘܡܛܠ
ܗܕܐ ܥܠܬܐ. ܐܝܠܝܢ ܕܚܝܝܢ ܠܡܩܛܠܘ ܠܟܠ̈ܒܐ ܐܬܦܢܝܘ ܗܘܘ.
ܡܢ ܕܚܠܬܐ. ܕܠܐ ܢܦܪܘܢ ܘܢܗܦܟܘܢ ܠܡܐܟܠ ܒܢ̈ܝ ܐܢܫܐ.
11 ܐܦ ܡܘܬܢܐ ܒܝܢ[20] ܒܟܠ ܒܬ̈ܝܢ ܪܒܐ ܗܘܐ. ܘܡܬܚܙܝܐ
ܠܒܬ̈ܘܢ ܕܠܐ ܡܥܒܕܝܢ ܗܘܐ ܒܥܕܢܐ ܕܣܓܠ. ܡܛܠ ܕܡܥܬܪܢ
ܗܘܐ ܠܗܘܢ ܬܘܪܣܝܐ. ܙ̈ܒܢܐ ܡܗܒܠ (A fol. 107 a) ܒܥܬܝܪ̈ܐ[21]
ܘܡܣܟ̈ܢܐ. ܘܗܦܟܐ ܕܐܢܫܐ ܪ̈ܘܪܒܢܐ ܕܐܬܥܬܪܘ ܗܘܘ ܡܢ
ܒܡܘܬܢܐ. ܗܢܘܢ ܕܐܫܬܟܚܘ ܒܡܕܝܢܬܐ ܕܡܘܬܢܐ ܫܪܟܐܝܬ
ܘܠܠܐܝܬ ܡܟܦܢ ܗܘܘ. ܟܠ ܐܬܪ[22] ܕܝܢ ܒܡܘܬܐ ܡܠܐ ܗܘܐ.[23]
ܒܫܘ̈ܩܐ ܘܒܦܬ̈ܝܬܐ.[24] ܘܠܝܬ ܗܘܐ ܡܕܡ ܠܡܚܙܐ. ܐܠܐ
ܒܟܝܐ[25] ܥܡ ܝܠܠܐ ܘܡܪܝܪܘܬܐ ܀ ܗܟܢܐ ܕܝܢ ܐܝܟ ܕܡܘܒܠ
12 ܐܡܪ̈ܢ ܐܡܘܪ ܡܘܬܐ ܒܗܠܝܢ ܬܪܝܢ ܐܬܠܝ. ܗܘܘ ܕܝܢ ܒܟܦܢܐ

[16] A *supplicabantur* (omitting ܘ) [17] A om. ܘ [18] A om. ܕܫܐܠܝܢ
[19] Read with A ܘܩܪ̈ܝܬܐ ܫܘ̈ܩܐ ܦܬ̈ܝܬܐ [20] A ܕܒܝ [21] A *et divites* [22] A *ex omnibus locis*: the words are joined to the preceding sentence [23] In A read [illegible] [24] A ܫܘ̈ܩܐ ܘܒܦܬ̈ܝܬܐ [25] The rendering of ܒܟܝܐ has fallen out in A

ܘܒܡܘܪܗܝܐ. ܘܢܦܩܐ[25] ܒܡܠܟ ܘܒܢܐ ܠܟܠ ܫܪܟ ܕܡܢܝܢܐ.
ܐܚܝܢܐ ܕܬܪ̈ܝܢ ܘܬܠܬܐ ܦܓܪ̈ܝܢ ܐܟܚܕܐ. ܒܚܕܐ ܡܦܩܬܐ ܚܝ̈ܐ
13 ܗܘܐ ܐܝܟ ܕܒ̇ ܡܬܠܝܢ ܗܘܘ. ܘܐܝܟ[26] ܗܢܐ ܗܘܐ ܦܘܪܢܣܐ
ܕܫܘܒܪܗ ܕܡܟܣܡܝܢܘܣ ܡܠܟܐ. ܘܕܫܘܒܚܐ ܕܡ̈ܗܝܡܢܘܬܐ
ܕܡܬܚܫܒܝܢ ܗܘܘ ܒܠܝܢ. ܒܕ ܢܦܝܩܘܬܐ ܘܒܐܘܢܬܐ ܕܒܪ̈ܢܫܐ
14 ܕܟܠ ܡܕܡ. ܒܟܠ ܒܢ̈ܝܢܫ ܐܬܝܕܥܬ ܬܫܘܒܚܬܗ. ܗ̇ܢܘܢ ܗܟܝܠ
ܒܠܚܘܕ. ܕܐܝܟ ܗܢܐ ܒܠܗ ܐܘܠܨܢܐ ܕܣܩ̈ܬܐ. ܚܙܐ ܒܗ
ܡܬܚܪܝܢܘܬܐ ܕܟܢܫܐ[27] ܒܟܠܗܘܢ ܡܣܝܒܪܝܢ ܗܘܘ. ܐܝܟ ܕܠܟܠܗܘ
ܡܠܘܢ ܗܘܘ ܘܡܒܪܝܢ ܠܗ̇ܢܘܢ ܕܡܬܝܢ. ܕܒܗܬܐ ܕܝܢ ܐܝܬ ܗܘܐ
ܗ̇ܢܘܢ ܕܠܝܬ ܗܘܐ ܠܗܘܢ ܐܝܟ ܕܢܬܟܠܠ ܠܗ ܒܠܗܘܢ. ܘܐܝܬ
ܕܝܢ ܕܠܗ̇ܢܘܢ ܕܡܬܢܨܝܢ ܗܘܘ ܒܚܘܒܐ ܒܟܠ ܡܕܡܢܐ. ܠܝܬ
ܓܘܒܐ ܡܬܒܝܫܝܢ ܗܘܘ. ܘܠܫܡܝܐ ܠܟܠܗܘܢ ܢܦܩܝܢ ܗܘܘ
ܘܡܦܠܓܝܢ[28] ܗܘܘ ܗܢܐ ܓܒܘܬܐ. ܠܗܘܢ ܒܠܗܘܢ ܩܕܡ ܐܝܟܢܐ
ܡܬܒܪܝܢ ܗܘܬ ܘܡܬܡܪܟܐ. ܘܠܐܠܗܐ ܕܒܪ̈ܢܫܐ ܡܫܒܚܝܢ
ܗܘܘ. ܒܕ ܡܗܕܝܢ ܕܗܠܝܢ ܐܝܟ ܒܠܘܕ ܒܚ̈ܝܐ. ܘܡܬܠ[29]
ܐܠܗܐ ܒܥܕ̈ܪܐ. ܐܝܠܝܢ ܕܡܒܣܡܝܢ ܕܡ̈ܥܘܬܐ ܐܬܬܕܒܪܘ
ܕܐܬܝܗܘܢ ܀

ܕܬܫܥܐ. ܥܠ ܡܣܗܕܢܘܬܐ ܒܬܒܐܝܕ ܕܗܘ̈ܢܘܢ ܕܦܪ̈ܘܢܐ.

15 ܘܒܬ ܗܠܝܢ ܗܢܘܢ ܡܫܬܥܝܢ ܗܘ̈ܝ. ܐܠܗܐ ܪܒܐ ܘܡܫܒܚܐ
ܘܡܒܪ̈ܝܢܘܢ ܕܒܪ̈ܢܫܐ. ܒܕ ܢܘܢ ܠܗܘܢܐ ܒܡܠܝܢ ܕܐܬܐܡܪ
ܠܗܘܢ ܒܗܠܝܢ ܩܕܡ ܐܝܟܢܐ. ܥܠܘ ܗܠܝܢ ܕܫܘܘ ܠܗܘܢ ܀
ܩܢܐܝܬ (A fol. 107 b). ܗܢܝܢ ܒܒܠܝܠܘܬܐ ܕܒܠܝܢ. ܒܫܘܒܚܐ

[25] 𝔄 om. ܘ [26] 𝔄 om. ܘ [27] 𝔄 plur. [28] For ܘܡܦܠܓܝܢ ܗܘܘ 𝔄 has only *distribuebant* [29] 𝔄 om. ܘ

Chap. IX. [1] 𝔄 *quae dixerunt*

ܘܒܫܘܕܥܬܐ ܗܕܐ ܦܪܫ ܠܢ. ܘܐܝܟ ܕܒܡܬܠܐ ܕܫܥܘܒܐ
ܢܗܪܐ ܕܫܠܡܐ ܐܕܢܚ. ܗܘܐ ܠܢ ܚܕܘܬܐ. ܘܫܘܐ ܠܟܠ ܐܢܫ
ܕܗܘܘ ܐܠܗܐ. ܘܗܘܘ ܒܟܠ ܦܘ̈ܡܝܢ ܫܘܒܚܐ ܕܠܐ ܐܫܬܠܝܘܬ.
ܕܡܗܝܢ ܒܟܠ ܐܬܪ̈ܘܢ. ܘܐܦܐ ܠܟܠܗܘܢ ܒܟܠ ܙܒܢܝܢ. ܘܬܘܒ ܠܒܪ A 693
ܒܪܘܕܬܐ ܕܫܡܝܐ[2] ܕܒܚܬܝܢ ܘܡܬܒܪܟܐ. ܠܗܘܢ ܕܒܗ ܡܗܝܡܢܝܢ.
ix. 1 ܗܟܢܐ ܕܝܢ[3] ܟܕ ܗܘ ܡܟܣܡܝܢܘܣ ܗܘ ܕܐܡܪܢ ܠܥܠ܆
ܕܗܘܐ ܡܠܟܐ ܒܪ ܡܠܟܐ. ܘܒܐܝܕܐ ܒܪ ܒܐܝܕܐ ܘܒܟܠ ܡܕܡ
ܢܟܦܐ. ܗܘ ܕܡܢܗ ܡܢ ܐܠܗܐ ܡܠܟܐ ܕܟܠ ܘܡܢ ܦܪܘܩܢ[4]
ܠܘܟܠ ܗܘܢܐ ܦܪܘܓܐ ܘܪ̈ܚܝܡܐ ܥܡ ܗܘܐ.[4a] ܘܐܝܟ ܕܒܢܝܫܐ
ܕܪܗܛܐ ܐܬܪ ܒܢܗܘܢ ܟܕ[5] ܐܠܗܐ ܗܘܐ ܡܥܕܪܢܗ ܡܬܘܒܬܐ.
ܘܢܦܠ ܒܪܗܘܡܐ[6] ܒܡܨܥܬܐ ܦܪܘܓܐ ܡܢܗ ܡܢ ܡܟܣܡܝܢܘܣ.
ܗܘ ܕܝܢ ܦܪܘܓܐ ܕܡܬܩܪܐ. ܟܕ ܩܠܝܠ ܙܒܢܐ ܚܝܐ ܡܢ ܒܬܪܗ.
ܘܐܦ ܗܘ ܡܫܬܪܝܬ ܒܥܠ ܡܢ ܠܗܘܢ. ܡܢ ܗܘ ܕܗܘܐ
ܒܕܚܠ ܠܐ ܐܢܫ ܗܘܐ܀

ܕܚܙܝܐ. ܥܠ ܙܟܘܬܐ ܕܡ̈ܠܟܐ ܕܪ̈ܚܡܘܗܝ ܕܐܠܗܐ. A 694
2 ܡܩܪܒܬ ܗܟܝܠ ܩܘܣܛܢܛܝܢܘܣ. ܗܘ ܕܐܡܪܢ ܘܠܝܩܢܝܘܣ
ܕܡܠܟܘܬܐ ܡܩܪܒܐ ܐܬܬܘܗܝ ܗܘܐ. ܫܡܥ ܗܘܐ ܠܗ ܥܠ ܗܠܝܢ
ܕܡܬܥܣܝܢ ܒܪܗܘܡܐ ܡܢ ܦܪܘܓܐ. ܘܐܬܐ ܒܝܠܘܬܐ ܠܐܠܗܐ
ܕܡܫܝܚܐ. ܘܠܡܠܟܗ ܕܗܘܘ ܦܪܘܩܐ ܕܟܠ. ܟܕ ܡܢ ܢܣܒ
ܥܡܗ ܕܗܘܐ ܠܗ ܡܥܕܪܢܐ. ܘܢܦܩ ܠܩܪܒܐ ܥܡ ܟܠܗ
ܚܝܠܗ. ܕܐܬܦܠܛ ܗܘܐ ܠܗ ܠܡܦܩܘܗ ܠܪ̈ܗܘܡܝܐ ܚܐܪܘܬܐ
3 ܕܐܒ̈ܗܝܗܘܢ ܡܢ ܡܟܣܢܛܝܘܣ. ܕܡܢ ܥܠ ܐܘܚܕܢܘܬܐ ܕܪ̈ܫܝܥܐ ܬܒܥ

[2] In A read [illegible] [3] A om. ܗܟܢܐ ܕܝܢ [4] A adds *Iesu Christo*
[4a] A adds *bello* [5] A = ܡܢ [6] A *in Roma urbe fugitivus*

ܗܘܐ. ܣܛܪ ܡܢ ܣܘܓܐ ܕܫܘܢ ܕܡܫܬܡܥܝܢ ܗܘܘ ܠܗ.
ܕܢܦܩܘ ܕܝܢ ܐܦܠܐ ܡܛܠ ܠܒܪ ܡܢ ܡܕܝܢܬܐ ܡܟܝܢ. ܗܘܐ.[1]
ܠܩܒ̈ܠ ܚܝܠܐ ܕܝܢ ܗܘܟܢܐ ܕܠܐ ܡܬܡܢܝܢ ܘܪ̈ܒܘܬܐ[2] ܕܚܝ̈ܠܐ
ܕܩܪ̈ܒܐ. ܥܠ[3] ܐܬܪ ܘܡܕܝܢܬܐ ܕܐܝܬ (A fol. 108 a) ܣܝ̈ܥܬܗ ܕܪ̈ܗܘܡܝܐ
ܘܕܐܝܛܠܝܐ. ܘܡܫܥܒܕܝܢ[4] ܬܚܝܬ ܐܘܚ̈ܕܢܗܘܢ ܐܝܟ ܗܘܐ.[5]
ܘܡܫܬܠܛܢܘܬܐ ܕܝܢ ܡܠܟܐ. ܗܘ ܕܡܕܒܪܢܐ ܕܡܢ ܐܠܗܐ ܐܬܬܠܝ[6]
ܗܘܐ. ܐܬܩܪܒ ܠܚܪܒܐ ܘܠܬ̈ܪܬܝܢ. ܘܠܬܠܬ ܡܫܪ̈ܝܬܗ ܕܩܪ̈ܒܐ.
ܘܒܒܥ ܐܝܟ ܣܥܘܪܘܬ. ܘܡܬܩܪܒ ܗܘܐ ܘܒܐܠ ܒܐܝܛܠܝܐ.

ܕܣܒܚܪ. ܥܠ ܐܟܘܬܗܘܢ ܐܚܪ̈ܢܐ[1] ܕܩܕ̈ܡܝܬܐ ܕܕܚܠܬ 𝔄 695
ܐܠܗܐ.

4 ܟܕ ܕܝܢ ܩܪܝܒ ܗܘܐ ܠܗ ܠܪ̈ܗܘܡܝܐ. ܕܠܐ[2] ܒܠܚܘܕܗ ܕܩܪ̈ܒܐ
ܢܬܐܠܨ ܠܡܦܪܩܘ ܒܟܡܝܢ ܕܪ̈ܗܘܡܝܐ. ܗܘ ܐܠܗܐ ܐܝܟ
ܕܒܐܣܘܪ̈ܐ. ܢܓܕ ܐܢܘܢ ܠܩܪ̈ܒܐ ܠܒܪ ܡܢ ܬܪܥܐ ܕܡܕܝܢܬܐ.
ܘܐܝܟܢ ܕܗܝ ܡܕܡ ܐܡܝܪ ܥܠ ܪ̈ܫܝܥܐ. ܘܐܝܟ ܕܒܟܬܒܬܐ
ܢܟܝܢ ܗܘ̈ܝ ܠܡܗܝ̈ܡܢܐ. ܕܟܬܝܒܢ ܒܟܬ̈ܒܐ ܩ̈ܕܝܫܐ. ܘܠܐ
ܡܬܗܝܡܢܢ ܗܘ̈ܝ ܐܠܐ ܐܦ ܠܡܗܝ̈ܡܢܐ. ܗܕܝܢ ܒܗ ܒܥܘܒܕܐ.[3]
ܠܡܗܝ̈ܡܢܐ ܘܠܐܝܠܝܢ ܕܠܐ ܡܗܝܡܢܝܢ ܐܬܚܙܝ̈ ܟܕ ܡܟܠܐ
5 ܘܡܢܘ ܒܟܬ̈ܝܒܬܗܘܢ ܬܫܥܝܬܐ. ܐܝܟܢܐ ܓܝܪ[4] ܕܒܝ̈ܘܡܝ ܡܘܫܐ.
Ex xv 4 f. ܘܦܘܠܚܢܐ ܡܢܝܢܐ ܕܥܒܪ̈ܝܐ. ܡܪ̈ܟܒܬܗ ܕܦܪܥܘܢ ܘܚܝܠܗ[5]
ܫܕܐ ܒܝܡܐ. ܘܓܒ̈ܝܐ ܕܓܒܪ̈ܘܗܝ ܛܒܥܘ ܒܝܡܐ ܕܣܘܦ.[6]

CHAP. X. [1] In 𝔄 for *[illegible]* read *[illegible]* [2] 𝔄 *myriades* accus. (omitting ܘ) [3] 𝔄 ܡܢ ܥܠ [4] 𝔄 *et (myriades?) Italicorum qui subiecti erant* [5] In 𝔄 for *[illegible]* read *[illegible]* [6] In 𝔄 for *[illegible]* read *[illegible]*

CHAP. XI. [1] 𝔄 = ܩܘܡܝܐ [2] 𝔄 wrongly renders ܕܠܐ twice [3] 𝔄 plur. [4] 𝔄 *et quemadmodum* [5] 𝔄 *quod currus et equos Pharaonis* [6] 𝔄 *in mare rubrum*

ܬܘ̈ܩܢܬܐ[7] ܒܫܘܠ ܐܝܟ ܕ ܗܕܝܢ ܐܦ ܡܚܫܒܬܗ ܘܠܒ̈ܗ. ܘܢܝܐ
ܕܒܡܕܡ. ܠܒܒܘ ܒܡܕܡܢܐ ܐܝܟ ܒܟ̈ܝܦܐ. ܒܗ ܢܫܡܘ ܚܝܐ
ܠܡܠܟܐ ܕܐܠܗܐ ܕܐܝܬ ܗܘܐ ܥܡ ܩܘܣܛܢܛܝܢܘܣ. ܘܒܗ ܒܒܪ
ܗܘܐ ܥܠ ܢܗܪܐ ܗܘ̇ ܕܗܘܐ ܒܗ ܗܘ ܩܫܝܢܐ ܘܥܒܕ ܓܫܪܐ
6 ܠܟܠ ܥܡܗ. ܘܥܒܕ ܐܣܛܪܛܝܘܬܐ ܕܐܝܟܢܐ ܠܢܦܫܗ. ܕܒܠܗܘܢ A 696
ܠܐܚܪܢ. ܕܟܪܐ ܚܦܪ ܘܥܡܩܗ. ܘܢܦܠ ܒܓܘܡܨܐ ܕܥܒܕ. Ps vii 15 f.
7 ܢܗܦܘܟ ܥܡܠܗ ܒܪܫܗ. ܘܥܠ ܩܕܩܕܗ ܥܘܠܗ[8] ܢܚܘܬ[9]. ܕܗܘܐ
ܗܟܢܐ ܕܟܕ ܐܬܒܪ ܓܫܪܐ. ܗܘ ܕܥܒܕ ܗܘܐ ܥܠ ܢܗܪܐ. ܗܝܕܝܢ
ܒܥܕܢܐ. ܡܢ ܥܠܝܐ ܐܬܬܫܝܪ[10]. ܘܐܬܦܠܓܘ ܗ̇ܢܘܢ ܩܘ̈ܫܝܢܐ
ܒܡܕܡܢܐ ܕܡ ܩܠܝܠ[11] ܒܚܙܝܐ. ܗܘܐ ܗܢܐ ܙܪܘܥܐ. ܗܘ
ܡܪܕܘܬ ܘܠܡܗܘܢ ܣ̈ܓܝܐܝܢ ܕܥܡܗ. ܘܐܝܟ[12] ܕܐܡܪܐ ܕܡܠܬܐ
ܕܐܬܟܬܒ. ܕܛܒܥܘ (A fol. 108 *b*) ܐܝܟ ܐܒܪܐ ܒܡ̈ܝܐ ܬܩܝ̈ܦܐ. Ex xv 10
8 ܘܡܛܠ ܐܦ ܠܐ ܒܡ̈ܠܐ. ܐܠܐ ܒܗܘܢ ܒܥܒܕ̈ܝܐ. ܐܝܟ
ܗܘ̇ ܕܟܬܝܒ ܡܘܫܐ ܥܒܕܗ[13] ܕܐܠܗܐ. ܘܢܨܚܐ ܡܢ ܐܠܗܐ
ܕܢܣܒܬܐ. ܘܗܝܢ ܗܠܝܢ ܕܒܠ ܗܘ̇ ܠܦܪܥܘܢܐ ܪܫܝܥܐ ܡܬܡܪܐ[14].
ܠܢܒܝܐ ܘܠܡܘܫܐ ܐܦ ܡܙܡܪܐ. ܢܫܒܚ[15] ܠܡܪܝܐ ܠܓܐܝܐ. ib 1 f.
ܕܐܫܬܒܚ[16] ܥܠ[17] ܪ̈ܟܫܐ ܘܪ̈ܟܒܝܗܘܢ ܐܪܡܝ ܒܝܡܐ[18].
ܡܥܕܪܢܐ ܘܡܬܦܨܝܢܐ[19]. ܗܘܝܐ ܗܘܐ[20] ܠܝ ܠܦܘܪܩܢܐ[21]. ܡܢܘ ib 11
ܐܟܘܬܟ ܡܪܝܐ. ܡܢܘ ܐܟܘܬܟ ܒܐܠܗ̈ܐ. ܡܢܘ ܐܟܘܬܟ
9 ܗܕܝܪ ܒܩܘܕܫܗ. ܕܚܝܠ ܘܡܫܒܚ ܘܥܒܕ ܬܕܡܪ̈ܬܐ. ܗܠܝܢ
ܠܗ ܘܐܟܘܬܗܝܢ[22] ܘܡܫܬܒܚܢ ܡܫܒܚܝܢ. ܘܩܘܠܣܐ ܕܗܘܘ

[7] A = ܘܬܘ̈ܩܢܬܐ [8] A does not render the suffixes in ܥܡܠܗ ܥܘܠܗ [9] A om. ܢܚܘܬ [10] In A read *ܐܬܬܫܝܪ*. [11] In A for *ܩܠܝܠ* read *ܩܠ* [12] A om. ܘ [13] A = ܥܒܕܗ̈ܘܢ [14] A adds *dictum est* [15] A = ܢܫܒܚ [16] For ܕܫܒܝܚ ܐܫܬܒܚ A has *qui gloria est glorificatus* [17] A om. ܥܠ [18] A om. ܒܝܡܐ [19] A adds *meus* [20] A = ܘܗܘܐ [21] A *redemptio* [22] A om. ܘ ܡܫܒܚ

ܒܫܘܒܚܐ. ܒܪ ܡܫܒܚܐ. ܗܘܐ ܠܐܠܗܐ ܡܕܒܪܢܐ ܕܟܠ
ܘܝܗܘܒܐ ܕܙܟܘܬܐ. ܠܝܗܘܒܐ ܒܐܝܠ ܗܘܐ ܒܬܫܒܘܚܬܐ
𝔄 697 ܕܙܟܘܬܐ. ܘܟܠܗܘܢ ܡܢ ܥܠ ܒܢ ܢܫ̈ܐ ܘܛܠܝ̈ܐ. ܘܒܡ
ܟܠܗ[23] ܕܬܫܒܘܚ. ܘܐܝܟܢܐ ܡܙܡܪܐ ܒܡ ܒܥܐ ܠܗ ܕܢܡܘܣܐ.
ܟܬ̈ܒܐ ܦܪܝܫܬܐ ܒܪ ܢܘܪܐ ܕܫ̈ܒܚܬܗܘܢ܆ ܐܝܟ ܕܠܦܢܘܣܐ
ܘܡܫܝܚܘܢ ܘܒܒܪ ܠܦ̈ܬܗܘܢ܆ ܒܬܫܒ̈ܚܬܐ ܘܒܫܪܬܐ
10 ܫܦܝܪܬܐ ܘܒܠܒܘܗܝ. ܗܘ ܕܝܢ ܕܩܢܐ ܗܘܐ ܠܫܘܠܛܢܐ ܐܠܗܝܐ.
ܐܝܟ ܗܘ ܕܡܟܝܢ ܢܨܒܐ ܗܘܬ ܒܗ. ܠܐ ܡܬܬܪܝܨ ܗܘܐ ܡܢ
ܩܠܝܠ. ܐܘ ܡܬܘܪܡ ܗܘܐ ܡܢ ܡܩ̈ܠܗܐ. ܡܛܠ ܕܝܕܥ ܡܪܝܪ
ܗܘܐ ܒܡܘܗܒܬܐ ܕܐܠܗܐ. ܘܡܘܕܝܢ ܦܘܫ ܗܘܐ. ܕܒܗܘܬܗ
ܕܢܫܐ[24a] ܕܦܪܘܩܢ ܒܐܝܡܘܢܐ[24] ܕܠܗ ܬܬܪܥܡ. ܒܪ ܐܢܫܐ ܠܗ
ܒܡܫܝܚܗ ܠܐܬܐ ܕܦܘܪܩܢ. ܗܢܐ ܕܝܢ ܠܪܘܡܐ. ܘܐܩܝܡܗ[25]
ܒܐܬܪܐ ܡܕܝܐ ܒܥܘܡܐ ܒܪܘܡܝܐ. ܘܒܬܒܗ ܠܟܠ ܡܢܗ
11 ܒܠܫܢܐ ܪܗܘܡܝܐ ܗܕܝܐ. ܒܗܕܐ ܐܬܪܐ ܕܦܘܪܩܢܐ ܕܐܬܬܗ
ܒܗܢܐ ܕܒܢܝܘܬܐ. ܠܡܬܝܬܒܘܢ ܡܢ ܢܝܪܗ ܕܬܪ̈ܢܐ ܦܪܘܫ
ܘܫܪܪܬܗ. ܘܐܦ[26] ܠܡܘܠܦܢܘܣ ܘܠܥܡܐ[27] ܕܪ̈ܘܡܝܐ. ܠܚܐܪܘܬܐ
𝔄 698 (A fol. 109 *a*) 12 ܘܢܨܝܚܘܬܐ ܩܕܡܝܬܐ ܐܦܢܝܬ. ܘܒܡ ܗܠܝܢ. ܐܦ[28]
ܩܘܣܛܢܛܝܢܘܣ. ܘܒܗܡ ܐܦ[29] ܠܝܩܢܝܘܣ. ܗܘ ܕܗܝܕܝܢ ܒܪܥܝܠ ܠܐ
ܢܦܠ ܗܘܐ ܒܫܢ̈ܝܘܬܐ. ܗ̇ܘ ܕܠܫܪܬܐ ܐܬܬܐ ܗܘܐ ܠܗ ܒܪ
ܐܬܦܩܕܬ ܬܪ̈ܝܢܬܗ. ܬܪ̈ܝܢܘܗܝ ܠܐܠܗܐ ܗܘ ܕܗܘ ܗܘܐ
ܠܗܘܢ[30] ܥܠܬܐ ܠܟܠܗܝܢ ܛ̈ܒܬܐ ܥܒܕܘ. ܘܒܝܕ ܡܠܟܐ ܘܒܝܕ
ܟ̈ܠܢܐ. ܢܡܘܣܐ ܡܫܡܠܝܐ ܗܘܘ ܣܠܩ ܒܦܘܠܛܝܐ. ܒܡ ܐܠܝܢ
ܕܐܬܬܚܪ ܡܢ ܐܠܗܐ. ܒܬܫܒܘܚܬܐ ܕܙܟܘܬܐ ܕܗܘܬ ܠܗܘܢ ܡܢ

[23] 𝔄 om. ܘܡܫܒܚܝܢ ܗܘܘ [24a] 𝔄 *signi* [24] In 𝔄 for [illegible] read [illegible]
[25] 𝔄: ܘܐܦܣܝܣ [26] 𝔄 om. ܘܐܦ [27] 𝔄 *et totum populum* [28] 𝔄 om. ܐܦ
𝔄 om. ܐܦ ܢܦܫܗ [30] 𝔄 om. ܠܗܘܢ

ܛܪܘܢܐ. ܘܠܗ ܠܡܠܟܐ ܢܨܘܚܐ. ܠܡܫܒܚܘܬܗ. ܠܗܘ ܕܗܘ
ܕܒܚܝܠ ܥܠܝܐ ܗܘܐ ܒܢ̈ܫܡܬܐ ܕܡܗܝܡܢܐ. ܫܕܪܘ ܗܘܘ.
13 ܕܒܚܝܠ ܢܨܚܢܘܬܐ ܠܘܬܗܘܢ ܡܫܘܚܐ ܗܘܐ ܒܟܠܐ. ܗܘ ܕܝܢ
ܡܛܠ ܕܛܪܘܢܐ ܗܘܐ ܒܐܒ ܠܗ ܒܐܠܗܝܢ ܕܗ̈ܘܐ.. ܕܠܐ[31] ܕܝܢ
ܢܟܐ ܗܘܐ ܕܢܬܚܫܐ ܕܠܫ̈ܢܐ ܐܬܥܒܕ. ܐܟܠܐ ܕܝܢ ܕܢܥܦܝܘܗ..
ܠܡܕܡ ܕܐܬܥܒܕ ܡܚܫܒ ܗܘܐ.[32] ܡܢ ܕܚܠܬܐ ܕܡ̈ܢܝܢ ܕܥܒܕܘ.
ܗܢܝܢ ܐܝܟ ܕܡܢ ܫܘܠܛܢܐ ܕܢܣܒܗ. ܠܡܬܒܥܘܬܐ ܒܬܪ ܗܢܐ
ܬܒܥܐ ܘܒܡܟܐ. ܐܝܟ ܕܡܢ ܐܢܫܐ ܢܠܦ ܒܪ̈ܘܡܝܐ. ܘܡܕܡ
ܕܡܢ ܡܬܘܡ ܒܗ̇[33] ܠܐ ܐܬܚܙܝ. ܫܠܝܐܝܬ ܥܠ ܢܦܫܗ
14 ܕܚܠ.܀ ܦܪܓܠܝܐ ܕܦܘܫܩܐ ܕܐܓܪܬܗ ܕܛܪܘܢܐ ܝܘܒܝܘܣ
ܡܟܣܡܝܢܝܢܘܣ ܣܒܣܛܘܣ. ܠܣܒܝܢܘܣ[34]܀ ܐܦ ܠܘܬ ܡܫܪܘܬܐ 𝔄 699
ܕܝܠܟ ܘܠܘܬ ܟܠܗܘܢ ܒ̈ܢܝ ܐܢܫܐ. ܕܝܕܝܥܐ ܗ̇ܝ ܕܥܒܕܢ[35].
ܕܡܪ̈ܝܢ ܘܐܒ̈ܗܝܢ ܕܝܘܩܠܛܝܢܘܣ ܘܡܟܣܡܝܢܝܢܘܣ.. ܟܕ ܚܙܘ ܕܡܢ
ܟܠܗܘܢ ܒ̈ܢܝ ܐܢܫܐ ܐܫܬܒܩ ܦܘܠܚܢܐ ܕܐܠܗ̈ܐ. ܘܥܠܝܗ
ܢܦܫܗܘܢ ܒܥܡܐ ܕܟܪ̈ܣܛܝܢܐ. ܦܩܕܘ ܬܪܝܨܐܝܬ. ܕܟܠܗܘܢ
ܒ̈ܢܝ ܐܢܫܐ ܕܢܦܠܘ ܡܢ ܦܘܠܚܢܐ ܕܐܠܗ̈ܐ ܕܠܐ ܡܘܬܝܢ. ܒܬ̈ܘܪܐ
15 ܡܕ̈ܝܢܬܐ ܘܡܫܡܫ ܒܪ̈ܫܐ. ܢܬܦܢܘܢ ܠܦܘܠܚܢܐ ܕܐܠܗ̈ܐ. ܐܠܐ
ܟܕ ܐܬܝܬ ܐܢܐ ܘܡܛܝܬ ܠܐܬܪ̈ܘܬܐ ܕܡܕܢܚܐ. ܘܠܘܬ ܕܐܝܬ
ܒܢܘܟ[36] ܕܝܘܢ. ܗܦܟܐ (A fol. 109 b) ܕܒ̈ܢܝ ܐܢܫܐ ܕܡܫܬܒܚܝܢ
ܡܬܬܘܪܝܢ ܠܝ̈ܩܬܐ ܕܡܠܟܘܬܐ. ܕܡܬܬܪܓܡܝܢ ܡܢ ܕܒ̈ܢܐ ܡܛܠ ܗܢܐ
ܚܠܬܐ ܕܐܬܐܡܪܬ ܡܢ ܠܟܠ. ܠܟܠ ܚܕ ܚܕ ܡܢ ܕܒ̈ܢܐ ܡܫܟܚ
ܦܘܩܕܢܐ. ܕܡܢ ܗܫܐ[37] ܠܐ ܢܬܦܪܥܘܢ[38] ܠܐܢܫ ܡܗܝܡܢܘܢ
ܡܫܝܚܐܝܬ. ܠܒ̈ܢܝ ܐܬܪ̈ܘܬܐ.[39] ܐܠܐ ܒܫܝܢܐ ܘܒܢܘܪܐ

[31] In 𝔄 for [illegible] read [illegible] [32] In 𝔄 read [illegible] [33] 𝔄 ܒܢܘܗܝ
[34] In 𝔄 read [illegible] [35] 𝔄 *quod fecimus* [36] In 𝔄 [illegible] should be added after [illegible] [37] 𝔄 om. ܡܢ ܗܫܐ [38] 𝔄 sing. [39] 𝔄 sing.

16 ܠܦܘܠܝܛܝܐ ܕܐܠܗܐ ܢܦܩܘܢ ܐܢܘܢ ܗܕܝܢ ܟܕ[40] ܐܝܟ ܕܦܣܩܬ
ܡܬܦܛܪ ܗܘܐ ܡܢ ܕܝܢܐ. ܘܐܝܟ ܡܢ ܐܬܪܘܬܐ ܕܡܕܝܢܬܐ ܠܐ
ܡܬܝܪܬ ܗܘܐ ܐܘ ܡܬܦܛܪ. ܐܠܐ ܡܢ ܗܕܐ ܕܠܐ ܐܫܬܘܕܝ
ܠܗܘܢ ܡܕܡ ܕܡܫܐ. ܐܬܪܐܝܬ ܠܦܘܠܝܛܝܐ ܕܐܠܗܐ ܦܠܛܝܢ ܗܘܘ.
𝔄 700 17 ܡܢ ܒܬܪ ܗܠܝܢ ܕܝܢ. ܟܕ[40] ܠܒܝܬܐ ܐܣܝܪܬܐ ܥܠܬ ܠܢܘܡܝܕܝܐ. ܘܬܡܢ
ܡܬܗܦܟ ܗܘܬ. ܐܬܘ ܠܘܬܗ ܒܢܝ ܡܕܝܢܬܐ ܟܕ ܢ̈ܠܒܐ
ܕܡܬܕܪܝܢܘܗܝ ܘܪܘܪܒܐܝܬ ܟܕܝܢ ܗܘܘ ܡܢܗ. ܕܢܢ ܟܠ ܦܘܪܣܝܢ
ܕܠܐܝܟ ܗܢܐ ܚܪܒܐ ܠܐ ܬܗܘܐ ܠܗ ܡܦܩܢܘܬܐ. ܕܢܟܪܝܢ
18 ܒܐܬܪܐ ܕܐܘܣܕܘܢܝܘܢ ܐܢܫܐ ܕܝܢ ܗܢܘܢ ܐܬܒܥܬ ܐܢܘܢ ܦܬܓܡܐ.
ܠܡܗܕܐ ܫܐܠܬܗܘܢ ܦܘܩܕܢܐ ܡܠܟܬܐ. ܐܠܐ ܫܪܬ ܕܠܐ ܗܘܐ
ܡܢ ܟܠܢܫ ܗܘܬ ܗܝ ܗܕܐ ܫܐܠܬܐ. ܐܢ ܕܝܢ ܐܝܬ ܐܢܫܝܢ
ܕܡܘܢ ܒܗ ܒܗܕܐ ܕܚܠܬܐ. ܗܕܐ ܟܠ ܚܕ ܚܕ ܡܢܗܘܢ
ܐܝܟ ܕܚܙܐ. ܢܗܘܐ ܥܒܕ ܥܠ ܢܦܫܗ. ܘܐܢܘܢ ܢܦܫܝܢ ܐܦ
19 ܠܦܘܠܝܛܝܐ ܕܐܠܗܐ ܢܬܘܕܥܘܢ ܒܪܡ ܕܝܢ ܐܦ ܠܗܘܢ ܠܟܠܗ.
ܡܕܝܢܬܐ ܕܢܘܡܝܕܝܐ. ܘܠܥܪܒܝܐ ܕܡܕ̈ܝܢܬܐ ܚ̈ܪܝܢܬܐ. ܐܝܠܝܢ
ܕܐܦ ܗܢܝܢ ܕܐܝܟ ܗܢܐ ܚܘܫܒܐ ܕܫܐܠܬܐ ܗܘܐ ܠܗܘܢ
ܠܗܬܝ. ܕܠܐ ܐܢܫ ܡܢ ܒܪܘܫܝܢܐ ܢܒܥܪ ܒܡܕܝܢܬܗܘܢ[41]
ܐܢܘܢܐ ܗܘܬ[42] ܠܡܬܒܥ ܐܢܘܢ ܦܬܓܡܐ ܒܫܘܒܚܐ. ܡܛܠ ܕܗܝ
ܗܕܐ. ܐܦ ܬ̈ܠܬܐ ܡܕ̈ܝܢܬܐ ܟܠܗܘܢ ܢܛܪܘܗ̇. ܐܦ ܠܗܘܢ[43]
ܠ̈ܐܠܗܐ. ܗ̇ܢܘܢ ܕܒܐ̈ܝܕܝܗܘܢ ܡܢܟܝܢ[44] ܟܠܗܘܢ ܒܢ̈ܝܢܫܐ.
ܘܦܘܪܢܣܐ ܕܡ̈ܬܘܬܐ ܕܡܠܟܘܬܐ. ܥܒܪ ܠܗܘܢ ܕܕܐܝܟ ܗܕܐ
ܫܐܠܬܐ. ܕܥܠ ܐ̈ܦܝ (A fol. 110 a) ܦܘܠܝܛܝܐ ܕܐܠܗܘܬܗܘܢ
𝔄 701 20 ܡܦܪܫܝܢ ܐܢܫܪܝ ܡܚܝܠ. ܐܝܟ ܡܕܡ ܗܢܐ ܕܒܢܐ ܐܦ ܠܡܦܪܘܬܟ
ܐܬܬܪ ܒܡܬܡ̈ܬܐ. ܘܐܦ ܒܡܫܡܫܘܬܐ ܐܬܦܫܪ ܕܠܐ ܢܬܦܠܛ

[40] 𝔄 om. ܟܕ [41] 𝔄 plur. [42] 𝔄 adds *mihi* [43] In 𝔄 ⁒ should be omitted [44] In 𝔄 for *[illegible]* read *[illegible]*

ܗܘܐ ܒܝܫܐ. ܟܠ ܩܕܡ ܐܬܪ̈ܘܬܐ ܕܗܦܪ̈ܟܝܣ ܕܬܗܘܐ
ܫܠܝܘܬܐ ܠܟܠܗܘܢ: ܕܠܐ ܒܩܛܝܪܘܬܐ ܐܠܐ ܒܢܝܚܘܬܐ
ܡܬܡܠܟܐܝܬ ܢܬܩܪܒܘܢ ܠܗܘܢ: ܒܪܡ ܕܝܢ. ܕܠܐ ܡܢ ܒܢܡܘ̈ܣܐ
ܘܠܐ ܡܢ ܫܘ̈ܕܐ. ܢܟܦܐ ܐܘ ܢܘܦܪܣܐ ܢܣܒܠܘܢ: ܐܬܪ̈ܚܡܬ
ܗܟܢܐ ܕܐܦ ܒܗܠܝܢ[45] ܕܬܡ̈ܢܬܐ ܠܡܣܪܘܬܟ ܐܡܪܢ. ܕܡܬܬܪܐܬ
ܒܡܕܝܢܬܐ ܘܒܐܬܪ̈ܘܬܐ ܬܒܥܐ ܠܟܠ ܐܬܪ̈ܘܬܐ ܕܝܠܟ. ܕܢܬܬܦܝܣܘܢ
21 ܦܘܠܚܢܐ ܕܐܠܗ̈ܐ. ܡܛܠ ܗܢܐ ܐܢ ܐܝܬ ܐܢܫ ܕܒܨܒܝܢܗ
ܢܓܒܐ ܒܦܘܠܚܢܐ ܕܐܠܗ̈ܐ. ܠܗܢܐ ܙܕܩ ܠܗ ܕܢܩܒܠܘܗܝ. ܐܢ
ܕܝܢ ܐܝܬ ܐܢܫܐ ܕܨܒܝܢ ܠܡܬܪܐ ܒܦܘܠܚܢܐ ܕܢܛܪܬܗܘܢ.
22 ܒܥܠܝܠܐ ܕܢܐܪܬܗܘܢ ܢܒܥܘܢ[46] ܐܢܘܢ: ܡܛܠ ܗܢܐ
ܡܦܪܣܘܬܟ ܗܘ ܡܕܡ ܕܐܬܦܩܕ ܠܗ ܡܢܟܐ ܕܬܛܪ. ܘܠܐ
ܢܬܡܨܐ[47] ܠܐܢܫ. ܒܥܠܝܠܐ ܕܠܟܠ ܐܢܫܝܢ ܒܨܒܝܢܐ ܘܫܘܠܛܢܐ
ܢܫܡܥܘܢ. ܐܝܟ ܕܒܟܠܗܝܢ ܐܬܪ̈ܘܬܐ ܒܡܕܝܢ̈ܬܐ ܘܩܘ̈ܪܝܐ.[48] ܬܬܝܕܥ
ܠܟ̈ܠ ܐܢܫܝܢ[49] ܠܦܘܠܚܢܐ ܕܐܠܗ̈ܐ ܘܠܐ[50] ܠܡܦܢܐ. ܕܢܬܬܟܒ 𝔄 702
ܕܝܢ ܗܢܐ[51] ܦܘܩܕܢ ܠܟܠܗܘܢ ܒܢ̈ܝ ܐܢܫܝܢ.[52] ܒܦܘܩܕܢܐ
ܕܡܬܬܦܫܩ ܡܢܝ. ܐܝܟ ܗܢܐ ܡܕܡ ܕܐܬܦܩܕ. ܙܕܩ ܠܟ
23 ܕܬܥܒܕܝܘ. ܗܕܐ ܕܝܢ ܡܢ ܐܢܫܐ ܐܬܚܝܒ ܘܦܩܕ. ܘܠܐ ܡܢ
ܨܒܝܢܗ. ܘܡܚܝܠ ܠܐ ܐܢܫ ܡܗܝܡܢ ܗܘܐ ܘܡܕܒܪ[53] ܠܗ. ܡܛܠ
ܗܘ ܕܥܒܘܕܐ ܡܫܒܚܐ ܕܚܒܪ ܗܘܐ ܐܬܒܘܬܗ ܕܗܢܐ. ܘܗܦܟܢ
24 ܐܫܬܘܕܥ ܘܕܟܠ ܒܨܒܝܢܗ. ܡܕܝܢ ܠܐ ܐܢܫ. ܡܢ ܕܝܠܝ ܡܬܚܪܪ.
ܗܘܐ ܠܡܥܒܕ ܒܝܫܐ. ܐܦ ܠܐ ܕܟܠܝܐ ܚܘܐ ܢܦܫܗ. ܐܦܠܐ
ܕܝܢ ܗܘ ܕܬܒܥ ܕܐܝܟ[54] ܗܕܐ ܦܩܕ ܗܘܐ. ܐܠܐ ܗܕܐ ܒܠܚܘܕ.

[45] 𝔄 om. ܗܠܝܢ [46] 𝔄 sing. [47] 𝔄 act. [48] 𝔄: ܕܒܩܘ̈ܪܝܐ, omitting ܒܡܕܝܢ̈ܬܐ [49] 𝔄 om. ܠܟ̈ܠ ܐܢܫܝܢ [50] 𝔄 has *cos* instead of ܘܠܐ [51] 𝔄 om. ܗܢܐ [52] 𝔄 *omnibus hominibus* [53] 𝔄 om. ܘܡܕܒܪ
[54] In 𝔄 *frph* has fallen out after *ap*

ܕܬܬܚܫܦܢ ܡܢ ܦܠܓܘܬܐ ܐܦܣ ܗܘܐ. ܘܠܐ ܕܢܕܒܪ (A fol. 110 b)
ܒܢܝܫܐ ܦܩܕ ܗܘܐ.[56] ܐܦ ܠܐ ܕܡܬܢܠܐ[57] ܕܒܬ̈ܪܬܐ ܢܕܒܪ.[58] ܐܦ
25 ܠܐ ܡܕܡ ܐܚܪܝܢ ܕܒܢܝܫܐ ܗܘ ܕܠܘܬ ܠܡܣܒܪ. ܒܗ ܗܘܢ[59]
ܩ̈ܛܠܐ ܕ̈ܒܢܝܐ ܕܫܠܛܢܐ ܘܕܢܫܠܬ ܐܠܗܐ. ܐܦ ܠܗ ܫܠܝܛܘ ܗܘܘ
ܘܐܦܣܩܘ ܕܐܝܟ ܗܕܐ. ܘܠܟܠܗܘܢ ܐܝܠܝܢ ܕܬܚܝܬ ܫܘܠܛܢܗܘܢ
ܐܝܟ ܒܢܝ ܦܘܩܕܢܐ[60] ܘܢܛܘܦܘܢ. ܘܗܟܢܐ ܗܘܘ ܫܘܒܩܢܐ[61] ܗܢܐ.
ܙܒܢܐ ܕܝܢ ܗܢܐ ܠܐ ܙܒܢܐ ܗܘܐ ܕܬܬܚܬܬܐ ܒܡܗܕܐ. ܒܡܕܝܢܬܐ
ܕܐܬܪܘܬܐ ܡܢ ܕܝܠܗ[62] ܒܐܝܕܐ ܕܐܠܗܐ. ܠܣܘܪܬܐ ܕܝܢ ܒܗ ܠܐ
x. 1 ܝܒܠܐ ܐܬܬܐ ܗܘܐ ܠܡܗܕܐ. ܗܘܬ ܠܗ ܚܕ ܕܐܝܟ ܗܕܐ ܚܠܬܐ.
𝔄 703 ܡܛܠ ܕܝܢ[63] ܕܠܐ ܡܫܒܚ ܗܘܐ ܕܢܫܒܪ ܠܪܒܘܬܐ ܕܡܕܒܪܢܘܬܐ
ܕܐܫܬܠܡܬ ܠܗ. ܗܝ ܕܠܐ ܫܘܐ ܗܘܐ ܠܗ. ܐܠܐ ܐܝܟ ܡܛܠ
ܕܠܐ ܡܕܪܫ ܗܘܐ ܒܫܘܫܛܐ ܢܦܫܐ ܕܡܠܟܘܬܐ. ܕܠܐ ܒܘܠܝܬܐ
ܠܪ̈ܘܚܬܐ ܡܬܗܪܒ ܗܘܐ. ܘܒܗ[64] ܠܟܠܗܘܢ. ܐܦ ܒܝܫܘܬܐ
ܘܒܫܘܒܗܪܐ ܐܬܪܒܝ ܗܘܐ ܐܦ ܥܠ ܗܘܢ ܕܛ̈ܒܘܬܐ ܗܘܘ
ܕܠܗ ܒܡܠܟܘܬܐ ܘܒܟܠ ܡܕܡ ܒܢܝܢ ܡܬܬܪܝܢ ܗܘܘ. ܘܐܦ[65]
ܒܠܗܘܡܐ. ܐܦ ܒܬܪܒܝܬܐ. ܘܒܡܕܒܪܢܘܬܐ. ܐܦ ܒܐܝܩܪܐ
ܕܫܘܠܛܢܐ ܘܒܫܘܒܚܐ. ܘܐܦ ܒܢܨܦܘܬܐ ܪܒܐ ܕܟܠܗܘܢ.
ܘܒܕܘܠܬ ܐܠܗܐ ܕܫܪܪܐ. ܘܡܫܡܪܝܢ[66] ܗܘܐ ܕܢܬܒܥܐ ܘܢܫܡܗ
2 ܢܦܫܗ ܘܢܬܚܝܐ ܒܐܝܩܪܐ. ܐܬܚܠܦ ܗܘܐ ܕܝܢ ܒܢܨܚܢܘܬܐ
ܕܫܘܬܦܘܬܗ. ܘܥܒܕ ܒܡܫܚܐ ܗܘ ܕܐܡܪܝܢ ܗܘܐ ܥܡ ܠܝܩܢܘܣ.[67]
ܘܡܬܚܠܦܢܘܬܐ ܩܪܒܐ[68] ܠܡܘܟܠܗ ܫܪܝ ܗܘܐ. ܘܡܚܠܠ ܘܒܢܐ

[55] 𝔄 ܕܢܬܚܫܒܘܢ, [56] 𝔄 om. the words from ܐܦܣ ܗܘܐ to ܦܩܕ ܗܘܐ
[57] In 𝔄 for [illegible] read [illegible] [58] In 𝔄 for [illegible] read [illegible] [59] 𝔄 om. ܗܘܢ, [60] 𝔄 plur. [61] In 𝔄 for [illegible] read [illegible]
[62] 𝔄 plur. [63] 𝔄 om. ܕܝܢ [64] In 𝔄 for [illegible] read [illegible] [65] 𝔄 om. ܘܐܦ
[66] 𝔄 om. ܘ [67] 𝔄 *cum Liciniano* [68] 𝔄 *et bellum et inimicitiam*

ܒܫܘܡܠܝܐ ܕܣܗܕܘܬܗ. ܒܩܣܪܝܐ ܦܠܣܛܝܢܐ ܘܢܒܝܐ. ܕܗܘܢ
ܐܠܗܐ ܕܬܫܡܫܬܗܘܢ ܗܘܘ ܒܟܢܘܫܝܗ ܡܢ ܩܕܝܡ. ܕܟܠܒܘܬܗܘܢ
ܐܬܚܙܝ ܗܘܐ ܘܐܘܣܦ ܩܪܒܐ. ܐܝܟ ܕܠܡܪܥܐ ܘܦ̈ܠܚܝܢܐ.[71]
ܘܕܗܘܘ ܡܫ̈ܠܡܢܐ ܕܫ̈ܡܗܝ ܡܠܠ ܗܘܐ ܐܝܟ ܘܡܢ ܒܬܪܗ
ܗܢ ܗܘܐ ܬܫܡܫܬܐ ܠܐܠܗܐ ܕܒܪܝܣܛܝܢܐ. ܘܗܘ ܗܘܐ[72]
ܫܠܡ ܚܪܘܗܝ ܢܦܫܐ ܡܫܡܠܝܐ ܘܠܒܝܪܐ. ܢܦܠ ܗܘܐ ܕܝܢ
ܒܡܕܝܢܬܐ ܚܡܨܐ ܕܡܘܬܐ. ܘܗܘ ܠܐ ܐܬܦܫܛ ܠܗ ܕܒܢܐ
ܠܚܝ̈ܘܬܐ ܢܦܩ ܡܢ ܥܠܡܐ. ܢܦܫܐ ܕܝܢ ܗܘ ܕܐܬܚܙܝ ܗܘܐ
7 ܡܨܪܝܢ. ܗܠܝܢ ܐܝܬܝܗܘܢ ܗܘܐ ܀ ܐܦܝܣܩܘܦܐ ܦܝܠܐ.
ܐܣܘܟܝܘܣ ܘܦܟܘܡܝܘܣ ܘܬܐܘܕܘܪܘܣ. ܐܝܣܝܕܘܪܘܣ.[73]
ܐܘܣܛܐܬܝܘܣ ܐܘܦܠܝܢܘܣ. ܐܝܣܝܕܘܪܘܣ[74] ܣܘܩܝܐ. ܟܠ ܡܢܗܘܢ
ܡܫܬܪܝܬܐ ܐܝܟ ܚܕ. ܗܠܝܢ ܡܬܚܪܝܢ ܕܐܬܚܪܬܐ (A fol. 111 b)
ܕܠܗ. ܘܗܠܝܢ ܟܕ ܚܕ ܠܡܬܒܪ ܠܗܘܢ ܐܝܠܝܢ ܕܦܫܝܛܝܢ ܒܟܠ
ܡܕܡ ܡܬܟܬܒܢ. ܐܝܠܝܢ ܕܥܠܡ ܠܬܘܕܝܬܐ ܕܟܫܝܪܬܐ ܕܡܠܟܘܬܐ
ܘܠܬܪܥܝܬܐ ܕܟܠ ܐܢܫ ܡܫ̈ܬܕܪܝܢ ܒܡܕܡ ܕܡܫܬܕܪ ܠܗܘܢ
ܕܢܗܘܘܢ[75] ܡܕܡܝܢ ܟܠܗܘܢ ܒܟܢ̈ܫܐ ܘܡܦܩܝܢ ܒܫܡܗ ܕܡܫܝܚܝܢ
8 ܚܝ. ܟܕ ܐܦ ܡܕܡ ܗܕܐ ܟܠܗܐ ܗܘܬ ܠܡܕܒܪܢ ܕܡܢ ܗܕܐ
ܟܠܗܐ ܕܡܢ ܗܘܘ ܐܟ̈ܡܢ ܚܒ̈ܫܐ. ܕܡܬܠܝܢ ܘܡܦܩܝܢ ܘܡܬܡܩܪܝܢ.
ܕܐܬܟܬܒܘܢ ܗܘܘ ܒܫ̈ܢܝܐ ܕܪ̈ܕܝܦܘܬܐ. ܘܡܣܪܩܐ[76] ܦܩ̈ܕܐ
ܗܘܐ ܠܗܘܢ ܡܢ ܐܘܦ̈ܛܘܠܐ. ܘܒܡܕܝܢܬܐ ܠܡܫܐ ܗܘ ܗܕܐ
ܐܬܟܬܒܬ ܠܒܢܝ ܐܬܪ̈ܘܬܐ ܕܠܗ. ܗܢܘܢ ܕܡܬܚܫܒܝܢ ܐܢܫܝܢ
ܕܐܝܟܢ ܕܠܗܘܢ ܐܝܟ ܡܢܐ ܕܗܘܐ. ܟܠ ܕܡܫܬܚܫܚܝܢ
ܘܡܢܝܢܗܘܢ ܐܬܥܒܕ ܒܬܫ̈ܬܐ ܠܡܫܬܘܕܝܢܐ ܕܟܠ ܣܘܦܪܢܐ

[71] A ܕܒܐܣܛܠܝܐ ܕܡܠܘܟܝܐ [72] In A for *ܦܠܩ* read *ܠܩ* [73] In A read Ηρακλεόπολιν [74] A *Antikos* [75] A ܕܒܣܝܪܐ. [76] A ܕܝܩܘܡܝܢ

ܒܟܠ ܐܬܪ ܐܬܪܘܢ ܘܡܕܝܢܐ. ܥܠ ܬܪܘܝܗܝܢ.[69] ܘܒܬܪ ܟܠܗ[70] ܚܝܠܐ 𝔄 704
ܕܪ̈ܒܘܬܐ ܕܠܐ ܡܬܟܒܫܢܐ. ܘܢܦܩ ܗܘܐ ܘܗܕܪ ܠܡܘܟܠܗ ܡܪܝܐ
ܒܡܪܝܐ ܕܢ̈ܨܚܢܐ ܗ̇ܘܝܢ ܕܐܠܗܐ ܫܒܝܚܝܢ ܗܘܘ ܠܗ. ܘܡܪ̈ܟܒܬܐ
3 ܕܠܒ̈ܥܠܕܒܒܐ ܐܝܟ ܡܬܬܪܝܢ ܗܘܐ ܒܟܫܪܗ. ܟܕ ܕܝܢ[71] ܐܬܦܪܥ ܐܫܬܟܚ
ܡܢ ܐܠܗܐ ܕܠܐ ܗܘܦܪܢ ܘܐܬܬܒܥܬ ܘܕܡܘܬܐ ܕܡܢ ܣܛ ܐܠܗܐ.
ܠܗ̇ܘ ܕܗܘܝܘ (A fol. 111 a) ܕܐܠܗ ܗܘܐ ܐܘܣܒܝܐ ܕܡܫܠܡܢܘܬܐ.
4 ܘܐܬܒܕ ܗܘܐ ܡܬܕܟܝܢܬ ܠܚܝܠܐ ܕܠܒ̈ܥܠ ܐܝܟ ܗ̇ܘ ܕܐܬܚܒܠ
ܗܘܐ ܟܠܗܘܢ. ܘܡܢܦܩܘܗܝ ܠܒܢ̈ܝܐ ܗ̇ܘܝܢ ܕܢܕܝܪܝܢ ܗܘܘ ܠܗ
ܒܛܠܐ.[72] ܘܟܠܗܘ ܕܐܚܝܕ ܫܘܠܛܢܐ ܐܬܓܠܝܘ. ܘܐܫܬܠܚ
ܕܢܘܟܪܝܘܬܐ ܡܢ ܝܬܝܪܘܬܐ ܕܡܠܟܘܬܐ ܗ̇ܘ ܕܠܐ ܐܝܟ ܗܘܐ ܠܗ
ܘܠܥܠܐܝܬ. ܘܒܫܘܠܛܢܐܝܬ ܘܥܡܠܐܝܬ. ܘܡܫܝܠܐܝܬ ܐܬܦܠܓ
ܒܦܘܠܓܐܐ ܕܒܟܪܐ. ܘܒܪܡ ܗܘܐ ܡܬܦܠܓܐ ܒܦܘܪ̈ܢܐ
ܘܒܐܓܘܪܣܐ. ܘܠܡܫܝܚܐ ܐܒܕ ܡܢ ܐܝܕܐ ܕܡܪ̈ܕܘܬܐ ܘܣܝܐ.
ܘܒܒܥܐ ܣܘܣ ܥܠ ܬ̈ܠܘܗܝ. ܕܐܠܗܐ ܕܙܕܝ̈ܩܢ ܘܡܫܡܫܝܢ.
5 ܕܐܡܪ. ܕܡܠܟܐ ܠܐ ܡܬܦܪܩ ܒܣܘܓܐܐ ܕܚܝܠܐ[73] ܐܦ ܠܐ Ps xxxiii 16 ff.
ܓܢܒܪܐ ܡܬܦܨܐ[74] ܒܣܘܓܐܐ ܕܚܝܠܗ.[75] ܕܓܠ ܗܘ ܣܘܣܝܐ 𝔄 705
ܕܦܘܪܩܢܐ.[76] ܕܒܣܘܓܐܐ ܕܚܝܠܗ[77] ܠܐ ܡܬܦܨܐ ܠܡܪܗ.[78] ܒܢ̈ܘܗܝ.
ܕܡܪܝܐ ܥܠ ܕܚ̈ܠܘܗܝ.[79] ܕܡܣܟܝܢ[80] ܠܛܝܒܘܬܗ. ܕܢܦܨܐ
6 ܢܦ̈ܫܬܗܘܢ[81] ܡܢ ܡܘܬܐ. ܗܟܢܐ ܕܝܢ ܡܠܟܐ ܒܗܬܬܐ ܦܪܘܩܐ.[82]
ܐܬܐ ܗܘܐ ܠܐܬܪ̈ܘܬܐ ܗ̇ܘܝܢ ܕܐܬܚܝܨܬ ܐܝܕܗ. ܘܡܬܚܕܬ

[69] 𝔄 *omnes provincias et urbes* [70] 𝔄 om. ܟܠܗ [71] 𝔄 om. ܕܝܢ
[72] In 𝔄 for [illegible] read [illegible] [73] 𝔄 = ܕܚܝܠܗ [74] 𝔄 om. ܡܬܦܨܐ [75] 𝔄 = ܕܚܝܠܐ
[76] 𝔄 *fallax est equus in salvatione* [77] 𝔄 = ܕܚܝܠܐ [78] 𝔄 *non servatus est* (omitting ܠܡܪܗ) [79] 𝔄 does not express the suffix [80] 𝔄 ܘܡܣܟܝܢ: for [illegible] read [illegible] [81] 𝔄 does not express the suffixes in ܠܛܝܒܘܬܗ (read [illegible]) and ܢܦ̈ܫܬܗܘܢ [82] 𝔄 *sic autem turpis factus est princeps terrae*, and om. the clause ܐܬܐ ܗܘܐ...ܐܝܕܗ

ܡܢܟ ܗܕܐ ܫܪܝܬܐ.[89] ܕܗܟܢܐ ܢܗܘܐ. ܕܐܝܟ ܐܝܟ[90] ܐܢܬ
ܐܝܟ ܕܨܒܐ ܕܒܗܢܐ ܚܝܠܐ. ܐܘ ܒܕܐܝܟ ܗܕܐ ܕܦܪܘܣܬܐ
ܕܦܘܠܚܢܐ ܠܡܬܘܡܦܘ. ܗܢܐ ܕܠܐ ܒܠܚܘܕ ܢܗܘܐ ܫܠܝܛ ܠܟ 𝔄 707
ܨܒܝܢܗ. ܕܗܟܝܠ[91] ܐܢܫ ܠܐ ܢܬܒܠܐ ܐܘ ܢܬܒܥܪ. ܘܕܬܗܘܐ
ܦܫܝܩܐ ܕܠܐ ܕܚܠܐ ܘܕܠܐ ܥܩܬܐ. ܠܟܠ ܚܕ ܚܕ ܡܢܗܘܢ
9 ܠܡܥܒܕ[92] ܡܢܟ ܕܨܒܐ ܠܗ. ܒܪܡ ܕܝܢ ܐܦܠܐ ܗܢܐ ܡܛܫܝܐ
ܗܘܬ ܬܬܝܕܥ ܡܢ ܗܕܐ. ܕܐܝܢܫܝܢ ܡܢ ܕܝܢܐ ܡܬܦܠܓܝܢ ܗܘܘ
ܥܠ ܦܘܩܕܢܝ. ܕܕܚܠܬܗܘܢ ܗܘܘ[93] ܩܢܘ ܐܝܟܢܐ ܥܠ ܦܘܩܕܢܝ
ܒܥܒܕܝܢ ܗܘܘ ܠܗܘܢ ܕܒܐܝܬܝܐܘܬܐ[94] ܢܬܦܪܒܘܢ ܠܦܘܠܚܢܐ
10 ܕܕܝܢܬܐ. ܐܝܠܝܢ ܕܨܒܐ ܠܗܘܢ[95] ܕܢܥܒܕܘܢ ܠܗܘܢ ܕܐܝܟܢܐ
ܕܝܢ ܢܬܦܠܓ ܥܠ[96] ܡܢܗܐ ܘܦܘܠܚܢܐ ܕܕܝܢܬܐ. ܗܟܢ ܢܗܘܐ.
ܕܗܢܐ ܦܘܩܕܢܐ ܢܬܬܘܣܦ ܕܢܗܘܐ ܠܗܘܢ ܫܘܠܛܢܐ. ܠܐܝܠܝܢ
ܕܨܒܝܢ ܠܡܬܕܒܪܘ ܒܗܢܐ ܢܡܘܣܐ ܘܒܗܕܐ ܕܝܢܬܐ. ܡܢ ܗܕܐ
ܡܗܝܡܢܘܬܐ ܕܝܠܢ. ܐܝܟ ܕܨܒܐ ܟܠ ܚܕ ܚܕ ܡܢܗܘܢ ܘܡܢܗ
ܠܡܬܕܒܪܘ ܠܗܢܐ ܦܘܠܚܢܐ. ܕܐܝܟ ܕܗܟܢ (A fol. 112 a) ܚܝܠܐ
ܝܗܒܐ ܠܗ ܠܡܦܠܚ ܒܗ. ܘܡܬܝܠܐ ܕܚܕܬܐ ܕܠܗܘܢ ܕܢܗܘܘܢ
11 ܒܗܝܢ ܡܦܩܐ[97] ܠܗܘܢ ܀ ܕܬܗܘܐ ܕܝܢ ܝܕܥܐ ܗܕܐ ܡܗܝܡܢܘܬܢ
ܐܦ ܗܕܐ ܨܒܝܢ ܕܢܦܩܘܢ. ܕܐܝܟ ܐܢܬ ܩܢܬܐ ܐܘ ܕܩܢܝܢܬܐ.
ܕܐܝܟ ܕܗܟܢ ܕܕܘܟܐ ܐܬܚܛܦܘ ܗܘܘ ܡܢ ܡܢܟ ܕܒܪܘܫܝܢܐ.
ܘܐܝܟ ܕܗܟܢ ܦܘܩܕܢܐ ܕܐܬܩܢܝܘ ܠܕܘܟܐ ܚܙܝܢܐ ܐܫܬܠܡܘ.
ܐܘ ܡܢ ܐܝܢܐ ܡܢ ܡܕܝܢܬܐ ܐܬܢܣܒܘ. ܐܘ ܡܙܒܢܘ ܐܙܕܒܢܘ. 𝔄 708
ܐܘ ܕܒܐܝܣܪܐ ܐܬܝܗܒܘ ܠܐܢܫ. ܟܠܗܝܢ ܗܠܝܢ. ܠܕܘܟܐ ܩܕܡܝܐ

[89] In 𝔄 for *mdkrnyh* read *md* [90] The second ܐܝܟ should be omitted, with 𝔄 [91] 𝔄 ܘܗܟܢ [92] 𝔄 om. ܠܡܥܒܕ [93] 𝔄 *et quod dubitaverunt* [94] 𝔄 *et pigritia* ܘܡܡܓܢܘܬܐ [95] 𝔄 om. ܠܗܘܢ [96] 𝔄 om. ܥܠ [97] 𝔄 *imperatum est*

ܕܒܬ̈ܘܠܬܐ ܦܘܪܢܝ ܕܐܬܦܢܝܢ. ܐܝܟ ܒܗܕܐ ܟܠܗ ܢܘܟܪ
12 ܒܡܫܝܚܘܬܐ ܕܝܠܝ ܘܒܬܪܥܣܪܘܬܗ̇[m] ܗܠܝܢ ܐ̈ܢܫ ܬ̈ܠܡܘܗܝ
ܕܓ̈ܒܪܐ. ܕܐܦܠܐ ܫܘܐ ܥܒܕܬܐ ܡܠܬܗ̇ ܡܢ ܕܒܪܐ ܕܗܘ ܦܘܪܢܐ[n]
ܠܒܬ̈ܘܠܬܐ ܠܒ ܦܠ̈ܓܘܬܗ. ܘܡܢ ܗ̇ܘ ܕܡܢ ܩܕܡ ܩܠܝܠ ܐܝܟ
ܕ̈ܥܒܕܐ ܫܥܒܕܝܢ ܗ̈ܘܝܢ ܠܗ. ܘܕܠܐ ܐܠܗܐ. ܘܐܝܬܝܢ ܗܘܝܢ
ܟܠܗܬܐ ܠܟܠܗܝܢ. ܠܟܠ ܐ̈ܬܪܘܢ.[1] ܕܠܐ ܒܬܪ̈ܥܝܬܐ ܘܠܐ ܒܡܘ̈ܬܐ.
ܘܠܐ ܒܝܒܪܐ ܠܡܟܢܫ ܡܟܣܐ ܗܘܐ ܠܝ ܡܢܗ.[2] ܡܢ ܗܢܐ
ܢܦܩܐ ܘܦܘܩ̈ܕܢܐ ܫܠܛ ܒܬ̈ܘܠܬܐ ܡܬܦܫܩܝܢ ܗܘܘ. ܘܠܫ̈ܢܘܗܝ
ܕܡܢ ܩܕܡ ܩܠܝܠ ܠܕܘܪܐ ܘܠܫܥܒܐ. ܘܡܐܟܠܬܐ ܠܫܢܘܬܐ ܩܕܡ
ܒܢ̈ܝܗܘܢ ܡܫܬܕܪܝܢ ܗܘܘ. ܘܟܠ ܐܢܫ ܕܫ̈ܢܝܐ ܘܡܫܡܫ ܒܙ̈ܢܝܐ.
ܡܢ ܟܠܗܝܢ ܓܢܒܪܐܝܬ ܢܦܫܝܢ ܗܘܘ. ܘܐܝܟ ܕ̈ܥܒܕܐ ܗܘܘ
ܕܕܠܐ ܐܠܗܐ ܐܢܘܢ ܡܫܬܒܚܝܢ ܗܘܘ ܗܠܝܢ.[3] ܀ ܠܗܘܢ ܠܗܠܝܢ
ܗܘ ܦܘܩܕܢܗ ܡܗܕܐ ܠܗܘܢ. ܕܢܦܠܘܢ ܒܫܠܝܛܘܬܗܘܢ ܘܕܢܒܥܘܢ
A 709 ܒܬ̈ܘܠܬܐ ܐܦܣ ܠܗܘܢ.[4] ܘܢܫܒܩܘܢ ܘܗܘܐ ܕܡܕܡ ܕܐܝܬ ܗܘܐ
13 ܠܗܘܢ܃ ܒܗ ܕܝܢ ܐܘܕܝ ܕܐܝܟ ܗܠܝܢ. ܐܝܟ[5] ܒܡܘܕܝܢܐ ܡܕܡ
ܗܘܐ ܠܗ. ܡܛܠ ܗܠܝܢ. ܕܡܟܝܢ[6] ܡܢ ܡܢܐ ܕܡܬܚܙܐ ܗܘܐ[7]
ܕܢܫܐ.. ܚܙ ܒܡܫܝܚܘܬܐ ܕܐܠܗܐ ܕܡܢ ܥܠ. ܒܥܕܢܬܐ ܕܝܢ
14 ܕܬܪ̈ܬܝܢ ܕܡܠܟܐ ܐܘܓܘܣܛܘܣ. ܗܕܐ ܕܝܢ ܗܘܬ ܡܫܡܫܢܘܬܗ ܕܡܢ
ܥܠܡܐ. ܠܐ ܗܘܐ ܓܝܪ ܐܝܟ ܙ̈ܒܢ ܫܢܝܐ ܘܡܠ̈ܟܘܬܐ[8] ܕܡܠܟܐ.
ܕܟܠ ܚ̈ܕ ܡܠ̈ܟܐ (A fol. 112 b) ܡܫ̈ܠܛܢܐ ܡܬܦܠܓܝܢ ܒܗ ܒܡܠܟܐ.
ܘܫܠܛܢܐ ܥܡܝܩܐ ܫܠܛܢܘܬ ܚܕܐ ܠܗ ܕܢܫܬܒܪ. ܐܠܐ ܐܝܟ
ܙܒ̈ܢܐ ܘܡܠܟܘܬܐ ܕܐܠܗܐ. ܒܗ ܚܕ[9] ܡܫܪܝܬܐ ܒܫܦܝܘܬܐ

[m] A om. ܘ [n] A plur. [1] A *et eramus in omni mundo causa perditionis* [2] A joins ܡܢܗܘ to the following clause [3] A *et ferebant haec omnia* [4] A om. ܐܦܣ ܠܗܘܢ [5] A om. ܐܝܟ [6] A ܘܡܟܝܢ [7] In A read [illegible] [8] A om. ܘܡܠ̈ܟܘܬܐ [9] A om. ܚܕ

ܡܣܟܢܐ ܗܘܬ. ܗܘ[10] ܒܚܪܬܐ ܠܘܬ ܡܬܦܠܓܐ ܗܘܐ. ܘܡܬܚܙܡ
ܒܝܫܐ ܐܝܟ ܕܫܘܐ ܡܛܠ ܗܘܐ ܒܡܫܘܚܬܐ ܕܐܠܗܐ ܕܡܢ
ܥܠܘ ܟܠܗ ܦܓܪܗ ܡܬܦܫܪ ܗܘܐ.[10a] ܘܡܬܬܪܥ ܗܘܐ ܒܟܐ̈ܒܐ
ܒܝ̈ܫܐ ܘܩܫ̈ܝܐ. ܘܡܫܬܦ̣ ܗܘܐ ܘܫܪܐ ܘܐܟܠ ܠܥܦܪܐ ܘܟܠܗ
ܦܓܪܗ ܒܢܘܪܐ ܕܠܐ ܡܬܚܙܝܐ ܕܡܢ ܐܠܗܐ ܐܫܬܪܬ ܥܠܘܗܝ
ܡܬܡܣܝܢ ܗܘܐ. ܘܟܕ ܐܬܕܒܩ ܥܠܗ.[11] ܗ̇ܝ ܕܡܚܘܬܐ ܡܪܝܪܬܐ
ܐܬܚܒܠܬ ܗܘܬ ܡܚܝܠܐ ܕܝܢ ܣܓܝ. ܗܘܐ ܒܥܝܢ̈ܘܗܝ. ܘܐܝܟ
ܕܢܒܝܐ[12] ܓܒܪܐ ܠܥܠܡܐ ܡܕܝܢܬܐ ܐܫܬܘܪ ܗܘܐ. ܕܐܝܠܝܢ ܕܝܢ
ܕܡܫܬܡܠܝܢ ܘܣܝܡ ܗܘܘ ܠܗ. ܠܐ ܗܘܐ ܡܕܡ ܡܫܬܘܕܝܢ ܗܘܘ
ܥܠܘܗܝ. ܐܠܐ ܕܡܒܪܐ ܠܦܓܥܗ ܦܓܪܗ ܐܫܬܘܕܝ ܗܘܐ. A 710
15 ܕܡܒܪܐ ܐܝܟ ܡܠܬܐ ܕܐܬܕܝܢ ܡܫܬܐܠܢܘܬ. ܫܘܫܝܬ ܕܝܢ[13]
ܐܬܬܐ ܐܝܟ ܕܡܢ ܒܡܫܡܥܐ ܕܡܫܘܚܗ. ܡܫܘܕܪܐ ܗܘܬ ܠܗ.
ܘܥܝ̈ܢܘܗܝ ܥܩܪ ܘܢܦܩ ܡܢ ܕܚ̈ܘܪܝܗܘܢ ܘܢܦܠ. ܘܐܫܬܒܩ ܗܘ ܒܗ
ܡܚܝܠܐ. ܗܘ ܕܝܢ[14] ܢܦܫܗ ܒܗ ܠܓܪܐ ܗܘܬ. ܘܡܘܕܐ[15] ܗܘܐ
ܠܡܪܝ[16] ܘܫܐܠ ܗܘܐ ܡܘܬܐ. ܘܠܚܪܬܐ ܒܪ[17] ܡܘܕܐ ܕܒܟܠ
ܓܒܪܗ ܕܡܫܝܚܐ ܗܠܝܢ ܚܫܐ ܗܘܐ. ܒܕܝܢܐ ܟܐܢܐ. ܥܒܕܘܬܗ
xi. 1 ܢܦܫܗ. ܗܟܢ ܕܝܢ ܢܦܩ. ܡܢ ܥܠܡܐ. ܡܫܬܡܫܢܘܬܐ. ܗ̇ܘ ܕܗܘܐ
ܠܡܣܪܗܘܢ ܡܢ ܡܫ̈ܠܛܢܐ ܕܕܚܠܬ ܐܠܗܐ. ܐܫܬܘܪ ܗܘܐ
ܕܟܕ[18] ܗܘܐ ܡܢ ܥܠܡܗܘܢ ܒܪ̈ܬܐ ܕܝܢ ܕܠܟܒܘܬܗ ܕܐܠܗܐ
ܐܣܬܟܠ. ܡܢ ܬ̈ܐܘܣܝܡܘܢ ܡܬܚܫܬܢ ܗ̇ܘܝ. ܘܡܠܬܐ ܕܡܫܝܚܐ
ܕܢܨܚܐ ܗܘܬ ܠܥܡܘܕܗ ܕܐܠܗܐ. (A fol. 113 a) ܘܫܪܝܬ ܡܢ
ܕܡܕܒܪܢܘܬܐ ܦܪܗܣܝܐ ܕܐܝܬ ܗܘܐ ܠܗ̇ ܡܛܠܬ. ܢܕܒܪܢܘܬܗܘܢ
ܕܝܢ ܕܡ̈ܫܠܛܢܐ ܕܕܚܠܬ ܐܠܗܐ ܒܡܬܬܐ ܘܓܒܪܐ ܐܬܟܠܡܬ A 711

[10] A ոշոc [10a] In A read *jłtłp* [11] A adds *caro* [12] A om. ? أسر
[13] A om. ?ب [14] A adds *dum* [15] A om. ܘ [16] A *Domino Deo nostro*
[17] A om. ܒܪ [18] A ܘܟܕܡ

2 ܗܘܬ. ܘܩܕܡܐܝܬ ܡܬܡܣܟܢܘܬܐ ܗܘ ܕܫܡܟܠܐ ܕܟܠܗܘܢ
ܟ̈ܠ ܐܢܫܐ ܐܬܬܣܝܡܘ ܗܘܐ. ܐܝܟ ܕܡܢ ܗ̇ܘܢ ܕܐܣܝܪܝܢ ܗܘܘ
ܡܠܟܘܬܐ. ܢܫܒܐ ܕܝܢ[19] ܘܡܣܪܒܐ. ܘܫܢܝܐ ܕܐܠܗܐ ܦܓܪܢܝܐ
ܒܬܝ̈ܬܐ ܐܬܦܪܣܬ ܗܘܐ ܠܟܠܐܝܬ ܘܐܬܡܟܢܫܘ. ܘܐ̈ܦܘܢܐ
ܐܝܠܝܢ ܕܠܐܝܩܪܗ[20] ܟܠ ܬ̈ܕܡܝܢ ܫܦܝܪܝܢ ܗܘܘ ܘܕܒܝܬܗܘܢ. ܐܝܬ
ܕܡܢ ܪܘܚܐ ܠܐܪܥܐ ܡܬܬܪܝܡ ܗܘܘ ܘܡܬܟܬܫܝܢ. ܘܐܝܬ
ܕܐ̈ܦܝܗܘܢ ܡܬܬܟܪܢ ܗܘܝ ܒܐܘܟܡܐ.[21] ܘܐܚܝܪ̈ܬܐ ܕܐܝܟ
ܕܠܐܝܩܪܗ ܫܦܝܪ ܗܘܘ. ܗܫܐ ܡܬܬܕܡܝܢ ܗܘܘ ܘܡܬܟܬܫܝܢ.
ܘܠܡܣܟܢܐ ܘܠܡܚܬܐ ܕܐܝܠܝܢ ܕܝܬܡܝܢ ܕܝܬܝ̈ܪܘܢ ܘܢܦܫܝܗܘܢ
3 ܡܫܚܡܝܢ ܗܘܘ. ܗܘܐ ܕܝܢ ܐܦ ܐܢܬܪܐ[22] ܕܫܡܗ ܐܪܡܢܝܐ
ܩ̈ܠܝܒܒܐ ܕܕܝܠܗ ܐܠܗܐ ܡܬܚܠܦܝܢ ܗܘܘ. ܡܬܚܠܦܝܢ ܗܘܘ ܕܝܢ
ܒܥܠܡܗܘܢ ܐܝܠܝܢ ܕܐܬܢܨܚܬ ܒܐܪܥܐ[23] ܕܫܘܠܛܢܐ ܡܠܟܐ
ܐܬܡܣܪ ܗܘܘ. ܡܛܠ ܫܘܦܪܐ ܕܝܠܗ ܒܪܫܘܬܐ ܡܟܢܫܝܢ ܗܘܘ
ܒܥܠܡܐ ܕܝܠܗ. ܗܢܘ ܕܝܢ. ܗܘ ܕܡܫܩܪ ܗܘܐ ܠܗ[24] ܢܛܪ ܡܢ
4 ܟܠ. ܘܥܒܕ ܗܘܐ ܘܫܒܩ ܢܛܪ ܡܢ ܐܪܡܢܝܐ. ܦܘܩܐܕܘܣ
ܕܬܪ̈ܬܝܢ ܘܬܠܬ ܙܒܢܝܢ ܗܘܐ ܡܫܬܠܛ. ܘܠܟܠ ܡܢ ܒܟܠ ܡܕܡ.
ܡܦܩܕܐ ܡܢܗ ܐܬܩܝܡ ܗܘܐ. ܘܦܘܠܝܡܘܣ[25] ܬܘܒ ܕܟܠܗ
ܙܢܝܘܬܐ ܕܫܘܠܛܢܐ ܕܒܪ ܗܘܐ. ܗܘ ܕܐܦ ܗܘ. ܒܙܒܢܐ
ܫܘܟܢܐ ܕܒܪܬܫܘܠܛܢܐ ܕܐܝܟ ܗܘܐ ܒܥܕܪܢ ܡܬܟܬܒܪ ܗܘܐ.
ܘܐܪ̈ܡܢܝܐ ܡܢ ܗܠܝܢ ܠܐ ܢܕܥܝܢ.[26] ܕܒܐܪ̈ܡܢܝܘܬܗܘܢ ܦܪܘܣܘܬܗ
5 ܕܡܬܡܣܟܢܝܢ ܢܦܫܐ ܗܘܬ ܘܥܒܕܐ. ܩܪܒ ܗܘܐ[27] ܕܝܢ ܕܢܐܢܐ
ܒܐܢܐ ܗܘ ܕܡܕܡ ܠܐ ܦܓܥ ܠܗ. ܐܦ ܠܐܬܦܠܓܘܬܐ. ܐܝܠܝܢ
ܕܡܫܪ ܗܘܐ[28] (A fol. 113 b) ܒܬܪܘܦܝܐ. ܒܫܡܗ ܓܒܪ ܙܠܝܓܐ

[19] A om. ܕܝܢ? [20] In A ... has fallen out before ... [21] A *fuligine nigratae sunt* [22] A sing. [23] A plur. [24] A om. ܠܗ [25] A *et Kalikanes* A om. ܠܐ ܢܕܥܝܢ [27] A *vocavit* [28] A *propter omnia quae fecerat*

ܕܐܘܣܦ ܗܘܐ ܒܐܓܪܬܐ ܕܒܗ ܫܒܪ ܕܢܝܚ. ܕܐܦ ܡܠܒܘܬܐ
6 ܡܢ ܡܣܒܪܢܘܬܗ ܐܬܡܪ ܗܘܐ ܡܛܠܬܗ. ܠܝܩܢܣ[29] ܕܝܢ ܗ̇ܘ ܥܠ
ܗܘܐ ܠܐܓܘܢܝܣܛܐ ܡܬܢܝܚܬܐ. ܒܝܬܐ[30] ܕܣܓܝܐܐ ܒܥܒ ܗܘܐ.
ܠܗ̇ܘܢ ܢܟܝܐܐ ܘܡܣܬܒܪܐ ܕܗ̇ܘ ܝܠܕܐ ܣܓܝܬܐ ܕܟܘܪ ܗܘܐ.
ܒܥ̈ܕܬܐ[30a] ܡܥܝܩ ܗܘܐ. ܘܡܬܚܫܠ ܗܘܐ ܠܗܘܢ ܕܒܐܝܕܐ ܡܠܟܘܬܐ
ܗܕܐ ܠܦܘܬܐ ܡܫܘܕܝܢ ܗܘܘ. ܘܒܗ ܠܐ ܕܝܢ ܡܥܟܝܢ ܗܘܘ
ܠܡܦܩܘ ܕܡܬܝܪܬܝܢ ܗܘܘ ܡܢ ܥ̈ܕܬܐ.[31] ܥܠܘ[32] ܘܐܘܕܥܘ ܕܥܠܗ
ܐܪܙܐ ܕܦܘܠܚܢܘܬܐ. ܐܢܬܬܗܘܢ[33] ܒܐܘܪܥܢܘܬܐ ܕܐܦܝܠܝܢ
ܬܐܦܩܘܣ.[34] ܘܒܬܪܗ ܐܦ[35] ܗܘܢ ܫܬ̈ܦܐ ܕܣܘܥܪܢܗܘܢ. ܡܢ
7 ܒܬܪ ܥܕܢܐ ܦܘܪܥܢܐ ܠܡܘܬܐ ܐܫܬܠܡܘ. ܘܟܕ ܗܠܝܢ ܟܠܗܝܢ
ܐܬܬܘܣܦܘ ܐܦ ܒܢ̈ܘܗܝ ܕܡܣܒܪܢܘܬܐ ܗ̇ܢܘܢ ܕܐܦ ܒܗ
ܗܘܐ ܒܐܝܕܪܐ ܕܡܠܟܘܬܐ ܘܒܐܝܩܪ̈ܐ ܕܪܡܝܢ ܗܘܘ[36] ܠܗܘܢ
ܫ̈ܬܦܘܗܝ ܐܬܩܛܠܘܢ ܗܘܘ. ܬܘܒ ܕܝܢ ܐܦ ܐܝܠܝܢ ܕܦܠܓܗܘܢ 𝔄 713
ܕܦܪܘܣܐ ܡܫܬܒܗܪܝܢ ܗܘܘ ܡܢ ܩܕܝܡ. ܐܦ ܡܬܪܥܝܢ ܗܘܘ
ܘܚܫܝܢ ܠܟܠܗܘܢ ܩܢ̈ܝ ܐܢܫܐ. ܐܦ ܗܘܢ ܐܬܟܬܫܘܢ
ܕܗ̇ܢܘܢ ܕܥܕܡܐ ܐܡܪܢ ܟܠܗ̇ܘܢ[37] ܝܘܪܐ ܒܢܫܐ ܡܫܒܠܝܢ
ܗܘܘ. ܥܠ ܕܠܐ ܡܩܠܐ ܡܪܕܘܬܐ. ܘܠܐ ܐܢܝܚܘ ܘܐܫܬܠܡܘ
8 ܠܡܠܟܬܐ ܕܦܩܕܐ ܒܫܬܦܐ ܩܕܝܫܐ. ܕܠܐ ܬܬܟܠܘܢ ܥܠ Ps cxlvi 3 f.
ܫܠܝܛܢ̈ܐ[38] ܘܥܠ ܒܢ̈ܝ[38] ܐܢܫܐ. ܕܠܝܬ ܒܐܝܕܗ[39] ܦܘܪܩܢܐ. ܕܢܦܩܐ
ܪܘܚܗ ܘܢܗܦܘܟ ܠܐܪܥܗ. ܘܒܗܘ ܝܘܡܐ ܢܐܒܕܘܢ ܬܪ̈ܥܝܬܗܘܢ
ܡܫܬܒܗܪܘ.[40] ܦܠܛܘ ܕܝܢ ܠܗ ܠܐܠܗܐ ܥܠ ܟܠܗܘܢ. ܕܗܘܘ

[29] 𝔄 Likinĕos [30] 𝔄 = ܒܘܝܐܐ [30a] 𝔄 om. ܒܥ̈ܕܬܐ [31] 𝔄 om. ܒܪ ܠܐ ܕܝ ܡܫܒܩܝܢ ܗܘܘ ܠܡܦܩܘ ܕܡܬܝܪܬܝܢ ܗܘܘ ܡܢ ܥ̈ܕܬܐ [32] 𝔄 om. ܥܠܘ [33] 𝔄 om. ܐܢܬܬܗܘܢ [34] 𝔄 adds *et tunc omnes secundum merita sua iudicati sunt* ([illegible]). *Et primus ipse Theotecnus* [35] 𝔄 om. ܐܦ [36] In 𝔄 for կր read կրն [37] For ܕܥܕܡܐ ܐܡܪܢ ܟܠܗܘܢ 𝔄 has *priorum* [38] 𝔄 plur. [39] 𝔄 = ܒܐܝܕܗܘܢ [40] 𝔄 sing. and does not express the suffix

ܐܚܝܕܟܠ ܘܡܠܟܐ ܕܟܠ. ܘܠܦܪܘܩ ܘܡܫܘܙܒܢܐ ܕܢܦܫ̈ܬܢ ܝܫܘܥ
ܡܫܝܚܐ. ܝܚܝܕܝܗ ܕܐܠܗܐ ܘܡܠܬܗ. ܗܘ ܕܒܐܝܕܝܗ[11] ܕܢܬܝܩܪ
ܠܗ ܫܘܒܚܐ ܒܥܠܡܝܢ ܕܥܠܡܝܢ. ܒܗ ܡܫܪܪ ܘܠܐ ܡܬܬܙܝܥ ܡܢ
ܫܘ̈ܘܕܝܐ ܕܠܥܠܡ. ܐܘ ܡܢܗ ܕܪܚܡܢܐ܀܀

ܫܠܡ ܣܦܪܐ ܕܬܫܥܝܬܐ[12].

܀ ܀ ܀ ܀

[11] 𝔄 om. ܗܘ ܕܒܐܝܕܗ [12] 𝔄 om. the subscription.

 ܣܦܪܐ ܕܥܣܪܐ ܬܘܒ¹ ܕܬܫܥܝܬܐ ܕܥܕܬܐ. (A fol. 111 *a*) 𝔄 715

·ܘ· ·ܘ· ·ܘ· ·ܘ· ·ܘ·

ܪܝܫܐ ܩܕܡܝܐ. ܥܠ ܫܠܡܐ ܕܗܘ ܐܠܗܐ ܐܬܝܗܒ ܠܢ. ·ܘ·ܘ·

ܕܬܪܝܢ. ܥܠ ܚܘܕܬܐ ܕܥܕܬܐ.² ܘ···ܘ·

ܕܬܠܬܐ. ܥܠ ܒܢ̈ܝܢܐ ܕܚܘܕܬܐ ܕܥܕ̈ܬܐ ܕܗܘܝܢ ܗܘܘ ܒܟܠ ܐܬܪ.

ܕܐܪܒܥܐ. ܡܐܡܪܐ ܥܠ ܢܨܝܚܘܬܐ ܕܨܒܘ̈ܬܐ. ·:·

ܕܚܡܫܐ. ܦܘܚ̈ܡܐ ܕܢܡܘ̈ܣܐ ܕܡܠܟܐ.³ ܥܠ ܐܝܠܝܢ ܕܕܝܢ ܠܟܪ̈ܣܛܝܢܐ. ܘܬܫܥܝܬܐ ܥܠ ܠܝܩܢܝܘܣ.⁴ ·ܘ·ܘ

ܪܝܫܐ ܩܕܡܝܐ. ܥܠ ܫܠܡܐ ܕܗܘ ܐܠܗܐ ܐܬܝܗܒ ܠܢ. 𝔄 717

i. 1 ܛܝܒܘ ܕܝܢ ܠܗ ܠܐܠܗܐ ܥܠ ܟܠܗܝܢ. ܠܐܒܐ ܘܡܠܟܐ ܕܟܠ.
ܘܠܦܪܘܩܢ ܘܡܫܪܪܢܐ¹ ܕܢܦܫܬܢ ܠܝܫܘܥ ܡܫܝܚܐ. ܡܢ ܝܕܗ
ܕܐܠܗܐ ܘܡܠܬܗ. ܗܘ ܕܒܐܝܕܗ[1a] ܕܢܬܢܛܪ ܠܢ ܫܠܡܐ ܒܟܠܙܒܢ
ܡܫܪܪܝܢ. ܕܒܗ² ܡܫܪܪ ܘܠܐ³ ܡܬܕܠܚ ܡܢ ܫܓܘܫܝܐ ܕܠܒܪ.
2 ܐܘ ܡܢܗ ܕܪܥܝܢܐ. ܘܥܡ⁴ ܗܠܝܢ ܢܨܠܐ. ܕܐܦ ܗܢܐ ܣܦܪܐ
ܕܥܣܪܐ ܢܫܬܡܠܐ ܥܠ ܗܠܝܢ⁵ ܣ̈ܦܪܐ ܐܚܪ̈ܝܐ. ܕܬܫܥܝܬܐ
ܕܥܕܬܐ ܕܗܘܐ ܐܬܟܬܒ. ܥܠ ܥܢܝܢܐ ܕܝܢ ܕܠܝܟ ܢܫܬܡܠܘܢ

Book X. ¹ 𝔄 om. ܬܘܒ ² 𝔄 sing. ³ 𝔄 plur. ⁴ 𝔄 *de Likiano*

Chap. I. ¹ 𝔄 om. ܘ [1a] 𝔄 adds ܠ *est* ² 𝔄 om. ܕ ³ 𝔄 om. ܒ ⁴ 𝔄 om. ܘ ⁵ 𝔄 om. ܗܠܝܢ

ܦܠܘܚܐ[6] ܡܕܝܢܬܐ. ܘܐܝܟ ܕܠܫܘܬܐ ܕܟܠܗ̇ ܬܫܒܘܚܬܐ[7] ܠܟ
3 ܢܫܡܥ. ܒܫܠܝܬܐ ܕܝܢ ܠܡܐܡܪܐ ܕܡܫܝܚܐ[8] ܫܠܡܐ. ܠܫܘܕܥܬܐ
ܕܫܘܠܡܐ ܕܒܪܝܬܐ ܢܦܩ ܡܙܡܘܪܐ. ܟܕ ܡܬܦܠܛܝܢ ܐܢܫ ܡܢ
[Ps xcviii 1 f.] ܪܘܚܐ ܕܐܠܗܐ ܕܡܘܕܐ ܡܫܝܚܐ. ܫܒܚܘ ܠܡܪܝܐ ܬܫܒܘܚܬܐ
[𝔄 718] ܚܕܬܐ. ܡܛܠ ܕܬܕܡܪ̈ܬܐ[8] ܥܒܕ. ܘܦܪܩܬܗ[9] ܝܡܝܢܗ ܘܕܪܥܗ[10]
ܩܕܝܫܐ. ܘܗܘ ܡܪܝܐ[11] ܦܘܪܩܢܗ.[12] ܘܠܥܝܢ ܥ̈ܡܡܐ[13] ܓܠܐ
4 ܙܕܝܩܘܬܗ.[14] ܘܥܬܝܪ ܕܠܬܐ ܕܡܘܕܐ ܠܡܫܝܚܗ ܬܫܒܘܚܬܐ ܚܕܬܐ.
ܢܒܝܐ ܘܐܦ ܚܢܢ ܘܢܐܡܪ. ܕܡܢ ܒܬܪ ܬܫ̈ܒܚܬܐ ܘܐ̈ܦܐ
ܣ̈ܓܝܐܬܐ ܘܦ̈ܘܫܟܐ. ܐܫܬܘܕܝܢ ܕܐܝܟ ܗܠܝܢ ܠܡܫܝܚܐ. ܘܠܡܟܪܙ
ܒܥ̈ܕܬܐ. ܕܥ̈ܡܡܐ ܘܢ̈ܘܟܪܝܐ ܘܡ̈ܘܕܝܐ ܕܐܠܗܐ ܕܥܕܡܐ. ܐܬܦܪܣܘ
ܠܡܫܝܚܐ ܥܠ ܐܪܥܐ ܟܠܗ̇ ܚܕܐ. ܘܠܡܥܒܕ (A fol. 111 b) ܘܠܐ
5 ܥܡܡܐ. ܐܠܐ ܗܘܝܢ ܘܠܟܠܗܘܢ ܫܘܪܗܘܢ ܘܬܚܘܡܘܗܝ ܠܐܠܗܝܢ
ܕܡܫܝܚܘܬܗ[15] ܡܢ ܗܠܝܢ. ܐܬܝܠܦܘ ܠܥܡܡܐ ܘܠܦܘܪܩܢܐ
ܠܡܬܒܣܡܘ ܒܐܠܗܐ. ܐܝܟ ܕܝܢ ܡܗܝܡܢ ܕܐܦ ܗܠܝܢ ܡܫܬܪܝܢ
ܡܢ. ܘܡܬܕܒܪܝܢ ܒܫܝܢܐ ܕܡܠܟܘܬܗ ܕܫܡܝܐ. ܬܗܘܝܢ
ܚܢܢ ܕܝܢ ܐܝܟ ܡܐ ܕܡܠܐ. ܘܒܥܠܗ ܢܦܩ ܘܚܠܝ ܡܫܬܕܪܝܢ.
ܘܡܫܬܡܥܝܢ ܚܢܢ ܥܠ ܥܒܪܐ ܕܐܢܫܝܢ ܕܐܬܐܡܪ ܒܒܢܝܘܬܐ
[Ps xlvi 8 f.] 6 ܒܟܬܒܐ. ܕܐܡܪ ܡܫܝܚܐ. ܕܬܘ ܚܙܘ ܥܒ̈ܕܘܗܝ ܕܐܠܗܐ.
ܕܥܒܕ ܬܕܡܪ̈ܬܐ ܒܐܪܥܐ. ܘܡܒܛܠ ܩܪ̈ܒܐ[16] ܡܢ ܣܘ̈ܦܝܗ̇
ܕܐܪܥܐ.[17] ܩܫܬܐ ܡܬܒܪ ܘܡܩܛܥ ܢܝ̈ܙܟܐ.[18] ܘܡܪ̈ܟܒܬܐ[19]
[𝔄 719] ܡܘܩܕ ܒܢܘܪܐ.[20] ܘܟܕ ܚܙܝܢ ܚܢܢ ܒܗܠܝܢ ܕܒܙܒܢܐ ܐܫܬܟܚܬ. ܡܢ.
ܡܢ ܒܬܪܝܢ ܢܒܝܐ ܗܘ ܒܬܫܒܘܚܬܐ·܀·܀··

[6] Read with 𝔄 ܦܘܠܚܢܐ [7] 𝔄 plur. [8] 𝔄 plur. [9] 𝔄 ܘܦܪܩ ܠܗ (omitting ܘ) [10] 𝔄 om. the suffixes in ܝܡܝܢܗ and ܕܪܥܗ [11] 𝔄 om. ܡܪܝܐ [12] 𝔄 om. the suffix [13] 𝔄 sing. [14] 𝔄 om. the suffix [15] 𝔄 om. ܠܐܠܗܝܢ ܕܡܫܝܚܐ [16] 𝔄 sing. [17] 𝔄 *a finibus usque in fines terrae* [18] 𝔄 *arcus fregit, arma confringit* [19] 𝔄 *et scuta* [20] 𝔄 om. ܒܢܘܪܐ

ܕܬܪܝܢ. ܥܠ ܚܘܕܬܐ ܕܥܕܬܐ.

7 ܐܬܓܠܝܬ ܗܘܬ ܕܝܢ ܠܟܠܗ ܓܢܣܐ ܕܣܓ̈ܝܕܘܗܝ ܕܐܠܗܐ. ܐܝܟ
ܕܡܢ ܠܟܠ ܐܢ̈ܫܝܢ. ܘܚܙܝܬܐ ܕܫܘܝܐ ܐܢܫܐ ܡܢ ܥܠ ܐܬܚܙܝܬ.
ܐܝܟ ܕܬܬܡܠܐ ܗܘܬ ܡܠܬܐ ܕܐܠܗܐ ܕܐܡܪܐ ܗܟܢܐ.
ܕܚܙܝܬ ܠܗ ܪ̈ܫܝܥܐ[1] ܕܡܫܬܒܗܪܝܢ ܘܡܬܪܝܡܝܢ ܐܝܟ ܐܪ̈ܙܐ Ps xxxvii 35 f.
ܕܠܒܢܢ.[2] ܘܟܕ ܥܒܪܬ ܠܝܬܝܗܘܢ.[3] ܘܒܥܝܬܗ[4] ܘܠܐ ܐܫܟܚܬܗ.[4a]
8 ܘܡܟܝܠ ܝܘܡܐ ܗܘ ܦܨܝܚܐ ܘܢܗܝܪܐ. ܕܠܝܬ ܒܗ[5] ܐܦܠܐ ܛܠܠܐ
ܕܚܫ̈ܟܐ.[6] ܕܙܠܝ̈ܩܐ ܕܢܘܗܪܐ ܫܡܫܝܐ. ܐܢܗܪܘ ܠܒܪܝܬܐ ܟܠܗ̇
ܒܥܕܬܗ ܕܡܫܝܚܐ. ܘܠܝܬ ܫ̈ܘܡܟܐ[7] ܕܢܫܬܘܬܦܘܢ ܥܡܢ ܒܫܘܒܚ̈ܬܐ
ܐܠܝܢ ܕܡܢ ܐܠܗܐ ܐܬܝܗܒ ܠܢ. ܐܦ ܐܝܠܝܢ ܕܠܒܪ ܡܢ
ܗܝܡܢܘܬܐ ܐܢܘܢ ܕܝܠܢ. ܕܐܦ ܠܐ ܒܫܘܘܝܘܬܐ ܐܠܐ ܐܦܢ
ii. 1 ܡܛܠ ܒܗܢܐ ܕܗܘ. ܠܟܠܗܘܢ ܕܝܢ ܒ̈ܢܝ ܐܢܫܐ ܐܬܡܠܝܘ ܚܕܘܬܐ
ܡܢ ܫܘܒܚܗܘܢ ܕܡܪܝܐ. ܘܐܟܘܬܗ ܡܢ ܒܢ̈ܬܐ ܡܕܢ̈ܚܬܐ.
ܘܐܢܫ ܐܢܫ ܡܬܕܡܐ ܗܘܐ ܕܚܙܐ ܗܘ ܐܠܗܐ ܒܥܝܢܐ. ܗ̇ܘ ܕܗܘܘ A 720
ܡܬܕܟܪܝܢ ܕܬܠܝܘܗܝ. ܘܬܘܕܝܬܗ ܕܝܠܗ. ܕܐܝܠܝܢ ܕܬܠܝܢ[8] ܗܘܝ
ܒܡܫܝܚܘܬܗ (A fol. 115 a) ܕܐܠܗܐ. ܒܥܘܗܕܢܐ ܗ̇ܘ ܕܠܐ ܡܬܛܠܠ.[9]
ܘܚܕܘܬܐ ܕܐܠܗܐ ܒܟܠ ܐܢܫ ܡܬܡܠܝܐ ܗܘܬ. ܘܟܠ ܐܬܪ
ܕܥܕܢ ܡܛܠ ܚܪܒܐ ܐܬܝܗܘܢ ܗܘܐ ܒܪܫܝܥܘܬܗܘܢ ܕܛܪ̈ܘܢܐ.
ܐܝܟ ܕܡܢ ܒܩܘܪܒܐ ܡܢܝܪܐ ܕܡܘܬܐ ܚܝܝܢ ܗܘܘ ܕܡܬܚܙܝܢ
ܗܘܐ. ܘܗܝ̈ܟܠܐ ܡܢ ܫܬܐܣ̈ܝܗܘܢ ܡܬܒܢܝܢ ܗܘܘ ܘܡܫܬܟܠܠܝܢ.
ܘܡܬܪܝܡܝܢ ܠܫܘܒܚܬܐ ܡܫܒܚܝܢ ܗܘܘ. ܐܝܠܝܢ ܕܡܢ ܩܕܝܡ
2 ܐܬܚܒܠܘ ܗܘܘ. ܐܠܐ ܐܦ ܡ̈ܠܟܐ ܗܢܘܢ ܥ̈ܠܝܐ. ܒܢܡ̈ܘܣܐ

CHAP. II. [1] A sing. [2] A *ut cedros Libani* [3] A *praeterii et ecce non erat* [4] A om. ܘܒܥܝܬܗ [4a] A *et non inventus est* [5] A ܒܗܘܢ [6] A sing. [7] A sing. [8] In A read կամակցայ [9] A *et gaudium erat laetum*

ܐܒܝܦܐ ܕܢܠܦ[10] ܒܪܗܛܝܢܐ. ܘܡܗܝܡܢܘܬܐ[11] ܕܐܠܗܐ ܡܫܪܪܝܢ ܗܘܘ
ܠܗ ܒܪܟܘܬܐ ܘܒܟܬܒܢܐ. ܫܕܪ ܗܘܐ ܕܝܢ ܐܦ ܟܬ̈ܝܬܐ
ܕܡ̈ܠܟܐ ܥܠ ܥܘܠܐ ܕܐܦܣܩܘܦܐ. ܘܐܝܩܪܐ ܘܡܘܗ̈ܒܬܐ
ܘܦܝܣܐ[12] ܕܡܪܟܐ. ܒܟܬܒܐ ܕܒܗܘܢ ܠܗ̇ ܠܡܠܟܘܬܐ. ܐܝܟ
ܕܐܣܛܠܐ[13] ܩܕܝܫܬܐ. ܢܨܒܘܢ ܡ̈ܠܝܗܘܢ ܒܗܘܢܐ ܒܬܟܐ.
ܕܢܗܘܐ ܐܬܪܗܘܢ ܠܕܘܟܪܢܐ ܕܐܝܠܝܢ ܕܐܬܝܢ ܡܢ ܒܬܪ. ܀܀܀

𝔄 721 ܕܬܠܬܐ. ܥܠ ܒܘ̈ܕܟܐ ܕܚܘܕܬܐ ܕܥܕܬܐ.[1] ܕܗܘܝܢ ܗܘܘ
ܒܟܠ ܐܬܪ.

iii. 1 ܘܒܬܪ[2] ܗܠܝܢ ܗܘܬ ܚܙܬܐ ܗ̇ܝ ܕܟܠܢ ܡܫܬܒܩܝܢ ܘܡܨܠܝܢ
ܡܬܠܬܗ̇. ܡܬܥܒܕܝܢ ܗܘܘ ܓܝܪ ܒܘ̈ܕܟܐ[3] ܕܚܘܕܬܐ ܒܟܠ ܡܕ̈ܝܢܬܐ.
ܘܗ̇ܝܟܠܐ ܚ̈ܕܬܐ ܕܨܠܘ̈ܬܐ[4] ܡܬܩܕܫܝܢ ܗܘܘ. ܘܐܦܣܩ̈ܘܦܐ
ܡܬܟܢܫܝܢ ܗܘܘ ܐܟܚܕܐ. ܘܢܘܟܪ̈ܝܐ ܕܡܢ[5] ܐܬܪ̈ܘܬܐ
ܪ̈ܚܝܩܐ. ܘܚܘܒܐ ܕܠܥܡܐ[6] ܡܬܝܗܒ ܗܘܐ. ܒܗܘܢܐ ܕܗܕ̈ܡܐ
ܕܦܓܪܗ ܕܡܫܝܚܐ. ܠܚܕܐ ܓܝܪ ܐܝܕܘܬܐ ܘܫܠܡܘܬܐ ܢܦܫܢ ܗܘܘ
2 ܘܡܬܒܕܩܝܢ. ܐܝܟ ܕܐܡܝܪ ܒܢܒܝܘܬܐ. ܕܐܝܟ ܕܟܐܬܪ ܐܬܢܒܝܬ
Ez xxxvii 7 ܥܠ ܡܕܡ ܕܡܝܬܐ ܗܘܐ ܠܥܡܐ. ܡܬܢܒܝ ܗܘܐ ܓܪܡܐ
ܠܓܪܡܐ. ܘܫܪܝܬܐ ܠܘܬ ܫܪܝܬܐ. ܘܫܪܟܐ ܐܝܠܝܢ ܕܡܬܚܙܬ
ܐܡܪܬ ܡܠܬܐ ܕܐܠܗܐ ܒܪܡܙܐ ܒܢܒܝܘܬܐ. ܗܠܝܢ ܕܓܠܝܬܐ
3 ܡܬܚܘܝܢ ܗܘܘ.. ܘܚܕ ܚܝܠܐ ܕܪܘܚܐ ܕܐܠܗܐ ܕܒܟܠܗܘܢ[7]
ܗܕ̈ܡܐ ܕܡܢܗ ܗܘܐ. ܘܚܕܐ ܚܕܐ ܠܟܠܗܘܢ܆ ܘܚܕܐ ܢܦܫܐ ܬܪܥܝܬܐ
𝔄 722 ܕܗܝܡܢܘܬܐ. ܘܗܝ ܕܩܠܗܘܢ ܕܝܢ ܫܘܒܚܐ ܪܒܐ ܗܘܐ. (A fol. 115b)
ܘܦܘܠܚܢܐ ܡܫܡܠܝܐ ܕܡܕܒܪܢܐ ܕܟܗ̈ܢܬܐ ܕܐܝܟ ܠܐܠܗܐ.

[10] 𝔄 om. ܢܦܠ [11] 𝔄 plur. [12] 𝔄 ܦܘܣܝܣ [13] 𝔄 ut in stolis
CHAP. III. [1] 𝔄 plur. [2] 𝔄 om. ܘ [3] 𝔄 in festa [4] 𝔄 et templa quae propter preces [5] 𝔄 om. ܕ [6] 𝔄 inserts non [7] 𝔄 om. ܕ

ܘܡܘܙ̈ܓܐ[8] ܕܒܢ̈ܝܐ ܘܫܘܬܦܘܬܐ ܕܒܢܝܬܐ ܕܐܝܟ ܠܐܠܗܐ. ܐܝܬ
ܕܒܢܝܬܐ ܕܒܟܢܘܫܬ̈ܐ.[9] ܘܡ̈ܠܐ ܕܝܢ ܐܠܗܐ ܐܬܝܗܒ[10] ܠܗ
ܡܫܬܡܥܢ[11] ܗ̈ܘܝ ܡܢܗ̇. ܘܐܝܬ ܕܒܟܬܐ. ܕܬܫܡ̈ܫܬܐ ܕܐܪ̈ܙܘܗܝ
ܕܐܠܗܐ ܡܬܓܡܪ̈ܢ ܗ̈ܘܝ ܒܗ̇. ܕܐܝܬܘܗܝ ܦܠܐܬܐ ܒܥܘܬܐ
ܕܢܫܡܗ ܕܦܪ̈ܨܘܦܐ. ܘܐܟܚܕܐ ܕܝܢ ܟܠ ܓܢܣ ܘܫܘܒܚܐ[12] ܕܓܒ̈ܪܐ 4
ܘܕܢ̈ܫܐ. ܟܠܗ ܚܝܠܐ ܕܬܪܥܝܬܐ. ܒܨܠ̈ܘܬܐ ܘܬܘ̈ܕܝܬܐ.[13] ܒܦܨܚܐ
ܘܡܩܒܠܐ ܒܗ̇ ܙܘܥܝ. ܠܐܠܗܐ ܝܗܘܒܐ ܕܛܒ̈ܬܐ ܡܫܒܚܝܢ ܗܘܘ.
ܘܟܠܗܘܢ ܐܝܠܝܢ ܕܟܢܝܢ ܗܘܘ ܡܩܒܠܝܢ ܗܘܘ[14] ܡܐܡܪ̈ܐ ܕܦܘܩܕܢܐ
ܕܟܗ̈ܢܐ. ܐܝܟ ܚܝܠܐ[15] ܕܐܝܬ ܗܘܐ ܒܚܕ ܚܕ ܡܢܗܘܢ
iv. 1 ܘܡܙܡܪܝܢ ܗܘܘ ܘܡܫܒܚܝܢ ܠܒܢܝܐ ܕܟܗ̈ܢܐ. ܘܚܕ ܡܢܗܘܢ
ܕܝܢ ܡܢ ܐܝܠܝܢ ܕܡܝ̈ܬܪܝܢ ܒܗܘܢ ܩܡ ܗܘܐ ܒܡܨܥܬܐ. ܘܡܠܠ
ܗܘܐ ܡܐܡܪܐ ܐܝܟ ܕܒܢܝܢܐ ܕܒܥܕܬܐ.[16] ܟܕ ܒܢܝܢ ܗܘܘ
ܕܒܢܝܬܐ ܦ̈ܠܚܝܐ. ܘܒܢܝܢܐ ܘܒܕܒܘܩܝܬܐ ܡܛܟܣܢܐ ܗܘܬ 𝕬 723
ܡܫܬܡܠܝܢ. ܘܐܝܟ[17] ܠܘܩܒܠ ܦܪܨܘܦܐ ܕܚܕ ܐܦܝܣܩܘܦܐ.
ܗܘ ܕܟܠ[18] ܡܕܡ ܢܝܚ ܗܘܐ ܘܝܐܐ ܠܐܠܗܐ. ܗܘ ܕܡܫܝܚ
ܗܘܐ ܒܢܦܝܫܘܬܗ. ܡܬܪܬܝܬ ܒܥܘܕܪܐ ܕܫܘܒܚܐ. ܘܗܝܟܠܐ
ܡܫܬܪܝܬ ܒܢܐ ܗܘܐ ܬܡܢ. ܡܠܠ ܗܘܐ ܕܝܢ ܕܐܝܟ ܗܢܐ
ܡܐܡܪܐ:·

ܕܐܪܒܥܐ. ܡܐܡܪܐ ܥܠ ܢܗܝܪܘܬܐ ܕܨܒ̈ܘܬܐ ܕܥܕܬܐ[1]:·
ܡܐܡܪܐ ܕܥܠ ܒܢܝܐ ܕܟܗ̈ܢܐ. ܥܠ[2] ܒܢܝܢܐ ܕܥܕܬܐ. 2
ܕܐܡܝܪ ܥܠ ܦܪܨܘܦܐ ܕܦܘܠܝܢܐ[3] ܐܦܝܣܩܘܦܐ ܕܥܕܬܐ ܕܨܘܪ:·:·

[8] 𝕬 sing. [9] 𝕬 – [illegible] [10] In 𝕬 for [illegible] read [illegible] (sc. [illegible]) [illegible] ܠܗ is omitted [11] 𝕬 - ܘܡܫܬܡܥܝܢ [12] For [illegible] 𝕬 has *communiter* [13] In 𝕬 read [illegible] [14] 𝕬 *faciebant* [15] In 𝕬 read [illegible] [16] 𝕬 plur. [17] 𝕬 om. ܘ [18] 𝕬 om. ܕ

Chap. IV. [1] 𝕬 plur. [2] 𝕬 ܘܥܠ [3] 𝕬 [illegible]

ܐܘ ܟܗ̈ܢܐ ܪ̈ܚܡܘܗܝ ܕܐܠܗܐ. ܗܢܘܢ ܕܠܒܝܫܝܢ ܠܒܘܫܐ
ܩܕܝܫܐ ܘܟܠܝܠܐ ܫܡܝܢܐ ܕܬܫܒܘܚܬܐ. ܘܡܫܝܚܘܬܐ ܕܐܠܗܐ
ܘܐܣܛܠܐ ܕܟܗܢܘܬܐ ܕܪܘܚ ܩܘܕܫܐ. ܘܐܢܬ ܐܘ (A fol. 116 a)
ܘܥܠܝܡܐ ܕܗܝܟܠܐ ܩܕܝܫܐ ܕܐܠܗܐ.[4] ܕܒܣܝܒܘܬܐ ܚܟܝܡܬܐ ܕܡܢ
ܐܠܗܐ.[5] ܕܒܥ̈ܒܕܐ ܘܡܫܒܚ̈ܢܝܬܐ ܕܓܒܝܘܬܐ ܫܒܝܚܬܐ
ܘܒܝܚܝܕܘܬܐ[6] ܫܒܝܚ ܐܢܬ. ܕܗܘ ܐܠܗܐ ܐܚܝܕ[7] ܠܟܠܗ ܥܠܡܐ.
ܒܡܗܝܡܢܘܬܐ[8] ܡܫܪܪܬܐ ܝܗܒܟ. ܕܟܠ ܐܝܟܐ ܕܒܢܝܐ ܚܕܬܐ
A 724 ܠܡܫܝܚܐ ܡܠܬܗ ܘܡܫܝܚܗ. ܘܠܒܪܬܗ ܡܫܒܚܬܐ ܫܒܝܚܘܬ ܠܐܠܗܐ.
3 ܐܘ ܐܝܟ ܓܒܪܐ ܕܢܩܝܦ ܒܨܠܐܝܠ ܚܕܬܐ. ܪܒ ܐܘܡ̈ܢܐ
ܕܗܝܟܠܐ ܕܐܠܗܐ. ܐܘ ܫܠܝܡܘܢ ܡܠܟܐ ܕܐܘܪܫܠܡ ܚܕܬܐ
ܘܡܝܬܪܬܐ. ܐܘ ܙܘܪܒܒܠ ܚܕܬܐ. ܗܘ ܕܐܘܪܒ ܬܫܒܘܚܬܗ
4 ܐܚܪܝܬܐ ܕܗܝܟܠܐ ܛܒ ܡܢ ܩܕܡܝܬܐ.◦⁘◦ ܐܠܐ ܐܦ ܐܢܬܘܢ
ܐܘ ܐܡܪ̈ܐ ܕܡܪܥܝܬܗ ܕܐܠܗܐ.[9] ܒܝܬ ܡܘܬܒܐ ܕܡ̈ܠܐ
ܛ̈ܒܬܐ. ܘܒܝܬ ܡܪܕܘܬܐ ܕܢܟܦܘܬܐ ܘܡܫܬܥܒܕܢܘܬܐ[10] ܕܪܚܡܬܐ
5 ܕܕܚܠܬ ܐܠܗܐ. ܗܢܘܢ ܕܡܢ ܩܕܡ ܒܡܫܡܥܬܗܘܢ ܫܡܥܝܢ
ܗܘܘ ܒܩܪ̈ܝܢܐ ܐܠܗ̈ܝܐ. ܬܫܒ̈ܘܚܬܐ ܕܕܚܠܬ ܐܠܗܐ. ܘܬܕܡܘܪ̈ܬܗ
ܕܡܪܢ. ܘܒܥܘܕܪܢܐ ܕܠܘܬ ܒ̈ܢܝ ܐܢܫܐ. ܘܬܫܒ̈ܘܚܬܐ ܠܐܠܗܐ
ܡܫܡܥܝܢ ܗܘܘ. ܕܒܗܘܢ ܗܘ ܠܡܐܡܪ ܐܦ ܠܟܘܢ ܫܠܝܛ ܗܘܐ.
Ps xliv 1 ܕܐܠܗܐ ܒܐܕ̈ܢܝܢ ܫܡܥܢ. ܐܦ ܐܒܗ̈ܝܢ ܐܫܬܥܝܘ ܠܢ.[11] ܥܒܕܐ
6 ܕܥܒܕܬ[12] ܒܝܘܡ̈ܝܗܘܢ[13] ܒܝܘܡ̈ܬܐ ܩܕ̈ܡܝܐ. ܐܠܐ ܗܫܐ ܠܐ
ܗܘܐ ܐܝܟ ܕܡܢ ܫܡܥܐ. ܘܠܐ ܐܝܟ ܕܡܢ ܛܒܐ ܕܡ̈ܠܐ.
ܕܪܓܫܐ ܪܓܫܐ. ܘܐܝܕܐ ܫܘܚܠܦܐ ܕܡܠܟ ܛܒܐ[14] ܘܐܠܗܘܢ

[4] A novi templi Dei sancti [5] A om. ܘܡܫܒܚܢ ܒܡܫܒܚܢܘܬܐ ܕܡܢ ܐܠܗܐ
[6] For ܒܝܚܝܕܝܘܬܐ ܛܒܬܐ ܘܓܒܝܬܐ A has et praeclara electione [7] A ܕܐܚܝܕ
[8] A plur. [9] A Christi [10] A om. ܘ [11] A om. ܠܢ [12] A opus quod operatum est [13] A om. ܒܝܘܡ̈ܝܗܘܢ [14] A om. ܛܒܐ

ܡܫܬܠܡ ܚܢ. ܒܡܕܝܢܬܐ ܕܝܢ ܒܗܝ ܒܒܢ̈ܝܢܐ ܚܕܬܐ ܕܒܢܝܢ̈
ܘܒܬܘܩܢܝܢ ܚܢ ܐܝܟ ܕܡܢ ܩܕܡ ܐܫܬܠܡ ܠܒܘܕܪܐ.[15] ܚܙܝܢܐ
ܕܝܢ ܕܬܚܝܬܐ ܕܒܥܘܬܐ ܢܗܘܐ. ܘܐܝܟ ܕܟܬܝܒ ܕܫܡܥܢܐ ܢܡܠܐ 𝔄 725
ܘܢܐܡܪ. ܐܝܟ ܕܫܡܥܢ[16] ܗܟܢܐ ܚܙܝܢ ܒܡܕܝܢܬܗ ܕܡܪܝܐ Ps xlviii 8
ܚܝܠܬܢܐ. ܒܡܕܝܢܬܗ ܕܐܠܗܢ̈. ܒܐܝܕܐ ܕܝܢ ܡܕܝܢܬܐ. ܐܠܐ 7
ܒܗܕܐ ܕܐܬܒܢܝܬ ܚܕܬܐܝܬ. (A fol. 116 b) ܘܐܬܬܩܢܬ ܠܐܠܗܐ.
ܕܐܬܩܪܝܬ ܒܝܬܐ ܕܐܠܗܐ ܚܝܐ. ܒܗܕܐ ܬܘܒܐ ܕܩܪܝܬܐ. ܥܠ
ܗܝ ܕܐܦ ܡܠܬܐ ܐܚܪܬܐ ܕܐܠܗܐ ܡܣܒܪܐ ܥܠܝܟܝ. ܕܡܫܬܥܝܐ ib lxxxvii 3
ܐܬܡܠܠ ܒܟܝ ܡܕܝܢܬܗ ܕܐܠܗܐ. ܗܝ ܕܠܗ ܒܢܐ ܐܠܗܐ[17]
ܒܚܘܒܬܐ ܕܪܚܡܘܗܝ. ܘܥܠ[18] ܚܕ ܚܕ ܡܢ ܐܝܠܝܢ ܕܐܬܟܢܫܘ ܢܚܕܐ
ܘܢܫܒܚ ܘܢܐܡܪ. ܚܕܝܬ ܒܕ ܐܡܪܝܢ ܗܘܘ ܠܝ. ܕܠܒܝܬܗ ib cxxii 1
ܕܡܪܝܐ ܐܙܠܝܢ. ܘܡܪܝܐ[19] ܪܚܡܬ ܬܫܒܘܚܬܗ ܕܒܝܬܟ[20] ܘܐܬܪܐ ib xxvi 8
ܕܡܫܪܝܗ ܕܫܘܒܚܟ.[21] ܘܠܐ ܗܘܐ ܒܠܚܘܕ ܡܢܗ ܘܠܗ ܟܠ ܚܕ 8
ܚܕ ܡܢܢ. ܐܠܐ ܐܦ ܟܠܢ ܡܢ ܟܠ. ܒܚܕܐ ܪܘܚ ܘܒܚܕܐ ܢܦܫ.
ܢܝܩܪ[22] ܘܢܫܒܚ ܠܡܫܝܚܐ. ܗܘ ܕܗܘܝܘ ܡܪܢ ܘܡܫܒܚ[23] ܪܒܪܒܐܝܬ ib xlviii 1
ܒܡܕܝܢܬܗ ܕܐܠܗܐ.[24] ܘܒܛܘܪܗ[25] ܩܕܝܫܐ ܘܡܫܒܚܐ. ܐܦ ܪܒ.
ܗܘ ܓܝܪ ܒܫܪܪܐ. ܘܪܒ ܗܝܟܠܗ ܘܪܡ ܘܡܫܒܚ. ܘܫܦܝܪ ܚܙܘܗ
ܡܢ ܩܕܡ ܐܢܫܐ. ܪܒ ܗܘ ܡܪܝ̈ܐ[26] ܕܥܒܕ ܬܕܡܪ̈ܬܐ ܒܠܚܘܕܘܗܝ. 𝔄 726
ܪܒ ܗܘ ܕܥܒܕ ܬܕܡܪ̈ܬܐ ܕܠܐ ܣܟ. ܘܬܘܡܗ̈ܬܐ[27] ܕܠܐ ܡܢܝܢ. Job ix 10
ܪܒ ܗܘ ܗܘ ܕܡܫܚܠܦ ܙܒܢ̈ܐ ܘܙ̈ܒܢܐ. ܡܥܒܪ ܡ̈ܠܟܐ ܘܡܩܝܡ Dan ii 21
ܡ̈ܠܟܐ.[28] ܕܡܩܝܡ ܡܢ ܥܦܪܐ[29] ܠܡܣܟܢܐ. ܘܡܢ ܩܩܠܬܐ Ps cxiii 7

[15] Read with 𝔄 ܠܒܘܕܪܐ [16] 𝔄 om. ܕ [17] 𝔄 adds *beneficus* [18] 𝔄 om. ܘ [19] 𝔄 = ܘܡܪܝܐ [20] For ܬܫܒܘܚܬܗ ܕܒܝܬܟ 𝔄 has *decentiam* [21] 𝔄 om. the suff. [22] In 𝔄 read *[illegible]* [23] For ܠܡܫܝܚܐ. ܗܘ ܕܗܘܝܘ ܡܪܢ ܘܡܫܒܚ 𝔄 has *et dicemus, Magnus est Dominus et benedictus est* [24] 𝔄 *Dei nostri* [25] 𝔄 om. ܘ [26] 𝔄 *Dominus* [27] For ܘܬܘܡܗ̈ܬܐ 𝔄 has *et potentiam et actes* [28] 𝔄 om. ܘܡܩܝܡ ܡ̈ܠܟܐ [29] 𝔄 *a terra*

Lk i 52 f. ܡܦܝܩ ܠܒܝܫܐ. ܐܚܬ[30] ܬܩܝܦܐ ܡܢ ܟܘܪܣܘܬܗܘܢ܁ ܘܐܪܝܡ
ܡܟܝܟܐ ܡܢ ܐܪܥܐ. ܘܣܒܥ ܠܟܦܢܐ ܛܒܬܐ. ܘܥܬܝܪܐ
9 ܕܡܫܬܒܗܪܝܢ ܗܘܘ. ܕܠܐ ܠܡܫܬܡܗܢܘ ܒܠܚܘܕ. ܐܠܐ ܘܐܦ
ܠܐܚܝܢ ܕܠܐ ܡܫܬܡܥܝܢ ܕܡܕܝܢܬܐ ܕܬܫܒܘܚܬܐ ܕܡܪܝܐ ܕܝܢ. ܗܘ
ܕܥܒܕ ܬܕܡܪ̈ܬܐ ܪ̈ܘܪܒܬܐ. ܡܪܘܡܐ. ܘܒܪܘܝܐ ܕܥܠܡ ܒܠܚܕܐ.
ܐܣܝܐ ܕܟܠ ܘܦܪܘܩ ܟܠ ܟܠ. ܗܘ ܕܝܢ ܗܘ ܐܠܗܐ ܒܠܚܘܕܘܗܝ.
ܗܘ ܕܠܗ ܬܫܒܘܚܬܐ ܫܪܝܪܬܐ ܡܫܡܫܝܢ. ܒܗ ܚܢܢ ܐܚܝܢ ܘܐܡܪܝܢ
Ps cxxxvi 4, 17 f., 23 ܐܚܝܢ. ܕܥܒܕ ܬܕܡܪ̈ܬܐ ܪ̈ܘܪܒܬܐ ܒܠܚܘܕܘܗܝ ܕܠܥܠܡ
ܛܝܒܘܬܗ.[31] ܕܥܒܕ[32] ܠܢܗܝܪ̈ܐ ܪ̈ܘܪܒܐ ܘܫܡܫܐ ܠܫܘܠܛܢܐ ܒܐܝܡܡܐ
ܕܠܥܠܡ ܛܝܒܘܬܗ. ܕܐܬܦܪܩܢ ܡܢ ܒܥܠܕܒܒܝܢ[33] ※

※ 16 ܡܛܠܗ ܐܪܥܐ ܕܟܠ ܗܠܝܢ (A fol. 117 *a*) ※
ܢܦܩܘܢ ܒܗ. ܠܐ ܗܘܐ ܕܐܝܟ ܒܪܢܫܐ ܫܚܝܡܐ ܐܬܚܙܝ.
ܡܠܟܐ. ܐܠܐ ܐܝܟ ܒܪܗ ܚܒܝܒܐ ܕܐܠܗܐ. ܘܐܝܟ ܕܗܘ
17 ܡܛܠ ܐܠܗܐ ܢܬܚܙܐ ܒܦܓܪܐ. ܡܛܠ ܗܢܐ ܒܪ ܡܢ ܡܠܟܐ ܡܬܬܘܡ
ܕܐܝܟ ܗܕܐ ܫܒܝܚܘܬܐ ܗܘܬ ܠܗ. ܕܠܒܢܝܐ ܘܡܫܒܚܘܬܐ
ܕܠܗܘܢ ܒܢ̈ܝܢܫܐ ܕܥܠ ܐܪܥܐ ܢܦܠܐ ܡܢ ܫܡܗ. ܡܛܠ ܗܢܐ ܡܠܟܐ
ܕܗܒܝܐ ܗܘ ܢܒܘܗܐ ܒܢܒ̈ܝܐ ܘܢܦܩܐ ܘܫܪܪ. ܕܡܢ ܗܘ̈ܦܟܗ
ܕܐܪܥܐ ܒܕܡܝܐ ܠܗܘܢ ܕܒܪ̈ܝܬܐ ܢܗܘܘܢ ܡܬܦܪܫܝܢ ܐܡܝܢܐܝܬ
18 ܒܡܫܒܚܬܐ ܕܠܗܘܢ ܒܢ̈ܝܢܫܐ ܐܘ ܡܢܘ ܕܠܡ̈ܬܚܡܐ ܡܕ̈ܝܢܬܐ
ܚܒܝܐ ܒܪ̈ܒܝܐ ܘܡܕ̈ܝܢܬܐ. ܒܢܡ̈ܘܣܝܗܘܢ. ܒܦܘ̈ܠܚܢܐ ܕܥܠܡ ܙ̈ܒܢܐ
ܥܡ. ܡܢܘ ܕܒܕ ܗܘ ܡܬܕܪܟ ܒܟܠܗܘܢ ܥܡ̈ܡܐ. ܕܐܝܟ ܗܕܐ
ܫܒܝܚܘܬܐ ܡܢ ܟܠܗܘܢ ܦ̈ܠܓ ܐܢܫܐ ܚܕ. ܕܟܠܗܘܢ ܢܗܘܐ
19 ܒܟܐ ܘܡܬܚܙܝܬ ܒܟܠܗ ܥܠܡܐ ܘܠܟܠܗ. ܡܢܘ ܕܐܝܟ ܗܢܐ

[30] 𝔄 *solvit* [31] 𝔄 om. the suffix [32] 𝔄 om. ܕ [33] Here a leaf is lost in A. The text of 𝔄 comes to an end before the conclusion of this gap

ܒܒܝܬܐ ܚܕܐ. ܕܡܢ ܟܠܗ ܠܐ ܐܫܬܒܩ ܐܝܩܪܗ. ܕܠܐ ܒܩܢܘܢ̈
ܕܐܪܒܥܐ ܦܢܝܬܐ. ܐܠܐ ܒܟܠܗ̇ ܒܪܝܬܐ ܕܬܚܝܬ ܫܡܝܐ ܡܛܝܒ.
ܗܘ ܕܡܗܝܡܢܐ ܚܣܝܢ ܒܪܘܚܐ ܕܚܐܪܘܬܐ ܠܥܠܝܗܘܢ. ܕܡܢ ܐܪܕܝܘܣ
ܢܩܘܡ ܥܒܪ̈ܝܢ ܕܦܬܚܘ̈ܗܝ ܒܐܓܘܢܐ ܕܠܘܩܒܠ ܒܥܠܕܒܒܐ.
20 ܗܘ ܡܠܟܐ ܕܐܝܟ ܗܘܢܐ ܢܨܝܚ ܘܪܒܐ ܒܡܕܒܪܐ ܐܦ ܒܬܪ
ܙܟܘܬܗ. ܘܢܣܒ ܪܒܘܬܐ ܡܢ ܒܥܠܕܒܒܐ. ܘܥܠ ܐܬܪ ܘܡܕܒܪܢܐ
ܒܝܬ ܩܘܕܫܐ ܘܒܪܒ̈ܢܐ ܡܠܟܐ ܫ̈ܡܠܐ ܕܡܠܟܘܬܗ. ܘܕܘ̈ܟܝܐ ܕܦܪܨܘܦ
ܠܐܠܗܘܬܗ. ܐܝܟ ܗܠܝܢ ܬܦܪ̈ܐ ܘܡܬ̈ܠܐ ܘܡܘܪܒܢܐ ܕܗܢܐ
ܗܝܟܠܐ. ܕܡܚܣܢܝܢ ܒܥܪ̈ܐ ܘܪܘܪܒܝܢ ܘܥܒܕܝܢ ܠܬܫܒܘܚܬܐ.
ܘܐܝܟ ܗܠܝܢ ܬܘܩܢܐ ܕܡܕܒܪܐ ܕܡܠܟܘܬܗ ܕܦܪܘܩ. ܡܛܠ
ܕܐܦ ܗܢܐ ܗܘ ܐܬܒܪ ܘܗܘܐ. ܘܗܘ ܦܩܕ ܘܐܬܩܝܡ. ܡܛܠ
ܚܢܢ ܡܥܒܕܢ ܗܘܐ ܕܢܬܩܝܡ ܒܪܡܙܗ. ܕܗܘ ܕܗܘܐ ܗܘ ܡܠܟܐ
ܕܟܠ ܘܡܕܒܪܢܐ ܕܟܠ. ܕܗܘ ܡܠܬܐ ܕܝܠܘܦܢܐ ܕܐܠܗܐ.
21 ܕܫ̈ܠܝܚܘܗܝ. ܒܬܘܩܢܬܐ ܗܘܝܠܐ ܘܦܘܫܩܐ ܡܬܒܥܐ ܠܗ. ܘܠܐ
ܗܘܐ ܐܝܟ ܢܒܝܐ ܕܐܝܠܝܢ ܕܡܠܝܢ ܒܗ ܒܠܒܘܕ. ܕܐܝܬܘܗܝ
ܐܦ ܠܗܘܬܗ ܕܗܢܐ ܕܡܫܬܡܗ ܘܐܝܬܘܗܝ ܐܠܗܐ. ܕܗܘ ܚܙܐ
ܠܡܠܟܐ ܕܒܦܓܪܬܐ ܕܠܒܫ̈ܝܢ ܘܗܘ ܡܬܒܥܝܢ ܒܒܢܝܬܐ ܕܡܬܒܢܝܐ
ܡܢ ܟ̈ܐܦܐ ܚ̈ܝܬܐ ܕܐܬܒܢܝ. ܗܘ ܕܫܪܪܐܝܬ ܬܩܝܢ ܥܠ ܫܬܐܣܬܐ
ܕܫ̈ܠܝܚܐ ܘܢ̈ܒܝܐ. ܕܗܘܝܘ ܝܫܘܥ ܡܫܝܚܐ ܗܘܐ ܪܝܫ ܩܪܢܐ
ܕܒܢܝܢܐ. ܗܘ ܕܐܣܠܝܘܗܝ ܠܐ ܗܘܐ ܒܠܚܘܕ. ܒ̈ܢܝܐ ܗ̇ܢܘܢ
ܡܕ̈ܒܪܢܐ. ܗ̇ܢܘܢ ܕܒܢܝܢ ܠܐ (A fol. 117 b) ܐܬܬܣܡܘܢ. ܐܠܐ ܐܦ
ܗܠܝܢ ܕܒܗܕܡܐ ܠܒܢܝܢܐ ܐܬܬܣܡܘ ܚ̈ܝܐ ܒ̈ܢܝܐ ܕܒܢܝܢܐ ܕܒ̈ܢܝ
ܐܢܫܐ ܒ̈ܢܝܐ. ܐܬܒܢܝ ܕܝܢ ܡܢ ܐܒܐ ܗܘܢܝܢ ܘܐܦ ܗܫܐ.
22 ܕܢܗܘܐ ܪܘܚ ܡܪܢܐ ܕܒܢܝܢܐ ܕܗܘܐ ܒܐܬܪܐ ܕܐܝܟܢܐ. ܕܐܡܝܢ
ܗܘܠ ܗܢܐ ܗܝܟܠܐ ܚܝܐ ܕܡܢܗܘܢ ܐܬܒܢܝ ܠܐܠܗܐ ܚܝܐ.

ܕܝܢ ܘܐܝܟܐ ܠܐܠܗܐ ܘܡܕܡ ܫܪܝܪܬ. ܗܘ ܕܡܫܡܫܢܘܬܗ ܠܐ
ܡܬܚܙܝܐ ܠܟܠܢ. ܐܘ ܡܬܟܣܝܐ. ܕܐܝܬܝܗ̇ ܫܪܝܪܬ ܘܡܕܡ.
ܡܕ̈ܒܪܢܐ. ܡ̇ܢ ܡܫܟܚ ܕܢܣܒܘܗܝ ܐܘ ܢܟܠܠܘܗܝ. ܒܗܘ ܕܝܢ
ܡܫܟܚ ܕܢܣܒܠ ܒܥܒܝܕܬ ܠܟܘ ܡܢ ܡܕܒܪܢܐ. ܐܠܐ ܗܘ ܗܘ ܕܗܘܝܘ
ܒܠܚܘܕܘܗܝ ܙܟ ܒܡܠܬܐ ܙܟܝܐ. ܗܘ ܕܠܗ ܒܠܚܘܕ ܐܝܬ
ܫܘܠܛܢܐ. ܕܒܗܝܢ ܒܩܝܡܬܐ ܕܒܥܝܢܐ ܪܘܚܢܝܬܐ. ܒܗܘ ܕܝܢ ܐܦ 23
ܐܚܪܢܐ ܬܪܝܢܐ ܒܬܪܗ ܡܫܟܚ ܕܢܣܒܠ ܠܟܘ. ܚܕ ܒܠܚܘܕܘܗܝ.
ܗܢܐ ܡܕܒܪܢܐ ܕܟܠ ܒܪ̈ܝܬܗ ܕܗܘܐ ܡܕܒܪܢܘܬܐ. ܗܢܐ ܕܗܘܝܘ
ܙܟ ܒܡܠܬܐ ܡܕܒܪܢܐ ܘܦܪܢܐ ܒܐܠܗܘܬܐ. ܕܡܢ ܒܬܪܗ ܒܗܕܐ
ܒܪܬܐ ܢܗܘܪ. ܘܒܒܕܗ ܪܒܝܐ ܕܗܘܐ ܡܕܒܪܢܘܬܐ ܕܐܠܗܐ
ܕܠܟܠ݀ ܕܒܡܫܒܚܬܐ ܘܕܢܚܐ ܕܐܒܘܗܝ ܕܐܦܝܗ ܥܠ ܒܗܕܐ
ܕܠܟܠ݀ ܕܢܗܘܐ ܠܗ ܡܫܡܫܢܐ ܘܒܢܝܐ ܠܗܢܐ ܐܗܘܪܘ
ܚܕܬܐ. ܐܘ ܡܠܟܝܢܘܬܗ ܕܒܪܝܐ ܠܒܢܝܗ ܕܐܠܗܐ. ܕܢܗܘܐ
ܘܢܬܛܦܪ ܡܢܗ ܠܟܠܗ ܒܝܠܘܬܐ ܕܟܠ ܀ ܠܗܢܐ ܠܗܢܐ ܗܟܝܠ 24
ܒܠܚܘܕܘܗܝ ܢܗܘܐ ܫܘܠܛܢܐ. ܡܢ ܒܬܪ ܪܒܘ̈ܬܐ ܪܒܐ
ܘܡܕܒܪܢܐ ܕܚܝܐ ܘܢܗܘܪ ܫܘܠܛܢܐ ܕܡܠܟܘܬܐ ܕܒܫ̈ܡܝܐ
ܕܒܚܝܐ ܘܒܡܠܟܐ ܕܫ̈ܡܝܐ ܒܪܐ ܠܗ ܥܠ ܐܢܫ. ܝܬܝܪܬ.
ܒܫܦܠܘܬܗ ܕܝܢ ܘܒܡܣܟܢܘܬܗ. ܠܟܠܗܘܢ ܡܬܝܕܥܐ ܘܡܬܟܠܬܐ
ܕܒܢܝܠܬ ܐܠܗܐ ܡܢܟ. ܘܗܘ ܡܢܟ ܒܚܝܠܐ ܝܬܝܪ ܡܢ ܟܠܢܫ.
ܕܐܝܠܝܢ ܕܒܚܝܠܐ ܕܐܠܗܐ. ܕܐܦ ܡ̈ܠܐ ܕܒܫܡܝܐ ܠܡܫܡܫܘܬܗ.
John v 19 ܢܦܫܐ. ܗܘ ܓܝܪ ܒܪ ܒܡܕ̈ܒܪܢܐ ܕܠܟ ܒܪܐ ܘܡܕܒܪܢܐ. ܟܠ ܡܐ 25
ܕܚ̇ܙܐ ܠܐܒܘܗܝ ܕܥܒܕ. ܐܦ ܗܘ ܒܗ ܡܬܕܡܐ. ܘܐܦ ܗܢܐ
ܕܝܢ ܡܠܦܢܐ ܡܕܒܪܢܐ. ܒܒܢܝܐ ܢܗܘܪܬܐ ܕܡܕܒܪܢܐ ܡܬܟܢܫܐ ܒܗ.
ܒܬܫܒܘܚܬܐ ܘܦܠܚܘܬܐ ܡܕܒܪܢܐ. ܘܐܝܟ ܕܡܟܝܐ ܒܚܝܠܐ ܢܗܘܐ ܕܒܢ.
ܘܒܢܝܐ ܘܒܪܐ. ܘܠܐ ܐܬܚܙܝ ܡܢ ܒܝܠܘܬܐ ܒܟܕܘܡ. ܗܘ ܕܗܘ

ܐܠܗܐ (A fol. 118 a) ܡܠܟܗܘܢ ܪܘܚܐ ܕܡܫܝܚܘܬܐ ܘܕܘܒܠܐ
ܘܐܝܬܝܬܐ ܕܐܘܡܢܘܬܐ ܕܬܘܕܝܬܐ ܕܡܫܒܚܢܐ. ܗܘ ܕܦܠܦܣܐ
26 ܫܒܝܠܐ ܘܟܠܗ̈ܝܬܐ ܐܬܬܩܢ ܗܟܢܐ ܕܝܢ ܐܦ ܗܢܐ. ܠܡܫܝܚܐ.
ܠܡܠܬܐ ܕܐܠܗܐ ܘܫܘܒܚܐ ܘܩܘܪܒܐ. ܠܒܪ ܓܝܪ ܠܗܘܢ ܒܢܦܫܗ.
ܘܠܐ ܡܢܝܢܐ ܕܐܬܬܥܝܪ ܕܐܢܫܝܢ ܐܬܝܗܒ ܕܢܬܕܡܐ ܠܗ.
ܒܡܫܒܚܬܐ ܒܠܬܝܬܐ ܘܡܦܠܓܘܬ ܠܒܝܬܐ. ܒܡܫܪܝܘܬܐ
ܕܢܦܫܬܐ. ܠܗܢܐ ܗܝܟܠܐ ܪܒ ܐܝܩܘܢܬܐ ܕܐܠܗܐ ܕܗܘܐ
ܒܬܘܝܬܐ ܡܫܬܪܬܐ. ܕܗܘ ܡܕܒܪ ܕܠܐ ܡܬܚܙܝܢܐ ܒܗܢܐ
ܒܢܝܐ ܡܬܚܙܝܢܐ ܥܡܝܩܬ ܬܘܡ. ܘܡܢ ܗܕܐ ܕܗܘܬܐ ܡܕܡܝܬ
ܘܗܡ ܕܐܝܟܢ ܒܠܒܗ. ܕܦܘܪܫܢܐ ܗܘܬ ܒܢ̈ܝܬܐ ܡܫܒ̈ܚܬܐ.
ܒܡܫܪܝܘܬܐ ܕܒ̈ܠܒܒܐ. ܠܐ ܐܝܟ ܗܢܘܢ ܐܘ ܐܝܟ ܗܠܝܢ
ܠܚܝܬܐ ܕܫܝܢܐ ܦܠܚܘܬܐ. ܕܡܫܒܚ ܗܘܐ ܕܫܝܢܬܐ ܚܕܝܬܐ
ܦܠܚܘܬܐ ܡܫܪ̈ܝܬܐ. ܘܬܘܕܝܬܐ[34] ܡܢ ܫܘܒܚܐ ܕܒܠܐ ܦܫܝܛܘܬ.
27 ܗܘ ܕܝܢ ܡܬܟܫܦ ܐܝܟ ܢܦܫܗ ܠܟܠܢܐ. ܘܠܟܠ ܗܠܝܢ ܒܥܐ ܫܠ
ܒܐܝܕܝܗ ܡܠܝܐ. ܘܒܝܫ ܡܢ ܟܠܗܘܢ ܫܦܝܪ ܐܝܟ ܪܒܬܐ.
ܘܝܕܥܢܐ ܕܐܠܗܐ ܡܕܡܝܐ ܕܒܒ ܗܢܐ ܐܝܬܘܗܝ ܗܘܐ.
ܕܠܗ ܠܒܪܬܐ ܗܝ ܕܡܢ ܡ̈ܠܟܘܬܐ ܐܫܬܟܚܬ ܘܐܬܬܟܐܬ.
ܘܫܒܩܬ ܪܘܟܒܐ ܐܦ ܡܕܡܝܢ ܐܟܘܬܗ̱ ܗܝ ܕܒܪܡܘܬ ܐܡܟܐ
ܐܬܓܠܝܬ ܡܢ ܒܢ̈ܘܗ. ܐܬܪܟܒ. ܕܗܘ ܗܘ ܕܬܘܒܠ ܚܕܘܬܐ ܒܗܝܢ.
28 ܒܡܗܡܢܘܬܐ ܪܒܬܐ ܕܦܠܚܘܬܗ ܕܐܠܗܐ. ܡܛܠ ܓܒܪ ܕܪܒܢܐ
ܪܒܐ ܪܒܐ ܫܒܘܬܐ ܘܪ̈ܒܢܐ. ܘܟܠ ܓܒܗ ܕܒܪܝܪ ܘܡܒܪܝܪ.
ܘܬܒܪ ܫ̈ܢܐ ܕܐܪܝܘܬܐ. ܐܝܟ ܕܐܡܝܪ ܒܡܠܬܐ ܕܐܠܗܐ ܘܒܢܝܐ Ps lviii 6
ܠܒܢ̈ܘܗ ܕܒܬܐ. ܘܗܘܐ ܗܘܬ ܕܐܦ ܗܘ ܦܪܘܩܗ ܕܒܢܝܐ ܢܬܪܡ.
ܕܢܒܘܗܬ ܒܡ̈ܠܟܘܬܐ ܕܢܬܪܡ. ܕܐܝܟ ܕܠܒܝܘܢܐ ܕܡܪܝܘܬܗܘܢ

[34] Read ܘܒܐܪܝܢ?

ܕܪ̈ܫܝܢܐ ܫ̈ܥܒܕܘܬܗܘܢ ܕܐܠܗܐ ܐܘܚܕܢܗ. ܘܗܫܐ ܠܐ 29
ܐܬܬܝܗܘܢ ܗܘܘ ܒܫܥܒܕܘܬܗ ܕܐܠܗܐ. ܡܛܠ ܕܐܦ ܠܐ ܓܝܪ
ܡܢ ܩܕܝܡ ܐܬܬܝܗܘܢ ܗܘܘ. ܒܡܠܠ ܓܝܪ ܕܒܢܝܐ ܘܥܒܕܘ
ܘܐܫܬܥܒܕܘ. ܘܡܛܠ ܗܢܐ ܡܫܡܫ ܒܢܝܢܐ ܕܢܦܩܝܢ ܠܗ ܒܕܘܟܐ ܒܐܝܕܐ.
ܕܗܢܘܢ ܘܪ̈ܘܫܝܗܘܢ ܘܩ̈ܛܠܝܗܘܢ ܐܚܪܢܐ ܐܚܪܢܐ. ܐܝܟܢܐ
ܕܐܡܝܢ ܕܐܡܪܝܢ ܡܢ ܩܕܡ ܒܢܒܝܘܬܐ ܟܬ̈ܒܐ ܩܕܝܫܐ.
ܢܒܐ ܕܟܒܝܕܐ ܐܬܗܦܟܘ. ܟܕ ܐܦ ܒܫܘ̈ܚܠܦܐ ܡܬܗܦܟܢܐ
ܡܠܟܘܬܗ ܕܐܠܗܐ. ܐܠܐ ܐܦ ܒܡܠܝܢ ܕܦܫܝܩ ܥܠܝܗܘܢ
Ps xxxvii 14f. ܟܕ ܐܡܪ ܕܫܘܒܐ ܥܡܠܐ ܪ̈ܫܝܢܐ ܘܡܬܝܘܒ ܡܫܬܐ. (A fol. 118 b) 30
ܕܢܦܠܘܢ ܠܡܫ̈ܒܚܢܐ ܘܠܪ̈ܫܝܥܐ. ܘܠܐܝܠܝܢ ܕܪ̈ܚܡܝܢ
ܐܪ̈ܥܬܗܘܢ܆ ܚܪܒܗܘܢ ܬܥܘܠ ܒܠܒܗܘܢ܆ ܘܩܫ̈ܬܬܗܘܢ
ib ix 6 ܢܬܬܒܪ̈ܢ܆ ܘܬܘܒ ܕܐܡܪ ܕܟܪܝܗܘܢ ܐܒܕ. ܘܫܡܗܘܢ ܐܬܥܛܝ
ib xviii 41 ܡܢ ܥܠܡ ܘܠܥܠܡ ܠܥܠܡ. ܘܟܕ ܐܡܪ ܐܢܘܢ ܒܩ̈ܛܠܐ. ܐܝܟ
ܘܠܐ ܗܘܐ ܠܗܘܢ ܦܪܘܩܐ. ܘܥܠܘ ܡܢ ܡܪܝܐ ܘܠܐ ܥܢܐ
ܐܢܘܢ܆ ܐܠܐ ܗܢܘܢ ܒܪܘܚ ܘܒܦܠܘ. ܘܫܚܩ ܕܝܢ ܐܢܘܢ ܘܐܬܦܠܛܘ.
ib lxxiii 20 ܘܐܝܟ ܕܐܡܪ ܠܗ ܥܠ ܗܠܝܢ. ܕܡܕܝܢܬܐ ܒܪܘܓܙܟ ܨܠܡܝܗܘܢ
ܬܒܣܪ. ܕܐܝܟ ܕܒܪ̈ܝܐ ܡܢ ܟܢܘܫܐ ܕܒܠܫ ܐܬܚܙܝܬ ܗܘܬ.
ܐܠܐ ܗܠܝܢ ܕܦܬܓܡܐ ܕܢܒܝܐ ܐܡܝܢܐ ܡܢܗܐ ܕܒܫܥܒܕܘܬܐ 31
ܕܚܕ ܐܠܗܐ. ܕܐܝܟ ܗܢܐ ܡܫܝܚܐ ܕܡܬܩܪܐ ܗܘܐ ܠܗܘܢ܀
ܠܥܕܬܐ ܕܝܢ ܕܢܦܩܬ ܘܐܫܬܠܛܬ ܡܢ ܥܡ̈ܡܐ. ܕܐܝܟ ܗܢܐ
ܫܠܡܐ ܕܡܫܝܚܐ ܗܘܐ ܠܗ. ܡܛܠ ܡܫܬܪܝܢܘܬܐ ܕܒܠ ܡܕܡ.
ܐܠܗܐ. ܕܢܡܟܐ ܠܗ ܘܢܐܡܪ ܢܒܝܘܬܗ ܕܐܫܥܝܐ ܕܐܡܪܐ
Is xxxv 1ff. ܗܟܢܐ. ܢܚܕܐ ܡܕܒܪܐ ܨܗܝܐ ܘܬܕܘܨ ܦܩܥܬܐ. ܘܬܕܘܨ 32
ܐܝܟ ܫܘܫܢܬܐ. ܘܬܦܪܥ ܘܬܢܘܨ ܡܕܒܪܐ. ܐܬܝܗܒ ܐܝܩܪܐ
ܕܠܒܢܢ. ܘܫܘܒܚܐ ܕܟܪܡܠ ܐܫܪܘܢ. ܐܡܪܘ ܠܡܚܝܕ̈ܐ ܠܒܐ

ܐܬܬܣܝܡ ܘܠܐ ܬܬܕܝܠܘܢ܆ ܗܐ ܐܠܗܘܢ ܐܬܬܐ ܘܟܬܪ ܕܝܠܗܘܢ.
ܗܘ ܐܬܬܐ ܘܦܪܘܩ ܠܗܘܢ܆ ܡܛܠ ܕܐܬܬܪܥܘ ܡ̈ܝܐ ܒܡܕܒܪܐ.
ܘܢܗܪ̈ܘܬܐ ܒܐܪܥܐ ܨܗܝܬܐ. ܡܛܠ ܕܐܬܗܦܟ ܡܕܒܪܐ
33 ܠܐܓܡ̈ܐ. ܘܐܪܥܐ ܨܗܝܬܐ ܠܡܒ̈ܘܥܐ ܕܡ̈ܝܐ. ܗܠܝܢ ܕܝܢ ܡ̈ܠܐ
ܐܬܐܡܪ̈ ܒܢܒܝܘܬܐ ܡܢ ܩܕܝܡ ܘܐܬܟܬܒ ܒܟ̈ܬܒܐ ܩ̈ܕܝܫܐ.
ܥܒ̈ܕܐ ܕܝܢ ܠܘ ܐܝܟ ܕܡܢ ܫܡܥܐ. ܐܠܐ ܒܗܘܢ ܒܣܘܥܪ̈ܢܐ
ܐܫܬܠܡܘ ܠܢ. ܘܗܕܐ ܕܐܝܟ ܡܕܒܪܐ ܘܐܝܟ ܐܪܥܐ ܨܗܝܬܐ.
ܘܐܝܟ ܐܪܙܠܬܐ ܕܠܐ ܐܒܕ ܐܬܝܕܥܬ ܗܘܬ. ܗܝ ܕܐܝܟ ܒܥܒܐ Ps lxxiv 5f.
ܕܩܝܣܝܗ ܒܢܪ̈ܓܐ ܦܣܩܘ ܬܪ̈ܥܝܗ. ܘܐܟܚܕܐ ܒܦܠܩܐ ܘܒܡܩ̈ܒܠܐ.
ܬܒܪܘ ܘܚܒܠܘ ܒܬ̈ܟܝܗ. ܘܐܘܩܕܘ ܒܢܘܪܐ ܡܩܕܫܗ ܕܐܠܗܐ.
ܘܦܣܩܘ ܒܐܪܥܐ ܡܥܡܕܢܐ ܕܫܡܗ. ܗܝ ܕܠܩܛܦܗ̇ ܟܠ ܥܒ̈ܪܝ ib lxxx 12f.
ܐܘܪܚܐ. ܘܚܒܠܗ̇ ܩ̈ܛܝܢܬܗ̇ ܘܐܟܠܗ̇ ܚܙܝܪܐ ܕܚܩܠܐ. ܘܚܝܘܬܐ
ܕܒܪܐ ܪܥܝܗ̇. ܗܕܐ ܒܐܝܠܝܢ ܕܡܬܚܫܒܢܐ. ܗܘܝܐ[35]
50 ܡܢ ܠܗ̇ ܗܘܐ ܕܡܒܝܐ (A fol. 119 a) * * * * * Is li 18
ܟܠܗܘܢ ܒ̈ܢܝܐ ܕܝܠܕܬ݀. ܘܠܝܬ ܕܐܚܕ ܗܘܐ ܒܐܝܕܗ̇. ܗܐ ib 22f.
ܢܣܒܬ ܡܢ ܐܝܕܝܟܝ ܟܣܐ ܕܬܘܠܐ ܘܟܣܐ ܕܪܘܓܙܝ. ܠܐ
ܬܘܣܦܝܢ ܬܘܒ ܠܡܫܬܝܗ. ܘܐܫܠܡܝܘܗܝ ܒܝܕ ܡܡܟ̈ܟܝܟܝ.
51 ܐܬܬܥܝܪܝ ܐܬܬܥܝܪܝ ܘܠܒܫܝ ܚܝܠܐ ܕܬܫܒܘܚܬܐ. ܐܬܢܦܨܝ ib lii 1f.
ܡܢ ܥܦܪܐ ܘܩܘܡܝ ܬܒܝ. ܚܘܪܝ ܚܙܝ ܡܢ ܚܕܪܝܟܝ. ܐܪܝܡܝ ib xlix 18ff.
ܥܝܢܝܟܝ ܠܚܕ̈ܪܝܟܝ. ܘܚܙܝ ܕܡܬܟܢܫܝܢ ܒ̈ܢܝܟܝ ܘܐܬܝܢ ܠܟܝ. ܚܝܐ
ܐܢܐ ܐܡܪ ܡܪܝܐ. ܕܟܠܗܘܢ ܐܝܟ ܬܟܫܝܛܐ ܬܠܒܫܝܢ. ܘܬܬܨܒܬܝܢ
ܐܝܟ ܟܠܬܐ. ܡܛܠ ܕܚܪ̈ܒܬܝܟܝ ܘܡ̈ܨܕܝܟܝ. ܘܐܪܥܐ ܕܡܚܒܠܬܝܟܝ
52 ܬܬܐܠܨ ܡܢ ܥܡܪܐ. ܘܢܬܪܚܩܘܢ ܒܠܥܘ̈ܢܝܟܝ. ܘܢܐܡܪܘܢ
ܒܐܕ̈ܢܝܟܝ ܒ̈ܢܝ ܬܟܠܘܬܟܝ. ܐܠܝܨ ܗܘ ܠܝ ܐܬܪܐ ܠܡܬܒ.

[35] Here two leaves are wanting in A

ܗܒܘ ܠܝ ܐܬܪܐ ܕܐܬܒ. ܘܬܐܡܪܝܢ ܒܠܒܟܝ. ܕܡܢܘ ܝܠܕ ܗܠܝܢ.
ܕܐܢܐ ܡܟܠܬܐ ܐܢܐ ܘܐܪܡܠܬܐ. ܗܠܝܢ ܡܢ ܪܒܝ. ܕܐܢܐ
53 ܐܫܬܒܩܬ ܒܠܚܘܕܝ ܐܝܟܐ ܗܘܘ. ܗܠܝܢ ܐܫܬܟܚܐ ܡܕܡ
ܐܬܒܕܝ·:· ܗܠܝܢ ܡܢ ܡܕܡ ܩܕܡܝܢ ܗܘܘ ܠܝ ܒܒܬܘܠܬܐ
54 ܩܕܝܫܐ. ܘܡܬܒܥܐ ܗܘܐ ܕܢܬܪܗܘܢ ܒܒܝܬܐ ܢܦܠ. ܐܠܐ
ܗܠܝܢ ܐܡܪ ܣܘܟܐ ܕܐܬܘܬܘܗܝ ܡܠܬܐ ܕܐܠܗܐ. ܠܟܠܬܗ
ܕܐܬܘܬܗ̇ ܒܒܝܬܐ ܡܕܝܢܬܐ ܗܝܢܐ ܕܡܢ ܪܝܫܗ ܕܣܘܟܐ. ܠܗ̇ ܠܗܕܐ
ܕܝܕܥܐ ܗܘܬ ܘܡܫܡܫܐ. ܘܐܬܘܬܗ̇ ܕܠܐ ܫܦܪܐ ܠܘܬ ܒ̈ܢܝ
ܐܢܫܐ. ܒ̈ܢܠܬܐ ܕܒܗܠܝܢ ܐܘܪܚܐ ܐܚ̈ܪܢܐ ܕܠܒܪ ܡܢ ܘܐܘܡܣܬܗ̇.
ܒܐܪܥܐ ܕܝܚܝܕܝܗ ܕܐܠܗܐ ܡܠܟܐ ܕܟܠ. ܘܒܢ̈ܝܫܐ ܪܒܐ
ܕܠܒܘܬܗ ܕܢܦܫ ܡܚܝܢܐ. ܐܘܡܣܬܗ̇ ܘܒܢ̈ܬܗ ܗܝܢܐ. ܐܝܟ
55 ܡܢܐ ܕܝܠܗ̇ ܗܘܐ ܡܢ ܟܬܒܐ ܕܢܒܝܘܬܐ. ܬܕܡܘܪܬܐ ܗܝ ܗܕܐ
ܪܒܬܐ ܘܕܘܡܪܐ ܡܫܝܚܝܐ. ܠܐܝܠܝܢ ܕܐܝܟ ܒܫܘܬܐ ܒܪܝܬܐ
ܒܪ̈ܚܫܘܗܝ ܒܠܫܢ ܚܙܝܢ ܒܗ̇. ܬܕܡܘܪܬܐ ܕܝܢ ܕܡܫܠܡܐ ܡܢ
ܬܕܡܘܪܬܐ. ܣܘܓܐܐ ܕܢܒܝܐ ܕܒܫܠܡܬ ܐܠܗܐ. ܕܐܬܘܬܗܝ
56 ܬܘܣܦܬܐ ܕܒܝܬܐ ܕܐܠܗܐ. ܕܗܠܝܢ ܠܦ̈ܩܕܢܐ ܘܫܘܪ̈ܐ. ܗܘ̇.
ܕܗܘ ܒܪܗ̇ ܕܐܠܗܐ ܒܪܗ ܒܝܠܕܗ. ܘܟܠ ܡܕܡ ܢܣܒ ܠܗ
ܠܓܠܡ ܐܠܗܐ. ܒܢܝܐ ܕܠܐ ܡܬܚܒܠ ܘܠܐ ܡܬܙܝܥ. ܘܡܫܬܪܪܐ
ܡܢ ܒܠܗ̇ ܕܡܘܬܐ ܐܪܥܢܝܬܐ. ܡܘܡܢܐ ܕܡܕܝܢܬܐ ܢܘܗܪܐ
ܕܡܠܬܐ. ܘܗܘ̇ ܕܝܕܐ ܐܦ ܡܫܬܐܝܬ. ܡܢ ܠܐ ܡܕܡ ܕܢܘܗܪܐ
ܐܝܬܘܗܝ. ܬܘܩܢܗ̇ ܘܒܒܢܝܢܗ̇ ܟܠܬܐ ܘܡܫܠܡܐ ܡܕܝܢܐ ܠܗ
ܘܠܐܒܘܗܝ.. ܐܝܟ ܕܗܘ ܦܪܘܣܢܐܝܬ. ܡܕܘܪܐ ܘܡܗܠܟܢܐ ܒܗ
Lev xxvi 12 ܐܡܪ (A fol. 119 b) ܕܐܥܡܪ ܒܗܘܢ ܘܐܗܘܐ ܐܠܗܗܘܢ
ܘܗܢܘܢ ܢܗܘܘܢ ܠܝ ܥܡܐ. ܘܗܢܐ ܐܝܬܘܗܝ ܢܦܫܐ ܕܚܝܬܐ
ܘܡܕܝܢܬܐ ܕܡܢ ܪܘܚܢܬܐ ܗܝ ܐܬܒܪܝܬ. ܕܬܗܘܐ ܠܒܢܝܢܐ

57 ܓܠܝܐ ܕܡܠܬܐ ܥܒܝܕܘܬܐ. ܐܠܐ ܕܝܢ ܒܫܘܒܚܐ ܘܒܦܘܝܢܐ
ܕܐܢܕܐܐ ܐܝܟ ܒܡ̈ܠܬܐ. ܡܢ ܬܪܥܝܬܐ ܕܓܒܝܢܘ ܐܝܟ ܢܦܫܬ ܡ̈ܢܝܐ
ܘܢܦܫܬ ܡܗܝ̈ܡܢܬܐ. ܗܘܬ ܘܐܫܬܟܚܬ ܡܢ ܐܠܗܐ ܐܝܟ ܡܕܒܪܢܐ.
ܕܢܗܘܐ ܕܠܝܠ ܠܐܝܠܝܢ ܕܢܫܬܡܥܘܢ ܒܗ̇ ܠܡܠܠܘܬܗ̇ ܘܠܡܫܒܚܘܬܗ̇.
ܕܐܬܢܨܚܬ ܒܝܬܝܬܐ ܕܐܘܢ̈ܩܘܬܐ ܕܫ̈ܠܕܒܒܐ ܒܫ̈ܢܝܐ. ܘܗܘܬ
ܡܦܠܬܐ ܡܬܡܫܟܢܬܐ. ܒܒܝܬܐ ܕܠܐ ܐܝܬܘܗ̇ ܒܗ̇ ܒܐܦܐ
ܠ ܒܐܦܐ ܕܢܝ̈ܫܐ ܕܕܝܫܘܬܐ. ܐܦ ܐܫܬܪܝܬ ܒܠ ܠܐ ܐܪܒܥܐ
ܐܝܟ ܡܫܬܐ. ܟܕ ܟܠܗ̇ ܡܫܬܠܡܢܬ ܡܢ ܟܠܗܘܢ ܢܘ̈ܟܪܝܐ
58 ܬܪܝ̈ܨܐ ܕܒܢܝܐ. ܟܕ ܕܝܢ ܫܡܠܝܐ ܗܘܬ ܗܝ ܗܕܐ ܢܦܫܐ
ܕܐܬܒܪܝܬ ܒܨܠܡ ܐܠܗܐ. ܐܡܠܟܗ̇. ܠܐ ܗܘܐ ܚܪܢܐ ܕܒܪܐ
ܕܡܬܚܙܐ ܠܥܝܢ̈ ܐܠܐ ܫܟܝܪܐ ܒܒܘܪܗ ܕܚܝܠܐ. ܘܫ̈ܒܝܬܐ
ܒܡ̈ܠܬܐ ܕܕܒܪܐ. ܘܥܒܕܘ ܒܗ̇ ܠܟܐܪܐ ܡܩ̈ܕܫܐ ܕܒܚܫܝܒܘܬܗܘܢ܂
ܘܐܬܪܟܒܘ ܘܐܬܩܝܡܘ ܒܝܘܪܐ ܡܫܒܚܐ ܕܐܠܗܐ. ܘܦܠܛܘ ܒܐܪܒܥܐ
ܡܫܒܚܐ ܕܫܡܝܐ. ܘܫܒܩܘ ܘܦܠܛܘܗ̇ ܠܕܘܟܬܐ ܒܬܠܠܐ ܕܒܝܫܘܬܗܘܢ܂
59 ܘܫܠܦܘܗ̇ ܘܥܒܕܘܗ̇ ܕܠܐ ܡܒܪܐ ܕܫܢܝܐ. ܐܠܐ ܕܝܢ ܡܠܬܐ
ܐܠܗܐ. ܢܗܘܪܐ ܘܦܪܘܩܐ. ܚܝܒܗ̇ ܘܫܩܠ ܠܦܘܢܗ̇. ܟܕ ܡܚܠܬ
ܦܘܪܩܢܐ ܕܫܘܐ ܠܢ̈ܦܫܬܗ̇. ܬܘܒ ܡܕܝܢܐ ܥܒܕܗ̇. ܡܢܝܢܗ
60 ܕܐܒܘܗܝ ܡܪܚܡܢܐ. ܘܡܕܒܪܢܘܬ ܠܒܐ ܠܗ ܠܢܦ̈ܫܬܐ ܕܡ̈ܠܟܐ
ܗ̇ܢܘܢ ܕܡܠܠܝܢ. ܘܐܟ̈ܬܒܝܗܘܢ ܕܗ̇ܢܘܢ ܕܪܚܡܝܢ ܠܐܠܗܐ.
ܕܒܗ̇ ܠܒܪܝܬܐ ܡܢ ܟܠܗܘܢ ܐܢܫܐ ܡܫ̈ܒܚܐ ܘܐܟ̈ܪܙܐ. ܘܡܢ
ܦܪ̈ܘܩܐ ܒܢܝܐ ܗܘܠܝܗܘܢ ܕܐܠܗܐ܀ ܬܘܒ ܕܝܢ ܠܐܢܫܐ
ܕܡ̈ܠܘܟܝܗܘܢ ܗ̇ܢܘܢ ܕܗܢ ܡܕܡ ܡܛܠܣܝܢ ܗܘܘ ܠܗ ܠܦܓܪܐ.
ܘܡܬܬܟܪܝܢ ܗܘܘ ܒܒܝܫܬܗ. ܟܠܗ ܘܐܬܝܗ ܐܢܘܢ ܠܢܘܗܪܐ.
ܘܡܫܡ̈ܫܢܘܬܐ ܪܘ̈ܚܢܝܬܐ ܕܐܒܐ ܝܗܒ ܐܢܘܢ ܐܚܪܢܐ ܕܒܫܡܝܢ.
ܬܘܒ ܒܐ̈ܬܘܬܗܘܢ ܕܫܠܡ ܠܦܪ̈ܘܫܘܬܐ ܕܐܬܬܓܙ ܗ̇ܘ̈ ܡܢ ܦܘܡ

ܡܠܠ. ܘܦܠܚܝܢ ܗܘܘ ܒܕܝܠܝܬܐ ܕܥܘܡܪܐ ܕܦܪ̈ܘܫܐ. ܒܟܐܝܬܐ
61 ܕܡܠܦܢܘܬܗ ܕܗܢ ܘܟܪܘܙ ܗܘܝܢ. ܘܢܗܪܗ ܘܢܘܗܪܗ ܠܐܠܗܘܬܐ ܕܡ̈ܫܝܚܝܢ
ܘܐܫܠܡܘܗ ܡܚܕܐ ܠܥܡܐ ܡܗܝܡܢܐ ܫܡܥܢܐ ܕܢܐܐ (A fol. 120 a)
ܠܐܠܗܐ. ܕܟܪ ܘܒܐܣܝܪܘܬܐ ܦܪܘܫܐ ܐܝܬܘܗܝ ܘܫܡܠܝܬܐ.
ܐܠܐ ܠܢܦܫ̈ܬܐ ܐܠܝܢ ܕܐܬܟܠܠ ܠܗ ܚܕ ܚܕ ܦܠܓܐܝܬ. ܘܡܦܪܫ.
ܘܡܒܝܢܐ ܡܢ ܗܘܢܐ ܡܗܝܪܐ ܘܒܕܝܩܐ ܠܗܝܡܢܐ. ܒܕܠܐ ܐܠܐ ܥܠܐ.
ܘܒܪܘܚ ܕܗܘܝܐ ܢܗܝܪܐ ܘܒܢ̈ܦܫܐ ܡܢܗܪ̈ܬܐ ܘܡܬܚܡ̈ܣܢܝܬܐ
ܒܢܦ̈ܫܬܗܘܢ ܡܟܕ. ܐܝܟܢܐ ܕܐܬܘܒ ܐܘܪܐ ܕܢܦܫܘܬܐ ܡܢ̈ܝܚܬܐ.
62 ܒܒܢܝܢܐ ܕܒܗܘܢ ܢܬܬܒܠܐ. ܕܟܢ ܐܡܪ ܗܟܢ. ܕܗܐ ܐܢܐ Is liv 11 ff.
ܒܢܐ ܐܢܐ ܒܦ̈ܘܟܐ ܟܐ̈ܦܝܟܝ. ܘܐܫܬܐܣܝ ܫ̈ܬܐܣܝܟܝ ܒܟܐ̈ܦܐ
ܕܣܦܝܠܐ. ܘܐܥܒܕ ܐܩ̈ܝܦܝܟܝ ܒܟܐ̈ܦܐ ܕܐܣܦܣܘܢ ܘܬܪ̈ܥܝܟܝ
ܒܟܐ̈ܦܐ ܓܒܝܬܐ. ܘܟܠܗܘܢ ܬ̈ܚܘܡܝܟܝ ܒܢ̈ܝܚܝܢ. ܘܢܣܓܐ ܫܠܡܐ
69 ܕܒ̈ܢܝܟܝ. ܘܒܙܕܝܩܘܬܐ ܬܬܩܢܝܢ[36] ܘܗܟܢܐ ܐܝܬܘܗܝ ܗܝܟܠܐ
ܪܒܐ. ܗܘ ܕܒܟܠܗ ܒܪܝܬܐ ܕܬܚܝܬ ܫܡܝܐ ܦܫܛ. ܗܝܟܠܬܐ
ܐܠܗܐ ܒܪܘܚܐ ܕܟܠ. ܠܟܠ ܡܢ ܫܡܝܐ. ܐܦ ܥܠ ܐܪܥܐ ܬܘܒ.
ܕܒܗܬܗ ܢܗܝܪܬܐ ܒܟܪ. ܕܡܢ ܟܠܗ ܒܪܝܬܐ. ܘܡܢ ܟܠܗܘܢ
70 ܒ̈ܢܝ ܐܢܫܐ ܢܬܩܢ ܐܟܘܬܗܘܢ ܘܢܫܬܒܚ.. ܗܘ ܕܡܢ ܐܬܪܐ ܕܟܠ
ܡܢ ܫܡܝܐ. ܕܐܝܬ ܗܪܟܐ ܡܢܬܘܬܗ ܐܘܪܫܠܡ ܕܟܠ. ܘܦܫܝܛܘ
ܦܘܪܐ ܫܡܝܢܐ. ܘܡܕܝܢܬܐ ܫܡܝܢܝܬܐ ܕܐܠܗܐ ܚܝܐ. ܕܒܗ
ܐܝܬ ܡܫܪܝܬܐ ܪܘܚܢܝܬܐ ܕܡ̈ܠܐܟܐ. ܡܕܒܪܬܐ ܕܒܘܟܪ̈ܐ ܕܟܬܝܒܝܢ
ܒܫܡܝܐ. ܕܒܬ̈ܫܒܚܬܐ ܒܪ̈ܘܚܢܝܬܐ ܕܠܐ ܡܬܦܠܠ ܡܫܒܚܝܢ
ܠܒܪܘܝܗܘܢ ܠܗܘ ܡܠܟܐ ܕܟܠ. ܘܐܦ ܡܢ ܛܘ̈ܒܬܐ ܠܐ
ܡܫܟܚܝܢ ܕܢܫܬܡܫܘܢ ܐܝܟ ܕܟܬܝܒ. ܡܕܡ ܕܥܝܢܐ ܠܐ ܚܙܬ. 1 Cor ii 9
ܘܐܕܢܐ ܠܐ ܫܡܥܬ. ܘܥܠ ܠܒܐ ܕܒܪܢܫܐ ܠܐ ܣܠܩ. ܗܢܝܢ

[36] Here a considerable passage is wanting in the Syriac version.

71 ܗܠܝܢ ܕܠܘܬ ܐܠܗܐ ܠܐܝܠܝܢ ܕܐܬܡܪܝܢ ܠܗ·ܘ:ܘ· ܕܐܫܬܘܕܝܬܘܢ ܕܝܢ
ܠܗܝܢ ܗܠܠ ܡܢ ܗܟܝܠ.. ܒܢܗܝܪܐ ܒܗ ܢܩܝܐ. ܘܫ̈ܠܝܐ ܕܚܘܪܐ
ܒܗ ܙܘܪܒܐ. ܒܗܠܝ ܡܢ ܟܠ ܒܫܘܕܐ ܙܘܥ ܘܒܫܘܕܐ ܢܦܫ. ܠܐ
ܕܝܢ ܢܐܠܐ ܒܕ ܡܗܕܝܢ ܘܡܫܒܚܝܢ. ܠܗܘ ܕܗܘ ܗܘܐ ܠܝ ܥܠܬܐ
ܠܗܠܝܢ ܥܠܗܝܢ ܛܒ̈ܬܐ. ܠܗܘ ܕܡܫܒܩܐ ܥܘܠܐ ܕܟܠܗ. ܠܗܘ Ps ciii 3ff.
ܕܡܐܣܐ ܒܡܘܪ̈ܗܢܐ ܕܟܠܝ. ܠܗܘ ܕܦܪܩ ܚܝ̈ܝܢ ܡܢ ܚܒܠܐ.
ܠܗܘ ܕܡܟܠܠ ܠܝ ܒܪ̈ܚܡܘܗܝ ܘܒܚܢܢܗ. ܠܗܘ ܕܡܚܕܬ ܟܛܠܝܘܬܐ
ܢܫ̈ܪܐ. ܕܠܐ ܐܝܟ ܚܛ̈ܗܝܢ ܥܒܕ ܠܝ. ܐܦܠܐ ܐܝܟ ܥܘܠܝ ܦܪܥ.
ܡܛܠ ܕܐܝܟܢܐ ܕܪܚܝܩ ܡܕܢܚܐ ܡܢ ܡܥܪܒܐ. ܗܟܢܐ
(A fol. 120 b) ܐܪܚܩ ܡܢܢ ܚܘܒܝܢ. ܘܐܝܟ ܕܡܪܚܡ ܐܒܐ ܥܠ
72 ܒ̈ܢܝܐ. ܡܪܚܡ ܡܪܝܐ ܥܠ ܕܚ̈ܠܘܗܝ.. ܗܢܘܢ ܐܦ. ܗܫܐ
ܘܒܟܠ ܙܒܢ. ܒܕ ܡܬܚܕܬܝܢ ܒܬܫ̈ܒܚܬܗܘܢ ܕܗܠܝܢ ܐܡܝܢܐܝܬ.
ܐܦ ܥܠ ܗܢܐ ܒܐܪܥܐ ܕܫܪܘܬܐ. ܘܫܘܒܚܐ ܦܪ̈ܝܫܐ ܘܢܗܝܪܐ.
ܠܗܘ ܕܗܘܝܘ ܥܠܬܐ ܘܪܫܐ ܕܟܠܗ ܕܗܢܐ ܒܐܪܥܐ. ܒܐܝܩܪܐ
ܘܒܠܥܐ. ܘܒܟܠ ܒܢ̈ܝ ܘܒܟܠ ܢܫܡܐ. ܢܗܘܐ ܚܝܢ ܠܗ ܡܪܢ
ܒܢ̈ܝܢ. ܒܕ ܡܫܒܚܝܢ ܘܡܘܕܝܢ ܥܡ ܟܠܗ ܫܠܝܐ ܘܢܦܫܐ. ܐܦ
ܗܫܐ ܢܗܘܐ ܘܒܟܠܗ ܕܫܘܒܚܐ ܢܬܒܥ ܠܗ. ܕܐܬܚܬ ܠܦܪܘܗ
ܢܣܒܬܪ̈ܢ ܘܚܝܝ ܒܪܟܐ ܠܥܠܡܐ. ܘܫܪܪ ܠܝ ܫܠܡܐ ܕܡܢ
ܠܗܬܗ ܕܠܥܠܡ. ܕܠܐ ܡܬܙܝܥ ܐܘ ܡܫܬܓܫ. ܒܝܘܡܬ ܡܫܝܚܐ
ܡܪ̈ܢ ܕܒܝܕܗ ܠܗ ܫܘܒܚܐ ܒܥܠܡܘ̈ܢ ܥܠܡܝܢ ܐܡܝܢ[37]·ܘ:ܘ·

ܕܫܠܡܬ. ܡܐܡܪܐ ܕܥܣܪܐ. ܥܠ ܐܝܠܝܢ ܕܕܡܝ ܠܒܙܘܩܝܢܐ.
ܘܬܫܥܝܬܐ ܥܠ ܠܝܩܢܝܘܣ.

viii. 1 ܕܐܝܟܢ ܗܠܝܢ ܡܫܟܚ ܠܦܘܬ ܫܒܝܚܘܬܐ ܕܐܠܗܐ ܒܪܢܫܐ
ܕܦܪܘܩ. ܘܐܝܟܢ ܗܠܝܢ ܠܦܘܬ ܝܩܝܪܘܬܐ ܐܬܝܗܒ ܠܟܠܗܘܢ

[37] The next three chapters are omitted in the Syriac version

ܒܫܢ̈ܝܐ ܒܥܠܡܐ ܕܝܠܗ. ܗܢܐ ܕܝܢ ܒܬܫܥܐ ܕܒܟ̈ܪܐ ܒܒܢܝܢ
2 ܫ̈ܢܝܢ. ܠܐ ܕܝܢ ܡܫܬܚܢ ܗܘܐ ܠܡܫܬܒܪܘ ܒܫܝܢܘܬܐ ܕܗܠܝܢ
ܫܘܒܚܐ ܘܗܘܝܐ ܦܠܛܘܬܐ. ܘܒܐܕܐ ܢܦܫ ܒܫܢ̈ܬܐ. ܐܝܟܢܐ
ܕܐܦܠܐ ܠܠܡܘܫ ܗܘ ܠܡܒܥܘ ܡܫܝܚܘܬܗ. ܐܝܠܝܢ ܕܠܒܪ
ܠܦܘ̈ܬܐ ܗܠܝܢ ܕܡܬܚܙܝܢ ܐܚܪ̈ܢܐ ܒܠܚܘܕܝܗܘܢ ܗܘ ܕܒܪ ܡܟܠܝܐ
ܗܘܬ ܠܗ ܪܫܝܢܘܬܐ ܕܬܪܝܢܐ ܒܐܡܘܪܐ ܘܫܘܬܐ ܒܪ ܦܘܡܒܐ
ܕܦܡܦܝܠܘܣ ܡܠܟܐ ܪܒܐ ܐܝܬܘܗܝ ܗܘܐ. ܡܢ ܕܡܛܘܬܐ ܕܝܢ
ܕܐܦܝܪ̈ܬܐ ܗܦܟ ܡܕܒܪܐ ܗܘܐ ܡܢܗܝܢ. ܒܡܘܦܩܐ ܗܘܐ ܕܝܢ
ܕܒܫܝܢܘܬܗܘܢ ܕܦ̈ܬܘܪܐ ܙ̈ܒܢܐ ܡܬܚܙܐ ܗܘܐ. ܘܕܗܘ̈ܢܐ
ܕܢܝܐ ܒܚܢ̈ܘܗܝ ܡܦܠܛܬܐ ܕܝܢܘܗܝ ܠܡܬܪܐ ܒܬܪ ܬܪܝܢܘܬܗܘܢ
ܝܪ̈ܚܐ ܗܘܐ. ܡܛܠ ܡܢ ܕܢܘܒܐ ܒܝܬܡܘܬܐ ܘܢܦܩܐ ܕܡܠܟܐ ܗܘ
3 ܕܡܬܪܬ ܗܘܐ. ܢܦܫ ܗܘܐ ܒܗ ܕܝܢ ܒܗܘ ܕܒܟܠ ܦܠܛܘܬܐ
ܐܬܬܘܗܝ ܗܘܐ. ܘܪܒܐ ܗܢܐ ܘܡܬܪܝܐ ܠܡܘܒܠܗ ܗܕܪ ܗܘܐ.
ܘܠܐ ܢܦܫ ܒܠ ܢܚܘܫܐ ܕܒܢܝܐ. ܘܠܐ ܒܠ ܡܚܘܫܬܐ. ܘܠܐ
ܒܠ ܕܡܟܐ. ܐܦܠܐ ܠܡܢܚܐ (A fol. 121 a) ܕܒܢܝܬܗܘܢ ܐܬܬܕܒܪ
4 ܒܪܚܝܡܗ. ܗܘ ܓܝܪ ܦܘܡܦܝܠܝܘܣ ܗܟܢ ܗܘܐ ܠܗ ܐܬܬܐ ܕܫܘܒܚܐ
ܕܢܙܪܐ. ܐܝܟ ܡܠܟܐ ܦܠܟܐ. ܘܠܐ ܢܦܫ ܕܒܟܕܒܘܗܝ ܠܗ
ܒܪ ܦܘܡܒܐ. ܐܠܐ ܐܡܟ ܗܘܐ ܠܗ ܢܟܝܗ ܠܐܝܬܘܬܐ. ܐܠܐ
ܐܦ ܒܦܘܡܒܐ ܕܡܢ ܐܚܘ̈ܗܝ. ܘܒܢܝܫܐ ܕܡܠܟܘܬܐ ܕܡܢ
ܡܢܗ. ܒܬܦܠܐ ܕܒܟܕܒܘܗܝ ܠܗ ܐܝܟܢܗ ܗܘܐ. ܘܕܢܚܘܢܐ
ܪܒܐ ܒܠ ܐܝܟ ܢܬܢܗ ܘܒܪ ܡܠܟܘܬܗ ܒܦܠܦܠܐ ܐܡܟ
ܗܘܐ ܠܗ. ܘܐܬܒܘܬܗ ܠܡܕܒܪܘ ܘܠܡܦܪܢܣܘ ܠܡܕ̈ܒܪܐ ܕܬܢܝܬ
5 ܐܢܫܐ ܕܗ̈ܘܡܢܐ ܐܫܬܦܩܗ ܗܘܐ. ܗܢܐ ܕܝܢ ܦܘܡܦܝܠܐ ܕܗܠܝܢ
ܗܦܪ ܗܘܐ. ܘܒܠܝܢܫ ܡܬܦܠܓ ܗܘܐ ܠܗܘ ܕܡܬܢܬܪ ܒܢܝܗ.
ܘܒܠ ܐܘܡ̈ܢܝܢ ܕܟܠܐ ܡܬܦܪܫ ܗܘܐ. ܕܒܢܝܬܗ ܕܦܪܢܘܣܗ.

ܠܥܒܕ ܦܬܟܪ̈ܐ. ܘܡܙܡܢܘܬ ܡܛܡܐܐ ܗܘܐ ܦܘܪܫܐ ܕܢܟܠܘ. ܘܐܝܟ
ܕܝܒܐ ܠܘܬܗ ܡܬܚܙܐ ܗܘܐ. ܒܢܟܠܐ ܕܝܢ ܘܒܫܘܥܝܐ ܕܚܪ̈ܬܐ
ܡܫ̈ܩܬܐ ܐܝܟ ܚܠܘܗܝ. ܘܣܒܪ ܦܪܢܣܘܬ ܗܘܐ̈ ܠܗ ܡܢܗ
6 ܕܝܘܒܐ. ܕܒܘܣܝܠܝܘܣ. ܕܝܢ ܐܠܗܐ ܐܬܚܘܝ̈ ܗܘܐ ܪܘܚܡܗ
ܘܚܘܒܗ ܘܢܛܘܪܗ. ܕܢܟܠܐ ܕܟܡܝܢܐ ܘܒܡܚܫܒܬܐ ܡܬܚܫܠ ܗܘܐ
ܠܘܬܗ.. ܠܡܘܪܐ ܐܬܬܝ ܘܒܗ̇ ܡܚܒܐ ܕܝܢ ܐܬܚܘܝ ܗܘܐ
ܠܗ ܕܝܢܐ ܪܒܐ ܕܕܝܠܗ ܐܠܗܐ. ܠܡܘܪܚ ܡ̈ܢܠܒܒܢܘܗܝ.
ܘܠܡܠܐ ܢܦܘܪܐ ܕܫ̈ܡܘܗܝ. ܕܒܗ ܡܬܚܡܣ ܗܘܐ ܡܠܟ ܪܘܚܡ
ܠܐܠܗܐ. ܘܡܢ ܪܘܒܒܐ ܕܢܟܠܘ ܕܗܘܝܐ ܒܢܘܚܐ ܡܫܒܚ ܗܘܐ.
7 ܗܘ ܕܝܢ ܟܕ ܚܙܐ ܕܢܟܠܘ ܡܬܦܠܓܐ ܠܐ ܡܬܝܠܕ ܐܝܟ ܨܒܝܢܗ.
ܡܛܠ ܕܐܠܗܐ ܚܠܦ ܢܟܠܘ. ܘܒܚܝܫܘܬ ܪܒܝܢܐ ܟܠܐ ܠܐ ܗܘܐ
ܠܡܠܟܐ ܕܚܐܐ ܠܐܠܗܐ. ܘܡܚܫܒ ܠܐ ܗܘܐ ܒܦܘܪܫܢܐ.
8 ܐܠܐ ܦܪܥܐ ܠܟܠܐ ܐܘܡܢ ܗܘܐ ܐܒܝܕܐ. ܠܘܩܒܠ ܡܩܘܢܣܛܢܛܝܢܘܣ
ܘܠܘܩܒܠ ܐܠܗܐ. ܡܛܠ ܕܚܫܘܫ ܗܘܐ ܕܠܗ ܡܠܟ ܗܘܐ[1].
ܘܡܕܡ ܠܕܝ̈ܠܗܘܢ ܕܐܠܗܐ ܕܥܒܪ.. ܡܬܚܡܣ ܠܐ ܐܟܝܠܘ....
ܠܡܣܒ ܚܙܝ ܗܘܐ. ܘܡܢܐܬ ܕܝܢ ܒܟܠ.... ܘܩܠܝܠ ܥܒܕ ܗܘܐ
ܢܥܒ... ܕܡܬܐܠܦ ܗܘܐ .... ܒܚܝܠܬܐ ܕܠܝܢܒܐ ܗ.... ܒܗ.
9 ܕܠܐ ܩܡ ...... ܒܬܝ̈ܘܗܝ ܒܗܘܢ ܕܡܢ ܡܬܡܘܕܝ
...... ܠܡܪ̈ܩܠܝܢܐ. ܐܦ .... ܕܗܘ ܐܘܟܝܕ ܗ........
(A fol. 121 b) ܐܝܟܢ ܐܠܐ ܟܕ ܐܬܥܗܕ ܡܢ ܚܘܫܒܢܐ ܕܥܒܕܐ
ܘܫܒܐ ܡܥܒܕܗ. ܟܕ ܐܠܗܐ ܕܡܥܕܪܢܘܗܝ ܗܘܐ ܕܩܘܣܛܢܛܝܢܘܣ
10 ܡܦܪܥ ܗܘܐ. ܫܠܛ ܗܘ ܕܡܥܝܢ ܡܬܥܒܪ. ܘܡܙܡܢܘܬ ܠܡܪ̈ܩܠܝܢܐ
ܗܘܢ ܕܐܝܬ ܗܘܘ ܒܢܝܫܗ ܪܕܦ ܗܘܐ. ܘܟܠ ܢܦܫܗ ܒܢܝܐ
ܡܢ ܟܠܗܬܐ ܕܠܐܠܗܐ ܡܬܝܠܕ ܗܘܘ ܣܠܩܘܗܝ. ܐܝܟܢܐ ܕܩܘܒܠ

CHAP. V. [1] Part of this leaf is torn away.

ܡܢ ܐܟ̈ܣܢܝܘܗܘܢ ܗܝ ܗܕܐ ܒܡܠܟܐ. ܕܢܗܘܘܢ ܡܬܠܝܢ ܠܘܬ
ܥܠ ܐܢܫ.ܘ:ܘ. ܡܢ ܒܬܪܟܢ ܕܝܢ ܐܦ ܠܩܠܝܠܐ ܕܟܠ ܡܕܝܢܐ.
ܕܢܬܦܪܫܘܢ ܘܢܫܬܠܡܘܢ ܡܢ ܐܝܡܪܐ ܕܕܝܠܗܘܢ ܟܡܐ ܗܘܐ.
ܐܢ ܗܘ ܕܠܐ ܢܨܒܘܢ ܠܡܕܒܚܘ ܠܫ̈ܐܕܐ. ܘܗܠܝܢ ܕܒܗܘ̈ܢ
11 ܗܘ̈ܝ ܒܗ ܢܬܦܫܩܘܢ [ܒ]ܕܪ̈ܘܬܐ ܡܒܝܢܝܢ. ܡܕܝܢܬܐ ܕ[ܝܢ] ܗܠܐ ܠܝ
ܠܡܕܒܪܘ ܚܕ ܚ[ܕ] ܡܢ ܩܕܝܫ̈ܘܗܝ ܕܡܢܐ [ܦܢ]ܐܗ ܕܐܠܗܐ.
ܘܕܐܝܟܢ .... ܚܢ ܢܦܫܗ ܡܢ ܢܟܘܬܐ .... ܘܠܐ ܗܘܐ ܒܒܪ
ܥܠ [ܢ]ܟܘܬܐ. ܥܠ ܦܘܠܝ ܓܒܪ .... ܗܘܘ ܒܗܬ ܐܣܝܪܐ ...
.... ܗܘܐ ܢܟܘܬܐ. ܕܐܢܫ .... ܒܡܕܝܢܐ ܕܠܝܠܝܐ.....
... ܠܗܘܢ ܘܠܐ ܐܢܫ .... ܗܠܝܢ ܕܐܬܒܝܢ ....ܕ̈ܐ
ܒܒܪܢܐ. ܐܝܠܐ ܕܢܗܘܐ ܐܢܫ ܓܒ. ܐܘ ܕܢܬܡܕܪܘܢ ܡܕܝܢ
ܕܓܒ. ܦܘܠܝ ܕܒܝܢܗ ܡܢ ܒܢܝܐ ܡܬܓܝܪܝܢ ܠܡܕܝܢܬܐ ܥܠ
ܡ̈ܕܝܢܬܗܘܢ ܘܐܬܬܘܗܝ ܗܘܐ ܫܘܒܠܐ ܕܢܟܘܬܐ ܕܠܐ
ܬܫܡܫܬܐ. ܘܟܢܫܐ ܗܘܐ ܘܡܬܒܕܪ ܡܢ ܟܠܗ ܒܢܝܐ ܡܕܝܢܐ.
ܕܗܘ ܗܘܐ ܡܗܘ ܒܝܢܐ ܥܠ ܐܝܠܝܢ ܕܡܬܓܝܪܝܢ. ܕܐܬܟܬܒܘܢ
ܕܗܠܝܢ ܕܡܕܝܢܝܢ ܒܠܝܒܘܢ ܢܗܘܐ ܠܗܘܢ ܘܢܬܐܣܪܘܢ
ܘܢܬܢܟܦܘܢ ܒܗܬ ܐܣܝܪܐ. ܘܢܒܥܠܘܢ ܦܘܪܢܣܐ ܥܒܐܝܬ
ܐܝܠܝܢ ܕܡܢܘܢ ܡܕܝܢܝܢܘܬܐ. ܕܐܝܟ ܗܠܝܢ ܐܬܬܝܗܘܢ ܗܘܘ
12 ܒܩ̈ܕܝܠܘܗܝ ܕܠܝܢܝܫ.ܘ. ܘܘܘ·ܘܘܘ· ܡܕܝܢܐ ܕܝܢ ܡܬܒܥܝܐ ܠܝ
ܠܡܕܒܪܢܐ ܢܟ̈ܘܬܐ ܣܓ̈ܝܐܬܐ ܕܗܘܐ ܗܘܐ ܥܠ ܙܘܓܐ. ܘܥܠ
ܐܝܠܝܢ ܕܢܦܩܝܢ ܡܢ ܥܠܡܐ. ܕܒܗܘܢ ܒܗܠܝܢ ܠܢܟ̈ܘܬܐ ܚܕ̈ܘܬܐ
ܕ̈ܗܘܡܒܢܐ ܕܗܘܒܝܢ ܠܓܒܐܝܬ ܘܢܒܝܢܬ ܐܡܪܢ ܠܡܫܠܡܘ.
ܘܗܘ ܢܠܦܝܢܘܢ ܒܝ̈ܪܬܐ ܘܩ̈ܫܝܐ ܕܒܒܪ ܢܟܘܬܐ. ܘܢܘܗܪܢܐ
ܡܓܝܐܐ ܡܬܦܪܫ ܗܘܐ. ܘܡܒܝܪܐ ܥܠ ܐܝܠܝܢ ܕܬܢܝܢ ܐܢܫܗ
ܐܢܘܢ ܒܓ̈ܢܝܬܐ ܕܥܠ ܪܓܝ. ܕܕܗܒܐ ܘܕܣܐܡܐ. ܘܒܡܒ̈ܢܝܬܐ

ܕܐܪܥܐ. ܘܒܣܘܦ ܟܝܢܐ ܕܐܢܫܐ. (A fol. 122a) ܕܡܫܝܚܘܬܐ ܗܘܘ
13 ܒܩܘ̈ܪܝܐ ܡܢ ܩܕܡ ܘܕܝܢܐ ܠܒܥܐ ܗܘܐ. ܘܒܬܪ ܗܠܝܢ. ܠܐܝܠܝܢ
ܕܡܫܡܫܝܢ ܗܘܐ ܗܢܐ ܣܢܐܐ ܕܐܢܫܐ. ܟܕ ܡܕܡ ܠܐ ܡܫܟܚ
ܠܗܘܢ ܚܕܐ ܗܘܐ ܠܗܘܢ ܡܢ ܐܬܘ̈ܪܘܬܗܘܢ. ܘܠܐܢܫܐ
ܕܢܦ̈ܩܐ ܡܢ ܐܝܠܝܢ ܕܡܬܬܪܝܡ ܒܦܘܠܚܢܐ ܚܕܐ ܗܘܐ. ܘܢܬܪ̈ܗܘܢ
ܡܢܗܘܢ ܡܦܪܫ ܗܘܐ. ܘܠܚ̈ܕܢܐ ܡܫܡ̈ܫܢܐ ܐܝܟ ܕܠܡܘܒܪܢܐ
ܢܦܩܐ ܡܫܠܡ ܗܘܐ ܠܗܘܢ. ܘܠܡܫܥܒܕܐ ܢܫ̈ܐ ܓܒܪ̈ܐ ܘܠܒܢ̈ܬܐ
ܬ̈ܘܠܠܬܐ ܡܦܩܕ ܗܘܐ ܗܘ ܗܢܐ ܗܒܐ ܡܫܝܚܐ. ܘܡܫܒܠܐ
ܪ̈ܒܬܐ ܕܦܠܘܬܐ ܕܢܦܫܗ. ܡܟܝܠ ܕܝܢ ܘܠܐ ܠܝ ܠܡܐܡܪܘ
ܬܫܥܝܬܗܘܢ ܕܗܠܝܢ. ܕܬܫܪܝܬܐ ܕܡܫܬ̈ܟܢܘܬܗܘܢ ܚܪ̈ܬܐ. ܐܝܟ
14 ܠܐ ܡܕܡ ܒܒܕܐ ܠܗܘܢ ܠܦ̈ܬܓܡܐ. ܠܫܪܬܗ ܕܝܢ ܕܒܥܝܘܬܗ
ܥܠ ܐܦܣ̈ܩܘܦܐ ܐܪܡܝ ܗܘܐ. ܠܗܠܝܢ ܕܝܢ ܐܝܟ ܕܠܡܫܡ̈ܫܢܘܗܝ
ܕܐܠܗܐ ܘܩܫܘܒܠܐ ܕܡܕܡ ܕܡܫܪ ܗܘܐ ܣܢܐ ܗܘܐ ܐܢܘܢ
ܟܕ ܒܕܒܠ ܡܢ ܕܠܬܐ ܕܗܘ ܕܡܢܬܪ ܗܘܐ ܡܢܗ. ܠܐ ܗܘܐ
ܓܠܝܐ. ܐܠܐ ܒܛܘܫܝܐ ܚܫܠ ܗܘܐ ܥܠܝܗܘܢ ܒܢܟܝܬܐ.
ܡܢܠܠ ܗܘܐ ܕܝܢ ܠܐܝܠܝܢ ܕܐܝܟܝܢ ܗܘܘ ܒܗܘܢ܂ ܒܢܟܠܐ ܕܝܢ
ܕܡܕܒܪܢܐ. ܐܦ ܦܣܩܐ ܕܡܘܬܗܘܢ ܢܟܪܝ ܗܘܐ. ܕܠܐ
15 ܐܫܬܥܒܕ ܗܘܐ ܡܬܡܛܠ ܐܢܬܬܗ. ܠܦܘ ܐܝܟܢܐ ܕܝܢ ܡܕܡ
ܕܐܫܬܪܝ ܒܥܝܪ̈ܐ ܕܡܕܝ̈ܢܬܐ ܕܦܠܦܘܬܐ ܚܒܪ ܠܚܠܦ ܡܫܘܬܐ.
ܐܝܟܢܐ ܕܒܝ̈ܬܗ ܕܐܠܗܐ. ܐܝܟ ܕܡܢ ܪܘܡܐ ܠܒܘܡܐ
ܡܫܬܚܠܦ ܗܘܘ. ܘܐܝܟ ܬܘܒ ܕܠܬܬܠܬܐ ܗܘܘ. ܕܠܐ ܐܢܫ
ܢܦܘܩ ܒܗܘܢ ܐܘ ܢܫܒܘܩ ܒܗܘܢ. ܐܘ ܕܢܣܒ ܒܗܘܢ ܠܐܠܗܐ
16 ܬܫܡܫܬܐ ܕܠܗ ܡܬܬܚܝܒܐ. ܡܬܚܝܒ ܗܘܐ ܓܒܪ ܕܠܐ ܗܘܐ
ܫܦܝܪܐ ܡܫܬܡܫ ܒܗܘܢ ܠܘܬܗ. ܐܠܐ ܡܚܫ ܗܘܐ. ܕܫܠܛ
ܘܣܘܦܠܢܘܣ ܡܠܟܐ ܪܚܡ ܠܐܠܗܐ. ܒܒܝܢ ܗܘܘ ܥܠ ܡܕܡ

ܠܬܪܒܘܬܗ ܕܐܠܗܐ. ܡܢ ܗܪܟܐ ܕܝܢ ܗܟܢܐ ܗܘܐ ܟܠܝܢ
17 ܒܡܪܟܒܬܗ. ܘܡ̈ܫܡܠܝܘܬܐ ܕܥܘܒܕ̈ܬܐ ܕܡܫܡܫܝܢ ܗܘܘ ܒܐܝܠܝܢ
ܕܡܫܚ ܡܫܝܚܐ ܕܢܫܒܚܘܢ̣ ܐܝܟ ܡܫܡܗܘܢ̣ ܕܠܐܦܝܣܩ̈ܘܦܐ.
ܐܝܟ ܕܒܢܝܐ ܕܐܢܫܐ ܩ̈ܢܝܢܐ. ܡܫܡܫ ܒܪܢܫܐ ܙܕܩܝܢ ܗܘܘ
ܟܠܗܘܢ̣ ܘܡܬܕܒܪܝܢ ܗܘܘ ܘܡܫܬܡܠܝܢ ܕܠܐ ܟܠܐ. ܒܡܫܡܫܘܬܐ
ܕܦ̈ܠܚܐ ܡ̈ܫܝܚܐ. ܒܗ ܡܕܡ ܟܕ ܠܐ ܗܟܢ ܗܘܐ ܠܗܘܢ̣
ܐܚܪ̈ܢܐ ܕܝܢ ܫܘܠܛܢܐ ܡܫܬܠܛܢܐ ܘܒܢܝܢܐ ܡܫܡܫܝܢ ܗܘܘ.
ܘܡܬܦܣܩܝܢ (A fol. 122 b) ܗܘܘ ܦܘܪ̈ܫܢܝܗܘܢ̣ ܒܫܦܝܐ ܘܫܠܠ ܫܠܠ.
ܘܡܢ ܒܬܪ ܗܕܐ ܐܚܪܬܐ ܕܫܠܝܬܐ. ܠܡܕܒܪܢܘܬܐ ܕܢܘܢܐ ܒܝܡܐ
18 ܡܫܬܕܪܝܢ ܗܘܘ. ܘܡܬܢܓܕܝܢ ܗܘܘ ܘܚܪܝܢ ܬܘܒ ܗܘܘ ܐܢܫܐ
ܕܫ̈ܠܝܚܘܗܝ ܕܐܠܗܐ. ܘܬܘܒ ܐܣܛܘܪܓܐ ܘܕܝܪܐ. ܘܦܘܠܚܢܐ
ܘܪ̈ܡܬܐ ܡܢ ܟܬܒܘܗܝ ܕܡܫܝܚܐ ܡܢ̣ ܡܬܡܠܝܢ ܗܘܘ. ܘܡܬܦܠܠ
ܕܒܗܠܝܢ ܡܬܚܠܦ ܗܘܐ ܒܗܘܢ ܙܒܢܐ ܗܘ. ܡܛܠ ܒܠܗ ܐܬܪܐ
19 ܥܠ ܟܠܗ ܕܒܢܝ ܙܕܘܩܝܐ ܐܬܚܫܒ ܒܬܪܒܝܬܗ. ܐܠܐ ܠܐ
ܕܐܠܗܐ ܒܟܠ ܡܕܝܢܬܐ ܕܦܩ̈ܕܬ̣ ܐܝܟ ܡܢ ܚܙܘܐ ܘܡܢ
ܒܡܠܟܐ ܕܠܠܝܐ. ܐܕܝܫ ܡܢ ܟܠ ܢܗܘܪܐ ܙܒܢܐ ܘܦܘܪܣܐ
xx. 1 ܠܟܘܠ. ܠܩܘܣܛܢܛܝܢܘܣ ܒܪܗ. ܘܒܪܙܒܢܐ ܙܒܢܐ ܕܒܬܪܗ ܗܘܐ
ܘܐܬܬܪܗ. ܘܡܢ ܟܕ ܫܢܝܐ ܦܐܪܐ ܕܒܐܝܬܘܬܐ ܕܫܘܐ ܗܘܐ
ܠܗ. ܘܒܬܪ ܟܠ ܪܘܚܐ ܗܘܐ ܠܗ. ܠܗܢܐ ܕܝܢ ܡܫܝܚܐ.
ܒܡܕܝܢ̣ ܒܗ ܬ̈ܠܝܬ ܡܠܟܘܬܗ. ܘܒܠܗܘܢ̣ ܙ̈ܒܢܝܗܘܢ.. ܘܡܕܡ
2 ܬ̈ܠܬܗܝ ܕܩܘܣܛܢܛܝܢܘܣ ܗܘܐ ܐܒܘܗܝ. ܟܕ ܓܝܪ ܠܚܪܬܐ
ܕܢܝܫܘܬܐ ܠܩܘܣܛܢܛܝܢܘܣ ܗܟܢܐ ܗܘܐ. ܐܬܚܫܒ ܗܘܐ ܪܚܡܗ
ܕܐܠܗܐ ܢܘܒܕܐ ܒܟܦܐ. ܘܒܪ̈ܘܬܐ ܕܡܢܘܬܐ ܕܢܝܫܘܬܐ ܫܠܛ
ܒܡܪܝܡܘܬܐ. ܘܗܟܢ ܐܬܚܫܒ ܕܢܒܥܐ ܬܩܒܬܐ ܠܐܝܠܝܢ
ܕܡܬܐܠܨܝܢ ܗܘܘ ܡܢ ܦܪ̈ܘܢܐ. ܘܟܕ ܠܚܝܘ ܓܒܪܐ ܦܓܪܐ

ܝܘܡ. ܢܫܒܘ ܐܬܪܐ ܡܕܝܢܬܐ ܕܠܗܘܢ ܘܐܝܟ ܕܡܢ ܩܕܡ.
ܚܙܐ ܪ̈ܥܝܢܘܬܐ ܕܪ̈ܘܡܝܐ ܡܢܚܐ ܗܘܐ. ܘܡܢ ܡ̈ܕܝܢܬܗܘܢ
ܕܫܡܫܐ ܒܗ ܚܕܪ ܟܠܗܘܢ ܥ̈ܡܡܐ ܕܒܪܝܬܐ. ܫܠܡܐ ܕܠܗܘܢ
7 ܢܝܚ ܗܘܐ.܀ ܘܐܫܬܟܚܬ ܗܘܬ ܡܢ ܒ̈ܢܝ ܐܢܫܐ ܒܟܠܗ
ܕܫܠܝܬܐ ܕܐܚܝܕܝܢ ܗܘܘ ܒܗ ܡܢ ܩܕܡ. ܘܡܘܩܪܬܐ ܕܒܥ̈ܕܬܐ
ܕܒܢ̈ܝܐ ܒܢܝܢ ܗܘܘ. ܘܦܩܝܕ ܗܘܐ ܠܢܘܗܪܐ ܒܟܠ ܕܘܟ.
ܘܟܘܪ̈ܘܦܐ ܣܓܝܐܐ ܘܟܢ̈ܫܐ ܦܪ̈ܝܫܬܐ ܕܡܢ ܩܕܡ[a] ܗ̈ܘܝ.
ܠܫܪ̈ܪܐ ܥܠ ܐܢܫ ܚܙܐ ܗܘܐ. ܐܦ ܒܬܫܒ̈ܚܬܐ ܘܒܡܙܡܘܪ̈ܐ
ܒܟܠ ܩ̈ܗܠܝܢ ܘܐܟܢܘ̈ܫܝܢ. ܠܐܠܗܐ ܡܠܟܐ ܕܟܠ ܩܕܡ ܟܠ
ܝܘܡ ܡܫܒܚܝܢ ܗܘܘ. ܐܝܟ ܡܐ ܕܐܠܦܘ. ܘܡܢ ܒܬܪܗ.
ܠܡܠܟܐ ܕܪܚܠ ܠܐܠܗܐ. ܟܠܗܘܢ ܐܠܝܢ ܕܪܚܡܝܢ ܠܐܠܗܐ
8 ܡܫܠܡܝܢ ܗܘܘ ܠܗ. ܘܐܬܒܥܝ ܗ̈ܘܝ ܒܫ̈ܢܝܬܐ ܡܕܪ̈ܫܬܐ
ܘܪ̈ܡܫܐ. ܘܡܠܦ̈ܢܘܬܐ ܕܡܠܟܐ ܗ̈ܘܝ ܡܬܟܬܒܢ ܗܘܘ. ܘܠܐܝܠܝܢ
ܕܒܬܪܗܘܢ ܡܫܡܫܝܢ ܗܘܘ. ܦܪܫܝܢ ܗܘܘ ܕܝܢ ܒܟܘܠ ܐܬܪ
ܦܘܩ̈ܕܢܝܗܘܢ ܕܡܠܟܐ ܪܒܐ. ܕܟܠܝܢ ܗܘܘ ܬ̈ܘܟܝܐ ܘܢܘ̈ܚܡܐ
ܪ̈ܘܒܐ. ܘܐܝܬ ܗܘܐ ܒܗܘܢ ܡܘܗܒܬܐ. ܘܬܘܬܒܘܬܐ ܕܒܪ̈ܪܐ
9 ܕܕܚܠܬ ܐܠܗܐ. ܘܗܘܝܐ ܒܗ ܒܠܥܘ ܦܪܘܣܘܬܐ ܐܬܕܒܪܬ. ܠܗܘܢ
ܒܠܫܘܕܝܗܘܢ ܐܬܦܪܫܬ ܡܠܟܘܬܐ ܕܕܘܡܝܐ ܠܗܘܢ ܒܗ ܡܫܪܪܐ
ܕܠܐ ܚܡܡ. ܠܡܣܬܦܬܦܘ ܘܠܚܘ̈ܢܘܗܝ ܠܫܘܢܝܢ ܕܡܪܘܡ ܡܢ
ܒܠܒܐ ܡܫܐܠܬܐ ܕܠܘܬ ܐܠܗܐ. ܕܟܠܗܘܢ ܡܬܚ̈ܝܐ. ܘܐܬܓܪܝܢ
ܦܠܚ̈ܬܐ ܕܡܢ ܐܠܗܐ ܐܬܝܗܒ ܠܗܘܢ ܐܝܟ ܡܢܐ (A fol. 123 b)
ܕܐܦ ܗܘ ܚܘܝ ܒܝܫܬܐ ܠܦܘܬܐ ܘܒܪܚܡܬ ܐܠܗܐ.
ܬܕܡܘܬܐ ܘܡܓܕܬܐ ܕܠܘܬ ܐܠܗܐ ܥܠܝܗ. ܠܟܠܗܘܢ ܒܢܝ.
ܐܢܫܐ ܚܘܝ.܀

[a] The rendering of κατηφεῖς is wanting

3 ܕܒܢ̈ܝܢܫܐ. ܒܐܒܕܢܐ ܕܟܠܗ ܐܢܫܐ ܬ̈ܒܝܪܐ. ܒܡܪܝܪܘܬܐ
ܒܪ ܟܠܝܘܡ ܡܕܡ ܗܘܐ ܐܚܪܢܐ ܡܬܚܕܬ ܗܘܐ. ܡܢ ܗܘ ܕܠܐ̄
ܝܕܥ ܗܘܐ. ܟܕ ܗܘ ܡܢ ܒܢ̈ܝܬܗ ܠܐ ܡܫܬܡܠܐ ܗܘܐ. ܐܠܐ
ܦܠܝܐ ܗܘܬ ܙܢܝܘܬܗ ܘܐܢ̈ܬܬܐ ܥܠ ܒ̈ܥܠܝܐ ܕܫܘܬܦܬ
ܡܠܦܠܘܗܝ. ܕܠܘܬܗܘܢ ܕܝܢ ܕܡܬܟܐܒܝܢ ܗܘܘ. ܠܐ ܐܫܬܘܕܪ ܗܘܐ
ܠܗܘܢ ܡܦܪܐ ܘܫܢ̈ܝܐ. ܡܛܠ ܕܡܣܟܢܐ ܗܘܬ ܠܗܘܢ ܦܪܘܣܘܬܗ
4 ܕܡܠܟܐ ܒܝܫܐ. ܡܛܠ ܗܢܐ ܣܠܩ ܒܪܘܡܬ ܦܠܓܘܬܐ ܡܫܝܢܬܐ
ܕܫܥܒܘܬܐ. ܗܘ ܕܡܕܒܪܢܐ ܕܦ̈ܠܓܐ ܐܝܬܘܗܝ ܗܘܐ. ܘܢܩܦ
ܗܘܐ ܠܡܫܝܦܘ ܡܫܝܚܐ ܕܫܢܐ. ܠܟܠܗܘܢ ܐܢܫܝܢ ܕܐܟܒܝܢ
ܗܘܘ. ܘܗܘܕܝܢ ܡܢܐ ܠܐܠܗܐ ܡܠܟܐ ܕܟܠ. ܘܠܒܪܗ ܦܪܘܩܐ
ܕܟܠ. ܕܢܗܘܐ ܠܗ ܡܕܒܪܢܐ ܐܦ ܡܕܒܪܢܐ. ܘܡܛܠ ܫܪ̈ܪܗ
ܠܡܫܪܘܬܐ ܠܗܘܒܠ ܩܕܝܫܘܗܝ ܕܐܠܗܐ. ܘܕܠܝܠܐܝܬ ܡܒܠ
ܕܒܝܬܐ. ܘܐܫܬܦܠ ܡܕܡܝܗܘܢ ܡܢ ܐܠܗܐ. ܒܟܠ ܡܕܡ
5 ܒܡܪܟܒܐ ܡܢ ܥܠ ܒܚܝܠ. (A fol. 123 a) ܘܗܘܝܢ ܕܐܬܡܛܠ. ܡܕܡ
ܢܡܘܣܐ ܠܡܣ̈ܟܢܐ ܕܡܘܬܐ ܢܣܒܝܢ ܗܘܘ. ܘܐܦ ܠܐ ܫܡܥܘܗܝ
ܒܕܘܒܪܢܐ ܐܫܬܘܕܪ ܗܘܐ. ܘܡܩܝ̈ܡܢܘܗܝ ܡܢ ܐܝܩ̈ܝܡܘܗܝ[2]
ܒܡܗܝܡܢܘܬܐ ܕܫܡܝܢ ܗܘܘ ܠܗ ܡܠܘ. ܘܐܟܠܝܢ ܕܚܝܐ ܒܫܒ̈ܝܗܘܢ
ܠܢܘܣܘܣ ܒܢ̈ܝܘܗܝ ܦܪ̈ܘܕܐ ܡܫ̈ܚܬܐ ܘܫ̈ܒܝܐ. ܗܢܝܢ ܗܠܝܢ
ܠܒܝܫܘܗܝ. ܡܛܠ ܕܐܦ ܠܐ ܗܘ ܡܕܡ ܡܕܘܪܬܐ. ܘܠܐ
ܐܬܒܥܒ ܒܡܫ̈ܚܘܬܐ ܕܫܒܝ̈ܘܗܝ. ܘܒܠ ܕܐܪܕܐ ܒܐܘܪܚܐ
6 ܕܪ̈ܫܒܘܬܗܘܢ ܕܠܘܗܝ ܒܫܡܗܐ ܕܕܝܢܗܘܢ ܐܬܚܫܒ. ܐܠܐ
ܕܝܢ ܗܢܐ ܡܒܠܐ ܫܕܐ ܗܘܐ ܒܕ ܦܫܝܛ. ܗܘ ܕܒܟܠܗܘܢ
ܒܠܒܘܬܐ ܕܕܫܠܗ ܐܠܗܐ ܫܒܝܩ ܗܘܐ. ܘܡܦܠܦܠܘܗܝ ܘܒܢܐ.
ܡܢ ܒܢ̈ܘܗܝ ܕܪܚܡܝܢ ܠܐܠܗܐ. ܕܕܡܝܢ ܗܘܘ ܠܐܒܗܘܗܝ ܒܟܠ

[2] Read ܠܡܩܝ̈ܡܢܘܗܝ?

ܠܥܠܡܝܢ ܐܡܝܢ. ܕܘܒܪܝܐ ܠܓܒܐ ܢܗܘܐ ܩܕܡ ܐܠܗܐ ܐܬܚܫܒܬ.
ܠܚܪ̈ܝ ܡܫܝܚܐ ....[6]ܦܪܫܬܐ ܕܐ .... ܫܒܚܗ ܕܠܗ
ܕܚܪ̈ܝ ܒ...ܠ ....[7] ܐܡܝܢ ܘܐܡܝܢ.. ܡܓܠܬ ܫܠܡܬ ܟܠܗܘܢ
ܟܬ̈ܒܐ ܘܡܫ̈ܝܚܐ. ܕ̈ܝܠܢܐ ܢܗܘܘܢ ܥܠ ܥܡܘܕܐ ܠܟ ܐܬܘܕܐ ܕܟܬܒ
ܒܬܠܠܘܬܐ ܐܝܟ ܕܡܒܪ ܐܡܝܢ ܘܐܡܝܢ.

[6] Altered into ܠܡܫܝܚܐ ܫܘܒܚܐ ܠܐܠܗܐ ܘܡܪܝܐ [7] Erasure

ܫܠܡܘ ܠܡܟܬܒ ܣܦܪܐ ܥܣܝܪܝܐ ܕܬܫ̈ܥܝܬܐ ܕܥܕܬܐ. ܕ̄ܟܒܢ
ܠܐܘܣܒܝܣ ܩܣܪܝܐ. ܣܦܪܐ ܩܕܡܝܐ. ܬܠܬܥܣܪܐ ܬܫܥܝܢ
ܕܥܕܬܐ.܀ ܣܦܪܐ ܕܬܪ̈ܝܢ. ܥܣܪ̈ܝܢ ܘܫܒܥ ܬܫܥܝܢ ܕܥܕܬܐ..
ܣܦܪܐ ܕܬܠܬܐ. ܬܠܬܝܢ ܘܫܒܥ ܬܫܥܝܢ ܕܥܕܬܐ. ܣܦܪܐ
ܕܐܪܒܥܐ. ܥܣܪ̈ܝܢ ܘܫܒܥ ܬܫܥܝܢ ܕܥܕܬܐ.. ܣܦܪܐ ܕܚܡܫܐ.
ܥܣܪ̈ܝܢ ܘܬܡܢܝܐ ܬܫܥܝܢ ܕܥܕܬܐ. ܣܦܪܐ ܕܫܬܐ. ܐܪܒܥܝܢ
ܘܚܡܫ ܬܫܥܝܢ ܕܥܕܬܐ.. ܣܦܪܐ ܕܫܒܥܐ. ܬܠܬܝܢ ܬܫܥܝܢ
ܕܥܕܬܐ.܀ ܣܦܪܐ ܕܬܡܢܝܐ. ܫܒܥܣܪܐ ܬܫܥܝܢ ܕܥܕܬܐ.܀
ܣܦܪܐ ܕܬܫܥܐ. ܫܬܥܣܪܐ ܬܫܥܝܢ ܕܥܕܬܐ.܀ ܣܦܪܐ ܕܥܣܪܐ.
ܚܡܫ ܬܫܥܝܢ ܕܥܕܬܐ.... ܗܘܝܢ ܕܝܢ ܬܫ̈ܥܝܬܐ ܟܠܗܝܢ ܒܡܢܝܢܐ
ܡܐܬܝܢ ܘܐܪܒܥܝܢ ܕܟܬܒ ܡܪܝ ܐܘܣܒܝܣ. ܐܦܝܣܩܘܦܐ ܕܩܣܪܝܐ
ܕܦܠܣܛܝܢܐ...

ܫܘܒܚܐ ܠܐܒܐ ܘܠܒܪܐ ܘܠܪܘܚܐ ܕܩܘܕܫܐ ܠܥܠܡ ܥܠܡܝܢ
ܐܡܝܢ ܘܐܡܝܢ.

ܒܪܝܟ ܗܘ ܐܠܗܐ ܘܡܫܝܚܗ ܕܝܗܒ ܠܥܒܕܗ ܒܝ̈ܢܐ ܚܝܠܐ
ܐܫܠܡ ܘܟܬܒ ܟܬܒܐ ܗܢܐ ܠܬܫܒܘܚܬܐ ܘܡܘܕܝܢܘܬܐ ܘܠܒܢܝܢܐ
ܕܐܠܗܐ ܡܢܝ ....[1] ܟܠ ܗܒܠ ܕܡܢܝܐ ܘܠܦ.
ܢܬܕܒܪ ܠܥܡܐ ܘܠܬܘܕܝܬܐ ܘܢܘܟܪܝܐ ܕܡܕܝܢܬܐ ܐܠܗܐ ܗܘ ܢܒܒܪ
ܐܝܟ ܐܬܪܐ ܗܘ̇ ܕܢܣܒܐ ܕܟܝܢ ܘܡܦܩܐ ܘܡܟܝܢ ܐܝܟ
ܠܡܠܟܘܬܐ ܕܟܠܗ ܘܫܒܩܗ ܡܢ ܚܘܒ ܡܫܝܚܐ ܘܫܘܡܠܝ
ܐܝܟ ܥܠ ܦܬܘܪ ܠܐܘܠܬܗ ܡܢ ܒܢ̈ܘܗܝ ܡܪ̈ܝܐ ܡܢܐ
ܕܡܫܬܡܥܝܢ ܡܢ ܡ̈ܠܐܟܐ ܡܒ̈ܪܟܐ ܐܝܟ ܘܐܡܝܢ ܘܐܡܝܢ.܀

ܟܬܒ ܕܝܢ ܘܡܫܠܡ ܒܪܝܢ ܢܣܡ ܕܫܪܟ ܥܡܡܐ ܘܡܒܥܝܢ
ܘܬܠܬ ....[2] ܡܢܝܢܬܐ. ܕܒܢܝܢ ܟܠܗܘܢ ܕܬܠܬܗܘܢ ܕܡܫܝܚܐ

[1] The original reading has been altered into ܒܗ ܐܠܟܣܢܕܪܘܣ ܕܒܝܬ ܐܠܘܗܝ

[2] Erasure.

ܕܣܘܪܘܣ. ܗܠܝܢ ܕܝܢ ܠܘܩܒ̈ܠܐ ܟܠܗܘܢ ܟܢܫ ܐܝܟ ܐܚܕܐ. ܘܦܠܓ
ܒܗܘܢ ܘܣܡ ܐܢܘܢ ܚܕ ܠܘܩܒܠ ܚܕ. ܟܠ ܦܬܓܡܐ ܒܟܬܒܐ. ܘܥܒܕ[5]
ܓܠܝܢܐ ܕܗܢܘܢ ܕܡܬܩܪܝܢ ܐܟܣܦܠܐ. ܘܡܢܗܘܢ ܘܠܗ[6] ܗܘܐ ܠܘܬ. ܕܐܩܘܠܘܣ[7]
ܘܕܣܘܡܟܘܣ ܘܕܬܐܘܕܘܛܝܘܢ. ܟܕ ܕܗܢܘܢ ܡܚܟܝܢ ܬܪܝܢ[8]

ܥܠ ܗܘ ܕܐܝܬ ܥܠ ܣܘܡܟܘܣ ܗܘ ܕܬܪܓܡ ܟܬܒ̈ܐ ܀

xvii. ܘܠܐ ܠܢ ܕܝܢ ܕܢܕܥ: ܕܣܘܡܟܘܣ ܚܕ ܡܢ (fol. 5 b) ܗܢܘܢ ܕܬܪܓܡܘ
ܟܬ̈ܒܐ. ܕܐܒܝܘܢܝܐ[1] ܗܘܐ. ܗܪܣܝܣ ܕܝܢ ܐܝܬܝܗ ܗܕܐ ܕܡܬܩܪܝܐ ܕܐܒܝܘܢܝܐ.
ܗܢܘܢ ܕܐܡܪܝܢ ܥܠ ܡܫܝܚܐ ܕܗܘܐ ܡܢ ܝܘܣܦ ܘܡܢ ܡܪܝܡ. ܘܣܒܪܝܢ
ܥܠܘܗܝ ܕܒܪܢܫܐ ܗܘܐ ܦܫܝܛܐ. ܘܐܡܪܝܢ ܕܡܬܒܥܐ ܕܢܬܢܛܪ ܢܡܘܣܐ
ܝܗܘܕܝܐܝܬ: ܐܝܟ ܕܩܕܡܢ ܐܡܪܢ ܒܡܟܬܒܢܘܬܐ ܗܕܐ. ܘܡܦܩ̈ܢܐ ܐܦ ܠܗ A 455
ܠܣܘܡܟܘܣ: ܕܡܬܚܙܝܢ ܥܕܡܐ ܠܗܫܐ. ܕܐܦ ܒܗܘܢ ܠܘܩܒܠ ܐܘܢܓܠܝܘܢ
ܕܡܬܝ: ܐܝܟ ܕܢܚܘܐ ܗܕܐ ܗܪܣܝܣ ܡܫܪܪ ܕܝܢ ܥܠ ܗܠܝܢ. ܐܘܪܝܓܢܝܣ
ܕܟܕ ܠܘܩܒ̈ܠܐ ܐܚܪ̈ܢܐ ܕܟܬ̈ܒܐ ܕܟܬܒ ܣܘܡܟܘܣ. ܕܢܣܒ ܐܝܟ ܡܢ ܐܝܠܝܢ
ܗܢܐ ܕܡܫܟܚ ܢܟܝܠܐ. ܘܐܡܪ ܕܠܘܬܗ: ܕܗܝ ܝܘܠܝܢܐ ܐܝܟ ܠܗܘܠܝܢ ܟܬ̈ܒܐ
ܡܢ ܣܘܡܟܘܣ

ܥܠ ܗܘ ܕܟܬܒ ܕܐܝܟܢܐ ܡܬܚܫܒܝܢ ܐܘܪܝܓܢܣ ܠܟܬ̈ܒܐ ܕܡܬܐܡܢܝܢ ܒܥܕܬܐ.

xxv. 1 ܟܕ ܕܝܢ ܦܫܩ ܗܘܐ ܠܡܙܡܘܪܐ ܗܘ ܩܕܡܝܐ. ܣܡ ܗܘܐ ܡܢܝܢܐ
ܕܝܘܬܩܝܐ[1] ܕܟܬ̈ܒܐ ܩܕ̈ܝܫܐ: ܕܕܝܬܩܐ ܥܬܝܩܬܐ. ܐܡܪ ܕܝܢ ܗܟܢܐ + + + ܕܠܐ
ܟܡܐ ܕܢܘܕܥ ܕܟܬ̈ܒܐ ܕܡܬܚܫܒܝܢ ܐܝܟ[2] ܕܐܫܠܡܘ ܠܢ ܥܒܪ̈ܝܐ. ܗܘܝܢ A 471
2 ܥܣܪܝܢ ܘܬܪܝܢ. ܐܝܟ ܡܢܝܢܐ ܕܐܬܘܬܐ ܕܠܘܬܗܘܢ. ܘܡܢ ܒܬܪܟܢ ܐܘܣܦ
ܘܐܡܪ. ܕܐܝܬܝܗܘܢ ܟܡܐ ܥܣܪܝܢ ܘܬܪܝܢ ܒܡܢܝܢ ܗܢܐ ܟܬ̈ܒܐ ܗܠܝܢ ÷ ܗܕܐ

[5] A adds *nobis* [6] A *et alium quoque seorsum* [7] A *et Aquilae* [8] A om. ܘܬܪܝܢ

Chap. XVII. [1] A wrongly *Abionaeorum*

Chap. XXV. [1] A ܘܕܝܘܬܩܝܐ [2] A om. ܐܝܟ

APPENDIX.

THE 16TH, 17TH, AND 25TH CHAPTERS OF THE SIXTH BOOK AS GIVEN IN ADD. 14620, A BRITISH MUSEUM MS OF THE NINTH CENTURY.

ܦܘܪܫܐ ܐܚܪܢܐ: ܡܛܠ ܡܫܠܡܢܘܬܐ ܡܦܫܩܢܘܬܐ ܕܟܬܒ̈ܐ ܩܕ̈ܝܫܐ. ܡܢ ܕܐܘܣܒܝܣ ܩܣܪܝܐ. ܡܢ ܡܐܡܪܐ ܕܘ̄ ܕܡ̄ ܘܕ ܕܐܩܠܝܣܝܣܛܝܩܝ. ܕܐܝܟܢܐ ܡܬܬܢܝܚ ܗܘܐ ܗܘ ܐܘܪܝܓܢܣ ܥܠ ܟܬ̈ܒܐ ܩܕ̈ܝܫܐ.

xvi. 1 ܗܟܢܐ ܕܝܢ ܡܬܚܦܛ ܗܘܐ ܐܘܪܝܓܢܣ ܢܬܬܠܐܬ ܥܠ ܟܬ̈ܒܐ ܩܕ̈ܝܫܐ.
ܐܝܟܢܐ ܕܐܦ ܠܠܫܢܐ ܥܒܪܝܐ ܢܠܦ ܗܘܐ. ܘܩܢܐ ܗܘܐ ܐܦ ܟܬ̈ܒܐ ܕܐܝܬ ܠܗܘܢ
ܠܝܗܘ̈ܕܝܐ ܒܟܬܝܒܬܐ ܥܒܪܝܬܐ. ܘܡܚܦܛ ܗܘܐ ܐܦ ܦܘܫܩܢܘܬܐ ܕܬܪ̈ܓܡܢܐ
ܩܕ̈ܝܫܐ:¹ ܕܬܪܓܡܘ ܐܚܪ̈ܢܐ ܠܒܪ ܡܢ ܫܒܥܝܢ ܩܫܝܫܝܢ. ܘܬܪ̈ܓܡܢܐ ܐܚܪ̈ܢܐ
ܕܟܬ̈ܒܐ ܩܕ̈ܝܫܐ ܕܡܫܚܠܦܝܢ ܡܢ ܗܠܝܢ̈ ܕܐܩܘܠܐ ܘܣܘܡܟܘܣ ܘܬܐܕܘܬܝܘܢ
ܐܫܟܚ ܗܘܐ. ܕܡܢ² ܥܕܢܝܢ ܗܘܘ ܓܢܝܙܝܢ ܘܡܬܛܫܝܢ ܗܘܘ.³ ܒܟܠ
2 ܘܐܦܩ ܐܢܘܢ ܠܢܘܗܪܐ. ܘܡܛܠ ܕܠܐ ܝܕܥܝܢ ܗܘܘ ܕܡܢܘ ܬܪܓܡ ܐܢܘܢ:
ܗܘܐ ܒܠܚܘܕ ܐܘܕܥ ܗܘܐ ܒܟܬܒܘܗܝ: ܕܚܕ ܡܢܗܘܢ ܐܫܟܚܗ ܗܘܐ
3 ܒܢܝܩܘܦܘܠܝܣ. ܐܚܪܢܐ⁴ ܕܝܢ ܒܕܘܟܬܐ ܐܚܪܬܐ ܒܬܘܪ̈ܓܡܐ ܕܝܢ ܕܡܙܡܘ̈ܪܐ
ܕܚܣܡ ܠܗ: ܡܢ ܒܬܪ ܗܠܝܢ ܐܪܒܥܐ ܬܪ̈ܓܡܐ ܕܬܪܓܡܘ. ܚܙܘ ܕܐܝܬ ܗܘ 𝔄 454
ܬܪܓܡܐ ܐܚܪܢܐ ܕܫܬܝܬܐ ܘܕܫܒܝܥܝܐ. ܡܛܘܠ ܕܝܢ ܟܠܗ ܚܕ ܡܢܗܘܢ:
ܕܐܬܦܢܝܘ ܐܫܟܚ ܒܝܪܝܚܘ. ܒܟܬܒܘܗܝ ܕܐܟܣܦܠܐ ܦܬܟܪܐ ܒܝܗ

CHAP. XVI. ¹ 𝔄 *de traditione interpretationis librorum sanctorum* ² 𝔄 om. ܡܢ ³ 𝔄 om. ܘܡܬܛܫܝܢ ܗܘܘ ⁴ 𝔄 sing.

ܕܐܠܗܐ ܕܐܝܬ ܠܡܕܝܢܬܐ ܡܫܝܚܐ ܀ ܘܡܫܝܚܝܬܐ ܦܝܫ ܒܒܝܬ ܡܪܢ. ܗܘ ܕܡܢ
ܡܪܩܘܣ ܐܝܬܘܗܝ ܗܘܐ ܦܬܓܡܐ: ܘܬܠܡܝܕܐ ܗܘܐ ܡܫܝܚܝܐ ܕܫܡܥܘܢ ܡܫܝܚܝܐ.
ܟܐܦܐ ܗܘܐ ܕܝܢ ܠܗܠܝܢ ܕܗܝܡܢܘ ܡܢ ܝܗܘܕܝܐ. ܒܒܐܬܪܘܬܐ ܒܡܕܝܢܬܐ-
ܕܬܪܝܢ ܕܝܢ ܡܪܩܘܣ.[24] ܗܘ ܕܐܟܬܒ ܐܝܟ ܕܐܫܬܡܥ ܠܗ ܦܛܪܘܣ. ܗܘ 5
1 Pet v 13 ܕܠܗ ܒܪܐ ܩܪܐ ܕܝܠܗ. ܒܐܓܪܬܗ ܩܕܡܝܬܐ: ܡܢ ܒܒܠ[25] ܕܫܐܠܐ ܫܠܡܟܘܢ
ܕܝܠܟܘܢ: ܥܕܬܐ[26] ܓܒܝܬܐ ܕܒܒܠܘܢ ܗܝ ܕܒܒܠ.[27] ܘܡܪܩܘܣ ܒܪܝ
ܕܝܠܝ ܀ + ܀ ܕܬܠܬܐ ܕܝܢ. ܐܘܢܓܠܝܘܢ ܕܠܘܩܐ: ܗܘ ܕܦܘܠܘܣ ܡܫܒܚ 6
ܠܗ. ܕܟܬܒܗ ܗܘܐ ܠܗܘܢ ܕܗܘܝܘ ܡܢ ܫܠܝ̈ܚܐ ܀ ܘܒܬܪ ܟܠܗܘܢ
ܕܝܘܚܢܢ + + . . + + ܘܒܦܣܘܩܐ ܕܝܘܚܢܢ ܗܘ ܕܟܬܒ ܥܠ ܐܘܢܓܠܝܘܢ[27a] ܕܝܘܚܢܢ. 7
2 Cor iii 6 ܐܡܪ ܥܠ ܐܝܬܝܗܘܢ ܕܫܠܝܚܐ ܗܘܐ + ܕܦܘܠܘܣ ܠܟܠ ܗܘ ܕܐܡܬܝ ܕܢܗܘܐ
𝔄 473 ܡܫܡܫܢܐ ܕܕܝܬܩܐ ܚܕܬܐ: ܠܐ[28] ܕܗܘ ܕܟܬܒܐ:[29] ܐܠܐ ܕܗܘ ܕܪܘܚܐ: ܗܘ
Rom xv 19 ܕܡܠܐ ܗܘܐ[30] ܐܘܢܓܠܝܘܢ ܡܢ ܐܘܪܫܠܡ ܥܕܡܐ ܠܐܠܘܪܝܩܘܢ. ܐܦ[31] ܠܟܠܗܘܢ
ܒܬܪܐ ܕܐܠܦ ܥܡ̈ܡܝܢ ܒܒܝܬ ܗܘܐ ܐܬܪܐ. ܐܠܐ ܐܦ ܦ̈ܪܣܝܢ[32] ܗܠܝܢ ܕܒܒܠ.
Mt xvi 18 ܕܐܪܒܥ ܦܛܪ̈ܘܣܐ ܕܝܠܗܘܢ.[32a] ܦܛܪܘܣ ܕܝܢ ܗܘ ܕܥܠܘܗܝ ܒܢܝܐ ܗܘܬ 8
ܥܕܬܗ ܕܡܫܝܚܐ: ܗܝ ܕܠܐ ܢܚܣܢܘܢ ܠܗ̇ ܬܪ̈ܥܐ ܕܫܝܘܠ. ܚܕܐ ܐܓܪܬܐ
ܟܬܒܗ̇ ܡܢܟ ܕܡܫܝܚܐ ܒܗ̇ ܥܠܬܐ. ܢܗܘܐ ܕܝܢ ܕܐܦ ܠܬܪܬܝܢ.[33] ܡܛܠ
ܕܐܝܬ ܗܘ ܒܟܠܗ ܦܬܓܡܐ + (fol. 6 *a*) ܡܛܠ ܕܝܢ ܕܐܡܪ ܥܠ ܝܘܚܢܢ. ܗܘ 9
ܕܢܦܠ ܗܘܐ ܥܠ ܚܕܝܗ ܕܝܫܘܥ. ܕܝܢ ܐܘܢܓܠܝܘܢ ܒܟܝܢܘܬ[34] ܟܬܒ. ܡܢ
John xxi 25 ܡܘܕܐ[35] ܕܡܫܒܚ ܗܘܐ ܕܝܠܗ ܩܝܡܐ. ܕܟܠܡܐ ܠܐ ܦܣܩ ܗܘܐ ܠܗܘܢ.
Rev x 4 ܒܝܬ ܕܝܢ ܐܦ ܝܚܝܕܝܐ. ܘܐܬܦܩܕ ܗܘܐ ܕܢܚܬܘܡ. ܘܠܐ ܢܟܬܘܒ ܗܘܐ
ܩ̈ܠܝܗܘܢ ܕܪ̈ܥܡܐ ܫ̈ܒܥܐ + ܡܛܠ ܕܝܢ ܐܦ ܐܓܪܬܐ ܚܕܐ. ܕܐܪܒܥ ܦܛܪ̈ܘܣܐ 10
ܕܝܠܗ. ܢܗܘܐ ܕܝܢ ܕܬܪܬܝ̈ܢ ܘܬܠܬ. ܡܛܠ ܕܠܗ ܟܠܗܝܢ ܡܘܕܐ ܕܕܝܠܗ

[24] 𝔄 = ܕܡܪܩܘܣ   [25] 𝔄 om. ܡܢ ܒܒܠ   [26] 𝔄 om. ܥܕܬܐ   [27] 𝔄 *in Babel*, omitting ܗܝ ܕ   [27a] 𝔄 *in evangelio*   [28] 𝔄 *sed non*   [29] 𝔄 = ܕܟܬܒܐ   [30] In 𝔄 for [illegible] read [illegible]   [31] 𝔄 adds *non*   [32] 𝔄 = ܥܡ̈ܡܝܢ   [32a] 𝔄 = ܕܝܠܗ   [33] In 𝔄 for [illegible] read [illegible]   [34] 𝔄 om. ܒܟܝܢܘܬ   [35] 𝔄 *et confessus est*

ܕܡܫܬܡܫܝܢ ܠܟܠ ܒܪܢܫܐ. ܠܗܠ ܒܚܕܢܝܐ ܙܒܢܗ[3] ܕܟܠܚܕ ܡܫܬܡܫܢܐ. ܗܢܘ ܕܝܢ
ܒܪܫܝܬ + ܘܡܫܡܫܢܐ ܡܫܬܡܫܢܐ ܒܥܒܕܝܐ. ܘܠܡܬܩܪܝܘ[4] ܕܐܬܬܗܘܢ ܫܘܫܝܗ:
ܘܗܠܟܝܢ[4a] ܡܫܒ̈ܚܢܐ + ܕܒܗܘܢ[5] ܕܝܢ: ܘܢܛܪܐ.[6] ܗܢܘ ܕܝܢ ܘܦܩܪܐ + + + ܠܡܫܡܫܢܐ
ܕܝܢ ܦܪܐ. ܐܡܫܦܩܘܕܝܡ[7] + ܠܐܠܝܢ ܢܛܘܪܐ ܕܝܢ. ܐܠܕܒܪܝܡ[8] ܗܢܘ ܕܝܢ
ܗܠܝܢ ܡܫܒ̈ܚܢܐ + ܠܝܫܘܥ ܒܪܗ ܕܝܢ. ܝܫܘܥܒܘܢ[9] + ܘܫ̈ܪܝܐ ܘܫܒܚܬܐ[10]
ܡܫܡܫܝܢ. ܐܢܘܣܦܛܝܡ[11] + ܫܡܗ ܦܠܚܐ ܕܝܢ ܬܪܝܢ. ܡܫܡܫܝܢ. ܐܢܐ +
ܕܒܪܢܫܐ ܚܝ.[12] ܗܢܘ ܕܝܢ ܩܠܐ ܕܢܘܩܫܐ + ܘܫܪܝܐ ܬܪܝܢ. ܕܡܫܐܡܪ ܠܗܘܢ
ܐܢܫܪܝܐ. ܕܡܫܡܫܐ ܚܪܘܪܐ + ܫܦܪܐ ܕܡܬܡܛܘܪܐ ܕܡܫܡܫܐ. ܫܦܪ ܬܠܝܬܝܬ +
ܘܩܫܬܐ ܕܡܠܝܟܝܢ ܡܫܡܫܝܢ ܦܠܚܘܬ[13] + ܘܐܦܠܝܛܘܣܦܛܝܡ ܕܡܫܡܫܐ 𝔄 472
ܩܘܗܠܬ[14] + ܘܬܚܝܬܝܬ ܬܩܘܫܬܐ ܦܪܝ.[15] ܫܝܪ ܫܪܝܢܬ[16] + ܐܡܫܐ ܢܝܫܝܐ[17] +
ܐܡܫܐ ܚܕܐ ܐܦܘܣܛܠܐ[18] ܕܝܠܗ. ܐܢܝܪܡܝܐ[19] + ܕܢܝܐܝܠ ܕܝܢܐܝܠ + ܣܪܦܝܐܝܠ
ܣܪܦܝܐܝܠ[20] + ܐܝܟ ܐܝܟ + ܐܫܬܝܢ ܐܫܬܝܢ + ܐܝܬ ܕܝܢ ܠܒܪ ܡܢ ܗܠܝܢ
3 ܬܘܒ ܕܡܬܩܪܝܢ. ܕܫܡܥ ܒܠܝܠܘܬܗ ܫܒܚܐ ܐܠܗܝ[21] + ܗܠܝܢ[22] ܕܝܢ ܫܡܫ
ܒܡܐܡܪܐ ܗܘ ܕܐܡܪܝܢ ܒܠܘܗܝ + + + ܒܡܐܡܪܐ ܕܝܢ ܩܕܡܝܐ ܕܥܠܝܗ ܒܠܐ
ܐܘܢܓܠܝܘܢ[22a] ܕܡܠܝ. ܢܫܝ ܩܕܡܝܐ ܕܥܬܝܕ ܘܐܫܬܘܝ. ܕܐܪܒܥܐ ܐܘܢܓܠܝܐ
4 ܒܠܫܢܘܗܝ ܢܗܘ. ܥܠܝܗ ܕܝܢ ܗܒܠܐ. ܕܡܢ ܡܫܠܡܢܘܬܐ ܠܗܘܢ ܢܫܬܠܛ ܒܠܐ
ܐܪܒܥܐ ܐܘܢܓܠܝܐ. ܕܗܕܝܢ ܒܠܫܢܘܗܝ ܐܝܟ ܕܠܐ ܫܘܠܛܢܐ. ܒܒܠܗܘܢ ܒܪܢܫܐ[23]

[3] 𝔄 = ܡܢ ܙܒܢܗ [4] 𝔄 *Zmarōth* [4a] 𝔄 om. ܘ [5] 𝔄 plur. [6] 𝔄 *Vikarea* [7] 𝔄 *Amspakodim* [8] 𝔄 *Aleldaberim* [9] 𝔄 *Iesuabnun* [10] 𝔄 adds *apud eos* [11] 𝔄 *Naĉos phatim* [12] For ܕܒܪܢܫܐ ܚܝ. ܐܢܐ 𝔄 has *Anachadpriamen* [13] In 𝔄 read *vocantur Mlath* [14] 𝔄 *Kohdath* [15] 𝔄 om. ܦܪܝ [16] 𝔄 *Sēr sērim* [17] 𝔄 *Isaica* [18] 𝔄 adds *et epistolis s. epistola* and om. ܕܝܠܗ [19] 𝔄 *Aniramia* [20] 𝔄 om. ܣܪܦܝܐܝܠ ܣܪܦܝܐܝܠ [21] In 𝔄 read *Srbiath Sabnaiēl* [22] 𝔄 adds *omnia* [22a] 𝔄 *in evangelio* [23] 𝔄 = ܒܒܠܗܘܢ ܒܪܢܫܐ

NOTES AND CORRECTIONS.

The following notes should be deleted, the difference in 𝔄 being due merely to Armenian idiom:

p. 10, n. [42]
p. 29, n. [23]
p. 38, n. [16]
p. 41, n. [50]
p. 58, nn. [12, 19]
p. 59, n. [25]

On p. 46, n. [7], for ܐܬܟܠܘܬܐ read ܐܬܬܡܫܬܐ.

P. 157, n. [74]. From this point onwards the omission of ܟܠܗ in 𝔄 is not noted, as the Armenian translator is obviously irregular in this respect.

On p. 180, last line, there should be a note '𝔄 om. the subscription'.

On p. 221, n. [27], for *պատասու է* read *պատասու է*.

On pp. 408, 410, heading, for xx. read ix.

On p. 409, l. 17, the marginal number should be ix. 1 instead of xx. 1, and it should stand at the beginning of l. 18.

ܐܝܬܝܗܘܢ. ܒܪܡ ܕܝܢ ܠܐ ܐܝܬ ܒܬܪܥܝܬܗܘܢ. ܐܦܠܐ ܡܛܠ ܦܬ̈ܓܡܐ + ܐܡܪ ܕܝܢ 11
ܠܗܘܢ ܥܠ ܐܝܟܢܐ ܕܒܕܝܢܐ ܒܗ ܡܫܡܫ ܠܗ.[36] ܕܢܬܒܥܐ ܕܡܡܠܠܘܬܗ ܕܗܘ
ܐܝܟܢܐ ܕܒܕܝܢܐ. ܠܐ ܗܘܐ ܗܕܝܘܛܘܬܐ ܡܫܡܫܐ. ܐܝܟ ܕܗܘ ܡܟܝܢܐ ܡܟܘܪܐ
ܒܡܡܠܠܘܬܗ[37] ܥܠ ܝܕܥܬܗ. ܕܗܕܝܘܛܘܬܐ ܗܘܐ ܒܡܡܠܠܘܬܗ. ܡܟܘܪܐ[37a] ܗܘ ܕܝܢ ܐܝܟ 2 Cor xi 6
ܗܘܐ ܐܝܟܢܐ ܒܪܘܚܐ ܕܡܠܬܐ ܒܠܫܢܐ ܝܘܢܝܐ ܝܬܝܪ ܡܢ ܐܝܟܢܐ ܕܐܝܬܘܗܝ ܐܚܪ̈ܢܝܬܐ 𝔄 474
ܕܡܟܝܢܐ. ܘܡܟܘܪܐ ܥܠ ܕܡܦܩ ܕܝܢܐ ܒܗܘܢܐ ܕܦܘܩܕܐ. ܠܗܘܢ ܕܝܢ 12
ܕܟܝܢܐ ܕܐܝܬ ܒܗ. ܠܟܝܢܗܘܢ ܐܝܬܝܗܘܢ. ܘܠܐ ܒܕܝܢܐ ܡܢ ܗܠܝܢ ܕܒܬܪ
ܡܟܝܢܐ. ܘܕܗܢܐ ܡܛܝܐ ܗܘ. ܦܠܛ ܗܘ ܥܠ ܕܝܢܐ ܕܝܘܢܝܐ ܒܩܕܡܝܬܗ
ܕܡܟܝܢܐ + ܒܥܘܪ ܗܠܝܢ ܡܫܡܫ ܘܐܡܪ. ܕܐܢܐ ܠܡܐ ܦܫܛ ܐܢܐ ܘܐܡܪ 13
ܐܢܐ. ܕܟܝܢܐ ܕܐܝܬ ܒܗܕܐ ܐܝܟܢܐ. ܕܡܟܝܢܐ ܐܝܬܝܗܘܢ. ܗܫܡܫܗ ܕܝܢ
ܕܡܠܬܐ ܘܥܒܕܗ ܐܝܬܘܗܝ. ܕܐܝܟ[38] ܕܟܠܗ ܗܢܐ ܗܘܐ ܗܠܝܢ ܕܐܡܪ ܗܢܐ
ܡܟܝܢܐ. ܘܐܝܟ ܠܟܠܡܝܬܐ ܦܠܛ ܗܘܐ ܗܠܝܢ ܕܐܡܪ ܗܘܐ ܥܒܕܗ. ܐܝܟܐ
ܟܠܐ ܗܘܠܐ ܕܐܝܬ ܒܗ ܗܕܐ ܐܝܟܢܐ. ܐܝܟ ܕܕܡܟܝܢܐ ܐܝܬܘܗ ܢܗܘܘܢ
ܐܚܪܝܢ ܠܗ. ܕܦܠܛ ܕܝܢ ܒܥܒܕܗ ܠܗܕܐ ܐܝܟܢܐ ܒܚܕܐ. ܠܟܠܗ ܒܟܠܡܕܡ 14
ܢܦܩ. ܠܡܟܝܢܬܐ ܕܝܢ ܡܬܚܫܒܐ[39] ܠܟܠ ܡܬܚܙܝܬܗ. ܕܐܝܬ ܕܐܡܪܝܢ[40] ܕܡܟܝܢܘܬܐ
ܒܥܒܕܗ. ܗܘ ܕܡܬܐܡܪ ܕܐܝܬܘܗܝ ܐܦܝܣܩܘܦܐ ܕܟܠ ܐܬܪ ܕܪܗܘܡܐ. ܐܚܪܢܐ
ܕܝܢ ܐܡܪܘ. ܕܟܘܠܗ ܒܥܒܕܗ. ܗܘ ܕܒܬܪ ܐܘܪܟܝܗ ܘܡܫܝܚܝܬܐ.
ܗܠܝܢ ܕܝܢ ܐܬܐܡܪܝܢ ܒܪܡܐ ܠܗܪܐ[41]....

[36] 𝔄 om. ܠܗ [37] 𝔄 om. ܒܡܡܠܠܘܬܗ [37a] For ܡܟܘܪܐ 𝔄 has կար-վաթեամբն արգելեալ և յարմարեալ *facundiâ clausa et aptata* [38] 𝔄 *alii cuiusdam* [39] 𝔄 = ܕܡܬܚܙܝܐ [40] 𝔄 om. ܕ ܐܝܬ ܕ [41] 𝔄 adds *sufficiat*

www.ingramcontent.com/pod-product-compliance
Lightning Source LLC
Chambersburg PA
CBHW051728300426
44115CB00007B/511
* 9 7 8 3 3 3 7 2 8 5 3 2 6 *